근로기준법

신 동 진

- 근로기준법
- 기간제 및 단시간근로자보호법
- 임금채권보장법
- 최저임금법
- 퇴직급여보장법
- 채용공정화법

저자 申 東 振

- 경북 문경출생
- 한림대학교 경영대학원수료
- 문경고용지원센터소장
- 충주고용센터소장
- 대전지방노동청 기업지원과장
- 고용노동부 충주지청 근로감독과장
- 고용노동부 본부 외국인력정책과
- 고용노동부 충주지청 산재예방지도과장
- 노무법인 호암노동법률 대표 노무사

☞ 주요 외부강의

연세대, 명지대, 우송대, 한국기술교육대, 경주시, 경상북도 교육지원청, 경상북도, 대구광역시, 대한전문건설협회, 철도공사 충북지역본부, 한국산업인력공단, 한국산업안전보건공단, 한국공인노무사회, 대구광역시 주택관리사협회, 대구광역시 교육지원청, 충청북도 등

☞ 주요 저서

- 근로기준법 ((주) 중앙경제)
- 집단적노사관계법 ((주)중앙경제)
- 꼭 알아야 할 노동관계법 Ⅰ·Ⅱ (보문사)
- 의병대장 이강년선생 (태일출판사)

근로기준법

초 판 발 행 | 2008년 5월 15일
개정4판 발행 | 2018년 9월 3일

지 은 이 | 신 동 진
펴 낸 이 | 김 남 진
펴 낸 곳 | (주)중앙경제
편집·디자인 | 한 지 희

주 소 | 서울시 중구 다산로 11길 19(신당2동 355-8)
백석빌딩 신관 4층
전 화 | 02-2231-7293
팩 스 | 02-2235-5344
홈 페 이 지 | www.elabor.co.kr
출 판 등 록 | 80. 6. 21 제2-66호

I S B N | 978-89-7017-402-0 (93330)
정 가 | 55,000원

개정증보 4판

근로기준법

신 동 진

"학설, 판례, 행정해석, 사례중심 현장실무 지침서"

㈜중앙경제

개정4판을 내면서

독자들과 (주)중앙경제 임직원들의 성원에 힘입어 제4판을 낼 수 있게 된 것을 감사하게 생각한다. 이번 전면 개정판은 법을 손쉽게 이해하고 실무적인 노무관리 역량을 한층 높이는데 주안점을 두고, 실무사례와 적용방안을 추가하는 한편, 최근 이슈가 된, 통상임금, 차별처우, 불법파견 등에 관해 학설과 판례 등을 두루 소개하여 심도 있는 이해를 돕도록 했다. 또한 본문 속에 자리한 다양한 사례와 인용구를 각주로 정리하여 보다 간편하게 볼 수 있도록 했다.

그 동안 근로기준법과 남녀고용평등법, 퇴직급여보장법 등의 개정에 따른 변화가 있었고, 근로시간과 비정규직처우 등을 중심으로 다양한 판례와 학문적인 견해도 있었다. 산업고도화에 따라 노동시장의 구조는 직접고용으로 인한 노무관리의 불편을 최소화 하고 유동적인 경제상황에 탄력적으로 대응하기 위하여 필수업무를 제외한 대부분을 외주 하도급으로 분산시키면서 작고 강한 조직으로 변모를 거듭하고 있는 반면, 청년층을 중심으로 한 구조적인 취업난과 양질의 일자리 창출이라는 상반된 기준이 혼재하는 등 복잡한 양상을 보이고 있다.

최근 장시간근로 개선과 근로시간 단축에 관한 논의는 산업사회가 안고 있는 시장의 불균형과 갈등을 시정하고 양질의 일자리를 함께 나누는데 초점을 맞추고 있다. 다만, 임금소득의 감소 없이 어떻게 근로시간을 단축할 수 있을 것인가 하는 점이 숙제가 될 것이다. 과거나 현재나 갈등의 중심에 근로기준법이 자리하면서 정책결정을 둘러싼 각계의 관심은 그 어느 때보다 뜨겁다.

좀 더 일찍 개정판을 준비해야 했지만, 그 동안 평생을 몸 바친 공직을 노동부를 끝으로 명퇴하고, 평생의 일을 준비한다고 부단히 돌아 다니며 세상사에 부대끼다 보니 실기한 아쉬움이 있으나 늦게나마 다시 원고를 마감하게 돼서 그나마 다행스럽게 생각한다.

아무쪼록 이 책이 개별노사관계에 대한 이해와 학문적 기초를 공고히 하고 현장에서 실무를 수행하는데 많은 도움이 되었으면 좋겠다. 책을 내는데 도움을 주신 (주)중앙경제 임직원과, 가르침을 주신 동료 · 선후배분들에게 감사를 드리고, 사랑하는 아내와 가족들에게 무한한 기쁨을 전한다.

2018. 8.

충주에서 신 동 진

목차

제3장 법의 적용범위

제4장 근로자

제5장 사용자

제6장 근로계약

제7장 채 용

제8장 근로시간

제9장 휴게시간

제10장 법정근로시간

제11장 연장근로

제12장 야간·휴일근로

제13장 근로시간 계산의 특례

제14장 근로시간 유연화제도

제17장 근로시간, 휴게 및 휴일 적용제외

제18장 교대제근로

제19장 휴 일

제20장 휴 가

제21장 임 금

제22장 임금의 결정과 지급

제23장 최저임금

제24장 임금채권 확보 및 우선변제

제25장 임금채권보장 체당금지급

제30장 제재규정의 제한

제31장 퇴직급여제도

제32장 해고 이외의 사유로 인한 근로관계 종료

제33장 해 고

제34장 부당해고 등의 구제절차

제35장 기업변동과 근로관계

제36장 근로자 인사이동

제37장 사용증명서 교부와 취업방해금지

제38장 여성과 연소자보호

제39장 근로자명부, 계약서류 보존

제40장 재해보상

제1장 노동기본권

1. 노동기본권의 발달

초기 인간의 기본권은 권가권력이나 봉건영주시대의 막대한 권력으로부터 신분적인 예속과 지배 그리고 공동체적인 각종 구속을 부인하며 인간 본래의 개인적인 자유를 누리기 위한 염원에서 출발하였다. 이러한 노력은 국가나 지역마다 다소간의 차이는 있으나 인신구속에서 벗어나기 위한 재판권에서부터 시작하여 종교, 언론, 출판, 집회, 결사, 거주 이전의 자유 위주로 점차 발전을 해왔다.

재산권적 측면에서는 사유재산의 절대적 보장으로 나타나게 된다. 재산권의 자유로부터 산업화, 공장화, 대량생산 등을 통해 자본주의가 발전하여 개인주의와 자유주의는 전성기를 맞이하고 「계약자유의 원칙(契約自由의 原則)과 사유재산의 절대적 보장 원칙」 등 시민법원리에 힘입어 시민사회는 성숙한 자본주의 사회로 진입하게 된다.

(1) 사회적 불균형 심화

계약자유의 원칙과 사유재산의 절대적 보장 원칙을 바탕으로 기업발전과 부의 증대가 이루어짐에도 불구하고, 근로자는 자본가나 기업가에 비해 경제적 사회적으로 상대적인 약자에 위치하게 되고 그 격차는 점점 깊어져만 갔다. 경제적·사회적으로 약자인 근로자는 저임금과 장시간근로로 인해 건강이 심각한 장애를 초래하고 직업병을 비롯한 상대적 빈곤이 사회문제로 나타나게 되는데 이러한 현상은 제1차 세계대전과 세계적 경제공황 등으로 더욱 깊어진다.

자본주의의 기본구조는 소유권 절대원칙·계약자유의 원칙·과실책임의 원칙(過失責任의 原則)에 바탕을 두고 있으며 그 원칙의 이상적인 전제는, 인간은 시민법 질서아래에서 누구나 인격을 가지고 자유롭고 평등하다는데서 출발하였다. 그러나 자본주의 경제와 시민법원리의 결합은 현실적으로 사회 구성원 사이에 부익부빈익빈(富益富 貧益貧)을 촉진하여 재화의 편중과 부조리를 야기하였다. 인격을 가졌으나 인격자로 대접받지 못하고, 자유로운 존재이어야 하되 자유롭지 못하고, 평등하여야 하되 현실적으로 불평등한 체제의 모순을 드러낸 것이다.[1)]

시민법원리가 노동관계에서 나타난 여러가지 문제는 다음과 같다.

1. 근로자와 사용자의 경제적 실력차이는 무시되고 고용계약의 내용은 당사자의 합의의 결과물로 법률상 인정되어 열악한 근로조건과 노동혹사, 건강파괴 등의 문제가 발생했다.

2. 열악한 작업환경이나 장시간 노동으로 산업재해가 발생하더라도 과실책임의 원칙이 적용되어 보상을 받기가 곤란했다.

3. 고용계약에서 해약의 자유는 곧 해고권 남용이 되고, 상대적으로 약한 근로자는 구직·취직과정에서 중간착취나 강제노동에 노출되었다.

4. 근로자가 자구행위로 단결활동을 했으나 시민법과 모순된다는 이유로 금지·억압되었으며, 위법행위라는 이유로 형사처벌이나 손해배상의 대상이 되었다.

5. 경영 의사결정 등에 있어서 사용자의 전횡에 의해 경영효율성이 저해되고 노사불신과 산업불안의 요인이 되었다.

사회·경제적으로 우월한 사용자로부터 이러한 사실상의 인격권의 침해·자유권적 기본권의 훼손 및 실질적인 불평등을 시정하기 위해 생성된 것이 노동법이다.[2)]

(2) 기본적 생존권보장 인식

자본주의 체제 아래서 계약자유원칙이 추상적인 시민적 자유에 머무르는 한

1) 임종률, 제8판, 5쪽.

2) 김형배, 2004 신판, 8쪽.

근로자의 인간다운 생활은 보장되기 어렵다는 반성이 일고 인간적 생활을 보장할 수 있는 새로운 기본적인권의 필요성이 제기되었다. 이러한 필요성은 다수 근로자들의 집단적인 투쟁을 거치는 과정을 겪으면서 근로자의 인간다운 삶을 보장해야 한다는 국가적인 의무로 인식하게 된다. 산업화에 따른 다양한 문제점을 자각하고, 국가가 근로자의 인간다운 삶을 보장하기 위하여 적극적인 정책을 펴나가야만 소기의 목적을 달성할 수 있다는 인식이 보편화 된 것이다. 즉, 자유방임적인 기본권보장에 의해서는 더 이상 근로자의 생존을 확보할 수 없다는 점을 인식하게 된 것이다.

근로자의 인간다운 삶을 보장하기 위해서는 「기본권의 사회적인 제한이나 기능을 재검토」해야만 했다. 즉, 기본권의 해석은 개인주의적 측면뿐 아니라 사회적인 필요가 있을 경우에는 본질을 해치지 않는 범위 내에서 제한을 해야 한다는 논리적인 뒷받침이 태동하고 국가의 기능도 더 이상 자유권을 보장하는 소극적인 책무에서 벗어나 적극적으로 인간의 인간다운 생활을 보장하고 복리를 증진하는 사회국가 혹은 복리국가로 확대되어야 한다는 시대적인 요청이 확산된 것이다.

국가는 자유권적 기본권을 남용하는 사회·경제적인 각종 위협으로부터 생존권의 위협을 받고 있는 근로자의 기본적인 생활권을 보장하는 적극적인 책무를 지니고 노동현장의 불균형을 개선하기 위한 법적·사회적인 각종 시책을 펴나가는 것이다.[3] 이러한 기본권적 생활권을 보장하기 위한 법적인 노력이 노동3권의 보장을 비롯한 헌법의 각종 보호조항인 것이다.

(3) 노동기본권 보장과 사유재산권 보장

헌법 제23조에서 국민의 사유재산권(私有財産權)을 보장하고 그 행사는 공공복리에 적합하도록 하여야 한다고 정하는 한편, 헌법 제32조제1항에서는 모든

3) 김형배, 2004 신판, 4~5쪽. 근대 시민법 질서는 자본주의 체제 아래서 인간의 형식적 평등과 자유를 보장 보장할 수 있었으나 개인의 실질적 평등과 자유를 보장하지 못하게 되었다. 이것은 곧 새로운 법질서를 생성하게 한 사회적 원인이 되었다. 민법의 고용관계에 관한 규정은 사용자와 근로자를 동등한 인격자로 전제하면서 이해관계를 유지시키는 것인데, 민법전의 규정만으로는 산업사회에서 근로자들의 사회적 이익을 실질적으로 보호할 수 없었기 때문이다.

국민은 근로의 권리를 가지고, 국가는 사회경제적 방법으로 근로자의 고용의 증진과 적정임금의 보장에 노력하여야 하며, 법률이 정하는 바에 의하여 최저임금제를 시행해야한다고 정하고, 동조제2항. 제3항에 의하면 모든 국민은 근로의 의무를 진다. 국가는 근로의 의무의 내용과 조건을 민주주의 원칙에 따라 법률로 정한다. 근로의 기준은 인간의 존엄성을 보장하도록 법률로 정한다고 정하고 있다.

이와 같이 헌법은 한편으로 재산권 보장을 선언하고 다른 한편으로는 근로의 권리와 노동3권 즉, 노동기본권을 동시에 천명하고 있다. 실질적인 국민의 생존권을 보장하기 위한 노동기본권은 국가가 적극적으로 보호할 때 비로소 실효성을 거둘 수 있다. 헌법 제32조제1항에 정한 근로의 권리는 국가가 일자리창출 등 고용의 환경과 기회를 늘려주고 임금과 기타 근로조건 등의 적정수준을 제도적으로 보장하여야만 확보될 수 있다.

고용은 국가나 공공기관 등이 일부 부담하는 측면도 없지 않지만 대부분 사기업에서 창출된다. 근로자들이 사기업에 고용되어 자주적으로 근로조건을 향상시킬 수 있도록 노동3권을 보장하고 규제와 감독 혹은 조장행정을 통해 헌법의 이념을 구현한다. 그럼, 노동기본권 보장과 사유재산권 보호는 상호 조화롭게 양립시킬 수 있는 것인가?

노동기본권을 논의할 때, 개인의 사유재산권은 공공복리에 적합하게 제한할 수 있다는 헌법규정을 동시에 염두에 두고 고려하는 것이 일반적이다.[4)]

재산권 속에는 사업경영권과 인사권, 사업폐지·이전·확장의 자유, 이윤추구권·시설관리권 등 소유권절대원칙에서 비롯된 다양한 권능을 포함한다. 노사 대립구도에서 재산권의 주체인 사용자는 토지·노동·자본·기술 등 생산요소를 결합하여 본질적으로 이윤의 극대화를 추구하는 속성을 가지고 있으며, 그에 부수되는 고용의 조건과 규모·내용·기간 등은 재산권의 소유자인 사용자가 임의로 정할 수 있다고 보아야 한다. 그렇지만 이와 같은 재산권의 무제

4) 헌법 제23조 ① 모든 국민의 재산권은 보장된다. 그 내용과 한계는 법률로 정한다.② 재산권의 행사는 공공복리에 적합하도록 하여야 한다. ③ 공공필요에 의한 재산권의 수용·사용 또는 제한 및 그에 대한 보상은 법률로써 하되, 정당한 보상을 지급하여야 한다.

한 보장은 사기업을 기본적인 기업형태로 하는 자본주의 질서 아래서는 국가에 의한 국민의 근로기회제공과 최소한의 근로조건의 결정 및 노동3권 행사 등을 실질적으로 불가능하게 만든다.

그렇다면 경영전반에 걸친 사용자의 재산권행사의 내용을 노동기본권의 실질적인 보장을 위해 권리의 본질을 해치지 않는 범위 내에서 일정부분 제한하는 것이 불가피하다. 자본주의 체제 아래서 재산권보장이 가져온 결함을 제거하고 적극적으로 사회경제적 약자의 실질적인 평등을 위한 사회·국가적인 책무를 다하기 위해서 재산권과 노동기본권의 조화로운 공존이 필요하다.[5)]

노동기본권보장을 위한 수단적인 측면에서, 국가는 사회.경제적 방법으로 고용의 증진과 적정임금을 보장하고, 근로의 의무의 내용과 조건.근로의 기준을 인간의 존엄성을 보장하도록 법률로 정하여야 한다.

근로조건의 기준을 법률로 강제하고 감독하는 것과 노동3권의 행사 및 근로자의 경영참여를 제도적·실질적으로 보장하는 것은 시민법상의 계약자유의 원칙에 대한 제한을 전제로 하지 않고는 성립할 수 없다.

고용시장에서 계약의 자유를 그대로 방임할 경우, 경제·사회적으로 우월한 지위에 있는 사용자와 근로자가 고용계약을 체결함에 있어서, 상대적 약자인 근로자는 사용자에게만 일방적으로 유리하고 자신에게는 불리한 근로조건을 강요당할 수 밖에 없다. 따라서 국가가 계약형식과 내용 등의 최소기준을 강행법으로 정하여 적용을 강제하고 규제와 감독의 방법으로 계약의 불균형을 시정하지 않으면 근로의 권리와 노동3권의 실질적인 보장이 어렵다.

2. 근로의 권리

헌법 제32조제1항은 모든 국민은 근로의 권리(勤勞의 權利)를 가진다고 정하고 있다.[6)] 근로의 권리는 현재 사용종속관계에서 노무를 제공하고 있는 근로자와

5) 김형배, 2004 신판, 146~147쪽.

6) 헌법 제32조 ① 모든 국민은 근로의 권리를 가진다. 국가는 사회적·경제적 방법으로 근로자의 고용의 증진과 적정임금의 보장에 노력하여야 하며, 법률이 정하는 바에 의하여 최저임금제를 시행하여야 한다. ② 모든 국민은 근로의 의무를 진다. 국가는 근로의 의무의 내용과 조건을 민주주의

장차 근로관계를 예정하고 있는 자 즉, 모든 국민을 위한 권리이고 그 중 특히 노동을 매개로 생활을 영위하는 집단성원의 기본권이라고 볼 수 있다.

근로의 권리에 대한 개념이 적극적으로 나타나게 된 것은 자본주의 경제발전에 따른 실업의 발생이 사회적으로 문제가 되었기 때문이다.[7] 국가는 근로의 권리를 실현하기 위하여 적극적 시책에 의해 근로자들에게 고용의 기회를 제공해 주고 노동3권을 보장하여 자주적으로 근로조건을 결정하는 등 근로자 스스로 생존할 수 있도록 정책적인 배려를 하여야한다.

근로의 권리는 구체적으로 어떠한 내용을 가지는가? 하위법인 고용보험법과 노조법, 고평법 등에서 고용계약을 전제로 하지 않은 실업자 취업예정자 등을 규율대상에 포함하고 있는 점을 감안하면 근로의 권리는 "근로의 의사와 능력이 있는 자"가 국가에 대해 근로의 기회를 요구할 수 있는 사회권적 기본권이라는 것이 보다 명확해 진다.[8]

그럼 사회적 기본권은 구체적인 청구권을 포함하고 있는가? 일부 헌법학자들의 견해에 의하면, 권리의 의미를 보다 적극적으로 해석하여 "국가 공공단체에 적극적으로 일할 기회를 요구할 수 있는 구체적인 권리" 즉, 구체적인 권리설을 주장하기도 한다.[9]

그러나 근로의 권리는 근로의 의사를 가진 개별 국민이 국가 등에 대해 일할 자리를 제공해 줄 것을 요구하는 청구권적인 권리가 아니라 헌법에 의해 보장된 추상적인 권리로서 국가가 비로소 하위입법 등을 통해 그 내용을 구체화할 때 제정목적을 달성할 수 있다. 그러므로 하위법은 국가의 책무를 정한 근거가 되고 국민의 청구권으로서 작용하는 것이다. 특히 1993년에 제정된 고용보험법은 근로의 권리를 실현한 법이라는 평가가 있다. 국가는 생산자본유

원칙에 따라 법률로 정한다. ③ 근로조건의 기준은 인간의 존엄성을 보장하도록 법률로 정한다. ④ 여자의 근로는 특별한 보호를 받으며, 고용·임금 및 근로조건에 있어서 부당한 차별을 받지 아니한다. ⑤ 연소자의 근로는 특별한 보호를 받는다. ⑥ 국가유공자·상이군경 및 전몰군경의 유가족은 법률이 정하는 바에 의하여 우선적으로 근로의 기회를 부여받는다.

7) 김형배, 2004년 신판, 148쪽.

8) 헌재 89헌가106, 1991.7.22 ; 김형배, 2004년 신판, 149쪽.

9) 권영성, 김철수 등 다수 헌법학자들의 견해.

치, 생산인프라 확충, 상품의 수요 확대, 수출여건 증진, 고용창출 및 고용유지 기업에 대한 국가적지원 등 고용이 확대되고 근로의 기회를 늘려나가는 정책을 통해 간접적·보충적으로 권리의 구체성이 실현되는 것이다.

구체적인 하위 수단을 살펴보면, 국가는 직업훈련·기능검증 등 능력개발 정책을 펴고, 구인구직 알선 등 취업기회 제공과 다양한 고용안정지원의 모습으로 고용기반을 확충할 수 있을 것이며 고용보험법, 직업안정법, 근로기준법, 집단노사관계법, 능력개발관련 법령 등 고용정책을 뒷받침할 수 있는 하위법령을 제정 시행하는 것이다.

근로의 권리가 "근로의 의사와 능력이 있는 자"가 국가에 대해 근로의 기회를 요구할 수 있는 사회권적 기본권이라고 정의할 때, 고려해야 할 점은, 노동법상 보호받을 대상이 사업장에서 임금을 목적으로 근로를 제공하고 있는 근로자 모두를 노동법의 적용대상으로 볼 것인가? 실업자도 근로자로 파악해야 하는가? 하는 문제에 봉착하게 된다.

현행 노동법이 규정하고 있는 근로자의 정의는 「직업의 종류를 불문하고 사업 또는 사업장에서 임금을 목적으로 근로를 제공하는 자」[10)] 「직업의 종류를 불문하고 임금.급료 기타 이에 준하는 수입에 의해 생활하는 자」[11)] 「사업주에게 고용된 자와 취업할 의사를 가진 자」[12)] 로 각기 다르게 정의하고 있다.

전통적으로 근로자라고 함은, 사용자와의 근로계약관계를 가지고 있는 근로계약당사자를 의미한다.[13)] 근로계약관계를 기초로 노무를 제공하는 관계가 아니라면 임금, 근로시간 등 근로기준법의 보호를 받을 대상이 되지 않는다. 그러나 현재 직장을 가지고 있지 않지만 근로의 의사를 가지고 있는 실업자나 취업준비생도 남녀고용평등법(이하 고평법)의 적용대상이고 취업희망 실업자도 노조법의 적용대상이다.[14)]

10) 근기법 제2조제1항제1호, 산업재해보상보험법 제5조제2호, 근로자퇴직급여보장법 제2조제1호, 임금채권보장법 제2조제1호, 최저임금법 제2조.

11) 노조법 제2조제1호.

12) 고평법 제2조제4호.

13) 대판 92누13011, 1993.11.23.

14) 대판 2001두 8568, 2004.2.27(서울여성노조사건. 산업별노조는 특정사업장에 적용될 단체협

이와 같이 실정법에서 적용대상을 각각 조금씩 다르게 정의하고 있는 것은 근로자개념에 관한 문제라기보다 노동법의 적용여부를 구별하는 판단기준으로 보는 것이 정확하다. 다만, 본래 노동법이 근로관계 당사자의 근로조건의 유지와 개선을 목적으로 하는 법인만큼 취업근로자와 취업희망자를 구별하여야 하는 것은 당연할 뿐 아니라 고유한 의미에서는 취업근로자를 적용대상으로 한다고 보아야 한다.[15)]

3. 근로조건의 기준 보호

근로조건(勤勞條件)은 근로시간, 임금, 작업환경, 재해보상, 휴일, 휴가 등을 말하는 바, 이러한 조건은 근로자의 인간다운 삶을 보장하기 위한 필수적인 여건과 직접적이고 구체적인 관련을 지닌 것으로 근로기준법(이하 근기법)과 산업안전보건법에 그 구체적 내용을 정하고 고평법, 최저임금법, 산업재해보상보험법(이하 산재법) 등 개별적인 근로관계법에서 세부적인 사항을 정해 보호하고 있으며, 선원법 등 특별한 근로관계에 속하는 부류는 별도의 법으로 규율하고 있다.

이 가운데 근기법은 근로조건에 관한 노동관계법의 모법이라고 할 수 있는 것으로서 근로자와 사용자의 개념설정에서부터 근로자가 근로계약을 체결하면서부터 취업규칙, 노무제공, 휴일, 휴가, 해고(퇴직), 재해보상 등 근로의 시작과 종료에 이르기까지 모든 과정에 있어서 고용계약의 당사자가 지켜야 할 최소한의 기본원칙을 규율한 것이다. 고평법은 근기법에서 정한 여성, 임산부 등에 대한 고용상의 평등을 실현한 법으로서 성희롱 예방, 출산양육지원, 여성능력개발과 적극적 고용개선지원 등 여성의 사회적 참여확대와 관련한 시대적인 변화상을 반영하는 다양한 보호를 담고 있다. 특히, 모성보호 및 성희롱과 남녀의 채용·인사상 각종 불균형을 시정하여 여성의 사회적 권익을 높이는

약을 직접 체결하지 않으므로 기업별 노조의 가입자격과 그 요건을 반드시 같이 할 필요가 없을 것이다.

15) 김형배, 2004년 신판, 53쪽.

한편, 직장 내 보육시설 설치 등 여성이 마음 놓고 근로에 종사할 수 있도록 각종 지원의 근거를 제시하고 있다.

(1) 갈등을 통한 노동기본권 확보

근로기준은 곧 노동문제이다. 노동문제는 자본주의 산업화에 필연적인 것으로 노동3권의 가장 본질적인 문제이다. 노사는 노동시장에서 노동력과 임금의 교환계약을 두고 상호 분쟁과 갈등을 하기 마련이다. 사용자는 노동시장에서 매입한 노동력을 생산에 투입하고 근로자는 사용자의 지휘·감독을 받으면서 생산물을 창출한다. 이러한 생산요소 확충과 상품생산과정에서 양질의 노동력을 상대적으로 저렴하게 구입하여 생산량과 이윤을 극대화하려는 사용자의 노력과 자신의 노동력가치를 극대화하여 생활안정과 자아발전을 도모하려는 노사의 갈등은 불가피한 것이다.

이러한 노사갈등에서 노동력은 그 자체가 지닌 몇 가지 취약성 때문에 저평가 받을 우려를 안고 있다. 즉, 일반 상품과 같이 그 가치를 보존하거나 저장해서는 금전가치로 평가받을 수 없고, 노동경험과 숙련된 기량·기술 등에 의해 가치를 증대시킬 수 있으며, 생활권역과 지역적인 특성으로 인해 이동성이 제한될 수도 있고, 무엇보다 계속적으로 매매가 이루어 지지 않으면 금전적인 활용가치가 없어 생활이 곤궁해지는 등 치명적인 약점을 지니고 있다. 따라서 공권력의 강력한 지원이 없으면 고용계약의 공정성을 확보하기 어렵다.

근로기준에서 핵심은 근로시간과 임금이다. 즉, 얼마만큼 일을 하고 상응한 대가를 받아야 하느냐 하는 점과 과연 근로대가의 수준은 어느 정도가 합리적인 것이냐 하는 근원적인 문제를 두고 멀리 산업혁명 초기부터 현재의 고도화된 산업사회에 이르기까지 풀리지 않는 갈등을 겪고 있다.[16)]

16) 1. 한국의 주요노동운동의 약사

(1) 해방 전

19세기말 개항하면서부터 점차 광산·운수 제조분야 등 각 산업분야로 확산되어갔다. 1911년 6만 6,000명 노동자들은 1920년대 후반부터 일본의 식민시공입화에 따라 급격하게 증가해 해방 직전에는 200여 만 명을 넘어섰다. 노동자들은 농촌에서 몰락한 빈농출신들로 저임금과 장시간 노동, 열악한 노동환경을 강요당하다가 했다. 이들은 1910년대로 접어 들면서 일제에 대해 저항적인 세력들로 등장했다.

3.1운동 전까지 10여건 미만이던 파업은 3.1운동이 일어난 1919년에는 총 90여건에 달하고 그 기간도 비교적 장기간에 걸쳐 전개되었다. 3.1운동을 거치면서 민족의식에 눈뜬 노동자들은 1920년대 들어 반일민족해방운동의 중요한 세력으로 자리잡게 되고 1920~30년에 임금인상과 노동조건 개선을 요구하며 총 900여건의 노동쟁의가 발생하면서 전국 각지에서 노동조합이 결성되고 활발한 노동운동이 전개되었다.

1920년 결성된 조선노동공제회는 20여개 지회에 15,000여명의 노동자.농민회원을 두고 의식계몽에 기여했고, 1924년 4월에는 전국 각지의 노동·농민 단체들을 통합하여 조선 노동총동맹이 결성되었다. 노동운동의 조직화가 진행되면서 노동자들의 파업도 조직적으로 일어났다. 1926년 목포 제유공의 파업, 1927년 영흥 흑연광산노동자 총파업, 1929년 원산총파업 등은 장기간에 걸쳐 투쟁이 전개되었다.

1930년을 전후해 일제의 만주침략에 따라 한국의 병참기지화가 추진되면서, 산업합리화란 명목으로 임금삭감·강제해고·노동시간연장 등, 노동자에 대한 착취와 노동운동에 대한 탄압이 강화되자 노동쟁의가 보다 활발히 일어났다.1930년 1월 부산 방직공장의 파업, 1931년 대구 정미소 노동자들의 동맹파업, 1934년 함흥 제련소와 신의주 제지공장의 파업, 1935년 의주금광, 일본광업주식회사 남포제련소, 부산 삼화고무공장의 파업 등이 대표적인 노동쟁의이다. 일제의 통계에 따르면, 1931~35년에 노동조합운동으로 투옥된 자는 2,000여명에 이르렀다. 1930년대 후반기에 들어 일제가 중국을 침략하면서 노동운동은 전반적으로 위축되었으나 1937~40년에 430여 건의 노동쟁의가 일어났고 2만 5,000여 명이 참가했는데 1943년 흥남질소비료공장에서 폭파사건이, 1944년 청진 일철제철소와 운곡 탄광에서 파업이 대표적이다.

(2) 해방 후

해방 직후 한국경제는 일제 치하의 경제유산과 미군정의 과도적인 경제정책의 실패로 1946년 8월까지 약 1년 동안 1,300여건의 노동쟁의가 일어났고 전국 각지에서 노동조합이 결성되었으며 그해 하반기에는 철도, 체신, 출판, 교통 등 노조를 중심으로 대규모 총파업이 일어났다. 1947년 상반기에는 정치.사회적인 이념을 내걸고 노동운동의 자유보장, 반테러, 경찰의 민주화, 생활보장 등을 요구하는 24시간 총파업이 있었고, 1959년 10월에는 전국노동조합협의회가 결성되고, 1960년 4·19혁명을 계기로 노동쟁의와 신규노조 결성이 활발하게 전개되었다. 1960년 5월에는 한국교원노동조합연합회가 결성되고, 대한노총과 전국노동조합협의회가 통합하여 한국노동조합총연맹(한국노총)이 결성되었다. 1961년 5·16군사혁명이 일어나자 노동운동은 침체상태에 들어가게 되었다. 1960년 이후 우리경제는 경제개발5개년 계획에 힘입어 산업의 근대화와 공업중심으로 산업구조가 바뀌고 관련 노동자 수도 급격히 증가하게 되었다.

(3) 1980년 이후

1980년대에는 노동자 수가 550여 만명으로 1960년초 160여만명에 비해 대폭 증가했으나, 주당 평균 53.1시간의 세계 최장의 노동시간과, 최저생계비에도 미치지 못하는 임금을 받으면서 열악한 작업환경에서 일했다. 1970년대에 일어난 전태일분신사건, 1976.2월 동일방직과 1979.8월 YH무역 여성노동자 신민당사 농성사건, 1980년대에 들어 사북탄광사태 등이 주요 노동쟁의 사례이다. 특히 1980년 혼란기에는 전국적으로 수백여건의 노동쟁의가 발생하고 신규노조 결성과 노동운동의 민주화가 추진되었다. 1987에는 전국 노동자대회, 민주노총 등의 노동단체화, 전국교직원노동조합과 사무금융노동조합연맹 등이 결성되고 현대중공업·현대자동차·대우조선 등

1) 근로시간측면

초기 공장화가 시작된 산업사회에서는 근로자들에게 1일 16시간 이상의 장시간근로를 시켰다. 이때는 근로자를 인격체로 보기보다 자본과 토지 노동 등 비인격적인 생산수단의 하나로만 보고 "눈을 떠서 잠이 들기 전까지" 오직 노동착취와 저임금으로 혹사를 당했다. 이후 자본주의 모순을 시정하려는 다양한 노력과 희생에 힘입어 근로시간이 점차 단축되어 오늘날 1일 8시간 주 40시간 형태로 자리를 잡은 것이다. "노동법의 역사는 곧, 근로시간단축의 과정이다"라고도 말할 수 있다.

현재 우리나라의 법정근로시간은 2004.7.1부터 휴게시간을 제외하고 1일 8시간 주 40시간으로 정착되었다. 주 6일 근무 44시간 근로제에서 이른바 주5일 근무제를 기본골격으로 하면서 상시근로자수에 따라 단계적으로 주40시간제를 적용해 오다가 2011.7.1부터는 전체 사업장에 확대 적용하였다.

다만, 5인 미만 사업장은 근로시간에 관한 규제가 적용되지 않는 만큼 그 범위 내에서는 강행성이 없다.

2) 임금측면

노사간 임금을 바라보는 상이한 시각은 늘 갈등의 원인이 되어왔다. 근로자는 임금을 상품생산에 필요한 투입비용의 하나로 보지 않고 노동력을 재생산하는데 드는 비용 즉, "생계비로 인식"하여 생활보장적인 측면을 우선적으로 중시하는 반면, 사용자는 상품과 서비스 등 재화를 생산하는데 투입된 비용, 곧 근로의 대가로서 상품생산에 따른 이윤과 "이윤창출에 기여한 공헌도에 의해 결정되는 생산성임금으로 우선 인식"하고 있다. 따라서 생계비 등 임금의 생활보장적 측면을 강조하는 근로자 입장과 이윤창출 기여도에 따른 생산성측면을 강조하는 대립된 견해는 여전히 노사갈등의 불씨로 남아있다. 임금을 생산성에 따른 근로의 대가로 보는 입장은 노동대가설에 근거를 두고 무노동무임금 원칙

대기업의 중화학공업을 중심으로 노동쟁의가 활발히 전개되었다. 최근에는 노조의 정치참여세력화, 제3노조 설립과 복수노조 시행, 근로시간 면제, 장시간근로개선과 비정규직 차별개선 등이 주요 노동현안이다.

을 고수하는 반면, 생계비 등 임금의 생활보장적 성격을 주장하는 입장은 노동력대가설에 근거를 두고 있다. 자세한 사항은 임금편에서 설명한다.

(2) 근로자의 자주적 권익향상 보장

헌법에 의해 보장된 근로의 권리[17]와 적정임금보장, 고용증진 등 법의 이념을 실현하려면 근기법 등 하위법에 정한 강행적인 규제와 국가의 감독만으로 그 목적을 온전히 달성하리라고 기대하기는 어렵다. 거대한 자본과 생산수단을 소유하여 사회·경제적으로 우월한 위치에 있는 사용자와 노동력을 매개로 생계를 유지하는 근로자가 상호 대등한 위치에서 공정한 고용계약을 체결해야만 합리적인 수준에서 근로조건이 결정될 수 있을 것이다. 그러나 노동시장의 현실은 힘이 있는 자의 일방적이고 비합리적인 절차와 때로는 탈법적인 방법에 의해 근로조건이 결정되고 있다.

고용계약에서 근로자의 불리한 위치는 노동력을 생계수단으로 하는 인적·경제적인 종속성에서 비롯된다. 노사가 계약자유의 원칙에 입각하여 대등한 위치에서 근로조건을 결정할 수 있다면 민법의 도급, 위임, 고용계약 등의 규정이 적용되고 근기법 등 노동법은 적용될 여지가 없을 것이다. 근로자의 지위는 스스로 자기 노동력을 자신의 자유로운 의사결정에 따라 일정한 영업목적에 투입하고 이윤과 손실에 대해 전적으로 책임을 질 수 있는 자영업자 등과 구별된다. 노동법이 적용되는 근로관계는 근로자가 종속적인 관계에서 노무를 제공하는 경우에만 적용되는데, 그것은 근로자가 사용자와 계속적인 채권채무관계를 유지하면서 사용자의 경영조직에 편입되어 그의 지휘감독을 받으며 노무를 제공하고 임금을 수령하는 종속적인 관계를 유지하여야 하고, 그와 같은 취업관계가 계속되는 한 자신의 노무를 계약당사자가 아닌 타인에게 임의로 제공하거나 자유롭게 처분하여 다른 소득을 얻을 수도 없게 되는 등 인적·경제적인 종속성을 지니기 때문이다.[18]

이러한 불공정한 고용계약을 보다 합리적이고 대등한 입장에서 체결할 수

---

17) 헌법 제32조제1항.

18) 김형배, 2004년 신판, 54쪽.

있도록 하여 상대적으로 열등한 위치에 있는 근로자를 보호하려면, 법률로 근로조건의 최저기준을 설정하는 형식적인 제도적 보장에 더하여 고용계약과 고용유지·퇴직 등 고용전반에 걸쳐서 협상의 대등성을 지원하기 위해 근로자에게 실질적이고 집단적인 힘을 실어 줄 필요가 있다.

노조법과 근로자참여 및 협력증진에 관한 법률(이하 근참법) 등 이른바 집단적 노사관계법에서 보장한 노동조합활동과 단체협약체결, 노동쟁의, 사용자의 근로조건 결정 및 변경시 동의·협의 등 근로자의 집단적인 의사결정 참여보장, 노동위원회 조정과 중재 등을 주요 골자로 한다.

특히 노동조합의 결성과 조직·활동·단체협약·조정과 중재·쟁의행의 등 근로조건 개선과 유지 결정과정에 수반되는 다양하고 가변적인 노사갈등 국면을 보다 안정적이고 합리적으로 해결할 수 있도록 "공정한 게임의 룰"을 정하여 그 틀 속에서 건전한 합의와 갈등. 조정을 통해 근로조건이 합리적으로 결정될 수 있도록 보장하고 있다.

헌법 제33조제1항에 의하면, "근로자는 근로조건의 향상을 위하여 자주적인 단결권, 단체교섭권, 단체행동권을 가진다"고 규정하고 있다. 노동3권은 근로조건 보장을 위한 수단적인 권리로서 상호 밀접하게 관련되어 있다.[19]

*첫째, 단결권(團結權)은, 근로자의 근로조건 향상을 집단적으로 추구하는 권리로서, 단결체 결성과 조직 및 단결체 활동의 자유 등 적극적인 단결의 자유, 소극적으로 단결하지 않을 자유, 단결체를 선택할 자유 등을 포함하는 기본적인 권리이고

*둘째, 단체교섭권(團體交涉權)은, 노사가 교섭을 통해 합의에 도달하는 것을 주된 목적으로 하는 것으로서, 상대방에게 교섭을 제안할 권리, 상대방의 교섭 제안에 응낙할 의무 즉, 합의할 의무를 포함하지는 않지만 교섭장소에 출석하여 성실히게 회담·협상 할 의무를 내포한다.[20] 단체교섭권은 사용자의 교

19) 헌법 제33조, ① 근로자는 근로조건의 향상을 위하여 자주적인 단결권·단체교섭권 및 단체행동권을 가진다. ② 공무원인 근로자는 법률이 정하는 자에 한하여 단결권·단체교섭권 및 단체행동권을 가진다. ③ 법률이 정하는 주요방위산업체에 종사하는 근로자의 단체행동권은 법률이 정하는 바에 의하여 이를 제한하거나 인정하지 아니할 수 있다.

20) 헌재 2002헌바12도, 2002.12.12.

섭의무가 권리의 핵심이다. 노사는 단체협약으로 교섭에 따른 자세한 행동약속 즉, 교섭제안 시기와 방법, 교섭위원 수. 자격. 교섭담당자 선정 통보, 교섭안 제출과 대응답변, 조정과 중재회부 시기, 합의절차 등 채무적부분을 정할 수 있다. 이 밖에도 단체교섭은 부차적으로 상대방에게 자기의 생각이나 불만을 전달하게 하고 상호 이해를 깊게 하거나 무언가 대응을 촉구하거나 하는 의사소통의 의미를 함께 가진다.[21)]

*셋째, 단체행동권(團體行動權)은 노사가 상대방에 대하여 주장을 관철할 목적으로 직장폐쇄, 파업, 태업, 준법투쟁 등 유형적인 물리적 집단적인 실력행사를 통하여 단체교섭 등 협상국면을 유리한 국면으로 전환하기 위한 것으로 주로 쟁의행위를 지칭한다. 노조법은 노동조합 등 노동관계 당사자가 주도하지 않고 주로 근로조건을 개선할 목적으로 하지 않거나, 업무의 정상적인 운영을 저해하지 않으면 노조법상 쟁의행위로 보지 않는다. 즉, 주체·목적·방법·절차·수단 등에 있어서 합법적이고 정당하지 않으면 정당한 권리행사가 아니라고 보아서 민형사면책, 불이익취급으로부터 보호 등 권리보호를 하지 않는다.

그 밖에 정당한 쟁의행위기간 중에는 현행범이 아니면 노조법 위반을 이유로 인신을 구속하지도 않고, 사용자로 하여금 쟁의행위로 중단된 업무수행을 위하여 해당 사업과 관계없는 자를 채용 또는 대체할 수 없도록 하는 등 노사의 힘, 즉, 교섭력의 불균형을 초래할 수 있는 행위들로부터 노동조합을 보호하는 정책적 배려가 있다.[22)]

다만, 쟁의행위기간 중 사용자의 재산권, 시설물관리권의 행사범위와 휴업·폐업·사업이전의 자유 등 헌법상 보장된 재산권의 자유가 근로자의 생활권적 기본권인 노동3권 행사를 보장하기 위해 어느 정도까지 제한될 수 있느냐 하는 것이 논란이 되고 있다.

최근에는 산업이 고도화되고 기업의 세계화가 촉진되는 등 노사환경의 급격한 변화에 힘입어 대립과 투쟁보다 양보와 타협을 중시하는 방향으로 기업과 지역의 노사문화를 개선하는 한편, 노사가 각자의 역할을 정립하여 공동으로

---

21) 임종률, 제8판, 108쪽.

22) 임종률, 제8판, 108쪽.

기업의 경쟁력을 높이고 종업원의 복지증진을 도모하는 등 상호 이익이 되는 교차점에 근로조건의 합의를 찾는 방향으로 변화하는 추세에 있다.

4. 노동법의 법원

노동법의 법원은 「재판규범으로서 법관에게 기준이 되는 규범의 존재형식」 혹은 「재판규범으로서 법의 존재형식」이라고 한다.[23] 일반적으로 실정법 뿐 아니라 노동관계에 관한 모든 규율근거가 노동법의 법원이 된다고 광의로 이해한다.

노동법의 법원은 다양하지만, 대체로 헌법, 법령, 단체협약, 노사협정, 취업규칙, 근로계약, 경영관행, 사용자 지시의 순으로 상하위 법원 간 효력의 계층구조를 이룬다.

기업 외적으로는 헌법, 국가가 제정한 노동관계법령, 헌법에 따라 체결 공포된 조약은 국내법과 같은 효력을 가지므로 우리나라가 비준·공포한 ILO협약, 기타 형법 등 공법으로서 노동관련 규정을 담고 있는 각종 법률 등이 있고, 기업 내적으로는 단체협약, 취업규칙, 근로계약 등에서 적용대상으로 적시된 당사자에게 효력을 지닌다.

법원이 지닌 효력의 계층적 구조에서 법령은 헌법에 반할 수 없고, 단체협약, 취업규칙, 근로계약, 사용자 지시는 강행법인 법령에 위배될 수 없으며, 취업규칙, 근로계약, 사용자의 지시는 단체협약에 위반될 수 없고, 근로계약, 사용자 지시는 취업규칙에 위반할 수 없고, 사용자 지시는 근로계약에 위반할 수 없다. 법원 상호간 계층적 효력구조는 근기법, 노조법 등 실정법에서 잘 나타난다.[24]

---

23) 임종률, 제8판, 8쪽 ; 김형배, 2004년 신판, 120쪽.

24) 근기법 제15조 (이 법을 위반한 근로계약) ① 이 법에서 정하는 기준에 미치지 못하는 근로조건을 정한 근로계약은 그 부분에 한해 무효로 한다. ② 무효로 된 부분은 이 법에 정한 기준에 따른다. 근기법 제96조 (단체협약의 준수) ① 취업규칙은 법령이나 해당사업 또는 사업장에 대하여 적용되는 단체협약과 어긋나서는 아니된다. ② 고용노동부장관은 법령이나 단체협약에 어긋나는 취업규칙의 변경을 명할 수 있다. 근기법 제97조(위반의 효력) 취업규칙에서 정한 기준에 미달하는 근로조건을 정한 근로계약은 그 부분에 한하여 무효로 한다. 이 경우 무효로 된 부분은 취업

하위의 법원이 상위의 법원보다 근로자들에게 유리한 내용을 규정하고 있을 때에는 하위의 법원이 그대로 효력을 발생하고 상위의 법원은 적용되지 않는다. 이것을 「유리한 조건 우선의 원칙(有利한 條件 優先의 原則)」이라고 한다.[25)]

문제는 사업장 내의 노동관행과 판례, 행정해석 등이 법원성을 가질 수 있는가 하는 점과 동일한 사항에 관해 법원 간에 내용이 상충될 경우 또는 유리 불리한 규정 및 신법과 구법이 상충되는 경우 각각 효력의 우선순위는 어떻게 되는가 하는 점이다. 같은 순위의 규범들이 서로 상충되면 나중에 발효된 신법이 구법에 우선하고 적용범위가 넓은 일반적 규범보다는 적용범위가 좁은 특별규범이 우선한다.[26)]

(1) 헌법과 법률

헌법 제32조와 제33조는 노동법의 해석과 적용의 근원적 기준으로 근기법 등 개별적근로관계법과 집단적노사관계법, 각종 고용관계법의 제정기초가 된다. 노동법은 일반법인 민법에 대해 특별법적 지위에 있으며 기본적으로 강행성을 가진다. 법 적용계층 순위상 근기법과 집단노사관계법은 단체협약, 취업규칙, 근로계약에 우선하여 적용되고, 동일한 사항에 대해서 상위법이 하위법에 신법이 구법에 우선하는 것이 원칙이다.

다만, 노동법의 입법취지는 근로관계의 내용을 일정수준에까지 유지·확보하여 근로조건의 계속적인 향상과 개선을 도모하는 것이다. 따라서 상하위법 적용순위에서는 상위법이 무조건 우선하는 것이 아니라 동일 사항에 대해 하위법의 규정이 상위법보다 유리한 내용을 정하고 있을 경우는 해당 규정의 내

규칙에 정한 기준에 따른다. 노동조합법 제33조 (기준의 효력) ① 단체협약에 정한 근로조건 기타 근로자 대우에 관한 기준에 위반하는 취업규칙 또는 근로계약의 부분은 무효로 한다. ② 근로계약에 규정되지 아니한 사항 또는 제1항의 규정에 의하여 무효로 된 부분은 단체협약에 정한 기준에 의한다.

25) 대판 93다57551, 1994.5.27.

26) 근로기준법의 근로계약기간, 계약체결·해지방식 등은 민법의 고용계약의 특별법적 지위에 있고, 최저임금법의 임금기준은 근로기준법의 임금에 관한 특별법적 지위에 있으며, 기간제 및 단시간근로자 보호법, 퇴직급여보장법은 근로기준법의 특별법적 지위에 있다.

용을 종합적으로 판단하여 보다 「유리한 조건이 우선 적용」된다.[27] 따라서 그 한도에서는 강행적 효력이 적용되지 않는다. 다만, 단체협약과 취업규칙의 경우는 다른 각도에서 검토해 볼 필요가 있다.

(2) 단체협약

단체협약은 고용에 관해 노동조합과 사용자 사이의 권리의무관계를 정한 계약으로서 그 속에는 내용에 따라 조합활동 인원·시간·장소, 시설·편의제공, 단체협약, 쟁의행위, 조합비공제 등을 정한 채무적 부분과, 근로시간, 임금, 휴일, 휴가, 퇴직금 등 개별조합원과 사용자 사이의 근로조건과 대우 등을 정한 규범적 부분으로 나눈다. 단체협약은 효력 순위상 법률보다 하위에 있고 취업규칙과 근로계약보다 상위에 있다.

단체협약은 헌법상 보장된 노동3권을 실현하여 근로조건 개선 등 근로자 권익보호에 궁극적인 목적을 두는 계약으로서, 노사가 법정기준 이상의 근로조건과 조합활동 등에 관한 사항을 집단적인 합의로 정한 것은 개별근로자와 사용자 사이에 합의로 정한 취업규칙과 근로계약보다 우선 적용되어야 한다.[28] 그러므로 단체협약은 노동조합과 사용자 사이의 채권계약이며, 개별조합원과 사용자 사이에서는 강행적효력을 가진 규범적계약이다.[29]

다만, 단체협약은 일반적구속력 혹은 지역적구속력[30]이 적용되지 않으면 조

---

27) 예) 근로기준법상 연차유급휴가 상한을 연 25일로 정하고 있으나, 단체협약은 조합원에 대해 연 30일, 취업규칙에서는 연 40일로 정하고 있을 경우 조합원에게는 연 30일, 비조합원에게는 취업규칙상 연 40일이 우선 적용된다.

28) 노조법 제33조 ① 단체협약에 정한 근로조건 기타 근로자의 대우에 관한 기준에 위반하는 취업규칙 또는 근로계약의 부분은 무효로 한다. ② 근로계약에 규정되지 아니한 사항 또는 제1항의 규정에 의해 무효로 된 부분은 단체협약에 정한 기준에 의한다

29) 김형배, 2004 신판, 748쪽.

30) 1. 노조법 제35조 (일반적구속력)하나의 사업 또는 사업장에 상시 사용되는 동종의 근로자 반수 이상이 하나의 단체협약의 적용을 받게 된 때에는 당해 사업 또는 사업장에 사용되는 다른 동종의 근로자에 대하여도 당해 단체협약이 적용된다.

2. 노조법 제36조 (지역적구속력) ① 하나의 지역에 있어서 종업하는 동종의 근로자 3분의2 이상이 하나의 단체협약의 적용을 받게 된 때에는 행정관청은 당해 단체협약의 당사자 쌍방 또는 일방의 신청에 의하거나 그 직권으로 노동위원회의 의결을 얻어 당해 지역에서 종업하는 다른 동종의 근로자와 그 사용자에 대하여도 당해 단체협약을 적용한다는 결정을 할 수 있다.

합원에게만 효력이 있는 것이 원칙이므로 비조합원에게는 법원이 될 수 없다. 따라서 비조합원은 단체협약상의 근로조건 등을 이유로 청구권을 행사할 수도 없다.

조합규약은 근로자의 단결권을 기반으로 근로자단체의 조직과 운영을 정한 자치법규로서 기능하고 단결권의 범위 내에서 조합원과 노동조합 내부에만 적용되기 때문에 일반적인 법원으로 볼 수는 없다. 다만, 조합내부의 문제를 판단할 때는 일차적으로 규약에 정한 내용이 우선한다. 예를 들면, 조합장 및 임원·대의원 선거, 조합원 징계, 조합장 탄핵, 집단적 의결방법과 효력, 회의진행 절차 등 조합조직·운영·활동과 관련된 다양한 사항이 규약에서 비롯되는 만큼 행정관청은 분쟁의 해결을 위해 규약상 각종 규정 등을 검토하여야 한다. 따라서 대내적인 범위 내에서는 조직구성원에 대해 법규로서의 역할을 한다고 보아야 한다. 다만, 규약이나 단체협약 모두가 법위반 내용을 정할 경우 그 부분은 무효로 된다는 것은 말할 나위도 없다.

1) 강행적 효력

단체협약의 내용 중 개별조합원과 사용자 사이의 근로조건 기타 근로자 대우에 관해 정한 규범적부분이 그 기준에 위반하는 취업규칙과 근로계약의 해당부분을 무효로 하는 것을 「강행적 효력」이라고 한다. 원칙상 규범적부분에 속한 모든 조항은 강행적 효력을 가진다. 규범적부분이 없는 협정은 단체협약이라고 할 수 없다.

단체협약의 강행적 효력이 미치는 경우는 1. 처음으로 정한 또는 존속 중인 근로계약·취업규칙이 협약에 정한 내용과 다른 약정을 한 경우 2. 존속 중인 취업규칙·근로계약을 협약에 위반되게 변경한 경우 3. 법률에 반하는 탈법행위에 의해 단체협약의 강행적 효력을 회피하려는 약정을 한 경우 등이다. 물론 기본적으로 조합원인 근로자에 대한 약정내용을 말한다.[31]

---

② 행정관청이 제1항의 규정에 의한 결정을 한 때에는 지체없이 이를 공고하여야 한다.

31) 대판 95다23415, 1996.6.28 ; 대판 93다62126, 1994.6.14 ; 김형배, 2004 신판, 754쪽.

2) 직접적·보충적 효력

단체협약이 개별적 근로관계에 대해 직접 지배적인 효력을 미치는 것을 「직접적·보충적」효력이라고 말한다. 개별적 근로계약에 아무런 약정이 없는 사항이나 단체협약에 의거 개별적 근로계약에서 정한 근로조건 기타 근로자 대우에 관한 사항의 일부가 무효로 된 경우, 그 무효로 된 부분은 단체협약의 규범적부분이 직접적·보충적으로 적용된다는 것이다. 또한 단체협약의 내용이 강행적·직접적인 효력에 의해 근로계약의 내용이 되는 것을 「자동적 효력」이라고 한다.

이 효력은 단체협약이 존속하는 도중에 근로자는 조합원인 경우 단체협약에 정한 근로조건 및 기타 근로자 대우에 관한 기준을 직접 적용해 주도록 사용자에게 요구할 수 있고, 사용자가 불이행 할 경우 채무불이행이 된다. 또한 단체협약이 실효되거나 종료된 후에도 단체협약의 로조건 및 기타 근로자 대우에 관한 기준은 개별 근로계약의 내용으로 화체되어 있으므로, 계약당사자가 별도의 합의를 하여 근로조건 등을 변경하거나 다른 내용으로 새로운 단체협약을 체결하지 않으면 구 단체협약의 근로조건은 개별근로관계의 내용으로 그대로 존속·적용되어야 한다.[32)]

① 단체협약 준수

근기법 제96조제1항에 의하면, 취업규칙은 해당사업장에 적용되는 단체협약과 어긋나서는 아니된다. 고용부장관은 법령이나 단체협약에 어긋나는 취업규칙의 변경을 명할 수 있다고 「단체협약 준수」에 관해 정한 바 있다.

이것은 사용자가 일방적으로 정한 취업규칙의 내용은 법령의 최저기준에 위반되지 않아야 하고 조합원의 경우 동일한 사항으로서 단체협약에 정한 내용과 다르게 정한 취업규칙의 내용은 협약의 강행적 효력에 의거 무효가 된다는 것이다. 이 규정은 상시 10인 미만의 근로자를 사용하는 사용자가 임의로 작성한 취업규칙에도 적용된다.[33)]

---

32) 김형배, 2004 신판, 756쪽.

33) 임종률, 제8판, 354쪽.

조합원은 조합에 가입한 시기에 관계없이 단체협약의 적용을 받지만, 조합에 가입하였다가 협약의 유효기간동안 탈퇴나 제명된 자는 그 때부터 적용이 배제된다. 협약당사자가 노동조합과 사용자단체인 경우는 구성원인 사용자에게만 적용된다. 여기서 단체협약은 그 내용 중 규범적 부분 즉, 근로조건이나 기타 근로자 대우에 관한 기준에 한정된다.

② 단체협약과 취업규칙과의 관계

동일한 내용에 관해 단체협약과 취업규칙의 내용이 서로 다른 경우 강행적 효력에 의거 단체협약의 내용이 우선하고 취업규칙의 내용은 무효가 된다고 하면, 취업규칙에는 있고 단체협약에는 없는 사항에 대하여는 어떻게 적용할 것인가?

단체협약과 취업규칙 모두가 조합원인 근로자를 위한 것이고, 조합원이 아닌 근로자를 포함한 전사원에게 적용할 취업규칙은 필요하며, 취업규칙은 근로계약에 관해 강행적·보충적 효력을 가진다. 그러므로 단체협약에는 없는 내용이 취업규칙에 정해져 있으면서 법령에 위반되지 않는 것은 해당사업장의 근로자인 조합원에게도 적용되어야 하는 것이다.

다음으로, 동일 내용에 관해 단체협약의 내용이 취업규칙의 내용보다 조합원인 근로자에게 유리할 경우는 강행적·보충적 효력에 의거 취업규칙의 내용은 무효가 되고 단체협약에 정한 내용이 우선 적용되는 것은 별다른 논의가 없겠으나, 동일한 내용에서 취업규칙의 내용이 단체협약보다 유리할 경우에도 무조건 단체협약의 강행적 효력을 내세워서 그 부분에 한해 취업규칙을 무효로 보아야 할 것인가 하는 의문이 남는다.

단체협약이 근로자 보호를 목적으로 한다면 근로자에게 보다 유리한 조건을 하위법에 있다고 하여 무조건 배제할 필요는 없을 것이다. 다만,단체협약과 취업규칙 상호간 유리한 조건우선의 원칙(有利한 條件 優先의 原則) 적용방법에 관해서 법령으로 정한 바는 없다. 판례와 학설에 의존하는 수 밖에 없다.

긍정하는 입장은 헌법의 노동법조항[34]의 제정목적에 비춰서 근로자 보호

34) 헌법 제32조제33조.

에 중점을 두고, 부정하는 입장은 단체협약은 이미 헌법에 의해 근로자집단에게 부여된 대등한 집단적 힘을 바탕으로 공정한 방법으로 노사가 합의한 것이라는 점에서 그 내용이 강행법을 위반하지 않으면 협약은 계약의 일종으로 그 자체로서 존중되어야 한다는 입장이다.

판례와 학설의 견해를 살펴보면, 동일한 사항에 관해 하위의 법원이 상위의 법원보다 근로자들에게 유리한 내용을 규정하고 있을 때는 하위의 법원이 그대로 효력을 발생하고 상위의 법원은 적용되지 않는다. 왜냐하면 노동법은 근로자보호를 목적으로 하기 때문에 보다 불리한 사항은 효력을 가질 수 없는 것이 원칙이다.[35)]

그러나, 헌법에 보장된 근로의 권리와 노동3권은 근로자 권익보호를 목적으로 하는 것이므로, 노사가 대등한 위치에서 합의한 집단적 계약으로서 단체협약의 내용이 헌법과 법령에 위반되지 않으면 근로조건을 보다 유리하게 또는 불리하게 변경할 수 있는 것이다. 따라서 단체협약이 현저하게 합리성을 잃어버려 노동조합의 목적을 벗어난 것으로 볼 수 있는 경우가 아니라면, 단체협약의 내용을 취업규칙보다 불리하게 변경하거나 제정할 수 있는데, 이 경우 불리하게 변경·제정된 단체협약은 취업규칙의 유리한 조건을 배제하고 우선적으로 적용된다는 당사자간의 합의가 있는 것으로 보아야 한다고 판시한 바 있다.[36)] 따라서 판례는 단체협약과 취업규칙 상호간에는 유리한 조건의 우선원칙을 부정하여 법 효력 계층적 순위상 단체협약의 내용에 어긋나는 취업규칙의 내용은 그것이 보다 유리하든 불리하든 강행적 효력에 의거 무효가 되고

35) 대판 93다57551, 1994.5.27.

36) 대판 2002두9063, 2002.12.27. 취업규칙과 단체협약의 내용이 동일하게 정해져 있다가 단체협약의 내용만 불이익하게 변경된 경우 취업규칙의 보다 유리한 규정의 적용을 배제하고 단체협약의 내용을 우선한다는 합의가 포함된 것으로 본다는 판례이다 예) 개정전 단체협약과 취업규칙의 징계규정에 의하면, 무단결근 월7일 이상인 경우를 면직기준으로 정했는데, 단체협약이 개정되어 월7일 이상에서 월5일 이상으로 단축하기로 노사가 합의하고 취업규칙의 규정은 월7일 이상으로 그대로 둔 경우, 부당해고구제신청 심판취소청구사건에서 개정 단체협약은 취업규칙의 보다 유리한 근로조건을 배제하고 단체협약을 적용하려는 합의로 보는 것이 당사자의 의사에 합치된다는 것.

단체협약의 내용이 우선 적용된다는 입장이다.[37)]

독일의 단체협약법은 단체협약은 노사가 근로조건의 최저기준을 설정한 것이므로 단체협약보다 유리한 근로조건을 정한 취업규칙·기타 협정 등은 유효하다고 보고 있다. 국내에서도 일부 학자가 이 견해를 취하고 있다.[38)]

사용자가 단체협약의 내용보다 더 유리한 내용을 취업규칙이나 근로계약으로 정한다면, 조합원들은 노동조합의 우산아래 보다 우월한 근로조건을 향유할 것을 기대해 왔으나 무산되었으므로 조합원 탈퇴와 교섭력의 약화가 필연적으로 따를 것이다. 따라서 단체협약과 취업규칙·근로계약 관계에서 유리한 근로조건 등의 우선적용 원칙을 관철할 경우 사실상 부당노동행위를 제도적으로 조장하는 부작용이 있을 수 있다. 이 점이 설득력이 있다고 판단한다.

(3) 취업규칙

취업규칙은 상시근로자 10인 이상인 사업장에서 사용자가 근로관계에 적용할 일반적인 사항을 개별근로자와 교섭을 하지 않고 미리 정해 둔 것으로서 일종의 약관과 같은 것이다. 근로자는 입사시 명시적·묵시적인 방법으로 계약을 통해 규칙의 내용을 포괄적으로 수용하는 합의를 하는 것이다. 취업규칙은 근로자의 근로조건을 정한 것이므로 사용자의 일방적인 의사에 의해 작성되지만, 상위법인 헌법과 노동관계 법령·단체협약에 위배될 경우 그 부분에 한해 무효로 되고 강행법의 효력이 직접적·보충적으로 적용된다. 그러므로 일단 근로조건으로 수용된 취업규칙의 내용은 사용자의 임의로 변경이 불가능하며 반드시 근로자의 과반수로 조직된 노동조합이 있는 경우는 노동조합, 근로자의 과반수로 조직된 노동조합이 없는 경우는 근로자과반수의 의견을 들어야 하고, 그 내용을 기존의 근로조건보다 불이익하게 변경할 경우는 반드시

---

37) 해당 사업 또는 사업장의 근로자 과반수로 조직된 노동조합과 단체협약이 체결된 경우로서 동일한 내용에 대해 취업규칙에서 정한 근로조건 보다 단체협약이 불리하게 변경된 경우에도 협약자치 원칙에 따라 특별한 사정이 없는 한 동 협약은 유효하다고 할 것이므로 취업규칙상 병가의 유급처리는 단체협약에 정한 기준에 의해 그 적용이 배제된다고 봄이 타당하다(대판 2002두9063, 2002.12.27 참조). 대판 99다7572, 1999.11.23 ; 대판 99다67536, 2000.9.29. 임종률 제8판 제144쪽.

38) 김형배, 2004 신판, 126쪽.

동의를 얻어야 한다.[39)]

취업규칙은 고용부장관에게 신고[40)]하여야 하고 근로계약과 사용자 지시, 경영관행보다 상위인 계층적 효력순위에서 법원으로 역할을 한다. 취업규칙 개정에 따른 절차적 효력과 관련 사례는 별도 장에서 후술한다.

(4) 근로계약

고용에 관해 근로자의 노무제공과 사용자의 임금지급 기타 상호 중요한 권리의무를 채권채무이행관계로 하는 계약으로서 기본적으로는 사적자치를 토대로 한다. 근로계약은 사실상 노동관계의 1차적인 법원이 된다. 다만, 상대적 열위에 있는 근로자보호를 위해 헌법과 노동관계 법률 등에 의해 강행법에 위반하는 내용을 계약으로 할 수 없으며 효력의 계층적 순위 상 헌법과 법률·단체협약·취업규칙에 반하는 내용은 강행적 효력에 의해 그 부분에 한해 무효가 되고 직접적·보충적 효력에 의거 상위법에 정한 내용이 적용된다.[41)]

(5) 사용자의 지시

근로자는 근로계약에 의해 자신의 노동력을 사용자의 지휘감독하에 처분이 가능하도록 두고 정당한 지휘명령에 복종하여야 한다. 사용자의 지시권은 이러한 노무공급과 수령관계에서 내용·장소·시간·방법 등을 구체화시켜 노동력이 재화창출에 기여할 수 있도록 하는 경영수단이자 근로계약내용의 구체화·최적화 수단이다. 사용자의 지시권은 재산권에 내재한 경영권의 한 부분으로서 근로자는 정당한 지시에 복종하지 않으면 불이익처분을 받을 수 있다.[42)] 실무상 취업규칙, 근로계약 등에 노무제공 방법 등의 세밀한 사항까지 전부 예정하여 기술해 둘 수는 없으므로 지시권은 상위법원을 보완하는 법원으로서 중요한 기능도 수행한다.

39) 근기법 제94조, 김형배, 2004 신판, 129쪽.
40) 근기법 제94조 제2항.
41) 근기법 제15조, 제96조, 제97조, 노조법 제33조.
42) 근기법 제23조.

(6) 경영관행

경영관행은 통상 경영 내에서 동일한 경영형태가 사실적·반복적으로 계속되어 종업원 전체에 대해 사실상 청구권을 가진 권리로서 신뢰를 준 경우를 말한다. 상위법원에 위배되지 않는 경영관행에 대해 사용자는 신뢰이익을 져버리지 말아야 할 책임이 있다는 것이다. 특정사안에 대해 단체협약, 취업규칙, 근로계약 등의 규정이 불명확하거나 없을 경우 보충적 해석기준이 되어 상위법원과 함께 보충적 법원으로도 인정받을 수 있다. 통상 경영관행은 전국적, 업종 전체에 대해 형성되는 것이라기보다 개별 사업 또는 사업장 단위로 형성되는 것이 일반적이다.

판례는 일정한 경영상의 행태가 반복되면 그러한 행태 내지 급부에 대하여 사용자가 이행의무를 부담한다는 의사가 추단되거나 묵시적의사가 인정된다고 하여 묵시적 규범으로 본 경우도 있고, 경영관행에 대해 법적으로 정하거나 그 요건을 인용한 경우는 없지만 규범적 효력을 가진 청구권적 권리로서 법원성을 인정한 경우도 있다.[43)]

청구권적 권리로 볼 경우, 경영관행은 사용자의 임의로 변경될 수 없고 취업규칙 변경절차에 준하여 근로자과반수 혹은 근로자과반수로 구성된 노동조합의 동의를 얻는 등 취업규칙과 다름없는 변경 절차를 거쳐야 한다.[44)]

(7) 행정해석

노동사건 등에 관해 법무부나 고용부의 유권해석이 법원성을 가지느냐 하는

---

43) 대판 2001다53950, 2001.10.23 ; 서울민사지판 87가합4924, 1988.5.11. 피고회사에서는 근로자를 징계할 때에는 반드시 피징계자를 인사위원회에 출석시켜 변명의 기회를 주어온 관례가 있는데, 원고 1 등은 1987.6.경 피고회사 인사위원회의 간사인 소외 10에게 원고들의 문제로 인사위원회가 열리게 되면 진술을 할 수 있는 기회를 달라고 요청을 한 사실, 소외 10도 인사위원회가 개최되기 전에 이를 건의하였으나 피고회사 인사위원회는 원고들에게 변명의 기회를 주지 아니하고 일방적으로 해고결정을 한 사실을 각 인정할 수 있고, 달리 위 인정사실을 움직일 만한 증거가 없는바, 경영관행은 일종의 사실인 관습으로서 근로관계의 내용을 형성하는 효력을 가진다 할 것이고, 따라서 피고회사의 이건 해고조치는 그 징계절차마저 위와같은 관행을 위반한 것으로 무효라 하지 않을 수 없다.

44) 서울고판 2000.8.10, 2000나8009, 김형배, 2004 신판, 134쪽.

것이 의문이다. 판례에 의하면 행정해석이나 업무지침·예규 등은 행정기관 내부의 사무처리지침으로서 국민이나 법원을 구속할 수 없다는 입장이다.[45] 다만, 행정해석의 법원성은 없다고 하더라도 실무상 사실상의 해석규범으로서 행정해석이 법원의 재판규범에 영향을 미친다는 것은 부인할 수 없다.

(8) 판 례

우리나라는 성문법주의를 취하고 있으므로 법관이 해당 사건이 아니면 상급법원의 판례에 구속받지 않는다. 판례는 노동법원으로 인정되지 않는다. 다만, 다양한 사실관계를 판단할 때 적용할 법규정이 명확하게 드러나지 않을 경우는 판례, 사실인 관습, 행정해석 등 합리적인 해석수단을 활용해 법적인 판단을 내리지 않으면 아니된다. 그러므로 상급법원의 유사한 판례는 해석의 기준이 될 수 있고 노동법 관계의 법원으로서 기능한다고 보아야 한다.

5. 단체협약의 변경과 근로관계

단체협약은 유효기간 만료, 취소, 합의해지,[46] 협약 당사자의 변동, 목적의 달성, 사정변경, 새로운 협약체결 등으로 기존의 단체협약은 효력을 상실하고, 집단적 동의 등을 통해 내용이 변경될 수 있다. 협약 내용 중 근로조건 및 기타 근로자 대우에 관한 규범적 부분은 개별조합원 근로조건의 중요한 부분이다. 실무상 단체협약 실효 후 근로관계에서 근로조건 등의 규범적 효력을 어떻게 볼 것인가 하는 점과 집단적 동의 등을 통한 근로조건의 변경요건과

---

45) 대판 1993.2.23, 92누7122. 현행 노동법은 노동조합의 조직형태를 기업별조직으로 제한하지 아니하여 노동조합의 조직을 기업별, 산업별 또는 직종별로 할 것인가를 근로자 스스로 선택하도록 하고 있으므로, 마찬가지로 일정지역 내의 동일직종 또는 동종의 직장에서 일하는 근로자를 조합원으로 하는 지역노동조합도 다른 관계법령에 저촉되지 않는 이상 원칙적으로 허용된다 할 것이고, 원고 조합에 대응하는 사용자나 사용자단체가 존재하지 아니한다는 사정이 원고 노동조합설립의 장애사유가 될 수 없으며, 노동부장관의 위와 같은 업무지침은 행정청 내부의 사무처리지침에 불과하여 대외적인 구속력이 없고…(중략).

46) 민법 제550조. 단체협약은 당사자 사이 또는 근로자 개인과 사용자 사이의 계속적 권리·의무관계를 규정하고 있으므로 단체협약의 효력을 소급해서 소멸시킬 수 없고 장래를 향해 소멸시킨다고 보아야 한다.

효력을 검토할 필요가 있다.

(1) 단체협약의 변경사유

1) 유효기간 만료

협약은 2년 미만으로 정한 유효기간의 만료로 소멸한다. 유효기간 만료를 전후하여 노사가 새로운 협약을 체결하기 위해 교섭을 계속하였음에도 불구하고 협약이 체결되지 않은 때는 종전의 단체협약은 그 만료일로부터 3월까지 계속효력을 유지한다. 다만, 노사약정으로 협약만료를 전후한 약정시기까지 새로운 협약이 체결되지 않으면 종전과 같은 내용의 협약이 자동으로 갱신체결된 것으로 본다는 「자동갱신협약」, 또는 노사약정으로 협약만료 시까지 새로운 협약이 체결되지 않은 때는 새로운 협약이 체결될 때까지 종전협약의 효력을 연장한다는 「자동연장협약」[47] 이 있는 경우는 각각 그 기간까지 효력을 유지한다.

2) 취소, 합의해지

협약은 내용 중 중요부분에 착오가 있거나 사기 또는 강박에 의한 경우는 당사자 일방에 의해 취소될 수 있다.[48] 단체협약은 계속적 근로관계에 적용되므로 취소의 경우에도 소급적 효력은 있을 수 없고 장래를 향해서만 효력을 발생한다.

이 밖에도 협약은 당사자간 합의에 의해 언제든지 그 효력을 상실시킬 수 있다. 협약 당사자 일방이 협약 내용 중 중요한 부분을 불이행하여 협약의 목적

---

47) 연장기한을 정한 경우는 그 기간까지 연장되어 효력이 만료되고, 기간을 정하지 않고 막연히 새로운 협약체결 시까지로 정한 경우 당사자 일방은 해지하고자 하는 날의 6월전까지 통고를 하여 해지할 수 있다(노조법 제32조).

48) 민법 제109조 (착오로 인한 의사표시) ① 의사표시는 법률행위의 내용의 중요부분에 착오가 있는 때에는 취소할 수 있다. 그러나 그 착오가 표의자의 중대한 과실로 인한 때에는 취소하지 못한다.② 전항의 의사표시의 취소는 선의의 제삼자에게 대항하지 못한다.
제110조 (사기, 강박에 의한 의사표시) ① 사기나 강박에 의한 의사표시는 취소할 수 있다. ② 상대방 있는 의사표시에 관하여 제삼자가 사기나 강박을 행한 경우에는 상대방이 그 사실을 알았거나 알 수 있었을 경우에 한하여 그 의사표시를 취소할 수 있다.③ 전2항의 의사표시의 취소는 선의의 제삼자에게 대항하지 못한다.

을 달성할 수 없다면 상대방은 협약의 효력을 일방적으로 중단시킬 수 있느냐 하는 것이 의문이다. 평화의무를 위반하거나 협약 근로조건을 불이행하는 등 중대한 위반행위를 한 경우는 해지할 수 있다. 다만, 자신의 의무는 불이행하고 상대방의 의무불이행만 주장하거나, 사소한 불이행을 이유로 노사관계 안정을 해치는 경우, 전체 협약 중 자신에게 불리한 규정만 해지하는 것 등은 권리남용으로 허용되지 않는다.[49]

3) 협약 당사자 변동

수개 회사의 분할·합병·해산·설립형태 등 조직변경 등의 경우는 협약 당사자가 변동될 수 있다. 존속형태의 변경이 있더라도 본래의 회사가 존속하는 한 단체협약은 당연히 종료되지 않는다. 다만, 해산의 경우 청산이 종료되고 모든 근로자를 해고하였을 경우는 협약이 실효될 수 있다.

분할·합병·조직변경의 경우는 그 회사의 권리의무가 존속 중인 회사, 승계되는 노동조합 등에 포괄적으로 승계되어 그대로 존속하게 된다. 노동조합이 해산되거나 1개 조합이 분할되어 2개의 조합의 된 경우는 당사자가 실체적으로 소멸되어 종전 협약은 효력이 소멸된다. 기존 노조에서 조합원들이 집단으로 탈퇴하여 새로운 노조를 결성한 경우는 실질적으로 구노조가 신노조로 조직변경한 것과 동일하기 때문에 협약은 승계되는 것으로 보아야 한다.

4) 목적달성, 사정변경, 새로운 협약발효

협약 중 일시적 목적을 위해 정한 내용은 그 목적 달성을 끝으로 실효되고, 기존 협약을 대체하는 새로운 내용의 협약을 합의에 의해 발효시킨 경우는 구협약은 실효된다. 협약은 일정한 사회경제적 여건이나 기업의 특수한 환경[50]의 변화에 따라 당초 합의 내용이 기업현실과 불합치하거나 시간의 경과로 인해 유명무실하게 될 수도 있다. 당초 협약 체결당시 여건이 사후에 현저히 변동되어 객관적으로 협약의 내용을 유지하기에 부적당하다고 판단되는 경우는

49) 김형배, 2004 신판, 792쪽 ; 임종률, 제8판, 169쪽.

50) 예) 외환위기·수출과 내수감소·경영적자누적으로 인한 부도위기 극복 등으로 인한 근로조건 불이익변경·기업 구조조정 등.

당사자 일방은 사정변경에 의거 협약내용의 변경협의 또는 실효를 주장할 수도 있다.

(2) 단체협약 종료 후의 근로관계

일반적으로 노사당사자는 단체협약이 소멸하기 전에 새로운 단체협약 체결을 위한 교섭을 진행하여 신협약을 체결하고 새로운 질서를 구축한다. 그렇지 못한 경우 단체협약은 유효기간이 만료되어 소멸한다. 그 밖에 취소, 합의해지 등으로도 소멸하게 된다. 이 경우 협약 내용 중 노동조합과 사용자 사이에 권리의무관계를 정한 채무적부분[51)]은 당연히 소멸되지만, 개별조합원과 사용자 사이에 적용되던 임금·근로시간·휴일·휴가·해고사유 및 절차·퇴직금·징계·승진 등 개별 근로조건 기타 근로자 대우에 관한 사항 등 규범적 효력은 어떻게 되느냐 하는 것이 의문이다. 만약 단체협약 실효와 함께 규범적부분도 사라지고 없다면 근로조건 적용을 두고 많은 혼란이 따를 것이다.

독일의 단체협약법에 따르면 단체협약의 규범적 부분은 협약의 존속기간 중에는 강행법규와 같은 효력을 갖지만 협약 종료 후에는 임의적·채권적 효력을 가지면서 새로운 단체협약·취업규칙·근로계약 등으로 대치될 때까지 계속 효력을 가진다고 하여 이를 이른바 여후효(餘後效, Nachwirkung)를 인정하고 있다. 다만, 우리나라에서는 그에 관해 명문의 규정은 없다. 따라서 자동연장·자동갱신 등의 약정이 없는 가운데 유효기간 만료를 전후하여 노사가 교섭을 계속할 경우에 노조법은 당사자가 정한 유효기간을 특별히 3개월 연장하여 무협약 상태를 보완하는 것이다.[52)] 유효기간 만료 후 3월의 기간이 경과하면 단체협약의 채무적 부분과 규범적 부분은 실효로 소멸되고 없다. 따라서 여후효는 이론적인 논의로만 가능하다. 학설의 견해는 부정설과 긍정설로 나뉜다.

① 부정설

단체협약의 소멸은 곧 단체의사의 소멸을 의미하기 때문에 근로관계 내용에

---

51) 조합활동, 쟁의행위, 단체교섭, 편의제공, 고충처리, 노사협의 등 단결권 유지 확장 및 단체교섭·평화의무·쟁의행위 절차와 방법 등 단체행동에 관한 세부적인 사항을 정한 협약내용.

52) 노조법 제32조제3항.

관하여 개별 근로관계 당사자의 의사를 지배할 수 있는 협약의 효력은 인정될 수 없으므로 여후효란 있을 수 없다. 협약의 실효 후에는 취업규칙·근로기준법 또는 민법의 고용에 관한 일반적인 규정만이 근로관계를 규율한다는 입장이다.

② 긍정설

협약소멸 후에 규범적 효력의 존속을 인정하는 입장과 협약소멸 후 규범적 효력을 인정하지는 않으나 규범적부분의 효력은 근로관계 내용으로 화체되어 존속한다는 입장이다.[53]

판례와 학자들의 견해는, 단체협약은 유효기간 만료로 인해 비록 강행적 효력과 직접적 효력은 더 이상 존재하지 않지만 근로조건 등 규범적 부분은 단체협약이 실효되기 전 이미 개별근로계약 속으로 화체되어 그 내용이 되었다고 할 수 있으므로 새로운 단체협약이나 근로계약이 체결될 때까지 효력을 가진다. 긍정설의 입장으로서 실질적으로는 독일과 같이 여후효를 인정하는 것과 다를 바 없다.[54]

결론적으로, 단체협약이 실효되었다고 하더라도 임금·근로시간·퇴직금·해고기준과 절차 등 개별적 근로관계에 관한 부분은 그 단체협약의 적용을 받던 근로자의 근로계약내용으로 되어, 당사자가 그것을 변경하는 새로운 단체협약체결·취업규칙을 체결·작성, 개별적인 근로계약체결 등 근로자의 합의를 얻지 않으면 여전히 개별근로조건으로 남아서 근로자와 사용자를 규율한다. 이것은 노동조합으로부터 탈퇴하거나 제명당하여 더 이상 단체협약의 적용을 받지 않게 된 근로자의 근로조건의 효력에 관해서도 동일한 논리가 적용된다.

---

53) 김형배, 2004 신판, 794쪽.

54) 대판 2007다51758, 2007.12.27 ; 대판 98다13747, 2000.6.9 ; 김형배, 2004 신판, 794쪽 ; 임종률, 제8판, 171쪽.

제2장 근로기준

1. 개념정의

근기법은 경제적·사회적으로 상대적 약자의 위치에 있는 근로자를 제도적으로 보호하기 위해 임금, 근로시간, 휴일, 휴가, 안전보건 등 근로조건에 관한 최저기준을 정한 법이다. 사업주는 근로자에게 이 법에서 정한 기준이하로 근로조건을 설정하거나 대우를 해서는 안되며 이 법을 이유로 기존의 유리한 근로조건을 저하시켜서도 안된다.[1] 근기법은 민법에 규정한 계약자유원칙과 소유권절대 원칙 등 시민법의 원리를 수정하여 근로자의 기본권을 보장하는 것으로 사용자는 항상 법에서 정한 기준 이상의 근로조건을 유지하는데 노력할 강행법적인 의무가 있다.

(1) 민법과의 관계

근기법 등 노동법은 근로관계에 관한 한 민법의 특별법 지위에 있다. 근로관계에 대해서는 노동법이 우선적으로 적용되나 규정이 없는 사항에 대해서는 일반법으로서 민법이 적용된다. 일반적으로 노동법은 사용자를 규율하는 법으로 근로자의 의무에 대해서는 정한 바가 없고 근로자의 권익보호를 위한 대부분의 규정이 포함되어 있다. 예를 들면, 해고의 경우 사용자가 근로관계를 해지하려면 근기법 제23조~제27조에 의거 "정당한 사유"가 없으면 해고, 휴직, 전직, 정직, 감봉, 기타 징벌을 하지 못하도록 제한을 하지만, 근로자가 근로관계를 일방적으로 해지하려는데 대하여는 근기법상 아무런 법적인 제한

1) 근기법 제3조.

은 없다. 따라서 명확하게 정함이 없는 근로계약관계 해지 등의 경우에는 민법 제658조, 제659조 및 660조, 제661조를 적용하여 사실관계를 해석·판단할 수 있을 뿐이다.[2)]

(2) 근로관계 불법행위 등에 대한 책임

근로자는 근로의무를 이행하는 과정에서 본인의 과실로 사용자에게 손해를 주거나 제3자에게 손해를 끼치는 경우가 발생할 수 있다. 이 경우 근로자와 사용자의 불법행위 책임과, 제3자에 대한 손해배상책임은 누구에게 속해 있는지는 매우 중요한 문제이다. 근기법에서는 근로자의 책임이나 손해배상, 불법행위의 요건, 사용자의 구상권 등에 관해서는 정한 바가 없으므로 법적인 관계는 전적으로 민법의 일반원칙에 따라야 한다.

1) 민법상 근로자의 책임

근로관계에서 사용자와 근로자가 민법상 손해배상책임을 지는 경우는 2가지가 있다. 채무자입장에서 고의나 과실로 계약상의 채무를 불이행하였을 때 발생하는 채무불이행에 따른 손해배상책임과 고의 또는 과실로 인한 위법행위로 상대방에게 손해를 가한 경우 불법행위에 따른 손해배상책임이 있다.[3)] 따

---

2) 민법 제658조 (노무의 내용과 해지권) 사용자가 노무자에 대하여 약정하지 아니한 노무의 제공을 요구한 때는 노무자는 계약을 해지할 수 있다. 약정한 노무가 특수한 기능을 요하는 경우에 노무자가 그 기능이 없는 때에는 사용자는 계약을 해지 할 수 있다.
민법 제659조 (3년 이상의 경과와 해지통고권) 고용의 약정기간이 3년을 넘거나 당사자의 일방 또는 제3자의 종신까지로 된 때에는 각 당사자는 3년을 경과한 후 언제든지 계약해지의 통고를 할 수 있다, 전항의 경우에 상대방이 해지의 통고를 받은 날로부터 3월이 경과하면 해지의 효력이 생긴다.
민법 제660조 (기간의 약정이 없는 고용의 해지권) 고용기간의 약정이 없는 때에는 당사자는 언제든지 계약해지의 통고를 할 수 있다. 전항의 경우에는 상대방이 해지의 통고를 받은 날로부터 1월이 경과하면 해지의 효력이 생긴다. 기간으로 보수를 정한 때에는 상대방이 해지의 통고를 받은 당기후의 1기를 경과함으로써 해지의 효력이 생긴다.
민법 제661조 (부득이한 사유와 해지권) 고용기간의 약정이 있는 경우에도 부득이한 사유가 있는 때에는 각 당사자는 계약을 해지할 수 있다. 그러나 그 사유가 당사자 일방의 과실로 인하여 생긴 때에는 상대방에 대하여 손해를 배상해야 한다.
3) 민법 제390조, 제750조 (불법행위의 내용) 고의 또는 과실로 인한 위법행위로 타인에게 손해를 가한 자는 그 손해를 배상할 책임이 있다.

라서 당사자자는 근로계약상의 의무를 기초로 그의 과실이 인정되는 한 상대방에 대하여 채무불이행에 대한 책임을 부담해야 하며, 불법행위로 상대방에게 손해를 끼친 경우에는 손해배상 등의 책임을 지는 것이 당연하다. 다만, 일정한 사실관계가 상당기간 지속되는 근로관계의 특성상 손해배상이나 채무불이행 책임여부를 확정할 때 일반 시민법관계와 다른 판단이 필요하다.

일반적으로 볼 때, 계속되는 근로관계에서 가벼운 실수는 자주 일어날 수 있는 것이고, 어차피 기업주의 이익을 위해 노무를 제공하다가 발생한 가벼운 손해를 모두 근로자의 책임으로 돌릴 수는 없으므로 근로자의 책임은 제한적으로 보는 것이 합리적이다. 따라서 근로자가 노무를 제공하면서 사업주에게 손해를 끼쳤을 경우에도 모든 손해에 대해 배상책임을 물을 수는 없고, 근로자의 지위나 작업행태, 동일 작업에 대한 경력, 당해 작업에서 요구되는 주의력 정도 등 제반사항을 감안하여, 손해발생 예견가능성·회피가능성 등에 관한 주의의무를 게을리 한 잘못이 인정되는 등 중과실이 인정될 때에 비로소 손해배상의 책임을 질 수 있는 것이고, 고의로 위법행위를 하여 타인에게 손해를 끼친 경우가 아니라면 노무제공 중에 발생한 과실로 인한 손해배상책임은 제한되어야 한다. 다만, 불법행위에 대해서는 근로계약상의 성질이나 의무보다 불법행위 자[4]를 기초로 근로자의 책임을 판단하는 한편, 사용자에 대해서는 근로자가 불법행위 책임을 질 경우에도 사용자로서의 책임은 일정부분 지우고 그에 따른 내부 구상권은 일정부분 제한하는 방향으로 근로자의 책임을 경감하고 있다.[5] 근로자의 노무를 통해 이득을 얻는 과정에서 발생하는 위험은 일정부분 노사가 같이 부담해야 한다고 보는 것이다. 소송에서 손해배상액의 결정은 당사자의 주장과 사실관계, 입증자료 등을 토대로 쌍방의 과실과

4) 민법 제750조~제752조, 제756조.

5) 민법 제756조 (사용자의 배상책임) ① 사용자가 타인을 사용하여 어느 사무를 종사하게 한 자는 피용자가 그 사무집행에 관하여 제3자에게 가한 손해를 배상할 책임이 있다. 그러나 사용자가 피용자의 선임 및 그 사무 감독에 상당한 주의를 한 때 또는 상당한 주의를 하여도 손해가 있을 경우에는 그러하지 아니하다.
② 사용자에 갈음하여 그 사무를 감독하는 자도 전항의 책임이 있다.
③ 전2항의 경우에 사용자 또는 감독자는 피용자에 대하여 구상권을 행사할 수 있다.

책임에 따라 법관의 합리적인 판단에 따라 결정된다.

판례에서도, 사용자가 피용자의 업무집행으로 인해 직접 손해를 입었거나 사용자로서 손해배상책임을 부담한 결과 손해를 입게 된 경우에도, 사용자는 그 사업의 성격과 규모, 사업시설의 상황, 피용자의 업무내용, 근로조건이나 업무태도, 가해행위의 상황, 가해행위의 예방이나 손실의 분산에 관한 배려정도 등 제반사정에 비추어 "손해의 공평한 부담"이라는 측면에서 "신의칙상 상당하다고 인정되는 한도 이내"에서만 손해배상이나 구상권을 인정하고 있다.[6]

여기서 「신의칙(信義則)」이란, 사용자와 피용자의 관계와 업무를 집행하는 고용관계나 근로관계의 특성을 기초로, 합리적이고 사회적 보편관념에 비추어 상당하다고 인정되는 책임의 한도를 말한다. 근로자의 책임경감을 위해 고려해야 할 요소들은 작업의 위험과 경중, 사고의 예견가능성, 위험의 내재성, 노무제공의 단조성, 근속기간, 근로자의 실수정도와 횟수, 근로자의 지위나 보수, 인적관계, 과실과 책임의 정도, 사용자의 보험가입여부 등을 꼽을 수 있는 바, 이와 같은 사정들을 종합적으로 고려하여 손해의 공평한 부담이라는 측면에서 책임을 부담하는 것이 합리적이다.

① 제3자에게 손해를 입혔을 경우

근로자가 업무수행 중에 제3자에게 손해를 입힌 경우는 그 피해자에게 불법행위 책임을 부담하는 것이 원칙이다. 그러나 근로자의 가해행위가 업무집행과 관련이 있다면 제3자는 사용자의 책임에 근거를 두고서 사용자에게 직접 손해배상을 청구할 수도 있다. 이때 배상을 한 사용자는 근로자에게 구상권을 행사할 수 있을 것이고, 그렇지 않고 근로자가 직접 손해배상을 지불한 경우는 사용자에게 자신의 책임에 상응하는 책임경감이나 면제보상을 청구할 수 있을 것이다.

② 직장동료에 대한 책임

근로자가 업무수행 중 그의 과실로 인해 동료근로자의 재산·신체·생명에 위해를 가한 경우는 민법 제750조에 의거 불법행위로 인한 손해배상책임을

6) 대판 94다17246, 1994.12.13.

부담해야 하고, 사용자는 사고발생 등에 대한 주의·관리의무 등을 게을리 하거나 시설물관리 등에 하자가 있다면 책임을 져야할 것이다.

2. 근로조건의 기본원칙

근기법은 사용자에 비해 상대적으로 약자인 근로자를 보호하기 위하여 법 전체를 관통하는 몇 가지 기본원칙을 정하고 각 조문을 해석할 때 구체적 사실관계에서 법 적용의 합리성을 판단하는 척도로 삼고 있다. 근로조건은 당사자간 대등한 입장에서 결정해야 하는 근로조건대등결정 원칙, 일단 당사자간 계약으로 정한 근로조건은 반드시 지켜야 한다는 근로조건 준수원칙, 근로조건을 최저기준 이하로 정할 수 없으며 이 법을 이유로 기존의 유리한 근로조건을 낮출 수 없는 근로조건저하금지, 근로계약의 이행은 신의와 성실을 바탕으로 해야 한다는 신의성실원칙, 불합리한 차별을 금하는 균등처우원칙, 의사에 반한 강제근로금지원칙, 폭행금지원칙, 법에 의하지 않고는 영리를 목적으로 타인의 취업에 개입할 수 없다는 중간착취배제원칙, 시민으로서 공민권행사보장원칙 등이 있다.

(1) 근로조건저하금지의 원칙

근기법은 근로조건의 기준을 정함으로써 근로자의 기본적인 생활을 보장, 향상시키는데 그 목적이 있다.[7] 이 법에서 근로조건의 기준이라 함은 최저기준을 의미하므로 이미 결정된 근로조건이 법에 정한 기준보다 높다고 해서 근로조건을 종전보다 낮게 책정해서는 안된다.[8] 다만, 당사자간 합의로 법정기준 범위내에서 기존의 유리한 근로조건을 낮추는 것이나, 사회적·경제적 변동, 경영여건의 변화 또는 직무의 변경 등에서 오는 근로조건의 저하는 객관적인 타당성이 있어 근로자의 동의를 얻은 경우 법위반에 해당하지 않는다. 사용자의 임의로 근로조건이 법정기준 이하로 결정되거나, 근로계약존속 중에 변경되는 것을 방지함으로써 종속적 위치에 있는 근로자를 보호하기 위한 것이다. 단체협약

7) 근기법 제1조.
8) 근기법 제3조.

으로 정하거나 근로자 동의를 얻어서 법에서 정한 기준에 미달하는 근로계약을 체결한 것은 근로자들의 승인이 있었다고 해도 무효이다. 다만, 기업을 살리기 위해 개별근로자들의 동의를 얻어 이미 발생한 임금을 기준 이상으로 삭감하거나, 노사합의로 장래 임금수준을 하향 조정하는 것은 유효하다.[9)]

예를 들면, 종전부터 지급해 오던 식대를 일방적으로 삭감하거나, 기준이하로 퇴직금지급규정을 정하는 것, 주 44시간에서 40시간으로 단축되었음에도 상당기간 40시간 근무에 대해 44시간 분 임금을 지급해 오다가 근로자의 동의없이 40시간 분으로 임금을 하향조정한 것은 법 제3조 위반이다. 사업주가 법에 위반하여 근로조건을 임의로 저하시킨 경우는 그 부분에 한해 무효가 되며 저하되기 전의 근로조건이 해당근로자의 근로조건이 된다.

(2) 근로조건대등결정의 원칙

근로조건은 근로자와 사용자가 동등한 위치에서 자유의사에 따라 결정하여야 한다.[10)] 이 원칙은「근로자의 동의가 없이는 근로조건을 저하시키거나, 근로조건을 저하시킬 우려가 있는 근로형태 등으로 변경할 수 없다」는 것이다. 따라서 일방적인 임금삭감이나 총액을 하향시키는 것, 상용직을 일용직으로 변경하는 것 등은 위법이다.[11)]

법 위반을 하여 일방적으로 근로조건을 저하시킨 것이라면 그 부분은 무효로 되고 저하되기 전의 조건이 근로조건으로 된다. 이 원칙의 실현을 위해 집단적노사관계법으로 노동3권을 보장하여 상대적으로 약한 근로자집단에 대해 힘의 균형을 실어주고, 근기법에서는 근로계약의 작성교부시 여러가지 요건과 형식을 갖추도록 정하고 있으며, 취업규칙의 작성·변경시 근로자의 의견을 청취하거나 동의를 받도록 하고 절차를 위반한 취업규칙 변경을 무효로 한다.

기타 노사협의회 등을 통해 경영과 근로조건 전반에 대한 협의결정을 하는 등 여러가지 제한을 통해 근로조건을 대등한 입장에서 결정하도록 정하고 있다.

---

9) 대판 99다39531, 2001.4.10. 퇴직금을 포기하거나 민사소송을 하지 않겠다는 당사자간 특약 등.
10) 근기법 제4조.
11) 근기 68207-843, 1999.12.13.

(3) 근로조건 준수의 원칙

근로자와 사용자는 신의성실을 바탕으로 단체협약, 취업규칙, 근로계약을 성실히 준수할 의무가 있다.[12] 단체협약의 해석은 근로자에게 불리하게 해석할 수 없고, 그 성립의 진정함이 인정되고 반증이 없는 이상, 기재내용에 표시된 존재 및 내용을 인정하고 성실히 이행하여야 한다. 특히 근로계약이 성립한 경우, 근로자는 기업주에 대해 약정된 노무를 제공하고, 기업주는 약정된 임금을 지급해야 한다는 계약의 직접적인 내용을 실현하는 것만이 아니고, 전인격적인 근로자의 존재를 어떻게 처우해야 할 것인가 하는 점을 고민하여 노사가 고용과 관련하여 사회적·윤리적 의무에 따라야 할 구속을 받는다. 근기법은 취업규칙이나 단체협약·근로계약 위반 그 자체에 대하여는 벌칙을 정하고 있지 않다. 다만, 위반시 관련 근로조건을 정한 해당조문을 위반하거나 민법상 채무불이행이 될 수 있으며 근로자가 이를 준수하지 않은 경우에는 해고, 징계 등의 불이익을 받는다. 예를 들면 취업규칙에 규정된 근로조건이 법정조건은 아니라고 해도 금품지급[13]과 관련이 되고 지급의무 불이행시에는 법 제36조에 의거 처벌을 받는다.

(4) 신의성실의 원칙

민법 제2조에 의하면, 「권리의 행사와 의무의 이행은 신의에 좇아 성실히 하여야 한다. 권리는 남용하지 못한다」고 정하고 있다.

신의성실의 원칙(principle of good faith, 信義誠實의 原則)이란, 흔히 신의칙이라고도 하는데, 인간이 법률생활을 함에 있어서 신의와 성실을 가지고 행동하여 상대방의 신뢰와 기대를 배반하여서는 아니된다는 조리에 근거한 원칙이다.[14] 그렇지 않을 경우에는 불법한 권리행사로 금지되어야 한다는 원칙이다. 권리가 절대자유라는 생각에서 벗어나 권리의 공공성과 사회성을 인정하면서부터 권

---

12) 근기법 제5조.

13) 예) 사용자는 매 3개월마다 생산수당으로 기본급의 10%를 지급한다. 등의 내용.

14) 국세기본법 제15조 에서는 "납세자가 그 의무를 이행함에 있어서는 신의에 좇아 성실히 하여야 한다. 세무공무원이 그 직무를 수행함에 있어서도 또한 같다"라고 규정하며 신의성실의 원칙을 조세법의 기본원리로 채택하고 있다.

리남용을 객관적 입장에서 인정할 수 있게 되었다.

「권리남용」이 되려면, 객관적으로 권리행사가 사회질서에 반하고 주관적으로 권리행사 목적이 오직 상대방에게 고통과 손해를 주는데 그치고 권리를 주장하는 자에게 아무런 이익이 없음에도 권리를 행사하는 것이다.[15] 실무상, 「외형상으로는 권리의 행사인 것과 같이 보이나, 구체적인 경우에 실질적으로 검토할 때에는, 권리의 공공성·사회성에 반하는, 권리 본래의 사회적 목적을 벗어난 것이어서, 정당한 권리의 행사로서 인정할 수 없는 행위」가 권리남용이다.

권리가 남용되었는지 여부는, 권리행사자의 이익과 그로 인해 침해되는 상대방의 이익이 현저히 불균형을 이루는 경우, 구체적 사실관계에 따라 건전한 사회질서를 기준으로 여러 사정을 고려하여 종합적으로 판단한다.

신의칙은 다양한 법률관계에서 세부적인 내용이 법률이나 계약으로부터 명확하게 정하여지지 아니한 경우 이를 적합하게 해석하고 보충하는 구체화·보충적 기능을 한다. 개별사안에 대하여 법률의 형식적, 획일성으로부터 발생하는 부작용을 줄이고 구체적 타당성을 실현하는 기능을 가진다. 아울러 특정 사안에 관해 법률이나 관습법에 정함이 없거나 유추해석을 통해서도 타당한 결론을 얻을 수 없는 경우에 「조리(條理)의 이름으로써 이를 보충하는 법 창조적 기능」을 가진다. 이와 같이 신의칙은 노동법관계 뿐 아니라 일반사법 전반에서 성문법에 내재한 「권리·의무 주체의 행위준칙」으로서 강행법규적인 성질을 내포하고 있으며 「법관의 재판규범」으로서 작용한다. 신의성실의 원칙은 권리남용의 원칙[16]을 근본으로 하면서 파생적으로 모순행위금지원칙, 실

15) 대판 64다720, 1964.11.11. 이미 건물이 있는 토지를 매수하여 시가의 7배가 넘는 건물 철거를 요구하고 토지를 시가의 2배에 매수할 것을 요구한 경우.

16) 대판 2010다8266, 2010.6.10. ① 근로자에 대한 미지급 임금채무를 승인한 후, 변제기를 약정, 채무변제계약 공정증서를 작성하고 그 후 근로자에게 미지급 임금 중 일부를 지급하는 등 임금채무를 자진하여 변제할 것과 같은 태도를 보이게 되자 근로자가 이를 신뢰하고 그 임금에 대한 권리행사나 시효중단 조치를 취하지 않았는데, 사용자는 근로자의 신뢰를 악용, 후에 미지급 임금채무 중 일부에 관하여 소멸시효의 완성을 주장하는 것은 권리남용으로 허용될 없다. ② 대판 2010도3249, 2010.7.22. 노동조합 전임운용권이 노동조합에 있는 경우 노동조합의 전임자 통지가 조합원에 대한 사용자의 인사명령을 거부하기 위한 수단으로 이용된 것으로 보아, '권리

효의 원칙, 사정변경의 원칙이 있다. 「모순행위금지원칙」은, 선행행위와 모순되게 사후적인 결함을 주장하는 행위를 금하고,[17] 「실효의 원칙」은, 권리행사의 기회가 있음에도 불구하고 권리자가 권리를 행사하지 아니하거나, 역으로 더 이상 권리를 행사하지 않을 것이라고 믿을 만한 상당한 이유가 있을 때 권리를 행사하는 것은 무효라고 보는 것이다.[18] 「사정변경의 원칙」은, 계약체결 당시 예상하지 않았고 또한 예상할 수도 없었던 사정이 발생한 경우에, 당사자를 그대로 구속받게 하는 것이 가혹하고 합당하지 않다고 인정되는 경우에는 사정변경에 따라 계약을 해제할 수 있다는 것이다.[19]

신의성실의 원칙은 일반사법의 대원칙이다. 근로관계에서도 일반사법 관계에서와 마찬가지로 권리의 행사와 의무의 이행은 신의에 좇아 성실히 이행하여야 한다. 권리가 남용되었을 경우 청구권은 관련법이 조력하지 않는다. 문제가 된 권리가 동의권, 취소권, 추인권, 해지권, 해제권, 상계권 등 권리자의 일방적인 의사표시만으로도 효력을 발생하는 형성권인 경우는 법률효과가 발생하지 않는다. 타인에게 손해를 입힐 목적으로 권리를 행사한 경우는 위법행

남용'에 해당한다. ③ 대판 2007두11566, 2007.10.11. 근로자에 대한 전보나 전직은 원칙적으로 인사권자인 사용자의 권한, 업무상 필요한 범위 내에서는 상당한 재량을 가지며, 그것이 근기법에 위반되거나 권리남용에 해당되는 등의 특별한 사정이 없는 한 유효하고, 전보처분 등이 권리남용에 해당하는지 여부는 업무상의 필요성과 전보 등에 따른 근로자의 생활상의 불이익을 비교·교량하여 결정되어야 하고, 업무상의 필요에 의한 전보 등에 따른 생활상의 불이익이 근로자가 통상 감수하여야 할 정도를 현저하게 벗어난 것이 아니라면, 이는 정당한 인사권의 범위 내에 속하는 것으로서 권리남용에 해당하지 않는다(대판 94다52928, 1995.10.13 등 참조). 임용계약서에 사용자는 필요하다고 판단될 때에는 근로자에게 위 업무 이외의 업무를 부과할 수 있고, 근로자는 이에 따르기로 명시하여 약정하였다. 전보로 인하여 근로자는 월 10만원의 정보처리기사 자격수당을 받지 못하게 된 것에 불과하여 인사발령에 관한 권리를 남용한 경우에 해당한다고 볼 수 없다. ④ 사용자의 근로자에 대한 전보처분은 업무상 필요성이 있고 그로 인해 근로자가 입는 고통이 통상 감수해야 할 정도로 현저히 벗어나지 않아야 하는데, 근로자의 정당한 조합활동을 이유로 통근이 불가능한 원격지에 전보한 것은 권리남용이다.

17) 장시간근로 단축을 요구하면서 연차유급휴가사용을 촉진하는 사용자의 지시를 거부하고 금전으로 보상할 것을 요구하는 경우.

18) 사직서를 제출하고 퇴직금을 수령한지 3년이 지난 시점에서 사직서 제출이 강압에 의한 것이라면서 해고무효소송을 제기하는 것.

19) 회사임원 지위에 있기 때문에 회사의 요구로 부득이 제3자와 사이에 채무보증인이 된 경우, 퇴사하거나 임원의 지위를 벗어나서 현저히 사정변경이 생긴 경우 보증계약을 해지할 수 있다.

위로 손해배상책임이 발생한다. 법률에 규정이 있는 경우 남용된 권리는 박탈당할 수도 있다.[20]

(5) 균등처우의 원칙

사용자는 근로자에 대하여 남녀의 성을 이유로 차별적 대우를 하지 못하며 국적·신앙 또는 사회적 신분을 이유로 근로조건에 대한 차별적 처우를 하지 못한다.[21]

근기법은 이미 근로계약을 체결하여 채용되어 있는 근로자에게 다양한 근로조건을 적용하는데 있어서 합리적인 이유없이 차별적인 처우를 금하도록 정하고 있다. 균등처우원칙의 핵심은 근로조건을 결정함에 있어서 성별과 국적·신앙·사회적 신분을 이유로 불합리한 차별대우를 해서는 아니된다는 것이다. 달리 대우함에 있어서 합리적인 이유가 있다고 하기 위해서는 당해 사업의 목적, 당해 직무의 성질, 양태, 작업조건 등을 종합적으로 고려하여, 달리 대우하는 것이 경영상 합리적이고 방법과 내용이 사회통념상 합리적인 범위 내라야 한다. 합리적인 이유가 있는지 여부를 판단하기 위해서는 반드시 당해 사업주에게 의견진술 기회를 주어야 한다. 균등처우원칙을 위반한 근로계약은 무효가 된다.[22]

특히 균등처우원칙은 기간제 및 단시간근로자 보호법과 파견법에서 정한 차별[23]이외에 무기계약직과 정규직의 차별, 기타 정규직간, 동일집단 간 합리적 이유 없는 차별처우에 관해서는 균등처우원칙의 "사회적신분" 개념을 적용한다. 헌재결정과 판례를 중심으로 관련법리를 살펴보면, 아래와 같다.

"사회적신분"이란 사회에서 장기간 점하는 지위로서 일정한 사회적 평가를 수반하는 것으로서, 사업장내에서 근로자 자신의 의지나 능력발휘에 의해서

20) 회사가 제공한 연수비용으로 무려 6년간 가족을 동반 해외연수를 하고 박사학위를 취득하여 불과 반년 만에 자기 이익만을 위해 이직한 것은 근로계약상 지켜야 할 신의성실의 원칙에 어긋난다는 것이다.
21) 근기법 제6조.
22) 서울남부 2014가합3505, 2016.6.10.
23) 기간제법 제8조, 파견법 제21조.

회피할 수 없는 사회적 분류를 가리킨다. "차별적 처우"란, 법률 등 규범이 헌법상 평등권이 침해되는 경우와 마찬가지로 "본질적으로 같은 것을 다르게, 다른 것을 같게 취급하는 경우를 말하고, 본질적으로 같지 않은 것을 다르게 취급하는 경우에는 차별 자체가 존재한다고 할 수 없다. 따라서, 근기법에서 차별적처우에 해당하려면 우선 그 전제로서 차별을 받았다고 주장하는 사람과 그가 비교대상으로 지목하는 사람이 본질적으로 동일한 비교집단에 속하여야 한다.[24]

균등처우원칙은 헌법상 평등권에서 파생한 것으로서 침해여부를 판단하기 위한 전제로서 비교집단이 본질적으로 동일한지 여부를 살펴보기 위해서는 비교집단 자체의 내재적 특성이나 직무의 특수성 등 물리적 성격이나 현실적 측면만을 고려해서는 아니 되고 비교대상과 관련된 헌법규정 및 당해 법률규정의 의미와 목적에 관한 규범적해석도 함께 고려하여야 한다.[25]

차별처우 비교집단을 판단함에 있어서는 침해된 평등권의 구체적 내용과 무관하게 비교집단의 보편적, 일반적인측면만을 고려할 것이 아니라, 당해 사건에 있어서 차별취급이 문제된 이유나 평등한 대우가 요청되는 구체적인 영역에 한정해 본질적으로 동일성이 있는지 여부를 살펴야 한다.[26]

본질적으로 동일한 비교집단에 속해 있는 비교대상자와 다른 처우를 하더라도 그러한 처우가 합리적 이유없이 불리하게 처우하여야 차별적 처우에 해당하는데, 합리적 이유 없는 경우란, 근로자를 달리 처우할 필요성이 인정되지 않거나 달리 처우할 필요성이 인정되는 경우라도 그 방법, 정도 등이 적정하지 않은 경우를 의미한다.[27]

1) 성별차등금지

성별차등금지에 관해서는 근기법의 특별법으로서 고평법에서 규율하고 있다. 차별에 관한 일반적인 사항과 차별로 보지 않는 경우, 모집과 채용을 비롯

24) 헌재 2009헌마538, 2010.3.25 ; 헌재 2010헌마167, 2010.6.24.
25) 헌재 96헌가18, 1996.12.26 ; 헌재 99헌마494, 2001.11.29.
26) 헌재 2011헌마612, 2014.4.24 ; 헌재 2007헌마444, 2008.12.26.
27) 대판 2011두7045, 2012.10.25.

한 임금·임금이외의 금품·복리후생·교육·배치·승진·정년·퇴직 및 해고 등에 있어서 차별금지, 현존하는 남녀고용차별 해소를 위해 잠정적으로 특정성을 우대하는 적극적 고용개선조치 등을 주요내용 한다. 법 적용대상 근로자는 사업주에게 고용된 자와 취업할 의사를 가진 자로 정하여 근로의사가 있는 구직자 실업자도 보호대상에 포함한다.[28] 다만, 기업의 규모와 고용의 성질 등을 감안하여 동거의 친족만으로 이루어지는 사업 사업장과 가사사용인에 대하여는 법의 내용 전부가 적용되지 않고, 5인 미만의 사업장에 대해서는 모집과 채용에 관해서는 차별을 금하되 임금과 임금이외의 금품, 후생복지, 교육·배치·승진, 정년·퇴직 및 해고 등에 대한 남녀의 차별금지에 관한 사항은 적용되지 않는다.[29]

사용자는 성별, 혼인, 가족상의 지위, 임신 등의 사유로 합리적인 이유없이 채용 또는 근로조건을 달리하거나 기타 불이익한 조치를 하는 등 직접적으로 차별을 하는 것을 금지하도록 하고, 근로자를 채용할 때나 일단 채용한 후, 근로조건은 동일하게 취급하더라도 그 조건을 충족시킬 남성 또는 여성이 다른 성에 비하여 현저히 적고, 그로 인해 특정성에 불리한 결과를 초래함으로서 그 기준이 정당한 것임을 입증할 수 없는 경우와 같은 간접적인 차별도 금지한다.[30] 성차별행위가 대체로 비공개적인 것임을 감안하여 차별의 입증책임은 사업주에게 있다.[31]

1. 사업주는 근로자를 모집하거나 채용할 때 남녀를 차별해서는 아니되며, 여성근로자를 모집·채용할 때 그 직무수행에 필요하지 않은 용모·키·체중 등의 신체적 조건, 미혼조건 그 밖의 차별적인 요건을 제시해서는 아니된다.

2. 사업주는 「동일한 사업내의 동일가치 노동」[32]에 대하여는 동일한 임금을

28) 고평법 제2조제4호.

29) 고평법시행령 제2조.

30) 고평법 제2조제1호.

31) 고평법 제30조.

32) "동일가치의 노동"이라 함은 반드시 같은 업무에 대해 같은 임금을 지급하라는 말이 아니라, 당해 사업장 내의 서로 비교되는 남녀 간의 노동이 동일하거나 실질적으로 거의 같은 성질의 노동 또는 그 직무가 다소 다르더라도 객관적인 직무평가 등에 의하여 본질적으로 동일한 가치가 있다고 인정되는 노동에 해당하는 것을 말한다. ① 동일가치의 노동인지 여부는 소정의, 직무 수

지급하여야 한다. 동일가치 노동의 기준은 직무수행에서 요구되는 기술, 노력, 책임 및 작업조건 등으로 하고, 사업주가 그 기준을 정할 때는 노사협의회 근로자대표위원의 의견을 들어야 한다. 사업주가 임금차별을 목적으로 설립한 별개의 사업은 동일한 사업으로 본다.

3. 사업주는 임금 외에 근로자의 생활을 보조하기 위한 금품의 지급 또는 자금의 융자 등 복리후생, 교육·배치·승진, 정년·퇴직 및 해고에서 남녀를 차별하여서는 아니 되고, 여성근로자의 혼인, 임신 또는 출산을 퇴직사유로 예정하는 근로계약을 체결하여서는 아니된다. 다만, 직무의 성질상 특정성이 불가피하게 요구되는 경우, 근로여성의 임신, 출산, 수유 등 모성보호를 위한 조치를 취하는 경우, 현존하는 차별을 해소하기 위해 특정성의 근로자를 우대조치 하는 잠정적인 지원조치는 차별로 보지 않는다.[33]

고용부장관은 사업장의 남녀고용평등 이행을 촉진하기 위하여 그 사업장 소속 근로자 중 노사가 추천하는 자를 명예고용평등감독관으로 위촉하여 차별에 관한 상담조언과 자율점검, 사업주에 대한 차별개선 건의, 신고, 홍보계도 등의 임무를 수행하도록 하고, 근로자가 차별 등에 관해 고충을 신고하였을 경우는 근로자참여 및 협력증진에 관한 법률에 따라 설치된 노사협의회에서 처리하도록 했다.[34] 또한 현존차별의 시정을 위해 노동시장에서 적극적인 고용

행에서 요구되는 기술, 노력(勞力), 책임 및 작업조건을 비롯하여 근로자의 학력·경력·근속연수 등의 기준을 종합적으로 고려하여 판단하여야 하며, ② '기술, 노력, 책임 및 작업조건' 은 당해 직무가 요구하는 내용에 관한 것으로서, 1. '기술' 은 자격증, 학위, 습득된 경험 등에 의한 직무수행능력 또는 솜씨의 객관적 수준을, 2. '노력' 은 육체적 정신적 노력, 작업수행에 필요한 물리적 및 정신적 긴장 즉, 노동 강도를, 3. '책임' 은 업무에 내재한 의무의 성격범위·복잡성, 사업주가 당해 직무에 의존하는 정도를, 4. '작업조건' 은 소음, 열, 물리적·화학적 위험, 고립, 추위 또는 더위의 정도 등 당해 업무에 종사하는 근로자가 통상적으로 처하는 물리적 작업환경을 말한다. 따라서 남녀근로자가 하는 작업이 작업의 성격이나 기계 작동 유무의 면에서 다소의 차이가 있고, 작업공정에 따라서는 남자근로자가 무거운 물건을 운반하고 취급하는 등 여자근로자에 비하여 더 많은 체력을 소모하는 노동에 종사하더라도, 남자근로자의 작업이 일반적인 생산직 근로자에 비하여 특별히 고도의 노동 강도를 요하는 것이었다든가, 기계 작동을 위한 특별한 기술이나 경험이 요구되었던 것은 아닌 정도의 차이만으로 남녀 간 임금의 차별 지급을 정당화할 정도로 '기술' 과 '노력' 상의 차이가 있다고 볼 수는 없다(대판 2002도3883, 2003.3.14).

33) 고평법 제7조~제11조.

34) 고평법 제24조, 제25조, 영 제18조.

개선조치를 할 수 있고 실질적인 차별개선을 위해 여성의 직업능력개발과 고용촉진에 관한 정책개발과 지원을 할 수 있다.[35]

한편, 고령자고용촉진법(이하 고촉법)에 의하면, 2009.3.22부터 모집과 채용, 임금 등에 있어서 합리적인 이유없이 연령을 이유로 차별할 수 없도록 하고 있고, 2010.1.1부터 임금, 복리후생, 교육·훈련, 배치·전보·승진, 퇴직·해고 등에 있어서도 차별을 금하는 등 연령을 이유로 한 차별에 대해서도 단계적으로 규제를 가하고 있으므로 그 한도 내에서는 제한을 받는다.[36] 또한 합리적 이유없이 연령의 기준을 적용하여 특정 연령집단에 특히 불리한 결과를 초래하는 경우에는 연령차별로 본다. 예외적으로 연령차별로 보지 않는 경우는, 근무성격에 비춰 특정연령 기준이 불가피하게 요구되는 경우, 근속기간의 차이를 고려, 임금이나 그 외 금품과 복리후생에서 합리적 차등을 두는 경우, 고촉법 또는 다른 법률에 따라 근로계약, 단체협약, 취업규칙 등에서 정년을 설정한 경우, 고촉법 또는 다른 법률에 따라 특정집단의 고용촉진을 하는 경우 등이 있다

2) 국적에 의한 차별금지

국적에 대한 차별금지는 이중 국적자, 무국적자, 출입국관리법을 위반한 불

---

35) 노동시장에서 현존하고 있는 남녀차별 고용구조의 개선을 위해 장관소속으로 적극적 고용개선위원회를 설치하고 고용개선을 위해 조사·연구·홍보·교육 등의 사업을 수행하도록 하는 한편, 산업별·규모별로 여성근로자의 고용기준을 정하고, 일정규모 이상의 사업주에게 차별적 고용관행 및 제도개선을 위한 적극적인 고용개선계획을 수립하고 이행실적을 제출하도록 하여, 평가결과 우수기업에 대해서는 행정적·재정적인 지원을 할 수 있도록 정하고 있다. * 차별사례 : 업무의 성질, 내용, 근무형태, 정년규정 등을 종합하여 직종간 정년차등을 둔 것은 정당하다(서울행판 2006구합40406, 2007.7.13).국가유공자라 하더라도 합리적 기준에 의한 것이라면 사업장 내 차별을 인정할 수 있다(대판 2000나39063, 2002.2.20).여자라는 이유만으로 가족수당을 지급치 않는 것은 균등처우에 위반된다(근기 01254-8534, 1991.3.14).종사자 대부분이 여성으로 구성된 직종의 정년을 합리적인 이유없이 다른 직종의 정년보다 낮게 규정한 것도 무효이다(부소 01254-12651, 1991.9.2).단체협약이 적법하게 체결되었다 하더라도 합리적 이유없이 여성의 정년을 낮게 정했다면 근로기준법 제5조와 남녀고용평등법 제8조에 위반되어 무효이다(부소 01254-110, 1992.3.20). 사업주가 무주택 직원에 대한 주택매매와 가족수당지급에 있어 남녀 간에 서로 다른 기준을 설정하여 적용한다면 근로기준법 위반이다(부소 01254-116, 1992.3.25).단체협약의 규정에 의해 여성에게 차별정년을 적용 퇴직처리 한 것은 부적법하다(중노위 93부해130, 1993.9.3).

36) 고령자고용촉진법 제4조의4.

법취업외국인에게도 적용한다. 차별의 판단기준 중 가장 중요한 것은 합리적인 이유없이 국적에 따라 근로조건을 차별하는지 여부이다. 그러므로 조종사 인력난을 이유로 외국인 조종사를 내국인보다 높은 임금으로 고용하더라도 내국인 조종사에게는 승진·복지·교육 등의 혜택이 따로 주어진다면 차별이 아니다.[37] 근속기간, 숙련도, 적응성 등 합리적 기준을 적용하여 임금 기타 복리후생 등에서 차별을 하는 것은 무방하다. 비록 업무능력 등을 감안한 차별이라도 그 차별은 단체협약, 취업규칙, 근로계약 등에 근거를 둔 차별이어야 합리성이 인정될 것이다.

3) 신앙에 의한 차별금지

사용자는 근로자가 특정종교를 가졌다거나 또는 종교가 없는 것을 이유로 차별적인 처우를 하지 못한다. 근로자는 회사가 주관하는 종교행사에 참가를 거부할 권리가 있다. 그러나 신앙행위가 근로관계를 저해할 경우 이를 제한하는 것은 차별이 아니며, 신념이 사업운영에 불가결한 요건인 정당, 종교단체이거나 해당사업이 종교적, 정치적인 신념과 일체적인 관계가 있는 경우에는 신념에 의한 차별은 정당하다. 예를 들면, 특정종교를 신념으로 하는 목회자단체에서 근로하는 근로자가 교리나 이념상 배타적인 성향을 지닌 반대종파를 신봉하거나 근로도중에 공공연하게 그러한 성향을 업무에 반영하는 기고문을 작성 유포했다면 이를 이유로 한 불이익한 처분은 당연한 것이다. 특정정당의 사무국에 근로하는 자가 자기 정당의 노선과 배치되는 성향을 가지고 공공연히 반대정당의 노선을 지지하거나 집회에 참석하는 등의 행태를 보인다면 이를 이유로 한 불이익한 처분은 정당한 것이다.

4) 기 타

① 기능 업무능력, 난이도, 일정자격의 충족 등에 따른 차별

기능 업무능력, 난이도, 일정자격의 충족 등에 따른 근로조건[38]의 차이는 법위반이 아니다. 직무, 능률, 기능, 근무부서 난이도 등에 따라 상여금지급의

---

37) 임금 68207-852, 1994.5.25.

38) 상여금, 근속수당, 연차유급휴가수당 등의 차등지급.

차등을 주는 것이나 근속연한에 따른 지급률, 근속수당, 학자금, 연차유급휴가수당 등에 차등을 두는 것은 차별적 처우가 아니다. 그러나 차등을 둔다고 해도 법에 정한 최소한의 기준을 침해할 수는 없다. 예를 들면, 본사 사무직근로자와 지방공장의 근로자간에 연차유급휴가수당지급률을 단체협약으로 달리 정하는 것은 법위반이 아니다.[39] 그러나 이 경우에도 법정기준 이상이어야 한다. 성실한 근로자에 대해 시간외근로를 시키는 것과 같이 업무능력, 태도에 따른 차별은 법위반이 아니다. 지위, 자격, 행위 등을 고려할 때 불합리하게 차별하거나 아무런 이유없이 차별하거나, 차별정도가 사회통념을 벗어난 경우 법위반이 될 수 있다. 임금인상 등에 있어서 징계처벌자와 그렇지 않은 정상근로자와의 차별처우 및 외국인근로자에 대해 언어소통불편, 장기근속불가능, 생산성저하 등을 이유로 내국인근로자보다 차별대우 하는 것은 균등처우 위반이 아니다.[40]

정년연장 기간에 대해 임금수준을 종전보다 저하시키더라도 불이익으로 볼 수는 없고,[41] 가족수당을 세대주에게만 지급하는 것도 균등처우에 위반하는 것이 아니다.[42] 반면에 징계처벌자에 대해서는 임금인상 혜택을 전혀 주지 않는 것은 균등처우원칙에 비춰 부당하다는 해석도 있다.[43]

② 해고, 퇴직에 대한 차별

해고, 퇴직 등 기업내에서 사면·복권 등 근로자의 신분과 관련한 사항에 관해 객관적이고 특별한 사정 없이 불합리한 차별이 있는 경우 법위반이 된다. 예를 들면, 노조를 탈퇴한 33명 중 31명은 경고에 그치고 나머지 2명은 면직처분한 것은 평등원칙에 위반되어 무효라고 할 수 있다. 다만, 합리적인 사유가 있고 그에 따른 차별을 두는 것은 무방하다.

---

39) 근기 68207-842, 1996.6.25.
40) 근기 68207-1586, 2003.12.9.
41) 근기 68207-2163, 2002.6.8.
42) 근기 68207-675, 1999.11.22.
43) 근기 1445.9-1691, 1973.2.17.

③ 직위, 직급, 근속연수, 종사상 지위(촉탁 등)에 따른 차별

직위, 직급, 근속연수, 종사상 지위에 따라 정년 등 근로조건을 차별하는 것은 노동력의 가치, 직위·직급 등으로 미루어 책임정도 등의 성격, 기능의 정도, 능률의 차이 등에 따른 것으로 균등처우 위반으로 볼 수 없다.

한편, 상대적으로 열위에 있는 기능·고용직의 임금만 인상하고 일반직의 임금을 동결한 것은 균등처우 위반이 아니다.[44] 그러나 부당하게 장기간으로 수습기간을 설정하는 것은 신분을 불안하게 하여 균등처우 위반에 해당한다.[45]

(6) 강제근로금지원칙

사용자는 폭행, 협박, 감금, 그 밖에 정신상 또는 신체상의 자유를 부당하게

---

44) 대판 90다카17009, 1991.7.12.

45) 직위별 차등정년제도는 근로기준법 제5조의 균등처우에 위반되지 않는다(근기 68207-1043, 1994.6.29). 호봉사정에 있어 학력간 차등을 두는 것은 근로기준법상 차등대우에 해당되지 않는다(근기 01254-5059, 1989.4.6). 사용자는 근로자에 대하여 사회적 신분을 이유로 근로조건에 대한 차별적 대우를 하지 못하는 것인 바, 사회적 신분이라 함은 사회에서 차지하는 계속적 지위 또는 생래적 신분을 말하는 것으로서, 근로자의 기능·능률에 따른 근로조건의 차이는 균등처우에 반하는 것이 아니다(근기 01254-7861, 1987.5.15). 징계퇴직자에 대한 퇴직금 지급을 차등지급하는 것은 근로기준법 제2조에 위배된다고 해석된다(근기 1445-14471, 1974.10.21). 급료인상시 취업규칙에 의거 징계 및 처벌을 받은 자를 차등 대우함은 부당하다(근기 1445.9-1691, 1973.2.17). 관행적으로 지급하던 가족수당을 여성이라는 이유로 제외할 수는 없다(감독 68207-3441, 1994.8.20). 1년 이상 근속한 직원 자녀에 대한 학자금 지급은 균등처우 규정에 위배된다고 볼 수 없다(서울고판 2001누13593, 2002.9.13). 학자금의 지급부분은 이직률이나 구인난이 상대적으로 타 직종보다 높은 택시운송업체에서 근속을 우대, 장려함과 아울러 생활배려 또는 복리후생적인 차원에서 마련되어 그 합리성이 인정되므로 비록 중고생 자녀의 유무나 그 수에 따라 근로자들 사이의 혜택에 차이가 있다 하더라도 이를 두고 근로기준법 제5조 소정의 균등처우 규정에 위배된다고 볼 수 없다. 동일한 근로에 대해 직급별로 임금이 다를 경우 균등처우 위반여부(근기 01254-1963, 1992.12.4)사용자는 근로자에 대하여 남녀의 차별적 대우를 하지 못하며, 국적, 신앙 또는 사회적 신분을 이유로 근로조건에 대한 차별적 처우를 하지 못한다고 규정하고 있는 취지는 사용자가 경제적 우위에 입각하여 불합리한 차별적 처우를 하는 것을 금지하는 것이지 근속연수, 기능, 능력 등 근로자의 노동력의 가치평가와 결부된 합리적인 차별까지 부인하는 것은 아니다. 상여금을 근무성적 등에 따라 차등지급하는 것은 근로기준법 위반이 아니다(근기 1455-25867, 1981.8.25). 경영성과에 의한 상여금지급률에 관한 합의 사항이 단체협약으로 체결되고 노동조합법 제37조에 의한 일반적구속력이 적용되는 경우라면 조합원과 비조합원간에 차등지급하는 것은 타당하지 아니하다(근기 01254-1384, 1992.8.17).

구속하는 수단으로 근로자의 자유의사에 어긋나는 근로를 강요하지 못한다.[46)]강제노동이 성립하기 위해서는 그러한 노동이 실제 강제적 수단을 통해 의사에 반하여 이루어져야 할 필요까지는 없더라도 객관적으로 보아서 사용자의 행위가 그러한 위험을 초래할 우려가 있으면 「법위반의 개연성」이 있다고 보는 것이 학계의 다수설이다. 극소수의 하급심 판례 이외에 강제근로에 관한 다양한 판례나 행정해석은 찾아보기 어렵다.

사전적으로 보면, 특정사안에 관해 통상적인 경험을 토대로 전후 사실관계로 미뤄볼 때 원인과 결과, 전후 연관성 등 절대적으로 확실하지 않으나 아마 그럴 것이라고 생각되는 필연성(必然性), 확률, 가망성을 개연성(蓋然性, probability, very probable)이라고 한다.

금지대상이 되는 강제근로는 실제 강제근로를 행한 경우 뿐 아니라 준비단계의 착수에 의해서도 성립할 수 있지만 단순히 불만족스러운 근로조건에서 복합적인 이유 등으로 근로를 제공하는 것은 강제근로로 볼 수 없다.

근로관계에서 비록 현재의 근로조건이 불만족스럽지만 퇴직과 이직의 자유가 있다면 강제근로 개연성은 없는 것이고, 사표수리를 거부하거나 사직시 퇴직금 등 금품청산을 상당기간 지연시키는 등의 행위는 관련 법령위반의 책임은 있어도 법문상 개념에 부합하는 강제근로의 개연성까지 확대해석 할 수는 없다. 금품청산 지연 등으로 정신상·경제상 불편이나 고통이 있을 수 있으나 폭행, 협박, 감금이 수반되어 신체적 구속과 의사에 반한 강제적인 근로로 연결되지 않으면 법위반으로 보기는 어렵다.

판례에서는 운전기사에게 일방적으로 잡부노동을 지시한 것을 두고 근로계약과 다른 업무를 강요하였다고 보아서 강제근로에 해당한다고 본 경우가 있다.[47)] 이 경우도 다른 복합적인 요인과 결부되어 결과적으로 계약과 다른 노동이 강제근로에 수단이 되었다면 법위반이 가능하겠지만 통상근로자의 경우 일방적으로 계약과 다른 업무에 종사하도록 지시받은 경우 사용자를 상대로 계약불이행 등을 이유로 손해배상을 청구하고 계약을 해지하는 등의 자구행위를 통

46) 근기법 제7조 강제근로금지.
47) 서울민사지판 79가합 373, 1979.7.12.

해 충분히 강제근로 상태를 벗어날 수 있을 것이라는 점에서 의문이 남는다.

1) 폭행, 협박, 감금

폭행은, 반드시 상해나 신체의 고통을 주는 것만을 의미하는 것이 아니며 객관적으로 통상인의 자유를 상실케 할 정도면 충분하다. 형법과 같이 엄하게 해석할 필요가 없다. 협박은, 근로자에게 공포심을 가지게 할 목적으로 본인 또는 친족의 생명, 신체, 자유, 명예, 재산에 대해 직접 또는 제3자를 통해 해악을 끼칠 것을 통보하는 경우를 말한다. 감금은, 일정구역의 장소에서 탈출할 수 없는 상태에 둠으로써 근로자의 신체적인 자유를 구속하는 것을 말한다. 반드시 물리적인 것을 요하는 것이 아니고 후환이 두려워 도주할 수 없게 한 경우도 포함한다.

예를 들면, 작업장 문을 잠그는 행위, 근로자의 여권, 주민등록증, 외국인등록증 등 생활용품을 보관하는 행위로서 근로자에게 필요한 물건을 일방적으로 보관하는 행위를 말한다.[48] 그러나 시험문제 출제 등 업무특성상 출입을 통제하는 행위는 다른 시각에서 접근해야 할 것이다.

2) 정신 또는 신체상의 자유를 구속하는 수단

폭행, 협박, 감금 또는 외에 이에 준하는 정신적, 신체적 구속에 의한 근로는 모두 금지되어야 한다. 따라서 금품청산 지연 위협, 사용증명서 발급 지연 위협, 근무 중 비리폭로 위협, 군복무 후 일정기간 근로하지 않으면 임금을 환수한다는 협박,[49] 사표수리를 거부하면서 근로자에게 마음에도 없는 근로를

---

48) 외국인근로자가 사업주로부터 외국인등록증과 여권을 보관시키라는 강요를 받고 재직기간 중 사업주에게 보관을 한 사실이 있고, 근로자는 이로 인하여 국내 체류기간 중 사적인 외출과 출국 등에 심한 제약을 받아 왔고 해당 사업장에서 타사업장으로 이동이 불가능 하였으며 결국 마음에도 없는 계속근로를 강요당했다면 이는 강제근로의 개연성이 전혀 없다고 말할 수 없는 것이다(대구ㅇㅇ자수사례, 2004.6).

49) 군복무 후 또는 해외교육 이수 후 일정기간 근로하지 않으면 지급된 임금을 반납해야 한다는 약정은 근로자의 자유의사를 부당하게 구속하여 근로자를 사용자에게 예속시키는 결과는 가져오므로 강제근로에 해당된다(법무 811-21265, 1980.8.22). 그러나 기업체에서 비용을 부담하여 근로자를 해외에 위탁교육 시키면서 위탁교육을 마친 후 일정기간 복무토록 하는 것은 민법의 금전소비대차 계약으로 볼 수 있으므로 강제근로에 해당하지 않는다.

강요하거나, 면직한 후에도 일정기간 즉, 후임자가 들어올 때까지 의무적으로 근무하게 하거나, 업무인수인계시까지 무보수로 종사하게 하는 것 등은 강제근로의 개연성이 있는 것이다.

(7) 폭행금지원칙

사용자는 사업장에서 발생한 사고 기타 여하한 이유로도 근로자에게 폭행, 구타를 해서는 안된다.[50] 사고 발생 기타 이유 속에는 고의·과실로 인한 사고발생 여부를 불문하는 것이고 범죄행위·직무태만 등도 포함한다. 폭행에는 강제 몸수색이나 체벌 등 강압적인 신체적 제약도 포함하고 폭언을 수차 반복하는 것도 폭행에 속한다. 그러나 여객회사에 손님을 가장하여 암행 감시하는 것은 업무와 관련한 폭행이라고 할 수 없다.

법 제8조에서 말하는 폭행의 죄는 형법상 폭행죄와 달라서 근로자가 처벌을 원하지 않는다고 해서 벌하지 않는 반의사불벌죄가 아니다. 따라서 근로자가 법위반한 사용자에 대해 처벌을 원하지 않는다고 하더라도 사용자는 처벌을 받아야 한다. 즉, 형법상 폭행죄의 특별죄이다.

「강제근로의 금지」 조항이 폭행, 협박, 감금, 그 밖에 정신상 또는 신체상의 자유를 부당하게 구속하는 수단으로 강제노동을 금지하는 것이지만, 「폭행금지」 조항은 폭행 그 자체를 금지하는 것이다.

업무시간외에 사업장밖에서 사용자가 근로자를 폭행하였다고 하더라도 해도 업무와 관련이 있다면 법 제8조 위반이다. 그러나 업무수행 중에 발생한 폭행이라도 업무와 관련없이 발생한 폭행은 근로기준법 위반이 아니고 형법위반이다. 근로자가 근로자를 폭행했어도 폭행을 하게 된 동기가 사용자의 사주를 받았다면 사용자에게 책임이 있다. 상사의 폭행이 먼저 있었고 그에 대응하여 근로자가 상사를 폭행하였다는 이유로 근로자를 징계해고 한 것은 징계권남용으로 무효가 될 것이다.[51]

사업장밖 또는 근무시간외에 이루어진 폭행이라고 하더라도 사용자의 지휘

---

50) 근기법 제8조.

51) 대판 91다25109, 1992.2.11.

명령 아래서 이루어진 업무 또는 행사로서 사용자가 상당한 주의를 하지 않아 발생한 경우라면 사용자에게 책임이 있다. 예를 들면, 현장소장이 주관하고 노무대리가 진행을 맡은 배구대회에서 심판판정으로 시비가 있었고 그로 인해 경기 종료 후 일어난 폭행사건[52]은 사용자에게 책임이 있다.

「소지품검사나 몸수색」등이 미리 취업규칙이나 단체협약 등에 규정되어 상시 시행하고 있는 것도 아니고 그 방법에 타당성이 없다면 법 제8조 위반이다.

(8) 중간착취 배제원칙

누구든지 법률에 의하지 않고서는 영리로 타인의 취업에 개입하거나 중간인으로서 이익을 취득하지 못한다.[53] 법은 타인의 취업시작과 존속 및 갱신 등을 소개·알선하여 주는 조건으로 이익을 취하거나, 취업 후 근로계약기간 중에 중개인, 작업반장, 감독자 등이 그 지위를 이용하여 근로자의 임금 일부를 착취하는 것을 금한다. 직업안정법에 의한 국내외 직업소개업자, 근로자공급사업 허가를 받은 자, 파견사업주, 용역사업주, 직업안정기관 등 관련법에 의하여 허가 등을 받은 자를 제외하고는 영리로 타인의 취업에 개입하거나 중간인으로서 이익을 취득하지 못한다.

이때 「영리로 타인의 취업에 개입하는 행위」란, 법률상 원인 없이 제3자가 영리를 목적으로 다른 사람의 취업을 소개·알선하는 행위를 하는 등 고용관계 성립·갱신에 영향을 주는 행위를 하고 사례금, 소개비, 수수료, 중개료, 보수 등 명칭에 불구하고 유형·무형의 대가를 받는 자체를 말하고, 「중간인으로서 이익을 취득하는 행위」란, 근로관계가 존속하는 도중에 근로자의 노무제공과 관련하여 사용자와 근로자로부터 법률에 의하지 않고 이득을 얻는 것을 말한다. 「중간착취」란, 영리로 타인의 취업에 개입하는 행위와 중간인으로서 이득을 취하는 행위 모두를 통칭하는 것이다.

중간착취에 해당하는지 여부는 알선·소개·추천 등 취업 경위, 대가가 영리

52) 대판 88다카8682, 1989.2.28.
53) 근기법 제9조.

성이 있는지, 구체적인 상황 등을 토대로 종합적으로 판단하여야한다. 이득을 취하지 않으면 타인의 취업에 개입하는 행위만이 문제가 될 뿐 중간착취에 해당되지 않는다. 사용자와 사이에 도급관계가 없이 단순한 고용관계를 맺고 있는 작업책임자 등이 급료를 일괄수령하고 전달하는 과정에서 근로자로부터 일정한 이득을 취한다면 중간착취에 해당한다.

판례에 의하면, 대기업에 입사하게 해달라는 청탁을 받고 대기업의 노조간부에게 입사추천을 해 준 다음, 청탁한 사람으로부터 취업사례금 명목으로 소정액의 돈을 받은 경우, 그 행위가 과연 영리를 목적으로 개입하는 행위에 해당하는지 여부가 문제일 뿐 이고, 중간인으로서 이득을 취한 것으로 보지 않았다.[54] 취업의 알선 등 중개를 한 자가 단지 취업을 알선하고 나중에 수동적인 입장에서 수고비 명목의 금품이나 사례금을 받는데 그친 경우라면 법위반으로 보기 어렵다.[55] 노조전임자에 대한 보수를 노동조합 임원이 일괄 분배하는 것과 같은 단순한 전달이나 배분은 중간착취로 볼 수 없다.[56] 법 제9조를 위반한 경우 5년 이하의 징역이나 3천만원 이하의 벌금에 처할 수 있다.[57]

중간착취 배제원칙의 위반의 주체는 사용자 뿐 아니라 제3자도 포함된다.[58] 위반횟수는 단 1회라도 이익을 얻을 목적으로 중간착취를 한 경우는 위반이 된다. 위반행위는 영리를 목적으로 한 주업인지 혹은 부업인가를 따지지는 않는다. 다만, 우연적이고 1회적인 것은 이 법위반으로 볼 수 없다. 그러나 1회의 행위라도 반복·계속의 의사가 있는 것으로 인정되면 법위반이 될 것이다.

---

54) 대판 2007도3192, 2007.8.23.

55) 김형배, 2004 신판, 323쪽.

56) 근기 1455-6942, 1971.6.30.

57) 근기법 제107조.

58) 예를 들면, 광업소에서 덕대의 법위반 여부를 판단함에 있어서는, 회사에서는 일개인 덕대에게 일정구역의 작업장을 주고 회사에서는 그 덕대가 생산한 광물을 1키로/200원에 사들이며, 덕대는 자신이 고용한 종업원들에게 1키로/130원을 준다고 하면, 결과적으로 덕대는 아무런 자체 노력도 없이 1키로/70원의 중간이익을 보고 있는 것이 될 것이다. 이처럼 광업소덕대가 광산회사와 근로자사이에서 중간이득을 얻고 있다면 중간착취에 해당한다. 근기 1455.9-4661, 1972.6.6.

(9) 공민권행사보장의 원칙

사용자는 근로자가 선거권, 피선거권, 국민투표권 등 공민권과 공의 직무[59]를 수행하는데 필요한 시간을 청구하는 경우 사용자는 이를 거부할 수 없다. 다만, 그 권리행사나 공의 직무를 수행하는데 지장이 없으면 청구한 시간을 변경할 수 있고[60] 부여하지 않아도 공무집행에 직접적인 지장이 없다면[61] 부여하지 않을 수도 있다.[62] 필요한 시간은, 직무성질에 따라 왕복시간, 사전 사후준비시간 등을 모두 고려하여 합목적적으로 정하고, 출근율계산 등에서 불이익을 줄 수 없다.

1) 공의 직무

공의 직무란, 국회의원, 노동위원회위원, 배심원, 검찰심사원, 민사소송법상 증인, 노동위원회의 증인, 선거참관인, 국가·지방자치단체의 공무의 적정한 집행을 도모하기 위한 직무 등을 말한다. 법률상의 출두 등 근로자 자신이 공법상 직위에 수반되는 권리·의무를 수행하는 것은 물론, 국가의 사법·행정상 작용과 관련하여 이에 따르지 않을 수 없는 경우까지 포함한다.

노동조합의 업무와 같이 조합 자체의 이익을 위한 것은 공의 직무에 포함되지 않는다.[63] 선거권 뿐 만아니라 피선거권·국민투표권, 선거관련 소송 등은 공의 직무에 포함되나 가족·친지나 다른 입후보자를 위한 선거운동, 근로자가 정당활동을 하는 경우, 법원에의 사법상 소송제기 등은 공의 직무에 포함되지 않는다.

노동위원회에 부당노동행위 구제신청을 제출한 자가 노동위원회의 출석요구에 응하는 경우는, 그 직무자체가 공적인 성격을 지니거나 법령에 근거를

59) 법령에 근거를 두고 직무 자체가 공적인 성격을 지닌 업무로서 법령에 의해 설치된 심의회 또는 위원회 업무, 소송의 증인업무, 공직선거의 입회인 업무, 국회 및 지방의회의 회의출석과 상임위 활동, 주민등록 일제갱신, 향토예비군설치법에 의한 훈련, 민방위기본법에 의한 민방위훈련 등 (노동조합을 위한 활동, 정당활동은 제외).

60) 근기법 제10조.

61) 퇴근 후나 점심시간을 이용해도 될 것을 굳이 근무시간 중에 할 것을 고집하는 경우.

62) 근기 01254-9404, 1991.6.28.

63) 사노 37, 1953.10.2.

둔 공권이 아닌 사권의 성격이 강하다. 따라서 공의 직무로 볼 수 없다.[64] 그러나 증인 및 감정인으로서 법원에 출두하는 것이나, 국회에서의 증인 및 감정인의 출두, 노조법에 의한 증인의 직무, 예비군·민방위훈련 등은 공의 직무의 보장범위에 포함된다.[65] 법령에 의한 의회 의원으로 당선된 후 회의 참석시간, 상임위 활동시간, 자료준비시간은 공의 직무에 포함된다.[66]

공의 직무집행을 위한 필요한 시간이란, 공민권행사 또는 직무의 수행에 필요한 충분한 시간이면 족하지 반드시 1일 전부를 부여할 필요는 없다. 예를 들면, 오전에 근무하고 오후에 투표하는 방식 또는 오전 1시간만 투표를 하고 나머지는 정상근무를 하는 방식, 아침 출근길에 투표하고 통상보다 늦게 10:00까지 출근하는 방식 등으로 소정근로시간의 일부를 할애해서 부여해도 무방하다.

2) 임금지급문제

공의 직무를 수행하는 경우 그 시간과 공민권행사를 위한 필요한 시간을 부여하는 경우 법률로 정한 경우[67]를 제외하고는 반드시 유급으로 할 필요는 없다. 노사합의를 통해 근로계약, 단체협약, 취업규칙 등으로 약정하여 필요한 시간만 부여하고 그 시간을 무급으로 할 것인지, 필요한 시간을 부여하고 그 시간을 유급으로 처리할 것인지를 정할 수도 있다.[68] 다만, 법령이나 노사합의로 공의 직무 수행 등에 필요한 시간을 유급으로 처리할 경우에는 소정근로시간대에 해당하는 시간에 대해 시간급통상임금으로만 지급하고, 예측되는 연장근로나 관례적으로 해 온 연장근로 부분까지 감안하여 임금을 지급할 필요는 없다.

공민권행사나 공의 직무를 수행하는 시간은 비록 유급으로 처리를 한다고 해도 실제근로시간이 아니므로 소정근로시간 중에 유급으로 필요한 시간을 부

64) 근기 68207-3016, 2002.10.7.

65) 법무 811-28791, 1978.12.30.

66) 근기 01254-9404, 1991.6.28.

67) 공직선거법에 의한 선거인명부 열람 및 투표시간, 향토예비군설치법에 의한 향토예비군훈련·민방위기본법에 의한 민방위 훈련, 을지연습 등 비상대비훈련참가자에 대해 필요한 시간은 관련법에 의거 유급으로 처리.

68) 근기 01254-1413, 1992.8.24, 하갑래, 282쪽.

여하였을 경우는 그 시간을 제외한 나머지 근로시간의 합이 1일 8시간을 초과하지 않으면 연장근로시간이 발생하지 않는다. 역으로 소정근로시간에 근로를 하고 연달아 예비군 훈련을 받는다고 해도 그 훈련시간은 소정근로시간이 아니므로 그 시간에 대해 임금이나 연장근로 가산임금을 지급할 의무가 없다.[69]

공의 직무를 수행하는 시간이 속한 날 전체를 휴일로 정할 수 있으나 무급휴일로 정하는 경우는 근로자의 동의가 필요하다.[70] 만일 근로자의 동의없이 무급휴일로 처리할 경우 전체근로자에게 휴업수당을 지급하여야 한다.[71] 유급인 경우 지급해야 할 임금수준은 일당으로 간주되는 금액 중 기본급으로 책정된 금액으로 보는 것이 상당하다.[72] 당사자 약정으로 법적기준 이상으로 정한 경우는 그에 따른다.

3) 공직취임 후 해고가능성

근로자가 지방의회의원이나 국회의원에 당선되었으나 그로 인해 본연의 직무를 수행하기 곤란할 경우에 사업주가 그 근로자를 해고하거나 휴직처리를 할 수 있는지가 쟁점이 될 것이다. 행정해석에 따르면, 법 제10조에서 공민권 행사를 보장하는 취지는 "정상적인 근로관계의 존속을 전제로 하면서 근로자의 공의 직무 집행을 보장하려는 것"이므로 시의원, 국회의원 등 공직취임으로 인해 근로계약의 내용에 따라 노무제공 등 정상적인 업무수행이 곤란할 경우에는 법 제23조에 의거 통상해고를 하거나 취업규칙에 정한 바에 따라 휴직처리가 가능하다.[73]

지방의회의원에 출마하기 위하여 휴직원을 제출하였으나 회사가 휴직청구를 거부하고 출근하지 않았다 하여 해고한 것은 징계권의 범위를 일탈한 행위로 본 판례가 있다.[74]

---

69) 근기 1451-5497, 1983.3.3, 하갑래, 284쪽.

70) 근기 01254-422, 1992.4.28.

71) 근기 01254-15894, 1987.9.30.

72) 대판 89도1801, 1989.5.9. 향군설치법 제10조, 선거법 제6조, 민방위법 제23조.

73) 근기 68207-2612, 2002.7.29 ; 근로기준과-2328, 2004.5.12.

74) 서울민사지판 91가합19495, 1993.1.19.

제3장 법의 적용범위

1. 적용범위

근기법은 상시 즉, 일정한 기간 계속되는 시기에 상태적으로 5인 이상의 근로자를 사용하는 모든 사업 또는 사업장에 적용한다. 상시 4인 이하의 근로자를 사용하는 사업 또는 사업장에 대하여는 사업장 규모에 따른 부담 등을 감안하고 국가의 관리능력의 한계를 고려하여 법의 일부만을 적용한다.[1] 다만, 세대를 같이하고 일상생활을 공동으로 하는 등 동거 친족만을 사용하는 사업 또는 사업장과, 가사가정부, 파출부, 개인주택 관리인 등 가사사용인[2]에 대하여는 법을 적용하지 않는다. 동거의 친족만을 사용하는 친족관계까지 정부가 관여하여 법정근로조건을 준수하도록 하는 것은 동양적인 윤리관에 비춰서 온당하지 않다고 보는 것이다.[3] 가사사용인의 경우 형식적으로 근로의 장소가 사업장으로 볼 수 없고, 가사근로가 사생활에 속하여 감독이나 사실관계 입증이 어렵기 때문에 법을 적용하지 않는다. 「친족」이라 함은, 8촌 이내의 혈족과 4촌 이내의 인척과 배우자를 말한다. 「동거」라 함은, 세대를 같이 하면서 생활을 공동으로 하는 것을 의미한다. 친족으로만 구성된 사업장이라도 친족인 근로자 가운데 한 사람이라도 동거한다고 볼 수 없는 경우에는 동거친족만을 사용하는 사업 또는 사업장으로 보지 않는다.[4]

---

1) 근기법 제11조, 헌재 98헌바310, 1999.9.16.
2) 가사일과 직장일을 겸할 경우는 주된 업무가 무엇인가에 따라 결정
3) 김형배, 2004 신판, 305쪽.
4) 법무 811-19400, 1978.9.7.

(1) 사업 또는 사업장

「사업」이란, 하나의 활동주체가 유기적 관련 속에서 사회적인 활동 즉, 업으로서 계속적인 의도로 하는 모든 작업[5]으로서, 사업체(회사·단체)등과 같은 의미로 사용되기도 한다. 「사업장」이란, 본사·공장·지점 등 그러한 작업이 행하여지는 단위 장소 또는 장소적으로 구분된 사업체의 일부분을 말한다.[6]

사업 또는 사업장은 업종의 형태나 구조 등에 따라 다양할 수밖에 없다. 법인 등 하나의 사업이 여러 개로 분리된 경우, 조직·인사·재정·회계 등이 완전히 독립되고 분리되어 있는 경우는 별개의 사업장으로 판단한다. 실무에서 사업 및 사업장을 적용할 경우, 단일 사업이 장소적으로 여러 개의 사업장으로 분리되어 있을 때는 분리된 사업이 주된 부분과 분리 독립하여 독립된 사업 또는 사업장으로 볼 수 있는지 등을 기준으로 다음과 같이 구분한다.

첫째, 본사, 지점, 출장소, 공장, 지사 등이 같은 장소에 있는 경우

본사, 지점, 출장소, 공장, 지사 등이 같은 장소에 있으면 원칙적으로 이를 각각 나누지 않고 1개 사업으로 본다. 다만, 같은 장소에 있더라도 근로형태가 현저히 다른 부분이 있고 그러한 부분이 주된 부분과 비교하여 노무관리, 회계 등이 명확하게 구분되는 동시에 주된 부분과 분리하여 취급하는 것이 보다 적절히 법을 적용할 수 있게 한다면 그러한 부분을 독립된 사업으로 본다.

둘째, 본사, 지점, 출장소, 공장, 지사 등이 다른 장소에 산재해 있는 경우

본사, 지점 등이 산재해 있을 경우 원칙적으로 각기 별개의 사업으로 본다. 다만, 장소적으로 분산되어 있다 할지라도 지점 등의 업무처리 능력, 관리실태 등을 감안할 때 하나의 사업이라고 말할 정도의 독립성이 없으면 가까운 상위조직과 같이 하나의 사업으로 본다. 이때 독립성은 한국표준산업분류상 산업(대분류)이 다른지, 서로 다른 단체협약, 취업규칙의 적용을 받는지, 노무관리 회계 등이 명확하게 독립적으로 운영되는지 여부를 기준으로 한다.[7]

근기법의 적용을 받는 사업에 해당하기 위해서는 일정한 장소에서 유기적인

---

5) 예) ○○전자, ○○산업, ○○협회, ○○(주)등의 생산, 영업, 건설, 서비스 등.
6) 임종률, 제8판, 316~317쪽.
7) 근로기준팀-8048, 2007.11.29.

조직아래 "업"으로서 행해져야 한다. "업(業)"으로 행한다 함은, 반드시 영리를 목적으로 행하여야 하는 것이 아니다. 따라서 개인이 목수를 고용하여 집을 수선하거나 정원사로 하여금 정원수 손질을 하게 하는 것은 "업"이 아니므로 적용대상이 아니다.[8] 다만, 개인주택이더라도 건축업자 등에게 도급을 주는 경우에는 이를 수급받은 건축업자 등은 사업을 하는 것이므로 수급자에 대해서는 근기법이 적용되고 건축업자 등이 직접 자신의 주택을 공사하는 경우에도 사업의 연장으로 볼 수 있으므로 적용된다.

그러나 건축주가 공사비를 절감할 목적으로 경험이 있는 자를 고용하여 현장관리를 맡기고 자신이 건축자재와 소요경비·작업인부를 직접 조달하여 공사를 했다면 이것은 "업"으로서 계속적으로 행해지는 사업 또는 사업장이라고 볼 수 없으므로 적용할 수 없다.[9] 따라서 건축주와 인부·현장관리자와 건축주 관계에서 발생한 공사종별 인부들의 노임, 공사자재대금 등에 있어서 채권채무관계는 민사소송법에 따른 청구가 있어야 한다.

다만, 이 경우 건축업자를 고용하여 그가 자기 책임으로 고용한 인부를 사용한 경우는 인부는 건축업자와 근로관계가 성립되고 건축업자는 자신의 일상의 업으로 한 것이므로 법의 적용대상이다. 국회의원선거 입후보자가 선거활동을 하기위해 일정 장소에서 선거사무소를 두고 가정주부 등을 일급제로 고용하여 선거홍보를 하게 하면서 일정기간동안 계속해서 운영을 하였다면 그 범위 내에서 선거사무소는 사업장으로 볼 수 있다.

업으로 행하는 경우, 이를 계속적으로 행하여야 한다는 견해[10]와 그 사업의 횟수는 상관이 없다는 견해[11]로 나뉜다. 상시 5인 이상의 근로자를 사용하는 사업이라면 당해 사업이 1회에 그치던 사업기간이 일시적이든 상관없이 모두 적용대상이다.[12] 업으로서의 계속성이 있다면 정부투자, 출연기관, 공기업

8) 법무 811-22540, 1980.9.4.
9) 근기 68207-3276, 2001.9.6.
10) 김형배, 하갑래.
11) 판례, 다수설.
12) 대판 94다21979, 1994.10.25.

체,[13] 공공단체 등 비영리사업에도 근로기준법이 적용된다.

(2) 상시근로자

일반사업장과 건설사업장으로 구분하여 각각 산정방법을 달리한다. 일반사업장의 경우 인원변동의 폭이 심하여 상시근로자수가 상태적인 고용현황을 반영하지 못하는 경우에는 예외적인 방법을 사용하도록 하고 있다. 건설업종의 경우 건설업체와 건설현장의 상시근로자수 산정방법을 달리하여 다양한 공종이 혼재하는 현장의 특성에 맞춰서, 2008.7.1 이후 체결되는 공사부터 2011.7.1. 주40시간제가 전체 사업장에 적용되기 이전까지 하나의 관련공사에 종사하는 근로자에게는 하나의 관련공사의 총공사 계약금액에 기초하여 산정한 상시근로자수를 기준으로 관련공사 현장의 모든 근로자들에게 주당 근로시간을 통일적으로 적용한 바 있으나, 2011.7.1 주40시간제가 전체 사업장에 확대 적용되어 별다른 의미가 없어졌다.

1) 일반적인 사업 또는 사업장

법은 상시 5인 이상의 근로자를 사용하는 모든 사업, 사업장에 법의 전부를 적용하는 것을 원칙으로 한다.[14] 여기서 "상시"라 함은, 일상적인 상태의 의미로서 사회통념에 의거 객관적으로 판단해야 한다.[15] 근로자수가 때때로 5인 미만이 되는 경우가 있더라도 상태적으로 5인 이상이 되는 경우는 5인 이상으로 판단할 수 있다. 상시근로자수는 당해 사업에서 계속근무하는 근로자 뿐 아니라 수시 필요에 의해서 사용하는 근로자들을 포함한다. 따라서 동일한 근로자를 계속 사용하지 않고 인적사항이 다른 여러 명을 주기적으로 교체하여 단위기간동안 사용한 근로자들에게 지속적인 인적동일성이 없더라도 상시근로자수에 포함한다. 다만, 판례에서 말한 "일상적인 상태", "사회통념" 등 추상적인 개념에 관해서는 논란이 있을 수 있으므로, 법시행령[16]에서 이를 명확하게 정하였다.

---

13) 대한주택공사, 대한석탄공사, 농지개량조합과 의료보험조합, 어업협동조합, 중소기업협동조합 등.
14) 근기법 제11조.
15) 대판 99도1243, 2000.3.14.
16) 근기법시행령 제7조의2.

① 원칙적인 산정방식

"상시 사용하는 근로자수"는 해당 사업 또는 사업장에서 법 적용사유 발생일 전 1개월[17] 동안 사용한 근로자의 연인원을 같은 기간 중의 가동일수로 나누어 산정한다. 법 적용사유 발생일이란, 휴업수당지급, 근로시간 적용 등 「근기법의 적용여부를 판단하여야 할 사유가 발생한 날」을 말한다.

☞ 상시근로자수=산정기간 동안 사용한 근로자의 연인원÷산정기간 중의 가동일수

(예) 2008.12.15-2009.1.14까지 1개월 동안 사용한 근로자의 연인원 232명, 1개월 동안 가동일수 24일인 경우 상시근로자수는 232÷24일=9.6명)

② 예외적인 산정방식

위 방식에 따라 산정한 상시근로자수가 상태적인 고용현황을 반영하지 못하는 경우에는 다음과 같이 상태적인 고용현황에 따라 산정한다.[18]

1. 위 산식에 따라 산정한 상시근로자수가 5인 미만에 해당하지만, 산정기간 동안 일별로 근로자수를 파악하였을 경우, 5인 미만인 날이 전체의 1/2 미만인 경우는 상태적인 고용현황이 5인 이상인 것으로 보아서 해당 법규정을 적용한다.

2. 위 산식에 따라 산정한 상시근로자수가 5인 이상에 해당하지만, 산정기간 동안 일별로 근로자수를 파악하였을 경우, 5인 미만인 날이 전체의 1/2 이상인 경우는 상태적인 고용현황이 5인 미만인 사업장으로 보아서 해당 법규정을 적용하지 않는다.

이때 근로자수에는 파견법 제2조제5호의 파견근로자를 제외[19]하고 기간제, 단시간, 일용, 임시, 외국인(불법체류자 포함), 사용자가 도급형식으로 임금을 지급하기로 하고 고용한 근로자, 해당 사업장에 동거친족이 있을 경우 동거 친족 이외의 근로자가 1명이라도 있으면 동거하는 친족인 근로자[20] 등 사용자의 지휘·감독을 받는 근로자를 모두 포함한다. 다만, 사내하청 등 도급사업주 소

17) 사업 성립일로부터 1개월 미만인 경우는 그 기간.
18) 개정관련 업무처리지침(2008.2, 2008.7.1) 이후 법적용사유 발생사건부터 적용한다.
19) 사용사업체의 상시근로자수를 산정할 때는 파견근로자를 제외한다.
20) 동거 친족만으로 구성된 경우는 판단제외.

속근로자, 용역업체 소속근로자는 산정인원에서 제외한다.

한편, 용역업체에 고용된 근로자들이 위탁업체에서 별도의 작업집단으로 용역업체 현장대리인의 지휘·감독을 받아 근무하는 경우 근로자불법파견관계에 해당한다고 볼 수 없으나(서울중앙지법 2013가합79295, 2016.7.7) 원청업체의 지휘감독을 받는 등 불법파견에 해당하는 경우에서 직접고용의무 등에 관한 사항은 별도로 판단할 문제이다.

☞ 상시근로자수 산정

ⓐ A사업장에서 2008.11.20 취업규칙을 작성하고 신고하였는지에 관해 법위반 여부를 판단할 예정이다. 산정기간(10.20~11.19)동안 사업장의 가동일수는 25일 이었고, 상시근로자는 6명, 일용근로자를 1명, 기간제근로자를 2명 사용하였다면 상시근로자수는 아래와 같이 산정할 수 있다.

1. 산정기간 동안 사용한 근로자 연인원=(9명×18일)+(8명×7일)=218명, 상시근로자수=218명÷25일=8.72명,
2. 산정 단위기간 동안 상태적으로 5인 이상이고, 5인 미만인 날이 없다.

ⓑ B사업장에서 2008.12.10 정당한 사유없이 근로자를 해고처분 하였다. 산정기간(11.10~12.9)동안 사업장의 가동일수는 25일 이었고, 상시근로자는 3명, 아르바이트를 1명, 단시간근로자를 2명 사용하였다면 상시근로자수는 아래와 같이 산정할 수 있다.

1. 산정기간 동안 사용한 근로자 연인원=(6명×17일)+(4명×3일)+(2명×5일)=124명, 상시근로자수=124명÷25일=4.96명,
2. 이 경우는 상시근로자수가 5인 미만에 해당하지만, 산정기간 동안 일별로 근로자수를 파악하였을 경우, 5인 미만인 날이 전체 가동일수의 1/2 미만에 해당하므로 상태적인 고용현황이 5인 이상인 것으로 보아서 해당 법규정(법 제23조제1항)을 적용한다.

ⓒ C 사업장에서 2009.1.5 휴업수당을 산정하면서 상시근로자수를 파악하려한다.

1. 산정기간(2008.12.6~2009.1.5)동안 가동일수가 20일이고, 사용한 근로자의 연인원=(3명×12일)+(10명×8일)=116명이다.
2. 이 경우 상시근로자수는 116÷20일=5.8명으로 5인 이상이지만, 5인 미만인 날이 전체 가동일수의 1/2 이상이므로 상태적인 고용현황은 5인 미만이다.

③ 연차유급휴가를 산정할 경우

연차유급휴가를 적용함에 있어서 상시근로자수를 산정할 경우는 위 방식에 따라 월단위로 근로자수를 산정한 결과, 법 적용사유 발생일 전 1년 동안 계속하여 5명 이상의 근로자를 사용하였을 경우에만 법 적용 사업 또는 사업장으로 본다.[21] 1년의 기간동안 5인 이상에 해당되는 월과 5인 미만에 해당하는

21) 근기법시행령 제7조의2제3항.

월이 각각 혼재할 경우에는 연차유급휴가가 적용되지 않는다. 그러나 주40시간제 적용사업장에서 1년 미만 근속기간 동안 월별로 발생하는 휴가는 매월단위로 산정한 상시근로자수를 기준으로 적용한다.[22)]

④ 다수의 사업주가 공동으로 근로자를 고용한 경우

최근 아파트형 공장의 증가와 중소규모 빌딩 등에서 다수의 사업주가 경비·빌딩관리·수선·유지보수 등 본연의 생산에 부수적으로 사용되는 인원을 공동으로 채용하여 필요한 인건비는 공동으로 부담하는 경우가 늘어나고 있다. 이 경우 각각의 사업 또는 사업장을 기준으로 상시근로자수를 산정할 때, 각 사업주가 경영하는 사업의 상시근로자수에는 공동으로 사용하고 있는 근로자를 각각 포함하여야 한다.[23)]

2) 건설공사현장

건설업체의 경우 위 ①과 같이 일반사업장과 동일하게 상시근로자수를 산정하여 적용여부를 판단한다.

상시근로자수 산정방식은, 관련공사의 총공사계약금액×해당년도 노무비율/해당 연도의 건설업 월평균임금×조업월수로 산정한다. 노무비율과 건설업 월평균임금은 「고용보험및산업재해보상보험의보험료징수등에관한법률 및 동법시행령」에 의거 매년 노동부장관이 고시한다.[24)]

「관련공사」란, 건설, 아파트 등 하나의 최종목적물의 완성을 위하여 건설산업기본법에 따른 건설공사, 전기공사업법에 따른 전기공사, 정보통신공사업법에 따른 정보통신공사, 소방시설공사업법에 따른 소방시설공사, 문화재보호법에 따른 문화재수리공사의 전부 또는 일부가 포함되어 행하여지는 작업 일체를 말한다.

---

22) 근기법 제60조제2항, 영 제7조의2.

23) 근기 68207-1088, 1999.5.14. A·B·C 3개 제조회사가 공동으로 경비원 5명을 사용하고 인건비를 3개회사에서 분담하고 있을 경우 각 사업장의 상시근로자수에 경비원 5명씩을 각각 산입한다.

24) 2008년의 경우 건설업 월평균임금은 2,496,330원, 노무비율은 일반 건설공사는 총공사금액의 28%, 2012년의 경우 월평균보수는 2,597,274원이다.

「총공사금액」이란, 공사의 발주자가 같고 공사의 목적, 장소 및 공기(工期) 등에 비추어 하나의 일관된 체계에 따라 시공되는 것으로 인정되는 공사의 계약상의 도급금액으로서 발주자가 재료를 제공하는 경우는 그 재료의 시가 환산액을 포함한 금액으로서 부가가치세를 포함한 금액을 말한다. 총공사계약금액을 산정할 경우에는 위탁 또는 도급, 용역 그 밖의 명칭과 상관없이 최종 목적물의 완성을 위한 관련공사를 2 이상 분할하여 도급하거나 일부를 직영한 경우에도 각 도급금액을 합산하여 산정한다.

「조업월수」란, 관련공사의 계약서상의 공사기간을 말한다. 상시근로자수는 총공사계약금액과 조업월수에 따라 결정된다.

1. 총공사계약금액이 21억이고, 조업월수가 12월인 경우는 21억×노무비율 28%/월평균임금 2,496,330원×12월=상시근로자수는 19.6명이다.
2. 총공사계약금액이 30억이고, 조업월수가 8월인 경우는 30억×노무비율 28%/월평균임금 2,496,330원×8월=상시근로자수는 42명이다.

다만, 관련공사 상시근로자수 산정방식은 근로기준법 제50조 규정에 의한 근로시간 및 관련규정[25]에만 적용된다. 따라서 연차유급휴가, 생리휴가 등에 관한 규정은 건설업체의 규모에 따라 일반사업장과 동일하게 적용된다.[26]

(3) 대상별 적용제한

1) 사립학교

사립학교는 사립학교법이 정하는 한도 즉, 사립학교법 제4장에 교원의 자격·임면·복무·신분보장·징계에 관한 특별규정[27]내에서 근기법의 적용이 배

25) 주당근로시간 (법 제50조), 연장근로시간 (법 제56조), 3월단위 탄력적근로제 (법 제51조), 선택적 근로시간제 (법 제52조).

26) 예를 들면, 총공사계약금 등을 바탕으로 산정한 상시근로자수가 20명인 00지구 현장에 원청A사(25명, 사무실10, 현장15)와 하청B사(10명, 사무실5, 현장5)가 있을 때, A·B사 모두 근로시간과 관련해서는 주40시간제 적용을 받는다. 다만, 연차유급휴가일수와 생리휴가 등은 건설업체의 상시근로자수에 따라 적용해야 하는 바, 원청A사는 주 40시간을 그대로 적용하고, 하청B사는 주44시간제를 적용한다는 뜻이다.

27) 고등교육법 제14조제3항의 행정직원 등 직원과 조교 등 사무직원의 경우에는 사립학교교직원연금법에 규정된 범위 내에서는 근로기준법의 적용이 배제되나, 정원·임면·보수·복무 및 신분보장에 관하여는 정관이나 규칙으로 정하도록 규정하고 있을 뿐(사립학교법 제70조의2제1항), 교

제된다. 그러나 사립학교법이 정하지 않은 다른 근로조건에 관하여는 적용된다. 한편 교원이 아닌 사립학교의 사무직원은 사립학교교직원연금법을 제외한 나머지 부분은 근기법이 전부 적용된다. 다만, 사립학교의 상시근로자수를 산정할 경우는 교원 수와 고용원 등 행정실 소속 직원의 수를 합산하여 산정한다. 이 경우 직원 등의 보수재원이 육성회에 있더라도 포함한다.

2) 종교단체, 정치단체, 기타 영리단체 등

종교단체가 순수한 종교성 의식이나 포교를 하는 경우에는 이 법이 적용되지 않는다. 목사, 전도사, 신부, 승려 등이 행하는 종교업무를 근로관계로 볼 수는 없다. 그러나 종교단체가 일반근로자를 고용하여 특정사업[28]을 하는 경우에는 근기법이 적용되는 사업이 될 수 있다.[29]

정당에 종사하고 있는 직원이 정당과 고용관계에 있는 근로자라면 당연히 근기법의 보호 대상이므로 정치단체도 법상 사업에 포함된다. 갱생보호회 등과 같은 사회단체, 아파트 자치운영회와 같은 비영리단체, 법무사·세무사·법무사 합동사무소 등과 같이 법령에 의한 자격인의 단체나 개인사무소 등도 근기법 제11조의 사업에 포함된다. 설립·청산중인 회사나 단체도 적용사업에 포함되고, 청산중인 법인은 해산 후에도 청산 목적의 범위 안에서 존속하기 때문에 근로관계가 존재하는 한 법을 적용하여야 한다.

3) 국가 및 지방자치단체, 공무원

국가 및 지방공무원 등 공무원법의 적용을 받는 자는 법의 전부를 적용하지 않는다.[30] 다만, 근기법은 국가, 특별시, 광역시, 도, 시·군·구·읍·면·동 그 밖에 이에 준하는 것에 대하여도 적용되므로 국가 및 지방자치단체는 공무원법의 적용을 받는 공무원 이외에 일반근로자(일용, 잡급직 등)를 1명이라도 고용하고 있으면 상시근로자수에 관계없이 그 근로자에 대하여는 법을 전부 적용한

원과 달리 사립학교법에 특별규정을 두고 있지 아니하므로 근로기준법이 적용된다(근기-4279, 2004.8.16 ; 근기 68207-397, 1996.3.18).

28) 교회 부설유치원, 병원, 요양보호시실, 휴양시설 임대 등.

29) 대판 91누8098, 1992.2.14, 교회의 경비원, 총무, 경리원 등.

30) 대판 86다카1355, 1987.2.24.

다.[31] 예를 들면, 일용인부를 월단위로 1~2명을 고용하여 1년 이상이 경과한 경우는 소정의 퇴직금과 연차유급휴가 등을 지급(부여)해야 한다. 다만, 취업규칙 관련조항은 공무원법의 적용을 받지 않는 일반근로자가 10인 이상인 경우에만 적용이 되고, 근로자참여 및 협력증진에 관한 법률 제4조 및 동법시행령 제2조에 의한 노사협의회의 설치는 30인 이상의 근로자를 사용하는 사업 또는 사업장에 설치하도록 정하고 있는데 이 경우 상시근로자수를 산정할 때에는 공무원을 포함하지 않는다. 그 이유는 법적 지위가 다르고 근로조건 결정과정 등에서 현저히 다른 공무원과 공무원이 아닌 근로자들이 노사협의회에 함께 참여하는 것은 정상적인 협의회 운영을 기대할 수 없기 때문이다.[32] 공무원신분으로 민간업체에 파견된 자도 공무원법과 관련규정의 적용을 받으므로 법의 적용을 받지 않는다.

4) 위법행위를 하는 사업

위법행위를 목적으로 하는 사업에 대하여는 사실상 근로관계를 고려하여 근로자보호의 실익이 있는지에 따라 법적용여부가 판단되어야 한다. 무허가사업, 법상 금지된 사업 등 정책적, 행정적 목적으로 일정한 규제를 받는 사업도 관련법에 의해 처벌을 받는 것은 별론으로 하고 적용대상 사업이다.

범죄사업[33]과 같이 형법상 범죄를 구성하는 사업의 근로자는 범죄행위에 협력하였으므로 공동정범이나 종범으로 형사상 책임을 지게 된다. 따라서 법의 적용대상은 아니다. 그러나 불법 도굴사업 등과 같이 근로자는 그 사업이 정당하게 허가 받은 사업인 줄 알고 단순히 이용당한 것이 명백한 경우에는 법의 보호를 받아야 한다. 또 접객업소 사용자가 종사자로 하여금 매춘행위 등과 같이 범죄행위를 시킨다고 하더라도 관련법에 의거 처벌 받는 것은 별론으로 하고 근기법의 적용을 배제할 수는 없다.

---

31) 근기 68207-2157, 1993.9.27 ; 근기법 제12조.
32) 협력 68210-258, 2003.7.1.
33) 마약제조, 판매 등.

5) 외국 또는 외국인 관련사업

국내에서 근로계약행위가 이루어지면서 계약의 당사자 일방이 한국인이 아니거나, 내외국인 당사자의 근로계약 행위지가 대한민국의 영토를 벗어난 경우 등을 국제적 근로계약관계라고 말한다. 국제적 근로계약관계에서는 당사자의 국적, 주소, 거소, 영업소, 노무 제공지, 근로계약체결지, 행위지 등 계약 관련 사실관계 중 어느 하나가 외국과 관련되어야 한다. 국제적 근로계약관계에서는 어느 나라 법을 적용해야 할지 의문이 될 수 있다. 국제사법 제25조제1항에 의하면, 계약의 준거법은 당사자 사이에 명시적·묵시적인 합의가 있으면 원칙적으로 그 합의에 의해 근로관계 전체 혹은 일부에 대해 준거법을 선택할 수 있다. 다만, 준거법이 국제적 강행법규를 위반할 수는 없고 준거법의 내용이 우리나라의 선량한 풍속 그 밖의 사회질서에 명백히 반하는 경우는 적용이 되지 않는다.[34] 국제적 강행법규는 대부분 근기법에 반영되어 있으므로 법의 강행규정과 별다른 차이가 없다. 만약 당사자가 준거법을 선택하지 않은 경우는 일상적으로 노무를 제공하는 국가의 법 즉, 근로자가 현실적으로 근로하고 있는 사업 또는 사업장의 소재지를 의미한다. 이 경우 근로자가 일시적으로 다른 나라에 소재하는 사업 또는 사업장에 파견한 경우라도 본래 취업하고 있던 사업장이 일상적인 노무제공지가 된다.

근로자가 일상적으로 어느 한 국가 안에서 노무를 제공하지 않은 경우에는 사용자가 근로자를 고용한 영업소가 있는 국가의 법에 의한다. 특히 선원의 경우 선원을 고용한 영업소가 있는 국가의 법에 의한다는 견해, 선박의 국적이 속한 국가의 법에 의한다는 견해, 근로계약관계에서 가장 밀접한 관련이 있는 국가의 법에 의한다는 견해로 나뉜다.[35]

근기법은 대한민국의 국민간의 고용계약에 의한 근로인 이상 그 취업 장소가 국내이든 국외이든 가리지 않고 적용되는 것이 원칙이다.[36] 국내의 외국인 사업도 속지주의원칙에 따라 근로기준법이 적용되는 사업이다. 따라서 외국인

---

34) 국제사법 제10조.

35) 근로기준법 주해(1), 573~574쪽.

36) 대판 70다523·524, 1970.5.26.

이 국내소재 사업장에서 고용한 한국인과 외국인의 경우에도 우리나라 근기법이 적용된다. 반대로 내국인이 국내에서 외국인을 고용하고 있는 사업도 마찬가지다. 한국인이 경영하는 외국소재 기업체에는 원칙상 근기법이 적용되지 않는다. 다만, 국내에 본사가 있고 그 출장소나 지점 등이 외국에 있는데 불과한 경우는 그 출장소나 지점에 근무하는 근로자에 대하여 적용된다. 그러나 외국에서 운영되는 사업에 대하여는 그 사업주가 내국인 내지 국내법인이라도 적용되지 않는다.[37)]

① 국외의 한국인 사업, 국내회사의 해외지점 · 공장

외국의 현지법인은 그 나라 법을 적용받는 것이 원칙이다. 그러나 국내본사에서 그 관할아래 있는 해외 현지법인체에 근로자를 파견하고 그 근로자의 근로조건 등에 대해 관장하고 있다면 국내 근기법의 적용을 받는다. 외국소재 현지법인 소속 외국근로자는 속지주의에 의거 한국의 법이 적용되지 않는다. 국내회사의 해외지점, 해외공장 등이 본사에 종속되어 있는 경우에는 국내에서 파견된 근로자와 현지에서 채용한 한국인 근로자는 모두 국내법의 적용을 받는다.

② 주한외국대사관에 고용된 한국인 근로자

주한외국대사관에 고용된 한국인 근로자는 국내법이 적용되나 비엔나조약 등에 의해 외국대사관 관계자를 형사소추하거나 대사관 시설물 등에 대한 강제집행은 어렵다. 주한미군의 한국인근로자도 SOFA협정에 의거 국내법의 적용을 받으나 역시 비엔나조약에 의거 강제집행이나 형사상소추는 어렵다.

6) 외국인근로자

외국인근로자는 불법인지 합법인지 체류형태 등에 불문하고 임금을 목적으로

37) 국제법 질서에 있어서 각국의 법령은 그 영역내의 모든 사람에게 적용될 수 있을 뿐이고 다른 국가의 영역 안에서까지 적용·집행될 수 없다. 법 제11조의 사업 또는 사업장은 대한민국의 영역 내에 소재하거나 영위되는 것을 의미한다. 따라서 해외소재 사업장에 대하여는 동 사업장의 관리자나 경영자의 내·외국인 여부를 불문하고 근로기준법이 적용되지 아니한다(법무 810-7975, 1968.5.3).

사용종속관계에서 근로를 제공한다면 내국인근로자와 동일하게 노동관계법을 적용해야 한다. 다만, 고용보험법 등 개별법으로 적용에 제한을 두는 경우는 그에 따라야 한다. 외국인 산업기술연수생의 경우, 그 동안 근기법의 8개 조항을 제한적으로 적용해 왔으나 2007.8.30 헌법재판소로부터 위헌결정[38]을 받음에 따라 사실상 노무를 제공하고 대가를 지급받고 있는 경우에는 일반근로자와 동일하게 노동관계법을 적용하도록 지침이 변경되었다.[39] 따라서 퇴직금의 경우 위헌 결정일 이후에 발생한 퇴직금은 사용자에게 지급의무가 있으며 그 이전까지 발생한 퇴직금에 관해서는 소급해서 적용하지 않는다.

(4) 상시 4인 이하 사업장

상시 4인 이하의 근로자를 사용하는 사업장에 대하여 적용이 제외되는 법조항은 다음과 같다(영 제7조).

1. 법령요지, 취업규칙, 기숙사규칙 등의 게시·비치의무(제14조)
2. 귀향여비 지급의무(제19조제2항)
3. 해고, 휴직, 전직, 징벌 등 불이익 처분시 정당한 사유 필요 (제23조제1항)
4. 경영상이유에 의한 해고제한, 해고회피노력, 합리적이고 공정한 기준에 따라 대상자 선정, 50일 전에 협의, 신고의무 등(제24조)
5. 해고한 날부터 3년 이내에 근로자가 원하면 우선재고용의무(제25조)
6. 해고사유와 시기를 서면통지 할 의무(제27조)
7. 정당한 이유없는 해고 등 불이익처분을 당했을 경우 노동위원회 구제신청 및 권리보호 절차 등(제28조 - 제33조),
8. 사용자 귀책사유로 휴업시 평균임금의 70% 이상 휴업수당지급(제46조)
9. 근로시간제도(제50조-제53조), 연장, 야간, 휴일근로 가산임금 지급(제56조), 제56조의 가산임금에 대한 보상휴가제(제57조), 근로시간 계산의 특례(제58조), 근로시간 및 휴게시간의 특례(제59조), 연차유급휴가 제도(제60조-제62조)
10. 임산부 아닌 18세 이상 여성을 보건상 유해·위험한 사업 중 임신 또는

38) 2004헌마670.
39) 근로기준팀-8930, 2007.12.26.

출산에 관한 기능에 유해·위험한 사업에 사용금지(제65조제2항)

11. 18세 이상 여성의 야간근로, 휴일근로시 근로자 본인 동의(제70조제1항)

12. 여성인 근로자가 청구하는 경우에는 월 1일의 생리휴가부여(제73조)

13. 임산부 정기건강진단에 필요한 시간 청구시 유급으로 허용(제74조의2)

14. 수유시간 보장[40](제75조), 기능습득 보호[41](제77조)

15. 취업규칙의 작성과 신고의무(제93조), 취업규칙의 작성과 변경철차(제94조), 취업규칙에서 근로자에 대한 감급의 제재를 정할 경우 제한(제95조)

16. 기타[42]

☞ **4인 이하 사업장에 적용되는 중요한 사항**

1. 퇴직금제도〈2010.7.1부터 4인 미만 사업장 확대적용〉, 휴게시간 부여(제54조), 주휴일 부여(제55조), 근로시간, 휴일, 휴게에 관한 규정의 적용제외(제63조)
2. 제23조제2항의 해고 등의 제한(업무상 부상 또는 질병의 요양을 위하여 휴업한 기간과 그 후 30일 동안 또는 산전·산후의 여성이 이 법에 따라 휴업한 기간과 그 후 30일 동안은 해고하지 못한다. 등),
3. 30일 전 해고예고의무(제26조),
4. 금품청산의무(제36조), 미지급임금 지연이자 지급(제37조), 임금채권 우선변제(제38조)
5. 사용증명서 발급(제39조), 취업방해금지(제40조), 근로자명부비치(제41조), 근로자명부와 중요계약서류 3년 보존(제42조),
6. 임산부 보호(산전후휴가, 유·사산휴가, 임신 중인 여성의 시간외근로금지, 임신 중인 근로자 요구시 쉬운 종류의 근로로 전환, 보호휴가 종료 후 휴가 전과 동일한 업무 또는 동등한 수준의 임금을 지급하는 직무로 복귀)(제74조), 도급사업에 대한 임금지급(제44조), 건설업에서 임금지급연대책임(제44조의2), 건설공사 도급에 있어서 임금지급에 관한 특례(제44조의3), 임금채권 시효(제49조), 최저연령과 취직인허증 발급(제64조), 임신 중이거나 산후 1년이 지나지 아니한 여성과 18세 미만자에 대해 도덕상 또는 보건상 유해·위험한 사업에 사용금지(제65조제1항), 임산부와 18세 미만자의 취업금지 직종(제65조제3항), 연소자증명서(제66조), 미성년자의 근로계약 등(제67조), 미성년자의 임금청구(제68조), 15세 이상 18세 미만자의 근로시간 제한(제69조), 임산부와 18세 미만자의 야간·휴일근로 제한(제70조제2항), 야간·휴일근로 인가를 받기 전근로자 건강 및 모성보호를 위한 시행방법 등에 관하여 사업장의 근로자대표와 성실하게 협의(제70조제3항), 산후1년 미만 여성의 시간외근로시간 제한(제71조), 여성과 18세 미만자의 갱내근로 금지(제72조) 재해보상(제78조~제92조) 등

---

40) 생후 1년 미만 유아를 가진 여성근로자가 청구시 1일 2회 각각 30분 이상 유급으로 부여.

41) 기능습득을 목적 근로자를 혹사하거나 가사 등 기능습득과 관계없는 업무 종사금지.

42) 단체협약의 준수(제96조), 위반의 효력(제97조), 기숙사규정(제98조, 제99조, 제100조).

☞ 4인 이하 사업장에 적용되는 법규정

구 분	적용되는 법조문
제1장 총칙	제1조 내지 제13조
제2장 근로계약	제15조, 제17조, 제18조, 제19조제1항, 제20조 내지 제22조, 제23조제2항, 제26조, 제35조 내지 제42조
제3장 임금 제4장 근로시간과 휴식	제43조 내지 제45조, 제47조 내지 제49조 제54조, 제55조, 제63조
제5장 여성과 소년	64조, 65조제1항 · 3항(임산부와 18세 미만자에 한함), 66조 내지 69조, 70조제2항 · 3항, 71조, 72조, 74조
제6장 안전과 보건 제8장 재해보상 등	76조, 78조내지 92조, 제101조내지 106조
제12장 벌칙	제107조 내지 제116조(제1장 내지 제6장, 제8장, 제11장의 규정 중 상시 4인 이하 근로자를 사용하는 사업 또는 사업장에 적용되는 규정을 위반한 경우에 한함)

(5) 특별법에 따른 적용 제한

선원, 청원경찰 등은 그들만의 특수성을 반영한 특별법이 따로 있어서 근기법을 전혀 적용하지 않거나 일부만을 적용하는 등 전체적으로 법의 적용을 제한하고 있다.

1) 선 원

"선원"이라 함은 임금을 받을 목적으로 선박 안에서 근로를 제공하기 위하여 고용된 자로서, 선장·해원 및 예비원[43]을 말한다. 해상근로의 특이성을 고려하여 선원의 근로조건에 대해서는 선원법이 적용된다. 선원법은 선원의 직무·복무·근로조건의 기준, 직업안정 및 교육·훈련에 관한 사항 등을 정한 법으로서 선원의 근로조건에 관한 사항은 근기법에 우선하여 적용된다. 선원법의 적용대상자는 대한민국의 선박, 대한민국 국적을 취득할 것을 조건으로 용선한 외국선박, 국내항만을 항행하는 외국선박 등에 승무하는 선원과 그 선박의 소유주 등이다.

다만, 선원법의 적용에서 제외되어 근기법이 적용되는 자는, 선박회사에 근무하더라도 선박에 승선하지 않는 자, 선원일지라도 육상에서 근무하는 경우,

43) 승무중이 아닌 자를 말한다.

규모이하의 선박으로서 선원법의 적용을 받지 않는 경우[44] 등이다.

2) 청원경찰

청원경찰은 같은법에 정한 기관시설 또는 사업장 등의 경비를 담당하게 하기 위하여 배치하는 경찰을 말한다. 청원경찰법은 청원경찰의 직무·임용·배치·보수·사회보장 등에 관한 사항을 규정함으로써 청원경찰의 원활한 운영을 기함을 목적으로 한다. 청원경찰의 복무에 관하여 비밀유지, 복종의무, 직장이탈 금지, 집단행동금지, 허위보고·직무태만·직무유기 금지 등은 공무원복무규정을 준용하지만[45] 근로시간, 휴게, 휴일, 휴가에 대해서는 달리 정한 바가 없다. 따라서 그 한도 내에서는 청원경찰법의 적용이 배제되고 근기법이 적용된다.[46]

청원경찰은 그 경비구역 안에서 경찰관직무집행법에 의한 경찰관의 직무를 행하며, 그 임용에는 미리 지방경찰청의 승인을 얻어야 하고 임용자격·임용절차·교육·보수·징계·복무 등에 관하여 청원경찰법령의 규제를 받도록 규정하고 있고, 근무 중 제복을 착용하고 관할경찰서장으로부터 무기를 대여 받아 휴대할 수 있도록 규정하고 있다.

3) 정부투자기관 임직원

국민건강보험법 및 정부투자기관 관리법, 정부투자기관예산회계법 등은 근기법의 특별법으로 해석할 수 없으므로 임직원에 대하여는 근기법이 적용된다.

(6) 기 타

최근 산업구조 다변화와 사회복지 확대로 인해 다양한 직종이 생성되고 있다. 그 중 간병인, 요양보호사, 회사소속 과외지도교사 등이 근기법의 적용을

---

44) 총 톤수 5톤 미만의 선박, 호수·강 또는 항내만을 항행하는 선박, 총 톤수 20톤 미만으로 해양수산부령이 정하는 선박, 「선박법」 제1조의2제1항제3호의 규정에 의한 자력항행 능력이 없어 다른 선박에 의해 끌려 다니는 부선 등이다.

45) 청원경찰의 복무에 관해서는 국가공무원법 제57조, 제58조제1항, 제60조, 제66조제1항 및 「경찰공무원법」 제18조를 준용한다.

46) 근기 01254-9677, 1990.7.10 ; 임금근로시간정책-2689, 2006.9.11.

받는지 여부에 관해 쟁점이 되고 있다. 법의 적용대상이 되려면, 근기법 제2조제1호에 정한 근로자라야 하는데, 근로자인지 여부는 계약이 민법상의 고용계약이든 도급계약이든 계약의 형식에 관계없이 그 실질에 있어 근로자가 사업 또는 사업장에 임금을 목적으로 종속적인 관계에서 사용자에게 근로를 제공하였는지 여부에 따라 판단하여야 한다. 간병인의 근로자성 여부는 사용종속관계 외에도 간병인의 사용주체 등을 고려하여 판단하여야 하는 바, 간병인이 환자측과 직접 계약을 맺고 간병료를 환자측이 간병인에게 직접 지급하는 경우라면 사용자는 계약당사자인 환자측이 되며, 이 경우 간병인이 근기법이 적용되는 '사업 또는 사업장'에 고용된 것으로 보기 어려울 뿐만 아니라 그 지위도 근기법의 적용이 배제되는 가사사용인에 가깝다.[47] 그러나 간병인이 간병사업을 영위하는 회사 혹은 병원에 고용된 경우는 실질적인 종속관계 등에 따라 근로자성이 있다면 근기법의 적용대상으로 삼아야 한다. 회사측이 모집한 중고교생에 대하여 과외지도를 하고 그 대가를 시간급으로 계산하여 매월 지급받는 회사소속 과외지도교사,[48] '위임계약직' 또는 '위촉직' 채권추심업무 담당자[49]의 경우도 마찬가지 이다. 자세한 사항은 근로자성 부분에서 상세히 설명한다.[50]

---

47) 근기 68207-2409, 2001.7.27.

48) 근기-6513, 2004.12.3. 과외지도교사와 회사측이 도급 또는 위임계약을 체결했다기보다는 근로시간에 상응하여 급여를 지급키로 하는 계약을 체결한 것으로 볼 수 있고 과외지도 교사는 임금을 목적으로 종속적인 지위에서 근로를 제공하는 근로자라고 볼 수 있다.

49) 비정규직대책팀-2416, 2007.6.26. 회사와 '위임계약직' 또는 '위촉직'으로 계약을 하고 급여는 기본급 없이 채권을 회수한 만큼의 수당을 받고 있는 채권추심원의 경우 비정규직법의 보호를 받을 수 있는지 여부에 관해 판단해보면, 기간제법 제4조제2항의 규정에 의하면 사용자가 2년을 초과하여 기간제근로자를 사용하는 경우, 동 2년을 초과한 시점부터 기간의 정함이 없는 근로계약을 체결한 것으로 보도록 하고 있으나, 이 규정은 2007.7.1 이후 근로계약이 체결·갱신되거나 기존의 근로계약기간을 연장하는 경우부터 적용되며, 「근로기준법」에 따른 근로자로서 기간제·단시간근로자에 해당되어야 한다. 「근로기준법」에 따르면 '근로자'라 함은 계약형식에 관계없이 그 실질에 있어서 사용자와 사용종속관계 아래서 임금을 목적으로 근로를 제공하는 자를 말한다 '사용종속관계가 있는지 여부'는 구체적인 업무내용, 업무수행시 사용자로부터 구체적이고 직접적인 지휘·감독을 받는지, 취업규칙·복무규정·인사규정 등의 적용 여부 등 당사자 관계 전반에 나타나는 사정을 종합 고려하여 판단한다.

50) 근로기준팀-5557, 2006.10.10. 간병사연합회와 관계에서, 근로자성이 인정되는 요소를 살펴

보면 (a) 간병사연합회와 3개월단위로 2회에 걸쳐 일용직 근로계약을 체결하여 근무하였고, 그 이후부터는 특별히 근로계약서를 작성하지 않았으나 동일한 업무를 수행하였으며, (b) 간병사연합회가 개괄적인 작업지시, 작업장소 지정, 출근부 관리, 매월 2~3회 소양교육 및 업무교육 등을 행하였고, (c) 임금은 간병사연합회가 간병료를 일괄 청구하여 정산(회비 및 보험료 공제)하고 진정인에게 지급하며, (d) 간병인이 근무중 사고로 인해 환자 등에 피해를 입힌 경우에는 간병사연합회에서 배상하고 있는 점 등이 있는 반면, 근로자성이 부인되는 요소로는 (a) 간병사가 유료직업소개사업을 행하는 간병사연합회의 유료회원으로 등록되어 매월 일정액의 회비를 납부하며, (b) 4대보험이 적용되지 않고, (c) 대체근로가 불가능하지는 않은 점 등이 있다.

제4장 근로자

1. 개념정의

근로자는 근기준법상 요건에 부합하는 근로자로 인정되지 않으면 법의 적용대상이 될 수 없고 노동관계법의 보호를 받지 못한다. 근기법에서는 근로자의 개념을 "직업의 종류에 불문[1]하고 임금을 목적으로 사업 또는 사업장에 근로를 제공하는 자를 말한다"[2]고 정하고 있다. 여기서 "임금을 목적으로 한다는 것은" 금전적 수입을 얻기 위한 행동이라야 하지, 봉사활동이나 포교활동 목적이 아니라야 한다.

"근로를 제공한다"는 것은 노무를 수령하는 자로부터 업무의 내용과 수행방법에 관해 지휘·감독을 받으며 시간적, 장소적인 구속을 받는 등 사용종속관계에서 노무를 제공하는 것을 함축적으로 표현한 것이다. 판례에서도, 근로자에 해당하는지 여부를 판단함에 있어서는 그 계약이 민법상 고용계약이든 도급계약이든 불문하고, 계약의 형식에 관계없이 그 실질에 있어서 근로자가 사업 또는 사업장에 임금을 목적으로 종속적인 관계에서 사용자에게 근로를 제공하였는지 여부에 따라 판단하되 제반 요소를 종합적으로 고려한다.[3]

(1) 노동관계법과의 관계

근기법과 노조법에서 법의 성격에 따라 각각 근로자의 정의를 달리한다. 근

1) 정규, 임시, 상용, 일용, 아르바이트, 정신적 혹은 육체직노동 등.
2) 근기법 제2조제1호.
3) 대판 96누1795, 1997.2.14.

기법에서는 근로자 개념에 해당되어야 각종 권리를 보호받을 수 있는데, 근로자가 현실적으로 사용종속관계에서 사용자의 지휘감독에 따라 근로를 제공할 것을 요건으로 하고 있다. 한편, 노조법에서는 소정의 근로자에 해당하여야만 노동조합을 조직·가입·활동할 수 있는 자격이 주어지는데, "직업의 종류를 불문하고 임금, 급료, 기타 이에 준하는 수입으로 생활하는 자"를 근로자로 규정한다.[4] 노조법상 근로자는 근로자들이 단결을 통해 그들의 경제·사회적 지위향상이라는 연대적 목적을 추구하는 주체로서, 반드시 특정 사업장에서 사용자의 직접적인 지휘감독을 받을 것을 요건으로 하지 않는 등, 근기법상 근로자 개념보다 폭넓게 노동3권을 보장받는다. 따라서 임시직, 도급직, 위임직, 무명계약직노동자, 근로의 의사를 가진 실업자 등도 노동조합원의 자격을 가질 수도 있다.

한편, 근기법의 적용과 관련하여, 산업화가 고도화됨에 따라 다양한 직종이 생겨나고 이들의 근로자성 여부가 논란이 되고 있다. 대표적인 예로 보험모집인, 레미콘운전사, 학습지교사, 골프장 케디 채권추심원 등을 꼽을 수 있다. 근기법과 동일하게 근로자개념을 적용하는 노동관계법은 최저임금법, 고용보험법, 산업재해보상보험법 퇴직급여보장법, 임금채권보장법, 근로자참여협력증진에 관한 법률 등이다.

2. 근로자성 판단기준

근로자인지 여부를 판단하는 핵심은 사용자의 지휘·명령을 받으면서 사용종속관계에서 노무를 제공하는가 하는 것이고 보수가 근로의 대가성을 갖는지 여부 등은 보조적인 기준이 된다. 1994.12월 이전까지는 근로자성 판단에 관해서는 「사용종속관계」라는 개념 이외에 구체적인 판단기준이 정립되지 않았다. 1994.12.9 판례를 계기로 다소 구체적인 판단기준이 나오게 되었다. 그 특징은 1. 사용종속 관계 유, 2. 형식보다 실질적 요소 중시, 3. 제반요소를 종합적으로 고려한 판단 등이다.

---

4) 노조법 제2조제1호.

(1) 전통적인 판단기준[5)]

전통적인 판단기준은 공장, 사무실, 영업장 등 전형적인 고정적, 집단적인 노무수령 체계를 기준으로 정립된 기준이다. 주요내용은 다음과 같다.

1. 업무의 내용이 사용자에 의하여 정하여지는지 여부

2. 작업거부의 가능성, 작업지시와 복무규율의 유무, 이것은 업무의 내용이 사용자에 의해 결정되거나 사용자의 구체적인 업무지시를 근로자가 거부할 수 없는 경우에는 지휘·감독관계를 인정할 수 있는 중요한 요소가 된다.

3. 업무수행과정에서 사용자로부터 구체적·직접적인 지휘·감독을 받는지 여부를 살핀다. 업무성격이 단순하거나 업무의 지시자와 수행자가 관행적으로 그 내용을 구체적으로 알고 있어 일일이 지시할 필요가 없는 경우는 묵시적인 지휘·감독관계에 있다고 보아야 할 것이다.

4. 근로자 스스로가 제3자를 고용하여 업무를 대행케 하는 등 업무의 대체성 유무[6)]

5. 사용자에 의하여 근무시간과 근무장소가 지정되고 이에 구속을 받는지 여부[7)]를 살핀다. 작업장소가 정해져 있거나 지시한 장소에서 근로를 한다면 사용종속관계가 인정된다. 도급제나 성과급제에 있어서 회사가 작업자의 편의를 위해 장소를 제공하거나 자료제공 차원에서 일정장소를 소개하는 경우 장소적구속이 있다고 볼 수 없으나, 이 경우에는 그러한 장소를 이탈했다는 이유로 불이익을 받는가 여부에 따라 판단해야 한다.

6. 회사가 출퇴근시간 등 소정근로시간을 정하거나 출근일 즉, 소정근로일을 정하는 경우는 사용종속관계가 인정된다.

7. 비품 및 원자재나 작업도구 등의 소유 여부

8. 취업규칙, 복무규정, 인사규정 등의 적용을 받는지 여부

9. 근로제공관계의 계속성과 사용자에의 전속성의 유무와 정도[8)]

---

5) 대판 94다22859, 1994.12.9.

6) 업무의 전속성과 비대체성이 기준이다.

7) 일정한 근무장소와 출퇴근시간의 정함이 있는지.

8) 노동력 이용에 대한 사용자의 배타적 지배권 유무.

10. 보수의 성격이 근로 자체의 대상적 성격이 있는지 여부[9]

11. 사회보장제도[10]에 관한 법령 등 다른 법령에 의하여 근로자로서의 지위를 인정받는지 여부

12. 양 당사자의 경제적·사회적 조건 등을 종합적으로 고려한다.

그러나 위의 판단기준들이 모두 구비되는 경우에만 근로관계의 존재 내지 근로자의 지위가 인정되는 것은 아니다. 근로관계의 존부는 해당 근로자의 노동법에 의한 보호 필요성을 염두에 두면서 개별적 사안에 따라 구체적으로 검토해야 한다. 최근 산업구조가 선진국형태로 발전하여 서비스, 용역, 인력공급 등 다양한 노무공급계약이 이루어지고 직업형태 또한 다양화·세분화되고 있기 때문에 고정된 틀 속에서 근로자성을 판단하기가 쉽지 않다. 특히 외환위기 이후 사회 전반에 걸쳐 간접고용계약이 확산되고 있을 뿐 아니라, 간접고용이 기업이윤 창출수단의 하나로 활용되고 있다. 이러한 직종 군에 특히 염두에 두어야 할 판단기준은 다음과 같다.

1. 근로소득세 납부여부, 즉, 근로자가 얻은 소득이 단지 근로소득세 부과대상이 아니라는 이유만으로 임금이 아니라고 판단할 수는 없다.

2. 보수가 시간급으로 계산되거나, 결근 지각시 보수를 공제하거나 연장근로의 경우 별도의 수당을 지급하거나, 기본급이나 고정급이 정해져 있는 경우는 임금으로서 성격이 명확하다고 할 수 있으므로 사용종속관계가 인정된다.

3. 근로자가 사용자의 업무지시 명령이나 일반적인 지휘감독에 불응할 경우 그에 상응하는 징계가 행해진다면 사용종속관계가 인정된다.

4. 독자적인 사업자성 여부판단

소유하고 있는 기계·기구가 매우 비싼 작업도구일 경우, 보수수준이 비슷한 업무를 하는 정규종업원에 비해 현저히 높은 경우, 업무수행 중 발생한 손해의 책임을 지거나 독자적인 상호를 사용할 경우, 독자적인 사업자등록증을 가지고 각자가 근로자를 고용하여 도급받은 공정에 따라 업무를 수행하고 임금을 지급

9) 기본급이나 고정급이 정하여져 있는지 여부, 근로소득세의 원천징수 여부, 보수가 작업의 결과가 아닌, 노무제공 그 자체에 대한 대가로서 노무의 질과 양에 따라 미리 정해져 있는지 여부.

10) 산재보험, 고용보험, 건강보험, 국민연금.

받는 경우 등 독자적인 사업자의 성격을 갖는다면 사용종속관계를 부인할 수 있다.[11][12]

(2) 종전 판례에 대한 비판적 견해

직접적 구체적 지휘감독·명령성, 근로조건 타인결정성 등 전통적인 근로자성 판단요소는 공장, 사무실, 광산 등 산업사회의 생산중심적 구조를 기준으로 한 것이다. 전자통신기술의 획기적 진전과 이동수단 등 생산관련 기술의 진보는 산업형태의 일대변화를 초래하여 종래 생산위주에서 판매, 광고, 모집, 수금, 서비스, 연구, 용역 등 다양한 형태의 직업[13]이 생겨나게 되고, 근로기준을 적용할 환경도 크게 변하여 「전통적인 사용종속관계의 기준변화」가 불가피하게 되었다. 전통적 기준에 대한 학계의 주요 비판적 견해를 살펴보면 다음과 같다.

*첫째, 지휘·감독여부 등 전통적인 근로자성 기준을 지나치게 강조하여 근로형태 다변화에 탄력성 있게 대응하지 못하고, 각 판단요소별 상호관계와 상대적 중요성에 대한 종합적인 고려가 부족하다고 본다. 특히 업무내용의 사용자 주도 결정, 취업규칙·복무규율의 적용 여부, 업무 수행시 구체적·직접적 지휘감독을 받는지 여부, 사용자에 의해 근무시간과 장소를 구속받는지 여부 등 지휘명령요소를 비품·원자재·작업도구 소유관계 등 독립 사업자성 요소[14]보다 중요시하여 변화된 직종의 근로자에 대해 보호를 하지 못하고 있다는 비판이 있다.

*둘째, 실질적인 종속성보다 취업규칙 유무, 기본급과 고정급 유무, 보수의

11) 대판 94다22859, 1994.12.9. 근로자가 사업자등록증을 소유한 사실 이외에, 자기가 또다시 근로자를 고용하고 있는 점, 회사로부터 지휘감독이 약한 점 등을 들어서, 비록 회사로부터 작업도구를 지급받고 작업보고를 하였으며 회사가 산재보험에 가입해 준 사실이 있음에도 불구하고 근로자가 아니다.

12) 서울고판 2008누24233, 2009.5.15. 임금을 목적으로 종속적관계에서 근로를 제공한 사실이 명백하다면 사업자등록을 하고, 소득세원천징수를 하지 않고, 4대보험 등에 가입하지 않은 영업용화물차 소유자라도 근로자에 해당한다.

13) 소사장 등 도급형근로자, 보험모집인, 텔레마케터, 학습지교사, 퀵서비스 배달원 등.

14) 노무의 대체성, 근로의 계속성과 사용자에 대한 전속성 유무.

지급방식, 소득세 납부여부, 4대보험 가입, 타 법령에 의한 근로자성 인정여부 등 형식적인 징표를 우선하여 자칫 노동관계법의 적용을 피하기 위한 기준으로서 악용되는 것이 아닌가? 하는 비판이 있다.

*셋째, 제공되는 노무가 상대방 계약당사자의 사업에 차지하는 중요성과 양적인 비중 등을 고려하여 과연 근로자가 누구의 이익을 위해 일하고 있는가 하는 고려가 따라야 한다는 것이다.

특히 비판적 견해에서 논의의 중심에 서는 것은, 근로관계에서 다양한 징표를 토대로 실질적인 사용종속관계를 발견하여 상대적 약자인 근로자보호에 노력하여야 한다는 점이다. 근로관계의 전통적인 지휘명령요소와 형식적 징표를 우선시 하여 근로자성이 있는지 여부를 판단해 버린다면, 근로자는 능동적으로 시장에 접근하여 이윤과 손실을 주도적으로 결정하거나 경영상 위험을 부담하는 등 실질적인 독립사업자성이 없음에도 불구하고, 계약상 상대적으로 우월한 지위에 놓인 사용자가 임의적으로 정해 놓은 틀 속에 갇혀서 노동관계법상 근로자로서 각종 대우를 받지 못할 우려가 있다.

그러므로 근로관계가 노동관계법상 보호를 받을 수 있는지 여부를 판단할 때는, 과연 실질적으로 노무공급자가 독자적으로 시장에 접근할 수 있느냐? 이익과 손실·경영상 위험부담에 관해 능동적으로 통제할 능력이 있느냐? 제공된 노무가 누구의 업(業)으로 일하는 것인가? 등을 종합적으로 고려한 결과, 고용형태에서 형식적인 징표와 직접적·개별적인 지휘감독 요소가 다소 결여되어 있더라도 노무공급자가 실질적으로 사용종속적인 관계에서 노무를 제공한다면 근로자로 판단하여야 한다는 것이 비판적 견해의 핵심이다.

(3) 근로자성 판단기준의 변화

산업구조의 변화와 기술의 진보 등이 고용관계의 실질적 형태에 미친 영향 등을 감안하여 근로자성 판단에 관해 전통적 견해와 현저히 다른 새로운 입법적 정의나 지침은 발견할 수 없다. 다만, 최근 근로자성 판단에 관한 판례[15]의 주요 변화 동태를 살펴보면, 도급 등 외관을 중시한 형식적이고 전통적인 징

15) 대판 2003두13939, 2004.3.26.

표보다는 실질적인 사용종속관계를 나타내는 징표를 우선시 하고 있으며, 독립사업자성을 판단함에 있어서도, 독자적인 시장접근성, 이윤창출과 손실위험에 관한 부담주체, 근로관계의 실체적인 주도권, 노무가 궁극적으로 누구의 이득을 위해 기능하고 있는가 등을 종합적으로 고려하여 판단하고 있다.[16)]

1) 독자적인 시장 접근성 유무

근로관계에서 노무공급자가 독자적으로 실물거래 시장에 접근하여 소비자 선택에 따라 복합적인 상품을 매매하거나 소비자 욕구의 변화에 따라 상품의 판매조건을 탄력성 있게 변화시켜 독자적으로 이윤을 창출할 수 있다면 근로자성을 부인하는 징표의 하나가 될 수도 있을 것이다. 예를 들면, 학습지 교사나 보험모집인이 임의로 영업구역을 선택하고 지역별 계층별 소비자 욕구에 따라 상품의 판매조건을 변동성 있게 조정하여 경쟁판매원과 차별화를 두는 등의 독자적인 방법으로 이윤을 창출할 수 있다면 근로자성을 부인할 수 있을 것이지만, 실제 학습지 교사나 보험모집인 등은 사용자가 정한 영업지침과 판매가격·사전에 계획적으로 정형화된 판매이윤에 따라 수동적으로 판매를 할 수 밖에 없다. 따라서 독자적인 시장 접근성을 갖지 못한 노무공급자로서 다른 전통적인 판단요소 등을 종합적으로 고려하여 근로자성 여부를 판단할 수 있는 것이다.

2) 이익과 손실에 관한 통제력 유무

근로관계에서 노무공급자가 영업 또는 담당업무를 수행함에 있어서 원재료·생산설비 및 도구·유지보수 비용 등을 투자하고, 거래선과 영업수수료·판매가격·영업방법 등의 설정권을 진직으로 행사하는 등 담당업무나 영업에 관한 이익과 손실에 대해 통제력과 책임성을 부담하고 있다고 판단할 수 있다면 노무공급자는 독자적인 사업자성을 인정할 수 있을 것이다. 그렇지 않고 사용자가 제공한 원재료·생산설비·생산도구·대리점이나 영업조직·영업방침 등에 따라 수동적으로 노무를 제공하여 왔다면 독자적인 시장 접근성을 갖지

16) 근로기준법 주해 I, 104~105쪽.

못한 노무공급자로서 다른 전통적인 판단요소 등을 종합적으로 고려하여 근로자성 여부를 판단할 수 있는 것이다.[17)]

3) 근로관계의 실체적 주도권 귀속주체

산업발달로 과거에 없던 다양한 직업군이 출현하였을 뿐 아니라 취업·고용형태에서도 전통적 직업군에서 볼 수 없었던 다양한 변화가 일어나고 있다. 근무장소·출퇴근시간·작업방법 등은 근로자의 재량에 일임하고, 작업량과 원자재공급, 교육, 지도관리, 영역배분, 실적관리 등 간접적·포괄적 의미의 지도감독을 통해 영업목적을 달성하는 경우가 늘어나고 있다.[18)]

직접적·구체적이 아닌 간접적·포괄적 방법의 지휘명령 즉, 상당한 지휘감독은 자칫 근로자성을 부인하는 주된 요소로 작용할 수도 있다. 새로운 직업군의 고용계약은, 작업의 특성과 업무의 성격 및 근로관계의 주도권을 가진 사용자의 의지가 상호 결합되어 대부분 포괄적·간접적 지휘명령 형태[19)]로 이루어지기 마련이다.

이 경우 고용관계에서 실체적 주도권이 없는 노무공급자는 사회·경제적으로 우월한 사용자에 대해 실질적인 사용종속관계에 놓여있다고 보아야 한다. 예를 들면, 학습지교사·정수기 코디·채권추심원 등은 고용관계에서 사용자의 업을 위해 수동적으로 노무를 공급하고 임금을 수령하는 것이지 임의로 노동력의 공급가격을 정하여 수요처를 창출하는 등 노무공급과 종료를 주도할 수 있는 실체적 권한이 있다고 볼 수는 없다.

---

17) 예를 들면, 아이스크림·음료수·우유·라면·제과류·여성용품류 등을 방문판매하는 대리점·특판영업자는 동종업계와의 경쟁력을 높이고 사업 이윤증대를 위하여 수요처에 대한 공급량에 따라 공급가격과 판매설비·기기지원, 격려금교부 등을 차별화하여 이익과 손실에 관한 위험부담을 지는 등 통제력을 행사한다. 그러나, 정수기 코디·채권추심원·학습지교사 등은 고객에 따라 공급가격을 낮추거나 지원금을 교부하거나 특화된 서비스를 제공하여 부가적인 이익을 창출하거나 영업구역을 임의로 확대·축소하여 규모의 사업경제를 실현하는 등 이익과 손실에 관한 위험부담을 지는 등 통제력을 행사하지 못하는 것이 일반적이다.

18) 대판 2007다37165, 2007.9.6.

19) 시청료징수원의 호별방문순서·방법 등이 자유로운 점, 정수기 코디 및 채권추심원의 위임계약서상 업무수행방법·시간·장소 등이 자유로운 점, 시간강사들의 수업방법·강의내용·복수의 고용계약에 의한 출강 등이 자유로운 점 등.

노무공급과 종료를 주도할 수 있는 실체적 권한이 없다면 독립사업자성이 부정되고, 간접적·포괄적인 상당한 지휘감독을 받는 등 근로자성을 인정할 수 있는 긍정적 요소로 보아야 할 것이다.

4) 노동력이 창출한 이익의 귀속주체

고용관계에서 제공된 노무가 그 사업에 통상적이고 필수적인 때에는 노무공급자는 「자신의 업(業) 아닌 타인의 업을 위해 노무를 제공」한 것이다. 노무가 그 사업·사업장의 성격상 필수적인 위치에 있다면, 노무공급자는 「사용자의 업을 위하여 노무를 공급하는 것」이므로, 사용종속성의 다른 요소를 종합적으로 검토하여 근로자성을 인정하는 것이 근로자 보호를 위해 바람직할 것이다.[20] 예를 들면, 보일러 수리, 공장지붕 도색, 물품창고 청소, 생산설비 일제정비 작업 등은 임시적 사용으로 노무공급자는 비록 그가 인부를 고용하더라도 근본은 자영업자일 가능성이 높고 간헐적·수시·돌발적·임시로 사용되는 노무이다. 그러나 생산라인의 기계 1대를 임차형식으로 받아 생산물 단위당 단가를 책정받아 제품을 생산하는 소사장은 그 노무가 통상적·필수적이며 사용자를 위한 업에 종사하는 것으로 보아야 할 것이다.

3. 간접고용형태와 근로관계

사용자는 직접 생산에 필요한 인력을 외주나 노무도급 등의 방식으로 사용하여 관리비를 절감하고 경영성과를 높이려 한다. 이 과정에서 업무성격상 실질적으로 인력채용계획과 선발·배치·교육·복무관리·작업배치 등을 대부분 도급인이 수행하면서, 외관상의 명의만 수급인에게 두는 용역, 노무도급 등을 활용하기도 하고, 작업시설과 도구를 유무상으로 임대해 주고 생산단가에 따라 임금을 지급하면서 실질적으로 교육·복무관리·작업 등을 지휘감독하는 이른바 라인도급·소사장제·공정도급 등의 형태로 활용하기도 한다.

최근에는 용역·인력소개업 등에서 사무보조, 운전, 경비, 청소, 긴급·임시

20) 근로기준법 주해 I, 104~105쪽.

직원 등 기업에 부수적인 인력을 공급하여 인건비에서 일정비율 이윤을 공제하는 간접고용형태가 광범위하게 확산되고 있다. 이러한 경우 결과적으로 수급인이 도급인으로부터 독립성이 없이 실질적으로 도급인의 노무관리대행기구 역할을 수행함으로써 종종 불법파견으로 확인되기도 한다.

(1) 간접고용형태

간접고용이란, 노동력을 직접고용하지 않고 하청회사, 용역업체, 파견업체, 근로자공급업체, 위탁관리업체, 소사장제 등 노동력을 공급하는 외부업체와 위탁, 용역 등 도급계약을 체결하여 필요한 노동력을 사용하는 고용형태로서 직접고용[21]과 비교되는 개념이다.

사내하청 등 도급, 용역, 파견 등은 외환위기 이후 산업현장에서 일반적으로 활용되고 있는 작업수행 형태이다. 이 가운데 파견은 이미 노동관계법에 의해 상당부분 규제를 받고 있으나 유독 도급, 용역은 민법의 영역에 남아 있어 사실상 아무런 규제를 받지 않고 있다. 특히 도급 가운데 「사내하청 혹은 사내하도급」은 원청사업주로부터 작업을 도급받은 수급사업주가 원청사업주의 작업장에서 원청사업주의 근로자들과 동일한 공간에서 작업을 수행하는 근로형태를 말한다. 이 경우 고용형태나 사용 지휘감독 등에서 직접고용과 다름없이 노동력이 활용되면서도 외형상 노동관계법의 규제를 면탈하는 사례가 빈번히 일어나고 있어 문제가 되고 있다.

실무상 파견법상 파견근로자는 사용사업장에서 2년 초과 근무시 직접고용할 의무가 발생하는 반면, 사내하도급근로자는 근로기간에 불구하고 직접고용될 수가 없다.

「도급」[22]은, 당사자 일방이 어느 일을 완성할 것을 약정하고 상대방은 일의

---

21) 민법상 「고용」은, 당사자 일방이 상대방에 대해 노무를 제공할 것을 약정하고, 상대방은 이에 대해 보수지급을 약속하여 계약의 효력이 발생하는 계약으로, 지배종속성이 근로계약관계에 이르지 않은 경우를 말한다. 대체로 민법상 고용관계와 근기법상 근로관계는 사용·종속의 정도에 따라 구별하는 것이 일반적이나 민법의 고용관계는 근기법상 근로관계로 통합되었다고 보는 견해가 지배적이다.

22) 민법 제664조 : 도급은 평당 3만원에 바닥재 20평 시공을 약정한 시공사와 인테리어업자, 평당/10만원으로 지붕에 아스팔트쉬글 시공을 약정한 건축주와 건재상의 관계 등을 말하고, 유사

완성 결과에 대해 보수를 지급할 것을 약정하여 효력이 발생하는 것이다. 약정한 일을 완성하지 않으면 그 동안의 노력에도 불구하고 보수를 지급하지 않을 수도 있다.

「근로자파견」이란, 파견사업주가 근로자를 고용한 후 그 고용관계를 유지하면서 근로자파견계약의 내용에 따라 사용사업주의 지휘·명령을 받아 사용사업주를 위한 근로에 종사하게 하는 것을 의미한다. 민법상 「도급」은, 수급인이 도급받은 업무를 수행하기 위해 자기 책임으로 근로자를 고용한 후 직접 지휘·명령을 하여 계약상의 업무를 수행한다. 도급은 계약의 실질적인 내용에 따라 완전한 도급과 위장도급으로 크게 나눌 수 있을 것이다.

*첫째, 완전한 도급이 이루어진 경우를 예상할 수 있다. 도급계약을 체결한 수급인이 노무·인사·회계 등에서 독립성을 가지고 근로자를 채용하여 임금·복지 등 근로조건의 결정권을 가지며, 근로시간 조정을 포함한 작업진행계획을 수립하여 독립된 판단으로 작업을 진행하고 원자재조달과 경비를 부담하며, 도급액 중 인건비 등을 제외한 잉여금을 수급인이 자기 이윤으로 취득한다. 이 경우 수급인이 채용한 근로자의 사용자는 수급인이며 근로계약의 당사자는 수급인과 근로자이다.

*둘째, 외형은 도급을 표방하나 실질은 수급인이 노무·인사·회계 등에서 독립성을 잃고 도급인의 노무관리대행기구로서 역할을 수행하는 것이 위장도급이다. 형식상 도급계약을 체결하였다 하더라도, 수급인이 채용하는 근로자 선발과정에 도급인이 직간접적으로 관여하고, 도급인이 제공하거나 정한 작업 장소와 시간 및 작업계획에 따라 수급인이 그의 지휘·감독을 받아 작업을 하고, 노무제공에 대해 단지 급여를 받기로 한 것에 불과하다면 당해 수급인과 그가 형식적으로 관리하는 근로자는 실질적으로 도급인의 근로자에 해

개념으로서 위임은 당사자 일방이 상대방에 대해 사무처리를 위탁하고 상대방이 이를 승낙함으로써 효력이 발생하는 것으로, 수임인의 독자적인 판단에 따라 업무를 처리하고 사무처리 결과에 상관없이 위임인은 수임인의 업무처리 자체에 대해 대가를 지불하는 것이다.

민법 제680조 : 예) 의사와 환자, 변호사와 의뢰인, 공공시설물 운영업자와 수탁자, 직장보육시설 어린이집위탁업체와 수탁사업장, 공인노무사와 사건의뢰 근로자 등의 관계를 말한다.

당한다.[23] 이 경우 도급인이 수급인의 근로자를 직접 고용한 것으로 볼 수 있다. 따라서 실질적인 근로계약의 당사자는 도급인과 수급인의 근로자로 볼 수 있다.

(2) 수급사업주의 실체성

순수한 도급과 위임계약은 민법의 적용을 받는 것이 원칙이다. 그러나 외관상 도급이나 위임의 형태를 갖추고 있더라도 수급·수임을 받은 사람이 자주성과 독립성·재량성 등 사업주로서 실체가 없이 도급·위임인의 지휘감독하에 사용종속관계에서 노무를 제공한 것[24]이 분명하다면 파견법 등 노동관계법의 적용을 받아야 할 것이다. 판례는,[25] 계약형식은 도급이지만, 그 실질을 고려할 때 수급인의 존재가 단지 형식적·명목적인 것에 지나지 않는 경우는 수급인 직원들과 도급인 사이에 직접적 근로계약관계를 인정하고 있고, 나아가 비록 수급인의 사업이 실질적으로 경영상 독자성이 인정된다고 하더라도 해당 업무의 완성에 있어서 도급인이 수급인 소속 직원들에 대한 지휘·감독을 하는 경우는 불법파견에 해당한다고 보았다.[26] 고용현장에서 수급인의 근로자에 대해 비록 직접적인 작업지시를 하지 않았더라도, 작업배치를 결정하거나 구체적인 업무지시 및 근태관리 등을 노무를 제공받은 자가 하였다면 도급계약은 실질적으로 파견법상의 근로자파견계약이라고 보았다.[27]

실무상 수급·수임을 받은 자가 자주성과 독립성·재량성 등 사업주로서 실체가 없다는 것을 어떻게 판단해야하는지 의문일 수 있다.

---

23) 대판 2000도6086, 2001.7.13 ; 대판 96다53086, 1997.4.25.

24) 예) 레미콘지입차주가 출퇴근 구속·운행경로 감독 등 영업에 꼭 필요한 사항 이외에는 사용자의 지휘감독을 받지 않고 자신의 차량을 이용하여 사업주가 알선하거나 자신이 개척한 거래처에 상품을 운반하고 운송단가를 받으며 세금 등 일반사업자의 의무를 이행하는 것이 아니라, 차량만 자신의 소유일 뿐, 출퇴근 구속, 근로제공 장소 지정, 운행일지작성 보고, 징계, 교육 등 사용종속관계에서 근로를 제공한 경우.

25) 대판 2005다75088, 2008.7.10.

26) 대판 2007두22320, 2008.9.18.

27) 대판 2011두6097, 2011.7.1.

*첫째, 사업주로서의 실체는, 채용·해고 등의 결정권,[28] 소요자금 조달 및 지급에 관한 책임,[29] 법령상 사업주로서 책임,[30] 기계 및 설비, 기자재의 책임과 비용부담, 전문기술·경험과 관련한 책임과 권한 실태, 도급사업주로서의 기술과 소속근로자의 자격 수급업무 부담능력 등을 종합적으로 고려하여 인적·물적·경영상 독립성을 판단한다.

*둘째, 지휘명령 등 사업주로서의 자주성과 재량성은 사용종속관계를 판단할 수 있는 요소가 된다. 작업배치·변경 결정권, 업무지시·감독권, 병가·휴가·외출·복장 등 근태관리 및 징계권, 업무수행 및 실적 평가체계, 연장·야간·휴일근로 결정 등의 권한행사 실태 등을 종합적으로 고려하여 판단한다. 계약서상 업무의 목적과 내용 등을 추상적으로 정하고 도급인 위임인 등의 지시나 방침을 통해 구체화되는 등 불안정한 상태에 놓인 경우, 또는 업무범위를 구체화하지 않고 광범위하게 설정하는 경우 등은 도급·위임사업주의 업무지휘·감독권이 인정될 수 있다.

다만, 도급계약 목적달성을 위해 수급인에게 일정한 자격을 가진 근로자를 확보하도록 요청하거나, 명절·기념일 등에 원하청근로자 모두에게 선물지급 및 복지시설 공동이용, 서비스 분야에서 원하청간 동일복장 착용, 특정제품 생산을 위한 주문서·시방서·설계도면 등에 따라 업무를 수행, 연장·야간·휴일근로 등에 관한 사전협의, 공정 특성상 공정검토·기술지도·업무수행결과 검사 등이 필요한 경우 등의 요소가 있다고 해서 획일적으로 수급인의 독립성과 지휘명령권을 부정할 수는 없다.[31]

(3) 간접고용형태의 근로자 보호

실제로는 직접고용이면서 외관상 도급·위임을 가장한 경우, 사용되고 있는 근로자들에게 노동관계법을 어떻게 적용할 것인지가 의문이다.

---

28) 채용면접표, 취업규칙, 근로계약서, 안전교육, 징계위원회 등 해고관련 서류.

29) 사무실임대차계약서, 주식대금납입경위 및 소유비율, 설립비용 부담, 자금확보 및 지출방법 등.

30) 4대보험가입증명, 세금납부자료, 소득원천징수, 도급(위임)계약서, 원청과 수급업체간 인력지원 활용 실태, 단체교섭 자료 등.

31) 파견법메뉴얼, 부록 고용노동부, 2011.12.

원청사용자는 노무를 수령함에 있어서 「있어야 할 근로계약의 당사자」임에도 불구하고 직접 근로계약을 작성하지 않고, 도급·위임계약을 가장하여 수급인 즉, 제3자로부터 노동력을 공급받아 사용하였으므로 근로자파견에 관한 법률[32]을 위반하여 불법파견근로자를 사용한 것이다. 따라서 사용자 즉, 사용사업주는 파견허가를 받지 않은 자로부터 파견역무를 제공받아 사용하거나, 파견대상업무에 해당하지 않은 직종에 파견근로자를 사용하거나, 절대파견금지업무를 위반하는 등 불법파견근로자를 사용하였다면 사용기간에 불구하고 직접 고용을 하여야 한다.[33] 직접고용의무 그 자체를 불이행할 경우 과태료처분이 따른다. 사용자는 불법파견근로자를 사용할 경우 형사처벌을 받을 수도 있는데 이때는 고의성과 불법에 대한 인식이 필요하다. 사용사업주의 직접고용의무를 판단함에 있어서는, 무허가 파견업을 행한 자가 파견사업주로서의 실체가 없는 경우와 있는 경우로 판단을 달리하여야 한다.

*첫째, 파견사업주로서의 실체가 있는 경우, 수급인은 무허가 파견업을 행하였으므로 형사처벌[34]을 받을 수 있고 소속 근로자는 본인의 명시적인 반대가 있거나 사용사업주가 대통령령이 정하는 정당한 사유[35]에 해당하지 않는 한 직접 고용할 의무를 진다.

*둘째, 파견법상 사업주로서 실체가 없는 경우를 상정할 수 있다. 계약 형식상에 불구하고, 원청 도급 등 사용사업주가 재정·회계·인사·노무 등 경영전반에 걸쳐 사실상 수급인의 사업체를 실질적으로 운영하면서 외관만 달리하

32) 사용사업주는 근로자파견업 허가를 받지 않고 근로자파견사업을 행하는 자로부터 근로자파견의 역무를 제공받아서는 아니된다. 파견법 제7조제3항.

33) 파견법 제5조제3항, 제6조의2제1항, 제2항, 제5항, 그 외 관련조항, 제3항(파견근로자가 명시적으로 반대하거나 대통령령으로 정한 정당한 사유도 없으면서 적법한 파견대상업무에 2년을 초과하여 계속적으로 파견근로자를 사용한 경우에도 파견근로자를 직접 고용하여야 한다), 제4항(대상업무는 아니지만 예외적인 파견근로자 사용사유로 허용한 기간을 도과한 경우), 2012.8.2부터 파견업무에 해당하지 않는 업무에 근로자를 사용하거나, 파견업허가를 받지 않은 사업주로부터 근로자를 파견받아 사용한 경우는 사용기간에 불구하고 직접고용하여야 한다. 다만, 직접고용의무 불이행에 대해서는 3천만원 이하의 과태료 처분이 따른다(파견법 제46조제2항).

34) 파견법 제7조제1항, 제43조.

35) 통합도산법에 의거 파산선고 및 회생절차개시결정을 받거나 도산 등 사실인정을 받은 경우.

여 단순히 노무관리 대행기구로서 활용하는 경우에는 수급인은 파견법상 사업주로서 실체가 없다고 할 것이므로 파견법을 적용하여 직접고용의무를 부과할 수는 없다. 이러한 경우 사용사업주와 수급인의 근로자는 묵시적인 직접근로계약관계가 성립된 것으로 볼 수 있으므로 수급인의 근로자는 민사소송을 통한 근로자지위확인 등을 청구하여 직접고용을 실현할 수 있을 것이다.

「묵시적 근로계약관계의 성립」에 관한 판례를 살펴보면, 수급인 등에게 고용되어 도급인의 사업장에서 도급인의 업무에 종사하는 자를 도급인의 근로자라고 할 수 있으려면, 원고용주인 수급인은 사업주로서 독자성이 없거나 독립성을 결하여 도급인의 노무대행기관과 동일시할 수 있는 등 그 존재가 형식적, 명목적인 것에 지나지 아니하고, 실질적으로 임금을 지급하는 자와 근로제공의 상대방도 도급인이어서 사실상 당해 피고용인은 도급인과 종속적인 관계에 있어야 한다고 보았다.[36]

실무상 용역·인력공급업체 등 노무도급을 목적으로 이윤을 취득하는 자가 파견법상 사업주로서 실체성이 있는가 하는 점이 논란이 될 수 있는데, 사용사업주로부터 인건비 이윤 등 사업소득을 취하고 모집·채용 등 인력풀 관리, 사업시설 임대, 복수의 사용사업장에 대한 자율적인 수익활동 등에서 독립성을 부정할 수 없으므로 사업주로서 실체성이 있다고 보아야 한다.

사업장에는 불법파견이 아닌 실제 도급·위임형태의 계약을 체결한 사업주에게 고용되어 수급사업주를 위해 도급형태로 노무를 제공하는 근로자도 있을 것이다. 인건비가 도급금액의 대부분을 차지하는 노무도급 형태에서, 용역, 도급 등 외관상 도급계약의 형식을 빌렸다 하더라도 그 계약내용에서 수급인이 도급인과 사이에 사용종속관계를 유지하면서 도급인의 사업 또는 사업장에 특정한 노무 제공만을 그 목적으로 하고 그 노무제공에 대하여 능률급 내지 성과급을 지급받기로 하는 것이라면 노무를 제공한 자는 근기법 제2조제1호 소정의 "근로자"에 해당한다.[37] 이러한 경우 자칫 근로자보호를 소홀히 할 수도 있으므로 「사용자는 도급 기타 이에 준하는 제도로 사용하는 근로자에 대

36) 대판 2005다75088, 2008.7.10 등.
37) 대판 87도604, 1987.5.26.

해서는 근로시간에 따라 일정액의 임금을 보장하여야 한다」.[38] 이 경우 "일정액의 임금"이 어느 정도인지 분명하지 않으나 시간급 최저임금 이상이라야 한다.[39]

집단노사관계에서, 수급인의 사업장에서 노사가 노동조합활동과 관련하여 부당노동행위로 다투는 경우, 수급인이 사업 경영에 독자성을 잃고 실질적으로 도급인의 지휘·감독 아래 사용종속관계에서 노무를 제공한다면, 수급인은 단지 도급인의 노무관리 대행기구로서 역할만 있을 뿐이므로 부당노동행위의 주체는 사실상 도급인 등 원청사업주가 될 수도 있다.

(4) 위임·위탁의 성격을 갖는 근로관계

위임은 위임자가 상대방을 신뢰하여 사무의 처리를 위탁하고 수임자가 수락함으로써 성립되는 계약으로 사무의 처리라고 하는 통일된 노무를 목적으로 한다. 계약의 내용상 판매·임대차 등의 법률행위인 경우도 있고 그렇지 않은 경우도 있다. 유상인 경우 수임인은 사무처리를 완료하지 않으면 보수를 청구할 수 없다.[40]

위임은 법령상 수임인의 사무처리 상황보고 및 선량한 관리자의 주의의무가 있으나 수임자가 위임의 본지에 따라 위임인으로부터 지휘감독을 받음이 없이 자기 책임으로 수임업무를 수행하므로 노동관계법을 적용하기 어렵다. 실무적으로도 한국전력의 위탁수금원, 보험모집인, 잡지 등 광고외근사원, 판매확장요원 등은 행정해석과 판례 모두가 근로자성을 부인한다.[41] 개별사례에서 일

38) 근기법 제47조.

39) 예를 들면, 매월 28일이 소정근로일, 주휴일 2일 부여, 매 1일 10시간 근로할 경우 임금을 산정해 보면, 월 28일을 일했다면 주휴일 명목으로 4일 이상의 쉬는 날을 부여하여야 한다. 그럼에도 2일의 주휴일을 부여했으므로 2일은 휴일에 근로한 것이다. 따라서 실근로시간은 308시간 [28일×11시간{8시간+3(가산근로2×1.5)}]+32시간(주휴일4일×8시간)+10시간 [주휴일근로 2일×가산근로시간 5시간(10시간의 50%)]=350시간×4,580원=2012년 최저임금기준 1,603,000원 이상이라야 한다. 주휴일은 엄격히 따지면 월4.3일로 계산하여야 한다{(365÷7)÷12개월}.

40) 민법 제680조, 제682조, 제686조 참조.

41) 대판 77다972, 1977.10.11 ; 법무 811-2351, 1981.1.23.

부 판례는 사용종속성이 있다고 보아서 근로자성을 인정한 사례가 있다. 예를 들면, 성실근무서약과 위반시 불이익조치 감수, 회사 내에 출근부 및 직원 인사기록카드와 사원명부 등재, 직장민방위대원으로 편성, 의료보험에 가입, 업무수행과정상 수금에 있어서 회사에 그 내용을 보고를 하고, 비록 그 수입이 업무활동에 따른 수당에 의존하나 소액이나마 기본급과 상여금이 지급된 경우 사용종속성이 있다고 보았다.[42)]

골프장 캐디에 대해서는 최근까지 근로자성을 부인하는 경향이다.[43)] 구체적 근로형태를 토대로 사안별로 사용종속관계가 있는지 여부를 조사하여 최종 판단을 하여야 할 것이다.[44)]

상품과 대규모 설비, 무기 등을 판매하는 로비스트에 관해 살펴보면, 부사장, 이사 등의 직함을 가지고, 경영에 직접참여하지 않으나 영업과 관련, 특정 업체를 상대로 로비를 하고 매월 정기적으로 소정의 대가를 수수하기로 약정한 경우, 업무수행과정에서 업무내용이나 수행방법, 수행시간 등에 관해 수탁자로부터 구체적인 지휘·감독이 없었고, 출퇴근 제약없이, 취업규칙이나 복무관리규정 등을 적용받지 않고, 사무처리 결과에 관계없이 독자적인 판단에 따라 로비를 수행하고 대가를 수령했다면 민법상 위임위탁관계로 보아야 한다. 따라서 대가수령을 둘러싼 다툼 등에 있어서 근기법을 적용할 수 없다.

정년을 마치고 다시 촉탁사원으로 채용된 정년퇴직자나 기타 촉탁발령자도 사용종속관계가 인정되는 한 근로자로 본다. 다만, 상근고문은 사업주 또는 사업경영담당자 등의 경영자문에 응하는 자다. 따라서 사업주로부터 일정액

42) 대판 87다카683, 1988.11.8.

43) 서울행판 2001구33013, 2002.2.7.

44) 회사의 정규직원인 과장을 캐디마스터로 임명하고, 캐디마스터로 하여금 캐디 및 조장을 관리·감독하고, 캐디마스터는 캐디의 노무관리에 관하여 일정한 책임과 권한을 사업주로부터 부여받은 자로서{사업주를 위하여 행위하는 자(사용자)}로 볼 수 있으며, 캐디마스터(정규직 과장, 사업주를 위하여 행위하는 자)가 자율수칙 제정에 관여하고, 캐디마스터가 자율수칙(취업규칙)에 따라 벌칙을 적용하고 있어 사용종속관계가 인정되며, 캐디피 결정에 캐디마스터(사용자측)가 직·간접적으로 규제를 하고 있어 근로의 대상성이 인정된다. 따라서 회사측과 캐디간에는 실질적으로 지휘·감독을 받는 사용종속적인 관계에서 임금을 목적으로 근로를 제공하는 근기법 제14조의 근로자에 해당한다고 보는 것이 타당하다(근기 68207-1451, 2000.5.13).

의 보수를 지급받고 있다고 해도 사용종속관계가 없으므로 근로자로 볼 수 없다.[45] 사업주와 사용종속관계가 인정되지 않는 위원이나 고문, 상담역, 촉탁의사[46] 등 비상근 위촉계약자는 일반적으로 특정사무처리에 관한 민법상의 위임관계에 있으며 근로자로 볼 수 없다.[47]

1) 레미콘 운전기사

회사로부터 출·퇴근 등 근로시간 및 근로장소에 대하여 구체적인 지휘·감독을 받으면서 회사에서 지정하는 수요처에 레미콘을 운반하는 고정된 업무만을 담당하며, 미리 일정한 금액의 고정급이 정하여져 있는 경우라면 비록 도급형식으로 계약을 체결하고 있다 하더라도 근로자에 해당한다고 볼 수 있을 것이다. 다만, 개별 기사가 스스로 수요처를 개척하는 등 회사로부터 구체적인 지휘·감독을 받지 않고 각자의 재량에 따라 업무를 처리하여 왔다면 근로자로 볼 수 없을 것이므로 구체적인 사실관계를 종합하여 판단하여야 한다.[48]

2) 정수기 방문관리직

정수기 방문관리직 근로자가 회사에 의하여 할당된 구역 안에서 업무를 수행하였고, 다른 회사의 업무를 수행할 수 없었고, 자신의 업무를 제3자에게 대행하게 할 수도 없었던 점, 업무를 게을리 하거나 교육을 받지 않은 경우에는 업무계약을 해지하거나 보수에서 일부를 공제한 점 등 임금을 목적으로 회사에 전속되어 근로를 제공하고 그 대가로 성과급 성격의 임금을 지급받는 종속적인 노동관계에 있었다면 근로자로 보아야 한다.[49]

3) 물리치료사

병원에서는 물리치료실을 설치할 장소만을 제공하고, 물리치료사는 자신의 출자로 기계·장비를 들여오고 자신이 직접 근로자를 채용했으며, 치료실내 인사를 관장한 상태에서 수익금에 대해 병원과 균등하게 배분했다면, 근로자와 병원사이에는 근로계약 관계가 없고 물리치료실에 근로하는 근로자는 물리치료사와 직접 근로계약관계를 가진다.[50]

4) 생활정보지 배포요원

판례와 행정해석이 일관성이 없으므로, 근로제공과 보수지급 등 사실관계를 종합적으로 판단하여 구체적 사안에 따라 결정해야 할 것이다. 생활정보지 배포요원이 용역계약형태를 취하였다 하더라도 근로형태가 사용종속관계를 유지하면서 구체적인 지휘감독을 받아 업무를 수행하고 있다면 근로자로 볼 수 있다. 다만, 출·퇴근 시간이 명확히 정해져 있지 아니하며, 회사의 일반 근로자들이 적용받는 취업규칙을 적용받지 아니하고, 비록 매월 일정액의 보수를 지급받았으나 동 금품에는 근로자 소유의 차량사용에 따른 제경비가 포함되고 신문배포라는 업무수행에 대한

45) 근기 1455-5065, 1982.2.15.

46) 진료행위에 대해 일부 시간적, 장소적인 제한을 받을 뿐 업무내용, 진료방법 등이 의사의 재량에 일임되고, 복무규율도 일반근로자와 상이하여 사용종속관계 발견 곤란.

47) 근기 68207-49, 1995.1.10.

48) 노조 01254-130, 1999.10.27.

49) 서울중앙지판 2003가합61868, 2004.11.5.

50) 근기 01254-397, 1987.1.12.

대가적 성질이 있는 점 등을 고려하면, 근로자로 보기 어렵다.[51]

5) 위탁직 교육상담교사

학습지 등을 제작·판매하는 회사와 위탁업무계약을 맺은 교육상담교사의 경우, 그 위탁업무의 수행과정에서 업무내용, 수행방법, 수행시간 등에 있어 회사로부터 구체적인 감독을 받지 않고 지급수수료는 상담교사가 제공하는 근로내용과 시간에 관계없이 오직 신규회원증가나 월회비 등록에 따른 납부실적에 따라서 지급여부와 금액이 결정되는 것이다. 따라서 근로제공의 대가로서 임금으로 보기 어려운 점 등, 사용종속 관계에 있는 근로자로 볼 수 없다.[52]

4. 간부 및 훈련·실습생 등

근기법의 적용을 받는 근로자에 해당하는지 여부는 대표이사나 임원 등 계약의 형식에 관계없이 그 실질에 있어서 임금을 목적으로 종속적인 관계에서 사용자에게 근로를 제공하였는지 여부에 따라 판단해야 할 것이므로, 회사의 이사라고 하더라도 회사로부터 위임받은 사무를 처리하는 외에 사장 등의 지휘·감독 아래 일정한 노무를 담당하고 그 대가로 일정한 보수를 지급받는 관계에 있다면 근로자에 해당한다.[53] 결국 회사의 임원이 근로자인지 여부는 사용종속관계 등에 기초하여 판단하며, 업무대표권 또는 업무집행권을 가지고 있는지가 사용종속관계의 판단기준이 된다. 다만, 등기된 임원의 경우는 등기법, 상법, 민법 등 관련법에 의거 등기가 의무사항으로 되어 있거나 대외적 공신력이 보장되어 있는 등을 감안하여 실체적 내용을 판단하여야 한다.

1) 법인의 대표자 등

법인의 이사,[54] 조합 등의 대표자나 집행기관의 지위에 있는 자는 근로자로 볼 수 없는 것이 원칙이다. 회사의 업무집행권을 가진 이사 등 임원은 주주가 아니라고 하더라도 대표이사로부터 일정한 사무처리의 위임을 받고 있다. 따라서 특별한 사정이 없는 한 사용자의 지휘·감독 아래 일정한 근로를 제공하고 소정의 임금을 받는 고용관계가 아니므로 근로자라고 할 수 없다.

판례에서도, 업무집행권이나 대표권을 가진 이사 등 임원은 주주가 아니라도 회사로부터 일정한 사무처리의 위임을 받고 있는 것이므로 특별한 사정이 없는 한 근로자가 아닌 것으로 보고 있

51) 근기 68207-2462, 2002.7.15 ; 근기 68207-1733, 2000.6.8.

52) 대판 95다20348, 1996.4.26 ; 대판 2005다39136, 2005.11.24 ; 근기 68207-3902, 2001.11.14. 학습지 교사들은 근로기준법상 근로자 및 노조법상 근로자에 해당하지 않는다. 서울고판 2012누37274, 2014.8.20.

53) 대판 2002다23468, 2003.9.5.

54) 민법 제40조, 상법 제382조제2항.

다.[55] 다만, 등기된 이사라고 하더라도 일정한 업무대표권이나 집행권이 없이 법인과의 사용종속관계에서 지휘감독을 받으며 근로를 제공하는 것이 입증된다면 근로자라고 볼 수 있다.[56] 최근의 판례에서도, 법인등기부에 회사의 대표이사로 등재되어 있더라도 실질에 있어서는 사주의 지휘·감독 아래 당당 직무를 수행하는 것이라면 근로자로 보고 있는 등,[57] 외관보다 실질적인 사용종속관계를 중시하고 있다. 따라서 상법·민법상 임원 등은 등기여부에 불구하고, 업무대표권이나 업무집행권이 있는지 등 실질적인 지위나 역할을 살펴서 근로자인지 여부를 판단한다.

다만, 법인의 대표이사로 등재된 자는 선출 및 등기과정 등에서 본인의 동의나 협조가 없이는 어려운 만큼 등기에도 불구하고 업무대표권이나 집행권이 없다는 것은 지극히 이례적인 일이다. 따라서 정관상 부여된 권한과 업무실태를 검토하여 판단하여야 한다.

판례에 의하면, 정관으로 권한을 부여받고 등기된 대표이사는 대내외적으로 법인을 대표하는 것이므로, 비록 실질적인 소유자 등으로부터 지휘감독이나 조정을 받더라도 사용자로 보아야 한다.[58]는 사례도 있다.

2) 감 사

감사는 상법에 명시되어 있지 않고 민법상 등기의무도 없다. 따라서 감사는 일반적으로 법인과 위임관계에서 사용종속관계없이 법인의 회계상태 등을 점검하는 업무를 담당한다는 점을 감안할 때, 근로자성을 발견하기 어렵다. 다만, 등기된 감사가 회사로부터 위임받은 사무를 처리하는 이외에 사장 등의 지휘·감독아래 일정한 노무를 담당하였고, 그 대가로 일정한 보수를 지급받아 왔다면 근로자로 볼 수 있다.[59] 임기 및 타업무 겸직여부, 상시 근로여부 등 실질관계를 고려하여 판단한다.

3) 훈련·실습생 등

양성공, 실습생, 직업훈련생도 출·퇴근시간의 제약을 받고 사용자의 지휘·감독 아래서 근로를 제공한다면 근로자이다. 사내직업훈련생이 그 회사에 근로계약을 체결하고 고용된 것이 아니고 단지 훈련만을 목적으로 하고, 향후에 취업할 의사를 가진 훈련생이라면 근기법이나 산재보상법의 보호를 받지 못한다.[60] 따라서 훈련생이 사후에 정식직원으로 입사했다고 해도 훈련기간은 근속기간에 산입되지 않는다.

학교를 졸업할 예정인 위탁실습생이 사업장 내에서 기술실습을 받는 것은 수업기간과 동일한 학습의 연장으로 볼 수 있으므로 비록 그 실습기간에 대해 실습비를 받는다고 하더라도 근로자로 볼 수 없다. 그러나 실습계약의 성격, 실습기간 중 수행하는 작업의 성질과 내용, 보수여부 등이 근로제공의 성격이 강하고 사용종속관계가 인정된다면 근로자로 볼 수 있다.[61] 전문의시험 자격취득을 위한 필수적인 수련과정으로 대학병원에 근로를 제공한 수련의의 지위는 병원측의 지휘·감독 아래 노무를 제공함으로써 실질적인 사용종속관계가 있다고 할 것이므로, 근기법

55) 대판 92다28228, 1992.12.22.
56) 대판 2002다4429, 2002.9.4.
57) 대판 2006두12180, 2006.9.22.
58) 서울고판 97주25967, 1998.2.10.
59) 서울지판 98가합53597, 1999.1.14.
60) 훈기 32305-32322, 1991.3.7.
61) 징수 32520-13767, 1998.9.8.

제14조에 정한 근로자에 해당한다.[62)]

외국인 산업연수생은 순수하게 기술·기능 또는 지식의 습득만을 목적으로 한다면 실습생과 마찬가지로 근로자로 볼 수 없다. 다만, 연수형태가 연수에만 그치지 않고 업체의 지휘명령에 따라 근로를 제공하고 그 대가로 임금을 받는다면 법 제2조에 정한 근로자인 것으로 보아야 한다.[63)] 이러한 판례는, 산업연수생 제도가 본래의 목적대로 연수를 위해 운영하지 않고 단순노무 등 생산수단으로 활용되었음에도, 그 동안 근로기준 중 일부[64)]만 적용토록 한 「외국인 산업기술연수생의 보호 및 관리에 관한 지침」[65)]의 일부조항이 "평등권에 위배되어 위헌"이라고 한 헌법재판소의 결정[66)]에 따른 것이다.[67)]

일반근로자와 동일하게 노무를 제공하고 임금을 지급받는 산업연수생에 관해 종전에는 노동관계법의 일부규정[68)]만 적용을 해왔으나 이와 같은 일부보호지침[69)]이 2007.8.30 위헌으로 결정됨에 따라, 2007.8.30부터 일반근로자와 동일하게 노동관계법을 적용한다.

5. 자영, 전문직 종사자 등

1) 지입차 운전기사 등

여객자동차운수사업의 마을버스(택시) 및 화물자동차, 레미콘차량운수사업의 지입차주는 원칙상 지입차주 본인이 사용자이다. 따라서 지입차주를 겸한 운전수나 지입차주에게 고용된 운전수는 지입회사의 대표자를 사용자로 볼 수 없고 실질적으로 사용자의 지위에 있는 지입차주가 사용자이다. 판례는, 업무내용이 회사에 의해 정해지고, 업무수행 과정에서도 교육을 하는 등 지휘·감독관계가 있어 고용관계와 유사하나, 차량복귀시간이 정해져 있지 않고, 제3자를 통한 업무대체가 가능하고, 차량 소유권이 운송차주에게 있고, 지입차주가 사업자등록을 하여 소득세를 납부하고, 취업규칙의 적용을 받지 않고 기본급이나 고정급이 없는 점 등을 고려할 때 근로자로 볼 수 없다[70)]는 입장이다.

2) 전문운동선수

아마추어팀에 소속되어 사용 종속관계에서 보수를 지급받는다면 근로자로 볼 수 있지만 프로팀에 소속된 자는 근로자로 볼 수 없다. 프로팀에 소속된 선수는 보수가 인기도 등에 따라 결정된다. 프로선수에 대한 지휘·감독은 흥행가치를 결합하기 위한 기술적인 지휘로 보는 것이지, 일

62) 대판 91다27730, 1991.11.8 ; 대판 97다57672, 1998.4.24 ; 근기 68207-2376, 2000.8.9.
63) 대판 2006다53627, 2006.12.7.
64) 임금, 근로시간 등 8개 조항과 산업안전보건법, 최저임금법 등 일부.
65) 노동부예규 제369호.
66) 헌재 2004헌마670, 2007.8.30.
67) 근로기준팀-8937, 2007.12.26.
68) 폭행 및 강제근로금지, 임금 등 금품의 정기·직접·전액·통화불지급, 금품청산, 휴게, 휴일, 시간외·야간·휴일근로, 최저임금보장(최초3개월간 수습), 건강진단 등 산업안전보건지원, 산업재해보상보험혜택.
69) 근기 68201-696, 1999.11.23.
70) 대판 97다7998, 1997.11.28.

반적으로 말하는 지휘·감독으로 보지 않는다.[71)]

3) 유흥업소 코너주 및 연예인

유흥업소 코너주가 자기 책임으로 근로자(판매원)를 채용하고 임금, 근로시간 등 근로조건을 결정하며 통상적인 근로제공에 대한 지휘감독권을 행사하고 있다면 동 코너주가 근로기준법상 사용자에 해당한다.[72)] 한편, 연예인은 공연시간과 보수만 정했을 뿐 공연내용, 방법에 관한 관여나 감독이 없다는 이유로 근로자성을 부인한다.

4) 학원 등의 시간강사

학원의 시간강사는 학원의 특수성을 감안하여 구체적인 사실관계를 토대로 판단하되 업무내용이 사용자에 의해 정해지고, 구체적인 지시 감독을 받는지 여부 등 일반적인 판단기준에 따른다.

근로자성을 부인한 판례를 살펴보면, 강사들 사이에 강사료가 서로 다르고, 수강생의 수강료 수입이 없으면 강사료도 없고, 강의시간 외에 학원측의 구체적인 지시 감독이 없고, 강의시간 외는 출퇴근의 구속이 없으며, 불성실한 강의 등이 발생하였을 경우에도 학원과 거래관계가 종료되는 점 이외에 징계 등이 없고, 개인소득세를 납부, 다른 학원에 출강할 수도 있는 등을 이유로 근로자성을 부인하고 있다.[73)] 다만, 기본급·고정급유무, 소득세 원천징수여부, 사회보장제도 가입여부 등의 사정은 사용자가 우월한 지위를 이용하여 임의로 정할 여지가 크므로, 다른 사정[74)]을 종합하여 전체적으로 사용종속관계가 인정된다면 근로자로 본다.[75)]

학교의 시간강사 등 교육공무원법, 사립학교법 등의 적용을 받지 않는 임시교원에게는 근기법이 전면적으로 적용된다. 시간강사의 노무관리는 대체로 근로시간에 비례하여 부여한다고 볼 수 있다.[76)]

5) 사립학교 교원 및 교직원, 기간제 교원

사립학교법에는 교원의 자격, 임면, 복무, 사회보장, 신분보장, 휴직, 징계, 명예퇴직 등에 관한 사항을 정하고 있고, 사립학교 교원연금법에 연금제도를 규정하고 있으므로 교원에게는 근로기준법상 해고의 일반법리와 퇴직금제도 등이 적용되지 않는 등 사립학교법에 특칙으로 정한 사항 이외의 부분만 근기법이 제한적으로 적용된다.[77)]

다만, 교원의 휴직, 파견·연수·직위해제·파면 등으로 인한 후임보충을 위해 한시적으로 채용되는 기간제 교원은 사립학교법 제54의제4조에 의거 신분보장, 사회보장, 면직사유, 직위해제,

---

71) 근기 1451-7 ; 징수 1458.4-27309, 1983.10.31.

72) 근기 01254-6162, 1991.5.1.

73) 대판 96도732, 1996.7.30.

74) 출근시간, 강의시간, 타사업장에 노무제공 제한, 학생 수에 따라 보수가 증감하였는지 여부.

75) 대판 2004다29736, 2006.12.7, 기타 근로자성을 인정한 판례 ; 대판 2005두8436, 2007.1.25 ; 대판 2006도777, 2007.9.7 등.

76) 예) 1일 4시간 주 5일을 강의하는 시간강사가 1주일을 개근시 유급주휴4시간 부여, 월간 소정 강의시간을 개근시 월1일의 휴가부여, 근속연수 1년 이상에 도달하여 8할 이상을 개근시 월 1일의 휴가일수를 포함하여 총 15일의 연차유급휴가를 부여. 다만, 임금을 지급하지 않고 출근의무도 없는 방학기간은 전체근속기간에서 제외, 아울러, 4주간을 평균 근로시간이 주당 평균 15시간 미만인 경우는 퇴직금과 주휴, 연·월차유급휴가가 적용제외, 방학기간을 제외한 근속기간을 합산 1년 이상 재직시 퇴직금발생(근기 68207-1780, 2001.6.1).

77) 근기 68207-1372, 1999.6.16.

휴직사유, 징계, 징계의결 등 교원의 신분보장 등에 관한 부분이 대부분 적용되지 않을 뿐 아니라 사립학교교직원연금법의 적용도 받지 않는다. 따라서 기간제 교원의 근로조건에 관하여는 근로기준법을 전면적으로 적용하여야 한다.[78] 교원을 제외한 일반교직원은 사립학교연금법에 정한 사항을 제외한 나머지 부분에 관해 근기법을 적용한다. 사립학교에 고용된 임시직원, 조건부 기간제직원 등은 사립학교교직원연금법이 적용되지 않으므로 오직 근로기준법만 적용받는다.[79] 다만, 사립학교에 대해 상시근로자수를 판단할 때는 교원의 수와 직원의 수를 합하여 전체인원으로 계산한다. 이 경우 고용원 등이 육성회비에서 임금을 지급받더라도 상시근로자수에 포함한다.

6) 청원경찰, 예비군지휘관, 노동조합전임자 등

청원경찰은 같은법에 정한 기관시설 또는 사업장 등의 경비를 담당하게 하기 위하여 배치하는 경찰을 말한다. 청원경찰법은 청원경찰의 직무·임용·배치·보수·사회보장 등에 관한 사항을 규정함으로써 청원경찰의 원활한 운영을 기함을 목적으로 한다. 청원경찰의 복무에 관하여 비밀유지, 복종의무, 직장이탈금지, 집단행동금지, 허위보고·직무태만·직무유기 금지 등은 공무원복무규정을 준용하지만[80] 근로시간, 휴게, 휴일, 휴가에 대해서는 달리 정한 바가 없다. 따라서 그 한도 내에서는 청원경찰법의 적용이 배제되고 근기법이 적용된다.[81]

청원경찰은 그 경비구역 안에서 경찰관직무집행법에 의한 경찰관의 직무를 행하며, 그 임용에는 미리 지방경찰청의 승인을 얻어야 하고 근무 중 제복을 착용하고 관할경찰서장으로부터 무기를 대여 받아 휴대할 수 있도록 규정하고 있다.

직장예비군지휘관은 근로자이다. 그러나 지역예비군지휘관은 군인사법의 적용을 받으므로 근기법상 근로자가 아니다. 기업체 일반직원이 별도의 퇴직절차를 거치지 않고 직장예비군지휘관으로 되었거나, 예비군 업무 이외에 다른 업무를 겸임해 왔다면 예비군규정 및 수임기관의 해임만으로 사용자가 근로자를 해고할 수 없다.

노동조합의 전임자는 사용자와의 기본적인 근로계약관계는 유지하면서 생산활동을 떠나 노조활동에만 전념하도록 사용자가 인정한 자이므로, 전임기간 동안은 회사의 일상적인 노무지휘권이 미치지 않고 휴직에 준해 처리된다. 다만, 근로자 신분은 유지되더라도 전임기간 동안 지급된 급여는 임금으로 보지 않는다.[82]

7) 매장 파견사원, 방송프로그램 보조출연자

「매장 파견사원」의 경우, 백화점, 쇼핑몰 등 대형매장에 물건을 납품하는 업체는 백화점 등의 요구에 의거 자기 비용으로 고용한 근로자를 파견하여 물건정리 등을 수행하는 것이 일반적이다. 이 경우 백화점 등의 직원이 파견직원을 직접 지휘·감독하여 작업을 지시하고 제반 복무관리를 하였다면 백화점 등과 파견근로자는 직접 근로계약을 맺은 사실이 없다고 해도 사용종속관계가 있기 때문에 백화점과 파견근로자는 직접 근로계약을 맺은 것으로 본다.[83] 「방송프로그

78) 근기 68207-1372, 1999.6.16.

79) 사립학교교직원연금법 제2조제1항제1호.

80) 청원경찰의 복무에 관해서는 국가공무원법 제57조, 제58조제1항, 제60조, 제66조제1항 및 경찰공무원법 제18조를 준용한다.

81) 근기 01254-9677, 1990.7.10 ; 임금근로시간정책-2889, 2006.9.11.

82) 임금 68207-545, 1994.9.7.

83) 대판 2006도300, 2006.12.7.

램 보조출연자」의 경우, 외주제작사가 제작하는 방송프로그램에 엑스트라로 출연하는 보조출연자는 촬영현장에 일용직 형태로 고용되어 제작사나 보조출연자공급업체인 기획사가 요구하는 바에 따라 노무를 제공하고 그 대가로 시간급 보수를 받는 바, 근로자로 보는 것이 상당하고, 보조출연자의 사용자는 방송사나 외주제작사가 아니라 실질적인 지휘·감독을 한 기획사로 보아야 한다.[84)]

8) 항운노조원

철도하역노동조합이나 항운노조처럼 근로자들이 특정기업에 소속되어 있지 않고 노조를 결성하여 여러 회사와 하역계약을 맺고 작업비를 받아온 경우, 다수의 하역회사와 노동조합간에 근로자공급계약이 체결되고 이에 따라 항운노동조합에서 불특정 다수의 조합원을 공급하여 노무를 제공하게 하는 경우라면 개별 하역회사와 개별조합원간에 근로관계의 당사자로서 개별적인 근로계약이 성립했다고 볼 수 없다. 따라서 하역회사에서 항운노동조합에게 근로자공급의 대가로 지급하는 금품은 근기법에 의한 임금이 아니다. 다만, 노조원은 항운노동조합과 근로계약을 체결하고 사용종속관계에서 근로를 제공하고 임금을 받기로 했다면 항운노동조합이 사용자이고 노동조합이 근로자에게 지급하는 것은 임금이다.[85)]

9) 요양보호사

일반적으로 요양보호사의 근로형태를 살펴보면, 방문요양보호사의 경우 근로계약이 없고, 복무규정이나 취업규칙이 없으며, 사업주는 대상자별 월 최대시간 한도 내에서 요양보호사에게 대상자별 케어일정만 알려주고 보호사가 출퇴근시간의 지정없이 요양실시시간 한도 내에서 대상자들의 집을 방문하여 방문목욕, 간호, 병수발 등의 업무(케어)를 일정시간 실시한 후, 요양일지를 작성해 수시 혹은 월단위로 사업장에 제출하면 요양센터에서는 이를 근거로 비용을 공단에 청구하고, 공단은 청구내역을 요양보호대상자에게 확인 후 일정시급으로 정산, 월단위로 계좌에 이체하며, 소득신고는 사업주가 원천징수해 국세청에 신고 납부한다.

업무의 대체성에 관해 살펴보면, 방문 요양보호사가 직접 다른 보호사를 대체하지는 않으나 대상자와 사전에 협의해 근무일정을 조정 연기하거나 사업주가 다른 자격 있는 보호사를 대체하거나 직접 수행한다. 사업주는 보호사에게 케어시간을 무리하게 요구하거나 강요하지 않으며 케어를 거부해도 별도로 정해진 제재는 없다. 요양보호사의 제반 근로형태를 살펴보면, 비록 요양보호사와 사업주간에 근로계약을 작성하고 시급을 정하는 등 형식적인 면에서 근로자성을 인정할 수 있으나, 출퇴근시간이 없고, 업무수행과정에서 구체적인 지휘·감독이 없는 점, 요양보호사의 개인적 근무가능 시간에 따라 보호대상자의 수가 결정되는 점, 업무를 거부해도 제재가 없는 점, 4대보험에 가입하지 않은 점 등을 종합하면 근로자로 보기 어렵다는 행정해석이 있다. 그러나 질의회신의 전제가 된 사건과 달리 구체적인 경우 사용종속관계가 요양보호기관마다 각각 상이할 수도 있으므로 구체적 요건을 종합 판단하여 근로자성 여부를 결정하는 것이 바람직하다.[86)] 한편, 출퇴근을 하면서 시설 내에서 정해진 근무표에 따라 입소자들을 관리하는 재원 요양보호사는 근로자이다.

10) 변호사

변호사는 그 직무의 독립성에도 불구하고 법률 서비스의 공급자로서 자신의 용역을 타인에게

---

84) 서울행판 2007구단15424, 2008.11.20.

85) 근기 68207-240, 2003.2.25 ; 근기 68207-2643, 2001.8.16.

86) 근로복지공단 가입지원팀-1745, 2009.5.7.

제공하고 그 대가를 취득해 생활을 영위한다는 점에서 다른 노무공급자와 같다. 따라서 근로자 해당 여부에 관한 일반적인 판례 법리가 변호사에게도 적용된다. 문제는 법무법인의 운영과 업무 수행에 무한책임을 부담하는 구성원 변호사의 경우에도 근로자성을 인정할 수 있는지 여부다. 이것 역시 기존의 판례 법리에 따라 그 근로의 실질에 비추어 판단해야 한다. 최근 대상판결은 변호사 직무가 이른바 근로기준법 제2조 제3호 소정의 '근로'에 해당하고, 형식적으로 법무법인의 구성원 변호사의 지위에 있더라도 실질적으로 종속적인 지위에서 직무를 수행하는 사람은 근로기준법상 근로자에 해당한다는 점을 확인했다.[87]

11) 백화점 위탁판매원

백화점 위탁판매원(이하 '백화점 판매원')들의 근로자성이 문제된 사안에서 1. 판매수수료의 상한이 정해져 있고, 매출이 부진해도 일정 수준의 보수를 받은 점, 2. 직원들이 주기적으로 백화점 판매원들의 근무상황을 점검한 점, 3. 내부 전산망을 통하여 백화점 판매원들에게 업무와 관련하여 각종 공지를 하고 그 이행 여부를 확인하기도 한 점, 4. 백화점 판매원들의 휴가, 병가, 출산휴가 등을 관리한 점, 5. 백화점 판매원들에게 징계권을 행사하거나 매장 이동조치를 취하기도 한 점 등을 종합하여 볼 때, 원고들을 비롯한 백화점 판매원들은 피고와 판매용역계약을 체결하여 그 계약의 형식이 위임계약처럼 되어 있지만, 그 실질은 임금을 목적으로 종속적인 관계에서 피고에게 근로를 제공한 근로계약관계라고 봄이 상당하므로 근로기준법상의 근로자에 해당한다고 판시하였다.[88]

6. 채용내정자

기업 등에서 우수인재를 확보하기 위해 졸업예정 자, 구직자 등을 대상으로 시험 등 소정의 검증절차를 거쳐 합격자로 선발 통지한 후 적정시기에 임용하기 위해 내정을 해 두는 경우가 있는데 이를 채용내정자 혹은 임용예정자라고 한다. 채용내정은 우선 근로계약은 성립하나 사업장에 편입시기가 예정되어 있거나[89] 졸업을 해제조건부로 하는 근로계약이라는 견해가 유력하다. 비록 사업장에 편입하기 전이기 때문에 노무제공의무는 없으나 근로자로서 연수, 교육 등 출근 전 각종 의무를 부담할 수 있으므로 노동관계법상 보호를 받을 수 있는지가 의문이다

「수습」은 정식입사 후 소정의 업무숙련기간을 정한다는 점, 「시용」은 우선 입사는 하되 업무적격성 여부를 판단하여 정식임용여부를 결정하는 제도로서 일종의 조건부 임용이라는 점에서 각각 채용내정과 다르다.

87) 대판 2012다77006, 2012.12.13.

88) 대판 2015다59146, 2017.1.25.

89) 2013년 상반기까지 결원보충 임용, 학교졸업 임용 등.

수습과 시용은 사업장에 편입되어 노무를 제공하고 임금을 수령하는 등 노동관계법의 완전한 보호를 받는 근로자 신분이다. 하지만 지나친 검증기간의 설정은 근로자의 권리를 불안하게 하고 현저히 침해할 우려가 있기 때문에 근로계약에 명시적으로 표기하지 않으면 정식근로자로 본채용 된 것으로 보아야 한다.

채용내정, 수습, 시용 등에 관해 근기법으로 정의한 바는 없고 실무상 학계에서 근로자 권리보호를 위해 논의하고, 판례에서 구체적인 사실관계 판단시 개념적 정의를 원용해 오고 있다. 행정해석에서는 질의해석 등에서 근로기준 보호 등에 관해 일부 판단한 사실이 있지만 일반적이지는 않다.

「근기법상 근로자」는, 사업이나 사업장에서 근로를 제공하는 자이고, 「근로계약」이란, 근로자가 사용자에게 근로를 제공하고 사용자는 이에 대해 임금을 지급하는 것을 목적으로 체결된 계약을 말하고, 「임금」이란, 사용자가 근로의 대가로 근로자에게 임금, 봉급, 그 밖에 어떠한 명칭으로든지 지급하는 일체의 금품을 말한다.[90] 따라서 실정법상 노동시장에 완전히 편입되어 노무를 제공하지 않는 채용내정자는 근로자로 볼 수 없고 노무제공에 대한 대가로서의 임금은 받을 수도 없는 것이 당연하다. 다만, 민법상 고용계약의 당사자로서 계약의 일반법리에 의해 일정부분 보호를 받을 수가 있다.[91]

채용내정의 성격에 관한 통설과 판례 및 학계의 견해는, "채용내정으로 곧 근로계약이 성립된 것"으로 보고 있으며 「근로계약성립설(勤勞契約成立說)」이라고 한다.[92] 이 경우 근기법상 근로계약으로 볼 수는 없고 고용의 일반법인 민법상 고용계약으로 보는 것이 옳다.

실무상 채용내정이 취소된 근로자의 법적지위는 어떻게 볼 것인가, 근로자 보호를 위해 내정취소는 어떠한 제한을 받는가, 어떤 근거로 사용자에게 임금

---

90) 근기법 제2조제1항제1호, 제4호, 제5호.

91) 민법 제655조 (고용의 의의) 고용은 당사자일방이 상대방에 대하여 노무를 제공할 것을 약정하고 상대방이 이에 대하여 보수를 지급할 것을 약정함으로써 그 효력이 생긴다.
제390조 (채무불이행과 손해배상) 채무자가 채무의 내용에 좇은 이행을 하지 아니한 때에는채권자는 손해배상을 청구할 수 있다. 그러나 채무자의 고의나 과실없이 이행할 수 없게 된때에는 그러하지 아니하다.

92) 대판 2000다25910, 2000.12.10, 김형배, 임종률 등.

등을 청구할 수 있는 있는가 하는 점과 손해배상 등 기타 권리에 관한 구제를 받을 수 있을까 하는 점 등이 의문이다.

*첫째, 채용내정통지를 하고 입사예정일을 고지한 후 훗날 내정을 취소했을 경우, 민법을 토대로 채용내정자의 법적지위를 살펴보면, 회사의 모집공고, 즉, 근로계약의 유인에 대해 근로자가 입사지원을 하는 것은 「근로계약의 청약」에 해당하고, 회사가 서류전형과 면접을 거쳐 최종합격자 발표를 하는 채용내정통지는 「근로계약의 승낙」을 한 것이다. 채용내정통지를 함으로써 사용자와 근로자는 최종입사예정일로부터 확정적으로 유효한 근로계약이 성립되었다고 볼 수 있다. 굳이 문언표기상 근로계약이 아니더라도[93] 채용내정통지로 회사와 근로자는 형식적인 근로관계가 성립되었다. 따라서 예고된 최종입사예정일로부터 회사의 종업원 지위에 있으므로 비록 현실적인 노무제공이 없더라도 채용내정취소는 실질적인 해고에 해당한다.[94]

*둘째, 그럼, 채용내정취소는 자유롭게 할 수 있는가 하는 점이 논란이 된다. 판례는 채용내정시부터 정식 발령시까지는 부적격자를 가려내서 내정을 취소할 수 있는 해약권이 유보되어 있기는 하나 채용내정자는 취업예정일로부터 근로계약을 체결하여 근로자 신분으로 판단하는 만큼 채용내정을 취소하려면 근기법 제23조에 정한 「정당한 사유」가 있어야 한다고 본다.

다만, 현실적 노무제공 등 확정적인 근로자가 아닌 만큼, 확정된 근로자에게 적용하는 해고 50일 전까지 근로자대표와 협의해야 하는 절차적 규정과 해고예고의무는 적용이 없다는 입장이다.[95] 아울러 기업이 구조조정 등 경영상해고를 실시할 경우, 채용내정자를 이미 취업 중인 근로자보다 우선적으로 해고하는 것은 합리성이 있다는 입장이다.[96]

한편, 법 제24조 경영상이유에 의한 해고의 경우 "경영상해고의 요건을 모두 만족시켜야 정당성이 있다"고 명시한 점, 근로자의 기대이익보호와 생활안

---

93) 채용예정일 지정, 근로시작일 지정, 업무 특성에 따른 작업도구 사전 배정, 근무복지급, 입사관련서류 제출, 근로계약서 및 노농조합 가입원서 삭성 등.

94) 서울고판 99나41468, 2000.4.28.

95) 서울고판 99나41055, 2000.8.25 ; 대판 91누6184, 1992.3.13 ; 대판 2000다51476, 2000.11.28.

96) 대판 92다34858, 1993.12.28.

정측면 등을 종합적으로 고려하여 법해석을 하여야 하는 점 등을 감안할 때, 채용내정자에 대한 내정취소를 일반적인 근로자에 대한 해고요건과 같이 엄격하게 해석하여야 한다는 학계의 견해가 있다.[97]

*셋째, 채용내정취소가 해고와 같다면, 내정이 취소된 근로자는 사용자에게 임금 등을 청구할 수 있는가 하는 점이다. 취업예정일이 도래했음에도 사용자가 정당한 이유없이 노무수령을 거부하는 것은 계약상의 채무를 불이행하는 것이므로 사용자는 채무불이행에 대한 책임으로 취업예정일로부터 채용내정취소일까지 불이행 기간동안의 임금전액을 지급하여야 한다.[98]

그럼, 합격자 서류제출 등록 등 청약의 승낙을 마친 날로부터 취업예정일 이전까지 법적지위는 어떻게 볼 것인가 의문이다. 이 기간은 사용자의 승낙에 의해 형식적인 근로계약은 성립되었지만 당사자의 합의로 계약내용의 실질적인 효력발생이 취업예정일까지 정지된 것이므로, 상호 장래이행에 관한 기대권만 있고 실질적인 채권채무 이행의 약속이 없으므로 임금청구권이 성립될 수 없다. 다만, 계약불이행시 성실한 계약이행 노력의 정도를 감안하여 이후 취업예정일로부터 내정취소일까지의 신뢰이익 등 손해배상의 판단기준이 될 수 있을 것이다.

채용내정취소가 경영상이유 등 근기법 제23조에 정한 해고의 정당한 사유가 있는 것으로 판명되었다면, 「취업예정일로부터 내정취소일까지」 임금전액을 지급하여야 하고,[99] 만약 내정취소가 정당한 사유가 없는 것으로 판명되었다면 내정취소일 이후 복직시까지의 임금도 전액을 배상하여야 한다. 이 경우 임금은 사용자가 근로의 대가로 지급한 금품이 아니므로 근기법 제2조제1항 제5호에 정한 임금으로 볼 수는 없다.

그럼 노무제공이 없었는데도 임금전액을 배상해야 할 경우 법리적 성격은 무엇일까? 그것은 민사상 채용내정이라는 계약의 내용을 믿고 타 직장에 취업

97) 근로기준법 주해Ⅰ, 157쪽.

98) 민법 제390조 (채무불이행과 손해배상) 채무자가 채무의 내용에 좇은 이행을 하지 아니한 때에는채권자는 손해배상을 청구할 수 있다. 그러나 채무자의 고의나 과실 없이 이행할 수 없게 된 때에는 그러하지 아니하다.

99) 서울고판 99나41468, 2000.4.28.

기회를 포기한 채 취업예정일까지 기다려온 근로자의 정당한 「신뢰이익」을 배상하는 계약불이행에 대한 손해배상이라고 보아야 한다.

*넷째, 정당한 사유없이 채용내정이 취소된 근로자는 사용자에게 불법행위에 따른 위자료 및 손해배상청구권를 행사할 수 있는가 하는 점이다.근기법상 해고제한 규정은 헌법상의 노동권을 보장하여 근로자의 생활안정을 도모하기 위해 사용자가 임의로 근로계약을 해지하지 못하도록 규제를 하는 것인데, 내정취소 등 부당해고는 재산적·정신적 손해를 입혀 생존권을 불안하게 하는 것이므로, 요건에 해당할 경우 불법행위 등으로 인한 위자료와 손해배상을 청구할 수도 있다.

일반적으로 해고의 경우 복직 내지 취업 때까지의 임금전액을 배상할 경우 그 자체로 손해배상은 충족하고 정신적 고통 등은 회복된 것으로 본다. 그러나 사용자가 본 채용을 의도적으로 연기하고 불확실한 채용내정상태를 지속하도록 조장하여 불법행위가 성립하고 그로 인해 채용내정자의 인격권이 침해되었다면 고의·과실에 의한 불법행위가 성립되므로 위자료를 청구할 수도 있다.[100] 민법상 불법행위로 인한 손해배상은[101] 반드시 그 위법한 내용이 실정법에 명백히 위배되어야만 요건을 충족하는 것이 아니라 실정법에 위반되지 않더라도 계약당사자의 행위, 채용내정취소에 이르게 된 경위나 동기 등이 반사회적이면 위법한 것으로 본다.

사용자의 내정취소가 1. 고의·과실이 있어 2. 위법하고 3. 그로 인해 손해가 발생되었다는 사실은 피해자인 내정취소 근로자가 입증하여야 한다. 채용내정취소로 고의·과실 등에 의한 권리의 침해는 있으나 손해가 없으면 배상책임은 발생하지 않는다.

예를 들면, 채용내정자가 취업예정일 이전에 범법행위로 인해 형사구금 되고 채용예정일까지 인신구금이 계속되었다거나 혹은 타 직장에 확정적으로 취

100) 대판 92다42897, 1993.9.10.

101) 민법 제750조 (불법행위의 내용) 고의 또는 과실로 인한 위법행위로 타인에게 손해를 가한 자는 그 손해를 배상할 책임이 있다
제751조 (재산이외의 손해의 배상) ① 타인의 신체, 자유 또는 명예를 해하거나 기타 정신상고통을 가한 자는 재산이외의 손해에 대하여도 배상할 책임이 있다.

업하였거나, 교통사고 등으로 신체적 불구가 되었다면 내정취소가 없었더라도 결과적으로 취업할 수 없게 될 것이다. 이 경우 내정취소와 취업불능에 따른 손해발생과는 인과관계를 발견할 수 없다. 따라서 반드시 채용내정취소사실이 발생하였고 그로 인해 손해가 발생했다는 인과관계가 성립되어야 한다. 예외는 있으나 불법행위에 따른 손해배상은 금전으로 일시금으로 배상하는 것이 원칙이다.

결론적으로 채용내정자는 근기법상 보호를 받을 수는 없다. 다만, 채용내정취소의 경우 법의 해석논리상 근기법 제23조에 정한 해고와 동일한 것으로 보아서 정당한 사유가 있다면 채용예정일로부터 채용내정취소일까지 임금상당액을 채무불이행에 따른 손해배상으로 청구할 수 있고, 정당한 사유가 없다면 채용예정일로부터 복직시까지 임금상당액을 손해배상으로 청구할 수도 있으며, 채용내정취소가 불법행위 요건에 해당할 경우 근로자는 위자료 등 손해배상청구권을 행사할 수도 있을 것이다. 더 자세한 사항은 해고 등 관련부문에서 별도로 설명한다.

7. 해고의 효력을 다투는 자

부당노동행위로서 해고의 효력을 다투는 자는 노동조합법상 근로자로 볼 수도 있는데 이것은 노동조합법상 노동조합원의 지위에 한정된 것일 뿐 사용자와의 개별적인 근로관계까지 적용되는 것이 아니다. 따라서 해고의 효력을 다투는 자는 이미 사용자와 근로계약 관계가 종료되어 상호 근로제공의무나 대가지급의무가 없으므로 근기법상 근로자로 볼 수 없다. 그러므로 해고의 효력을 다투는 자에게는 근기법과 관련된 권리 뿐 아니라 사원아파트 퇴거 등 모든 권리가 상실된다. 한편, 해고된 자가 부당해고구제신청을 제기하여 노동위원회로부터 부당해고로 판정받아 구제명령이 내려졌을 경우에는 사용자가 구제명령에 따라 해고자를 복직시키지 않는 한 근로자로서 자격이 계속 유지된다고 보기 어렵다.[102)]

102) 노사관계법제팀-2915, 2006.9.29.

8. 근로자의 의무

근로자는 근로계약에 따라 노무제공권과 임금청구권이 있고, 사용자에게 계약상의 의무를 성실히 이행할 책임이 있다. 일반적으로 사용자에 대하여 근로제공의무, 비밀준수의무, 겸업금지 의무, 청렴의 의무(뇌물수수 금지), 작업시설 하자 고지의무를 지며, 제3자에 대해서는 불법행위 책임을 스스로 부담한다.

(1) 근로제공의무

근로제공의무는 근로관계에서 가장 기본적인 의무로서 임금지급의무와 대가적인 관계를 가진다. 근로자는 자신의 노동력으로 사용자에게 근로를 제공할 의무를 부담하게 된다. "민법 제655조(고용의 의의)에 의하면, 고용은 당사자 일방이 상대방에 대하여 노무를 제공할 것을 약정하고 상대방이 이에 대하여 보수를 지급할 것을 약정함으로서 그 효력이 생긴다"고 정하고 있고 "동법 제657조(권리의무의 전속성)에 의하면 사용자는 노무자의 동의없이 그 권리를 제3자에게 양도하지 못한다. 노무자는 사용자의 동의없이 제3자로 하여금 자기에 갈음하여 노무를 제공하게 하지 못한다. 당사자 일방이 전 2항의 규정에 위반한 경우에는 상대방은 약정을 해지할 수 있다"고 정하고 있어 노무의 일신전속성과 비대체성을 규정하고 있다. 따라서 제3자의 노동력을 빌려서 자신이 해야 할 노무제공의무를 대신할 수는 없다.

근로제공은 구체적으로 사용자의 지시에 따라 구체화된다. 근로자는 자신의 노동력을 이용하여 생산하는데 사용해야만 근로제공의무를 이행하는 것이 아니라, 사용자가 제공된 노동력을 사용하든 방치하든 근로계약에서 정한대로 자신의 노동력을 사용자가 처분이 가능한 상태에 두기만 하면 근로제공의무를 다한 것이다. 이때 문제가 되는 것은 노무의 품질과 속도, 분량은 어느 정도인지, 노무제공요구를 거절할 수는 있는지 등이 쟁점이 된다.

근로자가 제공해야 할 노동력의 종류는 근로계약이나 약정에 따라 이루어진다. 근로의 질에 대해서는 근기법 등에 정한 바는 없다. 다만, 학설은 중등품의 질을 기준으로 한다. 이는 민법 제375조[103]의 "채권의 목적을 종류로만 지

103) 종류채권.

정한 경우에 법률행위의 성질이나 당사자의 의사에 의하여 품질을 정할 수 없을 때는 채무자는 중등품질의 물건으로 이행하여야 한다"는 규정에 근거를 두고 있다.

1) 근로제공요구 거절 가능성

근로계약을 체결할 경우 사용자와 근로자는 대강의 핵심사항만 정하고 구체적이거나 세부적인 사항은 관행이나 사용자의 업무지시에 복종하도록 정하는 것이 일반적이다. 사용자의 업무지시권은 근로계약의 기본적인 취지와 취업규칙, 법률의 규정, 신의칙 등 법의 일반에 적용되는 합리적인 범위를 벗어날 수는 없다. 근로자는 법률로 금지된 것이거나 선량한 풍속에 위반하는 근로제공을 요구하는 경우, 건전한 상식에 비추어 근로자에게 양심의 가책을 주는 일, 직접 근로자의 생명이나 신체의 건강에 위험을 초래하는 일 등 정당한 사유가 있을 경우는 사용자의 근로제공요구를 거절할 수도 있다. 즉, 근로 자체가 사회의 일반 통념에 비추어 기대 불가능하거나 그러한 조건에서 근로자가 직무를 수행해야 하는 경우는 근로의 제공을 거절할 수 있다. 이런 경우 사용자는 근로자의 정당한 노무제공 거절을 이유로 불이익을 줄 수 없다.

2) 근로의 속도나 분량

근로의 분량이나 노동의 속도는 당사자가 약정한대로 따르거나 통상의 관례에 따르는 것이 원칙이다. 근로의 분량은 별도의 약정이 없다면 근로자의 작업능력에 따라 정해진다. 따라서 평균 이하의 작업능력을 보유한 자는 그 한도 내에서 근로제공의무를 부담한다고 볼 것이고, 평균 이상의 능력을 가진 자라도 평균적인 노무제공의무를 부담한다. 그러나 당해 직무에 필요한 노동의 강도나 숙련성 등을 알고 있으면서도 태만으로 인해 근로자가 직무를 수행하는데 필요한 능력을 갖추지 못했거나 고의로 정상적인 작업능력을 발휘하지 않는 것은 불완전한 노무제공이 될 것이며 이는 일신상의 원인이나 행태상의 원인에 의한 해고의 정당한 사유로 작용할 수도 있을 것이다.[104)]

---

104) 대판 86다카1875, 1987.4.14. 근로계약이나 취업규칙 등에 해고에 관한 규정이 있는 경우 그것이 근로기준법에 위배되어 무효가 아닌 이상 그에 따른 해고는 정당한 이유 있는 해고이다.

3) 노무제공의무 불이행과 이행강제

불가항력이 아닌 고의나 과실 등 근로자의 책임있는 사유로 인해서 작업·생산량에 손실을 가져온 경우는 근로자는 사용자에게 "채무불이행"으로 인한 손해배상의 책임을 져야한다.[105] 한편 사용자는 근로자에게 노무제공불이행에 따른 손해배상을 청구하거나 근로계약을 해지할 수 있다.

다만, 원료부족이나 기계고장, 화재로 인한 공장소실 등 사용자에게 책임있는 사유로 근로를 제공하지 못한 경우, 사용자는 노무수령의 채무이행불능 책임을 지고 그 한도 내에서 근로자의 근로제공의무는 없어진다. 이 경우 사용자는 자신의 귀책사유로 노무수령을 하지 못했으므로 근기법 제46조제1항에 의거 근로자에게 평균임금의 70% 이상의 휴업수당을 지급해야 한다. 그 밖에 근로자는 민사소송을 통해 자신의 노무제공이 채권자인 사용자의 책임있는 사유로 이행할 수 없게 되있으므로 정상적으로 근로하였을 경우 받을 수 있는 평균임금에 포함될 임금전액을 청구할 수도 있다.[106] 그러나 근로자의 잘못 없이 회사 밖에서 사고 등이 발생하고 그로 인해 근로제공의무와 노무수령이 불가능하게 되었다면 당사자 모두 법적인 책임이 없다.

근로자에게 결근이나 조퇴, 복무태도 불량 등으로 인한 노무제공 불이행 상태가 계속된다면, 사용자는 해고 등 근로관계의 해지를 할 수 있을 것이다. 그러나 노무제공은 다른 사람이 대신 할 수 없는 것으로 반드시 근로자 본인의 이행을 요구하는 의무이고 근로자의 자유의사에 반해 강제하는 것은 인권을 해치는 것이다. 따라서 비록 불이행이 있다고 해서 물리적인 힘에 의한 강제이행은 불가능하다.

사용자는 근로자의 동의없이 그 권리를 제3자에게 양도할 수 없고, 근로자는 사용자의 동의없이 제3자로 하여금 자기에 갈음하여 근로를 제공하게 하지 못한다. 근로제공의무와 노무수령의무는 각 당사자의 일신 전속적인 권리로서 일방이 위반한 경우는 상대방이 계약을 해지할 수 있다.[107]

105) 민법 제390조, 채무자가 채무의 내용에 좇은 이행을 하지 아니한 때는 채권자는 손해배상을 청구할 수 있다. 그러나 고의나 과실 없이 이행할 수 없게 된 때는 그러하지 아니하다.

106) 민법 제538조.

107) 민법 제657조.

4) 흠이 있는 근로제공에 대한 책임 등

근로의 제공은 계속적인 관계이다. 따라서 일시적으로 흠이 있는 근로제공이 있다고 해서 곧바로 임금을 감액하거나 재산상의 손해를 줄 수는 없다. 만일 기본적인 급여가 보장되는 가운데 일정부분 성과급제도를 병행 도입한 경우나 지휘 종속적 근로관계를 유지하면서 단지 임금의 산정방식이 도급형태의 근로제공인 경우는 불량품 제작 등 불완전한 노무제공에 대해 일부를 감액하거나 지급하지 않을 수도 있을 것이다. 다만, 이 경우에도 하자 있는 노무제공이 사용자에게 책임있는 사유로 인한 것이라면 근로자는 책임이 없다. 근로자가 정당한 업무수행 과정에서 과실로 인해 사용자에게 손해를 끼친 경우에는 불법행위로 인한 손해배상책임을 부담할 수 있다. 다만, 근로자의 과실정도에 따라 법적인 손해배상책임이 면제되거나 가벼워 질 수 있다. 근로자의 과실로 인해 지속적으로 흠이 있는 근로제공이 있을 경우는 경고, 징계 등 취업규칙에 따른 조치가 필요할 것이다.

(2) 근로계약상 부수적인 의무

근로계약에 의해 근로자는 노무제공의무와 임금청구권을 가진다. 그 밖에 근로자는 사용자와의 계속적인 근로관계에서 발생하는 부수적인 의무를 부담한다. 근로자는 계약의 당사자로서 계약내용을 성실히 이행해야 하는 신의칙상 의무로서 비밀유지의무와 경업금지의무, 수뢰 등 부정행위금지의무 등의 책임이 있다. 근로자가 이러한 부수적 의무를 이행하지 않을 경우 채무불이행 책임을 진다.

1) 비밀유지의무

근로자는 근로제공과 관련하여 알게 된 사업이나 경영상의 정당한 비밀을 다른 제3자에게 누설하지 말아야 한다. 근로계약상 성실의무를 저버린 체 직장내부사실을 외부에 공표해 사용자의 비밀, 신용, 명예를 훼손한 경우는 징계사유에 해당한다.[108] 비밀유지의무는 근로관계가 종료된 후에도 존재한다.

---

108) 서울행판 2000구18451, 2001.2.9.

근로관계가 종료된 후 근로자가 자신이 몸담았던 사업의 사용자의 이익을 해칠 목적으로 사업의 비밀을 제3자에게 제공하거나 유포하는 행위는 금지되는 것이다. 다만, 부정경쟁방지를 위한 금지사항 위반행위, 범죄행위, 기타 법위반행위, 명백한 계약위반행위 등은 비밀유지의무 보호대상이 아니다. 또 회사의 신용 명예와 관련된 비밀을 제3자나 일반에게 공포해야 할 정당한 이익이 있고 그 이익이 사용자의 개인이익보다 중요하다고 판단될 때는 근로자의 비밀유지의무는 성립하지 않는다.

2) 경업금지의무

경업금지(競業禁止)의무란, 근로자가 입사시 혹은 근로관계 도중에 사용자와 약정을 맺어서 퇴직 후에라도 사용자와 경합관계에 있는 기업에 취직하거나 경쟁관계에 있는 기업을 운영하거나 하지 않는 의무를 말한다. 우리나라에서는 상법 제397조에 의거 법인의 이사 등을 제외하고는 일반근로자에 대해 경업금지의무를 부과하는 규정은 찾아볼 수 없다. 따라서 퇴직근로자에게 경업금지의무를 부과하려면 근로계약, 취업규칙 등에 특별한 근거가 있어야 한다.

다만, 사용자와 근로자사이의 경업금지 약정은 "경제적 약자인 근로자의 생계수단을 위축시킬 우려가 있고, 퇴직 후 직업선택의 자유나 경쟁을 제한함으로서 사용자로 하여금 부당한 독점을 발생시킬 우려가 있다. 따라서 경업금지에 관한 약정이 있다고 해도, 합리적인 사정이 입증되지 않는다면 사회질서에 위반하는 것이 되어 무효가 된다. 여기서 합리적 범위란, 사용자의 정당한 이익과 근로자의 전직 및 재취업의 부자유 등 불이익, 독점우려와 일반 소비자의 피해 등 사회적 이익, 경업대상 제한직종, 제한장소, 제한기간 및 범위 등을 종합적으로 고려한 것을 말한다.[109]

경업금지약정의 유효성에 대한 판단 요소 어느 정도의 경업금지제한이 합리적인 것으로서 유효한가에 대하여 법원은 대개 1. 영업 비밀의 보호를 위한 목적(보호할 가치가 있는 사용자의 이익) 2. 근로자의 종전 회사에서의 지위 및 직무의 내용 3. 경업금지의 기간-지역 및 대상 직종 4. 근로자의 퇴직 경위 및 기타

109) 민법 제103조 및 근로기준법 제20조 (위약예정금지), 서울중앙지판 2007가합86803, 2008.1.10.

사정 5. 경업금지의무에 대한 대가의 제공이 있는지 여부에 따라서 그 효력의 유무가 결정된다는 판단 요소들을 제시하고 있다.[110)]

근로자가 이 조항을 위반하면 사용자는 그 거래를 자신의 것으로 하거나 근로자가 얻은 부당한 이득의 양도를 청구할 수 있고, 근로자에 대한 계약의 해지나 손해배상을 청구할 수 있다. 판례에 따르면,[111)] 퇴직사원의 경업금지의무가 근로자의 직업선택의 자유를 제한하거나 직업활동의 자유를 침해하는 것으로 보지 않고 있다. 과거 판례는 대가성을 중시하면서 다른 요소를 함께 고려하는 경향이었으나 최근에는 경업(競業)금지의무를 부과하려면 일정한 대가를 지급하여야 한다고 보았다.[112)]

유사한 용어로서 겸업(兼業)금지가 있는데, 근로자는 단체협약, 취업규칙 또는 근로계약서에서 정한 경우 근로계약의 존속기간 중 다른 사업장에 취업하거나 영업활동을 하지 않을 의무를 부담한다. 사용자는 기업비밀유지나 고객확보를 위해 취업규칙이나 단체협약 또는 특별한 방법으로 합의한 경우에는 합리적인 범위에서 재직 중인 근로자의 겸업을 금지할 수 있다.

3) 뇌물 등의 수수금지

근로자가 업무수행 중에 거래 상대방으로부터 금품이나 향응 등을 받음으로 인하여 사용자의 이익을 해치고, 거래 상대방에게는 부당한 이익을 줄 수 있는 행위로서 금품이나 향응 등을 수령하는 행위 그 자체에 대해 위법성을 두고 금지하는 것이다.[113)]

4) 신의칙상 적극적 작위의무(作爲義務)

근로자는 사용자로부터 제공받은 작업도구나 기계, 원재료, 설비, 기자재 등이 결함이 있어 정상적인 작업수행이 곤란하거나 위험을 초래할 우려가 있을 경우에는 발견 즉시 사용자에게 보고하여 위험이나 손해를 방지하도록 노력

110) 서울고판 2012나1391, 2012.9.19.

111) 대판 97다8229, 1997.6.13.

112) 서울지판 2007가합86803, 2008.1.10. 학원강사가 퇴직 후 1년 이내에 반경5키로 이내 학원에 취업과 창업 등 경업을 금지한 사례.

113) 서울행판 2007구합45903, 2008.5.16. 부정청탁 향응, 식대 및 전별금 수수, 금품제공 등.

해야 할 신의칙상 의무를 진다. 만약, 목전의 상황이 급박하여 근로자가 먼저 응급조치를 한 후 사후에 사용자에게 보고를 한다고 해서 근로자를 질책할 수 없는 것이다.

5) 직무발명과 권리의 귀속, 기타

근로자가 직무수행 중 발명한 지적재산권[114]이 사용자의 업무범위에 속하고 그 행위가 근로자의 현재나 과거 직무에 속하는 것으로서 특허법에 의한 특허를 받았을 경우는 사용자가 권리를 가진다. 그러나 사용자는 발명으로 인해 얻을 이익과 공헌도 등을 종합적으로 고려하여 근로자에게 상당한 보상을 하여야 한다.

기타 근로자는 근로계약에 명분의 약정이 없더라도 계약의 목적달성을 위해 사용자로부터 용모단정의무, 조사·검사승낙의무, 신체검사의무, 성실의무, 업무상 지시나 명령에 복종할 의무, 기업의 명예나 신용을 훼손하지 않을 의무 등을 이행할 책임을 진다. 사업장의 질서유지에 필요하고 근로자의 이익이나 자유가 부당하게 침해되지 않는 합리적인 범위 내에서 이러한 조치에 복종할 의무, 기타 노동위원회 또는 근로감독관의 요구가 있으면 지체없이 보고하거나 출석할 의무 등이 있다.[115]

9. 근로자대표

근기법 등 노동법령에서는 특정한 행위에 대해 근로자대표와의 서면합의나 협의를 요건으로 하고 있다. 급변하는 경영환경 속에서 기업의 영속적인 성장을 위해서는 노사의 대화와 타협의 중요성이 특히 커지고 있고 이를 위해서는 사용자와 근로자 사이에 대화의 창구가 있어야 하는데, 그와 관련해 문제되는 것이 누가 근로자대표인지 여부다. 근기법은 제2조에서 근로자대표에 관한 개념을 정의하지 않고, 다만 경영상 이유에 의한 해고에 관한 조항에서 "해고를 피하기 위한 방법 및 해고의 기준 등에 관해 성실하게 협의해야 할 대상"으로

114) 실용신안, 의장, 발명특허 등.
115) 근기법 제13조.

근로자대표에 대해 규정하고 있다.

즉 해당 규정에서 근로자대표는 “당해 사업 또는 사업장에 근로자의 과반수로 조직된 노동조합이 있는 경우에는 그 노동조합, 근로자의 과반수로 조직된 노동조합이 없는 경우에는 근로자의 과반수를 대표하는 자(이하 “근로자대표”라 한다)”로 정의하고 있고, 근기법 나머지 규정에서 ‘근로자대표’라는 용어를 사용하고 있다(제24조 제3항). 이와 관련해 근기법은 근로자대표와의 서면합의가 필요한 사항으로 (i) 3개월 이내 단위기간을 정한 탄력적 근로시간제(근기법 제51조) (ii) 선택적 근로시간제(근기법 제52조) (iii) 보상휴가제(근기법 제57조) (iv) 인정근로시간제(근기법 제58조 제2항) (v) 재량근로시간제(근기법 제58조 제3항) (vi) 근로시간 및 휴게시간의 특례(근기법 제59조) (vii) 유급휴가의 대체(근기법 제62조) 등을 규정하고 있다.

한편 근기법은 취업규칙의 변경과 관련해서는 해당 사업 또는 사업장에 근로자의 과반수로 조직된 노동조합이 있는 경우에는 그 노동조합, 근로자의 과반수로 조직된 노동조합이 없는 경우에는 근로자 과반수의 의견이나 (불리한 경우) 동의를 받도록 규정하고 있다[116)]

(1) 근로자대표의 기준

근로자대표는 “당해 사업 또는 사업장”을 기준으로 전체 근로자를 기준으로 판단해야 하며, 전체 근로자는 원칙적으로 근기법에서 규정하고 있는 사용자를 제외한 나머지 근로자를 의미한다고 할 것이다. 한편 특정 직급이나 직원들만을 대상으로 하는 규정이나 제도의 도입에 있어 근로자대표를 어떻게 보아야 하는지가 문제된다. 다수 근로자 집단이 하나의 근로조건 체계 내에 있어 취업규칙의 불이익변경 시점에는 일부 근로자 집단만이 직접적인 불이익을 받더라도 그 나머지 다른 근로자 집단에게도 장차 직급의 승급 등으로 변경된 취업규칙의 적용이 예상되는 경우에는 일부 근로자 집단은 물론 장래 변경된 취업규칙 규정의 적용이 예상되는 근로자 집단을 포함한 전체 근로자 집단을 기준으로 해야 하고, 그렇지 않고 근로조건이 이원화되어 있어 변경된 취업규

116) 근기법 제94조.

칙이 적용되어 직접적으로 불이익을 받게 되는 근로자 집단 이외에 변경된 취업규칙의 적용이 예상되는 근로자 집단이 없는 경우에는 변경된 취업규칙이 적용되어 불이익을 받는 근로자 집단만을 기준으로 하게 된다.[117]

(2) 근로자대표 없이 개별동의의 유효성

근로자대표와의 서면합의나 동의가 필요한 사항에 대해서는 반드시 근로자대표와의 서면합의 내지 동의가 있어야 유효하다. 회사에 근로자를 대표하는 자격이 있는 자가 없어서 서면합의 등을 할 수 없었다는 사정 등은 고려되지 않는다.[118]

나아가 고용노동부는 근로자대표와의 서면 합의가 아닌 대상 근로자 과반수의 개별적 서면 동의를 받는 경우에는 법적 요건을 충족하지 못한 것으로 보아 그에 따른 제도변경은 무효라는 입장이다.

한편 전체 근로자의 동의를 받아 시행하거나 취업규칙 불이익 변경의 절차를 거쳐 관련사항을 취업규칙에 규정하고 시행하는 것이 가능한지 여부가 문제되는데, 해당 변경이 집단적인 동의의 방식으로 진행된 경우라면 적극적으로 해석해야 할 것이다.

(3) 노동조합의 대표성

노동조합은 근로자가 주체가 되어 자주적으로 단결해 근로조건의 유지, 개선, 기타 근로자의 경제적, 사회적 지위의 향상을 도모함을 목적으로 조직된 단체로서 조합원을 위해 사용자와 근로조건 등에 대해 교섭을 하고 나아가 이를 위한 쟁의행위를 할 권한을 가진다. 노동조합은 원칙적으로 조합원을 위해서만 대표할 수 있다. 다만 가입대상 과반수 노조에 해당하는 경우에는 해당 단체협약의 일반적 구속력에 따라 노동조합 가입자격이 있는 근로자로서 비조합원에게도 단체협약 중 근로조건에 관한 사항은 동일하게 적용된다.[119]

근기법은 앞서 설명한 바와 같이 당해 사업 또는 사업장에 근로자의 과반수

117) 대판 2009다49377, 2009.11.12.
118) 대판 2011다23149, 2011.7.14.
119) 노동조합 및 노동관계조정법 제35조.

로 조직된 노동조합에 대해서는 근로자대표권을 인정하고 있다. 이때 단체협약의 일반적 구속력이 있는지 여부는 노동조합 가입 자격이 있는 근로자들을 기준으로 과반수에 해당하는지 여부를 판단하는 것에 비해, 근로자대표권 유무는 해당 사업 또는 사업장 전체의 근로자들을 기준으로 과반수를 차지하여야 하는 점이 다르다. 따라서 취업규칙 변경에 있어서는 해당 취업규칙이 적용되는 근로자의 전체를 기준으로 과반수를 차지하는 노동조합인지 여부에 따라 결정된다.

한편 복수노조하에서 노동조합 및 노동관계조정법은 교섭창구 단일화에 관한 규정을 두고 있는바, 근기법 혹은 다음의 노사협의회에 있어 근로자대표 선출과의 관계에 문제가 생길 수 있다.

교섭창구 단일화는 복수노조하에서 교섭창구에 관한 사항으로 근기법이나 노사협의회와는 관계가 없다. 즉 전체 근로자를 기준으로 과반수를 차지하는 노조가 있는 경우에는 해당 노동조합이 근로자를 대표하게 되며, 그렇지 않는 경우에는 별도로 선출하는 절차를 거쳐야 할 것이다.

(4) 노사협의회 근로자위원의 대표성

근참법은 근로자와 사용자 쌍방이 참여와 협력을 통해 노사 공동의 이익을 증진함으로써 산업평화를 도모하고 국민경제 발전에 이바지함을 목적으로 30인 이상 사업장에 대해 의무적으로 설치하도록 하고 있다. 근참법은 나아가 노사협의회의 구성과 운영에 관한 구체적인 규정을 두고 있는데, 특히 권한에 대해서는 협의사항, 의결사항, 보고사항으로 구분하고, 의결사항에 대해서는 그 이행을 의무화하고 위반시에는 형사처벌하도록 하고 있다.[120]

근로자위원은 근로자가 선출하며, 근로자의 과반수로 조직된 노동조합이 있는 경우에는 노동조합의 대표자와 그 노동조합이 위촉하는 자로 하도록 하고 있다.[121]

이와 관련해 법상 근로자대표 자격이 인정되는 근로자 과반수로 구성된 노

120) 근참법 제20조~제22조.

121) 근참법 제6조2항.

동조합이 없거나 혹은 과반수 노동조합이 있는 경우라도 근로기준법 등에서 요구하는 서면합의나 근로자대표의 동의나 의견청취에 있어 노사협의회의 근로자대표에 대해 대표권을 인정할 수 있는지 여부가 의문이다.

법원이나 행정해석은 구체적 사안마다 제반사정을 종합적으로 고려해 판단하고 있다. 법원은 정리해고 절차에 있어 협의대상으로서의 근로자대표와 관련해 전체 사정에 비추어 직원들 전체의 의사가 반영되었다고 보여지는 경우에는 근로자대표와의 협의만으로 충분하다는 입장을 취하고 있는 반면에, 취업규칙의 불이익 변경과 관련해서는 원칙적으로 대표권을 부정하면서 다만 근로자위원들이 사전에 그들이 대표하는 각 부서별로 근로자들의 의견을 집약 및 취합해 그들의 의사표시를 대리해 동의권을 행사했다고 볼 만한 사정이 있는 경우에는 가능하다는 입장 이다.

한편 고용노동부는 근로자 과반수로 조직된 노동조합이 없는 경우 당해 사업 또는 사업장에 근참법에 의한 노사협의회가 설치돼 있으면 그 근로자위원을 근로자대표로 볼 수 있다는 전제하에 노사협의회 근로자위원이 대표권을 행사하는 방법(서면합의 방법)은 노사협의회의 근로자위원들이 정한 대표권 행사방법(예 : 1인의 근로자위원에 대표권을 위임해 서면 합의하는 방안, 근로자위원 전원이 서면 합의하는 방안 등)에 따르면 되며, 다만 사용자가 일방적으로 일부 근로자위원과만 서면합의하는 경우에는 법적 효력이 발생하지 않는다는 입장으로 이해된다.[122)]

실무상 노사협의회의 정관 작성시 근로자위원의 권한과 책임을 보다 포괄적으로 규정해 근로조건의 변경이나 관련법에 따른 노사합의에 있어 대표성을 인정하는 내용을 포함하고 근로자위원의 선출하는 것이 적절하며, 그와 같은 절차를 거친 경우에는 현행법하에서도 근로자대표성이 인정된다고 할 것이다.

다른 방법으로는 특정사안에 대해 근로자위원들에게 위임하는 방안도 유력하다.

122) 근기 68207-92, 2001.1.9.

제5장 사용자

1. 개념정의

법문상 사용자의 개념은 "사업주" 또는 "사업경영담당자" "그 밖에 근로자에 관한 사항에 대하여 사업주를 위하여 행위하는 자"를 말한다고 명시하고 있다.[1] 사용자는 근로기준법의 이행주체로서 임금체불 등 법위반 사항에 대해 법적인 책임을 져야한다. 다만, 내부위임과 책임관리 등 경영조직의 업무 특성상 사용자 이외의 구성원에게도 근로관계에 대한 법적책임을 분담시키는 것이 근로자보호를 위해 필요하므로 사업경영담당자와 사업주를 위해 행위하는 자를 사업주에 준하여 법적책임을 분담하는 자로 확대하고 있다.

「사업주」는 그 사업을 책임지고 경영하는 주체를 말하는 것으로서 기업주 개인, 법인인 경우는 법인 그 자체로서 일반적으로 채용 등 인사, 노무, 경영 등 기업운영에 총괄적인 지휘·책임자이다. 기업의 소유여부보다 실질적인 경영주체인지 여부가 핵심이다. 따라서 기업이 임차된 경우는 임차인이 사업주가 된다. 법인이 아닌 비영리사업이라도 아파트자치회 등에서 직접고용하고 지휘 명령한다면 그 단체가 사업주이다.[2] 사업주의 명시적 혹은 묵시적인 위임이 없고 사업주의 책임을 물을만한 근거가 없는 경우에는 실제로 근로계약을 체결한 자가 사업주 책임을 진다.

「사업경영담당자」는 사업주가 아니면서 사업경영일반에 대해 권한과 책임

---

1) 근기법 제2조.
2) 근기 68207-438, 1997.4.4.

을 지는 자로서, 사업주로부터 사업경영의 전부 또는 일부에 대해 포괄적인 위임을 받고 대외적으로 사업을 대표하거나 대리하는 자이다. 구체적으로 주식회사의 대표이사, 합명·합자회사의 업무집행사원, 유한회사의 이사, 정리회사의 공동관리인, 지배인 등이 이에 해당한다.

미성년자, 금치산자가 사업주인 경우 법정대리인과 후견인도 사업경영담당자가 된다. 회사정리절차가 진행 중인 경우라면, 회사정리절차 개시 전의 보전관리인은 체불임금 등에 대해 사용자 책임을 지고 회사정리절차 개시 후의 법정관리인은 법정관리 결정 후 퇴직한 근로자에 대해서 사용자의 지위를 갖는다.[3)]

「사업주를 위해 행위하는 자」는 근로자의 채용, 고용관리, 인사관리, 급여와 후생관리 노무, 재해예방, 근로조건 결정 등과 관련하여 업무명령을 발하거나 구체적인 지휘명령을 하는 것을 말한다. 이러한 사항에 관해 사업주나 사업경영담당자로부터 일정권한과 책임을 위임받은 자는 그 범위 내에서 사용자가 된다. 보통 인사 노무부서장이나 팀장, 인사담당자 등이 해당한다. 이때 업무성격과 근무실태로 파악하지 직위로 구별하지 않고, 과연 근로자에 관한 사항에 대해 사업주로부터 일정한 권한과 책임을 부여받고 있는지를 판단한다.[4)] 실무상 제조작업실의 책임자로서 종업원의 근무성적관리, 시설, 인원, 자재의 운영, 교육, 재해방지 등의 업무를 수행하는 부분장을 사용자로 본 예가 있다.[5)] 사업주를 위해 행위 하는 자 또는 사업주의 이익대표자는 본인의 근로조건을 다툴 때는 상급자나 사용자에게 근로자로서 권리를 주장할 수 있지만, 부하 직원들에 대해서는 근기법을 준수해야 하는 이중적인 지위를 가진다.

2. 사용자의 책임을 지는 자

사용자의 개념에 해당하는 사람이 근기법을 위반한 경우는 행위자 처벌주의원칙에 따라 그 행위자가 형사처벌을 받게 된다. 즉, 조직의 최고의사결정자가 아

---

3) 근기 68207-3209, 2000.10.10.

4) 대판 88누6924, 1989.11.14.

5) 근기-1105, 2004.9.3 ; 대판 2007도1807, 2007.5.10.

니라도 그 행위를 한 사람이 책임을 지게 된다.[6] 다만, 양벌규정[7]에 따라 해당 사업의 근로자에 관한 사항에 대하여 사업주를 위하여 행위하는 대리인, 사용인, 그 밖의 종업원이 이 법의 위반행위를 하면 그 행위자를 벌할 뿐 아니라 그 사업주에게도 해당 조문의 동일한 액수의 벌금형을 과한다. 그러나 사업주[8]가 위반행위 방지에 필요한 조치를 한 경우에는 그러하지 아니하다. 사업주가 대리인, 사용인, 그 밖의 종업원의 이 법의 위반행위와 관련하여 그 계획을 알고 그 방지에 필요한 조치를 하지 아니한 경우, 그 위반행위를 알고 그 시정에 필요한 조치를 하지 않은 경우 또는 교사를 한 경우는 사업주도 행위자로 처벌한다. 예를 들면, 사업주가 노무부장에게 근로계약을 작성하지 말 것 또는 내용을 허위로 작성하도록 지시했거나, 그 사실을 알고 방치했다면 사업주도 교사자라는 행위자로서 처벌을 받게 된다. 그러나 실무에서 이를 명백하게 구별하기가 쉽지 않을 것이다. 만약 사업 또는 사업장의 대표자로 근로관계에 있어서 사용자로서 권한과 책임 혹은 보조기관에 대한 위임이 분명하지 않다면 실질적인 사업주가 지휘감독권에 근거하여 종합적인 책임을 진다.

사업경영담당자인 대표이사가 전문경영인으로서 명목상의 사용자의 지위에 있으면서 법인으로부터 월급을 받고 소관업무를 수행하고, 실질적으로는 퇴임한 회장, 대주주 등이 직원채용·승급·급여계산 등 근로관계에 관한 사항에 대해 전권을 행사한 경우, 법위반 책임주체가 누구인지 의문이다. 사업경영일반에 관하여 권한과 책임을 지닌 자로서 상법·근기법 등 관계법규에 의해 제도적으로 법의 각 조항을 이행할 권한과 책임이 부여되어 있다면 법적 책임을 분담해야 하는 것이지, 반드시 지위에 상응하는 권한을 실제적으로 행사하여야 하는 것은 아니다. 상법[9]에 의하면, 주식회사의 대표이사는 회사를 대표하고, 회사의 영업에 관하여 재판상 또는 재판 외의 모든 행위를 할 권한이 있음을 규정하고 있다. 따라서 실질적으로 권한을 행사한 회장·대주주는 근로관

6) 예를 들면, A사에서 노무부장이 근로기준법상 근로계약의 작성 등에 관한 의무를 위반했다면, 그 노무부장이 행위자로서 처벌을 받는 것이지 A사의 사용자가 직접 처벌을 받는 것이 아니다.

7) 근기법 제115조.

8) 법인인 경우는 그 대표자, 사업주가 미성년자 또는 금치산자인 경우에는 그 법정대리인.

9) 상법 제389조, 제208조, 제209조.

계의 실질적인 책임자로서, 법인의 대표이사는 상법 등 관계법규에 의한 법적 의무 이행 주체로서 각각 법위반사항에 관해 민형사상 책임을 져야한다.[10)]

실무상 수급건설업체에 고용되었으면서 원청이 수급업자를 통해 작업을 지휘감독하고 작업편의를 제공하며 임금지급과 4대보험 등을 관리한 경우 원청의 퇴직금지급책임을 인정한 사례,[11)] 대형매장이 직원을 채용하여 복무관리 등 직접 지휘감독하면서 입점점주로부터 임금, 4대보험료 등을 징수하고 점주 교체시 후속업체가 임금부담을 승계한 경우 등은 각각 원청이 사용자로서 책임을 질 수도 있다.

(1) 사용자개념의 확대

1) 사업의 분리와 사용자

사업상은 그 내부에서 계층적인 구조를 이루며 이익을 따라 분리하고 통합하기도 한다. 특정한 공정을 소사장제로 분리시키거나 도급을 주는 경우 혹은 자회사 설립으로 모기업과 자회사로 분리되기도 한다. 모기업과 소사장제 사이에 독립성이 인정된다면 자회사의 대표자나 소사장은 사용자가 되는 것이 원칙이다.[12)] 그러나 원래사업주가 분리된 사업의 근로자에 대해 적극적으로 지휘·감독 개입을 하고 있을 경우에는 독립된 것이 아니고 원래사업의 부수적인 것, 노무관리 대행기관 등으로 본다.

구체적인 판단기준은 대체로, 작업내용에 대한 개별적인 구체적인 지시가 있는지 혹은 단순한 물건의 주문 또는 판매처나 원료공급처의 소개 등 편의제공 차원인지, 원래 사업의 사용자가 특정근로자를 파견하거나 근로자 교체를 요구하는지와 분리된 사업자가 이를 거절할 수 있는지, 원래사업의 사용자가 근무표 등에 의하여 지시를 하는지, 분리된 사업이 원래의 사업의 기업조직에 편입되어 있는지, 노무관리상 지배가 있는지 등이다. 자회사가 독립적인 사업형태를 갖추고 노무관리상의 독립과 사업경영상의 독립성을 가지고 독자적으

10) 대판 97도813, 1997.11.11.
11) 대판 83다카657, 1986.8.19.
12) 적용 6408-233, 1995.10.25.

로 사업을 운영한다면 크게 문제될 것은 없지만, 실질적으로는 모회사가 관리하고 형식적으로만 자회사의 근로자인 형태라면 모회사가 사용자 책임을 진다.[13] 어떤 경우든 외형보다 실질상 사용종속관계가 있는지 여부를 면밀히 파악한 후 결론을 내려야 한다.

2) 도급 등 업무위탁관계와 사용자

기업은 노무비용 절감과 경영합리화 등을 위하여 근로자와 직접 고용계약을 체결하지 않고 파견, 사내하청, 용역, 도급, 근로자 공급 등 다양한 간접고용형태로 필요한 노무를 제공받을 수 있다. 이러한 간접고용형태의 특징은 인력사용자와 채용자가 서로 다르거나, 일정업무를 타 기업에 의뢰하여 완성하는 형태가 대부분이다.

근기법은 간접고용형태 중 도급에 관해서 규율하면서, 직상수급인의 하수급인과 연대책임, 건설업에서의 임금지급연대책임과 특례, 도급이나 그 밖에 이에 준하는 근로자에게 근로시간에 따라 일정액의 임금을 보장, 도급사업에서의 재해보상 책임[14] 등 주로 임금과 재해보상에 관해 정하고 있다. 다양한 간접고용형태에서 노동관계법적으로 책임을 져야할 사용자가 누구인지를 결정하는 것은 매우 중요한 일이지만 실무상 간단한 문제가 아니다.

간접고용형태는 주로 도급형태를 취하면서 실제로는 원청회사가 수급인 근로자를 직접 지휘·명령하는 하는 등 진정한 도급을 가장하는 외형상의 요소를 갖춘다. 사내하청 등 주요 간접고용형태의 차이점을 살펴본다.

---

13) 제조업인 A사가 경영합리화를 위해 일정액의 자본금을 출연하여 B,C사를 설립하여 A사 직원에게 동일임금 지급을 보장하며 사직처리 한 후 B,C사에 보내 각각 소사장으로 회사를 운영토록 하고, 생산시설은 A사의 시설을 임차사용 하도록 하며, B.C사는 A와 임가공계약을 체결하여 그 주문에 맞춰 생산계획을 수립하고 A기업이 제공하는 원재료를 구입하여 사용하였다. 한편 B,C사는 인사, 경리, 관리 등을 담당하는 부서나 인력이 없이 A사에 그 업무를 위탁처리하고 있고 A기업은 B,C기업의 자본을 95% 이상 보유하고 있으며 실제적으로는 100%가 A기업의 소유자본이다. 이러한 경우는 기존기업이 경영합리화라는 명목으로 소사장 법인을 설립한 후 그 소속 근로자들에게 직접 임금을 지급하고, 인사 노무관리에도 구체적이고 직접적인 관리감독을 해 온 경우로서 기존기업의 대표이사가 소사장 기업의 근로자들에 대하여 사용자관계에 있다. 고 본다 (대판 2002도649, 2002.11.26).

14) 근기법 제44조, 제44조의2, 제44조의3, 제47조, 제90조.

「사내하청」은 원청회사와 하청회사가 도급계약을 체결하고 원청회사의 사업장에서 하청회사의 근로자들이 원청회사 소속 근로자들과 함께 원청회사의 생산시설을 이용하여 사실상 원청회사의 지휘·감독 아래 생산업무를 수행하는 민법상 노무도급의 한 유형이다. 대규모 제조업체에서는 사내 하청이 일반화 되어있다. 용역과의 차이점은,

「용역」은 주된 거래 대상을 서비스로 하면서 용역업체에게 경비, 청소, 기술용역 등 일정업무를 맡겨 수행하도록 하는 형태로 계약내용에 따라 민법상 도급이나 위임에 해당할 수 있다.

「근로자파견」은 사업을 행하는 파견사업주와 근로자가 근로계약을 체결하고, 사용사업주와 파견사업주간 근로자파견계약에 의해 근로자가 사용사업주의 지휘·명령을 받아 사용사업주를 위한 근로에 종사하게 하는 것이다. 도급의 경우는 근로계약당사자인 도급사업주가 근로자를 지휘·명령을 하지만, 파견은 당사자간 근로계약관계가 없는 사용사업주가 파견근로자를 지휘명령하여 노무를 수령하는 점이 다르다.

「도급과 파견관계를 구분하는 핵심기준」은, 외형에 불구하고, 원청 기업이 수급사업체에 대해 실질적인 인사·노무 지휘권을 행사하는지 및 수급기업이 기업의 경영상 독립성 등 사업주로서의 실체을 가지고 있는가에 달려 있다. 고용부와 법무부가 공동으로 마련한 근로자파견과 도급에 관한 판단기준[15)]을 토대로 실질적인 사용자가 누구인지, 원청회사가 사내하청 근로자들의 사용자 위치에 있는지, 위장도급인지, 파견을 위장한 직접고용인지 여부 등을 판단하는 것이 바람직 할 것이다.

사용자는 원칙적으로 당해 근로계약의 당사자로서 형식적인 실체성을 가져야 한다. 형식적인 실체성이라 함은, 인적·물적·재정적인 면에서 외관을 갖추고 있어야 하고,[16)] 실질적으로 독립성을 가지고 자신의 사업을 책임경영 하여야 한다. 실질적인 독립성은 인적·물적·경영상 독립성과 지휘명령 등 사업주로서의 자주성과 재량성을 갖춘 것을 말한다.

15) 비정규대책팀-1303, 2007.4.19.

16) 사무실, 직원, 사업자등록, 자본금, 4대보험 가입, 소득세원천징수, 영업조직 등.

*첫째, 인적·물적·경영상 독립성은, 채용·해고 등의 결정권,[17] 소요자금 조달 및 지급에 관한 책임,[18] 법령상 사업주로서 책임,[19] 기계 및 설비, 기자재의 책임과 비용부담, 전문기술·경험과 관련한 책임과 권한 실태, 도급사업주로서의 기술과 소속근로자의 자격 수급업무 부담능력 등을 종합적으로 고려하여 판단한다.

*둘째, 지휘명령 등 사업주로서의 자주성과 재량성은 사용종속관계를 판단할 수 있는 요소가 된다. 작업배치·변경 결정권, 업무지시·감독권, 병가·휴가·외출·복장 등 근태관리 및 징계권, 업무수행 및 실적 평가체계, 연장·야간·휴일근로 결정 등의 권한행사 실태 등을 종합적으로 고려하여 판단한다.

① 사업주로서 실체가 없는 경우

수급인이 형식적으로 도급계약을 체결하고 노무를 제공받아 자신의 사업을 수행한 것과 같이 외관을 갖추었다고 하더라도, 실질적으로는 수급업체가 업무수행의 독자성이나 경영의 독립성을 갖추지 못한 채, 도급회사의 일개 사업부서로 기능하거나 노무대행기관의 역할을 수행하는 등 도급회사가 수급업체로부터 종속적인 관계에서 노무를 제공받고 임금을 포함한 제반 근로조건[20]을 정하였다면, 회사가 수급업체근로자를 직접 채용한 것과 같이 「묵시적인 근로계약관계」가 성립되었다고 본다.[21]

즉, 당사자간 근로계약이 없는 경우에도 실질적인 근로관계에 있어서 사용종속관계가 인정된다면, 수급인에게 고용되어 도급인의 사업장에서 도급인의 업무에 종사하는 근로자를 도급인의 근로자로 보고 도급인을 실질적인 근로계약상의 사용자로 보는 것이다. 이 경우 근로자는 민사적으로 근로자지위확인 소송 등을 통하여 원청과 묵시적인 직접근로관계를 확인받아 권리를 실현할

17) 채용면접표, 취업규칙, 근로계약서, 안전교육, 징계위원회 등 해고관련 서류.
18) 사무실임대차계약서, 주식대금납입경위 및 소유비율, 설립비용 부담, 자금확보 및 지출방법 등.
19) 4대보험가입증면, 세금납부자료, 소득원천징수, 도급(위임)계약서, 원청과 수급업체간 인력지원 활용 실태, 단체교섭 자료 등.
20) 채용·승진·징계에 대한 실절적인 권한 행사, 출퇴근·근로시간 등 복무관리, 작업방법 등 지시 등 지휘감독.
21) 대판 97누19946, 1999.11.12 ; 대판 2003두3420, 2003.9.23 ; 대판 2005다75088, 2008.7.10.

수 있다.

② 사업주로서 실체를 갖춘 경우

수급인이 사업주로서 외관과 인적·물적·경영상 독립성과 지휘명령 등 사업주로서의 자주성·재량성 등 실질적인 경영상의 독립성을 갖추었다면 수급인은 그가 고용한 근로자의 계약당사자로서 실질적인 사용자이다. 그러나 외관은 있으나 실질적으로 경영상 독립을 갖추지 못한 경우 위장도급에 해당하여 불법파견에 해당할 수 있다.

즉, 원청사용자는 노무를 수령함에 있어서 「있어야 할 근로계약의 당사자」임에도 불구하고 직접 근로계약을 작성하지 않고, 도급·위임계약을 가장하여 수급인 즉, 제3자로부터 노동력을 공급받아 사용하였으므로 근로자파견에 관한 법률[22]을 위반하여 불법파견근로자를 사용한 것이다. 2012.8.1 개정법 시행일 이전까지 사용자가 불법파견근로자를 사용한 기간이 2년이 경과되었다면 그 시점부터 직접고용할 의무가 발생하고, 2012.8.2 이후부터는 사용기간에 불구하고 직접 고용할 의무가 발생한다. 파견을 행한 자가 절대파견금지업무를 위반한 경우에도 사용사업주는 사용기간에 불구하고 직접 고용하여야 한다.[23]

(2) 사용자의 구체적인 판단

1) 회사의 임원

업무대표권이나 업무집행권이 있는 법인의 이사 등은 사용자이다. 임원 등기된 이사도 근로자에 관한 사항에 대해 독자적인 업무집행권이 있다면 사업경영담당자로서 사용자가 된다. 정리회사의 공동관리인이나 비상근 감사 등도 마찬가지다. 이사, 감사, 전무 등과 같이 호칭을 부르더라도 근로자에 관한 사항에 관해 실질적인 업무집행권이 없는 사업경영담당자는 사용자로 볼 수 없

22) 사용사업주는 근로자파견업 허가를 받지 않고 근로자파견사업을 행하는 자로부터 근로자파견의 역무를 제공받아서는 아니된다. 파견법 제7조제3항.

23) 파견법 제5조제3항, 제6조의2제1항, 제2항, "제4장 4, 간접고용형태와 근로관계" 참조.

다.[24] 주식회사 등기부상 전무이사로 되어 있으면서 대표이사의 지시로 근로자를 임시로 고용한 적은 있으나, 전체적으로 자신이 맡은 분야의 업무만을 수행한 것에 불과하고 대내외 관계에서 독자적으로 업무집행을 하지 않았다는 이유로 임금지급과 관련 사용자로 보지 않은 판례가 있다.[25] 소관업무에 관해 집행권을 행사하였다고 하더라도 이러한 권한이 회사 규정에서 정한 소관업무에 한정되고 대표이사의 지휘감독을 받았다고 할 것이므로 임금을 목적으로 종속적인 관계에서 근로를 제공한 근로자이다.[26]

2) 실질적인 권한이 있는 조직의 장

국영기업체의 장, 교원의 임용권이 없는 사립학교의 장, 법인이 경영하는 병원의 원장이 직접 직원을 채용한 경우에도 그 권한 내에서는 사용자가 된다. 대표이사 등의 직함은 없지만 내부적으로 인사·노무·재정 등에서 권한을 가진 자가 있다면 그가 실제 경영자로서 사용자이다.

예를 들면, 대표자는 사용자의 처로 되어 있으나 실제로는 남편이 전반적인 경영을 하였다면 법위반 책임을 지는 자는 실질적인 사용자인 남편이고, 명의상 대표자인 처는 법 제115조(양벌규정)에 따라 사업경영담당자로서 책임을 진다. 그러나 내연의 처나 잠시 일을 도와주던 조건부 사무관리자를 사용자로 보지 않은 예가 있다.

인사, 교육 등 근로자에 관한 사항에 대해 지휘명령권이 있는 공장장, 현장소장, 부장, 과장 등 회사간부는 위임받은 권한의 범위 내에서 사업경영담당자 또는 사용자를 위해 행위하는 사용자이다.

3) 학교장, 육성회

학교장은 사용자이다. 설사 그가 근로자와 이해를 같이하는 부분이 있다고 해도 소속직원을 지휘 감독하여 학생을 교육하고 있으므로 사용자이다. 학교

---

24) 이사 겸 건설공사 소장을 맡고 있었으나 임금지급 등 실질적인 공사감독과 관리는 대표이사의 친척이 맡은 경우는 그가 사용자이고 소장은 대표이사와 관계에서는 근로자이다.

25) 대판 83도2272, 1983.10.11.

26) 대판 2005두524, 2005.5.27.

직원 중 육성회에서 임금이 지급되는 경우는 그 직원에 대하여는 학교육성회가 사용자이다. 육성회소속 잡급직근로자와 관련해서도, 교장이 그를 임용하고 임금을 지급하였으며 업무지시를 하였더라도 이는 육성회 이사로서 한 행위이며, 임금도 육성회재원에서 지급하였으므로 육성회가 사용자가 된다. 그러나 학교장이 육성회 이사장을 겸임하고 있다면 학교장도 사용자책임을 진다. 이 경우 육성회이사장과 학교장 직위사이에 누가 사용자가 되느냐는 지휘감독권의 행사의 주체에 따른다. 대체로 학교현장을 보면, 육성회장은 1년에 1~2번 정도 회의에 참석하여 명분상의 의사결정을 하는 것 외에는 대부분 학교장이 실질적인 육성회운영을 하고 있으므로 학교장이 사용자가 되는 것이 일반적이다.[27)]

4) 정리회사 대표자와 관리인

회사 정리개시 결정이 있는 경우, 회사사업의 경영과 재산관리 및 처분을 하는 권한이 관리인에게 전속되므로 정리회사의 대표이사가 아니라, 관리인이 근로계약상 사용자의 지위에 있게 된다. 따라서 단체협약의 사용자측 체결권자는 관리인이 된다.[28)]

5) 항운노조의 조합장

근로자가 특정기업에 소속되지 않았다면 사용종속관계도 인정하기 어렵다. 철도하역노동조합이나 항운노동조합과 같이 근로자들이 특정기업에 소속되지 않는 노동조합을 결성하여 여러 회사와 하역계약 혹은 협약을 맺고 작업비를 받아 온 경우에는 회사와 노동조합 간에 근로계약을 체결했다고 볼 수 없다.[29)] 따라서 항운노소 등 근로자공급사업의 대표와 조합원 등 근로자사이의 근로계약관계는 부정된다. 다만, 노소가 물량에 따라서 화주로부터 노임을 수령하여 근로자들에게 임금으로 배분을 하고 노조원 즉, 근로자 채용과 임금, 복지혜택 등 근로조건 결정을 주관하고 있다면 노동조합이 사용자가 될 수 있다. 자

---

27) 근기 68207-1503, 1997.11.6 ; 근기 01254 5393, 1987.4.2.
28) 대판 99다72422, 2001.1.19.
29) 대판 86다카1949, 1987.2.10.

세한 사항은 앞장에서 설명한 바 있다.

6) 공동주택의 관리주체

아파트 등 공동주택 관리에 있어서는 다음과 같이 사용자를 구별하는 것이 효과적이다. 준공 후 시공회사가 1년간 관리하는 "의무관리제" 아래서 사용자는 시공회사가 된다. "입주자가 자치관리 기구를 구성"하고 근로자를 직접 고용하여 임금을 지급하고, 지휘감독 관리하는 경우는 입주자대표회의가 사용자이다.[30] 입주자가 주택관리업체에 관리를 맡기는 "위탁관리제"에서는 2가지로 구분한다. 먼저, 자치관리기구가 근로조건, 인사, 해고 등에 대하여 관여하지 않는 "순수한 위탁관리형태"인 경우는 위탁관리업체가 사용자이고, 자치관리기구가 구체적인 근로관계를 직접 규율하는 경우[31]는 실질적인 지휘감독 권한을 가진 입주자대표회의가 사용자가 된다.[32]

① 관리형태 변경

시공회사의 의무관리에서 입주자 자치관리나, 자치관리에서 위탁관리, 위탁관리에서 자치관리로 변경하는 경우에는 업무의 동질성이 유지되고 고용승계를 하지 않는다는 약정이 없는 한 영업의 양도양수로 보아서 고용이 승계된다고 보아야 한다.[33] 만일 관리형태 변경 등 영업양도를 하면서 당사자 사이에 근로관계 인수를 배제하는 특약이 있는 경우에는 그에 따라 고용승계가 이뤄지지 않을 수 있으나 그러한 특약은 실질적으로 해고나 다름이 없으므로 법 제23조제1항에 정한 정당한 사유가 있어야 한다.[34] 영업의 양도양수시 당해 기업의 소속근로자가 자유의사에 의해 사직서를 제출하고 퇴직금을 수령한 후

30) 근기-3765, 2006.7.28.

31) 입주자대표회의가 채용, 승진, 배치전환, 징계 등에 대해 최종결정하거나 동의를 받는 경우, 채용·해임 등에 관해 조치를 요구하는 경우, 임금·수당·퇴직금·근로시간 등 근로조건에 관한 결재권 행사, 위탁관리업무에 대해 사실상 집행권을 행사하는 경우 등 : 입주자대표회의가 근로자 퇴직적립금을 직접 관리할 경우는 그 한도에서 근기법 제44조제1항의 직상수급인 연대책임을 진다.

32) 대판 2001두2218, 2001.6.1.

33) 근기 68207-343, 1999.10.16 ; 근기 68207-147, 1999.9.28.

34) 서울행판 2000구10877, 2000.10.6.

양수기업에 새로이 입사하는 것은 무방하다.

② 주택관리업자 변경

수탁업자인 주택관리업자가 변경되는 경우는 그 업자가 입주자대표회의로부터 인사, 노무관리 등에 있어서 독립성을 가지고 있느냐 여부에 따라 고용승계 여부가 나눠진다. 주택관리업자가 입주자대표회의로부터 관리업무를 수탁하면서 관리직원 임면, 노무관리, 보수 및 퇴직금지급 등 업무수행 전반에 걸쳐 전권을 행사하는 경우에는 두 업체 사이에 고용을 승계하는 별도의 약정이 없는 한 새로운 업체가 종래업체의 직원들의 고용을 승계해야 할 책임이 없다. 반면에, 외형상 수탁업체가 입주자대표회의로부터 독립성을 가진 듯하나, 실질에 있어서는 입주자대표회의가 직원임면, 보수결정, 노무관리 등에 직접 결정·관여한 경우에는 입주자대표회의를 실질적인 사용자로 보아서 주택관리업자가 변경된 경우에도 고용은 유지승계 되어야 한다.[35)]

3. 사용자의 의무와 책임

사용자는 근로자로부터 노동력을 제공받고 그 대가로 임금을 제공하여 근로관계를 유지 존속함에 있어서 임금지급의무를 비롯하여 당사자간에 서명한 근로계약을 성실히 이행할 의무를 진다. 사용자는 사업 또는 사업장의 대표자로서 근로관계에 있어서 사용자로서의 권한과 책임이 명확하지 않거나 위임이 완전하지 않다면 사업주가 종합적으로 본래의 지휘감독권에 근거하여 책임을 진다. 이때 사용자에는 법인의 대표자 뿐 아니라 법정대리인도 포함된다. 사용자는 노동관계법을 비롯한 제반 법령을 준수할 의무가 있고 근로자의 인권과 보건을 위해 안전배려이무와 노동관계법령상 근로조건을 설정하거나 처우를 결정함에 있어서 남녀·국적·신앙 등을 이유로 차별하지 않고 균등하게 대우할 의무를 진다.[36)]

35) 아파트종사자의 근로조건 보호에 관한 지침, 근로기준팀-8048, 2007.11.29.
36) 근기법 제6조.

(1) 임금지급의무

근로계약의 본질은 근로자의 노무제공의무와 사용자의 임금지급의무가 서로 대가적인 쌍무관계에 서 있는 것이다. 그러므로 사용자는 노무제공의 대가로 임금을 지급할 의무를 진다. 근로자는 그의 노동력을 사용자가 자유롭게 활용 처분할 수 있는 상태에 두면, 사용자가 실제로 그 노동력을 활용했는지 여부에 상관없이 그 시간에 상응한 임금을 지급할 의무가 있다.

법은 임금지급방법에 관해 "통화로, 전액을, 매월 1회 이상 지급하기로 정한 날에, 직접 근로자에게 지급"하도록 정하고 예외적으로 비상시지급, 1월을 초과하여 부정기적으로 지급되는 금품을 정하고 있다.[37)] 노조법 제44조에 의거 사용자는 쟁의행위에 참가하여 근로를 제공하지 아니한 근로자에 대하여는 그 기간 중의 임금을 지급할 의무가 없다. 따라서 노동조합은 쟁의행위기간에 대한 임금의 지급을 요구하여 이를 관철할 목적으로 쟁의행위를 해서는 안된다. 파업기간 중에는 당사자간 근로계약이 일시 정지되어 자신의 노동력을 사용자가 처분 가능한 상태로 두어야 할 근로자의 노무제공의무도 정지되므로 사용자도 파업에 참가하여 근로를 제공하지 않은 근로자에 대하여는 임금을 지급할 의무가 없다.[38)]

임금은 당사자간 근로계약이나 취업규칙, 단체협약 등에 의해 결정되게 되는데, 대체로 근로계약체결시 임금의 구성항목, 계산방법, 지급방법, 소정근로시간, 휴일, 연차유급휴가 등을 반드시 서면으로 정하여 근로자에게 교부하여야 한다.[39)] 취업규칙에는 근로시간, 휴게시간, 임금의 결정, 계산, 지급시기 및 승급, 가족수당, 퇴직금, 상여금, 최저임금에 관한 사항을 명시해야한다.[40)]

---

37) 근기법 제43조, 제45조, 영 제23조.

38) 대판 96다5346, 1996.10.25. 쟁의기간 동안에는 근로제공의무와 대가관계에 있는 근로자의 주된 권리의무로서의 임금청구권은 모두 발생하지 아니하고, 그 범위가 교환적 범위에 국한되지 않는다. 사용자의 노무지휘권이 존재하는 정상적인 근로관계를 전제로 하여 단체협약이나 취업규칙 등에서 결근자에 대한 어떤 임금을 지급하거나 삭감하도록 규정하고 있다든가, 또는 그러한 관행이 있다고 하더라도 쟁의행위에 참가할 때도 임금을 지급할 것을 내용으로 계약이 체결된 것으로 볼 수 없다.

39) 근기법 제17조.

40) 근기법 제93조.

산정방법으로는 시간급, 일급, 주급, 성과급 등 다양한 형태를 가지고 있으며 법에 정한 기준에 반하지 않으면 별다른 문제가 되지는 않는다. 만약, 임금의 지급시기를 정하지 않았다면 민법 제656조에 의거 관습에 의하고 그것도 없다면 노무제공이 종료한 시기에 지체없이 임금을 지급하여야 한다.

임금지급 장소는 어디서 지급한다는 별도의 약정이 없고 특수한 근로관계가 아니라면 관행에 따라서 근로자의 은행구좌에 지급된다. 만약 타인의 명의로 된 은행구좌에 입금하거나 제3자가 임금을 수령하여 전달하는 것은 법을 위반하는 것이 된다.

임금은 법령 또는 단체협약에 특별한 규정이 있는 경우 외에는 함부로 공제할 수 없다. 민사상 채권채무관계에서 근로자의 임금을 압류할 경우가 있다. 민사집행법 제246조에 따르면, 임금과 퇴직금은 1/2에 해당하는 금액은 압류할 수 없도록 하되, 다만, 임금의 경우 최저생계비 등을 감안하여 동법시행령 제3조 등에서 월 급여 120만원 이하의 경우는 전액 압류를 할 수 없도록 하고, 120만원 초과 240만원까지는 120만원을 제외한 나머지[41]를, 240만원 초과 600만원까지는 1/2[42]을 초과하는 금액을 압류할 수 있도록 하는 등 급여액에 따라 압류가능 금액도 다르게 하고 있다.[43]

(2) 안전배려의무

사업은 그 종류에 따라서 작업의 환경이나 시설, 설비 등이 근로자의 생명을 위협하거나 신체의 위해가 항상 뒤따르는 등 위험한 작업이 있을 수 있다. 사용자는 생산시설, 기계, 기구 등의 위험으로부터 근로자의 생명, 신체, 건강을 안전하게 보호할 의무가 있다. 사용자의 안전배려의무는 근로자가 사용자의 사업·사업장에 현실적으로 편입됨으로써 발생하는 법사적인 법률효과이고 고용계약상에 근거한 부수적인 의무로서 신의칙상의 의무라고 할 수 있다.[44]

41) 150만원의 경우 30만원.

42) 300만원의 경우 150만원.

43) 근기법 제43조, 월급여가 600만원이 넘는 경우는 급여액−[300만원+{(급여/2)−300만원}/2]=압류가능금액.

44) 대판 96다53086, 1997.4.25.

사용자는 산업안전에 관한 각종 법령과 고시 등을 준수하여 근로자의 안전을 보호 할 책임이 있고, 이 배려의무를 위반하여 근로자의 안전에 위험이 있는 경우는 민법 제390조에 의거 채무불이행으로서 손해배상책임을 질 수도 있다.[45] 근로자는 산재발생의 급박한 위험이 있을 경우는 작업을 중지하고 대피할 수 있으며 사용자가 위험을 제거하거나 방지조치를 취하지 않으면 작업을 재개할 수 없다. 사용자는 산재발생 위험으로 작업을 거부한 근로자에게 불이익을 줄 수도 없을 뿐 아니라 산업안전보건법에 의거 처벌을 받는다.

(3) 균등한 취업의 기회제공

인간은 노동을 통하여 그의 인격권을 실현하고 사회구성원으로서 자아를 충족하는 것이다. 사용자는 특별한 사정이 없는 한 근로계약체결을 통하여 자신의 업무지휘권. 업무명령권의 행사와 조화를 이루는 범위 내에서 근로자가 근로제공을 통하여 참다운 인격의 발전을 도모하고 실현시킬 수 있도록 배려하여야 할 신의칙상의 의무를 부담한다. 사용자가 근로자의 의사에 반하여 정당한 이유없이 근로자의 근로제공을 계속적으로 거부하는 경우에는 근로자의 인격적인 법익을 침해하는 것이 되므로, 그로 인한 근로자의 정신적인 고통에 대해 배상할 의무가 있다.[46]

사용자가 근로계약을 체결하고 합리적인 이유없이 약정한 노무제공의 기회를 부여하지 않거나, 능력과 무관한 직위로 이동시키거나 한가한 직종으로 전보시켜 노동력을 활용할 기회를 주지 않고 방치하는 것은 근로계약상의 노무수령의무를 위반하여 채무를 불이행한 것이다. 따라서 재산상 손해에 대한 배상으로 해당기간동안 임금전액을 지급해야 한다. 즉, 계약상 노무수령의무 불이행으로 인한 채무불이행 손해[47]와 인격권침해로 인한 정신적고통 등 고의·과실의 불법행위로 인한 민사상 손해배상책임이 따른다.[48] 고용계약상 노무제공의무는 대체적 작위의무가 아니므로 계약불이행시 민법상 이행을 강제할 수

45) 대판 99다47129, 2000.5.16.
46) 대판 95다6823, 1996.4.23.
47) 민법 제390조, 제393조, 제538조제1항.
48) 민법 제750조.

는 없다. 따라서 손해배상청구만 가능하다.

(4) 공법상 의무

사용자는 근로기준법상 각종 작위·부작위의무를 이행해야 한다. 근로조건 준수의무, 균등처우 의무, 강제근로·폭행금지, 공민권행사보장, 법령요지 등 게시의무, 행정관청에 보고·출석의무, 취업규칙·기숙사규칙 작성과 주지의무, 취업방해금지, 근로자명부와 근로계약에 관한 중요서류의 보존의무, 임금대장작성의무, 연소자증명서비치의무 등 다수가 있다.[49] 구체적인 사항은 각 개별항목에서 설명한다.

(5) 집단적 노사관계에서의 책임

사용자는 단체협약의 당사자로서 조합의 교섭요구에 대해 성실히 응할 교섭응낙의무와 협약체결권을 가진다. 도급·위임 등 간접고용형태에서 직접 근로계약당사자가 아닌 원청의 사용자가 수급인의 근로자에 대한 사용자 책임을 지는 경우가 있다. 원청과 동일 장소에서 영업 중인 수급사업장의 노사가 단체교섭 등을 진행할 경우 사실상 임금 등 주요근로조건의 결정권이 있는 원청사업주를 상대로 교섭참여를 요구할 수도 있고, 노조가 조합활동을 할 경우 원청의 시설과 공간 등을 활용하거나 점거할 수도 있는데 조합활동이 정당하다면 사용자는 일정부분 수인할 의무가 있다.

수급사업주의 근로자가 조합을 결성하여 직간접적으로 원청의 정상적인 업무수행에 지장을 초래할 경우 원청은 수급사업주를 압박하거나 다양한 경로를 활용하여 조합활동을 방해하거나 불이익취급 및 부당해고 하도록 압박하고 지배개입하는 등 부당노동행위를 할 수 있는데, 이 경우 원청이 부당노동행위책임을 질 수 있다. 특히, 수급사업주가 독립성과 자주성이 없어 사업주로서의 실체를 갖지 못하고 사실상 원청의 노무관리 대행기구로서 기능하여 근로계약의 당사자가 아닌 수급인의 근로자가 사실상 원청 사용자와 묵시적 근로계약관계

49) 근기법 제5조, 제6조, 제10조, 제13조, 제14조, 제17조, 제20조~제22조, 제36조, 제39조, 제40조, 제41조 등 다수.

를 체결한 것과 다름없다면 원청이 부당노동행위 등의 주체가 될 수 있다.[50)]

(6) 사업주의 책임과 노무관리자의 책임

근기법은 대리인, 종업원 등 행위자와 함께 사업주를 처벌하는 것을 원칙으로 한다. 법 제115조(양벌규정)에 의하면, 이 법에 위반행위를 한 자가 당해 사업의 근로자에 관한 사항에 관하여 사업주를 위하여 행위를 한 대리인, 사용인, 기타의 종업원인 경우에는 사업주에 대하여도 각 본조의 벌금형을 과한다. 다만, 사업주[51)]가 위반방지에 필요한 조치를 한 경우에는 그러하지 않다. 그러나 다음과 같은 경우는 사업주도 행위자로서 처벌을 한다.

1. 위반의 계획을 알고 그 방지에 필요한 조치를 하지 않은 경우
2. 위반행위를 알고 그 시정에 필요한 조치를 하지 않은 경우
3. 위반행위를 교사한 경우에는 사업주도 행위자로서 처벌한다.

1) 양벌규정에서 형사처벌 대상 확정

현행 근기법 제115조에서는 행위자 뿐 아니라 그 사업주에게도 해당 조문의 벌금형을 과한다고 규정되어 있는데, 2009년 법 개정 이전에는 법제115조 1항에서 사업주가 법인인 경우는 그 대표자를 사업주로 본다는 명시적 규정이 있었으나 현행처럼 법이 개정되면서 “사업주가 법인인 경우는 그 대표자를 사업주로 본다.”는 명시적 규정이 삭제되고 사업주라는 표현만 있다. 그럼 사업주가 누구냐, 개인인 경우는 개인, 법인기업인 경우는 법인이다. 또한 “다만 사업주가 그 위반행위를 방지하기 위해 해당 업무에 관하여 상당한 주의와 감독을 게을리 하지 아니한 경우에는 그러하지 아니하다.”(처벌하지 않는다.)라고 정한 단서규정에서 사업주는 법인의 대표자가 아니라 법인 그 자체이다.

법인 기업에서 법인의 대표이사는 사업주가 아니라 법인으로부터 사업의 경영을 위임받은 수임인 즉 엄밀한 의미에서 사업경영담당자이다. 따라서 법인의 대표를 위 규정에 의해 무조건 처벌할 수는 없다.

위법조치에 대한 양벌규정의 처벌대상과 위법행위 방지조치 의무자는 반드

---

50) 대판 2007두9150, 2010.3.25.

51) 대표자, 미성년자 금치산자의 법정대리인.

시 같지 않다.

따라서, 양벌규정 단서에 상당한 주의와 감독을 게을리하지 말아야 할 사업주는 법인의 경우는 법인의 대표자 뿐 아니라, 법인에서 사업주를 위해 행위하는 자(총무부장, 생산부장, 안전부장 등)와 사업경영담당자 (법인의 공장장, 지점장, 법인의 생산본부장, 법인의 대표자) 중 사업의 구조와 특성, 권한과 책임의 배분관계 등을 고려할 때, 직무상 그 방지에 직접 책임을 지는 자를 의미한다고 볼 수 있다.

2) 배상책임재산

형사적인 책임과는 별도로 민사책임에 있어서는, 개인사업주의 경우는 회사재산 뿐 아니라, 경영상 출자형태로 활용한 적이 없는 개인재산까지 포함하여 배상책임을 지게 된다. 법인의 경우는 오직 법인명의 재산의 범위 내에서만 책임을 진다. 따라서 법인의 대표자가 개인명의로 아무리 많은 재산을 소유하고 있다고 해도 법인을 상대로 한 소송에서 승소한 자는 법인에 대해 추궁할 수 있는 재산의 범위가 법인 자신의 명의로 등기된 재산의 범위 내에서만 압류, 환가처분 등 채권확보를 위한 권리행사가 가능한 것이다. 합명회사의 무한책임사원 또한 출자재산의 범위 내에서만 책임을 지고 자신의 개인재산까지 책임지는 것이 아니다.

제6장 근로계약

1. 개념정의

「근로계약」이라 함은, 근로자가 사용자의 지휘·감독 아래 정신적·육체적인 노무를 제공하고 사용자는 임금을 지급하는 것을 목적으로 체결된 계약을 말한다.[1] 구체적인 채용계약은 노무관리책임자 등이 하고 법률적 효과는 사업주 또는 사업경영담당자에게 귀속된다.

민법상 고용계약은 계약자유의 원칙에 입각하여 당사자 일방이 상대방에 대해 노무를 제공할 것을 약정하고 이에 대해 다른 일방은 보수를 지급할 것을 약정하는 계약이다.[2] 근로계약은 민법상 고용계약에 수정을 가하여 자본주의 사회에서 노사간의 현저한 경제적 차이와 그로 인해 근로자가 사용자의 자본에 예속되는 것을 방지하기 위한 특수한 유형의 계약으로 경제·사회적으로 약자의 위치에 있는 근로자를 보호하기 위한 것이다.

근로계약은 민법상 고용계약에 해당하는 경우가 대부분이지만, 외형상 도급·위임 등의 형식을 갖거나 단순한 노무공급계약일 수 있다. 형식에 불구하고 그 계약내용이 사용자와의 사이에서 사용종속관계를 유지하면서 노무제공에 대한 대가로 능률급, 성과급 등 임금을 받기로 한 경우는 근로계약으로 볼

---

1) 근기법 제2조제3호, 제4호.

2) 민법 제655조 이하, 민법상 고용계약은 보수의 약정이 없으면 관습에 의하고, 노무를 종료한 후 지체없이 보수를 지급해야 하고, 노무자 권리를 제3자에게 양도불가, 제3자가 노무대체 불가, 약정하지 않은 노무제공을 요구하거나 기능이 필요한데 없는 경우는 계약해지가 가능하다.

수 있다.[3)]

(1) 학설과 판례

학문상 근로계약에 관한 학설은 「계약설(契約說)」과 「편입설(編入設)」로 나뉜다. 계약설은, 근로관계 성립은 근로계약의 유효한 체결이 필요하고 그것으로 충분하다는 입장이고, 편입설은 근로관계가 성립하기 위해서는 근로계약 외에 근로자의 작업개시 또는 경영체계로의 편입이라는 사실적인 요소가 필요하다는 입장이다. 판례는 사용자와 근로자 관계가 성립되기 위하여는 근로자가 사용자에게 근로를 제공하고 사용자는 이에 대하여 임금을 지급함을 목적으로 명시적 또는 묵시적으로 체결된 계약이 있거나 기타 법적 근거가 있어야 한다고 계약설을 지지한 바 있다.[4)]

계약설의 경우 실제 노무를 제공하지 않은 채용내정자 등에 대한 효과적인 보호논리를 전개할 수 있지만 편입설의 입장에서는 사업장에 편입되지 않은 경우 보호근거에 대해 설명하기가 어렵다. 실무상 사업장에 편입되어 노무제공 이후부터 대가로서 임금지급의무가 발생하고 재해보상, 휴일, 휴가, 휴게 등 청구권이 발생하지만 편입이전에는 근로계약시 근로조건명시의무, 법정기준을 고려한 계약내용의 제한 등이 적용될 것이다.[5)] 근로계약이 체결되면 별도의 특약이 없는 한 계약체결시점이 퇴직금이나 연·월차유급휴가부여를 위한 계속근로연수 산정의 기산점이 된다.

중노위는 재심판정에서 확정적인 근로계약이 아니므로 이 사건 근로자와 사용자 사이에는 근로계약 관계가 성립되었다고 볼 수 없다고 판정한 바 있는데, 구체적 내용은 아래와 같다.[6)]

대표이사와의 면접에서 임금 및 근로시간 등 주요 근무조건 등에 대한 논의도 없었던 것으로 보아 채용 여부에 대한 확답은 없었던 것으로 판단되고, 근로자가 대표이사로부터 받은 카카오톡 메시지는 채용을 승락한 것이 아니라

---

3) 대판 87도604, 1987.5.26.
4) 대판 72다895, 1972.11.14.
5) 김형배, 2004 신판, 228쪽.
6) 중앙2012부해399, 2012.6.28.

덕담의 수준을 넘어 채용확정 통보로 인정하기에는 무리가 있으며, 대표이사와 통화에서 회사 출근을 허락받았다고 하더라도 그 의미에 대해 다툼이 있고 그 또한 채용이 확정되어 근로를 제공하기 위한 것이라는 입증이 명확하지 않은 상태에서 그 같은 사실만으로는 채용이 최종 확정되었다고 보기 어려우며, 근로자가 근로를 제공했다고 주장하는 부분도 이○○ 실장과 동행했다는 사실 이외에는 대표이사의 지시였다는 근거가 없고, 이 사건 근로자가 담당할 예정이었던 재무와 직접적 관련이 없고, 사용자가 이 사건 근로자의 체불임금 지급요구 진정 제기에 대해 사건을 무마하기 위한 목적으로 90만 원의 금품을 지급한 것은 사실이나 이는 진정사건을 잘 마무리하기 위한 목적에 불과할 뿐, 이 사건 사용자가 이 사건 근로자와의 근로계약관계를 인정한 것은 아니라고 보여지는 점 등을 종합적으로 고려해볼 때, 이 사건은 양 당사자 간에 근로계약 체결과정에 있었던 것은 사실이나 확정적인 근로계약이 체결된 것은 아닌 것으로 보여 지는바, 이 사건 근로자와 이 사건 사용자 사이에는 근로계약 관계가 성립되었다고 볼 수 없다.

(2) 계약내용의 해석

근로관계의 주체는 근로자와 사용자다. 당사자는 계약에 따라 상호 권리와 의무가 발생하고 노동관계법 등 그 적용범위가 확정된다. 계약은 사업장마다 각기 다른 특수한 사정으로 인해 정형화되거나 획일적인 내용은 있을 수 없다. 대체로 근로의 종류·장소 및 기간, 임금 등 개별적 근로조건을 결정하고 계약을 체결함과 동시에 근로기준법의 적용을 받게 된다. 계약해석을 두고 당사자 사이에 이견이 있을 경우, 문언의 내용, 계약동기, 계약으로 달성하려는 목적, 당사자의 진의 등을 종합적으로 고려하여 논리와 경험에 따라 합리적으로 해석하여야 한다. 만일 표기된 문언만으로 당사자의 진의를 알 수 없다면 계약상대방이 가지고 있던 내심의 의견이 아니라, 외부로 표시된 행위 즉, 계약내용과 달리 반복적으로 이행된 구체적 사실, 당사자의 수인정도 등에 의해 예상되는 결과를 가지고 해석함이 옳다.[7)]

---

7) 대판 97다5428, 1997.6.24.

2. 근로계약의 제한 등

사용자는 헌법상 재산권에 기초하여 노동과 토지와 자본을 결합하여 경제활동을 통해 이윤을 극대화할 자유를 가진다. 사용자의 채용인원, 방법, 대상, 계약의 구체적 목적 등 근로관계를 중심으로 한 경영권 행사는 원칙적으로 전적인 자유에 속한다. 그러나 상대적으로 열등한 위치에 있는 여성과 임산부, 연소자, 사회취약계층보호 등에 대해서는 사회적인 목적을 달성하기 위해 노동관계법과 취약계층보호 관련법 등에 일부 법적인 제한을 두고 있다. 이를 위반한 근로계약은 해지사유가 될 수 있으며 계약해지의 효력은 장래를 향해 미치게 된다.

(1) 연령에 따른 채용제한

15세 미만자[8]는 근로자로 사용할 수 없다. 다만, 15세 미만자로서 취업을 하고자 하는 자는 고용노동부장관으로부터 취직인허증을 발급받아야만 근로자로 취업할 수 있다.[9] 취직인허증을 발급받을 수 있는 자는 13세 이상 15세 미만인 자로 한다. 다만, 공연예술참가자는 13세 미만인 경우에도 가능하다.[10] 취직인허증은 근로자 본인[11]이 학교장 및 친권자 또는 후견인의 서명을 받아 사용자가 될 자와 연명으로 신청해야 한다.[12] 고용부장관은 15세 미만인 자에게 유해하거나 위험하다고 인정되는 업무에 대하여는 취직인허증을 발급할 수 없다.[13]

(2) 여성과 연소자 보호

임신 중이거나 산후 1년이 경과되지 아니한 여성과 18세 미만 연소자는 도덕상 또는 보건상 유해·위험한 사업에 사용할 수 없다.[14] 사용자는 18세 이상의 여성을 22:00~06:00까지 및 휴일에 근로시키려면 그 근로자의 동의를 얻

8) 초·중등교육법에 의한 중학교에 재학 중인 18세 미만자 포함.
9) 근기법 제64조제1항.
10) 근기법시행령 제35조제1항.
11) 의무교육대상자 및 재학중인 자.
12) 근기법시행령 제35조제3항.
13) 근기법시행령 제37조, 제40조.
14) 근기법 제65조제1항.

어야 한다. 사용자는 임산부와 18세 미만자를 22:00~06:00까지 및 휴일에 근로시키지 못한다. 다만, 18세 미만자의 동의가 있거나 산후 1년이 경과하지 않은 여성의 동의가 있는 경우, 임신 중인 여성이 명시적으로 청구하는 경우에는 근로자의 건강 및 모성보호를 위해 그 시행여부와 방법에 관해 근로자대표와 성실하게 협의를 거친 후 노동부장관의 인가를 받아야만 야간근로, 휴일근로를 시킬 수 있다.[15] 18세 이상 여성의 야간 및 휴일근로 동의 조항은 4인 이하 사업장은 적용하지 않는다.

다만, 임산부와 18세 미만 남녀의 야간 및 휴일근로 금지, 야간 및 휴일근로에 대한 동의 또는 명시적 청구 조항은 상시근로자수에 관계없이 전체 사업장에 적용한다.

임산부가 아닌 18세 이상의 여성은 보건상 유해·위험한 사업 중 임신 또는 출산에 관한 기능에 유해·위험한 사업에 사용할 수 없다.[16] 사용금지규정을 위반하면 3년 이하의 징역 또는 2천만원 이하의 벌금에 처할 수 있고 법위반사항을 포함한 계약은 사법상 무효가 된다. 다만, 잘못된 계약에 따라 이미 근로한 부분은 소정의 임금 등을 지급할 의무가 있다.

(3) 연소자에 대한 가족관계증명서와 동의서 비치

사용자는 연소자에 대하여 만 18세가 되는 날까지 그 연령을 증명하는 가족관계증명서와 친권자 또는 후견인의 동의서를 사업장에 비치해야 한다.[17] 15세 미만인 자를 사용하는 사용자가 취직인허증을 발급받아 비치해 둔 경우는 가족관계증명서와 친권자나 후견인의 동의서를 둔 것으로 본다.

(4) 모집과 채용에 관한 제한

사업주는 근로자의 모집 및 채용에 있어서 남녀를 차별해서는 안된다. 여성근로자를 모집·채용함에 있어서 직무수행에 필요하지 않은 용모, 키, 체중 등 신체적인 조건이나 미혼 등 노동부령이 정하는 조건을 제시하거나 요구할 수

---

15) 근기법 제70조.
16) 근기법 제65조제2항, 제109조.
17) 근기법 제66조, 영 제38조제1항.

없다.[18] 사용자는 동일 사업내의 동일가치 노동에 대하여는 동일한 임금을 지급하여야 하고, 임금 외에 생활을 보조하기 위한 금품지급, 자금융자 등 복리후생에서 남녀를 차별하는 계약을 체결할 수 없다.[19]

(5) 미성년자 보호, 기타

민법에 의하면, 미성년자가 법률행위를 할 경우는 법정대리인의 동의를 얻어야 하며, 법정대리인은 미성년자의 동의를 받지 않고 미성년자를 대리하여 재산상의 법률행위를 할 수 있으나, 미성년자의 행위를 목적으로 하는 채무를 부담할 경우에는 본인의 동의를 얻어야 한다.[20] 따라서 민법상 미성년자의 노무제공을 필요로 하는 고용계약 등은 미성년자의 동의를 얻지 않으면 대리할 수 없다. 민법의 규정에 불구하고, 친권자나 후견인이 미성년자의 동의를 얻거나 임의로 미성년자의 근로계약을 대리하는 행위는 허용되지 않는다.[21] 그러나 민법과 근기법이 공통적으로 규정하고 있는 것은 법정대리인에 의해 미성년자가 원하지 않은 노동을 강요당하는 폐단을 보호하는데 있으므로 미성년자 본인이 근로계약을 체결할 경우에는 민법에 따라 친권자나 후견인의 동의를 얻어야 한다.[22] 따라서 미성년자가 법정대리인의 동의없이 근로계약을 체결할 경우는 취소할 수 있는 법률행위가 된다. 비록 정상적으로 체결된 근로계약이라도 친권자, 후견인 또는 고용부장관은 근로계약이 미성년자에게 불리하다고 인정하는 경우에는 이를 해지할 수 있다. 불리한 정도에 관한 규정은 없다.[23] 친권자·후견인·고용부장관이 해제권을 행사할 때 미성년자 본인의 의사는 묻지 않는다. 고용노동부장관의 해지권 행사대상이 되는 근로계약은 근로감독관 집무규정에 자세히 정해져 있다.[24] 기타 취약계층 고용촉진을 위

---

18) 남녀고용평등법 제7조, 예) 사무직 남자, 여성 기능직, 병역을 필한 남자, 여성은 용모가 단정하고 키 165cm 이상 등.

19) 남녀고용평등법 제8조제1항, 제9조.

20) 민법 제5조, 제920조 단서.

21) 근기법 제67조제1항.

22) 다만, 임금의 청구는 미성년자가 독자적으로 할 수 있다.

23) 근기법 제67조제2항.

24) 근로감독관집무규정 제70조 ① 근로기준법시행령 제40조의 별표 4 중 18세 미만인 자의 사용금

한 관련법상 제한으로서 국가유공자 의무고용 비율 혹은 장애인과 고령자 채용의무 등에 관해 관련법에 의한 제한을 받을 수 있다. 다만, 고령자고용촉진, 장애인과 국가유공자 고용의무 등은 국가에 대한 사업주 등의 의무사항이므로 엄밀한 의미에서 사인간의 근로계약에 대한 직접적인 제한으로 볼 수는 없다.

☞ **관련법에 의한 취약계층 고용제한**

① 고용상 연령차별금지 및 고령자 고용촉진에 관한 법령(법률 제8962호, 2009.3.22부터 시행, 2008.3.21 공포)

1. 정의(제2조) : 고령자는 55세 이상, 준고령자는 50세 이상~55세 미만
2. 사업주의 책무 : 연령상 고용차별해소, 직업훈련, 작업시설·업무개선, 정년연장 등 고용기회확대 노력, 그 사업장의 상시근로자수 대비 기준고용률 이상의 고령자 고용노력(제조업 2/100, 운수·부동산·임대업 6/100, 기타 3/100)
3. 모집·채용에서 연령차별 금지(임금, 복리후생, 교육·훈련, 배치·전보·승진, 퇴직·해고 등에서 연령차별금지 조항은 2010.1.1부터 시행), 다만, 직무성격상 특정 연령기준이 불가피하게 요구되는 경우, 근속기간의 차이를 고려하여 임금이나 임금이외 금품과 복리후생에서 합리적인 차별을 두는 경우, 이 법이나 다른 법률에 의거 근로계약, 취업규칙, 단체협약 등에서 정년을 정하는 경우 또는 특정 연령집단의 고용유지 촉진을 위해 지원조치를 하는 경우는 연령차별로 보지 않는다.(법 제4조의5)
4. 정년 : 60세 이상이 되도록 노력할 의무(법 제19조)

② 장애인고용촉진 및 직업재활법상 의무고용비율 : 국가, 지자체공무원 정원의 3% 이상(제27조 제1항), 상시고용인원이 50인 이상(건설업은 별도 공사실적액 기준)인 사업주는 근로자총수의 5% 범위 내에서 대통령령이 정하는 비율(제28조)

③ 국가유공자등 예우지원에 관한 법률 : 열기능직공무원 정원이 5명 이상인 국가기관 등은 기능직공무원 정원의 20% 이내(제32조), 교직원정원이 5명 이상인 사립학교는 교원을 제외한 고용인원의 10% 이상, 1일 20명 이상을 고용하는(제조업은 200명 미만 제외) 사업장은 고용인원의 3~8%(최대 9%까지 확대) 범위 내에서 대통령령이 정하는 비율(제33조의2)

3. 근로계약의 요건

(1) 계약당사자 적격

근로계약은 근로자와 고용하고자 하는 자가 당사자가 되고 사용자는 사업주 또는 사업경영담당자가 되는 것이 원칙이다. 다만, 노무관리자, 경영담당

지직종에 규정된 도덕상 또는 보건상 유해·위험한 직종에 사용하는 근로계약, ② 근로계약내용이 법령 또는 사회통념에 반하는 경우, ③ 근로계약기간 중 업무를 감당할 수 없는 심신의 장애가 발생 혹은 발생할 우려가 있는 경우, ④ 친권자나 후견인의 동의없이 18세 미만인 자와 근로계약을 체결한 경우.

자 등이 한 근로계약 행위의 효과는 사업주에게 귀속하게 된다. 예를 들어, 학교장이 임시고용인을 채용한 경우라도 보수전액을 학부형으로 조직된 육성회에서 지급키로 했다면 국가 등과 근로계약을 체결한 것으로 볼 수 없고 육성회장이 사용자이다. 학교장이 육성회이사장인 경우는 학교장이 사용자가 되어 관련되는 책임을 진다.[25] 총무담당 이사가 근로자를 면접하고 근로계약을 체결하였다고 하더라도 근로계약에 따른 법적인 효과는 대표이사에게 귀속된다. 계약은 그 내용이 사용 지휘종속관계 아래서 근로를 제공하고 그 대가로 임금을 지급하는 근로관계라야 한다. 따라서 연예인, 운동선수의 전속계약은 흥행을 목적으로 한 민법상 도급계약으로 근로계약이 아니다.[26]

(2) 계약내용의 적합성 판단

계약의 내용은 서명 날인한 계약서만으로는 판단하기가 쉽지 않다. 계약서 문언 또는 당사자의 구두약정 내용만으로 당사자의 진의를 파악하기 어렵다면, 먼저 일반적 판단기준을 토대로 근로관계에서 사용종속관계가 있는지 여부를 조사하여 법 적용대상인지를 확정한[27] 다음, 실질근로관계를 확인한 후 각각의 요소에 관한 법정근로조건을 고려하여 계약내용을 확정하는 것이 바람직하다. 실질근로관계를 판단할 때는, 취업규칙·단체협약·당해 사업장 및 업종의 근로관행·근로계약과의 관련성 등을 종합적으로 검토하여 실체적 내용을 확인하여야 한다. 실질적인 근로관계 내용이 근로자성을 판단하는 각 항목에 모두 해당하지는 않는다고 해도 업무의 성격이나 근로형태 등을 두고 볼 때 업무의 지휘감독과 사용종속관계가 입증된다면 근로계약의 본질적인 성격은 갖춘 것으로 보아야 한다.[28]

한편, 실물경제의 확대와 사회적 기능의 다변화로 노동력은 점차 전문화, 세분화되고 있고 있어 전통적인 고용계약만으로는 당사자의 의사나 사업형편에

25) 근기 68207-1503, 1997.11.6 ; 대판 96다31079, 1997.8.26.
26) 근기-1451, 1983.10.31.
27) 대판 94다22859, 1994.12.9.
28) 서울행판 2007구합2241, 2007.11.29.

적합한 수단을 제공하지 못하고 있다. 이 가운데, 용역,[29] 파견, 원·하도급관계 등 특수근로관계에서 계약은 일반적인 계약관계와 달리 계약당사자와 노동력의 실제사용자가 다를 수가 있다. 따라서 계약의 실질적인 양태를 파악하여 사용종속관계에서 지휘감독을 하며 노무를 수령하는 자가 누구인가에 따라 계약당사자를 판단하여야 한다.

1) 수급기업의 실체성 판단과 직접고용의무

도급계약 형태에서, 근로자가 「경영의 독립성과 기업으로서 실체성을 가진 수급기업」과 계약을 체결하고 수급기업의 지휘감독을 받으며 노무를 제공하고 임금을 수령하면 그와 근로계약을 체결한 것으로 볼 수 있다. 그러나 수급기업이 경영의 독립성과 기업으로서 실체성을 갖지 못하고, 전체적으로 원기업의 지휘감독를 받으면서 근로자 채용·복무관리·작업배치 및 지시 등에서 원기업이 사실상 결정권을 행사하는 등 수급인이 도급기업의 노무관리대행기관으로서 역할을 하는 경우는 그 수급인의 근로자와 도급인 사이에 묵시적으로 직접적인 근로관계가 있는 것으로 평가한다.[30]

수급기업이 기업으로서 실체성은 있으나 경영상 독립성을 상실하여 사실상 도급인의 필요인력 공급기관으로서 역할을 수행한다면, 파견법을 위반하여 허가 없이 제3자에게 노동력을 공급하였고, 도급인은 무허가로 파견사업을 행하는 사업주로부터 노동력을 공급받아 사용하였으므로 형사처벌을 받을 수 있

---

29) 용역은 거래대상이 경비·위생관리 등 주로 서비스로서 용업업체에 일정한 업무를 맡겨 수행하는 형태임. 지자체 등에서 신고·허가를 요건으로 하나 행정적인 지도 감독을 목적으로 하는 것으로서 민법상 도급·위임계약과 다른 계약형식을 창설하는 것이 아니다. 따라서 법률적으로는 위임 또는 도급에 해당한다.

30) 대판 83다카657, 1986.8.19 ; 대판 2005다75088, 2008.7.10. 예를 들면, ㅇㅇ공단에 Y사가 사내 동일공간에서 부품제조를 퇴역간부 출신인 A사에 하도급하면서 Y사가 직원채용에 직접 관여 또는 사실상 대행하고, 기본설계서와 작업지침서를 시달하여 제품을 납품받고 수시로 기술교육과 작업장 청결점검, 불량률 감소 교육을 실시하고, Y사가 A사 근로자의 출퇴근, 무단이석, 복무관리, 작업배치 등을 지도감독하면서 새로운 장비설치 등을 지시하거나 기계를 무상대여하고 생산라인 3개당 1명의 감독자를 파견하여 현장작업을 지휘하고 있고 A사의 대표는 정기 간부회의와 기술회의에 참석하는 등 사실상 원기업의 노무지휘를 받고 있다면 사실상 Y사를 사용자로 볼 수 있다.

다.[31] 이 경우, 수급인과 근로계약을 체결하고 도급인의 사업장에서 사용한 근로자는 2012.8.2부터 사용기간에 불구하고 도급인의 근로자로 직접 고용하여야 한다.[32] 고용계약관계에서 계약직, 기간제 등 비정규직근로자의 열악하고 불안정한 근로여건 개선을 위해 실질적인 노동력의 사용자가 노동관계법의 이행책임을 지도록 강행법으로 사인간의 근로계약을 강제하여 궁극적으로 근로계약당사자의 변경효과를 가져오는 것이다.

다만, 직접고용의무를 불이행하는 자는 형사처벌은 할 수 없고 행정질서벌로서 과태료[33]를 부과하게 되어 실효성이 떨어지는 측면이 있고, 불이행시 강제할 방법이 없다. 따라서 직접고용 요건을 갖춘 파견근로자는 사용사업주를 상대로 근로자 지위확인 소송」통해 권리를 실현할 수 있다.

2) 근로자파견계약

「근로자파견」은, 파견사업주가 근로자를 고용한 후, 그 고용관계를 유지하면서 파견계약의 내용에 따라 사용사업주의 지휘·명령을 받아 사용사업주를 위한 근로에 종사하도록 하는 것을 말한다. 즉, 근로계약은 파견사업주 : 근로자, 파견계약은 사용사업주 : 파견사업주, 노무제공은 사용사업주 : 근로자의 3자 다각구도이다. 대상업무는 한국표준직업분류(통계청고시 제2000-2호)에 의한 제조업의 직접 생산공정 업무를 제외한 업무로서 전문지식·기술·경험 또는 업무의 성질을 고려하여 적합하다고 판단되는 32개 업무를 계약내용으로 한다. 자세한 내용은 다음을 참고한다.

1. 파견허용 업무(파견법 제5조제1항, 영 제2조제1항)
   제조업의 직접생산공정을 제외한 업무로서 컴퓨터 관련 전문가, 경영 및 재정전문가, 기록 · 보관전문가, 특허 · 번역 · 통역, 창작 · 공연예술 · 영화 · 연극 · 방송관련, 통신 · 전기공학 기술공, 제도 · 캐드, 광학 및 전자장비 기술, 교육준전문가, 예술 · 연예 및 경기 · 관리 준전문가, 사무지원, 도서 · 우편 · 수금관련, 부수적 업무로서 전화교환 · 번호안내, 고객 · 개인보호관련(간병인, 산후조리 종사원, 치료사보조원, 가정 개인간호 종사자), 음식조리(숙박업종사 조리사 제외), 여행안내, 주유원, 소매판매원, 전화통신판매 · 자동차운전 · 건물청소 · 수위 · 경비 종사자(경비업법 경비업무 제외), 주차장관리, 배달, 운반 및 검침관련 종사자의 업무

31) 파견법 제7조제1항 및 동조제3항, 제43조(3년 이하 징역 또는 2천만원 이하 벌금)
32) 파견법 제6조의2, 자세한 사항은 "제4장 4. 간접고용형태의 근로관계"를 참고한다.
33) 파견법 제46조제2항, 3천만원 이하의 과태료.

※ 위 파견허용업무가 아니라도 출산 · 질병 · 부상 등으로 결원이 생긴 경우는 그 사유의 해소에 필요한 기간 또는 일시적 · 간헐적으로 인력을 확보하여야 할 필요가 있는 경우에는 3월 이내의 기간(그 사유가 해소되지 않고 3자간 합의가 있는 경우는 1회에 한해 3월 이내에서 연장가능)동안 근로자파견사업을 행할 수 있다. 사용사업주는 과반수 노동조합 또는 근로자 과반수와 성실하게 협의를 하여야 한다. 일시적 · 간헐적이라 함은, 국내외 실물 · 체감 경기, 계절적인 요인, 갑작스런 주문 증가 등의 요인에 따라 업무량이 폭증하여 인력을 적시에 확보하기 어려운 경우를 말한다.

다만, 어떠한 경우라도 파견이 금지되는 업무에는 사용할 수 없다.(법 제5조제3항 본문)

2. 어떠한 경우에도 파견이 금지되는 업무(파견법 제5조제3항, 영 제2조제2항)

건설공사현장에서 이루어지는 업무, 근로자공급허가를 받은 지역의 업무, 선원의 업무, 산업안전보건법상 유해 · 위험한 업무, 근로자보호 등을 위해 대통령령으로 정한 업무로서 진폐근로자보호법에 의한 분진업무, 산업안전보건법상 건강관리수첩의 교부대상업무, 의료법상 의료인 및 간호조무사업무, 의료기사법에 의한 의료기사업무(임상병리, 방사선, 물리치료, 치과기공, 작업치료, 치과위생사), 여객자동차(시내 · 농어촌 · 마을 · 시외 · 전세버스, 특수여객자동차, 일반택시, 개인택시) 및 화물자동차 운전업무

3. 파견기간(파견법 제6조)

파견은 일시적 인력수요와 상시 고용이 어려운 전문인력 등의 수요에 대처하기 위한 제도이다. 그러나 기업에서는 정규직근로자를 파견근로자로 대체하여 장기간 사용함으로써 노무비 등을 절감하려 할 것이다. 따라서 법으로 최장 사용기간을 제한할 필요가 있다. 사용사업주와 파견사업주가 파견대상업무에 파견계약을 체결할 경우에는 매1회 계약기간은 1년을 초과하지 못하고, 3자 합의에 의해 파견기간을 연장하더라도 연장한 기간의 합은 1년을 초과하지 못하여 전체적인 파견기간이 2년을 초과하지 못한다. 예외적으로 고령자고용촉진법 제2조제1호에 따른 고령자(55세 이상)는 1회 1년 이내의 파견기간을 수회에 걸쳐 갱신할 수 있다.

4. 직접고용의무 (파견법 제6조, 제6조의2, 제7조)

사용사업주는 파견대상이 아닌 업무에 파견근로자를 사용하는 경우, 절대 파견금지 업무에 파견근로자를 사용한 경우, 파견허가를 받지 않았거나 허가받은 사항 중 중요사항의 변경허가를 받지 않고 파견사업을 행하는 자로부터 근로자파견의 역무를 제공받은 경우에는 각각 즉시 직접고용의무가 발생한다.

2년을 초과하여 파견근로자를 사용한 경우 2년 초과 시점이후부터, 출산 · 질병 등 결원 보충시 그 사유의 해소에 필요한 기간과 일시적 · 간헐적 사유에 의한 최장 6월 이내의 파견기간을 위반하여 파견근로자를 사용한 경우는 해당기간을 초과한 시점 이후부터 각각 직접고용의무가 발생한다. 직접고용의무가 발생한 경우라도 해당근로자가 명시적인 반대의사를 표시하거나 채무자회생 및 파산에 관한 법률에 따른 도산,파산,회생절차 개시결정 등의 경우와 천재사변 기타 부득이한 사유로 사업계속이 불가능한 경우는 직접고용하지 않아도 된다. 그러나 동일한 파견근로자를 2년 이상 사용한 법위반에 대해서는 처벌을 받아야 한다. 직접고용시 고용형태는 별도 제한을 두지 않았으므로 정규직, 무기계약직, 기간제근로자로 고용할 수도 있다. 근로조건에 있어서는, 사용사업주의 근로자 중 해당 파견근로자와 동종 또는 유사업무를 수행하는 근로자가 있는 경우 그 근로자에게 적용되는 취업규칙 등으로 정한 근로조건에 따른다. 동종 또는 유사업무를 수행하는 근로자가 없는 경우에는 기존의 근로수준보다 저하되어서는 아니된다.

5. 기간제 파견근로자 차별대우 금지(파견법 제21조)

파견사업주와 사용사업주는 파견근로자임을 이유로 사용사업주의 사업내의 동종 또는 유사한 업무를 수행하는 근로자에 비해 임금 · 후생복지 등 근로조건에서 차별적 처우를 하여서는 아니 된다. 차별적 처우를 받은 경우 근로자는 노동위원회에 시정을 신청할 수 있다. 상시 4인 이하 사업장에는 적용되지 않는다.

4. 근로계약의 방식과 실효성 확보

계약의 내용과 방식은 관련법으로 정하거나 건전한 미풍양속 등 사회상규를 위반하지 않으면 구두·서면 등으로 자유롭게 합의할 수 있다. 근로관계는 구두계약이라도 강행법 등에 위반되지 않으면 유효하다. 다만, 계약내용과 방식의 자유만을 고집할 경우 근로자보호는 자칫 구호에 그칠 수 있으므로 임금, 소정근로시간, 휴일, 휴가, 기타 대통령령으로 정하는 근로조건 등 근로관계의 근간이 되는 사항은 어떤 형식이든 반드시 합의하여 명시하도록 정하고 있다. 그 가운데 임금의 구성항목·계산방법·지급방법, 소정근로시간, 휴일 및 연차유급휴가 등 중요사항에 대하여는 입증절차 간소화와 근로자 보호를 위해 서면으로 명시[34]하여 교부하도록 정하는 한편, 계약내용 중 변경사항이 있을 경우는 근로자의 요구가 있으면 교부하여야 한다.[35] 실무상 교부방법으로는 근로계약서 등을 실제로 교부한 후 교부대장에 서명을 받는 방법, 근로자가 지정하는 전자우편에 등재하는 방법, 근로계약의 기초가 되는 취업규칙사항을 개방된 회사 홈페이지, 내부사이트 등에 등재 열람토록 하는 방법 등이 있다. 명시사항 중 가족수당, 식비, 작업용품에 부담에 관한 사항, 기숙사규칙에 관한 사항 등과 같이 법정근로조건이 아니거나 법에 규정되어 있더라도 사업장 특성에 따라 필요하지 않은 근로조건은 명시하지 않는다고 하더라도 법위반이 아니다.

☞ 근기법 제17조제1항제5호에 정한 "그 밖에 대통령령으로 정한 사항"

1. 취업할 장소와 종사하여야 할 업무에 관한 사항

34) 근기법 제17조. 대통령령으로 정하는 근로조건이라 함은, 취업의 장소와 종사하여야 할 업무에 관한 사항, 법 제93조 취업규칙의 작성, 신고에 관한 규정에서 정하는 사항, 사업장의 부속 기숙사에 기숙하게 하는 경우에는 기숙사 규칙에서 정한 사항 등을 말한다(영 제8조).

35) 근기법 제17조제2항.

2. 취업규칙의 작성, 신고에 관한 사항을 정한 사항(근기법 제93조)
   ① 업무의 시작과 종료시각, 휴게시간, 휴일, 휴가 및 교대근로에 관한 사항
   ② 임금의 결정·계산·지급방법, 임금의 산정기간·지급시기 및 승급에 관한 사항
   ③ 가족수당의 계산·지급방법에 관한 사항
   ④ 퇴직에 관한 사항
   ⑤ 퇴직급여보장법 제8조에 따른 퇴직금, 상여 및 최저임금에 관한 사항
   ⑥ 근로자의 식비, 작업용품 등의 부담에 관한 사항
   ⑦ 근로자를 위한 교육시설에 관한 사항
   ⑧ 산전후 휴가·육아휴직 등 여성근로자 모성보호 사항
   ⑨ 안전과 보건에 관한 사항
   ⑩ 업무상과 업무외의 재해부조에 관한 사항
   ⑪ 표창과 제재에 관한 사항
   ⑫ 기타 해당사업 또는 사업장의 근로자 전체에 적용될 사항
3. 사업장의 부속 기숙사에 근로자를 기숙하게 하는 경우에는 기숙사규칙에 관한사항

노동현장에서 정책적으로 더 많은 배려가 필요한 18세 미만자, 단시간근로자, 건설일용근로자 등 상대적 취약계층에 대해서는 계약내용을 서면으로 명시하고 교부를 하여야한다.[36] 법 제17조에서 규정한 근로 조건의 서면 명시 사항에 대하여는 2007.7.1 이후에 새롭게 근로 계약을 체결하거나 재계약하는 경우에 대해서만 적용된다(법 부칙 제1조). 근로조건명시의무를 위반하여 벌칙이 적용되더라도 근로계약이 사법상 무효가 되지는 않는다.[37] 구두로 한 계약이라고 해도 유효하다. 실무상 많은 근로조건을 한정된 지면에 모두 표기할 수는 없으므로, 주요 근로조건이 취업규칙에 명시되었을 경우에는 근로계약서를 개별근로자에게 해당하는 것만 작성하거나 근로계약서를 작성하지 않고 취업규칙의 내용을 주지시켰을 경우에도 법위반은 아니다. 따라서 근로자에게 취업규칙을 준수하겠다는 서약을 받고 사령장을 준 후 근로를 제공받으면 계약이 성립한 것으로 본다.[38]

근로계약은 당사자간 대등한 입장에서 근로조건을 결정하는 수단이다. 당사

36) 근기법 제17조, 제18조, 영 제9조(별표 2, 1,가), 제67조제2항, 건설근로자고용개선등에관한법률 제6조.
37) 근기법 제114조 500만원 이하의 벌금.
38) 법무 811-10228, 1979.5.1.

자 일방이 임의로 작성한 문안을 제시하고 날인·수용을 강요했다면 형식적인 계약은 있으나 실질적으로 내용 전부에 대해 합의하지 않은 것과 다름이 없다. 따라서 계약내용의 해석이나 합의하지 않은 사항에 관해 분쟁이 발생했을 경우는 법정근로조건에 기초를 두고 사실적인 근로관계를 중심으로 근로조건을 결정해야 할 것이다.

근로자 보호를 위해 임금, 근로시간, 휴가, 휴일 등 근로조건의 최저기준을 법으로 정하고, 근로관계에 관한 사인간의 법률행위에서도 근로조건의 법적 기준이 근로계약의 내용이 되도록 강행적·보충적 효력을 부여할 필요가 있다.[39] 따라서 당사자간 체결한 근로계약의 내용이 근기법에서 정한 최저기준에 미치지 못하는 근로조건을 정한 계약은 법위반이 되고, 무효로 된 부분은 근기법에서 정한 기준에 따라야 한다. 이러한 효력은 근로계약 뿐 아니라, 취업규칙이나 각종 사내규징과 단체협약에도 미치고, 서면으로 정하지 않은 계약상의 각종 근로조건에 대하여도 효력이 미친다.

(1) 근로계약이 사실과 다를 경우

계약을 체결한 후 명시된 근로조건이 사실과 다를 경우에 근로자는 근로조건위반을 이유로 관할노동위원회에 손해배상을 청구할 수 있으며 즉시 근로계약을 해제할 수 있다.[40] 다만, 취업 후 상당기간이 지나면 손해배상청구권이나 즉시해제권은 행사할 수 없다. 계약상의 법익을 침해당한 근로자 개인의 권리를 보호하는 것도 중요하지만 상당기간 자신의 권리를 행사할 수 있음에도 이를 포기·해태(懈怠)·상대방의 침해를 용인한 경우 상대방에게 권리불행사에 대한 신뢰와 기대권을 부여한 것이므로 이 경우는 당초에 명시한 근로조건을 변경하는데 대하여 묵시적인 합의가 있는 것으로 보기 때문이다.[41]

공익적인 측면에서도 시간의 경과로 인하여 정착된 사법질서는 기업내부 뿐 아니라 사회이익에도 부합한 것이므로 이를 부인하는 것은 합리적이지 않다.

39) 임종률, 323쪽, 근기법 제15조.
40) 근기법 제19조제1항, 제2항.
41) 임종률, 367쪽.

손해배상청구권의 목적이 된 근로조건의 내용은 묻지 않고 소멸시효기간은 임금채권에 준하여 3년으로 보아야 한다.[42] 소멸시효는 명시된 근로조건이 사실과 다른 것을 안 날로부터 기산한다.

1) 노동위원회와 일반법원에 선택적으로 청구

명시된 근로조건이 사실과 다를 때에는 근로자는 계약에 명시된 대로 이행을 요구할 수 있으며 사용자가 그 요구에 응하지 않을 경우 일반법원에 손해배상을 청구할 수도 있다. 그러나 일반 법원에 제소하여 손해배상을 청구한다는 것은 시간과 비용의 소요 등으로 부담이 되므로 근기법에서는 예외적으로 노동위원회에 손해배상을 청구할 수 있도록 구제절차를 마련해 두고 있다. 근로자는 일반법원에 제소하는 것과 노동위원회에 청구하는 2가지 구제방법 중 어느 하나를 선택적으로 활용할 수도 있다. 노동위원회에 대한 손해배상청구는 근로조건위반에 대한 모든 손해배상청구에 대해 허용되는 것이 아니며, 근로계약체결시에 명시된 근로조건이 취업 후에 사실과 다를 경우에만 할 수 있다. 따라서 근기법에 의한 부당해고[43]나 노조법[44]에 정한 부당노동행위 때문에 근로자가 손해를 입었다는 이유로 노동위원회에 사용자에 대한 손해배상청구 신청을 하였더라도 명시된 근로조건이 취업 후 사실과 다른 경우가 아니라면 노동위원회가 심리, 결정할 권한은 없다.[45]

노동위원회의 손해배상 판정에 대하여는 강제집행방법이 보장되어 있지 않다. 따라서 사용자가 손해배상 명령을 이행하지 않는다고 해도 근기법상 적용할 벌칙이 없다. 다만, 근로자는 판정을 기초로 민사소송을 제기하는 등 일반

---

42) 대판 97누5732, 1997.10.10. 법 제19조제2항이 정하는 손해배상청구권은 근로계약상의 채무불이행으로 인한 손해배상청구권을 확인하는 의미를 가지는 것으로, 계약 체결시에 사용자가 명시한 근로조건이 근로계약체결 후에 사실과 다른 것을 알게 되었음에도 근로계약관계의 구속에서 벗어나기 어려운 근로자의 입장을 고려하여 취업 초기에 근로자가 원하지 않는 근로를 강제당하는 폐단을 방지하고 근로자를 신속히 구제하려는 데에 있다. 계약의 즉시해제권은 취업 후 상당한 기간이 지나면 행사할 수 없다. 손해배상청구권의 소멸시효 기간은 근로조건의 내용 여부를 묻지 않고 같은법 제41조(현 제49조)에 정한 임금채권에 준하여 3년이라고 보아야 한다.

43) 근기법 제23조, 제24조.

44) 노조법 제81조.

45) 대판 87누496, 1989.2.28.

법원에 절차를 따라 손해배상을 청구할 수 있다.

2) 청구절차 및 소멸시효

근로자는 법 제19조제2항의 규정에 의하여 사용자의 근로조건위반으로 인한 손해배상을 청구하고자 하는 경우에는 근로조건위반 손해배상청구신청서에 근로계약서사본 사용자의 근로조건위반사실을 입증하는 자료를 첨부하여 관할지방노동위원회에 제출하여야 한다.

3) 귀향여비 지급

근로계약이 해제되었을 경우에 사용자는 취업을 목적으로 거주를 변경하는 근로자에게 귀향여비를 지급하여야 한다.[46] 귀향여비의 범위는 교통비, 식비, 숙박비 가재도구 등의 운송비 등 필요한 일체 경비와 동거가족이 거주를 옮기게 되는 경우 그 비용까지 포함된다는 견해가 있다.[47]

귀향여비의 지급의무 이행기한은 금품청산 규정과 관련하여 근로계약 해제 후 14일 이내에 지급해야 한다. 귀향여비는 귀향시점에 바로 지급되지 않으면 원하지 않는 체류가 생기고 그로 인해 추가 지출이 발생할 수 있으므로 바로 지급되는 것이 옳다. 귀향여비는 5인 이상 사업장에만 적용한다.

5. 근로계약체결과 해지

(1) 계약기간

현행법상 근로계약기간에 대한 제한은 없다. 따라서 기본적으로 계약체결시 기간을 어떻게 정하느냐 하는 것은 당사자의 자유이다.[48] 과거 근로계약은 기간의 정함이 없는 것과 일정한 사업완료에 필요한 기간을 정한 것을 제외하고는 1년을 넘지 못하도록 했으나(구법 제16조) 기간제근로자보호법[49]이 발효되어

46) 법 제19조, 위반시 벌칙은 없다.

47) 하갑래, 864쪽.

48) 근로계약기간관련 업무처리지침, 비정규대책팀-4395, 2007.12.11.

49) 법으로 정한 예외사유가 없는 한 기간제근로자의 최장고용기간은 2년을 초과하지 못하도록 제한, 제4조제2항.

이와 상충되는 계약기간에 관한 제한 규정을 폐지하였다.[50)]

따라서 사실상 고용기간을 정한 계약이 2년을 초과할 경우 고용기간의 정함이 없는 근로자로 채용하여야 하는 부담이 따르게 되므로 그 한도에서는 2년으로 제한된다. 2년이 경과하여 기간이 정함이 없는 근로계약을 체결한 것으로 간주되면, 기존의 근로조건을 저하시킬 수 없다.[51)]

기간제근로자 사용기간 제한의 예외에 해당하는 사용자는 근로자의 계약형태를 무기계약직으로 전환할 경우 당해 사업 또는 사업장의 동종 또는 유사한 업무에 종사하는 기간제근로자를 우선적으로 고용하도록 노력할 의무가 있다.

(2) 계약해지와 근로관계

근로계약을 체결한 당사자는 계약내용을 준수할 의무가 있고 계약의 유효기간 중에는 함부로 해지할 수 없다. 근로계약은 대체로 기간의 정함이 없는 근로계약, 기간을 정한 계약, 일정한 사업완료에 필요한 기간을 정한 근로계약 등으로 구분할 수 있다. 법은 계약의 해지에 관해, 사업폐지나 천재지변, 긴박한 경영상이유 등 정당한 사유가 없는 한 사용자가 함부로 근로계약을 해지하는 일이 없도록 제한하여 근로자를 보호하고 있으나 근로자의 해지권에 대해서는 달리 정한 바가 없다.[52)] 따라서 근로자는 자유로이 근로계약 해지를 통고할 수 있다. 다만, 근로계약의 해지에 관해 근기법에 정하지 않은 사항은 민법의 규정[53)]에 따라야 한다. 근로자의 일방적인 해지에 관해 민법의 규정을 원용하더라도, 사회적 약자인 근로자의 지위를 감안하여 중도에 일방적으로 계약을 해지할 수밖에 없는 부득이한 사유가 있었는지, 계약해지를 전후해 사전통보 등 신의성실을 다했는지 여부 등을 고려하여 종합적으로 판단하여야 할 것이다. 계약당사자 모두는 계약의 유효기간 중 일방적인 계약해지로 인해 상대방에게 손해를 입혔을 경우에는 민사상 손해배상의무를 부담할 수도 있다. 사표를 제출한 후 수리하기 전까지 1월이내의 기간동안 근로자는 출근의무가 있

---

50) 2007.6.30부터 폐지.

51) 비정규직-2917, 2007.7.18, 기간제법 제4조제2항, 동법 제5조.

52) 근기법 제23조, 제24조, 제26조.

53) 민법 제658조~제661조 등.

으므로 불이행시 결근으로 처리할 수 있다.[54)]

1) 기간의 정함이 없는 근로계약의 해지

기간의 정함이 없는 근로계약의 경우, 당사자는 언제든지 계약해지의 통고를 할 수 있는 것이 원칙이다.[55)] 해지통보가 있을 경우 언제부터 해지효력이 발생하는가에 관해서는 달리 정한 바가 없다. 따라서 「당사자간 합의한 시점」부터 근로계약 해지의 효력이 발생할 것이다.[56)] 다만, 합의가 성립되지 않고, 사용자가 사표를 수리하지 않거나 수리를 지연할 경우 민법에 따라 사용자가 해지의 통고를 받은 날로부터 1월이 경과하면 해지의 효력이 생긴다.[57)] 이 경우 일급, 주급, 월급 등 기간으로 보수를 정한 때는 상대방이 해지통고를 받은 당기 후의 1 임금 지급기[58)]를 경과함으로서 효력이 발생한다. 다만, 계약의 유형에 불구하고 사용자의 일방적인 의사표시에 의한 해고는 정당한 사유가 있는 경우에만 인정된다.[59)]

2) 기간을 정한 근로계약의 해지

기간을 정한 근로계약의 경우는 특별한 사정이 없는 한 기간의 만료로 인하여 근로자로서 신분관계는 당연히 종료되고 근로계약을 갱신하지 못하면 갱신거절의 의사표시가 없어도 당연퇴직 되는 것이 원칙이다.[60)]

한편 기간제근로자보호법 제4조에 의하면, 5인 이상의 근로자를 사용하는 사업장의 경우, 기간을 정한 계약에서 법에서 정한 예외적인 사유[61)]가 없는 한 2년 이상의 기간을 정한 기간제근로계약은 2년을 초과하는 시점부터 기간의 정함이 없는 근로계약을 체결한 것으로 본다. 2년을 초과하지 않는 단기간의

---

54) 법무 811-1181, 1981.4.10.
55) 민법 제660조제1항.
56) 비정규직대책팀-4395, 2007.12.11.
57) 민법 제660조.
58) 월급의 경우 1월, 주급의 경우 1주, 매월 20일이 정기지급일이고 6.10일에 해지통보를 한 경우 7.20이 경과한 후 7.21부터 계약해지의 효력이 발생한다.
59) 근기법 제23조, 제24조.
60) 대판 2007두11566, 2007.10.11., 서울행판 2012구합27213. 2013.1.10.
61) 사업완료에 필요한 기간, 일정기간 결원보충, 학업·훈련이수 등.

계약을 반복적으로 체결하여 계속사용 기간이 총 2년을 초과하는 경우에도, 2년을 초과하는 시점에서부터 기간의 정함이 없는 근로자로 본다. 기간을 정한 근로계약의 유효기간 중에 사용자가 근로계약을 해지하려면 정당한 사유가 있어야 한다.

한편, 기간제근로자 사용기간제한의 예외사유에 해당하여 3년 이상의 근로계약기간을 정한 경우에는, 근로자는 3년을 경과한 후에는 언제든지 근로계약을 해지할 수 있고, 계약해지를 통고한 날로부터 3월이 경과하면 계약해지의 효력이 발생한다.[62]

3) 근로조건위반으로 인한 계약해지

근로계약기간에 불구하고, 명시된 근로조건이 사실과 차이가 있는 등, 당초 계약내용과 달리 사용자가 근로자에 대하여 약정하지 아니한 노무의 제공을 요구한 때에는 근로자는 계약을 해지할 수 있으며,[63] 약정한 노무가 특수한 기능을 요하는 경우에 근로자가 그 기능이 없는 때에는 사용자는 계약을 해지할 수 있다.

4) 수정계약 혹은 재계약시 근로조건불일치 등으로 인한 합의해지

당사자는 계약의 유효기간 도중이라도 상대방에게 계약내용의 수정을 제의하여 합의를 이룬다면 변경된 근로조건으로 계약내용을 수정할 수 있다. 수정제의 하는 계약내용에는 사용자가 당초에 약정하지 않은 노무의 제공을 요구하거나, 일방의 주요 근로조건[64] 변경제의 등이 포함될 것이다. 이 경우 불가피한 사유가 없는 한 직종·전문적 기술[65] 등 계약의 근간을 훼손할 수 있는 것은 수정제의의 범위에서 벗어난다고 보아야 한다. 수정제의한 내용이 기존 계약의 근간을 훼손하지 않았는데도 협의과정에서 의사불일치로 인해 일방이 계약내용을 수정할 의사가 없다면 근로계약은 장래를 향해 합의해지 되었

62) 근기 68201-3311, 1988.12.5.
63) 근기법 제19조제1항, 민법 제658조제1항, 민법 제658조제2항.
64) 근로시간단축, 시간급임금인상, 수당신설 등.
65) 운전기사에게 청소직종을 변경제안하는 경우 등.

다고 보아야 한다. 판례에 의하면, 계약의 유효기간 도중에 근로자가 사용자에게 당초 계약과 다른 근로조건[66]으로 계약내용을 수정할 것을 제의하였으나 사용자가 이를 거절하자 근로자가 당초의 조건으로는 더 이상 근무할 수 없다는 의사를 표시한 후 출근하지 않자 사용자가 사직 처리한 사안에서 근로관계가 합의해지 된 것으로 보았다.[67]

다만, 사용자가 근로자를 해고할 목적으로 당초 계약직종과 현저히 다른 직종으로 임의 전보나 배치전환을 하는 등 일방적인 계약의 변경을 시도할 경우는 민사상 계약불이행[68]과 근로조건위반[69]에 대한 책임 등이 따르게 된다.

5) 기간이 만료된 계약의 갱신

기간제법이 시행된 2007.7.1 이후부터는 새로이 체결·갱신되거나 기존계약이 연장되어 기간제근로자로 사용한 기간이 총 2년을 초과한 경우에는 기간의 정함이 없는 근로계약으로 본다. 2007.7.1 이전에 이미 수차례에 걸쳐 기간제 근로가 반복되어 재계약체결에 관한 정당한 기대권이 형성되어 그 정한 기간이 단지 형식에 불과한 경우는 2007.7.1 기간제법 적용 이전에 이미 무기계약으로 전환된 것으로 보아야 한다.[70]

「정당한 기대권에 관한 판단기준」은, 근로계약, 취업규칙, 단체협약 등에서 기간만료에 불구하고 일정한 요건이 충족되면 당해 근로계약이 갱신된다는 취지의 규정을 두고 있거나, 그러한 규정이 없더라도 근로계약이 체결된 동기 및 경위, 계약 갱신의 기준 등 갱신에 관한 요건이나 절차의 설정여부 및 실태, 근로자가 수행하는 업무의 내용 등 당해 근로관계를 둘러싼 제반 사정을 종합해 볼 때, 근로계약 당사자 사이에 일정요건이 충족되면 계약이 갱신된다는 신뢰관계가 형성되어 있어서 근로자에게 정당한 갱신기대권이 인정되는 경

---

66) 근로시간을 1시간 단축하여 1일 8시간 근로를 하면서 당초 계약금액 요구, 연봉을 5% 인상하여 계약체결 제안 등.

67) 서울행판 2007구합24357, 2008.5.20.

68) 민법 제390조.

69) 근로기준법 제19조.

70) 비정규직-1511, 2007.5.7 ; 비정규직대책팀-4395, 2007.12.11 ; 대판 2005두16901, 2007.9.7 ; 대판 2004누9823, 2005.5.18.

우에는, 사용자가 이를 위반하여 부당하게 갱신을 거절하는 것은 부당해고와 마찬가지로 아무런 효과가 없고, 그러한 경우 기간만료 후의 근로관계는 종전의 근로계약이 갱신된 것과 동일하게 본다.[71] 다만, 합리적인 기대권이 인정되더라도, 성실직무 수행 서약 및 기타 계약내용 위반 등이 있는 경우 그로 인한 계약갱신거절은 정당하다.[72]

기간만료를 이유로 한 고용중지가 실질적 해고에 해당하여[73] 부당해고로 인정되면 근로자는 원직복직과 해고일로부터 복직일까지 해고기간동안 임금상당액을 청구할 수 있다.[74] 복직을 하더라도 사법상 해고처분 자체는 유효한 것이므로 해고기간동안 근로자로서 신분이 상실된다.[75]

6) 실효된 단체협약과 근로계약

노사는 단체협약을 통해 주요 근로조건을 결정할 수 있다. 단체협약에서 정한 근로조건에 위반되는 근로계약은 규범적 효력에 의해 그 부분에 한하여 무효가 되므로 개별근로계약에서 정한 근로조건은 그 범위에서 제약을 받는다. 다만, 단체협약의 유효기간이 만료되면 채무적 부분은 효력을 상실하지만 단체협약이 실효되었다고 하더라도 임금, 퇴직금이나 노동시간, 그 밖에 개별적인 노동조건에 관한 부분은 그 단체협약의 적용을 받고 있던 근로자의 근로계약의 내용이 되어 그것을 변경하는 새로운 단체협약, 취업규칙이 체결·작성되거나 또는 개별적인 근로자의 동의를 얻지 아니하는 한 그때까지 개별적인 근로자의 근로계약의 내용으로서 여전히 남아 있어 사용자와 근로자를 규율하게 된다.[76] 이 경우 해고사유 및 해고절차에 관한 부분도 개별근로조건에 포함한다.[77] 자세한 사항은 제1장 7. (2)에서 설명한 바 있으므로 생략한다.

---

71) 서울행판 2012구합27213, 2013.1.10.
72) 서울행판 2008구합41670, 2009.6.18.
73) 대판 2001다46365, 2002.2.8.
74) 근기법 제28조~제30조.
75) 대판 2005다16401, 2006.7.6.
76) 대판 2008다70336, 2009.2.12, 이병태, 276쪽.
77) 대판 2007다51758, 2007.12.27.

7) 근로계약상 채무불이행에 대한 책임

기간을 정한 계약에서도 부득이한 사유가 있다면 계약기간 중 계약을 해지할 수가 있으나, 그 사유가 일방의 과실로 인하여 생긴 때에는 상대방에 대하여 손해를 배상해야 한다.[78] 이 경우 손해배상은 "통상의 손해"[79]를 한도로 한다. 특별한 사정[80]으로 인한 손해는 채무자가 그 사정을 알았거나 알 수 있었을 때에 한하여 배상의 책임이 있다. 예외적으로 사용자가 파산선고를 받은 경우 근로자 또는 파산관재인은 근로계약을 해지할 수 있으며, 당사자는 상대방에게 그로 인한 손해배상을 청구하지 못한다.[81] 민법의 규정에 불구하고, 근기법에서 사용자는 계약의 유효기간 중에는 정당한 이유없이 근로자를 해고하지 못하도록 하는 한편, 근로자는 계약조건위반에 대해서 사용자에게 손해배상을 청구할 수 있다.[82]

(3) 근로관계의 자동소멸

근로관계가 종료되는 사유는 크게 사용자의 일방의사에 의한 해고와 그 이외의 다양한 근로계약 종료사유를 포함하는 퇴직으로 구분할 수 있다. 근로자의 사망, 정년, 계약기간의 만료, 기타 자동소멸사유[83]로 약정한 경우 등은 그 사유발생으로 당연히 근로관계가 소멸되는 것이 원칙이다. 다만, 약정한 자동소멸사유 발생으로 인한 근로관계 종료처분이 정당성이 있는지 여부는 약정경위, 그 사유발생으로 인해 더 이상 고용관계를 유지할 수 없을 만큼 강한 경영상의 필요성이 있는지 등을 종합 판단하여야 한다. 해고의 사유가 "더 이상 고

78) 민법 제661조.
79) 근로자의 경우 1달치 손해는 대체로 평균임금 1월분, 사용자의 경우는 해당근로자의 생산·이윤창출기여도 등.
80) 근로자의 부재시 기기작동불능, 계획무산 등으로 인한 특별한 손해 등.
81) 민법 제393조, 제663조.
82) 근기법 제19조, 제23조.
83) 형법상 실형처분 등으로 노무제공이 불가능한 경우, 한정치산 및 금치산선고를 받은 경우 등 성질상 근로제공이 불가능한 경우, 복직원 미제출, 무단결근 후 회사의 취업요구에 응하지 않는 경우 등 명시적 묵시적으로 근로제공의사가 없음을 표시한 경우, 저성과자, 복무질서 문란자, 기타 경영상 필요에 의해 근로관계 자동소멸사유로 정한 경우 등.

용관계를 유지할 수 없는 등" 정당하지 않다면 법 제23조에 정한 제한을 받는다.[84)]

특히 건물주 등 용역서비스 수령자와 사용자 사이에 이루어지는 용역계약해지는 근로제공불능, 용역사업장에서의 근로기간만료 등의 사유는 자동소멸사유로 볼 수 없고 단지 경영상이유로 인한 해고사유 중 하나에 해당할 뿐이다. 따라서 용역계약해지만을 이유로 별도의 절차없이 근로자를 당연퇴직 시킬 수는 없다. 파견의 경우에도 마찬가지로 "파견계약 중도해지시 근로계약도 종료된다"는 특약을 명시하더라도 그러한 사유만으로는 근로관계를 종료할 수 없으므로 경영상 필요성과 연계한 해고의 정당한 사유가 있어야 한다.[85)] 업무상 재해기간, 산전후휴가기간, 육아휴직기간, 사용자가 동의한 업무 외 질병요양기간 중에 근로계약기간이 만료될 경우 근로관계는 계약만료일에 종료된다. 정년 후 정년이전보다 낮은 근로조건으로 새로운 계약을 체결하더라도 법위반이 아니다.[86)]

6. 단시간근로자의 근로계약

단시간근로자란, 1주동안의 소정근로시간이 그 사업장에서 같은 종류의 업무에 종사하는 통상근로자의 1주동안의 소정근로시간에 비하여 짧은 근로자를 말한다.[87)] 아르바이트, 파트타임, 시간제근로자, 통상근로자에 비해 소정근로시간이 극히 짧은 근로자 등 명칭이나 형태를 고려하지 않는다. 단시간근로자의 근로조건은 그 사업장의 같은 종류의 업무에 종사하는 통상근로자의 근로시간을 기준으로 산정한 비율에 따라 결정되도록 정하고 있다.[88)] 단시간근로자 중 4주(4주간 미만으로 근로하는 경우에는 그 주간)동안을 평균하여 1주동안의 소정근로시간이 15시간 미만인 근로자는 퇴직급여제도, 휴일, 연차유급휴가를

84) 대판 94다42082, 1995.3.24.
85) 근기 68207-3365, 2002.12.17. 파견계약 해지로 인한 자금사정 악화 등.
86) 근기 01254-10789, 1987.7.6.
87) 기간제법 제2조제2호, 근기법 제2조제1항제8호.
88) 근기법 제18조.

적용하지 아니한다.[89)]

기간제근로자와 차이점은, 기간제근로자는 근로형태에 불구하고 근로계약기간의 관점에서 본 근로계약형태에 따른 분류이고, 단시간근로자는 통상근로자에 비해 소정근로시간의 짧음에 따라 구분한 개념이다. 따라서 계약직, 촉탁직, 일용직, 임시직, 계절근로자, 아르바이트, 파트타임 등 다양한 형태의 단시간근로자가 기간의 정함이 있는 근로계약을 체결하였을 경우는 기간제근로자에 포함된다. 단시간근로자의 사용기간이 2년을 초과한다면 기간의 정함이 없는 근로자로 간주될 수 있으며, 기간제법 제8조에서 정한 차별적처우금지가 적용될 수 있다.[90)]

(1) 단시간근로자에 대한 근로계약 작성

사용자기 단시간근로자를 고용할 경우에는 임금, 근로시간 기타의 근로조건을 명확히 기재한 근로계약서를 작성하여 근로자에게 교부하여야 한다.[91)] 단시간근로자의 근로계약서에는 계약기간, 근로일, 근로시간의 시작과 종료시각, 시간급임금, 그 밖에 노동부장관이 정하는 사항이 명시되어야 한다.[92)]

근로조건을 서면으로 명시하지 않은 경우 근로조건 항목별로 30~50만원의 과태료에 처할 수 있다.[93)]

(2) 단시간근로자의 근로조건 결정

단시간근로자의 근로조건은 당해 사업장의 동종 업무에 종사하는 통상근로

---

89) 퇴직급여보장법 제4조제1항 단서, 근기법 제55조, 제60조.

90) 비정규직대책팀-1582, 2007.5.7.

91) 근기법시행령 제9조 별표 2의1 및 기간법 제17조.

92) 기간제법 제17조. 기간제 및 단시간근로자 공통적용사항이다. 1. 근로계약기간에 관한 사항, 2. 근로시간·휴게에 관한 사항, 3. 임금의 계산방법·구성항목·지불방법에 관한 사항, 4. 휴일·휴가에 관한 사항, 5. 취업의 장소와 종사해야 할 업무에 관한 사항, 6. 근로일 및 근로일별 근로시간(단시간근로자에 한한다) 이 가운데 근로시간, 휴가, 근로일 및 근로일별 근로시간에 관한 사항은 5인 이상 사업장에만 적용한다.

93) 기간제법 제24조. ① 근로계약기간, 임금의 구성항목, 계산방법 및 지불방법에 관한 사항, 근로일 및 근로일별 근로시간을 명시하지 않은 경우 : 서면명시사항 1개호 당 50만원의 과태료 ② 근로시간·휴게, 휴일·휴가에 관한 사항, 취업의 장소와 종사하여야 할 업무에 관한사항을 명시하지 않은 경우 : 서면 명시사항 1개호 당 30만원의 과태료.

자의 근로시간을 기준으로 산정한 비율에 따라 결정되어야 한다. 이것은 단시간근로자의 시간급 자체를 통상근로자의 근로시간에 비례하여 책정하라는 것이 아니고, 동종업무에 종사하는 통상근로자와 업무수행능력, 근속기간, 경력, 업무의 난이도 등을 비교하여 결정함이 바람직하다는 의미이다.

예를 들면, 사업장에서 사무직근로자 중 1일 8시간 근로자(시급 8천원)와 1일 2시간(시급 4천원)의 단시간근로자가 동일한 업무를 수행하고 있다고 해서 단시간근로자의 임금을 정상근로자의 근로시간 8시간에 비례하여 2시간, 1/4로 비례하여 시급 2천원으로 정하라는 말이 아니다. 업무수행능력,[94] 근속기간, 경력, 업무난이도 등을 종합적으로 검토하여 결정하라는 뜻이다. 이때 단시간근로자의 업무가 통상근로자의 업무와 동종업무에 해당하는지 여부를 판단하는데 있어서는 당해업무의 수행방법, 작업의 조건, 업무의 난이도 등이 종합적으로 고려되어야 한다.

소정근로시간이 현저히 짧은 단시간근로자에 해당하는지 여부는 그 산정사유가 발생한 날 이전 4주간을 평균하여 1주간의 소정근로시간이 15시간 미만인지의 여부에 따라 결정된다. 따라서 고용관계가 지속되는 한, 각 주별 근로시간이 어떻게 배분되는지와 관계없이 산정사유[95]가 발생한 날을 기준으로 위 원칙에 따라 판단하면 될 것이다.

예를 들면 4주 미만으로 10일간을 근로한 자가 1일차는 2시간, 2일차는 5시간, 3일차는 휴무, 4일차는 3시간, 5일차는 휴무, 6일차는 4시간, 7일차는 5시간, 8일차와 9일차는 휴무, 10일차는 2시간을 근로했다면 총 21시간을 근로하였다. 21시간÷10일×7일=주당 평균 14.7시간을 근로한 것이다.[96]

---

94) 채용시 평가방법, 학력, 자격, 기술정도 등을 감안.

95) 주휴, 월차유급휴가, 연차유급휴가, 퇴직금 등.

96) 주40시간제 적용사업장에서, 근로계약상 소정근로시간을 주 30시간으로 정해 두고, 수시로 필요할 때마다 노사가 합의를 거쳐 주 12시간 한도 내에서 연장근로를 하는 경우 단시간근로자로 본다. 다만, 주 12시간 한도의 연장근로를 의무적으로 하여 매주 42시간을 통상적으로 근무할 경우는 단시간근로자로 볼 수 없다.

7. 근로계약체결시 규제사항

법에서는 근로계약의 체결과 관련하여 근로조건의 명시규정 이외에도 인신구속과 강제노동의 염려가 있는 것을 금지하거나 규제하는 여러 규정을 두어 근로자를 보호하고 있다. 그 중요한 사항을 살펴보면, 위약금과 손해배상을 예정하는 것을 금하고, 근로계약시 근로할 것을 조건으로 하는 전대채권과 임금을 상계하지 못하도록 하고, 근로계약에 부수하여 저축을 강제하지 못하도록 하고 있다.

(1) 위약예정의 금지

사용자는 근로계약 불이행에 대한 위약금 또는 손해 배상액을 예정하는 계약을 체결하지 못하도록 하고 위반 시에는 500만원 이하의 벌금에 처할 수도 있다.[97] 근로자가 근무도중에 사용자에게 피해를 입히는 것에 대비하여 실제 발생된 손해액과 관계없이 일정액을 미리 정하여 근로계약을 체결하거나 동 배상액을 사용자가 일방적으로 근로자에게 지급해야 할 임금 또는 퇴직금과 상계하는 것을 금지하는 것으로 실무상 계약내용에 따라 금액과 성질이 결정된다.[98] 따라서 근로계약유지기간 중에 근로자의 불법행위 등으로 사용자에게 손해가 발생했을 때에 대비하여 근로자에게 실제 발생한 손해액에 대한 배상을 청구할 수 있도록 단체협약이나 취업규칙에 정하는 것은 가능하다.[99]

근로자가 근로계약을 불이행 할 경우 임금손실 이외에 사전에 약정한 손해배상까지 부담한다면 계약에 구속되어 퇴직자유를 박탈당하는 등 부당한 인신의 구속을 예방하여 직업선택의 자유를 실질적으로 보장하는데 그 취지가 있다.[100] 따라서 퇴직한 이후에 재직 중 지득한 영업비밀보호 등을 목직으로 손

---

97) 근기법 제20조.

98) 대판 2006다37274, 2008.10.23. 예) 소정근로시간에 대한 시간급통상임금과 상관없이 결근을 할 경우 시간당 5만원으로 계산하여 배상한다고 미리 정해 놓고 임금에서 일방적으로 공제하는 것, 심형배, 241쪽.

99) 예) 근로자가 고의로 기계를 파손했을 경우는 구입 당시의 시장가격으로 배상하거나 실제수리비를 부담하도록 약정하는 것.

100) 대판 2001다53875, 2004.4.28. 회사에 입사해 사측과 영업비밀보호계약을 체결하고, 10년의 근로계약기간 중 퇴사할 경우 10억원을 배상하기로 하는 약정을 한 것은 약속위반이 있기만 하

해배상을 예정한 것은 위반이 아니다.[101] 근로관계에서 위약금의 부담자는 근로자 본인, 친권자, 신원보증인, 제3자가 될 수 있는데 본인과 연대채무자 중 누가 부담하든 법위반이 된다.

다만, 근로계약기간이 아닌 퇴직 후에 손해배상액을 약정하는 것은 강제근로금지나 민법상의 배상문제는 별론으로 하고 법위반은 아니다. 매매·도급·위임 등 민사상 일반계약에서는 계약금, 위약금, 선금 등의 형태로 손해배상액을 미리 정할 수 있다.

1) 교육, 연수, 복무관리, 감급 등

지각, 조퇴, 무단결근 등이 있는 경우에 그 시간에 대한 임금을 삭감하도록 정하거나, 법 제95조에 정한 감급제재의 범위 내에서 징계수단으로 임금을 삭감하는 것은 가능하다. 일정기간 동안 해외연수 혹은 국내위탁교육 후 일정기간 동안 의무복무 연한을 정하고 그 전에 퇴직할 경우에는 임금과 관련이 없는 연수에 소요된 경비반환의무의 면제조건을 두고 일정기간 의무근무기간을 정하는 것은 법위반이 아니다.[102] 그러나 그 기간을 의무근무하지 않으면 임금성 금품을 반환한다는 약정은 법위반이 된다.[103]

연수가 오직 교육을 목적으로 하는 것만이 아니고 실제 근로가 포함된 지식, 정보습득 등을 병행하는 것일 경우와 같이 근로를 제공하는 것이라면 퇴직시 그 연수에 소요된 경비를 반환해야 한다는 당사자간 약정은 손해배상 예정에 해당될 수 있다. 따라서 순수한 교육목적일 경우는 경비반환 약정이 위약예정금지 의무를 위반하는 것이 아니다.[104]

2) 신원보증계약과 위약예정

근로자에 대한 신원보증계약자체를 금지시키는 것은 아니다. 근로자가 근로

면 손해액을 묻지 않고 일정액을 배상하는 것으로 명백히 위약예정금지 규정을 위반하는 것이다. 대판 2006다37274, 2008.10.23.

101) 근기 01254-1732, 1992.10.17.

102) 정부예산으로 해외에 파견된 자가 의무기간을 지키지 않은 경우에는 경비환급조치.

103) 대판 2001다53875, 2004.4.28.

104) 대판 2003다7388, 2003.10.23.

중 채무불이행, 불법행위 등으로 사용자에게 손해를 발생케 할 경우에 대비하여 사용자가 신원보증인과 신원보증계약을 체결하거나 또는 신원보증인과 근로자를 연대채무자로 하여 신원보증계약을 체결하는 것은 위약예정금지에 반하는 것이 아니다.[105] 그러나 신원보증계약이 위약금이나 손해배상액을 미리 예정하는 형식을 취한다면 위반이다. 따라서 현실적으로 발생한 손해를 대상으로 하는 등 적법하게 운영되어야 한다.

3) 기타 다양한 실무사례

채용시 위약금 등을 미리 보증금 형식으로 받는 경우 및 퇴직시 영업미수금을 대신 지불한다는 약정은 법위반에 해당한다. 군복무기간동안 임금의 전부 또는 일부를 지급키로 한 당사자간 약정은 무방하나 제대 후 일정기간 근무하지 않으면 임금을 환수하는 계약은 법위반이다. 퇴직자가 사전예고를 하지 않았다고 하여 임금, 퇴직금 및 법정수당의 지급을 일정기간 동안 유예하거나 지급치 않는 것은 법위반이다. 장학금 수령 후 일정기간 근무하지 않으면 퇴직금 등과 장학금상당액을 상쇄한다는 계약은 법 위반이다. 다만, 장학금을 지급한 뒤, 몇 년간 근속하면 대여장학금반환의무를 면제하는 약정은 연수비반환채무 면제기간을 정하는 것으로 유효하다. 입사 포기시 또는 입사한 후 실제 근무 5년 이내에 퇴사한 경우 지급된 장학금 전액을 반환한다는 조항은 유효하지만, 실근무 10년 이내에 퇴사한 경우 장학금의 60%를 손해배상으로 배상하여야 한다는 조항은 무효이다. 사외연수 훈련을 받은 자가 재직 중 임금과 상여금을 지급받고서 연수종료 후 의무재직기간을 근무하지 않은 경우 기지급된 임금과 상여금을 반환한다는 약정은 무효이다.

(2) 전차금의 상계금지

노무제공의 대가인 임금의 사용·처분권은 근로자에게 있다. 사용자는 임금을 직접 근로자에게 전액을 지급하여야 하고, 법령 또는 단체협약의 특별한 규정이 있는 경우에 일부를 공제할 수 있다.[106] 법령에 의해 공제가 인정되는 것

105) 대판 80다1040, 1980.9.24.
106) 근기법 제43조제1항 단서.

은 갑종소득세, 국민저축, 주민세, 4대보험료 중 근로자부담금, 민사집행법[107]에 의한 임금채권의 1/2에 해당하는 금액 등이다. 단체협약에 의해 공제가 인정되는 것은 조합과 조합원이 동의한 조합비 등의 공제가 있다. 단체협약으로 공제를 약정한 경우 개별조합원은 반대할 수 없다. 만일 집단적 결의가 자신의 의지와 부합하지 않으면 조합을 탈퇴를 하여 공제로부터 자유로울 수 있기 때문이다.

사용자는 전차금(前借金)이나 근로할 것을 조건으로 하는 전대채권(前貸債權)과 임금을 상계하지 못한다.[108] 전차금채권으로 임금과 상계할 경우 임금전액지급원칙에도 어긋난다.[109] 전차금이란, 근로자가 취업한 후에 임금에서 갚아 나갈 것을 약정하고 근로계약체결시에 사용자가 근로자나 친권자에게 빌려주는 금전을 말한다. 전대채권은, 전차금에 추가하여 근로할 것을 조건으로 사용자가 근로자 또는 친권자 등에게 지급하는 금전을 말한다.

상계가 금지되는 대상은, 이미 근로계약이 체결되어 있거나 체결예정인 사용자와 근로자사이에 근로할 것을 조건으로 금전을 대여한 후 향후 임금과 대여금채권을 상계하는 것을 금하는 것이다. 임금의 상계·공제는 사용자의 일방적 의사표시에 의해 이루어져서 근로자의 생계를 위협하고 사실상 강제근로를 유발할 가능성이 높다. 근로자에게 교부되기 이전에 사용자의 일방적 또는 합의를 가장한 강제적인 공제·상계 등을 예방하여 근로자의 생활안정을 위한 임금의 완전성을 보호하고, 대출금·불법행위 등으로 인한 채권과 상계로 인하여 사실상 인신이 구속되는 등 직업선택의 자유를 보장하는데 입법취지가 있다. 다만, 임금의 사용·처분권은 근로자에게 전속되는 만큼, 근로자의 자발적인 의사에 의한 상계·공제, 근로자의 편의를 위한 공제·상계 등은 합의에 의한 처분으로 상계금지의 대상이라고 볼 수는 없다.[110]

전차금 등이 법위반에 해당하는지 여부는 대여의 원인과 경위, 금액, 금리의

107) 민사집행법 제246조.

108) 법 제21조.

109) 근기법 제43조.

110) 근로자자녀에 대한 학자금 융자, 주택구입자금 융자, 우리사주매입 융자 등으로서 대여경위, 변제방법 등이 신분구속이 없는 등 합리적이고 타당성이 있어야 한다.

유무, 상환방법, 사업장의 관행, 퇴직 등의 자유, 사회통념상 합리성 등을 종합적으로 검토하여 신분적인 구속이나 강제노동의 위험이 있는지를 기준으로 판단한다.

전차금상계행위가 법위반에 해당하지 않으려면, 상계되는 비용계산이 합리적이라야 하고, 금액이 사용자의 대여금이라야 하며, 상환하면 언제라도 원하는 시기에 퇴직이 가능하여야 하고, 부당하게 고용관계를 강제하지 않아야 한다.

근로계약체결 후 근로자가 사용자로부터 인적신용을 바탕으로 융자받은 대여금을 임금에서 순차적으로 상계하거나, 임금의 지급기일 도래 이전에 이미 제공한 근로분에 대한 임금을 미리 선급 받는 것은 근로자 편의를 위한 것이므로 상계를 금하지 않는다. 다만, 가불의 경우는 그 상계시기가 가불시기와 근접해야 한다. 그렇지 않고 수개월 혹은 1년 후의 근로의 대가를 예정하고 미리 가불하는 등 일반적인 채무와 같은 성질을 가진다면, 그러한 채무액을 임금에서 상계하는 것은 임금의 전액불 원칙에 위반된다.[111] 실무상, 근로계약체결시 전차금[112]은 근로자의 궁핍한 사정과 사용자의 우월한 지위 등 제반여건을 고려할 때 법위반의 위험성에 노출되어 있으므로 세밀한 검토가 필요하다.

임금은 초과 지급된 반환금을 제외하고 사용자가 근로자에게 가지는 대출금·불법행위로 인한 손해배상금 등을 가지고 임금채권과 상계하지 못한다. 불법행위로 생긴 채권은 다른 채권으로 상계하면 아니된다는 것은 불법행위에 대한 책임은 기존 임금채권 이외에 별도로 져야한다는 말이다.[113]

법 위반의 성립시기를 판단해 보면, 상계는 단독의 의사표시만으로 성립하므로 전차금 또는 전대채권을 임금과 상계한다는 의사표시를 한 때 성립한다. 법 제21조를 위반한 상계의 의사표시는 사법상 무효이다. 따라서 근로자의 임금

---

111) 근기 01254-9703, 1987 6 16

112) 다방·유흥주점종업원·선원 등의 경우 선급금 명목으로 근로계약시 금전을 차용하고 임금에서 상계하는 경우 전차금상계금지에 해당할 수 있다.

113) 사용자가 근로자 을에게 200만원을 대여한 상태에서, 사용자가 을에게 고의로 부당한 징계처분을 하는 등 부당노동행위로서 불법행위를 하여 민사상 300만원의 손해를 배상해야 할 일이 생겼다고 해도, 사용자는 을에게 빌려준 200만원하고 대등액에서 상계하자고 할 수 없다.

채권은 그대로 남게 되고, 사용자는 임금전액을 지불하여야 한다. 만약 퇴직의 의사표시를 하였음에도 재직 중 빌려간 전차금을 반환하라고 위협함으로써 사실상 근로를 강제하는 경우에는 강제근로금지 조항에도 위반된다.[114)]

(3) 강제저축의 금지

사용자는 근로계약에 덧붙여 강제저축 또는 저축금의 관리를 규정하는 계약을 체결하지 못하도록 하고, 근로자의 위탁으로 저축을 관리하는 경우에도 저축의 종류·기간 및 금융기관을 근로자가 결정하고, 근로자 본인의 이름으로 저축할 것, 근로자가 저축증서 등 관련 자료의 열람 또는 반환을 요구한 때는 즉시 이에 따를 것을 정하고 있다.[115)] 이 조항은 사용자가 근로자로 하여금 임금의 일정액을 강제로 저축하게 하고 그 반환을 어렵게 함으로써 근로자를 사업장에 구속시키는 결과를 가져오게 되고, 나아가 당초 목적과는 달리 저축금이 기업의 경영자금으로 이용됨으로써 결국에 가서는 금품체불이 되어 근로자의 재산형성을 방해하는 것을 방지하기 위한 제도이다.

저축에는 사용자 자신이 근로자와 저축계약을 하는 것은 물론, 은행 등 제3자와 저축계약을 하는 것도 포함된다. 만약 법률에 의한 근로자저축인 경우에는 특별법에 의한 것이므로 그 범위 안에서 강제저축이 가능하다. 그러나 그 범위를 넘는 부분의 저축금을 관리할 경우 법위반이 된다. 근로계약에 덧붙여 강제저축 또는 저축금의 관리를 규정하는 계약을 체결할 경우는 2년 이하의 징역 또는 1천만원 이하의 벌금에 처할 수 있고[116)] 근로자 위탁으로 저축금을 관리하면서 법이 정한 방식을 위반했을 경우는 500만원 이하의 벌금에 처해 질 수 있다.[117)] 위약예정·전차금상계·강제저금 자체만으로는 강제근로금지 위반이라고 볼 수 없으나 위 3가지를 강제노동의 수단으로 악용 할 경우에는 법 위반으로 처벌을 받을 수 있다.[118)]

---

114) 근기법 제7조.

115) 근기법 제22조.

116) 근기법 제22조제1항, 제110조.

117) 근기법 제22조제2항, 제114조제1호.

118) 근기법 제107조.

1) 근로계약에 부수한 강제저축계약

근로계약체결 또는 존속을 조건으로 한 저축을 금지하고, 사용자 자신이 근로자와 계약을 체결하는 것은 물론 사용자 이외의 제3자[119]와 저축계약을 체결하는 것이 금지된다. 근로자의 의사에 반하는 퇴직적립금도 금지된다. 다만, 단순히 근로자에게 회사거래은행에 저축하도록 권유하는 것은 허용된다. 근로자 명의의 예금통장, 인감을 사용자가 보관·관리하는 행위를 할 수 없다. 다만, 전 종업원의 의무사항으로 되어 있는 근로자공제조합의 부금, 복지후생기금의 부담금 등을 부과하는 것은 법 위반이 아니다.

2) 근로자 위탁에 의한 저축금 관리의 요건

저축의 종류·기간 및 금융기관을 근로자가 결정하고 근로자 본인의 이름으로 저축을 할 수 있으며, 원천공제 납부의 편의상 사용자가 저축증서 등을 보관하더라도 근로자가 저축증서 등 관련 자료의 열람 또는 반환을 요구할 때는 즉시 이에 따라야 한다.

8. 근로계약 취소시 효과와 범위

근로계약은 근로자가 사용자에게 근로를 제공하고 사용자는 임금을 지급하는 것을 목적으로 한 사법상계약이므로 계약체결에 관한 당사자들의 의사표시에 무효 또는 취소사유가 있으면 상대방은 이를 이유로 계약의 무효 취소를 주장하면서 법률효과 발생을 부정하거나 소멸시킬 수 있다.[120]

다만, 무효 취소를 주장하더라도 근로계약에 따라 이미 행해진 근로자의 노무제공의 효과를 소급하여 부정하는 것은 타당하지 않고, 취소 의사표시 이후 장래에 관하여만 근로계약이 효력이 소멸된다.[121]

---

119) 은행, 우체국, 투자회사 등.
120) 대판 95다11689, 1996.7.30.
121) 대판 2013다25194, 2017.12.22.

제 7 장 채 용

경제 규모가 커지고 산업경쟁이 가속화되면서 기업에서는 노동력의 질을 충분히 알지 못하는 사람을 미리 확보하게 된다. 이러한 사람을 정식근로자로 채용할 경우, 업무능력을 모르는 상태에서 고용이 확정되어 관련법상 여러가지 규제를 받게 되는 등 부담을 지게 되므로 시용, 채용내정, 수습(修習) 등 정식고용 이전단계의 고용기간을 두는 경우가 많다. 채용내정과 시용기간, 수습기간에 관해서는 각 유형별로 근기법상 적용정도를 달리 하고 있다.

1. 채용내정

채용내정은 본채용 이전에 채용할 자를 미리 결정하여 두는 것을 말한다. 흔히, 회사가 필요한 노동력을 미리 확보하기 위해 학교 졸업예정자에 대하여 일정기간이 경과한 후 "졸업"이라는 요건이 충족되면 채용할 것을 약정하는 불확정적인 고용계약을 채용내정이라고 한다. 본 채용 때까지 사용종속 관계에서 근로가 제공되지 않는다는 점에서 시용(試用)과 구분 된다. 일정한 조건 또는 기한부[1)]로 장래에 근로를 제공할 것을 약정하는 계약으로서 근로를 제공할 때까지 당사자간 합의에 의한 휴업 또는 대기기간으로 보아야 할 것이다. 채용내정은 조건이나 기한 등 부관(附款)이 붙어 있는 근로계약이라는 것이 통설적인 입장이다.

---

1) 졸업, 학위취득, 서약서제출, 프로젝트완성 등.

(1) 본 채용의 거부 및 채용내정의 취소

채용내정은 사용자가 일단 채용을 예정한 후 일정기간이 경과한 후에 본채용을 거부하거나 뒤늦게 채용내정을 취소하는 경우에는 근로자가 다른 사업장에 취업할 기회를 잃어버리게 된다. 판례는, 채용내정에 의해 근로계약이 체결된 것으로 본다.[2] 기업의 모집에 대해 근로자가 응한 것은 응시, 청약이 되고 사용자가 한 채용내정의 통지는 근로자의 청약에 대한 승낙으로서 당사자간 근로계약이 성립된 것으로 보는 것이다.

다만, 그 계약은 채용내정에 기재된 취소사유가 있는 경우에 그 사유가 발생했거나 학교를 졸업하지 못할 경우 채용내정을 취소 할 수 있다는 합의가 사용자측에 유보된 특수한 근로계약으로 본다는 것이다.[3] 따라서 채용내정취소는 정당한 사유가 없다면 해고에 해당하고 불법행위가 성립할 수 있다.[4] 채용내정기간은 근로제공의무의 이행시기가 도래하지 않는 기간이라 할 것이므로, 근로제공을 전제로 하는 조항은 적용되지 않으나, 근로제공을 전제로 하지 않는 균등처우, 근로조건명시, 위약예정의 금지, 해고의 제한규정은 적용된다고 볼 수 있다.[5]

(2) 채용내정의 취소의 범위

사용자는 당초 채용내정통지서나 계약서에 기재한 해제사유[6]가 발생할 경우에는 채용내정을 취소할 수 있다. 그러나 이러한 사정없이 일방적으로 채용내정을 취소하려면 법 제23조에 의한 정당한 사유가 있어야 한다.[7] 정당한 사유없이 행한 해고는 사법상 무효가 된다. 다만, 사용자가 긴박한 경영상의 필요가 생겨 근로자를 정리해고 하는 경우 채용내정자를 우선적인 해고대상 선정기준으로 채택하는 것은 합리적이라고 보며 근로자대표와 협의할 의무도 적용

---

2) 서울지판 98가합20043, 1999.4.30.
3) 임종률, 제8판, 373쪽.
4) 서울지판 98가합20043, 1999.4.30 ; 근기법 제23조제1항 위반.
5) 근기법 제6조,제17조, 제20조, 제23조.
6) 학업의 중단, 신병으로 인한 근로능력 감퇴, 범죄 등으로 인한 장기구금, 기타 결격사유 발생.
7) 서울행판 99나41055, 2000.8.25.

되지 않는다.[8] 만약 사용자가 채용예정일을 경과한 이후에 채용을 취소한 경우에는, 근로자는 다른 취직의 기회를 상실하면서 본 채용만을 기다려 온 것이 되므로 사용자는 채무를 불이행 한 책임을 지고 손해를 배상해야 할 수도 있다. 그러나 행정해석은 견해를 달리하여 "근로계약을 체결하지 않은 상태에서 채용을 취소하는 경우, 근로관계가 개시된 것이 아니므로 해고의 문제는 발생하지 않는다"고 본다. 합격이 확실하니 대기하라는 통지를 받은 상황에서 출근권유를 받았을 뿐 채용 시기, 임금 등 근로조건 등에 관하여 회사와 구체적으로 약정한 사실이 없어 단지 임용대기만 했다면 근기법상 근로자로 보기 어려워 보호를 받을 수 없다.[9] 그러나 민사절차에 의거 손해배상을 제기하는 방안도 있을 수 있다고 하여 신뢰이익에 대한 손해배상을 예정을 하고 있는 점은 판례와 같다.

(3) 채용내정의 취소와 해고예고 및 손해배상문제

1) 해고예고문제

채용내정을 취소하는 것은 해고와 같으므로 채용내정을 취소하려면 정당한 사유가 있어야 한다. 이 경우 채용내정취소에도 해고예고의무가 적용되는지가 문제다. 판례에 따르면, 채용내정자는 채용예정기한이 경과함으로서 유효한 근로계약관계가 성립되어 그때부터 임금지급의무가 발생하지만, 사용자는 채용내정시부터 정식발령시까지 사이에 채용내정자 중 직무부적격자를 가려내어 채용내정을 취소할 수 있는 권리 즉, 근로계약에 대한 해약권(解約权)이 유보되어 있다고 보아서, 일반근로자를 해고할 경우와 같이 근로자대표와 사전협의를 하거나, 일정기일 전에 통보를 하여야하는 등의 규정은 적용되지 않으므로 채용내정을 취소하기 위해 법 제24조에 정한 절차를 거칠 필요가 없다.[10] 채용내정일로부터 근로관계가 성립되었다고 하더라도 채용내정을 취소

8) 대판 2000다51476, 2000.11.28.

9) 근기 68207-848, 1999.12.13.

10) 더구나 근로기준법 제35조제3호 및 제5호는 월급근로자로서 6개월이 되지 못한 자 및 수습사용 중인 근로자에 대하여 같은법(현 제26조)의 해고예고에 관한 규정을 배제하고 있으므로.

한 날까지 수습기간 중이라고 보아야 하고, 또한 근로관계가 효력을 발생한 날로부터 6개월이 경과한 것도 아니므로 해고예고에 관한 규정이 적용될 여지가 없다고 판시하고 있다.[11)]

학설에 의하면 채용내정의 취소에는 해고예고가 적용되지 않고, 근로자 입장에서도, 채용내정에 의해 성립한 근로계약은 기간을 약정하지 않은 것이므로 내정근로자는 사용자에게 민법상 1개월 전에 해지통보만 하면 특별한 사유가 없더라도 언제든지 취소가 가능하다는 입장이다.[12)]

2) 사용자의 손해배상 문제

채용내정을 믿고 기다려 온 근로자는 채용내정의 취소로 기대이익의 상실과 타 기업체에 대한 취업기회 상실 등의 불이익을 받을 수 있다. 이 경우 채용내정을 취소한 사용자에게 손해배상을 할 의무가 있느냐가 문제다. 판례에 의하면, 근로자와 사용자는 채용내정사실 통보로 인하여 일종의 근로계약이 성립한 것으로, 근로자로서는 정식채용이 될 것이라는 정당한 기대를 갖게 된다고 할 것이므로, 사용자는 당초 채용내정 과정에서부터 사업의 내용 및 규모, 그 진행전망 등을 면밀히 검토하여 적정한 수의 합격자만을 발표 및 채용 내정하여야 할 주의의무가 있다. 그럼에도 이를 게을리 한 과실로 근로자가 정식 채용되기를 기대하면서 다른 취업의 기회를 포기함으로써 입게 된 손해를 배상할 책임이 있다고 판시하고 있다.[13)] 채용내정에 관한 자세한 사항은 "제4장.9 근로자"부분에서 상세히 설명하였으므로 이하 생략한다.

2. 시용기간

많은 사업장에서 신입사원을 채용할 때, 3개월 이내의 기간을 수습 혹은 견습, 시용기간으로 정해서 그 동안 업무에 적응성, 성실성, 인간관계 등 업무수행에 필요한 다양한 자질을 검증하는 제도를 시행하고 있다. 따라서 시용기간

11) 서울고판 99나41055, 2000.8.25.
12) 임종률, 375쪽.
13) 서울지판 2002나40400, 2003.8.27.

은 정규사원으로 임명하기 전 2~3개월의 기간을 정해 현실적으로 사용종속 관계 아래서 근로를 제공하면서 정규직원으로서의 적격성 유무 및 본채용 거부사유를 판정하기 위한 기간을 말한다. 따라서 시용계약이 유효하려면 본채용의 판단기준과 시용기간의 실험목적, 시용기간 계약해지 평가요건과 시기·기준·절차 등이 취업규칙과 근로계약 등에 명시되어 있어야 한다. 명시하지 않은 경우는 정식사원으로 채용한 것으로 볼 수 있다.[14]

시용기간의 법적성격에 관해서는 근로자로서 적격성 평가가 있을 때까지 본채용의 효력발생이 정지된다는 정지조건설, 근로자로서 부적격 평가를 조건으로 근로관계가 해지된다는 해제조건설, 근로자의 부적격성을 이유로 사용자의 해지권을 유보한다는 해지권유보설 등이 있다.[15] 3가지 학설 모두가 시용근로자의 적격성 평가를 조건으로 한다는 점에서 공통점이 있다.

(1) 시용기간 중 본채용 거부

판례는 시용기간 중에는 근로자의 부적격성을 이유로 근로관계를 해지할 수 있는 해약권유보부 근로계약으로 허용된다고 보고, 당해 근로자의 자질, 품성, 성실성 등 업무적인 적격성을 관찰 판단하려는 시용제도의 목적과 취지에 비추어 보통의 해고보다는 폭 넓게 허용되나 이 경우에도 객관적으로 합리적인 이유가 존재하여 사회통념상 상당하다고 인정되어야 한다고 본다.[16] 시용에 있어서 본채용 거부는 정당한 사유없는 해고가 될 수 있다. 그렇다고 해서 막연히 "회사 사정에 따라 해고할 수 있다"고 하거나 "사원으로 적당하지 않다고 판단 될 때는 해고할 수 있다"는 단서를 달아 자의적인 판단에 의해 본채용을 거부하는 경우에는 처음부터 확정적인 근로계약을 체결한 것으로 보아야 한다. 사용자가 본 채용거부의 부적격 사유를 제시하지 않거나 그 사유가 근로관계 유지와 전혀 관계가 없는 것을 때는 권리남용에 해당할 수도 있다.[17] 시용기간 종료시 혹은 근로계약 해지시는 반드시 해고절차에 준한 절차를 거

---

14) 대판 99다30473, 1999.11.12.
15) 김형배, 2004 신판, 252쪽.
16) 서울행판 2008구합15701, 2008.9.26 ; 대판 2002다62432, 2006.2.24.
17) 김형배, 2004 신판, 253쪽.

치고 구체적 사유와 시기를 명시한 서면통지를 하여야 한다.[18] 시용은 당사자 간에 확정적인 근로계약관계를 설정하지 않는 점에서 채용내정과 같으나, 시용기간 중에는 현실적으로 사용종속관계 아래서 근로를 제공한다는 점에서 채용내정과 차이가 있다.

시용기간이 정식채용을 전제로 직업능력과 기업내의 적응성을 판단하기 위한 기간임에 비해, 수습기간은 정식채용 후에 근로자의 직업능력의 양성·교육을 목적으로 설정된다는 점에서 서로 구별된다.

(2) 시용기간과 근로계약

시용은 법정제도가 아닌 만큼, 불완전한 계약형태로 오랫동안 근로자의 신분을 불안정하게 둘 수 있으므로 일반적으로 시용기간은 3개월이다. 사회통념상 적격성 판단에 필요한 기간을 초과한다고 인정되는 경우에는 약정자체가 무효가 될 수도 있다. 근기법 제35조 해고예고의 예외에 있어서 제5호 "수습"은 반드시 "시용기간"을 의미하는 것이 아니다. 그 기간 중에 종업원으로서 적격성을 판정하는 것을 목적으로 하여야 시용기간으로 될 것이다.[19] 시용근로자도 근로자로서 취업규칙의 적용을 받는다.

시용관계가 성립하려면 당사자 사이에 시용에 관한 분명한 합의가 근로계약 등의 형태로 명확하게 표시되어 있어야 한다. 따라서 취업규칙에서 시용기간을 근로자 개개인에 따라 선택적으로 적용하기로 정하였다고 하더라도 개별근로자의 근로계약에 시용기간을 명시하지 않은 경우는 정식직원으로 채용된 것으로 보아야 한다.[20] 시용근로자가 본 채용에 의하거나 하자없이 시용기간을 경과하여 정규종업원이 되었을 경우에 퇴직금이나 연차유급휴가 등을 산정할 때는 시용으로 입사한 기간부터 근로기간을 산정하여야 한다.

18) 대판 2015두48136, 2015.11.27.
19) 임종률, 375쪽.
20) 대판 90다4914, 1991.11.26 ; 대판 99다30743, 1999.11.12.

3. 수습기간

수습은 근로자를 정식으로 채용 후 기업의 필요에 따라 기업의 문화를 익히고 업무수행에 필요한 실무현장 교육이나 훈련을 받게 하는 제도이다. 시용기간이 정식채용을 전제로 직업능력과 기업 내의 적응성을 판단하기 위한 기간임에 비해, 수습기간은 정식채용 후에 근로자의 직업능력의 양성·교육을 목적으로 설정된다는 점에서 서로 구별된다. 수습기간은 정식근로계약이 체결되었으므로 법이 전면적으로 적용된다. 근로계약시 수습기간 등에 관한 규정이 없다면 정식사원으로 채용된 것으로 보아야 한다.[21)]

수습기간 중에는 계약의 성격을 감안하여 다음과 같이 노동관계법상 일정부분 예외가 인정된다.

1. 수습근로자로서 3개월 이내인 자에 대하여는 근로기준법상 해고예고의 적용이 제외된다.[22)] 2. 근로계약기간이 1년 이상인 근로자는 수습사용한 날부터 3개월간 시간급 최저임금의 10/100을 감한 금액으로 할 수 있다.[23)] 다만, 1년 미만의 기간을 정하여 근로계약을 체결한 자는 제외한다.[24)] 수습근로자에 대해서는 임금에 대해서도 취업규칙, 근로계약 등을 통해 정식 근로자보다 낮게 결정할 수도 있다. 3. 수습기간 중에 업무능력저하, 직원들과 불화, 불성실 등 사회통념상 정식으로 배치하는 것이 불가능한 경우에는 해고의 정당한 사유가 될 수 있고[25)] 4. 수습사용한 날로부터 3월 이내의 기간은 평균임금산정기간에 포함되지 않는다.[26)] 나아가 수습기간 중에는 직무능력 배양을 위해 근무수칙을 보다 엄격히 정하여 해고의 기준으로 삼는다고 하더라도 사회통념을 크게 벗어나지 않는 한 인정될 수 있다.

한편, 수습기간을 법적으로 제한한 바는 없지만 3개월 이상 지나치게 장기간으로 하는 것은 근로자의 지위를 불안하게 하여 기간설정의 합리성을 잃게

21) 서울행판 2002구합6309, 2002.6.25.
22) 근기법 제35조제5호, 영 제16조.
23) 최저임금법 제5조제2항제1호(2012.7.1부터 1년 미만 근로자는 제외), 영 제3조제1항.
24) 최저임금법 제5조2항1호.
25) 서울행판 2004구합30122, 2005.3.22.
26) 근기법시행령 제2조제1항제1호.

될 수도 있다. 3개월 이상의 수습기간은 해고예고의무의 예외가 인정되지 아니 하고, 최저임금 10% 감액규정도 적용할 수 없다.

(1) 수습기간 중 해고

수습기간 중 낮은 업무수행 평가결과 등을 고려하여 본채용을 거부한 것은 사용자에게 유보된 해약권의 행사로서 정당하다.[27] 수습기간 중 근로자를 해고하려면 객관적이고 합리적인 사유가 있어야 하고, 취업규칙 등에 징계절차가 정해져 있는 경우에는 이에 따라야 한다. 그러나 수습기간은 정식으로 채용한 근로자의 자질·성격·능력 등 직무에 대한 적격성 여부를 결정하는 단계이므로 해고의 정당한 이유는 통상의 해고 보다 광범위하게 인정된다. 따라서 그 적격성 평가가 객관적으로 공정성을 유지하여야 하며, 합리적이고 사회통념상 상당하다고 할 수 있어야 한다.[28] 수습중인 근로자도 취업규칙의 적용을 받는다. 그러므로 당사자 사이에 수습에 관한 분명한 합의가 근로계약 등의 형태로 명확하게 표시되어 있어야 할 것이고, 취업규칙, 근로계약 등에 근로계약종료 혹은 그 수단으로서 평가에 관한 절차와 방법 등이 정해져 있는 경우에는 이에 따라야 한다. 취업규칙이나 근로계약 등에 아무런 약정도 없이 오직 처음 입사했다는 이유만으로 동일한 노동을 하면서 임금을 차별하거나 불이익한 처우를 적용하는 것은 합리성이 없다. 실무상 서면 평가절차를 정해두는 것이 바람직 하다.

수습기간을 법으로 제한한 바는 없다. 실무상 사용자 임의로 수습기간을 연장하는 경우가 있는데, 사용자가 일방적으로 수습근로자의 1차 수습기간이 종료된 이후 다시 3개월의 수습기간을 두는 경우, 근로자의 수습기간은 이미 경

27) 중노위 중앙2016부해77, 2016.4.12.

28) 서울행판 2008구합15701, 2008.9.26. 경영악화로 조직통합 등 구조조정을 한 사실은 인정되나, 수습근로자라고 해도 2개월여의 단기간 내에 수주실적이 없다고 해서 해고한 것은 부당하다. 서울지판 2003가합45613, 2004.1.16. 동료와 불화로 인한 직장분위기 저해 등 객관적이고 합리적인 사유없이 시용기간 중 근로자를 해고해서는 아니된다. 대판 2003다5955, 2003.7.22 6월의 시용기간을 정한 근로자에게 실적저조, 태도불성실, 직원들과 융화결여 등을 이유로 해고한 것은 부당해고로 볼 수 없다. 서울행판 2004구합30122, 2005.3.22.

과되어 수습근로자로 볼 수 없다.[29)]

(2) 퇴직금, 휴가산정 등

수습근로자가 하자없이 수습기간을 경과하여 정규종업원이 되었을 경우에 퇴직금이나 연차유급휴가 등을 산정할 때는 처음 입사한 기간부터 근로기간을 산정하여야 한다. 법정조건보다 불리하게 약정한 것은 무효이다.

---

29) 서울행판 2006구합2466, 2007.3.8.

제8장 근로시간

1. 근로시간 규제

산업현상에서 인간의 존엄성과 근로자의 노동권에 대한 인식이 새롭게 되자 법정근로시간을 초과한 강제근로 등이 심각한 사회문제로 부각되었다. 근로시간의 규제는 시대에 따라 기능을 달리해 왔는데 당초에는 인간의 생리적 한계와 경영적인 이유에서 출발하여 오늘날에는 근로자의 문화적인 생활보장과 산업의 경쟁력을 확보, 실업예방 목적으로 확대되고 있다. 최근 논의되고 있는 장시간근로 개선의 문제는 근로자 복지와 일자리 창출의 2가지 측면을 주로 고려하는 것이다.

2018.6.30까지는 주 40시간, 합의연장 12시간, 토요일 및 일요일 16시간 합계 68시간까지 일할 수 있었으나 2018.7.1부터는 1주를 휴일포함 7일로 보아서 합의연장 12시간 포함 주당 최고 52시간까지 근로할 수 있도록 근로시간을 단축했다.[1)]

근로자의 근로시간을 어떻게 보호 할 것인가는 나라마다 상당한 차이가 있으나 대체로 장시간[2)] 및 심야·휴일근로를 억제하고, 여성·연소자 등 신체적·

---

1) 300인 이상 사업장과 국가·지방기관 및 자본금(기본재산) 1/2 이상 출연기관 단체는 2018.7.1부터(제59조 개정법에 따라 근로시간 및 휴게시간 특례 제외 업종(물품판매 보관업, 금융보험업, 영화제작 흥행업, 통신업, 교육연구조사업, 광고업, 의료 및 위생사업, 접객, 소각 청소업, 이용업, 사회복지사업)은 2019.7.1부터) 50인 이상 299인 : 2020.1.1, 5인 이상 49인 : 2021.7.1부터, 30인 미만 사업장은 노사 서면합의로 2022.12.31까지 최장 60시간까지 연장근로 가능(단, 15세이상 18세 미만 제외)

2) 우리나라는 2011년 기준 연간 2,111시간(월평균 176.3시간)으로 OECD평균1,692시간(독일

정신적 취약계층을 보호하는 방향으로 근로시간을 규제하고 있다.

*첫째는, 양적인 규제로 장시간근로를 억제하고 근로시간을 단축하며, 이를 위해 근로시간의 상한선을 기준 근로시간으로 설정하고, 그 기준을 초과하는 연장근로를 벌칙 또는 가산금을 부과하여 억제하고 있다. 근로시간의 상한선은 당초 1일 18시간에서 점차 축소되어 오늘날에는 1일 8시간, 1주 40시간,[3] 5일 근로 2일 휴무근로제가 보편화되고 있다. 연장근로가 필요할 경우는 당사자의 합의가 있더라도 주 12시간을 초과할 수 없도록 하고, 필요시 탄력적·선택적으로 유연한 근로시간제도를 도입하여 사업현장의 노동수요에 맞게 합리적으로 활용하도록 정하고 있다. 아울러 농림수산업, 감시·단속적근로 등 사업의 성격상 정형적인 근로시간제도를 적용할 수 없는 경우는 근로기준상의 일부 규정의 적용을 제외하는 등 노동시장의 특성을 고려하여 탄력적으로 대응한다.

*둘째는, 심야시간대, 휴일 등 육체적·정신적인 부담과 근로자 건강을 고려하여 야간 및 휴일근로[4]에 대해서는 연장근로와 별도로 근로시간의 위치 그 자체에 대해 가산금을 부과하고 합의를 요건으로 하는 등 근로시간의 위치에 대한 제한을 하는 것이다.

*셋째는, 여성·연소자·임산부·유해위험사업 종사자·건강보건 등에 특별히 고려할 필요가 있는 자 등에 대해서는 일반근로자보다 법정근로시간을 단축하는 등 인적인 보호를 제도화 하고 있다.

(1) 소정근로시간과 초과근로시간

법으로 정한 기준근로시간 범위 내에서 당사자간 일하기로 약정을 맺은 시간을 소정근로시간이라고 하고, 그 시간을 초과한 근로시간을 초과근로시간이

1,419, 프랑스 1,562, 영국1,647, 케나다 1,702, 일본 1,733, 미국 1,749시간)보다 419시간 이상 장시간근로를 하는 것으로 나타나고 있다〈고용노동부 2011 사업체노동력조사〉.

3) 근로시간단축(44시간→40시간).
1998년도 경제위기를 맞이하여 실업극복을 위한 일자리 만들기 차원에서 노사정위원회에서 사회적 합의에 이르게 되었다. 그로부터 수차례의 논의 끝에 2003.9.15 개정 근로기준법을 공포하였다. 개정 근로기준법은 1주일에 40시간을 기준근로시간으로 하면서 근로시간, 휴일, 휴가제도를 국제기준에 부합하도록 조정하는 것을 주된 내용으로 한다.

4) 야간근로시간대 22:00~06:00, 휴일(주휴일, 5.1 근로자의날, 약정휴일).

라고 한다. 초과근로시간은 2가지로 구분하는데 소정근로시간을 기준근로시간 범위 내로 약정한 가운데 실제로 근로한 시간을 합해보니 소정근로시간을 초과했으나 기준근로시간은 넘지 않았다면 이것을 「법내초과근로」라고 부르고, 반대로 실제로 근로한 시간을 합해보니 소정근로시간과 기준근로시간 모두를 초과했다면 이것은 「순수한 초과근로」라고 부른다. 근로시간을 계산 할 때는 전체 근로시간에서 일하지 않은 휴게시간을 제외한다.[5)]

굳이 초과근로를 이렇게 구분하는 것은 법내초과근로는 당사자간 초과근로에 대한 가산임금을 지급하기로 약정하지 않았다면 지급의무가 없는 것이지만, 순수 초과근로는 그 시간대나 근로형태가 탄력적근로시간제를 도입했거나 감시·단속적근로 등 근로시간, 휴게, 휴일 등 적용제외[6)] 형태가 아니라면 반드시 그 초과근로시간에 대해서는 가산임금을 지급해야 한다는 점에서 구분의 본뜻이 있다.

(2) 근로시간의 위치에 대한 제한

근로시간의 다른 하나는 근로시간의 위치에 대한 제한으로 야간근로나 변칙적인 근로를 억제하기 위해 야간근로에 대해서는 무거운 가산금제도를 두고, 또 특정일 또는 특정한 주에 근로시간이 편중되는 것을 방지하기 위해 예외적으로 엄격한 요건 아래 변형근로제를 인정하고 있다. 이런 맥락에서 근로시간은 휴게, 휴일과 불가분의 관계에 있으며 이와 관련한 법상의 규정은 크게 여섯 가지로 나눌 수 있다.

*첫째, 휴게시간을 제외하고 1주 40시간과 1일 8시간의 「법정기준근로시간」을 두고, 그 예외로 연장근로시간과 변형근로시간, 선택적근로시간을 두고 있다.[7)]

---

5) 예를 들면, 법정기준근로시간은 1일 8시간, 주 40시간이고 당사자간 약정한 근로시간은 1일 7시간 주 35시간이라고 소정근로시간을 정해 놓았을 때, 실제로 근로한 시간을 집계해보니 1일7.5시간×5일=주 37.5시간이라면 소정근로시간을 초과한 1일 0.5시간과 주단위 2.5시간은 법내초과근로이다. 만약 실제로 근로한 시간이 1일 8.5시간 주 42.5시간이라면 1일 0.5시간과 주단위 2.5시간은 순수 초과근로가 된다.

6) 근기법 제63조.

7) 근기법 제50조, 제51조, 제52조, 제56조.

*둘째, 휴식에 관해서는 4시간에 30분, 8시간 근로에 1시간 이상의 휴식시간을 주도록 했으며,[8] 8시간 이상의 근로에 대해서는 달리 정한 바는 없다. 따라서 1시간의 휴게시간만 주어도 법위반은 아니다.

*셋째, 휴일에 관한 규정으로 1주일에 평균 1회 이상의 유급휴일을 줄 것을 정하고 있으며,[9] 근로자의날(5.1)은 법정휴일에 속한다. 기타 법정휴일을 초과한 추가적인 휴일에 대해서는 유·무급, 휴일일수 등을 당사자의 자율로 정할 나름이다.

*넷째, 법정근로시간을 초과한 연장근로와 야간 및 휴일근로에 대하여 통상임금의 100분의 50 이상을 각각 가산하여 지급해야 한다.

*다섯째, 휴가에 관한 규정으로는 사용자는 1년간 소정근로시간의 8할 이상을 출근한 근로자에 대하여는 15일의 유급휴가를 주도록 하고, 1년간 출근율이 8할 미만인 자와 계속근로연수가 1년 미만인 근로자에 대하여는 1월간 개근시 1일의 유급휴가를 주어야 하고, 3년 이상 계속근로한 근로자에 대하여는 최초 1년을 초과하는 계속근로연수 매 2년에 대하여 1일을 가산한 유급휴가를 총 25일 한도로 주어야 한다.[10]

*여섯째, 법 제63조의 적용을 받는 감시·단속적근로자, 감독·관리자의 지위에 있는 자, 기밀사무를 취급하는 자, 농수산업에 종사하는 자 등에 대해서는 고용부장관의 승인을 받는 등, 일정한 요건아래 근로시간과 휴게, 휴일에 관한 규정을 적용하지 않고 있다.

2. 근로시간

(1) 근로시간의 정의

근로시간은 일반적으로 사용자의 지휘·감독 아래 근로계약상의 근로를 제공하는 시간 중 휴게시간을 제외한 모든 시간을 말한다. 법에서는 "휴게시간

8) 근기법 제54조.

9) 근기법 제55조.

10) 근기법 제60조, 다만, 2017.5.30 이후 입사 1년 미만자는 1년이 되기 전 개근 월마다 최대 11개를, 1년이 되는 시점에서 1년간 8할 이상 출근시 15개 도합 26개를 부여한다.

을 제하고"라고 정의하고 있을 뿐 실제근로시간에 대해서는 근로자가 어떤 상태에 있는 시간인가에 관해서는 아무런 정의가 없어 행정해석과 판례에 의존하고 있다. 근로시간은 근로자가 사용자에게 근로를 제공함에 있어 사용자의 지휘·감독 아래 사용자로부터 지시를 받고 따르며, 지시를 위반한 경우 제재 또는 불이익을 받는 종속된 상태를 말한다. 근로자가 노무를 제공했다면 사용자가 노동력을 경제적 목적에 부합되게 사용했는지 여부와 관계없이 사용자의 명시적·묵시적인 지휘·감독 아래 둔 시간을 말한다.

사용자의 지휘·감독이 근로의무의 내용을 구체적으로 특정하게 된다. 하지만 구체화하지 못하거나 지휘·감독이 없었던 시간도 근로시간으로 보는 경우가 있다.[11] 실제 작입시간, 작업준비 정리시간, 대기시간, 근무복·보호장구 착용시간, 업무상 접대, 일·숙직 근무,[12] 교육, 회의, 훈련시간 등은 근로시간에 포함하나 사용자로부터 벗어나 자유롭게 이용 가능한 휴게시간과 대기시간은 제외한다. 다만, 휴게시간을 부여하면서 사업장밖 출입허가·신고 등의 제한을 둔 경우 등 최소한의 복무관리 절차는 자유로운 이용을 방해하지 않는다.

(2) 근로시간의 계산원칙

근로시간의 계산은 근로자가 사용자에게 소정의 근로를 제공하기 시작한 시각부터 그 제공을 종료한 시각까지의 총 시간에서 사용자의 지휘·감독 아래 있는 대기시간을 포함하고 휴게시간을 공제한 시간으로 산출한다. 법에서는 시업과 종업의 시각을 근로계약에 명시토록 하고, 취업규칙에서 반드시 기재하여야 할 필요적인 기재사항으로 정하고 있다. 실무상 시업·종업시간, 대기시간, 휴게시간, 교육시간 등 전반적으로 작업의 집중도가 떨어지거나 사실상 일하지 않고 쉬거나 지휘·감독 아래 있지만 정상적인 근로로 볼 수 없는 시간이 근로

---

11) 예를 들면, 퇴근 후 사업상에 화재가 발생하여 임의로 출근하여 소화에 임한 시간이나, 퇴근 후 거래처에 대한 긴급한 용무로 현장에 출근한 경우 등이 될 것이다.

12) 일숙직근로의 경우는 근로형태가 정규근로시간과 다름이 없다면 정상근로시간으로 보지만, 단순한 경비, 문서전달, 긴급상황 대처 등에 국한된 경우는 근로시간으로 보지 않는다. 근기 68207-2665, 2002.8.8. 본래업무와 유사한 일숙직근로는 통상근로시간에 포함한다(대판 93다46254, 1995.1.12).

시간인지 휴게시간으로서 임금지급 의무가 없는 시간인지 여부가 근로시간 계산의 쟁점이 된다.

판례[13] 등에 의하면 그 시간들이 사용자에 의해 지시에 의해 이루어 져서 근로자에게 취사선택의 여지가 없는 경우, 본연의 작업에 필수적이거나 부수적인 업무과정으로 상례적인 경우, 실제 작업여부에 불구하고 사실상 사용자의 지휘·감독 속에 있어 그 시간을 자유롭게 이용할 수 없는 경우는 근로시간에 포함하여 임금을 지급하여야 한다. 어느 경우에나 그 시간의 성격, 지휘·감독 여부, 취업규칙·단체협약 등으로 약정한 사항, 사업장의 관행, 업무의 특성 등을 종합적으로 고려하되, 사실상 사용자의 지휘감독 속에 있어 그 시간을 자유롭게 이용할 수 없었다면 근로시간으로 보아야 한다.[14] 실무상 지참 혹은 불참 등이 사용자에 의해 불이익처분을 받는 경우라면 그 시간은 지휘·감독 속에 있는 근로시간으로 보아야 한다.

1) 시업시각

사용자에 의해 의무로 지워지고 그 행위가 작업에 필요불가결한 경우 근로시간으로 보며 작업의 인수인계, 기계나 장비점검, 조회나 취업회의 등이 이에 속한다. 작업복 착용이나 안전보호구 등의 착용을 사용자가 의무적으로 강제한 경우 근로시간에 포함한다. 부수작업을 시업시각 이전과 종업시각 이후에 하도록 의무화 되어 있다고 해도 시업과 종업시각 전후에 이루어지는 부수적 작업은 근로시간에 포함된다.[15]

예를 들어 7:40까지 탈의실에 도착하여 작업복으로 갈아입고 8:00부터 작업이 시작된다고 규정되어 있다면 근로시간은 7:40부터 시작되는 것으로 보아야 하는 것이다. 또한 8:00까지 작업복을 갈아입은 상태에서 바로 근로를 시작해야 한다고 정하였다면 통념상 옷을 갈아입는데 필요한 시간만큼 근로시간에 포함시켜야 한다. 다만, 여행원의 제복착용과 탈의, 목욕, 등 계약상 의무이행을 위한 단순한 준비행위는 별도의 약정이 없는 한 근로시간에 포함하

13) 대판 92다24509, 1993.5.27.
14) 근기법 제50조제3항.
15) 대판 92다22770, 1993.3.9.

지 않는다.[16] 작업전후의 준비, 마무리와 관련하여 교대 근무자의 업무인계시간 및 작업준비시간 등이 근로시간에 포함되는지의 여부는 개별사업장의 단체협약, 취업규칙 등에 정하는 바에 따라야 할 것이다. 그러한 규정이 없는 경우에는 실제근로에 부속되는 시간과 근로형태가 사용자의 지휘·명령아래에서 이루어지는지, 불이행시 불이익이 따르는지 여부에 따라 구체적으로 결정되는 것이 타당하다.

2) 종업시각

근로시간이 끝나는 종업시각은 근로자가 사용자의 지휘·감독으로부터 벗어났다고 인정되는 작업종료 시각이다. 그러나 작업이 끝나도 계속하여 사용자의 지휘·감독 아래 있을 때는 시업시각의 경우처럼 그 구속으로부터 벗어난 시각이 종업시각이 된다. 사용자의 지휘·감독 아래 하는 작업도구의 정돈, 기계·기구의 정비·점검, 사업장의 청소, 인계·인수 등은 근로시간으로 보아야 하고[17] 자발적이 아닌 소집단 활동, 저녁회식 등의 시간도 사용자의 지휘·감독 아래 있는 한 근로시간으로 보아야 한다. 다만, 작업 종료 후 목욕과 옷을 갈아입기만 하는 시간은 특별한 사정[18]이 없는 한 근로시간으로 보지 않는다.

3) 대기시간

대기시간은 근로자가 그 시간을 자유롭게 이용할 수 있는지에 따라 휴게시간인지 아닌지가 좌우된다. 판례는 대기시간이 근로자의 자유로운 이동이 보장된 것이 아니라 실질적으로 사용자의 지휘·감독 아래 놓인 시간이라면 당연히 근로시간에 포함시켜 시간외근로수당 등을 산출하는 것이 옳다는 입장이다.[19] 식당종업원이 손님을 기다리는 대기시간, 업무용운전기사가 다음 운행시까지 대기하는 시간은 그 시간을 자유롭게 이용할 수 없다면 근로시간으로

16) 김형배, 384쪽. 입·출갱시간은 근로시간에서 제외되며 갱내작업준비 및 작업지시·작업정리에 소요되는 시간은 근로시간에 포함된다. 대판 92다22770, 1993.3.9.

17) 대판 92다22770, 1993.3.9.

18) 단체협약이나 취업규칙에서 정한 경우를 말한다. 김형배, 384쪽.

19) 대판 92다24509, 1993.5.27 ; 근기법 제50조제3항(신설 2012.8.2 시행).

보아야 할 것이다. 다만, 법 제63조에 의한 단속적근로자[20]로 승인을 받은 경우는 근로시간, 휴일 및 휴게 관련조항을 적용받지 않는다. 관련 판례와 행정해석은 다음과 같다.

1. 취업규칙상 근로형태는 아니지만 사업주의 묵시적인 동의하에 관례적으로 근로자들 스스로 2시간 단위로 작업을 하고 작업을 하지 않는 근로자들은 대기실에서 장기, 바둑, TV시청 등을 하는 형태로써, 대기시간과 근무시간의 구분이 명백하고 근로자가 사전에 대기시간을 알고 있으며, 그 대기시간 중에는 사업장밖으로 나갈 수는 없지만 사용자의 지휘·감독을 벗어나 자유로이 이용할 수 있다면 이는 휴게시간으로 인정할 수 있다.[21]

2. 반대로, 근로자가 작업시간의 중도에 현실로 작업에 종사하지 않는 대기시간이나 휴식, 수면시간 등이라 하더라도 그것이 휴게시간으로서 근로자에게 자유로운 이용이 보장된 것이 아니고 실질적으로 사용자의 지휘·감독 하에 놓여 있는 시간이라면 이를 당연히 근로시간에 포함시켜야 한다.[22]

독일의 경우, 근로시간을 근로의 개시부터 종료까지로 명시하고 출근시간과 퇴근시간, 착의·탈의시간은 법상 근로시간에서 제외된다. 대기시간은 근로장소에 출석하여 별도의 지시없이도 근로를 수행할 준비를 하고 있는 시간으로서 근로시간에 해당한다. 다만, 노동의 강도가 약한 만큼 대기시간을 근로시간에 포함할 경우에는 하루 10시간의 근로시간 한도를 초과할 수 있도록 허용하고, 대기시간이 포함되어 전체적으로 통상근로시간을 초과하였을 경우는 단체협약 등으로 연장근로 이행의무 등을 약정해야 한다. 근로시간이 약한 대기시간에 대한 보상수준은 단체협약이나 개별약정으로 정할 수 있으나 현저히 적거나 무상에 가까운 경우 무효로 하고 관행적인 수준으로 보상이 된다.(김상호, 근로대기시간에 관한 비교법적 고찰)

4) 휴게시간

휴게시간이란, 근로자가 근로시간 도중에 사용자의 지휘·명령으로부터 완전히 해방되고 자유로운 이용이 보장된 시간을 의미한다. 따라서 휴게시간은 전체근로시간 계산에서 제외한다. 다만, 일정한 시각에 출근하여 퇴근할 때까

20) 통근버스운전기사, 기계 및 전기수리공, 보일러공 등.

21) 근기 68207-3298, 2000.10.25 ; 예를 들면, 아파트경비원이 야간근무 중 자신의 근무시간이 아닌 시간대에 근무지와 인접한 휴게실에서 잠을 자거나 자유로이 휴식을 취하는 경우.

22) 대판 91다20548, 1992.4.14 ; 예를 들면, 주유소, 세차장, 식당종업원이 손님이 업소에 들어올 때까지 접대업무 등이 없이 영업을 위해 대기하는 시간은 근로시간.

지 항상 작업장 내에서 노무제공을 위해 대기하는 상태에서 그 공백시간에 틈틈이 이루어진 간헐적인 수면이나 식사시간은 사용자의 지휘·감독으로부터 완전히 벗어나 자유로운 휴게시간으로 이용한 것이 아니라면 근로시간에 포함된다. 상세한 사항은 다음 장 휴게부분에서 따로 설명한다.

5) 교육시간

교육이 사용자의 지시명령에 의해 이뤄지고 그러한 지시명령에 불복할 수 없다면 그 시간은 근로시간으로 본다. 사용자가 행하는 직무교육은 물론 업무외적인 교양교육 등과 같은 교육이라도 불참시 징계나 불이익이 있다면 근로시간에 포함되어야 할 것이다. 다만, 참가시 인사평정 할 때 가산점을 주는 것은 강제성이 없으므로 근로시간에 포함될 수 없다. 또한 참가가 어느 정도 강제된다 하더라도 사용자의 지휘·감독이 이뤄지지 않은 경우에는 근로시간으로 보기 어렵다.[23)]

① 소정근로시간대의 교육

참가강제나 사용자의 지휘·감독이 약한 경우라도 소정근로시간대에 사용자의 지배·관리 하에서 이루어지는 경우에는 근로시간으로 봄이 타당하다. 예를 들어 소정근로시간대에 회사에서 교양교육 등을 실시하고, 원하는 자만 참석하는 경우라도 특별히 정함이 없으면 근로시간으로 보아야 할 것이다. 이미 근로자는 사용자의 지휘·감독 하에 노동력의 처분을 둔 상태이므로 사용자의 지배·관리 하에서 임의적 교육·행사 등을 실시한다 하여 근로제공이 아닌 것으로 보아 임금을 공제하는 것은 부당하기 때문이다.

면허증소지자가 소양교육을 받는 것과 같이 개인적 사유로 인한 교육은 근로시간에 포함되지 않는다. 다만, 운전자체가 업무인 근로자가 법에 의무화된 소양교육을 받는다면 근로시간으로 보아야 한다.

다만, 본인귀책으로 교통법규를 위반 소양교육을 받는 것은 근로시간으로 볼 수 없다.

---

23) 퇴근 후 부서회식 등, 다만, 업무와 관계있는 바이어 접대 등은 근로시간에 해당한다.

② 생산성 향상 등 의무교육과 자기개발성격이 포함된 교육 · 훈련

근로시간 종료 후 또는 휴일에 사용자 책임 하에 작업안전, 작업능률 등 생산성 향상을 위하여 근로자에게 의무적으로 소집, 실시하는 교육은 근로시간으로 인정된다. 교육시간이라도 생산성 향상과 자기개발목적이 동시에 포함된 경우는 근로시간으로 보되 시간외, 야간근로가산임금 등을 계산할 때는 정상근로시간과 다르게 보아야 한다. 예를 들면, 1박 2일 또는 2박 3일의 합숙전체연수교육은 정상근무시의 근로와는 달리 생산성 향상에만 목적이 있는 것이 아니고 자기개발목적 등 복합적인 목적에서 시행하는 것이라면, 취업규칙이나 단체협약 등 노사간에 별도의 특약이 없는 한 연장근로 및 야간근로에 해당되지 않는다.[24)]

사업장에서 주최하는 극기훈련시간은 취업규칙인 단체협약에 명시된 규정이 있다면 이에 따라야 할 것이나, 달리 규정이 없다면 훈련의 강제성, 비용부담, 불참자 제재 여부 등 구체적인 기준에 따라 판단되어야 한다.[25)]

6) 야유회 등의 행사

행사가 소정근로시간 중에 행해진다면 근로시간으로 보고, 불참자는 결근처리가 가능하다. 그러나 휴일에 실시된 경우는 참가가 의무화되어 있는지 유무에 따라 근로시간인지 여부가 결정된다. 행사가 사업장밖에서 이뤄지고 근로시간으로 인정되는 경우는 출장 및 사업장밖근로에 해당할 수 있다.[26)]

7) 단체협약으로 소정근로시간을 정한 경우

단체협약으로 소정근로시간을 정하는 경우가 있다. 예컨대, 배차시간 10시간 중 7시간 20분을 근로시간으로 2시간 40분을 휴게시간으로 규정하고 휴게시간은 근로자가 자유롭게 이용할 수 있도록 하는 것이다. 이러한 경우 법 제58조제1항에 의해 실제 근로를 얼마나 했는지[27)] 여부에 불구하고 단체협약으

---

24) 근기 01254-554, 1989.1.10. 사용자가 근로시간 중에 작업안전·작업능률 등 생산성 향상, 즉, 업무와 관련하여 실시하는 직무교육과 근로시간 종료 후 또는 휴일에 근로자에게 의무적으로 소집하여 실시하는 교육은 근로시간에 포함되어야 한다. 근기 01254-1137, 1988.1.25.

25) 근기 01254-4824, 1987.3.25.

26) 근기법 제58조제1항.

27) 휴게시간을 2시간 40분 미만으로 사용했는지.

로 정한 소정근로시간만을 근로한 것으로 보게 된다.

8) 조기 출퇴근시간 등

조기 출근한 경우, 조기 출근하지 않으면 임금을 감액하거나 복무위반으로 제재를 가하는 권리의무 관계라면 근로시간에 해당 될 것이나 그렇지 않다면 근로시간에 해당하지 않는다. 소정근로시간 이내라고 하더라도 지각, 조퇴, 결근, 업무면제 등에 의하여 실제로 근로를 제공하지 않은 시간은 근로시간에 포함하지 않는다. 그러므로 이와 같은 사유로 근로하지 못한 시간을 보충한다고 퇴근시간 이후에 그 시간만큼 계속근로하는 것은 연장근로가 아니다.[28)]

9) 출장시간

장기 출장업무 수행 중 당일 업무종료 후 지정된 현지숙소로 이동하는 시간이 어느 정도 자유로운 이용이 보장되어 있다면 근로시간으로 보기 어렵다.[29)]

10) 실제 일하지 않고 임금을 지급받은 시간

임금보전을 위하여 휴게시간이면서 근태기록상 근로시간으로 산정하여 임금을 산정하더라도 그 시간은 실제 근로시간이 아니다.

11) 전형적인 일숙직 근로

청사방호, 전화응대, 비상시 연락 등을 주로 하는 전형적 일숙직근로는 본래 업무와 별도로 부수적 근로계약이 체결된 자로 보아서 일숙직수당만 지급하고 근로시간에 포함하지 않는다. 그러나 통상 근로와 유사하거나 연장선에서 볼 수 있는 경우는 근로시간으로 간주한다.[30)]

---

28) 예를 들면, 09:00~18:00 소정근로시간 중 14:00~16:00 개인 용무로 외출을 하였고, 근로자가 부족한 근로시간을 채우기 위해 18:00~20:00 근로를 하여 외관상 09:00~20:00 근로하여 2시간을 초과 근로한 것으로 볼 수는 있으나 중도에 2시간 외출이 있으므로 실제근로시간은 8시간을 초과하지 않는다. 따라서 18:00~20:00 근로시간은 연장근로가 아니다. 만약 근로자가 18:00~22:00 4시간을 추가 근로했다면 8시간을 초과한 실제근로시간(20:00~22:00)은 연장근로가 될 것이나.

29) 근로기준과-4182, 2004.8.12.

30) 대판 93다46254, 1995.1.12 ; 근로시간정책-3230, 2007.10.25.

제9장 휴게시간

1. 개념정의

휴게시간(休憩時間)이라 함은, 근로자가 근로계약상 근로시간 중에 사용자의 지휘 감독으로부터 벗어나 근로제공의무에서 완전히 해방되는 시간을 말한다. 따라서 작업시간의 도중에 실제로 작업에 종사하지 않은 대기시간이나 휴식·수면시간 등이라 하더라도 그것이 자유로운 이용이 보장된 것이 아니고 실질적으로 사용자의 지휘·감독 속에 놓여있는 시간이라면 근로시간에 포함된다.[1] 사용자는 근로시간이 4시간인 경우에는 30분 이상, 8시간인 경우에는 1시간 이상의 휴게시간을 근로시간 도중에 주어야 한다.[2]

법의 취지대로 정확히 부여한 휴게시간은 근로시간에서 제외되므로 사용자는 단체협약이나 취업규칙 등에서 별도의 약정이 없는 한 그 시간에 대해 임금을 지급할 의무가 없다. 다만, 단체협약에 의해 휴게시간을 유급으로 정한 경우에는 그 시간을 소정근로시간에 포함하여야 한다.[3] 일단 유급으로 이용하던 휴게시간을 사용자가 일방적으로 무급으로 변경하는 것은 근로조건 저하에 해당하므로 취업규칙 불이익변경절차를 거쳐야한다.[4]

---

1) 대판 2006다41990, 2006.11.23. 24시간 격일제 경비원에게 최저임금 산정을 위한 1일 근로시간을 인정함에 있어 점심 및 저녁식사를 위한 휴게시간 2시간과 심야의 4시간 정도의 수면시간을 근로시간에서 제외한 원심판결을, 식사시간 및 심야시간의 구체적인 근무실태에 대한 심리미진 등을 이유로 파기.

2) 법 제54조제1항.

3) 근기 1455.9-7897, 1970.8.20.

4) 근로기준과-4222, 2005.8.12.

(1) 휴게시간의 자유이용

휴게시간은 근로자가 자유로이 이용할 수 있다. 노조법에서 "휴게시간 중 노동조합 활동이 시설관리상 목적을 해하지 않는 한 합법적"이라고 보는 것도 그 시간이 근로제공의무가 있는 근로시간이 아니라 자유로이 이용이 가능하기 때문이다. 그러나 다음시간의 작업을 위해 필요한 최소한의 범위 내에서 제약을 받는 것은 부득이 하다. 다만, 그 제약이 근로자가 사용자의 지휘·감독 아래 놓이는 정도에 이르면 근로시간이지 휴게시간으로 볼 수 없다. 휴게시간 중 작업장 밖으로 외출할 경우 관리자에게 허가를 받도록 하는 것처럼 복무관리 차원에서 최소한의 질서유지를 위한 관여는 무방하다.[5)]

근로자가 자유로이 이용할 수 없고, 실제로 사용자의 지휘·감독 아래 업무수행 또는 업무에 부수되는 근로를 제공하는 부수업무시간은 휴게시간으로 볼 수는 없다.[6)] 특히 부수적인 업무를 처리하는 시간[7)]이 업무시작·종료시간을 전후하여 이루어지고, 실제 사용자의 지휘·감독 아래 있는 경우는 근로시간으로 보아야 한다.[8)]

(2) 대기시간의 차이

휴게시간은 사용자의 지휘감독으로부터 벗어나 자유로이 사용할 수 있는 시간을 말한다. 대기시간은 작업을 위하여 사용자의 자휘감독아래 있는 시간으로서, 현실적으로 작업을 하지 않으면서도 사용자로부터 근로하지 않을 것을 보장받고 있거나 지휘감독으로부터 완전히 벗어난 상태가 아니라면 근로시간이다. 따라서 일거리가 없거나 작업물량이 잠시 단절된 경우 등 다음 작업을 위해 대기하고 있는 시간은 휴게시간으로 볼 수 없다.[9)]

운수회사의 근로자가 출근하여 퇴근시까지 어느 시간에 배차가 될지 불확실하여 사업장 내에서 어느 정도 자유롭게 대기 중일 경우에는 그 시간은 휴게

---

5) 해지 01254 5065, 1988.4.24 ; 법무 811-28682, 1980.5.15.
6) 근로기준과-3665, 2004.6.9 ; 근로기준과-2651, 2004.5.27.
7) 근무복을 갈아입는 시간, 작업노구 정리정돈시간, 인계인수 소요시간 등.
8) 대판 92다22770, 1993.3.9.
9) 근기법 제50조3항 단서. 법무 811-28682, 1980.5.15.

시간이라고는 볼 수 없다.[10] 다만, 자신의 운행시간과 대기시간을 명백히 알고 있어 그 대기시간을 자유로이 이용할 수 있다면 그 시간은 휴게시간으로 볼 수 있다.

예를 들면, 버스기사가 목적지 도착 후 귀환지점으로 출발시간까지 활용할 수 있는 여유시간이 본연의 작업이나 사용자의 지휘감독 없이 자유로이 이용할 수 있다면 휴게시간으로 보아야 한다. 근로계약상 휴게시간을 약정하면서, 손님이 없는 시간에는 적절하게 휴식하다가 실제로 손님이 오면 즉시 그 업무에 종사해야한다면 적절히 휴식하는 시간은 휴게시간으로 볼 수 없다.[11]

이러한 경우는 대기시간을 휴게시간이란 이름으로 약정한 것에 불과하다. 대기시간 중에 사업장밖으로 나갈 수 없지만 사용자의 지휘·감독을 벗어나 자유로이 이용할 수 있다면 이는 휴게시간으로 인정할 수 있다.

2. 휴게시간 부여

(1) 부여방법

휴게시간은 근로시간이 4시간인 경우 30분 이상, 8시간인 경우 1시간 이상의 휴게시간을 전체 근로시간 도중에 주어야 한다. 근로시간 도중에 주어야 하므로 작업 종료 후 또는 작업개시 전에 부여하거나 휴게시간만큼 출퇴근시간을 연장·단축하는 방법으로 부여해서는 안된다. 조문대로 해석한다면 “4시간인 경우 30분 이상”을 부여해야 하므로 근로시간이 4시간 미만인 경우는 휴게시간을 따로 부여 할 필요가 없다. 근로시간이 8시간 이상인 경우에는 4시간 단위로 30분의 휴게시간을 정확하게 부여해야 된다는 의미가 아니다. 8시간 이상인 경우 1시간 이상의 휴게시간을 부여하면 되지 그 이상으로 부여하는 것은 당사자간에 정할 나름이다.[12]

10) 근기 01254-12495, 1987.8.5.

11) 식당, 주유소, 목욕탕 등.

12) 예를 들면 09:00~17:00 근로하는 경우, 휴게시간을 포함한 총근로시간은 8시간이고 근로시간 도중에 반드시 30분 이상의 휴게시간을 의무적으로 부여해야 한다. 따라서 휴게시간을 감안하면 실제근로시간은 7.5시간에 불과하다. 그러나 09:00~18:00 근로하는 경우 총 9시간의 근로

휴게시간을 주는 방식에는 정함이 없다. 근무시간과 명백히 구분하여 휴게시간을 세분화하여 부여하더라도 휴게제도의 취지를 벗어나지 않는 한 법위반으로 보기 어렵다. 따라서 30분이나 1시간을 일괄하여 줄 수도 있고, 2시간마다 15분씩 짧게 나누어 줄 수도 있다. 다만, 너무 짧게 주는 것은 인간다운 삶을 보장하는 법 취지에 어긋난다.[13] 취업규칙 등에 식사시간과 휴게시간에 대해 별도로 작성한 바가 없다면 휴게시간을 식사시간으로 사용하게 한 경우도 무방하다.[14] 다만, 식사시간을 마치자마자 곧장 현장에 복귀하여 작업에 임한다면 이는 작업시간의 일부분이지 휴게시간이 아니다.

휴게시간은 반드시 전사원이 동일한 시간대에 사용하지 않아도 무방하다. 따라서 작업시간대별, 부서별 업무담당별로 차등을 두어 부여할 수도 있다. 다만, 작업시간과 휴게시간을 명백히 구분할 수 있고 사용자의 지휘·감독을 벗어나 자유로이 사용할 수 있어야 한다.[15]

근로자가 둘이상의 작업장에 걸쳐서 근로를 제공하는 경우, 뒤에 사용하는 사업장에서 소정의 휴게시간을 줄 의무가 있다. 이른바 「근로시간통산의 원칙」이라고 부르기도 한다.

연장근로시간에 포함된 휴게시간을 연장근로시간 산정기준에 포함하느냐 여부는 당사자간 약정에 의한다. 휴게시간을 연장근로시간에 포함된다는 취지로서 별도 약정을 하지 않았다면 포함해야 할 의무가 없다.

(2) 휴게시간 관련 근로조건 불이익변경

단체협약이나 취업규칙 등에 미리 정해 놓지는 않았으나, 관례적으로 평일 연장근로시에는 석식시간, 휴일근로시에는 중식과 석식시간에 대하여 자유롭게 휴게시간으로 부여하면서 이를 근로시간에 포함하여 유급으로 임금을 지급해오다가, 사용자가 일방적으로 임금을 지급하지 않는다면 이는 근로조건

인 경우는 근로시간 도중에 1시간 이상의 휴게시간을 부여해야 한다. 이때 실근로시간은 8시간이 된다.

13) 근기 68207-3307, 2002.12.2 ; 근기 01254-884, 1992.6.22.

14) 노정근 1455-4136, 1964.9.30.

15) 대판 92다14007, 1992.7.28.

저하에 해당되므로 취업규칙 등의 변경절차를 거쳐야 한다.[16] 실무에서, 평일 연장근로시간과 휴일 근로시 중식과 석식시간을 각 1시간씩 부여하여 왔으나 24시간 연속가동 하는 사업장의 특수성 때문에 식사만 마치면 곧바로 현장에 복귀하여 작업에 임하여 왔다. 사용자는 이러한 각 1시간씩을 휴게시간이 아니라고 보아 근로시간에 포함하여 임금을 지급해 왔다.

만일 사용자가 법적 규정대로 휴게시간을 엄격히 적용해야 한다고 하면서 그 동안 임금을 지급해 온 식사시간을 휴게시간으로 엄격히 부여하여 자유롭게 활용토록 하고, 그 시간을 근로시간에서 제외하여 임금을 지급하지 아니하더라도 사용자를 비난할 수 없다.

(3) 휴게시간으로 볼 수 없는 경우

1) 육아시간, 태아검진시간

사용자는 생후 1년 미만의 유아를 가진 여성근로자가 청구하는 경우, 1일 2회 각각 30분 이상의 유급수유시간을 주어야 한다.[17] 1일 근로시간이 4시간 이내인 경우는 1회로 충분하다. 유아를 가진 여성이면 기혼, 미혼, 생모, 양모 불문한다. 유아를 가진 근로자가 청구하는 수유시간은 휴게시간이 아니다. 따라서 사용자는 근로자가 청구하는 경우 유급으로 육아시간을 부여해야 한다. 이 밖에 사용자는 임신한 여성근로자가 모자보건법 제10조에 따른 임산부 정기진단을 받는데 필요한 시간을 청구하는 경우에도 유급으로 부여하여야 한다.[18]

2) 산업안전보건법상 조치에 따른 휴식시간

산업안전보건법상 유해·위험작업에 대해서는 유해·위험예방조치를 취하는 외에 근로자의 작업과 휴식의 적정한 배분, 기타 근로시간과 관련된 근로조건의 개선을 위한 조치를 하도록 규정하고 있다.

예를 들면 1시간동안 무거운 물건을 들고 10분을 쉬는 조치 등을 말하는데, 이 같은 시간은 근기법상의 휴게시간과는 별도의 시간으로 보아야 한다.

---

16) 근기법 제94조제1항 단서.
17) 근기법 제75조.
18) 근기법 제74조의2제2항.

산업안전보건법[19]에 따라 작업과 휴식의 적정한 배분이 필요한 작업은 다음과 같다.

1. 갱내에서 행하는 작업
2. 다량의 고열 물체를 취급하는 작업과 현저히 덥고 뜨거운 장소에서 행하는 작업
3. 다량의 저온 물체를 취급하는 작업과 현저히 춥고 차가운 장소에서 행하는 작업
4. 라듐, 방사선, 기타 유해방사선을 취급하는 작업
5. 유리, 토석, 광물의 분진이 현저히 비산하는 장소에서 행하는 작업
6. 강렬한 소음을 발하는 장소에서 행하는 작업
7. 착암기 등에 의해 인체에 강렬한 진동을 주는 작업
8. 인력에 의해 중량물을 취급하는 작업
9. 연, 수은, 크롬, 망간, 카드뮴 등의 중금속 또는 이황화탄소, 유기용제 기타 노동부령이 정하는 특정 화학물질의 분진, 증기 또는 가스를 현저히 발산하는 장소에서 행하는 작업

(4) 휴게시간의 적용제외

감시·단속적근로자로서 근로시간과 휴게, 휴일 적용 제외자로 인가를 받거나, 별도의 인가가 없어도 농업·임업·수산업·관리감독자·기밀업무취급자 등 법에 정한 업종에 해당하는 근로자는 업무의 특성상 휴게시간을 적용하지 않아도 무방하다.[20]

19) 산업안전보건법시행령 제32조의8제3항.
20) 근기법 제63조.

제10장 법정근로시간

1. 법정근로시간과 소정근로시간

근로자건강과 여가생활을 보장하기 위해 휴게시간을 제외한 순수한 근로시간으로서 1주 40시간 1일 8시간에 대한 근로시간의 한도를 법정근로시간 또는 기준근로시간이라고 한다. 이 경우 근로시간에는 사용자의 지휘·감독 아래 있는 대기시간 등을 모두 포함한다.[1] 법정근로시간은 초과하지 않으면 안되는 절대금지조항이 아니라 당사자 간 합의로 그 이상 근무시 연장근로수당 할증지급의 기준으로 작용한다.

법정근로시간의 한도 내에서 당사자가 일하기로 약정한 근로시간을 소정근로시간이라고 한다. 당사자는 단체협약이나 취업규칙 등의 형식으로 소정근로시간을 정할 수 있다. 소정근로시간은 월평균개념으로 산출한다.

따라서 주의 소정근로시간에 유급으로 합산되는 시간을 합산하여 이를 1년간의 평균주수[2]를 곱하여 12개월로 나눈다. 이 경우 유급주휴일은 소정근로시간에 산입하여야 한다.[3]

1. 주40시간제 : (40+8)×52주+8÷12개월=209시간
2. 연소자 : (35+7)×52주+7÷12개월=182.5시간

---

1) 근기법 제50조제1항, 제2항, 제3항.

2) 365일÷7=52주(52.1428…), 즉, 1일이 남아서 소정근로시간 (8시간 이내)을 더해준다.

3) 대판 90다카14758, 1991.6.28. 근로자에 대한 임금을 월급으로 지급할 경우, 월급통상임금에는 근로기준법 제45조 소정의 유급휴일에 대한 임금도 포함된다 할 것이므로, 월급통상임금을 월 소정근로시간수로 나누는 방법에 의하여 시간급통상임금을 산정함에 있어서는 월 유급휴일 해당 근로시간수도 월 소정근로시간수에 포함하여야 할 것이다.

(1) 주40시간제 도입과 근로시간단축

법이 개정[4]되면서 1주간의 법정근로시간을 주44시간→주 40시간으로 단축하고, 휴가제도를 조정하여 월차유급휴가를 폐지하는 대신 연차유급휴가일수를 20일→25일로 조정하는 한편, 1년 미만 근속자에게 매1월 개근시마다 1일의 연차유급휴가를 부여하고, 휴가사용 촉진조치[5]를 통해 사용자의 수당지출 부담을 줄일 수 있도록 하였다. 생리휴가를 무급화 하는 대신 근로자가 원할 경우만 사용하도록 하고[6] 탄력적근로시간제 등 근로시간 운용 폭을 1개월→3개월로 확대하였으며, 노사간 서면합의가 있는 경우 연장·야간·휴일근로에 대해 임금을 지급하는 대신 선택적보상휴가제[7]를 실시할 수 있도록 하고, 근로시간단축으로 인해 기존의 임금수준이나 시간급통상임금이 낮아지지 않도록 임금보전방안을 강구하도록 했다.

보전수당 신설, 기본급인상 등 임금보전방법에 관해서는 노사가 단체협약이나 취업규칙을 통해 임금항목이나 조정방법 등을 자율적으로 정할 수 있도록 하였다. 개정법은 사업장규모별로 상시근로자수에 따라 단계적으로 적용[8]해

---

4) 법률 제6974호, 2003.9.15.

5) 휴가 사용기간 만료일 3월전을 기준으로 10일 이내에 사용시기 지정촉구 등.

6) 근기법 제73조.

7) 근기법 제75조.

8) 개정법(법률 제6974호, 2003.9.15) 적용시기(법 부칙 제4조)

① 금융·보험·공공부문(정부투자기관, 지방공사 및 지방공단, 국가·지자체·정부투자기관이 자본금의 1/2 이상을 출연한 기관·단체와 그 기관·단체가 자본금의 1/2 이상을 출연한 기관·단체) 1,000인 이상 사업장 : 2004.7.1부터

② 300인 이상 2005.7.1부터, 100인 이상 2006.7.1부터, 50인 이상 2007.7.1부터 20인 이상 2008.7.1부터, 20인 미만 2011년까지 대통령령으로 정함.

③ 건설공사현장의 경우 2008.7.1부터 "각 소속회사의 상시근로자수"를 기준으로 하지 않고, "당해 건설현장의 총공사계약금액을 기준으로 산정한 상시근로자수"를 기준으로 판단하여, 그 수가 20인 이상이면 그 현장에서 종사하는 근로자 전체에게 일률적으로 주40시간제를 적용(법 부칙 제5조의2)

부칙에 정한대로 주40시간제 시행시기가 도래하지 않거나(20인 미만 사업장) 적용시기 이전이라도 조기적용을 신청하지 않은 사업장은 주44시간제 등[1일 8시간·주44시간, 1월 개근시마다 1일의 월차유급휴가, 유급생리휴가, 연차유급휴가(개근시 10일, 9할 이상 출근시 8일, 계속근로년수 1년마다 1일 가산, 20일 한도)]이 그대로 적용된다.

오다가 2011.7.1자로 전사업장에 주40시간제를 확대 적용했다.[9] 다만, 4인 이하 사업장은 근로시간에 관한 규정이 적용되지 않으므로 주 40시간 제한은 실질적으로 5인 이상 사업장에만 적용된다. 하나의 사업내에 사업장이 여러 개 있는 경우는 인사관리, 노무, 회계 등이 명확하게 독립적으로 운영되고 서로 다른 단체협약과 취업규칙의 적용을 받는 등 각각의 사업장이 독립성이 있는 경우를 제외하고는 여러 지역에 산재한 사업장을 하나의 사업으로 보아 각각 근로자수를 모두 합하여 상시근로자수를 산정한다.

① 개정법적용 이후에도 구 제도를 그대로 두는 경우

만약 개정법 적용 이후에도 과거 주44시간제에서 적용하던 단체협약이나 취업규칙이 변경되지 않은 경우는 개정법보다 상위의 근로조건을 정한 부분은 그대로 효력이 유지되지만 개정법보다 낮은 근로조건을 정한 경우는 무효가 된다. 즉, 주44시간제 아래서 적용하던 연·월차유급휴가, 유급생리휴가, 연장근로한도 및 할증율 등의 규정이 그대로 존재하는 경우는 그 규정이 개정법에 우선하여 효력을 가진다.

(2) 법정근로시간의 적용

법은 1주를 휴일을 포함한 7일로 명시하고, 1주간의 기준 근로시간을 40시간으로, 1일 기준시간을 8시간으로 정하고 있다. 실제근로시간이 기준시간을 초과하는 경우는 그 자체로 법위반이 된다.

법은 탄력적·선택적 근로시간제 등 법정근로시간 유연화제도나 일정요건 아래서 연장근로 등 예외를 허용하고 있는데 이 경우도 법이 정한 도입요건에만 부합된다면 법위반이 아니다.

기준시간은 1일과 1주간의 근로시간의 한도를 정한 것일 뿐이며 주간 소정근로일수를 정한 것도 아니다. 따라서 개별 기업의 당사자는 1일 8시간과 1주 40시간을 초과하지 아니하는 범위 내에서 1주간의 소정근로일수를 4일, 5일 또는 6일로 정할 수 있는 것이며, 근로시간을 기준으로 개별 기업의 근로형태

---

9) 부칙 제2조제6호(2010.12.29 개정).

를 감안하여 월 소정근로일수를 정할 수도 있다. 자세한 사항은 다음에 나오는 "주40시간제 아래서 근로시간 편성"에서 살펴본다.

1) 일반근로자의 경우

법정기준시간은, 휴게시간을 제외하고 1주 40시간과 1일 8시간을 초과 할 수 없도록 하고 있다. 당사자의 합의가 있는 경우 주 12시간까지 연장근로를 할 수 있다. 이 밖에 사용자는 자연재해와 재난관리법에 따른 재난 또는 이에 준하는 사고수습하기 위해 연장근로가 불가피한 경우 고용부장관의 인가와 근로자 동의를 받아 주 12시간 한도를 초과하여 연장근로를 할 수도 있다.[10] 유해, 위험사업[11]은 휴게시간을 제외하고 1일 6시간, 1주 34시간을 초과하여 근로를 할 수 없다. 이는 업무의 특성상 근로자의 생명을 보호하기 위한 절대적인 금지조항으로 산업안전보건법 제46조에 규정되었다.

2) 여성근로자

18세 이상 여성과 임신 중인 여성, 산후 1년 미만인 여성의 기준근로시간은 일반근로자와 동일하다. 다만, 18세 이상 여성은 당사자 합의시 주 12시간을 한도로 연장근로를 할 수 있고, 예외적으로 주 12시간 한도를 초과하여 연장근로를 할 수도 있다. 임신 중인 여성은 모성보호를 위해 연장근로가 절대 금지된다. 산후 1년 미만 여성은 당사자의 합의, 단체협약 등이 있더라도 1일 2시간, 1주 6시간, 1년 150시간을 초과할 수 없다.[12]

3) 연소자

15세 이상 18세 미만 연소자는 정신적, 신체적으로 근로할 능력이 부족하고 정상적인 교육을 이수하지 않았다. 따라서 휴게시간을 제외하고 1일 7시간, 주 35시간을 초과하지 못한다. 다만, 당사자의 합의로 1일에 1시간, 주 5시간

---

10) 근기법 제53조제1항, 제3항, 시행규칙 제9조. 다만, 사태가 급박하여 인가를 받을 시간이 없는 경우는 사후에 지체없이 승인을 얻어야 한다. 고용부장관은 급박한 사태의 근로시간의 연장이 부적당하다고 판단되면 연장시간에 상당하는 휴게시간이나 휴일을 부여하도록 명령할 수 있다.

11) 잠수, 잠함 고기압작업.

12) 근기법 제71조.

을 한도로 연장근로 할 수 있다.[13)]

연장근로에 있어서 당사자의 합의라 함은, 근로계약이나 개별적인 당사자의 동의를 뜻한다.

(3) 1일 8시간

1일은 원칙적으로 오전 0시부터 오후 12시까지의 하루, 이른바 역일상 24시간을 말한다. 업종과 서비스 시간 등에 따라 다를 수 있지만, 통상기준근로시간은 오전 09:00~18:00까지 시간 중 휴게시간을 제외한 8시간을 뜻한다. 1일의 기준근로시간을 초과하여 철야로 근로함으로써 근로가 역일을 달리하여 2일에 미치는 경우에는 이를 1일 근무로 취급하여 시업시각이 속하는 날의 근로에 대한 연속으로 보아야 한다. 그러나 익일 시업시간 이후에까지 미치는 경우 그 시간은 별도로 익일의 근로시간으로 보아야지 전일의 계속된 연장근로로 볼 수는 없다. 익일 시업시각 이후의 근로는 근로계약·취업규칙 등에 의하여 당초 근로제공의무가 있는 소정근로이므로 이를 전일 근로의 연장으로는 볼 수 없다.[14)]

예를 들면 09:00~19:00까지 9시간을 정상근로하는 사업장에서 긴급한 작업량으로 인해 09:00~익일 10:00까지 근로한 경우, 09:00~18:00까지 8시간을 초과하여 18:00~익일09:00까지(중간에 24:00~04:00까지 4시간 휴게시간부여) 11시간에 대해서는 가산임금을 지급하고 이와 별도로 22:00~06:00까지 시간대 중 실제 근로한 4시간에 대해서는 야간근로수당을 지급해야 한다. 그러나 다음날 시업시간에 걸쳐 근로한 09:00~10:00까지는 연장근로로 볼 수 없으므로 시간급임금만 지급하면 된다.

---

13) 근기법 제69조.

14) 주휴일에 시작된 근로가 역일을 달리하여 계속되어 익일의 소정근로시간 종료 후 퇴근한 경우, 그 익일의 소정근로 시업시각 전까지는 전일(휴일)근로의 연장으로 보아 근로기준법 제56조에 의한 휴일근로수당(연장 및 야간근로에 해당되는 경우 동조에 의한 연장·야간근로수당은 각각 별도로 산정한다)을 지급하여야 한다. 그러나 월요일 시업시각 이후의 근로는 이를 전일의 휴일근로 및 연장근로로 볼 수 없다(근기 68207-4, 2003.3.31).

(4) 1주 40시간

1주간이라는 개념은 반드시 달력상 일요일부터 토요일까지라고 볼 것이 아니다. 단체협약이나 취업규칙에 정한 경우는 특정일로부터 계산을 시작하여 휴일을 포함한 7일간을 1주일로 계산하면 되고, 별도로 정하지 않았다면 일요일부터 토요일까지 역일에 따른 7일간으로 보는 것이 합리적이다. 사용자는 근로자에 대하여 1주일에 평균 1회 이상의 유급휴일을 주도록 되어 있으므로,[15] 1주 40시간의 기준은 실제 1주일 단위의 기간 중 6일간의 근로에 대해서만 적용된다. 2018.7.1부터 1주란 휴일을 포함한 7일을 말한다(근기법 제2조1항7호)고 정하여 법정휴일, 약정휴일에 근로한 시간은 모두 1주 전체 근로시간에 산입한다. 즉 개정법은 휴일근로가 연장근로에 해당한다고 규정한 것이 아니라 1주 40시간, 1주 연장근로한도 12시간에 1주 7일속에 포함된 휴일근로시간도 포함되는 점을 명확히 한 것이다. 휴일근로는 무조건 연장근로가 아니라 1주 40시간을 초과해 이루어지는 휴일근로만이 연장근로에 해당한다. 다만, 개정법은 휴일근로에 대해서는 연장근로수당의 가산포함(제56조1항)의 적용을 배제하고 1일 8시간 이내의 휴일근로는 통상임금의 50%, 1일 8시간을 초과한 휴일근로에 대해서는 통상임금의 100분의 100이상을 가산 지급토록 했다.[16]

1) 주40시간제 근로시간 편성

주40시간제의 경우, 이른바 주5일제는 아니다. 월요일부터 토요일까지 혹은 특정 요일로부터 특정요일까지 6일간 1일 8시간을 초과하지 않는 범위 내에서 총 40시간 이내로 다음과 같이 편성할 수도 있을 것이다.

1. 월요일부터 금요일까지 5일간 1일 7시간 총 35시간, 토요일 5시간, 일요일은 유급주휴, 합계 40시간,

2. 월요일부터 금요일까지 5일간은 1일 8시간, 토요일은 무급휴무일, 일요

15) 근기법 제55조.

16) 근기법 제56조 즉 주 40시간을 초과한 휴일근로는 연장근로지만 가산임금에 대해서는 휴일근로수당만 지급되어서 중복할증은 없다.

일은 유급주휴일, 합계 40시간(이른바 주5일근무제)

3. 월5, 화5, 수8, 목8, 금8, 토6시간, 일요일 주휴, 합계 40시간

4. 월 휴무, 화 주휴일, 수8, 목8, 금8, 토8, 일8, 합계 40시간 등 여러가지 형태로 편성할 수도 있다.

2) 주 40시간을 초과한 근로

당사자간 합의 없이 1주 40시간을 초과하여 근로시킨 경우는, 법에서 초과근로를 허용하는 경우[17]를 제외하고 2년 이하의 징역 또는 1,000만원 이하의 벌금에 처해지고, 형사처벌과 별도로 초과된 근로시간에 대해서는 통상임금과 가산금을 지급해야 한다. 이 경우에는 근로자가 주 12시간을 초과하는 연장근로에 대해 노사관행 등은 고려할 수 없다. 법 제50조의 위반에 대한 죄의 수(數)는 근로자 1인에 대한 위반으로 1죄가 성립한다. 다만, 합의는 그때마다 할 필요는 없고 단체협약이나 취업규칙 개별근로계약으로 미리 정하여 일률적으로 시행할 수 있다. 그러나 단체협약으로 정했다고 해도 개별근로자가 반대할 경우는 연장근로를 시켜서는 안된다. 즉, 동의란 개별근로자의 자율적인 의사에 기초를 두어야 한다.

3) 주40시간제에서 휴무일

주 40시간 적용사업장에서 주5일근무제 형태를 도입할 경우, 소정근로일인 5일을 제외한 2일 중 1일은 유급주휴일로 되고 1일은 별도의 약정이 없다면 노무제공의무와 노무수령권이 없는 무급휴무일이 된다. 이때 무급휴무일을 유급으로 할 것인지 무급으로 할 것인지, 약정휴일로 하면서 유급휴일로 하는지 무급휴일로 할 것인지는 당사자가 정할 문제다.

만약 2일 중 무급휴일에 취업규칙 등으로 정한 유급휴일이 중복된 경우 그 중복된 날은 유급휴일로 보아야 한다.[18] 다만, 6일간 총 40시간을 한도로 편성한 경우, 연장근로를 포함하여 총 52시간 이내로 근로하도록 편성한 경우는

17) 법 제53조제1항, 당사자간 합의가 있는 경우에는 1주간에 12시간을 한도로 제50조의 근로시간을 연장할 수 있다.

18) 근로기준과-1270, 2004.3.13.

휴무일이 없으므로 고려할 사항도 아니다. 휴무일은 근로제공의무가 없는 날로 그날에 근로를 하였을 경우는 당일 소정근로시간에 대한 통상임금을 지급하면 되지 휴무일 가산임금 등은 해당하지 않는다.

다만, 당일 8시간을 초과했거나, 당일을 포함한 주 전체 근로시간이 40시간을 초과한 경우는 초과한 시간만큼 가산임금을 지급해야 한다.[19)]

2. 실근로시간

현장에서 노사간 근로계약이 없거나, 계약서가 있어도 실제근로시간과 맞지 않은 경우, 관례상 서면표기 없이 당일 작업종료시까지 근로하는 경우 등 노무관리가 취약한 부분이 다수 있다. 이러한 경우 실제근로시간이 법정근로시간을 초과하는지 여부가 법위반 문제로 비화되거나, 임금·수당 등의 정확한 판단을 위한 실근로시간의 산정이 필요한 경우가 있다. 「실근로시간」은 전체근로시간 중 휴게시간을 제외하고, 주휴일, 유급으로 보는 시간 등 유급으로 처리되는 시간을 합산한다. 근로시간에는 작업 전 준비 및 작업종료 후 정돈시간 등 근로시간에 부수된 시간이 단체협약, 취업규칙, 근로계약 등으로 의무화되어 있거나 사실상 사용자의 지휘감독 속에 있는 경우는 전체근로시간에 포함한다. 근로기간이 1년을 초과하는 경우는 월평균 개념으로 산출이 가능하지만, 1년에 미달하는 경우는 1일 또는 주당 평균근로시간으로 산정한다.

1일 9시간 근로한 경우를 가정한 실근로시간 산출방식은 다음과 같다.

1. 7일 미만 근로 : 6일×9.5시간[8+(1×1.5)]÷6일=1일 9.5시간
2. 7일 이상 근로 : 7일×9.5시간[8+(1×1.5)]+주휴일 8시간=주 74.5
3. 24일 근로 : 24일×9.5시간[8+(1×1.5)]+주휴일 24시간(24일÷7=3.4, 3×8)=252시간

---

19) 토요일 근무에 대한 임금산정요령.
① 무급휴무일 : 근로제공시 시간급임금 100%+주 40시간 초과(혹은 1일 8시간 초과)시 연장근로 가산임금(50%)
② 무급휴일 : 근로제공시 시간급임금100%+휴일근로 가산 50%
③ 유급휴일 : 일하지 않아도 지급하는 유급 100%+시간급임금100%+휴일근로 가산 50%, 유·무급휴일에 8시간을 초과한 근로에 대해서는 별도의 가산임금(50%)을 산정해야 한다.

4. 2개월 근로 : 48일(24일×2개월)×9.5시간[8+(1×1.5)]=456시간+64시간[주휴일 8일[20](365/12/7=월 평균4.3주×2개월)×8시간]=520시간

3. 파견 및 건설현장 근로자

(1) 파견근로자에 대한 주40시간제 적용

1) 근로기준 이행책임 구분

파견법 제34조제1항에 의하면, 파견중인 근로자의 파견근로에 관하여는 파견사업주 및 사용사업주를 근기법 제2조의 규정에 의한 사용자로 보아 동법을 적용한다. 다만, 같은법 제15조부터 제36조까지, 제39조, 제41조부터 제48조까지, 제56조, 제60조, 제64조, 제66조부터 제68조까지 및 제78조부터 제92조까지의 규정[21]의 적용에 있어서는 파견사업주가 책임을 지고, 같은법 제50조부터 제55조까지, 제58조, 제59조, 제62조, 제63조 및 제69조부터 제75조까지의 규정[22]의 적용에 있어서는 사용사업주를 사용자로 본다. 일상적이고 중요한 사항만 간추리면 다음과 같다.

① 파견사업주의 책임

파견사업주는 파견근로자에 대하여 소정근로시간에 대한 임금지급의무, 연장·야간·휴일근로에 대한 가산임금 등 지급의무, 연차유급휴가부여 및 근로수당지급, 월차유급휴가에 대한 임금지급 등의 책임을 지고, 퇴직금 등의 금품청산의무가 있다.[23]

---

20) 엄격히 산정하면 8.6일이다.

21) 근로계약, 근로조건명시, 단시간근로자의 근로조건, 근로조건위반, 해고제한, 부당해고구제명령, 이행강제금, 퇴직금제도, 금품청산, 사용증명서, 근로자명부, 계약서류보존, 임금지급책임, 휴업수당, 근로시간 중 연장·야간·휴일근로, 연차유급휴가, 여성과 소년의 최저연령과 취직인허증, 연소자증명서, 연소자근로계약, 임금청구, 재해보상전반.

22) 근로시간, 탄력적근로, 선택적근로, 연장근로제한, 휴게시간, 휴일, 근로시간 계산의 특례, 근로시간 및 휴게시간의 특례, 유급휴가의 대체, 근로시간·휴게·휴일적용제외, 연소자근로시간, 연소자 여성의 야간근로와 휴일근로제한, 임산부시간외근로, 갱내근로의 금지, 생리휴가, 임산부의 보호, 육아시간.

23) 연차유급휴가의 경우 1년 이상 근무한 근로자에 한해 그 지급책임이 발생하므로 근로계약의 당

② 사용사업주의 책임

사용사업주는 파견근로자에 대해 소정근로시간과 연장·야간·휴일근로 투입 등 노무수령과 관련한 근로시간 관리, 월차유급휴가부여, 생리휴가부여, 휴게시간 부여, 휴일부여, 유급휴가대체, 법규정을 위반한 연장근로시간 등에 대한 수당지급 책임을 진다.

파견근로자의 근로시간수, 월차유급휴가일수, 생리휴가 유급여부는 사용사업주를 기준으로 결정하고, 근로시간 보호, 월차유급휴가·생리휴가부여의무도 사용사업주에게 있다.

(2) 건설현장의 주40시간제

건설업체의 경우 일반사업장과 동일하게 근로시간을 적용한다. 상시근로자수를 산정[24)]하여 법규정의 적용여부를 판단한다.

관련공사의 총공사계약금액×해당년도 노무비율/해당 연도의 건설업 월평균임금×조업월수로 산정한다. 노무비율과 건설업 월평균임금은 「고용보험 및 산업재해보상보험의 보험료징수 등에 관한 법률 및 동법시행령」에 의거 매년 고용부장관이 고시한다.

사자인 파견사업주에게 책임이 있다.

24) 근기법 제11조제3항, 영 제7조의2.

〈법정근로시간 요약표〉

근로자	기준 근로시간 (단위 : 시간) 1일	기준 근로시간 (단위 : 시간) 1주	연장근로 (통상임금 50% 가산)	야간 · 휴일근로 (통상임금 50% 가산)	근로시간 신축운영
일 반 근로자	8	40	〈원 칙〉 1주 12시간 한도 – (당사자 합의) ※ 탄력 · 선택 : 연장 가능 (1주 12시간한도)→수당지급 〈예 외〉 특별사정(자연재해) – 1주 12시간 초과 (노동부장관 인가, 근로자 동의) 특별사업(운수업 등) – 1주 12시간 초과 (근로자대표와 서면합의)	허 용	〈탄력적근로시간제〉 2주단위 주당최고 48시간, 연장 주 12시간 – 취업규칙(1일 20시간까지 근로 가능) – 근로자대표와서면합의 →3월단위 주당 최고 52시간(1일 12시간) : 근로자대표와서면합의 · 주당최고 64시간 근로 ※사용자에게 임금보전방안 강구의무 있음(훈시적). 〈선택적 근로시간제〉 1월단위 – 근로자대표와 서면합의 ※사용자에게임금보전방안 강구의무 없음.
여성근로자 18세 이상	8	40	〃	허 용 (당사자 동의)	〃
여성근로자 임산부	8	40	산부(산후 1년 미경과) – 단체협약이 있더라도 1일 2시간, 1주 6시간, 1년 150시간 초과 불가 임부 – 시간외근로 금지	〈원 칙〉 야간근로 금지 〈예 외〉 산부(산후1년 미경과) – 근로자 동의와 노동부장관 인가시 야간근로 허용 임부 – 근로자의 명시적 청구와 노동부장관 인가시 야간근로 허용	탄력 –임부는 적용 배제
연소자 (15세~18세)	7	35	1일 1시간, 1주 5시간 한도 (당사자 합의)	야간근로 금지 – 단, 근로자 동의와 노동부장관 인가시 허용	탄력 : 적용 배제 선택 : 적용 배제

제11장 연장근로

1. 연장근로 한도

연장근로란 법정기준근로시간을 초과한 근로시간을 말한다. 근기법에서는 법정기준근로시간과 연장근로시간을 대상별로 각각 다르게 정하고 있다.

*첫째, 18세 이상 일반남녀의 경우는 1일 8시간, 1주 40시간을 법정기준으로 정하고, 주 12시간[1]까지 연장근로를 할 수 있도록 정하고 있다.[2]

*둘째, 15세 이상 18세 미만자[3]의 경우는 1일 7시간, 주 35시간을 법정기준시간으로 정하고, 1일 1시간, 1주일에 5시간을 한도로 연장근로를 할 수 있도록 정하고 있다.[4]

*셋째, 산후 1년 미만인 근로자는 1일 8시간, 1주 40시간을 법정기준으로 정하고, 단체협약이 있더라도 1일 2시간, 1주일 6시간, 1년에 150시간을 초과하여 연장근로를 할 수 없다.[5] "단체협약이 있더라도"란 당사자간 합의 또는 근로자대표와 서면합의가 있거나 단체협약으로 달리 정했다고 하더라도 연장근로시간의 법적한도를 초과할 수 없다는 것이다.

드물지만 출산 후 1년 미만 여성이 18세 미만 연소자인 경우는 본인에게 유리한 규정을 적용, 1일 1시간 주 5시간의 한도를 적용하지 않고, 1일 2시간,

---

1) 법 부칙 제6조제1항에 의거, 주40시간제 도입사업장의 경우는 3년간 주 16시간까지.
2) 근기법 제50조, 제53조제1항.
3) 15세 미만으로 취직인허증을 발급받은 자 포함.
4) 근기법 제69조.
5) 근기법 제71조.

1주에 6시간, 1년에 150시간 한도를 적용한다.

*넷째, 육상운송, 파이프라인 운송(노선여객 운송사업 제외), 수상 및 항공운송업 기타 운송관련 서비스업, 보건업은 공중의 편의와 업무의 특성으로 인해 법으로 정한 사업은 근로자대표와 서면합의를 한 경우 법 제53조제1항에 따른 주 12시간 연장근로 한도를 초과하여 그 이상으로 연장근로를 할 수 있고, 휴게시간을 변경할 수 있다. 이 경우 연장근로 상한에 대해서는 법으로 정한 바 없다. 다만, 근로일 종료후 다음 근로일 개시전까지 11시간 이상의 휴게시간을 부여하여야 한다(2018.9.1부터).

*다섯째, 사용자는 자연재해와 재난관리법에 따른 재난 또는 이에 준하는 사고수습을 하기 위해 연장근로가 불가피한 경우 고용부장관의 인가와 근로자 동의를 받아 주 12시간 한도를 초과하여 그 이상으로 연장근로를 할 수도 있다.[6] 사태가 급박할 경우 우선 연장근로를 시행하고 사후에 지체없이 승인을 받아야 한다. 다만, 장관은 사용자의 급박한 연장근로가 부적당하다고 판단할 경우 그 후 연장시간에 상당하는 휴게시간을 명할 수 있다. 이 경우 연장근로 상한에 대해서는 법으로 정한 바 없다.

다만, 임신 중인 여성,[7] 위험·유해작업 종사자[8]는 연장근로가 금지되므로 임신 중인 여성은 주 40시간 1일 8시간, 위험·유해작업 종사자는 1일 6시간 주 34시간을 초과하여 근로할 수 없다. 아울러 임신 중인 여성의 근로시간이 기준시간을 초과하지 않으면서 단지 근로시간대가 야간(22:00~06:00) 및 휴일에 해당하는 경우에는, 임신 중인 여성 본인이 사용자에게 명시적으로 청구할 경우 고용부장관의 인가를 받아야만 근로할 수 있다. 여기서 휴일은 법정휴일만을 뜻한다.

약정휴일에 근로할 경우는 본인의 동의만 필요하고 장관의 인가는 불필요하다.

---

6) 근기법 제53조제1항, 제3항, 시행규칙 제9조, 다만, 사태가 급박하여 인가를 받을 시간이 없는 경우는 사후에 지체없이 승인을 얻어야 한다. 고용부장관은 급박한 사태의 근로시간의 연장이 부적당하다고 판단되면 연장시간에 상당하는 휴게시간이나 휴일을 부여하도록 명령할 수 있다.

7) 근기법 제74조제5항, 임신 중인 여성은 당사자간 합의연장근로(법 제53조제1항), 긴급한 경우 연장(법 제53조제3항), 특례연장(법 제59조) 등 어떤 경우에도 연장근로를 할 수 없다.

8) 산업안전보건법 제46조.

2. 연장근로 가산임금

연장근로시간에 대해서는 시간급통상임금의 50% 이상을 가산하여 지급해야 한다.[9] 사용자는 연장근로 뿐 아니라 야간근로, 휴일근로에 대하여도 통상임금의 50% 이상을 각각 가산지급 하여야 한다.

단체협약이나 근로계약, 취업규칙 등 당사자간의 약정으로 연장근로시간의 계산법이나 가산임금 지급률을 법정기준과는 다르게 약정할 수는 있으나 기준 이상으로 정하는 것은 자유이지만 그 이하로 정할 수는 없다. 다만, 기준시간의 범위 내에서 당사자간 일하기로 약정한 시간이 기준시간 미만인 경우, 실제 근로한 시간이 소정근로시간을 초과하지만 기준시간을 초과하지 않는 경우, 소위 법내초과근로의 경우는 단체협약이나 취업규칙, 근로계약 등으로 달리[10] 정하지 않는 한 가산임금을 지급할 의무는 없다.[11] 이때 법내초과근로에 대해 가산임금 지급하기로 약정했을 경우에도 그 지급률을 시간급통상임금의 50% 미만으로 지급하더라도 법위반이라고 할 수 없다.

가산임금을 지급하는데 있어서 실제근로시간이 기준시간을 초과하기만 하면 법률상 원인이나 적법[12]한지 여부를 묻지 않고 지급의무가 있다. 근로시간은 실제 사용자로부터 사용종속관계에서 지휘·구속받은 시간을 대상으로 계산하므로 사용자의 지휘감독을 벗어나 자유로운 휴게시간, 대기시간 등은 전체 근로시간에서 제외한다. 휴일에 근로한 경우 그 시간은 주단위 소정근로시간에 포함한다. 다만, 휴일근로시간이라도 1일 8시간을 초과한 근로시간은 주단위 소정근로시간에 포함하여 연장근로로 본다. 법으로 정한 연장근로는 다

---

9) 근기법 제56조.

10) 예) 18세 이상 남자에 대해 소정근로시간을 7시간으로 정해 두고, 8시간을 근로한 경우 1시간에 대해 시간급통상임금의 50%를 가산임금으로 지급.

11) 대판 94다18553, 1995.6.29 예를 들면, 성인남자가 시간급 5,000원으로 1일 6시간을 근로하기로 약정했으나 실제근로시간이 8시간인 경우 당사자간 약정이 없다면 초과근로 2시간에 대해 시간급통상임금의 100%만 지급(8시간×5,000원)하고 가산임금(시간급통상임금의 50% 이상)을 지급(2시간×0,5)하지 않아도 법위반이 아니다. 다만, 가산임금을 지급하기로 약정했을 경우에도 그 가산율을 50% 미만으로 정하더라도 법위반이 아니다. 그러나 8시간 이상을 근로하였을 경우는 약정에도 불구하고 반드시 가산임금을 지급해야 한다.

12) 예를 들면, 주 12시간의 한도를 넘어 25시간을 연장근로 시킨 경우.

음과 같다.[13)]

1. 당사자간 합의아래 이루어지는 주 12시간[14)] 이내의 일반적인 연장근로, 2. 탄력적·선택적 근로시간제에서 당사자간 합의에 의한 주 12시간 이내의 연장근로, 3. 법으로 정한 업종에서 당사자간 합의에 의한 특례연장근로, 4. 천재지변 기타 불가피한 사유가 발생한 경우 등 특별한 사정이 있는 경우에 고용부장관의 인가와 근로자의 동의를 얻어 법 제53조제1항과 제2항에서 정한 연장근로시간(주 12시간 이내)에 더해 다시 연장할 수 있는 인가연장근로로 분류할 수 있다.

〈대상별 연장, 야간, 휴일근로 요건〉

구 분	법정근로시간	연장근로	야간근로 (22:00~06:00)	휴일근로	갱내근로
남 성	1일 8시간 1주 40시간	1주 12시간 당사자 합의	제한없음	합 의	제한없음
여 성	〃	〃	본인동의	본인동의	일부허용
임신중인 여 성	〃	금 지	명시적청구 장관인가	명시적청구 장관인가	〃
산후 1년 이하인자	〃	1주 6시간, 1일 2시간 1년 150시간 당사자 합의	본인동의 장관인가	본인동의 장관인가	〃
18세 미만 남 여	1일 7시간 1주 35시간	1주 5시간, 1일 1시간 당사자 합의	본인동의 장관인가	본인동의 장관인가	〃
유해 · 위험 작 업	1일 6시간 1주 34시간.	금 지	–	–	–

1. 18세 미만에는 15세 미만으로 취직인허증을 받은 사람 포함

3. 연장근로 형태

(1) 일반적인 연장근로

통상 연장근로는 당사자간 합의가 있는 경우에 1주간에 12시간을 한도로 1일 8시간, 주 40시간을 초과하여 연장할 수 있다. 즉, 주 52시간[15)]까지 근로

13) 근기법 제53조제1항, 제2항, 제3항, 제59조.

14) 주40시간제 적용사업장의 경우 시행(도입)일로부터 3년간은 주 16시간 이내.

15) 1주는 휴일을 포함한 7일을 의미하므로 1주 중 약정(법정)휴일, 휴무일 등에 근로한 시간을 모두 합산하여 주52시간 초과여부를 판단한다.

시간을 연장하는 것이 허용된다. 또한 당사자간 합의로 탄력적근로시간제를 도입한 경우와 선택적 근로시간제를 도입한 경우에도 1주간에 12시간을 한도로 근로시간을 연장할 수 있다.

(2) 탄력적근로시간제에서 연장근로

1) 2주 이내

사용자는 취업규칙 또는 근로계약, 근무규정 등 취업규칙에 준하는 것으로 정하여 2주 이내의 일정한 단위기간을 평균하여 1주간의 근로시간이 주 40시간을 초과하지 않는 범위 내에서, 특정주에 40시간을 특정 일에 1일 8시간을 초과하여 근로할 수 있지만, 특정주에 48시간을 넘을 수가 없다. 취업규칙을 불이익하게 변경하는 것이 아니므로 2주 이내의 탄력적근로시간제를 도입하는 데는 근로자의 합의를 받을 필요는 없으나 10인 이상 사업장의 경우는 취업규칙 제정·변경절차에 따라 과반수 노동조합 또는 근로자과반수의 의견을 들을 필요가 있다. 2주 이내의 탄력적근로시간제를 채택한 사업장에서 업무상 연장근로가 필요한 경우, 당사자간 합의만 있다면 1주간에 12시간을 한도로 총 60시간까지 근로할 수 있다.[16)]

2) 3개월 이내

3개월 이내(주44시간제의 경우 1개월 이내)의 탄력적근로시간제의 경우, 사용자는 근로자대표와 서면합의에 의해, 대상근로자의 범위와 3월 이내의 일정한 단위기간, 단위기간에 있어서 근로일 및 근로일별 근로시간, 서면합의의 유효기간을 정한 때는, 3월 이내의 단위기간을 평균할 때 1주 40시간을 초과하지 않으면서 특정주에 40시간을 특정일에 8시간을 초과하여 근로할 수가 있다. 다만, 특정주에는 52시간, 특정일에는 12시간을 각각 초과해서는 아니된다. 그러나 당사자간 합의가 있다면 특정주에 12시간을 한도로 연장근로를 할 수 있다.

---

16) 근기법 제51조제1항, 제53조제2항, 예를 들면, 2주단위에서는 1주차 36시간, 2주차 44시간으로 수당 평균 40시간일 때, 당사자간 합의가 있다면 1주차는 48시간, 2주차는 56시간까지 주당 12시간을 한도로 연장근로 할 수 있다. 이때 특정주의 소정근로시간을 48시간으로 정한 상태에서 연장근로를 합의한다면 최대 60시간까지 연장근로가 가능하다.

즉, 특정주에 최대 64시간(52+12)시간까지 근로할 수가 있다.[17)]

이와 같이 탄력적근로시간제를 적용하는 사업장에서도 2주단위는 특정주에 48시간을 넘는 근로시간과 단위기간을 평균할 때 주 40시간을 넘는 근로시간, 3월 이내는 특정주에 52시간과 특정일에 12시간을 각각 초과한 근로시간과 단위기간을 평균할 때 주 40시간을 넘는 근로시간은 연장근로에 해당한다. 다만, 15세 이상 18세 미만 연소자와 임신 중인 여성은 탄력적근로시간제를 적용할 수 없다.[18)]

☞ 탄력적근로시간제에 대한 이해

법 제51조제2항에 의하여, 근로자대표와 서면합의로 1개월단위 탄력적근로시간제를 도입하는 경우를 살펴보면, 1월간의 단위기간을 평균하여 1주간의 근로시간이 40시간을 초과하지 아니하는 범위 내에서 특정주의 근로시간은 52시간을, 특정일의 근로시간은 12시간을 초과할 수 없다. 또한 법 제53조제2항에 의하면 "당사자간의 합의가 있는 경우에는 1주간에 12시간을 한도로 제51조의 근로시간을 연장할 수 있다"고 규정하고 있으나 1일의 연장근로에 대하여는 별도로 규정하고 있지 아니하다. 따라서 1개월단위 탄력적근로시간제하에서 1주간의 최장근로시간은 64시간(52시간+12시간)이 될 수 있다. 다만, 1일의 연장근로시간은 제한하고 있지 아니하므로 1주간의 근로시간을 특정 1일에 모두 연장 근로할 수 있다. 즉, 특정1일은 연장근로시간을 포함하여 20시간까지 근로가 가능하다. 탄력적근로시간제는 법정근로시간을 일정한 조건하에 변형할 수 있도록 법률로 인정하는 제도이므로 1월간의 단위기간을 평균하여 1주간의 근로시간이 40시간을 초과하지 아니하는 범위 내에서 편성한다면, 특정주에 40시간, 특정일에 8시간을 넘어 근로하더라도 초과된 부분은 시간외 근로에 해당하지 아니한다. 다만, 사전에 편성된 특정 일, 특정주에 정하여진 소정근로시간(예) A일 10시간, A주 50시간)을 초과하여 근로(예) A일 22시간, A주 62시간)한 경우 그 초과된 근로시간(예) 12시간)은 연장근로로서 할증임금 지급대상이 되며 그 근로시간 중 일부 또는 전부가 야간 및 휴일 근로에 해당될 경우에는 별도의 가산임금을 지급해야 할 것이다(근기 68207-1039, 2000.5.29). 같은 논리로 취업규칙에 정하는 등 법에 따른 2주 이내의 탄력적 근로제를 채택하지 않고 임의로 격주 토요 휴무제(첫째 주는 48시간, 둘째 주는 40시간)를 채택하여 실시하였다면 첫째 주 40시간을 초과하는 8시간은 연장근로에 해당된다.

---

17) 근기법 제51조제2항, 제53조제2항, 예를 들면, 1개월 이내는 1주차 36시간, 2주차는 48시간, 3주차는 42시간, 4주차는 34시간으로 주당 평균 40시간으로 근로시간을 안배했을 때, 당사자간 합의가 있다면 1주차는 48시간, 2주차는 60시간, 3주차는 54시간, 4주차는 46시간으로 주당 12시간을 한도로 연장근로를 할 수가 있다. 만약 특정주 소정근로시간을 52시간으로 정했을 경우는 주당 최대 64시간까지 연장근로가 가능하다.

18) 근기법 제51조제3항.

(3) 선택적 근로시간제에서 연장근로

법 제52조에 의거 선택적 근로시간제를 운용하는 사업장은 주 40시간+12시간 즉, 주 52시간까지 각각 연장근로가 가능하다. 사용자는 취업규칙이나 그에 준하는 것으로서 복무규정, 노무관리규정, 생산관리규정 등에서 출근과 퇴근시간을 근로자의 재량에 맡기기로 정하고 근로자대표와 서면합의로[19] 법적인 사항을 정한 경우에는 1월 이내의 정산기간을 평균하여 1주 40시간을 초과하지 않는 범위 내에서, 주 40시간 1일 8시간을 초과하여 근로할 수가 있다. 이때에도 근로자대표와 서면합의가 있다면 정산기간을 평균하여 1주 12시간까지 당초에 서면 합의한 사항의 근로시간을 연장하여 근로할 수가 있다.[20]

(4) 특별한 사정이 있는 경우 연장근로

사용자는 특별한 사정이 있으면 근로자의 개별적인 동의와 고용부장관의 인가를 얻어 탄력적근로시간제와 선택적 근로시간제에서 허용된 주 12시간의 연장근로 한도, 일반적인 경우의 연장근로한도 주 12시간을 각각 초과하여 그 이상으로 연장근로를 할 수도 있다. 예를 들면, 탄력적근로시간제에서 주당 최대근로시간을 기준으로 산정해보면 2주 이내 단위는 48시간+12시간+@ 이상, 즉, 주당 60시간 이상 연장근로가 가능하고, 3개월 이내의 경우는 52시간+12시간+@이상, 즉, 주당 64시간 이상 연장근로가 가능하다. 다만, 사태가 급박하여 고용부장관의 인가를 받을 시간이 없는 경우는 사후에 지체없이 승인을 받아야 한다.[21]

---

19) ① 대상근로자의 범위(15세 이상 18세 미만자는 제외), ② 1월 이내의 일정한 정산기간, ③ 정산기간 중 총근로시간, ④ 의무적근로시간대를 정했으면 그 시작과 종료시각, ⑤ 자율적근로시간대를 정했으면 그 시작과 종료시각, ⑥ 유급휴가 등의 계산기준으로 정한 1일의 표준근로시간 등.

20) 근기법 제53조제2항. 예를 들면, 1월 이내에 3주간을 정산기간으로 정하고 매주 근로시간을 주 40시간으로 고르게 배분하여 제도를 도입했다면, 첫째주는 (40+9)49시간, 둘째주는 (40+15)55시간, 셋째주는 (40+12)52시간 합계 36시간(9+15+12)까지 초과하여 근로할 수 있다는 것이다. 만약 당초 설계시 매주 근로시간을 불규칙하게 배분했다고 가정하면 첫째주는 (31+9)40시간, 둘째주는 (40+15)55시간, 셋째주는 (49+12)61시간 합계 36시간까지 초과하여 근로할 수 있을 것이다.

21) 근기법 제53조제3항.

「특별한 사정」이란, 당해 사업 또는 사업장에서 자연재해, 재난관리법상의 재난 또는 이에 준하는 사고가 발생하여 이의 수습을 위하여 연장근로가 불가피한 경우에 한한다. 구체적인 요건을 살펴보면, 사업장에서 자연재해, 재난관리법상 화재, 붕괴, 폭발, 교통사고, 화생방, 환경오염사고 등 국민의 생명과 재산에 피해를 줄 수 있는 사고와 이에 준하는 사고로서, 사업운영을 불가능하게 하는 돌발적인 기계고장, 보일러 파열, 인명이나 공익침해 사태 등으로 불가피한 경우를 말한다. 이때 12시간을 초과하여 근로할 수 있는 상한선을 정하지는 않았지만 연장근로시간은 자연재해 등 특별한 사정에 대처하여 긴급한 작업이나 구조 등 필요한 한도 내에서만 허용될 것이지 그로 인해 생산 감소분을 보충하는 작업에까지 연장근로시간 한도를 초과하여 사용할 수는 없다.

사용자가 긴급한 필요에 의해 근로시간을 연장하고자 하거나 연장한 경우에는 근로시간연장인가 또는 승인신청서에 개별근로자의 동의서 사본을 첨부하여 관할지방노동관서의 장에게 제출하여야 한다.[22] 적용대상은 제한이 없으나 임신 중인 여성은 연장근로를 시킬 수 없다. 18세 미만 연소자와 산후1년 미만 여성은 일반적으로 연장근로시간을 제한 할 뿐 법으로 금한 바가 없고, 또 본 조항이 근로자의 개별동의를 필요로 하고 있으므로 동의만 있다면 적용할 수 있다.

특별한 사정이 있더라도 장관의 인가와 근로자의 개별동의를 얻지 않고 연장근로를 하도록 한 경우는 법 제110조[23]에 정한 벌칙이 적용된다. 다만, 계속적인 근로관계의 특성상 긴급사태 발생시에 근로자는 사용자의 연장근로명령에 따라야 할 신의칙상 의무가 있다. 따라서 특별한 사정이 없는 경우에도 근로자가 연장근로를 거부한다면 근로계약위반으로 볼 수 있을 것이다. 고용부장관은 이미 행해진 연장근로가 특별한 사정이 없는데도 행하여 졌다거나 필요한 한도를 넘은 경우 등의 사유로 부적당하다고 판단할 경우는 연장시간에 상당하는 휴게 또는 휴일을 줄 것을 명할 수 있다.[24] 연장시간에 상당하는

22) 근기법시행규칙 제9조.
23) 근기법 제53조제1항, 제2항, 제3항 본문.
24) 근기법 제53조제4항.

휴게 휴일을 명할 수 있다는 것은, 연장된 시간만큼 그 후의 근로일에 근로의무를 면제해 주되 8시간 이상에 대해서는 1일의 무급휴일을, 8시간 미만에 대해서는 그만큼의 휴게시간을 주는 것을 말한다.[25)]

(5) 공중편의와 업무특성상 특례연장근로

육상운송, 파이프라인 운송(노선여객 운송사업 제외), 수상운송업, 항공운송업 기타 운송관련 서비스업, 보건업에 대해서는 근로자대표와의 서면합의를 하면, 1주 12시간 한도를 초과하여 연장근로가 가능하고 법 제54조 의한 휴게시간의 변경도 가능하다.[26)]

공중의 편의 또는 업무의 특성상 필요한 사업으로서 법에 정한 사업에 대해서는, 법에 정한 근로시간 제한을 그대로 지키면 일반 공중의 생활에 불편과 지장을 초래하거나 목적달성이 곤란해지기 때문에 근로시간과 휴게시간의 특례를 정하여 법적규제를 완화한 것이다.

다만, 특례업종의 경우 근로일 종료 후 다음 근로일 개시전까지 연속하여 11시간 이상의 휴식시간을 주어야 한다(2018.9.1부터 적용).

사용자는 근로자대표와 서면합의를 하면 주 12시간의 연장근로 한도를 초과하여 근로할 수 있고 휴게시간을 변경하여 노동력을 효율적으로 운용할 수 있다.[27)] 이 제도는 법에 정한 적용대상사업에 속하는 업종의 사용자가 근로자대표와 서면으로 합의를 해야만 특례연장근로가 허용된다. 근로자대표와 서면합의가 있으면 족하고 개별근로자의 동의는 필요 없다. 합의내용에 대한 법의 제한이나 신고의무도 없고, 서면합의가 있으면 해당 근로자는 이에 따라야 한다.

다만, 서면합의내용이 법에 명시된 사업이 아닌 경우와 같이 위법 부당한 사유가 있다면 거부할 수 있다.[28)] 서면합의가 있으면 근로자의 별도 동의를 얻지

---

25) 임종률, 433쪽.

26) 근기법 제59조.

27) 다만, 주40시간제 적용사업장은 부칙에 의거적용일로부터 3년간 주 16시간까지 연장근로를 할 수 있으므로 "주 16시간까지의 연장근로는 별도의 서면합의를 할 필요가 없이 당연히 할 수 있다" 이 경우 주 전체 연장근로시간 중 최초 4시간에 대한 할증률은 시간당 25%를 적용하고 그 이후 연장근로에 대해서는 시간당 50%를 적용한다.

28) 신고의무는 1999.2.8 폐지했다.

않더라도 휴게시간을 변경할 수 있다. 그러나 전체적으로 휴게시간을 주지 않거나 단축할 수는 없다. 특례연장을 적용하더라도 근로시간에서 발생하는 연장근로 가산수당, 야간근로수당, 휴일가산임금 휴가조항 등은 모두 적용되어야 한다.

1) 특례연장이 적용되지 않는 경우

근로시간 및 휴게시간 특례제도는 연소자의 근로시간제한,[29] 임신 중[30]이거나 산후 1년 미만 여성의 연장근로제한,[31] 산업안전보건법상 잠수·잠함 등 유해위험작업 등의 근로시간제한[32]에 대하여는 특례연장이 허용되지 않는다. 만약 이들에 대해서까지 특례연장을 허용한다면 법으로 달리 정한 의미가 없기 때문이다.

특례연장근로는 법 제53조제1항에서 정한 당사자간 합의에 의한 연장근로 즉, 주 12시간 한도를 초과하여 연장근로를 할 수 있는 일반적인 연장근로의 한도에 관한 예외규정이다. 따라서 법 제53조제1항 이외의 다른 규정에 의한 연장근로에는 이 특례연장근로가 적용되지 않는다.

즉, 당사자간 합의에 의해 연장근로가 인정되는 탄력적근로시간제와 선택적근로시간 등 다른 연장근로에서는 법 제58조에 정한 특례연장근로가 적용되지 않는다. 만약에 이를 허용한다면 해당업종이 사업장은 무한대의 연장근로가 가능하다는 의미가 되므로 제한하는 것이 합리적일 것이다.

4. 연장근로 합의와 쟁점

(1) 연장근로 합의

연장근로에 관한 합의방법에 관해 법으로 정한 바는 없다. 다만, 판례에 의하면, 당사자간 합의란 원칙적으로 근로자와 사용자의 개별합의를 의미하고,

---

29) 1일 7시간 주 40시간, 1일 1시간 주 6시간 한도 연장근로.
30) 연장근로를 할 수 없다.
31) 1일 2시간 주 6시간, 1년 150시간 한도.
32) 1일 6시간, 주 34시간.

개별근로자의 연장근로에 대한 합의권을 박탈하거나 제한하지 않는 범위 내에서 단체협약 등에 의한 합의도 가능하다고 보고 있다.

따라서 연장근로 합의에서는 근로자개인의 의사가 중요하므로 단체협약이나 취업규칙 등에 정해 두었다고 해도 근로자 본인이 반대하면 시킬 수 없다.[33]

합의는 서면으로 하던 구두로 하던 상관없다. 합의내용은 연장근로일수, 시간수, 대상업무범위, 합의 유효기간 등을 구체적으로 정할 수도 있고 사용자의 결정에 일임하는 포괄적합의도 가능하다. 합의는 당사자간 그때그때 연장근로를 할 때마다 매번 합의를 해야 하는 것은 아니며 미리 근로계약이나 취업규칙 등으로 약정할 수 있다. 개별근로자의 합의권을 박탈하거나 제한하지 않는다면 단체협약에 의한 합의도 무방하다.

즉, 취업규칙, 단체협약 등으로서 근로자대표나 노동조합대표자 등의 동의를 얻는 전체적인 형식의 합의가 개별근로자의 선택권[34]을 제한하지 않는다면 사용자는 이를 토대로 연장근로를 지시할 수 있다. 근로계약을 통해 연장근로에 대한 사전합의를 할 경우는, 특별히 계약기간을 정하지 않은 경우라면 그 근로계약은 기간의 약정이 없는 것이다. 따라서 매년 당사자가 새로이 근로계약을 갱신해야 하는 것이 아니므로 근로자가 위 계약을 해지하지 않는 이상 연장근로에 대한 합의의 효력은 유효하다.[35]

근로자가 합의한 연장근로를 거부할 경우 사용자는 근로계약불이행을 이유로 징계를 하거나 내용에 따라서는 장래를 향하여 계약을 해지할 수도 있다. 특히 근로자의 담당업무가 회사의 주된 업무로서 회사의 존립자체와 직결되는 등 근로거부행위가 사회통념상 고용계약을 계속시킬 수 없을 정도로 근로자에게 책인이 있는 사유에 해당한다면 해고처분이 따를 수도 있다.[36] 다만, 근로계약서나 단체협약, 취업규칙 등을 통해 서면으로 합의한 경우는 불이행에 관한 입증이나 책임소재를 구분하기가 용이하지만, 구두로 합의하거나 묵시적인

---

33) 대판 93누5796, 1993.12.21.

34) 본인이 불가피한 사유 등으로 인해 연장근로를 하지 않는다고 해도 불이익을 주지 않는 것.

35) 대판 94다19228, 1995.2.10.

36) 대판 96다29892, 1997.7.25.

관행으로 연장근로를 해 온 경우 연장근로거부와 책임에 관해 분쟁이 있을 수 있다. 판례에 따르면, 서면으로 합의하지 않고 묵시적인 관행으로 연장근로를 해 온 경우는 이를 합의에 의한 연장근로로 보지 않는다.[37] 그러나 당사자간 합의에 의해 통상적으로 운영해 오던 연장근로를 집단적으로 거부하여 회사업무의 정상운영을 방해하였다면 이는 쟁의행위로 보아서 형사상 업무방해죄를 구성할 수도 있다.[38]

근로자가 연장근로를 희망해 올 경우 사용자가 반드시 허락해야 할 의무는 없다. 다만, 특정 근로자가 파업에 참가하였거나 노조활동에 적극적이라는 이유로 해당 근로자에게 연장근로 등을 거부하는 것은 해당 근로자에게 경제적 내지 업무상의 불이익을 주는 행위로서 부당노동행위에 해당할 수 있다.[39] 한편, 사용자가 별다른 이유없이 사전에 합의한 근로자의 연장근로 요구를 거부하는 것은 계약상의 채무불이행으로 민사상배상책임을 질 수도 있고, 반대로 근로자가 합의를 이행하지 않을 경우는 정당한 업무명령 불이행으로 근로관계에서 징계·해고 등 불이익처분의 사유가 될 수도 있다.

(2) 연장근로 실무쟁점

1) 휴일연장근로

휴일에 1일 8시간을 근로하고 그 시간을 합하여 주40시간을 초과한 경우에는 그 초과된 시간에 대하여 휴일근로가산수당 외에 연장근로가산수당도 지급해야 된다.[40]

휴무일은 휴일로 한다는 약정이 없으면 그날 근로한 경우는 통상근로시간과 동일하게 보아야 한다.[41]

2) 시업·종업시각과 연장근로

통상 취업규칙 등에서 소정근로시간과 시업 및 종업시각을 함께 정하는 경

37) 대판 76도3657, 1979.3.13.
38) 대판 95도2970, 1996.2.27 ; 대판 90다6095, 1990.12.7.
39) 대판 2006도388, 2006.9.8.
40) 임금근로시간-528, 2005.11.22.
41) 근기 68207-3125, 2002.10.28.

우가 많다. 예를 들면, 소정근로시간을 1일 8시간, 1주 40시간으로 하고 시업·종업시각을 평일 09:00~18:00, 토요일 09:00~13:00, 이와 같이 정해진 상태에서 시업시각 이전, 종업시각 이후의 근로가 바로 연장근로가 되는지 여부가 문제가 된다. 연장근로는 실제 제공한 근로시간이 법정근로시간을 초과하였는지 여부를 기준으로 판단한다. 소정근로시간 및 시업 및 종업시각은 근로제공의 권리·의무에 관련되어 있을 뿐 연장근로와 직접 관계되는 것으로는 볼 수 없다. 따라서 시업·종업시각에 관계없이 실제 근로를 제공한 시간이 1일 8시간을 초과했는지 여부를 가지고 연장근로 여부를 판단해야한다. 연장근로 1시간을 포함하여 시업·종업시각을 정한 경우에도 근로시간 도중에 부분파업으로 인하여 실제근로시간이 법정근로시간을 초과하지 않는다면 17:00~18:00 사이의 근로 또는 18:00 이후의 근로에 대하여 연장근로가산임금을 지급할 의무는 없다.[42)]

3) 도급제근로

도급근로제에서도 사용자의 지휘감독을 받으며 업무내용과 수행방법이 사용자에 의해 결정되고 소정근로시간의 근로에 대해 각종 수당이 월급으로 지급되어 온 경우라면, 법상 근로자로 보아서 소정근로시간을 초과한 연장근로에 대해서는 가산임금을 지급해야 한다.

4) 일숙직근로, 합숙교육

일숙직근무에 있어서도, 본래의 정상적인 업무가 연장된 경우나 그 내용과 질이 통상의 근로와 마찬가지로 평가되는 경우에는 그 일숙직시간을 연장근로시간으로 보아서 가산임금이 지급되어야 한다.[43)]

---

42) 근기 68207-2776, 2002.8.21. 예를 들면, 1일 소정근로시간을 09.00~18:00으로 정한 근로자가 특정일에 08:00~20:00까지 근로를 하였고 근로시간 도중에 13.00~16:00까지 부분파업을 하여 근로를 제공하지 않았다면 근로자의 실제근로시간은 휴게시간 1시간을 제하고 1일 8시간에 불과하다. 따라서 사용자는 가산임금을 지급할 필요가 없다. 위 사례에서 조퇴나 외출로 인해 부분적으로 근로를 제공하지 않았다면 그 시간에 대해 임금을 지급하지 않을 수도 있을 것이며, 근로자가 그 시간을 보충하기 위해 20시까지 근로를 했다고 하더라도 실제 근로를 제공한 시간이 8시간을 넘지 않는다면 가산임금을 지급할 의무도 없다.

43) 대판 93다46254, 1995.1.20.

교육시간이 사용자의 지시·명령으로 강제되거나 또는 사용자의 책임아래 작업안전, 작업능률 등 생산성향상을 위하여 의무적으로 소집·실시하는 교육은 근로시간이다. 다만, 정상근무와 달리 장기간 업무공백 후 현업에 복귀할 때 적응훈련이나, 업무능력향상과 근로자의 자기개발을 위한 복합적인 목적으로 실시하는 경우에는 정상적인 근로와 동일하게 볼 수는 없다. 따라서 이러한 경우는 근로계약 등으로 약정한 1일 소정근로시간에 대한 임금만 지급하면 되는 것이지 가산임금까지 지급해야 하는 것은 아니다.[44)]

5) 주중에 결근이나 휴일휴가가 있는 경우

주중 결근·휴일·휴가가 있어 근로를 제공하지 않은 경우, 그 기간은 실근로시간에 포함되지 않으므로 그 시간을 제외한 실근로시간이 1주간의 기준시간을 초과한 경우 연장근로시간이 된다. 지각한 자가 종업시각 이후에 지각한 시간만큼을 추가로 근로하였다고 해도 실구속시간은 8시간을 초과하지 않는다면 추가로 근로한 시간은 연장근로로 보지 않는다.[45)]

5. 연장근로시간의 산정과 보상

(1) 연장근로시간 산정

연장근로시간은 출근부, 타임리코드, 연장근무기록부, 근무명령부 등에 의해 계산한다. 비록 사용자측에서 기록부를 작성하지 않았다고 하더라도 실제 근무한 경우는 연장근로로 계산을 하여야 한다. 이때는 근로자의 메모, 동료들의 진술, 생산일지 등을 중심으로 정확한 근로시간을 판단해야 할 것이다. 반대로 임금취득을 목적으로 사용자의 허락없이 임의로 연장근로를 한 경우 임금지급을 어떻게 할 것인가 고민이다. 기왕의 노무를 수령한 시간은 임금지

---

44) 근기 68207-214, 2002.2.24.

45) 예를 들면, 1주일 동안에 2일(1일은 근로자의날, 1일은 생산성증대 공로휴가)을 근로제공없이 쉬고 3일간(1일은 8시간, 2일은 11시간(+3), 3일은 8시간) 총 27시간을 근로했다면, 실근로시간은 주 40시간을 초과하지 않았으므로 연장근로는 없다. 그러나 3일간 45시간(1일 12시간(+4), 2일은 15시간(+7), 3일은 18시간(+10))을 근로했다면 5시간은 주단위 연장근로가 된다. 다만, 주 40시간 초과여부와 별도로 1일 8시간을 초과한 부분은 일 단위 연장근로(3일간 21시간)가 된다.

급의무가 있다고 할 것이고, 평소 사전승인제를 통해 불필요한 노무제공을 억제하는 방안이 유력할 것이다.

1) 1시간 미만의 단수처리

근로시간 계산의 편의를 도모하기 위해 노사가 단체협약, 취업규칙 등에 정하여 30분 미만은 0시간으로 하고 그 이상은 1시간으로 하더라도 법위반으로 볼 수 없다. 다만, 그렇게 산정한 것이 결과적으로 근로자에게 불리하지 않아야 한다. 예를 들면, 2009.8월 중에 소정근로일 중 5일을 연장근로 하였고, 일자별로 보면, 1일은 8시간, 2일은 9시간, 3일은 11시간 30분, 4일은 10시간 20분, 5일은 9시간10분을 각각 근로하였다. 이때 30분 이상은 1시간으로 인정하고 30분 미만에 속하는 4일의 20분과 5일의 10분은 산입하지 않더라도 법위반으로 볼 수 없다는 것이다. 다만, 어느 경우에도 합계 48시간이상은 보장이 되어야 한다.

2) 철야근로와 연장근로

교대제근로에 있어서 일정시각을 기점으로 24시간 이내에 단속적으로 2회의 근로가 행해졌다고 하더라도 단속된 2회의 근로는 각각 별개의 근로로 본다. 예를 들면, 14:00~22:00 근로하고 다시 이튿날 06:00~14:00 근무함으로써 결과적으로 다음날 작업완료시간까지 24시간 이내에 2회에 걸쳐 16시간을 근로하였다고 하여 8시간을 넘는 근로시간을 연장근로로 볼 수 없다.[46)]

1회의 근로가 역일을 달리하여 다음날까지 계속되었다면 취업규칙 등에 1일 근로시간에 대한 시업, 종업시각이 규정되어 있다 하더라도 이는 전일(前日)의 근무에 해당하여 8시간 초과분은 연장근로가 된다.[47)] 그러나 다음날 시업시간 이후에 해당하는 시간은 전일의 근로가 아닌 새로운 소정근로시간으로 보아야 한다. 익일의 소정근로시간대까지 계속 이어지는 경우에는 익일 시업시각 이후의 근로는 근로계약·취업규칙 등에 의하여 당초 근로제공의무가 있는 소정근로이므로 이를 전일의 근로의 연장으로는 볼 수 없는 것이다. 따라서 나음

46) 법무 811-19544, 1980.8.6.
47) 근기 01254-20752, 1989.12.14.

날 시업시간 이후에 근로한 시간은 새로운 근로로서 가산수당지급의무가 없다.[48)]

3) 1주와 1일의 연장근로시간수가 서로 다른 경우

근로시간을 1주와 1일로 나눠서 계산할 때 연장근로시간수가 서로 다른 경우는 많은 쪽으로 산정한다.[49)] 예를 들면, 일반근로자가 월·화·수 3일간은 각 11시간씩 33시간을 일하고, 2일간은 6시간씩 총 45시간을 근로한 경우 연장근로시간은 주단위로 하면 5시간에 불과하지만, 일단위로 집계하면 3일간[50)] 총 9시간이 된다. 따라서 이때는 9시간의 연장근로를 계산해야 한다.

4) 격일제근무자의 연장근로

1일 근로하고 다음날 쉬고 그 다음날 근로하는 격일제근로자에게 연장근로는 필수적이라고 할 수 있다. 이때 근로시간은 몇 시간인지 계산이 복잡할 수 밖에 없다. 예를 들어 보자, 주40시간제 적용사업장에서, 월단위 격일제근무(15일 근로, 1조는 10:00~21:00, 2조는 21:00-익일10:00)하는 근로자가 1일 12시간(21:00~익일 10:00, 휴게시간 1시간)을 근로할 경우 총근로시간은 월 180시간(12시간×15일)이 될 수 있다. 이 때 근무자에게 얼마만큼의 연장근로수당을 지급해야 하는지에 관해 살펴보면 다음과 같다.

☞ 주단위 근무시간표(21:00~익일 10:00까지)/1일 12시간 근로, 휴게시간 1시간제외

구분	월	화	수	목	금	토	일
1조(48시간)	12시간		12시간		12시간		12시간
2조(36시간)		12시간		12시간		12시간	

근무시간이 1일 8시간 및 1주 40시간을 초과하는 경우에는 그 초과시간에 대해서 가산임금을 지급한다. 다만, 1일 8시간 초과 및 1주 40시간 초과한 부분이 상호 경합하는 경우에는 근로자에게 유리하도록 연장근로가 보다 많이 발생하는 쪽에 대해 가산임금을 지급하면 된다.[51)] 위 주단위 근무시간표에 의

48) 근기 68207-402, 2003.3.31.

49) 근기 01254-3558, 1988.3.9.

50) 월, 화, 수 3일간 각 3시간 합계 9시간.

51) 예) 1일14시간을 주 3일간 근로하고 총근로시간을 집계한 결과 주 52시간이 되었다면 주단위

하면, 근로자는 조에 따라 주 3일 또는 4일, 1일 12시간씩 근로한다.

1. 1주 3일, 1일 12시간 근무하는 제2조의 경우에는 총 36시간으로 주당 연장근로시간의 법정한도인 총 52(40+12)시간을 초과하지 않지만, 1일 연장근로 한도 8시간을 초과했으므로(1일 4시간×3일, 총 12시간) 초과한 연장근로에 대해서는 가산임금을 지급해야 한다.

2. 1주 4일, 1일 12시간씩 총 48시간을 근무하는 제1조는 주당 연장근로시간의 법정한도인 총 52(40+12)시간을 초과하지 않지만, 1일 연장근로 한도 8시간을 초과하여 1주에 16시간의 연장근로(1일 4시간×4일, 16시간)를 행하게 되어 노사간에 연장근로에 합의를 한다고 해도 법 제53조에 위반될 수 있다.[52)]

다만, 특례연장대상 업종으로서 주 12시간을 초과하는 연장근로에 대해 근로자대표와 서면합의를 할 경우 현재의 근무시간표대로 운용할 수 있을 것이다. 한편, 3월 이내 정산기간을 정해 기준근로시간을 초과하지 않는 탄력적근로시간제를 도입하고자 하는 경우에는 근로자대표와 서면합의를 하여야 한다. 이 경우 연장근로에 대한 가산임금의 문제는 없으나 야간근로에 대한 가산임금은 지급하여야 한다.

5) 파업 후에 부족한 시간만큼 연장근로

사업장에서 파업으로 인하여 1일 소정근로시간을 채우지 못한 근로자가 종업시간 이후에 부족한 시간만큼 연장근로를 하는 경우가 많을 것이다. 이때에도 소정근로시간 내에 근로한 부분과 종업시간 이후에 부족한 부분을 보충한 근로시간을 모두 합쳤을 때 법정기준근로시간을 초과하지 않는다면 종업시간 이후의 근로에 대하여는 연장근로 가산임금을 지급할 의무가 없다.

6) 기사가 사고로 경찰서에서 조사받는 시간 등

버스운전기사가 과실로 유발된 교통사고로 경찰서에서 사실조사를 받은 시간은 설사 그와 같은 사유를 회사에 보고하여 허락을 받은 시간이라 하더라도

연장근로는 12시간에 불과하나 일 단위 연장근로 시간은 3일간 6시간씩 합계 18시간이 되므로, 주단위 법정시간 초과근로보다 일 단위가 더 많고 근로자에게 유리하므로 일단위로 가산한다.

52) 다만, 주40시간제 도입사업장에서 시행일로부터 3년간은 주 16시간까지 연장근로 가능, 부칙 제6조.

정상적인 근로와는 성격이 다르다. 따라서 그 시간이 소정근로시간을 초과한다고 해도 연장근로 및 야간근로 가산수당은 적용되지 않는다. 따라서 통상임금만 지급한다고 해도 위법이 아니다.[53)]

7) 공의 직무수행 시간과 연장근로수당

공직선거 등 근로자가 공의 직무를 수행하는데 필요한 시간을 청구하는 경우 사용자는 이를 거부할 수 없다. 다만, 그 권리행사나 공의 직무를 수행하는데 지장이 없으면 청구한 시간을 변경할 수 있고, 부여하지 않아도 공무집행에 직접적인 지장이 없다면[54)] 부여하지 않을 수도 있다.[55)] 공의 직무를 수행하는 경우 그 시간과 공민권행사를 위한 필요한 시간을 부여하는 경우 법률로 정한 경우[56)]를 제외하고는 반드시 유급으로 할 필요는 없다. 근로계약, 단체협약, 취업규칙 등으로 약정하여 필요한 시간만 부여하고 무급으로 할 것인지, 필요한 시간을 부여하고 그 시간을 유급으로 처리할 것인지를 정한다.[57)]

다만, 공의 직무를 수행하는 시간이 속한 날 전체를 무급휴일로 정하는 경우는 근로자의 동의가 필요하다. 만일 근로자의 동의없이 무급휴일로 처리할 경우 전체근로자에게 휴업수당을 지급하여야 한다.[58)]

공민권행사나 공의 직무를 수행하는 시간은 비록 유급으로 처리를 한다고 해도 실제근로시간이 아니므로 소정근로시간 중에 유급으로 필요한 시간을 부여하였을 경우는 그 시간을 제외한 나머지 근로시간의 합이 1일 8시간을 초과하지 않으면 연장근로시간이 발생하지 않는다.

역으로 소정근로시간에 근로를 하고 연달아 예비군훈련을 받는다고 해도 그 훈련시간은 소정근로시간이 아니므로 그 시간에 대해 임금이나 연장근로 가산

53) 근기 68207-1045, 2003.8.22.
54) 퇴근 후나 점심시간을 이용해도 될 것을 굳이 근무시간 중에 할 것을 고집하는 경우.
55) 근기 01254-9404, 1991.6.28.
56) 공직선거법에 의한 선거인명부 열람 및 투표시간, 향토예비군훈련·민방위 훈련, 을지연습 등 비상대비훈련참가자에 대해 필요한 시간은 관련법에 의거 유급으로 처리.
57) 근기 01254-1413, 1992.8.24, 하갑래, 282쪽.
58) 근기 01254-15894, 1987.9.30.

임금을 지급할 의무가 없다.[59)]

8) 유급으로 처리한 시간

취업규칙과 단체협약 등에 "휴게시간, 휴무일 등을 유급으로 한다거나 근로시간으로 인정한다"고 정한 경우, 그 시간을 연장근로로 보는지 여부가 쟁점이다. 휴게시간과 휴무일 등은 연장근로의 산정기초가 되는 기준근로시간에 포함한다는 명백한 약정이 없다면 그 시간은 유급으로 임금을 산정하여 지급한다는 의미이지, 그 시간을 연장근로로 보아서 소정의 가산임금을 지급하는 것으로 볼 수는 없다.

(2) 연장근로에 대한 보상

기준시간을 초과하여 연장근로를 하였을 경우는 그 시간에 대하여 통상임금의 50% 이상에 해당하는 가산수당을 지급하도록 규정되어 있다.[60)]

최근 연장근로수당 산정할 경우, 최저임금은 통상임금과는 다른 개념이므로 통상임금으로 볼 수 없는 임금 항목까지 포함된 최저임금을 기준으로 연장야간근로 수당을 산정해서는 안 된다는 대법원의 판단이 나왔다. 다만 재판부는 '비교대상임금'(최저임금에 포함되는 임금) 총액이 최저임금보다 적은 경우에는, 비교대상 임금 총액이 최저임금 수준으로 증액돼야 하며, 이에 따라 비교대상임금에 산입된 개개의 임금이 증액되면 증액된 개개의 임금 중 통상임금에 해당하는 임금들을 기준으로 통상임금을 새로이 산정해야 한다고 판단했다(2014다49074).[61)]

연장근로시간에 대한 임금수준에 대해서는 법으로 정한 바가 없다. 그러나 소정근로시간에 대해 지급되는 임금과 달라야 할 이유가 없으므로 달리 기준 이상으로 약정이 없다면 통상임금이 100%가 지급되어야 한다.

59) 근기 1451-5497, 1983.3.3, 하집대, 284쪽.
60) 근기법 제56조.
61) 대판 2014다49074.

법 제53조,[62] 법 제59조,[63] 법 제69조 단서,[64] 법 제71조 단서[65]에 대해서만 연장근로를 정하고 있으나, 이것은 단순한 예시를 든 것에 불과하다.

산업현장에서 합의 없이 법정근로시간을 초과하여 근로하거나, 선택적·탄력적근로시간제 등 근로시간 유연화제도에 있어서는 단위기간 또는 정산기간을 평균하여 1주 40시간을 초과하거나, 근로시간 배정계획표에 따른 특정주 특정일에 상한선으로 정한 근로시간을 초과한 부분이 연장근로가 된다. 다만, 실제근로시간이 소정근로시간을 초과하더라도 기준시간을 초과하지 않는 한 연장근로가 아니므로 가산임금을 지급하지 않아도 된다. 그러나 당사자간 합의로서 정한 소정근로시간을 초과한 근로에 대해서는 기준시간 이내이든 초과하든 불문하고 가산임금을 지급하여야 한다. 이 경우 약정한 소정근로시간을 초과하여 근로했으나 기준근로시간 이내에 불과한 법내초과근로의 경우는 통상임금의 50% 이하로 지급하더라도 법위반은 아니다.[66]

1) 포괄임금과 연장근로수당

대부분의 기업에서 연장근로가 보편화 되어 있으나 산정방법의 복잡성을 피하고 계산의 편의를 위해 당초 예정한 시간보다 연장근로시간이 많든 적든지 불문하고 정액의 수당을 지급하는 등, 이른바 포괄임금제 속에 연장근로수당을 비롯한 제반법정수당을 포함하여 지급하는 사례가 늘고 있다. 포괄임금제는 근로기준법상 정함이 없는 실무관행상의 제도이다. 따라서 근로계약이나 단체협약 등으로 포괄임금제도에 관해 합의가 없거나, 합의를 하였을 경우에도 이 제

---

62) 당사자간 합의에 의한 주 12시간한도 연장근로.

63) 공익사업 등에 대한 근로시간과 휴게시간 특례.

64) 15세 이상 18세 미만 연소자의 당사자 합의에 의한 연장근로.

65) 산후 1년 미만자는 1일 2시간, 1주 6시간, 1년 150시간 이내 시간외근로 가능.

66) 예를 들면, 소정근로시간을 1주 39시간, 1일 7시간(월요일부터 금요일까지 5일간 35시간, 토요일 4시간 합계 39시간)으로 정한 근로자가 특정일에 8시간 근로했을 경우 비록 7시간을 초과했지만 법정 상한인 1일 8시간을 초과하지 않았으므로 연장근로에 해당하지 않는다. 법내초과근로(취업규칙이나 단체협약 근로계약 등으로 정한 소정근로시간이 법정근로시간 보다 적은 경우에, 소정근로시간을 초과한 근로시간이 법정근로시간보다 적은 경우)는 법 제53조제1항에 의한 연장근로가 아니므로, 달리 특약이 없으면 가산수당을 지급하지 않거나 50% 미만으로 지급하더라도 법위반이 아니다(대판 97다14200, 1998.6.26).

도가 노동법상으로 문제가 없는지, 내가 받는 수당이 실제근로시간보다 차이가 나는 경우에는 어떻게 보전을 받아야 할지 등이 논란이 될 수 있다.

판례 등을 종합해 보면, 사용자는 근로계약을 체결함에 있어서 근로자에 대하여 기본임금을 결정하고 이를 기초로 시간외, 휴일, 야간 근로수당 등 제반 수당을 가산하여 이를 합산 지급함이 원칙이지만, 근로시간 및 근로형태와 업무의 성질 등을 참작하거나 계산의 편의와 직원의 근무의욕을 고취하는 뜻에서 기본임금을 미리 산정하지 아니한 채 시간외근로 등에 대한 제반 수당을 합한 금액을 월급여액이나 일당임금으로 정하거나 매월 일정액을 제반 수당으로 지급하는 내용의 이른바 포괄임금제에 의한 임금지급 계약을 체결한 경우에는, 그것이 근로자에게 불이익이 없고 제반사정에 비추어 정당하다고 인정될 때에는 이를 무효로 보지 않는다.[67)]

여기에서 근로자에게 불이익이 없어야 한다는 것은 단체협약이나 취업규칙에 구체적인 임금지급기준 등이 규정되어 있는 경우에 그러한 규정상의 기준에 비추어 보아 불이익하지 않아야 한다는 것을 의미한다.[68)]

따라서 1. 지급의무가 있는 법정수당의 일부나 전부를 포괄임금 속에서 제외하였거나, 2. 포괄임금 자체에 관해 기본적으로 합의한 사실이 없거나, 3. 합의는 하였으나 다른 비목으로 일정액을 계상해 두고서 이를 법정수당이라고 주장하거나, 4. 사업장 내의 동일업무를 수행하는 유사 근로계층의 임금체계, 근로조건 등과 비교할 때 임금액에서 현저한 차이가 있는 등 실제근로시간에 따른 법정수당을 정확히 반영하지 못하거나, 5. 포괄임금 속에 반영된 법정수당이 실제근로시간에 대해 산정한 수당에 비해 부적정하게 책정하거나, 6. 휴가일수나 연장근로시간 등을 측정하거나 수당을 계산하는 것이 어렵지 않음에도 법정유가를 박탈하거나 수당지급을 면할 목적으로 포괄임금에 합의하는 등,[69)] 제반 상황을 종합적으로 판단할 때, 근로자에게 불이익이 있다면 흠이

67) 대판 94다54542, 1995.7.28 ; 대판 80다3120, 1982.12.28 ; 대판 90다카6934, 1990.11.27 ; 대판 80다카32118, 1991.4.23 ; 대판 91다 30828, 1992.2.28 등 참조.

68) 포괄임금제에 의한 임금지급계약의 효력(한정 유효) 및 그 판단 기준 대판 98다26385, 1999.6.11.

69) 수원지판 2007나17199, 2008.1.11.

있는 포괄임금제라고 할 것이다.

특히 근로시간의 산정이 어려운 등의 사정이 없음에도 포괄임금제 방식으로 약정된 경우 그 포괄임금에 포함된 정액의 법정수당이 근로기준법이 정한 기준에 따라 산정된 법정수당에 미달하는 때에는 그에 해당하는 포괄임금제에 의한 임금 지급계약 부분은 근로자에게 불이익하여 무효라 할 것이다.[70)]

이와 같이 포괄임금제가 흠이 있어 무효가 되는 경우, 사용자는 근로기준법의 강행성과 보충성 원칙에 의해 실제근로시간에 따라 발생한 연장근로수당 등 제반법정수당을 정확히 산정하여 잘못 지급된 수당과의 차액을 추가로 지급하여야 할 것이다.[71)]

2) 연장근로수당에 대한 소득세 면제

생산 및 관련 직종에 종사하는 근로자에 대하여는 일정 기준에 따라 연장근로, 야간근로, 휴일근로로 받게 되는 가산급여에 대하여 소득세를 과세하지 않는다.[72)]

70) 대판 2008다6052, 2010.5.13, 대판 2014도8873, 2016.9.8.
71) 대판 89다카32118, 1991.4.23 ; 근기 68207-1481, 1997.11.3.
72) 소득세법 제12조제4호거목.

제12장 야간 · 휴일근로

1. 개념정의

근로시간이 야간이나 휴일에 위치할 경우는 시간대의 성격상 대부분의 사람들이 일하지 않고 쉬는 시간에 특정한 사람만 일을 하는 것이므로 형평의 원칙상 "남다른 노력"에 대한 특별한 보상이 있어야 한다. 사용자는 야간근로[1]와 휴일근로에 대해서는 소정근로에 대한 시간급통상임금의 50% 이상을 각각 가산하여 지급해야 한다.[2] 여성과 18세 미만자, 임산부 등에 대해서는 신체적인 여건을 감안하여 야간, 휴일근로에 대한 제한이 있다.[3] 남성근로자는 18세 이상이라면 야간 및 휴일근로에 대해서는 아무런 제한이 없다. 그러나 단체협약·근로계약·관행 등 약정에 의해 사전에 근로자의 동의를 얻어야 한다고 정한 경우는 그에 따라야 한다. 근로계약상 경영권에서 비롯된 노무지휘권은 사용자에게 있으나 합의를 통해 계약상의 채권·채무 이행절차에 관해 정한 경우는 구속을 받는다.

(1) 야간근로

밤 22:00~06:00사이에 발생한 근로 가운데 휴게시간을 제외한 실제근로시간을 야간근로라고 말한다. 야간근로는 본인의 청구나 동의 등 적합한 절차를 거쳤는지 여부를 불문하고 근로시간대가 그 시간에 위치하기만 하면 시간급통

---

1) 22:00~06:00 사이의 근로.
2) 근기법 제56조.
3) 근기법 제70조제2항, 제3항.

상임금의 50%를 가산하여 지급한다. 야간근로와 연장, 휴일근로가 중복된 경우에는 각각의 시간에 대하여 가산수당을 지급한다.[4] 감시 또는 단속적근로자로 고용부장관의 승인을 받은 경우에도 근로시간, 휴게, 휴일에 관한 규정은 적용되지 않지만, 연·월차유급휴가규정과 야간근로에 대한 가산수당은 반드시 지급되어야 한다.

(2) 휴일근로

휴일근로는 법정휴일[5]과 약정휴일에 노무를 제공하는 것을 말한다. 관공서 공휴일에 관한 규정에 따른 공휴일은 기업 규모별로 2020.1.1부터 단계적으로 유급화된다. 휴일근로는 근로시간대가 남들이 일하지 않고 쉬는 날에 특별히 노무를 제공하는 것이므로 그 시간대의 근로에 대해서는 가산임금을 지급하는 등 특별한 보상을 하는 것이다. 휴일근로에 대하여 통상임금의 100분의 50 이상을 가산하여 지급하도록 정한 것도 그 때문이다. 휴일 중 주휴일과 근로자의날은 유급으로 1일 소정근로시간에 대한 통상임금을 지급하는 것이 원칙이다. 다만, 주휴일은 1주일의 소정근로일을 개근한 근로자에게 1일분의 소정근로시간에 대한 통상임금을 지급하면서 쉬도록 하는 것이므로 개근을 하지 못한 자는 남과 같이 쉬도록 하되 1일분의 통상임금을 지급하지 않는다. 만약 휴일에 근로한 경우는 다음과 같이 가산임금을 지급해야 한다.

1. 유급휴일인 경우는, 당일 유급임금+당일 소정근로시간에 대한 임금+당일소정근로시간에 대한 휴일근로 가산임금으로 산정한다.(250%)

---

4) 예를 들면, 09:00~24:00까지 근로한 경우, 임금지급대상 근로시간은 다음과 같다. 총 14시간 근로(휴게시간 1시간 제외), 8시간을 초과한 6시간 연장근로의 가산 3시간(6시간의 50%), 야간(22:00~24:00)근로 2시간의 가산 1시간(2시간의 50%), 합계 18시간의 임금을 지급해야 할 것이다. 만약 위 근로시간이 유급휴일에 행해졌다면, 일하지 않아도 당연히 지급되는 유급수당 8시간분과 14시간에 대한 휴일근로 가산임금 50% 7시간분을 합하여 15시간을 더해 주어야 할 것이다. 따라서 유급휴일에 위와 같이 연장근로를 한 경우는 총임금지급대상 근로시간은 33시간이 될 것이다.

5) 근기법 제55조 및 동법시행령 제30조에 의한 주휴일과 근로자의날 제정에 관한 법률에 의한 5.1. 근로자의날. 관공서 공휴일(유급휴일)에 관한 규정(300인 이상 : 2020.1.1, 30~299인 : 2021.1.1, 5~9인 : 2022.1.1)

2. 무급휴일인 경우는, 당일 소정근로시간에 대한 임금+당일 소정근로시간에 대한 휴일근로 가산임금으로 산정한다.(150%)

예를 들면, 시급 5천원, 1일 8시간 근로, 주5일제 40시간, 약정 무급휴무일 1일, 휴일 1일로 정한 사업장에서, 무급휴일에 8시간 근로한 경우는 일당 4만원+휴일근로 가산임금 50% 2만원 합계 6만원을 지급해야 하고, 유급휴일에 근로한 경우는 유급주휴수당 4만원+휴일근로 임금 4만원+ 휴일가산임금 2만원 합계 10만원을 지급해야 한다.

1) 단체협약·취업규칙 등으로 정한 약정휴일

단체협약이나 취업규칙에 의거 노무제공의무가 없도록 약정한 휴일에 대하여는 법적으로 가산임금을 지급할 의무가 강제되지는 않으므로 100분의 50이하로 지급하든 전혀 지급을 하지 아니하든 약정하기 나름이다.[6)]

근기법 제56조가 "휴일근로시 통상임금의 100분의 50 이상을 가산하여 임금을 지급"하도록 정하고 있으나 이때 휴일은 근기법 제55조에 정한 휴일과 근로자의날을 의미한다. 따라서 약정휴일의 운용에 관해서는 원칙적으로 노사자율에 일임하는 것이 바람직하기 때문에 약정휴일 근로에 대해 가산수당을 지급할 법적의무가 없다고 보아야 한다.[7)]

일부행정해석과 판례에서 약정휴일에 근로할 경우 법정휴일과 마찬가지로 가산임금을 지급해야 한다는 견해[8)]가 있는데, 이 경우는 단체협약이나 취업규칙으로 약정휴일을 정하면서 "근기법상 휴일과 같이 취급한다거나, 법정휴일

6) 하갑래, 453쪽.

7) 대판 89다카15939, 1990.11.27, 하갑래, 453쪽.

8) 대판 90다14089, 1991.5.14. 근로기준법 제46조에 따라 휴일근로수당으로 통상임금의 100분의 50 이상을 가산하여 지급하여야 하는 휴일근로는, 동조가 제45조의 규정에 의한 휴일근로라고 규정하지 아니하고 "휴일근로라고만 규정"하고 있는 점, "연장시간근로 및 야간근로와 함께 휴일근로를 규정"하고 있는 점 등의 취지로 미루어 볼 때, 단순히 근로기준법 제45조 소정의 주휴일제도의 원칙을 유지하기 위한 것만이 아니라, 주휴일이 아닌 법정공휴일이라도 사용자의 필요에 따라 부득이 근로를 하게 된 경우에는 근로자가 근로할 의무가 있는 날에 근로를 한 경우보다는 더 큰 대가가 지급되어야 보상된다는 점을 고려한 것이라고 해석되므로, 동법 제45조 소정의 주휴일 근로 뿐만 아니라 단체협약이나 취업규칙에 의하여 휴일로 정하여진 법정공휴일 등의 근로도 가리키는 것이라고 보는 것이 상당하다. 근기 01254-9009, 1989.6.8.

로 한다"고 정한 경우 그 날에 근로한 경우를 말하는 것으로 한정해서 보아야 할 것이다. 다만, 노동부행정해석은 약정휴일에 근로한 경우에도 그 시간에 대해 가산임금을 지급하여야 한다는 입장이다.[9)]

2. 인가 및 모성보호

사업이 계속되는 한 산업현장에서 야간·휴일근로는 필연적으로 수반될 수 밖에 없고, 여성과 임산부 등의 노무제공도 피할 수 없다. 사용자는 18세미만 연소자·산후1년 미만 여성은 본인의 동의를 얻고, 임신 중인 여성의 경우 명시적인 청구가 있으면 각각 고용부장관의 인가를 받아 야간·휴일근로에 투입할 수 있다. 사용자는 인가를 받기 전에 근로자의 건강 및 모성보호를 위해 그 사업 또는 사업장의 근로자대표와 성실한 협의를 거쳐야 한다.

이때 구체적인 「협의내용」은 야업, 휴일근로의 업무범위 및 실시 필요성, 근로자 보호방안 등,[10)] 작업형태 및 근무조 편성 등이다. 만약 성실한 협의를 위한 노력을 다했음에도 불구하고 근로자대표가 정당한 이유없이 협의에 응시하지 않은 경우라면 그때까지의 협의결과 사본을 첨부하여 인가신청을 할 수 있다.[11)] 근로자대표[12)]는 협의대상 근로자 가운데서 선출하는 것이 아니라 전체근로자과반수 이상이 지지하는 자를 선출해야 한다. 근로자대표와의 협의

9) 근로기준과-1270 2004.3.13.

10) 휴게시설, 취침시설, 임신 중인 여성과 산후 1년 미만자의 편의시설 등.

11) 여원 68240-76, 2002.2.16.

12) 근로자대표란, 그 사업 또는 사업장에 근로자과반수로 조직된 노동조합이 있는 경우는 그 노동조합(노동조합의 대표자나 대표권을 위임받은 자), 근로자과반수로 조직된 노동조합이 없는 경우는 전체 인원 가운데서 사용자(법 제2조제1항제2호, 순수한 사용자에 해당하는 자와 근로자 및 사용자로서 2중적인 지위를 갖는 자 등을 포함)에 해당하는 인원을 제외한 근로자(법 제2조제1항제1호에 정한 근로자)에 해당하는 자의 과반수(100명의 경우 51명 이상)를 대표하는 자를 말한다.(법 제24조제3항 참조). 근로자대표를 선출하는 방법은 집단적인 투표나 회람을 돌려 개별적으로 서명하는 법 등 사용자의 간섭이 배제된 상태에서 선출하면 된다. 근로자의 과반수로 조직된 노동조합인지 여부를 판단할 경우에 있어서 근로자란 노동조합의 조합원만을 의미하는 것이 아니라 전체근로자 가운데 사용자(법 제2조제1항제2호, 순수한 사용자에 해당하는 자와 근로자 및 사용자로서 2중적인 지위를 갖는 자 등을 포함)를 제외한 나머지 근로자의 과반수가 가입한 노동조합인지 여부를 판단하는 것이다. 근로자대표는 1인 이상 복수선출도 가능하다.

는 근로자건강과 모성보호 방안에 대한 완전한 의견일치가 있어야 하는 것은 아니다. 단순히 절차상 협의를 거쳐도 무방하다. 실무상 약정휴일의 경우에도 법으로 정한 절차를 거쳐야 하는지가 의문이다. 노사자치의 원리상 노사당사자가 취업규칙이나 단체협약으로 쉬도록 정하는 약정휴일까지를 의미하는 것은 아니므로 동 약정휴일에 근로할 필요가 있는 경우 당해 근로자의 동의 이외에 인가까지 필요한 것은 아니다.[13)]

18세 이상 여성은 본인 동의만 있으면 인가를 받을 필요없이 야간·휴일근로를 할 수 있다.[14)] 18세 이상 남성이 야간·휴일근로를 할 경우에는 법적으로 본인의 동의를 얻는 등의 절차를 거칠 필요는 없다. 다만, 법으로 제한하는 바는 없다고 해도 1주일에 평균 1회 이상 주휴일을 부여하도록 정한만큼[15)] 휴일근로의 경우는 사전에 합의가 필요할 것이다.

여성근로자가 임신했는지 여부는 본인의 통보, 체형변화, 고충처리 중 알게 된 경우 등 통상적으로 알게 된 때부터 임신 중인 여성으로 인정해야 한다. 사용자는 임신여부에 대한 확인을 위해 의사의 소견서 등을 제출하도록 할 수 있다.

산후 1년 미만 여성에는 정상적으로 출산한 여성뿐 아니라 임신 11주 이내에 일찍 유산, 사산한 경우를 포함한다. 다만, 산후 1년 미만 여성은 단체협약으로 약정을 했다고 해도 1일 2시간, 1주 6시간, 1년 150시간을 초과해서 시간외근로를 시킬 수 없으므로[16)] 시간외근로가 야간이나 휴일근로에 해당할 경우는 그 범위에서 제한을 받는다고 볼 수 있다.

---

13) 근기 01254-795, 1993.5.1.

14) 근기법 제70조제1항 동의는 입사시 야간·휴일근로조건에 대해 명시된 계약서에 서명하거나 재직 중 최초로 야간·휴일근로가 필요한 경우에 별도서면으로 징구하는 경우 등 근로자 개인의 자유의사에 의거 제출하는 방법이 있으며, 단체협약 적용, 취업규칙 등으로 본인의 동의를 얻을 수 있다. 다만, 어떤 경우라도 개별근로자가 반대하는 경우는 동의의 효력이 없다. 그러나 관행적으로 야간·휴일근로가 있는 사업장에서 야간·휴일근로에 반대할 경우는 근로계약 해지사유에 해당될 수 있을 것이다.

15) 근기법 제55조.

16) 근기법 제71조.

(1) 인가요건

야간·휴일근로를 인가할 때는 본인의 동의나 명시적 청구 이외에 해당 사업이나 사업장이 법[17]에 정한 근로시간을 준수할 수 있고, 불가피한 사유가 있을 경우에 한하여 인가를 할 수 있다. 근로감독관 집무규정[18]에서 정한 고용부장관의 야간근로 인가요건은 다음과 같다.

1. 대제실시로 야업이 불가피할 것, 2. 운송, 방송 등 일상생활에 필수적인 공익사업에 해당하여 야업 또는 휴일근로가 불가피할 것, 3. 업종의 특성상 야간에 가동(영업)하지 않으면 사업의 계속적 영위가 곤란하여 야업이 불가피할 것, 4. 일시적인 주문량증가 등으로 야업 또는 휴일근로가 불가피할 것, 5. 그 밖에 위 각호에 준하는 사유가 발생할 것 등의 요건을 갖추어야 한다.

인가서는 사업장에 대해 인가의 종류, 인가기간, 인가근로자수를 정하고, 별도의 첨부물로 근로자의 성명, 생년월일, 근무부서 및 업무, 인가기간을 표시한 인가자 현황을 작성 교부한다.[19] 야간·휴일근로 인가를 받은 사업장에서 여성근로자의 임신, 출산근로자의 작업장 복귀 등으로 인해 「인가대상 근로자가 증가」한 경우는 신규로 인가를 받아야 할 근로자 본인의 동의(임신 중인 여성의 경우 명시적 청구)를 받고 근로자의 건강과 모성보호 등을 위하여 그 시행여부와 방법 등에 관해 그 사업 또는 사업장의 근로자대표와 성실하게 협의를 한 후 근로자 개인별로 인가를 받아야 한다.[20] 인가를 받은 사업장이 인가 당시의 근로형태 등의 변동 없이 사업이 동일성을 지니고 계속적으로 영위된다면 단순히 인가를 받은 「사업주가 변경」되었다하여 이를 새로운 인가사유가 발생한 것으로 볼 수는 없다. 다만, 「업종이 변경」되었다면 인가의 전제가 된 여건이 달라졌으므로 모성보호를 위한 새로운 협의와 인가가 필요할 것이다.

---

17) 근기법 제69조, 제71조 등.
18) 훈령 제656호, 2007.12.31.
19) 훈령 제656호, 2007.12.31, 근로감독관집무규정 제71조.
20) 여원 68240-248, 2002.5.28.

(2) 근로시간, 휴게·휴일 적용제외 근로자

법 제63조에 의거 근로시간, 휴게와 휴일의 규정을 적용받지 않는 근로자[21]는 야간·휴일근로의 제한을 받지 않으므로 그 시간대에 근로를 제공하게 되더라도 달리 인가를 받을 필요는 없다. 다만, 감시·단속적근로로 인가를 받은 근로자가 비록 근로시간, 휴일, 휴게 규정의 적용을 받지 않는다고 해도 근로를 제공한 시간대가 야간근로 시간대에 해당하는 경우는 그 시간만큼 시간급 통상임금에 50%를 가산한 야간근로수당을 별도로 지급하여야 한다.[22]

한편 연소자, 임신 중인 여성, 출산 후 1년 미만 여성이 종사하는 사업이 법 제63조에 의한 근로시간, 휴일, 휴게 규정 적용 제외자에 해당하더라도 야간·휴일근로에 투입할 경우는 근로자 본인의 동의나 명시적 청구 장관의 인가 등 앞에서 언급한 요건을 별도로 갖추어야 하는지에 관해서는 의문이 있다. 사업의 특성상 휴게시간, 대기시간 등이 많아 근로시간과 휴일 등의 적용을 제외하는 근로자라고 하더라도, 법 제5장의 여성과 소년에 관한 별도의 규정이 연소자와 여성의 보호를 위한 특별한 규정이라는 점을 감안하면 근로시간, 휴게에 관해서는 적용을 제외하더라도, 야간·휴일근로에 대해서는 동의와 인가를 받는 등의 절차가 있어야 할 것이다.[23]

3. 실무쟁점사항

(1) 여성근로자의 일숙직근로

임산부인 여성근로자는 원칙적으로 야간근로가 금지된다. 다만, 일숙직근로는 업무의 성격에 따라 차별이 있다. 여성근로자가 본래의 업무와는 다른 업무수행을 위하여 부수적으로 행하는 진형직인 일·숙직의 경우는 인가대상이 아니다. 그러나 통상적인 업무를 수행하고 노동의 강도가 본래업무와 유사하

---

21) 감시·단속적근로로 인가를 받은 근로자 포함한다.
22) 근기 68207-3172, 2001.9.20.
23) 근기-01254, 1990.2.16.

거나 상당히 높은 일숙직의 경우는 인가를 받아야 한다.[24] 야간근로가 제한되는 근로자는 야간근로 요건이 충족되지 않는다면 야간근로시간대와 중복되는 숙직근로도 허용되지 않는다.

(2) 출장 중 이동

출장 중 야간이나 휴일에 다음 목적지로 이동하는 경우 그 시간을 휴일이나 야간근로시간으로 보아야 할 것인지에 관해 다툼이 있을 수 있다.

출장근무 등 사업장밖에서 근로하는 경우에 있어서의 근로시간 산정에 관하여는 법 제58조제1항 및 제2항에서 특례를 규정하고 있다. "근로자가 출장이나 그 밖의 사유로 근로시간의 전부 또는 일부를 사업장밖에서 근로하여 근로시간을 산정하기 어려운 경우에는 소정근로시간을 근로한 것으로 본다. 다만, 그 업무를 수행하기 위해 통상적으로 소정근로시간을 초과하여 근로할 필요가 있는 경우에는 그 업무수행에 통상 필요한 시간을 근로한 것으로 본다"고 정하고 있다. 법의 취지로 볼 때 사용자의 지시에 의해 야간 또는 휴일에 출장업무를 수행하는 것이 명확한 때에는 야간, 휴일근로로 볼 수 있다. 그렇지 않고 단순히 야간 또는 휴일에 이동하는 때에는 야간, 휴일근로를 한 것으로 보기 어렵다.[25] 다만, 지역 외로 출장을 갈 경우 출장지 및 도착지까지의 왕복 이동이 휴일이나 야간 등 근무시간 이외의 시간에 이루어질 경우는, 그 출장업무가 사용자의 지시에 의해 야간 혹은 휴일에 이동하는 것이 불가피하거나 명확하다고 판단된다면 야간, 휴일근로로 볼 수 있다.[26]

(3) 격일제교대근로

법 제50조에 의하면, 근로시간은 휴게시간을 제외하고 1일에 8시간을 초과할 수 없다고 정하고, 법 제55조에 의하면 사용자는 근로자에 대하여 1주일에

---

24) 여성고용과-1308, 2004.6.22.
25) 근기 68207-2955, 2002.9.25. 출장 중인 근로자가 취업규칙 등에 별도의 규정이 없고 사용자의 특별한 지시없이 단순히 다음 목적지로 이동하기 위해 근로자가 임의로 휴일 또는 야간에 이동하였다고 해서 이것을 '야간근로' 또는 '휴일근로'로 보아서 할증임금을 부과할 수 없다.
26) 근기 68207-2650, 2002.8.5.

평균 1회 이상의 유급휴일을 주어야 한다고 정하고, 법 제56조는 야간근로에 대한 정의와 가산임금 지급의무규정을 정하고 있다.

이것은 매일 연속적으로 근로를 제공하는 경우에 한하지 않고, 1일 24시간 격일제로 근무하는 이른바 교대제근무에도 적용된다. 따라서 격일제근무의 경우에는 시간외근로시간수나 야간근로시간수를 절반으로 나누어 계산하여야 한다거나 휴일이 근로일에 해당하여도 휴일근로수당을 별도로 지급할 필요가 없다는 주장은 틀린 말이다. 따라서 격일제교대근무의 경우에도 시간외·야간·휴일근로수당에 관한 근기법규정이 적용된다.[27] 다만, 근로시간과 휴게, 휴일의 적용제외 업종이나 감시 단속적근로로 인가를 받은 자에 해당하는 경우는 시간외수당과 휴일근로수당은 적용되지 않는다. 다만, 야간근로수당은 지급하여야 한다.

27) 대판 96다38995, 1997.7.22.

제13장 근로시간 계산의 특례

1. 개념정의

근로시간은 사업장의 특성과 업무형태에 따라 다양할 수 있다. 출근하지 않고 자유롭게 부여된 업무를 외근형태로 수행하는 경우, 일부 출근 일부 외근형태, 연구·출판·영화제작 등과 같이 사용자가 업무지시나 구체적인 감독을 하는 것보다 업무 수행방법을 근로자의 재량에 일임하는 것이 효과적인 경우 등이 있다. 이처럼 다양한 산업현장의 근로실태를 획일적으로 규제하기란 어려운 일이다. 따라서 최소한의 요건과 법적인 규제를 하여, 일정한 경우에는 노사합의를 통해 자율적으로 근로시간을 산정하도록 함으로써 생산성향상과 노무관리의 효율성을 높이도록 하고 있는데, 간주근로시간제와 재량근로시간제가 그 주요 수단이다.

「간주근로시간제」[1]의 경우는 다양한 형태의 근로시간을 가급적 사실에 가깝게 산정하도록 그 계산법을 법 또는 서면합의로 정하는 것이고, 「재량근로시간제」는 정보화, 기술혁신 등의 새로운 업무수행방식으로 인해 근로자의 재량이 커지고 보수가 질과 성과에 의해 결정되어 지는 등 종래의 통상적인 방법으로 근로시간을 산정하는 것이 부적합한 전문직 등의 업무에 대응하기 위한 것이다. 연구·전문직 등 업무의 성질상 업무수행방법, 시간배분의 결정 등에 대해 구체적인 지시를 하기가 곤란한 업무에 대해 「사용자가 그 수행방법을 근로자의 재량에 맡기고, 근로자대표와 서면합의로 근로시간을 정하면 실

1) 근기법 제58조제1항.

제근로시간이 정한 시간보다 많든 적든 간에 정한시간 만큼만 근로한 것으로 보는 제도이다」[2)]

「재량근로시간제」는 근로시간배분과 업무수행방법까지 근로자의 재량에 맡기고 근로시간계산은 실제근로시간과 관계없이 노사가 합의한 시간을 근로시간으로 간주하는 제도이며 대통령령으로 정한 일정한 업무만 해당한다. 반면, 「선택적 근로시간제」는 업무수행방법 등에 대해 사용자의 지시를 받으면서 시업과 종업시간, 즉, 근로시간의 배분만 근로자가 자유로 결정하고 실제근로시간은 정확히 계산되며 노사가 합의한 경우는 어떤 업종이든 가능하다.

「재량근로시간제」는 업무수행방법과 근로시간배분을 근로자의 재량에 맡기는 반면, 「재택근로」는 근로의 장소만 집으로 한정할 뿐 업무수행방법과 근로시간 등은 전부 사용자의 지시를 받는 점이 다르다. 업무의 성질상 재량에 일임할 수 없는 업무임에도 불구하고, 업무수행 수단 및 시간배분 결정 등에 관해 재량에 일임하기로 서면합의를 하더라도 재량근로시간제의 적용을 받을 수 없다.

2. 간주근로시간제

근로시간은 업종이나 사업장의 특성에 따라서 다양할 수밖에 없으므로 일정한 형태로 규제하기에는 한계가 있다. 출근도 하지 않고 연락만 취한 상태로 외근을 하는 형태, 일단 출근한 뒤 퇴근시까지 외근을 하는 형태, 종일을 회사내에서 근로하는 형태, 24시간 격일제교대근로 등 다양하다. 일반적으로 근로자가 출장 기타의 사유로 근로시간의 전부 또는 일부를 사업장밖에서 근로한 경우에는 특약이 없는 한 소정근로시간을 근로한 것으로 본다. 그러나 출장 등 사업장밖근로가 일정하지 않고 다양한 형태를 지니므로 일률적으로 법정기준시간 내에서 당사자가 근로하기로 정해 놓은 소정근로시간만 근로한 것으로 보는 것은 많은 불이익이 있을 것이다. 따라서 다음과 같은 계산법으로 「가급적 근로시간을 사실에 근접하도록 산정하는 것이 필요」하다. 간주근로시간제는 그러한 경우에 유용한 수단이 된다.

2) 근기법 제58조제2항.

간주근로시간제는 근로자가 사업장밖에서 근로하여 근로시간을 산정하기 어려운 때 근로시간 계산을 합리적으로 분명하게 하기 위해 실제근로시간에 구애받지 않고 일정한 시간을 근로한 것으로 간주하는 것이다.

따라서, 다음 요건에 부합하여야 적용이 가능하다. 1. 사업장 밖 근로일 것 2. 근로시간을 산정하기 어려울 것 3. 근로시간 관리자가 있는 경우가 아닐 것 4. 근로계약, 취업규칙, 단체협약, 서면합의 등으로 근로한 것으로 합의한 시간을 정할 것 등의 요건을 갖추어야 한다.

근로자가 출장근무 등 사업장밖에서 근로시간의 전부 또는 일부를 근무할 때 근로시간 산정방법은 다음 3가지로 요약된다. 이 가운데 산정방법 1과 2는 노사간 서면합의가 필요하지 않고 사실관계가 법에 정한 기준에 일치한다면 법적용을 하는 것이다. 그러나 산정방법3을 채택할 경우에는 반드시 노사간 서면합의가 필요하다.

(1) 근로시간의 산정방법

1) 산정방법1(소정근로시간 이내)

업무수행에 소요되는 시간이 소정근로시간을 초과하지 않는 경우, 소정근로시간[3]을 근로시간으로 간주한다. 서면합의는 불필요하다.

근로자가 출장 기타의 사유로 근로시간의 전부 또는 일부를 사업장밖에서 근로하여 근로시간을 산정하기 어려운 때에는 소정근로시간을 근로한 것으로 본다. 이 경우는 「일부는 내근을 하고 일부는 외근을 하는 근로형태에서 비록 지시 감독 없이 외근하는 부분이 시간적으로 정확하게 계산되지 않지만, 객관적으로 그 업무를 수행하는데 소요되는 시간이 소정근로시간을 초과하지 않을 경우에 약정한 시간을 근로한 것으로 간주하는 것」이다.[4]

---

3) 1일 8시간, 주 44(40)시간 이내.

4) 예를 들면, 사업장밖에서 가로에 설치된 시설물 등의 안전점검을 하는 근로자의 경우 아침에 출근하여 곧장 출장을 나가서 퇴근시간까지 정해진 업무를 수행하고 돌아오는 형태라면, 비록 휴게시간과 근로시간에 대한 지시감독 등이 따로 없고 작업량이 많거나 적어서 정확한 근로시간을 산정하기 어렵다고 하더라도 대체적으로 8시간을 초과하는 분량의 작업은 아니라면 1일 8시간을 근로한 것으로 간주하는 것이다.

2) 산정방법2(당연히 소정근로시간을 초과하는 경우)

업무수행에 필요한 근로시간이 당연히 소정근로시간을 초과하는 경우,[5] 객관적으로 필요한 시간을 근로한 것으로 간주한다. 서면합의는 불필요하다.

이 경우는, 「근로시간의 전부 또는 일부를 사업장밖에서 근로하는 형태에서 부여받은 업무를 수행하려면 당연히 소정근로시간을 초과하여 근로해야 하지만 그 시간이 날짜에 따라 일정하지 않아 명확히 산정하기 곤란할 때는 사전에 근로시간을 분명하게 정하여 당사자간 다툼을 없애야 할 것이다. 이때 객관적으로 보아 그 업무를 수행하는데 몇 시간이 소요되는가 하는 의사결정 수단」이다.

예를 들면, 부여받은 직무를 수행하는데 있어서 날짜에 따라서 1일째는 10시간, 2일째는 10.5시간, 3일째는 11시간이 소요되는 경우가 있다면 일반적으로 평균치인 10.5시간으로 간주하는 것이다. 이때 평균치로 정한 시간을 초과하거나 모자라는 부분이 있더라도 정산할 필요가 없다.

다만, 합의의 기본 바탕이 되는 사실관계가 현저히 달라진 경우라면 평균치를 조정하거나 정산을 하는 것이 합리적이다.

3) 산정방법3(서면합의로 정한 시간)

당해 업무에 관하여 근로자대표와의 서면합의가 있는 때에는 그 합의에서 정하는 시간을 그 업무의 수행에 통상 필요한 시간으로 본다.

외판원, 외부수금원, 이동영업사원, A/S정비원, 운전기사 등 대부분의 근로시간을 사업장밖에서 근무하는 근로자의 경우에는 「업무성격이나 장소적 특성, 이동성, 재량성 등으로 인해 정확히 몇 시간동안 근로하였는지 보통의 방법으로 산정하기 곤란하다. 이러한 경우 사용자는 근로시간 산정에 어려움을 겪을 것이고 당사자간 다툼을 예방하기 위해 근로자대표와 서면합의를 하면 합의에서 정한 시간을 근로한 것으로 간주하는 것」이다.[6]

---

5) 1일 8시간, 주 44(40)시간 이상.

6) 이를테면 정수기 정비기사의 경우 출장 나가는 시간부터 작업종료시까지 도중에 몇 대의 정비를 하였는지를 계산하거나 정확히 근로시간과 휴게시간을 구분하기 어려울 것이고 사무실로 퇴근을 하지 않고 정해진 업무를 마치면 곧바로 귀가하는 경우도 있을 것이다. 이때는 노사가 서면합의로

(2) 적용할 수 없는 경우

적절한 통제와 지시수단을 통해 소정근로시간계산, 근로상태를 점검 관리할 수 있다면 간주근로시간제를 적용할 수 없다. 이 제도는 상태적으로 사업장밖 근로가 행해지고 그로 인해 정확한 근로시간 산정이 어려울 때, 노무관리에서 다툼을 피하기 위해 당사자간 합의 등으로 근로시간을 정하는 수단이다. 따라서 위 3가지 수단 중 하나를 택하여 한번 간주근로시간을 정해두면 그 업무에 대해 일률적으로 적용되는 것이 원칙이다. 그러나 소정근로시간이 계산이 가능한 경우 즉, 휴대전화나 PDA 등으로 지시를 받으며 근로하는 경우나 출퇴근시 집합하여 보고 후 해산 이동하거나, 팀을 만들어 그 중 하나가 시간을 체크하는 경우, 사업장에서 방문처, 업무내용, 귀사시간 등 밖에서 할 구체적 지시를 받고 업무수행 후 돌아오는 것과 같이 적절한 통제와 지시수단을 통해 근로시간을 점검 관리할 수 있다면 간주근로시간제를 적용할 수 없다.

(3) 연장근로

간주근로시간제는 근로시간을 산정하기 어려운 경우에 위와 같은 3가지 방법으로 일정한 근로시간을 근로한 것으로 간주하는 것이므로, 만약 소정근로시간이나, 통상 필요한 시간, 당사자간 합의로 정한 근로시간 중 어느 하나의 방법을 택하여 간주하는 근로시간이 기준근로시간을 초과하는 경우에는 당연히 연장근로수당을 지급해야 한다. 실제근로시간이 이미 정해 둔 소정근로시간을 초과한 경우도 마찬가지다.

(4) 주휴, 연차유급휴가 등의 부여

간주근로시간제는 근로시간 계산에 있어서의 특례만을 정한 것이다. 따라서 주휴, 연차유급휴가, 휴일, 휴가, 연장근로에 대한 가산임금, 야간근로 가산수당 등이 모두 적용된다.[7] 또한 수금, 외판 등 순수한 사업장밖근로로서 출퇴

날짜에 따라 근로시간의 길고 짧음을 무시하고 1일 실제근로시간을 평균 9시간으로 산정하여 각종 수당과 임금 등을 책정할 수도 있다.

7) 예를 들어 14:00~24:00로 근로시간을 정했다면 총 10시간 중 휴게시간 1시간을 공제한 9시간에서 야간근로(22:00~06:00)에 걸치는 2시간에 대한 1시간의 가산임금과 연장근로 1시간의 가

근에 대해 전혀 통제가 없고 소정근로일이 정해지지 않아 결근의 개념이 없다면 소정근로일 모두를 출근한 것으로 보아 유급주휴를 부여해야 하고 휴일에 근로한 경우 가산임금을 지급해야 한다. 그러나 사전에 서면합의를 하여 휴일·야간에는 근로를 하지 않는 것으로 정한다면 가산임금의 지급문제 등은 없을 것이다. 만약 사전 합의가 없다면 평일에 할 일을 가산수당이 많이 붙는 휴일에 몰아서 할 수도 있기 때문이다.

(5) 원거리 출장의 경우 근로시간 산정방법

실무적으로 사업장밖근로를 위해 원거리 출장을 가는 경우 근로시간으로 보아야 하는지 여부가 문제가 된다. 일반적으로 통상적인 출퇴근시간은 근로시간으로 볼 수 없으나, 일단 사업장에 출근하여 출장지로 가는 시간은 근로시간으로 보아야 한다.

만약 집에서 출장지로 바로 출근하거나 출장지에서 바로 퇴근하는 경우에는 출근이후 또는 퇴근까지가 근로시간에 해당할 것이다. 원거리 출장시 집에서 출장지로 바로 가는 경우 이를 출근으로 보아 출장지에 도착한 이후부터 근로시간으로 보아야 하는지 여부가 문제가 된다. 원거리 출장의 경우에는 원거리 지역까지의 이동시간은 근로시간으로 보는 것이 타당하다. 예컨대, 외국에 회의참석차 출장을 가는데 회의장소에 도착한 이후 회의장을 떠나기 전까지만 근로시간으로 본다는 것은 무리가 있을 것이다.[8)]

3. 재량근로시간제도

재량근로시간제는 연구직, 출판직과 같이 업무의 성질상 업무수행방법, 시간배분의 결정 등에 대해 구체적인 지시를 하기가 곤란한 업무에 대해 「사용자가 그 수행방법을 근로자의 재량에 맡기고, 근로자대표와 "서면합의"로 근로시간을 정하면, 실제근로시간이 정한 시간보다 많든 적든 정한시간 만큼만 근로한 것으로 보는 제도이다」 전문적이고 기술적인 분야에서 생신성을 항상

산임금이 적용된다.

8) 근기 68207-1909, 2001.6.14.

하는 등, 근로의 양보다 질적인 수준이 중요시 되는 근로형태에 적합하다.[9]

이제도는 사용자가 업무의 지휘감독은 하되 구체적인 수행방법과 근로시간 배분은 근로자가 자유로 결정하는 것, 도입대상 업무가 다음과 같이 일정업무에 한정되어 있다는 점이 특징이다.[10]

(1) 도입대상 업무

1. 신상품, 신기술의 연구개발. 인문사회과학 또는 자연과학분야 연구업무
2. 정보처리시스템의 설계, 분석업무
3. 신문, 방송 출판사업에 있어서 기사취재, 편성 편집업무
4. 의복, 실내장식, 공업제품, 디자인 고안업무
5. 방송프로, 영화 등 제작사업에 있어서 PD·감독업무
6. 기타 고용부장관이 정하는 업무로서 회계·법률사건, 납세·법무·노무관리, 특허·감정평가 등의 사무에 있어 타인의 위임·위촉을 받아 상담, 조언, 감정 또는 대행하는 업무(고시2011-44. 2011.9.23)

(2) 서면합의시 명시사항

1. 대상업무(위 1항 각호에서 정한 업무라야 한다.)
2. 사용자가 업무수행수단, 시간배분 등에 관해 근로자에게 구체적인 지시를 하지 않는다는 내용
3. 근로시간산정은 그 서면합의에 정한 바에 따른다는 내용

이 외에도 법적 의무사항은 아니지만 노사간의 이견이 발생하지 않도록 하기 위해서 근로시간으로 간주되는 시간, 출-퇴근의 통제에 관한 사항 등 사업장 및 재량업무의 특성을 고려한 내용을 포함할 수 있다.

근로자 대표는 근로자 과반수로 조직된 노동조합이 있는 경우에는 그 노동조합이 되지만 근로자 과반수로 조직된 노동조합이 없는 경우에는 근로자의 과반수를 대표하는 자를 별도로 선출해야 한다. 근로자대표를 선출하는 방법은 근

9) 근기법 제58조제3항.
10) 근기법시행령 제31조.

로자가 모두 모여 투표로 결정하든지, 회람으로 개별적인 서명을 받아 선출하든지 상관없다. 다만 후보출마 등에 사용자의 간섭이 없어야 하며 재량근로시간 결정에 관한 대표권을 행사한다는 것이 근로자들에게 주지되어야 한다.

(3) 근로시간 산정

재량근로시간제를 도입한 경우 사용자가 업무시작과 종료시간을 정할 수는 없지만, 업무수행의 방침을 정하거나 진행과정에서 보고를 받는 등 기본적인 것은 할 수 있다. 노사가 합의하여 전체 업무 가운데서 일부분만 재량근로시간제를 도입한 후 그 시간에 대해서만 업무수행방법, 시간배분 등에 관해 구속하지 않는다고 해도 법위반은 아니다.[11] 서면합의에는 1주일에 몇 시간 혹은 1일에 몇 시간 등으로 근로시간수를 정해 놓아야 하는데 그 기준은 기준시간을 초과하여 실제 업무수행에 소요되는 근로시간을 평균적으로 산정하여 정할 수도 있고, 기준시간 범위 내에서 당사자가 정한 시간으로 할 수도 있다.[12]

(4) 완전·부분적인 재량근로시간제

재량근로시간제는 출퇴근시간을 따로 정하지 않고 근로자의 재량으로 하는 완전재량근로시간제와 출근과 퇴근시간 중 하나만을 정해놓고 그 외 시간을 재량근로의 대상으로 하거나 전체 업무 수행시간 중 일부시간대는 당초 소정근로시간대로 운영하고 나머지는 재량으로 근로하는 부분재량근로형태로 나눌 수 있다. 따라서 노사가 합의하여 부분적재량근로시간제를 도입한 후 그 대상시간에 대해서만 업무수행수단과 시간배분 등을 구속치 않는다고 정하더

---

11) 예를 들면, 신상품개발연구원이 1일 9시간(09:00~19:00)을 근로하는 것으로 합의한 경우, 09:00~10:00는 연구실에 출석근무시간으로 기술연구보고나 지시사항 전달이 있고, 10:00 이후부터는 연구실외에서 자율적으로 연구활동을 하다가 퇴근하는 경우처럼 일부분만 재량근로시간제를 도입할 수도 있다.

12) 예를 늘면, 영화세직 감독이 사용자와 근로계약을 할 때, 그 업무수행 시간이 불규칙하여 시작과 종료시간을 고정적으로 정할 수 없고 근로일별 근로시간 등을 사전에 정할 수 없다. 이러한 직종은 사전에 1일 근로시간은 평균 10시간 1주는 50시간, 일요일은 유급주휴일 부여, 업무수행방법과 시간배분은 근로자가 자율적으로 결정하여 업무완성 등으로 미리 세부사항을 서면합의 할 수 있는 것이다.

라도 법위반은 아니다. 다만, 사용자가 구속하는 시간대를 둘 이상으로 정해놓고 그 중간의 시간을 재량근로시간대로 정해놓으면 사실상 재량근로시간도 실제 구속근로시간으로 될 것이다.[13)]

(5) 연장·휴일근로 등

1) 가산임금

재량근로시간제를 적용하는 업무에 대해서는 근로자대표와 서면합의로 정한 근로시간을 근로한 것으로 보는데, 그 시간은 1주에 근로하는 통상근로시간의 평균치를 기준으로 정할 수도 있고, 기준시간 범위 내에서 정할 수도 있을 것이다. 그러므로 서면합의로 정한 근로시간이 기준시간 이내라면, 실제로 근로해보니, 특정한 주나 특정한 날에 1일 8시간 주 40시간을 초과하여 근로하였다고 하더라도 초과 근로한 시간에 대해서 연장근로수당의 지급을 청구할 수는 없다. 다만, 서면합의로 정한 시간 자체가 기준시간을 초과한 시간으로 정해두었다면 초과시간에 대해서는 그 시간만큼 실제 근로에 종사했는지 여부에 불구하고 가산임금을 지급해야 한다.

2) 휴일근로 등

재량근로제를 채택하더라도 휴일과 야간근로, 휴가 등의 규정은 그대로 적용되므로 주휴, 연·월차유급휴가 등을 부여해야 한다. 비록 업무수행방법과 근로시간의 배분에 관해 근로자의 재량에 일임했더라도 사용자는 출퇴근 등 기본적인 복무관리에 대한 점검은 할 수 있다. 만약, 서면합의로 출퇴근까지 근로자

---

13) 예를 들면, 방위산업연구소에서 09:00까지 출근하여 13:00까지는 소정근로시간으로 운영하여 당일 연구과제 지시, 전날의 연구진척 확인 등 사용자의 구속시간대로 하고, 13:00부터는 일체의 간섭이나 통제를 하지 않는 재량근로시간제를 택하여 퇴근시간은 본인이 연구정도에 따라 자율적으로 선택할 수도 있는 것이다. 다만, 이런 경우 연구소내부 분위기나 관행 등이 사실상 정상적인 근로시간대와 같이 운영되어 자신의 연구실적이나 진척, 소기의 성과달성, 당일수행 할 자율적인 과제완성 등의 경우에도 자율퇴근이 곤란하여 간부들의 지휘감독을 받아야 한다면 제도 자체의 도입목적이 없어지는 것이고, 사용자가 가산임금 등 계산의 편의를 위해 제도를 악용하는 것이다. 따라서 이러한 경우는 전체근로시간을 정상근로시간과 동일하게 보아서 가산임금 등을 계산해야 한다.

자율판단에 일임한 완전한 재량근로시간제를 선택하였다면 출근율 계산시 소정근로일 전체를 출근한 것으로 보아야 한다. 또한 근로자가 주휴일에 근로하였더라도 그에 관해 사용자의 일방적인 지시나 근로자의 신청에 대해 사용자의 동의가 있었던 경우가 아니라면 휴일근로 임금이나 가산수당을 지급할 필요는 없다. 그러나 업무수행방법과 시간배분을 감안할 때, 원활한 업무수행을 위해서는 휴일근로가 불가피하다고 판단하여 사전에 휴일근로를 예정한 재량근로시간제를 적용하기로 서면합의를 했거나, 그러한 약정은 없었지만 시행도중에 불가피한 휴일근로가 있어서 사용자의 동의나 지시가 있었다면 그에 대한 가산수당을 지급하는 것이 원칙이다.

업무수행방법과 근로시간의 배분과 산정이 서면합의로 정해진다고 하지만, 근로자는 어떤 근로조건에서든 실제로 근로한 시간에 상응하는 임금을 수령할 수 있어야 한다. 만약 근로현장에서 취업규칙 등으로 임금제도를 설계할 때, 비록 근로자가 수행하는 업무가 대통령령이 정하는 업무에 해당하고 서면합의로 재량근로시간제를 적용했다고 하더라도, 실제 작업수행에 소요되는 근로시간보다 훨씬 적은 시간을 임금 등의 산정기준으로 정하고 그로 인해 근로자가 불이익을 받는다면 그 적용 자체가 무효라고 보아야 할 것이다.

3) 연장근로 한도 · 기타

이 제도는 정보화, 기술혁신 등의 새로운 업무수행방식으로 인해 근로자의 재량이 커지고 보수가 질과 성과에 의해 결정되어 지는 등 종래의 통상적인 방법으로 근로시간을 산정하는 것이 부적합한 전문직 등의 업무에 대응하기 위한 것이다.

즉, 고도의 전문직 종사자에 대하여는 실근로시간에 관계없이 일정한 근로시간을 근로한 것으로 간주하고 근로의 질과 성과에 의해 보수가 결정되도록 한 것이다. 그러나 이 경우에도 법 제53조에 정한 연장근로의 일반적인 한도로서 주당 12시간 이내는 준수되어야 할 것이다. 따라서 근로시간배분에 대해 근로자의 재량에 일임하다고 해도 서면합의로 정하는 근로시간은 논리상 주 52시간을 초과해서는 안 될 것이다.

〈재량근로시간제 노사합의서〉 (예시)

주식회사 ㅇㅇ대표이사_____와 근로자대표_____는 재량근로시간제 시행에 관하여 다음과 같이 합의한다.

제1조【목 적】 이 합의서는 근로기준법 제56조제3항에 의해 재량근로시간제 시행에 필요한 사항을 정하는 것을 목적으로 한다.

제2조【적용대상】 다음과 같은 업무에 종사하는 사원을 대상으로 하되, 구체적 적용대상자는 부서장의 추천으로 인사부서에서 결정한다.

1. 제품 및 기술의 연구개발(연구소) 등

제3조【업무의 수행】 재량근로시간제 적용대상 사원에 대해서는 원칙적으로 그 업무수행방법 및 시간배분의 결정을 본인에게 맡겨 회사측은 구체적인 지시를 하지 아니한다.

제4조【근로시간의 산정】 재량근로시간제 적용대상 사원의 근로시간은 본 합의에서 정한 근로시간을 근로한 것으로 한다.

제5조【근로시간】 ① 재량근로시간제 적용대상 사원은 출 · 퇴근시간을 자유롭게 정할 수 있다.

② 재량근로시간제 적용대상 사원은 1일 8시간, 주 40시간을 근로한 것으로 본다.

③ 전항의 규정은 사원이 결근, 휴가 등에 의하여 근로하지 않았던 일에는 적용하지 아니한다.

제6조【가산임금】 회사의 요청 또는 업무상의 필요에 의해 사전에 회사의 승인을 받고 제5조의 근무시간을 초과하여 근무한 시간에 대하여 가산임금을 지급한다.

제7조【적용해제】 부서장의 판단으로 재량근로시간제 적용이 불가능하다고 인정되는 사원에 대해서는 근로자대표와 협의를 거쳐 재량근로제의 적용을 해제할 수 있다.

제8조【유효기간】 이 합의서의 유효기간은 20 년 월 일부터 1년간으로 하되, 유효기간 만료 1개월 전까지 개정 관련 별도 의견이 없는 경우에는 그 후 1년간 자동갱신 되는 것으로 하며, 그 이후에도 또한 같다.

20 . . .

주식회사 ㅇㅇ대표이사 (인) 근로자대표 (인)

제14장 근로시간 유연화제도

1. 개념정의

1일 8시간, 주 40시간 등 정형화된 근로시간제도는 관리·규제가 용이한 반면 다양한 업종에서 필요로 하는 탄력적인 근로시간 운용 욕구를 적절히 반영해 주지 못하는 결함을 내포하고 있다. 기업은 물량 폭주나 계절적·생활적인 요인 등 업종에 따라 시장의 움직임에 민감하게 반응하여 노동력의 투입을 조절하여 기업의 생존권을 확보해 나갈 필요가 있다.

근로시간유연화제도란, 법적제도의 특징을 함께 지칭한 용어로서, 탄력적 근로시간제, 선택적 근로시간제, 재량근로시간제, 간주근로시간제 등을 통칭하는 개념이다. 이 장에서는 탄력적 근로시간제와 선택적 근로시간제를 설명한다.

탄력적·선택적 근로시간제는 이러한 산업현장의 수요를 제도적으로 반영한 것으로, 기준근로시간을 초과하지 않고 추가적인 임금부담을 피해가면서 단위기간 내의 노동수요를 탄력적으로 조절하여 생산력을 극대화 할 수 있는 제도이다. 특히 선택적 근로시간제는, 전문직·도급직 등 간섭보다 자율에 일임하는 것이 효과적인 업무에서 근로자의 개성과 편의를 존중하면서 성과를 올릴 수 있는 제도이다.

2. 탄력적근로시간제

「탄력적근로시간제」란, 근로시간에 관한 제도를 설계하면서 노사가 취업규칙이나 서면합의 등으로 약정을 맺고, 미리 정한대로 일정기간 내에 특정주 또는 특정일에 법정근로시간을 초과하여 근로하더라도 그 기간 내에 전체 평균근로시간이 법정근로시간을 초과하지 않으면 가산임금의 부담없이 노동력을 운용할 수 있는 제도를 말한다.

이 제도는 일부제조업이나 서비스산업에서 연속적인 조업 혹은 장시간 조업을 위한 교대제근무를 할 경우, 시기적으로 업무량의 차이가 심하여 업무량에 따라 소정근로시간을 배분할 경우, 연간 실제근로시간을 줄이고 휴일을 늘리려는 경우 등에 유용하다.[1)]

이 제도를 채택한 사업장에서, 사용자가 2주, 1개월 이내 혹은 3개월 이내의 일정기간을 평균하여 1일간, 1주간 근로시간이 기준근로시간[2)]을 초과하지 않도록 운용한다면 특정한 날과 특정주에 기준근로시간을 초과하더라도 법위반이 아니다. 일이 많을 경우는 근로시간을 길게 잡고 반대로 적을 경우는 짧게 하는 등 사업장 형편에 따라 근로시간을 탄력적으로 운용하는 제도인 것이다. 주40시간제 적용사업장은 2주 이내와 3개월 이내 기간을 단위로 할 수 있고, 주44시간제 적용사업장은 2주 이내와 1개월 이내의 단위로 할 수 있다.

탄력적근로시간제 하에서도 당사자의 합의가 있는 경우에는 1주간 12시간을 한도로 연장근로를 시킬 수 있다.[3)] 따라서 특정주의 최장근로시간은 2주 이내는 48시간+12시간으로 총 60시간이고, 3개월 이내는 특정주에 52시간과 특정일에 20시간까지(12시간+8시간) 일할 수 있으므로, 연장근로 최장한도는 52시간+12=64시간이 된다.

---

1) 임종률, 421쪽.
2) 1일 8시간, 주 40시간 등.
3) 근기법 제53조제2항, 탄력적근로시간제에서 연장근로 산정단위기간 내 기준근로시간의 총수(40시간×단위기간의 총일수÷7, 61일인 경우 348.5시간)를 초과하는 근로시간수가 곧 단위기간 내의 연장근로시간에 해당한다. 61일의 기간동안 주 10시간까지 연장근로를 가정할 경우는 50시간×61일÷7일=435시간이 된다(이병태, 791쪽).

구 분	단위기간 내 평균 근로시간	단위기간 내 특정일 및 특정주의 최장근로시간
2주 이내	1일 8시간 주 40시간	특정일 근로시간 제한 없음, 특정한 주 60시간(48+12)
3월 이내		특정일 20시간(8+12), 특정한 주 64시간(52+12),

(1) 2주 이내

사용자는 2주 이내의 일정한 단위기간(1주, 10일, 2주 등)을 정하고, 그 기간동안 1주 평균근로시간이 40시간을 초과하지 않는 상태에서 연장근로가산수당을 지급하지 않고 특정한 날에 8시간, 특정주에 40시간을 초과하여 근로를 시킬 수 있는 제도이다. 다만, 특정일에 대해 편성할 수 있는 근로시간의 제한은 없으나 특정주에는 48시간을 초과하여 근로할 수 없다.

1) 제도도입과 운용

1. 개별근로자의 동의를 받을 필요는 없으나 취업규칙 또는 이에 준하는 것[4] 으로 정해 놓아야 한다. 취업규칙 작성의무가 없는 10인 미만 사업장의 경우는 소정의 규정 등으로 정해두는 것이 좋다.[5]

2. 주 48시간을 초과하는 근로시간에 대하여는 연장근로수당을 지급해야 한다. 2주 이내의 단위기간 중의 근로일 및 근로일별 근로시간을 정함에 있어서는 단위기간을 평균하여 1주간의 근로시간이 40시간을 초과하지 않아야 한다.

가. 단위기간을 1주로 하는 경우에는 주 4일간 1일 10시간씩(합계 40시간) 또는 주 4일간 각 12, 8, 12, 8시간(합계 40시간)으로 정할 수도 있고, 주 5일간 각 6, 10, 9, 6, 9(합계 40시간)시간으로 정할 수도 있다.

나. 단위기간을 2주로 하는 경우에는 제1주에는 48시간, 즉, 6일간 8시간씩, 제2주에는 32시간, 즉, 4일간 8시간씩 정할 수 있다. 48+32=80시

4) 예) 근로시간 운영규정, 단체협약, 근로자대표와 서면합의 등.
5) 근기 68207-2997, 2000.9.29.

간÷2주=1주당 평균 40시간이 된다. 각 주의 날짜별 근로시간은 위 (a)를 참고하여 정하면 될 것이다.

3. 이 제도는 유효기간을 정하지 않았으므로 기간의 제한없이 반복적으로 사용할 수 있다. 다만, 사전에 근로계약이나 취업규칙에 시업과 종업시간을 명시해 두어야 한다. 2주 이내는 3개월 이내 시간제와 달리 특정일에 대한 근로시간 제한이 없다. 다만, 근로계약 및 취업규칙에 시업·종업시간을 정하도록 규정하고 있으므로, 2주 이내의 근로일별 근로시간을 사전에 명시해 두어야 한다. 일단, 일별·주별로 근로시간이 정해지면 임의로 변경할 수 없다.[6] 취업규칙 변경절차를 거쳐야 한다.

4. 전체 종업원 중에서 대상근로자를 일부 특정하여 시행할 수도 있고, 전체 근로자를 대상으로 적용할 수도 있다. 사용자는 기존의 임금수준이 저하되지 않도록 수당신설, 임금체계개선 등 임금보전방안을 강구하여야 한다.[7] 고용부장관은 사용자에게 임금보전방안을 제출하도록 명령하고 확인할 수 있도록 했다. 이것은 강행성을 뒷받침하지 않는 훈시적인 규정이다.

2) 취업규칙 변경 등 도입절차

규칙적인 근로형태를 적용하던 사업장에서 이 제도를 도입하려면 취업규칙의 변경이 수반되어야 한다. 기존의 취업규칙을 불이익하게 변경할 경우에는 근로자과반수 노조 또는 근로자과반수의 동의가 필요하다. 변경된 규칙이 불이익변경인지 여부를 판단함에 있어서는 기존의 근로시간과 변경된 근로시간의 차이나 임금산정·보전방식 등 제반사정을 객관적, 종합적으로 판단하여야 할 것이다. 만일, 기존 임금수준을 저하시키지 않은 상태에서 격주 휴무를 실시하는 경우라면 불이익변경으로 보기는 어려울 것이다.

그러나 제도를 도입하고 소정근로시간은 변함이 없음에도 소정근로시간에 대한 기존의 임금수준이 저하되는 경우에는 불이익변경으로 볼 수 있으며, 근로자의 집단적 동의가 필요하다.[8]

---

6) 이병태, 786쪽.

7) 근기법 제51조제4항, 영 제28조제2항.

8) 예를 들면, (a) 이미 격주휴무제를 하면서 토요일 4시간분을 연장근로 처리해주고 있는 상태에서

(2) 3월 이내

사용자는 2주를 초과하면서 3개월 이내로 일정한 단위기간을 정한 후, 그 기간 동안의 1주 평균근로시간이 40시간을 초과하지 않는 상태에서 연장근로 가산수당을 지급할 필요없이 특정한 날에 8시간, 특정한 주에 40시간을 초과하여 근로시킬 수 있는 제도이다. 3개월 이내의 기간 중 특정주의 근로시간이 52시간을 초과하여 근로시킬 수 없고 특정일의 근로시간이 12시간을 초과할 수 없다.

이 제도는 2주 이내와 달리, 도입시 반드시 근로자대표와 서면합의를 해야 하고, 대상근로자의 범위, 단위기간, 단위기간의 근로일별 근로시간, 서면합의의 유효기간을 명시하여야 하며 사용자는 임금보전방안을 마련해야 한다.[9] 고용부장관은 사용자에게 임금보전방안을 제출하도록 명령하고 확인할 수 있도록 했다. 역시 강행성을 뒷받침하지 않는 훈시적인 규정이다.

1) 서면합의

이 제도를 도입하려면 근로자대표와 사용자 사이에 미리 서면합의가 필요하다. 근로자참여 및 협력증진에 관한 법률에 의거 선출된 노사협의회 위원도 근로자대표로서 합의할 수 있다. 노사합의는 반드시 서면으로 합의하고 권한 있는 당사자가 서명·날인하여야 한다. 법에서 2주 이내는 취업규칙 또는 이에 준하는 것으로 정하고, 3월 이내는 반드시 서면합의를 하도록 한 것은 시행기간이 길고 그 만큼 근로자의 권익을 침해할 가능성이 많기 때문이다. 서면합의에 의해 이 제도를 운용하는 한, 사용자와 개별근로자 합의는 필요 없다. 서면합의의 내용은 다음과 같다.

제도를 도입하여 4시간분 연장근로수당을 지급하지 않아도 되는 경우 등은 불이익변경에 해당하고. (b) 주당 40시간으로 5일간 1일 8시간씩 근로하면서 토요일은 무급휴무를 하고 일요일은 유급휴일을 해오던 근로자가 단위기간을 2주로 하는 제도를 도입하기로 한 경우, 제1주에는 48시간, 즉, 6일간 8시간씩, 제2주에는 32시간, 즉, 4일간 8시간씩 성할 수 있는데(48+32=80시간÷2주=1주당 평균 40시간이 된다.) 이때 근로자는 제도를 도입하였기 때문에 40시간을 초과한 부분에 대하여 연장근로수당을 지급받지 못하게 된다. 이 경우 제도도입 자체가 불이익변경에 해당한다.

9) 근기법 제51조제4항, 영 제28조제2항.

1. 대상근로자 범위(대상 업무, 대상 직종)를 구체적으로 지정한다.

대상근로자를 반드시 개별적으로 정해야 하는 것은 아니다. 다만, 사용자는 기업의 필요·특성에 따라 직종·근로형태 등으로 식별이 가능하도록 특정한다. 제도적용을 받지 않던 근로자가 배치전환, 근무명령으로 적용대상에 편입된 경우는 함께 적용한다.[10)]

2. 3월 이내의 단위기간을 정해야 한다.[11)]

3. 단위기간에 있어서 근로일과 근로일별 근로시간을 명확히 정해야 하며 사전에 근무표를 만들어 게시하는 것이 좋다.

4. 서면으로 합의한 사항에 대한 유효기간을 명시하여[12)] 지나친 확대시행을 예방 한다. 유효기간의 상한 등에 대해 법적인 제한은 없다.

2) 근로자대표

근로자대표란, 그 사업 또는 사업장에 근로자과반수로 조직된 노동조합이 있는 경우는 그 노동조합의 대표자나 대표권을 위임받은 자, 근로자과반수로 조직된 노동조합이 없는 경우는 전체 인원 가운데서 사용자[13)]에 해당하는 인원을 제외한 근로자[14)]에 해당하는 자의 과반수[15)]를 대표하는 자를 말한다. 다만, 일부근로자에게만 선택적 근로시간제를 적용할 경우 제도 도입과 무관한 전체근로자를 대상으로 대표자를 선출하는 것은 의미가 없다고 보아서, 근로자대표를 선정하는 대상근로자 범위를 선택적 근로시간제를 적용 받게 될 일부근로자에 한정하여 선출하여야 한다는 일부 판례 등이 있으나[16)] 행정해석의 경우는 일부 부서에만 탄력적근로시간제 등 유연적근로시간제를 도입할 경우

---

10) 근기-1418, 2006.3.29.

11) 예) 4주, 1개월, 2개월 등.

12) 근기법 제51조제2항제4호, 영 제28조제1항.

13) 근기법 제2조제1항제2호, 순수한 사용자에 해당하는 자와 근로자 및 사용자로서 2중적인 지위를 갖는 자 등을 포함.

14) 근기법 제2조제1항제1호에 정한 근로자.

15) 100명의 경우 51명 이상, 근기법 제24조제3항 참조.

16) 대판 2005두4403, 2005.9.29. 근로자과반수를 대표하는 자는 4급 이상 직원을 감원하기로 했음에도 5급 이하 직원들로 구성된 노동조합을 상대로 협의하였다면 성실한 협의를 했다고 보기 어려우므로, 이 사건 해고는 정리해고로서의 요건을 갖추지 못하여 위법하다.

그 사업 또는 사업장 단위로 근로자대표를 선출해야 한다고 보고 있다.

근로자과반수를 대표하는 자를 선출하는 방식은 법에 정한 바가 없다. 따라서 투표·거수 등 근로자의 자율적 판단에 의하겠지만, 기본적으로 민주적인 선출방식으로 근로자과반수의 지지를 받아 결정하여야 한다. 근로자과반수의 지지를 받아 선출되지 않은 노사협의회 근로자위원들이 호선하여 근로자대표를 선출하거나 사용자가 일방적으로 지명해서는 안 될 것이다. 다만, 근로자과반수로 조직된 노동조합의 대표가 위촉한 노사협의회위원과 근로자과반수의 직접, 비밀, 무기명투표에 의해 선출된 노사협의회 근로자위원은 근로자대표로서 서면합의를 할 수 있다.[17)]

근로자과반수를 대표하는 자를 선출함에 있어서는 법 제2조제2호에서 정한 “근로자에 관한 사항에 대하여 사업주를 위하여 행위 하는 자”를 제외하여야 한다. 근로자대표는 반드시 1명만을 선출해야 하는 것이 아니고 복수도 가능하다.

근로자대표가 복수일 경우는 대표권행사에 대해 달리 약정한 방법이 없다면, 복수의 대표전원이 서면합의에 참여해야 한다.

(3) 탄력적근로시간제에서 연장근로 판단

연장근로 판단기준은 1주 또는 1일의 기준근로시간이 아니라 2주 혹은 3월 이내의 일정한 단위기간내의 1주간의 평균적인 근로시간을 기준으로 산정된다. 따라서 기본적으로 단위기간 내 주당 평균근로시간이 주 40시간 1일 8시간을 초과하지 않도록 설계가 되어 있을 때, “근로일별로 정한 소정근로시간을 초과한 근로시간의 합계”가 곧 단위기간 내 연장근로시간이 된다. 예를 들면 다음과 같다.

1) 소정근로시간 초과

1. 제1주차

월~목요일(4일간) 8시간, 금요일 4시간 토요휴무 일요일 주휴, 총 36시간

---

17) 근기 68207-735, 1997.6.5.

2. 제2주차

월~금요일(5일간) 8시간, 토요일 4시간 일요일 주휴, 총 44시간

3. 제3주차

월~금요일(5일간) 8시간, 토요일 휴무 일요일 주휴, 총 40시간

4. 제4주차

월요일 6, 화~수(3일간) 10시간, 토요일 4시간, 일요일 주휴, 총 40시간

위 근로시간을 모아서 4주간으로 평균하면, 36+44+40+40=160시간÷4주=평균 40시간이 된다. 이러한 근로시간을 설계해 놓고 시행과정에서 제1주차는 38시간(+2), 제2주차는 48시간(+4), 제3주차는 44시간(+4), 제4주차는 40시간 합계 170시간을 근로하여 당초 계획보다 10시간을 초과했다면 초과한 10시간은 연장근로가 되는 것이다.

2) 정산기간 내 평균근로시간이 기준근로시간 초과한 경우

단위정산기간내의 평균소정근로시간이 기준근로시간 범위 내에서 편성되었다면, 2주간 이내의 경우, 특정주에 48시간 이내[18] 3개월 이내의 경우는 특정주에 52시간 이내, 특정일에 12시간 이내이면서 정산기간내의 평균근로시간이 주 40시간, 1일 8시간 이내인 경우에는 법내초과근로로 연장근로시간이 되지 않는다. 따라서 위 기준 한도를 초과한 근로시간은 연장근로가 되어 가산수당을 지급해야 한다.

3) 연장근로제한

탄력적근로시간제에서 가산수당을 지급하는 연장근로시간의 한도는 무한정일 수는 없고 특정주, 특정일의 근로시간은 법 제53조제2항의 제한을 받는다. 연장근로는 탄력적근로시간제 뿐 아니라 모든 근로관계에서도 당사자 합의가 있는 경우에도 1주 12시간을 초과할 수 없다. 따라서 합의로 연장근로 할 수 있는 최장한도는 이미 정한 2주 혹은 3월 이내 단위기간 중 편성 가능한 최대 근로시간+주 12시간이 된다. 즉, 2주 이내의 경우는 특정주 48시간+주 12시

18) 1일의 근로시간 제한은 없다.

간, 즉, 주 60시간이 가능하고, 3개월 이내의 경우는 주40시간제는 특정주의 52시간+주 12시간, 즉, 주 64시간이 가능하다.

「1일 연장근로 한도」에는 법적으로 제한한 바가 없다. 따라서 논리적으로는 주 12시간의 한도를 1일에 전부 사용한다고 하면 12시간+8시간, 즉, 20시간이 가능하다는 계산이 된다. 다만, 3개월 이내 단위의 탄력적근로시간제에 있어서는 특정일의 근로시간을 1일 12시간까지 편성할 수 있도록 제한하고 있다.

사용자는 탄력적근로시간제를 적용한 사업장에서 자연재해, 재난관리법상 화재, 붕괴, 폭발, 교통사고, 화생방, 환경오염사고 등 국민의 생명과 재산에 피해를 줄 수 있는 사고와 이에 준하는 사고로서 사업운영을 불가능하게 하는 돌발적인 기계고장, 보일러 파열, 인명이나 공익침해 사태 등 불가피한 경우에는 해당근로자의 동의와 고용부장관의 인가를 얻어 법 제53조제2항에서 정한 1주 12시간 초과근로 한도를 초과하여 그 이상 시간으로 연장근로하게 할 수 있다.[19] 이때 12시간을 초과하여 근로할 수 있는 상한선을 정하지는 않았지만, 연장근로시간은 자연재해 등 특별한 사정에 대처하여 긴급한 작업이나 구조 등 필요한 한도 내에서만 허용될 것이지 그로 인해 생산 감소분을 보충하는 작업에까지 연장근로시간 한도를 초과하여 사용할 수는 없다.

(4) 모성보호 및 연소자 적용제한

탄력적근로시간제를 도입하더라도 산후 1년이 경과되지 않은 여성은 단위정산기간에서 특정주, 특정일의 근로시간을 편성하면서 기준근로시간[20]을 초과할 수 있으나 1일 2시간, 1주 6시간, 1년에 150시간을 초과하는 연장근로를 시킬 수 없다.[21] 임신 중인 여성근로자는 탄력적근로시간제만 적용이 제외되고 그 외 선택적 근로시간제, 재량근로·간주근로시간제등 유연한 근로시간제도에서는 제한없이 적용할 수 있다. 다만, 연장근로는 불가능하다.

---

19) 근기법 제53조제3항 예를 들면 2주단위에서는 48시간+12시간=60시간 이상, 3월 이내 단위에서는 52시간+12시간=64시간 이상.

20) 주 40시간, 1일 8시간.

21) 근기법 제71조.

15세 이상 18세 미만 근로자와 15세 미만 취직인허증 소지자는 탄력적 근로, 선택적근로, 재량근로제, 간주근로제, 근로시간 및 휴게시간계산특례 등 근로시간 변형제도는 적용할 수 없다.

(5) 실무쟁점

1) 단위기간

법 제51조제1항에 의한 2주 이내의 단위기간을 정한 경우와 제2항에 의한 3월 이내의 단위기간을 정한 경우는 각각 별개의 것으로 보아야 할 것이다. 법 제51조제2항제2호에 의하면 "단위기간은 3월 이내의 일정한 기간"으로 정하고 있다. 따라서 그 단위기간은 3월 이내이면 족하지, 반드시 2주 이상 3월 이내일 필요는 없다. 그러므로 3월 이내의 탄력적근로시간제를 도입시 그 단위기간을 2주 이내로 하는 것도 가능하다. 따라서 단위기간을 2주 이내로 정하고 있더라도 제2항에 의한 3월단위 탄력적근로시간제의 요건을 모두 갖추어야 한다. 이 경우 3월 이내 기간의 요건에 의해 규율되기 때문에 특정일의 근로시간은 12시간을 초과할 수 없다.[22)]

2) 흠이 있는 탄력적근로시간제

탄력적근로시간제를 도입하면서 법에 정한 도입절차나 요건 등에 특별한 흠이 없는 가운데, 단위기간의 근로시간을 평균해보니, 특정일에는 8시간을 초과했으나 특정주에는 40시간을 초과하지 않는 경우가 있다. 이러한 경우 다른 요건이 적법하게 갖추어 졌다면 일부 요건에 흠[23)]이 있다고 해서 탄력적근로시간제가 아니라고 할 수는 없다. 이 경우 초과된 근로시간에 대해서는 단위기간내의 연장근로시간으로 보아서 별도의 가산임금을 지급해야 할 것이다. 다만, 근로자대표와 서면합의를 거치지 않은 경우와 같이 법[24)]에서 정한 외형적인 요건에 중대한 결함이 있는 경우에는 제도적용 자체가 부정된다. 따라서 단위기간에 구애됨이 없이 1일 8시간, 주 40시간을 초과한 근로에 대해서는

---

22) 근기 68207-1542, 2001.5.12.

23) 단위기간을 명시하지 않은 경우, 취업규칙의 게시 등 부수적인 공지절차 위반 등.

24) 근기법 제51조제2항.

전반적으로 연장근로가 적용되어 가산임금을 지급해야 하고 법위반 사실에 대해서는 별도의 처벌[25)]을 받을 수 있다.

3) 탄력적근로시간제에서 야간근로와 휴일근로

탄력적근로시간제를 도입하더라도 휴일근로의 경우는 가산수당을 지급해야 하고 법정, 약정휴일은 부여해야 한다. 근로자가 주휴일에 근로한 경우는 주단위 총근로시간에 포함하고 휴일근로로서 상응하는 가산임금을 지급한다. 다만, 휴일근로라도 1일 8시간을 초과하는 시간은 정산기간 중 소정근로시간에 포함되어야 한다. 탄력적근로시간제를 운용하는 경우에도 야간근로에 대해서는 통상임금의 50% 이상을 가산하여 지급해야 한다. 야간근로와 연장, 휴일근로가 중복된 경우에는 각각의 시간에 대하여 가산수당을 지급해야 한다. 아파트경비원, 보일러기사, 수위 등 감시·단속적근로자로 승인을 받은 경우 근로시간, 휴게, 휴일에 관한 규정은 적용되지 않지만, 야간근로에 대한 가산수당은 지급되어야 하고 연·월차유급휴가규정도 적용되어야 한다.

3. 선택적 근로시간제

선택적 근로시간제, 이른 바 자유출퇴근제는 사용자가 업무지시 감독은 하되, 「업무시작과 종료시각을 근로자의 결정에 맡겨서 자율적인 상태에서 업무를 수행하도록 하는 제도」이다. 이 제도는 10인 이상 사업장은 취업규칙 혹은 취업규칙에 준하는 것, 9인이하 사업장은 취업규칙에 준하는 것으로 1개월 이내의 정산기간 중 총 근로시간을 정하고 제도 도입에 관해 근로자대표와 서면으로 합의하여 일정한 요건을 갖추면, 근로자가 1개월 이내의 정산기간 중에 그 기간을 평균하여 주 40시간과 1일 8시간을 초과하지 않는 범위 내에서 일정시간을 근로할 것을 약정하고 1일의 근로시간을 자기가 편리한대로 시작하고 종료할 수 있다. 즉, 일정기간 단위로 정하여진 총근로시간 범위 안에서 사용자의 업무감독과 지시를 받으면서 출·퇴근시간 및 1일의 근로시간에 대해

25) 근기법 제50조 위반, 제110조제1호 2년 이하 징역 또는 1천만원 이하의 벌금.

서만 근로자가 자율적으로 결정할 수 있는 제도이다.

「근로자대표」란, 그 사업 또는 사업장에 근로자과반수로 조직된 노동조합이 있는 경우는 그 노동조합대표자나 대표권을 위임받은 자, 근로자과반수로 조직된 노동조합이 없는 경우는 전체 인원 가운데서 사용자[26]에 해당하는 인원을 제외한 근로자[27]에 해당하는 자의 과반수를 대표하는 자를 말한다.

근로자대표를 선출하는 방법은 집단적인 투표나 회람을 돌려 개별적으로 서명하는 법 등 사용자의 간섭이 배제된 상태에서 선출한다. 다만, 일부근로자에게만 선택적 근로시간제를 적용할 경우 제도 도입과 무관한 전체근로자를 대상으로 대표자를 선출하는 것은 의미가 없다고 보아 근로자대표를 선정하는 대상근로자 범위를 선택적 근로시간제를 적용 받게 될 일부근로자에 한정하여 선출하여야 한다는 일부 판례 등이 있다.[28]

(1) 서면합의사항

사용자와 근로자대표는 다음 사항을 합의하고 서명·날인하여야 한다.

1. 대상근로자의 범위

선택적 근로시간제는 대체로 전문직이나 도급직 근로자에게 유용하다. 대상근로자는 15세 이상 18세 미만자를 제외하고 자유롭게 적용할 수 있다. 산업안전보건법상 유해·위험작업 종사자는 법정근로시간 자체가 다르기 때문에 적용대상에 포함시킬 수 없다. 그러나 임신 중인 여성근로자는 금지규정이 없으므로 적용할 수 있다.

2. 정산기간은 1월 이내의 기간으로 정하고 기산일을 특정해야 한다.

3. 정산기간에 있어서 총근로시간을 정해야 한다.

총근로시간은 정산기간을 평균하여 1주간의 근로시간이 40시간을 초과하지 않는 범위 내에서 정산해야 하는데, 예컨대 정산기간을 3주로 정했다면 총 120

---

26) 근기법 제2조제1항제2호. 순수한 사용자에 해당하는 자와 근로자 및 사용자로서 2중적인 지위를 갖는 자 등을 포함.

27) 근기법 제2조제1항제1호에 정한 근로자, 근기법 제24조제3항 참조.

28) 대판 2005두4403, 2005.9.29. 보다 자세한 사항은 "제14장 3. 근로자 건강 및 모성보호를 위한 협의"를 참고한다.

시간을 초과할 수 없다. 예를 들면, 1월을 정산기간으로 한 경우, 총법정근로시간은 172시간(40시간×4.3주)이므로 이 시간을 넘는 시간은 연장근로가 된다.

4. 의무근로시간대를 정한 경우 그 개시 및 종료시각

조직적인 업무수행과 의사소통을 위해 의무적인 근로시간대를 정한 경우 그 시작과 종료시각을 미리 정해 두어야 한다.

5. 선택적근로시간대를 정한 경우 그 개시 및 종료시각

선택적근로시간대를 정한 경우 그 시작과 종료시각을 미리 정해 두어야 한다.

6. 기타 대통령령이 정하는 사항[29)]

연차유급휴가에 있어서는 소정근로일수에 대한 해당근로자의 출근율이 중요하므로 소정근로시간과 그에 따른 출근율을 정확히 산정하여야 한다. 선택적 근로시간제의 경우에는 출퇴근을 근로자의 자유재량에 일임하였기 때문에 그 기간 중 소정근로일수와 출근일수가 불명확하게 될 수 있다. 따라서 총근로시간과 해당근로자의 실제근로시간을 각각 표준근로시간으로 나누어 산정할 수 있도록 하려는 것이다.

(2) 작업시작과 종료시각

선택적 근로시간제를 도입하고자 하는 사용자는 취업규칙이나 이에 준하는 것에 근거 규정을 정해 두고서, 업무지시 감독 등은 사용자가 하되, 작업시작과 종료시각을 근로자의 결정에 맡겨야 한다. 일단 맡긴 다음에는 사용자가 시업·종업시간을 임의로 변경지시 하거나 사전에 허가를 받도록 하는 것은 허용되지 않는다. 법으로 정한 세부적인 사항을 근로자대표와 서면으로 합의한 경우에는 1월 이내의 정산기간을 평균하여 1주간의 근로시간이 주 40시간을 초과하지 않는 범위 내에서 1주간에 40시간, 1일에 8시간을 초과하여 근로할 수 있다.

원활한 업무수행을 위하여 근로시간을 선택적근로시간대와 의무적근로시간대로 나누어 선택적근로시간대의 근로에 대해서만 근로자의 자율에 맡길 수도

---

29) 표준근로시간 즉, 유급휴가 등의 계산기준으로 사용자와 근로자대표가 합의하여 정한 1일의 근로시간, 영 제29조.

있다. 예를 들어, 오전 9시부터 오후 6시까지 근로하는 경우에, 오전 9시부터 오후 1시까지를 의무시간대로 정하고, 오후 2시부터 6시까지를 선택적근로시간대로 정할 수 있을 것이고, 오전 9시부터 오후 6시까지를 전부 선택적 근로시간제로 정할 수도 있다. 의무근로시간대가 지나치게 길거나 선택적근로시간대가 지나치게 짧은 것은 근로자에게 선택의 여지가 없기 때문에 제도 취지상 의미가 없다. 또 의무적근로시간대를 출근시와 퇴근시에 배치하고 중간에 선택적 근로시간제를 배치한다면 제도도입의 취지가 없어질 것이다.

(3) 도입직종

선택적 근로시간제는 업무수행방법은 사용자로부터 지시를 받고 시업, 종업 등 근로시간의 배분만 근로자가 자유로이 결정하는 제도로서 노사가 합의만 하면 어떤 업종도 적용이 가능하다. 반면에 이와 유사한 제도로서 법 제58조 제3항에서 정한 재량근로시간제는 업무수행방법과 근로시간 배분 등 모두를 근로자의 재량에 일임하는 제도로 적용할 수 있는 업무가 법으로 엄격히 제한되어 있다.[30)]

(4) 연장근로

선택적 근로시간제에서 의무적근로시간대가 정해진 경우는 사용자의 지시감독에 따라 정한 시간을 근로해야 하고 정산기간을 평균하여 주 40시간 1일 8시간을 초과하는 근로시간에 대해서는 가산수당을 지급해야 한다. 선택적근로시간대와 의무적근로시간대가 혼합된 경우는 의무적근로시간대는 근로시간 산정이 용이한 반면, 선택적근로시간대는 그 시간 전부를 일할 것인지 아니면 전혀 근로를 하지 않을 것인지는 업무량을 감안하여 근로자 재량으로 결정할 수 있는 제도이다. 따라서 실근로시간이 미리 정한 근로시간을 초과한다고 해서 당연히 연장근로로 볼 수는 없으므로 초과근로 인정절차와 방법 등에 관해

---

30) 근기법시행령 제31조. 신상품 또는 신기술의 연구개발이나 인문사회·자연과학의 연구업무, 정보처리시스템의 설계 또는 분석업무, 신문,방송 또는 출판사업에서 기사의 취재 편성 편집업무, 의복, 실내장식·공업제품·광고 등의 디자인 또는 고안업무, 방송프로그램 PD 감독업무, 기타 고용부장관이 정하는 업무.

사전에 서면으로 정하여 그 초과한 시간을 연장근로로 본다는 합의가 있어야 한다.

미리 연장근로에 관해 합의를 했을 경우에도 사용자는 정산기간을 평균하여 1주 12시간을 초과[31]하여 연장근로하게 할 수 없다. 다만, 선택적 근로시간제를 선택한 사업장에서 자연재해, 재난관리법상 화재, 붕괴, 폭발, 교통사고, 화생방, 환경오염사고 등 국민의 생명과 재산에 피해를 줄 수 있는 사고와 이에 준하는 사고로서 사업운영을 불가능하게 하는 돌발적인 기계고장, 보일러 파열, 인명이나 공익침해 사태 등 불가피한 경우에는 해당근로자의 동의와 고용부장관의 인가를 얻어 법 제53조제2항에서 정한 1주 12시간 초과근로 한도를 초과하여 그 이상 시간으로 연장근로하게 할 수 있다.[32] 이때 12시간을 초과하여 근로할 수 있는 상한선을 정하지는 않았지만 연장근로시간은 자연재해 등 특별한 사정에 대처하여 긴급한 작업이나 구조 등 필요한 한도 내에서만 허용될 것이지 그로 인해 생산 감소분을 보충하는 작업에까지 연장근로시간 한도를 초과하여 사용할 수는 없다.

정산기간 중 총근로시간이 법정근로시간 미만인 경우는 실제근로시간이 당초 근로하기로 약정한 근로시간을 초과한 경우에도 노사간 별도의 합의가 없다면 법내초과근로로서 연장근로가산수당을 지급할 의무가 없다.

법의 취지는 기준근로시간을 초과한 시간에 대해서만 연장근로 가산임금을 지급하도록 강제하기 때문이다.

(5) 임금지급

임금지급에 있어서도 실제근로시간이 근로자대표와 서면합의로 정한 총근로시간을 초과하거나 미달한 경우에 이를 당해 임금지급기에 정산하여야 할 것이다. 이때 당사자간 별도의 약정이 있다면 당해 정산기간에 발생한 부족한 근로시간이 있다고 해도 임금은 약정한 근로시간대로 지급하고 다음기까지 부족한 시간을 더 근로하게 할 수도 있을 것이다. 근로시간대가 야간근로에 해

31) 주40시간제 52시간, 주44시간제 56시간, 근기법 제53조제2항.
32) 근기법 제53조제3항.

당하는 시간이라면 야간근로수당을 지급해야 한다. 그러나 의무근로시간대가 없이 완전한 선택적 근로시간제를 채택한 경우, 야간근로는 사용자가 명시적, 묵시적으로 근로를 요청한 경우나 근로자의 청구에 대해 사용자가 동의를 한 경우에만 지급된다. 만약 그렇지 않다면, 평상시 근로보다 가산임금이 지급되는 야간근로를 더 선호할 수도 있기 때문이다. 휴일근로에 있어서는, 주휴일에 선택적근로시간대가 설정되어 있다면 휴일가산수당이 지급되어야 한다.

다만, 이 경우에도 당초 서면합의시 휴일근로를 예정하지 않았거나 사전에 사용자의 요청이나 승인이 없는 경우는 휴일근로가 성립될 수 없다. 만약 그렇지 않다면, 평상시 근로보다 가산임금이 지급되는 휴일근로를 더 선호할 수도 있고, 사용자 입장에서는 생산량은 동일한데 인건비지출은 증가할 수 있기 때문이다.

〈3월단위 탄력적근로시간제 노사합의서〉 (예시)

주식회사 ㅇㅇ대표이사_____와 ㅇㅇ노동조합 위원장_____는 3월단위 탄력적근로시간제에 관하여 다음과 같이 합의한다.

제1조 【목 적】 이 합의서는 근로기준법 제50조제2항에 의해 3월단위 탄력적근로시간제를 실시하는데 필요한 사항을 정하는 것을 목적으로 한다.

제2조 【적용대상자】 이 합의서의 내용은 전체 생산직 근로자에 적용한다.

제3조 【단위기간】 이 합의서의 단위기간은 매분기 초일에서 매분기 말일까지로 한다.

제4조 【근로시간】 3월단위 탄력적근로시간제 단위기간에 있어서 1일의 소정근로시간, 시업시각, 종업시각 및 휴게시간은 다음과 같다.

구 분		1일 소정근로시간	시업시간	종업시간	휴게시간
ㅇ월	1일~말일	7시간 (월~금)	09:00	17:00	12:00~13:00
ㅇ월	1일~말일	8시간 (월~금)	09:00	18:00	12:00~13:00
ㅇ월	1일~말일	9시간 (월~금)	09:00	19:00	12:00~13:00

제5조 【휴 일】 단위기간 중 주 2일(토요일, 일요일)은 휴무하되, 휴일은 일요일로 한다.

제6조 【적용제외】 15세 이상 18세 미만의 근로자와 임신중인 여성근로자에게는 본 합의를 적용하지 아니한다.

제7조 【가산임금】 3월을 평균하여 1일 8시간, 1주 40시간을 초과한 경우 통상임금의 50%를 가산임금으로 지급한다. 다만, 회사사정으로 인하여 근무시간 편성에 변동사항이 발생할 경우, 회사는 사전에 통보하여 근무시간을 변경할 수 있으며, 그에 따라 연장근로수당을 계산하여 지급한다.

제8조 【유효기간】 합의서의 유효기간은 20 년 월 일부터 1년간으로 하되, 유효기간 만료 1개월 전까지 개정 관련 별도 의견이 없는 경우에는 그 후 1년간 자동갱신 되는 것으로 하며, 그 이후에도 또한 같다.

20 . . .

주식회사 ㅇㅇ 대표이사 (인) ㅇㅇ노동조합 위원장 (인)

제15장 기간제 및 단시간근로자 보호

1. 개념정의

산업구조가 노동집약적인 제조업 중심에서 벗어나 점차 기술 지향적이고 전문기술적인 구조로 발전하게 됨에 따라, 기업에서는 상시 필요한 직종과 수시 필요한 직종 또는 핵심직종과 주변직종 등으로 소요직종을 구분하는 양극화 현상이 발생하게 되었다. 이윤을 추구하는 기업은 제조원가에서 인건비가 차지하는 비중이 낮을수록 수익성이 향상되기 때문에 수시·전문적인 필요직종이나 주변직종에 대해서는 하도급, 파견, 임시직 등의 고용비중을 늘려서 퇴직금, 상여금, 후생복리비 등 인건비 부대비용을 절감하려고 노력한다. 한편, 드물지만, 전문기술적인 능력을 가진 근로자들은 1개 기업에 장기간 종속되기보다, 필요에 따라 수개기업을 자유로이 이동하면서 수시 근로계약을 맺고 자신의 능력에 따라 고소득을 올리며 여가를 즐기는 전문직 종사자들이 늘어나는 추세에 있다. 이와 같은 이유로 사업장에서는 정규직근로자와 함께 일하는 단시간근로자, 기간제근로자, 파견근로자, 임시직 등이 늘어나고 있다.

통상 기간의 정함이 없는 무기계약자와 기간을 정한 유기계약자로 구분하는데 기간제근로자란 유기계약자를 말한다.

이 장에서는 기간제 및 단시간근로자 보호 등에 관한 법률을 중심으로 설명한다. 다만, 파견근로자의 경우, 차별처우와 시정절차 등에 있어서는 기간제법과 내용이 같거나 유사하기 때문에 이해를 돕기 위해 파견법에 관한 사항을 일부 해당 부분에 포함하였다.

2. 단시간근로자

단시간근로자란, 1주간의 소정근로시간[1]이 당해 사업장의 같은 종류의 업무에 종사하는 통상근로자의 1주간의 소정근로시간에 비해 짧은 근로자를 말한다. 통상근로자의 근로시간이 1주 44시간 기준이라면 44시간 미만인 근로자, 통상근로자의 근로시간이 1주 40시간이라면 40시간 미만인 근로자를 말한다. 「통상근로자의 1주간의 소정근로시간에 비해 근로시간이 짧다는 것」은 특정한 기준이 있는 것이 아니라 단순히 짧다는 그 자체만으로 단시간근로자에 속한다. 비록 단시간근로자가 근로계약상의 소정근로시간을 초과하는 연장근로를 하여 실제 근로한 시간의 양이 통상근로자와 같거나 많아지더라도 통상근로자로 되는 것은 아니다.

단시간근로자는 아르바이트·파트타임·시간제사원 등의 명칭으로 구분하지 않으며, 소정근로시간의 짧은 정도는 제한이 없다. 따라서 소정근로시간이 "뚜렷하게 짧은 단시간근로자"(이하 "초단시간근로자"라 함)도 단시간근로자에 포함된다. 초단시간근로자는 4주동안, 4주간 미만으로 근로하는 경우에는 그 주간을 평균하여 1주동안의 소정근로시간이 15시간 미만인 근로자를 말한다.[2] 초단시간근로자에 대해서는 근기법상의 유급휴일 및 연차유급휴가와 퇴직급여보장법상의 퇴직급여제도[3]가 적용되지 않을 뿐 해고제한에 관한 규정과 생리휴가, 임금지급 등 법에 정한 다른 사항은 동일하게 적용한다. 따라서 사용자의 차별적 처우에 대해 시정신청자격을 가진다. 단시간근로자에 대한 근로조건은 당해 사업장에서 같은 업무에 종사하는 보통근로자의 근로시간을 기준으로 산정한 비율에 따라 결정되어야 한다. 법은 사용자가 취업과정에서 단시간근로자의 불리한 입장을 이용하여 통상근로자에 비하여 근로조건을 상대적으로 낮게 책정할 수 없도록 다음과 같이 근로조건 설정기준을 정하고 있다.[4]

---

1) 법정근로시간(제50조, 제69조, 산업안전보건법 제46조)의 범위 내에서 당사자 사이에 일하기로 약속한 근로시간을 말함.
2) 근기법 제18조제3항.
3) 근로자퇴직급여보장법 제4조제1항 단서.
4) 근기법시행령 제9조, 별표2.

(1) 근로계약의 체결

사용자가 단시간근로자를 고용할 경우에는 임금, 근로시간, 그 밖의 근로조건을 명확히 적은 근로계약서를 작성하여 근로자에게 주어야 한다. 단시간근로자의 근로계약서에는 계약기간, 근로일, 근로시간의 시작과 종료시각, 시간급임금 기타 고용부장관이 정하는 사항이 명시되어야 한다.

(2) 임금의 계산

단시간근로자의 임금산정 단위는 시간급을 원칙으로 하며, 시간급임금을 일급 통상임금으로 산정할 경우에는 1일 소정근로시간수에 시간급임금을 곱하여 산정한다. 단시간근로자의 1일 소정근로시간수는 4주간의 소정근로시간을 그 기간의 통상근로자의 총소정근로일수, 즉, 통상 주5일제의 경우 22일, 주6일제의 경우 26일로 나눈 시간수로 한다.[5)]

(3) 초과근로

사용자는 단시간근로자와의 합의가 있는 경우에 한하여 초과근로를 시킬 수 있다. 단시간근로자를 소정근로일이 아닌 날에 근로시키거나 소정근로시간을 초과하여 근로시키고자 할 경우에는 근로계약서, 취업규칙 등에 그 내용 및 정도를 명시하여야 하며, 계약으로 정한 근로시간을 초과한 경우 정상근로자와 동일하게 시간당 50% 가산임금을 지급하여야 한다. 단시간근로자에 대한 초과근로 한도는 법 제53조제1항에 의거 1주간에 12시간으로서 통상근로자와 같다.[6)]

---

5) 일일통상임금=1일 소정근로시간(4주간의 소정근로시간÷통상근로자의 총소정근로일수)×시간급임금, 예를 들면, 매주 4일간, 즉, 월요일(4시간)과 화요일(3시간), 수요일(4시간), 목요일(3시간)을 총 14시간 근로하는 자의 소정근로시간은 14시간×4.3주÷22일{통상근로자의 총소정근로일 주5일제는 22일(4.3주×5일), 주6일제는 26일(4.3주×6일)}=2.7시간이 1일 소정근로시간으로 산출된다. 이 경우 시간급임금이 4,5800원이라고 하면 이 근로자의 일급통상임금은 4,580×2.7시간=12,366원이 된다.

6) 기간제법 제6조제1항.

(4) 휴일, 휴가의 적용

사용자는 단시간근로자에 대하여 법 제55조의 규정에 의거 1주일에 평균 1회 이상의 유급휴일을 주어야 한다.[7] 이때 유의할 점은 주휴일에 유급으로 지급하는 임금은 일급통상임금이지 8시간의 시간급임금이 아니다. 사용자는 단시간근로자에 대하여 법 제60조에 따른 연차유급휴가를 주어야 한다. 이 경우 유급휴가는 각각 다음의 방식으로 계산한 시간단위로 하며, 1시간 미만은 1시간으로 본다.[8]

사용자는 여성인 단시간근로자에 대하여 무급생리휴가 및 산전후휴가를 주어야 한다. 위 유급주휴일 및 산전후휴가 등의 경우에 사용자가 지급하여야 하는 임금은 주휴일의 경우처럼 (2)의 규정에 의한 일급통상임금을 기준으로 한다.[9] 연차유급휴가의 경우에 사용자가 지급하여야 하는 임금은 시간급통상임금 또는 평균임금을 기준으로 한다.

(5) 취업규칙의 작성 및 변경

통상근로자와 단시간근로자를 합하여 상시근로자수가 10인 이상인 경우는 취업규칙을 작성 신고하여야 한다. 사용자는 단시간근로자에게 적용되는 취업규칙을 통상근로자에게 적용되는 취업규칙과 별도로 작성할 수 있다. 취업규칙을 작성하거나 이를 변경하고자 할 경우에는 적용대상이 되는 단시간근로자과반수의 의견을 들어야 한다. 다만, 취업규칙을 단시간근로자에게 불이익하게 변경하는 경우에는 그 동의를 얻어야 한다. 단시간근로자에게 적용될 별도의 취업규칙이 작성되지 아니한 경우에는 통상근로자에게 적용되는 취업규칙이 적용된다. 다만, 취업규칙에서 단시간근로자에 대하여 적용이 배제되는 규정을 두거나 달리 적용한다는 규정을 둔 경우에는 이에 따른다. 단시간근로자에게 적용되는 취업규칙을 작성 또는 변경하는 경우에는 법 제18조제1항의

---

7) 다만, 주 15시간 미만자는 퇴직금, 주휴, 연·월차유급휴가를 적용하지 않는다.

8) 통상근로자의 연차유급휴가일수×(단시간근로자의 소정근로시간÷통상근로자의 소정근로시간)×8, 〈예〉단시간근로자가 월 150시간을 근로한다면, 통상근로자 연차유급휴가일수 15일×{150시간(단시간근로자)÷209시간(정상근로자의 근로시간)}×8=86.1시간(10.7일, 1일/8시간).

9) 3,600×2.33시간=8,380원.

취지[10]에 반하는 내용이 포함되어서는 아니된다.

(6) 기타 근로조건

법에 정해지지 않은 근로조건도 비례원칙에 의거 보장되고 강제근로금지, 해고예고기간, 해고제한 등은 통상근로자와 동등하게 보장한다. 통상근로자에게 적용하는 근로조건을 그대로 적용하였음에도 단시간 근로자가 소정근로일 또는 소정근로시간수가 적어 이를 향유하지 못하는 경우 법위반으로 볼 수 없다.[11] 실무상 사업장 내 복지제도를 적용하면서 근로시간에 비례하여 적용할 수 있느냐가 의문이다. 근기법 제18조제2항 및 동법시행령 제9조에 의거 차별적 처우가 금지되는 영역은, 법상 규율하고 있는 근로조건과 단체협약, 취업규칙 및 근로계약 등에 의한 근로조건과 관행적인 근로조건을 포함한다. 단시간근로자에 대한 근로조건은 통상근로자의 근로시간을 기준으로 산정한 비율에 따라 결정되는 "시간비례원칙"[12]이 적용되므로, 단체보험, 건강진단비, 중고생 학자금 지원 등 복지제도의 경우 분할 가능한 근로조건을 시간비례에 따라 적용하는 것은 합리적 이유를 인정할 수 있다.[13]

사용자는 소정근로시간을 초과하여 근로하게 하는 경우에는 당해 근로자의 동의를 얻어야 한다. 사용자가 동의를 얻지 아니하고 초과근로를 하게 하는 경우에는 이를 거부할 수 있다.[14] 사용자는 단시간근로자가 초과근로요구에 응하지 않았다고 해서 불이익한 처우를 해서는 안된다. 단시간근로자의 처우 개선을 위해, 사용자로 하여금 신규채용 혹은 결원을 보충할 때는 당해 사업 또는 사업장의 동종 또는 유사한 업무에 종사하는 단시간근로자를 통상근로자로 전환하여 사용하도록 하고 또 통상근로자가 가사, 학업 등 일신상의 사정을 이유로 단시간 근로자로 전환하고자 할 경우는 적극 노력하도록 규정했

10) 단시간근로자의 근로조건은 당해 사업장의 동종업무에 종사하는 통상근로자의 근로시간을 기준으로 산정한 비율에 따라 결정되어야 한다.

11) 전체근로자에게 유급경조사를 주도록 규정되어 있음에도 단시간근로자의 소정근로일이 아닌 비번근무일에 경조사가 있어 그날에 대한 임금지급혜택을 받지 못하는 경우.

12) 근기법 제18조제1항.

13) 비정규직대책팀-2966, 2007.7.23.

14) 기간제법 제6조.

다.[15] 2007.7.1 이후에 근로계약이 체결·갱신되거나 기존의 계약을 다시 연장하는 방법으로 기간을 정하여 고용된 단시간근로자가 사용기간이 2년을 초과한 경우는 무기계약근로자로 전환된다.[16]

3. 기간제근로자

기간제근로자란, 일정한 근로기간을 정해 근로계약을 체결한 근로자를 말한다. 법적으로는 기간제 및 단시간근로자보호등에 관한 법률(이하 기간제법) 제2조 제1호에서 “기간의 정함이 있는 근로계약을 체결한 자”로 정의하고 있다. 산업현장에서는 대체로 일용, 임시직, 촉탁직, 계약직, 아르바이트 등 다양한 형태로 분류되는데 근로계약기간에 따라 다음과 같이 나눌 수 있다. 1월 또는 30일 미만의 기간동안 고용되는 일용근로자와 순수하게 1일단위로 근로계약이 체결되고 당일 해지되는 건설일용근로자, 1년 미만의 수개월에 걸쳐 근로하는 임시직, 수개월 혹은 1년 이상에 걸쳐 계약하는 촉탁직, 1년 혹은 2년을 넘어 계약기간이 다소 길면서 일정한 경우 반복 체결되는 형태의 계약직, 학생이나 주부 등이 부업으로 하는 근로형태로 아르바이트 등으로 구분하기도 하나 법적으로 명확한 정의는 없고 계약기간에 대한 제한도 없다. 다만, 기간을 정한 계약을 체결한 자는 넓은 의미에서 기간제근로자라고 볼 수 있다. 기간을 정한 사유·기간의 장단·명칭[17] 등에 관계없이 기간을 정한 근로계약 그 자체를 주목한다. 근로계약기간이 정해져 있더라도 기간의 만료가 근로계약을 종료한다는 의미가 아니고, 단지 동일한 임금결정단위를 연간으로 설정한 기간[18]과 같은 의미로 해석되는 경우 기간제근로계약으로 볼 수 없을 것이다.

(1) 기간제 근로계약 종료원칙

기간제근로자는 계약기간의 만료로 인해 근로관계는 별도의 조치가 없어도 당

15) 기간제법 제7조.
16) 비정규직-1582, 2007.5.7.
17) 계약직, 촉탁직, 일용공, 임시공, 계절근로자, 계약사원, 아르바이트, 촉탁사원, 파트타임사원 등
18) 연봉계약기간 등으로서 “이 계약은 당사자간 이의가 없는 한 매 1년마다 자동으로 갱신한다” 등.

연히 종료된다. 그러므로 사용자는 근로계약기간 만료시에 근로자가 갱신을 원한다고 해도 거절할 수 있고 법률상 해고제한 규정이 적용되지 않는다. 다만, 제반사정에 비추어 문서상 계약기간이 단순히 형식에 그치고 기간의 약정이 없는 근로형태와 다를 바가 없다면 갱신거절에 대해 해고법리가 적용된다.[19]

(2) 갱신기대권

기간의 정함이 있는 근로계약이라도 「수차례」에 걸친 근로계약이 계속 반복되어 그 정한 기간이 단지 형식에 불과한 경우에는 사실상 기간의 정함이 없는 근로계약으로 전환될 수 있다고 볼 수 있을 것이다. 그러나 이 경우 몇 차례가 반복되어야 기간의 정함이 없는 근로계약으로 전환되는지에 대하여는 일률적으로 규정하기 어렵다. 따라서 실무에서 판단할 때는, 기간을 정한 계약이 수차례 반복됨에 따라 근로자가 갖게 되는 기대심리, 당해 사업장의 계약관행, 여타 기간의 정함이 있는 근로자의 고용관계 등을 종합적으로 고려하여 판단하여야 하고, 당해 근로계약이 이루어진 동기 및 경위, 기간을 정한 목적과 당사자의 진정한 의사, 동종의 근로계약체결방식에 대한 관행 등 개별·구체적 사실관계에 따른 판단이 필요하다.[20]

(3) 최근 갱신기대권 판례 동향

최근 판례에서는 계약 갱신에 관한 기대권을 폭넓게 인정하는 방향으로 확대하여 근로자보호에 충실하고 있다. 즉, 계약기간의 정함이 형식에 불과한 것으로 볼 수 없는 경우에도, 근로계약, 취업규칙, 단체협약 등에서 기간만료에도 불구하고 일정한 요건이 충족되면 당해 근로계약이 갱신된다는 취지의 규정을 두고 있거나, 그러한 규정이 없더라도 계약내용과 동기 및 경위, 갱신의 기준 등 갱신에 관한 요건이나 절차설정 여부 및 그 실태, 근로자가 수행하는 업무 등 당해 근로관계를 둘러싼 제반사정을 종합하여 볼 때, 계약당사자 사이에 일정 요건이 충족되면 계약이 갱신된다는 신뢰관계가 형성되어 있어서

---

19) 대판 2005두5673, 2006.2.24.
20) 비정규직대책팀-1511, 2007.5.7.

근로자에게 그에 따라 계약이 갱신될 수 있으리라는 정당한 기대권이 인정되는 경우에는 사용자가 이에 반하여 부당하게 갱신을 거절하는 것은 부당해고와 마찬가지로 효력이 없고, 이 경우 기간만료 후의 근로관계는 종전의 근로계약이 갱신된 것과 다를 바 없는 것으로 본다.[21)]

1. 대법원은 최근 수년간 2년단위로 정기 평정을 거쳐 한 사람도 탈락없이 위촉계약을 반복한 예술단원들에게 기간만료 후 위촉계약을 하지 않고 공개전형을 통한 신규전형으로 전환한 결과 단원 중 일부가 주거지, 악단내 파트페지, 평가점수 하위 등을 이유로 재위촉을 해지당한 것은 재위촉 될 것이라는 갱신기대권에 비추어 부당해고라는 판단이 있었다.[22)]

2. 정년을 이미 경과한 상태에서 기간제근로계약을 체결한 경우에도, 직무성격에 따라 요구되는 능력과 업무수행 적격성, 연령에 따른 능률저하와 위험도, 고령자 근무실태와 재계약사례 등을 종합적으로 고려해 갱신기대권 존재여부를 판단한다.[23)] 정년이 도과하여 기간의 정함이 없는 근로자로 전환될 수는 없다고 하더라도 근로계약이 갱신되리라는 정당한 기대권이 인정된다고 봄이 상당하여 부당해고로 판단했다.

기간제근로자가 노동조합활동을 하고 있더라도 기간이 만료된다면 근로계약을 해지 할 수가 있고 이것을 불이익취급에 해당하는 부당노동행위라고 문제 삼을 수도 없다. 정리해고에 있어서 기간제근로자를 정규근로자보다 우선적으로 해고하는 것은 유효하다.[24)]

4. 기간제 및 단시간근로자 보호

(1) 적용범위

기간제법은 2006.12.21 제정되었다. 이 법은 상시 5인 이상의 근로자를 사

---

21) 대판 2007두1729, 2011.4.14.

22) 대판 2015두44493, 2017.10.12. 정기평정 결과에 따라 기량미달 단원을 해촉할 수단이 있음에도... 부당해고이다.

23) 대판 2016두50563, 2017.2.3.

24) 대판 94누15783, 1995.12.5.

용하는 모든 사업 또는 사업장에 적용한다. 5인 이상 상시근로자를 판단할 때는 일용직, 임시직, 외국인근로자, 불법체류외국인, 단시간근로자 등을 포함하고 사용자가 직접 고용하지 않은 근로자 즉, 파견근로자 및 도급·용역·위임 등에 의한 근로자는 상시근로자수 산정범위에 포함하지 않는다. 상시란 일상의 상태를 의미하므로 일시적으로 5인 미만이 되더라도 일정기간을 평균하여 5인 이상이 되면 그 사업장은 상시 5인 이상 사업장으로 보아야 한다. 파견, 도급 등이 그 계약 형식에 불구하고 불법파견 또는 사업주로서 실체성이 없어 실질적으로 직접고용과 다름이 없는 경우는 법 제정취지를 감안할 때, 그 인원을 포함하여 사업장의 전체 상시근로자수를 산정하는 것이 합리적이다.

국가 및 지방행정기관, 자치단체 등에 대하여는 상시근로자수에 관계없이 적용한다.[25] 다만, 동거친족만을 사용하는 사업·사업장과 가사사용인에 대하여는 적용하지 않고, 4인 미만 사업장에 대해서는 일부규정[26]만 적용한다. 동거의 친족 이외의 근로자가 1명이라도 있으면 동거의 친족과 동거 친족 이외의 근로자를 모두 합하여 5인 이상인지를 판단한다. 동거의 친족이란 세대를 같이 하면서 생활을 공동으로 하는 8촌 이내의 혈족, 4촌 이내의 인척, 배우자를 의미한다.

상시근로자수 산정에 관해서는 근기법 제11조, 영 제7조의2를 준용하고, 주40시간근로제 시행시 사용한 산정방식을 사용할 수 있다.[27] 따라서 기간제법 시행일전 1개월간의 1일 평균근로자수를 기준으로 판단하되, 법 시행당시 적용대상 상시근로자수에 미치지 않는 경우에는 이후부터 매 1개월마다 1일 평균 근로자수를 산정[28]하여 법의 적용여부를 판단한다. 한편, 법이 적용된 이후 경영악화 등으로 근로자수가 감소하여 법 적용대상 미만에 해당하게 되더라도 법적 안정 및 신뢰보호 차원에서 개정법이 계속 적용된다.

---

25) 기간제법 제3조제3항.

26) 총칙, 정규직 채용시 기간제근로자 우선고용(제5조), 통상근로자 채용시 단시간근로자 우선고용(제7조), 근로조건 서면명시의무(근로시간, 휴가에 관한 사항은 제외), 국가 및 지자체의 취업촉진노력 등.

27) 노동부시행지침, 근기 68219-1633, 2003.12.18.

28) 1개월 1일 평균근로자수=1개월간 근로연인원수/1개월간 사업장 가동 일수로 산정.

기간제법과 근기법은 특별법과 일반법 관계에 있다. 동일한 사안에 대해 두 법이 충돌할 경우는 특별법인 기간제법이 우선 적용되고 특별법에 규정이 없을 때는 일반법이 적용된다. 따라서 기간제근로자들은 우선적으로 기간제법의 적용을 받게 되고, 이들 법에 관련 규정이 없는 사항에 대해서는 일반 노동법인 근기법의 적용을 받게 될 것이다. 아울러 사안에 따라서는 일반 민법이 적용되는 경우도 있다.

(2) 근로조건 서면명시의무

사용자는 기간제근로자 또는 단시간근로자와 근로계약을 체결하는 때에는 다음 각 호의 모든 사항을 서면으로 명시하여야 한다.[29]

1. 근로계약기간에 관한 사항
2. 근로시간·휴게에 관한 사항
3. 임금의 구성항목·계산방법 및 지불방법에 관한 사항
4. 휴일·휴가에 관한 사항
5. 취업의 장소와 종사하여야 할 업무에 관한 사항
6. 근로일 및 근로일별 근로시간(단시간근로자에 한한다)

위 사항 중 근로시간에 관한 사항, 휴가에 관한 사항은 5인 이상 사업장에만 적용되고 나머지 항목은 1인 이상 모든 사업장에 적용한다. 근로조건 서면명시의무를 이행하지 않은 자는 과태료를 부과한다.[30] 근로계약기간에 관한 사항, 임금의 구성항목·계산방법 및 지불방법에 관한 사항, 근로일 및 근로일별 근로시간을 서면으로 명시하지 아니한 경우에는 서면 명시사항 1개호 당 50만원의 과태료가 부과된다. 근로시간·휴게에 관한 사항, 휴일·휴가에 관한 사항, 취업의 장소와 종사하여야 할 업무에 관한 사항을 명시하지 아니한 경우 서면 명시사항 1개호 당 30만원의 과태료가 부과된다. 과태료부과처분을 한 날과 다시 같은 위반행위로 적발된 날을 각각 기준으로 하여 위반횟수를 계산한 결과 2차, 3차 이상에 해당하는 경우 매회 마다 각 1개호 당 직전회 부

29) 기간제법 제17조.

30) 기간제법 제24조, 영 제6조, 별표기준.

과액의 2배액에 해당하는 과태료를 부과한다.[31]

서면명시대상 근로계약은 2007.7.1 이후 새로이 근로계약을 체결하는 경우가 해당하고, 기존의 계약을 다시 작성할 필요는 없다. 다만, 기존의 불명확한 부분을 보완하는 것은 무방하다.[32]

(3) 기간제근로자의 사용제한

사용자는 2년을 초과하지 아니하는 범위 안에서 기간제근로자를 사용할 수 있다.[33] 기간제 계약을 반복갱신 하는 경우에도 그 계속근로한 총기간이 2년을 초과하지 아니하는 범위 안에서만 기간제근로자를 사용할 수 있다. 다음 각 호의 어느 하나에 해당하는 경우에는 2년을 초과하여 기간제근로자로 사용할 수 있다.

1. 사업의 완료 또는 특정한 업무의 완성에 필요한 기간을 정한 경우로서 건설공사 등 기한을 정한 사업, 특정프로그램개발 프로젝트완수를 위해 고용하는 경우가 해당한다.[34]

2. 휴직·파견 등으로 결원이 발생하여 당해 근로자가 복귀할 때까지 그 업무를 대신할 필요가 있는 경우로서, 출산, 질병, 군입대 등으로 인한 휴직, 장기파견근로자 등으로 인한 결원 대체를 말한다.

3. 근로자가 학업, 직업훈련 등을 이수함에 따라 그 이수에 필요한 기간을 정한 경우로서 학생과 직업훈련생은 학위 또는 자격증 취득 후 취업이 중요하므로 그 기간 중에는 근로계약기간에 제한을 두지 않는다.

4. 「고령자고용촉진법」 제2조제1호의 55세 이상 고령자와 근로계약을 체결하는 경우로서 연령 때문에 재취업이 어려운 조기퇴직자의 고용촉진을 위하여

---

31) 기간제법시행령 제6조 별표 3.

32) 비정규직-3018, 2007.7.26.

33) 기간제법 제4조, 2007.7.1부터 시행.

34) 건설공사 등 유기사업, 특정 프로젝트 완수를 위한 사업 등이 해당된다. 일반적으로 건설공사현장은 법 제4조제1항 단서 "제1호"에 따른 예외규정에 해당하는 사업으로 볼 수 있을 것이다. 따라서 당해 공사 완료에 필요한 기간이 2년을 초과함에 따라 사용자가 2년을 초과하여 기간제근로자를 사용하더라도 동 근로자는 기간의 정함이 없는 근로계약 즉, 무기계약으로 전환되지는 않는다. 비정규직대책팀-558, 2007.2.21.

고령자에 대한 예외를 허용한 것이다.[35] 차별금지 및 시정절차에 대하여는 기간제 및 단시간근로자의 연령에 따라 적용을 달리하는 규정도 없으므로 55세 이상인 기간제 및 단시간근로자라면 촉탁직·임시직 등 명칭에 관계없이 차별금지규정이 적용된다.

5. 전문적 지식·기술의 활용이 필요한 경우와 정부의 복지정책·실업대책 등에 따라 일자리를 제공하는 경우로서 대통령령이 정하는 경우

즉, 의사, 변호사 등 전문성과 직업능력이 높은 전문직종은 기간제한을 통해 보호할 필요성과 당위성이 상대적으로 낮다. 취로사업, 자활사업 등 정부시책사업은 참여자들의 생활안정, 취업기회제공 등의 주된 목적으로서 일반적인 근로관계와 차이를 둘 수 있고, 정부예산을 통해 시행되므로 예산사업의 성격상 사업기간에 맞추어 기간제로 사용할 필요가 있으므로 예외를 두는 것이다.[36]

6. 그밖에 위에 준하는 합리적인 사유가 있는 경우로서 대통령령이 정하는 다음과 같은 경우는 사용기간 2년을 초과하여 기간제근로자로 사용할 수 있다.[37]

ⓐ 다른 법령에서 기간제근로자의 사용 기간을 법 제4조제1항과 달리 정하거나 별도의 기간을 정하여 근로계약을 체결할 수 있도록 한 경우

1. 기간제법 제4조제1항은 기간제근로자의 사용과 관련하여 일반법적 지위에 있다고 할 것이므로 다른 법령에서 기간제근로자의 사용 기간을 법 제4조제1항과 달리 정하거나 별도의 기간

---

35) 준고령자는 50세 이상 55세 미만인 자를 말함. 「고령자고용촉진법」 제2조제1호의 규정에 의한 고령자(만 55세 이상)와 근로계약을 체결하는 경우에는 2년을 초과하여 기간제근로자로 사용할 수 있고, 제21조제2항에 의하면, 사업주는 고령자인 정년 퇴직자를 재고용하는 경우에는 당사자간의 합의에 의하여 근로기준법상의 퇴직금과 연차유급휴가일수 계산을 위한 계속근로기간 산정시 종전의 근로기간을 제외할 수 있으며 임금의 결정을 종전과 달리할 수 있다. 이러한 경우 「고령자고용촉진법」은 기간제법의 특별법적 성격을 갖는 것으로 보아야 할 것이다.

36) ① 전문지식·기술의 활용이 필요한 경우.
박사학위(외국박사학위 포함)를 소지하고 해당분야에서 종사하는 경우, 국가기술자격을 소지하고 해당분야에서 종사하는 경우, 건축사·세무사·공인회계사 등 전문자격을 소지하고 해당분야 업무에 종사하는 경우(영 제3조제1항)
② 정부의 복지대책, 실업정책 등에 의하여 일자리를 제공하는 경우.
고용정책기본법, 고용보험법 등 다른 법령에 따라 직능개발, 취업촉진 및 사회적서비스 제공 등을 위하여 일자리를 제공하는 경우, 제대군인지원에 관한 법률 제3조에 따라 지자체가 10년 이상 징기복무 제대군인 고용증진 및 생활안정을 위해 일자리를 제공하는 경우, 보훈도우미 등 복지지원인력을 운영하는 경우(영 제3조제2항), 방과후 학교코디.

37) 기간제법시행령 제3조제3항.

을 정하여 근로계약을 체결할 수 있도록 한 경우라면, 그 규정이 기간제법령에 대한 특별법적 지위에 있으므로 동 '다른 법령'의 규정이 우선 적용될 수 있다는 것을 명확히 한 것이다. 예를 들어 계약직 공무원 규정(대통령령) 제6조제1항은 "계약직공무원의 채용기간은 5년의 범위 안에서 당해 사업의 수행에 필요한 기간으로 한다"라고 규정하고 있으므로 그 범위 내에서는 기간제보호법이 적용되지 않는다.

2. 기간제 교사와 관련해서는 기간제법에 대하여 특별법적 지위에 있다고 할 수 있는 「교육공무원법」·「사립학교법」·「사립학교교직원연금법」 등의 규정이 우선 적용된다.

ⓑ 국방부장관이 인정하는 군사적 전문적 지식·기술을 가지고 관련 직업에 종사하거나 「고등교육법」 제2조제1호에 따른 대학에서 안보 및 군사학 과목을 강의하는 경우

ⓒ 특수경력을 갖추고 국가안전보장, 국방·외교 또는 통일과 관련된 업무에 종사

ⓓ 「고등교육법」 제14조에 따른 조교의 업무에 종사하는 경우

대학의 행정조교, 실습조교, 연구조교, 교육조교 등이 고등교육법 제14조의 조교에 포함되는 경우 계약기간이 2년을 넘더라도 무기계약근로자로 간주되지 않는다.(비정규팀-3086, 2007.7.31)

ⓔ 「통계법」 제22조에 따라 고시한 한국표준직업분류의 대분류 0과 대분류 1 직업에 종사하는 자의 「소득세법」 제20조제1항에 따른 근로소득(최근 2년간의 연평균근로소득을 말한다)이 노동부장관이 최근 조사한 임금구조 기본통계의 한국표준직업분류 대분류 1 직업에 종사하는 자의 근로소득 상위 25퍼센트에 해당하는 경우

ⓕ 「근로기준법」 제18조제3항에 따른 1주동안의 소정근로시간이 뚜렷하게 짧은 단시간근로자를 사용하는 경우

ⓖ 「국민체육진흥법」 제2조제4호에 따른 선수와 같은 조 제6호에 따른 체육지도자 업무에 종사하는 경우. 이때 "선수"란 경기단체("경기단체"라 함은 특정 경기종목에 관한 활동과 사업을 목적으로 설립되고 대한체육회에 가맹된 법인 또는 단체를 말한다)에 선수로 등록된 자이고 "체육지도자"란 학교·직장·지역사회 또는 체육단체 등에서 체육을 지도하는 자로서 학교 체육교사, 생활체육지도자, 경기지도자 등을 말한다.

이상 예외사유를 판단함에 있어서, 사용자가 기간제법 제4조2항의 규정을 피하기 위하여 형식상 사업의 완성 또는 특정한 업무의 완성에 필요한 기간을 정한 계약을 반복갱신할 경우는 반복갱신의 동기와 경위, 근로계약의 내용, 담당 업무의 유사성, 공백의 기간과 길이 및 이유, 공백기간 동안 해당 업무의 대체수행 방식 등을 종합적으로 고려하여 판단한다.[38]

사립학교는 기간제법 부칙 제1항제2호에 따른 국가지방자치단체 및 공공부문의 범위에 포함되는 것으로 볼 수 없다. 사립학교 기간제 교사는 원칙적으로 「사립학교법」및 「사립학교교직원연금법」등의 규정이 적용된다.[39] 주 15시

38) 대판 2016다255910, 2017.2.3.
39) 비정규직대책팀-1057, 2007.4.4.

간 미만 단시간근로자는 기간제근로자로 2년을 초과하여 근로하더라도 기간의 정함이 없는 근로자로 보지 않는다. 다만, 당해 사업 사업장의 동종 또는 유사한 업무에 종사하는 통상근로자에 비해 합리적인 이유없이 불리한 처우를 해서는 아니된다.[40)]

(4) 2년을 초과하여 사용한 경우

사용자가 기간제근로자를 2년을 초과하여 사용하거나, 예외적으로 2년 초과 사용 사유에 해당하는 기간제근로자를 사용하면서 사용사유가 없거나 소멸되었음에도 불구하고 2년을 초과하여 기간제근로자로 사용하는 경우에는 그 기간제근로자는 기간의 정함이 없는 근로계약을 체결한 근로자로 간주한다.

기간제로 2년을 초과한 근로자가 개인사정을 들어 스스로 무기계약으로 전환하기를 반대하는 경우에도 기간의 정함이 없는 근로계약을 체결한 것으로 간주한다.[41)] 2년을 초과하여 고용한 사용자라고 해도 초과고용 그 자체에 대하여는 벌하지 않는다. 사용자가 2년을 초과하여 사용하고서 근로계약기간이 만료되었다는 이유로 근로계약을 해지하면 해고에 해당하므로 근기법 제23조에서 정한 정당한 사유가 있어야 한다. 정당한 사유없이 고용을 종료할 경우에는 부당해고에 해당하여 근로자는 노동위원회에 부당해고구제신청을 할 수 있고, 사용자가 확정된 구제명령을 불이행할 경우 노동위원회의 고발에 따라 근기법 제111조에 의거 1년 이하의 징역 또는 1천만원 이하의 벌금에 처해질 수 있다.

기간제근로자를 2년을 초과하여 사용할 수 없도록 하는 규정은 이 법 시행일(2007.7.1, 부칙 제1항)이후 근로계약이 체결 갱신되거나 기존의 근로계약기간을 연장하는 경우부터 적용을 한다. 시행일 이후 기존의 근로계약기간이 만료되어 신규, 갱신, 연장 체결하는 근로계약일부터 기산하여 총 사용기간이 2년을 초과하는지 여부를 판단한다.[42)]

---

40) 근기법 제18조제3항, 기간제법 제3조제3항제6호, 비정규직대책팀-2841, 2007.7.13.

41) 비정규-1248, 2007.4.17.

42) 다만, 기업의 부담을 고려하여 차별금지와 시정에 관한 규정은 300인 이상 사업장과 공공부문(국가, 지방자치단체, 정부산하기관관리기본법·정부투자기관관리기본법·지방공기업법에 의한

2년을 초과한 기간제근로자가 기간의 정함이 없는 근로계약을 체결한 근로자로 간주될 경우, 임금 등 근로조건은 단체협약이나 취업규칙 또는 근로계약이 정하는 바에 따라야 할 것이다. 다만, 2년을 초과하기 이전이라도 동일 또는 유사한 업무에 종사하는 정규직에 비해 차별적 처우를 받아서는 아니되며, 2년을 초과하여 무기계약 근로자로 간주될 경우에도 기존의 근로조건을 저하시켜서는 아니된다. 계약상으로는 파견근로자로 전환하여 사용하는 형식을 취했으나, 실제로는 동일 근로자를 계속 사용하되 기간제근로자의 사용기간(2년) 제한 규정을 면탈할 목적으로 단순히 근로계약형태를 전환한 것에 불과하다면 이는 사실상 기간제법 제4조의 규정을 회피하고자 하는 것에 불과한 것으로 기간제법 제4조제2항의 규정에 의한 2년을 초과하여 기간제근로자로 사용하는 경우에 해당한다고 보아 기간의 정함이 없는 근로계약을 체결한 근로자로 보는 것이 타당하다. 기간제근로계약에서 파견근로와 관련하여서는 "제4장 근로자 3.간접고용형태와 근로관계 (3) 간접고용형태 근로자보호 부분"에서 상세히 설명하였으므로 생략한다.

(5) 정규직 우선고용 및 고용승계

사용자는 사업장에서 결원보충, 신규채용 등으로 인해 근로자를 채용하면서 기간의 정함이 없는 근로계약을 체결하고자 하는 경우에는, 이미 입사하여 당해 사업 또는 사업장의 동종 또는 유사한 업무에 종사하는 기간제근로자를 우선적으로 고용하도록 노력하여야 한다.[43]

파견법 제6조의2제1항에 의하면, 사용사업주가 2년을 초과하여 파견근로자를 사용하는 경우, 파견근로자를 직접 고용하도록 의무를 부과하고 있다. 이때 사용사업주는 직접 고용을 하면서 반드시 정규직이 아니라도 기간제근로계약 또는 무기계약을 체결할 수도 있다.

영업양도에 있어서도 기간제근로자가 고용승계 되는지 여부가 의문이다. 영

정부산하(투자)기관 및 지방공사(공단) 정부출연기관, 연구회, 국립대학병원설치법에 의한 국립대학병원)은 2007.7.1부터, 100인 이상 300인 미만은 2008.7.1부터, 100인 미만은 2009.7.1부터 각각 적용한다.

43) 기간제법 제5조.

업의 양도라 함은 일정한 영업목적에 의하여 조직화된 업체, 즉, 인적·물적 조직을 그 동일성을 유지하면서 일체로서 이전하는 것을 의미한다. 이러한 영업양도가 이루어진 경우에는 별도의 특약이 없는 한 원칙적으로 해당 근로자들의 근로관계가 양수하는 기업에 포괄적으로 승계되는 것이므로 기간제·단시간근로자도 승계되는 것이다. 다만, 영업양도 당사자 사이에 근로관계의 일부를 승계의 대상에서 제외하기로 하는 특약이 있는 경우에는 그에 따라 근로관계의 승계가 이루어지지 않을 수 있으나, 그러한 특약은 실질적으로 해고나 다름이 없으므로 근기법 제23조제1항 소정의 정당한 이유가 있어야 유효하다. 다만, 근로자 스스로 사직서를 제출하여 양수회사로 재취업을 포기하는 근로자는 그 승계대상에서 제외된다.

(6) 기간제 및 단시간근로자 등에 대한 차별금지

사용자는 기간제 혹은 단시간근로자임을 이유로 당해 사업 또는 사업장에서 동종 또는 유사한 업무에 종사하는 기간의 정함이 없는 근로계약을 체결한 근로자에 비하여 차별적 처우를 하여서는 아니된다.[44] 기간제법 제8조에 의거 차별금지가 적용되는 것은 근로자가 기간제, 단시간근로자인 경우에만 해당한다.

기간제, 단시간 근로자가 무기계약근로자로 전환된 경우 무기계약직과 정규직의 근로조건 차별처우에 대하여는 무기계약직 신분이 근로기준법 제6조 균등처우 조항에서 정한 "사회적 신분" 즉, 스스로의 의사나 능력으로 벗어날 수 없는 사회적부류라면 사회적신분에 해당한다고 보아서 동조 차별처우금지 위반에 해당할 수 있다.[45]

다만, 대법원은 비정규직인 계약직에서 일반직으로 전환된 근로자와 공개경쟁시험을 통해 일반직으로 임용된 직원들 사이에 연봉 산정의 기준이 되는 경력 인정에 차이를 둔 유사 사안에서, '이들은 본질적으로 동일한 비교집단에 속한다고 볼 수 없어, 기간제근로자라는 고용형태가 근로기준법 제6조의 '사회적 신분'에 해당하는지 여부까지 나아가 살필 필요 없이, 근로기준법 제6조

44) 기간제법 제8조제1항, 제2항, 5인 이상 사업장에만 적용한다.

45) 서울남부 2014가합3505, 2016.6.10.

의 차별금지 조항에 위배되지 않는다'라고 판시한 바 있다.[46]

차별적 처우 금지조항은 사업장 규모별 시행일[47] 이후 발생한 차별적 처우에 대해서만 적용된다. 기간제법에서는 차별처우 그 자체에 대해서는 벌칙을 두지 않고, 차별처우에 대한 노동위원회의 시정명령을 이행하지 않는 경우 1억 이하의 과태료에 처한다.[48]

파견근로자의 경우, 파견사업주와 사용사업주는 파견근로자임을 이유로 사용사업주의 사업내의 동종 또는 유사한 업무를 수행하는 근로자에 비하여 파견근로자에게 차별적 처우를 하여서는 아니된다.[49] 파견법을 위반한 불법하도급 혐의가 확정되면 도급근로자가 원청근로자와 비교하여 차별처우가 있다고 판단될 경우에도 파견법제21조를 적용하고 시정절차 및 시정신청 등에 대해서는 기간제법의 관련조항을 준용한다. 차별처우 시정절차는 아래와 같이 진행된다.

1. 노동위원회를 통한 시정

노동위원회를 통한 차별처우 시정절차는 대체로, 신청→조사→심문→결정(초심)→재심(중노위)→불복시 행정소송(행정법원 1심)→ 항소(2심 고등법원)→상고(3심 대법원)→확정 순으로 진행된다.

2. 노동관서를 통한 시정[50]

차별처우 내용 진정, 고소 및 사업장지도 점검시 적발 → 조사→시정지시→종료, 불이행시→노동위원회 통보→위 1항의 절차 진행

1) 차별금지의 주체

차별적 처우가 금지되는 사용자는 근로기준법상의 사용자, 즉, 사업주 또는 사업경영담당자, 그 밖에 근로자에 관한 사항에 대하여 사업주를 위하여 행위

---

46) 대판 2013다1051, 2015.10.29.

47) 기간제법 제8조제1항, 부칙 제1항, 상시 300인 이상 사업장과 국가·지자체·정부산하기관·공기업·정부출연기관·국립대학병원·지방공사 등 : 2007.7.1부터, 상시 100인 이상 300인 미만 사업장 : 2008.7.1부터, 상시 100인미만 사업장 : 2009.7.1부터 적용.

48) 기간제법 제24조.

49) 파견법 제21조제1항.

50) 기간제법 제15조의2 2012.8.2부터 시행.

하는 자, 파견근로자의 경우 사용사업주와 파견사업주를 말한다.[51] 사용자의 범주에는 기간제·단시간근로자와 근로계약을 체결하고 고용한 사업주뿐만 아니라, 사업주의 이익을 위하여 사업주로부터 인사·급여·인사관리 등의 근로조건을 결정하거나, 업무 관련 지휘·명령 및 감독을 할 수 있는 책임과 권한을 부여받은 자로서 일반적으로 영업소장·지점장·공장장·인사담당자 등이 해당된다.

2) 차별금지의 구체적 내용

사용자는 기간제 및 단시간근로자에게 기술이나 능력 등을 기준으로 통상근로자와 차별하는 것은 무방하나, 단지 기간제 및 단시간근로자라는 고용형태상의 차별을 금지하고, 당해 사업 또는 사업장 내에서 같은 업무 또는 유사한 업무를 수행하는 통상근로자와 임금이나 그 밖의 근로조건 등에서 합리적인 이유없이 불리하게 대우하는 것을 금지한다.[52]

근로자의 차별적 처우를 개선하기 위해 근기법 제5조에서 "국적, 신앙, 성별, 기타 사회적 신분을 이유로 차별적인 처우를 금지하도록 하고" 남녀고용평등법에서 "채용, 모집, 임금, 임금 이외의 금품, 승진, 정년, 해고 등에서 남녀의 차별을 금지" 하는 규정을 두었으나, 단시간, 기간제, 파견 등 고용형태에 따른 차별을 금지하는 규정은 두지 않았다. 따라서 비정규직보호법이 제정됨으로서 모든 분야에서 차별적처우를 개선할 수 있는 법적인 토대를 마련한 것이다.

① 차별적 처우란?

'차별적 처우' 라 함은 아래와 같은 임금 그 밖의 근로조건 등에 있어서 합리적인 이유 없이 불리하게 처우하는 것을 말한다고 할 것인데, 임금 및 근로조건의 결정요소의 차이 등에 기인하여 상여금을 포함한 급여수준에 차이를 둔 것은 합리적인 이유가 있는 자별로 본나.[53]

---

51) 근로기준법 제2조제1항세2호.

52) 기간제법 제8조.

53) 서울행법 2011구합8857 2012.1.12. 기간제법 제2조제3호. 대판 2011두2132, 2012.3.29. 통

1. 「근로기준법」 제2조제1항제5호에 따른 임금
2. 정기상여금, 명절상여금 등 정기적으로 지급되는 상여금
3. 경영성과에 따른 성과금
4. 그 밖에 근로조건 및 복리후생 등에 관한 사항

② 임금 및 그 밖의 근로조건이란?

상여금과 연차휴가수당은 임금 그 밖의 근로조건에 해당한다.고 하고, 파견법제2조7호 근로조건이라 함은, 사용자와 근로자 사이 근로관계에서, 임금, 근로시간, 후생, 해고, 기타 근로자 대우에 관하여 정한 조건을 말하고, 구체적으로는 근기법에 정해진 임금, 근로시간, 후생, 해고 뿐 아니라, 취업규칙의 기재사항(근기법제93조1호내지 12호)을 모두 포함한다고 보았다.[54)]

③ 차별의 합리적 이유 존부

이 때 불리한 처우에 합리적인 이유가 있는지 여부는 특히 기간제근로자의 경우, 근속기간, 단기고용이라는 특성, 채용조건·기준방법·절차, 업무의 범위·권한·책임, 노동시장의 수급상황 및 시장가치, 사용목적(수습·시용·직업훈련·인턴 등), 임금 및 근로조건의 결정요소(직무, 능력, 기능, 기술, 자격, 경력, 학력, 근속연수, 책임, 업적, 실적 등) 등을 고려하여 개별 사안별로 판단하여야 한다.

비교대상 근로자들 사이의 급여수준이 결과에 있어 차이가 있다고 하더라도 이는 고용형태의 특성, 채용조건, 업무의 범위·권한·책임, 그 밖에 직무, 능력, 학력, 근속연수 등 임금 및 근로조건의 결정요소의 차이 등에 기인한 것으로 보이는 경우, 비교대상근로자들과 상여금을 포함한 급여수준에 차이를 둔 것은 합리적인 이유가 있는 차별로 봄이 타당하다고 보고 있다.

순수한 경영적 사항만 평가대상이 아니라 근로제공 부문도 평가요소에 포함되어 있는 등 직접적 근로제공에 따른 보상적 성격이 짙고 당해 사업장의 모

근비와 중식대는 실비변상적인 것으로서 업무의 범위나 난이도, 업무량 등에 따라 차등지급할 성질의 것이 아닌 점, 정규직 직원들에 대한 장기근속 유도 목적은 사업주가 마련하고 있는 다른 각종 제도로 충분히 달성할 수 있을 것으로 보이는 점 등을 종합하여 볼 때, 통근비 및 중식대 지급과 관련한 차별적 처우에 합리적인 이유가 있다고 볼 수 없다고 본다.

54) 서울행법 2015구합70416, 2016.11.18.

든 근로자에게 적용된다면, 차별적 처우의 금지영역인 '임금 그 밖의 근로조건 등' 에 해당한다. 따라서 전체 근로자에게 지급되는 경영성과금, 상여금은 차별처우에 포함될 수 있다.[55)]

한편, 법으로 정하지 않은 사용자의 은혜적인 급부나, 상여금, 복지제도 등은 단체협약, 취업규칙 또는 근로계약 등에 근로조건으로서 규정되어 있다면 차별시정을 신청할 수 있는 범위에 포함된다.

다만, 단시간근로자에 대한 근로조건은 통상근로자의 근로시간을 기준으로 산정한 비율에 따라 결정되는 「시간비례원칙」[56)]이 적용되므로, 단체보험, 건강진단비, 중고생학자금지원 등 복지제도의 경우 분할 가능한 근로조건을 시간비례에 따라 적용하는 것은 합리적 이유를 인정할 수 있다.[57)]

합리적인 이유가 없는 경우란 기간제근로자를 다르게 처우할 필요성이 인정되지 않거나 다르게 처우할 필요성이 인정되는 경우에도 그 방법·정도 등이 적정하지 않은 경우를 포함 한다. 그리고 합리적인 이유가 있는지 여부는 개별 사안에서 문제 된 불리한 처우의 내용 및 사용자가 불리한 처우의 사유로 삼은 사정을 기준으로 기간제 근로자의 고용형태, 업무의 내용과 범위-권한-책임, 임금 그 밖의 근로조건 등의 결정요소 등을 종합적으로 고려해 판단"해야 한다고 봤다.

① 명절선물, 자녀학자금, 경조사비 등

명절선물 등이 취업규칙 등에 규정되어 있지 않은 경우에는 이를 그 밖의 근로조건 등으로 볼 수 없다. 다만, 취업규칙 등에 규정되어 있다면 그 밖의 근로조건에 포함되고, 그 부문에서 정규직과 비정규직간에 차별이 존재한다면 차별시정의 대상이 될 것이다. 비정규직에만 적용되는 별도의 취업규칙에 의하여 이 부문에서 차별이 존재한다면 이 또한 차별시정의 대상이 될 것이므로 사업주는 차별에 합리적 이유가 있음을 증명해야 할 것이다.

55) 기간제 근로자임을 이유로 성과상여금을 지급치 아니한 것은 차별적 처우에 해당한다. 중노위 2007차별1, 2008.1.14.

56) 근기법 제18조제1항.

57) 비정규직대책팀-2966, 2007.7.23.

② 단체협약의 적용대상 차이로 인한 차별

명절선물, 자녀학자금, 경조사비 등이 단체협약에 규정되어 있고, 당해 조합규약이 정규직만을 조직대상으로 하고 있기 때문에 비조합원인 비정규직에 대해서 명절선물 등을 지급하지 않았다면 이를 차별로 볼 수는 없다.

③ 관행으로 지급한 금품 등

판례 및 행정해석에 따르면, 임금 그 밖의 근로조건이 단체협약이나 취업규칙, 근로계약에 명시되지는 않았어도 오랜 관행에 의해 지급 또는 조건 등이 일정한 요건을 갖추어 단체협약 등에 명시된 것과 다를 바 없는 경우는 이미 근로조건화 되거나 근로계약의 내용을 이루고 있다고 본다.[58] 관행이 근로계약의 내용을 이루고 있다고 하기 위해서는 그것이 기업 사회에서 일반적으로 근로관계를 규율하는 규범적인 사실로서 명확히 승인되거나 기업의 구성원에 의하여 일반적으로 아무도 이의를 제기하지 아니한 채 당연한 것으로 받아들여져서 기업내에서 사실상의 제도로서 확립되어 있다고 할 수 있을 정도의 규범의식에 의해 뒷받침 되고 있어야 한다.[59]

근기법 및 사회보험 관련법 등에서 사용자에게 이행의무를 부과한 영역은 임금 그 밖의 근로조건 등에 포함되지 않는다. 사회보험[60]에의 가입, 연장·야간·휴일근로에 대한 법정가산수당의 지급, 법정연차유급휴가부여 등의 의무를 이행하지 않은 것은 차별문제 이전에 해당 법위반으로 처리될 사안이다.

3) 차별처우의 비교대상 근로자

차별적처우를 받고 있는지 여부를 판단하기 위해서는 당해 사업 또는 사업장에서 동일한 사업주에게 고용되어, 동종 또는 유사한 업무에 종사하는, 기간의 정함이 없는 근로계약을 체결한 근로자 또는 통상근로자에 비해 차별적 대우를 하는지를 확인해야 한다.[61] 따라서 기간제근로자는 당해 사업 또는 사

58) 기업내부에 존재하는 특정의 관행.
59) 대판 2000다50701, 2002.4.23.
60) 국민연금·건강보험·고용보험·산재보험.
61) 기간제법 제8조제1항.

업장안의 동종 또는 유사업무에 종사하는 정규직 무기계약 근로자가 비교대상이다. 「비교대상근로자」는 기간제·단시간근로자와 동일한 사용자에게 고용되어 직접 근로계약을 체결하여 동일한 사업·사업장에서 근로해야 하고, 타사업·사업장으로 확대할 수 없다. 따라서 동일한 사업장에 용역·파견업체 소속으로 근로중인 자는 직영사업주 소속 정규직근로자와 차별적 처우문제를 비교할 수 없다. 근로계약의 당사자가 다르기 때문이다.[62] 다만, 기간제근로자와 동종 또는 유사한 업무를 수행하는 정규직근로자가 없는 경우 등 비교대상 근로자가 없는 경우, 차별 여부의 판단 자체가 쉽지 않을 것이다.

다만, 파견근로자에 대해서는 달리 보아야 한다. 파견법에 의하면,[63] 사용사업주의 5인 이상 사업장에서 파견사업주와 사용사업주는 파견근로자임을 이유로 사용사업주의 사업내의 동종 또는 유사한 업무를 수행하는 근로자에 비하여 파견근로자에게 차별적 처우를 하여서는 아니된다. 따라서 파견근로자에 대한 차별에 있어서 비교대상자는 사용사업주의 사업내 동종 또는 유사한 업무를 수행하는 근로자로서 사용사업주에게 직접고용 되면 되고 정규직, 기간제 등을 구분하지 않는다. 파견에서 금지되는 차별적 처우는 파견근로에서 파견사업주로부터 받는 임금과 근로제공 및 사용사업주의 사업장에 편입됨에 따라 형성되는 근로조건만이 차별시정대상이 된다.

「동종 또는 유사 업무」에 종사하는 정규직근로자는, 취업규칙이나 근로계약 등에서 정한 업무 내용이 아니라, 근로자가 실제 수행해 온 업무를 기준으로 판단하되, 수행하는 업무가 완전히 일치하지 않고 업무범위나 권한, 책임 등에서 다소 차이가 있더라도 주된 업무의 내용에 본질적으로 차이가 없다면 동종 유사업무에 종사하는 것으로 보아야 한다.[64] 업무는 하나의 부서 또는 식군이 아니라 당해 사업 또는 사업장 전체를 고려하여 파악해야 할 것이며, 기간제근로자와 무기계약근로자의 임금의 차별처우에 있어서도, 지급형태에 있어서 세부지급항목이 존재하는 경우에는 각 세부지급 항목별 비교를 하면 될 것

62) 단시간근로자는 당해 사업의 통상의 근로자가 차별적 처우의 비교대상.
63) 파견법 제21조제1항.
64) 대판 2011두2132, 2012.3.29.

이나 그렇지 않은 경우 범주화에 의한 비교방법이 있을 것이다.

따라서 본봉과 수당을 묶어 범주화하거나 각 개별 수당을 묶어 범주화하여 차별여부를 판단할 수 있을 것이며, 이 경우 범주화한 급여의 총액을 기준으로 정규직과 비정규직간 합리적인 이유없이 불리하게 처우 하는 것이 아니라면 차별시정 대상이 되지 않을 것이다.[65)]

① 통상근로자

통상근로자는「소정근로시간 뿐만 아니라 당해 사업장의 고용형태, 임금체계 등을 종합적으로 고려해 볼 때 통상적으로 근로할 것이 예정되어 있는 정규직근로자」를 말한다. 취업규칙 등에 의해 채용되고 계약기간·임금·호봉·승진 등 중요한 근로조건 대부분이 직접 규율되고 있는 근로자로 볼 수 있다. 동종업무에 통상근로자가 없는 경우에는 그 업무에 종사하는 가장 일반적인 형태의 근로자를 잠정적으로 통상근로자로 볼 수 있을 것이다.[66)] 비교대상 정규직근로자는 당해 사업 또는 사업장 안의 근로자로 한정되며, 같은 산업. 지역차원의 동종 유사업무에 종사하는 정규직근로자는 비교대상이 아니다. 따라서 같은 사업장 내에 비교대상이 없다면 차별 자체도 성립하지 않는다.[67)]

② 동종 또는 유사한 업무

동종 또는 유사한 업무란 취업규칙이나 근로계약 등에 명시된 업무내용이

65) 비정규직대책팀-2786, 2007.7.10.
66) 근기 68207-1248, 2002.3.26.
67) 예를 들면, A산업에서 섬유제조직종인 무기계약직 350명과 완제품포장, 운반직종인 기간제근로자 50명이 함께 근로하는 경우, 기간제근로자는 동일사업장 내에서 동종 또는 유사업무에 종사하는 정규직 무기계약직이 없으므로 차별여부에 관해 비교자체가 성립할 수 없다. 바로 옆에 B산업에서 섬유제조직종인 무기계약직과 완제품포장, 운반직종인 기간제근로자가 함께 근로한다고 하더라도 동일사업장 내에서 종사하는 것이 아니므로 설사 동종 또는 유사업무에 종사하고 임금 등 근로조건에서 차이가 있다고 해서 차별여부에 관해 비교자체를 할 수가 없다. 이것은 근로계약당사자가 다르기 때문이다. 다만, 근로조건이 열등한 A산업의 완제품포장, 운반직 근로자가 노동조합 등의 형태로 근로조건 개선을 위해 노력하는 것은 별도의 문제다. 그러나 A산업 내에서 무기계약직인 섬유제조직종과 포장, 운반직종이 명칭만 다를 뿐 실제로는 현장 작업공간이 구분되지 않고 업무수행도 상호 섞여있어 인력과 작업수행이 상호 대체, 교류, 동일 직원이 동시 수행하는 등 직종과 업무의 차별이 인정될 수 없는 경우라면 차별여부에 관해 비교가 가능하다.

아니라 근로자가 실제 수행해온 업무를 기준으로 판단하되, 업무의 내용 및 종류, 당해 업무의 수행방법, 작업조건, 상호 대체가능성 등을 종합적으로 고려하여야 할 것이고, 정규직 근로자와 기간제 근로자가 수행하는 업무가 채용절차나 업무의 범위, 난이도 등에 다소 차이가 있다고 하더라도 그 핵심요소인 주된 업무의 내용 및 작업조건 등에 있어 본질적인 차이가 없다면, 양자 사이에 업무의 현저한 질적 차이를 인정할 만한 다른 특별한 사정이 없는 한 이들은 동종 또는 유사한 업무에 종사한다고 보아야 할 것이다.[68]

특히 업무의 성질이 서로 달라 근로조건이 현저하게 구별되는지 여부가 중요하다. 예를 들면, 제조업의 경우 생산직과 사무직, 판매업의 경우 관리직과 영업직, 운수업의 경우 관리직과 운전직, 학교의 경우 교원과 행정직 등으로 구분하여 동종업무를 판단해 볼 수 있을 것이다.[69]

판례의 경우, 일정 부분 동일한 직무를 수행하였나 하더라도 추가의 직무를 수행하는 등 직무범위가 다르거나 업무환경 또는 업무강도가 다른 경우 업무수행에 요구되는 노력의 정도, 위험의 정도 등이 다를 수 있으므로 이를 이유로 하는 임금 등의 불이익 처우는 합리적 이유가 인정될 여지가 있으므로, 합리적 이유가 있는 불이익은 차별적 처우가 아니라고 판정한 바 있다.[70]

③ 동일직군 내에 비교대상근로자가 없는 경우

기간제·단시간근로자를 무기계약근로자 또는 통상근로자와는 별도의 직군으로 분리한 결과 동일 직군 내에는 비교대상근로자가 없으나 다른 직군 내에 동종 또는 유사 업무에 종사하는 무기계약근로자가 있는 경우는 다른 직군 내에서 비교대상근로자의 선정도 가능할 것이다. 따라서 동종 또는 유사한 업무에 종사하는 정규직근로자는, 「하나의 부서 또는 직군이 아니라 당해 사업 또는 사업장 전체를 고려하여 파악하여야 하고, 또한 동종업무 뿐만 아니라 유사업종 종사 정규직까지 비교대상」으로 삼는다.[71]

---

68) 서울행판 2010구합17861, 2010.8.19

69) 근기 68207-1248, 2002.3.26.

70) 중노위 2007차별5~차별19 병합 2008.3.20.

71) 정규직과 비정규직근로자들 사이에 채용·업무 등에 있어서 실질적인 차이가 있다고 하더라도,

4) 차별의 시기 및 인과관계

차별은 비교에 의해 결정되는 상대적 개념이므로 이러한 비교대상이 되는 정규직근로자가 없는 경우에는 차별 여부의 판단 자체가 무의미해진다. 차별 판단을 위한 비교대상근로자는 원칙적으로 사용자에 의한 차별적 처우가 있었던 시기에 존재해야 하고, 차별적 처우가 있었던 당시에 비교대상근로자가 존재하였으나 차별시정 신청시 퇴직, 배치전환 등으로 비교대상근로자가 없다고 해도 차별시정 신청이 가능하다.

「고용형태와 차별적 처우 사이에 인과관계」가 있을 것이 필요하다. 인과관계는 객관적 인과관계를 의미한다. 즉, 사용자의 주관적인 차별의사 존재여부와 관계없이 객관적으로 보아 차별이 있고, 그 차별이 비정규직이란 점에서 기인한 것으로 볼 수 있다면 객관적 인과관계가 있는 것으로 인정될 수 있다. 법이 차별 관련 입증책임을 사용자가 부담하도록 정하고 있으므로, 사용자의 주관적인 차별의사를 문제 삼지 않고 실제로 나타난 결과로서 차별만을 대상으로 하여 합리적인 차별인지를 판단하려는 것이다.

5) 차별이 합리화 되는 경우

① 단기고용의 특성에 따른 불리한 처우

기간제근로라는 고용형태, 즉, 단기고용이라는 특성 때문에 임금 및 근로조건 등에서의 차이는 합리적 이유가 있는 것으로 본다. 또한 장기고용 및 계속근로를 전제로 지급하는 임금 및 근로조건, 예컨대 장기근속수당, 장기근속 퇴직자에 대한 공로 보상적 특별지급금품 등에서 기간제근로자를 배제하는 것은 합리적 이유가 있는 것으로 볼 수 있을 것이다.

이들의 업무 차이에 현저한 질적 차이가 있다고 보기 어려운 점, 비정규직의 업무가 정규직업무에 비해 부수적이거나 일시적 업무가 아니라 본질적, 상시적 업무인 점 등, 이와 같은 실질적 차이를 고려하여 정규직과 비정규직 사이에 그 액수를 달리하여 성과상여금을 지급하는 것과는 별도로 기간제근로자란 이유만으로 정규직근로자들과는 달리 성과상여금을 전혀 지급하지 않는 것은 합리적인 이유가 없다(서울행판 2008구합6622, 2008.10.24).

② 채용조건 · 기준에 불리한 처우의 근거를 두는 경우

사용자가 불리한 처우를 정당화하는 합리적 이유로서 채용조건·기준, 즉, 경력 및 자격증 등의 요건이 다름을 주장하는 경우, 채용조건·기준[72]이 당해 사업장의 임금결정요소라면 이 범위 내에서 불리한 처우는 정당화될 수 있을 것이다. 이러한 경우 근로자로부터 차별시정이 신청되면, 사용자는 채용조건·기준이 당해 사업장의 임금결정요소라는 합리적 이유가 있음을 입증하여야 한다. 또한, 채용조건·기준이 업무수행과 관련이 있고 이에 근거해 근로조건을 달리 한 경우에도 합리적인 이유로 인정될 수 있다.

③ 채용방법 · 절차에 불리한 처우의 근거를 두는 경우

공개채용과 비공개채용, 필기시험과 면접 등 채용방법·절차는 다르지만, 기간제·단시간근로자가 비교대상 근로자와 동일한 조건 및 내용으로 근로를 제공하는 경우에는 단지 채용방법·절차가 다르다는 사정만으로는 불리한 처우가 정당화 될 수 없다. 다만, 사용자가 상이한 업무수행능력을 반영하기 위해 채용방법·절차를 달리 한 것이라면 이는 업무수행능력 차이를 뒷받침하는 간접적인 증거로 활용될 수 있을 것이다.

④ 업무의 범위, 권한 · 책임 등이 다른 경우

업무범위는 근로의 양·질과 직결되고 임금결정의 중요한 요소가 되므로 업무범위의 차이를 엄격하게 고려하여 비교대상근로자를 선정하여야 한다. 업무범위의 차이로 인한 임금 및 근로조건 등에서 불리한 처우는 합리적인 이유가 있는 것으로 볼 수 있다. 권한·책임의 정도에 따라 임금에 차이를 두는 것도 합리적 이유로 인정될 수 있다.[73]

권한·책임의 정도를 임금결정에는 반영하지 않더라도 그에 상응하는 대가를 별도의 수당명목[74]으로 지급하는 경우에는 기간제·단시간근로자가 그러한

72) 예) 5급 사원은 기사자격 소지자, 4급 사원은 기능사 자격 소지자 등.

73) 기간제 교원에 대해 정규직 교원과 달리 성과상여금을 지급하지 않은 것은 적법하고 평등원칙에 반하는 것이 아니다(대판 2013다205778, 2017.2.9).

74) 예) 직책수당, 지급수당 등.

권한과 책임을 갖고 있지 않다면 당해 기간제·단시간근로자를 수당지급대상에서 제외하는 것은 합리적 이유가 인정될 수 있을 것이다.

⑤ 노동생산성이 낮은 경우

확실한 근거 없이 단지 기간제·단시간근로자는 노동생산성이 낮다는 평가나 편견을 가지고 임금 등 근로조건에 있어서 차별을 두었다면 합리적인 이유로 인정될 수 없다. 그러나 실제 업무수행 결과 객관적으로 근로의 질과 양이 비교대상 근로자에 비해 낮음을 이유로 임금체계에 따라 차등을 두었다면 이는 합리적 이유로서 인정될 수 있을 것이다.[75)]

⑥ 임금 및 근로조건의 결정요소에 따른 불리한 처우

임금을 결정함에 있어서는 다양한 결정요소를 가지고 판단을 할 것이다. 직무, 능력, 기능, 기술, 자격, 경력, 학력, 근속년수, 책임, 업적, 실적 등 근로제공에 관련된 많은 요소들 중 근로자가 특정 요소에 해당하게 됨에 따라 그 요소의 차이로 인하여 불리한 임금을 받는 경우에는 차별에 합리적 이유가 있다. 단시간근로자는 시간급임금으로 정해지기 때문에 불리한 처우가 있는지를 확인하기 위해서는 통상근로자의 임금을 시간급임금으로 환산하여야 한다. 이 경우 소정근로시간에 대하여 통상적으로 지급하는 임금을 기준으로 산정된 시간급을 원칙으로 한다.

⑦ 법정수당의 차이

법정수당은 법에 의해 지급할 의무가 있는 수당으로 연장·야간·휴일근로가산수당, 연차유급휴가수당 등이 있다. 법정수당은 합리적인 이유가 없는 한 동일한 기준에 따라 지급되어야 한다. 법정수당 산정의 기초가 되는 통상임금 혹은 평균임금의 산정방식을 정규직근로자와 비정규직근로자사이에 다르게 적용하는 경우 불리한 처우에 해당하고, 사용자는 이에 대한 별도의 합리적인 이유를 제시하여야 한다. 다만, 산정방식은 같지만 기준임금 체계 등이 상이하여 차이가 나는 것은 무방하다.

---

75) 예) 언어, 작업기량습득 능력 등이 뒤지는 외국인근로자에 비해 내국인 직원을 우대하는 경우 등.

비법정수당 및 금품은 법에 의해 지급의무가 있는 것이 아니라, 단체협약·취업규칙 또는 근로계약 등으로 정한 근로조건에 따라 사용자가 지급의무를 부담하는 각종 수당 및 금품을 의미한다. 비법정급부에 대한 차별은 사용자가 지급하는 급부의 내용과 목적을 확인한 후, 급부의 목적을 실현하기 위한 객관적 기준에 따라 급부가 이루어졌는지 여부로 판단할 수 있을 것이다. 다만, 사업주가 임의적·은혜적으로 지급하는 급부는 차별대상에서 제외된다.

⑧ 단체협약상 차이

정규직 및 비정규직 모두 노동조합원이고, 노동조합과 사용자가 체결한 단체협약에서 정규직과 비정규직간 차별적 처우를 규정하는 경우가 있을 것이다. 이러한 단체협약이 있다고 해도, 기간제법 및 파견법의 차별금지규정은 강행규정이고 단체협약은 관계법령에 위반할 수는 없는 것이다. 따라서 단순히 노사간 합의의 결과물이라는 사정만으로는 불리한 처우의 합리적 이유가 될 수 없을 것이다. 다만, 정규직은 조합원이고 비정규직은 조직대상이 아니라고 하면, 비정규직근로자가 조합원이 아니어서 단체협약을 적용받지 못하고 그에 따라 발생하는 불리한 처우는 합리적 이유로 인정될 수 있을 것이다.

명절선물, 자녀학자금, 경조사비 등이 단체협약에 규정되어 있고 당해 노동조합 규약이 정규직만을 조직대상으로 하고 있어 결과적으로 비조합원인 비정규직에 대해 경조사비 등을 지급하지 않은 경우 이를 차별로 볼 수 없다. 다만, 조합원인 정규직에 대해서만 경조사비를 지급하고 역시 조합원인 비정규직에 대해서 경조사비를 지급하지 않는다면 이는 차별적 처우에 해당될 수 있을 것이다. 다만, 복수노조하에서 조합간 단체협약의 근로조건이 상이하여 차별이 발생하는 것은 법위반으로 볼 수는 없으나 동일사업장 내에서 동일업무를 수행하는 근로자들에게 차등조건을 부여하는 것은 바람직하지 않을 것이다.

⑨ 단체협약 적용관련 최근 판례의 경향

한편, 최근 판례에 따르면, 시각을 달리한다. 즉 임금 등 근로조건은 원칙적으로 사용자와 개별 근로자 사이의 합의에 따라 정해진다. 그러나 기간제법상 차별시정제도는 이러한 합의에도 불구하고 기간제 근로자 및 단시간 근로자와 무기계약 근로자 사이에 합리적 이유가 없는 차별이 존재한다면 이는 허용될 수 없다는 데 그 기본 취지가 있다고 본 것이다. 따라서 임금 등 근로조건이 사용자와 개별 근로자 사이에서가 아닌 사용자와 노동조합 사이의 합의에 따라 정해진 경우에도 그러한 합의가 무기계약 근로자와 동종 또는 유사한 업무에 종사하는 기간제 근로자나 단시간 근로자에 대한 불리한 처우를 정당화하는 사유에 당연히 해당한다고 볼 수 없다.

사례의 경우는 근로계약기간의 특성상 원고와 같은 기간제 근로자가 노동조합을 조직하는 등 단결권을 행사하는 것은 결코 쉽지 않으므로 동종 또는 유사한 업무에 종사하였음에도 단지 이 사건 임단협이 존재한다는 이유만으로 기간제근로자의 불리한 처우가 정당하다고 보게 되면 무기계약 근로자와 비교하여 임금 등 근로조건에 있어서 충분한 보호를 받을 수 없게 된다. 이러한 결과는 기간제법의 입법 취지에 정면으로 반하는 것으로서 허용될 수 없다고 보았다.[76)]

(7) 차별적 처우의 시정

기간제근로자 또는 단시간근로자, 파견근로자가 차별적 처우를 받은 경우, 근로자본인과 근로감독관청은 각각 노동위원회를 통해 시정절차를 밟을 수 있다. 근로자 본인은 차별적 처우가 있은 날, 계속되는 차별적 처우는 그 종료일부터 6월 이내에 관할노동위원회에 그 시정을 신청할 수 있다.[77)] 법에서 "차별적 처우가 있은 날로부터 6월이 경과한 때는 그러하지 아니하다"는 규정은 6월 이전의 차별적 처우에 대해서는 기간제법과 파견법에서 정한 차별처우에 관한 법적 책임을 묻지 않겠다는 것으로서, 6개월 이전에 행해진 차별행위가 객관적인 차별로 판명된다 하더라도 권리구제는 인정되지 않는다.

1) 제척기간

기간제법, 파견법에 의한 차별처우의 시정신청 기간은 제척기간이므로 차별이 있은 날로부터 6개월의 기간이 경과함으로써 시정을 신청할 권리는 소멸

76) 서울고법 2014누51779, 2015.1.28.
77) 기간제법 제9조, 2012.2.1 개정, 2012.8.2부터 적용(종전 3개월 이내).

한다. 다만, 계속되는 차별의 경우 그 종료일로부터 6월 이내에 신청하였다면 그 계속되는 차별적 처우 전체에 대하여 제척기간을 준수한 것이 될 것이다. 사용자가 계속되는 근로제공에 대하여 기간제 또는 단시간 근로자에게 차별적인 규정을 적용하여 차별적으로 임금을 지급하여 왔다면 특별한 사정이 없는 한 그와 같은 임금의 차별적인 지급은 "계속되는 차별적 처우"에 해당한다. 다만, 성과상여금 등 1회성 불확실성 금품은 계속적·정기적으로 지급되었다고 할 수 없으므로 이는 근로의 대가인 임금으로 볼 수 없고, 계속되는 차별적 처우라고 할 수 없다.[78)]

기간제근로자 또는 단시간근로자, 파견근로자가 시정신청을 하는 때에는 차별적 처우의 내용을 구체적으로 명시하여야 한다. 차별처우 관련 분쟁에 있어서 입증책임은 사용자가 부담한다.[79)]

2) 계약기간 만료와 차별시정

차별시정절차는 사용자의 차별적 처우로 말미암아 기간제근로자에게 발생한 불이익을 해소하여 차별적 처우가 없었더라면 존재하였을 상태로 개선함으로써 기간제근로자에 대한 불합리한 차별을 바로잡고 근로조건 보호를 강화하려는 데에 그 주된 목적이 있으며, 기간제근로자 지위를 회복하거나 근로계약기간 자체를 보장하기 위한 것은 아니므로, 근로계약기간의 만료 여부는 차별적 처우의 시정과는 직접적인 관련이 없는 사정이라고 할 수 있다.

따라서 기간제근로자가 노동위원회에 차별적 처우의 시정신청을 한 후 그에 관한 노동위원회의 판정 이전에 근로계약기간이 만료한 경우에도 여전히 시정이익을 인정할 수 있다. 차별적 처우의 시정신청에 따라 발하는 노동위원회의 시정명령 내용 중 하나로 들고 있는 금전보상명령 또는 배상명령은 과거에 있

78) 대판 2010두3237, 2011.12.22. 임금은 근로의 대가로서 근로관계가 유지되는 이상 매일 계속적으로 발생하는 것이고, 임금지급일에 이르러 비로소 발생하는 것이 아니다. 임금지급일은 계속 발생하는 임금을 정산하는 날에 불과하다. 입사 당시부터 계속하여 합리적 이유없이 기간제근로자라는 이유로 정규직영양사에게 적용되는 보수규정보다 불리한 기간제근로자 운영지침을 적용해 왔으므로 계속되는 차별적 처우에 해당한다.

79) 기간제법 제9조제4항.

었던 차별적 처우의 결과로 남아 있는 불이익을 금전적으로 전보하기 위한 것으로서, 그 성질상 근로계약기간이 만료한 경우에도 발할 수 있다.[80)]

3) 근로기준법 위반도 차별시정대상에 포함되는가?

근로기준법을 위반해 연차휴가수당을 지급하지 않은 것은 차별시정대상(차별금지영역)에 해당한다는 입장이다.

4) 배액금전배상명령

현행 차별시정 제도의 경우 임금 및 근로조건의 보상 또는 원상회복 수준에 머물고 있어 사용자의 고의적이고 반복적인 차별행위에 대한 사전적 예방 효과가 미미하므로, 사용자의 고의적 또는 반복적 차별 행위에 대해서는 노동위원회가 기간제 및 단시간 근로자에게 발생한 손해액의 3배 내에서 징벌적인 성격의 배상명령을 함으로써 차별을 근본적으로 차단"하기 위해 금전배상명령 제도를 도입했다. 기간제법 제13조 제2항은 '차별적 처우에 명백한 고의가 인정되거나 차별적 처우가 반복되는 경우'을 요건으로 3배를 넘지 않는 범위 내에서 노동위원회가 재량으로 명령할 수 있도록 규정하고 있다.

☞ 배액배상명령제도 : 기간제법 제13조(조정·중재 또는 시정명령의 내용)

① 제11조의 규정에 따른 조정·중재 또는 제12조의 규정에 따른 시정명령의 내용에는 차별적 행위의 중지, 임금 등 근로조건의 개선(취업규칙, 단체협약 등의 제도개선 명령을 포함한다) 또는 적절한 배상 등이 포함될 수 있다.〈개정 2014.3.18.〉

② 제1항에 따른 배상액은 차별적 처우로 인하여 기간제근로자 또는 단시간근로자에게 발생한 손해액을 기준으로 정한다. 다만, 노동위원회는 사용자의 차별적 처우에 명백한 고의가 인정되거나 차별적 처우가 반복되는 경우에는 손해액을 기준으로 3배를 넘지 아니하는 범위에서 배상을 명령할 수 있다.〈신설 2014.3.18.〉

배액금전배상명령을 하기 위한 요건으로서 '명백한 고의'는 사용자가 위법행위임을 인지하고서도 차별적 처우를 행하는 것으로 볼 수 있으며, '차별적 처우의 반복'은 차별적 처우의 계속성 내지 지속성으로 볼 수 있다. 배액의 정도는 계속된 차별적 처우의 '기간'에 비례한다고 볼 수 있으며, 명백한 고의의 경우에는 위법행위를 인지하게 된 경로에 따라 그 정도를 달리할 수 있다.

---

80) 대판 2014두43288, 2016.12.1.

예컨대 관계기관으로부터 시정지도나 시정명령 등의 처분을 받고서도 차별적 처우를 했다면 배액의 정도가 커질 수 있다.

5) 기타 쟁점

① 시정주체 연대책임

중앙노동위원회는 차별시정에 대한 의무는 사용사업주와 파견사업주가 연대해 부담하므로 차별적 처우에 대한 제척기간은 사용사업주에게 단절 없이 계속 근로한 전체 파견근무기간을 기준으로 봄이 타당하고 따라서 사용사업주와의 근로관계가 종료된 날로부터 산정해야 한다고 판단했다.

여기서 고려해야 할 것은 차별적 처우를 한 자가 누구인지를 가려서 제척기간을 산정해야 된다는 점이다. 즉 파견관계에서 사용사업주에 의한 차별이 아니라 파견사업주에 의한 차별이라면 파견사업주를 기준으로 파견사업주와의 근로관계가 종료된 날로부터 제척기간을 기산해야 할 것이다.

② 기간제근로자 계약만료 이후 차별시정 이익

최근 대법원은 기간제근로자의 계약기간 만료로 인한 근로관계종료 이후에도 차별시정 이익으로서 금전배상명령을 인정하였다.[81] 과거의 행우와 결과로 남아 있는 불이익을 금전이익으로 보전하려는 것으로서 근로관계가 종료된 이후에도 구제이익은 존재한다는 것이다.

(8) 실무적 시정절차

고용부장관은 2012.8.2부터 사용자 또는 사용사업주 및 파견사업주가 기간제 및 단시간근로자 또는 파견근로자에 대하여 차별적 처우를 할 경우, 직접 시정을 요구할 수 있고, 불응할 때는 그 내용을 구체적으로 명시하여 노동위원회에 통보하는 한편 그 사실을 사용자, 사용사업주, 파견사업주, 해당 근로자에게 각각 통지한다.[82]

---

81) 대판 2014두43288, 2016.12.1.

82) 현재 차별제도는 당사자 신청과 노동위 시정명령을 통해 차별시정이 되는 구조이나, 당사자가 불이익을 우려하여 시정신청을 꺼리고 있어 근로감독관으로 하여금 시정지도 권한을 부여하였

1) 노동위원회의 조사·심문절차 등

노동위원회는 시정신청을 받은 때에는 지체없이 필요한 조사와 관계 당사자에 대한 심문을 하여야 한다. 노동위원회가 심문을 하는 때에는 관계당사자의 신청 또는 직권으로 증인을 출석하게 하여 필요한 사항을 질문할 수 있고 관계 당사자에게 증거의 제출과 증인에 대한 반대심문을 할 수 있는 충분한 기회를 주어야 한다. 노동위원회는 차별시정사무에 관한 전문적인 조사·연구업무를 수행하기 위하여 전문위원을 둔다.

2) 심문과정에서 조정·중재

노동위원회는 심문의 과정에서 관계 당사자 쌍방 또는 일방의 신청 또는 직권에 의하여 조정(調停)절차를 개시할 수 있고, 관계 당사자가 미리 노동위원회의 중재(仲裁)결정에 따르기로 합의하여 중재를 신청한 경우에는 중재를 할 수 있다. 조정 또는 중재를 신청하는 경우에는 차별적 처우의 시정신청을 한 날부터 14일 이내에 하여야 한다. 다만, 노동위원회의 승낙이 있는 경우에는 14일 후에도 신청할 수 있다. 노동위원회는 조정 또는 중재를 함에 있어서 관계당사자의 의견을 충분히 들어야 한다.

노동위원회는 특별한 사유가 없는 한 조정절차를 개시하거나 중재신청을 받은 때부터 60일 이내에 조정안을 제시하거나 중재결정을 하여야 한다.[83)]

3) 조정조서 및 중재결정서의 작성과 효력

노동위원회는 관계 당사자 쌍방이 조정안을 수락한 경우에는 조정조서를 작성하고 중재결정을 한 경우에는 중재결정서를 작성하여야 한다. 조정조서에는 관계 당사자와 조정에 관여한 위원전원이 서명·날인하여야 하고, 중재결정서에는 관여한 위원전원이 서명·날인하여야 한다.

노동위원회의 조정 또는 중재결정은 「민사소송법」의 규정에 따른 재판상 화해와 동일한 효력을 갖는다. 민사소송법 제220조에 의거 재판상화해는 확정판결과 동일한 효력을 가지므로 기판력을 얻어 향후 소송에서 이에 저촉되는

다(기간제법 제15조의2, 파견법 제21조의2, 2012.8.2부터 시행).

83) 기간제법 제11조.

내용으로 다툴 수 없고, 관할법원에서 집행문을 부여받아 부동산압류 동산인도 등 강제적인 집행이 가능하다.

4) 시정명령 등

노동위원회는 조사·심문을 종료하고 차별적 처우에 해당된다고 판정한 때에는 사용자에게 「시정명령」을 하여야 하고, 차별적 처우에 해당하지 아니한다고 판정한 때에는 그 시정신청을 「기각」하는 결정을 하여야 한다. 판정·시정명령 또는 기각결정은 서면으로 하되 그 이유를 구체적으로 명시하여 관계 당사자에게 각각 교부하여야 한다. 이 경우 시정명령을 발하는 때에는 시정명령의 내용 및 이행기한 등을 구체적으로 기재하여야 한다.[84] 조정·중재 또는 시정명령의 내용에는 차별적 행위의 중지, 임금 등 근로조건의 개선 및 적절한 금전보상 등이 포함될 수 있다.

5) 시정명령 등의 확정

시정명령 또는 기각결정에 대하여 불복이 있는 관계 당사자는 시정명령서 또는 기각결정서의 송달을 받은 날부터 10일 이내에 중앙노동위원회에 재심을 신청할 수 있다. 중앙노동위원회의 재심결정에 대하여 불복이 있는 관계당사자는 재심결정서의 송달을 받은 날부터 15일 이내에 행정소송을 제기할 수 있다. 15일 이내에 재심을 신청하지 아니하거나 15일 이내에 행정소송을 제기하지 아니한 때에는 그 시정명령·기각결정 또는 재심결정은 확정된다.[85]

6) 시정명령 이행상황의 제출요구. 불이행의 신고 등

고용부장관은 사용자에게 확정된 시정명령에 대한 이행상황을 제출할 것을 요구할 수 있다.[86] 시정신청을 한 근로자는 사용자가 확정된 시정명령[87]을 이

---

84) 기간제법 제12조.

85) 기간제법 제14조.

86) 기간제법 제15조.

87) ① 지방노동위원회의 시정명령에 대하여 10일 이내에 중앙노동위원회에 재심을 신청하지 아니하거나, ③ 중앙노동위원회의 재심결정에 대하여 15일 이내에 행정소송을 제기하지 아니한 경우 및 ③ 행정소송을 제기한 경우에 있어서 중앙노동위원회의 시정명령의 전부 또는 일부를 인정하는 법원의 판결이 확정된 경우 등을 말함.

행하지 아니하는 경우 이를 고용부장관에게 신고할 수 있다. 이행상황 제출대상은 확정된 시정명령에만 적용되므로 지방노동위원회의 시정명령 또는 중앙노동위원회의 재심결정에 대해 관계당사자가 불복하여 재심신청이나 행정소송을 제기한 경우는 적용하지 않는다. 정당한 이유없이 이행상황 제출요구에 불응한 자는 500만원 이하의 과태료가 부과될 수 있으며 사용자가 확정된 시정명령을 정당한 이유없이 불이행한 것으로 확인된 경우는 1억 이하의 과태료를 부과할 수 있다.[88)]

과태료 처분에 불복이 있는 자는 그 처분의 고지를 받은 날부터 30일 이내에 고용부장관에게 이의를 제기할 수 있다. 고용부장관으로부터 통보를 받은 관할법원은 「비송사건절차법」에 의한 과태료의 재판을 한다.

최근 노동위원회와 일반법원이 불법파견과 불법도급 등에서 차별시정사건이 발생하였을 경우 처리방향은 보다 적극적으로 변화하고 있는 점을 고려하여 실무적 대응방안을 고민하여야 한다.

1. 도급계약이더라도 그 실질을 검토한 결과, 파견에 해당할 때, 하청업체근로자들에게 파견근로자로서 차별시정의 적격을 인정하고 있고,

2. 계약의 형식은 도급이더라도 그 실질이 파견인 경우에는(위장도급, 불법파견)인 경우에는 파견근로관계가 인정되어 파견법의 규제를 받는다.[89)]

3. 노동위원회의 실무가 적극적 배상명령으로까지 변화하고 있고, 판례도 지지하고 있다.[90)]

4. 용역계약이 실질에서 파견계약이고, 하청업체근로자들이 성과상여금, 가족수당 등에서 차별적처우를 받았다고 인정하여 하청업체와 원청사업체가 연대하여 연대하여 시정토록 의무를 부과한 사례가 있다.[91)]

5. 적법파견인 경우는 파견사업주와 사용사업주에게, 불법파견(위장도급)인 경우에 원청사업주와 하청사업주에게 차별시정으로 차별로 인한 손해액의 최고

88) 기간제법 제24조.
89) 대판 2007두22320, 2008.9.18.
90) 서울행판 2009구합22164, 2009.12.11.
91) 중노위 2015차별26, 27병합, 2016.1.7.

3배까지 배상명령이 가능하다.

7) 불리한 처우의 금지

사용자는 기간제근로자 또는 단시간근로자, 파견근로자가, 사용자의 부당한 초과근로 요구의 거부,[92] 차별적 처우에 대한 시정신청, 노동위원회에의 참석 및 진술, 재심신청 또는 행정소송의 제기, 시정명령 불이행의 신고, 근로자가 사업 또는 사업장에서 이 법 또는 이 법에 의한 명령을 위반한 사실을 근로감독관에게 통고한 것 등을 이유로 해고 그 밖의 불리한 처우를 하지 못한다. 근로자에게 불리한 처우를 한 자는 2년 이하의 징역 또는 1천만원 이하의 벌금에 처한다.[93]

다만, 파견근로자의 경우 사용자의 부당한 초과근로 요구의 거부 및 사업장에서 이법 또는 이 법에 의한 명령을 위반한 사실을 근로감독관에게 통고한 것을 이유로 한 불리한 처우에 대하여는 적용이 제외되었다.[94]

8) 취업촉진을 위한 국가 등의 노력 및 기타

국가 및 지방자치단체는 고용정보의 제공, 직업지도, 취업알선, 직업능력개발 등 기간제근로자 및 단시간근로자의 취업촉진을 위하여 필요한 조치를 우선적으로 취하도록 노력하여야 한다.

사업주의 대리인·사용인 그 밖의 종업원이 사업주의 업무에 관하여 기간제법 제21조[95] 및 기간제법 제22조[96]의 규정에 해당하는 위반행위를 한 때에는 행위자를 벌하는 외에 그 사업주에 대하여도 해당 조의 벌금형을 과한다.

---

92) 기간제법 제6조제2항.

93) 기간제법 제16조, 제21조.

94) 파견법 제21조제3항 괄호.

95) 법 제16조에 의한 기간제 및 단시간근로자에 대한 불리한 처우.

96) 법 제6조에 의한 단시간근로자 초과근로제한.

제16장 도급·파견과 근로관계책임

1. 개념정의

도급(都給)이란, 당사자 일방이 어느 일을 완성할 것을 약정하고 상대방이 그 일의 결과에 대하여 보수를 지급할 것을 약정함으로써 그 효력이 발생하는 것이다.[1)]

명칭은 도급, 업무위탁, 위임(委任), 아웃소싱(outsourcing), 소사장제 등 다양하게 부르고 있으나 대체로 일방이 상대방에게 일의 완성을 약정하고 그에 따른 성과급, 능률급 등 대가를 지불하는 관계를 도급이라고 한다. 일반적으로 도급은 작업의 목표달성을 위해 기능별 작업장별 등 작업의 특성에 따라 세분화되거나 동일한 작업에서도 다단계적인 하수급 구조를 가진다.

공사 등의 경우, 발주자→원수급인→수급인(제1차)→하수급인(제2차)→근로자로 이어지는 것이 보편적인 특징이고, 경우에 따라서는 각 단계에서도 공종별·기능별로 다시 세분화되기도 한다. 제조업의 경우, 소사장제, 생산라인도급, 인건비 도급, 공정도급 등 산업의 필요에 따라 다양한 형태로 분화되어 있다.

---

1) 민법 제664조. 예를 들면, 자동차부품회사에서 특정 부품의 생산라인을 도급주고 생산량에 따라 보수(제품단가 등)를 약정하거나, 시멘트회사가 상하차업무를 도급주고 시멘트 1포당 ㅇㅇ원 등으로 보수를 약정하는 것, 건설현장에서 미장공사의 경우 평당 ㅇㅇ원, 조적공사의 경우 벽돌 1장당 ㅇㅇ원, 목수가 평당 ㅇㅇ원 등으로 보수를 약정 하는 것으로서 주로 성과급적인 업무, 전문적인 교육·연구·개발 등의 계약에서 찾아 볼 수 있다. 이 경우는 일정량의 굴진을 하지 못하면 보수를 지급받을 수 없고, 생산이나 상하차 물량이 없거나, 연구 교육 등의 실적이 없다면 보수자체가 없거나 소액의 기본급만 지급하는 경우가 대부분이다.

최근에는 회계, 세무, 경비, 청소, 음반·영상물·오락 등 연예프로그램 제작, 대형마트 및 백화점, 공연장 등의 계산, 안내, 공연장 설치·이동 등 광범위하게 활용하고 있다.

노동관계법 측면에서 보면, 도급은 다단계 하수급 구조에서 임금, 근로계약, 기타 노동관계법을 준수하고 법적 책임을 귀속시켜야 할 사용자가 과연 누구인가 하는 점과, 외형상의 구조에도 불구하고 실질적인 근로관계가 파견법, 기간제법 등 취약계층 보호를 위한 실정법상의 규율[2]을 회피하기 위한 수단으로서 사실상 도급이나 위장도급은 아닌지 등이 실무상 쟁점이 되고 있다.[3]

2. 도급사업에서 근로관계

도급근로자는 수급사업주와 근로계약을 체결하고 수급사업주에게 소속되어 수급사업주의 지휘·감독을 받으며 수급사업주를 위해 노무를 제공하는 자를 말한다. 도급은 근로자를 중심으로 고용과 사용이 분리되지 않고 일체가 되며, 경영의 독립성이 강한 것이 주된 특징이다. 업무위탁, 위임, 소사장제 등 계약의 명칭에 불구하고 원청으로부터 인사·노무·경영 등의 관계에서 실질적인 독립성이 있다면 도급관계로 보아야 할 것이다.

(1) 근로자파견과의 관계

도급과 유사한 개념인 근로자파견(勤勞者派遣)은, 인사·경영 등에서 독립성을 가진 파견사업주가 자기 이름으로 근로자를 고용한 후 근로자를 사용할 사용사업주와 근로자파견계약을 체결하고, 근로자는 파견계약에 따라 사용사업주

2) 파견법상 금지업종·파견기간 제한 회피, 기간제근로자 사용기간 제한 회피.

3) 민법상 "도급"은 목적물이나 일의 완성에 대해 보수를 지급할 것을 약정하는 것으로서 목적물이 완성되기 전에는 도급인은 수급인에게 보수를 지급할 의무가 없고, 수급인은 목적물의 하자에 대해서 도급인에게 보수나 손해배상 등의 책임을 진다(민법 제667조). 반면에 "위임"은 일의 완성 여부를 떠나 일방이 상대방에 대해 업무처리 자체를 위탁하고 대가를 지급하는 것(의사의 치료행위, 변호사 업무 등)으로서 상대방은 일단 승낙한 이상 선량한 관리자의 주의로서 사무를 처리해야 할 의무가 있다(민법 제680조, 제681조). 본래의 위임은 보수지급을 전제로 하지 않는다. 따라서 특별한 약정이 없으면 위임인에 대하여 보수를 청구하지 못한다. 만약 보수지급을 약정했다면 수임인은 위임사무를 완료한 후가 아니면 보수를 청구하지 못한다.

의 사업장에서 사용사업주의 지휘·명령을 받아 그를 위해 근로에 종사하는 것을 말한다. 반면 도급은 수급사업주가 도급계약에 따라 인적·물적시설과 경영상의 독립성 등을 유지하면서 자신이 고용한 근로자를 자신의 책임으로 지휘·감독하여 위탁받은 업무를 처리하는 것으로, 고용과 사용이 일체가 되는 것이 차이점이다.

2012. 8월 1일 파견법 개정으로 불법파견시 직접고용의무가 발생해 불법파견, 위장도급 문제는 기업 노무관리의 핵심으로 떠올랐다.

불법파견이란, 1. 파견법상 파견대상 업무위반, 2. 절대 파견금지업무에 파견근로자 사용, 3. 출산,질병,부상 등으로 인한 결원 해소에 필요한 기간을 도과해 사용, 4. 일시적, 간헐적 사유로 파견했으나 최장 6월을 도과해 파견근로자 사용, 5. 2년을 초과 사용하여 파견기간 위반, 6. 허가를 받지 않은 업자로부터 파견근로자를 파견받아 사용하는 경우, 7. 외형상 도급형태를 띠고 있으나 실질적으로 파견인 경우가 각각 파견법의 강행규정을 위반한 것이므로 통틀어 불법파견이라고 한다.

1) 근로자 파견

파견법은 제5조에서 근로자파견의 대상업무를 제한하고, 제6조에서 '근로자파견'의 기간을 제한하고 있으며, 제7조에서는 고용노동부장관의 허가 없이는 '근로자파견' 사업을 영위할 수 없도록 규제하고 있다.

즉 파견은 파견사업주와 파견근로자는 근로계약을, 사용사업주와 파견사업주는 근로자파견계약을 체결하는 3자 계약구도이다.

파견법은 인력수급을 원활하게 하기 위한 목적 외에 근로자파견이 확산되는 것을 막기 위해 그 허용 업무를 32개로 엄격히 제한하고 있다.[4)]

2) 대상업무 제한

근로자파견사업은 제조업의 직접생산공정업무를 제외하고 전문지식·기술·경험 또는 업무의 성질 등을 고려하여 적합하다고 판단되는 업무로서 대통령

4) 파견법 제5조제1항, 시행령 제2조제1항.

령이 정하는 업무를 대상으로 한다.

다만, 제조업의 직접 생산공정업무 및 절대적금지업무 이외의 업무이면서 파견이 허용되지 않는 업무인 경우는 예외적으로 출산·질병·부상 등으로 결원이 생긴 경우 그 사유의 해소에 필요한 기간, 일시적·간헐적으로 인력을 확보할 필요가 있는 경우에는 3월 이내의 기간동안 파견근로자를 사용할 수 있다. 또한 그 사유가 해소되지 아니하고 파견사업주·사용사업주·파견근로자간의 합의가 있는 경우에는 1회에 한하여 3월의 범위 안에서 그 기간을 연장할 수 있다. 예외적 사용일 경우 사용사업주는 당해 사업 또는 사업장에 근로자의 과반수로 조직된 노동조합이 있는 경우에는 그 노동조합, 근로자의 과반수로 조직된 노동조합이 없는 경우에는 근로자의 과반수를 대표하는 자와 사전에 성실하게 협의하여야 한다. 이러한 절차를 거치지 아니한 경우에는 파견대상 업무를 위반한 것과 동일하게 처벌을 받게 된다.[5)]

일시적간헐적으로 인력을 확보해야 할 필요가 있는 경우로는 에어컨, 학생가구, 농약 생산 등 계절적 사유로 업무량이 크게 증가하는 경우, 백화점, 마트 등 유통점의 세일기간 등으로 고객이 크게 증가하는 경우 등이 해당할 수 있다. 그러나 업무량의 증가가 크지 않거나 일상적인 사유에 불과하다면 일시적간헐적으로 인력을 확보해야 할 필요가 있는 경우로 볼 수 없을 것이다.[6)]

3) 근로자파견이 절대허용되지 않는 업무

다음의 업무는 어떠한 사유로도 근로자파견이 허용되지 아니하며 이를 위반할 경우 3년 이하의 징역 또는 2천만 원 이하의 벌금에 처하게 된다[7)]. 결원대체 또는 일시적.간헐적 사유로 인력확보가 필요한 경우에도 허용되지 아니한다.

1. 건설공사현장에서 이루어지는 업무
2. 「항만운송사업법」 제3조제1호, 「한국철도공사법」 제9조제1항제1호, 「농수산물유통 및 가격안정에 관한 법률」 제40조, 「물류정책기본법」 제2조제1항제1호의 하역업무로서 「직업안정법」 제33조의 규정에 따라 근로자공급사업 허가를 받은 지역의 업무

5) 파견법 제5조제2항~제5항, 제43조제1호.
6) 고용평등정책과-835, 2010.10.21 ; 고용평등정책과-657, 2010.4.28. 등.
7) 파견법 제5조제3항~제5항, 제43조제1호.

3. 「선원법」 제2조제1호에 따른 선원의 업무
4. 「산업안전보건법」 제28조의 규정에 따른 유해하거나 위험한 업무
5. 그 밖에 근로자 보호 등의 이유로 근로자파견사업의 대상으로는 적절하지 못하다고 인정하여 대통령령이 정하는 업무
   가. 「진폐의 예방과 진폐근로자의 보호 등에 관한 법률」 제2조제3호에 따른 분진작업을 하는 업무
   나. 「산업안전보건법」 제44조에 따른 건강관리수첩의 교부대상 업무
   다. 「의료법」 제2조에 따른 의료인의 업무 및 같은 법 제80조에 따른 간호조무사의 업무
   라. 「의료기사 등에 관한 법률」 제3조에 따른 의료기사의 업무
   마. 「여객자동차 운수사업법」 제2조제3호에 따른 여객자동차운송사업의 운전업무
   바. 「화물자동차 운수사업법」 제2조제3호에 따른 화물자동차운송사업의 운전업무

4) 근로자파견이 허용되는 업무

근로자파견이 허용되는 구체적 범위는 파견법 시행령 별표1에서 다음과 같이 정하고 있다. 각 업무의 구체적인 범위는 한국표준직업분류(통계청고시 제2000-2호)에 따른다.

1. 컴퓨터관련 전문가의 업무
2. 행정, 경영 및 재정 전문가의 업무(행정 전문가의 업무 제외)
3. 특허 전문가의 업무
4. 기록 보관원, 사서 및 관련 전문가의 업무(사서의 업무 제외)
5. 번역가 및 통역가의 업무
6. 창작 및 공연예술가의 업무
7. 영화, 연극 및 방송관련 전문가의 업무
8. 컴퓨터관련 준전문가의 업무
9. 기타 전기공학 기술공의 업무
10. 통신 기술공의 업무
11. 제도 기술 종사자, 캐드 포함의 업무
12. 광학 및 전자장비 기술 종사자의 업무(보조업무에 한하며, 임상병리사, 방사선사, 기타 의료장비 기사의 업무 제외)
13. 정규교육 이외 교육 준전문가의 업무
14. 기타 교육 준전문가의 업무
15. 예술, 연예 및 경기 준전문가의 업무
16. 관리 준전문가의 업무
17. 사무 지원 종사자의 업무
18. 도서, 우편 및 관련 사무 종사자의 업무
19. 수금 및 관련 사무 종사자의 업무
20. 전화교환 및 번호안내 사무 종사자의 업무(전화교환 및 번호안내 사무 종사자의 업무가 당해 사업의 핵심 업무인 경우는 제외)

21. 고객 관련 사무 종사자의 업무
22. 개인보호 및 관련 종사자의 업무
23. 음식 조리 종사자의 업무(「관광진흥법」 제3조에 따른 관광 숙박업의 조리사 업무 제외)
24. 여행안내 종사자의 업무
25. 주유원의 업무
26. 기타 소매업체 판매원의 업무
27. 전화통신 판매 종사자의 업무
28. 자동차 운전 종사자의 업무
29. 건물 청소 종사자의 업무
30. 수위 및 경비원의 업무(「경비업법」 제2조 제1호에 따른 경비업무 제외)
31. 주차장 관리원의 업무
32. 배달, 운반 및 검침 관련 종사자의 업무 위 허용 업무

법으로 허용하지 않은 업무에 근로자파견사업을 행하거나 그 근로자파견사업을 행하는 자로부터 근로자파견의 역무를 제공받은 경우에는 3년 이하의 징역 또는 2천만 원 이하의 벌금에 처하게 된다.[8)]

5) 실무상의 주요 쟁점

근로자파견의 대상업무에 관해 실무적으로 자주 거론되는 문제는 다음과 같다.

① 계열사에 근로자 파견

파견법상 파견사업주는 '근로자파견사업을 행하는 자'를 말하는데, 근로자파견사업이란 '근로자파견을 업으로 행하는 것'을 말한다(동법 제2조 제2호). 근로자를 기업의 계열사로 파견해 근무토록 하는 것은 이를 영리의 목적으로 '업으로서' 행하는 것이 아니므로 파견법의 적용을 받지 아니한다. 따라서 업무의 종류에 관계없이 가능하다.[9)]

② 적법하지 않은 사내하도급의 경우

근로자파견관계에서는 근로자가 사용사업주의 지휘명령을 받게 되므로 사용사업주로부터의 지휘명령이 없는 도급과 구별된다. 그러나 형식상 도급계약

8) 파견법 제5조제5항, 제43조제1호.
9) 차별개선과-21272, 2008.11.17.

을 체결했다 하더라도 실질적으로 근로자가 사용사업주의 지휘명령을 받게 된다면 이는 더 이상 도급이 아닌 근로자파견관계로 보게 된다.[10] 따라서 이 경우에는 1차로 파견허가를 받지 않고 파견업을 행한 것과, 도급계약의 목적이 된 업무가 제조업의 직접생산공정업무에 해당하거나, 위 32개 허용업무에 해당하지 않게 되면 파견법상 대상 업무 제한을 위반한 것이 된다[11]

③ **파견 대상업무와 비대상 업무를 함께 수행**

많은 업무 중 근로자파견이 허용되는 것은 단 32개이다. 실무상 파견근로자가 위 32개 업무 외에 비해당 업무까지 함께 수행하는 것을 볼 수 있는데, 이러한 경우 파견법을 위반한 것으로 보아야 하는지 여부가 문제될 수 있다. 파견근로자가 수행하는 업무의 주된 부분이 위 32개 업무에 해당하면 일부 비해당 업무를 함께 수행하더라도 파견법을 위반한 것으로 볼 수 없다는 견해가 있을 수 있다. 그러나 파견법 제5조 및 동법 시행령 제2조 제1항에서 근로자파견의 대상 업무를 제한적으로 명시하고 있고, 파견 대상업무의 범위를 넓게 해석하는 것은 파견법 제정의 취지에도 적합하지 아니함을 감안하면 파견근로자가 파견대상 업무와 비대상 업무를 함께 수행하는 것은 설령 파견대상 업무가 주된 업무라 해도 파견법을 위반한 것으로 보게 될 것이다.[12]

6) 파견기간

근로자파견의 기간은 출산·질병·부상 등으로 결원이 생긴 경우 또는 일시적·간헐적으로 인력을 확보하여야 할 필요가 있는 경우를 제외하고는 1년을 초과하지 못한다. 다만, 파견사업주·사용사업주·파견근로자 3자간의 합의가 있는 경우에는 파견기간을 연장할 수 있다. 이 경우 1회를 연장할 때에는 그 연장기간은 1년을 초과하지 못하며, 연장된 기간을 포함한 총파견기간은 2년을 초과하지 못한다.[13] 파견계약기간 중간에 파견업체가 변경되더라도 동일 사용사업주에 의해 사용되는 기간은 최초로 사용한 시점을 기준으로 총 2년을

---

10) 대판 2008두4367, 2010.7.22.
11) 파견법 제5조제1항, 시행령 제2조제1항.
12) 비정규직대책팀-2066, 2007.6.5 ; 고용차별개선정책과-285, 2009.6.2.
13) 파견법 제6조1항, 2항.

초과할 수 없다

예외적으로, 「고용상 연령차별금지 및 고령자고용촉진에 관한 법률」 제2조 제1호의 규정에 따른 55세 이상인 고령자인 파견근로자에 대하여는 2년을 초과하여 근로자파견기간을 연장할 수 있다. 다만, 이 경우에도 1회의 파견근로계약기간은 1년을 초과할 수 없다.

2년 기간 만료된 파견근로자를 기간제로 또는 2년 기간 만료된 기간제근로자를 파견근로자로 채용할 수 있을까

파견법에서도[14] 파견기간 만료 후 동일한 근로자를 기간제로 사용할 수 없다거나 파견근로기간과 기간제근로기간을 합산하여 직접고용의무를 부과하는 규정은 찾아볼 수 없으므로 기간제로 채용이 가능하고, 기간제법에서도[15] 2년의 계약기간이 만료된 기간제근로자를 파견근로자로 사용할 수 없다거나 파견근로기간과 기간제근로기간을 합산하여 직접고용의무를 부과하는 규정은 찾아볼 수 없으므로 가능하다.

다만 노동부는 이러한 교체사용이 강행법의 취지를 면탈하려는 것으로 보아서 무기계약근로자로 볼 수도 있다는 입장이다.[16]

7) 직접고용의무

사용사업주가 다음 각 호의 어느 하나에 해당하는 경우에는 해당 파견근로자를 직접 고용하여야 한다.[17] 다만, 당해 파견근로자가 명시적인 반대의사를 표시하거나 대통령령이 정하는 정당한 이유가 있는 경우에는 적용하지 아니한다.

1. 파견법 제5조제1항의 근로자파견대상업무에 해당하지 아니하는 업무에서 파견근로자를 사용하는 경우(제5조제2항에 따라 예외적으로 출산·질병·부상 등으로 결원이 생긴 경우 그 사유의 해소에 필요한 기간, 일시적·간헐적으로 인력을 확보할 필요가 있는 경우에 1년을 초과하여 근로자파견사업을 행한 경우는 제외)

2. 제5조제3항의 규정(절대적금지업무)을 위반하여 파견근로자를 사용하는 경우

14) 파견법 제6조의2 제1항.
15) 기간제법 제4조2항.
16) 차별개선과-103, 2008.3.17.
17) 파견법 제6조의2, 개정 2012.2.1.

3. 2년을 초과하여 계속적으로 파견근로자를 사용하는 경우

4. 제6조제4항을 위반하여 파견근로자를 사용하는 경우

제조업의 직접 생산공정업무 및 절대적금지업무 이외의 업무이면서 파견이 허용되지 않는 업무인 경우는 예외적으로 출산·질병·부상 등으로 결원이 생긴 경우 그 사유의 해소에 필요한 기간, 일시적·간헐적으로 인력을 확보할 필요가 있는 경우에는 3월 이내의 기간동안 파견근로자를 사용할 수 있다. 또한 그 사유가 해소되지 아니하고 파견사업주·사용사업주·파견근로자간의 합의가 있는 경우에는 1회에 한하여 3월의 범위 안에서 그 기간을 연장할 수 있다. 예외적 사용일 경우 사용사업주는 당해 사업 또는 사업장에 근로자의 과반수로 조직된 노동조합이 있는 경우에는 그 노동조합, 근로자의 과반수로 조직된 노동조합이 없는 경우에는 근로자의 과반수를 대표하는 자와 사전에 성실하게 협의하여야 한다.[18)]

5. 제7조제3항의 규정을 위반하여 무허사파견업자로부터 근로자파견의 역무를 제공받은 경우

사용사업주가 파견근로자를 직접 고용하는 경우에 있어서 파견근로자의 근로조건은 다음과 같다. 사용사업주는 파견근로자를 사용하고 있는 업무에 근로자를 직접 고용하고자 하는 경우에는 당해 파견근로자를 우선적으로 고용하도록 노력하여야 한다.

6. 사용사업주의 근로자 중 당해 파견근로자와 동종 또는 유사업무를 수행하는 근로자가 있는 경우에는 그 근로자에게 적용되는 취업규칙 등에서 정하는 근로조건에 의할 것

7. 사용사업주의 근로자 중 당해 파견근로자와 동종 또는 유사업무를 수행하는 근로자가 없는 경우에는 당해 파견근로자의 기존의 근로조건의 수준보다 저하되어서는 아니 될 것

① 직접고용간주(이른바 고용의제) 규정(구법)

구 파견법/각주(2006.12.21. 법률 제8076호로 개정되기 전의 것으로 2007.6.30. 이전파견관계

---

18) 파견법 제5조4항.

에서 2005.7.1.부터 2년이상 계속 고용된 자에게 적용)은 제6조 제3항 본문으로 '사용사업주가 2년을 초과하여 계속적으로 파견근로자를 사용하는 경우에는 2년의 기간이 만료된 날의 다음날부터 파견근로자를 고용한 것으로 본다.'라는 내용의 규정(이하 '직접고용간주 규정'이라 한다)을 두고 있는데, 이는 근로자파견이 있고 그 근로자파견이 2년을 초과하여 계속되는 경우에는 곧바로 사용사업주와 파견근로자 사이에 직접고용관계가 성립한다고 보았다.[19]

그리고 직접고용간주 규정에 따라 사용사업주가 직접 고용한 것으로 간주되는 파견근로자의 근로조건은 사용사업주의 근로자 중 해당 파견근로자와 동종 또는 유사업무를 수행하는 근로자가 있을 경우 그 근로자에게 적용되는 취업규칙 등에서 정한 근로조건과 동일하다고 보았다.[20]

나아가 직접고용간주 규정에 의한 법적 효과가 이미 발생하여 파견근로자와 사용사업주 사이에 직접고용관계가 성립하고 파견근로자가 사용사업주의 근로자와 동일한 근로조건을 적용받을 수 있는 권리를 취득한 뒤에, 노동조합 등의 제3자와 사용사업주가 합의하여 파견근로자의 직접고용 여부를 결정하면서 그 직접고용에 따른 최초 근로조건을 파견근로자에게 불리하게 설정하는 것은 직접고용간주 규정의 취지에 반하고, 파견근로자에게 이미 귀속된 권리를 파견근로자의 개별적인 동의나 수권도 없이 소급적으로 변경하는 것에 해당하므로, 이러한 합의는 효력이 없다고 보았다.

사용자가 직접고용간주 규정을 불이행할 경우 근로자는 근로자지위확인 소송 또는 해고무효확인소송을 청구하여 판결을 받은 다음 이를 기초로 다시 확정판결내용을 기초로 사용자의 이행을 촉구하는 이행청구소송을 거쳐야 한다.

② 직접고용의무의 효과

2007.7.1.부터 시행된 개정법은 불법파견의 경우 사용사업주로 하여금 파견근로자를 직접고용할 의무가 있다고 정했다. 대법원 판결은 '파견근로자는 사용사업주가 직접고용의무를 이행하지 않는 경우 사용사업주를 상대로 '고

19) 대판 2007두22320, 2008.9.18. 전원합의체 판결 등.
20) 대판 2012다17806, 2016.1.28 등.

용의 의사표시에 갈음하는 판결(근로자지위확인)을 구할 사법상의 권리 즉 청구권' 이 있고, 그 판결이 확정되면 사용사업주와 파견근로자 사이에 '직접고용관계가 성립' 한다.' 라고 판시한 뒤, '파견근로자는 이와 아울러 사용사업주의 직접고용의무 불이행에 대해 직접고용관계가 성립할 때까지의 임금 상당 손해배상금을 청구할 수 있다' 라고 했다.[21)]

해당 대법원 판결의 내용을 인사실무적인 관점에서 다시 순차적으로 정리해 보면 다음과 같다.

1. 불법파견으로 적발된 회사는 고용노동부의 불법파견근로자에 대한 직접고용 의무 시정지시를 불이행할 경우 행정상 불법파견근로자 1인당 최대 3,000만 원의 과태료 처분을 받을 수 있다.

2. 나아가 불법파견근로자는 파견법상 직접고용의무규정을 근거로 사용사업주를 상대로 부당해고구제신청, 근로자지위확인소송, 미지급임금(차별관련 임금차액 등)청구소송 등의 사법(私法)적 구제수단을 통해 문제제기를 할 수 있다. 그 결과 불법파견근로자가 승소하는 경우, 사용사업주는 해당 불법파견근로자에게 직접고용관계가 성립할 때까지 '임금 상당액' 의 손해를 배상해야 하고, 승소판결 이후로는 불법파견근로자가 사용사업주에게 직접 고용된 '근로자' 로서 수령해야 할 '임금' 을 지급해야 한다.

요컨대, 해당 대법원 판결에 따르면 고용노동부로부터 불법파견 적발 시, 소송에서 회사가 승소하지 않는 이상 불법파견에 따른 사법적 효과를 회피할 수 있는 방안은 없다고 봐야 한다.

8) 무허가 파견사업자로부터 파견역무를 제공받은 경우

무허가 파견사업자란, 노동관계법에 비춰서 사내하도급이 적정하지 못하여 노동부 또는 사법당국으로부터 불법파견으로 판정받는 경우가 해당된다.

불법사내하도급 판정을 받을 경우는 파견법을 위반하여 허가없이 파견업을 행한 것과 같으므로 불법사내하도급의 원청사업주는 무허가 파견업자에게서 파견근로를 제공받은 것이 된다.

---

21) 대판 2013다14965, 2015.11.26.

(2) 불법파견에 관한 주요 판례

1) 종래 하급심 법원(서울고등법원)에서 일반적 판단기준

서울고등법원 2009나117975, 2010.10.1, 서울고등법원 2007나56977, 2010.11.12 판결 등 현재 법원이 사용하는 파견과 도급에 관한 일반적 판단기준은 다음과 같다.

① 계약의 내용

1. 구체적 일의 완성에 대한 합의 존재 여부(계약 목적이 명확한지, 계약 목적에 대한 시간적 기한이 명확히 정해져 있는지 여부),

2. 일의 완성 후 인도와 수령의 필요 여부,

3. 일의 완성 이전까지 대가 청구를 할 수 있는지 여부(파견의 경우는 객관적 일의 신척정도와 관세없이 입무시간의 양에 따라 대가 지급청구 가능),

4. 일의 불완전한 이행이나 결과물의 하자가 있을 경우에 이에 따른 담보책임을 부담하는지 여부(파견사업주는 인력조직이나 선발에 과실이 있는 경우에만 책임 부담)

② 업무수행의 과정

1. 수급인이 작업현장에서 근로자에 대한 구체적 지휘, 감독과 이에 수반되는 노무관리(출근 여부에 관한 감독, 휴가와 휴게에 대한 관리감독, 근로자에 대한 교육 및 훈련에 대한 부담)를 직접 행하는지 여부,

2. 수급인의 업무수행 과정에 도급인의 업무수행 과정에 연동되고 종속되는지 여부, 즉 업무영역에 따른 조직적 구별이 있는지, 아니면 직영근로자의 부분적인 업무의 공동수행을 하는지,

3. 계약대상이 되는 일 이외 사항에 노무제공을 하는지 여부

③ 계약당사자의 적격성

1. 도급계약의 목적이 된 일을 할 수 있는 능력(전문적 기술능력, 고도의 전문인력 보유, 작업복이나 기타 보호복 제공, 노무작업 재료의 공급, 독립된 사업시설 보유)을 보유하는지 여부,

2. 전문화 영역으로 특화가 가능한지 여부

2) H사 대법원 판결내용

대법원이 위 컨베어벨트를 이용한 자동차조립 생산공정 사건에서 파견의 징표가 된다고 본 구체적 사실관계는 다음과 같다.

1. 컨베이어벨트 좌우에 원청의 정규직 근로자들과 혼재해 배치돼 원청의 소유의 생산 관련 시설 및 부품, 소모품 등을 사용해 원청이 미리 작성해 교부한 것으로 근로자들에게 부품의 식별방법과 작업방식 등을 지시하는 각종 작업지시서 등에 의해 단순, 반복적 업무를 수행했다. 이 사건 사내협력업체의 고유 기술이나 자본 등이 업무에 투입된 바는 없다.

2. 원청은 사내협력업체의 근로자들에 대한 일반적인 작업배치권과 변경 결정권을 갖고 있었고, 그 직영근로자와 마찬가지로 원고들이 수행할 작업량과 작업 방법, 작업 순서 등을 결정했다.

3. 원청은 사내협력업체 근로자들을 직접 지휘하거나 또는 이 사건 사내협력업체 소속 현장관리인 등을 통해 원고들에게 구체적 작업지시를 했는데, 이는 잘못된 업무수행이 발견돼 그 수정을 요하는 경우에도 동일한 방식의 작업지시가 이뤄졌다.

사내협력업체의 현장관리인 등이 근로자들에게 구체적 지휘명령권을 행사했다 하더라도, 이는 도급인이 결정한 사항을 여과없이 단순히 전달한 것, 도급인에 의해 통제돼 있는 것에 불과했다.

4. 원청은 사내협력업체근로자들 및 그 직영근로자들에 대해 시업과 종업시간의 결정, 휴게시간의 부여, 연장 및 야간근로 결정, 교대제 운영 여부, 작업속도 등을 결정했다. 또 원청은 정규직 근로자의 산재, 휴직 등의 사유로 결원이 발생하는 경우 사내협력업체 근로자로 하여금 그 결원을 대체하게 했다.

5. 원청은 이 사건 사내협력업체를 통해 이 사건 사내협력업체 근로자들에 대한 근태상황, 인원현황 등을 파악 관리했다.

이러한 사정을 앞서 본 법리에 비추어 살펴보면, 근로자들은 이 사건 사내협력업체에 고용된 후 원청의 사업장에 파견돼 원청으로부터 직접 노무지휘를 받는 근로자파견관계에 있었다고 본 것이다.[22)]

---

22) 대판 2008두4367, 2010.7.22.

3) 최근 판례의 판단기준

최근 판례는 다음과 같은 기준을 토대로 판정한다.[23)]

1. 원청 등 제3자가 당해 근로자에 대해 그 업무수행에 관한 구속력 있는 상당한 지휘·명령을 하는지,

2. 당해 근로자가 제3자 소속 근로자와 하나의 작업집단으로 구성돼 공동작업을 하는 등 제3자 사업에 편입되었다고 볼 수 있는지,

3. 수급사업주 등 원고용주가 작업에 투입될 근로자의 선발이나 근로자의 수, 교육 및 훈련 등에 관한 결정 권한을 독자적으로 행사하는지,

4. 계약의 목적이 구체적으로 범위가 한정된 업무로 확정되고 당해 근로자가 맡은 업무가 제3자 소속 근로자의 업무와 구별되며 그러한 업무에 전문성, 기술성이 있는지,

5. 원고용주가 계약의 목적을 달성하기 위해 필요한 독립적 기업조직이나 설비를 갖추고 있는지를 바탕으로 근로관계의 실질에 따라 판단해야 한다.

(3) 파견과 도급 구별의 구체적 기준

최근 법원의 판결은 하도급 근로자에 대한 원청의 업무상 지시는 직접적이 아닌 간접적 지시, 또 구체적 지시가 아닌 상당한 지시라고 하더라도 그것은 파견 판단시 참고되는 업무상 지시의 내용이 될 수 있다. 사용자의 지휘명령권이 직접적 구체적인 것에서 간접적이고 포괄적인 상당한 것으로 변화하고 있는 것이다.

1) 상당한 지휘, 명령사례

상당한 지휘-명령과 관련해서는, 1. 작업표준서와 작업사양서에 작업별로 투입될 직무별 인원, 작업방법, 작업순서와 교대제 근무방식까지 기재돼 있어 협력업체들 소속 근로자들에 대한 일반적인 작업배치권과 변경결정권을 행사하기 위한 바탕으로서의 성격을 가지고, 2. 협력업체들 소속 근로자들이 탑승할 크레인과 무인화로 운영할 크레인 등을 정함으로써 실제로 협력업체들 소속

23) 대판 2010다93707, 2015.2.26(남해화학 불법파견 사건).

근로자들에 대한 작업배치와 변경을 결정해 왔으며, 3. 피고가 MES 등 전산관리시스템을 통해 조업체계를 관리하는 방식이 정착되기 전에는 피고 소속 근로자들을 통해 크레인 운전업무를 담당하는 협력업체들 소속 근로자들에게 작업대상 및 작업순서 등에 관한 구체적인 작업지시를 했고, 4. 전산관리시스템을 통해 조업체계를 관리하는 방식이 정착된 이후에는 크레인마다 설치돼 있는 노트북 단말기 화면을 통해 크레인 운전업무를 담당하는 협력업체 근로자들에 대해 작업대상 및 작업순서 등에 관한 작업지시를 했다는 점을 근거로, 피고가 원고들에게 상당한 지휘-명령을 했다고 판단했다.[24](포스코의 광양제철소 압연공정의 천정크레인 업무를 수행하는 협력업체 소속 근로자)

1. 채권추심원 등 근로자성에 대한 판결 내용에서, 회사는 근로자로 하여금 관계 법령에 의하거나 교육 등 필요한 경우 일정한 시간과 장소를 정해 업무를 수행하게 할 수 있고, 필요한 경우 그 근로자에게 업무의 효율적 수행과 관련한 지시를 할 수 있으며, 회사가 요구할 경우 근로자는 그 업무 처리 상황을 즉시 회사에 통보하도록 규정하고 있었으므로, 회사가 비록 근로자의 채권추심업무 수행에 관해 구체적이고 직접적인 지휘-감독을 하지는 않는다 하더라도 회사의 필요에 따라 적절한 방법으로 근로자에게 상당한 지휘 감독할 수 있는 여지는 있다는 사례

2. 시간강사들이 학교 측으로부터 강의 내용이나 방법 등에 관한 구체적 지휘 감독을 받지 않은 것은 지적 활동으로 이뤄지는 강의 업무의 특성에 기인하는 것일 뿐 그들이 근로자가 아니었기 때문이라고 할 수 없다고 해 업무의 특성에 따라서는 업무 내용에 대한 구체적 지휘감독이 없어도 근로자성 인정에 장애가 되지 않을 수 있다고 본 사례가 있다.

2) 동일한 작업 집단 구성과 편입 여부

제철압연공정 천정크레인 업무 협력업체 사례에서, 사업장 편입과 관련해서는, 1. 협력업체 도급업무의 대상은 피고의 압연제품 생산과정 전반에 걸쳐 있고, 도급업무의 내용은 피고 소속 근로자들의 업무를 전반적으로 지원하는

24) 광주고법 2013나1128, 2016.8.17.

작업들인 점, 2. 원고들이 맡아 수행한 천정크레인 운전업무는 생산공정 자체에 필수적으로 수반돼 그 생산공정과 기능적인 측면에서 분리될 수 없으며, 3. 크레인 운전업무의 작업성과가 직후 시행될 공정 나아가 전체 압연제품 생산공정의 소요시간과 작업결과에 영향을 미치므로, 원고들이 수행하는 크레인 운전업무는 압연제품 생산이라는 단일한 목적 아래 피고 소속 근로자들이 수행하는 생산공정 등과 밀접하게 연동돼 진행되는 작업이라고 판단하면서, 원고들이 피고 소속 근로자와 하나의 작업집단으로 구성돼 직접 공동작업을 하는 등 피고의 사업에 실질적으로 편입됐다[25]고 판시한 사례가 있다.

연속흐름공정의 경우 공정의 일부를 이루는 협력업체의 업무는 원청업체 근로자들과의 공동작업으로 보고 불법파견의 표지로 판단했다.

대상판결은 협력업체 근로자가 제조업체의 연속흐름공정에서 도급업무를 수행하는 것은 원청업체 근로자들과 공동작업을 하는 것으로 보았다. 즉, 원청업체 근로자들은 핵심공정, 협력업체 근로자들은 지원과 같은 부수적 공정으로 구별돼 있는 경우라도, 기능 측면에서 제품생산이라는 단일한 목적을 위해 밀접하게 연동돼 이루어지는 경우에는 공동작업에 해당한다고 판단했다. 근로자들이 철강의 생산이라는 목적을 위해 진행되는 연속흐름공정의 일부분을 구성하면서, 크레인 업무 자체가 연속흐름으로 이뤄지는 철강 제조 공정의 일부라는 점에 근거해 공동작업으로 보고, 이를 사업장 편입의 표지로 판단한 것이다.

도급으로 위장하기 위해 현장대리인(통상 하청업체 소속의 반장 등 관리자)을 두더라도 현장대리인의 지시내용이 원청에 의해 통제되는 것이라면, 그러한 지시는 원청의 지시로 보고 있다.

원청의 조직에 편입됐다고 볼 수 있는지는 조직체계, 지시의 방법, 원청의 직원으로 취급 등 다양한 사실에 의해 판단될 수 있다. 혼재작업이 이뤄지고 있다면 지시가 분리되기 어려우므로 파견의 유리한 징표가 된다. 그러나 혼재의 의미는 단지 얼마나 가까운 거리에서 일하느냐 여부에 의해 판단되는 것이 아니다. 작업 자체가 상호 연관성을 갖고 유기적으로 연결돼 있다면 그것은 혼재작업이라 평가될 수 있다. 나아가 혼재는 근로자파견 판단의 유리한 징표

25) 광주고법 2013나1128, 2016.8.17.

일 뿐, 혼재작업이 아니라고 해서 근로자파견이 아니라고 할 수는 없다. 예를 들어, 한 부서 전체가 도급화 된 경우라도 그 운영방식이 도급화 이전 운영방식과 크게 달라질 것이 없는 경우를 생각해 볼 수 있다. 정규직 근로자와 같은 업무를 수행하지도 않고 혼재해서 작업이 이뤄지는 것이 아닐 수 있지만, 원청 현장책임자나 직원 등에 의해 이뤄지는 지휘명령에 따라 작업이 이뤄진다면 간접적, 상당한 지시에 의해 작업이 이뤄지는 것이므로 파견이 될 수 있다.

3) 하청업체의 독자적 권한 유무

완전한 도급이 되려면, 투입 근로자의 선발, 근로자의 수(인원수), 교육 및 훈련, 작업휴게시간, 휴가, 근무태도 점검 등을 하청업체가 독자적으로 행사해야 한다. 도급은 일의 완성에 대해 계약하는 것이다, 그 일을 완성하기 위해 투입될 근로자의 선발이나 인원수가 도급계약에서 정해지거나, 원청이 관여하도록 돼 있다면 그것은 도급이라기보다 인력공급이다.

교육훈련도 하청이 일을 완성하기 위한 자신의 전문적 기술을 갖고 독자적으로 실시해야지, 그것을 원청에 의존하는 구조라면 그것은 바로 하청업체가 인력공급 업체임을 보여주는 징표가 될 수 있다.

산업안전교육처럼 원하청 상생 차원에서 원청이 교육훈련을 실시했다는 것은 아무런 의미가 없다. 여기서 교육훈련은 도급업무를 수행하기 위한 전문적 능력과 기술 및 작업에 관한 지시에 관한 사항이다. 이것을 원청에 의존하거나, 원청이 관여한다는 것 그 자체가 중요하다.

4) 하청업체의 전문기술성

하청업체가 전문성, 기술성을 갖고 있는지 여부는, 단지 하청업체 근로자가 보유한 자격증과 숙련도를 의미하는 것이 아니라, 하청업체 차원에서 전문성, 기술성을 갖고 일의 완성을 위한 작업계획을 세우고, 교육 및 훈련을 실시할 수 있어야 함을 의미한다.

5) 독립성

하청근로자가 맡은 업무가 원청 소속 근로자의 업무와 구별되며 업무에 전문성 기술성이 있는지에 더하여, 그러한 원고용주가 계약의 목적을 달성하기 위해 필요한 독립적 기업조직이나 설비를 갖추고 있는지 등도 판단기준인데, 이것은 곧 사업경영의 독립성에 관한 징표를 말한다.

노무제공을 위한 인력의 파견이 아니라 도급이라고 하려면 해당 도급업무를 수행하기 위한 기업조직과 설비, 자본투입이 갖춰져 있어야 한다. 이러한 것들을 원청에 의존하고 있다면 이는 도급이 아니라 원청의 작업시설에 단지 인력을 공급하는 구조이기 때문에 파견으로 판단 받게 될 소지가 높다.

최근 판례 쟁점 사건에서 원청이 사내협력업체 소속 근로자의 작업장소와 작업시간을 결정하고 작업내용에 대해 실질적 지휘감독을 한 점, 협력업체 소속 근로자는 원청 소속 근로자와 같은 조에 배치돼 동일한 업무를 수행한 점, 원청 소속 관리자가 원청 소속 근로자와 함께 협력업체 소속 근로자의 근태상황 등을 파악하고 업무사항을 지적하는 등 협력업체 소속 근로자를 관리해 온 점, 협력업체에서 도급받은 업무는 원청 소속 근로자의 업무와 동일해 명확히 구분되지 않는 점, 협력업체 업무가 일부는 반복적인 청소시설관리업무로서 전문적 기술이나 근로자의 숙련도가 요구되지 않고 협력업체의 고유 기술이나 자본이 투입된 바 없는 점 등의 여러 사정을 종합하면, 근로자들은 협력업체에 고용된 후 원청의 작업현장에 파견돼 원청으로부터 직접 지휘-감독을 받는 근로자파견관계에 있었다고 판단했다.

(4) 도급의 유형으로 사내하도급(사내하청)

'사내하청' 은 원청회사와 하청회사가 도급계약을 맺고, 원청회사의 사업장에서 원청회사 소속근로자들과 함께 업무를 수행한다. 하청업체가 자체 생산한 물품을 원청업체에 납품하는 일반적인 하청과 다르다. 사내하청은 1. 원청회사와 하청회사가 사용과 고용의 주체로 분리된다는 점에서 '간접고용' 이고, 2. 실제 업무의 위탁은 도급계약 등의 형식에 의하므로 '도급' 의 유형으로 볼 수도 있다. 특히 파견법이 금하고 있는 제조업 등 직접 생산공정 업무에 투입되는 경우가 많아 위장도급 또는 불법파견에 해당될 소지가 있다. 도급은 수급인이 어느 일을 완성할 것을 약정하고 도급인이 그 일의 결과에 대해 보수지급을 약정하는 계약이다. 명칭을 불문하고 실질이 근로자파견에 해당하면 파견법의 적용을 받게 되는 것이 특징. 수급인이 사업주로서의 실체가 없으면 도급인 소속 근로자 지위가 인정되나, 실체가 있다면 도급인의 지휘·명령을 받지 않아야 적법 도급으로 보고 그렇지 않다면 근로자파견으로 인정된다.

1) 수급인의 사업주로서의 실체 판단의 주요 기준

1. 채용·해고 등의 결정권
2. 소요자금 조달 및 지급에 대한 책임
3. 법령상 사업주로서의 책임
4. 기계, 설비 기자재의 자기책임과 부담
5. 전문적 기술, 경험과 관련된 기획책임과 권한
6. 누구에게 지휘·명령을 받는지

작업배치, 변경결정권, 업무지시, 감독권, 휴가, 병가 등의 근태관리권 및 징계권, 업무수행 결과에 대한 평가, 근로시간 결정권 등이 주요 판단기준이다.

(5) 위장도급

외관상 독립되어 있는 듯 하나 실질에서는 수급인이 도급인에게 완전히 예속되어 수급인 자체의 독자성과 독립성이 없어 도급인 사업의 일개부서로서 기능하고, 수급인 근로자들은 도급인으로부터 근로조건 결정과 작업지휘감독을 받는 경우를 민법상 도급이 아니면서 도급을 위장한 위장도급이라고 하고, 구체적 계약모습에서는 도급인과 수급인 근로자 사이에 묵시적인 실질적 계약관계에 있다고 한다. 즉 수급인의 근로자는 처음부터 도급인의 근로자로 보는 것이다.[26)]

1) 묵시적 근로계약관계

도급인의 하청업체 소속 근로자 근로조건 결정, 묵시적 근로계약관계 성립

---

26) 원고용주에게 고용되어 제3자의 사업장에서 제3자의 업무에 종사하는 자를 제3자의 근로자라고 할 수 있으려면 원고용주는 사업주로서의 독자성이 없거나 독립성을 결하여 제3자의 노무대행기관과 동일시할 수 있는 등 그 존재가 형식적, 명목적인 것에 지나지 아니하고, 사실상 당해 피고용인은 제3자와 종속적인 관계에 있으며, 실질적으로 임금을 지급하는 자도 제3자이고, 또 근로제공의 상대방도 제3자이어서 당해 피고용인과 제3자간에 묵시적 근로계약관계가 성립되어 있다고 평가될 수 있어야 할 것이다(대판 99마628, 1999.7.12).

형식상 수급인이 독립된 법인의 외관을 갖췄으나 실질적으로 수급인에게는 업무수행의 독자성, 사업경영의 독립성이 없고 도급인의 일개 사업부서로 기능하거나 도급인이 하청업체 소속 근로자로부터 근로를 제공받고 근로조건을 결정한다면 도급인과 하청업체 소속 근로자 사이에 묵시적 근로계약관계 성립을 인정한다.

원청회사가 하청회사의 경영상 결정권을 직접 행사하고 업무수행능력을 직접 평가하며 제반 인사관리를 직접 시행한 경우 직접고용관계를 인정한 사례가 있다. 반대로 협력업체가 독자적인 기업 운영을 한 경우, 도급계약의 내용에 따라 운행일지를 제출하고 경비를 지급받은 경우 등에서는 직접적 고용관계를 부정한 판례가 있다.

2) 위장도급에 대한 제재

위장도급 판단시 도급인에게 직접고용의무가 발생하고 직접고용의무에 응하지 않을 경우 파견법 이외의 다른 노동관계법을 적용하고 최종적으로 민사절차에 의한 권리구제(근로자지위확인소송)가 있다.

실무상 위장도급 대응방안으로 1. 가급적 소유 및 경영구조 독립 2. 건물, 사무실 등 임대차계약 체결 3. 장비 및 시설의 분실 또는 훼손에 대한 변상규정 마련 4. 관리인원 확보(독립된 영업력, 기획력 보유) 5. 노무관리 및 임금체계 6. 도급계약서에 하자보수책임 명시 7. 현장대리인 상주 직접 지휘감독 실현 등이다.

(6) 파견법 위반 제재

도급계약을 체결했어도 실질은 근로자파견에 해당하는 경우 파견법이 적용되므로 '무허가 파견'에 해당할 수 있다. 무허가 파견의 경우도 직접고용의무가 발생하며, 무허가파견 적발시 즉시 직접고용하도록 시정지시하고, 불응시 사법처리 및 과태료 부과가 병행된다. 불법파견으로 인정되면 즉시 직접고용의무가 발생한다. 과거에는 고용의제 조항이었으나 법이 개정되면서 즉시 직접고용의무가 발생하며, 직접고용을 이행하지 않으면 의무위반 그 자체에 대해 과태료가 부과된다. 최근 2년간 1회 위반시 근로자당 1,000만 원, 2회 위반시 2,000

만 원, 3회 위반시 3,000만 원 등 근로자 1인당 과태료가 부과된다.[27]

직접고용명령은 권고적 효력인지 행정지도에 불과한지 논란이 있는데, 광주지법 선고2009구합1761, 2010.6.17 판결에서는 행정처분으로 보았다.그러나, 헌법재판소는 근로감독관의 시정지시는 헌법소원 대상이 되는 공권력행사에 해당하지 않는다고 보았다.[28]

직접고용시 근로계약기간은 기간의 정함이 없는 것으로 보며, 근로조건은 동종 또는 유사 업무를 수행하는 근로자가 있으면 그 근로자에게 적용되는 근로조건이 적용된다. 도급이 아닌 근로자파견으로 보게 되면 파견법이 적용된다.

정부는 직접고용의무가 발생한 경우 직접고용을 지도하고, 25일 이내에 파견근로자를 직접고용토록 시정지시할 수 있으며, 원청이 해당 근로자를 직접고용할 경우 사법처리를 면제해 준다. 만약 처벌을 요구하는 진정 등 민원이 제기된 경우, 불법 상태의 해소 가능성이 없거나 기한내 시정되지 않은 경우 등에는 즉시 사법처리할 수 있다.

(7) 사용사업주와 파견사업주의 책임분담

파견사업주는 채용·인사·연차휴가·산업재해보상·건강진단 등 근로계약상 대방으로서 사용자의 지위를 가지고, 사용사업주는 근로시간·휴게·휴일·복무관리·생산관리 등 노무수령을 중심으로 한 근로관계의 사용자로서 양자가 각각 사용자의 지위를 나눠 가지면서, 고용과 사용이 합법적으로 분리되는 것이 파견근로관계의 현저한 특징이다.

특히, 사용사업주는 파견근로자의 안전 배려의무와 보호의무를 지닌다. 사용사업주와 파견근로자는 이러한 의무에 대해 묵시적인 의사의 합치를 기초로 하고 있다고 본다. 따라서 사용사업주의 보호의무 안전배려의무 위반으로 손해를 입은 파견근로자는 사용사업주와 직접 고용계약을 체결하지 않은 경우에도 묵시적합의를 근거로 약정상 의무위반에 대한 채무불이행을 원인으로 손해배상을 청구할 수 있다. 약정상 의무위반에 대한 채무불이행을 원인으로 한

27) 파견법 제46조2항.

28) 헌재 2013헌마370, 2013.6.18.

손해배상에는 불법행위책임에 관한 민법제766조1항의 소멸시효 규정은 적용할 수 없다.[29)]

(8) 노동부 점검

실무적으로 노동부 점검 절차는 문언조사, 근로자 설문·면남, 현장조사, 김토의 순으로 진행된다. 도급계약서 및 부속계약서, 도급비 산정자료, 취업규칙, 근로계약서 등 각종 서류를 검토하고 현장조사를 통해 혼재근로 여부, 지휘·명령 관계 등을 파악하고 문언조사 및 설문조사 결과를 검증하게 된다.

1) 파견사업주 등에 대한 사업주로서의 실체 판단

소위 불법파견이 문제되는 업무도급관계에서, 하도급업체의 사업주로서의 실체를 판단하는 것은 계약의 당사자로서의 적격성을 판단하는 것이다.

① 채용 · 해고 등의 결정권	채용공고, 면접표, 발령, 전보, 징계, 교육훈련, 업무평가, 포상, 근태관리, 취업규칙, 근로계약서, 신규채용자 안전교육, 기타 해고 관련 서류 등을 확인
② 소요자금 조달 및 지급에 대한 책임	사무실 임대차 계약서, 사업체 설립비용 부담여부, 주식회사의 경우 주금납입 경위 및 주식 소유비율, 기성금 및 수당 지급방법과 절차 등을 확인, 하자보수책임, 식대, 통근버스, 사내복지시설 이용 등 유무상 여부, 작업복 등 안전용품 조달, 체육행사, 단합대회 등 경비부담 주체, 제3자와 거래여부
③ 법령상 사업주로서의 책임	4대보험 가입증명서, 주민세 및 사업소세 등 각종 세금관련 자료, 근로소득 원천징수 관련 자료, 사용사업주등과 파견사업주등 사이에 체결된 계약서 · 임원간 순환근무 여부, 기타 단체교섭 관련 서류 등을 확인
④ 기계, 설비, 기자재의 자기책임과 부담	사용사업주등이 지급하는 기계나 설비, 기자재의 내역과 유무상 여부를 확인하고, 무상으로 제공할 경우 그 필요성 및 정당성을 확인, 기계설비 임대차계약서, 유지보수 관리 점검
⑤ 전문적 기술 · 경험과 관련된 기획책임과 권한	사업제안서, 제안시사 결정과 도급계약, 사업기획 관련 작성서류, 사용사업주등과 파견사업주등 사이에 체결된 계약서 및 동 계약이 단순 노무제공인지 여부, 자체 사업계획서, 파견사업주등의 업무수행능력 및 소속 근로자 자격증 유무 등을 확인 공정도, 작업지시서, 작업표준서, 작업일보, 작업메뉴얼, 하자보수 이행실태, 원청에서 발주한 품목 이외에 독자적 생산품 존재여부

2) 사용사업주 등의 지휘·명령에 대한 판단

① 작업배치 · 변경 결정권	작업계획서, 인력배치 계획서, 관련 회의자료, 기타 작업배치 관련 서류 및 관행 등을 확인

29) 대판 2011다60247, 2013.11.28.

② 업무 지시 · 감독권	일일 작업지시서, 안전교육 일지, 조회 개최 여부, 업무관련 지시 전달 방법 등을 확인, 직간접적 전산지시 형태 존재여부 특히 직접 고용한 근로자와 혼재하여 같거나 유사한 업무에 종사토록 하는 경우에는 업무 지시 · 감독권 행사 여부를 보다 신중히 검토 계약서상 업무의 목적이나 내용이 지나치게 추상적이어서 사용사업주등의 지시를 통해 비로소 구체화되는 불확정한 상태에 놓여 있거나 또는 업무 전반을 망라하는 것으로 되어 있어 특정 업무에 한정되지 않는 경우에는 업무 지시 · 감독권이 인정될 수 있음에 유의
③ 휴가, 병가 등의 근태 관리권 및 징계권	휴가, 결근, 조퇴, 외출, 지각원, 출근부, 기타 징계관련 서류 등의 확인
④ 업무수행에 대한 평가권	업무수행 및 실적에 대한 평가서, 파견사업주등의 직원이 현장에서 감독 · 평가하는지 여부, 잘못된 업무수행이 발견된 경우에 있어서의 조치 관행 등을 확인
⑤ 연장 · 휴일 · 야간근로 등의 근로시간 결정권(다만, 작업의 특성상 일치시켜야 하는 경우에는 제외)	연 · 월차 유급휴가 사용내역, 일일 근무현황, 기타 근로시간 관련 서류 등을 확인

파견사업주가 사업주로서의 독립성을 가지고 있는지 여부에 관한 실체적인 판단기준은 다음과 같다.[30)]

① 파견사업주 등의 사업주로서의 실체 판단기준
1. 채용과 해고 등 결정권이 있는지 여부
2. 소요자금의 조달 및 지급에 관하여 책임이 있는지
3. 4대보험, 제세공과금 등 관계 법령상 사업주로서의 책임을 지고 있는지
4. 기계·설비·기자재에 관한 조달·유지·보수 등에 관한 자기 책임과 부담
5. 해당 업무에서 요구되는 전문적인 기술·경험과 관련된 기획 책임과 권한이 있는지 여부 등

② 판례 등에서 제시하는 실체적 독립성 판단기준[31)]
1. 수급인 사업체의 설립 연혁
2. 도급인에 대한 거래관계 외에 다른 제3자와의 거래관계 유무
3. 수급인의 예산 등에 대한 결정권 유무, 독립적인 회계운영의 여부
4. 독자적인 의사결정체계 및 조직체계의 구비여부
5. 수급인이 수행하는 업무의 내용 및 특수성
6. 수급인이 수행하는 업무와 유사한 업무를 수행하는 업계의 관행
7. 도급인과 수급인의 도급관계 성립배경 및 당사자들의 의사를 비롯한 제반요소들을 종합적으로 판단

30) 근로자파견의 판단기준에 관한 지침, 비정규직대책팀-1303, 2007.4.19, 노동부·법무부 공동지침 2007.7.1부터 시행.

31) 대판 2007두22320, 2008.9.18 ; 대판 2006두5700, 2008.10.23.

8. 사용사업주 등의 지휘명령에 대한 판단기준[32]
9. 기타 도급인과 수급인 근로자간 실질적인 사용종속관계 요소검토

파견근로자 보호 등에 관한 법률에 적합하지 않은 불법파견 근로자를 사용한 경우, 사용기간에 관계없이 직접 고용할 의무가 있다.[33]

③ 사용사업주 등의 지휘·명령권에 대한 판단기준[34]

도급관계에서 수급시업주 근로자에 대해 도급사업주가 실질적인 사용자가 되는 여러가지 징표, 근로자측면에서 판단기준 등은 다음과 같다.[35]

ⓐ 도급사업주가 실질적인 사용자인지 여부에 관한 판단기준

1. 수급사업주 소속근로자에게 기능시험 등을 치르고 채용여부 결정, 채용, 승진, 징계에 관하여 실질적인 권한을 행사한 경우, 수급사업주의 인력 채용시 원청회사의 임직원이 참석한 가운데 실시한 경우
2. 수급사업주 소속 근로자들의 출근, 조퇴, 휴가, 연장근무, 근로시간, 근무태도 등을 파악, 근로자들이 수행할 작업량과 작업 방법, 작업 순서, 업무 협력 방안을 결정함으로써 실질적으로 직접 지휘·감독하거나 수급사업주 소속 책임자를 통하여 근로자들에게 구체적인 작업을 지시한 경우
3. 도급사업주 소속 부서의 업무를 수행하게 하거나, 수급사업의 작업물량이 없을 때에는 교육, 사입장 징리, 타 부서 업무지원 등의 명목으로 시실상 직접적으로 지휘감독권을 행사한 경우, 수급사업주 근로자들에게 원청회사 소속 근로자들과 차별하지 않고 직무교육, 표창, 휴가사용 승인 등 제반 인사관리를 수행한 경우
4. 수급사업주 근로자들의 업무능력을 도급사업주가 평가한 경우
5. 수급사업주가 사업자등록 명의를 가지고 소속 근로자들에 대한 근로소득세 원천징수, 소득신고, 회계장부 기장 등의 사무를 처리하였으나, 이러한 사무는 도급인이 제공하는 사무실에서 이루어졌을 뿐만 아니라, 독자적인 장비를 보유하지 않았으며 소속 근로자의 교육 및 훈련 등에 필요한 사업경영상 독립적인 물적 시설도 갖추지 못한 경우 등이다.

ⓑ 근로자측면에서 지휘·명령주체에 관한 판단기준[36]

1. 업무의 내용이 실질적으로 도급인과 수급인 중 어떤 사용자에 의해 정해지고, 업무수행 과정에서 누구로부터 구체적·직접적인 지휘·감독을 받는지, 어떠한 취업규칙 또는 복무규정 등의 적용을 받는지
2. 어떠한 사용자에 의해 근무시간과 장소가 지정되고 구속을 받는지, 근로자 스스로 제3자를 고용하여 업무를 대행하도록 하는 등 업무의 대체성 여부, 비품·원자재·작업도구 등

---

32) 작업배치 및 변경 결정권, 업무지시 감독권, 휴가 등 근태관리, 징계권, 업무성과 등에 대한 평가권, 근로조건에 대한 결정권 유무 등.

33) 파견법 제6조의2. 1. 파견대상이 아닌 업무에 파견근로자 사용, 2. 절대금지 업무에 파견근로자 사용, 3. 출산, 질병, 부상 등의 사유의 해소와 일시적·간헐적 필요에 의한 사용기한을 초과한 경우, 4. 파견업허가를 받지 않은 자로부터 근로자파견 역무를 제공받은 경우.

34) 근로자파견의 판단기준에 관한 지침. 비정규직대책팀-1303, 2007.4.19.

35) 서울행판 2004구합25397, 2008.11.28 ; 대판 2003두3420, 2003.9.23. 모회사와 자회사의 직접고용관계 ; 중노위 2006부해930·2006부노245, 2006.5.11.

36) 대판 94다22859, 1994.12.9 참조.

은 누구의 소유인지
3. 기타 보수의 성격, 기본급과 고정급이 있는지 여부, 근로소득세 등 원천징수여부, 4대보험의 가입과 보험료 납부주체 등

위와 같은 요소들을 종합 검토하여 수급사업주가 원청이나 도급사업주 등으로부터 「업무수행의 독자성이나 사업경영의 독립상을 갖지 못하고 도급사업주 등의 노무관리 대행기관이나 하나의 사업부서로 역할을 수행」하였다고 판단이 되면 노동관계법 등의 규율[37]을 피하기 위한 위장도급으로서 도급사업주와 수급사업주의 근로자는 묵시적인 근로관계가 성립되었다고 본다.[38] 따라서 임금 등 근로관계에서 사용자 책임을 지는 자는 도급사업주가 될 것이다. 판례는 위장도급이라도 근로자를 직접 채용한 것과 마찬가지라면 근로제공을 수령하기를 거부한 것은 부당해고로 보고 있다.[39]

다만, 수급사업주가 사업경영 전반에 대하여 법률적으로나 실질적으로 독립성을 가진 사업주로서 원청 업체와 체결한 도급계약에 의거 독자적으로 사업을 운영하고 있다면 위장도급이라고 할 수 없으므로 도급사업주와 수급사업주 소속 근로자사이에 묵시적인 근로계약 관계는 성립하지 않는다.[40] 위장도급과 관련하여 직접적인 고용관계를 부정한 경우는, 아파트입주자 대표회의와 관리업체가 채용한 직원들에 대한 사용자여부에 관한 사례,[41] 외국인조종사의 파

37) 노무관리비용 절감, 구조조정 등 인력관리 탄력성, 기간제보호법 등 비정규직 사용기간제한 회피 등.

38) 근로자가 소속한 소사장기업이 사업주로서 독자성이 없거나 독립성을 잃어버려(소사장기업의 근로자 채용시 모기업이 모집광고를 하고 면접에 참여, 인사·경리·관리 등의 업무를 모기업에 의존, 근로자들의 복무관리를 모기업이 직접관리·감독) 모기업의 한 부서와 동일시 할 수 있는 등 그 존재가 형식적·명목적인 것에 지나지 않고 사실상 소사장기업의 근로자는 모기업과 사용종속관계에 있다고 평가될 수 있어야 한다(대판 2002도649, 2002.11.26).

39) 대판 2003두3420, 2003.9.23. 다단계 하도급 구조 하에서 2차 도급업체와 근로자들 사이에 수급인이 개재되어 그가 근로자의 채용과 임금을 결정하였다고 하더라도, 2차 도급업체가 근로자들과 근로계약서를 작성하고 작업장 출입증을 통하여 출퇴근 등 근태를 간접적으로 관리함은 물론 산재보험·고용보험·국민연금도 2차 도급업체 소속으로 가입하였으므로 원도급업체가 있더라도 노무도급인 경우 2차 도급업체와 근로자들 사이에 근로계약관계가 존재한다. 따라서 2차 도급업체가 원도급업체와의 도급계약에 따른 공사기간 만료를 이유로 작업장 출입증을 회수한 것은 부당해고에 해당한다(중노위 2006부해930·2006부노245, 2006.5.11).

40) 중노위 2006부해920·933 ; 2006부노251, 2007.3.6.

41) 대판 99마628, 1999.7.12. 입주자대표회의가 계약상 감독권한을 넘어서 일부직원 채용과 승진

견을 받은 국내 항공사와 외국인조종사 사이의 근로계약관계,[42] 현대중공업의 사내하청업체 소속 직원들이 현대중공업을 상대로 제기한 부당노동행위 구제사건에서 묵시적인 고용관계 성립여부[43] 등이 있다.

(9) 불법파견 근로자에 대한 차별처우 시정

사내하도급이 작업지휘감독 등 인적, 물적, 재정적, 경영적인 측면에서 사업자로서 독립성을 상실하여 사내하도급업체 소속 근로자는 사실상 원청 원청사업주 소속 근로자와 동일하다고 판단되면, 사내하도급사업주는 파견법에 의한 허가를 받지 않고 원청사업주를 상대로 불법파견업을 행한 것이 되고 원청사업주는 무허가 파견사업주로부터 파견근로자를 받아서 사용한 것으로 보아서, 사내하도급 사업주 소속근로자는 도급사업주 소속근로자와 같은 지위로 본다.

이 경우 사내하도급근로자는 원청근로자 중 자신들과 동일업무를 수행하는 근로자와 임금 그 밖의 근로조건 등에서 차별적처우가 있다고 판단될 경우 원청사업주를 상대로 현존하는 차별처우 시정과 그 동안 차별처우로 인해 받지 못한 임금 그 밖의 근로조건에 관해 부당이득반환청구소송을 제기할 수 있다.

원청사업주는 법률상 원인없이 임금 등 차액 상당의 이익을 얻고 그로 인하여 사내하도급근로자들에게 손해를 입힌 것이므로 이를 반환할 의무가 있는 것이다.

파견근로자의 차별처우에 관한 기간제법 관련조항을 준용하고 차별처우 시정절차와 방법 등 자세한 사항은 이미 제17장 기간제 및 단시간근로자보호 차별처우시정에서 상술한 바 있으므로 생략한다.

3. 일반적인 도급사업에서 임금지급

사용자는 자신이 사용한 근로자에게 임금을 매월 1회 이상 일정한 날에 지급

에 관여하거나, 업무수행행태를 감독하거나, 직원들의 임금, 복지비 등의 지급수준을 독자적으로 결정하는 등의 사실.

42) 대판 2002다56130, 2004.6.25.

43) 대판 2006누13970, 2007.4.11.

하여야 하고, 근로자가 사망, 퇴직 등으로 근로관계가 종료되는 경우는 그 지급사유가 발생한 날로부터 14일 이내에 일체의 금품을 청산하여야 한다.[44] 도급관계에서 근로자에 대해 사용자 책임을 지는 자는 수급업체의 대표자이고 그가 근로계약상의 이행 책임을 지는 사용자가 되는 것이 원칙이다. 그러나 외형상 도급을 가장하여 수급인에게 고용된듯하나 수급인이 사업주로서 독자성이 없거나 독립성을 잃어버려 실제는 원도급인의 노무대행기관과 다를 바 없는 등 근로자가 소속한 수급인의 존재가 단지 형식적·명목적인 것에 지나지 않고 사실상 근로자는 도급인의 지휘·감독을 받으며 노무를 제공한다면 근로자와 도급인은 사실상 근로계약관계에 있다고 보아서 도급인을 사용자로 본다.[45] 다만, 위임, 업무위탁, 소사장제 등 명칭이나 근로형태에 불구하고 도급형태의 근로자는 자금력이나 업무수행체계에 있어서 원수급인 등 원청업체에 종속될 수밖에 없어 불리한 근로계약을 강요받을 수 있는 본질적인 취약점이 있다. 따라서 하수급기업이 사용한 근로자의 임금체불에 대해 도급인 등 직상수급인의 귀책사유가 있는 경우에는 직상수급인 등 도급인이 하수급기업과 연대책임을 지도록 하거나 일정한 요건에 해당하는 경우에는 귀책사유가 없더라도 임금체불에 대해 직접책임을 지도록 하는 등의 법적인 보호장치를 두고 있다.

(1) 직상수급인의 임금지급 연대책임

일반적으로 도급사업의 임금지급책임은 상시근로자수나 업종에 불구하고 실질적인 도급관계에 있는 모든 사업장에 적용된다. 업종이나 도급형식 등에 불구하고 사업이 수차의 도급에 의해 이루어지는 경우에, 하수급인이 「직상수급인의 귀책사유로 인해 근로자에게 임금을 지급하지 못한 때」에는 그 직상수급인은 당해 하수급인과 연대하여 임금을 지급해야 한다. 직상수급인의 귀책사유 범위는[46] 1. 정당한 사유없이 도급계약에 의한 도급금액 지급일에 도급금액을 지급하지 아니한 경우, 2. 정당한 사유없이 도급계약에 의한 원자재 공급을 지연하거나 공급을 하지 아니한 경우, 3. 정당한 사유없이 도급계약의

44) 근기법 제36조, 제43조제2항.
45) 대판 2005다75088, 2008.7.10.
46) 근기법 제44조, 영 제24조.

조건을 이행하지 아니함으로써 하수급인이 도급사업을 정상적으로 수행하지 못한 경우에 연대책임을 진다.

직상수급인과 하수급인은 근로자의 임금에 대해 「연대채무관계」이다. 따라서 근로자는 직상수급인과 하수급인 가운데 한사람에게 또는 두 사람 동시에 혹은 순차적으로 임금채무의 전부나 일부의 이행을 청구할 수 있다. 근로자가 둘 중 어느 하나로부터 체불임금을 수령하였을 경우 두 사람에 대한 채권은 동시에 소멸한다. 법 제44조의 연대책임은 도급이 1차에 그치든 수차례에 걸치든 도급의 계층 수를 구분하지 않는다. 따라서 도급이 1차에 그친 경우에도 원수급인이 직상수급인이다. 직상수급인의 귀책사유가 그 상위 수급인의 귀책사유에 의해 발생한 경우에는 그 상위수급인도 연대하여 책임을 진다.[47] 상위수급인은 발주자, 원청, 도급인을 포함하지 않는 직상수급인의 상위수급인을 말한다.

일반적인 도급관계에서 직상수급인의 귀책사유가 없는 경우는 일반임금체불[48]로 규율하고 수급사업주가 책임을 지는 것이 원칙이다.

(2) 건설산업에서의 임금지급책임

건설업의 경우에도, 사용자[49]는 자신이 사용한 근로자에게 임금을 매월 1회 이상 일정한 날에 지급하여야 하고, 일용근로자가 사망, 퇴직 등으로 근로관계가 종료되는 경우는 그 지급사유가 발생한 날로부터 14일 이내에 일체의 금품을 청산하여야 한다. 다만, 건설업의 특성상 다른 업종과 달리 복잡한 중첩 도급구조에서 임금채권을 효과적으로 실행하기 위해서는 특별한 법적 배려가 필요하다. 법에서는 도급사업의 연대책임이외에 직상수급인과 건설면허 등이 없는 하수급인의 연대책임,[50] 민법상의 채권자대위를 통한 효과적인 체불임금 청산 등을 통해 건설일용근로자를 보호하고 있다. 한편, 건설산업기본법에서는 2008.1.1부터 십장, 오야지 등의 시공참여제도를 폐지하고,[51] 도급 등을

47) 근기법 제44조제1항 단서, 2012.8.2 시행, 12.2.1 개정.

48) 근기법 제36조.

49) 면허를 가진 건설업자나 오야지 등.

50) 근기법 제44조의2, 제44조의3.

51) 법률 제8477호, 2007.5.15. 무등록 또는 부정한 방법에 의해 등록을 하고 건설업을 영위하거나

통해 건설공사를 시공할 수 있는 자는 법으로 일정한 자격과 등록 등 요건을 갖춘 자로 정하였다.

건설업의 도급에서는 직상수급인의 귀책사유는 없더라도 하수급인이 오야지·십장 등 불법건설업자일 경우는 법[52]에 따라 직상수급인과 오야지의 연대책임으로 규율하는 것이 합리적이다. 또한 직상수급인 마저 건설산업기본법에 의한 건설업자가 아닌 경우에는 상위 수급인 중 최하위의 건설업자를 직상수급인으로 본다. 다만, 발주자는 직상수급인이 아니다.

1) 임금지급 연대책임

① 직상수급인의 귀책사유가 있는 경우

건설도급공사에서 건설업자인 하수급자에게 고용된 근로자가 임금을 지급받지 못하였을 경우에는 직상수급인의 귀책사유가 없는 한 그 하수급자가 사용자로서 전적인 책임을 지는 것이 원칙이다. 다만, 하수급인이 「직상수급인의 귀책사유로 인해 근로자에게 임금을 지급하지 못한 때」에는 그 직상수급인은 당해 하수급인과 연대하여 임금을 지급해야 한다.[53] 구체적인 책임요건은 일반도급의 경우와 다를 수 없다.

② 직상수급인의 귀책사유가 없는 경우

건설업의 도급관계에서 직상수급인의 귀책사유가 없는 경우는 수급사업주를 일반임금체불[54]로 규율하고 그가 스스로 책임을 지는 것이 원칙이다. 다만, 건설업에서 사업이 두 차례 이상 도급이 이루어지고[55] 건설산업기본법 등에 따라

무등록자에게 전문공사를 하도급한 경우는 3년 이하의 징역 또는 3천만원 이하의 벌금에 처한다(건설산업기본법 제96조).

52) 근기법 제44조의2에서 연대책임을 지는 직상수급인이라 함은, 건설산업기본법상 면허를 가진 건설업자로서 당해 공사에서 오야지 등을 중심으로 한 도급구조[발주자 → 원수급인(a) → 수급인(b) → 하수급인(c) → 오야지 등(d) → 근로자]의 상위수급인 중에서 최하위 건설업자(c)를 말한다.

53) 근기법 제44조 본문, 그 보다 상위수급인은 제44조 단서적용(다만, 직상수급인의 귀책사유가 그 상위수급인의 귀책사유에 의하여 발생한 경우는 그 상위수급인도 연대하여 책임을 진다.).

54) 근기법 제36조.

55) 2차례 이상 도급이 이루어진 경우라 함은, 건설면허를 갖지 않은 오야지 등을 포함하여 발주자로부터 최하위단계까지의 도급이 2차례 이상 이루어 진 것을 말한다.

등록한 건설업자가 아닌 오야지나 십장 등 하수급인이 공사를 할 경우에, 그가 사용한 근로자에게 해당 건설공사에서 발생한 임금을 체불하였을 때는 그 직상수급인이 하수급인과 연대하여 오야지 등 하수급인이 사용한 근로자의 임금을 지급할 책임을 진다. 만약 그 직상수급인이 건설산업기본법 제2조제7호에서 정한 건설업자가 아닌 때에는 그 상위 수급자 중에서 최하위의 다른 등록한 건설업자를 직상수급인으로 본다.[56] 이때 오야지 등 하수급인이 임금을 체불하게 된 이유는 묻지 않는다.

임금이란, 도급계약 범위 내에서 발생한 임금으로 퇴직금을 제외한다.

퇴직금은 퇴직급여보장법에 의거 규율되므로 연대책임에 포함되지 않는다. 직상수급인과 하수급인은 연대책임관계로서 직상수급인이 연대책임[57]을 이행하면 하수급인의 체불임금 지급책임은 면제받는다. 노동관서에서 신고사건을 처리할 때는 직상수급인만을 상대로 사건이 제기된 경우에도 반드시 하수급인을 조사하여 법위반여부를 확인하여야 한다. 하수급인의 체불임금에 대해 청산책임을 이행한 직상수급인은 하수급인에게 민법상 구상권을 행사할 수 있을 것이다. 직상수급인이 연대책임을 이행하지 않을 경우는 형사처벌을 받을 수 있으나 피해근로자가 처벌을 원하지 않을 경우는 벌할 수 없다.[58] 직상수급인의 연대책임은 2008.1.1 이후에 "건설업자가 아닌 자가 건설업자와 도급계약을 체결한 공사"에 적용하되[59] 건설업자가 아닌 하수급인의 임금체불에 대한 연대책임은 개정법 시행일인 2008.1.28 이후에 제공한 근로관계에서 발생한 임금체불에 대해서만 적용한다. 2008.1.1 이전에 체결한 도급공사가 2008.1.1 이후까지 지속되거나, 그 공사에서 2008.1.1 이후에 체불이 발생한 경우에는 법 제44조 및 제36조를 적용하여야 한다.

---

56) 2011.5.24 개정.

57) 직상수급인이 하수급인의 임금체불에 대해 귀책사유가 있는 경우는 직상수급인이 하수급인과 연대책임(제44조), 직상수급인이 귀책사유가 없는 경우에도 하수급인이 불법건설업자(오야지, 십장 등)인 경우는 직상수급인이 불법건설업자와 함께 연대책임을 진다(근기법 제44조의2).

58) 근기법 제109조.

59) 건설산업기본법이 개정(법률 제8477호, 2007.5.17)되면서, 동법 부칙에 법 시행일인 2008.1.1 이전에 체결된 시공참여 약정은 개정규정에 불구하고 종전규정에 따른다는 경과규정을 두었다.

2) 건설공사 도급에 있어서 임금에 관한 특례

중첩 하도급구조를 지닌 건설공사에서 신속하게 체불임금을 청산할 수 있도록 2가지 특례를 정하여, 일정한 요건을 갖춘 경우 하수급인의 근로자가 직상 수급인 또는 원수급인에게 체불임금을 직접 청구할 수 있도록 하였다.[60)]

*첫째, 원수급인에서부터 도급이 한 차례이상 이루어진 건설공사 도급에서 직상수급인과 하수급인 사이에 하수급인이 사용한 근로자의 임금을 직상수급인이 대신 지급한다는 뜻과 지급방법·절차에 관하여 합의가 있거나, 민사집행법상 집행권원이 있거나, 다른 일정한 요건을 갖춘 경우에는 근로자가 직상수급인에게 직접 임금을 청구할 수 있다. 직상수급인은 하수급인 근로자에게 그가 청구한 임금을 직접 지급하여야 한다.

1. 직상수급인이 하수급인을 대신하여 하수급인이 사용한 근로자에게 지급해야 하는 임금을 직상수급인이 직접 지급할 수 있다는 뜻과 지급방법, 절차 등에 관해 직상수급인과 하수급인이 명시적 또는 묵시적으로 합의한 경우,

2. 「민사집행법」 제56조제3호에 따라 확정된 지급명령, 하수급인의 근로자에게 하수급인에 대하여 임금채권이 있음을 증명하는 같은법 제56조제4호에 따른 집행증서, 「소액사건심판법」 제5조의7에 따른 확정된 이행권고결정, 그 밖에 이에 준하는 집행권원이 있는 경우,

3. 하수급인이 자기가 사용한 근로자에게 지급하여야 할 임금채무가 있음을 직상 수급인에게 알려주고, 직상수급인이 파산 등의 사유로 하수급인이 임금을 지급할 수 없는 명백한 사유가 있다고 인정하는 경우 등이다.

직상수급인이 근로자에게 임금을 직접 지불한 경우에는 그 금액만큼 하수급인에 대해 당해 공사대금 지급채무가 소멸하게 된다. 만약, 위와 같은 요건을 갖추었는데도 불구하고 직상수급인이 임금지급을 거절할 경우에는 민사적 방법[61)]으로 해결하여야 한다. 근기법 제44조의3은 벌칙규정이 없으므로 직상수급인이 임금지급을 거절하더라도 처벌할 수 없다. 근로자가 직상수급인에게 임금을 직접 청구할 수 있는 기간은, 임금의 정기지급기일 경과, 퇴직, 사망 등

60) 근기법 제44조의3.
61) 가압류, 독촉, 민사소송, 소액사건 심판절차 등.

하수급인에게 임금지급사유가 발생한 날로부터 3년 이내에 청구하여야 한다. 다만, 민법 제163조제3호에 따르면, 공사대금 채권의 소멸시효가 3년으로 되어 있는 만큼 하수급인이 직상수급인에 대해 가진 공사대금채권이 3년을 경과한 경우는 청구할 수 없다.

*둘째, 원수급인에서부터 도급이 두 차례 이상 이루어진 가운데, 하수급인이 사용한 근로자가 하수급인에 대해 민사집행법상 지급명령 등 집행권원을 가지고 있고, 원수급인으로부터 하수급인 사이에 매 단계마다 순차적인 채권채무가 형성되어 있는 경우에는, 하수급인의 근로자가 원수급인에게 임금을 직접 청구할 수 있다.[62)]

건설산업기본법 제2조제10호에 의한 발주자의 원수급인으로부터 공사도급이 2차례 이상 이루어진 경우[63)]로서 원수급인과 그 아래 하수급인들 사이에 단계적으로 공사대금 채무가 존재하는 경우에, 근로자가 자신이 노무를 제공한 하수급인[64)]에게 체불임금의 집행권원이 있는 경우에는[65)] 근로자는 하수급인이 자신에게 지급하여야 하는 임금에 해당하는 금액을 원수급인에게 직접 지급할 것을 요구할 수 있다.

원수급인은 하수급인이 원수급인에게 받을 채권을 하수급인의 근로자가 대신 행사하는 경우에는 하수급인에게 지급해야 할 공사대금 채무의 범위 내에서 지급하여야 한다.[66)] 다만, 채무가 존재하지 않으면 지급할 의무가 없다. 이

---

62) 근기법 제44조의3제2항.

63) 발주자 → 원수급인 → 수급인(1차) → 하수급인(2차) → 차하수급인(3차) → 일용근로자.

64) 오야지나 십장 등 불법하수급인 포함.

65) 「민사집행법」 제56조제3호에 따라 확정된 지급명령, 하수급인의 근로자에게 하수급인에 대하여 임금채권이 있음을 증명하는 같은법 제56조제4호에 따른 집행증서, 「소액사건심판법」 제5조의7에 따른 확정된 이행권고결정, 그 밖에 이에 준하는 집행권원이 있는 경우.

66) 근기법 제44조의3제2항, 채권자대위권(민법 제404조).
채권자는 자기의 권리를 보전하기 위해 채무자의 권리를 행사할 수 있다. 채권의 이행기한이 도래하기 전에 권리를 행사하고자 할 경우에는 법원의 허가를 받아야 한다(제404조제1항, 제2항). 예를 들면, A가 B에 대해 100만원의 채무를 지고, B는 C에게 80만원의 채무를 진 경우에 C는 B에 대한 80만원의 채권을 실행하기 위하여 직접 B의 채무자 A에게 채권(80만원)의 범위 내에서 지급을 청구할 수 있다. 채권자는 채무자로부터 채무의 변제를 받기 위해서는 일단 제3자(a)로부터 수령한 것을 일단 채무자(b)에게 인도한 후 채무자로부터 임의변제를 받거나 법원을 통한

경우 "채무"라 함은, 자재비·인건비 등 금품의 명칭에 불구하고, 도급금액 지급일에 지급하지 않고 있는 공사금액 일체를 말하고, 근로자의 임금은 해당공사에서 발생한 임금성 금품에 한정된다.

다만, 민법의 채권자대위권의 속성상 근로자가 하수급인에게 지급명령 등 집행권원을 가지고 있더라도 원수급인과 순차적으로 내려오는 수급인들 사이에 단계적인 채권채무관계가 형성되어 있지 않으면[67] 직접 원수급인에게 임금지급을 청구할 수 없다. 또한 단계적인 채권채무관계가 형성[68]되어 있더라도 채무액 중 가장 최소금액(30만원)에 대해서만 직접 청구할 수 있다. 원수급인이 근로자에게 임금을 직접 지불한 경우에는 하수급인에 대해 그 금액만큼 당해 공사대금 지급채무가 소멸하게 된다.[69] 만약, 위와 같은 요건을 갖추었는데도 불구하고 원수급인이 임금지급을 거절할 경우에는 민사적 방법[70]으로 해결하여야 한다. 근기법상 처벌할 수 있는 근거는 없다. 공사대금 채권 소멸시효 및 임금채권소멸시효 등에 관해서는 위 (a)와 같다.[71]

하수급인의 개념 속에 면허를 가지지 않은 오야지나 십장 등 불법하수급자를 포함하는지 여부에 관해서는 명확한 규정이 없으나 일용근로자보호를 위한 법제정 취지를 감안하면 적법한 공사도급에만 국한할 것은 아니라고 본다. 따라서 오야지나 십장 등에게 속한 근로자가 임금이 체불된 가운데 직상수급인이나 원수급인에게 민사상 집행권원 등을 가지고 있는 경우에도 적용할 수 있다고 보아야 한다.

강제집행절차를 거쳐야 한다. 하수급인의 근로자 이외에 다른 채권자가 원도급사가 직상수급인에게 지급할 수 있는 하도급 대금에 이미 가압류를 한 경우에, 하수급인의 근로자는 관할법원의 배당절차 등 민사상 절차에 따라야 한다(근로조건지도과-1873, 2008.6.4).

67) 원수급인 100만원(1차수급인에게 100만원 채무) → 1차수급인(2차수급인에게 채무가 없음) → 2차수급인 50만원 → 3차수급인 70만원 → 근로자.

68) 원수급인 100만원(1차수급인에게 100만원 채무) → 1차수급인 30만원 → 2차수급인 50만원 → 3차수급인 70만원 → 근로자.

69) 근기법 제44조의3제3항.

70) 가압류, 독촉, 민사소송, 소액사건 심판절차 등.

71) 건설업에서의 임금지급연대책임 및 건설업의 공사도급에 있어서 임금에 관한 특례규정 업무처리지침, 2008.1, 노동부.

제17장 근로시간, 휴게 및 휴일 적용제외

1. 개념정의

법은 모든 사업 또는 사업장의 근로자에게 적용되는 것이 원칙이나 사업의 성질 또는 업무의 특수성으로 인해 출·퇴근시간을 엄격하게 정할 수 없거나 다른 직업처럼 근로시간, 휴일, 휴게의 적용이 적절하지 않은 업종·직종 등에 대해서는 근로시간과 휴일, 휴게 규정을 적용하지 않고 있다. 이러한 업종은 근로시간에 관한 규제를 할 수 없을 뿐 아니라 소정근로일을 예정할 수는 있지만 임금을 시간급으로 하거나 연장근로의 한도를 정하거나 휴일근로에 대한 가산임금, 규칙적인 휴게시간 부여 등이 적절하지 않다. 따라서 포괄임금형태의 임금지급방식이 적합하다. 다만, 시간급임금을 적용하지 않는다고 하더라도 실근로시간에 대해 지급한 임금이 최저임금 기준액을 위반해서는 아니된다.[1] 근로계약 등으로, 기준근로시간 초과분에 대한 연장근로 및 휴일근로 가산임금 등 법적 기준 이상[2]으로 지급을 약속하는 것은 법적인 지급의무가 발생한다.

근로시간과 휴일, 휴게 규정의 적용이 제외되는 근로자는 수행하는 작업의 종류나 성격에 따라 법으로 구분하여 정하고 있는데, 이 가운데 감시·단속적

---

1) 2012년의 경우 시간당/4,580원, 2013년의 경우 시간당/4,860원(6.1% 인상).

2) 대판 90다카24311, 1990.12.26. 수산사업 등 적용제외업종을 운영하는 사업장에서 취업규칙과 단체협약 등에서 법 제63조의 적용제외규정에도 불구하고 월차유급휴가 등 수당지급에 관한 규정을 둔 경우 근로기준법이나 단체협약에서 정하는 월차유급휴가수당청구권이 인정된다. 대판 2009다51158, 2009.12.10.

근로자는 고용부장관의 적용제외 인가를 받아야 하지만 그 외의 업종에 대해서는 별도의 인가를 받을 필요없이 사실관계가 부합된다면 근로시간과 휴일, 휴게 규정의 적용을 제외한다.

1. 적용이 되는 규정

야간근로가산(제56조), 연차유급휴가(제60조), 연소자 및 임산부 야간근로금지(제70조),생리휴가(제73조), 산전후휴가(제74조), 근로자의 날 휴일부여[3)]

2. 적용이 제외되는 규정

법정근로시간(제50조), 탄력적(제51조), 선택적근로시간제(제52조), 연장근로제한(제53조), 휴게시간(제54조), 주휴일(제55조), 연장휴일근로가산(제56조), 근로시간 등의 특례(제59조), 연소자근로시간(제69조), 산후1년미만 연장(제71조)

(1) 대상 근로자

1) 농림·수산·축산업 종사자

토지경작·개간, 식물의 재식·재배·채취사업 기타 농림사업, 동물의 사육, 수산동식물의 체포·양식사업 기타의 축산, 양잠, 수산사업[4)] 등의 업종들을 적용대상 업종으로 한 입법취지는, 근로형태와 업종의 특성상 근로시간 및 휴일, 휴게 등을 획일적으로 적용하기가 곤란하기 때문이다. 한 사업 또는 사업장에서 복수의 사업이 혼재하는 경우 농림·축산·양잠·수산사업이 주된 사업인 경우[5)]에만 적용을 한다. 해당 업종에 종사하는 근로자라면 수행하는 직무와 무관하게 적용대상에 포함한다. 과거, 실무상 기후변화에 영향을 받지 않는 온상 등 실내 작업은 법적용대상에서 제외한 바 있으나 행정해석으로 포함했다.[6)]

① 농림사업

농림사업의 경우, 그 세부적인 업태가 농림생산물의 선별·포장·건조 등 부수적 부가적인 이익창출 활동인 경우를 포함하고, 본연의 모습이 아닌 경우로

---

3) 임금근로시간 정책팀-3356, 2007.11.13.

4) 근기법 제63조제1호, 제2호, 천일염제조업, 수산사업, 양송이 재배·채취, 축산·동물사육사업장 등.

5) 하나의 사업에 여러 업종이 있는 경우는 근로자수 → 임금총액 → 매출액 순으로 주된 업종을 결정한다.

6) 2010.1 고용노동부「근로기준법상 농림사업 등에 대한 해석기준」.

서 유통·가공·판매 활동 등은 포함하지 않는다. 다만, 가공의 경우 식품첨가물이나 타원료를 혼합하지 않고 원형을 유지한 상태에서의 절임, 숙성, 단순가열 등의 단순처리 활동은 부가적 이익창출 활동으로 보아서 적용대상에 포함한다. 임업의 경우 산림용 종자 및 묘목의 생산 및 조림, 육림, 임산물 채취업, 벌목사업과 숯을 생산하거나 목초액을 증류하는 등의 부가적 생산활동을 적용대상에 포함한다.

② 축산 · 수산 · 양잠사업

축산업의 경우, 동물을 기르는 일반적 축산과 동물 증식·부화·종축업을 포함하되 가축의 도축과 관련된 사업은 제외한다. 수산업의 경우, 선원법의 적용대상 근로자를 제외하고, 바다·호수·강 등에서 수산동식물의 채포(採捕)·양식 및 어획물 선별정리·출하작업 등 일반적인 활동과 부대활동, 천일염이나 염수 및 기타 산수를 생산하는 염전업을 포함한다. 다만, 어획물 운반활동은 제외한다.

2) 감시 · 단속적근로자

아파트 경비원, 보일러공, 시설(기계)정비공 등 감시·단속적 업무는 다른 일반 근로자의 업무에 비해 노동력의 밀도가 낮고 신체적 피로나 정신적 긴장이 매우 적다. 따라서 근로시간 등의 규제의 예외를 인정하더라도 법이 정한 근로자 보호의 목적에 크게 어긋나지 않는다. 다만, 외관상 혹은 실제 근로기준의 적용상 일반 근로와의 큰 차이를 구분하는 것이 어렵기 때문에 엄격한 적용을 위하여 반드시 고용부장관의 승인을 얻어야 한다.

① 감시적근로자

감시적근로자는 감시업무를 주로하면서 상태적으로 정신적, 육체적 피로가 적은 업무에 종사하는 자를 말한다.[7] 수위·물품감시원, 경비 등 심신의 피로가 적은 업무가 감시적 근로에 해당한다. 그러나 이러한 업무 가운데서도 그 성격상 고도의 정신적 긴장을 요하거나 전상상 유해·위험하거나 수시로 다른

7) 계수기 감시원, 보일러공, 수위, 경비원, 경비원을 관리감독하는 경비계장, 청원경찰 등이 해당된다.

업무를 겸하는 경우에는 감시적근로자로서 인가를 받을 수 없다.[8] “감시적 근로에 종사하는 자”에 대한 적용제외 승인기준은 다음 각 호의 요건을 모두 갖춘 때에 인가를 할 수 있다.[9]

1. 수위, 경비원, 물품감시원 또는 계수기감시원 등과 같이 심신의 피로가 적은 업무에 종사하는 경우, 다만, 감시적업무이기는 하나 잠시도 감시를 소홀하게 할 수 없는 고도의 정신적 긴장이 요구되는 경우는 인가할 수 없다.

2. 감시적인 업무가 본래의 업무이나 불규칙적으로 단시간동안 타업무를 수행하는 경우. 다만, 감시적업무라도 타업무를 반복하여 수행하거나 겸직하는 경우는 제외한다.

3. 사업주의 지배하에 있는 1일 근로시간이 12시간 이내인 경우 또는 격일제 24시간 교대의 경우 다음 요건에 해당하는 경우에 인가할 수 있다. 이때 근로시간 산정은 주·월 등 일정기간의 평균적 개념으로 하도록 하고 있다.[10] 따라서 특정일에 12시간을 초과하더라도 예컨대 주중에 휴일을 부여함으로써 일주일간 평균적인 근로시간이 12시간이내이면 승인할 수 있을 것이다.

수면시간 또는 자유로이 이용할 수 있는 휴게시간이 8시간 이상 확보되지 못하는 경우 감시적 근로에 종사하는 자로 보기 어렵다.[11] 수면시간 또는 자유이용 휴게시간이 8시간 이상 확보되지 아니한 공동주택[12] 경비원은 당사자간의 합의가 있고 다음날 24시간 이상의 휴무가 보장되어 있는 경우라야 한다. 다만, 감시근로자의 경우는 수면시간·휴게시간이 확보되어야 할 것을 요구하

---

8) 예) 범죄감시인, 교통관제 감시종사자, 수학여행·소풍 등의 인솔자, 화약폭발감시원, 공사현장 교통정리원 등.

9) 근로감독관집무규정 제68조, 2008.12.31.

10) 집무규정 제68조제3항.

11) 근로기준과-3413, 2005.6.28.

12) “공동주택”이라 함은 주택법 제2조제2호에 의거 ‘건축물의 벽·복도·계단 그 밖의 설비 등의 전부 또는 일부를 공동으로 사용하는 각 세대가 하나의 건축물 안에서 각각 독립된 주거생활을 영위할 수 있는 구조로 된 주택으로서 그 종류와 범위는 주택법시행령 제2조제1항 및 건축법시행령 별표1 제2호가목 내지 다목에서 규정하고 있는 아파트, 연립주택, 다세대주택, 기숙사를 말하는 것이다. 오피스텔, 기타 빌딩의 경우 공동주택에 포함된다고 할 수 없으므로 오피스텔·빌딩 등의 경비원은 휴게시간이 8시간이상 확보되지 않으면 24시간 격일제근무가 불가능하다.

지만, 단속근로자와 달리 수면 또는 휴게시설의 확보를 승인기준으로 규정하고 있지 않는다.

수면시간 또는 자유이용 휴게시간이 8시간 이상 확보된다는 것은 사용자의 지휘·감독으로부터 완전히 벗어나 자유롭게 활용이 가능한 상태를 말한다. 다만, 근무장소 내에서 간섭없이 휴식을 취할 수 있는 경우[13]는 휴게시간으로 본다. 그러나 그 시간 중에 발생한 사건에 대해 감시적 책임을 묻는 경우는 자유이용이 보장된 것으로 볼 수 없으므로 휴게시간으로 볼 수는 없다.

② 단속적근로자

단속적근로자는 건물관리자로 휴일 및 야간에 근무하는 자, 고압보일러실근무자, 주한미군 소속 소방원·경비원, 해외사업장에 있어서 요리, 이발, 경비, 운전종사자 등과 같이 근로가 간헐적·단속적으로 이뤄지는 근로자로 전체 근로시간 가운데 상대적으로 휴게시간과 대기시간이 많은 업무에 종사하는 자를 말한다. 실무상 정상근무와 24시간 격일제근무가 규칙적으로 반복되는 형태 즉, 5일 주기로 3일은 8시간씩 정상근무, 4일째는 24시간 근무, 5일째는 휴무형태의 근로에 종사하는 자라면, 설혹 그 중 24시간 근무일은 대기시간이 근로시간보다 많아 단속적근로라 볼 수 있다 하더라도 그 전체적으로는 단속적근로에 종사하는 자로 보기 어렵다.

단속적근로에 종사하는 자에 대한 적용제외 승인은 다음 각 호의 요건을 모두 갖춘 때에 인가를 할 수 있다.[14]

1. 평소의 업무는 한가하지만 기계고장 수리 등 돌발적인 사고 발생에 대비하여 대기하는 시간이 많은 업무

2. 실근로시간이 대기시간의 절반 이하 정도인 업무로서 8시간 이내인 경우, 다만, 격일제 24시간 교대근무인 경우는 당사자간 합의가 있고 다음날 24시간의 휴무가 보장되어 있어야 한다. 이때 근로시간 산정은 주·월 등 일정기간의 평균적 개념으로 한다.[15]

---

13) 예) 22:00~06:00까지 경비실내 소파, 유세용의사에서 취침.

14) 근로감독관집무규정 제68조, 2008.12.31.

15) 근로감독관집무규정 제68조제3항.

3. 대기시간에 근로자가 자유로이 이용할 수 있는 수면·휴식시설이 확보되어 있고 유해·위험작업에 해당하지 않는 경우라야 단속적근로에 해당한다. 승강기 안내양은 단속적근로자로 보지 않는다.[16)]

「당사자간 합의」란, 근로시간, 휴게와 휴일에 관한 적용제외신청에 대해 개별근로자의 사용자 사이의 합의를 말하는 것이 아니라, 근로계약시 24시간 격일제 등 그러한 근로조건에 상호 합의가 있었느냐 하는 것이다. 따라서 격일제근로종사자가 입사시 24시간 격일제근로형태에 대해 사용자와 근로계약을 체결하고 사용자가 「감시적·단속적근로종사자에 대한 적용제외승인신청」을 한 경우, 이미 24시간 격일제근로형태에 대해 합의한 것으로 본다.[17)]

③ 감시·단속적근로자에 관한 실무사례

감시·단속적근로자에 대한 적용제외 승인업무는 개개 근로현장 관할이 아닌 본사 또는 주된 사업장 관할 지방관서에 승인신청 할 수 있다.

파견근로자로서 감시·단속적 근로자에 대한 적용제외 승인신청은 사용사업주가 하여야 한다.[18)]

공동주택 경비원에 대하여는 수면시간 또는 근로자가 자유로이 이용할 수 있는 휴게시간이 8시간 이상 확보되어 있지 않는 경우에는 당사자간의 합의가 있고 다음날 24시간 휴무가 보장되어 있는 경우에 근로시간·휴게·휴일의 적용제외 승인을 받을 수 있다. 따라서 공동주택 경비원의 경우 24시간 격일제 근로계약을 체결할 때는 근로한 다음날 24시간 휴무가 보장된다면 별도의 수면 또는 휴게시간을 부여할 필요는 없다.

다만, 근로자의 건강권 문제와 최저임금법 적용 등을 감안하여 적절한 수면시간 또는 휴게시간이 부여되는 것이 바람직하다. 인가를 받은 후에 해당직종 근로자수가 증가하였을 경우는 증가한 인원에 대해서 추가로 인가를 받아야 한다. 사용자가 승인신청을 하는데 있어서 노동조합이나 근로자의 동의를 얻

---

16) 법무 811-6502, 1976.4.15.
17) 근기 68213-915, 2003.7.21.
18) 근기-1557, 2010.6.30.

을 필요는 없다.[19] 다만, 감시·단속적근로를 도입하여 관련 수당·복무규정이나 취업규칙 변경이 수반되는 경우는 노동조합이나 근로자의 동의·협의절차가 필요하다. 대상근로자가 업무의 성격상 감시. 단속적근로에 해당한다고 해도 고용부장관의 승인을 얻지 않으면 임의로 근로시간, 휴게, 휴일 등 법의 일부를 적용제외 할 수 없다. 적용제외의 법적효과는 승인을 얻어야 비로소 부여받을 수 있는 것이기 때문이다.

감시·단속적근로자에 대한 「적용을 제외 받을 수 있는 인가기간」은 제한이 없다. 만약 특정 개별근로자가 아닌 당해 사업장의 특정 직종에 종사하는 인원을 기준으로 승인을 받았다면 담당자나 사업주가 변동되었다고 해도 다시 인가를 받을 필요는 없다.[20] 다만, 업무의 성격이 변하여 당초 인가 당시의 조건을 유지할 수 없는 경우는 그에 맞춰서 다시 인가를 받아야 하고, 그렇지 않으면 근로시간, 휴게, 휴일 등 통상의 근로조건 모두를 그대로 적용해야 한다.[21]

3) 관리감독, 기밀업무취급자

감독 또는 관리적 지위에 있는 자나 기밀의 사무를 취급하는 자는 경영자와 일체적인 활동을 하고 있으므로 기업경영상 필요에 의하여 근로시간, 휴게, 휴일 등의 규정을 그대로 적용할 수 없는 경우가 있다. 관리·감독적 지위에 있는 자는 사업의 종류와 관계없이 부장, 공장장 등 근로조건의 결정을 비롯한 노무관리에 있어서 경영자와 일체적인 입장에 있는 자들이다. 실무상으로 관리감독자에 해당하는지 여부는 구체적인 사실관계를 적용 판단하되 여러 요인을 고려하여 경영자와 일체성이 있는지 여부를 따져야 한다.

우선 제일 먼저 판단기준이 되는 것은, 대체적으로 보아서 조직 내에서 노무관리 방침의 결정에 참여하거나 노무관리상의 지휘권한을 가지고 있느냐, 자기의 근로에 대해 자유재량권을 가지고 출·퇴근 등에 엄격한 제한을 받지 않는지, 그 지위에 따른 특별수당을 받고 있는지 여부가 될 것이다.[22]

---

19) 대판 96다30571, 1996.11.22.
20) 예) ㅇㅇ아파트 경비원 33명, ㅇㅇ발전소 보일러공 5명 등.
21) 근로기준-1445, 2005.3.10.
22) 근로기준-2326, 2004.5.10.

지점장, 사무소장, 본부의 과장 등 경영자 직속의 조직장, 본부의 과 또는 이에 준하는 조직의 장, 대규모 지점·사무소의 부장, 과장 또는 위와 유사한 지위에 있는 자로서, 경영상 중요사항에 대해 입안·기획의 업무를 담당하는 자, 공장의 업무 또는 근로조건 결정권을 갖는 공장장을 보좌하는지 여부, 스스로 중요사항에 대해 결정을 하는지 여부, 급여면에서 직책수당을 받는지 여부, 본인의 연장근로에 공장장의 승인을 얻는지 여부 등을 토대로 판단한다. 이러한 기준에 해당한다면 소규모 사업장이라도 근로형태에 따라 관리감독자가 될 수 있다.[23] 대규모 건설사의 관리과장과 현장소장을 관리·감독자로 본 판례도 있다.

「기밀사무취급자」라 함은 비밀서류 등의 업무를 다루는 자를 말하는 것이 아니라 사업장에서 비서·기타 그 직무가 경영자 또는 감독·관리적 지위에 있는 자의 활동과 일체 불가분의 관계에 있으며 출·퇴근 등에 있어서 엄격한 제한을 받지 않는 자를 말한다. 예를 들면, 비서, 사장이나 상무, 전무 등의 전용운전기사, 부속실 직원 등은 사장 등과 같이 출퇴근을 하며 일체 불가분의 관계에 있어 정상적인 복무관리기준으로 파악할 수 없는 특징이 있으므로 이들에게 근로시간과 휴게·휴일 등의 규정을 그대로 적용할 수는 없다.

2. 적용제외 규정

법 제63조에 해당하는 근로자는 법 중 근로시간, 휴게, 휴일에 관한 규정은 적용되지 않는다. 적용이 제외되는 규정은 근로시간과 휴게 휴일에 관한 규정이다.[24] 따라서 주 40시간과 1일 8시간의 기준시간을 초과한 부분에 대한 연

---

23) 사장과 부장, 과장으로 이어지는 500인 규모 제조업의 계선조직에서 생산(영업)부장과 과장은 생산품의 수량과 품질, 제품의 판매 등 회사운영의 근간이 되는 경영상 중요한 사항에 대한 입안 기획을 담당하는 자로서, 중요한 생산품의 결함과 처리시스템의 장애 등을 시정 개선하여 생산량을 극대화하고, 판매 전략을 조정하여 영업이익을 극대화하는 등 일정한 범위 내에서 재량을 가지고 업무를 수행하면서, 출퇴근 등이 최고경영층과 연동되는 등 엄격한 시간적인 관리측면에서 제외되고, 중요방침의 세부적인 결정에 참여하거나 노무관리상의 지휘권한을 가지고 있는 등의 사정을 종합하면 관리·감독자에 속한다. 반면에, 직함은 과장이나 부장이라고 해도 노무관리상 지휘권한이 없고 경영방침이나 중요한 영업전략 등에 재량을 가지고 의사결정을 할 수 있는 권한이 없는 등 평사원과 다를 바가 없다면 관리감독자라고 할 수 없을 것이다.

24) 주40(44)시간, 1일 8시간(법 제50조), 탄력적근로시간제(법 제51조), 선택적 근로시간제(법 제

장근로 및 휴일근로를 한다고 하더라도 그 부분에 대해 별도의 가산임금을 지급할 의무가 없다. 연소자 근로시간[25)]과 여성의 시간외근로제한[26)]규정도 적용되지 않는다. 다만, 연·월차유급휴가, 생리휴가, 산전후휴가를 부여해야 하고 근로시간이 야간근로시간대에 해당하는 경우에는 가산임금을 적용해야 한다.[27)] 유해·위험사업 종사자에 대한 법정근로시간[28)]은 근기법이 아닌 산업안전보건법상(제46조)의 규정이다. 따라서 반드시 적용되어야 한다. 근로시간, 휴게, 휴일에 관한 규정이 적용되지 않는 업종에 대하여도 월차유급휴가는 부여를 해야 한다는 것이 학설의 입장이나 판례는 적용되지 않는다고 본 경우도 있다.[29)]

행정해석은 근로자의 날은 「근로자의 날 제정에 관한 법률」에 의해 특정일을 기념하여 휴일로 규정하고 있으므로 제63조의 적용제외 근로자에게도 유급휴일을 보장하여야 한다고 규정한다.[30)] 2020.1.1부터 관공서의 공휴일에 관한 규정을 민간사업장 근로자들에게 유급공휴일로 전면 적용하여 사업장 규모별로 300인이상은 2020.1.1, 30~299인은 2021.1, 5~29인은 2022.1.1부터 각각 적용한다(법 제55조2항).

근로자의날은 근기법상 주휴일과 같이 근로자에게 적용되는 휴일이므로 당일 근로를 제공하였을 경우는 시간급통상임금의 50% 이상을 가산임금으로 지급하여야 한다.[31)]는 것이 판례의 일관된 입장이다.

52조), 연장근로제한(법 제53조), 휴게시간(법 제54조), 주휴일 부여(법 제55조), 근로시간 계산 등의 특례(간주·재량근로제)(법 제58조), 연장근로 및 휴일근로에 대한 가산임금지급(법 제56조), 연소자의 근로시간 제한 및 산후 1년이 경과되지 아니한 여성근로자의 시간외근로 제한도 적용하지 않는다.

25) 법 제69조, 15세 이상 18세 미만 자는 주 40시간, 1일 7시간을 초과하지 못하나 당사자간 합의에 의해 1일 1시간, 1주 6시간을 한도로 연장할 수 있다.

26) 법 제71조, 산후 1년이 경과되지 않은 여성에 대하여는 1일 2시간, 1주 6시간, 연간 150시간을 초과해서 연장근로 할 수 없다.

27) 근기 68207-3172, 2001.9.20.

28) 1일 6시간, 주 34시간.

29) 대판 66다592, 1966.6.7.

30) 임금근로시간 정책팀-3356, 2007.11.13.

31) 대판 90다14089, 1991.5.14.

아울러 5.1 근로자의날은 근기법상 주휴일과 같이 유급휴일로 정하고 있으므로 다른 날로 대체할 수 없다. 만약 대체하였더라도 당초의 5.1 근로자의날은 유급휴일 임금을 지급하여야 한다.[32)]

(1) 실무쟁점

1) 업종과 근로형태 변경

감시·단속적근로에서, 당초 적용제외의 기초가 된 근로계약이 변동되어 업종이나 근로형태가 변경되었다면, 그때부터는 적용제외대상이라고 할 수 없으므로 재인가를 받아야 한다. 그렇지 않으면 근로시간을 연장하거나 법정근로시간을 초과한 부분에 대해서는 별도의 가산임금을 지급해야 한다. 업종이 변경되거나 근로형태가 바뀌어 감시·단속적근로로 볼 수 없는 경우에는 적용제외 승인을 취소할 수 있다. 감시·단속적근로 적용제외 승인을 얻은 사업장에서 동 승인업무에 종사하는 근로자가 수행하는 해당업무를 용역업체에 위탁하였다가 원 사업체에서 다시 인수하여 운영하는 등 사업장 명칭 및 대표자가 변경되었다 하더라도, 사업을 포괄적으로 양도·양수하여 감시·단속적 적용제외 승인을 받은 근로자의 근로조건이나 종사업무, 근로형태, 승인 근로자수 등이 변경되지 않는 등 승인 당시의 요건이 변경되지 않았다면, 당초 양도인이 받은 승인의 효과는 양수인에게 이전되는 것으로 보아야 할 것이다.

2) 격일제근무

격일제근로자는 전일의 근로를 하였기 때문에 오늘 하루를 유급으로 쉴 수 있다. 역으로 격일제근무일에 하루를 결근한 경우는 이튿날 비번일과 함께 2일의 결근이 되는 것이다. 그러므로 비번 일을 단순히 무급휴무일로 볼 수는 없고 비번 일에도 소정근무일의 절반에 해당하는 12시간분의 소정임금을 지급받을 수 있다.[33)]

---

32) 일반근로자의 경우, 5.1에 근로한 경우 유급휴일임금과 유급휴일근로 가산임금 등 250%를 지급하여야 한다.

33) 임금근로시간-3961, 2006.12.27.

3) 감시·단속적근로자에 대한 최저임금 적용

감시·단속적근로자로 승인받은 자라도 최저임금 시간급을 적용한다. 다만, 노동시장의 변화추이 등을 감안하여 최저임금 시간급의 일정비율을 감액 조정해 왔다.[34] 감시·단속적근로자가 근로계약 등으로 수습사용 기간을 설정한 경우라도 수습근로자에 대한 감액규정은 별도로 적용되지 않는다. 그 이유는 수습사용한 날부터 3월 이내인 자에 대하여는 일반근로자의 「시간급 최저임금액」의 10%를 감하여 100분의 90을 적용하기 때문이다.[35]

감시·단속적근로자의 휴게시간 부여에 있어서, 24시간 격일제근무 근로자의 근로시간은 근로자가 잠시도 자리를 비울 수 없는 형태라면 24시간 전체를 근로시간으로 보아야 한다. 그러므로 휴게시간을 부여하고자 하는 경우에는 취업규칙, 단체협약, 근로계약 등에 명시하고 근로자가 충분히 인식한 상태에서 사용자의 지휘·감독에서 벗어나 사유롭세 이용하는 것을 보징할 수 있어야 한다.

다만, 긴급상황발생 등 비상연락체계 유지를 위해서는 최소한의 범위 내에서 사업장밖으로 나가는 것을 제한할 수는 있다. 사용자가 근로자의 휴게장소를 동일 근무장소(경비초소 등)로 특정하는 경우에는 근로 및 휴게의 구분이 곤란하므로 이를 휴게시간으로 볼 수 없는 것이 원칙이나, 근로형태의 특성상 근로자가 직접 휴게장소를 선택하는 경우라면 이를 휴게시간으로 인정할 수 있을 것이다.[36]

반대로 근로자가 작업시간의 도중에 현실로 작업에 종사하지 않은 대기시간

---

34) 2007.1.1~2007.12.31까지는 최저임금액 기준액의 30%, 2008.1.1~2011.12.31까지는 최저임금액 기준액의 20%, 2012.1.1~2014.12.31까지는 최저임금액 기준액의 10%를 감액 적용한다.

35) 최저임금법시행령 제3조.

36) 예를 들면, ○○아파트의 경비직근로자는 24시간 격일제근로를 하는데, 중식 1시간, 저녁 1시간, 야간 24:00~05:00 5시간, 총 7시간 휴식을 취하고 실제로는 17시간의 근로를 하도록 약정을 하였다. 실제로 근로자들은 야간휴게시간 동안 잠을 자기 위해 경비초소를 떠나 대기실에서 잠을 자는 등 휴식을 취해야 하나, 초소와 대기실간 왕복이 번거로워 근로자들 스스로 초소 내에서 반장 등의 관리감독 없이 쉬심과 휴식을 취하기도 하였다면 이는 휴게시간으로 보아야 한다는 것이다. 따라서 24:00~05:00 5시간은 임금이나 그에 따른 야간근로수당을 지급하지 않아도 무방하다.

이나 휴식·수면시간 등이라 하더라도 그것이 휴게시간으로서 근로자에게 자유이용이 보장된 것이 아니고 실질적으로 사용자의 지휘·감독 하에 있는 시간으로서 근로시간에 포함된다.[37)]

4) 단속적근로자의 근로시간 산정문제

단속적근로자가 전체 근로시간대 중에 일정 시간의 휴게시간이 포함되었다면 그 휴게시간은 전체근로시간에서 제외한다. 단속적근로자가 전체 근로시간 중 실제로 작업을 하지 않고 쉬는 휴식·취침시간은 근무시간이 아니다. 예를 들면, 발전소 보일러실의 기사 2명이 24시간 격일제로 근무하면서 아침 7시에 출근하여 다음날 아침 7시에 퇴근한다. 기사들은 야간에는 1명만 근무하고 1명은 잠을 자거나 쉬면서 교대로 보일러설비를 가동한다. 보일러실은 정상가동일 때는 단순히 과열 등을 보고 감시하기만 하는 단속적 작업이므로 서로 교대하면서 침실에서 자거나 쉬고 있다. 이때 사용자가 이러한 24시간 근무상황을 정확히 파악할 수 없어 임의로 하루 6시간(22:00~04:00)씩 휴식시간을 부여했다면 전체 24시간의 근로시간 중 휴식시간으로 부여한 6시간은 근무시간으로 볼 수 없다. 따라서 이 시간에는 야간근로수당을 지급하지 않아도 무방하다. 이러한 경우는 선박이나 준설작업을 하는 경우에도 유사하게 적용된다.

5) 승인을 받지 않은 감시·단속적근로자

감시·단속적근로에 해당하나 장관의 승인을 받지 않고 포괄임금형식의 임금지급방식을 채택하고 있는 경우가 있다. 이때는 월단위 법정제수당이 포함된 형태의 임금액을 기준근로시간을 기준으로 해서 실근로시간, 주휴시간, 연장근로시간, 야간근로시간, 휴일근로시간으로 구분하여 각각 총근로시간수를

---

37) 대판 92다24509, 1993.5.27 ; 대판 2006다41990, 2006.11.23. 1일 실제근로시간을 산정함에 있어 '휴식시간은 점심시간 1시간과 저녁시간 1시간이며, 야간에는 3~4시간 정도 수면을 취하고 있는 실정'이라는 일부 경비원들이 작성한 확인서를 근거로 하였으나 원고들이 이러한 사실을 부인하고 있고, 관리사무소가 작성한 관리원 근무수칙에는 '야간근무 중 계속 수면을 취하다 동 대표, 관리소장, 관리반장에게 적발시는 책임자 조치에 따른다.'라고 규정하고 관리반장이 주간에는 수시로, 야간에는 23시부터 다음날 05시까지 관리원들의 근무초소를 순찰하면서 감시·감독을 실행한 사실이 있다면, 이는 사용자의 지휘명령으로부터 완전히 해방되어 근로자들의 자유로운 이용이 보장된 것이 아니다.

산출하고 이를 합산하여 12개월로 나누면 월통상임금 산정기준시간이 산출된다. 이 시간으로 포괄임금을 나누면 시간급통상임금이 산출된다.

예를 들면, 1일 24시간 격일제[38] 근로자가 1일 근로시간이 19시간이고, 휴게시간이 5시간[39] 주휴일을 1주내의 특정일로 고정한 경우라면, 기본 8시간을 초과한 1일 연장근로시간은 11시간, 1일 야간근로시간은 5시간[40]이 된다. 이것을 각 항목별로 구분하여 산정해보면 다음과 같다.

1. 격일제 실근로시간 : 1일/19시간×365일÷2(격일제)=3,467시간
2. 유급처리되는 주휴시간 : 1주/8시간×365일÷7일=417시간
3. 야간근로가산수당 시간 : 1일/5시간×365일÷2(격일)×0.5=456시간
4. 연장근로가산수당 시간 : 1일/11시간×365일÷2(격일)×0.5=1,003시간
5. 휴일근로가산수당(2주당 주휴일에 1일 근로 가정) : 2주당 19시간×26주(365일÷14일)×0.5=247시간

합계((a)~(e)) 5,590시간÷12개월=465시간이 월통상임금산정 기준시간이 된다. 근로자가 받는 포괄형태의 임금이 170만원이라면 시급통상임금은 3,655원(170만원÷465시간)으로 시간급 최저임금(4,860원)에 미달하게 될 것이다. 따라서 사용자는 추가로 차액을 지급하여야 한다.[41]

---

38) 09:00~익일09:00.
39) 12:00~13:00, 18:00~19:00, 01:00~04:00.
40) 22:00~01:00, 04:00~06:00.
41) 월단위로 산정한다면 정상지급액 2,259,900원(465시간×4,860원)－기지급액 170만원 =559,900원.

제18장 교대제근로

1. 개념정의

교대제근로라 함은, 1일의 작업을 2개조 이상의 근로자들이 일정한 시간마다 조별로 교대로 작업하는 근로형태를 말한다. 이러한 교대제근로는 석탄, 철강, 정유 및 화학의 경우와 같이 업무의 중단이 생산 자체를 불가능하게 하거나, 중단된 업무의 재개비용이 너무 커서 경제적 타격을 줄 우려가 있는 경우나 수도, 전기, 가스, 운수, 통신업무와 같은 공공의 일상생활과 밀접한 관련이 있는 업무 등에 채택하는 것이 일반적이다.

교대제근로에서 실무상 문제가 되는 것은 근로형태가 법적 요건을 충족하는지, 근로시간은 어떻게 산정하는지, 주휴일과 휴가 등은 어떻게 부여하는지 등이 문제이다. 최근 장시간근로 개선과 관련하여 임금수준의 저하 없이 교대조를 늘릴 수 있는가 하는 것이 논란이 되고 있다.[1)]

교대제근로에 대해서는 취업규칙의 기재사항이라는 점 이외에 노동법상 달리 규정은 없다. 따라서 사업장에서 교대제근로제를 채택, 운용하고 있는 경우 근기법상의 일반규정이 그대로 적용되어야 하는 것이 원칙이다.

교대제근로가 적법하려면 교대조의 편성방법, 휴일, 야간·연장근로의 채택여부 및 근로시간, 휴게, 휴일의 부여방법 등에 관한 사항이 근기법상의 요건을 충족하여야 한다. 교대제유형은 일반적으로 2조격일제, 2조1일2교대제, 3

---

1) 근로자는 종전 임금수준의 손실 없이 근로시간이 단축되거나 교대조가 늘어나는 것은 환영할 입장이지만, 기업은 임금부담이 늘어나서 반대하는 입장도 있을 것이다.

조1일2교대제, 3조1일3교대제, 4조1일3교대제 등이 있다. 교대제는 장시간 근로의 위험이 있고 휴게시간과 휴일 등 관련되는 근로조건을 설정하는데 있어서 근로자의 권익이 침해될 우려가 크므로 반드시 취업규칙이나 근로계약 등에 명확한 규정을 마련해 두고 운용해야 한다. 근기법상 1일 8시간의 근로원칙을 준수하기 위해서는 4조1일3교대제가 바람직하다.

2. 교대제 도입

(1) 교대제도입과 취업규칙

교대제근로에 관한 사항은 취업규칙의 필요한 기재사항이다.[2)] 따라서 사용자가 신규 입사하는 근로자에게 교대근로를 시킬 경우에는 취업규칙에 정한 교대제근로에 관한 사항을 주지시키고 근로계약상 근로조건으로 명시하여야 한다. 재직 중인 근로자에게 교대제근로를 새로이 적용하거나 기존의 근로형태를 교대제로 변경할 경우에는 취업규칙 변경에 따른 절차를 거쳐야 하며, 교대제근로가 근로자에게 불이익하다고 판단될 경우에는 근로자과반수로 조직된 노동조합 또는 근로자과반수의 동의를 얻어야 한다.

일단 교대근로제를 설정했으면 작업에 투입될 교대조는 규칙적으로 정해지고 사전에 예측이 가능해야지 근무조가 수시로 변동되어서는 안된다.

통상근무를 계속해 온 특정 직종 근로자를 교대제근무자로 변경할 경우는 취업규칙 불이익변경에 해당한다. 따라서 이러한 경우 근로자과반수로 구성된 노동조합 또는 근로자과반수의 동의를 얻어야 한다.[3)] 예를 들면, 종전 취업규칙에는 통상근무자의 근로시간과 교대제근무자의 근로시간만을 정하고 있고, 사업장 내에서 어느 직종이 통상근무자이고 어느 직종이 교대제근무자인지는 정하지 않은 상태에서 관례적으로 특정 직종은 통상근무, 특정 직종은 교대제근무를 계속하여 왔다. 이 경우, 취업규칙을 개정하면서 통상근무를 하여 오던 특정 직종을 교대제근로자로 명시하는 경우 불이익변경에 해당할 수도 있다.

---

2) 근기법 제93조제1호, 제94조.

3) 근기 68207-935, 2003.7.23. 법 제94조제1항단서.

취업규칙에 정하여진 순환보직 및 순환전보 규정에 따라 교대제근무자를 주간근무자로 배치전환 할 수 있다. 이 경우 순환체계에 따라 근로자가 속한 근무조가 야간 근무조에서 주간 근무조로 순환 변경되고, 그로 인해 일정기간 일시적으로 야간근로수당이나 휴일근로수당이 발생하지 않아 금전적 손실이 있다고 하더라도 이를 불이익처분이라 보기는 어렵다.

다만, 야간근무만을 담당하는 별도의 조에 속한 근로자가 주간근무조만 전담하는 부서로 배체전환 되고, 그로 인해 앞으로는 야간·휴일근로 수당이 발생되지 않게 되어 실질적인 총임금이 하락하였다면, 금전적 불이익이 발생할 수 있으므로 불이익변경에 따른 절차를 거쳐야 할 것이다. 근로형태를 3조3교대제에서 4조3교대제로 변경하는 것은 불이익변경에 해당하지 않는다.[4)]

(2) 법정근로조건 준수

교대제를 설계할 경우, 법정근로조건[5)]을 준수하도록 교대제를 편성하여야 한다. 근로시간을 산정할 경우 통상 역일에 따라 1일은 0시부터 24시까지가 원칙이나 교대제근로에서 1조의 계속근무가 역일상 2일에 걸치더라도[6)] 업무를 시작한 날의 1일을 근로한 것으로 보아야 한다.

1) 주휴일

주휴일 등의 경우, 0시부터 24시까지 역일단위로 연속해서 부여하는 것이 원칙이나 교대제 운영상 불가피한 경우, 1주일에 평균 1회 이상 계속해서 24시간의 휴식이 부여되면 주휴일을 부여한 것으로 본다. 주휴일에 해당하는 날은 소정근로시간에 대한 시간급통상임금을 유급으로 지급하여야 한다.[7)] 교대제의 특성상 전체근로자에게 일률적으로 부여하지 못하지만 조별로 미리 주휴일을 예측하도록 사전에 지정되어야 하고, 휴무일이 많은 경우에는 어느 휴무일을 주휴일로 할 것인지를 명확히 결정해 두어야 한다. 그렇지 않고 임의로

4) 근기 68207-1732, 1994.11.4.
5) 주휴일, 기준근로시간, 연장근로, 휴게시간, 휴가, 야간근로 등.
6) 예) 1.1. 22:00~1.2. 08:00 근로한 경우.
7) 1일 소정근로시간이 7.5시간인 경우 : 7.5시간×시간급통상임금 5,500=41,250원.

휴무일 중 하루를 유급으로 지급하고 주휴일을 부여한 것으로 갈음한다면 결과적으로 무급 휴무일에만 초과근로를 한 것으로 간주하여 사실상 주휴일에 대한 가산임금 지급을 피할 수도 있기 때문이다.[8] 주휴일에 근로하였을 경우는 그날의 근로시간에 대해 가산임금을 지급해야 한다.[9]

휴일근로는 불가피한 경우에 한정하도록 해야 하며 휴일근로를 예상하고 교대조를 편성해서는 안된다. 주휴일 이외에 약정휴일이 있는 경우는 비교대자와 동일하게 부여해야 한다.

2) 연장근로한도 준수

교대제라도 기준근로시간을 초과하는 연장근로는 당사자간 합의가 있어야 하고 합의시간은 1주에 12시간을 초과할 수 없다.[10] 이때 주당 총근로시간은 기준근로시간에 12시간을 더한 시간, 즉, 주44시간제의 경우는 56시간(44시간+12시간), 주40시간제를 도입한 사업장은 52시간(주 40시간+12시간) 이내라야 한다.

다만, 육상운송 및 파이프라인운송업(노선여객자동차운송사업 제외), 수상운송업, 항공운송업, 기타 운송관련 서비스업, 보건업은 주 12시간 연장한도를 초과한 근로가 가능하다.[11]

그러나 임신 중인 여성은 연장근로를 시킬 수 없고, 산후 1년이 경과하지 않은 여성의 연장근로시간은 단체협약이 있더라도 1일 2시간, 1주 6시간, 1년 150시간을 초과할 수 없으며, 18세 미만 연소자는 1일 1시간, 1주 5시간을 초과할 수 없다.[12]

기타 휴게시간, 연차유급휴가, 생리휴가, 산전후휴가 등 법정휴가와 근로자와 사용자가 약정한 휴가는 비교대제근로자와 동일하게 부여해야 한다.

교대제 중에 발생하는 야간근로에 대하여는 가산임금이 지급되어야 하고,

---

8) 즉, 1년을 기준으로 할 때, 월평균 4.3주(365÷7일)가 들어 있으므로, 교대제에서 소정근로일을 개근하였을 경우는 휴무일 중 4.3일을 시간급통상임금으로 산정하여 지급하는 방식을 말한다(근기 68207-671, 2001.2.28 ; 근기 68207-1540, 2001.5.12).

9) 근기법 제56조.

10) 근기법 제53조제1항.

11) 근기법 제59조.

12) 근기법 제69조, 제71조.

야간근로시 연소자와 산후 1년 미만 여성은 본인의 동의와 고용부장관의 인가가 있어야 하며 임신 중인 여성은 본인의 명시적인 청구와 장관의 인가가 필요하다. 인가의 효과는 인가일 이전으로 소급할 수 없으므로 사전에 근로자 개인별로 인가를 받은 후 야간·휴일근로에 투입하여야 한다.[13]

3) 연차유급휴가부여

교대제근로에 있어서도 연차유급휴가부여방식은 일반근로자와 다를 바 없다. 다만, 교대제근로의 특성상 4조3교대처럼 근로시간이 짧으면서도 정상근로에 비해 휴무일이 상대적으로 많은 경우는 근로자나 사용자 모두가 휴일대체를 원할 수 있다. 이 경우 사용자는 근로자대표와 서면합의를 통해 연차유급휴가일에 갈음하여 특정 근로일에 근로자를 휴무시킬 수도 있다.[14] 다만, 휴가는 근로의 의무가 있는 소정근로일에 임금을 지급하고 근로의무를 면제해주는 것이므로 휴가를 대체할 수 있는 특정근로일은 소정근로일이지 휴일이나 휴무일이 될 수는 없다. 그렇다면, 교대제근로는 3일 근로 1일 휴무, 4일 근로 2일 휴무, 5일 근로 2일 휴무 등 근무조가 많을 경우 휴무일이 많은데 이날은 소정근로일이 아닌데도 연차유급휴가일로 대체할 수 있을지 여부가 문제이고, 대체가 가능하다면, 휴무일을 전체 휴가일의 중간[15]에 두었을 경우 전체 사용일수를 어떻게 볼 것인지 여부가 쟁점이다.

행정해석에 의하면, 적법한 절차를 거쳐 취업규칙으로 정한 경우, 토요휴무일에도 유급휴가의 대체가 가능하고,[16] 근로자과반수로 조직된 노동조합이 단체협약으로 대체할 근로일을 결정할 권한을 사용자에게 명시적으로 인정한 경우에는 사용자가 그 단체협약에 의거 근로자대표와의 별도의 서면합의없이 휴가일을 대체할 근로일을 지정할 수도 있다.[17] 따라서 교대제로 인해 휴무일이 발생할 경우 그날을 연·월차유급휴가일로 대체 사용하는 것이 가능하다.

13) 근로감독관집무규정 제67조.
14) 근기법 제62조.
15) 3일의 휴가를 사용하면서 토요근무일과 휴무일 월요근무일로 신청할 경우.
16) 근기 68207-1585, 2000.5.24.
17) 근로기준과-5454, 2004.10.12.

연·월차유급휴가일의 중간에 유급휴일이 있는 경우는 그 날을 제외한 기간을 휴가일수로 산정하고, 중간에 무급휴일이 있는 경우는 그 날을 포함하여 휴가일수를 산정하여야 한다. 이 같은 해석은 경조사휴가 등 약정휴가일 경우도 마찬가지다.[18]

3. 교대제 유형

(1) 교대제근무조 편성

교대제근로는 심야근로, 연속 24시간근로 등 근로자의 건강과 안전에 위험요소가 많은 만큼, 사용자는 근로자의 생체리듬을 고려하여 최초로 교대근로에 투입되는 근로자에 대하여는 "아침→낮→밤"으로 순환하는, 이른바 전진근무방시으로 순차적인 근무시간표를 편성하고 교대제형태는 가급적 4조3교대로 운영하는 것이 좋다.[19] 교대조는 반드시 예비근무조가 있도록 편성[20]하는 것이 바람직하고, 규칙적으로 조를 편성하고 근로와 일상에서 예측이 가능한 생활이 되도록 배려하여야 하며, 야간근무의 횟수는 가능한 적게 하고 연속적인 야간근무는 피하여야 한다.

근로자의 건강을 배려하여 야간근로를 포함한 1회의 근로시간은 가능한 8시간을 초과할 수 없도록 하고, 근무간격은 1회 근무와 다음근무는 16시간 이상, 부득이한 경우에도 12시간 이상으로 배치하여야 한다. 1주 근로시간은 가급적 기준시간 미만으로 하고 초과근로는 부득이한 경우가 아니면 제한한다.

1) 2조격일제교대제

구 분	제1일(월)	제2일(화)	제3일(수)	제4일(목)	제5일(금)	제6일(토)	제7일(일)
제1조	근무		근무		근무		근무
제2조		근무		근무		근무	

2조격일제 교대제는, 08:00~다음날 08:00까지 24시간을 연속근로하고 그

18) 근기 01254-3483, 1988.3.8 ; 근기 1455-8076, 1970.8.26.
19) 임금근로시간-3287, 2007.11.5.
20) 4조3교대, 5조3교대 등.

다음날 24시간을 휴무하는 근로형태를 말한다. 이 제도는 야간근로를 필수적으로 해야 하고, 지나치게 긴 근로시간으로 인해 건강상 심각한 문제가 있을 수 있다. 주로 아파트경비, 운수업 등 근로시간보다 대기시간이 많은 업종 등에서 활용한다. 2개 근무조 중 제1조는 4일간(월, 수, 금, 일) 총 96시간을 근로하고, 제2조는 3일간(화, 목, 토) 총 72시간을 근로하여 법 위반이 되므로 원칙적으로 활용이 불가능하다. 조별 주당 평균 근로시간은 다음과 같다.

☞ (1일 24시간×365일÷2개조)÷52주=주당 평균 84.2시간>40(44), 법정근로시간을 초과한다.

이 경우는 당사자간 합의로 주 12시간을 초과근로 하더라도 52시간을 초과하므로 법위반이다. 실무상 휴게시간을 1일 6.5시간(중식 1, 석식 0.5, 야간취침시간 5시간)을 부여하면 실근로시간은 다음과 같이 줄어들지만 합법적인 수준이 될 수 없다.

☞ (1일17.5시간×365일÷2개조)÷52주=주당 평균 61.4시간>52(56)

다만, 근로시간 및 휴게시간의 특례업종에 해당하고 노사가 서면으로 합의할 경우와 근로시간·휴일·휴게 적용제외 직종에 해당하여 고용부장관의 승인을 얻은 경우에는 적용(1주 7일, 1일 24시간 격일제근로)이 가능하다.

2) 2조2교대제

구 분	첫째 주		둘째 주	
	제1일–제6일	제7일	제8일–제13일	제14일
제1조	1 근무조	휴무	2 근무조	휴무
제2조	2 근무조	휴무	1 근무조	휴무

☞ 주40시간제의 경우는 각 조별로 5일간(제1일–제5일, 제8일–제12일)근로하고 2일(제6일–제7일, 제13일–제14일)을 휴무하는 형태가 될 것이다.

2조2교대제는, 2개조가 1일을 전·후반으로 구분[21)]하여 6일간을 가동하고 7일째는 휴무하는 형태이다. 이 제도는 주로 자동차, 제철소 등 금속제조부분에서 발견된다. 전체적인 근로시간은 사정에 따라 24시간 연속 가동일수도 있

21) 모형1 : 1근무조는 08:00~20:00, 2근무조는 20:00~08:00로 각 12시간씩 총 24시간 근로, 모형2 : 1근무조는 06:00~15:00, 2근무조는 15:00~24:00로 각 9시간씩 총 8시간.

고, 그 이하 일 수도 있다. 각조가 부담하는 근로시간의 양과 법적 적합성은 다음과 같다.

① 조별 9시간근로(1일 총18시간 가동)

총근로시간은 54시간{9시간(8시간+휴게시간1)×6일(주 40시간, 5일근무)}, 휴게시간을 제외하고 실근로시간은 48시간이다. 따라서 주40시간제 사업장의 경우 실근로시간이 기준근로시간을 초과하지 않았으므로 법위반이 없다.

② 조별 12시간근로(1일 총24시간 가동)

ⓐ 주40시간제 5일근로

1일/12시간[22]×5일=구속시간 60시간, 휴게시간(5시간)을 제외한 실근로시간은 55시간[23]이다. 당사자간 합의가 있다고 해도 주 12시간의 연장근로 한도[24]를 초과한 법위반이다. 다만, 업종이 2조2교대를 필요로 한다면 사실상 주5일근로는 가정하기 어려울 것이다.

ⓑ 주44시간제 6일근로

1일/12시간[25]×6일=구속시간 72시간, 휴게시간을 제외한 실근로시간 66[26]으로서 당사자간 합의가 있다고 해도 주 12시간의 연장근로 한도[27]를 초과한 법위반이다.

위와 같이 판단할 때, 2조2교대, 조별 12시간근로, 주 6일간 24시간 가동근로는 그 자체로는 법[28] 위반이다. 따라서 당사자간 합의로 연장근로 한도까지 근로를 하면서도 전체 구속시간 중 휴게시간을 1시간 이상으로 확대하여 실근로시간을 연장근로 한도 이내로 줄이거나, 근무조를 늘려서 조별 근로시간을 단축하는 방법이 효과적이다.

---

22) 8시간+휴게시간 1시간+연장근로3시간.
23) 11×5일, 법정근로 40시간, 연장근로 15시간
24) 40+12=52시간.
25) 8시간+휴게시간 1시간+연장근로3시간.
26) 11시간×6일, 법정근로 44시간, 연장근로 22시간.
27) 44+12=56시간.
28) 법 제50조, 제53조제1항.

③ **제도적으로 24시간 가동이 가능한 경우**

1. 탄력적근로시간제를 도입한 사업장에서 당사자간 연장근로에 관한 합의가 있는 경우는 2주 이내의 탄력적근로시간제는 특정주에 60시간(48시간+12시간)까지, 3월 이내의 경우는 특정주에 64시간(주40시간제, 52+12)까지 근로할 수 있으므로 1주일의 가동일 중 부분적으로 24시간 가동이 가능하다.

2. 근로시간 및 휴게시간의 특례업종에 해당하고 노사가 서면으로 합의할 경우(법 제59조) 연장근로 한도인 주 12시간 이상으로 근로할 수 있으며, 근로시간·휴일·휴게 적용제외 직종에 해당하는 경우(법 제63조)에는 위 근무표대로 1일 24시간까지 가동이 가능하다.

연장근로가 금지되거나 제한을 받는 임신 중인 여성[29]과 연소자,[30] 산후 1년 미만 여성[31]은 그 한도를 초과해서는 적용할 수 없고 야간근로의 경우는 인가를 받아야 한다. 주휴일은 휴무일을 시간급통상임금으로 산정(8시간분)하여 유급으로 부여하면 될 것이다.

3) 3조2교대제

구 분	제1일	제2일	제3일	제4일	제5일	제6일	제7일
제1조	휴무	A	B	휴무	A	B	휴무
제2조	A	B	휴무	A	B	휴무	A
제3조	B	휴무	A	B	휴무	A	B

3조2교대제는, 근무조는 3개조로 편성하고, 1개조는 윤번제로 쉬면서 1일을 2개조가 각 12시[32]간씩 나누어 근로하되 각 조별로 순차적으로 근무하는 형태다. 이러한 형태는 주로 물품보관, 운수업 등 공익성사업이나 자동화된 제조업 공정에서 주로 활용한다. 위 표와 같이 근로할 경우 각조별로 실제근로시간과 휴게시간을 제외한 실근로시간, 연장근로시간은 아래와 같다.

29) 연장근로금지.
30) 1일 1시간, 주 6시간.
31) 1일 2시간, 주 6시간, 1년 150시간.
32) 1조 08:00~20:00, 2조 20:00~08:00.

① 제1조

1일12시간×4일=48시간−휴게시간 4시간=실근로 44시간(1일11시간)

− 일단위 연장근로시간 : 1일 3시간(8시간 초과분)×4일=12시간

− 주단위 연장근로시간 : 주40시간제의 경우는 주4시간

주40시간제 사업장은 주 4시간의 초과근로가 발생하게 된다. 초과근로시간에 대해서는 가산임금을 지급(법 제56조)해야 하고 당사자간 연장근로에 관한 합의(법 제53조제1항)가 있어야 한다.

② 제2조 및 제3조

1일12시간×5일=60시간−휴게시간 5시간=실근로 55시간(1일11시간)

− 일단위 연장근로시간 : 1일 3시간(8시간 초과분)×5일=15시간

− 주단위 연장근로시간 : 주40시간제의 경우는 주 15시간

일 단위는 공통적으로 1일 3시간 5일간 15시간의 초과근로가 발생한다. 주40시간제의 경우는 주 15시간의 연장근로가 발생한다. 연장근로를 하려면 당사자의 동의가 필요하고 법정근로시간을 초과한 시간에 관해서는 가산임금을 지급해야 한다. 다만, 주40시간제의 경우는 총 52시간(40+12)만 근로할 수 있으므로 법위반이 된다. 따라서 법위반 없이 제도를 운용하려면 위 근무편성표상 총근로시간에서 휴게시간을 확대하여 실근로시간이 주 52시간 이내로 줄여야한다.[33)]

구 분	근로일	구속시간		휴게시간		실근로시간		연장근로시간	
		1일	1주	1일	1주	1일	1주	1일초과	1주초과
제1조	4일	12	48	1	4	1	44	3	12
제2조	5일	12	60	1.6	8	10.4	52	2.4	12
제3조	5일	12	60	1.6	8	10.4	52	2.4	12

다만, 근로시간 및 휴게시간의 특례업종에 해당하고 노사가 서면으로 합의할 경우(법 제59조)와 근로시간·휴일·휴게 적용제외 직종에 해당하는 경우(법 제63조)에는 적용이 가능하다.[34)]

33) 총 60시간−휴게시간 8시간(1일 1.6시간×5일)=52시간(1일 10.4시간(12−1.6)×5일)이 실근로시간이 된다.

34) 운수·물품판매 및 보관업·금융보험업·영화제작 및 흥행업·의료위생·접객업·통신업·교육연

2개 근무조가 1일을 전·후반으로 구분하여 주단위로 순번을 바꿔가며 근무하는 제도이므로, 임신중인 여성[35]과 연소자,[36] 산후 1년 미만 여성[37] 등 연장근로가 금지되거나 제한을 받는 근로자는 적용할 수 없다. 주휴일은 24시간 휴무일 중 주휴일로 정한 하루를 유급[38]으로 부여하면 될 것이다.

4) 3조3교대제

구 분	제1주		제2주		제3주	
	제1일~제6일	제7일	제1일~제6일	제7일	제1일~제6일	제7일
1조	1근무조	휴일	2근무조	휴일	3근무조	휴일
2조	2근무조	휴일	3근무조	휴일	1근무조	휴일
3조	3근무조	휴일	1근무조	휴일	2근무조	휴일

3조3교대제는, 1일을 3개조가 조별로 8시간씩 분담(1조 : 00:00~08:00, 2조 : 08:00~16:00, 3조 : 16:00~24:00)하여 24시간을 쉬지 않고 가동하는 형태이다. 다만, 주 6일간을 가동하고 7일째는 주휴일로서 공장가동을 중단하고 모든 조가 하루를 쉬는 형태, 공장 전체를 주 7일간 쉬지 않고 가동하면서 각 조별로 돌아가면서 6일마다 1일씩 규칙적으로 휴일을 부여하는 형태[39]가 있다. 주6일제 근로로 하느냐 7일제 근로를 하느냐에 따라 휴무일과 근로시간은 달라진다. 주7일제 근로의 경우 1개조가 휴무하는 날은 다른 1개조가 8시간 연장근로를 하는 방안과 2개조가 4시간씩 연장근로(1일12시간)를 하는 방안 등이 있다.

구분	월	화	수	목	금	토	일	월	화	수	목	금	토	일
1조	근무	근무	근무	근무	근무	휴일	근무	근무	근무	근무	근무	근무	휴일	근무
2조	근무	근무	근무	휴일	근무	근무	근무	근무	근무	근무	휴일	근무	근무	근무
3조	근무	휴일	근무	근무	근무	근무	근무	근무	휴일	근무	근무	근무	근무	근무

구 및 조사업·광고업·소각 및 청소업·이용업·사회복지사업 등 법 제59조에서 정한 업종으로서 근로자대표와 서면합의를 한 경우는 주 12시간 한도를 넘어 그 이상 시간으로 초과근로 할 수 있다(법 제53조제1항).

35) 연장근로 금지.

36) 1일 1시간, 주 6시간.

37) 1일 2시간, 주 6시간.

38) 시간급통상임금의 8시간분.

39) 철강, 유리제조 등 공정을 중단할 수 없는 경우.

- 1일 3개조 근무일(조별8시간×3)
- 1조 00:00~08:00, 2조 08:00~16:00, 3조 16:00~24:00
- 1일 2개조 근무일(조별12시간×2)
- 1조 00:00~12:00, 2조 12:00~24:00

① 주 6일 가동, 1일 전체휴무

각 조는 총 8시간의 구속시간 중 근로시간 도중에 휴게시간을 30분만 부여한다면 실근로시간은 1일 7.5시간으로서 주당 6일 총 45시간까지 가능하다. 따라서 당사자간 합의만 있다면 주 12시간까지 연장근로 할 수 있으므로 법위반 문제는 없다. 주 6일 가동 후 전체 1일 휴무제의 경우 1인당 평균 근로시간은 다음과 같다.

☞ 1일 7.5시간×6일=45>40(44), 주 12시간 연장근로 합의시 45<52(56)

② 주 7일 계속가동, 조별 윤번휴무

1주 7일근무제를 택하면서 연중 휴무없이 계속가동 할 경우, 휴일이 다소 불규칙하게 되는 문제가 있고, 근무조가 바뀌면서 1일 2개조가 근무하는 날은 다른 조의 휴무에 따라 일시에 연장근로가 증가[40]되어 산재위험에 노출되는 등 건강상 문제가 있을 수도 있다. 7일을 계속 가동하는 경우 1인당 평균 근로시간은 다음과 같다.

☞ 제1조·제2조 기준 : 195시간(26일×1일7.5시간)+32시간(1일 12시간, 8회)=227시간, 주당 평균 52.3시간>40(44), 1일 8시간초과 연장근로 32시간(3조의 경우, 25일 근로, 총187.5시간)

조별 주당 평균근로시간은 법정근로시간을 초과하고 1일 8시간을 초과한 연장근로가 32시간에 이른다. 따라서 주 12시간까지 연장근로를 하는데 합의를 하여야한다.

연장근로가 금지되는 임신 중인 여성과 제한을 받는 연소자·산후 1년 미만 여성은 법정 한도를 초과하여 근로시킬 수는 없으며, 근로시간대가 야간근로에 해당할 경우는 당사자의 동의와 인가 등을 받아야 한다.

주휴일의 경우는 교대조별로 6일째 근무를 마치고 교대하는 시간으로부터

40) 1일 12시간 근로, 각 조가 4시간씩.

부여되는 24시간의 휴무일에 대해 소정근로시간(7.5시간)에 대한 시간급통상임금을 지급하면 된다.

5) 4조3교대제

4조3교대제는 4개근무조를 편성하여 1개조는 예비조로서 윤번으로 쉬고, 나머지 3개조가 조별 8시간씩 1일 24시간을 근로[41]하는 근무형태로서 가장 이상적인 모형이다. 이 모형은 사업장의 형태에 따라서 4개조가 조별로 4일 근무 후 1일 또는 2일을 휴무하는 형태, 5일 근무 후 1일 또는 2일을 휴무하는 형태, 6일 근무 후 2일 휴무하는 형태로 변형운용이 가능하고, 이와 다른 형태의 모형도 적용이 가능하다. 4조3교대제 형태에서 1인당 실근로시간을 살펴보면 다음과 같다.

① 〈모형 1〉 3일 근무 1일 휴무제

이 모형은 4개 근무조가 3일을 근로하고 1일을 쉬는 것을 반복하는 형태로서 1일을 쉬고 난 다음에는 반드시 근무조가 바뀌게 된다. 휴무일은 3일을 주기로 규칙적으로 부여된다.

구 분	1일	2일	3일	4일	5일	6일	7일	8일	9일	10일	11일	12일	13일	14일	15일	16일
1조	1근	1근	1근	휴무	2근	2근	2근	휴무	3근	3근	3근	야휴	1근	1근	1근	휴무
2조	휴무	2근	2근	2근	휴무	3근	3근	3근	휴무	1근	1근	1근	휴무	2근	2근	2근
3조	2근	휴무	3근	3근	3근	야휴	1근	1근	1근	휴무	2근	2근	2근	휴무	3근	3근
4조	3근	3근	야휴	1근	1근	1근	휴무	2근	2근	2근	휴무	3근	3근	3근	휴무	1근

→ 야휴는 전일 야간근무(3근, 16:00~24:00) 후 휴무.

(a) 1조 : 23일근로×1일 휴게시간 30분 제외, 실근로 7.5시간=172.5시간×12월÷52주
=주당 평균 39.8시간 근로, 월 7일 주당 평균 1.6일간의 휴무일 부여

(b) 2조 : 22일근로×1일 휴게시간 30분 제외, 실근로 7.5시간=165시간×12월÷52주
=주당 평균 38시간근로, 월 8일 주당 평균 1.8일간 휴무일 부여

(c) 3조 : 22일근로×1일 휴게시간 30분 제외, 실근로 7.5시간=165시간×12월÷52주
=주당 평균 38시간근로, 월 8일 주당 평균 1.8일간 휴무일 부여

(d) 4조 : 23일근로×1일 휴게시간 30분 제외, 실근로 7.5시간=172.5시간×12월÷52주
=주당 평균 39.8시간 근로, 월 7일 주당 평균 1.6일간의 휴무일 부여

---

41) 1근무조 00:00~08:00, 2근무조는 휴무, 3근무조 08:00~16:00, 4근무조 16:00~24:00.

조별로 근로자 1인당 근로시간은 주 평균 40시간 미만으로 기준근로시간 범위 안에 있으므로 연장근로문제는 없다. 주휴일은 조별로 월 7~8일간, 주당 평균 1.6~1.8일의 휴무가 돌아오는데 1조를 기준으로 보면 월 7일의 휴무일을 부여받는다. 주는 1월당 평균 4.3주[42]가 들어 있으므로, 사용자는 4.3주×시간급 통상임금의 7.5시간분을 계산하여 유급으로 지급하고 나머지 2.7일은 무급으로 휴무를 부여하면 1개월의 주휴를 모두 부여하는 것이다. 다만, 휴일근로 가산임금지급과 관련하여 휴무일 가운데 주휴일로 정한 날을 사전에 특정해 두는 것이 좋다. 위 계산식에서는 1월간을 기준으로 산정하였으므로 각 조별로 근로시간 등에 다소 차이가 있으나, 연간 개념으로 환산하면 각조의 근무시간과 휴일은 대체로 동일할 것이다.

② 〈모형 2〉 5일근무 1일(2일) 휴무제

이 모형은 조별로 5일을 근로하고 2일을 쉬고, 근무조가 바뀌면 다시 5일을 하고 1일을 쉬는 형태를 반복하는 모형이다. 조별로 근무배치표와 근무시간은 다음과 같다.

구 분	1일	2일	3일	4일	5일	6일	7일	8일	9일	10일	11일	12일	13일	14일	15일	16일	17일	18일	19일	20일
1조	3근	3근	3근	3근	3근	야휴	휴	1근	1근	1근	1근	1근	휴	2근	2근	2근	2근	2근	휴	휴
2조	야휴	휴	1근	1근	1근	1근	1근	휴	2근	2근	2근	2근	2근	휴	휴	3근	3근	3근	3근	3근
3조	1근	1근	휴	2근	2근	2근	2근	2근	휴	휴	3근	3근	3근	3근	3근	야휴	휴	1근	1근	1근
4조	2근	2근	2근	휴	휴	3근	3근	3근	3근	3근	야휴	휴	1근	1근	1근	1근	1근	휴	2근	2근

→ 야휴는 전일 야간근무(3근, 16:00~24:00)후 휴무.

(a) 1조 : 24일 근로×1일 휴게시간 30분 제외, 실근로 7.5시간=180시간×12월÷52주
=주당 평균 41.5시간 근로, 월 6일, 주당 평균1.4일간의 휴무일 부여

(b) 2조 : 22일근로×1일 휴게시간 30분 제외, 실근로 7.5시간=165시간×12월÷52주
=주당 평균 38시간근로, 월 8일, 주당 평균 1.8일간의 휴무일 부여

(c) 3조 : 22일근로×1일 휴게시간 30분 제외, 실근로 7.5시간=165시간×12월÷52주
=주당 평균 38시간근로, 월 8일, 주당 평균 1.8일간의 휴무일 부여

(d) 4조 : 23일근로×1일 휴게시간 30분 제외, 실근로 7.5시간=172.5시간×12월÷52주
=주당 평균 39.8시간 근로, 월 7일, 주당 평균 1.6일간의 휴무일 부여

42) 365일÷7÷12월.

조별로 근로자 1인당 근로시간은 1조를 제외하고는 주 평균 40시간 미만으로 기준근로시간 범위 안에 있다. 주휴일은 조별로 월 6~8일간, 주당 평균 1.4~1.8일의 휴무가 돌아오는데 1조를 기준으로 보면 월 6일의 휴무일을 부여받는다. 주는 1월당 평균 4.3주[43]가 들어 있으므로, 사용자는 4.3주×시간급통상임금의 7.5시간분을 계산하여 유급으로 지급하고 나머지 1.7일은 무급으로 휴무를 부여하면 1개월의 주휴를 모두 부여하는 것이다. 다만, 위 계산식에서는 1월간을 기준으로 산정하였으므로 각 조별로 근로시간 등에 다소 차이가 있으나, 연간 개념으로 환산하면 각 조의 근무시간과 휴일은 대체로 동일할 것이다.

다만, 4조3교대는 24시간 가동을 전제로 하므로 근무조에 따라 야간[44]·휴일근로가 필수적이다. 조별로 야간·휴일근로가 들어갈 경우는 18세 이상의 여성의 경우는 동의를 받아야 하고, 임신 중인 여성은 명시적인 청구·18세 미만자의 동의·산후 1년 미만자의 동의에 더하여 고용부장관의 인가를 받아야 한다.

43) 365일÷7÷12월.
44) 22:00~06:00.

제19장 휴 일

1. 개념정의

휴일이란, 법이나 단체협약, 취업규칙에 정하는 바에 따라 「계속적인 근로관계에서 근로자가 사용자에 대해 근로제공의무가 없는 날」을 말한다. 사용자는 1주일의 소정근로일을 개근한 근로자에게 1주일에 평균 1회 이상의 유급휴일을 주어야 한다.[1] 휴일을 부여하는 목적은 1주간의 근로로 누적된 피로회복과 건강을 확보하고, 여가의 선용을 가능하도록 하여 사회·문화적인 활동을 돕는데 있다. 휴일은 실무상 법정휴일과 약정휴일로 나눈다.

「법정휴일」은, 1주간 일하기로 정한 날(소정근로일)을 개근한 근로자에게 유급으로 부여하는 주휴일과 5.1 근로자의날[2] 2가지 뿐 이다. 근로자의날은 근기법에 의한 유급휴일로 정하고 있으므로, 그 날이 소정근로일인지 비번일인지 불문하고 통상 1일 근로했을 경우 지급받는 임금을 주고 쉬도록 한다.[3] 다만, 그 날이 소정근로일에 해당할 경우는 휴일근로수당으로 통상임금의 50% 이상을 가산지급 하여야한다.[4] 근로자의날은 다른 날로 대체할 수 없다.[5]

---

1) 법 제55조, 영 제30조.

2) 근로자의날은, 근로자의날 제정에 관한 법률,(법률 제4738호, 1994.3.9)에 의거 「근로기준법에 의한 유급휴일」로 하도록 정하고 있으며, 다른 날로 대체할 수 없다(근기-829, 2004.2.19). 따라서 근기법 제55조에 의한 주휴일과 같이 당일 근로제공이 없더라도 정상근로일의 소정근로시간에 대한 임금을 지급해야 하고(근로기준-2116, 2004.4.29), 당일 근로를 할 경우는 근기법 제56조에 의거 통상임금의 50% 이상을 가산하여 지급하여야 한다(대판 90다14089, 1991.5.14).

3) 근로기준-2571, 2005.5.11.

4) 대판 90다14089, 1991.5.14.

5) 임금근로시간-3356, 2007.11.13 ; 근기-829, 2004.2.19.

「약정휴일」은 단체협약이나 근로계약, 취업규칙 등 당사자간 약정으로 그 날에 대해서는 근로제공의무와 대가적인 임금지급의무가 없다고 정한 날로서, 약정휴일에 대한 유급·무급 선택은 당사자간 약정하기 나름이다. 이 같은 휴일의 제정취지로 인해 사용자가 국경일, 공휴일 등 달력상 붉게 표시된 날을 휴일로 하지 않는다고 해서 법위반이라고 할 수는 없다.

주휴일과 근로자의날 등 법정휴일은 법적요건에 부합한다면 그 날을 일하지 않고 쉬도록 하면서도 임금은 근로한 것과 다름없이 정상적으로 지급하는 것이 원칙이다. 만일 그날에 근로를 제공했다면 가산임금 등 특별한 보상을 지급해야한다.[6] 휴일은 취업규칙의 필수기재사항으로 정하도록 하고, 근로계약 체결시 이를 명시토록 하였을 뿐 아니라[7] 근로자에게 알려주도록 하며 불이행시 500만원 이하의 과태료[8]를 부과할 수 있다.

(1) 휴일과 휴가의 차이

일을 하지 않고 쉰다는 점에서 휴가는 외관상 휴일과 비슷하다. 그러나 휴일은 법령이나 당사자의 약정에 의해 「본래 근로제공의무가 없는 날」이고, 휴가는 「본래 근로제공의무가 있음에도 불구하고 사용자가 법이나 단체협약, 취업규칙에 정한 요건을 갖춘 근로자에게 근로제공의무를 면제해 주는 것」으로 연차유급휴가, 월차유급휴가, 생리휴가, 약정휴가 등이 있다. 만약 휴가일에 출근하여 근로하더라도 그날의 시간급통상임금만 지급하고 가산임금은 지급할 필요가 없다.[9] 다만, 휴가일에 법정기준 이상으로 임금을 더 지급하거나 가산임금을 주기로 하는 것은 당사자간 자유이지만 일단 법정기준 이상으로 약속했으면 그에 따

---

6) 근기법 제56조.

7) 근기법 제93조, 제17조.

8) 근기법 제14조, 제116조제1항제2호.

9) 근기 01254-13592, 1986.8.20. 예를 들면, 휴가일에 휴가를 사용하지 않고 출근하여 6시간(시급통상임금 6,000원)을 근로하였다면 36,000원만 지급하는 것이지 가산임금은 지급할 필요가 없다. 그러나 유급휴일로 정한 날에 출근하여 6시간의 근로를 하였다면 계산은 다르다. 즉, 근로하지 않아도 유급휴일수당으로 당연히 지급하는 8시간의 통상임금 48,000원+당일 근로한 6시간의 시간급임금 36,000원+휴일에 근로했으므로 가산임금 6시간×0.5=3시간×6,000원=18,000원 합계 102,000원을 지급해야 하는 것이다.

라야 한다.

2. 휴일부여

근기법상 근로자라면 격일제근무, 교대제근무, 주5일제근로, 수습근로자, 임시, 촉탁직근로자, 파견근로자,[10] 주 15시간 이상인 단시간 근로자, 도급제 근로자, 탄력적·선택적 근로자, 간주근로시간제 근로자, 일용직근로자 등 어떤 형태라도 요건에 적합하다면 휴일을 부여해야 한다.

다만, 건설일용근로자나 일당제 노무자의 경우처럼 소정근로일이 없이 1일 단위로 근로계약이 체결되고 해지되는 순수 일용직근로자에게는 법정휴일이나 휴가가 적용되지 않는다. 휴일은 모든 사업장에 적용이 된다. 그러나 4인 이하 사업장은 휴게시간 및 휴일규정이 적용되고, 제63조에 정한 근로시간·휴게·휴일 적용제외 규정은 적용되나, 근로시간규정이 적용되지 않으므로 연장·야간·휴일근로의 가산임금이 적용되지 않고, 퇴직금, 연차유급휴가·월차유급휴가·생리휴가도 적용이 제외된다.

(1) 휴일 적용제한 근로자

4주간을 평균하여 주 15시간 미만인 단시간 근로자,[11] 1주일의 소정근로일을 개근하지 못한 자, 법 적용제외 사업·사업장이거나[12] 법 제2조에서 정한 근로자가 아닌 자, 근로시간·휴게·휴일 적용제외대상에 해당하는 자는 주휴일을 부여하지 않아도 무방하다. 다만, 당사자간 약정으로 법으로 정한 기준 이상으로 부여하기로 약정했다면 그에 따른다.

실질적으로 감시·단속적근로에 종사하면서도 적용제외 승인을 받지 않은

10) 사용사업주에게 책임이 있다.

11) 1주동안의 소정근로시간이 그 사업장에서 같은 종류의 업무에 종사하는 통상근로자의 1주동안의 소정근로시간에 비하여 짧은 단시간근로자에게는 그 사업장의 같은 업무에 종사하는 통상근로자의 근로시간을 기준으로 산정한 비율에 따라 결정되어야 하는 것이 원칙이다(법 제18조제1항). 다만, 4주간을 평균하여 주 15시간 미만인 단시간 근로자는 퇴직금(퇴직급여보장법 제4조), 주휴일, 연차유급휴가(월차유급휴가)휴가를 부여하지 않을 수 있다(근기법 제18조제3항). 초단시간근로자라도 생리휴가, 산전후휴가 등 다른 휴가는 제외 대상이 아니다.

12) 선원법적용대상, 사립학교 교원, 공무원 등.

경우에는 근로시간·휴게·휴일규정이 예외 없이 적용된다.

「노조전임간부」는 그 재임기간 동안 사용자의 지휘, 감독 아래 있지 않은 일종의 휴직기간으로 보아야 한다. 따라서 단체협약에 별도 약정이 없다면 사용자는 임금, 주휴, 연차유급휴가(월차유급휴가) 기타 법정휴일과 휴가를 부여할 법적인 의무가 없다. 다만, 당사자간 약정으로 노조간부에게도 일반근로자와 동일하게 모든 휴일, 휴가 등을 부여하기로 했다면 그에 따라야 한다.

일부 전임과 일부 근로하는 노동조합 전임간부의 경우는 출근율에 따라 산정된 휴가일수에 당해 사업장의 통상근로자의 소정근로일수에 대한 해당 전임자의 소정근로일수의 비율을 곱하여 비례 산정된 휴일, 휴가를 부여해야 한다.[13)]

건설일용 등 일당제 노무자의 경우처럼 소정근로일이 없이 1일단위로 근로계약이 체결되고 해지되는 「순수 일용직근로자」에게는 법정휴일과 휴가가 적용되지 않는다. 다만, 명칭만 일용으로 부를 뿐 상당기간[14)]동안 계속근로가 행해져 왔고 향후에도 계속근로가 예정되고 있으며 당사자가 그렇게 기대하고 있다면 그 일용근로자에게는 통상근로자와 마찬가지로 모든 법정휴일과 휴가를 부여해야 한다.[15)] 다만, 일용근로자가 주휴일을 부여받으려면 1주일을 계속근로하고 그 다음 주 첫째 근로일까지 근로한 경우에만 1회의 유급주휴일을 부여받을 수 있다.[16)]

실무상 일당제 근로계약을 체결하고 일당 속에 연장근로수당과 주휴수당을 포함하여 산정하는 것을 볼 수 있다. 이러한 경우는 시급으로 환산한 금액이 최저시급 이상이고, 총액이 소정근로시간(8시간)과 연장근로시간(시간×1.5) 그리고 주휴수당(시급×.6시간분)을 모두 포함한 것으로 판단되면 법위반으로 볼 수는

---

13) 예를 들면, 단체협약에 정하기를 노조간부는 매일 사업장에 출근하여 8시간의 소정근로시간 중 오전 4시간은 노동조합업무에만 전념하고 오후 4시간은 현장에서 작업을 하도록 정하고 있다. 이때 달리 정함이 없다면 노조 간부에게 부여할 연차유급휴가일수는 대체로 다음과 같이 산출할 수 있을 것이다. 15일×268일/268일×1/2=7.5일이다. 만일 소정근로일 268일에 대해 8할(214일) 미만을 출근하였을 경우는 연차유급휴가일수 자체가 발생하지 않는다.

14) 휴일의 경우 6일간 계속근로한 경우, 휴가의 경우 연차유급휴가는 1년, 월차유급휴가는 1월을 계속근로한 경우.

15) 근로기준과-3204, 2005.6.16.

16) 근기 68207-1257, 2000.4.25.

없다.

「순수 도급제근로자」는 근기법상 근로자가 아니므로 휴일을 부여하지 않아도 무방하다. 그러나 도급제근로자라도 계약당사자 사이에 사용종속관계가 인정되어 근로자로 볼 수 있는 경우는 법의 적용을 받는다. 따라서 도급근로자가 소정근로일이 정해져 있다면 소정근로일의 개근여부에 따라 휴일, 휴가부여 의무가 결정된다. 도급제근로자로서 출·퇴근이 자유롭고 소정근로일이 정해져 있지 않은 경우는 일용근로자와 같이 역일을 기준으로 1주, 1년 등의 출근율에 따라 휴일, 휴가를 부여하면 될 것이다.

(2) 휴일부여 방법

사용자는 1주일의 소정근로일을 개근한 근로자에게 1주일에 평균 1회 이상의 유급휴일을 주어야 한다.[17] 휴일은 1주일에 평균 한번 꼴로 부여한다고 해서 주휴일이라고도 한다. 소정근로일수를 모두 근무하지 않은 경우에도 적어도 1주일에 1회 이상의 무급휴일을 부여해야 한다고 보아야 한다.[18] 만일 근로자가 소정근로일수를 모두 근무하지 않은 경우에는 무급휴일도 부여하지 않는다는 취지로 해석하게 되면, 휴일제도의 취지에 어긋날 뿐 아니라 그러한 경우에는 근로자가 일요일에 혼자 나와서 근무해야 한다는 결론에 이르게 되어 부당하다.[19] ILO 및 국제적 입법례에서도 휴일을 무급으로 부여한다.

「1주일」이라 함은, 연속한 7일의 기간을 의미하는 것으로 반드시 달력상 일요일부터 토요일까지를 의미하는 것이 아니다.

「평균 1회 이상」이라 함은, 특정 요일부터 기산하여 7일간을 1주일의 단위로 잡고, 그러한 단위기간을 여러 번 평균했을 때 7일동안에 평균 1회 이상이 돌아가도록 쉬는 날을 부여하고 그 날에 내해 소정근로시간(통상 8시간)만큼 통

17) 근기법 제55조, 영 제30조.

18) 예를 들면, 일당 48,000원으로(시급 6,000원×8시간) 6일간의 소정근로일수를 개근한 자에게는 유급주휴수당을 포함하여 해당 주 전체 7일분의 임금 336,000원을 지급하지만, 1일을 결근한 근로자는 결근 1일이 공제되고, 유급주휴수당을 받지 못하므로 결과적으로 5일분의 임금 240,000원을 지급받게 된다.

19) 서울고판 2001누7345, 2002.2.8 ; 대판 2002두2857, 2004.7.1.

상임금을 계산하여 유급으로 지급하면 되는 것이다. 반드시 실제 부여한 주휴일간의 간격이 7일이 되어야 하는 것은 아니다.[20)]

다만, 근로자가 주휴일을 사전에 예측할 수 있도록 하고, 근로자의 건강 등을 고려하여 가급적 규칙적으로 부여하는 것이 바람직하다.[21)] 이러한 방식은 작업장의 특성이나 업무별 조의 특성, 부서단위, 직종단위 등으로 구분하여 각각 다르게 부여할 수도 있다. 일주일에 휴무일이 2일 이상이 되는 경우 이중 하나를 유급주휴일로 할 수 있다.

「주휴일과 약정휴일이 중복된 날」에 근로하였을 경우에는 주휴일 근로와 약정휴일 근로를 모두 실시한 것으로 본다. 다만, 중복된 휴일에 대해 그 대가를 각각 지급하여야 하는 것은 아니므로 근로자에게 유리한 1가지만을 지급하면 된다.[22)] 만약, 법정휴일을 부여함에 있어서, 개별 사업장에서 자체적으로 정해 놓은 산정 방식에 따른 금액이 법의 기준에 따라 산정한 금액보다 적을 경우 법의 기준에 따라 휴일근로수당을 계산·지급하여야 한다.

「휴일의 적치·보상문제」를 살펴보면, 휴일은 1주간의 근로에서 오는 피로와 건강상 장애를 휴식을 통해 예방하고 근로자에게 건강한 문화생활을 할 수 있도록 법적인 휴식을 보장하는 것이므로 이를 사용하지 않고 모아두었다가 훗날 한꺼번에 사용하거나 금전으로 지급하는 것은 본래의 법제정 취지에는 맞지 않는다.[23)]

「휴일의 길이」 즉, 1일의 휴일은, 달력상 1일로 지정하여 그 날 0시부터 24시까지 쉴 수 있다는 것을 의미한다. 사업장이 교대제 등 특별한 사정이 있는 경우에는 이틀간에 걸쳐 계속하여 24시간의 휴식을 주는 것도 1일간의 휴일을 부여하는 것으로 인정한다. 예를 들면, 18:00부터 익일 18:00까지 근로하는 격일제근로의 경우 비번일인 다음날 18:00부터 그 다음날 18:00까지 24시간을 유급으로 쉬도록 하면 되는 것이다. 다만, 쉴 수 있는 시간과 유급으로

---

20) 근기 01254-223, 1992.2.15.
21) 근기 68207-1540, 2001.5.12.
22) 근기 68207-1423, 2003.11.1.
23) 근기 68207-806, 1994.5.16.

임금을 산정하는 시간은 동일하지 않다.

주휴일은 업무상 필요시 일요일이 아닌 다른 날로 정할 수 있고 꼭 일요일에 부여할 필요는 없으나 예측가능성을 위해 단체협약이나 취업규칙, 근로계약 등에 주휴일을 특정하여야 한다.[24)]

1) 소정근로일수를 개근한 자

휴일은 1주간의 소정근로일수를 개근한 자에 대하여 부여하는 것이다. 따라서 그 주의 일하기로 정한 날에 하루라도 결근을 한 사람에게는 유급휴일이 부여되지 않는다. 즉, 소정근로일에 출근하지 않았다는 것이다. 따라서 사용자 책임으로 일하지 못한 날이나 우천 등으로 불가피하게 일하지 못한 날은 소정근로일에서 제외하고 나머지 날을 기준으로 결근여부를 계산한다.[25)]

만약 출근했다가 지각, 조퇴, 외출 등의 사유로 근로시간 전부를 채우지 못했더라도 일단 소정근로일 단위로 그 날에 출근하여 일부라도 근로를 제공했다면 그 날은 결근으로 취급해서는 아니된다.[26)] 그러므로 "지각·조퇴 3회는 결근 1일"과 같은 규정은 잘못된 것이다. 다만, 지각·조퇴 등으로 실제 근로하지 않은 시간을 합하여 그에 상응하는 시간급임금을 삭감한다거나 불성실한 근무의 척도로 삼아서 징계사유로 활용하는 것은 무방하다.[27)]

2) 1일 소정근로시간 중 부분파업을 한 경우

유급주휴일은 법령, 단체협약, 취업규칙 등에서 정한 근로일을 단위로 하여 그 소정근로일을 개근하면 발생하는 것이지 1일 소정근로시간을 시간단위로 전부 근로하여야만 되는 것은 아니다. 단체교섭 관련 쟁의행위를 함에 있어 오전·오후 2~3시간씩 부분파업을 하고 업무방해, 명예훼손 등을 하였다

24) 근기 01254-233, 1992.2.15.

25) 즉, 전체 6일의 소정근로시간 중 우천으로 2일, 재료 적기공급 부족으로 1일을 근로하지 못했다면 나머지 3일을 개근했는지 여부에 따라 주휴일을 부여해야 한다.

26) 근기 1451-21279, 1984.10.27.

27) 1주일 중 5일을 소정근로일로 하는 사업장에서 09:00~18:00까지 근로시간(1일 통상임금 시간급 1만원, 총8만원) 도중에 근로자가 14:00~18:00까지 사사를 이유로 조퇴하였다고 해도 주소정근로일의 결근여부를 판단할 때 그 날을 결근으로 처리 할 수는 없다. 다만, 조퇴로 근로를 제공하지 못한 시간만큼 임금(4시간, 4만원)을 삭감하는 것은 무방하다.

고 해도 그 파업기간만큼 주휴수당 및 연·월차유급휴가수당을 공제하고 지급할 수는 없다. 따라서 근로시간 중에 부분적인 파업으로 1일 8시간의 근로제공이 이루어지지 않은 경우, 파업의 합법성 여부를 불문하고 소정근로일을 단위로 하여 해당일에 출근하여 근로를 제공하였다면 유급주휴일을 부여하여야 한다. 아울러, 연·월차유급휴가수당의 산정에 있어서도 위와 같은 논리로, 1일 소정근로시간 중의 일부시간을 파업한 경우에는 연·월차유급휴가의 출근율 산정시 결근으로 볼 수는 없다.

만약 소정근로일의 근로시간 전부를 적법하게 파업한 경우라면 출근율 산정시 그 기간은 소정근로일수 계산에서 제외된다.[28]

3) 업무상 부상, 질병기간과 만근일수

근기법상 "결근"의 개념에 관하여 규정한 바는 없다. 일반적으로 결근일이란, 소정근로일에 근로자가 임의로 근로를 제공하지 아니한 날을 의미한다. 그러므로 연차유급휴가산정기준에서 업무상부상 또는 질병으로 휴업한 기간을 출근한 것으로 본다고 하더라도, 동일한 사유를 가지고 주휴일을 산정하는데 있어서 개근여부를 판단할 때는 결근으로 보아야 한다.

소정근로일수를 달리 정하지 않고 단체협약 등에 의해 월평균근로일수를 매월의 만근일수로 정하여 이를 휴일, 휴가를 부여하기 위한 출근율산정의 기준으로 삼는 경우, 법위반으로 볼 수 없으나, 만약 다툼이 있는 경우에는 1주 등 다툼이 있는 기간을 대상으로 실근로 여부를 따져서 개근여부를 판단한다.

(3) 유급주휴수당의 산정과 지급

사용자는 1주간의 소정근로일수를 개근한 근로자에 대하여 1주일에 평균 1회 이상의 유급휴일을 주어야 하고 그 1회 휴일의 길이는 24시간임은 앞서 살펴본 바와 같다. 이때 유급휴일수당은 얼마를 지급하여야 하는지 알아본다. 수당지급 문제는, 당사자간 주휴수당을 지급하지 않는다는 등 법위반 사항을 약정한 경우 또는 영세 사업장에서 일당제로 고용하면서 근로일에 대한 임금

---

28) 근기 68207-709, 1997.5.30.

만 지급하고 주휴일에 대한 유급임금을 누락한 경우 등에서 주로 발생한다.

월급제로 약정하면서 일정액 속에 주휴가 포함되어 있다고 하거나, 결근시 그 날의 임금과 해당 주의 주휴수당을 삭감한다고 정한 경우, 연봉 또는 포괄임금제로 하면서 그 속에 주휴수당을 명시하여 산정한 경우에도 유급주휴일을 부여한 것으로 볼 수 있다.

유급주휴일을 부여함에 있어서 그 기준을 몇 시간 분으로 할 것인지에 대한 법적 규정은 없으며 판례도 이와 직접 관계된 것은 없다.

다만, 행정해석은 유급휴일, 연·월차유급휴가의 유급임금은 특정일 구분없이 정상근로일의 소정근로시간을 기준으로 산정하여 지급하는 것이므로 기준근로시간인 1일 8시간을 기준으로 하여 "정상근로일의 소정근로시간"을 유급으로 하도록 하고 있다.[29] 따라서 당사자간 법정기준 이상으로 달리 약정한 바가 없다면 소정근로시간이 기준근로시간을 초과하는 경우는 기준근로시간에 대한 통상임금, 기준근로시간보다 적은 경우는 소정근로시간에 대한 "정상근로일의 소정근로시간"을 유급으로 하는 것이 합리적일 것이다.[30] 따라서 초과근로시간은 소정근로시간을 산정하는데 포함할 수 없다.[31] 다만, 시간급임금을 산정할 때, 당초부터 8시간을 초과하는 시간을 근로하기로 하고 일당을 정한 경우나 월급을 정한 경우는 그 초과근로시간에 대한 가산임금을 합하여 그

---

29) 근기 01254-14463, 1990.10.17 ; 근기 01254-223, 1992.2.15 ; 임금정책과-2507, 2004.7.9. 1일단위의 소정근로시간은 8시간을 원칙으로 한다. 소정근로시간은 기준근로시간의 범위 내에서 당사자간 근로하기로 정한 시간으로서, 그 약정의 근로시간이 근기법 제42조제1항 본문 등의 기준근로시간에 우선하여 시간급통상임금산정의 기초가 되어야 한다. 대판 91다12202, 1992.2.21.

30) 근기 01254-5392, 1987.4.2. 그렇게 볼 때, 소정근로시간이 월~금은 7시간이고 도요일은 5시간인 경우는 정상 근로일을 기준으로 7시간이 될 것이고, 월~금은 8시간인 주5일제는 8시간이며, 월~토까지 1일 6시간 40분인 경우는 6시간 40분, 월~토까지 1일 12시간인 경우 소정근로시간인 8시간으로 각각 산정한다. 예를 들면, 시급 6,000원인 근로자의 정상근로일의 소정근로시간이 6시간 40분이라면 6,000원×6.66시간=39,960원이 될 것이다.

31) 예를 들면, 사업장에서 1주의 근로시간이 총 54시간(6일간)으로서 1일 평균 9시간으로 법정근로시간 8시간을 초과하더라도 주휴수당은 1일 8시간의 통상임금을 지급하여야 한다. 또한 1주의 근로시간이 총 36시간(6일간)으로서 1일 평균6시간을 근로하여 법정근로시간 8시간에 못 미치는 경우에는 6시간분의 통상임금을 지급해야 한다.

수로 일급이나 월급 임금을 나눠서 시간급을 산출하는 것이 정확하다.[32)]

1) 소정근로시간이 불규칙한 경우

소정근로시간이 불규칙하여 고정적인 소정근로시간을 산정할 수 없는 경우는 주의 소정근로시간 전체를 합하여 4주 전체 합을 구하고 이를 다시 4주간 일수로 나누어 평균을 산정하는 방법이 타당할 것이다.[33)]

주의 총근로시간 합계×4주÷주의 총소정근로일 통상 24일(6일×4주)=1일 평균소정근로시간이 산출된다. 만약 10일간의 소정근로일을 개근한 것처럼 1주 이상 근로로 주휴일을 부여할 필요가 있다면 1주간을 평균하여 산정하면 될 것이다.

2) 소정근로시간이 고정적인 경우

월 소정근로시간 계산시 1일의 소정근로시간과 월 소정근로일수에는 평균 개념을 사용한다.[34)] 소정근로시간이 고정적인 경우는 1년간의 총소정근로시간을 산출하여 이를 12개월로 나눠서 월 평균소정근로시간을 산출한 다음 이것을 기준으로 근로자가 받고 있는 전체 월급 가운데 통상임금에 해당하는 부분만을 분리하여 그 금액을 월평균소정근로시간으로 나누어 시간급임금을 구하고, 다음으로 1일 소정근로시간을 곱하여 유급주휴수당을 산출한다.

이때 월평균소정근로시간을 산출하는 데는 소정근로시간 이외에 유급으로 처리하는 시간을 포함한다. 즉, 소정근로의 대가가 아닌, 약정에 따라 유급으로

---

32) 예를 들면, 1일 10시간을 일하고 일당으로 15만원을 받는 근로자의 시간급은 다음과 같다. 15만원÷11시간(8시간+시간외2시간+1시간(50%가산))=13,630원×8시간=109,040원이 주휴수당이 된다.

33) 예를 들면, 일당제 근로자로 시급 6,000원을 받기로 하고 사용자와 약정한 소정근로일을 모두 근로하였는데, 첫째주는 18시간, 둘째주는 20시간, 셋째주는 24시간, 넷째주는 16시간을 근로하였다면, 4주 전체에 걸쳐 합계 78시간을 근로했으므로 이를 4주간 소정근로일수(주 6일×4주=24일)로 나누면 78시간÷24일=1일 평균 3.25시간을 근로한 것이 될 것이다. 여기에 시간급임금 6,000원을 곱하여 총 19,500원의 유급주휴수당을 지급하면 될 것이다. 다만, 1월 평균 단위로 한다면 4주 통상 소정근로일을 24일로 볼 수 없고 주5일제의 경우는 22일, 주6일제의 경우는 26일이 될 것이다.

34) 대판 90다카14758·90다카13465, 1991.6.28. 서울대병원 사건.

처리되는 시간과 임금은 시간급통상임금을 산정할 때 제외한다는 뜻이다.[35)]

소정근로시간에는 기준근로시간을 초과한 근로시간은 산입하지 않는다.

1. 월 150만원을 받고, 1일 소정근로시간은 8시간, 주 5일, 주 40시간을 근로하는 근로자의 경우

   (40+8)×52주+8/12월=209시간,

   150만원÷209시간=시간급통상임금 7,177원×8시간=유급주휴수당 57,416원

2. 월 150만원을 받고, 1일 소정근로시간은 7시간, 주 5일, 주 40시간 근로하는 근로자의 경우

   (40+7)×52주+7/12월=204시간,

   150만원÷204시간=시간급통상임금 7,353원×7시간=유급주휴수당 51,471원 지급

3. 월 150만원을 받고, 1일 소정근로시간은 6.5시간, 주 5일, 주 32.5시간 근로하는 근로자의 경우

   (40+6.5)×52주+6.5/12월=202시간,

   150만원÷202시간=시간급통상임금 7,426원×6.5시간=유급주휴수당 48,269원

3) 통상근로시간보다 짧은 단시간근로자

1주일의 소정근로시간이 통상근로자보다 짧은 단시간근로자[36)]의 경우, 1주일의 소정근로시간을 개근하였다고 해도 통상근로자의 경우처럼 1일의 통상임금[37)]을 주는 것은 상호 형평에 맞지 않는다. 그렇다면 단시간근로자의 유급주휴일은 몇 시간분의 통상임금을 지급해야 하는가?

예를 들면, 1일 소정근로시간이 통상근로자보다 짧은 단시간근로자로서 근

---

35) 유급휴일에 대한 임금은 원래 소정근로일수를 개근한 근로자에 대해서만 지급되는 것으로서 정기적, 일률적으로 지급되는 고정적인 임금이라 할 수 없어 통상임금에는 해당하지 않는다. 통상임금을 산정함에 있어서는 매월 지급받는 기본급과 고정수당을 합산한 월급에서 유급휴일임금을 공제하여야 한다. 시급제사원이 기본시급과 함께 매월 고정수당을 월급형태로 지급받는 경우, 그 고정수당에는 유급휴일에 대한 임금도 포함되어 있는 것이므로 통상임금을 산정할 때는 매월 지급받는 고정수당 중 유급휴일에 대한 임금을 공제해야 한다. 토요일 오전4시간을 근무하면 토요일 오후 4시간은 유급으로 인정할 경우, 오후 4시간은 오전근무에 따라 좌우되는 것으로서 고정적인 임금이라고 볼 수 없으므로 통상임금에 포함될 수 없다. 따라서 이 경우 월급제 사원의 통상임금을 산정할 때는 토요일 오후 4시간분을 공제해야 한다(대판 97다28421, 1998.4.24).

36) 4주간을 평균하여 주당 소정근로시간이 15시간 이상인 자.

37) 8시간 이내.

로시간은 1일 5시간이고 주 4일간을 근로하여 총 20시간을 근로한다면, 이 근로자의 총 월간 근로시간은 20시간×4주로서 80시간이므로 이를 통상 소정 근로일수인 24일로 나누면 이 근로자에게는 1일 3.33시간분에 해당하는 통상 임금을 지급하면 될 것이다.

4) 지급방식

휴일에 대한 유급임금 지급방법은, 별도 항목 없이 월급에 포함하여 지급하는 방법, 시간급 혹은 일당제를 기본으로 하면서 별도수당으로 산정하여 구분 지급하는 법 등이 있다. 이 경우 포괄임금제를 선택한 사업장에서 포괄임금 속에 주휴일수당 등 각종 수당을 포함하여 지급하고 면책을 주장할 경우가 문제다. 판례에 의하면, 월의 근로일수나 근로시간의 많고 적음에 관계없이 일정한 임금이 지급되는 완전한 월급제의 경우 월급통상임금에는 주휴일에 대한 임금도 포함된다. 그러나 시간급임금을 책정하여 그 임금에 실제근로시간수를 곱한 금액을 월급으로 산정하여 지급해 왔다면 기본적으로 시간급에 속하는 것이지 월급제라고 할 수 없다[38]는 입장이다.

3. 휴일의 대체

휴일의 대체란, 노사합의에 의해 단체협약이나 취업규칙 등에 미리 휴일로 정해져 있는 날, 즉, 근로의무가 없는 날을 다른 근로일과 교체하여 당초의 휴일은 근무일로 하고 근무일은 휴일로 하여 근로의무가 없는 날로 정하는 것을

38) 대판 93다 32514, 1994.5.24 ; 대판 90다카14758, 1991.6.28. 근로자에 대한 임금을 월급으로 지급할 경우 그 월급에는 구 근로기준법 제45조 소정의 유급휴일에 대한 임금도 포함된다고 할 것이고, 그와 같은 유급휴일에 대한 임금은 원래 소정근로일수를 개근한 근로자에 대하여만 지급되는 것으로서 정기적·일률적으로 지급되는 고정적인 임금이라고 할 수 없어 통상 임금에는 해당되지 않는다고 할 것이다. 통상임금을 산정함에 있어서는 매월 지급받는 월 기본급과 고정수당을 합산한 다음 이와 같은 유급휴일에 대한 임금을 공제하여야 한다. 시급제 사원이 기본시급과 함께 매월 고정수당을 월급의 형태로 지급받는 경우, 그 고정수당 중에는 구 근로기준법 제45조 소정의 유급휴일에 대한 임금의 성격을 갖는 부분도 포함되어 있는 것으로 봄이 상당하므로, 그 통상임금을 산정함에 있어서도 매월 지급받는 고정수당 중 유급휴일에 대한 임금 부분을 공제하여야 한다(대판 97다28421, 1998.4.24 ; 근로조건지도과-2455, 2008.7.8).

말한다. 휴일대체는 법적근거 없이 행정해석과 판례에 의해 운용되는 제도이다. 휴일대체가 적법하게 이루어진 경우에는 사용자는 근로자에게 휴일근로수당을 지급할 의무를 지지 않는다.[39]

그러나 대체된 휴일에 근로할 경우에는 본래 발생하는 휴일처럼 휴일근로수당과 가산임금을 지급해야 한다.[40]

법정휴일이든 약정휴일이든 휴일의 대체는 적어도 24시간 전에 대체 사실을 근로자에게 알려야 하며, 지정된 휴일의 변경은 그 내용과 사유가 단체협약, 취업규칙 등에 미리 정해져 있거나, 사전에 근로자의 동의가 있어야 한다.[41] 그렇지 않은 경우에는 적법하게 휴일대체가 이루어졌다고 보기는 어렵다.[42] 특히 사용자가 긴박한 일을 처리하기 위하여 근로자의 동의 절차없이 일방적으로 근로자를 휴일에 근로시키고 다른 근로일에 쉬도록 하는 경우, 소위 「사후적인 대체휴무제도」는 적법하다고 보기 어려우므로 휴일근로에 대해 별도의 가산수당을 지급하여야 할 것이다.

판례에 따르면, 휴일근무가 필수적인 사업장의 특성으로 인해, 노사는 단체협약으로 "필요한 경우 근로자 동의를 얻어 휴일근로를 명할 수 있다"고 정하고, 매월 25일경 근로자 의사를 물어 공휴일근로자를 선정하면서 대체휴일을 미리 정하도록 했으나, 이는 사업장의 여건상 어쩔 수 없이 휴일에 근로하고 대체휴일의 선택을 강요당한 것이지 근로자의 자의적인 동의가 있다고 보지 않았다. 따라서 단체협약으로 휴일대체근무제를 정했더라도 그와는 별도로 근로자의 동의가 있어야 한다고 엄격히 해석하고 있다.[43]

이와 같은 요건을 갖춘 경우, 사업장의 형편에 따라 휴일 날 쉬지 않고 근로하는 대신, 국경일이나 관공서에 부여하는 공휴일, 명절 등을 휴일로 대체하여 쉬도록 할 수도 있다. 다만, 근로자의날은 법정휴일로서 특정한 사실을 기념하기 위해 정해진 것이므로 노사가 합의를 하더라도 다른 날로 대체할 수

---

39) 임금근로시간정책팀-1815, 2006.7.21.
40) 대판 99다7367, 2000.9.22.
41) 근기 68207-806, 1994.5.16 ; 대판 2007다590, 2008.11.13.
42) 법무 811-18759, 1978.4.8.
43) 대판 2007다590, 2008.11.13.

없다.[44] 그러나 근로자의날은 주휴일과 같이 근로자에게 적용되는 휴일이고, 휴일근로에 대해서는 통상임금의 50% 이상을 가산하여 지급하여야 하며, 근기법 제57조에서 동법 제56조에 의한 야간, 연장, 휴일근로에 대하여 보상휴가제를 실시할 수 있다고 정하고 있으므로 근로자의날에 근로한 경우 임금지급에 갈음하여 대하여 「보상휴가제」는 실시할 수 있다.[45]

휴일대체가 적법한 절차에 따라 이뤄졌음에도 불구하고 「근로자가 합리적인 사유없이 출근을 거부」한다면 징계 등의 사유가 된다. 취업규칙에 의하면, 사용자는 업무상 필요가 있을 때는 근로자에게 휴일근로를 시킬 수 있도록 정해져 있고, 회사가 이에 따라 관행적으로 휴일근로를 시켜 왔음에도 불구하고 근로자들이 자신들의 주장을 관철할 목적으로 정당한 이유없이 근로를 거부한 경우는 노조법 제2조의 소정의 쟁의행위에 해당한다.[46] 다만, 집단적 거부가 아닌 개별근로자가 휴일근로를 거부할 경우는 임의로 휴일에 근로를 시킬 수 없다.

4. 휴일관련 쟁점

(1) 주휴일과 근로자의날 등이 겹친 경우

주휴일과 근로자의날 등 다른 휴일이 겹친 경우에는 근로자에게 유리한 하나의 유급휴일만 부여하면 되고, 그날에 근로를 하더라도 휴일근로에 대한 임금과 가산수당은 1일분만 지급하면 된다.[47] 다만, 취업규칙이나 단체협약으로 달리 정한 경우[48]는 그에 따른다.[49] 주휴일을 중간에 끼고서 주휴일 전과 후를 나눠서 연차유급휴가나 월차유급휴가를 청구하였을 경우, 주휴일을 제외한 기간을 연차유급휴가나 월차유급휴가일로 계산한다. 같은 이치로 공휴일 및 주

44) 임금근로시간-3356, 2007.11.13, 그러나 연장·야간·휴일근로에 대한 보상휴가제는 실시할 수 있다.

45) 임금근로시간정책팀-2363, 2007.7.13 ; 대판 90다140890, 1991.5.14.

46) 대판 94다27342, 1995.4.7.

47) 임금근로시간정책팀-1100, 2006.5.12 ; 근기 68207-1423, 2003.11.1 등 다수.

48) 예) 그 다음날 하루를 휴무로 한다든지, 정상근로일의 소정근로시간의 시간급통상임금 1.5일분을 지급한다든지 등.

49) 근로기준과-2571, 2005.5.11.

휴일을 중간에 끼고 전후일에 결근시 전후일만 결근으로 취급한다.[50)]

(2) 주중에 결근한 자가 휴일에 근로한 경우

주중에 결근한 자가 휴일에 근로하였다고 하더라도 "휴일의 사전대체"가 없는 한, 주중결근과 휴일 근로는 상쇄되지 않으므로 유급휴일수당은 발생하지 않는다. 주휴일은 근로제공의 의무가 없는 날이다. 그러므로 주중 소정근로일을 개근하지 못해 유급주휴가 발생되지 않은 자가 사용자의 지시에 따라 휴일에 근로한 경우는 유급휴일수당은 발생하지 않고 휴일근로에 대한 가산임금 50%와 당일근로에 대한 임금 100%만 지급한다. 사업장에서 임시로 근로자의 전체 혹은 특정부서의 전체나 일부를 작업에 투입하지 않는 경우가 있는데 이러한 날은 휴업일이지 휴일이 아니다.

(3) 격일제, 교대근로자의 유급주휴일 부여

1) 근로시간·휴게·휴일 적용제외 대상

근로시간·휴게·휴일 적용제외 대상인 감시·단속적근로자 등[51)]에게는 주휴일과 휴게 등에 관한 규정이 적용되지 않으므로 휴일에 근로하더라도 휴일근로로 보지 않을 뿐 아니라, 휴일근로 가산임금지급규정도 적용되지 않는다. 다만, 근로자의날은 「근로자의날 제정에 관한 법률」에 의거 특정일을 기념하여 휴일로 정하고 있으므로 법 제63조 적용제외근로자에 대해서도 유급휴일로 보장해야한다.[52)] 따라서 적용제외근로자가 근로자의날에 쉬지 않고 근로할 경우는 휴일근로가산임금을 적용하지 않고, 근로일의 임금+근로자의날 유급임금으로서 1일분 소정임금-총 200%를 지급하여야 한다. 근로하지 않을 경우는 1일분의 소정임금만 지급해야한다.[53)] 이 경우 감시·단속적근로자는 근로시간에 관한 규정이 적용되지 않으므로 실근로시간을 기준으로 휴일수당을 산정한다. 실근로가 1일 10시간인 경우는 10시간분, 24시간 격일제근무자는

50) 근기 1455-8076, 1970.8.26.

51) 농림, 축산, 수산업종사자, 관리감독 및 기밀취급자.

52) 근기 01254-6550, 1991.5.9.

53) 임금근로시간-3356, 2007.11.13.

근무일의 절반에 해당하는 12시간분의 임금을 지급한다.[54] 감시·단속적근로의 24시간 격일제로 종사하는 자는 근로일(월, 수, 금, 일)의 근로를 전제로 다음날(화, 목, 토)에 휴무하는 것이다. 따라서 근무일 하루를 결근하는 경우는 이틀을 결근한 것과 다름이 없다. 즉, 격일로 24시간을 근로하지만 실제적으로는 1일 12시간의 근로를 하는 것과 다름이 없는 것이다(1일 24시간 격일제근로자의 1일 근로시간은 1일/24시간×15일÷30일=12시간)그러므로 1일 12시간분의 임금을 지급하여 유급으로 처리하면 될 것이다. 이것은 휴가사용시간을 산정하거나(격일제근로자가 근무일 하루만 결근하고 이튿날 휴무일에 출근하여 일을 한 경우는 12시간의 휴가만 사용한 것으로 본다) 연차유급휴가수당을 산정할 때도 같은 논리로 파악한다.

그러나 사견으로는 근로자의날을 근기법상의 휴일과 같이 본다면, 휴일을 적용받지 않는 감시·단속적근로자라도 근로자의날에 근로할 경우는 휴무하는 근로자에 비해 특별한 보상이 있어야 할 것이므로, 근로하는 자에게는 당일 소정근로시간에 대한 임금+소정근로시간에 대한 휴일근로 가산임금+유급휴일수당 등 250%를 지급하는 것이 합리적이라고 생각한다.[55]

2) 교대제근무(격일제 등)의 주휴일 부여

근로시간·휴게·휴일 적용제외자가 아니라면, 교대제근로자라 하더라도 휴일은 적용되어야 한다. 그러나 유급주휴일은 반드시 일요일이어야 하는 것은 아니며 해당 주의 소정근로일수를 개근한 경우에는 휴무일 중 하루에 대하여 유급주휴일을 부여하면 된다.[56] 이 경우 사전에 휴무일 중 어느 날을 주효일로 할 것인가를 미리 정해 두어야 한다. 그렇지 않으면 근로일을 예측하기 어렵고, 소정근로시간과 초과근로시간, 휴일근로에 해당하는 부분을 구분하여 산정하기가 어려울 것이다.

주휴일을 부여하는 것은 몇 시간을 쉬도록 하면 법적책임을 다하는가에 관한 판단이고, 주휴수당은 쉬는 시간 중 얼마 만큼에 해당하는 시간을 금전으로 환산하여 지급하느냐에 관한 것으로 각각 차이가 있다. 그렇다면, 주휴수

54) 임금근로시간-3961, 2006.12.27.
55) 같은취지, 대판 90다14089, 1991.5.14.
56) 근기 68207-671, 2001.2.28.

당은 몇 시간분으로 지급해야하는지 의문이 될 수 있다.

법 제63조 근로시간·휴게·휴일의 적용제외 대상이 아닌 일반근로자의 주휴수당은 「1일 소정근로시간에 대한 통상임금」을 지급해야 하고,[57] 「소정근로시간」은 기준근로시간을 초과할 수 없다. 따라서 격일제 24시간 교대근로자가 휴게시간을 제외한 실근로시간이 16시간이고, 이틀날 근무종료시간으로부터 연속하여 24시간을 비번으로 쉰다고 하더라도 그 날이 주휴일에 해당한다면 주휴수당은 8시간분의 통상임금을 지급하면 될 것이다.[58]

휴일은 역일[59]에 따라서 실시하는 것이 원칙이다. 교대제근무의 경우 순차적인 교대근무편성표에 의해 휴무일이 반복적으로 생길 수 있다. 그러나 격일제의 경우 2일, 4조3교대의 경우 4일마다 휴무일이 도래하는 등 그 간격이 7일이 아닌 경우가 일반적이다. 이 경우 휴무일 중에서 사전에 지정한 하루를 유급주휴일로 하고 임금을 지급하면 법위반 문제는 없다는 것이 행정해석의 입장이다. 교대근로와 같은 경우 역일을 달리하더라도 이틀에 걸쳐 연속되는 24시간[60]의 휴식을 부여하면 될 것이다. 다만, 휴일은 24시간을 부여하더라도 유급으로 지급되는 주휴수당은 1일 8시간분의 통상임금을 지급한다.

(4) 휴일 일숙직근무

통상 일숙직근로가 주로 감시, 경비, 긴급보고 수수·비상연락 등의 업무를 내용으로 하는 반면, 병원의 경우 당직근무중 방사선 촬영, 병리검사, 투약, 긴급수술 보조 등 진료업무를 내용으로 하고 있는 경우가 많다. 이 경우 당직근무의 내용과 질이 통상근무와 마찬가지라고 인정될 경우는 당직근무를 통상근무로 보아서 그 당직근무시간만큼의 통상임금과 시간외·야간근로수당·휴일인 경우 휴일근로가산임금 등을 지급하여야 한다.

다만, 전체적으로 보아 정상근로보다 밀도가 낮은 대기성의 단속적 업무에

57) 근기 68207-3562, 2001.10.17 ; 임금-2507, 2004.7.9.

58) 근기 01254-14463, 1990.10.17.

59) 오전 0시~오후 24:00.

60) 전일 18:00~금일 18:00 근로한 자는 다음날 비번일 18:00~그 다음날 18:00 2일간에 걸쳐서 연속되는 24시간.

해당하는 경우에도 전체 당직근무시간 가운데 실제로 방사선촬영, 병리검사, 투약, 긴급한 수술의 보조 등의 업무에 실제로 종사한 시간을 구분하여 그 시간에 대해서는 소정의 임금과 시간외·야간근로수당·휴일근로 등 가산임금을 지급하여야 한다.[61] 실무상 사용종속관계를 토대로 당직근무 시간이 대기시간인지 휴게시간인지 또는 그 길이가 얼마인지 구분하는 것이 관건이다. 사전에 취업규칙, 근로계약, 복무규정 등으로 그 내용을 상세히 정해두는 것이 노사갈등을 줄이는 길이다.

(5) 파업기간에 포함된 유급휴일

약정이나 관행 등을 통해 근로제공이 없는 날도 유급으로 처리한 경우가 있는데, 파업 등 쟁의기간 중에 유급휴일이 들어 있다면 과연 그날에 임금을 유급으로 지급해야 할지 의문이다. 법정휴일 및 약정유급휴일을 정한 취지를 미루어 보면, 근로제공 없이도 임금을 지급토록 정한 약정이 유효하기 위해서는 평상적인 근로관계, 즉, 계속적인 노무제공이 있어왔고 향후에도 계속되리라는 예정상태를 전제로 한 것이다. 따라서 개인적 사정에 의한 휴직이나 쟁의행위 파업 등으로 인해 평상시에 예정된 근로자의 주된 권리와 의무가 정지되어 있는 경우는 그에 상응한 임금청구권과 사용자의 대가지급의무는 발생하지 않는다.[62] 따라서 파업기간 가운데 약정휴일 혹은 법정휴일이 포함되어 있는 경우 달리 약정이 없다면 유급으로 보상할 의무는 없다. 휴가의 출근일수 산정시 불법파업인 경우 결근으로 보고, 정당한 파업인 경우 그 기간을 소정근로일에서 제외하는 것도 같은 이치다.

(6) 근로관계 종료시 휴일산정

근로자가 1주일의 소정근로일을 개근하여 주휴수당의 발생 요건을 충족했으나 정작 주휴일을 부여해야 할 날 바로 전날에 근로관계가 종료된 경우와, 1월간의 소정근로일을 개근하여 유급휴가청구권이 발생하였으나 익월 초일에

---

61) 대판 93다46254, 1995.1.20 ; 대판 94다14742, 1996.6.28, 원심 서울민사지판 90가합90460, 1992.9.24.

62) 대판 2007다73277, 2009.12.24.

바로 근로관계가 종료된 경우가 있다. 휴가는, 근로제공의무 면제일로서 "근로의무를 면제할 소정근로일이 있을 것"을 전제로 하는 것이므로 1월간의 소정근로일을 개근하고 바로 퇴직한 경우는 월차유급휴가청구권이 없다. 휴일은, 1주일의 소정근로일을 개근한 자에게 쉬는 날의 통상임금을 지급하고 1주일의 피로를 풀도록 법으로 정한 것이므로 주휴일을 부여해야 할 바로 전날에 근로관계가 종료[63]되었다면 역시 주휴수당을 지급할 수가 없는 것이다.[64]

다만, 연차유급휴가수당의 경우는 1년의 소정근로일을 8할 이상 근로한 경우, 15일의 휴가가 발생하는 바, 1년 근속기간이 경과한 바로 다음날에 퇴직하여 실제로 휴가를 사용할 수 있는 일수가 하루도 없다고 하더라도, 미사용한 연차유급휴가일수에 대해 통상임금 또는 평균임금으로 산정하여 퇴직일로부터 14일 이내에 지급하여야 한다.[65] 다만, 8할 미만 출근자와 1년 미만 근속자에게 발생한 연차유급휴가의 경우 과거 월차유급휴가와 달리 볼 필요는 없을 것이다.

5. 휴일근로와 모성보호

18세 이상 남성근로자의 경우 취업규칙이나 근로계약으로 정하기만 하면 야간·휴일근로를 제한하지 않는다. 임산부가 아닌 18세 이상 여성근로자의 경우는 사전에 본인의 동의를 받으면 휴일근로가 가능하다.[66] 임신 중인 여성이 명시적으로 청구하고 산후 1년 미만 여성은 본인이 동의한 경우 고용부장관의 인가를 받아야 휴일근로가 가능하다.

다만, 휴일근로에 대한 제한은 법정휴일에만 적용하고 약정휴일에는 적용하지 않는다. 약정휴일에 근로할 경우는 본인의 동의만 필요하다.[67] 휴일근로는 직접 근로를 제공한 경우는 물론이고 직접 근로를 제공한 것뿐만이 아니라 야

63) 6일간 근로하고 7일째 사직한 경우 등.

64) 근로기준과-1186, 2005.3.3.

65) 임금근로시간정책팀-2820, 2006.9.21. 예) 2011.2.1~2012.1.31까지 근로하고 2012.2.1 퇴직한 경우.

66) 근기법 제70조제1항.

67) 여원 68240-561, 2001.12.13.

유희, 교육 등이라고 하더라도, 사용자의 지휘, 명령 아래 이루어진 구속시간이면 휴일근로가 될 수 있다. 휴일근로 제한에 대해서는 앞장의 야간, 휴일근로에서 상세히 언급했으므로 약술한다.

(1) 임신 중인 여성과 산후 1년 미만 여성

사용자는 임산부와 18세 미만자에 대해 고용부장관의 인가를 얻기 이전에 근로자의 건강 및 모성보호를 위하여 그 시행여부와 방법 등에 관해 당해 사업 또는 사업장의 근로자대표와 성실하게 협의해야 한다.[68] 업무내용, 근로방법 등 근무형태와 작업환경에 변동이 있어 임산부의 야간근로와 휴일근로에 영향을 미칠 경우에는 모성보호에 대하여 근로자대표와 새롭게 협의를 하고 변경된 협의결과를 인가신청시 제출해야 한다.

인가는 새로운 임산부 등이 발생할 때마다 개인별로 기간을 정하여 받아야 한다.[69] 여성근로자가 다수인 사업장의 경우는 매월 말 다음 달의 근무조를 편성하기 전에 인가대상자를 파악하여 일괄적으로 인가를 받을 수도 있을 것이다. 인가의 효력은 인가일 이전으로 소급할 수 없다.[70]

임신 중에는 통상의 근로에 대해서도 근로자의 요구가 있는 경우는 쉽고 가벼운 근로로 바꿔 주어야 한다. 임신 중인 여성은 시간외근로를 시킬 수도[71] 없다. 여기서 「시간외근로」란, 휴게시간을 제외하고 1주 40시간과 1일 8시간을 초과한 근로를 말한다.

휴일근로는 주휴일과 근로자의날에 근로한 것을 말하고, 휴일에 근로한 시간은 주 40시간과 1일 8시간에 포함되지 않는다. 다만, 휴일근로라도 1일 8시간을 초과하는 근로시간은 주 소정근로시간에 포함하여 연장근로여부를 판단한다.[72] 다만, 최근 장시간근로개선과 일자리 창출의 취지에서 휴일근로 전체시

---

68) 법 제70조제3항. 임산부 등이 종사하게 될 야간과 휴일근로의 범위 및 실시 필요성, 근로자 보호를 위한 방안, 작업형태와 근무조 편성 등에 관한 협의.

69) 근로감독관집무규정 제71조.

70) 근로감독관집무규정 제67조제2호.

71) 근기법 제74조제5항.

72) 근기 68207-3125, 2002.10.28. 예를 들면, 주40시간제 사업장에서, 월~금요일까지 8시간씩 40시간, 토요 휴무일에 8시간, 일요일 휴일에 10시간을 근로한 경우 50시간(40+8+2시간(휴일

간을 주단위 근로시간에 포함시켜야 한다는 견해가 있다.

(2) 연소근로자

사용자는 18세 미만 연소자를 야간이나 휴일에 근로시키려면 본인의 동의를 얻어 고용부장관의 인가를 받아야 한다. 만 18세 미만자를 고용하는 사업주는 해당 연소근로자의 연령을 증명하는 호적증명서와 친권자 후견인의 동의서를 사업장에 갖추어 두어야 한다. 정신적, 신체적으로 성장기에 있고 의무교육을 받아야 할 시기에 있는 만 15세 미만자[73]에 대하여는 원칙적으로 취직을 금하는 것이 법의 취지이다. 예외적으로 13세 이상 15세 미만 어린이는 건강이나 성장에 해로움이 없고 학교를 다니는데 방해가 되지 않는 일을 하는 경우에는 고용부장관이 발급하는 취직 인허증[74]을 받아 취업할 수가 있다.[75]

6. 휴일근로 임금지급

사용자는 휴일근로에 대하여 통상임금의 100분의 50 이상을 가산하여 지급하여야 한다.[76] 휴일은 사용자에 대해 근로를 제공해야 할 의무가 면제되는 날이다. 따라서 근로를 했다면 특별한 보상이 있어야 할 것은 당연하다. 일한 날이 「유급휴일인 경우」는 근로자가 일을 하지 않아도 유급휴일로 당연히 받는 수당 100%와 그날 쉬지 않고 근로를 제공했으므로 지급되는 당일임금 100%와 가산임금 50%를 추가하여 250%를 지급한다.

일한 날이 「무급휴일인 경우」와 1주일을 개근하지 못하여 무급으로 쉬는 근로자의 경우는, 당일 쉬지 않고 근로를 제공했으므로 지급되는 임금 100%와 가산임금 50%를 추가하여 150%를 지급한다. 유급이든 무급이든 1일 기준근

10시간 중 8시간을 초과한 시간)은 소정근로시간에 포함되고, 휴일근로시간 중 8시간은 포함되지 않는다. 이 경우 법정근로시간을 초과한 연장근로 가산임금지급 대상은 10시간이다.

73) 중학교에 재학 중인 18세 미만자 포함.

74) 취직인허증은 근로자가 학교장 및 친권자, 후견인의 서명을 받아 사용자가 될 자와 연명으로 신청한다.

75) 근기법 제64조제1항, 영 제35조제1항, 법 제66조(연소자증명서).

76) 근기법 제56조.

로시간 초과시 그 시간에 대해서도 휴일근로 및 연장근로수당을 각각 지급하고, 근로시간대가 야간근로시간대에 들어 있으면 가산임금을 따로 산정 지급해야 한다.

다만, 달리 약정이 없다면 「휴무일」은 근로의무가 없는 날로서 소정근로일에 포함되지 않으므로 그 날은 무급으로 쉬도록 하고 그 날의 근로에 대해서는 휴일근로가산임금을 지급하지 않는 것이 원칙이다.

1일 기준근로시간(8시간)근로시		유급휴일에 1일 8시간을 초과하여 근로하는 경우
무급휴일(X)	유급휴일(Y)	
- 당해 근로 통상임금 100% - 휴일근로가산 50%	- 당해 근로 통상임금 100%(a) - 유급휴일에 근로한 통상임금 100%(b) - 휴일근로가산50%(c)	- (a)+(b)+(c) - 8시간 이상 초과시간에 대한 통상임금 100% - 초과시간에 대한 휴일가산 50% - 초과시간에 대한 연장근로수당 50% - 22:00~06:00시간대인 경우 야간근로수당 50%

휴일에는 법정휴일뿐 아니라 약정휴일도 포함된다. 무급으로 약정한 휴일은 위(X)에 준하고, 유급으로 약정한 경우는 위(Y)에 준해서 임금을 산정해야 한다. 휴일근로에 대한 보상은 1일 소정근로시간에 대한 통상임금을 기준으로 하는 것이 원칙이다.[77] 만약 당사자간 약정으로 평균임금으로 지급하기로 정했다면 그에 따른다.

휴일로 정한 날이 1일 8시간 미만의 소정근로일[78]에 해당한다고 하더라도 유급휴일수당은 평일의 소정근로시간[79]에 대한 수당으로 지급해야 한다. 다만, 그날 쉬지 않고 실제근로를 제공할 경우에 지급해야 하는 휴일근로 임금은 일률적으로 8시간 분을 지급할 것이 아니라 실제근로시간에 대해서 임금을 지급해야 한다.[80]

---

77) 근기 01254-5392, 1987.4.2.

78) 예 : 토요일 1일 4시간.

79) 8시간인 경우는 8시간 그 이하인 경우는 그 시간.

80) 예를 들면, 평일의 소정근로시간이 8시간인 근로자가 소정근로시간이 4시간인 토요일에 휴일을 사용할 경우, 근로자가 당일 쉬지 않고 출근하여 7시간을 근로했다면, 사용자가 임금을 지급할 때는 유급휴일근로수당으로 8시간분의 통상임금에 7시간의 소정근로임금을 더하고 휴일근로가산임금으로 7시간×0.5(50%)=3.5시간을 가산하여 총 18.5시간분의 통상임금을 지급해야 한다.

(1) 약정휴일에 대한 가산임금

휴일근로가산수당의 지급대상이 되는 휴일이 근기법상 법정휴일인 주휴일과 근로자의날에만 적용되는 것인지 아니면 당사자간 약정한 휴일의 경우에도 적용되는 것인지가 논란이 될 수 있다. 판례와 행정해석은 휴일근로가산수당이 법정휴일이 아닌 약정휴일에 대해서도 적용된다는 입장이다.[81] 법 제56조[82]에서 휴일근로를 제55조의 주휴일로 한정하지 않고 있는 점, 연장근로·야간근로와 함께 휴일근로를 규정하고 있는 점, 주휴일이 아닌 법정공휴일을 당사자간 약정휴일로 정한 경우, 그 약정휴일에 사용자의 필요에 따라 부득이 근로를 하게 된 경우에는 통상적으로 근로를 한 경우보다 더 큰 대가가 지급되어야 보상된다는 점 등을 이유로 약정휴일에 대해서도 근기법에 의한 휴일근로가산수당 규정이 적용된다.[83]

다만, 법정휴일에 더한 약정휴일은, 취업규칙에 필수기재사항으로 정하여 규범적 효력을 부여하고 있는 점, 근로기준 이상으로 노사가 약정하는 것으로 유급이든 무급이든 임의로 정할 수 있는 점, 유급의 경우에도 굳이 50% 이상의 가산임금을 약정할 의무는 없는 점 등을 고려하면, 판례의 견해처럼 약정휴일이 근기법상 휴일과 같은 규모로 가산임금이 적용되려면 약정내용이 법 규정과 같은 정도의 가산임금을 명시하는 등 문언상 명확한 표기가 있어야 한다. 그렇지 않고 단순히 공휴일, 휴무일, 휴업일 등으로 정한 경우는 달리 임금지급의 관행이 없는 한 그 날은 노무제공의무나 임금지급의무가 없는 무급으로 보는 것이 합리적이다.

(2) 휴일·연장·야간근로의 중복

휴일에 연장, 야간근로를 한 경우는 다음의 수당을 각각 합산하여 지급한다.

1. 근로를 제공하지 않았어도 유급으로 당연히 지급되는 통상근로일의 소정근로시간에 대한 유급휴일수당,

---

81) 대판 90다14089, 1991.5.14 ; 근기 01254-5106, 1986.3.26.
82) 연장, 야간, 휴일근로에 각 50% 할증가산임금 지급.
83) 대판 90다14089, 1991.5.14 ; 같은취지 근기 01254-9009, 1989.6.8.

2. 당일 제공한 근로시간에 대한 시간급통상임금,

3. 그 근로시간에 대한 가산임금으로 시간급통상임금의 50%,

4. 만약 휴일 소정근로시간이 8시간을 초과한 경우는 초과분에 대한 연장근로수당으로서 시간급통상임금의 50%

5. 근로시간대가 야간근로에 걸친 경우는 그 시간에 대한 가산수당으로서 시간급통상임금의 50%을 각각 산정해야 한다.

예를 들어 휴일에 09:00~23:00까지 휴게시간 1시간을 제외하고 13시간 근로한 경우 근로시간을 산정해 보면 아래와 같다.

① 주40시간제의 경우

1. 유급휴일수당 : 8시간 임금
2. 휴일근로에 대한 임금 : 13시간분
3. 휴일근로가산수당 : 13시간분 임금의 50%(6.5시간분)
4. 연장근로가산수당 : 5시간분의 임금의 50%(2.5시간분)
5. 야간근로수당 : 1시간(22:00~23:00)분의 임금의 50%(0.5시간분)

→ 총지급 : 8+13+6.5+2.5+0.5=30.5시간분 임금

연장근로, 야간근로 또는 휴일근로에 대한 가산임금 지급의무를 위반한 경우는 3년 이하의 징역 또는 2천만원 이하의 벌금에 처할 수 있다. 다만, 피해자인 근로자가 원하지 않을 경우는 형사처벌을 하지 않는다.[84]

☞ 만근일을 초과한 근로

당사자간 약정으로 한 달간 소정의 만근일을 정해 놓고 정한 근무일수에 따라 월 급여액을 미리 협정으로 정하고 있는 경우가 있다. 이때 달리 약정이 없다면 월 만근일을 초과한 근로를 휴일근로로 볼 수는 없다. 예를 들어 월 만근일을 18일로 정하였다 하여 월 18일을 초과한 날의 근로가 법 제55조에 의한 휴일근로라고 볼 수는 없다. 따라서 사용자는 휴일근로수당을 지급해야 할 의무는 없고, 당일 근로시간에 대해 통상임금의 100%만 지급하면 된다.
예를 들면, 만근일을 20일로 정한 A사업장에서 근로자가 25일을 근로했다면, 초과 근로한 휴무일 5일을 포함하여 25일의 근로일을 시간으로 환산한다. 이때 달리 약정이 없다면 환산한 근로시간이 주 40시간이나 1일 8시간을 초과한 경우 그 시간만큼 가산임금을 지급해야 한다는 것이고 그렇지 않으면 지급할 필요가 없다. 만약 주 전체를 합하여 주 40시간을 초과한 근로시간이 12시간을 넘는다면 법 제53조 위반이다.

84) 근기법 제109조.

(3) 휴무일근로

노사 당사자는 업무형편이나 실정에 따라 약정으로 특정한 날을 소정근로일이 아닌 날로 정하여 쉴 수가 있는데, 이것을 휴무일이라고 한다. 휴무일은 여러가지 근로형태 속에 자리 잡고 있다. 사용자는 소정근로일 범위 내에서 근로시간에 관한 설계를 한다. 1월의 소정근로일은 24일로 정하는 경우도 있을 것이고 20일 혹은 16일로 정할 수도 있다. 이 경우 1주간 소정근로일이 6일인 경우도 있고, 5일인 경우[85]도 있을 것이며 4일인 경우[86]도 있을 것이다.

1주일의 기간 중 소정근로일+주휴일을 공제하고 남는 날에 대해서는 당사자간 약정으로 유급 혹은 무급휴일로 정하지 않았다면 그날은 근로자의 입장에서 보면 근로제공의무가 없는 날이고 사용자의 입장에서는 임금지급의무가 없는 휴무일이 된다. 휴무일은 별도의 약정이 없다면 무급이 원칙이다. 휴무일은 월 만근제, 교대제 등의 경우와 주 5일 이하로 근무시 토요일을 휴일로 특정하지 아니한 경우 등에서 발생할 수 있다. 주40시간제에서 주5일근로제를 택한 경우 전체 7일의 기간 중 월~금요일까지 5일을 제외하면 2일의 휴일이 발생한다. 이 중 1일은 당연히 휴일이지만 1일은 무급휴무일이 된다. 격일제교대근로의 경우 24시간 근로 후 이튿날부터 24시간 휴무일, 교대근로에서 순차적으로 돌아오는 비번일 등이 있다. 이 경우 휴무일은 법정휴일과는 다른 것으로 휴무일에 근로를 하더라도 휴일근로 가산임금을 지급받을 수 없다.[87]

휴무일에 출근하여 근로한 경우에는 당일 실제근로시간에 대한 통상임금만을 지급한다. 그러나 별도 약정으로 그 이상을 지급하기로 정했다면 그에 따른다. 교대제근로에 있어서도 휴무일에 근로할 경우는 통상임금의 100%만 지급하면 되는 것이지 휴일가산임금은 지급할 필요가 없다.

예를 들면, 격일제 24시간 근무하는 근로자가 휴무일인 익일에 근로한 경우는 통상임금의 100%만 지급하면 되는 것이다. 다만, 휴무일 중 특정한 하루를 주휴일로 정하고 그 날에 근로하였을 경우는 휴일근로 가산임금을 지급해

85) 주휴 1일, 휴무 1일.
86) 주휴 1일, 휴무 2일.
87) 근기 1455-33180, 1982.12.10.

야 한다.

휴무일에 근로한 경우는 시간급통상임금의 100%만 지급한다. 다만, 휴무일에 근로한 시간을 포함하여 주당 전체 실근로시간이 법정근로시간을 초과했는지 여부에 따라 연장근로수당이 발생할 수 있다. 1일 8시간, 주 40시간의 연장근로한도를 넘은 경우는 당연히 가산임금을 지급해야 한다.

주40시간제 주5일근무제 아래서 토요일은 무급휴무일인 것이 원칙이다. 실무상 취업규칙이나 근로계약을 작성함에 있어서 유급휴무일인지, 유급휴일인지, 무급휴무일인지 무급휴일인지 명확한 구분이 매우 중요하다 할 것이다.

교대근무에서 주휴일과 토요휴무일은 근무일 중 돌아오는 휴무일이 주휴일과 휴무일이 되고 근무상 유급휴일과 약정휴일에 대해서는 통상임금의 2.5배를 지급하여야 한다. 다만, 약정휴일의 경우 가산율을 법정기준 이하로 정한 경우는 그에 따른 가산율을 적용한다.

제20장 휴가

1. 개념정의

휴가제도는 노동에서 오는 피로회복, 건강유지, 휴양기회 제공 등을 통해 근로자가 사회적·문화적으로 시민생활을 영위토록 하는데 그 취지가 있다. 사용자는 휴가제도를 취업규칙에 필수적 기재사항으로 정하여 근로계약체결시 이를 명시하고 근로자에게 주지시킬 의무가 있다.[1)]

휴가는 월차유급휴가와 연차유급휴가로 나눌 수 있고 그 외 휴가란 명칭으로서 생리휴가, 산전후휴가 등이 있다. 월차유급휴가는 2003.9.15 근기법개정시 삭제되어 주40시간제를 적용하는 사업장에서는 해당이 없다. 그러나 개정법의 시행일에도 불구하고 단체협약이나 당사자간 합의 등으로 계속 월차유급휴가를 부여하도록 정한 때는 그대로 부여해야 한다. 2011.7.1 주40시간제가 20인 미만 사업장으로 확대 적용되어 의미를 상실했으나 취업규칙 해석 및 신고사건처리 등의 경우에 참고할 수 있을 것이다.

「휴가」란, 근로계약상 근로제공의무가 있는 날이지만, 법률의 규정, 당사자 약정 기타 사유로 인해 그 날을 "사용자로부터 근로제공의무를 면제받은 날"이다. 따라서 휴가로 정한 날은 일하기로 정한 소정근로일이라야 하며[2)] 그 날 본래 근로를 제공하기로 약속한 시간만큼 통상임금을 지급하고 쉬도록 하는 것이다. 소정근로일인 이상 그날의 근로시간의 길고 짧음은 문제가 되지 않는

---

1) 근기법 제14조, 제17조.

2) 휴일, 휴무일 등 근로제공의무가 없는 날을 휴가일로 정할 수 없다.

다. 소정근로시간이 3시간인 날에 휴가를 사용하면 유급휴가수당은 3시간의 임금만을 지급하는 것이고, 7시간인 경우는 7시간분만 지급하면 되는 것이지 고정적으로 8시간 정상근로일을 기준으로 지급하는 것이 아니다. 따라서 휴가를 소정근로시간이 4시간인 토요일에 사용하는 경우는 4시간분의 임금을 지급하고, 평일에 사용하는 경우에는 정상근로일의 소정근로시간[3]에 대한 임금을 지급한다.

반면, 「휴일」은 「근로제공의무가 없는 날」이므로 그 날을 유급으로 할 경우는 정상근로일의 소정근로시간에 대한 임금을 기준으로 지급한다.[4] 따라서 유급휴일인 근로자의날이 토요일 4시간 근로일이라고 하더라도 유급임금액은 "당해 사업·사업장의 통상의 1일 근로"에 대한 임금으로 보아야 한다. 다만, 완전한 고정급 월급제 근로자의 경우 월의 장단이나 휴일 수에 관계없이 일정 금액을 받기로 정한 것이므로 그 속에는 법정수당이 들어 있다고 보아서, 유급휴일을 인정하더라도 월 고정금액 외에 추가로 임금을 지급할 의무는 없다.

휴가는 1일단위로 부여해야 하며 시간단위로 분할할 수는 없다. 휴가일은 역일에 의해 계산하는 것이 원칙이다. 그러므로 1회에 2일에 걸치는[5] 주야 교대근무일을 휴가일로 특정하는 경우는 2일의 휴가가 될 것이고, 반대로 24시간 내에 2교대근무[6]를 쉬더라도 1일의 휴가로 처리될 것이다.

다만, 8시간씩 3교대제근무의 경우에 있어서 2일에 걸친 근무는 당해 근무일을 포함한 계속 24시간이 1휴가일로 인정된다. 격일제근로는 근무일의 근무를 전제로 다음날(비번일)에 휴무 하는 것이므로 1근무일과 다음날 비번일을 함께 휴무하였다면 2일의 휴가를 사용한 것으로 보아야 한다. 따라서 연차유급휴가의 경우 1근무일에 연차유급휴가를 사용하였다면 그날(격일제근무일)과 그 다음날 휴무일을 합하여 2일의 연차유급휴가를 사용한 것으로 할 수 있다. 만약, 근로자가 1일의 휴가를 사용한 것으로 처리해줄 것을 요구한 때에는 사용

3) 예) 법정기준근로시간 범위 내에서 사용자와 근로자가 정한 시간.
4) 1일 7.5시간을 소정근로시간으로 하는 경우는 7.5×시간급통상임금.
5) 22:00~10:00.
6) 08:00~18:00, 22:00~08:00.

자는 비번일인 다음날에 근무일의 근로시간의 절반에 해당하는 근로[7]를 시킬 수도 있다. 같은법리로 격일제근로에 있어서 1근무일의 결근은 근무일+비번일을 합해 2일을 결근한 것으로 처리해도 무방하다.

휴가는 발생요건을 갖추더라도 근로제공의무를 면제받을 수 있는 소정근로일이 남아 있어야 한다. 1월, 1년간의 소정근로일을 개근하고 이튿날 바로 퇴직한 경우[8]는 연·월차유급휴가 사용청구권은 없다. 다만, 연차유급휴가의 경우 사용하지 못한 휴가일에 대한 금전보상은 가능하다. 휴가는 휴일처럼 법정휴가와 약정휴가로 구분할 수 있다.

(1) 휴가의 구분

1) 법정휴가

법정휴가는 월차유급휴가,[9] 연차유급휴가, 생리휴가, 산전·후휴가, 배우자출산휴가, 육아휴직 등이다.[10] 법정휴가는 법에 정한 요건이 충족되어야 받을 수 있다. 사용자는 법정휴가는 법정기준 이상으로 의무적으로 부여하되, 그 기간에 대해서는 반드시 임금(유급)을 지급해야 한다.

다만, 배우자 출산휴가 기간, 육아휴직기간, 생리휴가는 그 날의 임금을 지급하지 않고 무급으로 쉬도록 한다. 법정휴가는 의무적으로 부여해야 하며, 법정기준 이상으로 부여하는 것은 노사가 자율적으로 결정 할 수 있다. 휴가일에 대해 임금을 지급하여야 한다.[11]

배우자출산휴가는 근로자가 청구하는 경우 5일의 범위 내에서 3일 이상을 부여하여야 한다. 5일의 휴가기간 중 3일은 유급이고 2일은 무급이다. 통상 배우자출산휴가는 출산이후에 사용하나 휴가기간 중 출산예정일이 포함되어 있으면 청구할 수 있다. 휴가는 연속적으로 사용함이 원칙이나 단체협약, 취업규칙으로 정하거나 사업주 동의가 있으면 분할사용도 가능하다.

---

7) 반일근무, 즉, 24시간 격일제의 경우 12시간 근무.
8) 2008.1월의 소정근로일이 22일인 경우에 22일 전부를 개근한 근로자가 2.1에 퇴직.
9) 주44시간 사용시 1월간의 소정근로일을 개근한 경우에 부여한 휴가제도.
10) 근기법 제60조, 제73조, 제74조, 고평법 제18조, 제18조의2, 제19조.
11) 배우자출산휴가 기간, 육아휴직기간, 주40시간제 적용사업장에서의 생리휴가기간 제외.

근로자라면 격일제·교대제·주5일제, 수습·임시·촉탁·파견·단시간·도급, 탄력적·간주·선택적 근로시간제 등 근로형태, 종류 등에 관계없이 요건을 충족하면 부여해야 한다.

출산전후휴가, 유산 및 사산휴가, 육아휴직의 경우 사용자의 시기변경권은 없으므로 근로자가 청구하는 시기에 부여하여야 한다.[12)]

2) 약정휴가

약정휴가는 약정으로 일정기간에 대해서는 근로제공의무가 없는 날로 정한 날[13)]이다. 약정휴가의 부여조건, 부여일수, 부여방법, 임금지급 여부 등에 대해서는 전적으로 당사자의 약정[14)]에 따른다.[15)] 약정휴가 중 결혼 상례 등 경조성 휴가는 특정목적이 있을 때 부여되므로 사용자의 시기변경권이 인정되지 않는 것이 원칙이고, 그 기일이 경과하면 휴가 사용목적이 소멸되므로 근로자의 휴가청구권 또한 상실된다.[16)] 논란을 피하기 위해 약정휴일이나 약정휴가는 유급 혹은 무급 등 부여조건, 부여방법, 부여일수, 부여절차 등을 단체협약이나 취업규칙 등에 미리 정해 두는 것이 좋다.

(2) 휴가일수 산정기준

휴가일수 산정시 출근율 기산일은 입사일로 정하는 것이 바람직하다. 다만, 노무관리 편의상 개인별 입사일자 등을 고려하지 않고 전체근로자에게 일률적으로 기산일을 정하더라도 잘못이 아니다. 그러나 이로 인해 근로자에게 불이익이 생겨서는 안 될 것이다. 중간에 입사한 근로자가 기산일로부터 출근율산정 마감일까지 1월 또는 1년이 되지 않을 경우는, 그 기간에 비례하여 부여하면 될 것이다. 퇴직시에도 동일한 비례지급의 방법으로 사용할 수 있다. 업무상 부상, 질병, 군복무에 따른 휴직·복직으로 인해 기산일로부터 출근율산정

12) 여성고용정책과-3391, 2017.8.29.
13) 하계휴가, 경조휴가, 명절휴가 등.
14) 유급 혹은 무급, 소급적용 여부, 부여일수, 부여방법, 부여조건 등.
15) 근로기준과-3815, 2005.7.15.
16) 근기 68207-1452, 1994.9.14.

마감일까지 1년이 되지 않는 경우에 별도의 약정이 없다면 이 방법에 준하면 될 것이다.

주휴일, 연·월차유급휴가 등을 산정할 경우 사용자에게 1주미만, 1월 미만, 1년 미만의 기간까지 비례 계산하여 휴일·휴가를 산정 부여할 의무는 없다. 주휴는 1주, 월차유급휴가는 1월, 연차유급휴가는 1년이 대상기간이기 때문이다. 예를 들어 14개월 15일을 근속하고 퇴직한 자가 각각 월차·연차유급휴가 기본일수를 충족했다면 월차유급휴가의 경우는 14일, 연차유급휴가는 기본 15일이 발생하고 자투리로 남는 2개월 15일은 산정대상 기간이 아니다.

다만, 연차유급휴가에 있어서는 1년 미만 근속기간과 1년간 8할 미만 출근한 자에 대해서도 1월간 개근시 1일의 연차유급휴가를 부여해야 한다. 자세한 사항은 뒤에서 상술한다.

(3) 단시간근로자 휴가부여

4주간을 평균하여 1주간의 소정근로시간이 15시간 미만인 초단시간근로자에 대하여는 퇴직금, 주휴일, 연·월차유급휴가제도를 적용하지 않는다.[17] 1주간의 소정근로시간이 15시간 이상인 단시간근로자에게 연·월차유급휴가, 주휴일을 부여할 경우는 통상근로자의 근로시간을 기준으로 산정한 비율에 따라 부여한다.[18] 휴일의 경우는 일급, 연차유급휴가의 경우는 시간급통상임금을 지급하여야 한다.[19] 산정방식은 다음과 같다.[20]

통상근로자의 연차유급휴가일수×{단시간근로자의 소정근로시간÷통상근로자의 소정근로시간}×8시간

---

17) 퇴직급여보장법 제4조제1항, 근로기준법시행령 제9조제3항.

18) 근기법시행령 별표2 제4호의나, 통상근로자의 월차유급휴가(연차유급휴가)휴가일수×(단시간근로자의 소정근로시간÷통상근로자의 소정근로시간)×8시간=시간단위로 산출, 예를 들면, 주40시간제 아래서 1일 소정근로시간이 6시간인 단시간근로자의 월차유급휴가일수는 1일×6/8×8시간=6시간이다.

19) 근기법시행령 제9조제1항 별표 4, 가, 나.

20) 예를 들면, 주40시간제 사업장에서 주 5일을 근로하고, 1일 4.5시간씩 근무하는 경우, 15일×{22.5(4.5×5일)÷40}×8시간=67.5시간이 연차유급휴가 시간이다. 근로자가 4일의 연차유급휴가를 사용할 경우 1일4.5×4일=18시간의 시간급임금을 보전해 주고, 나머지 49.5시간(11일×4.5)은 연도 말까지 사용하지 않을 경우 당해연도 최종 월의 시간급통상임금을 기준으로 연차유급휴가근로수당을 산정하여 지급한다.

2. 연차유급휴가

연차유급휴가는 근로자의 육체적·정신적 휴양을 위하여, 사업장에서 1년간 계속근로하고 일정기간의 출근율[21)]을 충족한 근로자에 대하여 일정기간 유급으로 근로제공의무를 면제하여 주는 것을 말한다. 유급이라 함은, 실무상 휴가를 사용하는 근로자에게 그 날의 임금을 공제하지 않고 통상임금이나 평균임금으로 산정하여 그달의 임금에 포함하여 지급하는 것을 말한다.

법정휴가와 별도로 단체협약, 취업규칙으로 정하여 유·무급약정휴가를 실시할 수 있다. 약정휴가를 유급으로 할 때, 휴가일에 대해 법정기준[22)] 이하로 임금을 지급할 수 있는지 여부에 관해서는 달리 정한 바가 없다. 법정기준 이상의 근로조건을 확보하려는 법제정의 취지상[23)] 약정휴가일을 유급으로 하고 기준미만의 보상율[24)]을 정하는 것은 당사자 자유의사에 일임할 문제이므로 법위반이라고 볼 수 없을 것이다.

연차유급휴가는 발생일로부터 1년 동안 실제휴가를 사용할 청구권이 있고, 1년의 기간이 만료할 때까지 사용하지 못하고 일한 휴가일수가 남아 있는 경우, 1년의 기간이 만료된 익일부터 3년간 그 날에 대해 임금[25)]을 청구할 수 있는 연차유급휴가근로수당청구권으로 나눈다. 연차유급휴가 근로수당청구권은 실제 휴가사용청구권이 소멸한 날로부터 3년의 경과로 소멸한다.[26)]

(1) 연차유급휴가 발생요건

연차유급휴가는 5인 이상 사업장에 적용한다. 입사일로부터 1년이 경과한 근로자에게 연차유급휴가를 산정할 경우, 그 사업장의 상시근로자수가 산정사유 발생일 전 1년 동안[27)] 월단위로 근로자수를 산정한 결과, 1월도 빠지지 않고

---

21) 주44시간제 9할 이상, 주40시간제 8할 이상.
22) 1일 8시간분의 통상임금 또는 평균임금.
23) 근기법 제3조.
24) 예) 1일 4시간의 통상임금으로 지급.
25) 통상임금이나 평균임금으로 산정.
26) 대판 71다1713, 1972.1.17 ; 대판 90다카14758, 1991.6.28 ; 근기 01254-3033, 1986.2.21.
27) 예) 2009.2.1 입사자는 1년이 되는 2010.1.31의 다음날인 2010.2.1이 산정사유 발생일이다.

계속하여 5명 이상의 근로자를 사용하는 사업 또는 사업장에만 적용한다. 1년 미만 근속자 및 1년간 8할 미만 출근한 자에게 부여하는 연차유급휴가의 경우에도 월단위로 상시근로자수가 5명 이상인 월에만 1일의 휴가를 부여한다.[28)]

「주40시간제 사업장」 사용자는 1년간 8할[29)] 이상 출근한 근로자에 대하여는 15일의 휴가를 주어야 한다. 계속근로연수가 1년 미만인 근로자와 1년간 80% 미만 출근한 근로자에게 1월간 소정근로일을 개근한 경우 매 1월마다 1일의 유급휴가를 주어야 한다.

1년간 80% 미만 출근자의 연차유급휴가는 2012.8.2 이후 최초로 1년이 되는 근로자로서 그 1년간 출근기간이 80% 미만에 해당하여야 한다.[30)]

2017.5.29까지는 입사일부터 1년 미만 근속자는 개근월마다 1일의 휴가를 부여하다가 1년이 되면 출근율 80%이상인 경우는 총 15일의 휴가일수가 발생하여 15일에서 이미 사용한 일수를 제외한 나머지 일수에 대해 다음 해 휴가를 부여하였다. 법개정으로 2018.5.29부터는 시행일 당시를 기준으로 최초 1년간의 근로(2017.5.30. 입사자부터 해당됨)에 대하여 유급휴가를 주는 경우에는 1년 미만시 개근 월마다 발생하는 연차 최대 11일과 별도로 1년 근속기간 80% 이상 출근시 15일의 휴가를 더하여 최대 26일이 발생한다. 다만, 입사일로부터 근속기간이 1년 이상인자는 출근율 80%이상인 경우는 기본 15일의 휴가가 발생하고 출근율 80%미만인 경우는 1년의 기간 중 개근월마다 1일의 휴가가 발생할 뿐이다. 이후 기술하는 실무사례로 일수계산 부분에서는 입사일로부터 1년 미만 근속자의 경우는 개정법에 따른 산정일수를 고려하여야 한다. 1년 미만 근속기간 중에 월별로 발생하는 연차유급휴가는 매월 발생일로부터 1년간[31)] 사용할 수 있다.

사용자는 3년 이상 계속근로한 근로자에 대하여는 기본 15일의 휴가에 최초

---

28) 근기법 제60조제2항(2012.2.1 개정, 2012.8.2부터 시행) 영 제7조의2제3항 2012.8.2 이후 근로한 기간이 최초로 1년이 되는 근로자로서 그 1년간 출근기간이 8할 미만에 해당하는 자부터 적용한다.

29) 1년의 소정근로일을 313일로 정한 경우 250일 이상.

30) 부칙 제4조.

31) 1.1~1.31 개근, 2.1~이듬해 1.31까지.

1년을 초과하는 계속근로연수 매 2년에 대하여 1일을 가산한 유급휴가를 주어야 한다.[32] 가산휴가를 포함한 총 휴가일수는 25일을 한도로 한다. 25일을 초과하는 경우에는 어떠한 보상도 정하지 않고 있다.

다만, 1년간의 기간동안 8할 미만 출근하여 월별로 연차유급휴가가 발생한 경우는 근속기간에 따른 가산일수는 없다.[33]

연차유급휴가산정을 위한 출근율을 산정함에 있어서 당사자간 별도의 합의가 없다면 1년 중에 만근일수를 초과한 달과 만근일수를 채우지 못한 달을 상쇄할 수 없는 것이 원칙이다. 따라서 특정 월의 만근일수 초과근로일수는 출근으로 보지 않고 특정 월의 만근일수 미달일은 결근으로 처리한다.[34]

1년 이상 근로하고 8할 이상 출근하여야 15일의 기본휴가가 발생한다(과거 주 44시간제 사업장의 경우 1년 이상을 개근하면 10일, 9할 이상 출근하면 8일의 기본휴가가 주어진다.). 기본적으로 1년 이상의 근속기간과 그 기간 중 출근율을 충족하지 못하면 기본휴가 자체가 발생하지 않으므로 누적된 근속년수의 개근 등은 아무런 소용이 없다. 따라서 최소한의 출근율인 8할 이상을 충족시키지 못하면 가산휴가의 전제가 되는 기본휴가 자체가 발생하지 않으므로 연차유급휴가가 하루도 발생하지 않는다.[35] 다만, 최초 1년을 초과하는 계속근로연수 매 2년마다 1일을 가산하므로 15일의 기본휴가일수에 가산휴가를 받기 위해서는 3년 이상 5년, 7년 등으로 근속하면 그것으로 족하고 누적된 근속기간 동안 매년마다 8할 이상의 출근요건을 갖추어야 하는 것은 아니다.

---

32) 근속년수에 따른 가산일수 산정공식 : (근속년수−1년)÷2=가산일수(소수점 이하 절사) 예) 근속 9.5년의 경우(9−1)÷2=4일, 총19일(15+4일)의 연차유급휴가 발생.

33) 근기법 제60조제4항.

34) 근기 68207−1053, 2000.4.6.

35) 대판 99다10806, 2002.12.22. 예) 7년 근속자가 지난 1년간을 8할 이상 출근한 경우, 15일의 기본휴가에 가산휴가 3일(3년 이상 1일, 5년 이상 2일, 7년 이상 3일)을 더하여 총 18일의 휴가를 받게 된다. 그렇지 않고 지난 1년간 8할 이상을 충족하지 못한다면 기본휴가는 물론이고 가산휴가 자체도 없다. 한편 지난 1년간 8할 이상 출근하면 가산일수에 해당하는 기간(3년, 5년, 7년, 9년 등)동안 8할 미만(혹은 구법에 따른 9할 미만) 출근하여 그해에 연차유급휴가를 하루도 받은 일이 없다고 해도 계속근로년수를 통산하는데 문제가 없다면 가산일수는 발생한다.

(2) 산정기산일

근로계약이 유효하게 존속하는 한, 연차유급휴가는 입사일로부터 매1년단위로 산정하는 것이 원칙이다. 근속기간 단절없이 임시직에서 정규직으로 전환한 경우 및 회사의 방침으로 일단 퇴시하고 다시 입사한 경우에도 연차유급휴가산정을 위한 기산점은 최초입사일이 된다. 노사합의에 의해 퇴직금을 중간정산한 경우, 중간정산하여 지급한 후의 퇴직금산정을 위한 계속근로연수는 정산시점부터 새로이 기산하지만 연차유급휴가산정을 위한 계속근로연수는 최초 입사일로부터 기산한다. 다만, 근로자 본인의 뜻에 의해 사직을 하고 다시 근로계약을 맺고 입사한 경우라면 퇴직 전의 기간과 새로이 입사한 뒤부터 계속근로기간은 단절된다.

달리 특약이 없다면 기업의 양도양수, 합병, 분할 등 기업변동으로 인해 근로관계가 포괄적으로 승계된 경우에도 종전회사에서 입사한 날부터 기산한다. 전적의 경우 달리 특약이 없다면 종전회사와의 근로관계는 단절되는 것이므로 새로운 회사의 입사일로부터 기산하는 것이 원칙이다. 전출은, 근로자가 본래의 소속기업에서 근로계약관계를 유지한 채 타기업의 사업장에서 상당히 장기간 종사하게 되는 것을 말한다. 원래기업과의 관계에서는 휴직처리가 될 것이고 근로시간·휴일·휴가·등의 근무형태는 모두 새로운 기업의 취업규칙 등에 따를 것이며 노무수행에 대한 지휘감독권도 새로운 기업에서 가진다. 다만, 근로계약의 당사자는 변동이 없으므로 휴가산정을 위한 근속기간은 종전회사의 입사일로부터 기산하는 것이 원칙이다.

(3) 소정근로일 및 출근율여부 판단

연차유급휴가는 1년의 단위기간 중 일하기로 정한 소정근로일에 기준[36]이상으로 출근하여 근로한 자에게 주어지는 것이다. 출근이나 개근여부를 판단은 소정근로일을 기준으로 산정한다. 그러므로 유급주휴일이나 근로자의날, 취업규칙 등에 의한 약정휴일과 휴가, 특별한 사유로 근로제공의무가 정지되는 날

36) 주40시간제 8할 이상, 주44시간제 9할 이상.

또는 정지되는 기간 등은 소정근로일이 아니므로 제외하고 나머지 일수를 기준으로 출근율을 산정하고, 실제 근로를 하지 않았어도 관련법에 정하여 불이익한 처우를 할 수 없거나 그 성격상 헌법상의 권리의무 이행[37]과 관련되는 소정근로일은 해당일을 소정근로일에 포함하되 출근한 것으로 간주한다. 세부적인 판단기준은 다음과 같다.[38]

☞ 출근율(%)=출근한 날 수÷소정근로일수×100

만약, 당사자간 약정으로 법정기준 이상으로 출근율을 정하거나[39] 출근율 산정기준을 달리 정한[40] 경우는 그에 따르는 것이 원칙이다. 다만, 주휴·월차유급휴가·연차유급휴가의 성질에 비춰서 주의 전부, 월의 전부, 1년의 전부를 출근하지 않은 경우는 휴가를 부여하지 않아도 된다.

*첫째, 소정근로일에서 제외, 나머지 근로일을 기준으로 출근율 산정

1. 소정근로일에 출근하지 않았으나 법령에 의해 그날 또는 그 기간을 출근한 것으로 보도록 하거나 약정휴일, 법령상 휴일,[41] 기타 경조사 휴가 등 위에 준하여 해석할 수 있는 날 또는 기간

2. 당초 단체협약이나 취업규칙 등으로 근로하기로 정했으나 근로자 또는 사용자가 사전에 예측하기 어려운 특별한 사유가 발생하여 근로제공의무가 정지되거나 출근의무가 부여되지 않은 경우로서, 사용자의 책임으로 인한 휴업기간, 적법한 쟁의행위기간[42] 기타 이에 준하여 해석할 수 있는 날로서 노조전임기간, 군복무기간, 대기발령기간,[43] 사용자에 의한 휴직기간, 부당해고기간,[44]

---

37) 공법상 선거투표일, 예비군훈련 등.

38) 임금근로시간-3228, 2007.10.25.

39) 7할 이상 등.

40) 월 2일의 결근은 출근으로 본다 등.

41) 주휴일, 5.1근로자의날, 약정휴일, 기타 이에 준할 수 있는 경우.

42) 대판 2006나6583, 2006.9.29 ; 근기 1455.9-11349, 1969.10.30 ; 근기 68207-402, 2002.1.29, 불법쟁의 기간은 소정근로일에 포함 결근처리.

43) 근기 1455-322, 1971.1.13.

44) 임금근로시간-1108, 2006.5.15, 부당해고기간은 근로를 제공할 수 있음에도 사용자의 부당한 징계권의 행사로 근로를 제공하지 못한 기간으로 "특별한 사유로 근로제공의무가 정지된 날 또는 기간"에 해당되어 소정근로일수 계산에서 제외하여야한다.

업무와 관련 사업주 동의를 얻은 학업·해외연수 휴직기간, 자택대기휴무 등은 소정근로일에서 제외한다. 연차유급휴가일수는 위 기간을 제외한 나머지 소정근로일수에 대한 출근율에 따라 산출된 일수에 당해사업장의 연간 총소정근로일수에 대한 출근비율을 곱하여 산정한다.[45]

【부당해고기간에 대한 판례와 행정해석의 견해 차이】

행정해석은 부당해고기간은 근로자가 근로를 제공할 수 있음에도 사용자의 부당한 징계권의 행사로 근로를 제공하지 못한 기간으로 '특별한 사유로 근로제공의무가 정지된 날 또는 기간'에 해당되어 소정근로일수에서 제외해야 하므로, 부당해고기간을 제외한 나머지 소정근로일수에 대한 출근율에 따라 산출된 일수에 당해 사업장의 연간 총소정근로일수에 대한 출근일수 비율을 곱하여 산정한다는 입장이다.[46]

다만, 판례는 다른 견해를 보인다. 최근 판례에 의하면, 근로자가 부당해고로 지급받지 못한 연차휴가수당을 계산하는 경우에도 연간 소정근로일수와 출근일수를 계산할 때 사용자의 부당해고로 인해 근로자가 출근하지 못한 기간은 연간 소정근로일수 및 출근일수에 모두 산입되는 것으로 봐야 한다.[47]고 판시한 바 있다.

법원은 부당해고 기간을 출근한 기간으로 간주하는 데 비해 고용노동부는 근로의무가 정지된 기간으로 보는 데 따른 차이다. 위 법원 판결이 나온 이후에도 고용노동부는 위 행정해석을 변경하지 않고 있는데, 행정해석과 같은 기준으로 계산하면 판례의 기준 계산보다 적은 연차휴가일수가 산출되어 불리하다. 부당해고 기간은 사용자의 귀책사유로 인한 것이므로, 해고로 출근하지 못한 기간을 근로자에게 불리하게 고려할 수는 없는바, 출근한 것으로 보는 판례의 입장이 타당하다고 생각된다.

근로시간 중에 「부분적인 파업」으로 1일 8시간의 근로제공이 이루어지지 않은 경우라도 소정근로일을 단위로 하여 해당일에 출근하여 근로를 제공하였다면 유급주휴일을 부여하여야 한다.[48] 연·월차유급휴가수당의 공제에 있어서, 1일 소정근로시간 중의 일부시간을 파업한 경우는 유급주휴일과 같이 연·월차유급휴가의 출근율 산정시 출근한 것으로 보아야 한다. 그러나 소정근로일의 근로시간 전부를 적법하게 파업한 경우라면 출근율 산정시 소정근로일수 계산

45) 근기 68207-402, 2002.1.29. 예를 들면, 연간 총소정근로일수가 280일인 사업장에서 사례에서 든 소정근로 제외일수가 합계 15일을 제외한다면 나머지 소정근로일수는 265일이 된다. 나머지 소정근로일 중 19일간 결근을 가정하면 출근율 92.83%(246/265×100)가 되고, 8할 이상 개근으로 연가일수는 15일이 된다. 여기에 연간 총소정근로일수 280일에 대한 출근비율(15일×246/280일)을 곱하면 13.17일이 된다.

46) 근로기준과-5084, 2009.12.1.

47) 대판 2011다95519, 2014.3.13.

48) 근기 68207-270, 1997. 3.4.

에서 제외[49]된다.

주40시간제 사업장에서 육아기 근로시간단축제를 도입하여 근로자에게 1년간 주당 28시간제를 시행할 경우, 사용자는 근로시간단축을 이유로 근로자에게 해고 등 불리한 처우를 할 수 없고, 임금, 주휴일·연차유급휴가 등 근로조건은 근로시간에 비례하여 적용되어야 한다. 근로자가 1년간 소정근로일의 8할 이상을 근로하였을 경우 연차유급휴가부여일수는 다음과 같다.

☞ 8할 이상 출근 : 15일×28시간/40시간×8시간=84시간

*둘째, 소정근로일수 계산에 포함, 출근으로 간주하는 경우

다음의 경우는 실제 근로를 하지 않았어도 관련법에 정하여 그날 또는 그 기간을 출근한 것으로 보도록 하거나 불이익한 처우를 할 수 없는 경우, 법상의 권리의무 이행과 관련되는 등으로 인해 해당일을 출근으로 간주하도록 규정이 있거나, 그와 같은 규정이 없더라도 그 성질상 결근한 것으로 처리할 수 없는 날이나 기간으로서, 그 날이나 기간을 소정근로일수 계산에 포함하되 출근한 것으로 본다. 즉, 업무상 부상 또는 질병으로 인한 휴업기간,[50] 법에 의한 출산전후·유·사산휴가기간,[51] 예비군·민방위훈련기간, 공민권행사를 위한 휴무일,[52] 연·월차유급휴가기간, 생리휴가기간, 육아휴직기간, 기타 이에 준하는 것으로 해석 할 수 있는 날 또는 기간 등이다.

예를 들면, 소정근로일이 연간 290일인 주40시간제 사업장에서(휴가산정단위는 입사일로부터 1년단위), 2005.2.1에 입사 2005.10.16~10.30 15일간을 업무상 질병으로 휴업하고, 2005.12.5~12.8 4일간을 예비군동원훈련에 참가, 2006.1.10~1.12 3일간을 연차유급휴가를 사용, 2006.1.20~1.21 2일간 불법파업을 하였다면 2006년에 부여할 근로자의 연차유급휴가일수는 다음과 같다.

☞ 288일(불법파업 결근 2일 공제, 노무를 제공하지 않은 훈련 4일+연차유급휴가 3일+질병 15일=22일은 출근처리)/290일=8할 이상 출근, 기본 15일의 연차유급휴가 발생

최근 법원은 "부당해고기간이 연간 총근로일수 전부를 차지하고 있는 경우에도 달리 볼 수는 없다"고 판시했다(대법원 2014.3.13 선고, 2011다95519 판결). 즉 연차휴가는 과거의 출근율에 대한 일종의 보상으로 현재 휴식의 기간이 부여되는 것인데, 과거 1년을 출근한 것으로 보면서도 현재

49) 불법으로 1일 전부를 파업한 경우는 결근처리, 근기 68207-709, 1997.5.30.

50) 법 제60조제6항제1호.

51) 산전후휴가기간(90일)을 초과하는 무급의 휴가기간에 대해서는 결근으로 처리해도 무방하다. 법 제60조제6항제2호.

52) 향토예비군설치법 제10조, 민방위기본법 제23조, 공직선거법 제6조제2항.

휴식이 주어지지 않는다는 것은 모순이 아닐 수 없다. 위 판례는 그 성격이 동일한 업무상요양기간에 대하여도 같이 적용될 수 있다.
최근에는 한 걸음 더 나아가서, 업무상요양으로 인해 1년 전체를 출근하지 못함으로써 휴가사용이 불가능한 경우의 수당청구권 여부가 직접적인 쟁점이 되었던 사건이 선고되었는데[53] 근로자가 연차휴가를 사용할 해당연도에 전혀 출근하지 않은 경우 연차휴가수당을 지급하지 않기로 정한 위 단체협약이나 취업규칙의 내용은 무효라고 보고, 근로자가 업무상 재해로 휴업한 기간이 1년 전체일지라도 그 기간은 출근한 것으로 보아서 출근율을 계산하여야 하는데, 그렇다면 산재요양휴업기간인 2008년부터 2010년까지의 기간 동안 매년 출근율을 충족하게 됨이 명백하고, 그에 따라 연차휴가를 사용할 수 있게 된 2009년부터 2011년까지의 기간 중에 원고가 전혀 출근하지 않았다고 하더라도 연차휴가수당을 청구할 수 있다고 본 것이다.

*셋째, 소정근로일수에 포함, 결근으로 보는 경우

근로계약상 노무를 제공할 의무가 있으나 위 2가지 정한 사유에 해당하지 않고 사용자 귀책으로 판단할만한 사정도 없는 등, 근로자 책임으로 인해 노무를 제공하지 못한 경우[54]는 그 날이나 기간을 결근으로 보아서 출근율을 판단한다. 이 경우 개인사정으로 인해 휴업, 결근 등으로 노무를 제공하지 못한 기간은 사전에 사용자의 승인이 있었는지 여부나 무단결근 여부를 구분하지 않는다. 그러나 사용자 귀책사유나 경영상 불가항력적인 휴업기간처럼 근로자에게 책임 없는 사유로 근로하지 못한 경우와 정당한 파업에 참가하여 근로제공의무가 일시적으로 정지된 기간은 출근한 것으로 보아야 한다. 사용자의 징계권 행사로 인해 노무제공의무가 부여되지 않은 정직·출근정지(승무정지)·직위해제·강제휴직 등의 기간은 그 기간을 소정근로일수에 포함하고 결근으로 처리한다. 징계에 의한 출근정지 및 휴직기간은 결근으로 본다.[55] 종전에는 그 기간을 제외하고 나머지 기간의 출근율로 판단했으나 판례에 따라 행정해석을 변경했다. 다만, 훗날 징계의 유효성 등에 관한 다툰 결과, 당초 징계처

53) 대판 2014다23296, 2017.5.17 ; 대판 2014다232302.
54) 근로자 개인사정으로 인해 휴업한 기간, 개인적 부상으로 인한 결근, 형사상 구속수감기간, 개인적 사유로 휴직기간, 불법쟁의 기간(근기 01254-10522, 1990.7.26), 개인적 목적의 해외연수기간, 기타 개인사정으로 인한 결근 등, 쟁의수단으로서 집단적으로 연·월차유급휴가를 사용한 경우는 소정근로일에 근로를 제공하지 않은 것이므로 결근으로 본다(근기 01254-3153, 1990.3.3).
55) 대판 28다41666, 2008.10.9 ; 근기-3296, 2009.9.1.

분이 부당징계처분으로 확정되면 그 기간에 대해서는 소정근로일수에서 제외하고 나머지 기간에 비례하여 연차유급휴가를 부여하는 것이 타당하다.[56)]

근로자 B는 2008년도 소정근로일 280일 가운데 50일을 업무상 골절상으로 요양휴업하고, 소정근로일 중 20일을 형사사건으로 구속 수감되었으며, 징계처분으로 소정근로일 중 15일을 출근정지를 받고, 16일간 불법파업을 하였고, 8일간 1일 2시간씩 가사사정으로 조퇴를 하였다. 이 근로자의 연차유급휴가일수를 산정해 보면 다음과 같다.
소정근로일 280-결근 51일(구속수감 20일+징계처분 15일+불법파업 16일)=229일(81.7%), 요양휴업기간 50일은 소정근로일수에 포함하고 출근으로 간주한다. 따라서 8할 이상 출근하였으므로 연차유급휴가 15일이 발생한다.

(4) 특수한 기간

1. 소정근로일을 개근한 근로자가 휴일근무명령을 불이행 하였다고 하여 그 날을 결근으로 처리하여 연·월차유급휴가 주휴일 부여에 영향을 미칠 수 없다. 주휴일을 어느 특정일과 대체했을 경우, 당초의 주휴일에 결근한 경우는 유급휴가 출근율 계산에서 결근으로 처리된다.[57)]

2. 지각, 조퇴, 외출 등으로 인해 당일 소정근로시간의 일부만 근로하고 퇴근한 경우가 있는데, 이때에도 출근율 산정시 그날을 결근으로 처리해서는 안 된다. 단체협약, 취업규칙 등을 작성하면서 지각 3회는 결근 1일 등으로 약정했다고 해도 결근으로 처리 할 수 없다. 다만, 노무를 제공하지 않은 시간만큼 임금을 공제하는 것은 무방하고, 지각, 조퇴, 외출이 누계 8시간에 달했을 경우 연가 1일로 계산한다는 복무관리 특약도 유효하다.[58)]

3. 정직기간이 길면 2개 년도에 걸쳐서 연차유급휴가산정에 영향을 미친다. 예를 들면, 2002.12.1~2003.1.15 정직시 2002, 2003년도의 연차유급휴가 산정에 영향을 미친다. 정직기간 중에 유급휴일이 들어있는 경우에도 사용자는 그 기간에 대해 유급휴일을 부여할 의무는 없다. 따라서 그 날은 소정근로일수에서 제외한다.[59)]

56) 근로개선지도-1129, 2009.9.2 ; 대판 2008다41666, 2008.10.9.
57) 근기 1455-15761, 1981.5.21.
58) 근기 68207-157, 2000.1.22 ; 법무 811-17966, 1978.8.22.
59) 근기 68207-377, 1996.3.14.

4. 사용자는 휴직기간 중 주휴일을 부여할 의무가 없다. 따라서 출근율 산정시 휴직기간 중에 들어 있는 법정, 약정휴일은 소정근로일 자체에서 제외된다.[60]

5. 소정근로일수를 달리 정하지 않고 단체협약 등에 의해 월평균근로일수를 매월의 만근일수로 정하여 이를 휴일, 휴가를 부여하기 위한 출근율산정의 기준으로 삼는 경우 법위반으로 볼 수 없으나 만약 다툼이 있는 경우에는 1주, 1년을 대상으로 실근로 여부를 따져서 개근여부를 판단해야 한다. 당사자간 별도의 합의가 없다면 만근일수를 초과한 달과 만근일수를 채우지 못한 달을 상쇄할 수 없는 것이 원칙이다.[61] 연·월차유급휴가를 적치하여 두었다가 근무일에 유급휴가를 사용할 경우, 월 13일 만근제로 정한 사업장에서 12일까지는 실제로 근무하고 13일째에 유급휴가를 사용하였다면 월 만근으로 보아야 할 것이며 주휴일 및 월차유급휴가에 대하여 불이익을 초래하여서는 안된다. 따라서 월 만근하면 지급하기로 약정한 수당 등을 지급하여야 한다.

6. 휴가기간과 약정휴일 혹은 법정주휴일이 겹치는 경우에도 2가지가 중복된다고 해서 휴가기간이 연장되거나 당일의 유급임금을 중복해서 지급하는 것은 아니다.[62] 2가지 중 근로자에게 유리한 한 가지만 적용하더라도 법위반이 아니다.

7. 해고가 부당해고로 판정되면 사용자는 해고기간동안 근로자가 근로했으면 받았을 금액, 즉, 임금상당액을 해고자에게 지급할 의무가 발생한다. 연차유급휴가수당의 경우 근로의 대가로 직접 발생하는 것이 아니라 연차유급휴가를 실제로 사용하지 못한 데 따른 보상차원에서 부여되는 것이므로 해고기간 중 근로를 제공한 사실이 없으면 연차유급휴가 자체도 발생하지 않는다는 것이 행정해석의 입장이다.

다만, 판례는 견해가 다르다. 최근 판례에 의하면, 근로자가 부당해고로 지급받지 못한 연차휴가수당을 계산하는 경우에도 연간 소정근로일수와 출근일

60) 부소 01254-116, 1992.3.23.
61) 근기 68207-1053, 2000.4.6.
62) 근기 68207-1423, 2003.11.1.

수를 계산할 때 사용자의 부당해고로 인해 근로자가 출근하지 못한 기간은 연간 소정근로일수 및 출근일수에 모두 산입되는 것으로 봐야 한다고 판시한 바 있다.[63] 따라서 그 기간은 연차휴가수당을 지급하여야 한다.

8. 「해외연수」는 통상근로와 달리, 생산성향상과 근로자의 자질향상 등 복합목적이 있는 것으로서 본래 근로와 다른 별도의 계약이 이뤄진 것으로 보아서 별도의 약정이 없는 한 발생하지 않는다. 실무상 해외연수기간은 소정근로일에서 제외하고 나머지 기간의 출근율을 기준으로 산정한다.[64]

9. 「휴가기간 중간에 휴일·휴가가 포함된 경우」는, 그 휴일이 유급인 경우는 그 일수에서 제외하고, 무급휴일인 경우에는 포함하여 휴가일수를 계산한다. 또한 휴가기간 도중에 출근하여 근로를 제공하였다 하더라도 휴일근로로 볼 수는 없다. 예를 들면, 1.1~1.10 열흘간 휴가를 사용한 경우를 살펴보면, 협약에 의거 유급약정휴일로 1.1~1.3(3일간)을 신정연휴로 하고, 토요일은 휴무일, 일요일은 유급휴일이면, 총 10일간의 휴가 중 협약에 의한 유급휴가 3일, 소정근로일이 아닌 토요휴무일 1일, 유급주휴일 1일 합계 5일간을 제외하고 실제 5일의 연차유급휴가를 사용하는 것이다. 휴가는 근로제공의무가 있는 소정근로일에 근로제공의무를 면제하는 것이므로 휴무일은 휴가를 부여할 수 없기 때문이다.

10. 「촉탁만료 후 퇴직과 촉탁재계약」이 단절되지 않고 곧바로 퇴직금을 지불하고 다시 1년간 재계약한 경우, 계속근로로 보아 전년도에 8할 이상 출근하였다면 휴가를 부여하여야 한다. 다만, 퇴직시 전년도에 발생한 연차유급휴가근로수당을 지급하고 일정기간이 경과하여 다시 촉탁으로 재계약한 경우는 연차유급휴가부여를 위한 계속근로기간은 새로이 기산한다.

---

63) 대판 2011다95519, 2014.3.13.

64) 주40시간제에서, 2000.1.1 입사, 2007.7.1~2008.6.30 해외연수를 실시하였다면 2009.1.1 기준(9년 근속)으로 2007, 2008년도의 연차유급휴가일수를 계산해보면, 해외연수기간은 통상적인 근로관계 하에서의 근로제공의무를 취업규칙 등에 의해 면제받는 것이므로 소정근로일이 아니다. 출근율 산정시 소정근로일에서 제외하고 나머지 기간의 출근율을 기준으로 산정한다.
*2007.1.1~6.30 소정근로일 154일 개근으로 가정, 15일+3일=18일×154/294=9.4일.
*2008.7.1~12.31 소정근로일 156일 개근으로 가정, 15일+4일=19일×156/294=10일.

11. 「노동조합전임자」는 휴직자와 신분이 동일하기 때문에 전임기간에 대해서는 휴가, 휴일 등을 부여할 의무가 없다. 다만, 일부전임자에 대해서는 근로를 제공한 시간만큼 비례하여 휴가를 부여할 의무는 있다. 따라서 일정기간은 근로를 제공하고 일정기간은 노조업무를 전담하는 일부전임에 대한 연차유급일의 산정은 사업장에서 근로를 제공할 의무가 있는 연간 소정근로일수에 대한 출근율에 따라 휴가일수[65]를 산정하고, 이를 다시 당해 사업장의 연간 총근로일수에 대한 일부 전임자의 연간 소정근로일수의 비율로 곱하여 산정한다. 전임기간은 퇴직금지급, 연·월차유급휴가 계산 등에 있어서 근무경력이 인정된다. 전임활동으로 인한 재해는 업무상재해로 인정된다. 다만, 불법적인 노조활동과 합법·불법쟁의행위로 사용자와 대립관계에서 입은 재해는 업무상재해로 인정될 수도 없다.[66]

12. 「일용근로자」도 법이 적용되므로, 1주·1월·1년을 넘어 근로한 경우에는 주휴일·연차유급휴가를 부여받을 권리가 있다. 따라서 역일(曆日)을 기준으로 1주·1월·1년의 출근율을 따져 해당 휴일·휴가를 부여한다. 예컨대, 대체로 주휴일은 1주일에 6일, 월차유급휴가는 1월 중 법정휴일을 제외한 날이 소정근로일이 된다.

〈월차유급휴가〉

「월차유급휴가」란 우리나라만의 독특한 제도로서, 1월간 계속근로한 근로자에게 유급으로 1일의 근로의무를 면제해 주는 것을 말한다. "사용자는 1월에 대하여 1일의 유급휴가를 부여해야 한다"[67]고 정하고 있는 바, 1월간 소정근로일수를 개근한 경우는 월차유급휴가를 주어야 한다. 근로시간과 휴게·휴일의 적용이 제외되는 근로자에 대하여도 월차유급휴가는 부여해야 한다. 2011.7.1 이전까지 주44시간제가 적용되던 사업장에서 주40시간제를 조기에 도입하지 않은 경우에 부분적으로 적용이 있었다.

1월간 소정근로일의 개근여부를 판단함에 있어서는, 1월간 총일수에서 단체협약이나 취업규칙 등에서 근로의무가 없는 날 즉, 법정휴일, 연·월차유급휴가일, 단체협약 또는 취업규칙으로 정한 약정휴일 및 휴가일수 등을 공제한 나머지 소정근로일을 기준으로 한다.[68]

출근율 산정에 관해서는 뒤에 상술하는 "연차유급휴가 등의 부여시 소정근로일 및 출근율여부 판

65) 주44시간제 개근시 10일, 9할 이상 출근시 8일, 주40시간제 8할이상 15일.

66) 대판 96다12733, 1996.6.28.

67) 법 제57조제1항(2003.9.15 폐지).

68) 1월간의 총일수-근로제공의무가 없는 날=출근율 산정을 위한 소정근로일.

단기준"을 참고한다.

「월차유급휴가」의 경우, 사용자가 시기를 변경할 권리는 없다.[69] 근로자는 휴가권이 발생한 날로부터 1년 동안에 한하여 근로자가 필요한 시기에 일시에 모아서 사용할 수도 있고 여러 번에 걸쳐 분할하여 사용할 수도 있다.[70] 근로자대표와 서면합의가 있는 경우에는 월차유급휴가 휴가일에 갈음하여 특정 근로일에 근로자를 휴무시킬 수도 있다.[71] 근로자대표와 서면합의가 있으면 개별근로자의 동의를 받을 필요는 없다. 이 제도는 명절 전후나 동계, 하계휴가 등 특정휴일을 집단적으로 실시할 때 활용할 수 있다. 단체협약이나 취업규칙을 정당하게 변경하여 유급휴가의 대체를 규정했다면 별도의 서면합의없이 유급휴가대체제도를 운영할 수 있다.[72] 실제 월차유급휴가청구권 행사의 기산점은 개개 월차유급휴가청구권이 발생한 날[73]이 되며, 매월 발생한 휴가는 그 발생일로부터 1년을 넘어서 쌓아 둘 수는 없다.[74] 만약 근로자가 1년간 휴가를 사용하지 않은 상태에서 1년이 경과한 경우 실제 휴가사용청구권은 소멸되나 발생한 휴가일만큼 근로한 대가로 받게 되는 휴가수당청구권은 남아 있게 된다. 이 금전보상청구권도 휴가를 실제 사용할 수 없게 된 날의 다음날부터 기산하여 3년이 경과하면 소멸된다.

근로자가 재직 중 사용하지 못하고 퇴직한 월차유급휴가일수에 대해서는 잔여일수에 따라 통상임금으로 환산 지급해야 한다. 그러나 월차유급휴가 발생 즉시 금전으로 대체 지급하고 휴가사용을 금하는 것은 휴가권을 박탈하는 것으로 부당하다. 근로자가 결근일을 월차유급휴가 사용일로 대체해 줄 것을 청구한 경우 사용자가 이를 인정해야 할 법적인 의무는 없다. 달리 약정이 없는 한 사후에 신고로서 결근과 연·월차유급휴가를 대체하는 것은 인정되지 않는다. 연·월차유급휴가부여를 이유로 근로자가 권리를 행사함에 있어서 불이익을 주어서는 안된다.

「월차유급휴가근로수당의 평균임금산입방법」은, 산정사유발생 최종 3개월간에 개근하고 3일의 월차유급휴가가 발생하였다면 3일의 휴가일 중 실제로 월차유급휴가를 사용하지 아니한 잔여 일에 대한 월차유급휴가근로수당만을 평균임금에 산입한다.[75]

3. 휴가부여 및 대체, 반납, 사용촉진 등

(1) 부여시기

휴가는 근로자가 청구하는 시기에 주어야 한다. 만약 청구한 시기에 휴가를 주는 것이 사업운영에 막대한 지장을 초래하는 경우 사용자는 시기를 변경할

69) 임금근로시간정책팀-556, 2005.11.25.

70) 구법(법률 제6507호) 제57조제2항.

71) 구법(법률 제6507호) 제60조.

72) 근기 68207-1585, 2000.5.24.

73) 기산일로부터 1월의 기간이 종료되는 날의 익일.

74) 구법 제57조제2항. 예를 들면 2006년 1월에 발생한 월차유급휴가는 그해 2.1부터 가산하여 2007.1.31까지 실제 휴가를 사용할 수 있으며, 월차유급휴가수당청구권은 2007.2.1부터 3년간이 경과한 2010.1.31에 시효로 소멸된다.

75) 대판 90다카14758.

수 있는 권한을 가지고 그 시기를 변경할 수도 있다.[76] 「사업운영에 심대한 지장」이 있었는지 여부는 기업의 규모, 담당업무의 성질, 작업의 형편, 대행자의 난이도, 같은 시기에 청구하는 근로자의 수 등을 고려하여 합리적으로 판단한다. 이를테면 근로자가 지정한 시기에 휴가를 사용하게 된다면 담당업무를 포함한 단위업무의 운영이 불가능하고 대체근로가 용이하지 않은 경우가 될 것이다. 따라서 사용자의 시기변경권은 근로자의 불이익이 최소한에 그치는 한도에서 행사해야 한다. 법령에는 시기변경권의 행사방법에 관한 별도의 구체적인 규정이 없으므로 취업규칙. 단체협약 등에 미리 정해두는 것이 바람직하다. 일정기간 전에 신청서를 제출하도록 하는 등 시기지정을 제한하는 절차적인 규정을 두거나, 사전승낙을 하는 것은 불합리 하다고 볼 수 없다.

근로자는 휴가사용 시기를 특정하여야 한다. 미리 지정하지 않고 단순히 휴가일수가 남아 있다는 이유로 결근하거나, 결근 후 그 날을 휴가로 처리해 줄 것을 요구한다면 무단결근으로 처리될 수 있다.[77] 다만, 취업규칙에 휴가의 청구절차를 정함이 없는 회사에서 부상으로 출근하지 못한 자가 치료차 출근이 불가능하니 연가로 처리를 요구한 사항에 대해 사용자의 시기변경권 행사가 없었다면 그 날을 결근 처리한 것은 잘못이라는 판례가 있다.[78]

☞ 회계년도 기준 연차휴가 부여방법
입사일부터 회계연도 말까지 발생일수 × (입사일부터 회계연도 말까지 날수/365일)= 회계연도말 휴가부여(정산) 일수

(2) 휴가의 대체

사용자는 근로자대표와 서면합의에 의하여 유급휴가일에 갈음하여 특정 근로일에 근로자를 휴무시키는 것을 「휴가의 대체」라고 한다. 「특정 근로일」이라 함은 근로의무가 있는 소정근로일 중의 특정일을 의미한다. 따라서 법정휴일·휴가뿐 아니라 약정휴일·휴가일에 휴가를 대체할 수 없고 반드시 근로제공의

76) 근기법 제60조제5항
77) 근기 68207-1569, 2002.4.16.
78) 대판 92누404, 1992.4.10.

무가 있는 소정근로일 중 특정일을 정하여 휴무시킬 수 있다.[79] 취업규칙, 단체협약 등으로 휴일이라고 정하지 않고, 업무량 감소, 사업장 사정 등에 따라 휴무를 실시하고 있는 경우에는 그 날은 소정근로일이라고 할 수 있으므로 연차유급휴가를 대체할 수 있다.[80] 휴가를 대체하는데 있어서 근로자대표와 서면합의가 있다면 근로자 개인의 동의는 받지 않아도 무방하다. 사업주에게는 휴가를 부여하기 때문에 발생하는 노동력손실을 줄이고, 근로자는 꼭 필요한 시기에 임금손실 없이 사적인 휴가를 사용할 수 있다는 점에서 이점이 있다.

(3) 휴가의 사전매수, 반납 등

휴가의 사전매수란, 휴가 발생일로부터 1년간 근로자의 실제휴가청구권이 소멸되지 않은 상태에서 산정연도 연말 혹은 연차유급휴가사용 연도 초에 사용자가 미리 금전으로 수당을 지급하여 실제휴가를 사용하지 못하게 하는 것을 말한다. 사전에 금전으로 매수하는 계약은 휴가권 행사를 박탈하는 것으로 무효이다. 다만, 사전에 금전을 지급하더라도 발생한 휴가일수만큼 실제 사용할 수 있도록 보장한다면 무효로 볼 수 없다. 실무상 1년간 발생할 연차휴가일수를 수당으로 환산하여 매월 균등분할하여 지급하는 경우, 근로자가 실제 휴가를 사용할 때는 그 날을 무급으로 부여하면 될 것이다.

법정일수 이상[81]으로 약정휴가를 부여하는 경우, 법정일수 초과분에 대해서는 합의하면 실제 휴가를 부여하지 않고 수당으로 대체지급이 가능하다. 연·월차유급휴가를 사용할 권리는 일정한 요건에 해당하면 당연히 부여하여야 하므로 「반납결의」를 하였더라도 강행규정 위반으로 무효가 된다. 따라서 실제 휴가를 사용하지 아니하고 출근하여 근무를 하였다면 휴가를 사용하지 아니하

---

79) 임금근로시간정책팀-2820, 2006.9.21, A사업장은 근로자대표와 합의하여 근로자에게 발생하는 연차유급휴가를 소정근로일인 추석 전후 2일과 구정 전후 3일, 하계휴가 3일에 사용하기로 했다면 그 날은 근로제공의무가 면제된 휴무일이 되고 유급휴가수당은 통상임금이나 평균임금으로 지급한다. 다만, 추석, 구정, 기타 공휴일 등 휴가를 대체하고자 하는 날이 소정근로일로 되어 있지 않으면 대체할 수 없다(근기 68207-1642, 2003.12.23).

80) 근기 68207-812, 2002.2.27.

81) 주40시간제의 경우 15일~25일 근속기간에 따른 부여일수 이상, 주44시간제의 경우 10일~20일 근속기간에 따른 부여일수 이상.

고 근로한 일수에 상응하는 유급휴가근로수당을 지급하여야 한다. 다만, 발생한 날로부터 1년간 연·월차유급휴가를 사용하지 아니하여 발생하는 연·월차유급휴가근로수당은 이미 근로자 개인의 재산적인 부분에 귀속되었다고 할 것이므로 근로자 개인의 동의를 얻은 경우에만 반납·포기가 유효하다.[82] 반납된 금액은 이미 근로자의 수입으로 전환된 것이므로 평균임금산정시 임금총액에 포함한다.[83]

(4) 휴가 사용촉진

근로를 제공하지 않는 연차유급휴가 기간에 대해서는 취업규칙 등에서 정하는 통상임금 또는 평균임금으로 수당을 지급토록 규정하고 있으나[84] 휴가를 사용하지 않은 일수의 임금문제에 대해서는 별도 규정을 두고 있지 않다. 연차유급휴가를 1년간 미사용시 휴가사용권은 소멸되나 미사용 근로분에 대한 임금청구권은 소멸되지 않는다.[85] 연차유급휴가는 휴가제도 본래의 뜻과 달리 금전보상의 수단이 되어 왔다. 특히 사용권유에도 불구하고 휴가를 가지 않는 근로자에게도 수당을 지급하는 문제가 노사갈등의 요인이 되어 왔다.

휴가사용촉진은 사용자의 의무가 아닌 권한에 속하는 사항이므로 시행시 근로자의 동의를 얻을 필요는 없다. 사용자가 법에 정한 요건에 따라 적극적인 휴가사용 권장조치를 취하는 경우 사용하지 않은 휴가일수에 대한 금전보상 의무를 면제한다.

「사용 촉진조치에 포함되는 연차유급휴가」는 주40시간제 적용[86] 이후 새로이 발생하는 연차유급휴가에 대해 적용되고, 법률 제6974호(2003.9.15) 이전 주44시간제에서 발생한 연차유급휴가 또는 월차유급휴가에 대해서는 적용할 수 없다. 또한 계속근로연수 1년 미만의 근속기간 중에 발생한 연차유급휴가는

82) 근기 68207-1666, 2000.5.31.
83) 근기 68207-1875, 2002.5.9.
84) 근기법 제60조제5항.
85) 근기 1455-19837, 1981.6.20.
86) 법 부칙 제4조에 정한 사업장 규모별로 단계적 적용일(최초 적용 2004.7.1부터) 또는 부칙 제5조에 의한 조기적용일.

휴가사용 촉진대상이 아니다.[87] 다만, 1년 이상 근로함으로서 발생하는 연차유급휴가에 대해서는 그 기간 중에 1년 미만 근속기간 중 발생하는 휴가가 포함되어 있더라도 그 전체 일수에 대해 휴가사용 촉진조치를 취할 수 있다.[88]

주40시간제를 도입하면서 노사합의로 주44시간제에서 부여하던 연·월차유급휴가제도를 그대로 유지하는 경우가 있다. 이때는 연·월차유급휴가일수 전체를 휴가사용촉진대상에 포함할 수 있다.[89] 다만, 휴가사용 촉진조치가 적법하게 이루어 진 경우 사용자는 미사용 휴가일수에 대한 수당지급의무를 면하게 되지만, 단체협약 등으로 주44시간제에서 발생하여 미사용 휴가일수에 대한 수당지급의무를 정해 둔 경우는 휴가사용촉진조치가 적법하게 이루어 졌음에도 불구하고 사용자의 수당지급의무는 그대로 남아있게 된다. 제도 도입시 단체협약 등에 대한 면밀한 검토가 필요하다.

연차유급휴가 사용기간 만료일 6개월 전을 기준으로 10일 이내(12.31기준, 7.1~7.10)에 사용자가 근로자별로 미사용 휴가일수를 알려 주고 근로자가 휴가 사용시기를 정하여 사용자에게 통보하도록 서면으로 촉구한다.

6개월 전 사용촉진조치 규정은 2012.8.2부터 시행한다.[90] 근로자가 사용촉구를 받은 때부터 10일 이내에 미사용 휴가의 전부 또는 일부의 사용시기를 정하여 사용자에게 통보하지 아니한 경우에는, 휴가청구권이 발생한지 1년이 끝나기 2월 전까지(12.31~10.31) 사용자가 미사용 휴가의 사용 시기를 정하여 근로자에게 서면으로 통보하여야 한다.[91]

---

87) 근기법 제61조 본문.

88) 예) 입사일로부터 1년단위로 연차유급휴가를 부여하는 사업장에서, 2005.7.1~12.31 근로한 자가 매월 개근시 2006.1.1에 6일의 휴가가 발생하고 1년이 되는 2006.7.1에 총 15일의 휴가가 발생하게 된다. 이때 1년 미만의 근속기간 중 발생한 6일의 휴가 중 4일을 사용하고 2일을 남겼다면 2006.7.1에 총 11일의 휴가가 남게 되고 그 11일 속에 1년 미만 근속기간 중 발생하는 2일의 휴가가 포함된다. 이 11일은 2006.7.1부터 2007.6.30까지 1년간 휴가사용촉진조치 대상에 포함된다.

89) 근기-5129, 2004.9.23.

90) 2012년에는 연차유급휴가청구권 소멸시점의 6개월을 역산할 경우 촉진시기가 법 시행일 이전이 되는 사업장(예 12.31 기준 6개월 전인 7.1에 사용촉진 조치)은 올해는 구법에 따라 3개월 전에 사용촉진조치를 할 수 있다.

91) 근기법 제61조제1호·제2호, 제60조제7항.

사용자가 적법한 휴가사용 촉진조치를 취했음에도 근로자가 휴가를 사용하지 않았을 경우 연차유급휴가근로수당 금전보상의무는 면제된다. 만약 사용자 귀책으로 휴가를 사용하지 못했다면 휴가청구권은 귀책사유 발생일로부터 1년간 이월하여 그 다음해에 발생한 휴가일수와 합산하여 사용하게 된다.[92)]

한편, 적법하게 조치된 지정휴가일에 근로자가 출근한 경우 사용자는 노무수령거부의사를 명백히 표시해야 한다. 그렇지 않은 상태에서 근로를 제공하면 휴가일 근로를 승낙한 것으로 보아 임금지급의무가 발생한다.

서면으로 요구하고 통보할 경우 "이메일과 사내 게시판에 게재"하는 것은 허용되지 않는다.[93)] 다만, 이메일을 규율하는 전자거래기본법이 「전자문서를 전자적 형태로 작성, 송수신, 저장되는 정보로 정의」하고, 「전자문서는 다른 법률에 특별한 규정이 없는 한 전자적 형태로 되어있다는 이유로 문서로서의 효력이 부인되지 않는다」고 보고 있다.

근로기준법은 사용자에게 일정 사항을 서면으로 통지하거나 근로자대표와 서면 합의할 것을 요구하고 있다. 예를 들어, 임금의 구성항목-계산방법-지급방법 등이 명시된 서면을 근로자에게 교부해야 하고(제17조 제2항), 해고사유와 해고시기도 서면으로 통지해야 하며(제27조), 연차유급휴가 사용촉진 시 서면으로 촉구하고 서면통보를 해야 하며(제61조), 18세 미만자와의 근로계약서 근로조건을 서면으로 명시해 교부해야 하고(제67조 제3항), 탄력적 근로시간제나 선택적 근로시간제도 근로자대표와 서면 합의를 해야 한다(제51조, 제52조).

그 중에서 해고통지 시 서면통보와 관련해 이메일 등 전자문서로 통보한 것이 유효한지와 관련해서는 하급심 판례와 행정해석이 분분했으나, 최근 대법원에서 이메일 해고통지도 유효하다는 판단을 내렸다. 연차휴가사용촉진도 같이 볼 수 있다.

이메일은 전자적 문서이므로 서면통보 등의 수단으로 인정을 해야 할 것이다.

---

92) 근기 1455-19837, 1981.6.26.

93) 주40시간제 도입 매뉴얼&사례집 90쪽.

4. 연차유급휴가 근로수당지급

연차유급휴가는 1년 동안의 출근율에 의해 법규정 또는 당사자 약정에 따라 1년단위로 휴가일수를 산정하여 다음해 1년 동안 발생한 휴가일수 만큼 유급으로 쉬도록 한다. 다음해 실제 사용하지 못한 휴가일수는 그해 말 또는 그 다음해 최초 임금지급시에 연차유급휴가근로수당으로 환산 지급한다. 수당은 유급휴가를 주기 전, 준 직후의 임금지불 기일에 그 당시의 임금을 기준으로 산정한다.[94] 연차유급휴가에 관해 취업규칙이나 단체협약 등으로 달리 정한 기준이 법정기준 이상이면 그에 따라 지급하는 것[95]도 무방하다.

「일급」의 경우, 1일 근로시간이 소정근로시간[96]의 범위 안에서 몇 시간이든 같은 임금을 지급하기로 약정한 순수일급의 경우는 그 임금이 1일 유급수당이다. 주로 건설현장 등의 일당제 계산에서 활용한다. 만약 일당으로 주면서 그 외에 장갑 등 작업용품비나 일하는 날만 현물식사를 제공한다면 그 부분은 통상임금이나 평균임금에서 제외되므로 그 금액을 공제하고 일당을 산정한다. 월급으로 표기하면서 결근일에 대해 임금을 공제하고 것은 사실상 일급제라고 보아야 하지만 소정근로시간을 초과한 부분에 대한 가산임금산정 등 법정제수당을 개별로 산정하는 경우 순수 일당제와 차별을 두어야 한다.

「월급제」의 경우, 형식상 월급제로 하고 실제로는 결근일 등에 대해 일당으로 공제하는 것과 결근일에 상관없이 정한 월급을 지급하는 완전월급제, 그 중간형태 등 크게 3가지 유형으로 나눈다. 결근일에 대해 일당으로 공제하는 것은 일당으로 산정해야 한다. 그 외 월급제근로자의 유급휴가근로수당을 산정할 때는 월 평균소정근로시간을 산출하여 이것을 월 통상임금으로 나누어 시간급 또는 일급 통상임금을 산출하거나, 3개월간 근로자에게 지급된 임금총

---

94) 임금근로시간-3295, 2007.11.5.

95) 연차유급휴가 1일에 평균임금 2일분을 수당으로 지급 등, 근기 1455-19837, 1981.6.26, 예를 들면, 2011.1.1~12.31까지 1년 중 소정근로일에 대한 출근율을 계산하여 연차유급휴가일수를 산정하고 그 일수에 대해 2012.1.1~12.31까지 1년 동안 실제 휴가사용권을 행사할 수 있고, 미사용한 휴가일수는 2012.12월말 또는 2013.1월에 2012.12월 임금지급일의 임금을 기준으로 산정하여 지급한다(임금근로시간-3295, 2007.11.5).

96) 주 40시간, 1일 8시간 범위 내에서 당사자간 약정한 근로시간.

액 가운데 평균임금에 해당하는 금품을 합산하여 3월의 총일수로 나누어 평균임금을 산정해야 할 것이다. 「통상임금 산정을 위한 1일 소정근로시간」이란, 1일 8시간 범위 내에서 노사가 정한 시간을 말한다. 1일 근로시간이 불규칙한 경우 1주 또는 월 소정근로시간수를 계산, 이를 평균한 시간수를 소정근로시간수로 한다.[97)]

「포괄임금제」를 택한 사업장에서 1년간에 발생할 연차유급휴가수당을 임금 속에 포함하여 지급하고, 실제로 발생된 휴가일에 대해서는 그 날수만큼 휴가를 부여했다면 수당을 지급한 것이다. 행정해석도, 결근·병가 등이 있어도 그 일수만큼 공제하지 않고 일정수준까지는 고정급체계를 유지하는 형태인 완전월급제의 경우는 실제 휴일, 휴가를 부여하고 정해진 월급은 월급대로 지급하면 유급휴일, 휴가에 대한 유급수당은 그 월급 속에 포함되어 지급되었다고 보는 것이 일반적이다.[98)] 다만, 휴가의 취지상 포괄임금 속에 수당을 포함하여 지급했다고 해서 휴가를 전혀 부여하지 않는다면, 사전에 금전을 지급하고 휴가를 매수하는 것과 같으므로 법위반이다. 포괄임금제의 법적합성에 관해서는 별도 장에서 설명한다.

소정근로시간을 기준근로시간 이내로 정하고 근로하는 통상근로자의 유급휴일·휴가 1일에 대해서는 8시간분의 통상임금 또는 평균임금을 지급해야 한다. 1일 8시간씩 5일간 근로하는 주40시간제 근로자의 경우 소정근로시간은 (40시간+주휴일 8시간)×52주(1년 평균주수)+8시간(잔여일수 1일에 대한 소정근로시간)÷12개월=209시간, 혹은 (40+8)÷7×365÷12=209(208.5)로 산정한다.

소정근로시간이 8시간에 미치지 못하는 단시간근로자에 대해서는 평균소정근로시간을 산정하고 그 시간만큼 유급통상임금을 지급한다.

예를 들면, 주당 평균근로시간이 15시간 이상인 자로서 1일 4시간씩 주 5일간 근로하는 경우는 소정근로시간을 산출해보면 다음과 같다. 20시간÷6일 혹은 주/20시간×4주÷24일=1일 평균 3.33시간[99)]이 된다. 이 경우 근로자

---

97) 근기 68207-865, 1994.5.27.
98) 기준 1455.9-6172, 1969.6.4.
99) 월평균 104.3시간.

의 시급이 5,000원이라고 가정하면 16,650원이 유급주휴수당으로 지급할 금액이 된다. 주당 평균 근로시간이 15시간 미만인 경우는 주휴일, 연차유급휴가를 부여할 필요가 없다.

연차유급휴가 사용시 당해 유급휴가일의 유급처리를 위한 시간은 노사가 정한 소정근로시간[100)]을 기준으로 하는 것이 원칙이다. 감시·단속적근로자로서 근로시간, 휴게, 휴일의 적용이 배제되는 자라도 연·월차유급휴가는 부여하고 야간근로수당은 지급해야 한다. 24시간 격일제근무자는 당일 24시간 근로를 전체로 다음날 비번일에 완전히 휴무하는 것이므로 근로의무가 있는 날 1일을 연차유급휴가로 사용하는 경우는 2일[101)]을 휴가로 사용한 것과 같다. 따라서 24시간 격일제 감시·단속적근로자의 1일의 휴가사용 시간은 12시간이므로 12×시간급통상임금이 1일 연차유급휴가수당이다.[102)]

(1) 수당의 평균임금산정

연차유급휴가수당은 근로자가 연차유급휴가를 실제로 사용할 경우 그 기간에 대해 통상임금 또는 평균임금으로 지급하는 것으로서 성격상 임금에 해당한다. 실무상, 발생한 휴가일수를 전부 다 사용하지 않고 중도에 퇴직할 경우에 남은 일수를 전부 금전으로 환산하여 지급하느냐 그렇지 않느냐 하는 것이 문제가 되고, 퇴직금을 산정할 때 그 수당이 평균임금에 포함되느냐가 문제가 된다. 연차유급휴가 미사용수당 혹은 연차유급휴가 근로수당의 지급청구권은 근로자가 퇴직했다하여 소멸하는 것이 아님은 물론, 근로자가 퇴직하기 전에 청구하지 않았다고 하여 발생하지 않는 것으로 볼 수 없다.[103)]

1) 재직근로자

재직근로자가 전전년도(2010년)의 출근율에 따라 발생한 연차유급휴가를 전년도(2011년)에 사용하지 않고 근로를 제공한 경우 연차유급휴가청구권은

100) 소정근로시간이 없는 경우는 법정기준근로시간.
101) 당일과 비번일 합계 2일.
102) 임금근로시간-3961, 2006.12.27.
103) 임금근로시간-3295, 2007.11.5.

2011.12.31에 소멸하고 2012.1.1에 연차유급휴가 미사용수당청구권이 발생한다. 대체로 휴가청구권이 소멸된 후 2011.12월의 임금을 기준으로 최초의 임금지급일(2012.1월 임금지급일)에 수당을 지급한다. 이 금액은 3개월분(3/12)을 퇴직금산정을 위한 평균임금에 산입한다.

2) 퇴직근로자

① 〈유형 1〉 퇴직으로 인해 지급사유가 발생한 경우

2010년도 한해의 출근율을 기초로 2011.1.1에 발생한 연차유급휴가일수를 사용하지 못하고 2011년도 초 혹은 연도 중간에 퇴직한다면, 미사용 일수에 대하여는 퇴직연도인 2011년도에 실제 휴가를 사용할 수 있을 만큼 근무일수가 있었는지[104)] 여부에 상관없이 미사용한 일수 전부를 평균임금이나 통상임금으로 환산하여 퇴직일로부터 14일 이내에 전액지급해야 한다. 이와 같이 퇴직으로 인해 비로소 지급사유가 발생한 연차유급휴가 미사용수당은 평균임금의 정의상 "산정사유 발생일 이전에 그 근로자에 대하여 지급된 임금"이 아니므로 평균임금산정 기준임금에 포함되지 않는다.

② 〈유형 2〉 퇴직하기 전해 이미 발생한 연차유급휴가

퇴직 전전년 2010년의 출근율에 의해 퇴직 전년도 2011년에 발생한 연차유급휴가를 사용하지 않고[105)] 2012년도에 퇴직하는 경우 미사용일수 전부를 평균임금이나 통상임금으로 환산하여 퇴직일로부터 14일 이내에 전액지급해야 한다. 이때 사용하지 않고 근로한 일수에 대한 미사용수당은 3/12을 퇴직금산정을 위한 평균임금산정 기준임금에 포함한다. 예를 들면, 근로자의 1일 통상임금이 50,000원인 경우는 5만원×미사용일수 8일÷12×3월=100,000원을 산입한다.

---

104) 예) 20일의 휴가가 발생했다면 1.1부터 퇴직일인 1.31까지 사이에 휴일 등을 공제한 소정근로일이 20일을 초과하는지.

105) 예) 총 15일 중 7일 사용 8일 미사용.

(2) 연차유급휴가청구권의 소멸시효

연차유급휴가는 1년간 8할 이상[106] 출근한 날의 다음날에 발생하여 그로부터 1년간 사용하지 않으면 실제 휴가사용청구권은 소멸되고 휴가를 사용하지 않고 일을 한 대가로 근로수당청구권만 남게 된다. 이 수당청구권은 실제 휴가사용 청구권이 소멸한 날의 다음날에 발생하여 그로부터 3년의 경과로 소멸시효가 완성된다.[107] 다만, 사용자의 귀책사유, 즉, 경영상 업무폭주, 주문량급증 등으로 근로시간 증가, 해외근로현장에 파견 등 경영과 관련하여 사용하지 못한 경우는 휴가발생일로부터 1년이 경과하더라도 소멸하지 않고 근로자는 실제 휴가사용 청구권을 행사할 수 있다.[108] 예를 들면, 근로자의 청구에 대해 사용자가 시기변경권을 행사하여 사용자귀책으로 휴가를 사용하지 못한 경우, 시기변경권을 행사한 날[109]로부터 1년간은 소멸시효가 중단되어 휴가청구권이 소멸되지 않는다.[110]

연차유급휴가 미사용분을 수당으로 받지 않고 사용기간을 연장해서 쓸 수 있는가? 실제 휴가사용청구권이 소멸되어 개별근로자의 권리로 바뀐 휴가수당청구권은 권리자 본인인 근로자의 동의만 얻으면 실제 사용청구권으로 변경할 수 있다.

(3) 선택적보상휴가제도

사용자는 근로자대표와의 서면합의에 따라 연장근로·야간근로 및 휴일근로

---

106) 주44시간제의 경우 개근 또는 9할 이상.

107) 대판 94다18553, 1995.6.29 ; 근기-208, 2004.2.9. 2010년 8할 이상 출근시 15일 발생, 2011.1.1~12.31 실제 휴가사용청구권 발생, 2012.1.1~2014.12.31 3년 시효소멸.

108) 법 제60조제7항 단서.

109) 예) 근로자가 4.20에 휴가사용을 청구한 경우 사용자가 6.1에 사용하도록 변경하였다면.

110) 2010.1.1~12.31, 8할 이상 출근하여 2011년도에 15일의 연차유급휴가청구권이 발생하였으나, 사용자가 2011.1.1~6.31 휴업을 하여 실제 근로일이 하루도 없게 되어 휴가를 사용하지 못했다면 법 제60조제7항 단서 규정에 의거 사용자 귀책으로 휴가를 사용하지 못하게 된 시점부터 소멸시효는 진행이 중단되었다. 따라서 휴가청구권의 소멸시효는 사용자 귀책의 휴업이 종료되어 2011.7.1 정상조업이 시작될 경우 다시 기산하여 연차유급휴가 미사용수당청구권은 휴가청구권이 소멸된 직후인 2012.6.30 소멸한다(근기 68207-678, 1999.11.22).

에 대하여 임금을 지급하는 것에 갈음하여 휴가를 부여할 수 있다.[111] 이 제도는 근로자에게 임금과 휴가에 대한 선택의 폭을 넓혀주고 실근로시간단축을 도모하는데 그 목적이 있다. 서면합의는 노사 당사자가 서명한 문서의 형태로 작성되어야 한다.

서면합의시 포함될 사항으로는 부여방식으로서, 사용자가 부여할 것인지 근로자가 청구할 것인지, 전부 사용할 것인지 희망자만 사용할 것인지 여부가 되고, 임금청구권에서는 휴가 청구와 임금청구의 선택이 가능한지, 어느 한 가지만 인정할지, 휴가사용기한 등이 될 것이고, 보상휴가부여기준은 시간·일 등 부여단위, 가산임금만 적용할 것인지 또는 모든 근로시간과 가산임금지급시간을 전부 적용할 것인지 여부가 될 것이다.[112] 근로자대표는 근로자과반수로 조직된 노동조합이 있는 경우는 그 노동조합, 과반수로 조직된 노동조합이 없는 경우는 근로자과반수를 대표하는 자를 의미한다. 만일 전체근로자에게 일률적으로 휴가사용권을 인정한 경우는 개별근로자가 합의에 불구하고 휴가를 사용하지 않고 임금을 청구하더라도 지급하지 않아도 될 것이다.

1) 부여대상

보상휴가를 부여할 경우, 부여대상이 연장·야간·휴일근로 등에 대한 임금과 가산임금을 포함하는 것인지, 가산임금만 해당하는 것인지, 아니면 노사가 서면합의로 정한 대로 부여할 수 있는 것인지가 쟁점이다.

① 학설과 판례

보상휴가를 부여할 수 있는 대상에 관해서는 학자마다 입장을 달리한다. 연장·야간·휴일근로에 대한 임금과 가산임금을 포함한 금액으로 보는 입장[113]과 가산임금만 해당한다는 입장,[114] 연장·휴일근로의 경우 근로시간과 가산임금을 포함하고, 야간근로의 경우는 가산임금만 해당한다는 입장[115]으로 나

111) 근기법 제57조.
112) 근로기준 정책브리프 제11호, 2008.6.4.
113) 이병태, 817쪽.
114) 김형배, 제9판, 270쪽.
115) 하갑래, 403쪽.

뉜다. 가산임금에 해당하는 부분만 보상휴가를 부여할 수 있는 대상이 된다는 입장은「만약 연장·야간·휴일근로에 대한 임금과 가산임금을 포함한 금액 전부를 휴가로 대체한다면 근로자의 생존권을 무시한 처사가 될 것이고, 임금을 목적으로 초과 근로한 의미가 사라지는 것이다. 따라서 설사 노사가 서면합의를 한다고 하더라도 연장·야간·휴일근로 시간에 대해서는 휴가로 대체할 수 없다」는 것이다. 노동의 목적이 주로 근로자의 생존수단 확보에 있음을 감안하면 노사가 합의하더라도 가산임금에 해당하는 만큼만 보상휴가를 실시할 수 있다고 보아야 할 것이다.[116)]

② 행정해석

고용부 행정지침은 근로자대표와 서면합의가 있는 경우, 연장·야간·휴일근로에 대한 임금과 50%의 가산수당까지 모두를 보상휴가대상으로 할 수 있다는 입장이다.

2) 보상휴가 사용촉진

보상휴가제도는 연차유급휴가와 달리 사용자가 휴가사용촉진조치를 취했다고 해서 임금지급의무를 면제받을 수 없다. 보상휴가에 관한 합의여부를 떠나서 보상휴가일 혹은 보상휴가 시간에 실제현장에서 근로를 제공하였고 사용자가 이의없이 노무를 수령하였다면 임금을 지급하여야 한다. 만약 보상휴가에 상응하는 가산임금을 지급하지 않을 경우는 법 제56조를 위반하는 것이다. 지급시기는 보상휴가를 사용할 수 없게 된 것이 확정된 날의 다음날부터 최초로 다가오는 임금 정기지급일에 지급을 할 수 있다. 휴가를 전부 사용하지 못하고 퇴직할 경우는 퇴직한 날로부터 14일 이내에 남아 있는 휴가분에 대한 임금을 지급해야 한다. 그렇지 않으면 법 제36조를 위반한 것이 된다.

116) 예를 들면, 09:00~21:00, 총 12시간을 근로하고 가산임금을 포함 14시간의 임금을 수령할 수 있다. 사용자는 가산임금에 해당하는 부분 즉, 2시간(4시간의 50%)에 대해 노사가 서면으로 합의할 경우 소정근로일에 2시간의 보상휴가를 실시할 수 있다.

5. 모성보호 관련 휴가 등

노동관계법에는 모성보호를 위한 대표적인 휴가제도로 출산전후휴가와 배우자출산휴가, 기타 육아휴직, 육아기 근로시간단축 등을 보장하고 있다.「출산전후휴가」란 근로자의 근속년수, 고용형태,[117] 출퇴근 성적 등에 관계없이 임신 중의 여성근로자에게 출산을 전후해서 부여하는 휴가로서 산모와 태아 유아의 건강을 보호하려는데 취지가 있다. 사업주는 근로자가「배우자 출산휴가」를 청구하는 경우에는 5일의 범위 안에서 3일 이상의 휴가를 주어야 한다. 이 경우 최초 3일은 유급으로 한다. 휴가는 배우자가 출산한 날부터 30일이 지나면 청구할 수 없다.[118]

사업주는 만 8세 이하 또는 초등학교 2학년 이하의 자녀(입양한 자녀를 포함한다)를 양육하기 위하여 휴직(이하 "육아휴직"이라 한다)을 신청하는 경우에 1년이내의 기간으로 이를 허용하여야 한다. 기간제 및 파견근로자의 육아휴직기간은 사용기간 또는 파견기간에 각각 산입하지 않는다. 출산전후휴가는 근로자의 청구가 없더라도 임신과 출산이라는 사실관계가 있으면 반드시 부여할 의무가 있으나, 유·사산휴가, 육아휴직, 배우자 출산휴가는 근로자의 청구가 있을 경우에 반드시 부여하여야 한다. 근로자는 육아휴직을 하는 대신「근로시간의 단축」을 청구할 수도 있다.[119]

(1) 출산전후휴가

사용자는 임신 중의 여성에게 출산 전후를 통하여 90일(다태아의 경우 120일)의 보호휴가를 주어야 한다. 휴가기간의 배정은 출산 후에 45일(다태아의 경우60일) 이상이 되어야 하고, 최초 60일은 유급으로 한다. 출산 전에는 휴가를 사용하지 않고 출산일로부터 90일을 연속하여 전부 사용할 수도 있고, 임신 중인 여성이 유산경험·산모건강 등의 사유(1. 임신한 근로자에게 유산·사산의 경험이 있는 경우 2. 임신한 근로자가 출산전후휴가를 청구할 당시 연령이 만 40세 이상인 경우 3. 임신한 근로자가 유산·사산의 위험이

117) 정규직, 임시직, 계약직 등.
118) 고평법 제18조의2, 2012.2.1개정 시행(3일→5일) 부칙 제2조.
119) 고평법 제19조의2.

있다는 의료기관의 진단서를 제출한 경우)로 청구하면 출산 전 45일의 기간을 임의로 어느때라도 분할하여 사용할 수도 있다.[120)]

출산전후휴가기간 중 계약기간이 만료되면 휴가부여, 휴가기간 중 임금지급 등 사업주의 의무도 함께 종료되므로 휴가는 종료된다. 이로 인하여 90일 또는 출산 후 45일이 확보되지 않았다면 계약기간 내에서 적법하게 부여한 휴가기간에 대하여만 출산전후휴가급여를 일할 계산하여 지급한다.[121)] 휴가는 출산하는 자녀의 수에 따라 부여하는 것이 아니라 출산으로 인하여 손상된 모체를 회복하기 위하여 부여하는 것이므로, 쌍둥이를 출산하였다고 하여 휴가기간을 의무적으로 더 부여하여야 하는 것은 아니다. 파업 중인 쟁의기간이라도 휴가는 부여해야 한다.[122)]

출산전후휴가는 역일을 단위로 산정되는 것이므로 휴가기간 중에 주휴일이나 법정휴일 또는 약정한 휴일이 들어 있다고 해서 그날을 제외하는 것이 아니라 전체를 포함하여 산정한다. 반면, 연·월차유급휴가의 경우 사용기간 중에 들어있는 약정휴일, 주휴일은 제외한다. 따라서 별도의 약정이 없는 한 출산전후휴가기간 중에 법정휴일, 기타 회사의 약정휴일 등이 포함되어 있다 하더라도 휴가개시일로부터 중단 없이 계산하여 90일 범위 내에서 청구한 기간을 부여한다.[123)] 사용자는 임신 중인 여성이 유산·사산한 경우 휴가를 청구하면 부여하여야 한다.

휴가기간은 최저기준이므로 취업규칙 또는 단체협약 등 당사자간 약정을 통해 그 이상으로 부여할 수 있으나 단축할 수 없다.[124)] 출산전후휴가를 받을 수 있는 자가 90일 미만의 휴가를 사용하고 그 부족일수에 출근하여 근로를 제공한 경우 사용자는 형사처벌[125)]을 받을 수도 있다. 이 경우 근로자가 자발적으

---

120) 2012.8.2부터 시행, 유·사산 경험이 있는 경우, 임신한 근로자가 출산전후휴가를 신청할 당시 연령이 만 40세 이상인 경우, 유·사산위험이 있다는 의료기관의 진단서를 제출한 경우, 근기법시행령 제43조제1항.

121) 여성고용-2059, 2006.5.22.

122) 여성고용-4027, 2006.9.25.

123) 여성고용팀-333, 2006.1.24 ; 근기 68207-2385, 2000.8.10.

124) 평정 68240-249, 2002.11.7.

125) 근기법 제110조, 2년 이하의 징역 1,000만원 이하의 벌금.

로 복귀를 원하는 등 출근 동기는 묻지 않는다. 약정으로 90일을 초과한 휴가 기간에 대해서는 반드시 임금을 지급할 의무가 없다.

산전후휴가부여의무는 강행규정이므로, 사업주의 시기변경권이나 근로자의 권리포기가 인정되지 않는다. 사용자는 임신 중인 여성근로자에게 시간외근로를 시키지 못하며, 당해 근로자의 요구가 있는 경우에는 경미한 종류의 근로로 전환하여야 한다.[126] 고평법과 고용보험법에서는 휴가기간 중 사업주가 부담할 유급통상임금을 출산전후휴가 급여로 지원한다.[127] 상시근로자수가 4인 이하인 소규모 사업장에도 동일하게 적용되며, 휴가기간은 연·월차유급휴가 산정시 소정근로기간에 포함하여 출근한 것으로 본다.

1) 임신 이후 유·사산

임신 중인 여성이 유산 또는 사산한 경우, 근로자가 명시적으로 청구하면 보호휴가를 주어야 한다.[128] 일반적으로 「유산」이란, 태아의 체중이 500그램 미만인 경우나 임신 22주 미만인 경우를 말하고, 「사산」이란, 태아의 체중이 500그램 이상인 경우 또는 임신 22주 이상인 경우로 나눈다.[129] 법에서는 유산과 사산을 구별하지 않고 임신한 주의 수에 따라 유·사산 휴가를 부여하므로 구별의 실익은 없다. 다만, 인공임신중절수술[130]에 의한 유산의 경우에는 부여하지 않는다.

모자보건법 제14조제1항에 의거 허용되는 인공임신중절수술로서 다음요건에 해당하는 경우는 동일한 보호휴가를 부여한다. 본인, 배우자가 대통령령이 정하는 우생학적, 유전적 질환 정신장애, 신체질환, 전염성 질환이 있는 경우, 강간 또는 준강간에 의해 임신된 경우, 법률상 혼인할 수 없는 혈족·인척간에 임신이 된 경우, 임신지속이 모체건강을 심히 훼손하고 있는 경우 등이다.

유·사산휴가의 경우도 최장 90일의 휴가 중 최초 60일 이내 기간은 유급(다

126) 근기법 제74조제3항.
127) 고용보험법 제75조, 제76조, 영 제101조.
128) 근기법 제74조제2항.
129) 대한산부인과학회, 1997.
130) 모자보건법 제14조제1항의 규정에 의한 경우는 제외한다.

태아의 경우 75일)으로 하고, 산전후휴가 급여 등이 지급된 때는 그 한도에서 사업주는 임금지급책임을 면한다. 유산, 사산한 근로자가 보호휴가를 청구하는 경우, 유·사산사유, 발생일 및 임신기간 등이 기재된 보호휴가신청서에 의료기관의 진단서를 첨부하여 사업주에게 제출하여야 한다. 1년에 2회 이상 반복해서 유산한 경우도 요건에만 해당한다면 휴가를 부여해야 한다. 휴가의 기간은 임신기간의 길이에 따라 달리 부여한다.[131)]

휴가기간은 유산·사산한 날로부터 근로자의 명시적인 청구가 있는 경우에 한하여 부여하므로, 유산·사산한 날로부터 일정기간이 지나서 청구하면 그 기간만큼 휴가기간이 단축된다. 예를 들면, 근로자가 임신 17주째인 2012.1.5 유산한 경우 휴가기간은 그날로부터 30일간(2012.2.3까지)이므로 2012.1.10부터 신청하면 나머지 기간인 25일만 부여가 가능하다. 출산전후휴가기간 중 정상적으로 출산하지 못하고 사산한 경우에는 새로이 유·사산휴가를 부여하지 않고 그대로 계속 출산전후휴가를 사용한다.

2) 해고를 다투는 경우

노동위원회나 법원 등에서 해고의 효력을 다투는 자라 하더라도 일단 해고처분 받은 때로부터 그의 "고용관계상의 지위"는 종료[132)]되고, 고용보험법상의 피보험자격 역시 해고처분을 받을 때로부터 상실한다. 그러나 당해 해고가 무효 또는 부당하다는 노동위원회에 의한 명령, 판정, 법원에 의한 판결 등이 확정되면 고용관계가 소급적으로 원상회복 되므로 피보험자격상실은 취소된다. 이러한 측면을 고려할 때 사업주가 부당해고구제신청을 통해 원직에 복직한 여성근로자에게 출산전후휴가를 해고기간 중의 출산일부터 소급하여 부

131) 근기법시행령 제43조제2항, 임신 15주 이내에 유산 사산한 경우는 2012.8.2부터 시행.

1. 유산 또는 사산한 근로자의 임신기간(이하 "임신기간"이라 한다)이 11주 이내인 경우 : 유산 또는 사산한 날부터 5일까지
2. 임신기간이 12주 이상 15주 이내인 경우 : 유산 또는 사산한 날부터 10일까지
3. 임신기간이 16주 이상 21주 이내인 경우 : 유산 또는 사산한 날부터 30일까지
4. 임신기간이 22주 이상 27주 이내인 경우 : 유산 또는 사산한 날부터 60일까지
5. 임신기간이 28주 이상인 경우 : 유산 또는 사산한 날부터 90일까지

132) 대판 92다42354, 1993.6.8.

여할 법적인 의무는 없다. 다만, 사업주가 원상회복차원에서 부당해고기간 중 출산한 여성근로자에게 출산일부터 소급하여 부여할 수 있다. 이러한 경우에 한하여 사업주는 해고기간을 포함하여 90일의 휴가기간 중 최초 60일에 대하여 임금을 지급하여야 하고, 나머지 30일에 대해서는 고용보험법에서 산전후 휴가급여를 지급한다.[133)]

3) 휴가기간 중 임금지급

전체 90일의 휴가기간 중 최초 60일(다태아의 경우 75일)은 사용자가 유급으로 통상임금을 지급해야[134)] 하고 나머지 30일은 근로자부담의 무급휴가인 것이 원칙이다. 다만, 60일에 달하는 근로자의 장기 유급휴가로 인한 사업주부담과 30일 무급기간에 대한 근로자의 부담을 덜어 주기 위해, 고용보험에서 기업규모를 감안하여 사업주와 근로자에게 각각 일정한도까지 임금을 지원한다.[135)]

다만, 휴가개시일을 기준으로 산정한 근로자의 통상임금액이 국가지원금보다 많은 경우는 그 차액을 사업주가 지급하여야 하고 지원금보다 적은 경우는 그 금액만큼만 국가가 지원한다. 근로자가 차액지급을 요구할 때 사업주가 지급을 거부한 경우는 2년 이하의 징역 또는 1,000만원 이하의 벌금에 처해질 수 있다.[136)] 사용자가 90일을 초과해서 부여한 휴가기간에 대해서는 무급으로 처리하는 것이 원칙이다. 다만, 단체협약이나 취업규칙 등으로 그 기간에 대해 유급으로 약정한 경우는 그에 따른다. 휴가급여를 받을 수 있는 근로자는 고용보험법상 일정한 요건을 충족하여야한다.[137)] 고용보험법의 적용을 받지

133) 평정 68240~170 2003.5.19.

134) 근기법 제74조제4항, 고평법 제18조제1항.

135) 고평법 제18조제1항, 제2항, 제3항. 국가는 근기법 제74조에 의한 산전후휴가 또는 유·사산 휴가를 사용한 근로자 중 일정한 요건에 해당하는 자(고용보험법 제75조)에게 휴가기간(고용보험법상 우선지원대상기업 근로자는 90일, 기타기업 근로자는 30일)에 대하여 통상임금에 상당하는 금액(최저임금액, 최고 월 135만원까지)을 지급하고, 사용자는 그 금액의 한도 안에서 지급의무가 면제된다. 만약 사업주가 근로자에게 산전후휴가 급여를 선 지급한 경우 국가는 그 금액을 사용자에게 지급한다(고용보험법 제75조의2). 우선지원 대상기업은 운수·창고·통신·광업·건설업은 300인 이하, 제조업 500인 이하, 기타업종 100인 이하 사업장을 말한다.

136) 근기법 제110조.

137) 고용보험법 제75조.

않는 근로자라도 근기법에 의거 휴가 90일을 부여해야 한다. 근로자가 고용보험에 미가입, 수급요건 미달 및 고용보험 적용제외 사업장에 근로하는 경우 등은 사업주가 최초 60일에 대한 임금을 전액부담하고 나머지 30일은 근로자가 부담해야 한다. 휴가기간 중 지급할 통상임금은 산전후휴가를 시작한 날을 기준으로 한다.[138] 최초 60일의 기산점은 "휴가를 사용하거나 사용할 수 있었던 날"로부터 보아야 하므로 "휴가종료일로부터 역산하여 90일이 되는 시점"부터 휴가개시일로 보고 그 날로부터 60일에 대해 사업주가 임금을 지급해야 한다. 산전후휴가를 임금산정기간 중간에 시작하였다면 일할계산 지급하는 것이 합리적이다.[139]

① 휴가급여 지급요건

국가는 근로자가 고용보험법상 다음 각 호의 요건[140]을 모두 갖춘 경우에 휴가 급여 등을 지급한다.

1. 휴가가 끝난 날 이전에 피보험 단위기간이 통산하여 180일 이상일 것, 이 경우 휴가기간 중 최초 60일까지 피보험단위기간에 포함한다. 유·사산으로 휴가일수가 60일 이하인 경우는 실제 휴가일수만 피보험단위기간에 산입한다.
2. 휴가를 시작한 날[141] 이후 1개월부터 휴가가 끝난 날 이후 12개월 이내에 신청할 것.

다만, 그 기간에 대통령령으로 정하는 사유로 산전후휴가 급여 등을 신청할 수 없었던 자는 그 사유가 끝난 후 30일 이내에 신청하여야 한다. 유·사산휴가를 부여받은 근로자는 휴가기간 중 1주간의 소정근로시간이 15시간 이상인 사업에 취업한 경우는 그 사실을 고용안정기관에 신고해야 한다.

피보험자인 근로자가 휴가기간 중에 그 회사를 그만두거나, 이직하거나, 새

138) 고용보험법 제76조.

139) 여성고용-3274, 2006.8.3. 60일 중 휴직일이 있으면 그 기간만큼 지급을 제외한다.

140) 고용보험법상 지급제외자 : ① 고용보험법의 적용이 되지 않는 자로서 사립학교교직원연금법의 적용을 받는 자, 근로시간이 월 60시간·주 15시간 미만자, 별정우체국직원
② 고용보험적용 제외사업으로서 농업·임업·어업 및 수렵업 중 법인이 아닌 자가 상시 4인 이하의 근로자를 사용하는 사업과 가사서비스업 종사자 등.

141) 우선지원대상기업을 제외한 기타기업의 경우는 휴가 시작 후 60일이 지난 날을 시작일로 본다.

로이 취업한 경우에는 그때부터 휴가급여가 지급되지 않는다. 허위 기타 부정한 방법으로 휴가 급여를 받았거나 받고자 한자에 대해서도 급여를 지급하지 않는다. 다만, 그 급여와 관련된 출산전후휴가 이후에 새로이 휴가급여 요건을 갖춘 경우 그 새로운 요건에 따른 급여는 그러하지 아니하다.[142)]

② 지급액(2018년 2월 기준)

지급상한액은, 휴가 90일에 대한 통상임금 상당액이 90일 기준의 통상임금 480만원(월 160만원)을 초과하는 경우에는 480만원까지, 지급하한액은 휴가 90일에 대한 통상임금 상당액이 휴가개시 전 90일간의 소정근로시간에 휴가개시일 당시 적용되던 최저임금법에 의한 시간단위 최저임금액을 곱한 금액보다 낮은 경우에는 최저임금기준액을 적용한다. 다만, 상한액이나 하한액 공히 지급기간이 90일 미만인 경우에는 일수로 계산한 금액으로 한다.[143)]

ⓐ A가 우선지원 대상기업 근로자인 경우

고용보험에서 법정 상한액 160만원을 한도로 90일분 전액을 지원한다. 다만, 고용보험 지급금액이 사용자의 지급의무가 있는 통상임금 60일분에 미달할 경우는 그 차액을 사용자가 지급해야한다. 잔여 30일분 차액은 근로자가 부담하여야 한다. 만약 통상임금 상당액이 휴가개시 전 90일간의 소정근로시간에 휴가개시일 당시 적용되던 최저임금법에 의한 시간단위 최저임금액을 곱한 금액보다 낮은 경우에는 최저기준액을 지급한다.

ⓑ A가 대규모기업 근로자인 경우

사용자는 90일 중 최초 60일의 유급휴가에 대한 통상임금전액지급의무가 있고 나머지 30일분은 고용보험에서 160만원을 한도로 지원한다. 휴가기간 중 우선지원대상기업이 비대상기업으로 변경된 경우에도 우선지원대상기업으로 계속 지원한다.

ⓒ 감액지급

근로자가 산전후휴가를 이유로 사업주로부터 금품을 지급받은 경우 대통령이

---

142) 고용보험법 제73조제3항 단서.

143) 통상임금이 고용보험에서 정한 상한액 90일분 4,800천원(30일분 1,600천원, 1일 53,333원)을 초과하는 경우, 차액은 사용자가 근로자에게 지급하여야한다.

정하는 바에 의해 급여를 「감액지급」 할 수 있다. 휴가기간 중 사업주로부터 금품을 지급받는 경우에도 급여 등을 감액하지 않는다면 일을 하지 않고도 정상적인 근로자보다 더 많은 급여를 받는 경우가 발생할 수 있으므로 형평성을 고려한 것이다. 감액대상 금품은 사업주가 휴가기간 중 근로자에게 지급한 전체금품 가운데서 근기법시행령 제6조에 의한 통상임금에 한정한다.[144] 근로자가 휴가기간 90일[145] 중 사업주로부터 지급받은 전체금품 가운데서 통상임금에 해당하는 금품과 산전후휴가 급여를 합한 금액이 보호휴가개시일을 기준으로 한 통상임금을 초과할 경우는 그 금액을 산전후휴가급여에서 감액한다.[146] 반대로 합한 금액이 통상임금을 초과하지 않는다면 급여액을 전액지급한다. 만약 휴가기간 중에 사업주가 통상임금을 인상하고 휴가 중인 근로자에게 인상된 통상임금과 산전후휴가급여의 차액을 지급한 경우에는 그 인상된 통상임금은 감액대상에서 제외된다. 보호휴가개시일을 기준으로 산정하기 때문이다. 휴가기간 중 사업주가 지급한 금품이라고 할지라도 상여금, 연차유급휴가수당, 성과금 등 불확실한 금품은 휴가를 이유로 한 금품으로 보기는 어렵다.[147]

ⓓ 사용자의 차액부담

근로자의 통상임금이 고용보험에서 정한 상한액 월 160만원을 초과하는 경우 달리 보전하지 않는다면 근로자는 산전후휴가로 인해 임금을 감액당하는 불이익이 있게 된다. 따라서 그 차액은 사용자에게 지급의무가 있다. 그러나 통상임금이 월160만원을 초과하지 않는다면 그 전액을 고용보험에서 지급받을 수 있으므로 사용자는 휴가기간 중 임금지급책임을 면제받는 결과가 된다.

---

144) 고용보험법시행령 제104조.

145) 우선지원대상기업이 아닌 경우는 무급휴가 30일의 기간 중 사업주가 임금을 지급하는 경우.

146) 여성고용-2446, 2006.6.19. 예를 들면, 사업주로부터 월 150만원(통상임금120만원+식대, 교통비, 가족수당 등 30만원)을 받는 근로자의 경우, 감액대상은 통상임금 120만원이다. 따라서 근로자의 통상임금 120만원이 고용보험법상 지원액 월 160만원 상한액에 미치지 못하므로 사용자는 120만원 전액을 지원 받을 수 있다. 한편, 사업주로부터 월 200만원(통상임금160만원+식대. 교통비 등 40만원)을 지급받는 근로자가 휴가기간 중에 월 200만원을 지급받았다면, 그 가운데 통상임금에 해당하는 금품(160만원)과 산전후휴가지원금(월160만원)을 합한 금액(320만원)이 휴가개시일을 기준으로 한 근로자의 통상임금(160만원)을 초과하는 경우는 그 초과금액(160만원)을 산전후휴가급여에서 감액한다. 따라서 이 경우는 160만원 전액을 지급하지 않는다.

147) 여성고용-2068, 2006.5.22.

ⓔ **연봉제 근로자의 통상임금 산정**

연봉계약서에 개별적 임금항목이 없는 경우 법정수당 및 식대를 포함한 월봉액을 통상임금으로 볼 수 있는지가 의문이 될 수 있다. 포괄임금제의 경우 매월 지급하는 임금에서 통상임금에 포함되지 않는 임금을 제외하고 통상임금을 산정하여야 하나, 통상임금에 포함되지 않는 임금의 액수가 불분명하다면 노사가 먼저 이를 명확히 한 후 통상임금을 산정하여야 한다. 따라서 연장근로수당 등 각종 수당의 금액을 정한 후에 근기법시행령 제6조제1항에 따라 통상임금을 산정하여야 한다.[148] 통상임금에 포함되지 않는 임금이라 하더라도 노사가 단체협약, 취업규칙 등에 이를 통상임금으로 간주하여 각종 수당의 산정대상으로 삼을 수는 있다. 그러나 산전후휴가급여의 경우 고용보험법에 의해 "근기법상 통상임금에 상당하는 금액"을 지급토록 되어 있으므로 법적인 통상임금만을 기준으로 지급한다.

③ **휴가급여 신청기간**

휴가급여는 휴가개시일 이후 1월부터 종료일 이후 12월 이내(대규모기업은 60일 이후)에 신청하도록 하고 있다. 이 기간은 제척기간으로서 기간의 계산은 휴가기간 만료일의 다음날부터 기산하여 역월로 12월이 되는 날까지로 계산한다.

예를 들어 2017.4.15까지 휴가를 사용한 경우 신청종료일은 4.15부터 기산하여 12월이므로 2018.4.15까지 신청하여야 한다. 산전후휴가 급여 등을 지급받거나 그 반환을 받을 권리는 3년간 행사하지 아니하면 시효로 소멸한다.[149]

(2) 배우자 출산휴가

사업주는 근로자가 배우자의 출산을 이유로 휴가를 청구하는 경우에는 5일의 범위 안에서 3일 이상의 휴가를 반드시 주어야 한다.[150] 배우자 출산휴가는 휴가청구와 사용이 모두 출산일로부터 30일 이내에 이루어져야하며 30일이 경과하면 청구·사용이 불가능하다. 휴가는 3일간 연속사용이 원칙이나, 노사

148) 평정 68240-335, 2003.9.18.
149) 고용보험법 제107조, 여성고용-112, 2004.1.19.
150) 고평법 제18조의2.

가 합의하면 분할 사용도 가능하다. 휴가기간 중 최초 3일은 유급이다. 시간급통상임금 이상을 지급하여야 할 것이다.

(3) 육아휴직

사업주는 8세 이하 또는 초등학교 2학년 이하의 자녀(입양자녀 포함)[151]가 있는 근로자[152]가 자녀의 양육을 위해 휴직을 신청하는 경우에는 1년 이내의 휴직을 허용하여야 한다. 만약 육아휴직과 육아기 근로시간단축을 병행할 경우에도 그 기간은 1년을 초과하지 못한다. 휴직기간 중에 자녀 연령이 6세에 도달하여도 나머지 휴직기간을 모두 사용할 수 있고, 육아휴직기간은 1회에 한하여 분할하여 사용할 수 있다.[153]

출산전후휴가를 사용한 후에도 육아휴직을 1년간 사용할 수 있다.[154] 육아휴직은 육아휴직을 시작하려는 날의 전날까지 당해 사업장에서 계속근로기간이 6개월 미만인 근로자, 같은 영유아에 대해 배우자가 육아휴직 중인 근로자에게는 허용하지 않을 수 있다.[155]

육아휴직을 하는 피보험자에게 최초3개월까지는 최저 70만원부터 최대 150만원 범위에서 월 통상임금의 80%에 해당하는 금액, 4개월부터 육아휴직 종료일까지 육아휴직 시작일 기준 40% 해당금액을 최저 50만원부터 최대 100만원까지 지급한다. 이 경우 육이휴직 분할사용시에는 각 기간을 합산하고, 1월미만의 경우는 일할계산한다.[156] 둘째자녀에 대해 두번째 육아휴직을 사용하는 경우 지원 상한액은 200만원이다. 육아휴직급여 중 25%는 직장복귀 6개월 후 일시불로 지급한다.

(4) 육아기 근로시간단축

현행 전일제 육아휴직은 근로자의 경력단절과 소득감소, 사업주에게는 대체

151) 고용보험법 제19조1항.
152) 자녀는 입양자녀를 포함하고, 근로자인 부모는 입양부모 등 친부모가 아닌 경우 포함.
153) 고평법 제19조의4제3호.
154) 종전에는 산후휴가기간 45일 만큼 단축되어 실제로 10.5개월만 사용.
155) 고평법시행령 제10조, 다른 법령에 의한 육아휴직도 포함.
156) 고용보험법시행령 제95조1항~3항(2017.9.1).

인력 비용부담 등으로 활용이 제한적일 수밖에 없다.[157] 따라서 근로자로 하여금 육아휴직과 근로시간단축을 선택하도록 제도적 장치를 마련하였다. 사용자는 8세 미만의 취학 전 자녀가 있는 근로자가 육아휴직대신 근로시간단축을 신청할 경우 단축 후 근로시간이 주 15시간 이상 30시간 이내가 되도록 정하여 1년 이내의 기간동안 허용하여야 한다. 2012.8.2부터 의무화했다. 단축한 근로조건은 서면으로 정하되 근로시간에 비례하여 적용하는 이외에 근로시간단축을 이유로 불리한 처우를 해서는 아니된다.[158]

사용자가 근로시간단축을 허용하지 않을 경우[159]는 그 사유를 근로자에게 서면으로 통보하고, 육아휴직을 사용하도록 하거나 그 밖의 조치에 관해 협의[160]를 한다. 근로자의 근로시간단축이 끝나면 단축전과 같은 업무 같은 수준의 임금을 지급하는 직무에 복귀시켜야 한다.[161]

사용자는 단축된 근로시간 이외에 연장근로를 요구할 수 없다. 다만, 근로자가 명시적으로 청구하는 경우 주 12시간 이내에서 연장근로를 시킬 수 있다. 근기법 제2조제6호에 따른 평균임금산정시 근로시간단축기간은 산정기간에서 제외한다.[162] 근로자가 육아휴직이나 근로시간단축을 하려는 경우, "육아휴직의 1회 사용, 육아기 근로시간단축의 1회 사용, 육아휴직의 분할(1회 한) 사용, 육아기 근로시간단축(1회 한)의 분할사용, 육아기 근로시간단축 1회 및 육아휴직의 1회 사용"의 방법 중 어느 하나를 사용할 수 있다. 다만, 어느 방법이든지 그 기간은 1년을 넘을 수 없다.[163]

---

157) 2007년 출산전후휴가대비 육아휴직자는 36.3%

158) 고평법 제19조의2, 제19조의3.

159) 고평법 제19조의2, 영 제15조의2, 14일간 구인노력에도 불구하고 대체인력채용이 불가능한 경우, 업무특성상 근로시간 분할이 곤란한 경우 또는 정상적인 사업 운영에 중대한 지장을 초래하는 경우로서 사업주가 이를 증명하는 경우, 입사 1년 미만자가 신청한 경우, 같은 영유아에 대해 배우자가 육아휴직을 하고 있는 경우.

160) ① 업무를 시작하고 마치는 시간 조정, ② 연장근로의 제한, 근로시간의 단축·탄력적 운용 등 근로시간 조정, ③ 직장보육시설의 이용 또는 위탁보육, 보육수당의 지원.

161) 고평법 제19조의2.

162) 고평법 제19조의3제3항, 제4항.

163) 고평법 제19조의4.

육아휴직, 근로시간단축 등 제도는 8세 미만 아동까지만 해당이 되나 육아지원은 그 이후까지 지속적으로 필요하다고 보아서, 사업주의 노력과 자발적인 참여 조치사항, 국가 지자체의 지원과 조치사항 등을 두고 있다.[164] 육아휴직 중인 근로자에 대한 직업능력개발 향상노력, 산전후휴가, 육아휴직, 근로시간단축을 마치고 복귀하는 근로자의 적응지원, 초등학교 취학 전까지 자녀를 양육하는 근로자의 육아지원을 위해 근로시간단축, 연장근로제한, 업무시작과 종료시간 조정, 근로시간의 탄력적 운영 등을 노력할 의무가 있다. 육아휴직과 근로시간단축을 실시하는 사업주에게 국가는 고용유지비용의 일부와 근로자의 생계비 일부지원, 사업주에게 세제 및 재정지원, 영유아보육법에 의한 직장보육시설 설치지원, 고용부장관의 직장보육시설 운영지원, 국가·지자체의 여성근로자를 위한 공공복지시설 설치, 일·가정 양립을 위한 프로그램도입 확산, 모성보호 조사연구 및 홍보, 전문적인 상담서비스 제공 등이 있다.

(5) 생리휴가

생리휴가는 여성의 생리는 심신의 변화를 가져와 육체적 정신적으로 고통을 주거나 작업에 지장을 초래하므로 여성의 건강을 보호하고 작업능률의 저하를 방지하기 위해 월1일 생리일에 부여되는 휴가이다.

주44시간제 사업장에서는 유급휴가로 1일을 부여해야 하고, 주40시간제 적용사업장에서는 근로자가 직접 청구하는 경우에만 무급으로 1일의 휴가를 부여할 수 있다.[165] 생리의 특성상 진통이나 증상이 가장 심한 날을 택하여 청구하는 것이 합리적일 것이다. 사용자는 근로자가 시기를 지정하여 청구한 경우 그 시기를 변경할 수는 없다.[166]

임신, 폐경, 자궁제거 등 생리현상이 없는 여성에게 생리휴가를 부여할 의무는 없다. 그러나 생리현상이 있는지 없는지 입증책임은 사용자에게 있다.[167] 사전에 생리휴가를 사용한다고 통보함이 없이 결근 후 다음날 출근해서 생리휴가

164) 고평법 제19조의5~제22조의3.
165) 근기법 제73조.
166) 근기 68207-1090, 1994.7.7.
167) 근기 01254-1552, 1989.11.1.

를 사용했다고 통보하는 것은 권리남용에 해당한다.[168] 따라서 이러한 경우는 결근으로 처리하는 것이 합리적이다. 근속기간의 장단, 직종, 임금제도 등 근로형태를 불문하며 1월 이상 근로하고 생리가 있는 여성근로자에게 휴가를 부여해야 한다. 다만, 1일의 근로계약이 하루하루 단위로 시작되고 종료되는 경우나 휴직, 방학 등으로 근로제공의무가 없는 기간, 산전후 휴가 및 육아휴직 등으로 근로제공의무가 없거나 정지된 경우는 생리휴가를 부여할 의무가 없다.

만약 주40시간제 시행으로 생리휴가가 무급으로 변경되었음에도 불구하고 단체협약 등으로 종전처럼 유급으로 할 것을 정한 경우는 유급으로 처리해야한다. 무급으로 부여한다는 말은 생리일에 휴가를 사용하면 그날은 통상임금을 공제한다는 의미이고, 유급이라는 말은 생리일의 휴가사용에도 불구하고 출근한 경우와 동일하게 그날의 임금을 공제하지 않고 지급한다. 생리현상이 없는 여성이 휴가를 청구할 경우에는 부여하지 않을 수도 있다. 생리휴가와 육아시간부여[169]는 사업장의 인력운용여건 등을 감안하여 상시근로자수가 5인 이상인 사업장에만 적용한다. 4인 이하 사업장에서 약정으로 생리휴가를 부여하기로 했으면 그에 따라야 한다.

사용자에게 휴가를 청구하여 사용할 수 있었으나 생각이 바뀌어 생리휴가를 사용하지 않음으로서 결과적으로 생리휴가일에 근로한 결과가 되었다고 해도 휴일근로로 인정되지 않는다. 무급이건 유급이건 간에 생리휴가를 사용한 날은 주휴, 연차유급휴가 등을 부여하기 위해 출근율을 산정할 때, 출근한 날로 본다.[170]

(6) 난임치료휴가

사업주는 근로자가 인공수정 또는 체외수정 등 난임치료를 받기 위하여 휴가(이하 "난임치료휴가"라 한다)를 청구하는 경우에 연간 3일 이내의 휴가를 주어야 하며, 이 경우 최초 1일은 유급으로 한다. 다만, 근로자가 청구한 시기에 휴가

---

168) 근기 01254-6692, 1990.5.10.

169) 근기법 제75조 생후 1년 미만의 근로자가 청구하면 1일 2회 각각 30분 이상의 유급 수유시간을 주어야 한다.

170) 임금근로-3228, 2007.10.25.

를 주는 것이 정상적인 사업 운영에 중대한 지장을 초래하는 경우에는 근로자와 협의하여 그 시기를 변경할 수 있다.

사업주는 난임치료휴가를 이유로 해고, 징계 등 불리한 처우를 하여서는 아니 된다.[171)]

(7) 근로자의 가족 돌봄 등을 위한 지원

사업주는 근로자가 부모, 배우자, 자녀 또는 배우자의 부모(이하 "가족"이라 한다)의 질병, 사고, 노령으로 인하여 그 가족을 돌보기 위한 휴직(이하 "가족돌봄휴직"이라 한다)을 신청하는 경우 이를 허용하여야 한다. 다만, 대체인력 채용이 불가능한 경우, 정상적인 사업 운영에 중대한 지장을 초래하는 경우 등 대통령령으로 정하는 경우에는 그러하지 아니하다.

사업주가 가족돌봄휴직을 허용하지 아니하는 경우에는 해당 근로자에게 그 사유를 서면으로 통보하고, 다음 각 호의 어느 하나에 해당하는 조치를 하도록 노력하여야 한다.

1. 업무를 시작하고 마치는 시간 조정
2. 연장근로의 제한
3. 근로시간의 단축, 탄력적 운영 등 근로시간의 조정
4. 그 밖에 사업장 사정에 맞는 지원조치

가족돌봄휴직 기간은 연간 최장 90일로 하며, 이를 나누어 사용할 수 있다. 이 경우 나누어 사용하는 1회의 기간은 30일 이상이 되어야 한다. 사업주는 가족돌봄휴직을 이유로 해당 근로자를 해고하거나 근로조건을 악화시키는 등 불리한 처우를 하여서는 아니 된다. 가족돌봄휴직 기간은 근속기간에 포함한다. 다만, 「근로기준법」 제2조제1항제6호에 따른 평균임금 산정기간에서는 제외한다.[172)]

---

171) 남녀고용평등법 제18조의3, 2018.5.29부터 적용.
172) 남녀고용평등법제22조의2.

제21장 임금

1. 개념정의

헌법은 근로자의 적정임금을 보장하는 등 근로조건의 법정주의원칙을 정하여 근로자의 인간다운 생활을 보장하도록 노력하고 있다.[1] 근로계약의 본질은 근로자의 노무제공의무와 사용자의 임금지급의무가 서로 대가적인 쌍무관계에 있다. 임금은 근로자가 생활을 유지하기 위한 중요한 수단이 되기 때문에 사용자에게 임금의 지급의무, 금품청산의무를 정하고 있다.[2]

임금지급 보장을 위해 사용자의 귀책사유로 휴업하는 경우에 휴업수당을 지급하게 하고, 사업이 도산·경영위기로 경매처분이 되는 경우에 임금, 재해보상금, 퇴직금, 그 밖에 근로관계로 인한 채권 등을 보호하기 위해 우선변제제도를 정하고 있다.[3] 특히 「최저임금법」은 근로자의 생활안정과 노동력의 질적 향상을 위해 최저임금제도를 시행하여 최저임금액 이상의 임금을 지급하도록 강제하고 있다.

「임금채권보장법」은 사업주가 파산선고, 회생절차개시의 결정, 고용부장관이 도산 등 사실인정을 받은 경우에 그 사업장에서 퇴직한 근로자가 임금·퇴직금·휴업수당의 지급을 청구하면 고용부장관이 그 사업주를 대신하여 임금 등을 지급하는 제도를 두는 등 임금의 안정적인 지급을 지원한다.

임금은 각종 사회보험제도·노임단가·손해배상·소득분포 등 사회정책 자료

1) 헌법 제32조제1항.

2) 근기법 제43조, 제46조제36조, 제109조.

3) 근기법 제38조제1항.

등의 중요한 산정기준으로 활용 될 수도 있다. 법문상 「임금」은 사용자가 근로의 대가로서 근로자에게 임금, 봉급 기타 어떠한 명칭으로든지 지급하는 일체의 금품[4]으로 정의하고 있다. 산업현장의 임금체계는 기업별 특성에 따라 복잡하고 다양한 구조를 가지고 있는데, 대체로 근로의 대가성 금품과 생활보장적·후생복리성 금품으로 대별할 수 있다. 다만, 기업문화와 업종별 특성 등에 따라 독특한 성질을 지니고 있어 한마디로 구분 정의하기가 어렵다.

임금 결정시 고려할 사항은 표준 생계비, 기업의 생산능력, 지불능력, 동종업계 동일수준 근로자의 비교임금, 국민경제여건, 개인근로자의 자격 능력과 경력 등을 두루 고려하여야 한다.

임금은 금품의 종류와 성격, 지급근거, 산정방법 등 자체적인 특성에 따라 통상임금과 평균임금으로 구분하여 각기 법적인 용도를 달리한다. 구분하는 이유는 일반적으로 평균임금이 통상임금을 상회하므로 근로자에게 평균임금을 지급해야 할 경우는 평균임금을 보장해 주되, 평균임금이 통상임금보다 낮을 경우는 통상임금을 평균임금으로 하기 때문이다.[5]

노무제공의 대가로 근로자에게 지급되는 각종 금전적 급부가 모두 임금으로 볼 수 있는 것은 아니다. 다양한 급여체계에서 금품이 사용자에게 지급의무가 있는지 여부와 금품의 성격이 통상임금과 평균임금, 기타금품 중 어디에 속하는지 여부가 실무상 쟁점이다.

급여항목 중 통상임금, 평균임금 등 법적인 금품의 성격을 노사합의를 통해 임의로 배제할 수는 없다. 기준에 못 미치는 근로조건을 정한 것이므로 무효로 본다.[6]

(1) 임금의 법적성격

임금이 가진 실정법상의 성격을 밝히는 것은, 실제 노무제공과 대가지급관계에서 발생한 금품의 의미를 명확히 하여, 근로기준 설정과 임금협상, 각종 노동경

---

4) 근기법 제2조제5호.
5) 근기법 제2조제2항.
6) 대판 2012다89399, 2013.12.18.

제정책 결정의 이론적 기준 등으로 활용하는데 의미가 있다. 임금이 노동력 제공의 대가인지 종업원의 지위에서 오는 금품인지 혹은 노동력을 사용자 처분권한에 맡겨 둔 것으로 발생하는 것인지 등이 이론의 중심에 있다. 주로 일본의 판례에서 비롯된 것이다.

판례는 과거 임금이분설(賃金二分說)을 취하다가 1995.12.21. 대법원 전원합의체로 입장을 바꾸어 노동대가설로 보고 있다.[7)]

1) 노동대가설(勞動對價說)

근로계약을 노무제공과 임금의 대가적인 상호 교환계약으로 본다. 임금은 근로자가 실제로 노무를 제공했을 때 비로소 반대급부로서 청구권이 발생하는 것이므로 사용자의 임금지급의무는 근로자의 근로제공의무와 상호견련(相互牽連)관계에 있다. 따라서 근로의 대가로 지급되지 않는 것은 임금이 아니라는 입장이다. 근기법 제2조제1항제5호에 정한 개념과 일치한다.

한편, 임금이분설에 의하면, 임금의 성격을 근로제공의 대가로 지급되는 교환적부분과 종업원이라는 지위에서 지불되는 보장적부분 2가지로 나누고, 근로계약이 유효하다면 비록 일하지 않더라도 종업원이라는 지위에서 비롯되는 생활보장적인 부분은 지급이 되어야 한다고 본다. 노동대가설에 의하면, 보장적부분에 대해서는 사용자의 임금지급의무를 부정한다. 파업기간 중 무노동무임금원칙, 노조활동 전임자 급여지급금지, 결근·지각·조퇴, 태업시 일하지 않은 시간만큼 임금공제, 쟁의행위 중 유급휴일수당지급제외, 해고기간 중 임금지급 제외 등의 이론적 근거가 된다.

2) 노동력대가설(勞動力對價說)

임금을 실제 근로의 대가로 보지 않고, 근로자가 계약내용에 따라 자신의 노동력을 사용자가 처분이 가능한 상태에 두기만 하면 노무제공여부에 관계없이 대가가 발생하는 것으로 본다.

---

7) 대판 94나 26721, 1995.12.21. 현행 법률이 임금을 근로의 대가로 파악하고 있고, 판례의 일관된 견해임에 비춰볼 때, 현실적인 근로를 제공하지 않고 단순히 근로자로서의 지위에 기하여 발생한다는 이른바 생활보장적 임금이란 있을 수 없고, 그와 같이 임금을 이분할 아무런 근거가 없다.

실질적인 휴게시간이 아닌 사실상 대기시간에 대한 임금지급이론, 휴업수당, 노무수령지체 등 채무불이행, 쟁의행위시 파업불참자에 대한 임금위험부담 등 실제 노무제공이 없어도 임금을 지급하는 생활보장적인 성격 등에 관한 해답을 제공한다. 파업기간 중에는 노동력을 사용자의 처분이 가능한 상태에 두지 않았으므로 임금지급의무가 없다는 결론을 얻을 수 있다. 무노동무임금에 관해서는 노동대가설과 차이가 없다.

3) 임금이분설(賃金二分說)

임금의 성격을 기본급, 정근수당, 직무급 등 근로제공의 대가로 지급되는 교환적부분과 가족수당, 통근수당 등 종업원이라는 지위에서 지불되는 보장적부분 2가지로 나눈다. 이 견해는 노동력대가설에서 더 발전된 이론으로 대법원은 1995.12.21 전원합의체 판결로 폐기하기 전까지 일부 인용한 사례도 있었다.[8)]

(2) 임금의 구체적 정의

임금은 「사용자가 근로의 대가로서 근로자에게 임금, 봉급 기타 어떠한 명칭으로든지 지급하는 일체의 금품」[9)]으로 보는 법문상 정의 이외에 달리 명확하고 구체적인 정의는 찾아보기 어렵다. 다만, 판례에 의하면, 호의적·의례적으로 지급되는 금품은 임금에 포함하지 않고,[10)] 근로의 대가로 지급되는 금품이 평균임금의 산정기초가 되는 임금총액에 포함되려면, 명칭에 불구하고 그 금품의 지급이 단체협약·취업규칙·근로계약·사용자방침 등에 의해 그 지급의무 발생이 근로제공과 직접적으로 밀접한 관련이 있어야 하고,[11)] 근로자에게 근로의 대상으로 계속적·정기적으로 지급되며 그 지급에 관해 단체협약, 관행 등에 의해 지급의무가 지워져 있고, 일정요건에 해당하는 자에게 일률적

8) 대판 91다36307, 1992.3.27. 근로자는 무노동무임금원칙에 따라 쟁의기간 중 임금을 청구할 수 없지만, 그 범위는 임금 중 사실상 근로를 제공한데 대하여 받는 교환적부분에 국한된다. 근로기준법 주해Ⅰ, 제176쪽.

9) 근기법 제2조제5호.

10) 대판 90다카4683, 1990.11.9.

11) 대판 97다5015,1999.5.12.

으로 지급된 것이면 평균임금산정대상이 되는 임금으로 보았다.[12)]

이와 같은 견해를 요약하면, 「임금」은 근로의 대가[13)]로서 첫째, 계속적·정기적으로 지급되어야 하고, 둘째, 단체협약·취업규칙·근로계약·사용자방침 등에 의해 지급의무가 있고, 그 발생이 근로제공과 직접적으로 밀접한 관련이 있어야 하고, 셋째, 일정요건에 해당하는 자에게 일률적으로 지급되는 금품이라야 한다.[14)] 계속적·정기적·일률적이란 무엇을 의미하는 것일까 의문이다. 여기서는 간단한 개념정의만 살피고 임금의 구분에서 상세히 설명한다.

1. 「계속적」이란, 임시·수시상황 대응적·단속적(斷續的)인 것이 아니라, 일정한 금품지급 사실관계가 비교적 장기간 반복·지속적으로 이루어지는 것을 말한다.

2. 「일률적」이란, 일시적 불확정적 유동적인 것을 제외하고,[15)] 전체근로자에게 지급되지 않더라도 일정한 고정적인 조건을 충족하는 근로자에게 지급되는 경우를 포함하여, 모든 근로자 혹은 일정한 조건 또는 기준에 달한 모든 근로자에게 "고정적인 조건"을 말한다. 근로자의 직급 등에 따라 지급액에 차이가 생기는 것은 문제가 되지 않는다.[16)]

3. 「정기적」이란, 1임금산정단위에 한정된 개념으로 이해할 필요없이 임금산정 단위기간(매 분기, 매 반기, 1월, 1주 등) 내에 지급되는 고정적, 규칙적, 반복적으로 지급되는 금품」으로 보아야 한다. 계속적인 행위와 결합하여 임시·수시 단속적인 개념에 대비된다.

4. 「근로의 대가」란, 근로와 임금사이에 직·간접적인 견련관계가 있어야 하고, 사용자에게 그 지급의무가 있어야 하며 지급여부를 임의적으로 결정할 수 없다는 것이다.

---

12) 대판 2002다50828, 2003.2.11.

13) 임금이 지급되는 근로는 사용자의 지휘·종속아래 이른바 종속적인 노동관계에서 제공하는 근로를 말한다. 근로자의 임금청구권은 특별한 약정이나 관습이 없으면 근로를 제공함으로써 비로소 발생하는 것이지 근로를 제공하지 않은 이상 임금청구권은 발생하지 않는다(대판 2000다60890, 2002.8.23).

14) 김형배, 2004 신판, 326쪽.

15) 대판 93다31979, 1994,5,24.

16) 5급 사원 월 10만원, 3급 이상 사원 월 15만원 등.

5. 『고정적』이란, 2013.12.18. 대법원 전원합의체에서 확정된 것으로, 금품이 사용자에게 지급의무가 있고 근로의 대가로 볼 수 있다면 금품의 명칭이나 성격을 불문하고 모두 임금으로 보면서, 지급일 현재 일할계산하여 지급할 수 있는 것은 모두 통상임금에 속한 것으로 보았다.[17]

따라서 사용자에 의해 지급되는 금품이 단체협약·취업규칙·근로계약·사용자방침 등에 의해 지급의무가 있더라도, 실비변상적·은혜적·호의적·경조적 위로 금품[18] 등 근로의 대가로 볼 수 없는 것,[19] 일시적·불확정적인 금품 및 개별근로자의 우연한 사정에 좌우되는 금품은 평균임금에 포함할 수 없는 것으로 임금으로 볼 수 없다.

최근 판례[20]에 따르면, 계속적·정기적인 기준은 확정적인 조건이 아니라, 일시적·부정기적인 금품도 다른 사정들을 종합하여 근로제공과 관련한 지급으로 볼 수 있으면 임금에 해당하는 반면, 그 금품이 계속적·정기적으로 지급되더라도 근로제공과 관련이 없으면 단체협약이나 취업규칙, 근로계약 등에 의해 지급의무가 발생한 것이라도 임금에 포함할 수 없다」는 입장이다.

한편, 근로제공에 대한 대가는 아닐지라도 역시 근로자의 생활보장을 위하여 지급되는 가족수당이나 주택수당 및 식대 등은 근로제공과 관련이 있는 이상 임금에 포함하는 경우가 있다. 이 경우 금품의 성격을 면밀히 관찰하여 임금인지 여부를 판단해야 하는데, 특히 「복리후생적 금품」[21]의 경우, 단체협약·취업규칙 등으로 정하거나 관행에 의거 지급의무로 정해져 있고, 정기적으로 전체근로자에게 일률적으로 지급하는 경우는 임금으로 본다. 다만, 자가용보유, 가족수, 취학자녀 유무에 따라 차등 지급하는 등 개별근로자의 특수하고 우연한 사정에 의하여 좌우되는 경우에는 단체협약 등에 지급의무로 정

17) 대판2010다91046, 2012.3.29.

18) 축의금·조위금·상병위로금, 출장비·정보비·교제비·해외출장비·해외근무수당·작업용품대·작업용품.

19) 건강보험료 등 4대보험료 중 사업주부담금,재해보상금, 실비변상적 금품과 복리후생적급여(주택수당, 사택·통근차수당, 일부 종업원에게 혹은 일시적으로 지급되는 학자금, 가족수당, 월동비, 식대).

20) 대판 2004다35052, 2006.8.24.

21) 교통비, 급식비, 사택수당, 월동수당, 체력단련비, 효도휴가비 등.

한 것이라 하더라도 근로의 대상으로 지급된 것으로 볼 수 없다.[22] 따라서, 복리후생적금품은 단체협약·관행 등에 지급근거가 있고 계속적·정기적으로 지급하면서 지급대상이 취학자녀 유무, 자녀인원수 유무, 사택·복지시설 등 시설이용 유무 등에 불구하고 일률적으로 지급하거나, 수혜자와 비수혜자의 균형을 고려하여 대체금품을 지급하는 경우 등은 임금에 해당한다.[23]

상대적 약자인 근로자의 생활보호를 위해 실제 근로를 제공하지 않는데도 불구하고 사용자에게 일정한 금품의 지급의무를 정하고 있는데 이러한 금품은 외관상 임금과 유사하지만 임금으로 보지 않는다. 따라서 "해고예고수당,[24] 휴업수당,[25] 노조전임자급여, 퇴직금" 등은 각각 임금이 아니라고 보는 것이다. 이 가운데 퇴직금은 퇴직이라는 사실관계가 있어야 비로소 발생하는 것으로 단지 성격상 후불임금으로 본다.

1) 사용자와 근로자가 주고받은 금품

명칭이 "임금"이라고 하더라도 금품을 주고받는 사람이 근로자가 아니거나 사용자가 아닌 경우는 이를 법상 임금이라고 부를 수 없다. 따라서 업무집행권을 가진 이사 등 임원에게 지급되는 보수, 순수한 직업훈련생에게 지급되는 금품, 사용자의 지휘종속을 받지 않고 자유롭게 여러 학원에 시간강사를 하고 있는 학원강사의 보수, 사용자가 아닌 학부모로 조직된 학교육성회에서 교원에게 지급하는 수당 등은 임금이 아니다.

---

22) 대판 94다 55934, 1995.5.12. 지급의무의 발생이 개별근로자의 특수하고 우연한 사정에 의하여 좌우되는 경우에는 단체협약 등에 의한 것이라 하더라도 근로의 대상으로 지급된 것으로 볼 수 없다. 일정직급 이상의 직원 중 차량보유에 따라 실제 지출여부를 불문하고 계속적·정기적으로 그 지급 여부가 근로제공과 직접적으로 또는 밀접하게 관련됨이 없이 오로지 일정 직급 이상의 직원이 자기 차량을 보유하여 운전하고 있는지 여부라는 개별근로자의 특수하고 우연한 사정에 따라 좌우되는 것으로서, 자가운전보조비 중 피고가 그 직원들에게 자기 차량의 보유와 관계없이 교통비 명목으로 일률적으로 지급하는 금원을 초과하는 부분은 비록 그것이 실제 비용의 지출 여부를 묻지 아니하고 계속적·정기적으로 지급된 것이라 하더라도 근로의 대상으로 지급된 것으로 볼 수 없다.

23) 대판 91다37522, 1992.4.10 ; 대판 90다카0948, 1990.11.9 ; 대판 93다4816, 1993.5.11

24) 생활부조성격.

25) 배상이나 보상 책임적 성격이 강하므로 임금으로 보기 어렵다.

2) 은혜적, 호의적인 금품

판촉운동 등과 같이 일시적인 필요나 상황에 기초하여 지급되는 특별보로금, 품질향상운동에 대한 공로보상금, 회사창립일에 호의적으로 특별히 지급하는 금품, 경조금, 위문금, 포상금 등 임의적·은혜적·호의적 금품으로서 일부근로자에게 지급되고, 지급여부가 불확정적이고 부정기적인 금품은 취업규칙이나 단체협약으로 지급의무를 정하더라도 임금이 아니다. 다만, 단체협약이나 취업규칙 등에 정하여 정기적·계속적으로 지급되거나, 단체협약 등으로 정하지 않았지만 매년 지급기준과 비율을 정하여 지급하는 것이 관례적으로 되어 있다면 임금의 성격을 가진다.[26] 은혜적, 호의적 금품도 고정성을 지니면 통상임금에 속할 수 있다.

3) 생활보장적 금품

임금은 교환적 관계에 있는 근로의 대가만은 아니다. 실제 근로와 관계없이 근로자와 그 가족의 생활보장을 위하여 지급되는 가족수당이나 주택수당 및 휴업수당, 운행수당, 떡값 등 생활보장적 금품도 근로제공과 관련이 있는 이상 임금에 포함된다.[27] 생활보장적 금품도 고정성을 지니면 통상임금에 속할 수 있다. 다만, 지급기준과 방식을 검토할 때, 일부근로자에게 지급되거나 불확정적·부정기적으로 지급되는 금품은 복리후생적·은혜적 성격으로 임금으로 볼 수 없다.

4) 실비 변상·복리후생적 경비

임금은 근로에 대한 대가이므로 「실비변상적 경비」 등은 임금이 아니다.[28] 다만, 실비 변상적으로 보이는 출·퇴근 교통비, 연구수당 및 학생지도수당 등도 일시적인 것이 아니라 모든 근로자에게 일률적으로 일정액을 계속적·정기적으로 지급해 왔다면 임금으로 본다. 생산수단구입과 같은 실비변상적인 금품 등도 마찬가지다.

---

26) 대판 74다1588, 1976.1.27 ; 대판 2002다50828, 2003.2.11.
27) 대판 92다20316, 96누15084·97나3639·95다37414.
28) 대판 90다카 4683, 1990.11.9 ; 근기 1455-37763, 1981.12.22.

「일숙직비」는 본연의 업무에 대한 대가로서 임금이 아니라 실비변상적인 금품이다. 일숙직이란, 근로계약에 부수적으로 수반되어 담당업무와 별개로 사업장의 정기적 감시, 청사방호, 긴급문서 또는 전화의 수수, 기타 돌발사태 발생대비 등 경미한 근로를 단속적으로 수행하는 것을 말한다. 이처럼 전형적인 일숙직근로에 대해서는 통상의 근로처럼 임금을 지급할 필요는 없으며,[29] 임금으로 볼 수도 없다. 그러나 일숙직 자체가 일종의 근로와 동일시 할 수 있는 경우라면 임금이다.[30] 다만, 근무밀도로 보아 전체적으로 대기성근로라고 하더라도 전체 일숙직근로시간 중 통상의 근로와 같은 내용의 근로를 수행하는 시간에 대해서는 그 시간만큼 소정임금과 가산임금을 지급하여야 한다.[31]

1. 대학교수의 연구수당과 학생지도수당은 그것이 실적에 따른 실비변상적인 것이 아니라, 위 대학교원에게 일반적으로 일정액을 정기적·계속적으로 지급해 왔다면 임금이다(대판 77다300, 1977.9.28).
2. 의학연구비도 병원과장급 의사 전원에게 일반적으로 매년 정기적·계속적으로 지급해 왔다면 급여의 일부라고 할 것이다(대판 94다21580, 1994.9.13).
3. 운송회사가 근로자들의 근무의욕을 높이기 위해 경미한 사고, 고장수리비용이나 화물 적출시 직원 독려비 등 출장 중 개인의 비용부담을 최소화하기 위해 작업출장비를 지급했다면 이는 실비변상적 금품으로 임금이 아니다(대판 97다18936, 1998.1.20).
4. 집행관사무원의 사용자인 합동사무소가 부동산현황조사업무를 보좌하는 집행사무원에게 사건수와 관계없이 매월 일률적으로 "외근여비"라는 명목으로 지급한 것은 임금이다(대판 97다56235, 1999.2.9).
5. 출퇴근교통비도 지급근거가 단체협약이나 급여규정에 반드시 명시되어 있지는 않아도 정기적, 제도적으로 지급해 왔고 소수직원을 제외한 전 직원에게 일률적으로 지급되어 왔을 뿐 아니라 출퇴근교통비가 지급되지 않는 직원에게는 차량을 제공했다면 근로의 대가성을 지닌 임금이다(대판 91다37522, 1992.4.10).

「복리후생적 금품」[32]이라도 단체협약·취업규칙 등으로 정하거나 관행에 의거 정기적으로 전체근로자에게 일률적으로 지급하는 경우는 임금으로 본다. 특히 산정당시 기준으로 일할계산지급의무가 있는 등 고정성을 지닌다면 통상임금에 해당할 수 있다. 다만, 일시적 또는 일부근로자에게 지급되는 학자금

29) 서울민지판 90가합90460, 1992.9.24.
30) 근기 1455-8213, 1982.3.24.
31) 대판 94다14742, 1996.6.28.
32) 교통비, 급식비, 사택수당, 월동수당, 체력단련비, 효도휴가비 등.

등은 복리후생적인 금품으로 임금이 아니다.

자가용보유, 가족수, 취학자녀 유무에 따라 차등 지급하는 등 개별근로자의 특수하고 우연한 사정에 좌우되는 경우에는 단체협약 등에 지급의무로 정한 것이라 하더라도 근로의 대상으로 지급된 것으로 볼 수 없다.[33)]

「보험료지원금」에 관하여, 행정해석은 운전자보험, 산재보험, 의료보험, 국민연금 등 근로자가 부담해야 할 보험료를 사용자가 부담하는 것은 임금이 아니라고 본다.[34)]

판례는 개인연금 회사지원금 등이 계속적, 정기적으로 지급되었다면 임금으로 본다.[35)]

1. 자녀학자급보조비
   가계보조비는 일정한 요건에 해당하는 모든 근로자에게 정기적, 계속적, 일률적으로 지급되는 금품의 경우는 임금으로 본다. 다만, 취학자녀 중 2인 이내에서 타 장학금을 수령하지 않는 자에게 지급되는 학비보조금(중고생은 공납금의 100%, 대학생은 70%)은 임금이 아니다(대판 90다15662).
2. 사택수당
   사택은 복리후생시설에 해당되어 근로자가 현실적으로 그로 인해 이득을 얻고 있다고 해도 임금에 포함시킬 수 없다. 다만, 사택의 제공을 받지 않는 근로자에게도 일정액의 수당을 지급한다면, 사택이용을 금전으로 평가한 그 한도에서 임금에 해당한다(대판 90다카6948, 1990.11.9).

---

33) 대판 94다 55934, 1995.5.12. 지급의무의 발생이 개별근로자의 특수하고 우연한 사정에 의하여 좌우되는 경우에는 단체협약 등에 의한 것이라 하더라도 근로의 대상으로 지급된 것으로 볼 수 없다. 일정직급 이상의 직원 중 차량보유에 따라 실제 지출여부를 불문하고 계속적·정기적으로 그 지급 여부가 근로제공과 직접적으로 또는 밀접하게 관련됨이 없이 오로지 일정 직급 이상의 직원이 자기 차량을 보유하여 운전하고 있는지 여부라는 개별근로자의 특수하고 우연한 사정에 따라 좌우되는 것으로서, 자가운전보조비 중 피고가 그 직원들에게 자기 차량의 보유와 관계없이 교통비 명목으로 일률적으로 지급하는 금원을 초과하는 부분은 비록 그것이 실제 비용의 지출 여부를 묻지 아니하고 계속적·정기적으로 지급된 것이라 하더라도 근로의 대상으로 지급된 것으로 볼 수 없다.

34) 근로조건지도과-598, 2008.4.1.

35) 대판 2002다50828, 2003.2.11 ; 대판 2003다54322, 2006.5.26. 사용자가 단체협약에 의하여 전근로자를 피보험자로 하여 개인연금보험에 가입한 후 매월 그 보험료 전부를 대납하였고 근로소득세까지 원천징수하였다면, 이는 근로의 대상인 임금의 성질을 가진다고 할 것이고, 정기적·일률적·고정적 급부라는 통상임금의 개념적 징표까지 모두 갖추고 있는 이상, 위 연금보험료도 통상임금에 포함된다(대판 2004다13762, 2005.10.13).

3. 가족수당

가족수당은(배우자의 경우는 월 15,000원, 미혼 자녀의 경우는 최다 2인에 한하여 1인당 월 13,000원씩 지급) 노사간 합의에 의하여 지급의무가 있고 일정한 요건에 해당하는 근로자에게 일률적으로 지급되어 왔으므로, 근로에 대한 대가로서 평균임금에 해당한다(대판 2004다13762, 2005.10.13). 다만, 가족수에 따라 차등지급한 가족수당은 통상임금이 아니다(서울중앙지법 2014가합506176, 2017.10.20). 가족수당 본인분은 통상임금이다(서울고법 2015나31393, 2017.9.1).

5) 상여금, 성과급, 식대 등

상여금은 사용자가 근로자에게 공로보상으로 지급하는 은혜적인 금품에서 유래한다. 오늘날에는 물가상승 등을 감안, 생계보조비로 발전함에 따라 그 지급조건과 형태가 다양할 수밖에 없다. 상여금의 법적성질은 지급조건에 따라 임금으로 보아야 할 경우와 단순한 은혜적인 급부로 보아야 할 경우로 나눌 수 있다. 단체협약·취업규칙 등에 지급조건, 금액, 지급시기 등이 정해지거나 전근로자에게 정기적, 관행적으로 지급하는 경우 임금으로 볼 수 있다. 특히 일률성, 고정성, 정기성을 갖춘 경우는 통상임금으로 보아야 한다.[36] 다만, 지급여부가 불확정적이고 일시적인 상여금, 성과금 등은 단체협약이나 취업규칙으로 지급규정을 정한 경우에도 임금으로 볼 수 없다.[37]

1. 「스톡옵션」이란, 근로자의 동기부여를 통해 생산성향상을 이끌어 내는 수단으로서 회사가 임직원에게 자사주식을 사전에 예약된 가격으로 일정수량을 행사기간 내에 매입할 수 있도록 부여하는 권리를 말한다. 근로자가 스톡

---

36) 대판 2012다89399, 2013.12.18.

37) 대판 2001다16722, 2002.6.11 ; 대판 2004다13762, 2005.10.13. ① 특별상여금의 지급규정이 단지 급여규정에만 있을 뿐 단체협약에는 아무런 규정이 없고, 또한 그 규정에 의하더라도 회장이 특히 공로가 있다고 인정하는 직원에게 지급할 수 있다고만 규정되어 있을 뿐, 구체적으로 지급기준, 액수, 시기 등에 관해서는 아무 규정이 없어 그 지급이 확정되었다고 보기 어렵고, 실제로 수년간 불규칙적으로 일부 지급된 사례가 있고 지급명목도 구구하다면 계속적·정기적으로 지급되었다거나 관례가 성립되었다고 보기도 어려우므로 임금이 아니다(대판 98다34393, 1999.9.3).
② 구두류 판매를 주업으로 하는 회사가 상품권을 판매한 직원에게 실적에 따른 개인포상금을 지급한 경우에, 그 지급시기가 다르나 매년 한두 차례 시행하는 것이 관례화되고 해마다 지급기준과 비율을 정하고 그에 따라 계산된 보상금을 지급해 왔다면 평균임금에 포함된다(대판 2000다18127, 2002.5.31).

옵션의 행사 및 매각을 통해 성과금으로 환원했을 경우 이 금품이 임금인지 여부가 쟁점이다. 스톡옵션행사 이익을 근로소득으로 본 바는 있으나 임금으로 단정하기는 어렵다.[38] 판례는 이러한 이익분배금이 기업의 손익계산상 당기순이익에서 비용을 차감한 잔액에서 산출되고 그 발생여부에 따라 지급여부가 결정되므로 비록 개인별·부서별로 지급률을 달리하더라도 근로의 대가[39]로 보기 어렵다는 입장이다.[40]

2. 「식대 등 현물급여」는 근로의 대가로서 단체협약이나 취업규칙 등에 의거 사용자에게 지급의무가 있는 경우는 평균임금에 포함된다.[41] 그러나 현물식사를 금전으로 환가하여 평가하기도 어렵고, 식사를 하지 않은 자에게 달리 보상할 방법도 적절하지 않는 등 임금으로 보기 어렵다. 다만, 현물급식이 환가가 가능하고 식사를 하지 않는 자에게 상품권이나 금전보상을 하는 등 일률적으로 부여되는 것으로 볼 수 있다면 임금이다.[42]

3. 「기성회비」 등은 학부형이 조직한 육성회에서 학교법인의 종업원에게 지급하는 금품으로서, 육성회가 학교법인의 지배하에 있는 단체라고 볼 수 없으므로, 학교법인이 지급하는 노동의 대가인 임금이라 할 수 없다. 따라서 이는 학교법인의 퇴직금산정에 합산할 수 없다.[43]

6) 근로여건·환경 및 근로의 질·양에 관계되는 수당

벽지수당, 한냉지 근무수당, 별거수당 등 근로여건 및 환경에 관계되는 수당과 기술·자격·면허·특수작업수당, 직책·직무·출납·항공·승무·입갱수당, 능률·성과급성격으로 매월 지급되는 영업수당 등 근로의 질과 양에 관계되는

---

38) 대판 2007두1415, 2007.10.25.

39) 근로기준법상 임금, 고용보험·산재보험료 산정의 임금총액 등.

40) 서울행판 2007구합1972, 2008.6.25.

41) 대판 2004다41217, 2005.9.9.

42) 대판 93다9620, 1994.2.22 ; 대판 93다4816, 1993.5.11. 출근한 자에게만 식사를 현물로 주고 출근한 자로서 먹지 않는 자나 결근한 자에게 달리 보상이 없다면 임금이 아니다. 그러나 결근여부에 불구하고 일률적으로 전원에게 식권이나 현금으로 지급되었다면 임금에 해당된다(대판 2002다50828, 2003.2.11 ; 대판 2003다10650, 2003.4.22).

43) 대판 73다498, 1973.11.27.

수당은 임금의 성격을 가진다.

7) 봉사료

접객업소, 골프장 등에서 손님이 지급하는 팁은 임금이 아니다, 그러나 정액으로 정해진 봉사료를 사용자가 손님으로부터 일괄적으로 징수하여 분배하는 것은 임금으로 볼 수 있다.

8) 택시운전기사의 사납금 이외의 수입

운수회사가 운전사들에게 매월 실제 근로일수에 따라 산정한 기본급 등 일정금액을 지급하고, 근로형태의 특수성과 계산의 편의 등을 고려하여 하루의 운송수입금 중 회사에 납입하는 일정액의 사납금을 공제한 잔액을 그 운전사 개인의 수입으로 하여 근로자의 자유로운 처분에 맡겨 왔다면, 이와 같은 운전사 개인의 수입으로 되는 부분 또한, 그 성격으로 보아 근로의 대가인 임금에 해당하므로 사납금을 초과한 수입금은 특별한 사정이 없는 한 퇴직금산정의 기초가 되는 평균임금에 포함하는 것이 원칙이다.

다만, 사납금을 초과한 금액은 처분유형 즉, "관리가능성"이 있는지 여부에 따라 임금에 포함할 것인지 여부를 구분하는 것이 합리적이다. 비록 평균임금 산정기간 내에 지급된 임금이라 하더라도, 퇴직금 등의 산정의 기초가 되는 평균임금을 산출함에 있어서는, 사용자가 퇴직금 등의 출연에 예측할 수 있게 하기 위하여 「직접 관리가능하거나 지배 가능한 부분」[44]이 아니면 그 범위에서 제외하여야 하고, 반대의 경우에는 포함하여야 한다.[45]

근로자들이 총운송수입금을 전부 회사에 납부하는 경우에는, 회사로서는 사납금 초과 수입금의 발생 여부와 금액 범위를 명확히 확인·특정할 수 있어 초과 수입금을 관리하고 지배할 수 있다고 보아야 할 것이므로 사납금 초과 수입금은 퇴직금산정의 기초가 되는 평균임금에 포함되는 것으로 보아야 한다. 이때 회사가 추후에 납부 받은 사납금 초과 수입금 상당의 금원을 근로자들에

44) 예) 일단 전체 수입금액은 수납한 뒤 수입비율에 따라 일정액을 배분하거나, 수입으로 관리하는 등

45) 대판 2002다4399, 2002.8.23. 다만, 일반택시 운송사업에서 최저임금산입범위에 속하는 금품에는 생산고에 따른 임금을 산입하지 않는다. 최저임금법 제6조제5항.

게 지급하였다고 해도 달리 볼 것이 아니다.[46]

9) 잘못 지급된 퇴직급여 등

포괄임금제 등을 원용하여 월급 명세에 퇴직급여란 용어로 일정금품을 지급하고 사후 지급사유 발생시 면책을 주장하는 경우가 있는데, 이 경우 고용부에서 정한 요건과 중간정산 방식의 적합성이 없다면 퇴직급여로서 무효가 될 수 있다.[47] 잘못 지급된 퇴직급여 명목 금품은 민사상 채권채무의 일종인 부당이득으로 보아서 임금이 아니다.

기타 휴업수당, 근기법상 각종 재해보상금, 해고예고수당 등은 근로의 대가라기보다 민사상 고용계약불이행 등에 따른 손해배상 성격의 채권 으로 보아서 임금이 아니라는 입장이 지배적이다.

2. 통상임금

(1) 개념과 활용

통상임금은 근로계약에서 근로자가 지닌 노동력의 양과 질에 대해 어느 정도의 평가를 하였는가, 금전적으로 개별근로자의 노동력을 시간당, 주당, 월당 등의 당위로 산정할 때 금전적 수량적으로 어떻게 대우하는가를 나타내는 척도라고 할 수 있다. 법문상 정의는 “근로자에게 정기적·일률적으로 소정근로 또는 총근로에 대하여 지급하기로 정하여진 시간급·일급·주급·월급 또는 도급금액을 말한다” 이렇게 볼때 평균임금은 사후적 산술적의미에 가깝지만, 통상임금은 사전적인 평가 노동력의 산정단위당 가치환산 의미의 임금개념이다.[48] 따라서 통상임금은 1시간, 1일, 1월 등의 근로에 대해 실제로 지급된 임금액을 말하는 것이 아니라, 금품을 최종적으로 산정하기 위한 기준이 되는,

---

46) 택시운전사들이 하루의 운송수입금 중 사납금을 납입하고 남은 금액을 개인수입으로 자신이 직접 관리한 경우, 그 개인수입은 사용자가 발생여부나 금액 등을 알 수 없고 관리 가능성도 없으므로 퇴직금산정의 기초인 평균임금에 포함되지 않는다고 보아야 한다. 대판 95다55733, 1998.3.13.

47) 대판 2007다90760, 2010.5.20.

48) 김유성, 이철수, 문무기 등, 근로기준법 주해Ⅰ, 248쪽.

극히 정상적인 근로에 대해 지급하기로 정해진 가상의 기준과 척도가 되는 금액이므로 근무실적이나 생산량의 변동에 따라 변동되지 않으며, 시간급 등으로 일단 정해진 통상임금은 삭감될 수도 없다.[49] 따라서 약정한 소정근로시간·극히 정상적인 근로시간에 대해 금전적인 대우수준이 얼마인가를 정확히 파악하려면, 정상근로시간을 초과한 시간에 대한 임금 즉, 연장·휴일근로수당 등 근로시간에 따라 변동이 되거나 소정근로및 총근로의 대가로 볼 수 없거나 전체근로자에게 정기적, 일률적, 계속적으로 지급되지 않는 금품은 통상임금의 범위에서 제외한다.

실무상 근로자의 노동력 대우정도를 정확히 파악하기 위해서는 금품의 명목보다 단체협약, 근로계약, 취업규칙, 관행, 직종 및 근무형태, 당사자의 법적 쟁점, 거래실태 등을 종합적으로 검토하여 금품의 실질적인 성격을 파악하여야 한다.

통상임금은 해고예고수당, 연장·휴일 등 기준근로일(근로시간)을 초과한 것에 대한 대가산출,[50] 야간근로수당, 연·월차유급휴가, 생리휴가수당, 산전후휴가수당, 등을 산정할 때 계산의 기초가 되며 그 밖에 선원법상 각종 임금과 수당, 재해보상금 산출기초로 활용된다.

통상임금개념은 근로조건의 기준을 마련하기 위해 법이 정한 도구개념이므로 사용자가 통상임금의 개념을 법 기준 이하로 따로 정하거나 통상임금에 산입될 특정금품을 통상임금에서 제외하기로 하는 노사간 합의는 효력이 없다.[51]

「소정근로」란, 기준근로시간(1일 8시간) 범위 내에서 노무를 제공하고 수령받기로 한 약정근로시간을 말한다. 그러므로 1일 8시간을 초과하여 근로하고 그 속에 연장근로수당을 포함하여 일정금액을 지급하기로 정한 경우는 연장근로

---

49) 예) 시간급으로 계약(월 209시간, 시급 6,000원 등으로 계약)한 통상임금은 근로시간이 많다고 해서 그 시간급임금이 증가되거나, 일을 적게 했다고 해서 시간급으로 정한 임금이 감액되지 않는다

50) 시간외·야간 및 휴일근로시의 임금과 가산임금.

51) 대판 2012다94643, 2013.12.18.

수당을 뺀 금액을 통상임금으로 본다.[52)]

예를 들면, 일당 10만원을 받는 자가 10시간을 근로했다면 10만원÷(8+(2×1.5))=시간급 9,090원×8시간=72,720원이 일급(8시간)통상임금이다.

1) 일률적

「일률적」이란, 모든 근로자에게 지급되거나, 모든 근로자에게 지급되지 않더라도 일정한 조건·기준을 충족하는 모든 근로자에게 지급되는 경우를 포함하며, 일정한 조건·기준이란, 기술, 경력, 작업내용 등과 같이 소정근로의 가치평가와 관련한 "고정적인 조건"을 말한다.[53)] 일정한 자격, 면허증소지자, 특수작업이나 위험한 작업 등에 고정적으로 종사하는 근로자 등, 근로제공 자체가 일반적인 경우보다 특수한 것으로 인정할 만한 객관적인 기준을 정하여 그러한 여건에 해당하는 근로자 모두에게 일률적으로 "기술이나 면허, 위험, 벽지근무수당 등"의 명목을 붙여 일정액을 지급하기로 정하고 있다면, "고정적인 조건"에 포함된다.

한편, 일정한 조건·기준을 충족하는 모든 근로자에게 지급되는 경우를 포함하는 통상임금 일률성의 취지를 고려하면, 단체협약, 취업규칙 등에 휴직자, 복직자, 징계대상자 등에 대해 특정임금 지급제한사유를 정한다고 하더라도 이는 특정 개인의 특수한 사정을 고려하여 지급을 제한하는 것에 불과하여 정상적 근로관계를 유지하는 근로자에 대해서까지 일률성을 부정할 수 없다.[54)]

근로자의 직급 등에 따라 지급액에 차이가 생기는 것은 문제가 되지 않는다.[55)] 즉, 기본급의 일정비율에 해당하는 금액을 교통수당으로 전 직원에게 지급할 경우, 개인별로 직급에 따른 차등이 생기더라도 일률적인 것으로 보아야 한다.

차량이 있는 모든 근로자에게 또는 차량이 없는 모든 근로자에게 지급하는 것을 기준으로 한다면 '일률성'이 충족되지만, 차량이 있는 일부근로자, 취학자녀가 있는 일부근로자, 주택이 없는 일부근로자에게만 지급된다면 일률성이

52) 연장근로시간과 가산시간을 합산하여 임금으로 나누는 방법으로 산출한다.
53) 대판 92다20316, 1993.5.27.
54) 서울남부 2013가합11035, 2016.5.26.
55) 5급 사원 월 10만원, 3급 이상 사원 월 15만원 등.

없다.

예를 들면, 전기공이 평소에는 고압선 작업을 하지 않고 일상적인 수선유지 보수만 하다가 평균 월 0.5회 정도로 고압작업에 투입되고 그러한 작업을 할 때만 그 달 임금에 고압위험수당이라고 붙여 일정액을 준다면 "작업조건이 일시적, 유동적이고 고정적이 아니므로 일률적인 급여로 볼 수 없어 통상임금에 해당하지 않는다"[56] 그러나 모든 전기공이 계속해서 위험한 작업환경에서 근로하고 매월 1회씩 위험수당을 고정적으로 지급한다면 통상임금에 속한다.

다만, 도급제근로자의 경우 사용종속성과 근로자성이 있더라도 임금이 성과에 따라 정해지는 경우가 대부분이므로 엄격히 일률성이 있다고 보기는 어려울 수 있는데, 도급제근로의 특성상 계속성, 정기성, 사전지급의무 등 임금성을 긍정하는 다른 요소가 있으면 일부가 없더라도 전체를 부정적으로 볼 수는 없다.[57]

개별근로자의 우연하고 특수한 사정에 기초하여 지급되는 것이 아니라 모든 근로자에게 일률적으로 지급될 것을 요구하는 일률성은 통상임금에만 해당되는 조건이고 평균임금에서는 필요조건이 아니다.

2) 정기적

「정기적」이란, 고용부의 통상임금 산정지침[58]에 의하면, 제3조에서 "1임금 산정기간에 지급하기로 정하여진 고정적 임금"이라고 하고, 행정해석에 의하면[59] "1임금 산정기간내의 소정근로시간 또는 법정근로시간에 대하여 지급한다는 의미"라고 하고, 판례[60]에서는 "임금이 1개월을 초과하는 기간마다 지급되는 것이라도 그것이 정기적, 일률적으로 지급되는 것이면 통상임금에 포함되는 것이고, 소정근로시간의 근로에 직접적, 비례적으로 대응하여 지급되는

---

56) 내판 93나31979, 1994.5.24. 시하 600m 이하 심부작입장 근무자에게 지급된 특수직무수당은 정기적으로 지급된 것이기는 하나, 작업조건이나 진행상황에 따라서 작업이 있을 때마다 일시적으로 지급하는 등, 일률적으로 지급된 것이라고 단정할 수 없어 통상임금에 포함되지 아니한다.

57) 근로기순법 수해 I, 193쪽.

58) 예규 제476호, 2002.1.22.

59) 임금 68207-730, 2002.10.4.

60) 대판 94다19501, 1996.2.9 ; 대판 95다2227, 1996.5.10 ; 대판 2000다29370, 2002.7.23.

임금이 아니라고 하더라도 소정근로 또는 총근로에 대하여 지급되는 임금이 아니라고 말할 수 없다"고 하여 정기적, 일률적으로 지급되는 것이면 1개월을 초과하여 격월·분기·반기·1년에 1회 등으로 지급되는 것도 정기적인 의미에 포함한다.

> 근로자에 대한 임금이 1개월을 초과하는 기간마다 지급되는 것이라도 그것이 정기적, 일률적으로 지급되는 것이면 통상임금에 포함될 수 있는 것이고, 소정근로시간의 근로에 직접적, 비례적으로 대응하여 지급되는 임금이 아니라고 하더라도 그것이 소정근로 또는 총근로에 대해 지급되는 임금이 아니라고 할 수 없다. 식대, 교통비는 매월 일정액을, 체력단련비는 일정시기에 월 기본급의 50~100%를 전 직원에게 지급하여 온 것으로서 모두 소정근로 또는 총근로에 대하여 지급하기로 한 금품이고 정기적, 일률적, 고정적인 임금이므로 통상임금에 속한다. 장기근속수당도 근로의 양과 질에 무관하게 은혜적으로 지급되는 것이 아니라, 일정근속연수에 달한 자에게 근무성적과는 관계없이 매월 일정액을 지급하여 왔다면, 정기적, 일률적으로 지급되는 고정적인 임금이므로 통상임금에 속한다.(대판 95다2227, 1996.5.10 ; 대판 2000다29370, 2002.7.23)

이처럼 행정해석과 판례가 약간씩 견해를 달리하고 있으나, 영 제6조에 의하면, 통상임금이란, 근로자에게 정기적이고 일률적으로 소정근로 또는 총근로에 대하여 지급하기로 정한 시간급, 일급, 주급, 월급, 도급금액을 말한다고 하고, 법 제43조제2항에 의하면 임금은 매월 1회 이상 일정한 날짜를 정하여 지급해야 한다고 정하고, 영 제23조에 매월 1회 이상 지급해야 할 임금의 예외를 정하고 있다. 따라서 행정해석과 판례, 법규정을 종합하면 「정기적이란 1임금산정단위에 한정된 개념으로 이해할 필요없이 임금산정 단위기간(매 분기, 매 반기, 1월, 1주 등) 내에 지급되는 고정적, 반복적으로 지급되는 금품」으로 보아야 한다.

3) 고정적

'고정성'이라 함은[61] '근로자가 제공한 근로에 대하여 그 업적, 성과 기타

61) 고정성이란, 매 근무일마다 일정액의 임금을 지급하기로 정함으로써 근무일수에 따라 일할 계산하여 임금이 지급되는 경우에는 실제 근무일수에 따라 그 지급액이 달라지기는 하지만, 근로자가 임의의 날에 소정근로를 제공하기만 하면 그에 대하여 일정액을 지급받을 것이 확정되어 있으므로, 이러한 임금은 고정적 임금에 해당한다. 그러나 일정 근무일수를 충족하여야만 지급되는 임금은 소정근로를 제공하는 외에 일정 근무일수의 충족이라는 추가적인 조건을 성취하여야 비로소 지급되는 것이고, 이러한 조건의 성취 여부는 임의의 날에 연장·야간·휴일 근로를 제

의 추가적인 조건과 관계없이 당연히 지급될 것이 확정되어 있는 성질'을 말하고, '고정적인 임금'은 '임금의 명칭 여하를 불문하고 임의의 날에 소정근로시간을 근무한 근로자가 그 다음 날 퇴직한다 하더라도 그 하루의 근로에 대한 대가로 당연하고도 확정적으로 지급받게 되는 최소한의 임금'이라고 정의할 수 있다. 즉 산정당시 시급, 일급, 주급 등으로 일할계산이 가능한 금품은 고정성이 있다고 보는 것이다.

고정성을 갖춘 임금은 근로자가 임의의 날에 소정근로를 제공하면 추가적인 조건의 충족 여부와 관계없이 당연히 지급될 것이 예정된 임금이므로, 그 지급 여부나 지급액이 사전에 확정된 것이라 할 수 있다. 이와 달리 근로자가 소정근로를 제공하더라도 추가적인 조건을 충족하여야 지급되는 임금이나 그 조건 충족 여부에 따라 지급액이 변동되는 임금 부분은 고정성을 갖춘 것이라고 할 수 없다.

예를 들어, 근속수당의 지급조건에 일정 근무일수를 기준으로 그 미만은 일할계산하여 지급하고 그 이상은 전액 지급하기로 정해진 경우 그 일할계산하여 지급되는 최소한도의 임금은 고정적인 임금이라고 보아야 하는데도, 이와 달리 수당의 지급 여부 및 그 지급액이 실제 근무성적에 의하여 달라진다는 이유로 비고정적인 임금으로 통상임금에 해당하지 아니한다고 판단한 대법원 1996.3.22. 선고 95다56767 판결과 문제가 된 복리후생적 명목의 급여가 지급일 당시 재직 중일 것을 지급조건으로 하는지 여부에 관하여 심리하지 아니한 채 해당 급여가 단체협약 등에 의하여 일률적·정기적으로 지급되는 것으로 정해져 있다는 사정만으로 통상임금에 해당한다고 판단한 대법원 2007.6.15. 선고 2006다13070 판결 등을 비롯한 같은 취지의 판결들은 이 판결의 견해에 배치되는 범위 내에서 이를 모두 변경하였다.[62]

공하는 시점에서 확정할 수 없는 불확실한 조건이므로 고정성을 갖춘 것이라 할 수 없다(대판 2012다89399, 2013.12.18. 전원합의체 판결).

62) 대판 2012다89399, 2013.12.18.

4) 그 동안 판례의 경향

2013.12.18. 대법원 전합판결[63] 이전의 판례는 통상임금의 요건인 고정성을

63) 대판 2012다89399 2013.12.18. 1-1 통상임금은 근로자가 소정근로시간에 통상적으로 제공하는 근로인 소정근로(도급근로자의 경우에는 총 근로)의 대가로 지급하기로 약정한 금품으로서 정기적·일률적·고정적으로 지급되는 임금을 말하고, 그 임금이 '1임금산정기간' 내에 지급되는 것인지 여부는 판단기준이 아니다. 따라서 어떠한 임금이 통상임금에 속하는지 여부는 그 임금이 소정근로의 대가로 근로자에게 지급되는 금품으로서 정기적·일률적·고정적으로 지급되는 것인지를 기준으로 그 객관적인 성질에 따라 판단하여야 하고, 임금의 명칭이나 그 지급주기의 장단 등 형식적 기준에 의해 정할 것이 아니다.
1-2. 통상임금에 속하기 위한 성질을 갖춘 임금이 1개월을 넘는 기간마다 정기적으로 지급되는 경우, 이는 노사간의 합의 등에 따라 근로자가 소정근로시간에 통상적으로 제공하는 근로의 대가가 1개월을 넘는 기간마다 분할지급되고 있는 것일 뿐, 그러한 사정 때문에 갑자기 그 임금이 소정근로의 대가로서의 성질을 상실하거나 정기성을 상실하게 되는 것이 아님은 분명하다. 따라서 정기상여금과 같이 일정한 주기로 지급되는 임금의 경우 단지 그 지급주기가 1개월을 넘는다는 사정만으로 그 임금이 통상임금에서 제외된다고 할 수는 없다.
1-3. 어떤 임금이 통상임금에 속하기 위해서는 그것이 일률적으로 지급되는 성질을 갖추어야 한다. '일률적'으로 지급되는 것에는 '모든 근로자'에게 지급되는 것뿐만 아니라 '일정한 조건 또는 기준에 달한 모든 근로자'에게 지급되는 것도 포함된다. 여기서 '일정한 조건'이란 고정적이고 평균적인 임금을 산출하려는 통상임금의 개념에 비추어 볼 때 고정적인 조건이어야 한다. 일정 범위의 모든 근로자에게 지급된 임금이 일률성을 갖추고 있는지 판단하는 잣대인 '일정한 조건 또는 기준'은 통상임금이 소정근로의 가치를 평가한 개념이라는 점을 고려할 때, 작업 내용이나 기술, 경력 등과 같이 소정근로의 가치 평가와 관련된 조건이라야 한다.
1-4. '고정성'이라 함은 '근로자가 제공한 근로에 대하여 그 업적, 성과 기타의 추가적인 조건과 관계없이 당연히 지급될 것이 확정되어 있는 성질'을 말하고, '고정적인 임금'은 '임금의 명칭 여하를 불문하고 임의의 날에 소정근로시간을 근무한 근로자가 그 다음 날 퇴직한다 하더라도 그 하루의 근로에 대한 대가로 당연하고도 확정적으로 지급받게 되는 최소한의 임금'이라고 정의할 수 있다. 고정성을 갖춘 임금은 근로자가 임의의 날에 소정근로를 제공하면 추가적인 조건의 충족 여부와 관계없이 당연히 지급될 것이 예정된 임금이므로, 그 지급 여부나 지급액이 사전에 확정된 것이라 할 수 있다. 이와 달리 근로자가 소정근로를 제공하더라도 추가적인 조건을 충족하여야 지급되는 임금이나 그 조건 충족 여부에 따라 지급액이 변동되는 임금 부분은 고정성을 갖춘 것이라고 할 수 없다.
1-5. 근속수당의 지급조건에 일정 근무일수를 기준으로 그 미만은 일할계산하여 지급하고 그 이상은 전액 지급하기로 정해진 경우 그 일할계산하여 지급되는 최소한도의 임금은 고정적인 임금이라고 보아야 하는데도, 이와 달리 이를 지급 여부 및 그 지급액이 실제 근무성적에 의하여 달라진다는 이유로 비고정적인 임금으로 통상임금에 해당하지 아니한다고 판단한 대판 95다56767, 1996.3.22 판결과 문제가 된 복리후생적 명목의 급여가 지급일 당시 재직 중일 것을 지급조건으로 하는지 여부에 관하여 심리하지 아니한 채 해당 급여가 단체협약 등에 의하여 일률적·정기적으로 지급되는 것으로 정해져 있다는 사정만으로 통상임금에 해당한다고 판단한 대판

좁게 보아서 정기적 상여금은 실제의 근무성적 및 근속기간에 따라서 그 지급여부 및 지급액이 달라지므로, 그것이 고정적인 임금이라고 할 수 없어 통상임금의 범위에 포함되지 않는다는 입장이었고, 일부는 1개월을 초과하는 기간마다 지급되는 것이라도 정기적, 일률적으로 지급되면 통상임금에 포함될 수 있다고 보아서 분기별로 지급되는 상여금도 통상임금으로 보았다.[64] 다만, 행정해석은 그 지급률을 연간단위로 책정하고 매분기 또는 매월 지급하는 형태의 상여금은 1임금산정기간을 초과하여 설정한 후 매월 분할지급한 것에 불과하다는 이유 등으로 부정적인 입장이었다.[65] 그 외 통상임금과 관련한 하급심과 대법원 판례[66]에서 "상여금은 분기별로 지급하며 매분기 말까지 재직한 자로 하고, 퇴직자에게는 월별로 계산·지급한다"고 한 사안에서, 단체협약에 의거 상여금을 분기별로 지급하였다면 지급여부 및 지급액이 근로자의 실제근무성적에 따라 좌우되는 것이라고 할 수 없고, 오히려 그 금액이 확정적이라서 정기적·일률적으로 지급되고 고정적인 임금인 통상임금에 해당한다고 보았다. 기존 판례보다 고정성의 개념을 보다 유연하게 해석하였다는 평가가 있었다.[67] 다만, 실무상 기존의 임금체계를 재검토하여 지급중인 수당의 성격을 명확히 하여 통상임금에 들어가지 않는 금품은 통상임금의 고정성 제외요건 즉, 특정시점에 일할계산하는 방식으로는 산정이 불가능한 "재직자 한정, 일정비율 이상 출근자는 전액지급 일정비율 미만자는 전액 지급제외 등의 출근율 연동 지급요건" 등을 취업규

2006다13070, 2007.6.15 판결 등을 비롯한 같은 취지의 판결들은 이 판결의 견해에 배치되는 범위 내에서 이를 모두 변경하기로 한다.

64) 대판 2000다29370, 2002.7.23 ; 대판 94다19501, 1996.2.9.

65) 통상임금산정지침(제602호, 2009.9.25), 임금 68207-207, 2002.3.29 등 다수.

66) 대판 2010다91046, 2012.3.29 ; 인천지판 2011가6096, 2012.2.23.

67) 기존 판례에 따르면, 임금이 1개월을 초과하는 기간마다 지급되는 것이라도 그것이 정기적, 일률적으로 지급되는 것이면 통상임금에 포함될 수 있는데, 단체협약에 근속기간에 따라 차등적으로 상여금지급율을 정하고, 매 분기말 재직중인 자에게 지급하고 퇴직자는 월할 계산하여 지급한 사안에서, 분기별 지급은 정기성, 일정 근속기간을 충족시킨 자에게 지급하는 것은 일률성, 근속기간에 따른 지급율과 조건을 고정성으로 보아서 정기적인 상여금을 통상임금으로 보았다. 재직기간에 따라 지급하고 퇴직자에게 일할 지급한 것은 지급여부나 지급액이 실제근무성적에 좌우되지 않고 고정적인 것으로 본 것이다. 만약 지급일 현재 퇴직자에게 지급하지 않는다면 고정성이 없는 것으로 보았다(판례평석 : 충남대 김소영).

칙, 단체협약에 설정하여 예상치 못한 소송과 민원에 대비하여야 할 것이다. 특정 임금의 통상임금 포함여부는 통상임금의 의의, 지급약정과 관행, 직종 및 근무형태, 분쟁경위 등 구체적이고 종합적인 접근이 필요할 것이다.

5) 최저임금과 개념차이

최저임금은 정부고시 기준금액으로 근로자 복지를 위해 최소한 고시기준 이상의 임금을 지급하도록 강제되는 것으로서, 근로자에게 지급되는 금품 중 근로의 대가로서 매월 1회이상 지급되면서, 단체협약, 취업규칙, 근로계약 등으로 정하여 사용자에게 지급의무가 있는 금품으로서 미리 정하여진 지급조건과 지급율에 따라 지급되어야 한다. 임시 돌발적 금품과 사유발생이 불확실하거나 불규칙한 금품, 소정근로시간 또는 소정의 근로일에 대하여 지급하는 임금 이외의 임금 과 소정근로 이외에 지급하는 금품으로서 생활보조적, 복리후생적 금품과 현물성 급여 성질은 최저임금에 산입되지 아니 한다.

반면 통상임금은, 산정시점에서 근로자에 대한 노동의 가치 평가를 나타내는 기준금품으로서 금품의 종류와 명칭에 불구하고 근로의 대가이면서 단체협약, 취업규칙, 근로계약 등으로 정하여 사용자에게 지급의무가 있는 금품으로서 매월, 매분기, 반기, 1년 등 정기적이고 일률적, 고정적으로 지급되는 금품이다. 통상임금은 연장·야간·휴일근로수당, 연차휴가수당, 산전후휴가지원금 등 각종 법정수당의 산정기준으로 기능한다.

두 가지 용어의 공통점은 소정근로의 대가이면서 사용자에게 지급의무가 있는 금품으로서 정기적, 일률적으로 지급되는 금품은 포함하지만, 명백히 근로의 대가로 볼 수 없는 실비변상적, 현물적 경비와 법정수당 및 휴일수당 등 소정근로의 대가가 아닌 금품은 포함하지 않는다. 다만 통상임금은 노동력의 대가가 아닌 금품은 없다는 전제아래 비록 소정근로의 대가가 아니더라도 생활보조적·복리후생적 금품에 대해서도 정기성·고정성·일률성이 인정되면 통상임금으로 인정하고 있다.

차이점은 통상임금은 1월을 초과하는 기간에 대해서 지급되는 금품과 소정근로의 대가가 아니더라도 복리후생적 금품, 생활보조적 금품 등 명칭에 불구하고 정기적, 고정적, 일률적 요건을 지닌 금품은 모두 포함하지만, 최저임금은 1월을 초과하는 기간에 대해 지급되는 금품과 복리후생적, 생활보조적 금품은 정기적, 고정적, 일률적 요건을 지닌 금품이라도 포함하지 아니 한다.

(2) 소정근로시간

소정근로시간이란, 기준근로시간[68]의 범위 안에서 근로자와 사용자간에 일하기로 약정한 근로시간으로 "정상 근로일의 근로시간"을 말한다. 통상 근로계약·취업규칙·단체협약 등으로 정한 시간 또는 실근로시간을 토대로 산정한다. 소정근로시간은 기준근로시간에 우선하여 시간급통상임금산정의 기초가 되어야 한다.[69] 소정근로시간이 7시간(월~금(7시간), 토요일(5시간인 경우) : 7시간)인 경우는 7시간, 8시간인 경우(월~금(8시간)인 경우 : 8시간)는 8시간, (월~토(6시간 40분)인 경우) 6시간 40분 등으로 임금을 산정한다.

월 소정근로시간을 계산할 때, 1일의 소정근로시간과 월 소정근로일수에는 평균개념을 사용해야 한다. 이때 소정근로시간외 유급으로 처리되는 시간[70]은 합산한다. 유급휴일에 대한 임금은 원래 소정근로일수를 개근한 자에게 지급되어 실제 근로에 대한 대가가 아니며, 개근여부는 개인의 불확실한 근태상황에 좌우되므로, 정기적·일률적으로 지급되는 고정적인 임금이라고 할 수 없어 통상임금에는 해당되지 않는다. 따라서 통상임금을 산정함에 있어서는 유급휴일, 유급으로 처리되는 시간에 대한 임금을 공제하여야 한다.

소정근로시간을 초과한 연장근로시간은 산입하지 않는다.[71] 따라서 주 40시간과 1일 8시간을 소정근로시간으로 정한 사업장의 경우 월 소정근로시간은 (40+8)/7×365/12=208.5시간, 통상 209시간, 여기에 토요휴무일을 유급 8시간으로 할 경우 (40+8+8)/7×365/12=243시간이다

68) 1주 40시간 1일 8시간(법 제50조), 15세 이상 18세 미만 연소자는 1일 7시간, 1주 40시간(법 제69조), 산업안전보건법상 유해·위험작업은 1일 6시간 1주 34시간(법 제46조).

69) 대판 91다12202, 1992.2.21 ; 대판 90다카11636, 1991.7.26.

70) 유급주휴일, 토요휴무일 4시간 유급처리, 토요일 4시간을 8시간으로 처리한 경우은 소정근로시간에 대한 대가로 볼 수 없다. 따라서 임금이 그 시간을 포함한 형태로 지급되는 경우, 그 시간을 소정근로시간에 산입하여야 전체 임금가운데서 유급처리한 시간에 대한 임금은 공제할 수 있고, 기준근로시간 이내에서 수령한 시간급임금이 얼마인가를 정확히 산정할 수 있다.

71) 대판 90다카 12493, 1990.12.26 ; 대판 90다카14758, 1991.6.28.

이때 만약 1일 근로시간을 8시간으로 하지 않고 주 6일간을 1일 평균 6시간으로 정하였다면(6×6일은 36시간), 산정방식이 달라진다. 즉, (36+주휴일6)/7×365/12=182.5시간이 된다. 월 평균소정근로시간이 산출되면 통상임금을 산정할 필요가 있는 시기에 그 근로자가 받은 임금총액에서 기타금품과 평균임금에 해당하는 부분을 빼고 남는 금품을 소정근로시간으로 나누면 시간급통상임금을 산출할 수 있다.[72] 다만, 소정근로시간을 정함이 없거나 소정근로시간을 초과하는 시간에 대한 약정임금만 정한 경우는 총근로시간을 기준근로시간과 연장근로시간, 그리고 가산근로시간으로 구분 합산하여 총임금으로 나누면 소정근로시간에 대한 시간급통상임금을 산정하기 용이하다.[73]

만약 「불규칙한 근로시간」으로 인해 고정적인 소정근로시간을 산정할 수 없는 경우는 주의 소정근로시간 전체를 합하여 4주의 합을 구하고 이를 다시 4주간 일수로 나누어 평균을 산정하는 방법이 타당할 것이다.[74]

(3) 통상임금에 포함되는 임금의 범위

근로자가 수령하는 임금 중 임금으로 볼 수 없는 은혜적, 일시적, 실비변상적 금품과 근로시간에 비례하여 지급되는 평균임금에 포함될 금품 등을 제외하면 나머지 금품이 통상임금이다. 다만, 실무상 판단기준은 다양할 수밖에 없다. 시행령과 판례를 중심으로 한 일반적 판단기준은 다음과 같다.

1. 「근로의 대가로서 임금의 범위에 포함되는 금품」이라야 한다.

소정근로시간의 근로에 직접적, 비례적으로 대응하지 않더라도 소정근로 또는 총근로의 대가로 인정되는 경우는 통상임금이 될 수 있다.[75] 예를 들어, 매

---

72) 총 200만원 중 초과근로수당 80만원 공제, 잔액 120만원/182.5=시간급통상임금 6,575원.

73) 예) 1일 13시간 주 5일 근로, 월 220만원 수령, (40+8+{25×1.5})×52+8/12=371시간, 시간급 5,929원.

74) 1주의 근로시간 합계×4주÷24일=1일 평균소정근로시간, 예를 들면, 일당제 근로자로 시급 10,000원을 받기로 하고 소정근로시간을 모두 근로하였는데, 첫째주 20시간, 둘째주 25시간, 셋째주 44시간, 넷째주 26시간을 근로하였다면, 4주 합계 115시간을 근로, 이를 4주간 소정근로일수(주 6일/4주=24일)로 나누면 115시간÷24일=1일 평균 4.79시간 근로, 시급10,000원을 곱하여 총 47,900원의 유급주휴수당을 지급하면 될 것이다.

75) 대판 95다19501, 1996.2.9.

년 일정시기에 월 기본급에 대한 일정액을 체력단련비로, 매년 11월에 월 기본급에 대한 일정액을 월동보조비로 전직원에게 지급하여 온 경우, 모두 소정근로 또는 총근로에 대하여 지급하기로 한 금품으로서 정기적, 일률적으로 지급되는 고정적인 임금이라 할 것이므로 통상임금에 속한다.[76)]

2. 소정의 근로의 양과 질에 관계되는 임금으로[77)] 「근무일수에 관계없이 소정근로시간·기준근로시간에 대해 지급하기로 정해진 시간급 약정임금」이다. 근무여부와 관계가 없으므로 결근 등으로 인해 그 만큼 전체임금에서 감액하더라도 단위 시간급통상임금[78)]이 적어지거나 감액하는 것은 아니다. 따라서 사업장에서 소정근로일수를 정하고 월급형태로 임금을 정한 후에 결근일에 대해서는 그 일당만큼 전체 월급금액에서 삭감하는 방식을 취하더라도 당초 지급을 약속한 시간급통상임금을 기준으로 산정해야 한다.

3. 「1임금산정기간에 정기적·고정적으로 지급되는 금품」이다.

가. 정기적

정기적이란, 1임금산정단위에 한정된 개념(1월, 1주, 매 10일마다 지급 등)으로 이해할 필요없이 해당 금품의 산정 단위기간(매 분기마다, 매 반기마다, 1월, 1주 등)내에 지급되는 고정적, 반복적으로 지급되는 금품을 의미하고, 일정한 조건·기준에 도달한 모든 근로자에게 일률적으로 지급되어야 한다.

나. 고정적

일정한 조건은 고정적인 것이다.[79)] 근무일마다 근로자에게 지급한 교통비·승무수당과 현물로 제공한 식사의 가액 및 매월 개근한 무사고 운전자에게 지급한 수당은 실제 근무일수나 근무실적에 따라 지급액이 변경된다면 정기적·일률적으로 지급되는 고정적인 임금이다.

---

76) 단체협약에 따라 오전 근무자에게 1일 2상, 오후 근무자에게 1일 1상의 식권을 주고 식사를 제공하였더라도 순수 복지후생적인 것이라고 명시하고 있고, 제공한 식권은 2일간 유효하고 식사를 하지 아니한 경우 다른 물품이나 현금으로 대체하여 청구할 수 없는 것이라면 실제 근무를 한 근로자들에 한하여 현물로 제공한 식사는 일률적으로 지급한 것도 아니므로, 복지후생을 위하여 제공된 것으로 근로의 대가인 임금이라고 보기 어렵다(대판 2000다29370, 2002.7.23).

77) 연장·휴일근로의 대가, 야간근로의 가산임금 등은 제외.

78) 임금지급기준 즉, 시간급통상임금.

79) 대판 92다20316, 1993.5.27.

산정일 현재 출근율과 재직여부 등의 조건과 상관없이 일할계산할 수 있는 수당 등은 고정성이 있고, 반대로 출근율 일정수준 이상자에게 전액 지급하거나 비율에 따라 지급하고, 일정율 미만자에게는 일할계산하여 지급하지 않는 경우는 고정성이 없으므로 통상임금이 아니다.[80] 최소한의 지급율을 고정적으로 설정한 경우, 즉 출근율이 일정율 미만인 경우는 최소한의 지급액을 설정해 두고 그 이상인 경우는 각 출근율마다 단계적으로 지급액을 설정한 경우는 일정율 미만인 경우의 최소한의 지급액은 고정성[81]이 있으므로 그 한도에서는 통상임금이다.

사용자가 매년 일정한 날을 기준으로 일정기간 이상 근속자에게 매 1년단위로 일정한 금액을 가산하여 지급한 근속수당은 은혜적인 배려에서가 아니라 일정한 근속연수에 이른 근로자에게 실제의 근무성적과는 상관없이 매월 일정하게 지급되고, 정기적·일률적으로 지급되는 고정적인 임금이므로, 통상임금에 포함된다.[82]

---

80) 서울중앙지법 2013가합508519, 2015.1.16. 일정 근무일수의 충족이라는 추가적이고 불확실한 조건을 성취해야 지급되는 상여금은 고정성 요건을 갖추지 못해 통상임금에 해당하지 않는다.

81) 고정적인 임금이라 함은 '임금의 명칭 여하를 불문하고 임의의 날에 소정근로시간을 근무한 근로자가 그 다음 날 퇴직한다 하더라도 그 하루의 근로에 대한 대가로 당연하고도 확정적으로 지급받게 되는 최소한의 임금'을 말하므로, 근로자가 임의의 날에 소정근로를 제공하면 추가적인 조건의 충족 여부와 관계없이 당연히 지급될 것이 예정되어 지급 여부나 지급액이 사전에 확정된 임금은 고정성을 갖춘 것으로 볼 수 있다. 여기서 말하는 조건은 근로자가 임의의 날에 연장·야간·휴일 근로를 제공하는 시점에 그 성취 여부가 아직 확정되어 있지 않은 조건을 말하므로, 특정 경력을 구비하거나 일정 근속기간에 이를 것 등과 같이 위 시점에 그 성취 여부가 이미 확정되어 있는 기왕의 사실관계를 조건으로 부가하고 있는 경우에는 고정성 인정에 장애가 되지 않지만, 근로자가 소정근로를 했는지 여부와는 관계없이 지급일 기타 특정 시점에 재직 중인 근로자에게만 지급하기로 정해져 있는 임금은 그 특정 시점에 재직 중일 것이 임금을 지급받을 수 있는 자격요건이 된다. 그러한 임금은 기왕에 근로를 제공했던 사람이라도 특정 시점에 재직하지 않는 사람에게는 지급하지 아니하는 반면, 그 특정 시점에 재직하는 사람에게는 기왕의 근로 제공 내용을 묻지 아니하고 모두 이를 지급하는 것이 일반적이다. 그와 같은 조건으로 지급되는 임금이라면, 그 임금은 이른바 '소정근로'에 대한 대가의 성질을 가지는 것이라고 보기 어려울 뿐 아니라 근로자가 임의의 날에 근로를 제공하더라도 그 특정 시점이 도래하기 전에 퇴직하면 당해 임금을 전혀 지급받지 못하여 근로자가 임의의 날에 연장·야간·휴일 근로를 제공하는 시점에서 그 지급조건이 성취될지 여부는 불확실하므로, 고정성도 결여한 것으로 보아야 한다. 부산지법 2011가합27496, 2014.10.10.

82) 대판 2000다29370, 2002.7.23.

결론적으로, 통상임금은 정기적, 고정적, 반복적으로 지급되고 일정한 조건·기준에 도달한 모든 근로자에게 일률적으로 지급되어야 한다. 특히 식대, 체력단련비, 김장수당, 주택수당 등 후생복리적 금품의 수당 등을 살펴보면, 정기적, 일률적, 고정적으로 지급되기만 하면 모두 통상임금에 속한다. 15일 이상 근무한 경우는 전액을 15일 미만인 경우는 1일마다 1/15에 해당하는 금액을 지급하는 등 근무일수에 따라 교통비나 급식비 액수를 차등지급했어도 정기적, 일률적으로 지급했다면 통상임금이다.[83] 다만, 단순히 근로의 양 및 질과는 무관한 요인에 따라 개별근로자의 특수하고 우연한 사정에 좌우되어 근로자의 일부에 대하여 지급되는 것은 통상임금의 산정에서 제외되어야 한다. 가족수당, 교육수당, 학비보조금 명목의 금품이 부양가족이나 취학자녀 유무나 그 수 등을 지급조건이나 기준으로 한다면 통상임금의 범위에서 제외된다.[84] 통상임금이 소정근로의 가치를 평가한 개념이므로 '일정한 조건 또는 기준' 은 '근로' 와 관련된 조건이어야 한다. 따라서 '부양가족이 있는 근로자' 에게만 지급되는 가족수당은 그 조건이 근로와 무관하므로 통상임금 아니다. 그러나 미혼자 등 가족이 없는 자에게도 부양가족이 있는 자에게 지급하는 가족수당의 절반을 지급하거나, 취학자녀가 있든 없든 학비보조금명목으로 매월 일률적 고정적으로 지급하는 것은 통상임금의 범위에 속한다.[85]

통상임금은 평균임금의 최저한을 보장하고 시간외, 야간, 휴일근로의 가산수당이나 해고예고수당의 산정 근거가 되는 것이므로, 성질상 통상임금에 삽입되어야 할 각종 수당을 통상임금에서 제외하기로 합의하는 것은, 법 제15조 제1항에 따라 법정기준에 미달하는 근로조건을 정한 계약으로 무효가 된다.

위와 같은 기준을 토대로 일·주·월 기타 1임금 산정기간내의 소정근로시간 또는 법정근로시간에 대하여 일급·주급·월급 등의 형태로 정기적·일률적으로 지급하기로 정하여진 고정급 임금으로서 통상임금에 해당하는 것은 다음과

83) 대판 2012다62899, 2016.2.18.
84) 대판 90다카6948, 1990.11.9. 전사원들에게 근무성적과는 관계없이 지급되는 산업안전보건비, 효도제례비, 연말특별소통장려금, 출퇴근보조여비는 정기적·일률적·고정적으로 지급되는 임금으로서 퇴직금산정의 기준이 되는 통상임금에 해당한다(대판 2006다1388, 2007.6.28).
85) 대판 90다카14758, 1991.6.28 ; 대판 91다5501, 1992.7.14.

같이 정리할 수 있다.[86)]

1. 담당업무나 직책의 경중 등에 따라 미리 정하여진 지급조건에 의해 지급하는 수당으로 직무수당(금융수당, 출납수당), 직책수당(반장수당, 소장수당) 등

2. 물가변동이나 직급간의 임금격차 등을 조정하기 위하여 지급하는 수당으로 물가수당, 조정수당 등

3. 기술이나 자격·면허증소지자, 특수작업 종사자 등에게 지급하는 수당으로 기술수당, 자격수당, 면허수당, 위험수당 등

4. 특수지역에 근무하는 근로자에게 정기적·일률적으로 지급하는 수당 : 벽지수당, 한냉지 근무수당 등

5. 버스, 택시, 화물자동차, 선박, 항공기 등에 승무하여 운행·조종·항해·항공 등의 업무에 종사하는 자에게 근무일수와 관계없이 일정한 금액을 일률적으로 지급하는 수당으로 승무수당, 운항수당, 항해수당 등

6. 생산기술과 능률을 향상시킬 목적으로 근무성적에 관계없이 매월 일정한 금액을 일률적으로 지급하는 수당으로 생산장려수당, 능률수당 등

7. 기타 위 각항에 준하는 임금 또는 수당

성과급으로 정한 도급임금, 근무·영업성적에 따라 변동되는 성과금은 통상임금에 포함되지 않는다, 그러나 시간급임금이 최저임금을 위반했는지 여부를 판단할 경우에는 이를 포함하여 산정한다.

1. 「명목상의 식대」라고 해도, 근무성적이나 출근여부 등에 관계없이 매월 일정액을 지급하기로 한 것이면 통상임금에 해당한다.[87)] 그러나 해외 등에 체류하는 동안 지급하는 현지식비는,[88)] 해외체류라는 특수상황에 따른 실비변상적 경비에 가깝다. 따라서 통상임금이라고 볼 수 없다.

2013.12.18. 대법원 판결 이전의 행정해석은 복리후생적 생활보조적 차원에서 지급되는 교통비,식대보조비는 통상임금에 포함된다고 보지 않았다.[89)]

---

86) 노동예규 제551호, 2007.11.28.

87) 대판 95다2227, 1996.5.10.

88) 해외체류근로자에게만 지급되고, 체류지역마다 단가가 다르고, 지급액도 근로제공시간이 아니라 단지 체류시간에 비례하여 지급.

89) 임금정책과-2469, 2004.7.6.

다만, 최저임금 적용시 식비 등 복리후생을 위한 성질의 급여는 단체협약의 임금항목으로 명시되어 매월 1회 이상 정기적, 일률적으로 지급되고 이를 통상임금산정시 포함시킨다 할지라도 근로자의 생활을 직·간접적으로 보조하는 수당으로 분류되어 최저임금 적용을 위한 임금에 계산되지 않는다.[90)]

2. 연봉제를 하면서 월 연봉액 안에 「고정적인 연장근로수당」이 포함되어 정기적으로 지급되는 경우, 연장근로시간을 미리 약정하고 매월 정기적으로 수당을 지급하고 있으나, 이것은 계산의 편의를 위한 것이지 소정근로에 대한 대가가 아니므로 통상임금으로 볼 수 없다.[91)] 포괄임금 속에 포함된 야간, 휴일근로수당도 마찬가지다.

따라서 임금체계를 연봉제로 변경하면서 기본급, 상여금, 가계지원비, 효도휴가비, 장기근속수당 등을 각각 연간총액으로 산정하여 합하고, 이를 매월 급여지급일에 1/12로 분할지급 하는 경우에는 매월 지급되는 연봉의 구성내역을 검토하여 금품의 성격상 통상임금에 포함할 수 없는 금품을 제외한 나머지를 통상임금으로 보아야 할 것이다.[92)]

(4) 통상임금의 산정기준

통상임금은 소정근로시간에 대한 시간급으로 산정하는 것이 원칙이다. 근로자가 기준근로시간외에 시간외근로나 휴일근로를 할 경우 또는 야간근로를 할 경우, 이에 대한 가산수당 등을 시간단위로 산정하여야 하기 때문이고, 소정근로시간에 대해 근로자가 얼마만큼의 임금을 받는지를 판단하기 위함이다. 시급이나 일급의 경우는 단순히 그 단위시간과 임금을 비교하여 산출하므로 산정에 문제가 없지만, 주급이나 월급의 경우는 평균개념을 사용해야 한다.

90) 임금 32240-382, 1989.1.12. 최저임금법시행규칙 제2조 별표 1에 의하면, 비록 매일 정기적, 일률적으로 지급된다고 하더라도 가족수당, 급식수당, 주택수당, 통근수당과 식사,기숙사,주택제공, 통근차량운행 등 현물이나 이와 유사한 형태로 복리후생적으로 지급되는 것이라면 최저임금 산입범위에 제외하도록 정하고 있으므로, 식대수당이 단체협약이나 취업규칙에 명시되어 매월 1회 이상 정기적, 일률적으로 지급되고 이를 통상임금에 포함시킬 수 있다고 하더라도 최저임금에 산입되는 임금의 범위에서 제외한다.

91) 평정 68240-296, 2003.8.19.

92) 임금근로시간정책팀-3347, 2006.11.14.

따라서 1년 중 각 주마다 결근이 없이 주휴일이 발생하는지 여부를 각각 따지지 않고 1년의 기간을 평균개념으로 산출하고, 그 속에는 주휴일 등 유급으로 처리되는 시간을 일률적으로 합산하는 것이다. 이와 같은 평균개념에는 사용자가 실제로 주휴일과 유급으로 처리되는 시간에 대해 발생조건을 충족했는지 또는 약정한 수당을 실제로 지급했는지 여부와는 관련이 없다.

통상임금을 산출하려면 먼저 산정기초임금을 계산해야 하는데, 산정의 기초임금은, 근로계약 등에 의거, 소정근로시간에 대해 근로자에게 지급하기로 약정한 기본적임금과 정기적·일률적으로 1임금 산정기간에 지급하기로 정하여진 고정적 임금으로한다.[93] 임금지급 형태에 따라 시간급통상임금을 다음과 같이 산출한다.

1. 시간급으로 정해진 경우는 그 금액(시급 5,000원×1일 8시간=40,000원),
2. 일급으로 정해진 경우는 그 금액을 1일 소정근로시간수로 나눈 금액
3. 주급으로 정해진 경우는 소정근로시간에+유급으로 처리된 시간을 더하여 그 수로 임금을 나눈다.
4. 월급으로 정해진 경우는 그 금액을 월단위 통상임금산정 기준시간[94]을 산출하여 그 시간으로 나눈다.

「통상임금을 산정할 때, 주·월평균소정근로시간에 유급으로 처리되는 시간을 더하는 이유」는 무엇일까? 통상임금을 산정함에 있어서는 매월 지급받는 월 기본급과 고정수당을 합산한 월급에서 유급휴일에 대한 임금을 공제하여야 한다. 법 취지와 통상임금의 기능 및 필요성에 비추어 볼 때, 어떤 임금이 통상임금에 해당하려면, 근로의 대가로 소정근로의 양과 질에 관련되는 금품이라야 하고, 그것이 근로일수에 따라 시간급임금의 증감이 없이 정기적·일률적으로 지급되는 고정적인 임금이라야 한다.

소정근로시간 이외에 유급으로 처리할 경우는, “주휴일의 경우 주의 소정근로일을 개근할 때, 주6일제의 경우 토요일 4시간 근무해야만 그 날을 8시간

---

93) 연장, 야간, 휴일근로 등에 대한 가산수당을 제외.

94) 주의 통상임금산정 기준시간수에 1년 동안의 평균 주의 수를 곱한 시간을 12로 나눈 시간, 예) (40+8)×52+8/12.

유급으로 처리한다, 주소정근로일을 개근한 자에게 주휴일 이외에 4시간을 더 해준다. 주 40시간을 조기도입하면서 임금보전을 위해 주 2시간을 유급으로 가산해 준다"등 다양한 내용으로 일정한 발생조건을 붙여, 금품의 지급이 불확실한 조건의 성취에 따라 좌우된다. 따라서 주중 소정근로일의 개근여부, 실제의 근무성적에 따라 지급 여부 및 지급액이 달라지는 임금은 고정적인 임금이라 할 수 없어 통상임금에 해당하지 아니한다. 따라서 통상임금을 산정함에 있어서는 이와 같은 유급휴일 등에 대한 임금을 공제하는 것이다.

실무상 월급제월급과 시급제월급사원이 매월 지급받는 고정수당에 이와 같은 통상임금으로 볼 수 없는 임금이 포함되어 있는 경우는, 유급으로 처리되는 시간[95]을 모두 근무한 것으로 의제하여 그 총근로시간수를 산정한 후, 유급처리된 부분이 포함된 월급 또는 고정수당을 그 총근로시간수로 나누는 방식에 의하여 각 시간급통상임금을 산정하는 것이 편리하다.[96]

1) 일 급

일급금액으로 정해진 경우에는 그 금액을 1일의 소정근로시간수[97]로 나눈 금액, 즉, 예를 들어 일당을 4만원으로 정한 경우÷1일 소정근로시간이 8시간=시간급 5,000원 등을 말한다. 소정근로시간수를 초과한 시간으로 일급을 정한 경우는 법 제56조에 정한 할증률을 감안한 시간으로 산정하여야 정확한 시간급통상임금을 산출할 수 있다.[98] 포괄임금으로 약정한 경우에도 동일하다. 근로시간에 대한 약정이 없이 일당만을 정하고 근로한 경우에는 전체 실근로

95) 주휴일수당, 주6일제의 경우 토요일 4시간 근무를 8시간 유급처리, 주 소정근로일을 개근한 자에게 주휴일 이외에 4시간, 주 40시간을 조기도입하면서 임금보전을 위해 주 2시간을 유급으로 가산해 주는 경우 등 실제근로를 제공하지 않으면서 유급으로 처리되는 시간을 말한다.

96) 예) 유급처리시간에 대한 수당 등이 포함된 임금 월 300만원÷[{(40+주휴8+유급처리4)}]226시간=시급 13,274원 (대판 97다 28421, 1998.4.24).

97) 이때 소정근로시간수는 기준근로시간의 범위 내에서 약정한 근로시간으로, 성인남녀는 1일 8시간, 18세 미만의 연소자는 1일 7시간, 고기압·유해위험작업의 경우는 1일 6시간 범위 내에서 정한 근로시간을 말한다.

98) 예를 들면, 1일 10시간을 근로하고 일당 5만원을 받기로 한 경우에는 50,000원÷11시간(10×1.5)=시간급임금 4,545원이다. 산정공식은=일급금액÷1일 기준근로시간수+시간외근로시간×1.5이다.

시간을 파악하여, 법정근로시간을 초과한 연장 및 가산근로시간을 더하여 임금을 나누는 방법으로 계산한다.

만약, 일급액과 1일 소정근로시간을 정한 상태에서 특정일에(예) 토요일) 통상의 1일 소정근로시간보다 적은 근로시간을 근로하더라도 특정일의 소정근로시간을 기준으로 시간급통상임금을 산정하지 않고 전체적인 일반적 기준에서 산정한다. 따라서 동절기 1시간 단축근무의 경우, 실제근로시간은 7시간이라고 해도 1일 8시간 임금으로 산정하는 것이 옳다.[99]

2) 주급으로 정해진 경우

주급으로 정해진 경우는 소정근로시간에+유급으로 처리된 시간(주휴 등)을 더하여 그 합한 시간으로 주급임금을 나눈다. 이것은 주단위 소정근로시간을 개근한 근로자에게는 반드시 유급주휴일을 부여해야 하므로 주급개념에는 당연히 유급휴일수당이 포함되어야 하기 때문이다. 다만, 주급으로 정한 금액 중 성질상 통상임금에 포함될 수 없는 금품은 제외한다. 주 500,000원을 받기로 하고 40시간을 근로하기로 정했다면, 1주의 통상임금 산정기준시간수는 48시간(40시간+유급주휴 8시간)이고 시간급임금은 10,410원(50만원÷48시간)이다.

한편, 토요일을 휴무일로 하고 그날을 4시간 유급처리 하거나, 4시간으로 반일근로를 하는 경우에도 그 날 8시간을 유급으로 하기로 약정했다면 각 4시간은 유급으로 처리되어 통상임금에 산입될 수 없다. 따라서 4시간을 포함하여 소정근로시간을 산정한 후 임금으로 나누어 공제한다.[100]

주급금액이 기준근로시간을 초과한 근로시간에 대한 금액으로 정해진 경우는 1주일 기준근로시간수에 유급으로 처리된 시간과 시간외근로시간 및 가산시간을 합하여 주급금액을 나눈다.[101]

---

99) 은혜적인 단축이라는 시각에서 비롯됨.

100) 예를 들면, 40+유급주휴8시간+8(유급으로 처리하기로 약정한 시간)=56시간, 50만원÷56시간=시간급통상임금은 8,920원이 산출된다.

101) 예) 주50시간에 70만원으로 정했다면, 70만원÷63시간(40시간+유급주휴8시간+{10시간×1.5})=시간급통상임금은 11,110원이다. 그러나 4주간을 평균하여 1주간의 소정근로시간이 주 15시간 미만인 초단시간근로자는 퇴직금과 주휴일, 연차유급휴가(월차유급휴가)휴가가 적용되지 않으므로 유급주휴일은 산입할 수 없다. 자세한 사항은 단시간근로자부분을 참고한다.

유급처리되는 시간을 합산할 때, 주휴일을 몇 시간으로 지급하라는 법적인 규정은 없다. 다만, 행정해석은 "소정근로시간", "정상근로일의 소정근로시간"을 유급으로 하도록 하고 있다. 따라서 법정기준근로시간을 소정근로시간으로 정하고 있는 경우 일반근로자의 경우는 1일 8시간(주의 통상임금 산정시간수는 40시간제는 48(40+8)시간, 44시간제는 52시간(44+8)이 된다), 연소근로자는 1일 7시간, 고기압·유해, 위험작업근로자는 1일 6시간을 더하면 된다(40+6). 만약 법정기준 시간에 미달하는 시간을 소정근로시간으로 정한 경우는 그 시간이 된다. 이때는 영 제9조제1항에 의거, 근로자의 4주동안의 소정근로시간을 그 기간의 통상근로자의 총소정근로일수로 나눈 시간으로 한다.

예를 들면, 1일 3시간씩 5일간, 주 15시간 근로한 단시간근로자의 소정근로시간은 15시간×4주÷24일=소정근로시간은 2.5시간이고 이 시간이 유급휴일수당으로 지급해야 할 시간이다.

3) 월급으로 정해진 경우

월급이라 함은, 계약상 명칭에 불구하고 임금이 월단위로 결정되어 월의 근로일수나 근로시간의 많고 적음에 관계없이 대체로 지급액이 일정한 완전한 월급 형태를 가정한다. 완전월급제로 지급할 경우 월급통상임금에는 법 제56조에 의한 소정의 유급휴일에 대한 임금도 포함된다고 할 것이므로, 월급통상임금을 소정근로시간수로 나누어 시간급통상임금을 산정하기 위해서는 월 유급휴일에 해당 근로시간수도 월 소정근로시간수에 포함되어야 한다.[102)]

월급금액에 유급주휴수당이 포함되지 않고 따로 지급해온 경우는 유급주휴일을 포함하지 않고 정상적인 근무일에 근무하기로 정하여진 소정근로시간에 대한 임금만으로 산출해야 한다.

유급주휴일을 포함하는 산정방식에서는 1년단위 평균개념을 사용하는데, 평균개념을 사용하는 이유는 월력으로 할 경우, 월 일수는 매월 달라서 시간급임금도 매월 다르게 산출된다. 따라서 1년을 365÷12로 하고, 월 평균주수도 365일÷7일로 본다. 소정근로시간 산출 방식은 다음과 같다.

주40시간제 경우 209시간({(40+8)×52+8}÷12)이 소정근로시간이다. 주5일제에서 토요 휴무일을 4시간 유급으로 추가하는 경우는 226시간,[103)] 이때 주의 통상 소정근로시간이 8시간 미만인 경우는 그 시간을 더한다.[104)]

---

102) 대판 90다카 12493, 1990.12.26.

103) {(40+4(유급처리시간)+8(주휴))×52+8(52주는 364일이므로 1일의 근로시간을 더해준다)}÷12=226시간.

104) {(44시간+8시간(주휴일)+4시간(토요오후유급))×52+8}÷12월=243시간이 된다.

18세 미만 연소자의 경우 소정근로시간수는 {(주 40시간+7시간(유급주휴))×52+7}÷12개월=204시간이다.

월급금액이 기준근로시간을 넘는 근로시간으로 정해진 경우는 가산근로시간을 더하여 전체 근로시간을 산정한 후 월급액 중 통상임금에 포함되지 않는 금품을 공제한 후 이를 소정근로시간으로 나누어 소정근로시간에 대한 시간급 임금을 산정한다.

월급제가 결근일 수만큼 일당금액을 공제하고 그에 따라 결근이 있는 주의 유급휴일수당도 지급하지 않는 경우는 시간급 일당제로 보아 실근로시간에 대한 일급제로 산출해야 한다.[105)]

4) 도급제로 정해진 경우

사용종속성이 있는 근로관계에서, 도급금액으로 정하여진 임금에 대하여는 그 임금산정기간에 있어서 도급제에 의하여 계산된 임금의 총액을 당해 임금산정기간[106)]의 총근로시간수[107)]로 나누는 방식으로 산출한다.[108)] 근로자가 720만원의 도급공사를 1일 소정근로시간(8시간)씩 근로하고 총 60일에 마감했다면, 720만원÷(8시간×60일)=시급 15,000원이 나온다. 도급근로자가 1일 8시간외에 추가로 2시간의 연장근로를 하여 작업을 완성했다면 근로시간은 8+2×1.5로서 11시간, 720만원÷(60일×11시간)=10,900원이 시급통상임금이 된다.

만약 연장·야간·휴일근로를 할 것을 가정하고 가산임금을 포함한 금액으로 도급액을 정하였을 경우는 그 금액을 제외한 금액을 총근로시간수로 나눈다. 다만, 전체금액에서 연장 등의 가산임금이 얼마인지를 정하지 않았다면 전체 도급금액을 총근로시간수[109)]로 나누어 실질적인 통상임금을 산정하는 것이 바

105) 대판 93다32514, 1994.5.24.
106) 임금마감일이 있는 경우에는 임금마감기간을 말한다.
107) 총근로시간수 외에 유급처리되는 시간이 있으면 그 시간도 합산.
108) 통상임금 산정지침 제4조제4호, 노동부예규 제551호.
109) 가산임금지급시간과 유급처리되는 시간을 합산한 시간 예를 들면, 360만원÷256시간 {(40+8+11(8+3(2×1.5))×52주+8시간÷12주}=시간급 14,062원이 통상임금이 된다.

람직하다. 도급근로자라도 주의 소정근로일을 전부 개근하였다면, 일반월급근로자 등과 동일하게 유급처리 되는 주휴일 8시간을 포함하여 소정근로시간을 계산해야 할 것이다.

「임금이 2 이상의 임금으로 되어 있는 경우」에는 각 부분에 대하여 각각 산정된 금액을 합산한 금액(A+B)을 시간급통상임금으로 한다.[110]

5) 단시간근로자 통상임금 산정

4주간을 평균하여 주당 소정근로시간이 평균 15시간 이상인 단시간근로자의 경우 소정근로시간이 짧아서 정상근로자의 경우처럼 1일 7~8시간을 완전히 부여할 수는 없다. 4주간을 평균하여 1주간의 소정근로시간이 15시간 미만인 근로자는 주휴일(법 제55조)과 연차유급휴가(월)휴가(법 제60조), 퇴직금제도(퇴직급여보장법 제8조)가 적용되지 않는다. 법 제18조제1항에 의하면, 주당 평균소정근로시간이 15시간 이상인 단시간근로자에게 적용할 근로조건은 당해사업장의 동종업무에 종사하는 통상근로자의 근로시간을 기준으로 산정한 비율에 따라 결정되어야 한다. 단시간근로자의 1일 소정근로시간수는 「4주간의 소정근로시간을 그 기간의 통상근로자의 총소정근로일수로 나눈 시간수」로 산정하도록 정하고 있다.[111] 통상근로자의 4주간의 소정근로일수는 24일이다.[112]

① 주 소정근로시간이 15시간 미만인 경우
4주의 소정근로시간의 합을 그 기간의 통상근로자의 총근로일수로 나눈 시간수로 한다. 주의 소정근로시간 합계가 13시간이라면×4주÷24일=1일 평균 2.16시간이 된다. 시급이 5,000원인 경우는 2.16×5,000원=10,800원을 1일 통상임금이다. 1주일 동안 3일간 근로(1일 4시간씩) 했을 경우, 총 12시간이다. 총 12시간×4주÷24일=1일 2시간이 소정근로시간이다. 주 15시간 미만의 초단시간근로자는 주휴일을 부여할 필요가 없기 때문에 유급으로 처리되는 시간을 합산할 수 없다.

② 주 소정근로시간이 15시간 이상인 경우
4주의 소정근로시간의 합을 그 기간의 통상근로자의 총근로일수로 나눈 시간수로 하되 소정근로시간을 산출할 때는 유급으로 처리되는 주휴일 시간을 합산하는 것이 법 취지에 부합한다. 즉,

---

110) 임금정책과-515, 2005.2.1, 예) 1개월 226시간[(40+8시간)×52주+8/12개월] 근로한 사람이 기본급 80만원, 성과급 60만원인 경우, A : 80만원÷226시간=3,530원, B : 60만원÷226시간=2,650원, A와 B를 합한 3,530+2,650=6,180원이 시간급통상임금이다.

111) 영 제9조제1항 별표 2의 2-나.

112) 다만, 4주간이 아니라 월평균 소정근로일수로 계산하면 4.3주×6일=26일(25.8일)이 된다.

1주 5일간 1일 4시간씩 근로했을 경우, 총 20시간×4주÷24=1일 3.3시간이다.
이때 주 7일 중 4일간을 근로하니까 나머지 3일의 휴무일 중 하루를 유급(3.3시간)으로 계산하여 주휴수당을 지급하므로 그 시간을 소정근로시간에 합산하여 평균개념으로 산출하는 것이 옳다.113) 만약 「주의 근로시간이 불규칙할 경우」는 각 주의 근로시간을 합하여 그 전체수를 통상근로자의 소정근로일로 나눈다.[114]

6) 근로계약이 불분명하여 소정근로시간 산정이 곤란할 경우

서면계약이 없거나 기재가 불분명하여 산정이 어려운 경우는 실제로 근로한 시간을 확인하고, 당사자의 진술을 토대로 기재사항과 계약의 진위와 일치여부를 판단한다. 불가능할 경우는 이해관계자 진술과 동종업계의 근로행태를 중심으로 입증이 부족한 부분을 더하여 소정근로시간을 판단한 후 임금통장이나 임금표 등을 기준으로 산정한다.

7) 격일제근무자의 통상임금 산정

24시간격일제[115]로 제수당을 포함한 포괄임금을 수령하면서 근로시간·휴게·휴일의 적용제외 인가를 받지 않은 경우가 있다. 이 때 수령하는 임금이 최저임금법 등에 위반되는지 여부를 판단하기 위해서는 통상임금을 산정해야 한다. 휴게시간을 제외한 1년간의 총근로시간과 법정기준을 초과한 근로시간에 대한 연장·야간·휴일근로가산수당 및 유급처리 되는 주휴일 근로시간을 모두 시간단위로 환산하여 임금과 비교하면 시간급통상임금을 산정할 수 있다.

8) 휴업수당 산정시 통상임금

통상임금은 시간급으로 산정하여 연장, 야간, 휴일근로 가산수당, 해고예고수당, 휴업수당 산정시에 기준이 되고, 최저임금 위반여부를 판단하는 자료, 법상 유급으로 표시된 경우 등에 적용된다. 평균임금으로 적용할 경우에도 그 평균임금이 통상임금보다 적을 경우는 통상임금으로 산정하기도 한다.[116] 휴

---

113) 즉, (20시간+3.3)×52+3.3÷12=101.2시간, 월100만원÷101.2시간=9,881원이 시간급통상임금이다.

114) 즉, 1주 16, 2주 18, 3주 19, 4주 20시간, 합계 73시간÷24일=3시간이다.

115) 08:00~익일 08:00까지, 18시간근로, 휴게 6시간(22:00 이전 4시간, 22:00~06:00 2시간), 1일 연장 10시간, 야간근로 6시간, 휴일근로 2주당 1일.

116) 근기법 제2조제2항.

업수당의 경우, 평균임금의 70% 이상의 수당으로 산정하는 것이 원칙이나 그 금액이 통상임금을 초과하는 경우는 통상임금을 휴업수당으로 지급할 수 있다. 부득이한 사유로 사업계속 불가능하여 노동위원회의 승인을 얻은 경우는 70% 미만으로 지급하거나 지급하지 않을 수도 있다. 이것은 일하지 않은 자에 대한 보상이 일을 한 자보다 많다면 형평의 원칙에도 어긋나고 모순이 되기 때문이다. 자세한 사항은 휴업수당 편에서 상술한다.

3. 평균임금

(1) 개념과 활용

근로자의 임금은 근로제공 시기, 업무실적, 산정시기에 따라 차이가 있기 마련이다. 평균임금이라 함은, 이러한 시기적·상태적인 불균형을 피하여 가능한 통상적인 생활임금을 산정하여 근로자의 생활을 보장하려는데 그 뜻이 있다.[117] 산정방법은, 산정하여야 할 사유가 발생한 날 이전 3월간에 그 근로자에 대하여 지급된 임금의 총액[118]을 그 기간의 총일수로 나눈 금액을 말하고, 취업 후 3월 미만인 경우에도 이에 준하여 산정한다.[119] 이때 임금의 총액은 법령에 기한 원천징수액 등 각종 비목으로 공제하기 전의 총액으로 본다.

건강보험료 등 4대보험료의 근로자부담액을 사용자가 대납한 경우에도 그 금액을 임금으로 보기는 어렵다.[120] 다만, 실질상은 보험료 등으로 명목을 정한 부담액이지만 외형상 기타수당 등으로 표기하여 매월 일정액을 지급한 경우는 평균임금산정의 기초가 되는 임금에 해당할 수 있다.[121] 만약 이와 같은 방식으로 산출된 금액이 당해 근로자의 통상임금보다 저액일 경우에는 그 통상임금액을 평균임금으로 하여 근로자에게 지나친 불이익이 없도록 한다.[122]

117) 대판 94다8631, 1995.2.28.
118) 현물로 지급된 임금이나 후생복지적, 은혜적 금품 등 임금을 볼 수 없는 금품을 제외한다.
119) 근기법 제2조제6호.
120) 근로조건지도-598, 2008.4.1.
121) 대판 2003다54322, 2006.5.26.
122) 근기법 제2조제2항, 예를 들면, 1일 8시간, 주 40시간을 소정근로시간으로 하는 사업장에서

평균임금을 통상임금이하로 산정할 수 없도록 한 것은 근로자가 평균임금산정시기를 전후하여 결근이 많았거나, 징계처분을 받는 등, 자기 사정으로 일하지 못해 그 지급받은 임금총액이 평소보다 현저히 낮아진 경우에 받는 손해가 가장 적게 되도록 제도적인 장치를 마련한 것이다.

평균임금은 업무상 부상 또는 질병으로 인한 재해보상, 사용자 책임으로 인한 휴업기간에 대한 보상, 연차유급휴가일에 대한 보상, 퇴직금산정, 징계 등으로 인해 임금을 감액지급 할 경우 기준이 되는 임금의 개념으로 활용한다. 이 밖에, 고용보험법상 구직급여, 조기재취업수당, 선원법상 재해위로금, 진폐법상 진폐위로금 등에 활용되고 있다.

다만, 법에 정한 평균임금산정방법은 근로자에게 법규정보다 유리한 단체협약이나 취업규칙, 근로계약 등이 없을 경우 최소한 이와 같이 산정한다는 것이고, 단체협약이나 취업규칙에 보다 유리한 방식[123)]이 있을 경우는 그 방법에 의한다. 성질상 평균임금에 산입되어야 할 수당을 제외한다는 규정을 두거나 노사간 합의를 하는 것은 원칙적으로 무효이다. 그러나, 퇴직금누진제 등을 적용하는 사업장에서 노사합의로 평균임금에 산입되어야 할 일부금품(식대보조비, 체력단련비 등)을 산입에서 제외하는 규정을 둔 경우라도 이 규정에 의해 산정된 퇴직금이 법에서 보장하는 법정퇴직금보다 많을 경우에는 무효라고 할 수 없다.[124)]

단체협약, 취업규칙 등으로 평균임금에 포함될 금품을 산정에서 제외할 것을 정하는 경우 근로자 입장으로 보면 유리한 규정과 불리한 규정이 뒤섞여 있을 수 있는데, 이러한 때는 그와 같은 규정에 의하여 계산된 금액이 법의 규정에 의하여 계산된 금액에 미달될 때 그 미달금액 범위 내에서만 법에 위반

7.1일 퇴직자가 4월 130만원, 5월 110만원, 6월 110만원을 수령했는데 그 가운데 각 120만원이 통상임금이라고 가정하면 산정하여야 할 사유가 발생한 날 이전 3월간에 지급된 평균임금은 총 350만원, 3월간의 역일수 91로 나누면=1일 평균임금은 38,460원이다. 근로자의 1일 통상임금은 120만원÷209시간×8시간=45,920원이다. 평균임금이 통상임금보다 적으므로 통상임금 45,920원을 평균임금으로 산정한다.

123) 퇴직일 이전 1년 중 가장 유리한 3월분의 임금총액을 평균임금으로 한다는 등.

124) 대판 2001다53950, 2001.10.23.

되어 무효라고 할 것이지 전체를 고려하지 않고 근로자에게 불리한 규정만을 따로 떼어 내서 그 규정을 무효라고 할 것은 아니다.[125)]

「평균임금의 산정기초가 되는 임금총액」에는, 사용자가 근로의 대상으로 근로자에게 지급되는 일체의 금품으로 명칭여하에 불구하고 단체협약·취업규칙·근로계약·경영관행 등에 따라 사용자의 지급의무가 규정되어 있어야 한다.

「지급의무」가 있다는 것은 그 지급여부를 사용자의 임의로 좌우할 수 없다는 의미이고, 「관행」은 명문의 지급규정이 없거나 추상적인 선언규정만 있는 상태에서 금품의 지급이 계속적으로 이루어져 노사간 그 지급이 당연한 것으로 여겨질 정도로 관례가 형성된 경우를 말한다.

「평균임금의 정의」[126)]는 다음과 같다.

1. 근로의 대가로서, 일시적·실비변상적·은혜적·복리후생적·생활보조적 금품 등 임금으로 볼 수 없는 금품을 제외한 나머지 금품으로서

2. 계속적·정기적으로 지급되고, 지급에 관해 단체협약이나 취업규칙, 근로계약 등에 의해 사용자에게 지급의무가 있는 것은 명칭을 불문하고 모두 포함된다.

다만, 2013.12.18. 대법원 판결 이전에는 금품의 성격상 은혜적인 것이나 복리후생적인 것은 대체로 평균임금에 포함하지 않지만, 판결 이후에는 은혜적 복리후생적 금품도 통상임금에 포함되므로 그러한 금품이라도 지급근거가 단체협약이나 취업규칙에 명시되어 있고 전체근로자에게 일률적, 정기적, 고정적으로 지급되면서 명백히 통화로 환가할 수 있는 것은 평균임금에 포함되어야 한다.

개념상 평균임금은 통상임금을 포함하는데, 평균임금은 사후적, 실세적 임

125) 대판 2003다54322·54339, 2006.5.26. 단체협약 등 퇴직금에 관한 규정이 개인연금보조비, 설·추석귀향비 및 선물비, 후생용품비 등을 평균임금산정의 기초가 되는 임금총액에 포함시키지 아니함으로써 근로자에게 불리한 면이 있는가 하면 퇴직일 이전 6개월 중 근로자 본인이 희망하는 연속 3개월간 지급된 임금총액을 기초로 평균임금을 산정하도록 함으로써 근로자에게 유리한 면이 있는 경우, 위와 같은 규정에 의하여 계산된 금액이 근로기준법의 규정에 의하여 계산된 금액에 미달될 때 그 미달금액 범위 내에서만 근로기준법에 위반되어 무효라고 할 것이지 근로자에게 불리한 규정만을 따로 떼어 내서 그 규정을 무효라고 할 것은 아니다

126) 대판 91다5587, 1992.4.14.

금으로서 근로자에게 지급된 금품으로서 실비변상적 경비, 지급의무가 있더라도 발생여부가 불확실한 금품은 포함하지 아니 한다. 평균임금은 일급형태로 표시한다. 반면, 통상임금은 시급, 일급, 주급, 월급, 도급형태로 표시한다.

(2) 평균임금산정

1) 산정단위 및 산정사유 발생일

평균임금은 산정사유가 발생한 날 이전 3개월간 근로자에게 지급된 임금의 총액을 그 기간의 총일수로 나눠서 「1일 평균임금」이 얼마인가를 산정하는 것이므로 산정단위는 1일이다.[127] 이미 지급된 임금과 지급되지 않았어도 사유발생일 이전에 이미 근로자에게 지급해야 될 금품으로 채권이 확정된 것은 임금총액에 포함되어야 한다.

예를 들면, 사용자가 평균임금산정기간 동안 2개월분 임금이 전액 체불되어 현실적으로 전혀 지급되지 않고 있다고 하더라도 2개월분 체불액은 전액 평균임금에 포함한다.

근로자가 의도적으로 평균임금을 높이기 위한 행위로 인해 평균임금이 현저하게 높아진 경우는 그러한 행위가 있었던 기간을 뺀 직전 3개월간의 임금을 기준으로 산정한다.[128] 산정사유 발생일의 기산점은 다음과 같다.

1. 퇴직급여지급에 있어서는 퇴직한 날

근로자가 퇴직한 날로 "사직서를 수리한 날"을 의미한다. 근로자가 사용자에게 사표제출 등 퇴직의 의사표시를 한 경우에는 "사용자가 이를 수리하였거나 그렇지 않으면 근로계약 종료에 관해 특별한 약정이 있을 때는 각각 그 정한 시기"에 퇴직의 효력이 발생한다. 근로자의 퇴직의사표시에 대해 사용자가 수리하지 않거나 계약기간종료에 관해 달리 약정이 없는 경우에는 사용자가 당해 퇴직의사를 통고받은 날부터 1개월이 경과 될 때까지는 계약해지 효력이

127) 3월간 근로자에게 지급된 임금총액÷3개월간의 총일수=1일 평균임금.

128) 예) 택시기사가 평균임금을 높이기 위해 개인 돈으로 사납금을 과도하게 충당한 경우(대판 94다8631, 1995.2.28).

발생하지 않으므로 고용관계는 존속되는 것으로 취급해야 할 것이다.[129] 따라서 사직의사표시를 근로자가 수리하지 않는다고 해도 1개월이 경과된 시점에서 퇴직의 효력은 발생한다.

퇴직금중간정산의 경우 중간정산기간과 요구시점이 다를 경우 평균임금산정에 문제가 될 수 있다. 중간정산의 경우에는 노사가 달리 유리하게 정한 바가 없다면 근로자가 "중간정산을 요구한 시점이 기산일"이 된다. 예를 들면, 2008.1.1~2010.12.31의 퇴직금을 2011.4.1에 중간정산요구를 하는 경우 평균임금산정을 위한 산정사유 발생일 이전 3개월은 2010.12.31~2010.10.1이 아니라 2011.3.31~2011.1.1이 된다.[130]

2. 휴업수당지급에 있어서는 휴업한 첫 날

3. 연차유급휴가의 경우는 실제로 근로자에게 연차유급휴가를 준 날

4. 재해보상에 있어서는 원인이 된 사상 사고가 발생한 날 혹은 진단서발급일 등 진단에 의해 질병이 발생되었다고 확정된 날

5. 감급의 제재에 있어서는 당해 의사표시(징계처분 통지서)가 근로자에게 도달한 날 등이 기산일이다.

6. 군복무기간 중 퇴직한 경우, 군복무기간 중 퇴직하거나 중간정산 한다면, 휴직 첫날이 사유발생일이고 군 제대 복직 후 3월이 되지 않은 상태에서 퇴직하였다면 퇴직일이 사유발생일이 된다. 즉, 군제대 후 실제 근무한 기간이 있다면 3개월 미만이라도 그 기간에 수령한 임금총액을 그 3개월 미만의 일수로 나눈 금액을 1일 평균임금으로 산정하는 것이고, 제대 후 실제로 근무함이 없이 곧바로 퇴직한 경우는 최근에 임금을 수령한 기간이 없으므로 군 입대를 위해 휴직한 첫날을 기산일로 보아서 그 이전의 3개월간의 수령한 임금총액을 그 3개월의 총일수로 나눈 금액을 1일 평균임금으로 산정하는 것이다.

근기법시행령 제4조에 의하면, 법 제2조제1항제6호, 영 제2조 및 제3조 등에 따라서도 평균임금을 산정할 수 없는 경우는 고용부장관이 정하는 고시에

129) 민법 제660조제2항.

130) 퇴직급여보장-155, 2005.9.29.

의하도록 정하고 있다. 고시의 주요사항은 다음과 같다.[131)]

ⓐ 평균임금의 계산에서 제외되는 기간이 3월 이상인 경우

평균임금의 계산에서 제외되는 기간이 3월 이상인 경우에는 제외되는 기간의 최초일을 평균임금의 산정사유가 발생한 날로 보아 평균임금을 산정한다. 평균임금의 조정시에도 이를 준용한다. 이 경우 "부상 또는 질병이 발생한 달"은 "평균임금의 계산에서 제외되는 기간의 최초일이 속한 달"로 본다.[132)]

ⓑ 근로제공의 초일에 평균임금산정사유가 발생한 경우

근로제공을 시작한 첫날에 평균임금산정사유가 발생한 경우에는 해당 근로자에게 지급하기로 한 임금의 1일 평균액을 평균임금으로 추산한다. 이때 수급기간 종료 후 근로한 첫날에 평균임금의 산정사유가 발생한 경우에도 같다.

2) 3월간의 총일수

지급사유가 발생하기 이전 3월간의 총일수는, 3개월동안의 소정근로일수가 아니라 달력상의 총일수로서 민법상 지급사유가 발생한 당일은 산입하지 않고 그 전날부터 소급하여 역일에 의해 3개월간의 일수를 말한다.[133)] 예를 들어 11.5일에 산정사유 발생시에는 1차월 : 11.4~10.5(31일), 2차월 : 10.4~9.5(30일), 3차월 : 9.4~8.5(31일) 총 92일이 3개월간의 총일수이다. 사유발생일은 사직서를 수리한 날을 말한다.[134)]

취업한지 「3개월 미만」으로 평균임금을 산정해야 할 사유가 발생할 경우에도 당해 3개월 미만의 취업 기간 중 받은 임금총액을 그 취업기간의 총일수로 나눠서 산정한다. 예를 들면 45일 동안 취업을 하고 총 150만원을 받은 경우에는 150만원÷45일=33,330원을 1일 평균임금으로 산정한다. 근로자가 종래 고용되었던 회사가 영업양도 또는 합병된 경우, 합병·양수회사에서 재직

---

131) 제2007-47호, 2007.12.3.

132) 공제기간이 길어서 공제시 산정할 기간 및 임금이 없는 경우에는 제외사유 발생이전 3월간의 기간으로 계산한다. 사유발생일인 퇴직일 이전 3월간이 모두 업무상재해로 인한 요양기간에 해당되어 평균임금을 산정할 수 있는 기간 및 임금지급액이 없는 경우는 "업무상재해가 발생한 날"을 산정사유 발생일로 보고 그 이전 3월간에 지급된 임금총액을 기준으로 평균임금을 산정한다.

133) 법무 811-4208, 1981.2.9. 민법 제157조.

134) 근기 1451-1393, 1984.1.19.

기간이 3월 미만인 경우는, 근로관계가 단절되지 않고 피합병·양도회사와 합병·양수회사의 근속기간을 모두 포함하여 3월의 산정기간을 정한다.[135)]

사용자의 책임으로 인해 근로를 제공하지 못하거나 근로기간이 단축되어 그 기간 중 임금이 저하된 경우가 있다. 법은 이러한 경우 그 기간과 임금의 총액을 공제하여 부당하게 평균임금이 낮아져서 퇴직금과 수당을 산정하는데 불이익이 없도록 한다. 산정시기에 따라서 평균임금에 현저한 차이가 발생할 염려가 있기 때문에 이를 방지하기 위한 것이다. 산정기간 중 다음 각호의 사유에 해당하는 기간이 있는 경우, 그 기간과 그 기간 중에 지불된 임금은 평균임금 산정이 되는 기간과 임금의 총액에서 공제하고 나머지의 기간과 나머지 기간 동안에 지급된 임금의 총액을 기준으로 평균임금을 산정한다.

1. 법 제35조제5호에 의한 수습사용 중의 기간, 수습사용한 날로부터 3월 이내의 기간을 제외한다.
2. 법 제46조에 의한 사용자의 귀책사유로 휴업한 기간
3. 법 제74조에 의한 산전후휴가기간
4. 법 제78조에 의한 업무수행으로 인한 부상 또는 질병의 요양을 위하여 휴업한 기간, 예를 들면 업무상재해로 2012.3.21~4.30 요양하고, 5.1 이후 정상근로 하다가 7.1 퇴직한 경우 평균임금계산은 5.1~6.30 기간동안 지급받은 임금총액을 61일로 나누어 산출한다.
5. 고평법 제19조의 규정에 의한 육아휴직기간, 제19조의2 육아기근로시간 단축기간
6. 노조법 제2조제6호의 규정에 의한 쟁의행위기간[136)]
7. 병역법, 향토예비군설치법 또는 민방위기본법에 의한 의무이행을 위하여 휴직하거나 근로하지 못한 기간. 다만, 그 기간 중 임금을 지급받은 경우에는 그러하지 아니하다.[137)]

---

135) 대판 92다47090, 1993.4.27.

136) 합법적 쟁의행위기간.

137) 예비군훈련과 민방위훈련시 임금을 지급받은 경우는 그 기간이나 임금을 제외하지 않고 그대로 산입한다.

8. 업무 외 부상·질병, 그 밖의 사유로 사용자의 승인을 얻어 휴업한 기간
9. 부당한 징계처분으로 인한 대기발령기간,[138] 부당해고기간[139] 등이다.

한편, 근로자 귀책사유에 해당하는 범죄행위로 구속 기소되어 직위해제 되었던 기간, 정당한 징계처분에 따른 대기발령기간, 근로자귀책 휴직기간, 불법파업기간, 감봉기간 등은 평균임금산정 대상기간에 포함되어야 한다.[140]

3) 지급된 임금의 총액

지급사유가 발생하기 이전 3월간 근로자에게 지급된 임금의 총액은, 사용자가 근로의 대가로서 지급한 임금, 봉급, 월급 기타 어떤 명칭이든지 지급한 일체의 금품 총액을 말한다. 임금의 총액에는 임시로[141] 지불된 임금 및 수당과 통화 이외의 것으로 지불된 임금[142] 등은 이를 산입하지 아니한다. 다만, 고용부장관이 정하는 것은 산입할 수 있다.[143]

「임시로 지불된 임금과 수당」이라고 하는 것은, 일시적·우발적 사유로 인하여 지급되는 등 그 지급사유의 발생이 불확정적인 것을 말하는 것이므로 일정요건에 해당하는 근로자들에게 계속적·정기적으로 봉급에 가산하여 지급하여 온 식대, 간식대 등은 이에 해당하지 아니한다.[144]

어떤 금품이 평균임금산정의 기초가 되는 임금에 해당하는지 여부를 가늠할 수 있는 구체적인 기준은 한마디로 정의하기 어렵다. 다만, 평균임금의 경우, 금품이 노무제공과 직접 또는 밀접한 관련을 가진 대가로서 근로자에게 계속적·정기적으로 지급되며 그 지급에 관하여 단체협약, 취업규칙, 급여규정, 근로계약, 노동관행[145] 등에 의거 사용자에게 지급의무가 있는 것이라면, 금품의

138) 임금 68207-5627, 2003.7.16.
139) 근로조건지도-4843, 2008.10.31.
140) 근로기준 1455-696, 1971.1.22 ; 임금 68207-564, 2002.8.1.
141) 경영사정, 사용자의 의지, 불확정적인 사유 등 금품의 발생이 정기적, 확정적, 고정적이지 않은 경우.
142) 현물식사, 장갑, 통근차량 제공 등.
143) 근기법시행령 제2조제2항.
144) 대판 81다697, 1981.10.13.
145) 노사간에 그 지급이 당연한 것으로 여겨질 정도의 관례가 형성된 경우.

명칭 여하를 불문하고 임금이라고 볼 수 있다.

지급의무가 있다는 것은 지급 여부를 사용자가 임의적으로 결정할 수 없다는 것을 의미한다. 통상임금과 달리 금품이 일정기준으로 전체 직원에게 일률적으로 지급될 것을 조건으로 하지 않는다.

실무적으로 지급된 금품이 임금인지, 평균임금에 속하는지 통상임금에 속하는지 여부를 정확히 판단하는 데는 금품의 성격과 지급방법, 지급근거 등을 종합적으로 검토해야 한다. 판례는 일정한 요건을 갖춘 근로자에게 일률적·계속적으로 지급된다면 가족수당·통근수당·식사대·체력단련비·학비보조금·하계휴가비·차량유지비 등도 널리 임금에 포함된다고 보고 있다.[146] 고용부지침[147]과 행정해석, 판례 등을 토대로 정리하면 다음과 같다.

① 평균임금에 포함되는 금품

ⓐ 통화로 지급되는 것으로 실제근로여부에 따라 지급금액이 변동되는 금품과 1임금 산정기간 이외에 지급되는 금품으로서 다음에 예시한 금품

1. 근기법과 근로자의날 제정에 관한 법률 등에 의하여 지급되는 연장근로수당, 야간근로수당, 휴일근로수당, 월차유급휴가근로수당, 연차유급휴가근로수당, 생리휴가보전수당 및 취업규칙 등에 의하여 정하여진 휴일에 근로한 대가로 지급되는 휴일근로수당 등

2. 근무일에 따라 지급액이 변동되는 승무·운항·항해·입갱수당

3. 생산기술과 능률을 향상시킬 목적으로 근무성적 등에 따라 정기적으로 지급하는 수당으로서 생산정려수당, 능률수당 등,

4. 장기근속우대 및 개근 촉진을 위한 개근수당,[148] 근속수당, 정근수당 등

5. 취업규칙 등에 미리 지급금액을 정하여 지급하는 일·숙직수당

6. 취업규칙 등에 지급조건, 금액, 지급시기가 정해져 있거나 전근로자에게 관례적으로 지급하여 사회통념상 근로자가 당연히 지급받을 수 있다는 기대감

146) 대판 2000다18127, 2002.5.31.

147) 예규 제30호, 1981.5.7.

148) 전체근로자에게 근무성적과는 상관없이 매월 일정하게 지급되고, 정기적·일률적으로 지급되는 고정적인 수당은 통상임금, 정기적으로 지급되지만 근무성적, 근속기간에 따라 차등을 두는 등 경우는 평균임금에 포함된다.

을 갖게 되는 경우의 상여금, 체력단련비 등, 봉사료(팁)로서 사용자가 일괄관리 배분하는 경우

ⓑ 근로시간과 관계없이 전체근로자에게 생활보조적, 복리후생적으로 지급되는 금품으로서 다음과 같은 금품

1. 전근로자에게 정기적·일률적으로 지급하는 금품으로 통근수당, 차량유지비, 사택수당, 월동연료수당, 김장수당, 가족수당,[149] 교육수당

2. 근로계약, 취업규칙 등에 규정되고, 근무일수에 관계없이 전근로자에게 일률적으로 지급하는 급식 및 급식비[150]

☞ 〈사례1〉 평균임금에 포함되는 금품 ①

• 직접 귀속된 사납금으로 사용자가 관리가 가능한 경우(대판 2007다32993, 2007.9.20), 이미 발생한 연차유급휴가수당으로 근로자의 자유의사에 따라 반납한 금액(근기 68207-1875, 2002.5.9), 근무성적이나 경영실적과 무관하게 정기적·계속적으로 지급된 생산장려금 등(대판 2001다53950, 2001.10.23), 취업규칙 등으로 정하거나 관례적으로 지급된 체력단련비·효도휴가비(임금 68207-466, 2000.10.5), 전체근로자에게 일률적으로 지급한 학자금 등 복리후생비(근기 01254-396, 1987.1.12), 단체협약·취업규칙으로 정하고 계속적·정기적으로 지급된 가족수당(대판 91다5587, 1992.4.14), 계속적·정기적으로 지급된 급양비·체력단련비·효도휴가비·무사고포상금 등(임금 68207-288, 1994.5.10), 운행횟수에 비례하여 계속적·정기적으로 지급한 운행수당, 차량보유여부와 무관하게 일정직급이상 직원에게 일률적으로 지급한 차량유지비(서울중앙지판 2005가합81377, 2005.9.23), 근로자 부담 몫을 원천징수하여 납부하는 보험료(공제전 금액을 평균임금으로 산입), 정기적·계속적으로 지급하는 상여금(매월 분할 지급하는 경우를 포함), 근속기간·출근율에 따라 지급하는 근속수당 및 승무수당, 지급조건이 미리 정해지고 개인 실적에 따라 지급하는 판매수당 등
  일정일 이상 출근자에게 정기적으로 무상 지급하는 연탄(징수 01254-6829, 1986.4.23)

☞ 〈사례2〉 평균임금에 포함되는 금품 ②

• 단체협약이나 취업규칙, 근로계약서에 미리 확정되어 전근로자에게 정기적·일률적으로 지급하는 회사창립기념비, 하계체력단련비, 노조창립기념비는 평균임금에 속한다. 그렇지 않고 사용자

149) 보수규정에 가족수당을 임금에 포함되는 금품으로 미리 정하고 일정한 지급기준(기혼자에 한하여 부양가족수에 불구하고 일률적으로 월 20,000을 지급)에 따라 의무적으로 지급하는 경우에는 평균임금산정시 임금총액에 포함되어야 한다(보상 1458.7-22434, 1984.11.9 ; 대판 2003다54322, 2006.5.26).

150) 단체협약 또는 취업규칙, 근로계약에서 근로조건의 하나로서 정기적이고 일률적으로 지급하도록 명시되어 있거나 관례적으로 계속 지급하여 왔다면 조식, 중식, 석식, 철야식 등 급식비도 산재보험 산정기초가 되는 임금총액에 포함되는 것이다. 다만, 복지후생을 위하여 임의적으로 야간 및 특수근무자에게 지급하는 급식은 임금총액에 포함할 수 없다(징수 01254-3009, 1987.2.25).

가 그때그때의 형편에 의하여 임의로 지급하는 것이라면 임시로 지급되는 임금으로 평균임금산정에 포함되지 않는 것이다.(법무 811-8243, 1981.3.17)

- 전근로자 혹은 일정요건 해당자에게 일률적으로 지급하는 후생용품비(노사합의로 매년 20만원을 상·하반기 각 10만원씩 지급(혹은 물품선택), 단체협약으로 휴직자를 포함한 전사원에게 하계휴가비 25만원을 년 1회 지급, 설·추석 귀향여비 및 선물비를 전사원에게 지급한 것은 모두 평균임금에 해당한다.(대판 2003다54322, 2006.5.26)

☞ 〈사례3〉 평균임금에 포함되는 금품 ③

- 목욕비가 근로의 대상으로 근로자에게 지급하는 금품으로서 단체협약, 취업규칙, 근로계약 혹은 노동관행 등에 의하여 사용자에게 지급의무가 지워져 있는 경우라면 평균임금에 해당할 수 있다. 그러나 특수한 조건·환경에서 직무를 수행함으로써 매일 목욕을 해야하므로 비용을 변상하기 위해 지급하거나, 단순히 생활보조적·복리후생적 성격으로 지급한다면 근로의 대상성을 인정하기 어려우므로 평균임금에 해당하지 않을 것이다.(임금정책과-898, 2004.3.20)

② 평균임금에 포함되지 않는 금품

어떤 금품이 근로의 대상으로 지급된 것인가를 판단함에 있어서는 그 지급의무가 근로의 제공과 직접적으로 관련이 되거나 그것과 밀접하게 관련이 된 것으로 볼 수 있어야 할 것이다. 이러한 관련없이 그 지급의무의 발생이 개별근로자의 우연하고 특수한 사정에 의해 좌우되는 경우에는 그 금품이 단체협약이나 취업규칙, 근로계약 등이나 사용자의 방침 등에 의해 이루어진 것이라고 하더라도 그 금품은 근로의 대상으로 지급된 것으로 볼 수 없다.

일시적 또는 일부근로자에게 지급되는 교통비, 자가운전보조비, 자녀가 있을 때만 지급하는 학자금 등과 같은 순수한 의미의 복리후생비는 근로의 대가로 볼 수 없으므로 임금에서 제외된다.[151)]

다만, 최근 대법원판례에서 확장 정의된 통상임금 요건에 의하면, 복리후생비도 정기적, 일률적, 고정적으로 지급되기만 하면 모두 통상임금으로 본다고 판결한 만큼 그 요건에 해당되는 한 모두 통상임금과 평균임금에 속한다. 이와 같은 판례를 기준으로 볼 때 평균임금산정대상 임금으로 볼 수 없는 경우는 다음과 같다.

1. 단순히 생활보조적, 복리후생적으로 보조하거나 혜택을 부여하는 금품으로서, 결혼 축하금, 재해위문금, 의료비, 교육기관·체육시설 이용비, 피복비,

151) 대판 94다55934, 1995.5.12.

통근차·기숙사·주택제공 등

2. 관례적으로 지급한 사례가 없고, 기업 이윤에 따라 일시적, 불확정적으로 사용자의 재량이나 호의에 의해 지급하는 경영성과금·격려금·생산장려금·포상금·인센티브 등

3. 휴업보상금, 실비변상적인 것[152)]

4. 현물로 지급되는 것으로 근로자로부터 대금을 징수하는 현물급여, 작업상 필수적으로 지급되는 작업모, 작업복, 작업화 등[153)]

5. 복지후생시설로서의 주택설비, 조명, 용수, 의료서비스, 급식, 영양식공급 등 현물급여

6. 고용보험료, 의료보험료, 국민연금, 운전자보험 등 사회보장성 및 손해보험성 보험료 부담금

7. 포상금, 격려금, 위로금, 조의금, 휴업보상금 등 임시·돌발적으로 지급되거나, 지급조건은 정해져 있더라도 지급사유 발생이 불확정, 무기한, 드물게 나타나는 것[154)]으로서 성질상 임금으로 볼 수 없는 것

8. 기타 단체협약 등에 정한 것이라 하더라도 지급의무의 발생 조건이 개별근로자의 특수하고 우연한 사정[155)]에 의하여 좌우되는 경우에는 근로의 대상으로 지급된 것으로 볼 수 없다.[156)]

9. 퇴직금,[157)] 휴업수당, 해고예고수당

---

152) 기구손실금, 기계 등의 보수비, 음료대, 작업용품대, 작업상 피복제공이나 대여 또는 보수비, 정보 활동비, 업무추진비, 출장여비 등.

153) 법령이나 단체협약, 취업규칙 등으로 정한 현물급여는 임금에 포함, 예를 들면, "사용자는 1주일마다 장갑 1매(1,000원)와 목욕비(4,000원)를 현금으로 지급한다"고 정했다면 평균임금에 포함된다.

154) 결혼수당, 사상병수당, 단체협약상의 무분규 보상금, 임단체협약 타결격려금 등.

155) 출근일수에 따라 변동적으로 지급하거나 일부근로자에게 지급하는 통근수당·차량유지비, 일시적으로 지급하거나 일부 근로자에게 지급하는 사택수당·월동수당·김장수당, 가족수에 따라 차등 지급되거나 일부에게 지급하는 가족수당, 교육수당, 출근일수에 따라 차등지급하는 급식 및 급식비.

156) 대판 94다55934, 1995.5.12.

157) 단체협약이나 취업규칙 등에 정하였는지 여부를 불문.

☞ 〈사례1〉 평균임금에 포함되지 않는 금품 ①

• 단체협약 등으로 정하더라도 이윤에 따라 일시적 불확정적으로 지급되는 상여금(임금 68207-671, 1993.11.2), 사용자인 학교장이 아닌 육성회에서 지급하는 연구비, 실비변상적인 여비, 복리 후생적 일시적·일부근로자에게 지급되는 교통비, 특정인 포상격려금(근기 1455-16322, 1982.6.12), 취학자녀가 있는 경우에만 지급하는 학자금, 근무일에 한해 지급되는 식대·교통비(대판 2000다29370, 2002.7.23), 식사를 하는 사람에게는 현물제공, 식사를 하지 않는 자에게는 달리 보상하지 않는 식사대, 결혼·가족수에 따라 차등 지급되는 가족수당(임금 68207-1457, 1994.3.15), 수시 지급시마다 사용자가 일방적으로 기준을 설정하여 지급하는 포상금, 미리 기준을 정해 두지 않고 매년 안전평가결과에 따라 좌우되는 불확정적 안전장려금 등 호의적 금품(임금 68207-634, 2001.9.11), 미리 기준을 정해 두지 않고 경영목표를 정하여 그에 따라 목표 도달시에만 지급하는 불확정적 일시적인 경영성과 이익분배금(임금 68207-134, 2002.2.28), 단체협약에 지급조건과 시기가 정해져 있더라도 개인 실적에 따라 결정되는 성과금(대판 2005다54029, 2006.2.23 ; 서울행판 2007구합1972, 2008.6.25), 단체협약에 정하여 근로자 부담 보험료를 사용자가 부담하는 경우(근로조건-598, 2008.4.1), 근로자에게 직접 귀속시킨 사납금(대판 2007다32993, 2007.9.20), 단체협약에 정하더라도 일부근로자에게 지급하는 육아지원비(근기-4168, 2005.8.8), 해외파견, 해외근무주재수당(주택수당) 등 임시로, 일부근로자에게 특수한 조건에 대해 지급된 임금(임금 68207-389, 1994.7.1) 등, 직원차량을 업무용으로 사용하고 차량보유를 조건으로 지급한 차량유지비(대판 96다33037, 1997.10.24), 전체 일률적으로 지급되지 않고 차가 있는 사람에게만 지급되는 차량유지비(차가 없는 직원은 상응한 대가를 지불하지 않음), 지정 헬스장이나 기타 시설을 이용하는 자에게만 지급하는 체력단련비

☞ 〈사례2〉 평균임금에 포함되지 않는 금품 ②

• 노조전임기간 중 전임자에게 지급한 금품(임금 68220-137, 1993.3.15) 규정 또는 단체협약에 의해 휴업급여 외에 추가로 지급하는 보상비(재해근로자에게 급여의 손실을 보전해주기 위한 보상비 성질의 것)는 임금총액에서 제외된다.(징수 68607-164, 1994.3.31)

☞ 〈사례3〉 평균임금에 포함되지 않는 금품 ③

• 실비변상으로 지급되거나, 사용자가 아닌 제3자로부터 은혜적·호의적 성격으로 지급 받은 금품은 임금의 범위에 포함되지 않는다. 다만, 사용자가 수업시간, 수업장소를 정하고 결과 등을 규제하는 등의 경우 보충수업비는 임금으로 본다(일정률 또는 일정금액으로 정하여진 보충수업비를 수익자(학생)에게 징수하여 기간제 교사에게 배분하는 방식을 취하는 경우에도 마찬가지다). 그러나 학생들의 요청 등에 의하여 교사와 학생들 간에 자율적으로 이루어지고, 당해 보충수업에 소요되는 비용을 수익자인 학생들이 스스로 거출하여 직접 전달하는 경우라면, 동 보충수업비는 사용종속관계가 성립되지 않는 제3자(학생)가 학습능력을 향상시켜준데 대한 보답의 표시인 실비변상적 성격으로 임금에서 제외된다.(임금 68207-238, 2003.3.31)

☞ 〈사례4〉 평균임금에 포함되지 않는 금품 ④

• 근로자들이 매달 운영보조금을 지급받았다고 하더라도, 일부 근로자들에게만 지급된 것이라면 정책적, 은혜적 배려로 복리후생적 차원에서 지급된 것이므로, 근로의 대상(對償)으로 지급되는 임금의 총액인 평균임금에 포함되지 않는다.(대구지판 2005가단106781, 2006.11.7)

③ 성과급과 상여금

ⓐ 임금성 판단

평균임금의 산정기초가 되는 임금의 총액에는 사용자가 근로의 대가로서 지급하는 금품으로, 근로자에게 일시적, 부정기적, 불확정적이 아닌 계속적·정기적으로 지급되고, 단체협약·취업규칙·근로계약·노동관행 등에 의하여 사용자에게 그 금품의 지급의무가 있는 것은 명칭에 불구하고 모두 임금에 포함한다.[158] 성과상여금이 목표 달성 또는 경영 이익의 발생 여부에 따라 지급 기준·시기·금액이 확정되는 경우에는 불확정적, 부정기적인 이익의 공유 또는 성과의 배당 성격을 가지므로 근로의 대가성이 인정되지 않는다.

다만, 취업규칙·단체협약·근로계약서 등에 성과급의 지급 조건·시기·금액 등이 사전에 정해져 있거나, 전근로자에게 관행적으로 지급하여 사회통념상 근로자가 당연히 지급받을 수 있다는 기대를 갖고 있는 경우에는 계속적, 정기적 임금에 해당하고 일률적, 고정적요건을 충족하면 통상임금에 해당한다.[159] 원칙적으로 성과금의 성격은 대체로 다음과 같이 분류할 수 있다.

*첫째, 사용자가 단체협약 등에 뚜렷한 근거 없이 임의로 지급해 온 경우로서 관행으로 굳어질 정도가 아닌 경우 및 단체협약 등에 지급할 수 있다는 임의적이고 추상적인 규정만 두고, 구체적인 지급률이나 금액은 사용자가 정하거나 매년 임금협약 등에서 정한 경우

이 경우는 지급사유 발생이 임의적이고 사용자의 일방적인 의지에 좌우되고, 협상결과에 따라 지급조건이나 지급액, 지급내용이 변경되는 등 불확정적이고 일시적으로 지급되는 금품이다. 따라서 사용자가 경영성과 등에 관계없이 정기적·고정적으로 성과급을 지급하여 당연한 관행으로 인식할 정도에 이

158) 대판 2003다264, 2004.11.12.

159) 명시적인 규정은 없더라도 경영성과급 등을 포함하여 산정한 퇴직금 등의 지급이 장기간 반복됨으로써 관행으로 형성되어 사용자에게 지급의무가 있다고 여겨질 수 있을 경우에는 이러한 관행은 근로조건화 되었다고 할 수 있을 것이며, 관행화 된 근로조건을 불이익하게 변경하고자 할 경우에는 취업규칙 불이익변경절차를 거쳐야 한다. 근로조건지도과-2108, 2008.6.18 ; 근로기준과-1758, 2005.3.25.

르지 않으면 임금이 아니다.[160]

*둘째, 회사가 매년 일방적으로 혹은 임금협약 등을 통하여 부서별, 팀별 혹은 개인별로 성과목표와 지급률을 정하고 그 부서별 혹은 개인별 달성율 등에 따라 지급하여 온 경우

이 경우는 지급조건과 시기가 단체협약에 정해져 있더라도 조건의 충족여부는 개인의 실적에 따라 좌우되는 등 원칙적으로 근로의 대가로 볼 수 없어 임금이 아니다. 다만, 사용자가 일방적으로 지급시기, 지급조건, 지급액 등을 정하지만, 해마다 한두 차례 시행되는 것이 관례화 되고 사전에 지급조건과 시기, 금액 등이 정해져 사용자에게 지급의무가 있는 개인별 성과금은[161] 평균임금에 포함된다.[162] 성과금이 임금으로 판단될 경우, 성과급지급기준기간의 중간에 퇴직한 경우는 근무기간에 비례한 금액을 지급하는 것이 합리적이다.[163]

*셋째, 회사의 이익을 기준으로 달성할 경영목표를 설정하고 그 결과에 따라 이익을 분배하는 경우, 이 경우는 근로의 대가가 아닌 회사의 이윤을 기초로 분배하는 것으로 이윤발생이라는 불확정적 조건에 따라 좌우되어 정기적·고정적이라고 할 수 없으므로 임금이 아니다.

*넷째, 판매를 본업으로 하는 영업사원 등 근로자 개인의 본업인 영업활동 등의 성과에 따른 성과금은 근로의 대가로 당연히 임금에 포함되므로 평균임금으로 보아야 한다.[164] 만일 인센티브 등 성과급을 임금으로 보지 않을 경우, 임금의 대부분을 성과급으로 지급받기로 한 근로자는 근로는 제공하고 대가로

---

160) 대판 2003다54322, 2006.5.26.
161) 부서별, 팀별 성과급은 제외.
162) 대판 2001다18127, 2002.5.31 그 지급시기는 다르나 매년 한 두 차례 시행되는 것이 관례화되어 있다면, 이를 우발적, 임시적 급여라고 할 수 없으며, 해마다 미리 지급기준과 지급비율을 정하고 그에 따라 계산된 포상금을 지급한 이상 직원들이 그 요건에 맞는 실적을 달성하였다면 그 실적에 따른 포상금의 지급을 거절할 수 없을 것이므로 이를 은혜적인 급부라고 할 수 없고, 직원 대다수가 포상금을 업무와 관련된 용도로 사용하였다고 하더라도 피고가 포상금을 업무와 관련된 용도에만 사용하도록 하였다고 볼 자료가 없는 이상 그 용도는 직원들의 의사에 맡겨져 있어 개인포상금은 평균임금에 포함된다. 대판 2002재다388, 2003.2.11.
163) 임금근로시간-117, 2006.1.13.
164) 대판 2011다23149, 2011.7.14.

서 임금이 없는 것이 되고, 퇴직금도 받을 수 없어 불합리하다.

ⓑ **상여금의 평균임금 산입**

상여금이 단체협약, 취업규칙, 기타 근로계약에 따라 미리 지급조건 등이 명시되어 있거나 관례로서 계속 지급해 온 사실이 인정되는 경우에는 그 상여금의 지급이 법적인 의무로서 구속력을 가지고 근로의 대가성이 확정된다. 따라서 지급회수를 불문(연 1회 혹은 4회 등)하고 임금으로 취급하여 평균임금에 산입하여야 한다. 다만, 상여금은 이를 지급받았을 때만의 임금으로 취급하여 일시에 전액을 평균임금에 산입할 것이 아니라 산정사유가 발생한 날의 이전 12개월 중에 지급받은 상여금 전액을 그 기간동안의 근로월수로 분할하여 산입한다. 근로월수가 1년 미만인 경우에는 당해 근로월 중에 지급받은 상여금 전액을 그 근로월수로 분할 계산하여 평균임금에 산정한다.[165] 기타 구체적 사항은 "2. 통상임금 (1)-3. 최신판례 경향"을 참고한다.

④ **실무쟁점**

ⓐ **은혜적인 지급액**

단체협약이나 취업규칙, 근로계약 등에 따라, 월의 중간에 퇴직하더라도 그 달의 임금전액을 지급하는 경우는 그 속에 일한만큼의 월급 이외에 사용자의 은혜적인 배려가 포함되어 있으므로, 퇴직한 당해 월의 보수 전액을 퇴직 직전일부터 최종 3개월간에 지급된 금액에 산입하여 퇴직금산정을 위한 평균임금을 산출할 수는 없다. 따라서 해당 월의 전체 임금액에서 은혜적인 부분을 제외한 나머지 금액만 산입한다.

ⓑ **징계 등으로 임금이 낮아진 경우**

평균임금산정기간 중 직위해제 또는 대기발령으로 보직이 없거나 징계의 일종으로 감봉제재를 받은 경우 등, 평시보다 낮은 임금을 받더라도 감액하고 지급된 임금만을 기준으로 평균임금을 산정해도 무방하다.

직위해제로 인해 근무하지 못한 기간, 사용자의 귀책사유 이외의 사유로 휴업

---

165) 노동부예규 제39호, 1981.6.5. 예를 들면, 매년 4.20과 8.20에 60만원씩 총 120만원의 상여금을 받는 근로자가 2007.7.1에 퇴직했다면, 상여금 120만원의 3개월분에 해당(120만원÷12월×3월=30만원)하는 30만원을 평균임금산정기간 내에 지급된 임금으로 합산한다.

한 기간 등은 평균임금의 산정기간에서 제외되지 않는다. 이러한 경우는 일반적으로 평균임금의 액수가 통상임금보다 낮은 경우가 많아 통상임금이 평균임금으로 된다.[166]

ⓒ 임금인상

임금은 사유발생일 이전 3개월 기간 중 각각의 기간에 상응하는 임금이지만, 소급인상되어 3개월의 기간이 인상기간에 포함되었다면 인상된 금액에 의해 평균임금이 조정되어야 한다. 산재요양 근로자의 경우 요양종료 후 임금의 소급인상이 결정되었다면 그에 상응하는 보험급여가 지급되어야 한다.[167] 다만, 퇴직자에게는 임금의 소급인상 효과가 미치지 않으므로 퇴직급여지급에는 적용되지 않는다. 예를 들어 평균임금산정기간이 2011.11.1~2012.1.31까지인 근로자가 2.1 퇴직을 하였으나 2.10에 가서 그 기간(2011.11.1~2012.1.31)의 시간급 기본임금이 5%로 소급인상 되었다고 해도 퇴직자에게는 적용되지 않는다. 그러나 재직 중 소급인상이 확정되고 지급되지 않은 단계에서 퇴직한 경우에는 인상분을 반영하여야 한다.[168]

ⓓ 노동조합전임자

전임자로 있다가 퇴직 등 평균임금산정사유가 발생한 경우가 있다. 대체로 전임자의 지위는 휴직상태의 근로자와 유사하다. 따라서 사용자가 전임자에게 일정한 금품을 지급한다고 해도 근로의 대가인 임금이 아니므로 평균임금은 전임자로 받아온 급여를 기준으로 할 것이 아니라, 전임자와 동일직급 동일호봉의 근로자의 평균임금을 기준으로 산정해야 한다. 판례는 그렇게 하는 것이

---

166) 대판 92다20309, 1994.4.12.

167) 서울행판 2002구합42916, 2003.4.16. 업무상재해를 입은 근로자에게 지급될 휴업급여의 산정 기초가 되는 평균임금을 산정함에 있어 업무상재해일 후에 임금이 소급 인상된 경우, 평균임금 증감 제도의 취지 등에 비추어 임금 소급 인상 시점 다음 달부터 근로자의 평균임금을 증액하여 휴업급여액을 산정하여야 한다(대판 2004두2103, 2006.9.22).

168) 임금수준이 과거로 소급하여 변경된 경우, 예를 들어 2012.5.1에 2012.1.1로 소급하여 인상하기로 결정하고 5.20 정기지급일에 1.2.3.4월의 인상분이 동시에 지급된 경우, 근로자가 5.10에 퇴직하였다면 근로자는 인상임금을 받을 권리가 발생한 후에 평균임금산정사유가 발생했으므로 퇴직금산정을 위한 평균임금에 인상된 임금이 당연히 포함될 것이다. 그러나 5.1 이전에 퇴직하였다면 포함시킬 수 없다.

노조전임자의 통상의 생활임금을 사실대로 산정하는 방법이라고 본다.[169)]

다만, 행정해석은 "전임을 개시한 날"을 평균임금산정사유가 발생한 날로 보아서 그 이전 3개월동안에 지급된 임금총액을 기준임금으로 한다.[170)] 만약 전임 종료 후 단기간이라도 복직을 한 경우는 그 기간이 3월 미만이라도 그 기간을 기준으로 산정하는 것이 합리적이다.

ⓔ 겸직근로자

근로자가 동일기간에 수개의 회사로부터 각기 임금을 받다가 업무상재해를 입었다면, 평균임금산정을 위한 임금총액은 모든 사용자로부터 받은 총액이 아니라 작업 중 재해를 입은 사업장의 사용자로부터 받은 임금만을 기초로 산정한다.

ⓕ 연 · 월차유급휴가수당의 산입

연차유급휴가는 전년도 출근율이 8할 이상인 경우는 금년도에 15일의 유급휴가를 부어야 하고, 금년도에 사용하지 못한 휴가일수는 연도 말의 임금을 기준으로 통상임금 또는 평균임금으로 환산하여 다음해 1월 정기임금지급일에 연차유급휴가근로수당을 지급하는 것이 원칙이다.

휴가를 사용하지 아니하고 퇴직한 경우의 휴가근로수당지급범위에 대한 행정해석[171)]과 판례[172)]의 입장이 달라 혼선이 있었으나 판례와 견해를 같이 하되[173)] 다만, 퇴직함으로써 지급사유가 발생하는 휴가 미사용수당은 퇴직급여 산정을 위한 평균임금산정 기준임금에 포함되지 않는다. 미사용일수에 대한 휴가수당청구권은 그 지급시기에 따라서 산입하는 경우와 하지 않는 경우로 나뉜다. 고용부의 지침[174)]을 기준으로 살펴본다.

ⓕ-1. 퇴직하기 전해 이미 발생한 연차유급휴가 미사용수당

퇴직 전전년도 출근율에 의해 퇴직 전년도에 발생한 연차유급휴가 중 사용

169) 대판 97다54727, 1998.4.24.

170) 임금 68207-545, 1994.9.7.

171) 사용할 수 있는 기간이 없는 경우 이를 지급할 필요가 없다.

172) 퇴직시 휴가를 사용할 수 있는 기간이 없었다 하더라도 유급으로 인정되는 연차유급휴가수당은 이와 상관없이 그대로 지급해야 한다. 대판 2003다48549·48556, 2005.5.27.

173) 임금근로시간정책-2820, 2006.9.21.

174) 임금근로시간정책-2820, 2006.9.21.

하지 않고 근로한 일수에 대한 미사용수당액은 퇴직년도에 3/12을 퇴직급여 산정을 위한 평균임금산정 기준임금에 포함한다.[175)]

ⓕ-2. 퇴직으로 인해 지급사유가 발생한 연차유급휴가 미사용수당

퇴직 전년도(2011년)에 8할 이상 출근하여 15일의 휴가가 발생했으나 이중 2012년도에 2일만 사용하고 2012.2.1에 퇴직했다면 미사용일수 13일에 대한 수당은 2012년도에 휴가를 사용할 수 있는 날이 있었는지 여부에 상관없이 퇴직한 날로부터 14일 이내에 전액지급한다. 다만, 이 금액은 퇴직금지급을 위한 평균임금에 포함하지 아니한다.

ⓕ-3. 월차유급휴가수당을 평균임금에 산입하는 요령

행정지침은 월차유급휴가근로수당에 대해 단순히 평균임금에 포함된다는 입장만 밝히고 있으나, 월차유급휴가는 매월 발생하여 각각 그 월을 기산점으로 1년간 적치할 수 있다는 점을 감안하면 분할하여 3개월만 산입한다는 견해는 받아들이기 어렵다. 따라서 사유발생일 이전 3개월간에 발생된 월차유급휴가청구권이 있는 상황에서, 그 휴가를 사용하지 않고 적치된 경우에 그 보상분만이 평균임금에 포함된다.

⑤ 평균임금산정 특례고시

영 제4조에 의하면, 법 제2조제1항제6호, 영 제2조 및 제3조 등 법에 정한 규정에 따라서도 평균임금을 산정할 수 없는 경우는 고용부장관이 정하는 고시에 의하도록 정하고 있다.[176)]

ⓐ 평균임금의 계산에서 제외되는 기간이 3월 이상

영 제2조제1항의 규정에 의하여 평균임금의 계산에서 제외되는 기간이 3월 이상인 경우에는 제외되는 기간의 최초일을 평균임금의 산정사유가 발생한 날로 보아 평균임금을 산정한다. 평균임금의 조정시에도 이를 준용한다. 이 경

175) 예를 들면, 2010년도에 8할 이상 출근하여 15일의 휴가가 발생했으나 이중 2011년도 12월까지 6일만 사용하고 9일은 근로한 경우, 근로자가 2012.2.1에 퇴직했다면 미사용 일수에 대한 수당은 1월 임금 정기지급일에 전액지급하고 이 중 3/12에 해당하는 금액을 퇴직금지급을 위한 평균임금에 포함한다.

176) 제2007-47호, 2007.12.3.

우 "부상 또는 질병이 발생한 달"은 "평균임금의 계산에서 제외되는 기간의 최초일이 속한 달"로 본다.

ⓑ 근로제공의 초일에 평균임금산정사유발생

근로제공을 시작한 첫날에 평균임금산정사유가 발생한 경우에는 해당 근로자에게 지급하기로 한 임금의 1일 평균액을 평균임금으로 추산한다. 이때 수급기간 종료 후 근로한 첫날에 평균임금의 산정사유가 발생한 경우에도 같은 방법으로 산정한다.

ⓒ 임금이 근로자 2인 이상에게 일괄지급

근로자 2인 이상을 1개조로 하여 임금을 일괄하여 지급하는 경우에 있어서 개별근로자에 대한 배분방법에 대하여 미리 정함이 없는 경우에는 근로자의 경력, 생산실적, 실근로일수, 기술·기능, 책임, 배분에 관한 관행 등을 감안하여 근로자 1인당 임금액을 추정하여 그 금액으로 평균임금을 추산한다.

ⓓ 임금총액의 일부, 전부가 명확하지 아니한 경우

평균임금의 산정기간 중에 지급된 임금의 일부를 확인할 수 없는 기간이 포함된 경우에는 그 기간을 제외한 잔여기간에 지급된 임금의 총액을 잔여기간의 총일수로 나눈 금액을 평균임금으로 본다. 임금총액의 전부가 명확하지 아니하여 산정할 수 없는 경우에는 다음 각 호의 사항을 감안하여 적정하다고 결정한 금액을 당해 근로자의 평균임금으로 본다.

ⓓ-1. 당해 사업장 소재 지역의 임금수준 및 물가사정에 관한 사항

ⓓ-2. 당해 근로자에 대한 소득세법령상 기재된 소득자별 근로소득 원천징수부, 국민연금법 · 국민건강보험법 · 고용보험법상 신고된 보수월액 · 소득월액 · 월평균임금 등에 관한 사항

ⓓ-3. 당해 사업장 소재 지역의 업종과 규모가 동일하거나 유사한 사업장에서 당해 근로자와 동일한 직종에 종사한 근로자의 임금에 관한 사항[177]

177) 평균임금을 산정할 수 없을 경우에는 근로자의 통상의 생활임금을 사실대로 산정할 수 있는 방법에 의하되 그와 같은 방법이 없을 때에는 당해 근로자가 근로하고 있는 지역을 중심으로 한 일대에 있어서 동종의 작업에 종사하고 있는 상용근로자의 평균임금의 액을 표준으로 삼아야 한다. 따라서 법시행령의 규정에 정하여진 방법이 아니라 할지라도 통상의 생활임금을 산정할 수 있는 방법이 있는지의 여부 및 그와 같은 방법이 없을 때에는 근로자가 받기로 한 일당이 근무일에 한하여 지급받기로 한 성질의 것인지 아니면 월급여의 계산방법을 편의상 그와 같이 정한 것인지의 여부

ⓓ-4. 당해 사업장의 근로제공기간 중에 받은 금품에 대하여 본인 또는 그 가족 등이 보유하고 있는 기록[178] 등 증빙서류에 관한 사항

ⓓ-5. 고용부장관이 조사 · 발간하는 "임금구조기본통계조사보고서", "매월노동통계조사보고서" 및 "소규모사업체근로실태조사보고서" 등 노동통계에 관한 사항

⑥ 평균임금의 조정

재해보상 등을 목적으로 휴업보상, 장해보상, 유족보상, 장례비, 일시보상금 지급에 따른 평균임금을 산정할 때 근로자의 요양기간이 길어지거나 하는 경우에는, 사유발생일을 기준으로 하게 되면 평균임금이 요양보상, 유족보상, 장의비, 일시보상 등 보상시점의 현실과 부합하지 않을 수 있다.

이러한 경우는 보상금 등을 보다 합리성 있게 결정하기 위해 동일사업장에서 동일직종의 근로자에게 지급된 통상임금의 1명당 1개월 평균액이 그 부상 또는 질병이 발생한 달에 지급된 평균액보다 100분의 5 이상 변동된 경우, 그러한 변동비율에 의해 인상되거나 인하된 금액으로 하되, 그 변동사유가 발생한 달의 다음 달부터 적용한다. 다만, 제2회 이후의 조정은 바로 직전의 변동사유가 발생한 달의 평균액을 산정기준으로 한다. 근로자가 소속한 사업 또는 사업장이 폐지되거나 비교직종이 없을 때는, 업무상 부상 또는 질병 발생한 당시에 그 사업 또는 사업장과 같은 종류, 같은 규모의 사업장을 기준으로 한다. 이와 같이 평균임금을 조정하는 경우 그 근로자의 직종과 같은 직종의 근로자가 없는 경우는 그 직종과 유사한 직종의 근로자를 기준으로 한다. 요양보상에 따라 업무상 부상을 당하거나 질병에 걸린 근로자에게 지급할 퇴직금을 산정할 때 적용할 평균임금은 이와 같이 조정된 평균임금으로 한다.[179]

⑦ 산재법상 평균임금산정

산재법에 따른 평균임금산정도 일반적인 근기법의 산정방법에 따른다.[180] 다

는 물론이고, 나아가 기능공으로서의 숙련정도와 작업방법 및 작업관행 등을 알아보고 나서, 작업하던 공사현장을 중심으로 한 일대에서 같은 종류와 숙련정도의 작업에 종사하고 있는 상용근로자의 평균임금액에 관하여 심리하여 평균임금액을 결정하여야 한다(대판 97누14798, 1997.11.28).

178) 이 경우 사업주가 인정하는 경우에 한한다.

179) 법시행령 제5조제1항 내지 제4항.

180) 산재법 제5조제2호. "근로자" · "임금" · "평균임금" · "통상임금"이란 각각 근로기준법에 따

만, 평균임금을 산정하기 부적당한 경우 고용부장관이 정하는 고시에 따르도록 특례를 두고 있다. 요양·휴업·장해·간병·유족·상병·장의비급여 등 보험급여를 산정하는 경우, 해당 근로자의 평균임금을 산정하여야 할 사유가 발생한 날부터 1년이 지난 이후에는 매년 전체근로자의 임금 평균액의 증감률에 따라 평균임금을 증감하되, 그 근로자의 연령이 60세에 도달한 이후에는 소비자물가변동률에 따라 평균임금을 증감한다. 다만, 진폐 등 대통령령으로 정하는 직업병으로 보험급여를 받게 되는 근로자에게 그 평균임금을 적용하는 것이 근로자의 보호에 적당하지 아니하다고 인정되어 대통령령으로 정하는 산정방법에 따라 산정한 금액을 평균임금으로 보는 보험급여는 제외한다.

1일단위로 고용과 해지가 반복되는 일용근로자의 경우, 1월간 실제근로일수 등을 고려하여 고용부장관이 정하는 통상근로계수를 곱하여 산정한다.[181] 보험급여를 산정할 때 평균임금이 전체근로자의 평균임금액의 1.8배를 초과하거나 1/2보다 적은 경우 등, 평균임금이 지나치게 높거나 낮은 경우는, 장의비를 제외한 나머지 급여에서, 그 최고 최저 보상기준금액을 평균임금으로 본다. 다만, 휴업급여와 상병보상연금 산정시는 최저기준액을 적용하지 않는다.[182] 최고·최저 보상기준액은 매년 고용부장관이 정한다.

「휴업급여」는 업무상 사유로 부상을 당하거나 질병에 걸린 근로자에게 요양으로 취업하지 못한 기간에 대하여 지급하되, 1일당 지급액은 평균임금의 100분의 70에 상당하는 금액으로 한다. 다만, 취업하지 못한 기간이 3일 이내이면 지급하지 아니한다. 「재요양」을 받는 자에 대하여는 재요양 당시의 임금을 기준으로 산정한 평균임금의 100분의 70에 상당하는 금액을 1일당 휴업급여 지급액으로 한다.

「부분휴업급여」의 경우, 요양 또는 재요양을 받고 있는 근로자가 그 요양기간 중 일정기간 또는 단시간 취업을 하는 경우에는 그 취업한 날 또는 취업한

른 "근로자"·"임금"·"평균임금"·"통상임금"을 말한다. 다만, 근로기준법에 따라 "임금" 또는 "평균임금"을 결정하기 어렵다고 인정되면 고용노동부장관이 정하여 고시하는 금액을 해당 "임금" 또는 "평균임금"으로 한다.

181) 산재법시행령 제24조제1항 현재 통상근로계수는 73/100.

182) 산재법 제36조제7항.

시간에 해당하는 그 근로자의 평균임금에서 그 취업한 날 또는 취업한 시간에 대한 임금을 뺀 금액의 100분의 90에 상당하는 금액을 지급할 수 있다. 최저임금액을 1일당 휴업급여 지급액으로 하는 경우에는 최저임금액에서 취업한 날 또는 취업한 시간에 대한 임금을 뺀 금액을 지급할 수 있다.

「저소득근로자 휴업급여」1일당 휴업급여 지급액이 최저보상기준금액의 100분의 80보다 적거나 같으면 그 근로자에 대하여는 평균임금의 100분의 90에 상당하는 금액을 1일당 휴업급여 지급액으로 한다. 다만, 그 근로자의 평균임금의 100분의 90에 상당하는 금액이 최저보상기준금액의 100분의 80보다 많은 경우에는 최저보상기준금액의 100분의 80에 상당하는 금액을 1일당 휴업급여 지급액으로 한다.

기타 보상종류별로 자세한 평균임금산정에 관한 사항은 생략한다.

〈통상임금 및 평균임금 등의 판단기준 예시〉

다만, 아래에 판단기준예시 중 3.4.5에서 정한 금품이라도 정기적, 일률적, 고정적 요건을 충족하면 모두 통상임금이 될 수 있다(대판 2012다89399.2013.12.18. 대판2012다 94643. 2013.12.18.).

판단기준 예시	통상임금	평균임금	기타금품
1. 소정근로시간 또는 법정근로시간에 대하여 지급하기로 정하여진 기본급 임금	○	○	
2. 일 · 주 · 월 기타 1임금산정기간내의 소정근로시간 또는 법정근로시간에 대하여 일급 · 주급 · 월급 등의 형태로 정기적 · 일률적으로 지급하기로 정하여진 고정급임금			
① 담당업무나 직책의 경중 등에 따라 미리 정하여진 지급조건에 의해 지급하는 수당 : 직무수당(금융수당, 출납수당), 직책수당(반장수당, 소장수당) 등	○	○	
② 물가변동이나 직급간의 임금격차 등을 조정하기 위하여 지급하는 수당 : 물가수당, 조정수당 등	○	○	
③ 기술이나 자격 · 면허증소지자, 특수작업종사자 등에게 지급하는 수당 : 기술수당, 자격수당, 면허수당, 특수작업수당, 위험수당 등	○	○	
④ 특수지역에 근무하는 근로자에게 정기적 · 일률적으로 지급하는 수당 : 벽지수당, 한냉지근무수당 등	○	○	
⑤ 버스, 택시, 화물자동차, 선박, 항공기 등에 승무하여 운행 · 조종 · 항해 · 항공 등의 업무에 종사하는 자에게 근무일수와 관계없이 일정한 금액을 일률적으로 지급하는 수당 : 승무수당, 운항수당, 항해수당 등	○	○	
⑥ 생산기술과 능률을 향상시킬 목적으로 근무성적에 관계없이 매월 일정한 금액을 일률적으로 지급하는 수당 : 생산장려수당, 능률수당 등	○	○	
⑦ 그 밖에 ①부터 ⑥까지에 준하는 임금 또는 수당	○	○	

판단기준 예시	통상 임금	평균 임금	기타 금품
3. 실제 근로여부에 따라 지급금액이 변동되는 금품과 1임금산정기간 이외에 지급되는 금품			
①「근로기준법」과「근로자의날 제정에 관한법률」등에 의하여 지급되는 연장근로수당, 야간근로수당, 휴일근로수당, 월차유급휴가근로수당, 연차유급휴가근로수당, 생리휴가보전수당 및 취업규칙 등에 의하여 정하여진 휴일에 근로한 대가로 지급되는 휴일근로수당 등		○	
② 근무일에 따라 일정금액을 지급하는 수당 : 승무수당, 운항수당, 항해수당, 입갱수당 등		○	
③ 생산기술과 능률을 향상시킬 목적으로 근무성적 등에 따라 정기적으로 지급하는 수당 : 생산장려수당, 능률수당 등		○	
④ 장기근속자의 우대 또는 개근을 촉진하기 위한 수당 : 개근수당, 근속수당, 정근수당 등		○	
⑤ 취업규칙 등에 미리 지급금액을 정하여 지급하는 일 · 숙직수당		○	
⑥ 상여금			
가. 취업규칙 등에 지급조건, 금액, 지급시기가 정해져 있거나 전근로자에게 관례적으로 지급하여 사회통념상 근로자가 당연히 지급 받을 수 있다는 기대를 갖게 되는 경우 : 정기상여금, 체력단련비 등		○	
나. 관례적으로 지급한 사례가 없고, 기업이윤에 따라 일시적 · 불확정적으로 사용자의 재량이나 호의에 의해 지급하는 경우 : 경영성과배분금, 격려금, 생산장려금, 포상금, 인센티브 등			○
⑦ 봉사료(팁)로서 사용자가 일괄관리 배분하는 경우		○	
4. 근로시간과 관계없이 근로자에게 생활보조적 · 복리후생적으로 지급되는 금품			
① 통근수당, 차량유지비			
가. 전근로자에게 정기적 · 일률적으로 지급하는 경우		○	
나. 출근일수에 따라 변동적으로 지급하거나 일부 근로자에게 지급하는 경우			○
② 사택수당, 월동연료수당, 김장수당			
가. 전근로자에게 정기적 · 일률적으로 지급하는 경우		○	
나. 일시적으로 지급하거나 일부 근로자에게 지급하는 경우			○
③ 가족수당, 교육수당			
가. 독신자를 포함하여 전근로자에게 일률적으로 지급하는 경우		○	
나. 가족수에 따라 차등 지급되거나 일부 근로자에게만 지급하는 경우(학자보조금, 근로자 교육비 지원 등의 명칭으로 지급)			○
④ 급식 및 급식비			
가. 근로계약, 취업규칙 등에 규정된 급식비로써 근무일수에 관계없이 전근로자에게 일률적으로 지급하는 경우		○	
나. 출근일수에 따라 차등 지급하는 경우			○

판단기준 예시	통상 임금	평균 임금	기타 금품
5. 임금의 대상에서 제외되는 금품			
① 휴업수당, 퇴직금, 해고예고수당			○
② 단순히 생활보조적, 복리후생적으로 보조하거나 혜택을 부여하는 금품 : 결혼축의금, 조의금, 의료비, 재해위로금, 교육기관 · 체육시설 이용비, 피복비, 통근차 · 기숙사 · 주택제공 등			○
③ 사회보장성 및 손해보험성 보험료부담금 : 고용보험료, 의료보험료, 국민연금, 운전자보험 등			○
④ 실비변상으로 지급되는 금품 : 출장비, 정보활동비, 업무추진비, 작업용품 구입비 등			○
⑤ 돌발적인 사유에 따라 지급되거나 지급조건이 규정되어 있어도 사유발생이 불확정으로 나타나는 금품 : 결혼수당, 사상병수당 등			○
⑥ 기업의 시설이나 그 보수비 : 기구손실금 등			○

제22장 임금의 결정과 지급

1. 개념정의

법문상 임금이란 "사용자가 근로의 대가로서 근로자에게 임금, 봉급, 그 밖에 어떠한 명칭으로든지 지급하는 일체의 금품"이라고 정의하고 있다.[1] 근로관계의 최종목적은 삶의 보람이자 생활의 수단으로서 임금을 취득하는데 있다. 노동관련 분쟁사건의 거의 전부가 임금지급과 결정 등에 관한 것이고 보면 노동력을 사용하고 대가를 지급하는 문제는 그 만큼 중요하다고 할 수 있다.

임금은 당사자간 근로계약이나 취업규칙, 단체협약 등에 의해 결정되게 되는데, 근로계약체결 시 반드시 임금에 관한 사항을 구두·서면 등으로 정해두어야 한다. 사용자는 근로자에게 임금, 소정근로시간, 법 제55조에 따른 휴일, 법 제60조에 따른 연차유급휴가, 그 밖에 대통령령으로 정하는 근로조건을 어떤 형태로든 명시 하여야 한다. 이 경우 임금의 구성항목, 계산방법, 지급방법, 소정근로시간, 법 제55조에 따른 휴일, 법 제60조에 따른 연차유급휴가에 관한 사항은 서면으로 명시하고 근로자에게 교부하여야 한다. 서면으로 명시한 사항이 단체협약, 취업규칙, 다양한 근로기준 제도시행에 관해 노사서면합의 등 대통령령에 정한 사유로 인해 변경되는 경우 근로자의 요구가 있으면 교부하여야 한다.[2]

---

1) 근기법 제2조제1항제5호.

2) 근기법 제17조제1항, 제2항, 영 제8조의2, 3월 이내 탄력근로제, 선택적근로, 보상휴가제, 근로시간계산 특례, 근로시간 및 휴게시간 특례, 유급휴가 대체, 취업규칙 변경 등에 수반되는 서면합의, 단체협약의 변경, 법령에 의한 변경 등.

서면명시의무는 1인 이상 모든 사업장에 적용된다. 상시 10인 이상을 사용하는 사업장에서는 취업규칙을 작성 신고하도록 하고 그 속에는[3] 임금과 관련하여 중요사항을 포함하도록 하고 있다.[4]

임금의 산정방법으로는 시간급·일급·주급·성과급 등 다양한 형태를 가지고 있으며 어떤 형태를 취하든 법에 정한 기준에 위반되지 않으면 별다른 문제가 되지는 않는다. 만약, 임금의 지급시기를 정하지 않았다면 민법 제656조에 의거 관습에 의하고 그것도 없다면 노무제공이 종료한 시기에 지체없이 지급하는 것이 원칙이다. 법상 임금지급에 관한 규율원칙은 「약정한 임금을, 매월 1회 이상 정한 날에, 지급의무가 발생한 전액을, 근로자 본인에게 지급했느냐 하는 것」이 논의의 핵심이다.

2. 임금지급

(1) 임금지급 원칙

임금은 사용자가 근로자 본인에게 직접, 전액을, 통화 등 통용력 있는 화폐로, 매월 1회 이상 정기지급[5]하는 것이 원칙이다. 임금은 근로제공에 대한 반대급부인 채권채무로서 기능한다. 따라서 근로계약이 유지되고 있다고 하더라도 결근, 조퇴, 개인적 사유로 인한 휴직기간, 공의 직무를 위한 기간, 쟁의기간,[6] 군복무기간, 특례보충역 군사교육,[7] 해고기간[8] 등과 같이 근로를 제공하

---

3) 임금의 결정·계산·지급방법, 임금의 산정기간, 지급시기 및 승급에 관한 사항, 가족수당의 계산지급방법에 관한 사항, 근로자의 식비, 작업용품 등의 부담에 관한 사항, 퇴직금·상여 및 최저임금에 관한 사항 등.

4) 근기법 제93조.

5) 예외적으로 비상시 지불, 법 제45조.

6) 파업기간에는 임금을 청구할 수 없는 것이 원칙이나. 임금 32240-10782, 1991.7.25. 이 경우 사용자측의 단체협약 불이행 등으로 쟁의가 발생한 경우 근무한 것으로 본다는 당사자간 약정이 있었다고 해도 이를 임금지급에 관한 약정으로 보기 어렵다. 대판 91다25536, 1991.10.25.

7) 법무 811-14156, 1980.6.18.

8) 해고기간은 노무제공이 없으므로 임금지급의무는 없다. 다만, 근로자에 대한 해고가 무효인 경우, 근로자는 계약이 유효하게 존속함에도 불구하고 사용자의 귀책사유로 인하여 근로를 제공하지 못한 경우는 그 기간동안 임금상당액(근로제공의 대가가 아니라 민사상채권으로 손해배상의

지 않는 기간에 대하여는 법령이나 취업규칙, 단체협약, 근로계약, 관행 등에 특별히 지급하도록 정한 바가 없다면 임금지급 의무가 없다.[9)]

임금은 통용력 있는 화폐로 지불해야 하고 어음, 당좌수표, 주식, 현물급여 등은 금지된다. 임금을 달러나 유로화로 지급하는 것은 별도의 환전절차를 거쳐야 하고, 국내에서 강제 통용력이 없는 등 통화불원칙에 위반된다. 지급기준을 임금지급시점의 달러화나 유로화의 가치와 연동하는 것은 무방하나 가치 등락에 따른 임금증감의 문제가 있으므로 합리적이지 못하다.[10)] 다만, 통화불원칙의 예외로서 인정이 되는 것은 다음과 같다.

1. 근로기준 이상으로 지급하는 금품으로서 단체협약에 의해 현금수당과 식대를 택일토록 하는 것[11)]
2. 보증수표(자기앞수표)로 임금을 지급하는 것,
3. 임금이 아닌 성과금의 지급수단으로 주식, 물품 등을 지급[12)]
4. 선원의 경우 기항지에서 통용되는 화폐로 지급하는 경우

1) 직접불원칙

임금은 직접 근로자에게 지급해야 한다. 지급 장소는 별도의 약정이 있거나 특수한 근로관계가 아니라면 관행에 따라서 근로자의 은행구좌에 지급하거나 직접 전달한다. 만약 타인명의 통장에 입금하거나 제3자가 임금을 수령하여 전달하는 것은 「직접불원칙」에 위반되어 무효가 된다. 다만, 근로자가 병에 걸리거나 불가피한 사정이 있어 처자가 인감을 가지고 임금을 수령하는 것은 원칙에 위배되는 것이 아니다. 판결, 공증에 따라 임금채권을 압류하여 채권자에게 공제금을 지급하는 것은 원칙에 위배되지 않는다. 선원법에 의하면,

---

성격)을 지급할 의무가 있다. 대판 81다626, 1981.12.12 ; 근로기준-579, 2004.2.3.

9) 국회의원등선거법 제4조에 의한 대통령·국회의원선거·지방의회의원선거 등 선거인명부 열람, 향토예비군 및 민방위기본법에 의한 훈련·교육 등의 경우는 근로시간으로 간주하여 임금을 지급하여야 한다. 다만, 정규교육 불참으로 인한 보충교육, 훈련장소 이탈, 병역특례자의 동원훈련은 병역법에 의한 임금지급대상이 아니다.

10) 임금 68207-552, 2002.7.9.

11) 식사를 현물로 제공하고 식사를 하지 않은 자에게 현금으로 지불.

12) 예) 성과포상금으로 생산품(냉장고, 가전제품)을 지급하는 경우 등.

선원의 청구가 있거나 법령 또는 단체협약에 특별한 규정이 있는 경우에는 임금의 전부 또는 일부를 그가 지정하는 가족 또는 그 밖의 자에게 지급하거나 금융기관에 예금하는 방법으로 지급하여야 한다고 정하고 있으나 예외적인 경우가 된다.[13]

① 손해배상채권과 직접상계

임금은 채권 또는 채무불이행으로 인한 손해배상채권과 직접 상계·공제는 불가능하다. 그러나 사용자가 근로자의 임금채권에 대한 상계·공제 등을 법으로 금하고 있더라도 민사상 강제집행까지 금할 수는 없으므로 사용자가 근로자의 임금채권에 대해 압류(押留) 및 전부명령(轉付命令)[14]을 받으면 전부명령의 효력에 따라 상계와 같은 효과를 얻을 수 있다.

법원의 판결, 공증 등에 따라 민사소송법상 압류,[15] 국세징수법에 의한 압류로 사용자가 일괄 공제하여 국가기관 혹은 제3자에게 납부하거나 본인의 채권에 충당할 수도 있는 등 예외적으로 상계·공제가 가능하다.

② 급여의 압류허용 범위

강제집행이 허용된다고 하더라도 민사집행법에 의거 급료·연금·봉급·상여금·퇴직금 이와 비슷한 성질을 가진 임금채권의 1/2을 초과하는 임금에 대하

---

13) 선원법 제48조제2항.

14) 채권자인 사용자가 채무자인 근로자 "갑"에게 주택구입자금을 대여했으나 채무자 갑이 약정된 금액의 상환을 기피할 경우, 근기법 제43조에 의거 사용자는 근로자가 자신에게 가진 월급 등 임금채권에 대해 직접공제 할 수는 없다. 따라서 법원으로부터 대여금에 관한 압류명령과 전부명령을 받아 대여금을 상계.공제 후 임금을 지급할 수 있다. 이 경우 근로자가 사용자에게 가진 임금채권과 사용자가 근로자에게 가진 대여금채권은 동등으로 소멸하여 결국 상계효과를 거둘 수 있다. 민사상 압류 전부명령은, 채권자 갑이 채무자 을에게 가진 채권을 채무자 을이 제3의 채무자(제3채무자)병에게 가진 채권을 법원의 결정을 통해 직접 자신이 이전받는 것인데, 갑이 을의 병에 대한 채권을 압류명령 받으면 병은 을에게 채무상환을 할 수 없고 을은 병으로부터 채권을 수령하거나 채권을 처분할 수 없다. 병은 법원의 전부명령에 따라 을에게 상환해야 할 채무를 을의 채권자 갑에게 직접 상환하고 대등액에서 을에 대한 자신의 채무를 면한다. 전부명령 대상은 임차보증금, 월급, 퇴직금, 공사대금 채권, 물품판매대금채권 등이고, 확정판결 이전이라도 신청에 의거 가능하다. 다만, 전부명령은 효력발생시까지 약 일주일의 기간이 있는데 이 기간 중에 채무자 을이 다른 채권자가 가압류나 배당요구를 신청하면 전부명령의 효력이 사실상 소멸한다.

15) 법원의 판결이나 동일한 효력이 있는 공증 등에 따라 임금채권이 압류된 경우.

여는 압류를 할 수 없다.[16] 한편, 근로자성을 갖지 않은 임원 등에 대해 위임 사무의 처리에 대한 대가로 지급되는 보수는 근로자에 대한 임금과 그 성격을 달리하므로 민사집행법 제246조등의 규정이 적용되지 않아 전액 상계가 가능하다고 했다.[17] 현재 대상판결은 상고가 제기되어 대법원에 계류 중이다(대판 2015다51968). 다만, 법원은 신청에 의하여 채권자와 채무자의 생활상황 기타의 사정을 고려하여 압류명령을 할 수도 있다. 한편 특별법으로 압류가 금지되는 채권[18]은 원칙상 압류가 불가능하다. 그러나 법령으로 정해져 있다고 해서 위

---

16) 민사집행법제246조에 의거 압류가 금지된 채권 : 1. 법령에 규정된 부양료 및 유족부조료(유족부조료) 2. 채무자가 구호사업이나 제3자의 도움으로 계속 받는 수입 3. 병사의 급료 4. 급료·연금·봉급·상여금·퇴직연금, 그 밖에 이와 비슷한 성질을 가진 급여채권의 2분의 1에 해당하는 금액. 다만, 그 금액이 국민기초생활보장법에 의한 최저생계비를 감안하여 대통령령이 정하는 금액에 미치지 못하는 경우 또는 표준적인 가구의 생계비를 감안하여 대통령령이 정하는 금액을 초과하는 경우에는 각각 당해 대통령령이 정하는 금액으로 한다. 5. 퇴직금 그 밖에 이와 비슷한 성질을 가진 급여채권의 2분의 1에 해당하는 금액 6. 「주택임대차보호법」 제8조, 같은 법 시행령의 규정에 따라 우선변제를 받을 수 있는 금액 7. 생명, 상해, 질병, 사고 등을 원인으로 채무자가 지급받는 보장성보험의 보험금(해약환급 및 만기환급금을 포함한다). 다만, 압류금지의 범위는 생계유지, 치료 및 장애 회복에 소요될 것으로 예상되는 비용 등을 고려하여 대통령령으로 정한다. 8. 채무자의 1월간 생계유지에 필요한 예금(적금·부금·예탁금과 우편대체를 포함한다). 다만, 그 금액은 「국민기초생활 보장법」에 따른 최저생계비, 제195조제3호에서 정한 금액 등을 고려하여 대통령령으로 정한다.
4항의 금료임금 채권의 압류상한 제한은 다음과 같다. 1. 채무자의 급여채권 중 월150만원까지는 압류가 불가능 하고, 2. 150만원~300만원까지는 150만원까지, 3. 300만원~600만원까지는 급여의 1/2까지, 4. 600만원초과는 300만원+[{(급여/2)−300만원}×1/2]를 제외한 나머지 금액의 압류가 가능하다. 채무자가 여러 직장을 다니는 경우는 모든 급여를 합산한금액으로 계산하며, 급여는 제세공과금을 제외한 공제 후 실수령액 기준이다. 자세한 사항은 민사집행법 제246조 참조.

17) 서울고법 2015.7.23, 2015나8737.

18) 민사집행법」 제246조제1항제4호 단서, 「민사집행법 시행령」 제3조 및 제4조 : 「공무원연금법」 「군인연금법」에 따른 급여 「고용보험법」에 따른 실업급여 「국가유공자 등 예우 및 지원에 관한 법률」에 따라 지급받을 보상금 「사립학교교직원 연금법」에 따른 급여 「국민연금법」에 따른 각종 급여 「근로기준법」에 따라 지급받게 될 보상청구권「산업재해보상보험법」에 따른 보험급여를 받을 권리 「자동차손해배상 보장법」에 따라 피해자의 보험회사에 대한 보험청구권, 피해자의 보상청구권 또는 가불금청구권 「국민기초생활 보장법」에 따른 수급품, 수급품을 받을 권리 및 급여수급계좌의 예금에 관한 채권 「어선원 및 어선 재해보상보험법」에 따른 보험급여를 받을 권리 「국민건강보험법」에 따른 보험급여「선원법」에 따른 재해보상 등을 받을 권리(「선원법」 제124조) 「형사보상법」에 따른 보상 「국가배상법」에 따라 생명·신체의 침해로 인한 국가배상 「한부

에서 살펴본 압류금지채권의 변동이 완전히 불가능한 것은 아니고, 민사집행법 제246조 제1항에서 규정하고 있는 압류금지채권의 경우, 압류금지채권의 목적물이 채무자의 예금계좌에 입금이 된 이후에는 더 이상 압류금지채권이 아닌 일반예금으로서 압류가 가능하다.

「근로자가 사망한 때」는 민법에 따라 사망한 근로자의 권리의무를 승계한 상속자에게 사망한 날로부터 14일 이내[19]에 일체의 금품을 지급해야 한다. 만약 상속권에 관한 분쟁 등으로 상속자가 불명확한 경우는 근로자에게 지급해야 할 일체의 금품 전액을 사망한 날로부터 14일 이내에 법원에 공탁을 하여 지급의무를 면제받을 수 있다. 이때 상속자는 법적인 다툼을 거쳐 자신이 적격한 수령권리가 있는 자라는 것을 입증하고 공탁임금을 수령해야 할 것이다.

「일체의 금품」이란, 임금, 보상금 이외에 근로관계로부터 발생해 근로자에게 귀속하는 일체의 금품을 의미하는 것으로 지원금, 적립금, 보증금, 저축금, 퇴직금, 환급금, 해고예고수당 등을 말합니다.[20]

「임금채권의 양도」는 가능하다. 그러나 임금은 확실하게 근로자의 수중에 들어가도록 지급하여 채권자인 근로자의 자유의사에 따라 처분토록 함으로서 안정적인 생활을 보장하여야 한다. 따라서 임금채권을 양도한 경우라도 사용자는 직접 근로자에게 임금을 지급하여야 하며, 양수인이 직접 사용자에 대하여 임금의 지급을 청구할 수 없다.[21] 반대로, 사용자가 근로자의 임금지급에 갈음하여 그가 제3자에게 대하여 가지는 채권을 근로자에게 양도하는 약정은 무효이다. 다만, 당사자 쌍방이 무효임을 알았더라면 임금의 지급에 갈음하는 것이 아니라 그 지급을 위하여 채권을 양도하는 것을 선택하였으리라고 인정될 때에는 민법 제138조에 의한 무효행위 전환의 법리에 따라 그 채권양도 약정은 임금지급을 위하여 한 것으로서 효력을 가질 수 있다. 따라서 양도받은 채권 일부를 추심하여 미수령 임금 및 퇴직금 일부를 충당하고 아직 변제받지

보가족시원법」에 따른 복지급여.

19) 근기법 제36조.

20) 임금근로시간-2422, 2006.8.25.

21) 부산지판 2008나9263, 2008.9.26.

못한 부분이 있다면 추가로 사용자에게 청구할 수 있다.[22)]

2) 전액지급원칙

전액지급원칙의 취지는 사용자의 임의적인 공제를 금하고, 지정된 기일에 약정한 임금전액을 확실히 지급하도록 하여 근로자의 안정적인 경제생활을 보장하는데 있다. 약정한 임금을 임의로 분할지급하거나 공제할 경우, 지출의 예측이 불가능하게 될 것이고, 함부로 명분을 달아서 공제하거나 유보하는 일이 생길 것이다. 법으로 금지하고 있는 위약예정금, 전차금 또는 전대채권, 강제저축금 등[23)]을 공제하고 임금을 지급하였을 경우에도 임금전액불원칙에 위배된다.

임금은 법령이나 단체협약에 특별한 규정이 있을 때를 제외하고는 지급의무가 있는 임금전액을 지급하여야 한다.[24)] 단체협약과 법령에 공제 근거가 없으면 사용자의 임의적인 공제가 불가능 하지만, 임금의 주체인 근로자 본인이 비목을 특정하여 공제에 동의할 경우는 가능하다.[25)]

「학설」에 의하면, 전액지급원칙에 따라 금지되는 것은, 사용자의 일방적 의사에 기한 상계일 뿐, 근로자의 자유로운 의사에 따라 이루어진 상계·공제는 근로자에게 불리하지 않고 생활보장의 취지에 반하지도 않기 때문에 제한적으로 허용되어야 한다는 이른바 제한적 긍정설이 다수의 견해이고, 「판례」에서도 임금채권에 대한 상계 등 공제 동의가 근로자의 자유로운 의사에 터 잡아 이루어진 것이라고 인정할만한 합리적인 이유가 객관적으로 존재하는 때에는 임금전액지급원칙에 위반되지 않는다고 본다.[26)]

따라서 임의로 조직된 취미 동호인 모임회비·수재의연금·불우이웃돕기 성금·경조사비·구내식당 판매점 이용료 등의 일괄공제를 요청할 때에도 개별근로자들의 실질적이고 구체적인 동의를 얻었을 때는 공제가 가능하다. 단체협

22) 대판 2011다101308, 2012.3.29.

23) 근기법 제20조~제22조.

24) 임금정책과-3847, 2004.10.7.

25) 예) 국군장병위문금, 수재민돕기성금, 기타 나환자돕기성금 공제, 구내식당·구판장 이용대금 공제 등 동의.

26) 김형배, 임종률, 하갑래, 대판 2001다25184, 2001.10.23.

약에 의해 임금의 일부를 공제하는 경우라도 임금공제 대상항목을 구체적으로 특정하고 공제율을 명시하여야 하고 그에 관해 개별근로자의 구체적인 동의가 있어야 한다.[27] 사용자는 근로자과반수로 조직된 노동조합의 대표자의 동의만으로 개별근로자의 임금의 일부를 공제할 수는 없다.[28] 따라서 노동조합에서 수재민을 돕기 위한 명분으로 임금의 일괄공제를 결의하고 이에 관해 대다수의 조합원이 동의를 했을 경우에도, 1~2명의 조합원이 동의를 하지 않은 경우는 해당 조합원의 급여에서 성금 등을 공제할 수 없다.

근로의 대가인 임금은 근로하지 않은 시간에 대해 임금을 산정하지 않거나 약정한 임금에서 그 시간만큼 삭감할 수 있다.

1. 정당한 징계처분에 의한 출근정지, 감급, 직위해제 등으로 인해 해당시간만큼 임금이나 수당을 삭감하는 것은 전액불원칙에 어긋나지 않는다.

2. 계산착오 등으로 과다 지불된 임금이 있을 때 그 행사 시기가 초과 지급된 시기와 합리적으로 인접해 있고 금액과 방법이 미리 예고되는 등 근로자의 생활안정을 해칠 염려가 없는 경우에는 장차 지급할 임금과 과다 지불된 임금을 상계하는 것은 전액불원칙에 위반되지 않는다.[29]

3. 사용자가 단체협약이나 근로계약 등으로 명시하지 않았지만 상당기간에 걸쳐 일정액을 정기적으로 지급하여 온 경우에는, 착오지급 등 특별한 사정이 없다면 근로조건으로 변한 것이므로 이를 지급하지 않거나 삭감할 경우는 취업규칙상 근로조건 변경절차를 거쳐야 한다.[30] 유형별로 전액지급 관련 실무사례를 살펴보면 다음 각 호와 같다.

① 임금채권과 상계

임금은 법령 또는 단체협약에 특별한 규정이 있는 경우에는 일부를 공제할 수 있다.

1. 임의로 손해배상채권과 임금, 퇴직금 등을 상계할 수 없고, 별도의 민사

27) 임금 68207-405, 2003.5.26 ; 임금 68207-667, 2002.9.4 ; 임금근로시간-2624, 2006.9.8.
28) 임금 68207-667, 2002.9.4.
29) 대판 97다14200, 1998.6.26.
30) 근로조건-2117, 2008.6.18 ; 서울고판 2000나8009, 2000.8.10.

소송을 통해 채권을 회수하는 것이 원칙이다. 다만, 앞서 살펴보았듯이 판례[31)]에서 "사용자가 근로자의 자유로운 의사에 따라 동의를 얻어 상계하는 경우에 임금전액불원칙에 위반하지 않는다"고 한 바 있으므로 상계 동의를 받은 후 임금, 퇴직금 등에서 공제하는 것은 무방하다.

2. 민사집행법 제246조1항 4호에 의거 임금과 퇴직금의 경우 1/2에 해당하는 금액만 압류가 가능하다. 그러나 근로자 동의가 있더라도 퇴직연금에 대해서는 전액 압류가 금지되므로 상계합의서가 있더라도 상계공제가 사실상 불가능하다.

3. 「가불임금」은 기왕의 근로에 대해 임금지급기일 이전에 지급한 임금이므로 법위반이 되지 않는다.

4. 외관상 가불형식을 취하였다고 하더라도 실상은 동의없이 과실충당금으로 사용하였다면 손해배상금과 상계로 인정되어 위법이다. 사용자가 근로자의 불법행위가 있고 그로 인해 발생한 채무불이행으로 인한 손해배상금이나 민·형사상의 배상금, 회사에 대해 지고 있는 대출금 채권 등을 가지고 근로자 동의없이 임금과 상계할 수는 없다.[32)] 다만, 취업규칙 등으로 정하고 본인의 동의를 얻은 경우는 재직중 주택자금 등 대출금을 퇴직금에서 공제가 가능하다.[33)] 노조의 「불법행위로 인한 손해배상금」을 근로자로부터 공제한 조합비에서 상계할 수는 없다.

5. 다만, 재직 중 과오지급, 착오지급된 부분에 대하여 근로자가 퇴직금을 청구했을 경우 기 착오 및 초과지급된 임금의 반환청구권을 자동채권으로 상계하는 것은 무방하다.[34)] 착오로 일부수당이 적게 지급되고 다른 금품이 많이 지급되었다면 초과지급액은 과소지급액에 충당된 것으로 본다.[35)]

---

31) 대판 2001다25184, 2001.10.23.

32) 대판 75다1768, 1976.9.28. 은행직원에 대해 불량채권 대출금과 임금을 상계한다거나 식당종업원에게 손님의 외상식사대금을 공제하고 임금을 지급하는 것은 위법이다 ; 대판 97다14200, 1998.6.26.

33) 대판2003다7623, 2003.6.27.

34) 대판 2007다90760, 2010.5.20.

35) 대판93다43589, 1983.12.14.

② **조합비 일괄공제(Check-Off)**

조합비 일괄공제란, 사용자가 조합원인 근로자에게 지급할 임금 중에서 노동조합이 조합원으로부터 징수할 조합비 및 기타 징수금 상당액을 일괄 공제하여 이를 직접 노동조합에 지급하는 것을 말한다. 단체협약에 일괄공제가 규정되어 있고, 그와는 별도로 조합원의 구체적인 동의[36]를 받아야 한다. 일괄공제제도는 사용자와 노동조합간의 합의사항인 채무적 부분으로 직접 조합원을 구속하는 것은 아니고, 단지 조합의 재정활동을 보장하여 주는 제도에 불과하기 때문이다. 일괄공제를 거부하는 조합원에 대하여 단체협약을 이유로 조합비를 공제 할 수 없다.[37]

한편 합법적인 일괄공제를 해오던 상태에서 사용자가 합리적인 이유없이 일괄공제를 중단하는 것은 조합의 재정에 심각한 영향을 미치게 되기 때문에 조합운영에 대한 지배·개입행위로 보아서 부당노동행위에 해당한다. 다만, 조합원 총회의 공제 결의에 대해 동의하지 않는 조합원은 조합탈퇴 등으로 비자발적인 공제를 거부할 수 있다. 따라서 투쟁기금·쟁의준비금 등 부정기적·불확정적인 조합비에 관해 단체협약에 일괄공제 규정을 두고 있고, 노동조합 규약상 관련규정 및 조합원 총회(대의원회)에서 투쟁기금을 일괄공제하기로 결의가 있다면 개별조합원의 동의없이도 일괄공제가 가능하다.[38]

③ **근로조건 변경과정에서 근로를 제공하지 못한 시간**

노사가 기존 근로조건의 변경안을 두고 각자 주장을 협의를 하는 과정에서 임금, 근로시간 등 근로조건의 합의를 하지 못해 출근은 했으나 일하지 못한 시간에 대해서는 사용자귀책의 휴업이나 대기시간으로 보기 어려워 임금지급 의무가 없다.[39]

---

36) 조합원의 개별적 동의 및 사전에 조합규약으로 일괄공제가 규정되고 이를 조합원으로부터 의결(승인)을 받은 경우에도 인정.

37) 노동조합과-1501, 2004.6.5.

38) 노사관계법제팀-557, 2007.2.20.

39) 근로조건-5511, 2008.12.4.

④ 택시회사 사납금부족액 공제

법령이나 단체협약에 특별한 규정이 있는 경우에는 임금의 일부공제가 가능하다. 따라서 택시회사에서 단체협약 등을 통해 임금을 정할 때, 기본임금과 개인 수입으로 나누고 개인수입금은 운송수입금에서 사납금을 내고 난 나머지 금액으로 구성되는 경우에, 운송수입금이 적어 사납금에 미치지 못할 때는 그 차액을 기본임금에 공제한다는 약정을 맺는다고 하더라도 이는 법 제21조 위반[40]이 아니며 그 결과 기본임금이 삭감되었다고 하더라도 법 제43조[41] 위반이 아니다.[42]

⑤ 상여금

단체협약으로 상여금의 지급조건, 지급률, 지급시기 등을 정하여 매년 일정시기에 일정률을 지급하거나, 따로 규정이 없더라도 그 동안 계속적, 정기적, 일률적으로 지급해 온 것이 관행화 되어 있다면 평균임금으로 지급의무가 있다. 다만, 지급방법 등에 관해 구체적으로 정한 바[43]가 있다면 그에 따르더라도 법위반이 아니다.[44] 정기적으로 지급하는 상여금의 경우[45] 지급시기 이전에 퇴직한 근로자에게는 지급기준일 다음날부터 이미 근무한 일수에 해당하는 상여금을 비례하여 지급하는 것이 합리적이다.[46] 판례에서도, 상여금지급대상자를 "각 지급기간 말일 현재 재직 중인 자"로 한정했다고 하더라도 이 규정을 상여금지급기간 중간에 퇴직한 자를 배제하는 규정으로 볼 수 없다는 입장이다.[47] 아울러 산재환자에 대해서는 휴업보상 이외에 상여금을 지급할 법적 의무가 없다. 휴업보상은 정기적, 일률적인 상여금을 포함한 평균임금으로 계

---

40) 전차금상쇄금지.

41) 임금지불의 원칙.

42) 임금정책-3847, 2004.10.7.

43) 지급기준일현재 사원으로 재직 중인 자 등.

44) 근기 68207-1667, 2000.5.31.

45) 또는 특정시기(여름휴가, 추석, 설날, 특정 분기 등)에 지급하는 상여금이 일정기간의 근속을 요건으로 하는 경우 등.

46) 임금근로시간-117, 2006.1.13 ; 대판 81다카137, 1982.4.13.

47) 대판 81다카137, 1982.4.13.

산하기 때문이다.

⑥ 퇴직자에 대한 임금소급인상

노사간 임금협상이 만료일 이후에 마무리되어 인상시점을 임금협정체결 이전으로 소급하는 경우, 단체협약 등에 달리 정한 바가 없다면 소급을 위한 동의 또는 승인, 합의의 효력은 재직근로자에게 효력이 있는 것이며, 이미 퇴직한 근로자가 소급기준일 이후 새로운 협상체결일 이전에 퇴직하였고 소급기준일이 재직기간 중이었다고 하더라도 임금인상의 소급효가 미치지 않는다.[48]

임금을 인상하기로 결정하기 이전에 퇴직한 근로자는 퇴직당시의 보수규정에 의한 근로관계가 퇴직과 동시에 종료되었다고 보는 것이므로, 특약이 없다면 사후에 소급하여 바뀐 보수규정은 적용되지 않는다. 다만, 임금을 소급 인상하는 단체협약이 체결되기 전에 퇴직한 근로자에 대해서도 임금을 추가 지급해 온 관행이 성립되어 있다면, 관행에 반하여 일방적으로 소급 인상된 임금을 지급하지 않는 등 불리한 조치를 할 수 없다.

이 경우 소급 인상된 임금을 지급하지 않으려면 근로자과반수로 조직된 노동조합의 동의를 얻는 등의 절차를 거쳐야 할 것이다. 만약 그러한 절차를 거치지 않았다면 퇴직자들에게도 임금인상분 차액과 퇴직금 인상분 차액을 지급해야 한다.[49]

⑦ 사업장 인수와 관련한 책임문제

사업장을 인수받은 사용자는 그 사업장에서 인수받기 전에 발생한 임금체불에 대해서는 근로기준법상 책임이 없다. 만약 양도 양수시 약정으로 양수인이 양도인의 체불임금 채무를 전액 인수하기로 하였더라도 민사상 책임만 물을 수 있다. 다만, 퇴직금의 경우 근로자 퇴직시 발생하는 것이므로 근로관계를 양수한 사업주가 퇴직근로자에 대한 퇴직금지급 책임을 진다.[50]

기타 임금포기와 삭감, 반환과 전액지급문제 등에 관해서는 이장 끝에서 한

48) 서울고판 2000나58417, 2001.3.27 ; 법무 811-2809, 1980.12.12.
49) 서울고판 2000나8009, 2000.8.10.
50) 근기 01254-15756, 1986.9.6.

목을 달리하여 상세히 설명한다.[51)]

⑧ **성과급**

영업사원 등에게 전년도 업무실적에 대한 평가결과를 토대로 지급하는 금품으로 지급의무가 성과달성이라는 불확실한 지급요건에 달려 있어서 취업규칙, 단체협약, 근로계약 등으로 지급의무를 정해두지 않는 한 반드시 지급할 의무는 없다.

실무상 사용자의 지급의무로 정해두기는 했으나 지급일 전 퇴직자에게는 지급하지 않는다고 단서를 정해 두기도 한다. 이 경우 취업규칙에 재직자지급조항을 명기해 두었는데도 퇴직자에게 지급청구권이 있는지 의문이다. 판례는, 임금전액불 원칙을 전제로 성과급이 지급시기와 지급액이 미정일 뿐 이미 재직 중 근로의 대가로 사용자의 지급의무가 발생된 금품이므로 후불적성격의 임금으로 보아서 퇴직자에게 지급을 제한하는 규정은 강행규정을 위반한 것이므로 퇴직자에게도 지급을 하여야 한다.[52)]

3) 정기지급원칙

임금은 매월 1회 이상 일정한 날짜를 정하여 지급되어야 한다. 다만, 임시로 지급하는 임금, 수당 기타 이에 준하는 것 또는 대통령령이 정하는 임금[53)]에 대하여는 그러하지 아니하다[54)] 정기지급원칙은 매월 일정하게 정해진 기일에 근로의 대가를 어김없이 지급하도록 강제함으로써 근로자의 생활안정을 도모하고자 하는데에 입법취지가 있다. 따라서 사용자가 임금을 정기지급기일에 지급하지 아니할 경우, 고의범으로서 근로자마다 각각 법규정을 위반한 죄가 성립된다.[55)] 합리적인 이유없이 지급날짜가 수시로 변동이 되는 것도 정기불 원칙에 위배된다. 지급일의 변경은 합리적인 이유가 있고, 근로자의 동의

51) "5. 임금채권의 삭감, 반환, 포기" 등 참조.

52) 근기 01254-16689, 1988.11.8 ; 대판2001다31233, 2004.4.28 ; 서울지법 2000가합70373, 2000.12.28.

53) 정근수당, 근속수당, 1월을 초과하는 수당, 기타 부정기적인 수당 등.

54) 근기법 제43조제2항.

55) 헌재 2002헌바11, 2005.9.29 ; 대판 97도1490, 1997.9.30.

를 받았을 경우 인정될 수 있다.

「매월」이라 함은, 매월 1일부터 말일까지 달력상 1월을 의미한다. 「일정한 날짜」라 함은, 특정일을 정하는 것으로 그 기일이 주기적으로 돌아와야 한다. 정기지급일에 임금을 지급하지 않았다면 그 후에 임금의 일부나 전부를 지급하였다고 해도 법상 임금미지급의 책임은 남는다.[56] 사용자가 단 하루라도 임금을 체불했다면 법 위반이다. 그러나 임금지급을 위하여 모든 성의와 노력을 다했어도 임금의 미불이나 체불을 감당할 수 없었던 불가피한 사정이 통념상 인정될 수 있을 정도로 사용자에게 적법행위를 기대할 수 없는 특수한 사정이 있는 경우는 법 제43조의 위반책임이 조각 될 수 있다.[57]

「월 1회 이상」이므로 “월 2회나 3회로 나눠서 정기지급일을 정하여 지급하는 것은 무방하다” 그러나 “1월 이상의 기간을 단위로 정하여 지급하는 것은 법위반”이다. 다만, 매월 1회 이상 지급할 수 있는 정기불원칙의 예외로서, 1월을 초과하는 기간의 출근성적에 의해 지급하는 정근수당, 1월을 초과하는 일정기간의 계속근무에 대해 지급되는 근속수당, 1월을 초과하는 기간에 걸친 사유에 의해 산정되는 장려금, 능률수당, 상여금, 기타 부정기적으로 지급되는 제수당과 임시로 지급되는 임금이나 수당은 적용을 받지 않는다.[58]

매년 정기적, 일률적으로 호봉승급을 실시하는 것이 관행적으로 성립된 경우, 근로자의 집단적의사결정방식에 의한 적법한 절차를 거치지 아니하고 일방적으로 정기승급을 동결하였다면, 각 근로자별 정기승급이 이루어지는 달의 임금 정기지급일에 정기승급으로 인하여 가산되는 임금전액이 지급되지 아니한 것으로 본다.[59]

사용자는 근로자 또는 그의 수입에 의하여 생계를 유지하는 자[60]가 출산하거나, 질병 또는 재해를 입거나, 혼인 또는 사망 등의 사유가 발생하거나, 부득이한 사유로 인해 1주 이상 귀향하는 경우 등 전체적으로 근로자에게 뜻하

56) 대판 2002도4323, 2003.4.11.
57) 대판 2002도3666, 2002.9.24 대판 85도1262, 1985.10.8.
58) 근기법시행령 제23조.
59) 임금 68200-649, 2000.12.5.
60) 친족 등이 아니라도 동거인이면 전부 포함한다.

지 않은 많은 비용이 필요한 경우에 근로자의 지급청구가 있으면 지체없이 기왕의 근로에 대한 임금[61]을 지급해야 한다.[62] 이때 「비상시 임금지급의무」는 법 제36조의 금품청산 책임과는 관련이 없다.

(2) 쟁의행위기간

1) 무노동무임금 원칙

"쟁의행위에 참가하여 근로를 제공하지 아니한 근로자에 대하여는 그 기간에 대한 임금을 지급할 의무가 없다. 노동조합은 쟁의행위기간에 대한 임금의 지급을 요구하여 이를 관철할 목적으로 쟁의행위를 하여서는 아니된다"고 정하여 "무노동무임금의 원칙"을 명시하고 있다.[63]

이 원칙은, 설혹 단체협약이나 취업규칙에 임금을 삭감하지 않는다는 규정이 있다고 해도 사용자의 지휘감독권을 행사할 수 없는 쟁의행위에 있어서 근로를 제공하지 않은 근로자에게까지 임금을 지급하여야 하는 것이 아니라는 뜻이다. 다만, 법에 정한 기준 이상으로 근로자를 대우하는 것은 무방하다. 따라서 단체협약이나 취업규칙, 근로계약 등에 의해 쟁의기간에 대해서 임금을 지급하기로 했다면 그 약정도 유효하다. 단지 그러한 임금의 지급을 요구하면서 임금지급을 관철할 목적으로 쟁의행위를 해서는 아니된다는 것이다.[64]

쟁의기간 중 전임자에 대한 임금지급의무도 없다.[65] 전임자는 사용자와 사

---

61) 장래의 근로에 대한 대가는 포함하지 않는다.

62) 법 제45조, 영 제25조.

63) 노조법 제44조제1항, 제2항.

64) 쟁의기간 중 행위를 근무의 연속으로 본다는 규정이 있다고 해도 이는 승급이나 승진, 퇴직금산정, 연차유급휴가산정시 계속근로로 본다는 약정의 취지이지 그 기간 중 근로제공이 없는 경우에도 임금을 지급한다는 의미가 아니다(대판 91다25536, 1991.10.25).

65) 단체협약에 정하기를 "전임간부의 전임기간은 계속근로로 간주하며 전임기간 중의 급여, 기타 후생복지에 관한 제대우를 일반조합원에 준한다"고 정한 것은 전임자를 근로계약상 본래의 근로제공업무에 종사하는 일반조합원보다 불리한 처우를 받지 않도록 하는 범위 안에서 일반조합원에 준하는 급여를 제공하는 것이 적절하다는 노사합의에 기초한 것이라 할 것이지 전임자를 일반조합원보다 더욱 유리하게 처우하는 것은 당초 노사합의가 의도한 바가 아니다. 따라서 일반조합원들이 쟁의기간 중 무노동무임금원칙에 의거 임금을 지급받지 못하는 마당에 조합간부인 전임자들이 자신들의 급여를 받겠다는 것은 정당성이 없다(대판 2003다4815, 2003.9.2).

이에서 기본적인 근로계약관계는 유지되고 근로자 신분을 가지지만 근로제공의무가 면제되고 사용자의 임금지급의무도 면제된다는 점에서 휴직자의 상태와 유사하다. 단체협약에 전임기간 중 일정금원을 지급키로 약정하더라도 이는 근로의 대가인 임금이라고 할 수 없다.[66]

조합의 쟁의행위가 정당한 경우에는 그 기간을 평균임금 계산기간에서 제외하는 것이 근로자 보호측면에서 바람직하다. 휴일, 휴가부여를 위한 출근율 계산시에도 쟁의기간을 제외한 나머지 소정근로기간에 대한 출근일수에 따라 휴가일수 등을 산정한다. 다만, 출근율 산정기간 모두가 쟁의기간인 경우는 별도로 휴일이나 휴가를 부여할 필요가 없다. 불법한 쟁의행위기간은 휴일휴가부여를 위한 출근율 산정시 결근으로 간주될 뿐 아니라 그 기간은 평균임금 산정기간에 포함한다.[67]

「부분파업」을 하는 사업장에서 일부 근로희망자들의 노동력만으로도 조업을 계속할 수 있는 경우, 근로자가 일하려는 의사를 표시했음에도 불구하고 사용자가 거절하였다면 사용자의 행위를 민법상의 수령지체로 보아 그 근로자에게 임금이나 휴업수당을 지급할 책임이 있다. 그러나 근로희망자들의 노무제공만으로는 사업장의 조업을 계속할 수 없는 경우는 사용자가 노무수령을 거절하였다고 해도 근로자에게 임금을 지급할 의무나 휴업수당지급의무가 발생하지 않는다.[68]

사용자의 정당한 「직장폐쇄」는 임금지급의무가 발생하지 않는다. 그러나 직장폐쇄가 위법한 경우는 임금전액을 지급해야 한다.

(3) 휴업기간

사용자는 노무를 제공하지 않은 기간 중에는 근로자에게 임금을 지급할 의무가 없다. 다만, 사용자의 과실로 일하지 못한 근로자에게 임금을 지급하지

66) 대판 97다54727, 1998.4.24.
67) 근기 01254-7310, 1988.5.17.
68) 임금 32240-10779, 1991.7.25. 단체협약상 사납금이 액수가 결정되지 않은 상태에서 근로자가 인상전의 조건으로 택시운행을 하고자 했으나 사용자가 이를 거절한 경우는 사용자의 책임있는 노무수령지체에 해당하여 손해배상책임이 있다(대판 92다42743, 1993.7.27).

않는 것을 그대로 방치한다면 근로자의 기본적인 생활보장은 어렵게 된다. 그렇다고 근로자가 민사상 소송을 통해 사용자의 과실을 이유로 임금전액을 청구할 수 있지만, 절차와 비용부담 등 번거롭다.

법은[69] 사용자의 귀책사유[70]로 휴업하는 경우에는 그 근로자에게 평균임금의 100분의 70 이상의 수당을 지급하도록 하고, 평균임금의 100분의 70에 해당하는 금액이 통상임금을 초과하는 경우에는 통상임금을 휴업수당으로 지급할 수 있다. 다만, 천재지변, 제3자의 가해행위 등 부득이한 사유로 인하여 사업을 계속하는 것이 불가능하여 노동위원회 승인을 받은 경우는 100분의 70 이하로 지급하거나 전혀 지급하지 않을 수도 있다. 사용자의 귀책사유로 휴업한 경우는 휴업수당청구권과 민법상의 임금전액청구권이 경합하게 된다. 무급휴직으로 노사가 합의한 경우 사용자에게 휴업수당의 책임이 있는지 여부가 쟁점이다. 휴업수당부분에서 상세히 설명한다.

3. 임금지급책임

임금지급의 책임을 지는 자는 법의 적용을 받는 사용자이다. 사용자라 함은 근로자보호를 위해 근로조건에 관한 사항에 대해 강제적으로 이를 준수해야 하는 민·형사상의 의무자이다. 사용자를 판단할 때는 외형도 중요하지만 실질적으로 노동력을 활용하여 대가를 지불해야 할 책임자가 누구인가를 판단하여 법적인 책임을 지우는 일이 중요하다.

판례에 의하면, 누가 퇴직금지급의무를 부담하는 사용자인가를 판단함에 있어 계약의 형식이나 관련 법규의 내용에 관계없이 실질적인 근로관계를 기준으로 하여야 한다고 판시하면서, 실질적인 사용자성을 판단하는데 있어서도 근로자성 여부를 판단하는 것처럼 계약의 형식과는 관계없이 실질에 있어서 과연 근로자가 누구를 위하여 임금을 목적으로 종속적인 관계에서 근로를 제

69) 근기법 제46조, 영 제26조.

70) 사용자의 세력범위 내에서 생긴 경영장애(판매부진, 자금난, 원자재부족, 주문량감소, 시장불황, 생산량감축, 조직개편, 공장이전 등)로 고의나 과실을 요건으로 하지 않는다.

공하였는지 여부에 따라 판단하여야 하고, 이를 판단함에 있어서는 누구로부터 구체적이고 직접적인 지휘·감독을 받았는지, 근무시간·장소가 지정되고 구속을 받는지, 비품·원자재·작업도구 등의 소유관계, 보수가 근로 자체의 대상적 성격을 가지고 있는지 여부와 기본급이나 고정급이 정하여져 있는지, 근로소득세의 원천징수 여부, 근로제공관계의 계속성과 사용자에의 전속성의 유무와 정도, 사회보장제도에 관한 법령 등 다른 법령에 의하여 사용자로서의 지위를 인정하여야 하는지, 양 당사자의 경제·사회적 조건 등을 종합적으로 고려하여야 한다고 판시한 바 있다.[71] 따라서 임금지급의 책임을 지는 자는 실질적인 노무수령자로서 사용종속관계에서 근로자를 지휘감독한 자라고 할 수 있다.[72]

사용자의 범위에는, 사업 또는 사업장의 경영주체로서 사업주, 사업경영일반의 전부 또는 일부에 관해 사업주로부터 포괄적인 위임을 받고 대외적으로 사업을 대표·대리하는 사업경영담당자,[73] 사업주 또는 사업경영담당자로부터 그 권한을 위임받아 자신의 책임아래 근로자를 채용하거나 해고 등 인사처분이 가능하고 직무상 근로자의 업무를 지시감독하며 근로시간이나 임금 등 근로조건에 관한 사항을 집행할 수 있는 자로 구분한다. 다만, 임금지급의 책임은 이 같은 개념을 중심으로 구체적인 상황을 파악하여 누가 실질적인 지급책임자인지 결정해야한다.

한편, 실질적인 사용자이면서 법인격을 이유로 임금체불 등 노동법에서 법인격 뒤에 숨은 사용자의 노동법상 책임이 제한되는 문제에 관해 시정논리로 법인격부인의 법리(法 人格否認의 法理)를 주목할 필요가 있다.

이 법리는 회사의 법인격을 부분적으로 이탈하여 회사와 그 배후에 있는 사원을 동일시 하는 법리를 말한다. 회사는 법인ㄴ이므로 사원과 별개의 인격체이지만 회사의 법인격인정에 따른 형식적 독립성만을 강조하는 것이 정의, 형

71) 대판 97다56235, 1999.2.9.

72) 법인등기부상 대표이사직에서 사임했으나 실제로는 회장으로서 회사를 사실상 경영하여 온 경우 사용자에 해당한다. 대판 97도813, 1997.11.11.

73) 주식회사대표이사(이사는 제외), 합명·합자회사의 업무집행사원, 유한회사의 이사, 정리회사의 관리인, 상법상 지배인 등.

평에 반한다고 인정되는 경우, 회사의 법인격을 부분적으로 박탈하여 회사와 사원은 별개의 법인격이라는 대원칙을 부인하는 법리이다.

문제가 된 개별사건에서 회사의 법인격을 부정하여 회사와 주주를 동일시하는 법리를 말한다.

회사가 그 배후에 있는 자의 대리인 또는 수단에 지나지 않을 때는 회사의 법인격 또는 기업의 실체를 부인하는데서 출발하여, 채무자가 채무를 잠탈(潛脫)하거나 불법행위 또는 범법행위 수단으로 법인격이 이용되는 경우 그 배후에 있는 자 대하여 법률상의 책임을 묻는 것이다.

우리나라에서 이 학설은 오래 전부터 제기되었고 하급심과 대법원에서 이를 인용한 바 있다.[74]

주요 근거는 첫째 법인격이 형해화하여 외형에 지나지 않은 경우. 둘째. 법인격이 법률의 적용을 회피하기 위하여 남용되는 경우, 셋째. 당사자가 법적으로서가 아닌 사실상 별개의 사람일 것이 전제가 되는 법규의 해석이

문제가 되는 경우 등이 있고, 넷째. 실정법상으로는 상법제171조1항의 법인규정과 민법 제2조1항 신의칙, 권리남용금지 규정에서 찾는 견해가 있다.

법인격 부인의 효과는 회사의 법인으로서 존재 그 자체는 아무런 영향을 미치지 않는다. 다만, 당해 사건에서 해결을 위한 범위에서 법인격이 없는 것과 같이 처리될 뿐이다. 정리하자면, 회사가 외형상으로는 법인의 형식을 갖추고 있으나 법인의 형태를 빌리고 있는 것에 지나지 않고 그 실질에서는 그 법인의 배후에 있는 타인의 개인기업에 불과하거나 그것이 배후자에 대한 법률적용을 회피하기 위한 수단으로 함부로 사용되는 경우는, 비록 외견상 회사의 행위일지라도 회사와 그 배후자가 별개의 인격체임을 내세워 회사에게만 그로 인한 법적효과가 귀속됨을 주장하고 배후자의 책임을 부정하는 것은 신의성실의 원칙에 위반되고 법인격의 남용으로 정의와 형평의 원칙에 반한다고 보아서 회사는 물론 그 배후자인 타인에 대하여도 회사의 행위에 대한 책임을 물을 수가 있다는 것이다.[75]

---

74) 서울고판 71나2582, 1974.5.8 ; 대판 87다카1671, 1988.11.22.
75) 대판 97다21604. 2001.1.19.

(1) 실질적인 사용자

임금지급의 책임은 근로자로부터 노무제공을 받은 사용자에게 있다. 이때 사용자라 함은, 명의상대표가 아닌 실질적인 사용자로서 사용종속적인 관계에서 업무를 지휘·감독하며 노무를 제공받은 자이다. 그러므로 각종 공부상에 명의상의 사장을 내세워 놓고 자신은 실질적인 사장으로서 채용과 해고, 사업의 운영, 지휘감독 등 기업의 실질적인 운영을 주도하는 경우에는 실질적인 사장이 법상의 모든 책임을 지는 것이다. [76)]

1) 법인의 등기된 대표이사

등기된 대표이사는 법인의 속성상 법적인 모든 책임을 지는 것이 원칙이다. 판례에서도 사업경영에 관해 책임을 지는 자가 법적으로 권한과 책임이 부여되어 있나면 사입경영담당자에 헤당하는 것이지 현실적으로 그러한 권한을 반드시 행사하여야만 하는 것은 아니라고 보아서, 대표이사가 상법 제389조 및 제209조에 의거 근기법상 권한과 책임이 부여되었다면 비록 실질적인 사주에 의해 임금지급 업무 등에서 배제되었다고 해도 지급권한이나 책임은 살아 있는 것이므로 법위반 책임을 부담해야 할 사용자에 해당한다.[77)]고 판시한 바 있다.

다만, 그 실질에서 탈법적인 목적에서 명목상 대표이사로 등기해 두고 그를 회사의 모든 업무에서 배제하여 실질적으로 아무런 업무를 집행하지 않은 경우, 그 대표이사는 사업경영의 전부 또는 일부에 관해 포괄적인 위임을 받아 대외적으로 사업주를 대표하거나 대리하는 자라고 할 수 없으므로 사업경영담당자인 사용자라고 할 수 없다.[78)]

다만, 이 경우에도 법인의 대표이사로 등재되고 본인이 법적으로 그러한 권한과 책임이 있다는 사실을 알고 있었던 자는 민법 등 관련법에 정한대로 법인의 대표자로서 책임은 감수해야 한다.

주식회사 주주로서 등기부상에는 사임했으나 실제로는 사실상 경영에 관여

---

76) 대판 90도1794, 1990.10.12.
77) 대판 97도813, 1997.11.11.
78) 대판 99도2910, 2000.1.18.

해 왔고, 그 범위가 임금지급, 직원채용과 승진, 급여계산 등이 모두 그 회장의 소관사항이라면 그러한 자는 법상 사용자이다.[79] 실무에서, 임금이 체불된 상태에서 회사의 대표자만 변경되었을 경우, 정기지급의무를 위반한 법상 책임은 그 당시 사용자에게 있고, 현재까지 청산하지 못한 금품에 대한 민사적인 지급책임은 현재 법인의 대표자에게 있다.[80]

2) 주식회사의 이사, 감사 등 임원

주식회사의 이사나 감사 등 임원은 법률상 이사회 구성원으로서 업무집행을 위한 의사결정에 참여하거나 직무집행을 감시하는 권한을 가진다. 따라서 사업주로부터 경영의 전부나 일부에 관해 포괄적인 위임을 받고 대외적으로 사업을 대표하거나 대리하면서 실질적으로 경영을 하거나, 근로자에 관한 사항에 대하여 권한과 책임을 부여받았다면 그 범위 내에서 사업주를 위하여 행위하는 자로서 사용자가 된다. 이사가 대표이사와 함께 근로자에 관한 사항에 대해 직무를 수행해 왔다면 사용자로서 임금지급책임이 있다. 다만, 대표이사를 제외한 등기이사가 사용자로부터 위임받은 업무범위가 명확히 구분되어 근로자에 관한 사항에 관해 권한과 책임을 부여받은 바가 없다면 사업경영담당자로서 책임은 없다.

예를 들면, 이사가 전무자리에 있으면서 대표이사의 지시에 의거 근로자를 채용한 사실이 있어도 전체적으로 자기가 맡은 분야[81]를 수행하는데 불과하고 대내외관계에서도 독자적으로 업무를 담당했다고 볼 수 없는 경우는 사용자로서 법적 책임이 없다.

3) 영업양도 등 근로관계 이전시 책임

근로관계는 계약에 의해 성립하고 퇴직, 사망, 해고 등에 의해 종료되는 것이 일반적이다. 그러나 경영목적에 의해 기업의 양도·합병이 이루어 졌을 경우 종

79) 대판 2001도3889, 2002.11.22.
80) 근기 01254-7448, 1988.5.20.
81) 생산관리 이사는 공장업무관리, 영업담당이사는 영업관리, 감사 및 기획담당이사는 감사와 기획관리 등.

래사업주와 새로운 사업주 사이에서 근로자의 임금지급책임이 문제가 된다.

① 영업양도

「영업양도(營業讓渡)」란 인적·물적 조직의 전부나 일부를 동일성을 유지하면서 일체로서 이전하는 것을 말한다. 이때 인적·물적·기타 등 영업이 포괄적으로 양도되면 반대의 약정이 없는 한 명시적인 언급이 없어도 양도인과 양수인의 근로관계는 원칙적으로 포괄적으로 승계된다.[82) 따라서 근로자는 승계배제의 특약이 없다면 자신의 희망에 따라 양도기업에서 퇴직하거나 양수기업으로 이전할 수 있고 승계에서 배제될 경우는 해고의 법리를 적용하여 정당한 사유가 있는지 여부를 판단한다. 이 경우 조직을 해체한 후 재결합하는 것은 영업양도가 아니다. 이때 영업양도에 의하여 승계되는 근로관계는 계약체결일 현재 실제로 그 영업 부문에서 근무하고 있는 근로자와의 근로관계만을 의미하고, 계약체결일 이전에 해당 영업부문에서 근무하다가 해고된 근로자로서 해고의 효력을 다투는 근로자와의 근로관계까지 승계되는 것은 아니다.

다만, 영업 양도시에 해고되어 실제로 그 영업 부문에서 근무하고 있지 아니한 근로자라 하더라도 영업양도 이전에 이미 판결을 통하여 당해 해고가 무효임이 객관적으로 명확하게 된 경우에는 근로관계가 승계되는 것과 마찬가지로 본다.[83) 따라서 명시적인 반대의 특약이 없다면 실제로 그 영업에서 근무하고 있는지 여부를 묻지 않고 양도 당시 영업양도인과 유효한 근로관계를 맺고 있는 모든 근로자의 근로관계가 양수인에게 승계되므로 임금지급책임 또한 양수인에게 이전되는 것이다.

다만, 전부양도가 아닌 일부양도를 하면서 그 일부분[84)의 물적·인적시설을 포괄적으로 양도하는 경우는 양도계약 체결 이전에 그 부분에서 근무하다가 퇴직한 근로자의 근로관계 종료사유가 유효한지 무효인지 여부를 불문하고 승계대상에서 제외되고, 계약체결일 현재 실제로 그 부분에 근무 중인 자의 근로관계만 포괄적으로 승계되므로 임금지급책임 역시 그 한도에서 제한된다고 본다.

1. 영업의 양수인은 단체협약, 취업규칙, 근로계약 등을 통해 양도인과 근로자사이에 형성된 종래의 근로관계에 따라 임금을 지급하고 사용자로서 의무를 이행해야 한다. 이 경우 양수인은 근로자의 동의없이는 영업양도 당시 유효하게 적용되던 근로관계를 일방적으로 근로자에게 불리하게 변경할 수도 없다.[85) 또 영업양도 후 단체협약상 근로조건은 양수인과 사이에 유효하게 적용된다. 다만, 양수인의 사업장에 기존의 노조가 있어 사실상 복수노조가 되는 경우는 승계 받은 근로자는 종전의 단체협약에 따르고 원래 양수인 소속 근로자는 기존의 단체협약이나 취업규칙을 적용해야 하는 번거로움이 있다.
2. 근로계약상 책임 이외에 양수인은 종래 양도인이 근로자에게 지고 있던 재해보상책임이나 불법행위책임에 따른 금품지급의무도 별단의 약정이 없는 한 그대로 승계된다. 양수인이 부담하는 책임의 범위는 달리 약정이 없다면 양도 전에 이미 발생한 채무인 이상 이행기가 노래했는지 여부를 불문한다. 다만, 양도 전에 이미 퇴직했거나 정당하게 해고됨으로서 근로관계가 종료된 자는 본래 영업양도 승계대상에서 제외되므로 그 근로자에게 부담하고 있던 체불

82) 대판 93다33173, 1994.6.28.
83) 대판 95누1972, 1996.4.26.
84) 영업부문, 포장부문, 운송부문 등.
85) 대판 93다58714, 1994.8.26.

임금, 퇴직금 또는 수당 등의 지급의무는 양수인에게 이전되지 않는다.

이때 양도당시 재직 중인 근로자의 퇴직금 등의 지급책임이 문제가 될 수 있는데, 퇴직금은 근로계약이 종료되는 때에 비로소 발생하는 것이므로 영업양도 이후에 발생하는 퇴직금은 양수인에게만 책임이 있다. 다만, 근기법 등 제반 노동법규에 위반되지 않는 한도에서 양도계약일 이전에 양수기업으로 이전대상 근로자에게 발생한 퇴직금 부담액을 양도인이 지불하는 약정 등 민사상 채무에 관한 책임은 당사자간 약정하기 나름이다. 영업양도 계약이 무효가 되어 양도인이 다시 회사를 돌려받는 경우는 양도인과 양수인은 영업양도계약이후 반환시기까지 발생한 임금 등의 지급채무에 대해서는 연대책임관계에 서게 된다.

3. 영업의 양도양수시 당사자 사이에 임금체불 등 노동법위반 책임에 관해 민형사책임은 각각 구분될 수 있다. 양수인은 양도인과 승계근로자 관계에서 발생한 체불임금은 달리 특약이 없는 한 포괄적으로 승계된다. 다만, 승계는 체불임금지급에 관한 민사적 책임만 승계되고 체불에 관한 법위반 행위의 형사적 책임은 승계되지 않는다.

   근로관계에서 양도양수 당시 양도인과 해고의 효력을 다투는 자는 별도의 약정이 없는 한 양수인에게 승계되지 않는다. 대법원에서도, 다른 기업의 사업부문의 일부를 양수하는 계약을 체결하면서 그 물적 시설과 함께 그 사업부문에 근무하는 근로자들에 대한 권리의무도 함께 포괄승계받기로 약정한 경우에는 원칙적으로 해당 근로자와의 근로관계는 영업양수인에게 승계되는 것이지만, 이때 승계되는 근로관계는 계약체결일 현재 실제로 그 영업부문에서 근무하고 있는 근로자와의 근로관계만을 의미하고 계약체결일 이전에 해당 영업부문에서 근무하다가 해고 또는 면직된 근로자로서 해고 및 면직처분의 효력을 다투는 근로자와의 근로관계까지 승계하는 것은 아니다.고 판시한 바 있다.[86]

   따라서 양수회사측이 해고된 근로자를 배제한 채로 영업양도계약을 체결하였다면, 해고당한 자는 양수회사를 상대로 부당해고구제신청을 할 수 없고 양도회사를 상대로 부당해고구제신청을 제기할 수밖에 없다. 만일 양도회사가 존재한다면 양도회사를 상대로 하는 구제신청 실익이 있지만, 회사가 이미 폐업되었다면 복직할 회사가 없게 되므로 부당해고구제신청의 실익이 없다고 보아야 한다. 다만, 이 경우에도 형식적 위장폐업, 일부사업장만 양도 후 본점 등 잔존사업장이 있는 경우, 폐업 청산중인 경우 등은 궂제실익이 있다고 보아야 한다.

   당사자가 특약으로 해고처분을 다투는 자의 권리관계까지 양수인이 승계하는 것으로 약정했다면, 이후 쟁송을 통해 부당해고로 판명이 되면 양수인이 해고처분의 취소와 복직의무를 져야 한다.[87]

② 회사의 합병

2개 이상의 회사가 계약에 의해 상법에 정해진 절차에 의거 회사의 일방 혹은 2개 회사 전부가 청산 절차없이 소멸되고 1개 회사로 남거나(흡수합병) 새롭게 신설(신설합병)되는 것을 말한다. 이때 근로관계와 임금 등의 지급책임이 문제가 된다. 합병시 근로관계 승계여부에 관해서는 민법과 상법이 다른 해석을 한다. 민법은 "사용자는 근로자의 동의없이 그 권리를 제3자에게 양도할 수 없다"[88]고 하고, 상법은 "합병 후 존속하는 회사 또는 합병으로 인하여 신설되는 회사

86) 대판 91다41750, 1993.5.25.
87) 근기 01250-390 1993.3.15.
88) 민법 제657조.

가 합병으로 인하여 소멸되는 회사의 권리와 의무를 승계한다"[89]고 정하고 있다.

회사의 합병에 의하여 근로관계가 승계되는 경우에는 종전의 근로계약상의 지위가 그대로 포괄적으로 승계되는 것이므로, 합병 당시 취업규칙의 개정이나 단체협약의 체결 등을 통하여 합병 후 근로자들의 근로관계의 내용을 단일화하기로 변경·조정하는 새로운 합의가 없는 한 합병 후 존속회사나 신설회사는 소멸회사에 근무하던 근로자에 대한 퇴직금 관계에 관하여 종전과 같은 내용으로 승계하는 것이라고 보아야 한다.[90] 따라서 합병에 따라 소멸회사와 근로자사이의 근로관계는 존속회사 또는 신설회사에 법률상 당연히 승계된다고 보아서, 당사자 사이에 승계를 배제하는 특약은 무효이다.

다만, 근로자 본인의 뜻에 의해 합병과 동시에 사직하고 합병 후 신설회사 혹은 존속회사에 입사했다면 소멸회사와의 근로관계는 단절되고 새로운 근로관계가 시작된다. 따라서 존속회사 또는 신설회사는 소멸회사가 종래 근로자에게 갖고 있던 사업주로서의 지위를 포괄적으로 인수하는 것으로 보아서, 원칙적으로 근로자의 임금 등 기타 근로조건에 관하여 아무런 변동 없이 그대로 승계되므로 합병으로 신설 또는 존속회사는 동일 사업장 내에서 각기 다른 근로조건을 적용할 수도 있는 것이다. 이때 각기 다른 취업규칙상의 근로조건을 통일하려면 유리, 불리를 구분하여 각기 유효한 취업규칙 변경절차를 거쳐야 할 것이다. 결론적으로, 기업의 합병에서 소멸회사의 근로관계에 관한 임금지급 등의 책임은 존속회사 또는 신설회사에 그대로 이전된다.

③ 회사정리절차 개시의 경우

법인이 정리절차개시 결정을 받게 되면 법인의 책임은 정리절차 개시 전과 개시 후로 나눠진다. 회사정리절차가 개시된 경우에는 회사정리절차 개시 전에 발생한 임금채권은 대표이사에게 책임이 있고, 회사정리절차 개시 후에 발생한 임금채권은 법원으로부터 선임된 정리회사의 관리인이 전적으로 책임을 진다.[91]

(2) 종업원의 행위에 대한 영업주와 법인의 책임

근기법 제115에 의하면 해당 사업의 근로자에 관한 사항에 대하여 사업주를 위하여 행위하는 대리인, 사용인, 그 밖의 종업원이 이 법을 위반한 경우 사업주가 위반방지를 위해 해당 업무에 관하여 상당한 주의와 감독을 게을리 하지 않은 경우를 제외하고는 사업주를 위하여 행위하는 행위자뿐만 아니라 그 사

89) 상법 제235조.

90) 대판 93다1589, 1994.3.8.

91) 법원의 회사정리절차 개시명령에 의하여 관리인이 선임되어 회사의 대표업무집행과 재산관리 및 처분권 등은 관리인에게 넘어가며 그 종업원과의 관계도 회사 대 종업원의 관계로부터 관리인 대 종업원의 관계로 변경되었다고 볼 것이므로 회사의 대표이사의 직함을 가지고 사실상 회사의 운영에 관여하여 왔다고 하더라도 대표이사는 위 정리절차 개시 이후에 퇴직하는 근로자의 퇴직금 및 임금지급기일에 지급될 임금을 지급하여야 할 법적 책임이 있다고 할 수 없다(대판 89도436, 1989.8.8).

업주(개인기업은 사장, 법인의 경우 법인, 사업주가 미성년자 또는 금치산자인 경우는 그 법정대리인)에게도 근기법상 해당조문의 벌금형을 가한다. 법인의 대표는 법인으로부터 경영을 위임받은 수임인이므로 법인의 대표를 위 규정에 따라 처벌할 수는 없다. 아울러 사업주가 대리인, 사용인, 그 밖의 종업원이 이법을 위반하는 행위에 대해 그 계획을 알고도 위반방지에 필요한 조치를 취하지 않거나, 위반행위를 알고도 그 시정에 필요한 조치를 취하지 않은 경우 또는 위반을 교사한 경우는 사업주도 행위자로 함께 처벌한다. 최근 법인이 종업원 등의 위반행위와 관련하여 선임·감독상의 주의의무를 다하여 아무 잘못이 없는 경우까지도 사업주(법인)에게 형벌을 부과하는 것은 책임주의 원칙에 반한다는 헌법재판소의 위헌결정이 있었다.

한편, 최저임금법 제30조, 기간제법 제23조, 퇴직급여보장법 제34조, 노조법 제94조 등에서는 법인과 개인사업주가 그 대표자(대리인), 사용인, 그 밖의 종업원이 법 위반행위를 할 경우 위반방지에 필요한 조치를 취했는지 여부에 불문하고 형벌을 과하도록 정하고 있다.

① 사용자의 유형

근로기준법 상 사용자는 ① 사업주, ② 사업 경영 담당자, ③ 그 밖에 근로자에 관한 사항에 대하여 사업주를 위하여 행위 하는 자로 나뉜다(근로기준법 제2조 제1항제2호). 사용자의 개념 내지 범위를 사업의 이익귀속자인 사업주뿐만 아니라 경영담당자는 물론이고, 사업주의 이익을 위하여 행위하는 자까지도 포함하고 있는데, 이는 그 사업장에서 실제로 근로자를 관리하고 있는 자의 책임의 소재를 명백히 하고 법위반의 경우에 위반 행위자와 함께 사업주에 대하여도 책임을 묻는, 소위 양벌규정을 둠으로써 법위반을 사전에 예방하고자 하는 취지에서이다.

1) 사업주

사업주는 협의의 사용자의 개념이다. 사업주란 근로자를 사용하여 사업을 하는 자를 말한다. 즉, 사업주는 회사의 경영주체로서 통상 개인 기업에 있어서는 개인인 기업주가 사업주이나, 법인조직인 경우에는 기업주(주주 등)와는 분리된 법인 그 자체가 경영주체 즉 사업주가 된다. 사업주는 당해 사업에서 근로기준법 각조의 위반행위가 발생했을 때에는 사업주(개인기업의 경우 사장, 법인의 경우 법인 그 자체를 말한다. 즉 법인의 대표자가 아니다.)

본인이 직접 위반행위에 관여하지 않더라도, 위반행위의 방지에 필요한 조치를 한 것이 입증되지 않는 한 근로기준법 각조의 벌금형에 처하게 된다(근로기준법 제115조 단서).

2) 사업경영담당자

사업경영담당자는 사업경영일반에 관하여 책임을 지는 자로서 사업주로부터 사업경영의 전부 또는 일부에 대하여 포괄적 위임을 받고 대외적으로 사업을 대표하거나 대리하는 자를 말한다. 예를 들어 민법상 법인의 이사, 주식회사의 대표이사, 합명·합자회사의 업무 집행사원, 유한회사의 이사, 지배인 등이 여기에 포함된다.

일반적으로 주식회사의 대표이사, 합명회사 및 합자회사의 업무집행사원, 유한회사의 이사 및 지배인, 그리고 회사정리 절차 개시 이후의 관리인과 미성년자 또는 금치산자를 사업주로 하는 경우에 그 법정대리인과 후견인이 이러한 사업경영담당자로서 사용자에 포함된다.

3) 그 밖에 근로자에 관한 사항에 대하여 사업주를 위하여 행위 하는 자

인사, 급여, 후생, 노무관리 등과 근로조건의 결정 또는 근로의 실시에 관해서 지휘, 명령 내지 감독을 할 수 있는 일정한 책임과 권한이 사업주에 의하여 주어진 자를 말한다.

다만 이러한 책임과 권한이 근로계약에 의하여 주어져야 하는 것은 그 요건이 아니다. 그리고 이와 같은 책임과 권한의 유무는 부장 또는 과장이라는 형식적인 직명에 따를 것이 아니라 구체적인 직무 실제에 의하여 판단되어야 할 것이다.

② 사용자 개념의 상대성 및 벌칙

사용자의 개념은 상대적인 것으로 사업주가 아닌 사용자로 사업경영담당자 및 사업주를 위하여 행위하는 자는 근로기준법상의 사용자인 동시에 사업주에 대하여 근로자가 된다. 그러나 근로계약체결 당사자로서의 사용자의 개념은 상대적이 아님을 주의하여야 한다.

근로기준법을 위반한 자가 당해 사업의 근로자에 관한 사항에 대하여 사업주를 위하여 행위한 대리인, 사용인 기타의 종업자인 경우에 이들에게 벌칙이 적용되며, 사업주에 대하여도 일정한 벌칙이 가해진다(양벌규정).

③ 사용자 개념의 확장

근로계약체결의 당사자인 사용자와 실질적인 업무를 지휘·감독하는 사용자가 다를 경우 어느 쪽이 근로기준법상의 사업주가 되는지 문제가 되고 있다.

따라서 ① 하도급 일용근로자, ② 모자기업의 경우 자회사 근로자, ③ 사외 근로자의 경우에는 위반사안에 따라 사용자의 개념이 확장 되어야 할 것이다.

④ 사용자 개념의 축소

이와 반대로 임금채권의 우선변제에 있어 '사용자의 총재산'에서 말하는 사용자는 당해 사업의 사업주 즉, 개인 기업의 경우에는 개인을 법인의 경우에는 법인 그 자체만을 의미한다. 또한 근로자에 대하여 금품청산 또는 임금 지불의 책임을 지는 사용자는 사용주와 사업 경영담당자만을 의미한다.

4. 금품청산

사용자는 근로자가 사망 또는 퇴직한 경우에는 그 지급사유가 발생한 때부터 14일 이내에 임금, 보상금, 그 밖에 일체의 금품을 지급하여야 한다. 다만, 특별한 사정이 있을 경우에는 당사자 사이의 합의에 의하여 기일을 연장할 수 있다.[92] 사용자가 근로자에 대한 금품청산시기의 기산점은 「지급사유가 발생한 때」, 즉, 근로자가 퇴직, 해고, 사망 등 근로관계가 종료한 때이다. 이때 퇴직과 관련하여 "그 지급사유가 발생한 때"라 함은 「근로자가 사직원을 제출

92) 근기법 제36조.

하여 사용자가 이를 수리한 날」을 말한다.[93] 취업규칙이나 단체협약으로 금품의 지급기한이나 방식을 달리 정해 두었다고 하더라도[94] 임금의 지급기일은 퇴직, 사망, 해고 등 지급사유가 발생한 날이 기간점이 된다. 지급기일 연장에 관한 합의는 사용자에게 지급의무가 있는 14일 이내의 일정한 시점에서 법정기일 내에 임금을 지급하지 못할 불가피한 특별한 사정이 존재해야 하고, 그 사유를 바탕으로 당사자간 별도의 지급기일 연장에 관한 합의가 있어야만 그 시점까지 연장할 수가 있다.

(1) 임금 등의 청구권과 대상금품

금품의 청구권을 가지는 자는 해고·퇴직의 경우에는 근로자 본인, 근로자가 사망한 경우는 민법상 재산상속인이 된다. 근로자에 대해 채권을 가지고 있는 일반채권자는 자신의 채권을 가지고 사용자로 하여금 근로자에게 지급할 금품을 자신에게 지급하도록 청구할 수 없다. 근로관계가 종료되었을 경우 사용자가 청산해야 할 「일체의 금품」이란, 임금, 보상금 이외에 근로관계로부터 발생해 근로자에게 귀속하는 일체의 금품을 의미하는 것으로 지원금, 적립금, 보증금, 저축금, 퇴직금, 환급금, 해고예고수당 등을 말합니다.[95]

(2) 14일의 계산

퇴직, 해고, 사망 등으로 근로관계가 종료되는 등 지급사유가 발생한 날로부터 기산하되 민법상 초일 불산입원칙에 따라 소정근로일 등과 관계없이 역일로 계산한다.[96] 즉, 근로관계가 종료된 그 다음날부터 기산하여 14일 이내에

---

93) 근기 1451-1393, 1984.1.19.

94) 근로자가 퇴직 또는 사망하면 일정기간이 경과한 뒤에 지급한다거나 혹은 지급일이나 마감일을 달리 정해 약정을 하는 경우.

95) 임금근로시간-2422, 2006.8.25.

96) 기간의 계산은 법령, 재판상의 처분 또는 법률행위에 다른 정한 바가 없으면 본장의 규정에 의한다. 기간을 시, 분, 초로 정한 때에는 즉시로부터 기산한다. 기간을 일, 주, 월 또는 연으로 정한 때에는 기간의 초일은 산입하지 아니한다. 그러나 그 기간이 오전영시로부터 시작하는 때에는 그러하지 아니하다. 연령계산에는 출생일을 산입한다. 기간을 일, 주, 월 또는 연으로 정한 때에는 기간말일의 종료로 기간이 만료한다. 기간을 주, 월 또는 연으로 정한 때에는 역에 의하여 계산한다. 주, 월 또는 연의 처음으로부터 기간을 기산하지 아니하는 때에는 최후의 주, 월 또는

금품을 청산해야 한다. 4.15 근로관계를 종료하였다면 4.16부터 기산하여 공휴일 등을 포함한 달력상 14일째가 되는 4.29 24:00까지 청산하여야 하고 법위반 책임은 4.30 00:00부터 적용한다.

다만, 지급사유 발생일에 대해서는 좀 더 깊은 고려가 필요하다. 즉, "근로를 제공한 날은 그날 사표를 제출하여 수리를 하더라도 고용관계가 유지되는 기간"으로 보아야 하므로 특별한 사유가 없는 한 "그 다음날"을 퇴직일로 간주한다. 이것은 민법의 기간계산의 원칙과도 같은 것으로 사유발생 초일은 완전한 하루가 아니므로 산입하지 않고 이튿날 0시부터 기산하여 기간의 마지막날 24:00에 도달함으로서 기간이 만료되는 것이다. 오늘 사망했다면 오늘까지는 근로관계가 유지되므로 내일부터 기산하여 14일이 되는 날까지 청산의무가 있고 15일째 되는 날부터 법위반이 된다.

퇴직의 경우, 오늘 근로를 제공하고 사직서를 제출하여 사용자가 당일 수리했다면 내일부터 기산하여 14일이 되는 날까지가 될 것이고, 어제까지 근로를 제공한 후 오늘은 단지 사직서만 제출하고 근로를 제공한 사실이 없다면 고용관계는 어제로서 종료되므로 오늘부터 기산하여 14일이 되는 날까지를 청산의무기간으로 보아야 할 것이다. 이 같은 논리로 퇴직일은 계속근로연수에 산입하지 않는다.[97] 만약 사용자가 사직서 수리를 기피하였을 경우 사직서를 제출한 날로부터 1개월이 경과한 다음날에 퇴직한 것으로 보아야 한다. 기간으로 보수를 정한 때에는 상대방에게 사직의사를 통고한 날로부터 1임금지급기를 경과함으로써 효력이 생긴다.[98]

(3) 법인의 대표사 개입과 책임소재

퇴직금 등 체불로 인한 법 위반죄[99]는, 사업주가 법인일 경우에는 퇴직 등

연에서 그 기산일에 해당한 날의 전일로 기간이 만료한다. 월 또는 연으로 정한 경우에 최종의 월에 해당일이 없는 때에는 그 월의 말일로 기간이 만료한다. 기간의 말일이 토요일 또는 공휴일에 해당한 때에는 기간은 그 익일로 만료한다(민법 제155조~제161조).

97) 근기 68201-3970, 2000.12.22.

98) 민법 제660조.

99) 근기법 제36조.

지급사유 발생일로부터 14일이 경과할 당시에 퇴직금 등의 지급권한을 갖는 대표자가 그 체불로 인한 책임을 지는 것이 원칙이다. 14일이 경과하기 전에 퇴직 등의 사유로 그 지급권한을 상실하게 된 대표자는 특별한 사정이 없는 한 그 죄책을 지지 않는다.[100] 다만, 퇴직금 등 일체의 금품에 대한 청구권은 퇴직한 날의 다음날부터 발생한다.

(4) 지급기일 연장

특별한 사정이 있을 경우에는 당사자 사이의 합의에 의하여 기일을 연장할 수 있도록 정하고 있는데, 이때 특별한 사정은 천재, 사변 등에 한정 할 것은 아니고 근로자가 받아들일 수 있는 특별한 사정으로 보면 충분하다. 그러나 판례에서는 사용자가 임금을 지급하지 못한 특별한 사정을 보다 엄격하게 해석하여 "더 이상의 적법행위를 기대할 수 없는 불가피한 사정에 준하는 것"으로 본다.[101]

임금체불에서 사용자의 위법성 조각사유가 되는 사회통념상 「불가피한 사정으로 본 경우」를 살펴보면, 정상적인 사업이 중단되고, 회사 자체의 별다른 소득원이 없어 채권단 임시대책위원회로부터의 운영경비나 심지어 개인자금으로 직원경비가 지급되었던 사정 등을 감안, 직원급여를 지급기일 내에 지급할 수 없었던 불가피한 사정이 있었던 것으로 보았다.[102] 사용자가 임금지급을 위하여 최선의 노력을 다하였으나 경영부진으로 인한 자금사정으로 도저히 임금지급기일을 지킬 수 없었던 경우를 임금체불의 죄책을 물을 수 없는 불가피한 사정으로 보았다.[103] 노동조합의 불법적인 직장점거로 도저히 지급기일을 지킬 수 없는 경우[104] 등을 불가피한 사정으로 보았다.

「불가피한 사정으로 보지 않은 경우」를 살펴보면, 사용자가 사업의 부진 등으로 자금압박을 받아 이를 지급할 수 없었다는 것만으로는 퇴직금지급기일을

---

100) 대판 94도1477, 1995.11.10.
101) 대판 87도604, 1987.5.26.
102) 춘천지판 2006고정613, 2007.5.9.
103) 대판 87도 2098, 1988.5.10 ; 대판 2002도3666, 2002.9.24.
104) 근기 68207-2190, 2001.7.5.

연장할 수 있는 "특별한 사정"이라고는 할 수 없고,[105] 사용자가 퇴직금 지급을 위하여 최선의 노력을 다하였으나 경영부진으로 인한 자금사정 등으로 지급기일 내에 퇴직금을 지급할 수 없었던 불가피한 사정이 인정되는 경우에만 면책되는 것이지, 단순히 사용자가 경영부진 등으로 자금압박을 받아 이를 지급할 수 없었다는 것만으로는 그 책임을 면할 수 있는[106] 불가피한 사정이 있다고 보지 않았다.

다만, 일부 판례에서 사용자가 경영부진으로 인한 자금사정 등으로 지급기일 내에 임금 등을 지급할 수 없었던 불가피한 경우뿐만 아니라 기타의 사정으로 사용자가 임금을 지급하지 못한 것에 고의가 없거나 비난할 수 없는 경우에도 죄를 물을 수 없다[107]고 하여 특별한 사정을 넓게 해석하고 있으므로 구체적인 사정을 검토하여 법위반 여부를 판단해야 한다.

만약 지급기일 연장에 관한 합의 없이 지급사유가 발생한 날로부터 14일 이내에 금품을 청산하지 않으면 3년 이하의 징역 또는 2,000만원 이하의 벌금에 처하도록 정하고 있다. 「지급기일 연장」에 합의한다면 그 기간은 얼마나 연장할 수 있는지에 관해서는 정한 바가 없다. 따라서 당사자간 합의할 나름이다. 다만, 임금채권의 소멸시효가 3년인 만큼 당사자간 합의를 하더라도 그 기간을 초과할 수는 없다. 당사자간 지급기일 연장에 관한 합의는 지급사유 발생일로부터 14일 이내에 하여야 하며 그 기간이 지나서 법위반의 죄가 성립한 후에는 합의가 있어도 정상참작사유에 지나지 않는다.[108]

금품청산 위반의 죄는 14일 이내에 지급기일연장에 관해 합의하거나 전액을 지급을 하지 않았을 경우 성립하고, 청구권을 가진 근로자가 수인일 경우 근로자 각자에 대하여 범죄가 성립한다. 사용자가 근로자의 임금을 정기지급일에 지급하지 않고 14일 이내에 청산하지 않은 경우는 임금지불의무 위반의 죄와 금품청산의무위반의 죄가 각각 성립하고 양죄는 실제적경합관계[109]에 놓인다.

---

105) 대판 87도604, 1987.5.26.
106) 대판 97도1490, 1997.9.30
107) 대판 98도1260, 1998.6.26.
108) 대판 98도 3822, 1998.12.23.
109) 사전적 의미로서, 동일인에 의해 수개의 범죄가 현실적으로 행하여 진 경우를 말한다. 경합범

5. 임금채권의 삭감, 반환, 포기 등

기업구조조정과 긴축경영 등 위기에 생존율을 높이기 위한 수단으로 주로 활용하는 것으로 기존의 급여를 합의에 의해 감액하는 임금삭감, 이미 근로자의 권리로 확정된 금품을 되돌려주는 반환, 주장할 수 있는 권리를 사전, 사후에 스스로 상실시키는 포기 등이 거론된다. 이 경우 전액지급 문제와 관련한 위법사항이 없는지가 의문이다.

임금포기에 관해 판례는 엇갈린 견해를 보이고 있는데, 사용자와 근로자가 합의에 의해 임금을 받지 않기로 하든가 이를 포기하기로 하는 일은 법에 정한 근로조건을 어기는 결과가 되므로 무효[110]라고 보는 견해가 있고, 한편, 임금포기·삭감·반환 등 근로자에게 불리한 의사표시는 사회·경제적으로 우월한 지위를 가진 사용자의 심리적 강압 등에 의해 사실상 강제될 수 있기 때문에 보다 엄격하게 해석하여야 한다는 입장으로 나눈다. 후자의 경우, 시간외·야간·휴일근로후 발생한 할증임금을 적정선으로 감액합의하거나 정산지급해야 할 부분 포기합의,[111] 경영위기 타개를 위해 인원감축을 하면서 잔류한 근로자들에게 일방적으로 상여금지급을 중지한 사실만으로 장래에 발생할 상여금청구권을 포기했다고 볼 수 없다는 사례[112] 등이 대표적이다.

원칙적으로 「이미 발생한 임금」은 근로자의 개인재산권이 된 것이므로 조합원이든 비조합원이든 개별근로자의 동의가 없이는 반환·실제 수령 전 포기·감액지급 등이 불가능하다. 단체협약, 근로자과반수의 동의 등 집단적 결의로 조합원이나 근로자 개인의 재산권을 처분할 수는 없다. 따라서 근로자의 개별적 동의 등 자유로운 의사표시가 있을 때, 이미 발생하여 개인의 채권으로 된 금품을 유효하게 반환하거나 포기하는 것이 가능하다.

「장래 발생할 임금」에 관해서는, 노사가 합의하면 단체협약이나 취업규칙,

의 정한 형이 사형 무기 이외에 동종의 형인 경우는 가장 중한 죄에 장기 또는 다액의 1/2까지 가중하는 등, 동시에 심판하거나 동시에 적용할 가능성이 있는 경우 형의 적용 집행에 관해 특별한 규정을 두고 있다.

110) 대판 75다801, 1976.9.28.

111) 대판 96다38955.

112) 대판 98다22185, 1999.6.11.

근로계약의 변경 등 적법한 절차를 통해 장래 발생할 임금을 삭감·포기할 수도 있고, 임금수준과 퇴직급여지급률 등 법정기준을 위반하지 않는 한 기존의 근로조건을 저하시키는 합의도 가능하다.[113] 합의 방식에 있어서는 조합원과 비조합원으로 구분한다.

조합원의 경우, 단체협약 등 집단적 합의방식으로 장래 임금의 삭감·포기 등을 결의할 경우, 노조의 결의나 선언만 있고 후속조치로서 단체협약이나 취업규칙의 적법한 체결·변경을 하지 않은 경우는 결의 자체가 무효가 된다. 노동조합으로서는 이러한 협약을 체결할 경우 개별조합원들의 동의를 얻을 필요는 없다. 일반적구속력이 적용되는 비조합원의 경우는 보다 유리한 임금규정을 담은 취업규칙의 불이익변경절차를 별도로 거쳐야 한다. 이 경우 조합원이 전체근로자의 과반수인 경우는 그 노동조합이 동의 주체가 된다.

다만, 일반적구속력이 적용되지 않는 비조합원에게는 단체협약이 적용되지 않으므로 개별근로자의 동의를 받거나, 적법한 취업규칙 불이익변경절차를 거쳐야 한다. 반납의 의사가 일단 사용자에게 수용된 뒤에는 철회하더라도 그 법적인 효력이 없다.[114]

특히 퇴직금은 퇴직이라는 근로관계 종료로 인해 비로소 발생하는 것으로 미리 포기하는 것은 강행규정 위반으로 무효이다.[115] 다만, 일단 퇴직으로 인해 퇴직금채권이 발생한 후에 자발적의사로 포기하는 것은 유효하다. 근로자가 이미 발생한 임금·퇴직급여 채권을 포기한 경우, 포기한 부분에 대해서는 채권이 존재하지 않는 것으로 처리한다.[116]

판례는 퇴직근로자가 일정 금품을 지급받고, 향후 퇴직금과 관련하여 소송 등 어떤 이의도 제기하지 않겠다고 서명한 경우, 성립의 진정성이 인정되고 반증이 없는 이상 기재내용에 따른 의사표시의 존재 및 내용을 인정하여야 하

113) 대판 98다22185, 1999.6.11.

114) 근기 68207-922, 2000.3.28.

115) 대판 2000다27671, 2002.7.26 ; 97다11133, 1997.11.28.

116) 예를 들어, 근로자가 기 발생된 미지급임금액을 남보다 우선적으로 반기위해 그 보다 적은 액수를 요구하고 나머지는 포기하기로 합의하고 자신이 요구한 적은 액수의 요구액을 지급받았다면 미지급 금액은 존재하지 않는 것으로 처리한다.

며,[117] 여기서 근로자가 포기한 소송권이 공권이라거나 퇴직금제도 자체가 강행법규의 성질을 띠고 있다고 하여 이러한 특약을 할 수 없는 것이 아니라고 보았다. 따라서 퇴직금 발생 후 스스로 청구권을 포기하는 것은 민법 제506조에 의한 채권의 면제에 해당하여 채권은 소멸한다.[118] 판례는, 경영이 정상화 될 때까지 한시적으로 임금을 자진반납 한 것은 임금포기로 보고, 달리 반환약정이 없다면 훗날 회사가 근로자에게 이를 다시 돌려줄 의무는 없다고 보았다.[119]

근로자와 회사가 매년 혹은 일정시기에 개인의 실적에 근거하여 연봉계약을 하고 연봉액이 정해진 경우라면 근로자의 동의에 의해 장래「연봉의 삭감」이 가능하다. 다만, 단체협약이나 취업규칙 등에 연봉과 관련한 구체적인 지급규정 또는 감액에 관한 기준과 절차규정 등을 두고, 그 테두리 안에서 연봉을 책정 지급해 온 경우에는 절차에 따라 장래 연봉의 삭감이 가능하지만, 정한 테두리를 벗어나 근로자에게 불이익하게 삭감할 경우는 취업규칙의 불이익변경절차를 거쳐야만 삭감이 가능할 것이다.

일반적구속력이 적용되는 사업장에서는 과반수로 구성된 노동조합과 합의를 거치면 조합원은 물론이고 비조합원인 동종 근로자에게도 삭감의 효력이 미친다. 다만, 비조합원의 경우는 단체협약보다 유리하게 규정된 취업규칙의 불이익변경절차를 거쳐야 한다. 이 경우 동의의 주체는 조합원이 전체근로자의 과반수인 경우는 그 노동조합이 된다.

6. 법위반 처벌과 반의사 불벌

(1) 의 의

임금체불은 개인과 개인의 민사적인 절차로 처리하는 것이 이상적이다. 그러나 우리나라는 사용자가 법정기일 내에 금품을 청산하지 않으면 근로자의

117) 대판 97다11133, 1997.11.28. 회사와의 근로관계가 종료됨으로 인하여 발생하는 모든 법률관계 특히 퇴직금, 가산금 및 특별위로금 등 근로 대가와 관련된 일체의 청구권을 포기한 것이거나 향후 이에 관한 민사상 소송을 제기하지 않겠다는 부제소특약.

118) 퇴직급여보장팀-624, 2005.11.8.

119) 서울지판 2002나20291, 2003.4.16.

처벌의사가 있는지 여부나 지불능력의 유무 향후 체불임금을 어떻게 청산할 것인지 여부 등 청산과 관련한 제반사정을 고려하지 않고 일률적인 형사처벌 대상으로 하고 있다. 그러한 결과로 노사간 갈등이 깊어지고 형사처벌을 사용자에 대한 각종 압박수단으로 악용하는 사례가 빈번하게 발생하고 있으며 임금체불관련 고소·고발 등으로 인한 업무부담은 이루 말할 수 없다. 그러면서도 형사처벌과 체불청산은 동시에 이뤄지는 것도 아니고 체불임금은 임금대로 민사절차에 의해 다시 청구를 해야 하는 어려움이 있다. 결과적으로 형사처벌은 체불임금 예방 및 청산촉진 기능을 약화시키는 면이 있다.

반의사불벌죄는 형사처벌에 관해 당사자간 의사를 존중하여 처벌보다 실질적인 근로자의 체불임금청산에 권리구제의 중점을 두는 제도이다. 반의사불벌죄란 피해자의 명시한 의사에 반해 논할 수 없는 죄를 말하는 것으로 피해자의 의사와 관계없이 공소를 제기할 수는 있으나, 피해자가 처벌을 희망하지 않는다는 의사를 명백히 한 때에는 처벌할 수 없다는 점에서 "해제조건부 범죄"라고도 한다. 사용자가 법 제36조,[120] 법 제43조, 법 제44조,[121] 법 제44조의2,[122] 법 제46조,[123] 법 제56조[124]를 위반한 경우에도 진정이나 고소장을 제출한 근로자의 명시한 의사에 반하여 공소제기 등 형사처벌을 할 수 없다.[125]

(2) 처벌불원 의사표시

체불임금이 확인되고 그 금품이 전부 또는 일부가 청산되지 않더라도 근로자가 처벌불원의 서면자료[126]를 제출하면 사용자는 형사처벌을 받지 않고 사건은 종결된다. 의사표시의 절차는 형사소송법에 근거를 두고 있다. 형사소송법 제232조에 의하면, "고소는 제1심판결 선고 전까지 취소할 수 있고, 고소

120) 금품청산의무, 근로자가 사망 또는 퇴직한 날로부터 14일 이내에 임금, 보상금 기타 일체의 금품을 지급.
121) 도급사업에 대한 임금지급.
122) 건설업에서의 임금지급 연대책임.
123) 휴업수당지급 등.
124) 연장, 야간, 휴일근로수당지급 등.
125) 법 제109조제2항.
126) 사용자의 법위반 사실에 관해 처벌하기를 원하지 않는다.

를 취소한 자는 다시 고소하지 못한다"고 하고, "이 규정은 피해자의 명시한 의사에 반하여 죄를 논할 수 없는 사건에 있어서 처벌을 희망하는 의사표시의 철회에 관해서도 준용한다"고 정하고 있다.

따라서 근로자가 금품의 전부를 받지 못하거나 일부의 금품만 지급받고서도 사용자의 처벌을 원하지 않는다는 의사표시를 하면 진행 중인 기소절차를 진행할 수 없다. 조건부 처벌불원의 의사표시[127]는 처벌불원의 의사표시로서 효력이 없다. 어떠한 경우든 의사표시는 서면작성 등, 진정성이 보장되고 입증이 가능한 수단으로 하는 것이 장래의 분쟁을 예방하는 길이다.

수개의 범죄 중 일부에 대해서만 처벌불원하는 경우, 처벌을 원하는 일부범죄에 대해서만 처벌을 한다. 1건에 수명의 피해근로자가 있고 그 중에 일부근로자만 처벌불원의 의사표시를 한 경우는 원칙적으로 일부 의사표시를 감안하여 형사처벌을 한다. 1건 수명의 사용자 중 일부에 대해서만 처벌불원하는 경우, 처벌을 원하지 않는다고 지적한 특정의 사용자에 대해서만 반의사불벌로 처리하고 나머지 사용자는 형사처벌을 한다. 반의사불벌죄에는 고소불가분의 원칙[128]은 적용되지 않는다.

(3) 진행 중인 사건처리

처벌을 원하지 않는다는 의사표시는 제1심 판결 전까지 해야 한다.[129] 일단, 처벌불원의 의사표시를 한 후에는 이후의 심경의 변화나 사정변경 등을 이유로 의사표시를 번복할 수는 없다. 기소중지 중인 사건은, 피해근로자가 처벌을 원하지 않는다는 의사표시만 있으면 피의자의 출석이 없더라도 지명수배를 해제할 수 있다. 진정사건의 경우, 피해자가 처벌불원의 의사를 표시하면 그 사실을 확인한 후 임금체불액의 청산여부에 관계없이 사건은 내사종결 한다. 범죄인지 사건의 경우, 피해근로자가 처벌불원의 의사표시를 한 경우 "공소권 없음"으로 송치 종결한다.

---

127) 사업주가 임금을 주면 처벌을 원하지 않는다.

128) 친고죄의 공범 중 그 1인 또는 수인에 대한 고소·고소취소는 다른 공범자에 대해서도 효력이 있는 것을 말한다.

129) 형소법 제232조.

고소사건의 경우, 당사자의 진술만으로 처벌불원의 의사를 확인할 수 있다면 "각하"처분을 하고 범죄사건으로 수사에 착수한 사건은 "공소권 없음"으로 각각 송치 종결한다.

(4) 의사표시의 효과

처벌불원의 의사표시로 사건을 종결하면 당사자간 미지급한 금품은 그대로 남는다. 근로자는 미수령 상태로 남은 금품을 완전히 변제 받으려면 사용자를 상대로 민사소송 절차로 해결할 수밖에 없다. 따라서 일단 처벌불원의 의사표시를 하여 사건이 종결되면 이후에 사용자가 지급약속을 위반했다고 해서 다시 동일한 체불 건에 대해 재진정을 하거나 재고소를 하는 등 형사처벌을 요청할 수는 없다. 만약, 반의사불벌로 종결된 사건이 재진정 또는 재고소·재고발 된 경우에는 "내사종결 또는 각하처분"을 받는다

7. 체불임금 지연이자제

(1) 법적 성격

법원은 임금이나 퇴직금에 대한 채무를 사용자의 영업을 위한 보조적인 상행위로 보아서 상사채무로 판단한다.[130] 따라서 임금채권에 대해서는 다른 법률이나 사용자와 근로자간에 별도의 약정이 없으면 상법 제54조에 의거 연 6%의 이자가 부과된다. 민사소송을 제기할 경우는 소송촉진에 관한 특례법 제3조에 의거 소송제기시점 또는 확정판결시점부터 변제일까지 연 20%의 이자가 부과된다

이러한 법적인 보호나 활용장치가 있음에도 불구하고 근로자들은 제도를 이용하여 체불임금이나 퇴직금등을 적기에 수령하지 못하고 있다. 따라서 상법이나 소송촉진특례법에 정해놓은 이자율과 별도로 근기법에 특별법적인 지연이자제를 도입하여 임금이나 퇴직금의 지급을 지연하는 사용자에게 연 20%에 달하는 이자를 부과함으로써 체불임금 발생을 예방하고, 이미 발생한 체불임

130) 대판 76다28, 1976.6.22.

금을 가급적 조기에 청산하도록 유도하는데 이 제도의 취지가 있다.

사용자는 법 제36조의 규정에 의해 지급해야 하는 임금 및 퇴직급여(퇴직급여 보장법 제2조제5호에 따른 일시금만 해당한다.)의 전부 또는 일부를 그 지급사유가 발생한 날로부터 14일 이내에 지급하지 못한 경우 그 다음날 15일째 날부터 실제 지급되는 날까지의 지연일수에 대해 연 20/100 지연이자를 지급해야 한다.[131)]

☞ 지연이자=체불액×0.2×체불일수/365일

당사자간 지급기일의 연장에 관한 합의가 있는 경우 법 제36조 위반은 면할 수 있으나 그 기간 중 지연이자는 변함없이 적용된다.[132)] 그러나 사용자가 천재, 사변 그 밖의 대통령령이 정하는 사유에 의하여 임금지급을 지연하는 경우 그 사유가 존속하는 기간에 대하여는 적용하지 아니한다. 다만, 그 기간 중에도 상법상 이자(연 6%)는 적용된다. 지연이자는 2005.7.1 이후에 퇴직 또는 사망으로 인하여 근로관계가 종료된 근로자의 임금 및 퇴직급여 일시금에 적용된다.

(2) 적용대상근로자 및 적용금품

사망 또는 퇴직 등으로 근로관계가 종료된 자로서 사용자로부터 근기법 제36조에 의한 임금 및 퇴직급여 일시금을 그 지급사유 발생한 날부터 14일 이

---

131) ① 퇴사일이 2.1, 받지 못한 임금과 퇴직금이 1,000만원이라고 하면 2.2부터 기산하여 14일이 지나 15일째가 되는 2.16부터 미지급임금 등에 대하여 실제 변제일(10.15)까지 연 20%의 이자율이 적용된다. 사용자가 10.15 지급할 경우에는 지연이자는 1,000만원×20%×242일/365일=1,326,020원이다. 따라서 사용자는 원금과 이자를 합하여 11,326,020원을 지급해야만 법상의 임금지급채무에서 벗어난다.

② 퇴사일이 1.15, 받지 못한 임금과 퇴직금이 1,150만원, 1.16부터 기산하여 14일이 지나 15일째가 되는 1.30부터 미지급임금 등에 대하여 실제 변제일(12.29)까지 연 20%의 이자율이 적용된다. 사용자가 12.29 지급할 경우 지연이자는 1,150만원×20%×334일/365일=2,104,650원이다. 원금과 이자를 합하여 13,604,650원을 지급해야 법상의 임금지급채무에서 벗어난다. 유사한 입법례로는 일본의 경우 연14.6%가 있고, 하도급거래공정화에 관한 법률에 의거 원·하도급 업자간 대금지급지연 방지를 위해 연 25%의 이자율을 적용하고 있다.

132) 당사자간의 합의에 의하여 지급기일을 연장했을 경우 법 제36조의 위반은 면할 수 있다. 그러나 동법시행령 제18에서 규정하고 있는 지연이자율 적용제외 사유에 해당하지 않는 한, 당사자간의 합의만으로 지연이자 지급의무를 면할 수 있는 것은 아니다(근로기준과-3981, 2005.7.28).

내에 지급받지 못한 자가 적용 받을 수 있다. 따라서 재직 중인 자는 임금지급이 지연되더라도 적용되지 않는다. 임금이라고 이름 붙었다고 해도 아래에 열거한 기타금품 등에는 적용되지 않는다.

1. 휴업수당, 해고예고수당
   휴업수당과 해고예고수당은 손실보상적인 성격을 띤 금품으로서 임금으로 보지 않는다.[133)]
2. 생활보조적, 복리후생적으로 지급하는 축의금, 조의금, 의료비, 재해위로금, 피복비 등
3. 실비변상적인 성격으로 출장비, 정보활동비, 업무추진비, 작업용품구입비, 정보비 등
4. 관례적으로 지급사례가 없고, 기업이윤에 따라 일시적, 불확정적으로 사용자의 재량이나 호의에 의해 지급하는 경영성과 배분금, 격려금, 생산장려금, 포상금 등
5. 출근일수에 따라 변동적으로 지급하거나 일부근로자에게 지급되는 통근수당, 차량유지비, 사택수당, 급식비

(3) 지연이자부과 제외

다음과 같은 사유로 임금지급이 지연되는 경우 그 사유가 존속하는 기간에 대해서는 지연이자를 적용하지 않는다. 적용제외사유에 대한 입증책임은 지연이자를 면제받고자 하는 사용자에게 있다.

1. 근로자가 임금채권보장법시행령 제4조 각호에 의거 체당금을 수령할 수 있는 경우로 법률상·사실상 도산이 모두 해당된다.[134)] 도산의 경우 사실상 도산인정은 받지 못했지만 실질적으로 사업이 도산한 경우도 포함된다.

2. 채무자회생 및 파산에 관한 법률에 의거 재산보전처분 명령으로 재산처분이 어려워 임금지불이 곤란한 경우, 예산회계법, 지자체법 등에 의거 자금마련이 국회나 지자체 의회 등의 승인을 얻어야 하는 경우, 기타 기업예산회계법, 기금관리법, 정부투자기관관리기본법, 정부산하기관관리기본법 등에서 예산 및 기금의 이용, 변경 등에 대한 절차를 규율하는 경우

3. 임금, 퇴직금의 존부에 관해 법원이나 노동위원회에서 다투는 것이 상당하다고 인정되는 경우[135)] 그 사실에 관해 확정판결이 선고될 때까지 지연이자

---

133) 다만, 휴업수당은 지연이자제는 적용되지 않지만, 반의사불벌죄의 금품에는 해당된다.

134) 파산선고, 회생절차개시결정, 도산사실인정 결정.

135) 계약체결시 명시된 근로조건이 사실과 다르다고 손해배상을 청구한 사건, 단체협약 또는 노사가 수락한 노동위의 조정 중재안에 대한 이행방법 해석 등에 관해 의견불일치가 있어서 노동위의 견해를 요청한 경우, 기타 임금.퇴직급여지급 등의 문제로 다투는 경우 등.

를 적용하지 않는다. 다만, 사용자가 합리적인 이유없이 지연이자의 지급의무를 지연하면서 지급을 지연시킬 목적으로 다투는 경우는 근기법상의 지연이율이 적용된다. 법원 등에 대해 다투는 것이 상당한지 여부에 관한 판단은 법원, 노동위원회에서 결정한다.

4. 기타 천재, 사변 등 이에 준하는 사유[136)]로서 "재난관리법에 의한 재난에 해당하는 경우"로 국민의 생명, 신체 및 재산과 국가에 피해를 주거나 줄 수 있는 것으로서 다음에 해당하는 것일 것.

가. 태풍, 홍수, 호우, 폭풍, 해일, 폭설, 가뭄, 지진, 황사, 적조 그 밖에 이에 준하는 현상으로 인하여 발생하는 재해

나. 화재, 붕괴, 폭발, 교통사고, 화생방사고, 환경오염사고 그 밖에 이와 유사한 사고로 대통령령이 정하는 규모 이상의 피해

다. 에너지, 통신, 교통, 금융, 의료, 수도 등 국가기반체계의 마비와 전염병의 확산 등으로 인한 피해

적용제외사유가 존속하는 기간동안은 근기법 제37에 의한 지연이자는 적용되지 않으나, 상법 제54조에 따른 이자는 면제되지 않는다. 따라서 사용자가 임금을 지연지급하고 그 지연지급기간 중간에 이자율 면제기간이 들어 있다면 그 사유가 존속하는 동안 그 면제기간만큼은 상법상 이자 연 6%가 적용되어야 한다.[137)]

(4) 법률상의 효과

지연이자제는 사업주에게 임금 및 퇴직금에 대한 지연이자 지급의무를 부과

---

136) 근기법 제37조제2항.

137) 근로자의 퇴사일이 2.1이라고 하고 퇴사시 받지 못한 임금과 퇴직금이 1,000만원이라고 하면 2.2부터 기산하여 14일이 지나 15일째가 되는 2.16부터 미지급임금 등에 대하여 실제 변제일(10.15)까지 연 20%의 이자율이 적용된다. 그러나 그 8개월 지연기간 가운데 2개월(4.16부터 6월15까지)이 위 면제사유 중 어느 하나에 해당이 된다면 사용자가 임금지급채무를 면하기 위해 실제 지급일인 10.15에 지불해야 할 금액은, 사용자가 10.15일 지급할 경우 근기법에 의한 지연이자는 1,000만원×20%×180일/365일=986,300원이고, 상법에 의한 이자는 1,000만원×6%×62일/365일=101,910원이다. 원금과 이자를 합하여 11,088,210원을 지급해야만 임금지급채무에서 벗어난다.

하지만, 사용자가 지연이자를 지급하지 않았다고 해서 형사처벌을 받는 것은 아니다. 따라서 사용자는 법 제36조에 의거 지연이자의 원본채권이 되는 임금 퇴직금 등에 대한 금품청산의무를 위반하였을 경우는 형사처벌을 받을 수 있으나 원본채권에 대한 지연이자는 민사소송에 의한 지급대상 금품이다. 그러므로 노동관서에서도 체불임금을 확정할 경우 지연이자는 포함하지 않고 근로자에게 원금만 전액지급된다면 당사자간 분쟁을 종결한다. 따라서 근로자는 지연이자를 지급받기 위해서는 사용자를 상대로 별도의 민사소송을 제기해야 한다. 지연이자의 확정과 지급에 관해 당사자간 다툼이 있는 경우에는 민사소송으로 해결하여야 한다.

8. 임금대장 등 작성

사용자는 각 사업장별로 임금대장을 작성하고 임금과 가족수당 계산의 기초가 되는 사항, 임금을 지급 할 때마다 기입하여야 하고, 임금대장에는 다음 사항을 근로자 개인별로 기재하여야 한다.[138]

성명, 주민등록번호, 고용연월일, 종사하는 업무, 임금 및 가족수당의 계산기초가 되는 사항, 근로일수, 근로시간수, 연장근로·야간근로 또는 휴일근로를 시킨 경우에는 그 시간수, 기본급, 수당, 그 밖의 임금의 내역별 금액, 법 또는 단체협약에 특별한 규정이 있어서 임금의 일부를 공제한 경우에는 그 금액을 기입하여야 한다.

사용기간이 30일 미만인 일용근로자에 대하여는 주민등록번호, 임금 및 가족수당의 계산기초가 되는 사항을 기재하지 아니할 수 있다. 상시 4인 이하의 근로자를 사용하는 사업 또는 사업장의 근로자, 법 제63조각호의 1에 해당하는 근로자는 근로시간수, 연장근로·야간근로 또는 휴일근로를 시킨 경우에는 그 시간수를 기재하지 않을 수 있다. 근로시간·휴게·휴일의 적용 제외대상자에 대하여는 근로시간에 관한 제한이 없으므로 관련조항을 기재할 필요가 없기 때문이다. 1. 토지경작·개간, 식물의 재식·재배·채취사업, 농림사업, 2.

138) 근기법 제48조.

동물의 사육, 수산 동식물의 채포·양식사업, 그 밖의 양잠, 축산, 수산사업, 3. 감시·단속적근로에 종사하는 근로자로서 사용자가 승인을 받은 자, 4. 관리감독,[139] 기밀업무 종사자 등이다.

9. 임금채권 소멸시효

(1) 의 의

소멸시효(消滅時效)란, 일정한 사실상태가 오랫동안 계속된 경우에 그 상태가 진실한 권리관계에 부합하느냐를 묻지 않고서 그 사실상태를 그대로 존중하여 그것을 권리관계로 그대로 인정하려는 법 기술적[140]인 제도이다. 민법상 시효에는 취득시효와 소멸시효가 있다. 취득시효는 타인의 물건을 점유하는 등 일정한 사실상태가 장기간 계속될 경우 시효에 의하여 권리를 취득하는 것으로서 물권편에 두고, 소멸시효는 일정한 사실상태가 장기간 계속될 경우 시효에 의하여 권리가 소멸하는 것으로서 민법 총칙편에 규정을 두고 있다.

소멸시효와 비슷한 것으로 「제척기간」이 있다. 이것은 권리의 존속기간이 예정되어 있어서 그 동안에 행사하지 않으면 그 기간의 경과로 인하여 권리가 당연히 소멸하는 것으로 이는 불안정한 법률관계를 일정한 짧은 기간 내에 확정시키는데 그 목적이 있으며, 소멸시효와는 차이가 있다. 소멸시효의 경우에는 권리가 소급적으로 소멸하지만, 제척기간의 경우에는 기간이 경과한 때로부터 장래에 향하여 소멸한다. 소멸시효는 일정한 사실상태의 계속을 요건으로 하기 때문에 이러한 상태가 단절되면 시효는 중단하고 또 사실상태를 방해하는 사정이 생기면 시효는 정지한다.

---

139) 건설회사의 영업부장 및 현장소장은 대표이사 사장과 비상임 이사, 영업 및 관리부장, 현장소장 그리고 경리과장, 총무과장의 위계를 가진 회사에서 대표이사의 지휘감독을 받아 공사수주, 발주처 협무협조, 분양업무 및 현장시공 일체 업무를 수행하면서 대표이사로부터 전체적인 방침을 받아 자신의 책임아래 수임업무에 관해 세부적인 업무수행 및 목표달성 방안을 결정, 수립하고 부하직원을 지휘·감독하여 업무를 집행하고 대표이사에게 결과를 보고하는 등의 역할을 수행한다면 건설회사의 영업부장과 현장소장은 사업경영담당자로서 관리감독자에 속한다.

140) 영속된 사실상태는 정당한 권리관계와 합치되는 개연성이 많다.

그러나 제척기간(除斥期間)은 사실상태의 계속과는 관계없이 다만, 권리관계를 속히 확정시키려는 제도이기 때문에 중단이 없다.

임금채권은 임금의 정기지급일, 퇴직한 날, 연·월차유급휴가수당청구권이 발생한 날부터 3년간 행사하지 않으면 시효로 소멸한다.[141] 소멸시효는 객관적으로 권리가 발생하여 당사자가 그 「권리를 행사할 수 있는 때」로부터 진행하고 그 권리를 행사할 수 없는 동안만은 진행하지 않는다. "권리를 행사할 수 없는"경우라 함은 그 권리행사에 법률상의 장애사유, 예컨대 임금의 지급기가 도래하지 않았다거나 근로계약상의 조건 불성취 등이 있는 경우를 말하는 것이다.

사용자는 임금지급책임을 피하기 위해 "소멸시효가 완성되어 임금 등의 지급책임이 없다"는 등의 주장을 할 수 있다. 사용자가 임금채권의 소멸시효에 있어서 항변을 하더라도 신의성실과 권리남용금지원칙의 적용을 받는다. 따라서 채무자(사용자)가 시효완성 전에 다음과 같은 행위를 하였다면 신의성실의 원칙에 반하는 권리남용으로서 시효가 완성되었다는 주장을 할 수 없다.

1. 채권자(근로자)의 권리행사나 시효중단을 불가능 또는 현저히 곤란하게 하였거나 그러한 조치가 불필요하다고 믿게 하는 행동을 하였거나

2. 객관적으로 채권자가 권리를 행사할 수 없는 장애사유가 있었거나 또는 일단 시효완성 후에 채무자가 시효를 원용하지 아니할 것 같은 태도를 보여 권리자로 하여금 그와 같이 신뢰하게 하였거나

3. 채권자보호의 필요성이 크고, 같은 조건의 다른 채권자(근로자)가 채무의 변제를 수령하는 등의 사정이 있어 (사용자의) 채무이행의 거절을 인정함이 현저히 부당하거나 불공평하게 되는 등의 특별한 사정이 있는 경우에는 채무자가 소멸시효의 완성을 주장하는 것이 신의성실의 원칙에 반하여 권리남용으로서 허용될 수 없다.[142]

소멸시효는 시효기간 완성을 판단하는데 있어서, 당사자가 그러한 권리가 있었음을 알지 못했다거나 행사가능성을 미처 알지 못했다는 등 개인이 주관

141) 근기법 제49조.
142) 대판 2002다32332, 2002.10.25.

적인 사정은 감안하지 않는다.[143]

소멸시효는 재판상 청구, 압류 또는 가압류·가처분, 당사자간 승인 등의 사유가 있으면 중단이 되고 그러한 사유가 소멸되면 그때부터 시효는 처음부터 다시 진행한다. 민법상 최고의 경우는 6개월 내에 재판상청구, 파산절차참가, 화해를 위한 소환, 임의출석, 압류 또는 가처분을 하지 않으면 소급하여 시효중단의 효력이 없어진다. 법원에 해고무효의 확인의 소송을 제기한 경우에도 임금채권의 소멸시효는 중단한다. 그러나 사업주로부터 임금을 받지 못한 근로자가 고용부나 사법당국에 임금체불사실을 고발하는 것은 재판상청구로 인정되지 않으므로 시효중단의 효력이 없다.[144] 다만, 사용자 등 채무자가 스스로 시효이익을 포기할 경우는 청구가 가능하다.

(2) 소멸시효의 기산점

임금은 임금의 정기지급일,[145] 상여금은 상여금에 관한 권리가 발생한 날, 연·월차유급휴가수당은 휴가권을 취득한 날로부터 1년의 경과로 그 휴가의 불실시가 확정된 다음날 즉, 연·월차수당청구권이 발생한 날부터 기산한다. 연차유급휴가의 경우는 2011년 발생분의 경우, 2012년 1년을 경과하여 2012.12.31자로 실제휴가청구권이 소멸한 후 2013.1.1부터 기산한다. 월차유급휴가권을 취득한 근로자가 그 휴가권이 발생한 때부터 1년 이내에 그 월차유급휴가를 사용하지 아니한 채 근로한 대가로 발생하는 월차유급휴가근로수당의 지급청구권은 그 성질이 임금이다.[146] 따라서 3년의 소멸시효가 적용되고, 그 기산점은 월차유급휴가권을 취득한 날부터 1년[147]이 지나 그 휴가를 실시할 수 없게 된 것이 확정된 다음날이다.[148]

---

143) 대판 2006다1381, 2006.4.27.

144) 대판 98다18124, 1999.3.12.

145) 근로계약, 단체협약, 취업규칙, 관례 등에 의거 정기지급일로 정한 날.

146) 대판 90다카 24496, 1990.12.21 참조.

147) 예를 들면, 2008.6월 한 달 동안 소정근로일을 개근한 근로자는 2008.7.1부터 2009.6.30까지 1년간 실제 월차유급휴가를 사용할 권리가 주어진다. 3년의 소멸시효는 2009.7.1부터 기산하여 2012.6.30일 24:00으로 완성된다.

148) 대판 94다47155, 1995.6.30.

퇴직금은 퇴직한 다음날(2009.12.20일 사직서가 수리, 2009.12.21부터)이 각각 소멸시효의 기산일이 된다. 근기법 제36조에서 퇴직 등 근로관계 종료일로부터 "14일 이내"로 금품청산기간을 정한 것은 이를 불이행하는 경우 형사상의 제재를 가함으로써 근로자를 보호하고자 하는 것이지 사용자에게 위 기간동안 지급의무의 이행을 유예하여 준 것이 아니다. 이것을 퇴직금 등 청구권의 행사에 대한 법률상의 장애라고 할 수는 없으므로 임금·퇴직급여 등의 청구권은 퇴직한 다음날부터 이를 행사할 수 있다.[149] 따라서 「퇴직금 등에 관한 청구권을 행사할 수 있는 때」는 퇴직한 다음날이 기산일이다.

근로자가 아닌 이사 등 임원에 대한 퇴직금은 근로기준법상의 퇴직금이 아니라 재직 중 직무집행에 대한 보수의 일종으로서 그 소멸시효기간은 5년이 된다.[150]

1) 직원에서 이사로 승진 퇴직

당초 직원인 근로자가 퇴직금 수령 등 일체의 퇴직절차를 행하지 않고 이사로 선임되어 근로시간 단절없이 계속근로를 했다면, 이사로 선임된 사실을 퇴직으로 볼 수 없고 퇴직일은 이사로 근무하다가 퇴직한 최종시점이 되어 소멸시효는 그때부터 기산한다. 다만, 퇴직금산정 평균임금은 직원으로 최종근무한 날을 기준으로 산정하여 퇴직금을 지급해야 한다.[151] 이 경우는 임원 등 이사로 선임되었더라도 명칭만 이사이지 근로자에 해당하는 경우를 말하고, 이사로 선임되어 근기법상 근로자로 볼 수 없는 경우에는 임원으로 선임된 날[152]을 기준으로 퇴직금청구권이 발생하고, 퇴직금청구권의 소멸시효도 임원으로 선임된 날부터 기산한다.[153]

2) 중간정산 착오로 미지급 퇴직금

중간정산을 유효하게 하였으나 착오로 지급받지 못한 퇴직급여의 일부에 대

149) 대판 2001다24051, 2001.10.30.
150) 상법 제64조.
151) 근기 68207-3003, 2000.9.30 ; 임금 68207-560, 2003.7.16.
152) 근로기준법상 근로관계가 종료된 날.
153) 임금 68200-814, 2001.11.27.

한 소멸시효는 퇴직일로부터 기산한다.[154] 다만, 판례에 따르면 일부금품을 누락한 평균임금으로 퇴직급여를 산정지급하고, 그로 인해 누락된 금품을 포함하여 평균임금으로 퇴직급여를 산정하였을 경우 당초 중간정산한 퇴직급여와의 차액을 지급하라는 청구에 대해, 미지급 중간퇴직급여채권의 소멸시효는 각 그 퇴직급여채권의 그 중간정산일로부터 기산되는 것으로 보고 있다.[155]

「근로조건위반으로 인한 손해배상청구권」은 근로계약상의 채무불이행으로 인한 손해배상청구권을 확인하는 의미를 가지는 것이고 계약상 채무불이행으로 인한 손해배상청구권은 원래의 채권과 그 동일성을 유지하면서 그 내용만 변경된 것이다. 근로조건위반으로 인한 손해배상청구권의 소멸시효 기간은 법 규정의 취지와 규정 내용 등에 비추어 임금채권에 준하여 3년이라고 보아야 한다.[156]

「근로자의 근로계약상의 주의의무 위반」으로 인한 손해배상청구권은 상거래 관계에 있어서와 같이 정형적으로나 신속하게 해결할 필요가 있다고 볼 것은 아니다. 따라서 특별한 사정이 없는 한 5년의 상사 소멸시효기간이 아니라 10년의 민사 소멸시효기간이 적용된다고 봄이 타당하다.[157]

근로계약이나 단체협약은 보조적 상행위에 해당하므로 단체협약에 의해 근로자의 유족들이 회사에 대해 가지는 위로금채권은 5년의 상사소멸시효기간이 적용된다.[158]

---

154) 퇴직급여보장-1953, 2006.6.8.

155) 대판 2003다54322·54339, 2006.5.26. 퇴직금은 사용자가 일정기간을 계속근로하고 퇴직하는 근로자에게 그 계속근로에 대한 대가로써 지급하는 후불적 임금의 성질을 띤 금품이고, 구체적인 퇴직금청구권은 계속근로가 끝나는 퇴직이라는 사실을 요건으로 하여 발생되는 것이므로 중간퇴직이 유효하다고 인정되는 경우에는 그로 인한 퇴직금청구권과 그 후 재입사일부터 최종 퇴직시까지의 근속기간에 대한 퇴직금청구권은 당사자만 동일할 뿐 계속근로의 기간과 퇴직의 시점을 달리하는 별개의 퇴직금청구권이다. 따라서 이에 대한 소멸시효는 그 각 청구권별로 진행되므로 중간퇴직으로 인한 퇴직금청구권에 대한 소멸시효에 완성 여부는 그에 대한 소송상의 청구를 하였다고 볼 수 있는 소 제기일자를 기준으로 따져 보아야 한다(대판 92다17754, 1992.9.14).

156) 대판 97누5732, 1997.10.10.

157) 대판 2004다22742, 2005.11.10.

158) 대판 2006다1381, 2006.4.27. 당사자 쌍방에 대하여 모두 상행위가 되는 행위로 인한 채권뿐

명예퇴직제도에 따른 「명예퇴직금」은 그 직위에서 퇴직하는 근로자의 재직 중의 근로에 대한 대가로서 지급되는 후불적 임금으로서의 성질을 갖고 있으므로 이는 구 근로기준법 제18조 소정의 임금에 포함된다.

따라서 명예퇴직금 채권은 같은법 제41조 소정의 3년간의 단기소멸시효에 관한 규정이 당연히 적용되는 임금채권이다.[159]

실무상, 노동위원회 구제절차 또는 노동위원회의 재심판정 취소소송 등을 거치면서 소멸시효가 경과되는 경우 어떻게 구제할 수 있느냐 하는 것이 문제다. 행정절차에 불과한 노동위원회 구제신청이나 행정소송 중 취소소송은 그 자체로 소멸시효의 중단사유인 재판상 청구에 해당하지 않는다. 근로자가 재심판정 취소소송에서 승소하는 경우에도 사용자에게 구제명령의 공법상 효력을 확정시켜 줄 뿐 임금채권이나 퇴직금채권의 소멸시효 완성을 저지하지는 못한다. 다행스럽게도 최근 판례[160]는 부당해고구제신청 재심판정 취소소송에서 사용자측이 패소하고 근로자들이 회사를 상대로 임금지급 민사소송을 제기한 사건에서, 근로자가 노동위원회에 구제신청을 한 후 행정소송에서 권리관계를 다투는 것은 시효중단사유인 재판상 청구에 해당한다고 보았다.

10. 임금체불 공소시효 등

사용자가 임금 등의 체불로 인하여 근기법 제36조 및 제43조 등을 위반한 경우에는 동법 제109조에 의거 처벌[161]을 받게 된다. 이때 특별사법경찰관은 검사의 지휘를 받아 법 위반사건을 수사하여 처분의견을 붙여 송치하게 되는데 제반절차는 형사소송법 등의 절차에 따르게 된다. 이 경우 공소제기와 공

반 아니라 당사자 일방에 대하여만 상행위에 해당하는 행위로 인한 채권도 상법 제64조 소정의 5년의 소멸시효기간이 적용되는 상사채권에 해당하는 것이고, 그 상행위에는 상법 제46조 각 호에 해당하는 기본적 상행위뿐만 아니라, 상인이 영업을 위하여 하는 보조적 상행위도 포함된다. 근로계약이나 단체협약은 보조적 상행위에 해당하므로, 단체협약에 기한 근로자의 유족들의 회사에 대한 위로금채권에 5년의 상사소멸시효기간이 적용된다.

159) 서울고판 2001나57961, 2002.4.12.

160) 대판 2011다20034, 2012.2.9.

161) 3년 이하 징역 또는 2천만원 이하 벌금.

소시효는 중요한 의미를 가진다. 공소시효의 기산점은 범죄의 행위가 종료한 때,[162] 공소시효의 정지사유는 공소의 제기[163]로 규정되어 있다.

(1) 공소시효의 기산

「임금 정기지급일 위반죄(근기법 제43조제2항)」는 지급기일의 간격이 지나치게 길고 지급일이 일정치 않아 야기되는 근로자의 생활불안을 방지하기 위한 것으로서 "임금의 정기지급일에 미지급한 행위"를 벌하는 것이고, 「금품청산위반죄(근기법 제36조)」는 근로관계 종료시 당연히 발생하는 금품지급 반환의무를 기일 내 이행토록 강제하여 "근로관계 종료시 금품 미청산행위"를 벌하는 것이므로 처벌대상이 서로 달라 실체적인 경합관계에 있다.

정기지급일 위반죄는 각 임금의 정기지급일[164]로부터 공소시효가 기산되고, 금품청산위반죄는 퇴직일로부터 14일이 경과한 날(15일째 되는 날)부터 기산되어 5년이 경과하면 공소시효는 완성된다. 다만, 근기법상 임금채권의 소멸시효는 3년으로 정하고 있으므로, 금품청산위반죄가 성립되기 위해서는 퇴직시점에서 소멸시효 즉, 지급사유 발생일로부터 3년이 완성되지 않은 임금채권이 존재하고, 그 임금채권이 퇴직한 날로부터 14일 이내에 지급되지 않았어야 법위반이 발생한다. 공소시효가 완성되었더라도 소멸시효 중단[165] 등으로 임금채권의 소멸시효가 완성되지 않았다면 민사상 절차에 의해 임금채권행사가 가능하다.[166]

예를 들면 1995.1.1 입사하여 2004.1.1 퇴직하였으나 2001.1월분 임금 240만원(정기지급일 2001.1.31)을 2004.1.15까지 지급받지 못하였다면, 법 제43조제2항의 위반행위[167]와 제36조 위반행위[168]는 그 구성요건이 다른 별개의 범죄이므로 공소시효는 각각 진행해야 한다.

---

162) 형사소송법 제252조.
163) 형사소송법 제253조.
164) 월급의 경우 매월, 상여금이 분기별로 지급되는 경우 매분기 약정한 지급일.
165) 청구, 압류, 가압류, 가처분, 승인 등.
166) 임금 68200-815, 2001.11.27.
167) 임금은 매월 1회 이상 일정한 기일을 정하여 지급해야 한다.
168) 근로자가 사망 또는 퇴직한 경우에는 그 지급사유가 발생한 때로부터 14일 이내에 임금, 보상금 기타 일체의 금품을 지급하여야 한다.

법 제43조 위반죄는 정기지급일인 2001.1.31자로 기산하여 2006.1.30자로 공소시효 5년이 만료되고, 2004.1.1 퇴직시까지 3년의 소멸시효가 경과되지 않은 체불금품 240만원에 대한 법 제36조 위반죄는 퇴직일로부터 14일이 경과한 2004.1.16부터 기산하여 2009.1.15자로 5년의 공소시효가 완성된다. 따라서 근로자는 5년의 기간 내에 각각 고소, 고발 등을 제기하여야 형사처벌을 할 수 있다.

법 제43조의 경우에는 정기지급일로부터 기산하여 5년 이내, 법 제36조의 경우는 퇴직일을 기준으로 지급사유발생일로부터 3년의 소멸시효가 경과하지 않은 금품이 있을 경우 퇴직일로[169]부터 14일이 경과한 날로부터 기산하여 5년 이내에 각각 고소, 고발 등을 제기하여야 처벌이 가능하다.[170]

실무상, 사업주가 재직 중 임금을 정기지급일에 지급하지 않았고 퇴직일 이후 14일 이내에 청산하지도 못한 경우 2가지 법조는 실체적 경합관계에 있으므로 둘 다 적용이 가능하다. 제36조 위반으로 처벌 후 훗날 추가로 미청산

169) 퇴직은 근로계약의 종료를 의미하는 것으로서, 퇴직당일은 계속근로년수에 포함되지 아니하는 것으로 보아야 한다. 따라서 퇴직당일은 곧 퇴직의 효력발생시기가 될 것이다. 즉, 퇴직의 효력발생시기는 당일 근로를 제공하고 당일 사직서가 제출, 수리된 경우는 "근로를 제공한 그 날은 고용종속관계가 유지되는 기간"으로 보아야 하므로 당사자간 별도의 약정이 없는 한 "그 다음날을 퇴직일로 간주한다"(근기 68201-3970, 2000.12.22) 실무상으로는 "당일 근로를 제공하고 당일 사직서가 제출, 수리된 경우는 마지막으로 근로를 제공한 날의 다음날, 혹은 사직서가 수리된 날의 다음날"을 퇴직당일로 간주해야 한다. 다만, 반대해석으로 "근로를 제공하지 않고 출근하여 곧바로 사직서를 제출하여 수리된 경우는 그 날"을 퇴직한 당일로 간주할 수 있을 것이다. 만일 당사자간 약정으로 근로자에게 행정해석 이상의 유리한 기준으로 정한 경우는 그에 따른다고 해도 무리가 없을 것이다.

170) 임금 정기지급일의 원칙(법 제43조제2항)과 금품청산의 책임(법 제36조)은 범죄의 구성요건이 각각 다른 별개의 범죄로서 입법취지와 처벌의 대상이 서로 달라 공소시효는 각각 진행한다. 예를 들면, 2000.1.1에 입사하여 2002.5월의 임금(정기지급일 10일)과 2008.2월의 임금을 2009.7.1 퇴직시까지 각각 받지 못한 근로자에 대한 사용자의 법 제43조제2항을 위반한 죄는, 범죄행위를 종료한 때, 즉, 발생일로부터 기산한다. 따라서 2002.5월의 위반죄는 2002.5.11부터 기산하여 2005.5.10자로 3년의 시효가 완성되어 공소권이 소멸하고, 2008.2월의 위반죄는 2008.2.11부터 기산하여 2013.2.10자로 5년의 공소시효가 완성된다(임금채권의 소멸시효는 2011.2.10자로 완성). 법 제36조 위반죄는 퇴직일로부터 14일이 경과한 2009.7.16부터 기산하여 2014.7.15자로 5년의 공소시효가 완성된다.

금품이 발견된 경우는 제43조 위반으로 처벌이 가능하다.[171)]

(2) 공소제기 기준일

공소제기는 검사의 공소제기를 말한다. 따라서 근로자가 사용자의 법위반 사실을 노동관서에 고소 등을 하였을 경우, 특별사법경찰관이 사건을 조사하여 송치한 후 검사가 공소를 제기하는 날을 기준으로 공소시효 진행 등을 판단하여야 한다.

(3) 체불사업주 명단공개

체불사업주에 대한 형사처벌만으로는 근로자의 실질적 권리구제와 체불해소에 한계가 있다고 보아서, 체불사업주의 명단을 공개하여 명예와 신용에 관한 제재를 통해 간접적인 체불예방과 상습·악의적인 체불사업주를 제재하는데 그 취지가 있다.

임금, 보상금, 수당 그 밖에 일체의 금품을 체불사업주로서, 명단공개 기준일 이전 3년 이내 임금 등을 체불하여 2회 이상 유죄가 확정된 자로서 명단공개 기준일 이전 1년 이내 임금 등의 체불총액이 3천만원 이상인 경우에는 자연인인 경우 그 성명, 나이, 상호, 주소, 법인의 경우 대표자 성명, 법인명칭, 주소 등 인적사항과 공개일 이전 3년간의 임금 등 체불액을 관보, 인터넷홈페이지, 게시판 또는 열람이 가능한 공공장소 등에 3년간 공개할 수 있다.[172)] 명단공개를 할 경우 체불사업주에게 3개월 이상의 기간을 정하여 소명기회를 주어야 한다. 체불사업주의 인적사항 등에 관한 공개여부를 심의하기 위하여 고용부에 임금체불정보심의위원회[173)]를 둔다

체불자료제공일 이전 3년 이내 임금 등을 체불하여 2회 이상 유죄가 확정된 자로서 임금 등 체불자료제공일 이전 1년 이내 임금 등의 체불총액이 2천만원 이상인 자에 대하여 은행연합회 등 종합신용정보기관이 체불자료를 요구할 경우는 사업주의 인적사항을 제공할 수 있다. 다만, 체불사업주의 사망·폐업 등

---

171) 대판 2005도8364.

172) 근기법시행령 제23조의3.

173) 근기법시행규칙 제7조의2, 위원장 1명 포함 11명으로 구성, 위원장은 고용부차관이 된다.

으로 명단공개의 실효성이 없는 경우 등 대통령령으로 정한 사유[174]가 있는 경우는 정보공개 및 자료제공을 하지 않는다.

법문상 "3년 이내 임금"이라 함은, 임금체불의 소멸시효가 3년이고 형사상 공소시효가 5년인 점을 감안하면, 명단 및 자료공개 기준일 이전 3년의 기간 중 체불사건으로 인해 2회 이상 형사처벌의 근거가 된 피해금액을 의미하는 것으로 보인다. 명단 및 자료공개는 2012.8.2 개정법 시행일 전에 발생한 체불사건도 요건에 해당할 경우에는 명단 및 자료공개가 가능하다.

174) 근기법 제43조의3, 영 제23조의4. 자연인인 체불사업주가 사망하거나 민법 제27조에 따라 실종선고를 받은 경우, 자료 제공일 전까지 체불임금 등을 전액지급한 경우, 체불사업주가 통합도산법에 의거 회생절차개시결정 또는 파산선고를 받은 경우, 체불사업주가 임금채권보장법시행령 제5조에 의거 도산사실인정을 받은 경우, 체불자료제공일 전까지 체불사업주가 체불임금 등의 일부를 지급하고 남은 체불임금 등에 대한 구체적 청산계획 및 자금조달방안 등을 소명하여 체불임금청산을 위해 성실히 노력하고 있다고 인정하는 경우.

제23장 최저임금

1. 개념정의

국가는 사회·경제적 방법으로 고용의 증진과 적정임금의 보장을 위해 노력하고 법률이 정하는 바에 의하여 최저임금제를 시행해야한다"고 정하고 있다.[1] 임금은 노사가 동등하고 자유로운 입장에서 노동의 수요와 공급이 일치하는 점에서 결정되는 것이 원칙이다. 그러나 시장의 원리에만 맡겨둔다면 경제적 약자인 근로자는 노동력의 객관적인 가치 이하의 낮은 임금수준에 머물 수밖에 없다. 따라서 국가 정책적으로 사인간의 근로계약에 개입하여 최저한의 임금수준을 정하고 모든 근로자에게 그 이상의 임금을 지급하도록 하여 생활안정과 노동력의 질적 향상을 이룩하는데 그 뜻이 있다.

최저임금법은 1986.12.31 법률 제3927호로 제정되어 1988.1.1부터 상시 10인 이상 제조업 사업장에만 적용되었으나 1999년에는 상시 5인 이상 전체 사업으로 확대되었고, 2000년부터 1인 이상 전체 사업에 확대 적용되고 있다. 세계적으로는 1981년 뉴질랜드에서 산업조정중재법으로 최초로 시행되었다.

(1) 적용범위

최저임금법의 적용을 받는 사업장의 근로자는 근기법상 근로자를 말하므로 상용, 일용직, 임시직, 시간제근로자, 외국인근로자, 불법체류외국인 등 고용형태나 국적에 관계없이 근로자이면 모두 포함된다.[2] 동거의 친족만을 사용하는 사업

1) 헌법 제32조.

2) 단, 1시간이라도 고용하면 적용된다.

과 가정부, 파출부 등 가사사용인 그리고 선원법의 적용을 받는 선원 및 선원을 사용하는 선박의 소유자에 대해서는 적용하지 않는다.[3] 친족이라도 동거하지 않으면 동거친족이 아니다. 동거친족을 제외하고 통상의 근로자가 1인이라도 있는 경우는 통상근로자와 동거친족근로자 모두에게 최저임금법을 적용한다.

「친족의 범위」는 8촌 이내 혈족과 4촌 이내 인척을 말한다. 개정된 가족법은 친가와 외가를 구분하지 않고 8촌까지의 혈족은 모두 친족으로 규정하고 있다. 남녀가 혼인을 함으로써 발생하는 친족관계가 인척인데, 남녀 구별없이 4촌 이내의 인척은 모두 친족으로 규정한다. 따라서 처가 쪽으로는 처제, 처남, 동서, 처삼촌, 처 4촌 동서까지 친족의 범위에 포함된다.

「선원법」의 적용을 받지 않는 총톤수 5톤 미만의 선박, 호수·강 또는 항내만을 항행하는 선박, 총톤수 20톤 미만인 어선으로 해양수산부령이 정하는 선박[4]은 최저임금법의 적용을 받는다.[5]

「정신 또는 신체의 장애로 근로능력이 현저히 낮은 자나 기타 최저임금을 적용하는 것이 적당하지 않다고 인정되는 자」로서 고용부장관의 인가를 받은 경우는 최저임금의 적용을 제외할 수 있다. 고용노동부장관의 인가를 받아 최저임금의 적용을 제외할 수 있는 자는 정신 또는 신체의 장애가 업무 수행에 직접적으로 현저한 지장을 주는 것이 명백하다고 인정되는 사람으로 한다. 이때 고용부장관의 인가기간은 1년을 초과할 수 없다. 고용부장관은 정신 또는 신체장애로 인해 최저임금의 적용을 제외를 인가할 때는 해당 근로자에 대하여 "유사한 직종에 근무하는 근로자의 임금수준에 상응한 임금을 지급하도록" 사용자에게 권할 수 있다.[6]

「정신 또는 신체적 장애」란, 근로자의 장애가 당해 근로자를 종사시키고자 하는 업무의 수행에 직접적으로 현저한 지장을 주는 것이 명백하다고 인정되는 자로서, 담당업무를 수행함에 있어서 그 정신 또는 신체장애로 인하여 동

3) 법 제3조.
4) 연근해어선.
5) 법 제3조제2항.
6) 법 제7조, 규칙 제3조제2항, 영 제6조.

일 또는 유사한 직종의 최저임금을 받는 다른 근로자 중 가장 낮은 근로능력자의 평균작업능력에도 미치지 못하는 자[7]를 말한다.[8]

「현저한 지장」이란, 유사직종의 최저임금을 적용받는 근로자 중에서 가장 낮은 근로자의 능력에도 미치지 못함을 의미한다. 비교대상 근로자는 원칙으로 동일사업장에서 선정하되, 동일 사업장에 없으면 인근사업장이나 중졸 신규취업자, 무기능 미숙련자의 1주일 이상 기간동안의 평균적인 작업실적을 가지고 작업능력을 고려한다.

「장애인」은 장애인복지법 및 동법시행령, 규칙을 참조하나 장애인복지법에 의한 장애가 아니라도 장애가 원인이 되어 업무에 직접적인 지장을 초래하는 경우는 적용제외가 가능하다. 다만, 장애와 직접관련이 없는 경우는 인가대상이 아니다. 예를 들면, 다리에 장애가 있는 근로자가 앉아서 수작업을 하는 경우처럼 장애와 직접관련이 없는 경우는 인가대상이 아니다. 정신 또는 신체장애 유무는 장애인 고용촉진공단의 평가서, 사용자가 작성한 적용제외 필요성 등을 참고로 판단한다. 단순히 노령에 의한 심신쇠약 등은 최저임금법상의 장애가 아니다.

2. 최저임금의 결정

(1) 최저임금의 결정기준

최저임금은 근로자의 생계비, 유사근로자의 임금 및 노동생산성을 소득분배율 고려하여 사업의 종류별로 구분하여 정하며 이외에도 일반적인 임금수준, 다른 사회집단의 생활수준, 기업의 지불능력, 취업상황. 경제상황 등이 고려될 수 있다. 다만, 기업의 지불능력은 고려되지 않는다. 최저임금 결정방식은 전국을 단위로 하는 일률적인 최저임금과 지역적 최저임금, 일반적 최저임금과 산업별 직종별 최저임금이 있다. 우리나라의 경우는 사업의 종류별로 구분하여 결정하도록 되어 있으나 실제로는 사업의 종류에 관계없이 일률적인 최

7) 직업능력은 장애인고용촉진공단의 의견을 들어 판단한다.
8) 규칙 제3조제1항 별표.

저임금이 고시 적용된다.[9)]

(2) 최저임금액 심의결정

고용부장관은 최저임금에 관한 중요사항을 심의하기 위해 고용부에 최저임금심의위원회를 둔다. 위원은 근로자·사용자·공익을 대표하는 각 9인으로 구성하고 임기는 3년으로 연임할 수 있다. 위원회는 고용부장관이 소집을 요구하는 경우, 재적위원 1/3 이상이 소집을 요구하는 경우, 기타 위원장이 필요하다고 인정하는 경우에 위원장이 소집한다. 회의는 재적과반수 출석과 출석위원 과반수의 찬성으로 의결한다.[10)]

고용부장관은 매년 8.5까지 최저임금을 결정하여야 한다. 고용부장관이 매년 3.31까지 최저임금위원회에 심의를 요청하면, 위원회는 90일 이내에 심의하여 최저임금안을 고용부장관에게 제출하여야 하고, 장관은 심의안대로 정하기 어렵다고 인정될 때는 20일 이내에 이유를 명시하여 10일 이상의 기간을 정하여 재심의를 요청한다.[11)]

위원회는 재심의를 요청받은 때는 그 기간 내에 재심의하여 장관에게 제출한다. 위원회가 재적의원 과반수 출석과 출석위원 2/3 이상 찬성으로 당초의 최저임금안을 재의결 한 때는 그에 따라 최저임금안을 결정해야 한다.[12)] 장관은 사업장의 종류별 최저임금안 및 적용사업 범위를 정해 고시하고, 이의가 있는 자는 고용부장관에게 이의를 제기할 수 있다.

장관은 이의가 이유 있다고 인정될 때는 그 내용을 밝혀 최저임금위원회에 재심의 요구를 하여야 한다.

이의를 제기할 수 있는 사는 근로자를 대표하는 자로서, 총연합단체인 노동조합의 대표자 및 산별연합단제 노동조합대표자, 사용자를 대표하는 자는 전국규모를 갖는 사용자단체 대표자로서, 상공회의소법에 의한 대한상공회의소, 중소기업협동조합법에 의한 중소기업협동조합중앙회, 기타 전국적인 규모를

9) 2012년 최저임금 시간급은 4,580원이다
10) 법 제12조, 제14조, 제17조.
11) 법 제8조, 영 제7조.
12) 법 제8조제5항.

갖는 사용자단체로서 장관이 정한 고시하는 단체[13]이다.

고용부장관은 재심의 요구한 최저임금안이 제출될 때까지는 최저임금안을 결정할 수 없다. 장관이 최저임금을 결정한 때는 지체없이 내용을 고시해야 한다. 장관은 사업의 종류별로 임금교섭시기 등을 감안하여 필요하다고 인정할 경우는 효력발생시기를 따로 정할 수 있다.[14]

사용자는 최저임금이 고시되면 그 “효력발생일 전일까지” 적용을 받은 근로자의 최저임금액, 최저임금액에 산입하지 않는 임금, 최저임금의 적용을 제외할 대상근로자의 범위, 최저임금의 효력발생 연월일 등을 근로자가 쉽게 볼 수 있는 장소에 게시하거나 그 외의 적당한 방법으로 근로자에게 주지시켜야 한다.[15] 위반시 100만원 이하의 과태료에 처할 수 있다.[16]

(3) 최저임금 기준의 효력

사용자는 최저임금의 적용을 받는 근로자에 대하여 최저임금액이상의 임금을 지급하여야 하고, 이 법에 따른 최저임금을 이유로 종전의 임금수준을 낮추어서는 아니된다.

「종전의 임금수준」은 임금, 상여금 등 임금총액을 기준으로 판단한다. 사업주가 임금총액을 그대로 유지하면서 임금구성 항목의 조정·변경이 이루어진 때에는 종전의 임금수준을 저하시킨 것으로 볼 수 없다. 당사자간 약정으로 “기본임금은 매년 결정·고시되는 최저임금수준으로 한다”라는 명문규정이 있는 경우에는 그에 따라 기본임금을 최저임금 수준으로 조정하여야 한다. 임금구성 항목의 조정·변경이 근로자에게 유·불리한지 여부는 취업규칙의 작성, 변경절차에 따라 판단하여야 한다. 임금체계를 변경하는 경우, 단체협약·취업규칙·근로계약 등 관련규정 모두를 변경하는 것이 바람직하다. 이때 관련규정은 근로자의 근로조건·근로형태·직종 등의 특수성에 따라 별개의 취업규칙으로 작성할 수 있으며, 이 경우 상여금의 차등지급도 가능하다. 사용자가

13) 법 제9조제2항, 영 제10조, 시행규칙 제4조, 경총, 무역협회, 전경련.
14) 법 제10조제2항.
15) 법 제11조, 영 제11조.
16) 법 제31조제1항제1호.

최저임금 범위에 포함되지 않는 금품을 최저임금 범위로 통합하는 경우, 야간근로 등 가산수당의 기초가 되는 임금액이 높아지기 때문에 근로자에게 유리하게 될 수 있다.

「기준의 효력」을 살펴보면, 근로자와 사용자 사이의 근로계약 중 최저임금액에 미치지 못하는 금액을 임금으로 정한 부분은 무효로 하며, 무효로 된 부분은 최저임금액과 동일한 임금을 지급한 것으로 본다.[17] 비교기준은 "공제전의 임금" 중 최저임금에 산입할 수 없는 금품[18]을 제외한 나머지 금품을 기준으로 산정하여 고시금액과 비교 판단한다.

소정의 근로시간 또는 소정의 근로일에 근로자가 자기 사정으로 근로하지 않거나, 사용자가 정당한 사유로 일을 시키지 않은 경우에는 그 시간 또는 일에 대해 임금의 지급을 강제하지 않는다고 정하였으므로 그 시간과 소정근로일은 최저임금산정을 위한 판단기준에서 제외한다.[19]

근로자는 자신이 받은 임금이 최저임금에 미달된 금액에 대해서는 임금의 정기지급일로부터 3년간 지급을 청구권을 행사할 수 있다.[20]

최저임금이상의 임금을 지불하기로 했으나 체불상태로 지급기일을 넘긴 경우는 최저임금법 위반은 없으나, 근기법 제43조제2항(지급기일) 위반으로 처벌받는다. 최저임금에 미달하는 임금을 지급하기로 하고 체불상태로 임금 지급기일을 넘겼다면 최저임금법 제6조제1항 및 제2항의 위반으로 동법 제28조와 근기법 제43조제2항 위반으로 법 제109조를 각각 적용하여 처벌할 수 있다.

1) 도급사업에 있어서 최저임금 위반 책임

도급으로 사업을 행하는 경우, 수급인이 도급인의 책임있는 사유로 근로자에게 최저임금액에 미달하는 임금을 지급한 때에는 도급인은 그 수급인과 연

17) 법 제6조제1항~제3항.

18) 법 제6조제4항, 1. 매월 1회 이상 정기적으로 지급하는 임금 이외의 임금으로 장관이 정하는 것, 2. 소정근로시간 또는 소정근로일에 대하여 지급하는 임금 이외의 임금으로 장관이 정하는 것, 3. 그 밖에 최저임금에 산입하는 것이 적당하지 않다고 장관이 인정하는 금품은 산입하지 않는다. 제5항.

19) 법 제6조제6항.

20) 근기법 제49조.

대하여 책임을 진다. 2차례 이상의 도급으로 사업을 행하는 경우에 하수급인이 직상수급인의 책임있는 사유로 근로자에게 최저임금에 미달하는 임금을 지급한 때는 그 직상수급인은 당해 하수급인과 연대하여 책임을 진다. 이때 2차례 이상의 도급으로 사업을 행하는 경우에 있어서는 각 도급인을 직상수급인으로, 각 수급인을 하수급인으로 본다. 직상수급인의 책임있는 사유의 범위는 다음과 같다.[21]

1. 직상수급인이 하수급인과 합의 없이 일방적으로 최저임금에 미치지 못하는 인건비단가에 의하여 하도급대금을 결정하는 행위
2. 직상수급인이 하도급계약기간 중 인건비단가를 최저임금에 미치지 못하는 금액으로 인하한 행위

여기서 직상수급인과 하수급인은 근로자의 최저임금액에 미달하는 임금에 대하여 연대채무(連帶債務)관계[22]에 있는 것이므로, 근로자는 직상수급인 및 하수급인중 한쪽 당사자에게 또는 양쪽 당사자에 대하여 동시에 또는 순차적으로 최저임금액에 미달하는 임금채무의 전부나 일부의 이행을 청구할 수 있다.

2) 최저임금 기준액과 다른 금액으로 최저임금결정

수습사용 중인 자로서 수습사용한 날부터 3월 이내인 근로자, 다만, 1년 미만의 기간을 정하여 근로계약을 체결한 근로자는 수습사용 근로자에 해당하지 않는다.(2012.7.1시행) 감시 단속적근로자로 노동부장관의 인가를 받은 경우 2014.12.31이전까지 최저임금 시급의 10%를 감액적용해 왔으나 감시적 또는 단속적 근로자의 처우개선을 위하여 2015년부터는 최저임금이 전면 적용되었다.[23]

---

21) 법 제6조제7항~제9항.

22) 사전적 의미로, 수인의 채무자가 동일한 내용의 급부에 관하여 각각 독립하여 그 전부를 이행할 채무를 부담하고, 그 중 1인의 채무자가 전부의 급부를 하면 모든 채무자의 채무가 소멸하게 되는 다수당사자의 채무를 말한다. 채권자는 연대채무자의 1인 또는 전원에 대하여 동시 또는 순차로 채무의 전부나 일부의 이행을 청구할 수 있다(민법 제414조). 연대채무자가 변제,출자 등으로 공동면책 되게 한 때는 다른 연대채무자 부담부분에 대해 구상권을 행사할 수 있다. 연대채무자의 부담부분은 특약이 없는 한 균등한 것으로 추정한다.

23) 2007까지 70%, 2008~2011 80%, 2012~2014 90%, 2015 100%.

① 수습사용 중인 자

1년 이상 기간을 정하여 근로계약을 체결한 상태에서 수습사용 중인 자로서 수습사용 중인 자로서 수습사용한 날부터 3월 이내인 근로자는 시간급 최저임금액에서 10%를 감액한 금액[24]을 최저임금으로 할 수 있다.[25] 다만, 단순노무업무로 고용노동부장관이 정하여 고시한 직종에 종사하는 근로자는 제외한다.[26] 숙련이 필요 없는 단순노무직종의 경우 최저임금을 100% 보장하려는 취지이다.

수습은 수습과 시용의 구분없이 2가지 형태 모두가 적용이 가능하지만, 근로계약, 취업규칙, 단체협약 등에 "○○부터 ○○까지 ○월간을 수습으로 한다"는 명시근거가 있어야 하고, 감액적용 기간은 당사자의 합의에 불구하고 3월을 초과할 수 없다. 수습과 시용의 차이는 다음과 같다.

> 「수습」은, 확정적으로 근로계약을 체결한 후 근로자의 능력이나 적응력을 키워주는 근로형태상의 과정으로서 정식 채용근로계약이 체결되는 것이지 별도의 수습계약이 존재하지 않는다. 따라서 수습 3월의 기간은 수습사용 중인 자의 근로능력을 감안하여, 능력이 일정수준으로 도달하는데 필요한 기간이므로 다른 사업체에서 근무한 기간이라도 당해 사업체에서 담당하는 업무와 동일 또는 유사한 업무에 종사하는 기간은 3월의 기간으로 합산할 수도 있다.
> 「시용」은, 정식채용 또는 확정적 근로계약체결 이전에 시험적으로 사용하는 형태로서 능력·자질 등이 적합하지 않을 경우 정식채용 거부가 가능한 형태를 말한다. 따라서 시용은 근로계약 및 취업규칙에 "○○부터 ○○까지 시용으로서 자질 등이 부적합 할 경우 채용을 거절할 수 있다"는 점이 반드시 명시되어야 한다.

고용허가제 입국자, 외국인 산업기술연수생, 해외투자기업 산업연수생은 출입국관리법에 의한 연수생의 신분이나 사실상 노무를 제공하는 자 등 일정한 요건을 갖추고 있는 경우 내국인과 동일하게 최저임금수준을 보장한다. 다만,

---

24) 2018년 7,530원의 10%를 감액한 금액, 영 제3조제1항.

25) 부칙 제2조.

26) 2017.9.19개정, 2018.3.20부터시행. 한국표준직업분류상 대분류 9(단순노무 종사자) 노동부장관고시 제2018-23호, 2018.3.19. 2018년 3월 20일부터 시행한다.
911 가사 및 관련 보조원, 청소 및 세탁 종사자 912 건물관리, 경비 및 관련 종사자 913 배달, 운반 및 검침 관련 종사자 914 환경미화 및 관련 종사자
915 기타 서비스 관련 단순 노무 종사자 920 농림어업 관련 단순 노무 종사자 930 제조 관련 단순 노무 종사자 941 광업 및 건설 관련 단순노무 종사자 942 운수 관련 단순 노무 종사

이들도 1년 이상 근로계약을 체결한 경우 최초 3개월은 수습사용기간으로 볼 수 있으나 단순노무업무 종사자는 10% 감액이 불가능하다.

3. 최저임금 기준임금

임금이 과연 최저임금에 위반되었는지 여부를 판단하려면 먼저 공제전의 월 임금총액 가운데서 최저임금에 해당하는 금품을 추출하여 소정근로시간에 대한 시간급임금을 산정하여 그 금액이 시간급 최저임금액을 위반했는지 여부를 판단해야 한다. 사용자가 지급하는 금품의 최저임금에 포함여부를 판단할 때, 임금은 그 명칭만으로 판단하여서는 아니 되며, 최저임금의 취지, 근로계약 취업규칙 단체협약 등의 내용, 직종, 근무형태, 지급관행, 금품의 명칭과 의미 등을 종합적으로 고려하여 판단한다.

다만, 최저임금의 적용을 위한 임금의 범위에 산입하는 임금과 통상임금은 대체로 유사하나 그 취지와 개념이 다르다. 최저임금의 산입범위에 포함되는 임금은 근기법상의 임금에서 최저임금에 산입하지 아니하는 임금을 제외한 나머지 임금을 의미하지만, 반면, 통상임금은 근로자에게 정기적·일률적·고정적으로 소정근로 또는 총근로에 대하여 지급하기로 정하여진 시간급금액·일급금액·주급금액·월급금액 또는 도급금액을 말한다. 따라서 "최저임금은 그 성격상 지급의무, 지급조건, 지급률 등이 사전에 확정되지 않은 임금도 포함" 될 수 있음에 비해, 통상임금은 "연장근로수당 등의 계산의 기초가 되므로 지급의무, 지급조건, 지급률 등의 사전확정이 필요하다" 예를 들면, 생산고에 따른 임금은 최저임금의 산입범위에는 포함되나, 통상임금에는 포함되지 않는 것이 대표적인 예가 될 것이다. 그러나 실질적으로는 그 범위가 유사하여 최저임금에 산입하는 임금의 범위를 판단함에 있어 통상임금의 개념을 참고할 수 있다.[27]

---

27) 임금근로시간정책팀-3848, 2006.12.20.

(1) 최저임금에 산입되는 범위

최저임금에 산입되는 범위는 대체적으로 통상임금 범위와 일치한다고 볼 수 있는데, 공통적인 요건은, 미리 정해진 지급조건과 지급률에 따라 소정근로[28]에 대해 매월 1회 이상 정기적, 일률적으로 지급하는 임금 또는 수당과 단체협약·취업규칙 또는 근로계약에 임금항목으로서 지급근거가 명시되어 있거나 관례에 따라 매월 일정한 금액을 지급하는 임금 또는 수당이 된다.[29] 매월 1회 이상이란, 지급방식을 기준으로 하는 것이 아니라 산정단위가 매월 1회 이상이라야 한다는 것이다. 즉, 산정단위와 지급주기가 각각 매월 1회이상 요건을 충족하여야 한다. 임금과 수당의 예시는 다음과 같다.

1. 기본급, 직책·직무수당, 기술수당, 면허·자격수당 등 업무와 직책의 경중에 따라 지급하는 수당

2. 물가변동이나 직급간 임금격차를 조정하기 위한 수당으로 물가수당, 조정수당

3. 특수지 근무자에게 일률적으로 지급하는 수당[30] 버스, 항공기, 화물차, 택시, 선박 등에 있어 운행, 조정, 항해, 항공 등의 업무에 종사하는 자에게 매월 일정액으로 지급하는 승무·항공·항해수당 등이다. 다만, 승무수당 등이 임금성의 요건을 충족하였다 할지라도 명칭만 승무수당일 뿐 실질적으로 근로자의 생활을 보조하거나 근로자의 복리후생을 위한 성질의 임금은[31] 최저임금의 산입범위에 포함되어야 한다.

4. 생산장려수당 등 생산과 기술을 장려할 목적으로 매월 일정한 금액을 지급하는 수당, 생산고에 따른 임금은 산입범위에 포함된다. 다만, 일반택시운전근로자의 경우는 제외한다.[32] 뒷부분에서 상세히 설명한다.

5. 기타 공통요건에 해당하는 것이 명백하다고 인정되는 임금 또는 수당

---

28) 도급제의 경우는 총근로 (예) 주 45시간 근로하고 50만원을 수령하는 경우, 주 45시간).
29) 최저임금법시행규칙 제2조.
30) 벽지수당, 한냉지 근무수당 등.
31) 연초대, 교통비, 식대 등.
32) 2009.6, 택시최저임금산입범위 시행지침(고용노동부).

출근일수에 따라 수당의 지급조건이 다르게 정해져 있더라도 단체협약 등에 지급의무로 정해져 있고, 매월 1회 이상 지급한다면 최저임금에 산입된다.

6. 상여금 그 밖에 준하는 것으로 최저임금 시급 월 환산액의 아래 연도별 비율을 초과하는 금액

7. 현금으로 지급하는 생활보조 등 복리후생을 위한 성질의 임금으로서 최저임금 시급 월 환산액의 아래 연도별 비율을 초과하는 금액

연 도	2019	2020	2021	2022	2023	2024
정기 상여금	25%	20%	15%	10%	5%	0%
복리후생비	7%	5%	3%	2%	1%	0%

* 월 상여 60만원 : 최저시급 월액 1,573,770원의 25%(393,442원)을 초과한 206,558원 산입
* 2024년부터는 월 1회이상 지급되는 정기상여금과 복리후생비는 전액 최저임금에 산입
* 2018.5.29. 위 6.7의 금품을 최저임금에 포함한 법개정으로 인해 사용자가 1개월을 초과하는 주기로 지급되던 상여금과 복리후생비를 매월 지급하는 것으로 변경할 경우는 근로자 과반수노조 또는 과반수근로자의 의견청취만으로 변경이 가능하다. 다만, 단체협약으로 정해진 경우는 변경하려면 노사합의가 필요하여 법 개정 효과는 제한적일 수 밖에 없다.

(2) 최저임금에 산입되지 않는 범위[33)]

1. 1월을 초과하는 기간에 대한 임금[34)]

1월을 초과하는 출근성적에 의하여 지급하는 정근수당, 1월을 초과하는 일정기간 계속근무에 대하여 지급하는 근속수당, 1월을 초과하는 기간에 걸친 사유에 의하여 산정하는 장려가산급·능률수당·상여금 등은 산입하지 않는다. 「근속수당」이 최저임금범위에 산입되지 않는 경우는 매월 1회 이상 정기적으로 지급하는 임금외의 임금으로서, 1월을 초과하는 일정기간의 계속근무에 대하여 지급하는 경우이다. 따라서 근속수당이 매월 1회 이상 정기적으로 지급되는 경우라면 최저임금에 산입될 수 있다. 그러므로 미리 정하여진 지급조건(근속기간)에 따라 일률적으로 지급되는 근속수당이 만일 월 1회 이상 정기적으

33) 최저임금법시행규칙 제2조.
34) 이른바, 1회 이상 정기적으로 지급하는 임금 이외의 임금을 말한다.

로 지급되고 있다면 최저임금의 산입범위에 포함된다.[35)]

2. 임시 또는 돌발적인 사유에 따라 지급하거나 지급조건이 사전에 확정된 경우에도 그 사유발생일이 확정되지 아니하거나 불규칙적인 임금·수당은 산입하지 않는다. 예를 들면, 결혼수당·월동수당·김장수당·체력단련비 등을 말한다.[36)]

3. 소정의 근로시간, 소정근로일에 대하여 지급하는 임금 이외의 임금으로, 연·월차유급휴가 근로수당, 유급휴가근로수당, 유급휴일근로수당,

다만, 휴가를 가더라도 지급되는 유급휴일수당 연·월차유급휴가수당은 그 날이 소정근로일에 해당하므로 최저임금에 포함한다. 그 외 연장근로·휴일근로시간에 대한 임금 및 가산임금, 야간근로에 대한 가산임금, 순수 일숙직 수당, 기타 명칭에 불구하고 소정근로에 대해 지급하는 임금이라고 인정할 수 없는 것은 포함하지 않는다.

4. 기타 최저임금액에 산입하는 것이 적당하지 아니한 임금

가족수당·급식수당·주택수당·통근수당 등 근로자의 생활을 보조하는 수당 또는 식사, 기숙사·주택제공, 통근차 운행 등 현물이나 이와 유사한 형태로 지급되는 복리후생을 위한 성질의 현물성 급여

(3) 생산고에 따른 임금[37)]

일반근로자의 경우 생산고에 따른 임금은 소정근로에 대한 대가로서 최저임금 산입범위에 포함한다. 한편, 일반택시운전근로자의 사납금 이외의 초과운송수입 즉, 생산고 임금은 지금까지 관리가능성[38)]이 있다면 예외적으로 임금범위에 포함해 왔으나, 2008.3.21 법을 개정하여, 일반택시운전근로자의 최저임금 산입범위에서, 사납금초과수입금 등 생산고에 따른 임금과 근로자이

35) 임금 68200-798, 2001.11.22.

36) 법 제6조제5항(2008.3.21개정)2009.6. 일반택시최저임금산입범위 시행지침(고용노동부).

37) 택시운전근로자는 불산입.

38) 사용자가 근로자로부터 하루 수입금 전액을 납부 받아, 일정액의 1일 사납금을 제외한 나머지 초과운송수입금액을 근로자에게 환원하는 방식, 즉, 근로자가 얼마를 벌었는지를 전체적으로 관리가 가능한 형태에서 근로자에게 지급한 초과운송수입금(평균임금에 포함되는 성질의 금품)을 말하는 것.

생활보조·복리증진을 위하여 지급하는 임금,[39] 근기법 제2조제1항제7호에 따른 소정근로시간 또는 소정근로일에 대하여 지급하는 임금 이외의 임금 등은 산입하지 않는다. 사업의 규모와 지역별 편차 등을 감안하여, 시행시기는 지역에 따라 단계적으로 확대했다.[40]

일반택시운송사업의 운전업무에 종사하는 근로자의 최저임금 산입범위는 생산고에 따른 임금을 제외한 대통령령이 정하는 임금으로서 다음과 같다.

1. 단체협약, 취업규칙, 근로계약에 지급조건과 지급률이 정해져 있을 것

2. 매월 1회 이상 지급하는 금품일 것, 산정주기가 1월을 초과하는 경우에도 금품의 지급주기가 매월 1회 이상 지급하는 경우는 포함된다.[41] 임금의 재원이 사납금인지, 경영이익금인지, 부가세환급금인지 여부를 불문하고 매월 1회 이상 지급할 경우 산입범위에 포함한다.[42] 이때 근로자마다 지급률이 다른 것은 상관없다.

3. 생산고에 따른 임금이 아닐 것,

초과운송수입금 납부비율에 따라 일정비율로 노사간 배분되는 성과급, 성과수당도 산입범위에서 제외한다.

4. 근기법 제2조제1항제7호에 따른 소정근로시간 또는 소정근로일에 대하여 지급하는 임금 이외의 임금이 아닐 것,

연·월차유급휴가근로수당, 유급휴가근로수당, 유급휴일근로수당, 연장·야간 및 휴일근로에 대한 임금과 가산임금, 야간근로에 대한 가산임금 등을 말한다. 이러한 수당은 당초 기준근로시간 이내에서 일하기로 정한 근로시간에

---

39) 장갑, 목욕비, 연초대 등.

40) 법 제6조제5항, 영 제5조의2 신설, 특별시·광역시는 2009.7.1, 제주도·시지역 2010.7.1, 기타지역 2012.7.1, 부칙 제1항, 2008.3.21 법률 제8964호.

41) 예) 1월을 초과하는 출근성적에 의하여 지급하는 정근수당, 1월을 초과하는 일정기간 계속근무에 대하여 지급하는 근속수당, 1월을 초과하는 기간에 걸친 사유에 의하여 산정하는 장려가금·능률수당·상여금, 기타 결혼수당·월동수당·김장수당·체력단련비 등 임시 또는 돌발적인 사유에 따라 지급하거나 지급조건이 사전에 확정된 경우에도 그 사유발생일이 확정되지 아니하거나 불규칙적인 임금·수당.

42) 조세특례제한법 제106조의7, 부가가치세 경감세액을 택시운전자의 처우개선, 복지향상에 사용하도록 정하고 있으므로 임금의 재원으로 사용하는 것은 무방하다.

서 발생한 금품이 아니기 때문이다.[43)]

한편, 유급휴일수당, 유급생리휴가수당, 연·월차유급휴가수당은 소정근로에 대한 대가이므로 최저임금산입범위에 포함한다.[44)]

☞ 주휴수당·월차유급휴가수당의 최저임금 산입여부

최저임금은 일급과 시간급으로 결정·고시하였으므로 당해근로자의 월소정근로일(시간)수에 최저임금액 일급(시간급)을 곱한 금액이 그 근로자의 월 최저임금액이 된다. 그러나 그 근로자가 실제로 지급받는 월급여액은 최저임금액에 「근로기준법」 제45조(현행 제54조)의 규정에 의한 유급휴일 또는 제47조(현행 제57조)의 규정에 의한 월차유급휴가에 대한 임금 등이 포함된 금액이 될 것이다(임금 32240-534, 1988.1.14). 같은 사안에 관한 판례에 따르면, 「최저임금법시행령」 제5조제1항제2호 및 제3호는 주단위 또는 월단위로 지급된 임금에 대하여 '1주 또는 월의 소정근로시간수' 로 나눈 금액을 시간에 대한 임금으로 하도록 규정하고 있는바, 주급제 또는 월급제에서 지급되는 유급휴일에 대한 임금의 주휴수당은 소정의 근로에 대해 매월 1회 이상 정기적으로 지급되는 임금이어서 「최저임금법」 제6조제4항 및 같은법시행규칙 제2조 [별표1]이 성하는 '비교대싱 임금에 산입되지 않는 임금 또는 수당' 에 해당한다고 볼 수 없으므로 최저임금의 적용을 위한 임금을 산정함에 있어 주휴수당을 가산하여야 한다.(대판 2006다64245, 2007.1.11)

판례의 견해는 체력단련비, 효도휴가비, 월동보조비 등 복리후생적인 금품이라도 사용자가 매년 일정시기에 월 기본급에 대한 일정액을 체력단련비, 월동보조비 등으로 전체 직원에게 지급하여 왔다면 모두 소정근로 또는 총근로에 대하여 지급하기로 한 금품으로서 정기적, 일률적으로 지급되는 고정적인 임금이라 할 것이므로 통상임금에 속하여 최저임금에 포함하여야 한다.[45)]

택시운전자의 최저임금 산정을 위한 기준을 위와 같이 일반근로자와 다르게 정한 것은 최저임금산입범위에 국한되는 것이다. 따라서, 근기법에 의한 가산수당 산정기준이 되는 통상임금, 퇴직금 등의 산정을 위한 평균임금의 판단과 구분되어야 한다.[46)]

---

43) 임금 32240-19950, 1989.11.28.

44) 대판 2006나64245, 2007.1.11. 연·월차 유급휴가 및 생리휴가 시 휴가일에 대하여 지급되는 임금은 최저임금의 적용을 위한 임금에 산입되나, 동 휴가일에 근로하는 경우 추가로 지급되는 연·월차 유급휴가근로수당 및 생리휴가근로수당은 최저임금의 적용을 위한 임금에는 산입되지 않는다(임금 32240-19950, 1989.11.28).

45) 대판 95다19501, 1996.2.9.

46) 근로기준과-3183, 2005.6.14.

4. 최저임금 적용을 위한 임금의 환산

최저임금액은 시간급으로 표시하는 것이 원칙이다. 따라서 일. 주 또는 월을 단위로 하여 최저임금액을 정하는 때는 시간급으로도 이를 표시해야 한다.[47] 임금은 명확히 시간급으로 표기된 경우는 흔하지 않다. 임금산정 단위기간이 최저임금액 적용단위와 다른 경우는 다음에 정한 바에 따라 시간에 대한 임금으로 환산하여야 한다. 다만, 아래의 임금은 최저임금적용을 위한 산입대상에 포함되는 임금만을 기준으로 산정하고, 법령과 단체협약 등에서 일정금액[48]을 임금에서 공제하기로 정한 때는 "공제전의 임금"을 기준으로 비교 판단하며, 시간급임금으로 산정하여 고시액과 직접비교 한다. 감급제재를 할 때는 "감급하기 이전의 금액"을 기준으로 비교한다.

(1) 시간급임금산정

1) 시간급으로 정해진 경우

고시된 최저임금과 정해진 시간급을 직접비교 판단한다. 즉, 시간급임금이 3,800원이라면 3,800〈최저시급으로 법위반이다.

2) 일급으로 정해진 경우

일급액÷1일 소정근로시간수(1주간 1일 평균소정근로시간수)=시간급액으로 산출하여 최저임금 고시액과 비교한다. 일급으로 일한 근로일이 7일 이상인 경우는 주급방식을 적용하여 산정한다.

1. 1일의 임금이 28,000원/1일 소정근로시간 7시간=4,000원
2. 1일의 임금이 30,000원/1일 소정근로시간 8시간인 경우=3,750원으로 시간급 최저임금 보다 적다. 따라서 법위반이다.
3. 1일의 임금이 40,000원/10시간을 근로하는 경우는 40,000원÷11시간(8시간+(2시간×1.5)3시간)=3,636원〈최저시급 법위반이다.

3) 주급으로 정해진 경우

주급액÷1주 소정근로시간수(4주간의 1주 평균소정근로시간수)=시간급액으로 산출

47) 영 제5조제1항.

48) 소득세, 보험료, 징계감급, 기타 기준 이상으로 지급을 약정한 금품 등.

하여 최저임금 고시액과 비교한다.

1. 1주 임금이 147,200원/소정근로시간 주당 39시간인 경우
   147,200/39시간+유급주휴 7시간=3,200원<최저시급 법위반이다.
2. 1주 금액이 147,200원/소정근로시간 주당 47시간인 경우
   147,200/40시간+10.5시간+유급주휴 8시간=2,516원

주의 소정근로시간이 불규칙한 경우는 4주간을 평균하여 1주 소정근로시간수를 산정하여 비교한다.[49)]

4) 월급(단위)으로 정해진 경우

월급액을 1월의 소정근로시간수(1년간의 1월 평균소정근로시간수)로 나눠서 시간급액을 산출하여 최저임금 고시액과 직접 비교한다. 월에 따라 소정근로시간이 다른 경우 월단위 평균소정근로시간을 활용한다. 주로 2가지 방법을 사용하는데 판례는 주당 소정근로시간수+유급주휴 8시간×52주+1일 8시간÷12월=월 평균소정근로시간수로 산정하고, 다른 하나는 1년간 매월 소정근로시간수의 전체합계를 12월로 나눠서 1월 평균소정근로시간수를 산정하는데, 후자의 경우 정확성은 있으나 실무상 불편하여 주로 판례의 방법을 사용한다.

1. 주44시간제 : 44시간+8시간×52주+8시간÷12월=226시간,
   850,000원÷226시간=3,760원<최저시급 법위반이다.
2. 주40시간제 : 40시간+8시간×52주+8시간÷12월=209시간,
   850,000÷209시간=4,060원<최저시급 법위반이다.[50)]

5) 생산고 기타 도급제

생산고 기타 도급제의 경우는 전체 임금과 근로시간을 두고 시간급임금으로 환산하여 시간급최저임금과 직접 비교 판단한다. 임금산정기간 임금총액을 그 기간 중의 총근로시간수로 나누어 시간급을 산출한다. 만약 10일 동

---

49) 1주의 임금이 150,000원인 근로자로서 주의 소정근로시간이 불규칙하여, 1주째는 35시간(5일×7시간), 2주째는 42시간(6일×7시간), 3주째는 35시간(5일×7시간), 4주째는 42시간(6일×7시간)인 경우에 산정방법은 150,000원÷[{(35+42+ 35+42)÷4수}+유급주휴일 7시간]=시간급 3,290원<최저시급 법위반이다.

50) 매월 3시간씩 연장근로를 했다면 월평균근로시간은, 주44시간제 : 226+3+1.5(3×0.5)=230.5시간, 주40시간제 : 209+3+1.5=213.5시간이다.

안에 5일 근로, 1일 8시간, 90만원을 수령했다면 90만원÷40시간=시급 22,500원이다.

6) 2 이상의 임금형태로 정해진 임금의 경우

근로자가 받는 임금이 2 이상으로 되어 있는 경우, 그 부분에 해당하는 각각의 방법으로 시간급임금을 환산한 뒤, 이를 합산하여 최저임금고시액과 직접 비교한다. 예를 들면, 1일 8시간 주44시간 일하고 총 150만원을 받는 근로자가 기본급이 100만원이고 성과급이 50만원이라면 시간급임금은 아래와 같이 산출한다.

1. 기본급 100만원÷226시간(월)=시급 4,420원,
2. 성과급 50만원÷226시간(월)=시급 2,210원이다. 4,420원+2,210원=시급 6,630〈최저시급으로 고시액을 미달한다.

(2) 사업장규모에 따른 근로시간 산정

1) 5인 이상 사업장

소정근로시간 초과근로시간, 초과근로 가산근로시간, 유급으로 처리되는 시간을 각각 합산하여 전체 근로시간을 산출한 다음, 전체근로시간을 월 평균개념 혹은 월간 실제근로시간수를 합계하여 그 시간을 월 임금으로 나눠서 시간급임금을 고시액과 비교한다.

실근로시간이 기준근로시간을 초과하면 기준근로시간을 소정근로시간으로 하고, 초과된 근로시간은 연장근로시간으로 처리하되 연장근로시간에 대한 가산시간을 산정하여 전체근로시간에 포함하여야 정확한 시간급임금이 산출된다.[51] 또한 근로제공의무 없이 유급으로 처리되는 시간은 소정근로시간에 포함하여 소정근로시간을 산정한다.[52]

2) 4인 이하 사업장

근로시간 규정과 연장·야간·휴일근로 가산임금을 적용하지 않지만 주휴일

51) 예) 12시간근로의 경우, 8+4+(4×0.5)=14시간, 일급 15만원/14시간=시간급 10,710원.
52) 예) 토요휴무일을 4시간 유급으로 인정하는 경우와 유급주휴일을 포함한다. 즉, 40+4시간+유급주휴일8시간=주의 총근로시간은 52시간, 주급 50만원/52시간=시간급 9,610원.

과 휴게시간은 적용된다. 그러므로 기준근로시간과 관계없이 당사자가 휴게시간을 제외한 1일 약정한 근로시간을 소정근로시간으로 보아 1일 임금과 비교판단 한다.

예를 들면, 1일 9만원/선반공이 10시간을 근로할 경우라도 가산근로시간을 고려함이 없이 90,000원÷10시간=시간급 9,000원〉최저시급으로 판단한다. 주휴일이 적용되므로, 주급·월급 등 소정근로일이 계속하여 7일 이상인 경우 유급주휴일을 더하여야 하고, 소정근로시간 이외에 당사자가 유급으로 약정한 시간이 있으면 더한다. 근로시간은 적용되지 않지만 유급처리되는 시간은 더하여야 그 부분이 공제되므로 정확한 시간급임금산정이 가능하다. 도급제 기타 이와 유사한 형태로 임금이 정해진 경우, 근로시간 파악이 어렵거나 시간, 일, 주, 월을 단위로 임금을 정하는 것이 적합하지 않을 경우는 생산고 또는 업적의 단위에 의해 최저임금액을 정하는 것이 합리적이다.

(3) 감시·단속적근로자의 임금산정

1) 야간근로수당 제외

고용부장관의 승인을 얻은 감시·단속적근로자는 상시근로자수에 불구하고 근로시간, 휴일, 휴게관련 규정이 적용되지 않는다.[53] 감시·단속적근로자의 경우에는 근로시간에 관한 규정이 적용되지 않으므로 일반근로자와 달리 연장근로에 관한 규제는 의미가 없다. 다만, 5인 이상 사업장은 야간근로가산수당은 지급하여야 한다.[54] 야간근로는 시간의 길이에 관한 규제가 아니라 시간의 위치에 따른 규제로 보기 때문이다.

따라서 근로자가 받고 있는 일급·주급·월급 임금을 시간급임금으로 환산하는 경우에는 근기법상의 소정근로시간을 적용할 수 없다. 그러므로 최저임금 미달여부 판단을 위하여 시간급임금으로 환산할 때는 지급하기로 정하여진 임금총액[55]을 그 기간의 총근로시간수로 나누어야 한다.

---

53) 근기법 제63조.

54) 기준 1455.3-10674, 1968.11.15 등 다수.

55) 주급·일급·월급 등.

연·월차유급휴가근로수당, 유급휴가근로수당, 유급휴일근로수당, 연장근로·휴일근로에 대한 임금 및 가산임금, 야간근로에 대한 가산임금은 성격상 평균임금으로서 최저임금산정 범위에 포함되지 않는다. 따라서 1임금 산정기간의 임금총액에 야간근로에 대한 가산수당이 포함되어 있는 경우에는 그 수당을 제외하고 나머지 금액을 총근로시간수로 나누거나, 반대로 야간근로 가산수당분을 시간으로 환산하여 총근로시간에 합산하고 그 시간을 가지고 임금을 나누어 시간급임금을 환산한 다음 최저임금 위반여부를 판단한다.

2) 포괄임금형태에서 근로시간 환산

5인 이상 사업장의 경우 임금을 포괄임금제 등으로 산정하면서 그 속에 야간근로가산임금을 임금총액에 포함하여 지급된 경우에는 야간근로 가산임금분을 시간으로 환산하여 총근로시간을 계산하여야 할 것이다. 다만, 감시·단속적근로자가 재직 중인 사업장이 4인 이하라면 법 제56조에서 정한 연장·야간 및 휴일근로 가산임금이 적용되지 않으므로 근로자와 사용자간에 정한 근로시간을 기준으로 시간급임금을 환산한다. 5인 이상 사업장의 감시·단속적근로자가 1일 24시간 격일제근로를 전제로 하는 경우[56] 시간급임금 환산 총근로시간수를 살펴보면 다음과 같다.

1. 1일 : 28시간이다.
   {24시간+야간근로가산수당 환산분 4시간(22:00~06:00 8시간의 100분의 50은 4시간)}
2. 1주 : 98.3시간이다.(28시간×365일÷2)÷52주
3. 1월 : 426시간이다.(28시간×365일÷2)÷12개월

임금으로 월 180만원을 수령한다면, 180만원÷426=4,225원<최저시급 법 위반이다. 비록 근로시간, 휴게, 휴일에 관한 규정은 적용되지 않지만, 당초 근로계약을 하면서 휴게시간을 부여하고 그 시간은 임금산정시간에서 제외하기로 계약했다면 1일 근로시간 중 이를 제외하고 총근로시간수를 산정해야 한다.[57]

---

56) 계산의 편의상 휴게시간은 없는 것으로 보았다.

57) 24시간 격일제근로를 하는 감시·단속적근로자가 24시간 중 01:00~04:00까지 3시간을 휴게 취침시간으로 정했다면 전체 21시간이 실근로시간이고, 그 가운데 야간근로가산시간대는

실무상 유의할 점은, 근로시간 수와 상관없이 일정액을 법정수당으로 지급하는 포괄임금제 방식의 임금 지급계약을 체결하는 것은 허용될 수 없다는 것이 판례의 기본원칙이다.[58)]

내용을 살펴보면, 감시·단속적 근로 등과 같이 근로시간의 산정이 어려운 경우가 아니라면 달리 근로기준법상의 근로시간에 관한 규정을 그대로 적용할 수 없다고 볼 만한 특별한 사정이 없는 한 근로기준법상의 근로시간에 따른 임금지급의 원칙이 적용되어야 할 것이므로, 이러한 경우에도 근로시간 수에 상관없이 일정액을 법정수당으로 지급하는 내용의 포괄임금제 방식의 임금 지급계약을 체결하는 것은 그것이 근로기준법이 정한 근로시간에 관한 규제를 위반하는 이상 허용될 수 없다.

근로시간의 산정이 어려운 등의 사정이 없음에도 포괄임금제 방식으로 약정된 경우 그 포괄임금에 포함된 정액의 법정수당이 근로기준법이 정한 기준에 따라 산정된 법정수당에 미달하는 때에는 그에 해당하는 포괄임금제에 의한 임금 지급계약 부분은 근로자에게 불이익하여 무효라 할 것이고, 사용자는 근로기준법의 강행성과 보충성 원칙에 의해 근로자에게 그 미달되는 법정수당을 지급할 의무가 있다는 것이 기본취지이다.

3) 감시·단속적근로자의 근로시간 관리

감시·단속적근로자에 대해 최저임금 적용에 따른 임금지급을 위해서는 근로시간 및 휴게시간의 관리가 필요하다. 근로시간 및 휴게시간의 관리란, 근기법상의 법정근로시간·휴게시간 등의 부여·관리가 필요하다는 것이 아니라 실제근로시간에 대응하는 적정 임금의 지급 및 최저임금 미달여부 판단을 위해서는 근로시간의 관리가 불가피하다는 것이다.

적용제외 승인을 받은 경우에는 기준근로시간·연장근로제한규정 및 휴게시간의 규정의 적용을 받지 않는 것이므로 1일 24시간 근로도 가능하고, 휴게시간을 부여하지 않을 수도 있다. 다만, 감시·단속적근로자에 대한 휴게시간

22:00~01:00 3시간과 04:00~06:00 2시간 합해 5시간이 될 것이고 가산시간은 2.5시간이 될 것이다. 따라서 1일 소정근로시간은 23.5(21+가산근로시간 2.5)시간이다.

58) 대판 2008다6052, 2010.5.13.

은 임금지급과 관련하여 논란이 있으므로 실제근로시간에 대응한 적정임금을 지급하려면 구체적으로 근로시간 도중에 휴게시간을 부여한다는 점을 단체협약·취업규칙·근로계약 등에 명확히 규정하여 근로자에게 주지시키고, 실제 사용에 있어서도 근로자가 사용자의 지휘·감독으로부터 완전히 벗어나 자유롭게 이용하는 것이 보장되어야 할 것이다. 다만, 긴급상황발생 등 비상연락체계 유지를 위해서는 최소한의 범위 내에서 사업장밖으로 나가는 것을 제한할 수 있다. 휴게장소를 경비초소 등 동일 근무장소로 특정하는 경우에는 근로 및 휴게의 구분이 곤란하므로 이를 휴게시간으로 볼 수 없는 것이 원칙이나, 근로자가 그렇게 쉬겠다고 직접 선택하는 경우에는 이를 휴게시간으로 인정할 수 있다.

작업시간의 도중에 현실로 작업에 종사하지 않은 대기시간이나 휴식·수면시간 등이라 하더라도 그것이 휴게시간으로서 자유로운 이용이 보장된 것이 아니고 실질적으로 사용자의 지휘·감독 하에 놓여있는 시간이라면 이는 근로시간이다.[59] 감시·단속적근로자는 근로시간·휴게·휴일의 적용을 받지 않지만, 약정으로 휴게시간을 부여했다면 본래 휴게시간의 취지에 맞게 사용되어야 하고 그렇지 않으면 실근로시간에 포함되어야 한다.

24시간 격일제근무 감시·단속적근로자가 잠시도 자리를 비울 수 없는 형태라면 24시간 전체를 근로시간으로 보아야 한다.[60]

---

59) 대판 92다24509, 1993.5.27. 근기법 제50조제3항.

60) 1일 실제근로시간을 산정함에 있어 "휴식시간은 점심시간 1시간과 저녁시간 1시간이며, 야간에는 3~4시간 정도 수면을 취하고 있는 실정"이라는 일부 경비원들이 작성한 확인서를 근거로 하였으나 원고들이 이러한 사실을 부인하고 있고, 관리사무소가 작성한 관리원 근무수칙에는 "야간근무 중 계속 수면을 취하다 동대표, 관리소장, 관리반장에게 적발시는 책임자 조치에 따른다"라고 규정하고 관리반장이 주간에는 수시로, 야간에는 23시부터 다음날 05시까지 관리원들의 근무초소를 순찰하면서 감시·감독을 실행한 사실이 있다면, 이는 사용자의 지휘명령으로부터 완전히 해방되어 근로자들의 자유로운 이용이 보장된 것이 아니다(대판 2006다41990, 2006.11.23).

5. 최저임금 위반여부 판단실무

(1) 정형적인 근로형태

예를 들면, 1일 8, 주 40시간 근로, 월급 총 180만원[61]을 수령하는 근로자의 경우, 1산입범위에 포함되는 것은 기본급과 자격수당, 조정수당 뿐이다. 따라서 시간급임금의 판단기준이 되는 임금은 125만원이다. 초과근로수당 등은 산입범위에 포함되지 않는다. 근로자의 소정근로시간은 (40+8시간의 유급주휴)×52+8÷12=209시간, 시간급은 5,980원이다. 만약 노사가 합의하여 토요일 휴무일을 8시간 유급으로 임금을 지급한다면 (40+8시간의 유급주휴+8토요일)×52+8÷12=243시간, 125만원÷243시간=5,144원〈최저시급이다.

(2) 월급 속에 연장근로수당을 포함한 형태

주40시간제 사업장에서 근로자가 통상 월급 150만원을 수령하면서 1일 9시간씩 5일간·토요일은 4시간근로, 일요일은 휴일을 사용했다면 다음과 같이 산정해야 한다.

이때 실근로시간이 기준근로시간을 초과하면 기준근로시간을 소정근로시간으로 하고, 초과된 근로시간은 연장근로시간으로 처리하되 연장근로에 대한 가산시간을 산정하여 전체근로시간에 포함하여야 정확한 시간급임금이 산출된다. 또한 근로제공의무 없이 유급으로 처리되는 시간은 포함하여 소정근로시간을 산정한다.

(주 40시간+(9×1.5)+유급주휴 8시간)×52+8÷12=267시간, 따라서 150만원÷267시간=시간급 5,617원〈최저시급 시간급 최저임금을 미달한다.

(3) 월급+성과급 형태

주40시간제 사업장에서 근로자가 1일 8시간 주 40시간을 일하고 월급으로 50만원을 받고, 영업실적에 따른 성과급으로 55만원을 수령했다면, 임금을 2가지 방법 이상으로 수령한 경우에는 임금 중 최저임금의 적용을 위한 임금에

---

61) 기본급 100만원, 자격수당 15만원, 식대 10만원, 유류대보조 10만원, 초과근로수당 15만원, 학자금 15만원, 현장수행여비 5만원, 직급격차 조정수당 10만원.

산입하는 범위에 포함되는 임금을 추출하여 시간당 임금으로 환산한 금액과, 생산고임금을 시간당임금으로 환산[62]한 금액을 합산하여 시간당 최저임금과 비교한다. (주 40시간+8시간)×52주+8시간÷12월=209시간, 이 시간을 각각의 임금으로 나누어 환산한다.

(4) 포괄역산형 임금제

근로계약이나 임금규정 등에 형식상 제수당별 산출내역이 기재되어 있기는 하지만 실제와 부합하지 않거나, 법의 규정과 부합되지 않는 포괄역산적 임금 성격을 가지고 있을 경우, 실수령 임금과 실제근로시간을 기준으로 법에 따라 제반법정수당을 산출해내는 방식에 의하여 시간당임금을 산출한 뒤[63] 최저임금과 비교하여 미달여부를 판단한다.[64]

5인 이상 사업장에서 근로계약으로 "1일 8시간, 주 40시간, 제수당 포함 월임금 150만원이라고 표기"한 경우, 실근로시간을 살펴보니 휴일은 부여하지 않고, 매주 8시간씩 연장근로하고, 연장근로 중 주 1회 2시간을 22:00~24:00에 근로했다고 가정하면 시간급임금으로 환산대상 실근로시간은 다음과 같다.

{40+8(주휴)+12(연장근로8×1.5)+1(야간근로2×0.5)}×52+8/12=265시간이고, 주휴일을 실제부여하지 않고 근로를 하였으니 주휴일 8시간×월평균 4.3일×1.5=51시간분을 임금으로 지급하여야 한다. 따라서 총 316시간이 환산대상 실근로시간이다. 그러므로 150만원÷316=4,740원〈최저시급에 미달한다.

---

62) 그 임금산정기간의 임금총액을 그 임금산정기간 동안의 총근로시간수로 나눈다.
63) 최저임금에 산입되는 수당이 있는 경우에는 그 수당의 시간당 금액을 합산.
64) 임금 32240-4454, 1990.3.28.

6. 근로시간 단축에 따른 임금보전

사용자는 근기법 제49조제1항의 개정에 의해 소정근로시간이 주 40시간으로 단축되는 경우 정당한 사유없이 최저임금 적용대상이 되는 임금을 단축 전 소정근로시간(주 40시간 이상)에 단축 당시 적용되는 시간급 최저임금액을 곱한 금액보다 저하하게 할 수 없다. 다만, 1주 4시간을 초과하여 단축되는 경우 그 초과되는 시간을 단축 전 소정근로시간에서 제외할 수 있다.

〈일반근로자와 택시운전근로자의 산입범위 비교〉

시행규칙 별표 1(산입범위에서 제외되는 임금)	일 반	택시운전자
① 매월 1회 이상 정기적으로 지급하는 임금외의 임금 1. 1월을 초과하는 기간의 출근성적에 의하여 지급하는 정근수당 2. 1월을 초과하는 일정기간의 계속근무에 대하여 지급하는 근속수당 3. 1월을 초과하는 기간에 걸친 사유에 의하여 산정하는 장려가급 · 능률수당 또는 상여금 4. 기타 결혼수당 · 월동수당 · 김장수당 · 체력단련비등 임시 또는 돌발적인 사유에 따라 지급하거나, 지급조건이 사전에 정하여진 경우에도 그 사유 발생일이 확정되지 아니하거나 불규칙적인 임금 · 수당	불산입	매월 1회 이상 지급하는 경우 산입
② 소정의 근로시간 또는 소정의 근로일에 대하여 지급하는 임금외의 임금 1. 연 · 월차유급휴가 근로수당, 유급휴가 근로수당, 유급휴일 근로수당 2. 연장시간근로 · 휴일근로에 대한 임금 및 가산임금 3. 야간근로에 대한 가산임금 4. 일 · 숙직수당 5. 기타 명칭여하에 관계없이 소정근로에 대하여 지급하는 임금이라고 인정할 수 없는 것	불산입	불산입
③ 기타 최저임금액에 산입하는 것이 적당하지 아니한 임금 식사, 기숙사 · 주택제공, 통근차운행 등 현물이나 이와 유사한 형태로 지급되는 급여 등 근로자의 복리후생을 위한 성질의 것	불산입	불산입
④ 생산고 임금	산입	불산입

〈연도별 최저임금 고시현황 (단위 : 원,%)〉

연 도	적 용 대 상	최저임금액	인상률
2001.9~2002.8	전산업 (모든 사업장)	시간급 2,100 일급 16,800	12.6
2002.9~2003.8	전산업 (모든 사업장)	시간급 2,275 일급 18,200	8.3
2003.9~2004.8	전산업 (모든 사업장)	시간급 2,510 일급 20,080	10.3
2004.9~2005.8	전산업 (모든 사업장)	시간급 2,840 일급 22,720	13.1
2005.9~2006.12	전산업 (모든 사업장)	시간급 3,100 일급 24,800	9.2
2007.1~2007.12	전산업 (모든 사업장)	시간급 3,480 일급 27,840	12.3
2008.1~2008.12	전산업 (모든 사업장)	시간급 3,770 일급 30,160	8.3
2009.1~2009.12	전산업 (모든 사업장)	시간급 4,000 일급 32,000	6.1
2010.1~2010.12.	전산업 (모든 사업장)	시간급 4,110 일급 32,880	2.7
2011.1~2011.12	전산업 (모든 사업장)	시간급 4,320 일급 34,560	5.1
2012.1~2012.12	전산업 (모든 사업장)	시간급 4,580 일급 36,640	6.0
2013.1~2013.12	전산업 (모든 사업장)	시간급 4,860 일급 38,880	6.1
2014.1.1~2014.12	전산업 (모든 사업장)	시간급 5,210 일급 41,680	7.2
2015.1.1~2015.12	전산업 (모든 사업장)	시간급 5,580 일급 44,640	7.1
2016.1~2016.12	전산업 (모든 사업장)	시간급 6,030 일급 48,240	8.1
2017.1.1~2017.12	전산업 (모든 사업장)	시간급 6,470 일급 51,760	7.3
2018.1.1~2018.12	전산업 (모든 사업장)	시간급 7,530 일급 60,240	16.4
2019.1.1~2019.12	전산업 (모든 사업장)	시간급 8,350 일급 66,800	10.9

* 자료 : 최저임금위원회, 임금실태조사보고서 각 년호

제24장 임금채권 확보 및 우선변제

1. 개념정의

임금은 근로자의 생활보장을 위한 가장 기본적이고 중요한 수단이므로 일반적인 채권과 달리 특별히 취급하지 않으면 노동관계법의 제정취지가 형식에 그칠 수도 있다. 사용자로부터 임금을 받지 못하였을 경우, 근로자는 사용자의 법위반 사실을 들어 노동관서에 형사 처분을 촉구하는 한편, 사용자의 자율적인 청산을 도모할 수도 있고, 사법절차를 활용하여 미수령 임금을 실질적으로 확보하는 방안이 있다. 현행 법체계에서 근로자가 할 수 있는 권리구제 방안은 4가지로 요약할 수 있다.

1. 임금체불확인원, 지급확인서, 지불각서 등을 활용, 보증공탁과 함께 가압류를 하여 사용자 소유의 재산 등에 처분제한조치를 하고 자진청산을 유도하는 방법이 있다. 이 방법은 자진청산 불응시 사용자의 재산에 대해 경매처분 등을 하려면 민사소송, 지급명령신청 등을 통해 별도로 집행권원을 확보하여야 하는 번거로움이 있다.

2. 사업주가 작성한 체불임금지불각서·노동관서로부터 임금체불확인원 등을 받아 법원에 민사소송 또는 지급명령을 신청하여 판결문[1]을 받거나 공증증서[2] 등을 확보한 다음, 사용자의 부동산 등[3]에 압류 및 강제경매신청을 하여 채권을 실행할 수 있다.

1) 화해·조정·인낙조서.
2) 공정법무법인 등을 통해 재판에 준하는 공정증서를 받는 등.
3) 유체동산, 채권(보증금, 급여 등), 차량 등.

고용부 발행 임금체불확인서, 사용자의 지불각서, 지불확인서 등은 압류, 경매 등을 할 수 있는 집행권원이 될 수 없으므로 사법기관을 통해 지급명령결정, 공정증서, 조정(화해)조서 등 별도의 판결문과 효력을 같이하는 문서가 있어야 한다. 다만, 임금체불확인서, 지불각서 등은 경매배당 신청시 채권신고 소명자료로는 사용할 수 있다.

3. 판결문, 지급명령, 공정증서(公正證書)[4] 등 집행권원을 발급받을 수 없거나 시간상 번거로운 절차를 밟을 수 없는 경우에는, 사업주가 작성한 체불임금지불각서, 노동관서로부터 임금체불확인원등을 발급 받아, 제3의 채권자가 목적물에 대한 경매 등 환가처분을 할 경우, 사용자에 대한 임금채권이 근기법(법 제38조)에 의한 우선변제권을 가진 금품이라는 것을 입증하고, 당해 경매사건의 배당요구 종기일 전까지 배당신청을 하여 배당금액만큼 임금을 받아낼 수 있다.

4. 배당에서 시기를 놓친 경우, 사용자의 재산이 전혀 없거나 있더라도 선순위채권자로 등으로 인해 전혀 배당이 이루어지지 않는 경우에는, 임금채권보장법에 따라 노동관서에 체당금[5]을 신청하는 방법이 있다. 다만, 이 방법은 체당금을 제외한 나머지 금품은 다시 민사로 진행해야 하는 번거로움이 있다.

임금채권확보를 위해 비교적 널리 활용되는 민사상 제도가 지급명령과 가압류처분이다. 먼저 「지급명령」에 관해 살펴보면, 체불임금을 지불하지 않는 사용자 등 채무자의 재산[6]에 대해 강제 집행 하기위해서는 확정 판결과 같은 집행권원이 필요한데, 일반소송 절차보다 간이하고 신속하게 그리고 간단한 비용으로 집행권원을 얻을 수 있는 방법이다. 근로자 등 채권자는 미지급임금

4) 법률관계 당사자, 관계인 등의 촉탁으로 법률관계 존재여부, 내용, 특정사실을 공적으로 증명하는 행위로서 공증사무소, 법률사무소, 법무법인 등에서 공증인이 수행한다. 통상 채무자가 정해진 기일까지 채무를 상환하지 못하면 강제집행을 해도 좋다는 인낙문구를 삽입하기 때문에 반드시 채권 채무자 혹은 대리인이 함께 출석해 공정증서를 작성해야 한다. 대리인은 인감증명, 위임장 등을 지참하여야 한다. 금전소비대차 등에서 채권채무를 약속어음공정증서로 적성하면 별도로 지급명령, 판결, 조정조서 등 집행권원을 발급받을 필요없이 지급기일 경과 후 곧바로 강제집행이 가능하다.

5) 최종 3월분의 임금, 최종 3월분의 휴업수당, 최종 3년간의 퇴직금으로서 미지급한 금액 중 법으로 정한 체당금의 상한액보다 적은 금액.

6) 부동산, 차량, 급여, 통장 전월세 보증금, 유체동산 등.

지불각서·이행각서, 체불임금확인서 등을 근거로 사용자를 상대로 자신의 주소지 관할 법원에 지급명령을 신청 하면 법원은 사용자를 신문하지 않고 각하 사유가 없는 한 곧바로 지급명령을 발하여 상대방에게 송달 한다. 사용자는 송달받은 날로부터 2주 이내 이익신청을 하지 않으면 지급명령이 확정되어 손쉽게 집행권원을 얻어 강제집행을 할 수 있다. 만약 사용자가 기간 내에 이의신청을 한 경우에는 인지 및 송달료를 추납하면 보통의 소송 절차로 이행 되어 지급 명령 신청서에 소송을 제기 한 것으로 본다. 일반 소송 절차를 이용할 것인지 지급명령을 이용 할 것인지는 채권자의 자유이다. 통상 채무자가 채권자의 청구에 대해 별다른 이의를 제기 하지 않을 것으로 예상되는 경우는 지급명령 제도를 이용 하는 것이 좋다.

다음 「가압류」[7]에 관해 살펴보면, 사용자 등 채무자가 체불임금을 지급하지 않는 경우에는 법원의 판결을 얻어서 채무자의 재신에 강제집행을 하게 되는데, 판결 및 강제집행을 할 때까지의 사이에 사용자가 그 재산을 임의로 처분하거나 은닉하는 경우에는 승소판결을 얻더라도 체불임금을 받기 어려운 경우가 발생할 수 있다. 따라서 본안소송 이전에 추후 진행될 강제집행의 실효성을 보전하기 위하여 하는 것이 가압류 보전처분이다. 가압류는 본안소송의 진행 여부와는 상관없이 즉, 소제기 이전이라도 신청할 수 있으며, 본안소송에서 승소한 다음에 비로소 압류하고 경매를 할 수 있다.

가압류할 대상에 따라 신청방식은 조금씩 다르지만, 가압류를 신청하게 되면 가압류로 인하여 채무자의 재산권 행사에 제약이 따르게 되므로 그로 인하여 발생할 손해를 담보하기 위해 현금공탁이나 보증보험증권의 제출 등 담보제공명령이 따른다.

이 장에서는 위와 같은 절차를 실행 할 경우 다양한 권리관계에서 임금채권이 차지하는 우선순위와 실행절차 등을 알아본다.

---

7) 근기법상 우선변제청구권이 있는 임금채권자가 경매절차 개시 전에 경매 목적 부동산을 가압류한 경우에는 경락시까지 우선권 있는 임금채권임을 소명하지 않았더라도 배당표가 확정되기 전까지 그 가압류의 청구채권이 우선권 있는 임금채권임을 입증하면 우선배당을 받을 수 있다(대판 2002다4870, 2002.5.14).

2. 임금채권의 확보

장차 발생할 임금채권을 확보하기 위해 사용자의 재산에 대해 약정담보물권을 설정해 두는 일은 거의 없다. 따라서 민법에 따라 채권을 확보 할 수밖에 없는데 일반적인 사법절차에 따라 임금채권을 추심하는 것은 비용과 절차상 소요시간, 채권의 우선순위, 집행권원 확보문제 등으로 인해 번거로울 수밖에 없으므로 법의 특별한 보호가 필요하다. 근로자가 체불확인원 등을 가지고 사용자 소유 재산에 대한 경매절차나 체납처분 절차에서 배당신청을 할 경우 임금채권은 일반 채권에 앞서 사법적으로 우선변제 효력을 가진다. 우선변제권은 통상 4순위의 일반적 우선변제권과 1순위의 최우선변제권으로 구분한다.[8)]

일반적 우선변제권은, 「사용자의 총재산」에 대하여 질권·저당권 또는 동산채권 등의 담보에 관한 법률에 따른 담보권에 따라 담보된 채권을 제외하고는 조세·공과금 및 다른 채권보다 우선하여 변제받을 수 있다. 최우선변제권은, 질권·저당권 또는 동산채권 등의 담보에 관한 법률에 따른 담보권에 의해 담보된 채권과 조세·공과금 및 다른 채권보다 우선변제 받을 수 있다.

(1) 사용자의 총재산

사용자라 함은, 개인 기업의 경우는 최종적으로 임금지급책임을 지는 경영주, 법인의 경우는 법인 그 자체를 말하고,[9)] 사용자의 총재산이라 함은, 근로계약의 당사자로서 임금채무를 1차적으로 부담하는 사업주의 총재산을 말하는 것으로,[10)] 무채재산권, 어업권, 광업권 등을 포함한다. 사용자가 개인사업주인 경우는 개인사업주 명의의 모든 재산, 법인인 경우는 법인명의 재산에 한정된다.

따라서 법인대표이사·경영담당자의 개인재산, 합자회사의 무한책임사원의 개인소유 재산은 사용자의 총재산에 포함되지 않는다.

합자회사가 회사 재산으로 채무를 완제할 수 없거나 또는 회사 재산에 대한

---

8) 근기법 제38조.
9) 근기법 제2조제2호, 노동조합법 제2조제2호에서 정한 사용자개념과는 다르다.
10) 대판 97다48388, 1999.2.5.

강제집행이 주효하지 못하여 결국 합자회사의 무한책임사원이 근로자들에 대한 회사의 임금채무를 변제할 책임을 지게 되었다 하더라도, 보충적인 위 책임의 성질이나 일반 담보권자의 신뢰보호 및 거래질서에 미치는 영향 등을 고려할 때 이를 회사가 사업주로서 임금채무를 부담하는 경우와 동일하다고 보아 무한책임사원 개인 소유의 재산까지 임금 우선변제권의 대상이 되는 사용자의 총재산에 포함된다고 해석할 수는 없다.[11]

1) 직상수급인 소유의 재산

사업이 수차의 도급에 의해 행해지는 경우에, 하수급인이 직상수급인의 귀책사유로 근로자의 임금을 지급하지 못하게 됨에 따라 직상수급인이 근기법에 의거 하수급인과 연대책임을 지게 된다고 하더라도 그 직상수급인은 임금채권 우선변제권이 인정되는 사용자라고 할 수 없다.[12] 직상수급인은 하수급인의 근로자에 대한 관계에서 근로계약의 당사자로서 임금채무를 1차적으로 부담하는 사업주가 아니므로 직상수급인 소유의 재산은 사용자의 총재산에 해당하지 않는다.[13]

다만, 직상수급인과 하수급인의 근로자사이에 묵시적인 근로계약의 성립을 인정할 수 있는 건설노무도급관계와 같은 특별한 사정이 존재하는 경우에는 직상수급인 소유의 재산은 사용자의 총재산에 해당한다.[14]

2) 사용자가 제3자에게 가지고 있는 채권

사용자의 총재산에는 사용자가 소유한 각종 동산, 부동산은 물론 물권, 채권, 각종 무채재산권, 광업권, 어업권을 포함하고 사용자가 제3자에게 가지고 있던 채권도 포함된다. 그러나 사용자가 제3자에게 이미 처분한 재산은 포함되지 않는다.[15] 또한 사용자가 취득하기 이전에 그 재산에 대해 이미 설정된

11) 대판 95다719, 1996.2.9.
12) 근기법 제44조.
13) 대판 95다56798, 1997.12.12.
14) 대판 97다48388, 1999.2.5.
15) 대판 94다19242, 1994.12.27.

담보권에 대하여는 우선변제권이 적용되지 않는다.[16)]

(2) 일반적인 우선변제권

사용자의 재산에서 다른 채권보다 우선적으로 변제받을 수 있는 채권은 "임금, 퇴직금,[17)] 재해보상금, 기타 근로관계로 인한 채권이다" 이상의 임금채권은 근로자 자신이 행사하는 것에 한정되지 않고, 타인이 사용자를 대신하여 근로자에게 임금채권을 변제할 경우에도 인정된다.[18)]

임금 등 우선변제 채권은 사용자의 총재산에 대하여 질권·저당권 또는 동산채권 등의 담보에 관한 법률에 따른 담보권에 의해 담보된 채권을 제외하고는 조세·공과금 및 다른 채권보다 우선변제 되어야 한다.

다만, 질권·저당권 또는 동산채권 등의 담보에 관한 법률에 따른 담보권에 의해 담보된 채권에 우선하는 조세·공과금에 대하여는 그러하지 아니하다.[19)] 만약 근로자가 사용자로부터 임금을 대신하여 어음 등을 받았더라도 이는 금품청산의 기일을 연장하는데 합의한 것에 불과하므로 임금채권 우선변제 대상이 된다.[20)] 산업재해로 인하여 민사상 승소판결을 받은 손해배상채권은 재해보상금이나 기타 근로관계로 인한 채권에 포함되지 않는다. 기타 근로관계로 인한 채권에는 해고예고수당청구권, 적립금·저축금반환청구권 등이 있다.[21)] 임금, 퇴직금의 지급지연에 따른 손해금이나 지연이자는 민사상채무불이행에 따른 일반채권일 뿐 근로관계 그 자체로 인하여 발생된 채권은 아니므로 우선변제권이 인정되는 채권에 해당하지 않는다.[22)]

---

16) 대판 93다30938, 1994.1.11 ; 대판 94다19242, 1994.12.27.

17) 퇴직급여보장법 제11조제1항.

18) 대판 94다21160, 1996.2.23.

19) 근기법 제38조제1항.

20) 3월 이내의 약속어음 교환은 금품청산의 기일을 연장 합의한 것에 불과한 것이며, 임금채권은 질권·저당권에 의하여 담보된 것을 제외하고는 조세·공과금 및 다른 채권에 우선하여 변제대상이 된다. 다만, 국세기본법 제35조에 의하여 질권 또는 저당권에 우선하는 조세·공과금에 대하여는 그러하지 아니하다(근기 1455-75, 1982.12.10).

21) 임금 32240-12784, 1990.9.12.

22) 대판 99마5143, 2000.1.28.

(3) 최우선변제권

「최종 3개월분의 임금과 최종 3년간의 퇴직금(퇴직급여보장법 제11조), 재해보상금」에 대해서는 사용자의 총재산에 대하여 질권·저당권 또는 동산채권 등의 담보에 관한 법률에 따른 담보권에 의해 담보된 채권, 조세·공과금 및 다른 채권에 우선하여 변제되어야 한다고 명시하여 "제한된 범위 내의 임금채권에 대하여는 최우선변제권"을 정하고 있다.[23]

실무상, 사용자가 사용자 지위를 취득하기 전에 그의 총재산에 대해 설정한 질권 또는 저당권 등에 따라 담보된 채권에 대하여도 우선하여 변제받을 수 있는지가 의문이다. 최근 판례는 최종 3월분의 임금채권에 대하여 판시하면서, 법문의 취지상 달리 제한하는 규정이 없으므로, 사용자의 총재산에 대하여 사용자가 사용자 지위를 취득하기 전에 설정한 질권 또는 저당권 등에 따라 담보된 채권에도 우선하여 변제되어야 한다는 입장이다.[24]

다만, 퇴직금에 대해서는 부칙 제13조(퇴직급여보장법 부칙 제9조)에 의거 제한이 있다. 타 법률에 의한 최우선변제권은 주택임대차의 소액보증금, 상가건물임대차의 소액보증금이 있다. 경매에서 권리상호간의 우선순위에 불구하고 최우선변제권에 앞서 0순위로 공제하는 것으로, 경매비용,[25] 경매목적부동산의 보존, 개량을 위해 투입된 필요비·유익비 등이 있다.

☞ 우선변제권에 관한 입법경과

① 근기법에 임금채권 우선변제권을 최초규정
1974.12.24 법률 제2708호(구 근기법 개정법률), 제30조의2는 "임금채권 그 밖의 근로관계로 인하여 사용자에게 채권이 있는 근로자는 그 사용자의 총재산에 대하여 질권, 저당권, 조세·공과금을 제외하고는 다른 채권에 우선하여 변제받을 권리가 있다"고 하여 근기법에 임금채권 우선변제권을 최초로 정하였다.

② 조세·공과금에 대하여도 우선변제권을 강화, 1980.12.31 법률 제3349호(구 근기법 개정법률)

③ 최종 3월분의 임금채권 최우선변제권인정, 1987.11.28 법률 제3965호(구 근기법 개정법률)

④ 퇴직금 및 재해보상금을 최우선변제권이 있는 임금채권에 추가

---

23) 근기법 제38조제2항.

24) 대판 2011다68777, 2011.12.8.

25) 인지대, 등기부등본·공과증명 등 발급비용, 송달료, 등기촉탁비용, 경매절차 진행비용, 감정평가 수수료, 집행관의 집행수수료.

1989.3.29 법률 제4099호(구 근기법 개정법률), 최종 3월분의 임금+퇴직금+재해보상금을 최우선변제권이 있는 임금채권으로 정하였다.

⑤ 퇴직금 최우선변제권에 대한 제한

1997.8.21 헌법재판소에서 1989.3.29 개정근기법에 의거 최종 3월분의 임금+퇴직금+재해보상금을 최우선변제권이 있는 임금채권으로 정한데 대하여, 이 가운데 모든 퇴직금의 최우선변제권이 사법 일반의 질권이나 저당권의 본질적인 내용을 침해할 소지가 있다는 결정(종업원수가 많은 기업의 경우 사업운영기간이 증가해 감에 따라 종업원들의 퇴직금액이 지속적으로 증가하여 그 액수가 피담보채권에 대한 위협적인 수준이 될 것이다)이 있었다. 따라서 1997.12.24, 법률 제5473호에 의거, 퇴직금의 최우선변제에 대하여는 1997.12.24 이후 입사하고 퇴직한 근로자는 "최종 3년간의 퇴직금"으로 제한하되 그 이전에 발생한 퇴직금에 대해서는 부칙 제2조에서(퇴직급여보장법 부칙 제4조) 최우선변제액의 상한을 "250 일분의 평균임금"으로 제한하였다.

소급입법금지의 원칙에 의거, 우선변제권은 우선변제권이 인정된 각 개정법의 시행일 이후에 발생한 임금채권에 한하여 인정되고, 시행일 이전에 사용자의 부동산 등에 대해 이미 성립한 담보물권에 대하여는 해당임금채권의 우선변제권을 주장하지 못한다.

3. 임금채권 우선변제권의 성질

우선변제권을 정한 취지는, 근로자가 사용자로부터 받지 못한 임금채권 중 최종 3월분의 임금과 최종 3년간의 퇴직금, 재해보상금에 관한 채권은 강제집행, 경매 등 다른 채권과 동시에 사용자의 동일재산으로부터 경합하여 변제받는 경우에, 그 성립일의 전후라든지 저당권의 설정여부에 관계없이 최우선적으로 변제받을 수 있는 권리가 있는 것일 뿐, 사용자의 재산에 대한 배타적인 지배권을 본질로 하는 다른 사법상의 권리에까지 미치는 것이 아니다. 아울러, 근기법이나 퇴직급여보장법에 의해 우선변제권이 있다고 해도 압류 등 별도의 사법상 선행조치[26] 없이 우선변제권 그 자체로 목적물에 대한 강제경매청구권이 인정되는 것도 아니다.

임금우선특권은 당사자간 약정이 없어도 법률의 규정에 의하여 당연히 성립하는 법정담보물권이라는 것이 통설이다. 따라서 채무자인 사용자의 재산에 대하여 경매절차가 진행되는 경우에는 그 배당절차의 환가금에서 일반채권에 우선하여 변제받을 수 있다. 이러한 우선변제권은 집행절차에서 뿐만 아니라 체납처분의 청산절차에서도 인정된다.

---

26) 판결문, 화해조서, 지급명령 등 집행권원을 확보하여 압류 등의 조치.

판례에서도, 우선변제권은 이른바 법정담보물권으로서 담보물권의 일반적인 실행절차에 의하여 우선적으로 만족을 얻을 수 있는 정도 이상의 효력을 가진다고는 할 수 없는 것이므로 이는 강제집행 등 다른 채권과 동시에 사용자의 동일재산으로부터 경합하여 변제받을 경우에 그 강제집행에 의한 환가금에서 일반채권에 우선하여 변제받을 수 있음에 그치는 것이고, 그 절차와 형식에 구애됨이 없이 이미 다른 채권자에 의하여 이루어진 압류처분의 효력까지도 배제하여 그보다 우선적으로 직접 지급을 구할 수 있는 권한으로는 볼 수 없다고 판시했다.[27)]

(1) 영업양도의 경우

사용자의 재산이 제3자에게 양도된 후에는 우선변제권이 더 이상 그 재산에까지 미칠 수 없고, 양수인의 양수한 재산에까지 인정될 수 없다. 또한 다른 채권자에 의해 이루어진 압류처분의 효력까지도 배제하여 그보다 우선적으로 직접 지급을 청구할 수는 없다. 영업의 인적 조직이나 물적설비 등이 일체로서 포괄적으로 이전되는 영업양도의 경우 특약이 없는 한 근로관계는 단절없이 양수인에게 승계된다. 이 경우 임금채무를 지고 있던 사용자가 영업양도를 하면서 근저당권 목적물인 부동산을 타인에게 양도하고 근로관계 또한 단절없이 양수인에게 승계된 경우에는 영업양도에 대한 근로자들의 임금 등 우선변제권이 부동산의 근저당권에 우선할 수 있는 것이라면 근로관계를 그대로 승계한 영업양수인에 대한 관계에서도 영업양도전과 동일하게 임금 등의 우선변제권이 인정된다.[28)]

(2) 저당권이 설정된 부동산의 양도

저당권이 설정된 부동산이 양도되고 양수인이 사업경영 중 도산하여 임금이나 퇴직금을 지급받지 못한 상태에서 그 부동산에 대해 강제집행이 개시된 경우에는 근기법상의 최우선변제권과 양수인의 소유로 되기 이전에 설정된 저당

27) 대판 93다61611, 1995.6.13 ; 대판 95누2562, 1994.12.9.
28) 대판 2001다31141 ; 대판 2002다34901, 2002.10.8.

권과의 순위가 문제다. 판례는, 최우선변제권이 인정된다고 하더라도 사용자가 목적 재산을 취득하기 전에 설정된 담보권에 대하여는 우선변제권이 인정되지 아니한다고 판시하고 있다. 따라서 저당권자는 최우선변제권에 우선하여 자신의 권리를 행사할 수 있다.[29)]

4. 임금채권의 확정

최우선 변제되는 금품은 최종 3개월분의 임금과 최종 3년간의 퇴직금,[30)] 재해보상금이다. 이 금품은 사용자의 총재산에 대하여 질권·저당권 또는 동산채권 등의 담보에 관한 법률[31)]에 따라 담보된 채권, 조세·공과금 및 다른 채권에 최우선하여 변제받을 수 있다. 최우선변제금품 이외의 금품은 "임금 기타 근로관계로 인한 채권"으로서 일반적으로 4순위의 우선변제권을 가진다.

(1) 최종 3개월분의 임금

최종 3월분의 임금은 퇴직일, 사실상 근로관계 종료일로부터 소급하여 3월간에 제공한 근로로 인해 지급사유가 발생한 일체의 금품 가운데 미지급한 금품을 말한다. 임금에는 은혜적, 복리후생적인 기타 금품으로서 임금이 아닌 금품은 제외한다.

예를 들면, 2012.9월 폐업한 사업장에서 퇴직한 근로자가 2012.4월분 임금과 2012.9월분 임금이 체불되었다면 이 근로자는 퇴직일로부터 소급하여 3개

29) 근기법 제30조의2(현 제38조)제2항은 근로자의 최저생활을 보장하고자 하는 공익적 요청에서 일반 담보물건의 효력을 일부 제한하고 임금채권의 우선변제권을 규정한 것으로서 그 취지는 최종 3월분의 임금 등에 관한 채권은 다른 채권과 동시에 사용자의 동일재산으로부터 경합하여 변제받을 경우에 그 성립의 선후나 질권이나 저당권의 설정 여부에 관계없이 우선적으로 변제받을 수 있는 권리가 있음을 밝힌 것일 뿐, 나아가 사용자의 특정재산에 대한 배타적 지배권을 본질로 하는 추급효까지 인정한 것은 아니므로, 사용자의 재산이 제3자에게 양도된 경우에 있어서는 양도인인 사용자에 대한 임금 등 채권의 우선권은 이 재산에 대하여는 더 이상 추구될 수 없고, 양수인의 양수재산에 대해서까지 우선권을 인정할 수는 없다. 대판 2002다65905, 2004.5.27.

30) 퇴직금은 퇴직급여보장법 제11조에서 별도 규정한다. 퇴직금은 계속근로연수 1년에 대해 30일분의 평균임금으로 산정.

31) 2010.6.10 개정, 2012.6.11 시행(질권 또는 저당권에 따라 담보된 채권.→질권·저당권 또는 동산채권 등의 담보에 관한 법률에 따른 담보권에 따라 담보된 채권.).

월 이내의 기간(2012.7,8,9월)중 지급받지 못한 임금에 해당하는 분만 우선 지급받을 수 있지 2012.4월분 임금은 해당되지 않는다.[32] 판례도 최종 3월분의 임금채권은 최종 3개월 사이에 지급사유가 발생한 임금채권을 의미하는 것이 아니라, 「최종 3개월간 근무한 부분의 임금채권」으로 본다.[33]

만약, 강제집행이나 임의경매에 있어서 배당요구 이전에 이미 근로관계가 종료한 경우는 근로관계 종료일을 최종 3월의 기산점으로 보아야 하고, 배당요구 당시에 근로관계가 종료되지 않은 근로자의 경우에는 배당요구시점을 기산점으로 3개월분의 임금을 보아야 한다.

(2) 최종 3개월동안의 상여금

상여금도 최종 3개월동안의 근로대가로 발생한 경우에는 체당금의 지급범위에 포함된다. 이 경우 체당금 산정은 해당기간 동안의 지급 또는 지급하기로 결정된 금액을 그 결정기간에 따라 비례하여 해당 월의 임금에 포함한다. 따라서 상여금의 경우 지급대상, 지급시기, 지급방법 등 구체적인 사실관계를 토대로 임금여부를 판단한 후, 체당금 산정방법에 따라 처리한다. 이렇게 볼 때 상여금은 산정방법이나 지급기일이 사전에 명확히 정해있는 경우[34]는 정기적으로 발생된 상여금을 해당기간 속에 균등하게 배분하고, 산정방법은 있으나 지급시기가 명확히 정해지지 않은 경우는 1년 중에 지급될 상여금을 월별로 균등하게 배분하는 것이 합리적이다.[35]

---

32) 임금 68207-767, 2001.11.7.

33) 대판 2001다83838, 2002.3.29. 원고와 선정자들이 소외 회사로부터 지급받지 못한 상여금 중 근로기준법상의 우선변제권을 주장할 수 있는 부분은 퇴직 전 최종 3개월의 근로에 대한 대가 부분에 한정된다 할 것이다.

34) 3, 6, 9, 12월말에 재직자에게 100%씩 상여금을 지급하는데, 근로자가 4월말에 퇴직한 경우, 최종 3월간 즉, 2. 3. 4월 3개월 가운데 상여금이 발생된 기간은 2월과 3월로서 각각 해당 월에 포함시킨다(4월분은 6월이 되어야 지급결정이 되기 때문이다.).

35) 단체협약 등에 상여금지급시기를 연 500%로 정하고 구정, 추석, 김장, 연말 등에 각 100%씩 지급하기로 시기만 정해 놓았을 뿐, 몇 월부터 몇 월까지 등으로 매회 지급대상기간이 구체적으로 정확히 명시되지 않은 경우에는, 연간 미지급액을 미지급 월수로 균등하게 분할하여 체당금 지급대상이 된 최종 3월의 매월 미지급 임금에 포함하여 체당금을 산정하는 것이 타당하다(임금 68207-290, 2003.4.17). 구체적인 산정방식은, 연간 미지급상여금 (율)/12월×(1-연간상여

(3) 퇴직금

퇴직금은 법정퇴직금 중 3년분 뿐 아니라, 취업규칙 등의 규정에 따라 법정 이상으로 약정된 누진율에 의한 퇴직금 중 최종 3년분도 포함한다. 다만, 우선변제 대상에 포함되는 퇴직금에는 계속근로연수 1년에 대해 30일분의 평균임금으로만 산정해야 하며 당사자간 약정으로 법정기준 이상 지급하기로 정한 부분은 포함할 수 없다.[36] 퇴직금을 정산할 때는 우선 근로자의 입사일과 퇴직을 확정한 후에, 퇴직금제도 도입일자[37]이후로부터 퇴사일까지 계속근로연수를 확인하고 평균임금을 산정하여 퇴직금을 산출하여야 한다. 이렇게 확정된 퇴직금 등이 사용자로부터 순리적인 방법에 의해 수령할 수 없는 경우에는 근로자는 사용자의 재산에 대한 민사적인 방법으로 채권을 확보해야 할 것이다. 근기법 및 퇴직급여보장법에 정한 임금채권우선순위는 이러한 경우에 유용하게 적용될 수 있을 것이다. 아울러 임금과 퇴직금은 퇴직한날로부터 3년간의 소멸시효가 완성되지 않아야 한다. 소멸시효가 완성된 금품은 지급의무자가 시효이익을 포기하고 자발적으로 지급하지 않는 한 법적으로 권리를 주장할 수 없다.

「퇴직금의 우선변제권」은 입사일로부터 퇴사일까지 발생한 모든 퇴직금이 일반채권에 대해 우선변제권을 가진다. 그러나 질권·저당권 또는 동산채권 등의 담보에 관한 법률에 의해 담보된 채권보다 우선하여 변제받을 수 있는 최우선변제권은 법제정일에 따라서 다르다.

즉, 1997.12.24 이전에는 퇴직금은 "사용자의 총재산에 대하여 질권 또는 저당권에 의하여 담보된 채권, 조세·공과금 및 다른 채권에 우선하여 변제되어야 하는 금품은 최종 3월분의 임금과 퇴직금 및 재해보상금"이었으나 1997.12.24부터는 "질권 또는 저당권에 의하여 담보된 채권, 조세·공과금 및 다른 채권에 우선하여 변제되어야 하는 금품은 최종 3월분의 임금과 최종

금 기지급률)=각월의 미지급 상여금액으로 산정한다.

36) 기타 우선변제권이 있는 금품으로 취급한다.

37) 당사자간 약정이 없는 경우는 1961.12.4 법 제도 도입일로부터, 당사자간 별도 약정이 있는 경우는 그 날로부터, 제도 자체가 없는 경우는 법적용일로부터.

3년간의 퇴직금, 재해보상금으로 개정"되었고, 우선변제 되는 퇴직금의 산정이 계속근로연수 1년에 대하여 30일분의 평균임금으로 계산한 금액으로 개정되었다. 그러면서도 부칙에서는 개정규정[38]에도 불구하고 우선변제 받을 수 있는 퇴직금의 범위를 최대 250일분으로 한정하였다.[39] 따라서 우선변제 퇴직금은 퇴직시점에 따라서 1997.12.24 이전과 이후로 나누어 판단해야 한다.

1. 1989.3.29 이후부터 1997.12.24 이전까지 재직하고 퇴직
   퇴직금의 우선변제권을 인정한 1989.3.29 이후부터 개정법 시행 전인 1997.12.23까지의 퇴직금 전액은 일반채권보다 우선하여 보호를 받는다. 다만, 질권이나 저당권에 의해 담보된 채권보다 우선하여 변제받을 수 있는 최우선변제권은 1989.3.29 이후부터 퇴직시까지 계속근로연수에 대해 산정한 퇴직금 중 총 250일분의 평균임금 한도 내에서 인정된다.
   1989.3.29 이전부터 근로한 근로자가 1989.3.29 이전에 발생한 법정(약정포함)퇴직금 중 미수령액과 1989.3.29 이후부터 퇴사일까지 퇴직금 중 최우선변제대상으로 들어가는 250일분을 초과하는 잔여 퇴직금이 있다면 이는 사용자의 총재산에서 질권·저당권에 우선하는 조세·공과금과 질권·저당권에 의해 담보된 채권 다음순위 즉, 4순위로 일반적인 우선변제를 받을 수 있다(퇴직급여보장법 제11조제1항).
2. 1989.3.29 이후부터 1997.12.24 이후까지 재직하고 퇴직
   1989.3.29 이후부터 1997.12.24 이후까지 재직하고 퇴직하는 경우는, 퇴직금의 우선변제권을 인정한 1989.3.29 이후부터 개정법 시행 전인 1997.12.23까지의 퇴직금 전액은 기왕의 우선변제권으로 보호를 받는 것이므로 산입하고(a), 1997.12.24부터는 최종 3년간의 퇴직금으로 최우선변제권이 제한되었으므로 계속근로연수에 대해 발생하는 퇴직금 중 최종 3년간의 퇴직금(b)만을 합산한 금액을 최우선변제의 대상으로 하되, 부칙에 따라 양 기간(A+B)에 산입한 퇴직금이 총 250일분의 평균임금을 초과할 수 없다(부칙 제13조제2항, 제4항). 따라서 총 250분의 범위 내에서만 최우선변제권을 가진다. 그러므로 발생한 총 퇴직금 중 250일분을 초과하는 퇴직금(1989.3.29 이전 퇴직금, 약정포함) 발생분과 1989.3.29부터 1997.12.23까지 법정퇴직금 250일분을 초과하는 퇴직금(약정포함), 1997.12.24 이후 발생분 중 90일분을 초과하는 퇴직금(약정포함)이 각각 있다면 사용자의 총재산에서 질권, 저당권 또는 동산채권 등의 담보에 관한 법률에 의한 담보권에 우선하는 조세·공과금과 질권, 저당권 또는 동산채권 등의 담보에 관한 법률에 의한 담보권에 의해 담보된 채권에 이어서 그 다음 4순위로 기타 임금채권과 함께 우선변제 받을 수 있다.
3. 1997.12.24 이후에 입사하여 퇴사한 근로자
   1997.12.24 이후에 입사하여 퇴사한 근로자는 전체 퇴직금 중 최종 3년간 90일분의 법정퇴직금이 퇴직금여보장법 제11조제2항에 따라 질권이나 저당권에 의해 담보된 채권보다 우선하여 변제받을 수 있는 최우선변제권이 인정된다. 나머지 당사자간 약정퇴직금을 포함한 미지급퇴직

38) 질권 또는 저당권에 의하여 담보된 채권, 조세·공과금 및 다른 채권에 우선하여 변제되어야 하는 퇴직금을 최종 3년간의 퇴직금으로 개정.
39) 부칙 제13조제4항.

금에 대하여는 제11조제1항에 의거 사용자의 총재산에서 질권·저당권 또는 동산채권 등의 담보에 관한 법률에 의한 담보권에 우선하는 조세·공과금과 질권·저당권 또는 동산채권 등의 담보에 관한 법률에 의한 담보권에 의해 담보된 채권에 이어서 그 다음 4순위로 일반적인 우선변제를 받을 수 있다.

위 1. 2.에서 말하는 최우선변제 대상에 포함되는 퇴직금은 법정퇴직금, 즉, 계속근로년수 1년에 대하여 30일분의 평균임금만으로 계산한 금액으로 한다.

(4) 재해보상금

재해보상금은 사용자의 재산을 청산해야 할 당시에 입은 업무상재해에 대한 각종 보상이 해당된다. 우선변제를 해야 할 때, 근로자가 계속 요양을 하고 있는 경우는 앞으로 발생할 요양비, 휴업보상, 장해보상도 그 시점에서 통상 예견될 수 있는 기간 또는 상태를 기준으로 하여 최우선변제의 대상이 된다. 법 제84조를 유추하면 2년간의 요양기간 동안의 보상과 일시보상액의 합계가 된다. 재해보상금에 대한 최우선변제권은 1989.3.29 이후에 발생한 산업재해에 따라 근기법 제8장에 의거 산정한 각종 재해보상 청구권 즉, 요양보상금, 휴업보상금, 장해보상금, 유족보상금, 장의비, 일시보상금 등[40]이 해당된다.[41] 근기법상 재해보상 요건과 산재법상 급여 요건은 거의 일치하면서 급여액은 산재법상 급여가 더 많기 때문에 재해가 발생하면 대부분 산재법상 급여가 이루어진다. 따라서 최우선변제대상이 되는 재해보상금은 산재법의 적용을 받지 않는 사업장에만 적용된다고 볼 수 있다.

(5) 기타 수당 및 근로관계로 인한 채권

기타 수당 및 근로관계로 인한 채권은 근로자와 사용자 사이에 채권적인 성격을 갖는 금전적인 청구권이다. 따라서 휴업수당, 보증금청구권, 적립금청구권, 저축금청구권, 예치 보관 금품의 반환청구권, 해고예고수당을 포함하는 개념이다. 이들 금품은 4순위로 일반적인 우선변제권을 가진다.

☞ 일반적으로 채권확보와 관련하여 압류가 제한되는 금품은 다음과 같다.

---

40) 근기법 제78조~제85조.

41) 만약 법적용일 이전인 1989.3.29 이전에 산업재해가 발생했고 요양기간이 1989.3.29 이후까지 계속되었다고 해도 최우선변제권은 적용되지 않는다.

1. 법령에 규정된 부양료 및 유족부조료, 채무자가 구호사업이나 제3자의 도움으로 계속 받는 수입, 병사의 급료는 전부를 압류하지 못한다.
2. 급료·연금·봉급·상여금·퇴직금·퇴직연금·그 밖에 이와 비슷한 성질을 가진 급여채권의 2분의 1에 해당하는 금액은 압류를 할 수 없다. 다만, 2011.7.1. 개정 민사집행법의 시행으로 채무자의 급여채권 중 월 150만원까지는 압류를 할 수 없다. 150만원 초과 300만원까지는 급여에서 150만원을 뺀 금액까지만 압류가 가능하고 300만원을 초과하여 600만원까지는 급어의 1/2까지, 600만원 초과는 300만원+[{급여/2)−300만원}/2]를 제외한 나머지 금액 압류가 가능하다. 자세한 사항은 민사집행법(제246조)을 참고한다. 압류대상 급여는 급여와 상여금 등 여러가지 명목의 급여를 합하고, 제세공과금을 제한 실수령액을 기준으로 하며, 채무자가 여러 직장을 다니는 경우에는 모든 급여를 합산한 금액을 기준으로 계산한다.
3. 건설업자가 도급받은 건설공사의 도급액 중 당해 공사(하도급공사포함)의 근로자에게 지급하여야 할 노임에 상당하는 금액에 대하여는 이를 압류할 수 없다(건설산업기본법 제88조). 이것은 근로자의 생존권을 최소한도로 보장하려는 사회보장적인 요구를 반영한 것으로 노임채권에 대한 압류명령은 무효이다(대판 2000다21048).

5. 임금채권의 우선순위와 변제절차

(1) 임금채권 우선순위

임금, 재해보상금, 그 밖에 근로관계로 인한 채권은 사용자의 총재산에 대하여 질권·저당권 또는 동산채권 등의 담보에 관한 법률에 의한 담보권에 의해 담보된 채권과 질권 또는 저당권에 우선하는 조세·공과금을 제외하고는 기타 조세·공과금 및 다른 채권에 우선하여 변제되어야 하고, 그 가운데서도 최종 3개월분의 임금과 최종 3년간의 퇴직금 및 재해보상금 중 미지급액은 질권·저당권 또는 동산채권 등의 담보에 관한 법률에 의한 담보권에 따라 담보된 채권, 조세·공과금 및 다른 채권에 우선하여 변제되어야 한다.[42)]

질권·저당권 또는 동산채권 등의 담보에 관한 법률에 의하여 담보된 피담보채권이 국세나 지방세보다 우선하여 변제를 받으려면, 그 국세나 지방세의 과세기준일 또는 납세의무성립일[43)] 이전에 질권이나 저당권 또는 동산채권 등의 담보에 관한 법률에 의하여 담보권이 설정되어야 한다.

조세의 종류에 따라 지정된 법정기일 후에 질권·저당권 또는 동산채권 등의

---

42) 법 제38조, 퇴직급여보장법 제11조.
43) 납세고지서 발송일, 납세의무 확정일, 납세통지서 발송일.

담보에 관한 법률에 의한 담보권이 설정된 경우에는 조세, 공과금채권이 우선변제권을 가지게 된다. 다만, 위와 같은 우선순위에도 불구하고 사용자의 재산이 이미 다른 채권자에 의해 압류처분이 있는 경우에는 그 효력을 배제하고 우선적으로 직접 지급을 청구할 수 없다.[44] 이 경우 임금채권자는 그 압류된 채권에 대하여 추심 등 그 채권을 실현하는 절차에서 배당요구를 할 수 있다.

수개의 부동산에 대한 경매가 진행될 경우 선순위자가 수개의 부동산에 동시에 권리를 행사함으로서 불이익을 받은 후순위자는 선순위자를 대신하여 사용자의 타부동산에서 우선배당을 받을 수 있다. 판례에 의하면, 사용자 소유의 수개의 부동산중 일부가 먼저 경매에 들어가고 그 매각대금에서 임금채권자들이 우선특권에 의해 일시에 변제받은 결과, 그 경매부동산의 저당권자는 수개의 부동산으로부터 동시에 배당이 진행되었더라면 자신의 불이익이 줄어들게 되었을 경우, 후순위 저당권자는 임금채권자들이 수개의 부동산으로부터 골고루 변제받았더라면 타부동산에서 자신이 경매 받을 수 있었던 금액 한도내에서 선순위자인 임금채권자를 대신하여 타부동산 경매에 참여하여 우선배당을 받을 수 있다.[45]

우선변제권 행사범위의 경우, 종전에는 강제집행시 환가금에서 우선변제 받는데 한정했으나, 임의경매절차에서도 권리주장이 가능하다.[46] 채권간의 우선순위는 다음과 같이 정리할 수가 있다.

1) 질권·저당권 또는 동산채권 등의 담보에 관한 법률에 의한 담보권의 담보채권이 조세·공과금보다 우선하는 경우

압류재산에 국세의 법정기일 또는 지방세의 과세기준일, 납세의무성립일 이전에 설정된 저당권, 전세권 또는 동산채권 등의 담보에 관한 법률에 의하여 담보되는 채권이 있는 경우에 해당한다.

1. 제1순위 : 최종 3월분의 임금, 최종 3년간의 퇴직금 및 재해보상금 중 미지급액,[47] 소액주택임

---

44) 대판 93다61611, 1994.12.9.

45) 대판 97다9352, 1998.12.22 ; 대판 2000다32475, 2000.9.29.

46) 대판 89다카13155, 1990.7.10.

47) 전체 미지급임금 가운데서 3년의 소멸시효가 완성되지 않은 금품이 있고, 그 가운데 최종 3월분

대차 보증금

2. 제2순위 : 담보물인 사용자의 재산, 즉, 집행의 목적물에 대해 부과된 국세와 가산금(국세기본법 제35조제1항제3호 참조), 국세 중 상속세, 증여세, 재평가세 등, 지방세 중 취득세, 등록세, 농지세, 자동차세, 도시계획세, 소방공동시설세 등
3. 제3순위 : 국세·지방세의 법정기일 이전에 설정 등기된 질권·저당권 또는 동산채권 등의 담보에 관한 법률에 의하여 담보된 채권·전세권에 의해 담보되는 채권
4. 제4순위 : 위 1순위에 해당하지 않는 임금 기타 근로관계로 인한 채권으로서, 근기법 제38조제2항과 퇴직급여보장법 제11조제2항에 의한 최우선변제임금(최종 3월분의 임금, 최종 3년간의 퇴직금 및 재해보상금 중 미지급액)을 제외한 임금 기타 근로관계로 인한 채권
5. 제5순위 : 국세·지방세 등 지방자치단체의 징수금
6. 제6순위 : 국세·지방세 다음순위로 징수하게 되는 공과금으로서, 산재보험료, 국민건강보험료, 연금보험료, 행정대집행비용 등
7. 제7순위 : 질권·저당권 또는 동산채권 등의 담보에 관한 법률에 의하여 담보되지 않은 일반채권

2) 조세공과금이 질권·저당권 또는 동산채권 등의 담보에 관한 법률에 의한 피담보채권보다 우선하는 경우

압류재산에 국세의 법정기일 또는 지방세의 과세기준일, 납세의무성립일 이후에 설정된 저당권, 전세권 또는 동산채권 등의 담보에 관한 법률에 의하여 담보되는 채권이 있는 경우에 해당한다.

1. 제1순위 : 최종 3월분의 임금, 최종 3년간의 퇴직금 및 재해보상금 중 미지급액, 소액주택임대차 보증금
2. 제2순위 : 질권·저당권 또는 동산채권 등의 담보에 관한 법률에 의한 담보권에 따라 담보된 채권에 우선하는 조세·공과금
3. 제3순위 : 질권·저당권 또는 동산채권 등의 담보에 관한 법률에 의한 담보권에 의해 담보된 채권, 전세권에 의해 담보된 채권
4. 제4순위 : 위 1순위에 해당하지 않는 임금 기타 근로관계로 인한 우선변제채권, 즉, 최종 3월분의 임금, 최종 3년간의 퇴직금 및 재해보상금 중 미지급액을 제외한 나머지 임금 기타 근로관계 채권
5. 제5순위 : 위 2순위에 해당하지 않는 조세·공과금
   공과금은 국가, 공공단체에 의해 국민 등에 부과되는 공적인 부담으로서 부역, 현품, 조합비, 도로사용료, 하천사용료 등을 총칭한 의미이다.
6. 제6순위 : 기타 일반채권

임금과 최종 3년간의 퇴직금 및 재해보상금에 해당하는 금액으로서 미지급한 금액을 말한다. 이때 퇴직금은 법정퇴직금으로 계속근로연수 1년에 대해서 30일분의 평균임금으로 계산한 금액이다(퇴직급여보장법 제11조제3항). 따라서 당사자가 약정으로 누진제를 적용 했거나 기타 법정이상으로 정한 퇴직금은 그 속에 포함된 법정퇴직금액만 최우선변제권으로 인정되고 나머지 금액은 제4순위 임금 기타 근로관계로 인한 채권으로 밀려난다.

3) 압류재산에 저당권 등에 의해 담보되는 채권이 없는 경우

1. 제1순위 : 최종 3월분의 임금, 최종 3년간의 퇴직금 및 재해보상금 중 미지급액, 소액주택임대차보증금
2. 제2순위 : 임금 기타 근로관계로 인한 채권
3. 제3순위 : 조세 기타 같은 순위의 징수금(목적물에 부과된 세 포함)
4. 제4순위 : 조세 다음 순위의 공과금, 예를 들면 산재보험료, 국민건강보험료, 연금보험료, 행정대집행비용 등
5. 제5순위 : 일반채권

(2) 우선변제를 받기 위한 절차 등

1) 배당요구

근로자가 민사절차에 의한 집행절차에서 임금채권 우선변제를 받기 위해서는 집행법원에 배당요구의 종기일까지 배당요구를 하여야 한다.[48] 배당요구를 하지 아니하여 배당을 받지 못하면, 적법한 절차에 의해 배당요구를 했을 경우 받을 수 있었던 금액이 후순위자에게 배당되었다고 하더라도 부당이득 반환청구를 할 수도 없다.[49] 다만, 체납처분절차에서는 집행절차에서 배당요구 등이 적용되지 않는다. 따라서 임금채권이 압류재산 매각대금의 분배대상에 포함이 되면 배당요구가 없어도 집행기관이 직권으로 확정하여 배분계산서를 작성한다.

배당요구에도 임금의 직접지급원칙은 적용된다. 따라서 사용자의 재산에 대해 배당요구를 하는 경우에도 근로자는 자신의 명의로 배당요구를 해야 한다. 다만, 공동의 이해관계를 가진 여러 사람이 법인이나 사단 등의 이름으로 소송당사자가 될 수 없는 경우는 한사람 혹은 여러 사람의 대표자를 선정하여 소송행위를 할 수 있으므로 근로자대표 명의의 배당요구도 가능하다.[50] 근로자의 임금채권 배당요구시 소명해야 할 서류와 유의사항은 다음과 같다.[51]

---

48) 민사집행법 제84조제1항, 제88조제2항.
49) 대판 96다10263, 1997.2.25.
50) 민소법 제52조 및 제53조제1항.
51) 재판예규 제943호, 2003.12.31.

① 근로자가 임금채권 우선변제권에 의한 배당을 요구하는 경우

판결이유 중에 배당요구채권이 우선변제권 있는 임금채권이라는 판단이 있는 법원의 확정판결이나 노동관서에서 발급한 체불임금확인서 이외에 사용자가 교부한 국민연금보험료 원천공제계산서,[52] 원천징수의무자인 사업자로부터 교부를 받은 근로소득에 대한 원천징수영수증,[53] 국민연금관리공단이 발급한 국민연금보험료 납부사실확인서,[54] 국민건강보험공단이 발급한 국민건강보험료 납부사실확인서[55] 중 하나를 소명자료로 첨부하여야 한다. 위 서면을 제출할 수 없는 부득이한 사정이 있는 경우는 사용자가 작성한 근로자명부 또는 임금대장의 사본[56]을 첨부한다.

② 다수의 근로자가 임금채권 배당을 요구하는 경우

ⓐ 근로자대표를 선임하여 그의 명의로 배당요구

근로자들이 대표자를 선임하여 그에게 배당요구 및 임금채권 추심에 관한 일체의 권한을 위임하고 그와 같은 내용의 결의서나 위임장을 첨부하여 대표자 명의로 배당요구를 할 수 있다. 다만, 이 경우는 대표자 이외의 다른 근로자의 배당요구는 효력이 없다. 근로자대표자가 사용자와 약속어음 공정증서 등을 작성하고 그에 따라 자신의 명의로 배당요구를 하는 경우는 임금채권 우선변제권이 인정되지 않는다.

ⓑ 선정당사자를 이용하여 배당요구를 하는 경우

경매절차에서 동일한 채무자에 대하여 동종의 임금채권을 가지는 근로자들이 선정당사자를 선정하여 배당요구[57]를 하는 경우, 선정당사자를 배당요구

52) 국민연금법 제77조.
53) 소득세법 제143조.
54) 국민연금법 제75조.
55) 국민건강보험법 제62조
56) 다만, 이 경우는 사용자가 사업자등록을 하지 않는 등의 사유로 위 ①~④항의 서면을 발급받을 수 없나는 사실을 소명하는 자료도 함께 제출해야 한다.
57) 경매절차가 개시되기 전 선정당사자 명의로 가압류를 하는 경우, 집행법원이 직권으로 근로자별 임금채권액을 조사한다.

채권자로 인정한다. 선정당사자[58)]가 배당요구를 할 때 제출할 서면은 선정당사자를 포함한 선정자의 성명·주소가 기재된 당사자 선정서, 선정자별 배당요구 임금채권액이 기재된 서면, 선정자별 임금채권이 우선변제권 있는 임금채권임을 소명하는 서면을 제출하여야 한다.

집행법원은 선정당사자를 채권자로, 선정자별 임금합계액을 채권액으로 기재하고, 배당표에 선정자 및 선정자별 배당채권액 목록을 붙인다. 배당금출급명령서에도 선정당사자를 채권자로 기재한다. 집행법원은 선정당사자에게 근로자들의 배당금 수령용 위임장의 제출을 요구하지 않고 선정당사자에게 배당금 전액을 지급한다.

민사집행법상 배당받을 채권자 순위는 배당요구의 종기까지 경매신청을 한 압류채권자, 배당요구의 종기까지 배당요구를 한 채권자, 첫 경매개시결정 전에 등기된 가압류채권자, 저당권·전세권·그 밖의 우선변제청구권으로서 첫 경매개시결정등기 전에 등기되었고 매각으로 소멸하는 것을 가진 채권자의 순서이다.[59)]

ⓒ 임금채권을 대신 변제한 경우의 우선변제권

일반채권의 경우와 마찬가지로 우선변제권이 있는 임금채권을 대신하여 변제한 경우는 채권이 법률상 변제자에게 이전하므로, 우선변제권이 있는 임금채권을 대신변제한 자는 채무자인 사용자에 대해 임금채권자가 되어 사용자의 총재산에 대해 강제집행이나 임의경매 등이 진행되는 경우에 배당요구의 종기

---

58) 선정당사자란, 공동의 이해관계를 가진 여러 사람이 법인이 아닌 사단이나 재단의 실체를 갖추지 못하여 당사자능력(當事者能力)을 인정받을 수 없는 경우에, 모두를 위하여 한 사람 또는 여러 사람을 당사자로 선정하여 그가 받은 판결의 효력이 그를 선정한 자 모두에게 미치도록 하는 제도이다(민소법 제53조). 선정당사자는 선정자의 소송대리인이 아니다. 당사자를 선정하기 위해서는 법인 아닌 사단이 아니면서 공동소송인으로 될 다수인이 있고, 그 다수인에게 공동의 이해관계가 있어야 한다.
민소법 제52조(법인이 아닌 사단 등의 당사자 능력) 법인이 아닌 사단이나 재단은 대표자 또는 관리인이 있는 경우에는 그 사단이나 재단의 이름으로 당사자가 될 수 있다.
민소법 제53조(선정당사자) ① 공동의 이해관계를 가진 여러 사람이 제52조의 규정에 해당되지 아니하는 경우에는, 이들은 그 가운데에서 모두를 위하여 당사자가 될 한 사람 또는 여러 사람을 선정하거나 이를 바꿀 수 있다.

59) 민사집행법 제148조.

까지 배당요구를 하여 그 배당절차에서 저당권의 피담보채권이나 일반채권보다 우선하여 변제받을 수 있다.[60)]

ⓓ **사용자의 부동산에 가압류등기를 한 근로자**

만약 근로자가 사용자의 재산에 대해 경매개시결정의 기입등기를 하기 전에 그 부동산에 대해 가압류를 했다면 굳이 배당요구를 하지 않더라도 당연히 배당받을 자격이 주어진다. 이 경우에 근로자가 배당요구 종기까지 증명서류 등을 제출하지 아니하여 가압류채권이 임금채권임을 신고하지 않더라도 경매법원은 직권으로 그 채권금액을 조사하여 그 한도 내에서 배당을 실시하여야 할 것이다.

우선변제권이 있는 임금채권자가 경매절차개시 전에 경매 목적 부동산을 가압류하고 배당표가 확정되기 전까지 그 가압류의 청구채권이 우선변제권 있는 임금채권임을 소명하였음에도 경매법원이 임금채권자에게 우선배당을 하지 아니한 채 후순위 채권자에게 배당하는 것으로 배당표를 작성하고 그 배당표가 그대로 확정된 경우에는 배당을 받아야 할 자가 배당을 받지 못하고 배당을 받지 못할 자가 배당을 받은 것으로서 배당에 관하여 이의를 한 여부 또는 형식상 배당절차가 확정되었는가의 여부에 관계없이 배당을 받지 못한 임금채권자는 배당을 받은 후순위 채권자를 상대로 부당이득반환청구권을 갖는다.[61)]

그러나 가압류 등기가 경매절차 개시 후에 비로소 이루어진 경우에는 당연히 배당받을 수 있는 지위에 있지 않으므로, 배당요구 종기까지 신고를 하거나 배당요구를 하여야만 비로소 배당을 받을 수 있다.

2) 경매와 매각대금배당순위

임금이나 퇴직금 등 근로관계로 인한 채권을 가진 근로자가 사용자로부터 순리적인 방법에 의해 임금 등을 수령하지 못하는 경우 압류 등 사용자의 동산이나 부동산에 대해 제한조치를 하고 이를 통해서도 체불임금 등을 받지 못할 경우는 일반 민사적인 절차에 의해 경매 등 강제적인 방법을 통해 임금을

60) 대판 94다21160, 1996.2.23.
61) 대판 2002다52312, 2004.7.22.

받을 수도 있을 것이다.

경매는 강제경매와 임의경매가 있다. 「강제경매」는 확정된 이행판결이나 지급명령, 가집행 선고부 판결, 화해조서 등을 가지고 있는 채권자가 채무자 소유의 부동산을 압류, 매각시켜 금전채권을 확보하는 방법이고, 「임의경매」는 유치권, 질권, 저당권, 전세권, 담보가등기 등 담보물권이 물권자체로 가지고 있는 경매권에 의해서 실행하는 경매를 말한다. 경매는 채권자가 채무자와의 관계를 증명할 수 있는 서류를 신청서와 비용을 함께 법원에 제출함으로써 진행되는데, 경매대상 부동산이 입찰을 통해 낙찰되어 채권자가 소정의 채권을 회수함으로써 종결된다. 경매 매각대금의 배분순위는 다음과 같다.

1. 제1순위 : 경매실행비용(집행이나 배당절차 비용)
2. 제2순위 : 저당권 설정등기 후에 목적 부동산의 소유권, 전세권 등을 취득한 제3자가 경매부동산의 보존, 개량을 위해 지출한 유익비, 필요비로서 보존비, 수선비, 공과금 등
3. 제3순위 : 임금채권 최우선 변제금과 소액임차보증금
   최우선변제금과 소액임차보증금은 동일한 순위로서 만약, 배당액의 부족으로 이들 최우선 채권자들의 채권을 모두 배당할 수 없을 경우는 배당액을 기준으로 비례하여 배당한다.
4. 제4순위 : 체납된 조세 중 당해 목적물에 부과된 관세, 국세[62]와 가산금, 지방세[63]와 가산금[64]
5. 제5순위 : 국세, 지방세의 법정기일 이전에 전세권, 질권, 저당권, 가등기담보권, 동산채권 등의 담보에 관한 법률에 의한 담보권, 양도담보권에 의해 담보되는 채권, 대항요건과 확정일자를 갖춘 임차보증금 전액, 이상 2가지가 경합될 경우는 담보채권설정일자, 임차보증금확정일자에 의거 우선순위가 결정된다(피담보채권이 국세보다 우선). 국세, 지방세에 있어서 법정기일은, 자진신고납세의 경우는 신고일, 부과과세는 납세고지서발송일, 원천징수의 경우는 납세의무확정일이 법정기일이다.
6. 제6순위 : 임금, 기타 근로관계로 인한 임금채권[65]
7. 제7순위 : 일반조세채권, 법정기일이 전세권, 저당권, 질권 설정일보다 늦은 국세, 지방세 등 자방자치단체 징수금이 7순위다.
   국세와 지방세간에는 압류의 유무, 압류일자의 선후에 의거 우선순위가 결정된다. 교부청구 선후와는 관련이 없다. 다만, 납세담보물 매각 시 담보 있는 국세가 다른 국세, 지방세보다 우선한다. 즉, 동일 종류의 세금 간에는 담보가 있는 국세가 우선하고 그 다음에 압류한 세금이 우선한다.
8. 제8순위 : 국민건강보험료, 국민연금, 고용보험료, 임금채권부담금 등
9. 공과금 및 일반채권

62) 토지초과이득세, 상속세, 증여세, 재평가세 등.
63) 재산세, 자동차세, 종합토지세, 도시계획세, 공동시설세.
64) 취득세와 등록세는 1999.12.31 법 개정으로 인해 일반채권으로 처리한다.
65) 최우선변제 이외의 임금, 휴업수당, 상여금 등.

제25장 임금채권보장 체당금지급

1. 개념정의

체당금(替當金)이란, 타인의 채무를 제3자가 대신 변제하거나 타인에 갈음하여 채무를 부담하는 행위에 수반되는 금품으로, 기업이 도산(倒産)하여 임금 등을 지급받지 못하고 퇴직한 근로자에게, 국가가 사업주로부터 부담금을 징수하여 별도로 조성한 임금채권보장기금을 재원으로 사업주를 대신하여 근로자에게 지급하는 소정의 임금·휴업수당 및 퇴직금을 말한다.

우리나라에서는 1998.7.1 임금채권보장법이 시행되었으며 외국의 경우 일본, 영국, 프랑스, 독일 등에서 유사한 규정을 두고 있다.

고용부장관은 임금채권보장법(이하 임금채권보장법)의 적용을 받는 사업주가 채무자회생 및 파산에 관한 법률에 따른 파산선고·회생절차 개시결정, 사실상 도산사실 인정 등 대통령령이 정하는 사유로 임금을 지급하기 어려운 경우, 그 사업장에서 퇴직한 근로자가 지급받지 못한 임금 등에 대하여 지급을 청구하는 경우에는 민법 제469조[1]의 규정에 불구하고 사업주를 대신하여 소정의 미지급임금 등을 지급할 수 있도록 정하여 근로자의 생활안정을 지원하고 있다.[2]

고용부장관은 사업주가 일시적 경영상 어려움 등으로 임금을 지급하지 못하는 경우 필요한 비용을 융자할 수 있다.[3] 일반적으로 근로자는 임금을 지급받

---

1) 민법 제469조(제3자의 변제) ① 채무의 변제는 제3자도 할 수 있나, 그러나 채무의 성질 또는 당사자의 의사 표시로 제3자의 변제를 허용하지 않는 때에는 그러하지 아니하다.
② 이해관계 없는 제3자는 채무자의 의사에 반해 변제하지 못한다.

2) 임금채권보장법 제1조.

3) 임금채권보장법 제7조의2.

지 못할 경우, 사업주의 재산에 대해 민법상 압류·경매 절차를 통하여 채권을 확보할 수 있고, 노동관서에 진정 등을 제기하여 간접적으로 권리를 구제받을 수도 있다. 그러나 사업주의 도피, 잠적 등으로 정상적인 임금수령이 곤란하거나, 재산은닉 등으로 사업주의 재산이 없거나 있어도 채권추심에 장애를 주는 권리제한 등으로 인해 효용성이 없는 경우가 있다. 이러한 경우 근로자는 임금채권보장법상에 정한 사실상 도산사실 인정 등의 절차를 이용하여 소기의 목적을 달성할 수 있을 것이다.

고용부장관이 사업주를 대신하여 지급할 수 있는 체당금의 범위는 최종 3개월분의 임금, 최종 3년간의 퇴직금, 최종 3개월분 휴업수당이며, 퇴직당시 연령 등을 고려하여 상한액을 제한하거나 체당금이 적은 경우는 지급하지 않을 수 있다.

2. 체당금 지급요건

체당금은 도산기업에서 퇴직한 근로자, 도산하지 않은 사업의 사업주로부터 임금 등을 지급받지 못하고 퇴직한 근로자가 2년이내에 소를 제기해 확정판결을 받은 경우 청구하면 사업주의 의사에 불구하고 정부가 사업주를 대신하여 소정액을 지급한다. 근로자가 체당금을 지급받기 위해서는 도산한 기업[4]에서 퇴직해야 하는 사실 이외에 사업주와 근로자가 일정한 요건에 해당되어야 한다.[5] 체당금 지급업무는 도산사실 확인, 체당금지급결정과 통지, 사실확인 등의 업무는 노동관서에서 하고, 체당금지급과 부담금의 징수, 반환 등의 업무는 근로복지공단에서 수행한다.

(1) 지급대상인 근로자의 사업주

1) 도산인정, 파산선고, 회생절차 개시결정(일반체당금)

체당금 지급대상이 되는 근로자의 사업주는 채무자회생 및 파산에 관한 법(이하 통합도산법)에 의한 파산선고, 회생절차 개시결정 등의 사유에 해당하고, 그

4) 파산선고 및 회생절차 개시결정, 노동관서장에 의한 도산등사실인정을 받은 사업 또는 사업장.
5) 임금채권보장법시행령 제4조, 제5조, 제7조.

사업장에서 퇴직한 근로자가 사업주로부터 받지 못한 임금이나 퇴직금, 기타 금품 등 임금지급청구가 있고, 회사 재건을 위하여 상당기간 사업주에게 미지급임금을 지급할 능력이 없다고 인정되어야 한다.

도산은 통합도산법에 의거 법원에 의한 파산선고 및 회생절차 개시결정 등 재판상 도산과 노동관서장에 의한 사실상 도산으로 구분할 수 있다. 도산은 기업이 소멸되는 청산형, 파산선고 등 사업을 계속하면서 재건절차를 진행하거나 회생절차를 진행하는 경우를 재건형 도산, 노동관서장에 의한 도산인정을 사실상 도산사실인정이라고 한다.

통합도산법에 의한 파산선고[6]는 법에 선행요건이 정해져 있고 법원 등의 심의나 결정을 거치므로 그에 따른 요건을 살피면 될 것이나, 회생절차 개시결정은 회생절차[7]가 종결이 되면 임금채권보장법에 의한 체당금지급사유가 종결된다. 따라서 회생절차 종결이후 퇴직한 근로자는 이들 기업이 법원의 감독에서 벗어나 재산처분에 대한 제한이 없어지고 통상의 기업으로 돌아가기 때문에 정상적인 임금채무변제가 가능하다. 따라서 비록 임금채권보장법상 근로자가 갖추어야 할 요건[8]에 해당된다고 하더라도 청구할 수 없다.

2) 도산하지 않은 사업장(소액체당금)

도산하지 않은 사업의 사업주로부터 임금 등을 지급받지 못하고 퇴직한 근로자가 2년 이내에 미지급임금을 지급하라는 소를 제기해 확정판결[9]을 받은 경

---

6) 파산선고제도란, 기업채무가 지급불능이거나 지급을 정지한 경우, 기업회생보다 채권채무 정리를 목적으로 법원의 감독아래 기업재산을 채권자에게 분배하여 기업을 소멸시키는 제도이다. 파산선고가 있으면 파산재산에 대한 강제집행이나 가압류, 가처분은 효력을 잃는다. 파산재산에 대한 배당이 종료되면 법원은 파산종결을 결정한다.

7) 기업회생절차란, 기업이 사업의 계속에 현저한 지장을 초래하지 않고는 변제기의 채무를 이행할 수 없거나 파산에 처할 염려가 있는 경우, 채권자, 주주, 지분권자 등 이해관계인의 법률관계를 조정하여 채무자 또는 그 사업의 효율적인 회생을 도모하는 제도로서, 채무기업에 대한 강제집행 금지, 정리채권·정리담보권 등은 정리절차에 의하지 않고는 채무를 변제하거나 소멸시키는 행위를 금하는 등의 방법으로 기업을 정상적으로 회생시키는 제도이다.

8) 신청일 이전 1년 전부터 3년 이내에 퇴직한 경우

9) 임금채권보장법 제7조1항4호, 민집 제24조 확정 종국판결, 민사집행법 제56조3호 확정된 지급명령, 동법 제56조5호 소송상 화해, 청구의 인낙 등 확정판결과 같은 효력을 가진 것, 민사조정법 제28조 조정, 동법 제30조 확정된 조정을 갈음하는 결정, 소액사건 심판법 제5조의7제1항 확정

우 그 퇴직한 근로자는 해당 판결이 있는 날로부터 1년 이내에 체당금을 청구할 수 있다.

(2) 도산등사실인정

「도산등사실인정」이란, 외관상 기업의 외관에도 불구하고, 도산사실 신청일 현재 사업이 폐지되었거나 폐지과정에 있고 근로자에게 미지급한 임금 등을 지급할 능력이 없거나 현저히 곤란한 경우를 말하며, 근로자의 신청에 따라 노동관서에서 도산사실을 인정하여 임금채권보장법상 적용을 받도록 확인하는 절차이다.[10] 도산사실인정은 반드시 대상 사업에서 퇴직한 근로자의 신청이 있어야 한다. 따라서 재직 중인 근로자, 근로자가 아닌 자가 신청할 수는 없다. 도산하였음을 인정하는 효력은 해당 사업에서 퇴직한 근로자로서 임금을 지급받지 못한 근로자 모두에게 미치게 되므로, 퇴직한 근로자가 2인 이상인 경우는 그 중 1인의 퇴직근로자가 신청하면 모두에게 효력을 미친다.

국가는 근로자가 임금체불 사실을 신고하여 조사하는 중 사업장이 폐업되었거나, 부도발생, 경영상의 어려움으로 집단체불, 상습적인 체불을 하는 등 체당금 지급전망이 높은 경우에는 당해 근로자에게 체당금 제도를 알려주고 있다.[11]

도산등사실인정을 체당금지급사유로 인정하는 이유는 대부분의 도산이 법률상 절차를 거치지 않은 사실상 도산의 형태로 일어나고 있기 때문에 인정한 것이다. 따라서 형식적인 요건과 실질적인 요건을 모두 충족해야 도산사실을 인정받을 수 있고, 근로자는 법적인 요건에 부합해야만 체당금을 지급받을 수 있다.

1) 도산등사실인정 신청

도산등사실인정을 받고자 하는 근로자는 당해 사업에서 "퇴직한 날의 다음 날부터 1년 이내"에 당해사업주의 주된 사업장의 소재지를 관할하는 지방노

된 이행권고 결정.

10) 임금채권보장법시행령 제5조.

11) 노동부예규 제529호, 2006.6.30.

동관서의 장에게 신청서[12]를 제출하여야 한다.[13] 이 경우 신청서가 지방노동관서장에게 제출한 날, 우편으로 신청한 경우는 노동관서에 도달한 날을 기준으로 한다. 퇴직한 날의 다음날부터 기산하여 1년을 경과한 뒤에 신청한 경우는 반려가 된다. 임금체불 등으로 노동관서에 신고사건을 접수했다고 해도 도산사실인정신청서의 제출일은 따로 판단하므로 별도 신청을 해야 한다.

2) 사업주가 갖추어야 할 형식적 요건

① 산재보험 적용대상 사업주[14]

임금채권보장법의 적용범위는 산재보험적용대상 사업의 사업주 중 국가 및 지방자치단체가 직접 행하는 사업(공공근로사업 등)을 제외한 사업장의 사업주이다.[15] 따라서 국가 및 지방자치단체가 직접 행하는 사업을 제외한 산재보험 당연적용대상 사업의 사업주는 보험관계 성립신고서의 제출유무 및 보험료 납입유무 등에 불구하고 임금채권보장법이 적용된다. 산재보험이 적용되지 않는 사업장은 다음과 같다.[16]

① 산업재해보상보험법은 근로자를 사용하는 모든 사업 또는 사업장(이하 "사업"이라 한다)에 적용한다. 다만, 위험률·규모 및 장소 등을 고려하여 대통령령으로 정하는 다음 사업에 대하여는 이 법을 적용하지 아니한다(법 제6조, 2008.8.7).

(a) 「공무원연금법」 또는 「군인연금법」에 따라 재해보상이 되는 사업

(b) 「선원법」, 「어선원및어선재해보상보험법」 또는 「사립학교교직원연금법」에 따라 재해보상이

---

12) 신청서류 : 퇴직당시 사업주가 발행한 퇴직증명서(사업주 소재불명시 사용자가 발행한 퇴직사실확인서, 동료가 확인한 퇴직사실확인서), 폐업신고서, 폐업사실증명서, 인허가 등록 등 말소서류, 산재가입 및 소멸사실증명원, 주요업무시설의 가압류·양도 등 증명서, 각종 예금조회서류, 등기부등본 등.

13) 영 제5조제2항, 업무처리관할 : 도산사실인정대상 사업주 및 확인대상 사업주의 사업장이 2개 이상의 서로 다른 지방노동관서에 산재해 있는 경우는, 도산등사실인정은 해당 사업주의 주된 사업장(본사를 원칙으로 하되, 본사에서 노무관리·회계 등을 하지 않는 경우는 노무관리·회계 등을 주로 행하는 사업장)의 소재지를 관할하는 지방노동관서에서 하고, 사실확인은 신청한 근로자가 퇴직한 당해 사업장의 소재지를 관할하는 지방노동관서장이 행한다(도산등사실인정 및 확인업무처리규정(예규 제529호, 2006.6.30)

14) 2000.7.1부터 4인 이하 사업장, 산재보험 임의 의제가입 사업장에 대해서도 임금채권보장법을 적용한다.

15) 임금채권보장법 제3조.

16) 산업재해보상보험법 제6조, 영 제2조.

되는 사업

(c) 「주택법」에 따른 주택건설사업자, 「건설산업기본법」에 따른 건설업자, 「전기공사업법」에 따른 공사업자, 「정보통신공사업법」에 따른 정보통신공사업자, 「소방시설공사업법」에 따른 소방시설업자 또는 「문화재보호법」에 따른 문화재수리업자가 아닌 자가 시공하는 다음 각 목의 어느 하나에 해당하는 공사

ⓐ 「고용보험및산업재해보상보험의보험료징수등에관한법률시행령」 제2조제1항제2호에 따른 총공사금액(이하 "총공사금액"이라 한다)이 2천만원 미만인 공사

ⓑ 연면적이 100제곱미터 이하인 건축물의 건축 또는 연면적이 200제곱미터 이하인 건축물의 대수선에 관한 공사

(d) 가구 내 고용활동(가사활동 등)

(e) 제1호부터 제4호까지의 사업 외의 사업으로서 상시근로자수가 1명 미만인 사업. 이 경우 상시근로자수의 산정방법은 노동부령으로 정한다.

(f) 농업, 임업(벌목업은 제외한다), 어업 및 수렵업 중 법인이 아닌 자의 사업으로서 상시근로자수가 5명 미만인 사업. 이 경우 상시근로자수의 산정방법은 노동부령으로 정한다.

② 제1항 각호의 사업의 범위에 관하여 이 영에 특별한 규정이 없으면 「통계법」에 따라 통계청장이 고시하는 한국표준산업분류표에 따른다.

③ 총공사금액이 2천만원 미만인 건설공사가 「고용보험및산업재해보상보험의보험료징수등에관한법률」(이하 "보험료징수법"이라 한다) 제8조제1항 또는 같은 조 제2항에 따라 일괄적용을 받게 되거나 설계변경(사실상의 설계변경이 있는 경우를 포함한다)으로 그 총공사금액이 2천만원 이상으로 되면 그 때부터 법의 적용을 받는다.

② 업종에 불구, 상시 300인 이하인 사업주에게 적용[17)]

도산등사실인정은 사업주를 대상으로 하므로, 상시근로자수는 사업장단위가 아닌 당해 사업 전체에서 사용하는 근로자수를 기준으로 한다. 다만, 동일한 사업주가 여러 법인을 가지고 있다면 대표이사가 동일인이라고 하더라도 법적으로 사업주 법인은 서로 실체가 다르므로 각 법인단위로 상시근로자수를 판단한다. 상시근로자수의 산정이 가능한 경우와 곤란한 경우가 혼재된 경우에는 2가지 방법에 의해 산출된 상시근로자수를 합한다.

상시근로자수는 도산신청일이 속한 달의 직전 달 이전에 해당 사업을 한 최종 6개월(1개월 중 하루라도 사업을 한 경우 그달을 포함)동안사용한 근로자의 연인원을 같은 기간 중 사업을 한 일수로 나눈 수로 한다. 상시근로자는 임금대장 등을 조사하여 산정한다.[18)] 건설업에서 상시근로자수를 산정하기 곤란한 경우는, 결산

17) 임금채권보장법시행령 제5조제1항제1호.

18) 결산서상 일반관리비에 계상되는 상용근로자 등.

서상 공사원가에 반영되어 있는 일용근로자 등을 기준으로 다음 산식에 따라 산정한다.

☞ 전년도공사실적×전년도노무비율/ 전년도 건설업 월평균 임금×전년도조업월수

전년도 “공사실적액”에는 당해 사업주의 총공사 실적에서 「건설산업기본법」기타 관계법령에 의하여 적법하게 하도급 된 부분의 공사실적은 제외한다. “노무비율”이라 함은, 보험료징수법 제13조제6항에 의하여 고용부장관이 고시한 노무비율을 말한다. “건설업 월평균임금”이라 함은, 보험료징수법시행령 제2조제1항제3호의 규정에 의거 고용부장관이 고시하는 건설업 월평균임금을 말한다.[19] 2011년 이후는 건설업 월평균보수로 적용한다.

건설업의 경우 총공사금액 2천만원 미만과 연면적이 100제곱미터 이하인 건축물의 건축 또는 대수선 공사는 산업재해보상보험법 적용대상이 아니므로 임금채권보장법의 적용을 받지 못한다. 다만, 총공사 금액이 2천만원 미만인 건설공사가 보험료징수법 제8조제1항 또는 같은조 제2항에 따라 일괄적용을 받게 되거나 설계변경(사실상의 설계변경이 있는 경우를 포함)으로 그 총공사 금액이 2천만원 이상으로 되면 그 때부터 적용을 받는다.

③ 일반체당금

ⓐ 6월 이상 당해 사업(영리사업, 비영리사업 포함)을 수행[20]

기업이 영속적인 사업활동을 목적으로 한 것으로 간주되고, 사회통념상으로 기업으로서 존재가 인정되기 위해서는 어느 정도 기간에 걸쳐 계속적으로 사업활동을 하는 것이 필요하기 때문이다.

1. 6월 이상은 “채용하여 근로자가 근로를 하기 시작한 때”부터 기산한다. 사업 준비기간 중 근로자를 채용하여 근로하도록 하고 이후 사무실 개소, 사업자 등록을 한 경우에도, 사업개시, 사업자등록증의 등록일이 아니라 “근로

19) 임금채권보장법 제5조제1항 별표. 건설업 월평균보수 : 2010년 2,844,682원, 2011년 3,007,852원, 2012년 2,597,274원, 건설공사노무비율 2009~2011년 : 총공사금액의 28%, 하도급공사금액의 32%.

20) 임금채권보장법시행령 제8조.

자가 실제 근로하기 시작한 때"를 기준으로 한다.[21]

2. 법의 적용대상이 되는 시점은 산재보험적용대상이 된 시점이다. 따라서 그 때부터 6월 이상이 되면 되므로 그 6월간의 사이에 1인 이상이 되지 않는 기간이 있어도 사업의 계속성이 인정되는 한 요건에 해당된다. 사업이 폐업이 되지 않은 상태에서 일정기간 휴지기가 있을 수 있는데, 업종의 특성상 계속된 사업의 중단기간이 1년을 경과하지 않는다면 이를 사업의 폐지로 보지 않고 전체기간 중 휴지기를 제외한 기간을 사업활동 기간으로 보고 그 기간이 6월 이상인지 여부를 판단한다.[22]

3. 건설업의 경우 하도급을 받지 못해 일정기간 공사를 중단하고 상당기간 경과 후 다시 도급을 받아 하는 경우에, 중단기간이 1년을 넘지 않으면 사업을 폐지한 것으로 보지 않고 쉬는 기간으로 보아 그 기간을 제외하고 나머지 기간을 산정하여 사업기간이 6월 이상인지 여부를 판단한다.

4. 사업주(a)의 채권채무가 별도의 사업주(b)에게 포괄적으로 승계된 경우 어느 사업주를 기준으로 할 것인지 의문이다. A는 도산등사실인정 요건이 충족되나 B는 충족되지 않는 경우, A에게 채권을 가진 근로자는 B에게 체불임금을 청구할 수 있으므로 체당금청구대상은 아니다. 다만, B가 도산등사실인정 요건을 충족하고 있는 경우에는 퇴직기준일, 체불임금의 지급일 6월 이상 활동사실 등을 확인함에 있어서 B를 A와 동일한 사업주로 보아서 요건 충족여부를 판단한다.[23]

5. 개인사업을 하다가 법인을 설립한 경우, 개인과 법인은 별개의 사업주로 보는 것이 원칙이나 개인사업주와 그가 고용하였던 근로자들 간의 체불임금을 포함한 모든 고용조건을 법인이 포괄적으로 승계한 경우에는 개인사업주와 법

---

21) 임금정책-963, 2004.3.24.

22) 산재보험 당연적용사업장이 아닌 사업의 사업주가 근로복지공단의 승인을 얻어 산재보험가입자가 된 경우(임의가입)와 당연적용대상 사업주가 사업의 변동 등으로 당연적용대상이 되지 않을 경우라도 1년의 기간동안은 보험관계가 유지되는 의제가입대상 사업주(장)에게도 임금채권보장법이 적용된다.

23) A의 사업기간이 6월이 되지 않더라도 A와 B의 사업기간을 합하여 6월 이상이 되는 경우는 B와 관련된 도산사실인정을 확인 조사함에 있어서 6월 이상으로 판단한다.

인을 동일한 사업주로 보아 개인과 법인의 사업기간을 합하여 6월 이상 당해 사업을 행하였는지 여부를 판단한다.[24)]

6. 건설공사의 도산사실인정은 건설사업㈔단위로 한다. 예를 들면, ㅇㅇ건설㈜에 수개 현장이 있고 산재보험을 현장단위로 가입하였을 지라도 도산사실인정은 개별 현장이 아닌 법인·사업체 자체가 도산하였을 경우에만 인정한다.

개인 하수급자라고 하더라도 근기법상 사업주일 경우는 현장이 산재보험적용대상이고 6월 이상 사업을 계속한 경우 사업주요건을 충족한 것으로 본다. 하나의 사업을 행함에 있어 본사 또는 공사현장 중 어느 하나가 임금채권보장법의 적용대상이 되어 사업주가 도산등사실인정을 받았다면, 당해 사업주의 사무실 또는 공사현장이 비록 산재보험 당연적용사업장이 아니더라도 퇴직한 근로자는 요건을 갖추고 있으면 체당금의 지급을 청구할 수 있다.[25)]

7. 건설업자가 아닌 하수급자가 6개월이상 해당 사업을 하지 않으면 그의 직상수급인 중 건설업면허를 가진 최하위수급인이 근로자의 퇴직일까지 6개월이상 해당 사업을 한 경우를 포함한다.

④ 도산등사실인정

체당금 지급사유인 「채무자회생 및 파산에 관한 법률」에 의한 파산의 선고·회생절차개시의 결정, 고용부장관의 도산사실 인정을 받았어야 한다.[26)] 다만, 회생절차종결 이후 퇴직한 근로자는 비록 신청일 이전 1년 전부터 3년 이내에 퇴직한 경우에 해당하더라도 체당금 청구자격이 없다.

3) 사업주가 갖추어야 할 실질적 요건

법정도산[27)]은 당연히 체당금을 청구할 요건이 되지만, 법정도산 이외에도 사업주가 임금을 지급할 능력이 실제로 없거나 현저히 곤란한 경우가 발생하고, 사업주로부터 임금 등을 받지 못하고 퇴직한 근로자가 청구할 경우에는

---

24) 임금 68207-559, 1999.8.3.
25) 임금 68220-693, 1998.10.20.
26) 임금채권보장법시행령 제4조제1호·제3호·제4호.
27) 파산선고, 회생절차개시 결정, 임금채권보장법시행령 제4조.

노동관서에서 사실여부를 확인하여 체당금지급 요건을 확인해 줄 수 있다.[28) 재판상 도산의 신청만 있고 파산선고 등이 있기 전에는 도산등사실인정 요건에 해당하면 인정할 수 있다. 다만, 1개월 이내에 선고가 이루어질 전망이 있다면 재판결과에 따른다. 사업주가 회생절차개시결정을 받은 후 상당기간이 경과한 후 다시 도산등사실인정요건을 충족하고 있는 경우라면, 도산사실인정의 기초가 서로 다르므로 도산등사실인정을 할 수 있다.

도산 등 사실인정에 있어서, 1. 사업주는 사업이 폐지되었거나 폐지과정에 있을 것, 2. 임금을 지급할 능력이 없거나 법이 정한 사유로 지급이 현저히 곤란할 것 등의 요건을 갖추지 않으면 사실인정을 받을 수 없다. 임금지급 능력이 있는지 여부를 판단할 때 사업주란, 법인은 법인 그 자체, 사업주는 명의보다 실제 근로자를 고용하고 사업을 행한 실질적인 대표자를 말한다. 영업양도양수시 도산인정대상 사업주가 누구인지 의문이 될 수 있다.

영업의 양도란, 영업목적에 의하여 조직화 된 물적·인적조직이 동일성을 유지하면서 이전되는 것으로서 양도회사의 물적·인적조직이 양수회사로 이전되는 것일 뿐 양도회사가 도산한 것이 아니다. 따라서 양도사업주는 도산인정대상 사업주가 될 수 없다. 도산인정대상사업주는 근로자와 직접 근로계약관계에 있던 사업주를 의미한다. 양수인과 근로계약이 없던 양도회사 퇴직근로자는 양수회사를 상대로 도산인정신청을 할 수 없으므로 체불임금을 받으려면 양수회사를 상대로 민사적인 청구를 하여야한다.

① 사업이 폐지되었거나 폐지과정에 있을 것

주된 생산 또는 영업활동이 중단되고 그 활동이 이루어지는 사업장이 폐쇄된 채 근로자 전원이 해고 또는 퇴직한 상태를 의미한다.[29) 폐업신고서, 인가

28) 임금채권보장법시행령 제5조제1항.

29) 정리, 청산을 위해 최소인원이 청산, 정리목적에 한정된 활동을 하는 경우, 사업주의 의지에도 불구하고 근로자들이 사실상 조업활동을 계속하는 생산관리의 경우, 사업의 주된 활동이 폐지되고 근로자가 퇴직한 가운데 사업주가 사업재개의 의지를 갖고 있는 경우, 도산 후 사업주가 생계유지를 위해 종전과 동일한 사업을 하고 있더라도 근로자 전원을 해고하고 전 재산을 처분한 경우에도 각각 사업폐지로 본다.

등록취소, 원천징수이행신고서, 산재보험가입소멸사실등명 등 관련 자료를 근거로 종합적으로 판단한다. 사업이 폐지되지는 않았지만, 폐지과정에 있는 경우는 아래 각호의 사유 중 하나가 충족되고, 임금을 지급할 능력이 없거나 현저히 곤란하다면 도산등사실인정이 가능하다.

1. 생산, 영업활동이 중단된 상태에서 주된 업무시설이 압류 또는 가압류되거나 채무변제를 위하여 양도된 경우를 포함한다. 생산과 영업활동의 중단여부는 공장가동일지, 영업장부, 인력·전기·수도 등 생산요소 투입상황 객관적 자료를 근거로 판단하고, 압류 등은 건물·토지·기계류의 등기부등본을 확인한다.[30] 경매진행 등을 포함하여 실질적 요건을 판단한다.

2. 사업에 대한 인가, 허가, 등록이 취소되거나 말소된 경우가 해당한다. 다만, 인·허가가 사업수행에 핵심적인 것이 아니거나 직접 관련성이 없는 경우, 인허가가 없어도 사업계속이 가능한 경우는 폐지과정으로 보기 어렵다.

3. 주된 생산 또는 영업활동이 1월 이상 중단된 경우가 해당한다.

생산·영업·관리 등 사업의 각 부분이 유기적으로 결합되어 사업이 이루어지는 경우는 각 활동을 종합적으로 고려하여 사업의 중단여부를 판단한다. 휴업신고, 휴업사실만으로 폐지과정에 있다고 보기는 곤란하다. 그러나 주요업무시설이 압류, 가압류되거나 채권자에게 양도된 경우, 휴업 중 인허가 취소·말소가 된 경우에는 폐지과정으로 본다.[31]

② 임금을 지급할 능력이 없거나 현저히 곤란할 것

일반적으로 임금 등을 지급할 능력이 없거나 지급이 현저히 곤란한 경우란, 사업주에게 임금지급에 충당할 자산이 없고 자금차입이나 기타 방법에 의해서도 임금을 지급할 가능성이 없는 경우를 말한다. 따라서 부채가 자산을 초과하더라도 자산이 있다면 임금채권은 우선변제 될 수 있으므로 단순한 재무초과상태는 해당하지 않는다.[32] 일반적으로 저당되지 않은 토지나 건물이 있는 경우, 저당권이 설정되어 있어도 실행 후 체당금지급에 충당할 자금이 남

30) 채무충당을 위한 것이 아니라 단지 영업자금·생산자금 확보를 위한 경우는 제외.
31) 임금정책-2482, 2004.7.7.
32) 임금채권보장법시행령 제5조제1항제3호.

아 있는 경우, 환가하여 임금지급에 충당할 기계, 재고품, 유가증권이 있는 경우, 회수가 가능한 외상매출금, 예금 등이 있는 경우 임금지급 능력이 있다고 본다. 다만, 자산 등의 구체적인 활용가능성 등을 종합하여 실질적인 임금지급능력을 판단한다.

ⓐ 임금을 지급할 능력이 없는 경우

법인의 경우는 법인명의재산, 개인기업의 경우는 실질적으로 기업을 경영한 사업주[33] 자산상태와 대차대조표상 자산으로 계상된 항목의 처분실태 회수가능성 등을 파악하여 종합적으로 임금을 지급할 능력이 없는지 여부를 판단한다. 합명·합자회사의 경우는 무한책임사원인 개인재산을 포함하여 자산상태[34]를 조사한다.

ⓐ-1. 제2회사 설립

도산기업 근로자 중 제2회사에 계속 고용되지 않는 근로자에게 미지급 임금 등이 있는 경우, 제2회사가 도산기업을 포괄적으로 승계(설비·자산의 양수 및 채권·채무 포괄승계)된 경우는 제2회사와 도산사업장을 동일사업주로 보아서 요건 충족여부를 판단한다.

ⓐ-2. 후순위채무 우선변제

사업주가 임금보다 후순위 또는 변제기가 나중인 채무를 먼저 변제하여 임금지급이 불가능해 진 경우에도, 결과적으로 변제가 불가능한 것이므로 임금지급능력이 없는 것으로 본다.

ⓐ-3. 생산관리

사업주에게 임금지급에 충당할 재산이 있지만 생산관리로 인해 당해 자산의 환가가 곤란한 경우는 재산을 환가하거나 회수하는데 도산등사실인정 신청일로부터 3월 이상 소요될 것으로 인정되는 경우는 임금지급능력이 없는 것으로 본다.

---

33) 임금체불 근로자와 사용종속관계가 있는 실제의 사용자) 재산과 사업장명의 재산을 기준으로 한다. 토지, 건물 등 사업주의 부동산, 동산(기계설비, 재고품, 차량 등), 채권(외상매출금, 예금, 유가증권 등.

34) 부동산, 동산, 채권 등.

ⓐ-4. 제3자로부터 변제[35]

제3의 회사로부터 체불임금을 변제받은 경우는 체불임금이 존재하지 않으므로 임금채권보장법에 의한 체당금은 지급될 수 없다(갑이 도산하여 소속근로자에 대한 임금을 체불하였으나 을이 갑의 종전 거래처와 계약을 체결하고 갑 소속 근로자들의 체불임금전액을 을이 대신 변제하여 체불임금이 해소된 경우는 갑과 을의 약정에도 불구하고 임금채권보장법에 의한 체당금은 지급될 수 없다).

ⓑ 임금을 지급하기가 현저히 곤란한 경우

ⓑ-1. 임금지급에 충당할 재산은 있으나 재산에 대한 실질적인 지배력을 행사하는 사업주가 도산인정일 현재 1월 이상 행방불명으로 처분 또는 회수가 불가능한 경우[36]

ⓑ-2. 사업주의 재산을 환가 · 회수하는데 도산등사실인정의 신청일로부터 3월 이상 소요되어야 한다. 경매절차 등을 통하거나 사업주가 체불청산을 위해 최선의 노력을 다한다고 해도 재산을 환가 · 회수하는데 도산사실인정일로부터 기산하여 3월 이상 걸리는 경우를 말한다. 다만, 근로자가 법원으로부터 3월의 기간 중 배당표를 수령한 경우는 사업주의 재산이 환가 회수된 것으로 본다.[37] 기타 위에 준하는 사유로 객관적으로 보아서 3월 이내에 임금을 지급하기가 현저히 곤란하다고 판단되는 경우에 해당하여야 한다.

ⓑ-3. 상시 10인 미만 사업장의 사업주의 경우 도산 등 사실인정을 신청한 근로자에게 근로기준법 제36조에 따른 금품청산 기일이 지난 날부터 3개월 이내에 임금등을 지급하지 못한 경우에 해당하여야 한다.[38]

4) 근로자가 갖추어야 할 요건

체당금의 지급대상이 되는 근로자는 "퇴직기준일"의 1년 전이 되는 날 이후

35) 임금정책-2597, 2004.7.14.
36) 사업주에 대한 지명통보, 지명수배 조치 후 1월이 경과한 경우는 행방불명으로 본다. 다만, 다수 채권자의 추적을 피하기 위해 일시적으로 잠적한 것은 소재불명으로 보기 어렵다.
37) 임금정책-2762, 2004.7.27.
38) 2014.9.24 신설.

부터 3년 이내에 당해 사업 또는 사업장에서 퇴직한 근로자라야 한다.[39]

① **퇴직기준일**

이 경우 퇴직기준일은, 파산선고, 회생절차의 개시 결정 또는 정리절차 개시 결정이 있는 경우에는 그 신청일, 채무자회생 및 파산에 관한 법률에 의한 회생절차 개시신청 후 법원이 직권으로 파산의 선고를 한 경우는 그 회생절차 개시 신청일 또는 파산선고일, 도산등사실인정이 있는 경우에는 그 신청일이다.[40] 법원의 회생절차폐지결정에 대해 사업주가 즉시 항고를 하여 폐지결정이 확정되기 전에 체당금지급 신청서가 접수된 경우는 이후에 접수일 이후에 항고를 취하하였다고 하더라도 체당금지급이 가능하다.[41] 근로자는 행위능력이 없는 미성년자나, 불법체류외국인근로자도 체당금을 청구할 수 있다.

② **퇴직기준일의 1년 전부터 3년 이내**

사업주가 2010.10.5 파산선고를 신청하였고 1개월 뒤 2010.11.5에 파산선고를 하였다면, 퇴직기준일은 파산선고 신청일인 2010.10.5이 된다. 체당금 지급대상근로자는 퇴직기준일로부터 1년 전인 2009.10.5부터 3년 이내인 2012.10.4까지 퇴직한 근로자가 해당된다. 즉, 퇴직일을 기준으로 앞으로 2년 뒤로 1년 이내에 퇴직한 근로자가 해당된다. 2011.5.10 도산등사실인정을 신청하여 2011.6.10 인정을 받은 경우, 2010.5.10부터 2013.5.9까지 퇴직한 근로자가 해당된다.

③ **퇴직일**

「퇴직일」이란, 사업주와 근로관계가 종료된 날을 의미한다. 근로자가 당일 소정근로를 제공한 후 사용자에게 퇴직의사를 표시하여 사용자가 수리한 경우, 근로를 제공한 당일은 고용관계가 유지되는 기간으로 보아서 그 다음날을 퇴직일로 간주한다.[42] 사업장에서 퇴직일이 명확하지 않은 경우는 4대보험의

39) 임금채권보장법시행령 제7조.

40) 신청기간의 말일이 공휴일이어서 공휴일 다음날 신청한 경우에는 신청기간의 말일, 2인 이상의 신청이 있는 경우에는 최초의 신청일.

41) 퇴직연금복지과-2015, 2017.5.1.

42) 근기 68207-1014, 2000.4.4.

소멸사실 등이 보충적 자료가 될 것이다.

사례별로 살펴보면, 해고에 대해 사업주와 다툼이 있는 경우는 "사업주의 의사표시에 의한 해고일", 사업주의 행방불명 등으로 퇴직일이 불분명한 경우는 사실상 일을 하지 않은 날, 생산관리가 행해지는 경우는 사업주가 분명하게 기업포기의 의사를 밝힌 날 등이 각각 퇴직일이 될 것이다.

생산관리란, 노동조합이나 근로자들이 사용자의 의사에 반하여 생산시설을 장악하고 사용자의 지배명령을 벗어나 사용자의 소유권을 관리, 처분하는 행위를 말한다.

기간의 정함이 없는 근로계약에서 사표를 제출한 경우는 그 수리일 또는 특약으로 정한 날, 수리하지 않은 경우는 퇴직의사를 통고받은 날로부터 1개월이 경과한 날 또는 임금을 정기 지급한 경우는 퇴직의사를 통고 받은 당기 후의 1임금지급기를 경과한 날을 퇴직일로 본다.[43)]

5) 전적과 도산

근로자를 고용된 기업으로부터 다른 기업으로 적을 옮겨 다른 기업의 업무에 종사하게 하는 이른 바 전적은, 근로관계의 변경 즉, 근로관계에 있어서 업무지휘권의 주체(사용자)의 변경이 있으므로 근로자의 불이익을 방지하는 차원에서 원칙적으로 근로자의 동의가 있어야 한다.

동의라 함은 사전적이고 추상적인 동의, 즉, 입사 시점에서의 포괄적 사전동의가 아니라, 개별적이고 구체적인 동의를 말하고, 동의의 방법은 명시적이든 묵시적이든 어떤 방식으로든 무방하다. 동의의 시점은 인사이동 시점뿐만 아니라 이동 이후 사후적으로 추인하는 것도 포함된다.

개별적이고 구체적인 동의가 있었는지 여부의 판단은 입·퇴직절차 및 근무행태 등 구체적인 상황을 파악한 후 당해 근로자가 이를 알고 있었는지 여부, 일방적인 조치임을 알고도 상당기간 이의를 제기하지 않고 정상적으로 근무하였는지 여부, 징계나 해고 등의 위협으로 이의제기가 어려웠는지 여부 및 사회적 통념 등 종합적으로 살펴 객관적으로 판단하여야 한다.

---

43) 고용부예규 제37호, 1981.6.5.

① **퇴직금 청구**

전적이 유효한 경우, 근로자의 종전 기업과의 근로관계는 단절되는 것이므로 퇴직금과 관련하여 단체협약이나 취업규칙 또는 근로계약 등 다른 특약이 없는 한 퇴직금 청구는 각 기업의 계속근로년수를 계산하여 각각의 기업에 대하여 청구하면 될 것이다. 전적이 유효하지 않은 경우 당해 근로자가 최초로 맺은 근로관계가 계속 유지되므로 최초 근무한 사업장에 퇴직금을 청구하되, 계속근로년수 산정은 각 기업의 계속근로기간을 합산하여야 할 것이다.

② **도산등 사실인정신청대상 사업주**

임금채권보장법에 의한 도산등사실인정 대상사업주는 그 근로자에게 임금지급 의무가 있는 사업주이다.[44] 관계사간 전적이 유효한 경우는 각각의 기업이 도산등 사실인정신청대상 사업주이므로 각각의 사업장에서 퇴직한 날의 다음날부터 1년 이내에 신청해야 한다. 전적이 유효하지 않은 경우는, 최초 근무한 사업장이 임금지급의무가 있으므로 최초 근무 사업장을 상대로 도산등 사실인정을 신청하되, 최종 근무한 기업으로부터 퇴직한 날의 다음날부터 1년 이내에 하여야 할 것이다.

6) 도산등 사실인정 여부의 통지

사실인정여부의 통지는 신청서를 접수한 날로부터 30일 이내에 한다. 다만, 대상사업주에 대해 재판상도산이 신청된 경우 또는 사실조사·확인과 관련하여 부득이한 경우에 한하여 30일의 범위 내에서 그 기간을 연장할 수 있다.[45]

3. 체당금의 범위

정부가 사업주를 대신하여 지급하는 임금 등의 범위는, 일반체당금의 경우 최종 3개월분의 임금과 최종 3년간의 퇴직금, 최종 3월분의 휴업수당 중 사업주가 지급하지 못한 금액이다. 다만, 대통령령이 정하는 바에 따라 근로자의

44) 퇴직급여보장-379, 2007.1.24.
45) 도산등 사실인정 및 확인업무처리규정 제10조, 2006.6.30.

퇴직당시의 연령 등을 고려하여 그 상한액을 제한 할 수 있으며 체당금이 적은 경우는 지급하지 않을 수 있다. 소액체당금의 경우, 1인당 상한액은 400만원이다(2017.7.1기준).

(1) 최종 3월분의 임금

최종 3월분의 임금은 퇴직일, 사실상 근로관계 종료일로부터 소급하여 3월간에 제공한 근로로 인해 지급사유가 발생한 일체의 금품 가운데 미지급한 금품을 말한다. 임금에는 은혜적, 복리후생적인 기타 금품으로서 임금이 아닌 금품은 제외한다.[46] 판례도 최종 3월분의 임금채권은 최종 3개월 사이에 지급사유가 발생한 임금채권을 의미하는 것이 아니라, 최종 3개월간 근무한 부분의 임금채권을 말하는 것이고, 우선변제 대상인 '최종 3월분 임금채권'에는 근로의 대가가 아닌 부분은 포함되지 않는다.[47] 만약 임금이 최저임금 미만일 경우는 근로자가 최저임금 적용제외대상이 아닌 한, 최저임금액을 기초로 체당금을 산정한다.[48]

1) 상여금 산입

체당금의 지급범위 중 "최종 3월분의 임금"이란 근로자의 퇴직일 또는 사실상 근로관계가 종료된 날부터 소급하여 3개월간 근로로 인하여 지급사유가 발생한 일체의 임금이므로, 상여금도 최종 3개월동안의 근로대가로 발생한 경우에는 체당금의 지급범위에 포함된다. 이 경우 체당금 산정은 해당기간 동안의 지급 또는 지급하기로 결정된 금액을 그 결정기간에 따라 비례하여 해당 월의 임금에 포함한다. 따라서 상여금의 경우 지급대상, 지급시기, 지급방법 등 구체적인 사실관계를 토대로 임금여부를 판단한 후, 체당금 산정방법에 따라 처리한다. 성과배분상여금, 연말경영포상금 등 지급여부가 불확실하고 성과날

---

46) 예를 들면, 2008.9월 폐업한 사업장에서 퇴직한 근로자가 2008.4월분 임금과 2008.9월분 임금이 체불되었다면 이 근로자는 퇴직일로부터 소급하여 3개월 이내의 기간(2008.7.8.9월) 중 지급받지 못한 임금(9월분)에 해당하는 분만 우선 지급받을 수 있지 2008.4월분 임금은 해당되지 않는다.

47) 대판 2001다83838, 2002.3.29.

48) 임금 68207-360, 1999.12.27.

성이라는 우연한 조건성취에 의존하는 경우는 임금으로 볼 수 없으므로 체당금의 범위에 포함할 수 없다. 결론적으로, 임금성을 가진 상여금 중, 산정방법이나 지급기일이 사전에 명확히 정해있는 경우는 정기적으로 발생된 상여금을 해당기간 속에 균등하게 배분하고, 산정방법은 있으나 지급시기가 명확히 정해지지 않은 경우는 1년 중에 지급될 상여금을 월별로 균등하게 배분하는 것이 합리적이다.[49)]

미사용 연차유급휴가 근로수당과 같이 최종 3월간의 근로에 대한 대가가 아니거나 지급의무 발생시기가 퇴직이전 3월간에 발생한 것이 아닌 경우에는 체당금의 지급범위에 포함되지 않는다.

2) 임금수준을 확인하기 어려운 경우

사업주의 행방이 불명하여 임금자료를 입수하기 어렵거나 산정이 곤란한 경우 출근일수, 급식상황, 출입업자, 인근주민, 운송회사, 생산량, 전기사용량, 판매량 등을 토대로 추계할 수도 있다. 이러한 방법으로도 임금산정이 불가능할 경우에는 매년 고용부장관이 고시하는 기준임금으로 산정한다. 기준임금은 근로자의 체불기간은 확인이 되나 임금수준 확인이 곤란한 경우에, 사업의 종류·규모 근로형태 및 임금수준을 고려하여 시간·일·월단위로 정한다.[50)] 기준임금을 적용하는 사유는 다음과 같다.

1. 사업의 폐업, 도산 등으로 임금을 산정하기 어려운 경우
2. 임금관련 자료가 없거나 불명확한 경우
3. 사업의 이전으로 인해 소재파악이 곤란한 경우
4. 상시 근로자 5인 미만인 사업주로서 근로자의 의견을 들어 기준임금을 적용받기 위해 신고한 경우에 적용할 수 있다.

근로자의 임금이 명확하지 않은 경우, 과거 임금명세서를 기초로 확인하거

---

49) 3.6.9.12월말에 재직자에게 100%씩 상여금을 지급하는데, 근로자가 4월말에 퇴직한 경우, 최종 3월간 즉, 2. 3. 4월 3개월간 가운데 상여금이 발생된 기간은 2월과 3월로서 각각 해당 월에 포함시킨다(4월분은 6월이 되어야 지급결정이 되기 때문이다). 상여금을 설 200%, 하계휴가 100%, 추석200% 지급할 때, 각 지급일 사이에 기간이 일정하지 않을 경우는 전체 금액을 12월로 나눠서 해당 월에 균분 산입한다.

50) 고용보험및산업재해보상보험의보험료징수등에관한법률 제3조.

나, 예금통장에 기록된 임금액을 기초로 추계하는 방법, 이직확인서에 기재된 임금을 기준으로 확인, 가계부에 임금액이 기재되어 있는 경우 객관적인 상황 하에 판단하거나, 당해 사업장의 동종근로자의 통상임금이나 기능, 경력, 근속년수 등을 고려하여 그 금액으로 추산할 수 있다.

3) 임금채권을 포기한 경우

근로자가 임금채권을 포기한 경우, 포기한 부분에 대해서는 임금채권이 존재하지 않는 것으로 처리한다.[51] 예를 들어, 근로자가 기 발생된 미지급임금액을 남보다 우선적으로 받기위해 그 보다 적은 액수를 요구하고 나머지는 포기하기로 합의하고 자신이 요구한 적은 액수의 요구액을 지급받았다면 미지급 금액은 존재하지 않는 것으로 처리한다. 다만, 근로자가 마음이 변하여 포기의사를 번복하고 사업주도 이를 승인했을 경우에는, 별도 서면으로 제출받아 확인 처리해야 할 것이다.

4) 기타 체불임금 확인

지정변제충당, 즉, 지급한 금액이 특정월 특정연도의 퇴직금으로 한다는 등의 명시적인 의사표시가 없는 한, 시기적으로 먼저 발생한 임금채권을 변제받은 것으로 처리한다. 사업주가 자산을 근로자에게 양도하고, 이를 대물변제형태로 행한 경우는 채권일부에 대한 대물변제라는 명문의 표시가 없는 한 채권전액이 소멸된 것으로 본다. 다만, 자산의 양도가 단순히 임금의 지급을 담보하기 위한 경우는 채권이 소멸되지 않는다. 근로자가 사업주의 자산을 양도하거나 재산에 대해 저당권을 설정, 압류하고 있을 경우, 비록 재산이 환가 환수되지 않았다고 하더라도 당해 재산액의 평가 한도 내에서 임금이 지급된 것으로 본다. 다만, 사업주 재산에서 미지급임금의 변제가 어려운 경우는 체당금 지급사유가 될 것이다.

사내근로복지기금에서 근로자에게 미지급임금을 지급한 경우에는 그 부분을 공제하고 나머지 체불임금이 있는지를 확인한다. 근로자들이 생산시설을 장악하고 제품을 생산 판매하여 수익금으로 임금 등을 충당하는 생산관리의

51) 퇴직급여보장팀-626, 2006.2.28.

경우에 근로자들이 사업주재산을 매각했다면 그 대금으로 미지급임금에 충당한 것으로 처리할 수 있다. 사업주가 동산을 점유개정의 방식으로 근로자에게 양도하였을 경우라도 근로자가 동산을 현금화하여 임금을 수령하지 못했다면 임금은 체불된 것이므로 체당금지급요건에 해당한다. 근로자들이 체불임금의 청산대가로 외상매출채권을 양도받은 후 공증을 한 경우에는 사업주에 대한 채권을 주장할 수 없으므로 체당금을 신청할 수는 없다. 다만, 사후에 외상매출채권의 양도양수가 무효이거나 취소되어 채권이 원래대로 회복되는 경우는 체당금신청이 가능하다.

(2) 최종 3년간의 퇴직금

최종 3년간의 퇴직금은 퇴직일을 기준으로 소급하여 3년간의 법정퇴직금, 계속근로연수 1년에 대해 30일분의 평균임금×3년=90일분 평균임금이 해당된다. 이때 평균임금에는 퇴직전전년도에 발생한 연차유급휴가 미사용 일수 등이 포함되는 것은 물론이다. 상시 5인 미만 사업장은 퇴직금과 휴업수당의 적용이 되지 않으므로 최종 3월분의 임금 중 미지급액만 체당금의 지급대상이 된다.[52] 최종 3년간의 기간을 계산할 때는 근로자수가 5인 미만으로 된 기간이 들어 있다면 그 기간만큼 제외한다. 만약 사업주가 근로자를 상대로 퇴직보험 등에 가입했다면 최종 3년분 퇴직금 중 미지급액에서 퇴직보험, 퇴직일시금신탁으로 지급이 보장된 금액을 공제하고 남은 퇴직금에서 체당금을 산정한다.[53]

(3) 최종 3월분의 휴업수당

휴업수당은 근로계약에서 소정근로시간에 근로자의 노무제공의사에 불구하고 사용자 귀책사유로 노무를 수령하지 못한 경우, 사용자의 수령지체는 곧 계약불이행에 해당하므로 그에 따른 손해배상으로서 수당을 근기법에 정한 것

52) 2010.12.1부터 4인 미만 사업장에도 퇴직금이 적용되므로 계속근로연수 1년에 평균임금의 15일분을 산정한다.

53) 예를 들면, 28세인 A 근로자의 3년분 퇴직금 중 1년분 미지급액 : 300만원, 퇴직보험 등 지급보장액은 80만원인 경우, 순수 미지급 퇴직금액은 80만원을 공제한 220만원이다. 이때 체당금 상한액이 150만원인 경우, 체당금은 상한액 150만원만 지급한다.

이다. 따라서 근로제공의사가 있음에도 사용자 귀책사유[54]로 노무를 수령하지 못한 경우가 아니면 무노동무임금의 원칙에 따라 휴업수당은 발생하지 않는다. 근로제공의사가 전제되어야 하므로 근로자가 자발적으로 무급휴직을 신청하여 휴직한 경우에도 휴업수당지급 의무가 없다.[55]

다만, 근로계약관계의 특성상 사용자귀책사유는 민법상 귀책사유인 고의과실 이외에 사용자의 세력범위 안에서 발생한 경영장애까지 해당하는 것으로 비교적 넓게 보고 있다.

사용자 귀책사유로 휴업한 경우, 휴업기간 중 5인 이상 사업장의 사용자는 근로자에게 평균임금의 70/100 이상에 상당하는 금액을 지급해야 한다.[56] 다만, 평균임금의 70%에 상당하는 금액이 통상임금보다 많으면 통상임금으로 휴업수당을 지급할 수 있다. 사용자귀책에 해당하면서 부득이한 사유[57]로 사업계속이 불가능한 경우는 노동위원회의 승인을 받아 기준미만의 휴업수당을 지급하거나 전혀 지급하지 않는 무급휴업을 실시할 수도 있다. 휴업기간 중 임금의 일부를 지급받은 경우는 전체 휴업기간에 대한 평균임금에서 이미 지급된 임금을 공제한 나머지 금액의 70% 이상에 해당하는 수당을 지급한다.[58] 다만, 통상임금을 휴업수당으로 지급하는 경우에는 통상임금에서 휴업한 기간 중에 지급받은 임금을 뺀 금액을 지급하여야 한다.[59] 휴업수당은 사업장의 일

54) 원청의 작업중단에 따른 하도급업체 조업중단, 배급유통기구 차질 등에 의한 작업량감소, 공장화재소실, 판매부진과 자금난, 원자재조달 등 공급부족, 전력공급중단, 경영상 휴업과 공장이전, 대판 68다1972, 1969.3.4 ; 대판 70다523, 1970.5.26 등.

55) 근기 68207-780, 2001.3.8.

56) 근기법 제46조.

57) 사용자에게 귀책사유는 있지만 부득이한 사유 즉, 경기침체에 따른 지속적인 손실누적, 재무구조악화, 부도발생 등으로 구조조정이 불가피한 사업장에서 경영상해고회피노력의 일환으로 소업을 중단할 수 밖에 없는 정도를 말한다. 반드시 기업도산이나 폐업 등에 이르는 상황을 말하는 것은 아니다. 만약 천재지변 등 불가항력적인 사유로 사용자의 지배관리가 불가능하여 사용자의 귀책사유없이 조업중단 등 휴업을 할 수 밖에 없는 경우는 휴업수당지급의무 자체가 발생하지 않는다. 근기 68207-598, 2000.2.28. 이 경우는 사용자의 귀책사유가 없으므로 휴업수당지급 여부에 관한 노동위원회 심의대상도 아니다. 자세한 사항은 휴업수당부분을 참고한다.

58) 근기법 제46조제2항, 영 제26조 본문.

59) 예) 기업이 2개월간 휴업을 실시하면서 임금의 일부로 월100만원을 지급한 경우 근로자 월평균임금이 220만원, 그 중 통상임금이 170인 경우, 휴업수당은 154만원(220만원×0.7)〈170만원

부만 휴업하는 경우, 1일 근로시간 중 일부시간을 휴업(단축)하는 경우에도 해당될 수 있다.[60] 소정근로시간을 줄이는 경우 당초 근로시간과 차이를 휴업시간으로 볼 수는 없고, 소정근로시간 변경없이 연장근로시간을 줄이는 경우에도 휴업으로 볼 수는 없다.

사업주가 자신의 귀책사유로 인하여 최종 3개월간 중 일정기간에 대해서만 휴업을 실시한 경우는 휴업을 실시한 기간에 대해서는 휴업수당을 지급하고, 그렇지 않고 정상적으로 근로한 기간은 임금을 지급하면 될 것이다.[61]

참고로 사용자귀책 휴업의 경우, 휴업기간 중간에 포함된 주휴일과 약정유급휴일에 대해서도 그 수당을 포함하여 산정하는 것이 옳다. 1주간 소정근로일 전부를 휴업하여 유급휴일이 발생하지 않는 경우에도 마찬가지다.[62]

실무에서 노사가 70% 이상으로 휴업수당을 합의한 경우 기준 이상의 휴업수당에 관해서도 체당금지급대상이 되는지 의문이다. 체당금제도가 최소한의 임금지급을 통한 근로자의 생활안정을 도모하는 측면이 있고, 한편, 경영곤란 등으로 인한 기업의 임금지급 어려움을 국가에서 최소한 범위에서 대위하여 일정부분 기업의 회생을 도모하는 공익적인 측면도 함께 있다고 할 것이므로

이다. 평균임금으로 휴업수당을 지급해야 하므로 220-100만원=월 120만원×0.7=84만원×2개월=168만원을 휴업수당으로 지급하여야 한다. 평균임금의 70%에 상당하는 금액이 통상임금보다 많으면 통상임금으로 휴업수당을 지급할 수 있다. 1개월간 휴업하면서 근로자의 평균임금이 200만원, 통상임금이 130만원이고 임금의 일부로 80만원을 지급한 경우, 140만원(200×0.7)〉130만원이므로, 통상임금으로 지급하여야 한다. 130만원-80만원=50만원을 휴업수당으로 지급하여야 한다.

60) A공장의 제조 100, 유통 50, 포장반 40명 가운데, 포장반 40명 중 20명에 대해서만 1일 4시간 휴업하는 등의 경우를 말함.

61) 예를 들면, 기타금품을 제외한 평균임금으로 월급 120만원인 근로자가 2008.7.31 퇴직한 경우, 2008.7월 한달 간 사업주 귀책으로 휴업하고 2008.5월과 6월은 정상근로를 했을 때를 판단해보면, 2008.5·6월은 임금으로 각 120만원씩 산정하고 7월은 휴업수당으로 84만원(120만원×70/100)을 산정하여 이 가운데 미지급액을 체당금대상금액으로 산정하면 될 것이다. 만약 최종 3개월의 기간 중 일부 월에서 휴업과 정상근로가 섞인 경우에는 각각 일할 계산하여 산정한다.
일부조업과 일부휴업의 경우를 살펴보면, 예) 10일간은 휴업, 20일간은 정상 조업한 경우, 10일간은 28만원{(120만원/30일)×10일×70/100}의 휴업수당을, 20일간은 80만원{(120만원/30일)×20일}의 정상임금을 산정한다.

62) 임금정책팀-429, 2007.1.30.

체당금의 지급대상으로서 휴업수당은 휴업기간 중 평균임금의 70%에 해당하는 법정기준에 한정되는 것으로 보아야 한다.

노사가 기준 이상으로 합의한 휴업수당에서 70%를 초과하는 부분은 일반적인 체불임금청산 방식 또는 민사적 수단을 통해 실현하여야 할 것이다.

법원에서 최우선변제대상 채권과 우선변제 대상채권을 구분함이 없이 배당하였더라도 배당금은 최우선변제 대상채권으로 먼저 충당하고 남은 금액에 대해 체당금을 산정한다. 최우선변제대상채권인 임금과 휴업수당, 퇴직금은 동순위채권이므로 만약 법원에서 이를 구분함이 없이 배당했을 경우는 미지급된 최종 3월분의 임금(휴업수당) 및 최종 3년간의 퇴직금액의 비율대로 배당금을 분할하고 나서 그 나머지에 대해 체당금을 각각 산정한다.

4. 체당금지급과 부담금 징수

(1) 근로자 확인신청

파산이나 도산등사실인정을 받은 근로자가 체당금을 지급받기 위해서는 근로자 본인이 파산선고일, 도산사실 인정일 등 지급사유가 발생한 날로부터 2년 이내[63]에 퇴직당시의 사업장을 관할하는 지방고용노동관서에 도산등 사실확인 및 체당금지급신청을 하여야 한다.[64] 2년의 기간은 제척기간이므로 요건에 적합한 근로자라도 이 기간을 넘기면 지급을 받을 수 없다. 신청일은 확인신청서와 체당금지급청구서가 제출된 날, 우송의 경우 도달된 날이다. 근로자가 사망한 경우에는 민법상 상속인이 상속인의 이름으로 확인신청 및 체당금청구를 한다. 도산사실 인정대상 사업주 및 확인대상 사업주의 사업장이 2개 이상의 서로 다른 관서에 산재되어 있는 경우, 체당금지급청구·통지, 사실확인 등 개별근로자에 관한 사항은 신청한 근로자가 퇴직한 당해 사업장의 소재지를 관할하는 관서장이 한다.

---

63) 예) 2011.5.7 도산사실인정을 받은 경우, 2013.5.6까지.

64) 임금채권보장법시행령 제9조.

(2) 체당금지급

법적으로나 사실상으로 도산사실이 인정되고 사업주와 근로자의 요건이 부합하면 임금채권보장법에서 정한 체당금을 지급할 수 있다. 체당금은 최종 3월분의 임금, 최종 3월분의 휴업수당 및 최종 3년간의 퇴직금 중 사업주가 근로자에게 미지급한 금액 중 노동관서에서 지급대상금품으로 확정한 금액과 법으로 정한 체당금의 상한액 중 적은 금액을 지급한다. 따라서 근로자는 자신의 체불임금이 상한액 보다 많다고 해도 이 금액 이상으로 지급받을 수는 없다.

예를 들면, 30세미만의 경우 월급여액이 200만원이고, 그 가운데 사업주로부터 기 지급된 금액이 30만원인 경우, 미지급액은 170만원이나 고시된 상한액이 180만원이므로 체당금은 180만원을 지급할 수 있다. 반대로 사업주로부터 기 지급된 금액이 170만원이고 미지급액이 30만원일 경우, 상한액은 180만원이지만, 체당금은 적은 금액인 30만원이 된다.

만약 체당금을 제외한 나머지 미지급액이 있다면 금액과 체불기간 등에 관해 노동관서에서 체불금품확인을 받아 법원을 통해 민사적인 방법으로 해결해야 한다. 연령별, 금품의 종류별 체당금의 월정 상한액은 다음과 같다.[65]

(단위:만원)

구 분	30세 미만	30~40세 미만	40~50세 미만	50~60세 미만	50세 이상
임금, 퇴직금	180	260	300	280	210
휴업수당	126	182	210	196	147

※ 임금과 휴업수당은 1월분, 퇴직금은 1년분을 기준으로 함

1. 〈사례 1〉 예를 들면, 49세인 A는 K사업장에서 1월분 임금 300만원과 1년분 퇴직금 350만원을 받지 못해 노동관서로부터 도산사실인정을 받았다면 근로자는 자신의 체불액에 불구하고 임금과 휴업수당의 상한액의 범위 내에서만 지급받을 수 있다. 따라서 A는 체당금으로서 임금은 상한선인 300만원, 퇴직금은 상한선인 300만원 합계 600만원을 체당금으로 지급받을 수 있다.

65) 노동부고시2007-50호, 2007.12.24.

2. 〈사례 2〉 근로자의 퇴직일(2018.2.27)로부터 최종 3개월(2017.11.28~2018.2.27) 중에 임금과 휴업수당이 동시에 순차적으로 발생했을 경우 체당금 상한액은 다음과 같다.[66)]

A사업장의 퇴직한 근로자(연령 36세, 월평균 임금이 300만원이라고 가정)에 대한 체당금 산정시 첫째월분 휴업수당 : 2018.1.28~2.27, 둘째월분 임금 : 2017.12.28 ~2018.1.23, 둘째월분 휴업수당 : 2018.1.24~1.27, 셋째월분 임금 : 2017.11.28 ~12.27의 경우와 같이 특정기간(둘째월분)에 임금과 휴업수당이 동시에 발생한 경우, 퇴직 기준일에서 거꾸로 계산하여 해당 월(2017.12.28~2018.1.27)에서 일할 계산해야 한다. 36세 된 근로자의 경우 체불된 임금은 300만원으로 확정되었을지라도 체당금의 법정 상한액은 임금은 2018.1.1 기준 260만원이고 휴업수당은 2018.1.1 기준 182만원이 된다. 따라서 근로자는 자신의 체불액에 불구하고 임금과 휴업수당의 상한액의 범위 내에서만 지급받을 수 있다. 이를 기준으로 가상 근로자의 2월분의 휴업수당과 퇴직금에 대한 체당금을 산정해 보면 다음과 같다.

1. 둘째월분 휴업수당은 2018.1.24~2018.1.27까지 4일간, 근로자는 실제 받지 못한 휴업수당 체불액은 임금 300만원÷31일×4일분×70/100=270,960원이 될 것이나 휴업수당 체불액에 대한 체당금은 2018.1.1기준 상한액 1,680,000÷31일×4일간으로 234,830원을 받을 수 있다.
2. 둘째월분 임금은 2017.12.28~2018.1.23까지 휴업하기 전 27일동안 2,612,900원(300만원÷31일×27일)을 일할 계산하여 받을 수 있을 것이나 체당금의 법정임금 상한액이 2018.1.1 기준 260만원이므로 260만원÷31일×27일=2,264,510원을 체당금으로 받을 수 있다.

3. 〈사례 3〉 체당금 산정시 미지급기간이 1월 미만인 경우 동기간에 대한 체당금 월정 상한액은 미지급기간과 관계없이 월정 상한액을 적용한다.

예를 들어, 30세 미만 근로자가 1년 5개월을 근로하고 퇴직한 경우, 체불임금은 350만원(1개월분 300만원, 5일분 50만원)이고 월정 상한액이 150만원이라고 가정할 때, 체당금은 각각 체불액이 발생된 월별로 구분하여 월정 상한액을 적용해야한다. 따라서 체당금액은 1개월 상한액 180만원, 5일분 50만원을 합하여 230만원을 지급한다. 월정 상한액 미만인 경우는 월단위 체불액을 전액지

66) 퇴직급여보장팀-814, 2005.11.22.

급하기 때문이다.

4. 〈사례 4〉 퇴직당시 연령이 43세, 체불임금으로 2·3월분 임금(각 300만원), 4월분 휴업수당(300만원의 70%인 210만원), 최종 2년간 퇴직금(30일분의 평균임금을 300만원으로 가정)을 받지 못한 경우 체당금은 다음과 같이 산정한다. 근로자는 40세 이상 50세 미만에 해당되어 "체당금 월정상한액 고시"에 의하면 체당금으로 받을 수 있는 상한액은 임금과 퇴직금은 각각 300만원, 휴업수당은 210만원이 된다.

1. 체불임금은 2개월분 600만원(각300만원), 상한 300만원과 같다. 따라서 체당금은 300만원×2개월=600만원
2. 체불퇴직금은 2년(평균임금의 60일분)분 600만원(각300만원), 상한액 300만원과 같다. 따라서 체당금은 300만원×2년=600만원
3. 체불휴업수당은 1월 210만원(300만원×70/100), 상한액 210만원과 같다. 따라서 체당금은 1월 210만원이다.

5. 〈사례 5〉 1월·1년 미만의 기간에 대한 체당금의 적용방법[67]

퇴직당시 연령이 29세인 근로자가 2017.1.1~2018.3.31까지의 퇴직금 150만원(1년분 120만원 + 3개월분 30만원)을 지급받지 못한 경우, 체당금 산정시 3개월분(2018.1.1~3.31)의 체불퇴직금에 대한 체당금의 월정상한액 적용방법을 살펴보면, 도산기업에서 임금 등을 지급받지 못하고 퇴직한 근로자에게 지급하는 체당금은 지급보장 범위 내에서 체불임금 등을 월간 또는 연간으로 산정한 금액과 상한액중 적은 금액을 각각 합산한 금액이다.

따라서 체당금 산정시 1월 또는 1년 미만의 기간이 있을 경우에도 동 기간의 체불임금 등이 상한액을 초과하는 경우에는 그 상한액을, 상한액에 미달하는 경우에는 체불액을 각각 지급하는 것이다. 29세인 근로자의 퇴직금에 대한 월정상한액은 180만원이므로, 1년분 체불퇴직금 120만원에 대한 체당금 120만원, 3개월분 퇴직금체불액 30만원과 월정상한액 180만원중 적은 금액인 30만원 합계 150만원을 체당금으로 지급한다.

6. 〈사례 6〉 동일사업장에서 두번 퇴직한 근로자[68]

---

67) 임금 68220-388, 2001.5.30.

68) 임금 68207-691, 2001.10.8.

동일 사업장에서 두번 퇴직한(2017.4.1~2018.2.28, 2018.5.24~6.30) 근로자의 체당금(체불내역 : 2018.1월·2월·5월·6월분임금)지급범위를 살펴보면, 한 사업장에서 근무하던 근로자가 퇴직하였다가 동일한 사업장에 재입사하였을 경우에도 법상 체당금 지급요건을 모두 충족하고 있다면 당해 근로자의 체당금청구권을 제한할 수는 없다. 하지만 임금채권보장제도는 도산기업에서 퇴직한 근로자들의 최소한의 생활안정에 기여하고자 도입되었으므로, 체당금은 체불액 전액이 아니라 일정한 상한액의 범위 내에서 지급하고 있고, 체당금으로 지급받지 못한 부분에 대해서는 여전히 근기법등 관련법령에 의해 보호를 받을 수 있다. 따라서 제도의 도입취지, 체당금 지급액 등을 고려할 때 동일 사업에 있어서 동일인을 이중으로 보호할 수는 없으므로, 근로자가 동일 사업장에서 체당금 지급기간 내에 두번 퇴직한 경우에는 각각의 사유 중 근로자에게 유리한 기간을 선택하여 체당금을 처리한다.

고용노동부로부터 체당금지급청구서를 송부받은 근로복지공단은 특별한 사유가 없으면 체당금지급청구서를 받은 날부터 7일 이내에 지급하여야 한다.

(3) 사업주 부담금 징수 등

고용부장관은 근로자의 청구가 있는 경우 사업주를 대신하여 근로자의 미지급임금과 퇴직금을 지급하고, 그 지급액의 한도에서 그 근로자가 사업주에 대하여 청구할 수 있는 권리를 대위한다.[69] 체당금의 재원은 사업주에게 부담금을 징수하여 충당한다. 사업이 수차의 도급에 의해 행해지는 경우에도 개별근로자의 임금청구권에 대한 대위권 행사의 상대방은 개별근로자를 직접 고용하여 임금을 지급할 의무가 있는 사업주이다.

부담금은 당해 사업장에 종사하는 근로자의 임보수총액의 2/1000 범위 안에서 심의회의 심의를 거쳐 부담금비율을 정한다. 사업주 부담금은 산재보험료와 같이 매 연도마다 "1년 동안 적용사업에 종사하는 모든 근로자에게 지급하는 임금총액"에 "부담금비율"[70]을 곱하여 산정한다. 보수총액을 결정하기

69) 임금채권보장법 제8조제1항.
70) 2009. 3월 현재 전업종 공통 0.4/1,000, 2010.1.1~0.8/1,000.

곤란한 경우는 보험료징수법 제13조제6항에 따라 고시하는 노무비율에 따라 결정한다. 다음 각 호의 어느 하나에 해당하는 사업주에 대하여는 부담금을 경감할 수 있다.[71)]

1. 상시 5인 미만의 근로자를 사용하는 사업주(2012.12.31까지)

2. 퇴직급여보장법에 의한 퇴직연금제도를 설정한 사업주

3. 퇴직금을 미리 정산하여 지급한 사업주

4. 퇴직급여보장법 부칙 제2조에 의거 퇴직금지급 대상이 되는 모든 근로자를 피보험자 또는 수익자로 하여 퇴직보험에 가입한 사업주[72)]

5. 외국인근로자 고용 등에 관한 법률에 따라 외국인근로자 출국만기보험·신탁에 가입한 사업주

체당금을 지급받을 권리는 양도하거나 담보로 제공할 수 없다. 체당금을 지급받을 권리가 있는 자가 부상 또는 질병으로 인해 체당금을 수령할 수 없는 경우는 그 가족에게 수령을 위임할 수 있다. 고용부장관은 근로자에게 체당금을 지급하려는 경우에는 해당사업주에게 재산관계를 구체적으로 밝힌 재산목록의 제출을 명할 수 있다. 사업주는 특별한 사유가 없는 한 7일 이내에 재산목록을 제출하여야 한다.[73)]

(4) 동일한 체불에 대한 일반체당금과 소액체당금 지급조정

근로자가 같은 근무기간 또는 같은 휴업기간에 대하여 아래 제7조1항 1호~3호 규정에 따른 체당금을 지급받은 때에는 같은 조 제4호에 따른 소액체당금은 지급하지 아니하며, 제1항제4호에 따른 소액체당금을 지급받은 때에는 해당 금액을 공제하고 같은 항 제1호부터 제3호까지의 규정에 따른 일반체당금을 지급한다.[74)]

1.「채무자 회생 및 파산에 관한 법률」에 따른 회생절차개시의 결정이 있는 경우

---

71) 임금채권보장법 제10조.

72) 상시 5인 미만 사업장의 경우 부담금비율의 50% 경감.

73) 임금채권보장법 제13조.

74) 임금채권보장법 제7조 제1항, 제3항 (2015.1.20 신설).

2. 「채무자 회생 및 파산에 관한 법률」에 따른 파산선고의 결정이 있는 경우
3. 고용노동부장관이 대통령령으로 정한 요건과 절차에 따라 미지급 임금등을 지급할 능력이 없다고 인정하는 경우

5. 소액체당금

체당금은 크게 일반체당금과 소액체당금으로 나뉘고, 일반체당금은 또 다시 재판상도산과 사실상도산으로 분류한다. 재판상도산은 법원으로부터 파산선고결정을 받은 회사 또는 법원으로부터 회생절차개시결정을 받은 회사로부터 임금, 휴업수당, 퇴직금을 지급받지 못한 경우다. 또 사실상도산은 회사가 경영악화 등으로 도산·폐업·부도 등 사실상 도산상태에 빠져 있어 고용노동부가 이를 도산으로 인정한 경우를 말한다.

임금채권보장법 제7조제1항제4호에 근거를 두고 체불의 상당부분이 가동중인 사업장에서도 이루어지는 점을 고려하여 일반체당금 요건에 해당하지 않는 경우에도 체당금을 수령할 수 있도록 한다는 것이 소액체당금제도의 주된 취지이다.

2015년 7월 신설한 소액체당금은 회사의 도산여부 상관없이 지급될 수 있다. 회사가 도산하지 않았더라도, 즉 회사의 재정상태와 상관없이 회사로부터 임금, 휴업수당, 퇴직금을 지급받지 못한 경우 신청해 받을 수 있는 돈이다.

주요절차는 노동청에서 체불금액을 확정하면체불확인서를 발급받아 민사소송을 통해 확정판결을 받아 근로복지공단에 소액체당금을 신청하여 최고 400만원 이내에서 지급받는 것이다. 2015.7.1부터 시행되었으므로 판결 등 확정일은 시행일인 2015년 7월 이후여야 한다.

종래 일반체당금의 경우 노동청에서 모든 절차를 끝낸 반면, 소액체당금만 민사소송을 별도로 거쳐 확정판결을 받아야 하는 불편이 있으나 아르바이트생에 한해 2018년부터 민사소송 절차를 거치지 않아도 되도록 제도를 개선한다.

(1) 신청대상자 요건 및 절차

소액체당금 지급 제도는 가동 중인 사업장에서 퇴직한 근로자를 지급대상으

로 하며, 체당금 신청자의 각각의 퇴직일을 기준으로 6개월 이상 운영된 사업장에서 퇴직한 근로자인 경우에 해당되어야 하고, 퇴직한 날의 다음 날부터 2년 이내 소송을 제기하여 확정된 판결[75]을 받은 경우, 확정 판결일로부터 1년 이내에 소액체당금을 청구하면 최우선 변제금액 범위 내에서 400만원까지 사업주를 대신하여 지급하는 제도이다.

1) 확정판결

1. 민사집행법제24조 확정 종국판결,
2. 민사집행법제56조3호 확정된 지급명령, 동법 제56조5호 소송상 화해, 청구의 인낙 등 확정판결과 같은 효력을 가진 것,
3. 민사조정법 제28조 조정, 동법제30조 확정된 조정을 갈음하는 결정,
4. 소액사건 심판법 제5조의7 제1항 확정된 이행권고 결정

주요 절차는 노동청 민원제기 후 조사를 거쳐 체불금액을 확정한 다음 체불확인원을 발급받아 민사소송을 제기하여 확정판결을 받고 판결문을 첨부하여 근로복지공단에 소액체당금을 신청한다.

일반체당금은 6개월 이상 가동 사업에서 파산·도산인정 신청일을 기준으로 1년전~3년 이내 퇴직근로자를 대상으로 하는 점과 구별된다. 소액체당금엣서 건설일용근로자의 경우, 무면허 건설업자에게 고용된 건설 일용근로자의 사업가동기간 특례를 규정하여 직상수급인 기준 가동기간 6개월 판단한다.

소액체당금은 퇴직 직전 최종 3개월분의 임금, 휴업수당 및 퇴직 직전 최종 3년분의 퇴직금을 지급받을 수 있다. 확정판결 등을 받은 시점이 2017년 7월 1일 이후인 경우에는 최대 400만원까지, 이전인 경우는 최대 300만원까지 지급된다. 나이대별 상한액 없이 최대 400만원까지 지급돼, 개별 근로자의 나이와 체불액을 고려할때 임반체당금보다 소액체당금이 보다 유리할 수 있다.

실제 소액체당금 신청 및 수급시점까지 사업주가 지급할 여력이 없다는 것도 증명되어야 한다.

---

75) 임금채권보장법 제7조1항4호.

(2) 체당금 청구기한

소액체당금 신청시 민사청구절차를 반드시 거쳐야 한다. 노동관서에서 체불 확인원을 발급해주면 법원에 민사청구소송을 내고 확정판결 후 근로복지공단에 소액체당금 신청을 할 수 있다. 사업장과 근로자의 최소 요건은 일반체당금 지원방식과 대부분 유사하다.

소액체당금을 지급받기 위해선 근로자가 퇴직한 날의 다음 날부터 2년 이내에 소송을 제기해 승소 확정판결을 받아야 한다. 관련 소송 진행 중 체불임금 이행에 관한 청구취지변경 신청을 법원에 제출한 경우 제출한 날을 소제기일로 본다.[76] 퇴직 후 2년이 넘어가면 소액체당금 지급자체가 불가능하다.[77]

확정판결일로 부터 1년 이내에 청구할 수 있다. 상소취하 혹은 취하간주 종결이 있는 경우는 취하일 또는 종결일을 확정일로 본다.[78] 일반체당금의 경우 청구기한이 파산선고일, 도산인정일 등으로 부터 2년 이내인 점과 구별된다.[79]

(3) 지급절차

판결문 등을 첨부하여 소액체당금 지급 청구서를 근로복지공단에 제출하면 14일 이내에 지급요건을 확인하고 지급 또는 부지급 통지한다. 일반체당금은 청구서 접수 후 7일 이내 지급되는 것과 구별된다.

---

76) 퇴직연금복지과-2016, 2017.5.1.

77) 동법 시행령 제7조2항 : 법 제7조제1항제4호에 따른 체당금(이하 "소액체당금"이라 한다)의 지급대상이 되는 근로자는 사업에서 퇴직한 날의 다음 날부터 2년 이내에 법 제7조제1항제4호 각 목의 어느 하나에 해당하는 판결, 명령, 조정 또는 결정 등(이하 "판결등"이라 한다)에 관한 소(訴)의 제기 또는 신청 등을 한 근로자로 한다〈신설 2015.6.15〉.

78) 퇴직연금복지과-2017, 2017.5.1.

79) 임금채권보장법시행령 제9조 1항 : 제9조(체당금의 청구와 지급) ① 법 제7조에 따라 체당금을 받으려는 사람은 다음 각 호의 구분에 따른 기간에 고용노동부장관에게 청구하여야 한다.
〈개정 2014.9.24, 2015.6.15〉
1. 일반체당금 : 파산선고등 또는 도산등사실인정이 있는 날부터 2년 이내
2. 소액체당금 : 판결등이 있는 날부터 1년 이내

제26장 포괄임금제

1. 개념정의

근로계약체결 등 노무관리를 할 때, 기본적인 근로시간과 시간급임금 등 근로조건을 결정하고 이를 기초로 연장, 휴일, 야간근로 등에 대한 임금 또는 가산수당을 합산하여 지급함이 원칙이다. 다만, 근로형태·업무의 성질 등을 참작하거나 계산의 편의와 직원의 근무의욕을 고취한다는 뜻에서 기본임금에 연장근로수당 등 제수당이 포함되어 있다거나 구체적인 수당발생 요건을 고려하지 않고 매월 일정액을 지급하는 내용의 계약을 체결하는데, 이러한 임금계산 방법을 포괄임금제라고 한다. 포괄임금제는 근로형태나 업무의 성질상 근로시간계산이 곤란하거나 재량의 여지가 많은 개별 사업장에서 실무상 활용되고 있다.

포괄임금제 도입이 가능한 경우를 구체적으로 살펴보면, 근로형태나 업무의 성질상 근로시간과 휴게시간이 불규칙하거나, 근로시간 측정이 가능하더라도 근로자가 재량을 가지고 근로시간 등을 결정할 수 있고 근로형태상 연장, 야간근로 등이 당연히 포함되어 있는 경우에도 도입될 수 있다. 업무의 성격상 포괄산정임금제도가 인정되는 사례는 다음과 같다.

1. 기후, 원자재 수급 등의 이유로 불규칙한 근로

기상조건, 자재 및 장비수급 등 현장공사 여건에 따라 근로시간이 달라지는 염전회사 직원, 건설공사 현장근로자처럼 근로와 휴식의 명확한 구분이 어렵고 실제 근무여부와 정확한 근로시간 확인이 어려운 근로

2. 감시·단속적 성격의 근로

감시·단속적 업무로서 24시간 휴식 없이 계속근무하는 업무가 아니지만 원칙적으로 근무장소에서 이탈할 수 없는 것으로 한사람이 근무하기에는 부적합한 근로형태의 경우, 그 형편과 요령에 따라 작업, 휴식, 수면을 반복하면서 명백한 작업시간과 휴게시간을 구분하기 어려운 경우

3. 특수한 근로형태

근로계약의 체결과 종료가 하루단위로 이루어지는 순수한 의미의 일용근로자, 소정근로시간이 현저히 적은 단시간근로, 격일제근로, 교대제근로, 일당제 계약운전자, 야간근로가 정상근로의 업무처럼 근로형태의 특수성으로 인해 기준근로시간을 초과한 연장, 야간근로 등이 당연히 예상되는 근로계약의 경우[1]

4. 작업과 휴식의 반복성과 변동성으로 실제로 근무했는지 여부와 그 시간을 정확하게 확인하기 곤란한 때[2]

아파트경비·관리, 버스회사배차원, 시설의 작동·고장관리인, 보일러공 등 노동관서의 승인여부를 떠나 감시적인 업무에 종사하거나 장소를 이탈할 수 없는 상태에서 근로시간의 조정이 가능한 업무의 경우

5. 화물운송운전자, 근로와 휴식의 구분이 어려운 관광버스운전사, 택시운전자, 시외버스운전자, 각자 근로시간이 일정하지 않은 운전기사 등, 사업장 밖에서 운행으로 인한 실제근로시간수를 파악할 수 없을 때[3]

6. 근로시간의 측정이 가능하면서 연장, 야간근로가 근로의 내용에 당연히 내재되어 있지는 않고 근로형태나 업무성격이 포괄임금산정제에 해당하지 않는다고 하더라도 재신의 편의와 근무의욕고취를 목적으로 하는 경우[4] 등이다.

예를 들면, 재신의 편의를 위하여 한달동안에 고정적으로 근무해야 하는 일정량의 근무일수를 미리 정해 놓고, 일정 일수 이상의 근무실적이 있는 자에

1) 내판 83도1050, 1983.10.25.
2) 대판 89다카32118, 1991.4.23.
3) 대판 80다3120, 1982.12.28.
4) 대판 90다카6934, 1990.11.27.

대하여는 시간외, 야간, 휴일근무에 대한 수당명목으로 구체적인 개인별 시간산정없이 직급별 금액을 정하여 일괄적으로 지급하고, 정하여진 근무일수에 미달한 직원 대하여는 미달일수에 비례하여 일정액을 감액하도록 된 근무수당을 예로 들 수 있다.

2. 포괄임금제의 유효성

(1) 판례 및 행정해석

판례는 "근로형태, 업무의 성질 등을 참작하거나 계산의 편의와 복무관리 차원에서 기본임금에 제수당을 포함하거나 매월 일정액을 제수당으로 지급하는 내용의 계약을 체결했다고 하더라도 근로자에게 불이익이 없고 제반사정에 비춰서 정당하다고 인정되면 무효라고 할 수 없다[5]고 보고 있다.

행정해석에 의하면, 포괄임금제를 도입하기 위해서는 단체협약이나, 취업규칙 등에 근거를 두거나, 개별근로자의 동의가 있어야 하며, 포괄임금제로 지급되는 고정급이 근로자의 실제근로시간에 따른 법정수당보다 적을 때는 그 차액을 추가로 지급해야 하는 등, 법정근로조건 등을 감안할 때, 근로자에게 불이익이 없고 제반사정에 비추어 정당하다고 인정되는 경우에 한해 그 유효성이 인정된다는 입장이다.[6]

포괄임금산정으로 인해 분쟁 또는 법위반 여부 등 근로자에게 불이익한지 여부에 관한 판단은, 근로계약을 둘러싼 제반사정 즉, 동일회사내의 동일 업무를 수행하는 다른 근로자와 비교하여 불이익이 있는지 판단하고 유사업종의 다른 기업에 대한 비교, 임금수준의 차이, 기본급 및 제수당의 명목, 임금지급방법 등을 고려하여 종합적으로 비교 판단한다.

제반사정에 비춰서 포괄임금제가 유효한지 여부에 관하여 판례와 행정해석의 견해는 다음과 같다.

---

5) 대판 2003다66523, 2005.8.19 ; 대판 89다카32118 ; 울산지판 2004나704, 1991.4.23.
6) 근로조건-3072, 2008.8.6 ; 서울지판 2000가합3313·4842병합, 2001.10.26.

1) 판 례

신체적·정신적 긴장이 적은 감시적업무로서 근로형태의 특수성으로 인해 야간·시간외근로가 당연히 예정되어 있고, 실제 연장근로와 관계없이 연장근로수당이라는 명목으로 일정액을 장기간 지급해 왔다면 포괄임금제에 의한 근로계약이 체결되고, 그 속에는 제수당이 모두 포함되었다고 볼 수 있으므로 실제근로와 지급액간의 차액을 추가로 지급할 이유가 없다고 한 바 있고[7] 입사당시 명시적으로 포괄임금제에 관한 근로계약서를 작성한 것은 아니지만, 업무 특성상 야간근무가 당연히 예상되고 단순 작업임에 비해 최저임금을 상회하는 시급이 지급되었던 사정 등을 고려해 볼 때, 사용자와 근로자사이에 기준근로시간외 근로에 대한 시간외수당을 포함한 포괄임금계약이 체결되었다고 볼 수 있고 그것이 근로자들에게 불리하거나 부당하지 아니하여 유효하므로, 사용자가 야간근로수당을 별도로 지급하지 않은 것이 근기법에 위배되지 않는다고 본 사례[8]가 있다.

다만, 원칙적으로는 별다른 견해라고 볼 수 없지만, 최근 근로시간을 산정하는 것이 가능하다면 포괄임금계약을 체결하였다고 하더라도 최저임금에 미달하는 부분은 무효라는 판례가 있었다. 따라서 계산의 편의를 위한다는 명분으로 근로시간 계산이 가능한 업무나 직종에 대해 포괄임금제를 시행하여 근로자에게 불리한 처우를 하는 것은 법위반에 속한다.[9]

2) 행정해석

임금은 근로계약에 의해 통상임금이 결정되고 이에 따른 제수당을 계산 지급하는 것이 원칙이나, 근로자와의 합의에 의하여 기본임금과 제수당에 해당하는 금액을 미리 합산 지급하였다면, 그 금액이 실제 근로에 대한 근기법규

---

7) 대판 95다4056, 1997.4.25 ; 대판 2002다16958, 2002.6.14.

8) 수원지판 2007노4706, 2008.6.3.

9) 대판 2011도12114, 2014.6.26 ; 대판 2014도8873, 2016.9.8. 포괄임금제방식에 의한 임금지급계약을 체결한 때는 그것이 근로기준법이 정한 근로시간에 관한 규제를 위반하는지를 따져서 포괄임금에 포함된 법정수당이 법으로 정한 기준에 따라 산정한 법정수당에 미달한다면 그에 해당하는 임금지급은 무효라고 할 것이고, 사용자는 근로기준법의 강행성과 보충성원칙에 의하여 근로자에게 미달되는 법정수당을 지급할 의무가 있다.

정에 따라 계산한 금액보다 근로자에게 불이익이 없는 한 별도의 연장·야간·휴일 및 휴가수당을 지급할 의무는 없다[10]고 보고 있으므로, 포괄임금으로 제수당을 합산하여 지급할 수 있으나 실제근로에 따라 법에 의거 산정한 제반수당이 근로자에게 불이익이 없어야만 효력이 있다. 따라서 불이익한 부분이 있다면 임금의 추가지급 등을 통해 법위반 사실을 시정하여야한다.

(2) 법적 유효성

포괄임금제가 유효하려면 근로시간, 임금결정요소, 산정방법 등 구체적인 내용에 관해 개별근로자의 동의나 승낙, 명시적합의가 선행되어야 하고, 그렇지 않으면 묵시적인 동의나 승낙사실을 추정할 수 있어야 한다.

묵시적 동의나 승낙사실을 추정할 수 있다는 것은, 근로계약체결시 사용자가 포괄임금제에 관해 설명을 하거나, 모집공고나 입사요강에 포괄임금제에 관해 유인을 해 두는 경우 등을 말한다. 그렇지 않고 근로계약에 포괄임금과 유사한 내용을 함축적으로 표현[11]하고 근로자에게는 계약문안을 보이지도 않거나 구체적인 설명없이 서명날인을 받아 비치했다면 이것은 동의나 합의를 추정할 수 없다. 사용자가 일방적으로 포괄임금제를 적용하여 그로 인해 근로자에게 불이익이 있다면 제도도입 자체가 효력이 없다고 보아야 한다.「제반사정에 비춰서 근로자에게 불이익이 없다는 것」은, 당해 사업장의 근로여건이나 근로자의 특성, 계약정황, 근로조건 표기문안 등 제반 근로조건을 노동관계법에 비춰볼 때, 포괄임금 계산방식으로 산정한 임금·수당, 근로시간, 휴일, 휴가 등이 노동관계법에서 정한 기준 이상이라야 한다는 것이다.

(3) 포괄임금제도의 구체적인 요건

1) 노동관계법 준수

포괄임금제는 그 내용이 근기법 등에 정한 기준에 미치지 못할 경우는 법위반이 될 수 있다. 그러므로 작업의 특성에 따른 임금구성요소와 항목[12]을 먼저

---

10) 임금 68207-586, 1993.9.16.

11) 예) 월급120만원 속에 00수당 등 제반수당을 포함한다거나 별다른 표기가 없는 경우 등.

12) 기본근로시간, 연장근로시간, 야간근로시간, 휴일근로시간, 휴일, 휴가 등에 따른 임금과 직무

설정한 뒤, 실제로 각 요소에 따라 얼마만큼의 임금이 산출되는지를 결정하고 각 월별로 증감을 고려해서 평균한 금액을 포괄임금으로 정하도록 해야 할 것이다. 이때 법적으로 발생되는 가산임금이나 수당을 고려하지 않는다면 법위반이 될 것이고 약정자체가 무효가 된다.[13] 월별로 증감을 고려하지 않은 포괄임금으로 인해 특정 월에 실제 근로에 비해 과다 혹은 과소한 금액이 지급될 경우를 예상해서 미리 정산방법을 정해 두는 것이 합리적이다. 자세한 사항은 "포괄임금의 노동법적 한계"에서 상세히 설명한다.

2) 근로자의 동의, 명시적·묵시적인 합의

근로계약을 체결할 때, 명시적으로 임금산정 방식에 관해 상세한 설명이나 합의가 없었으며, 특별한 기준이나 규칙 등이 없이 일방적으로 정한 것은 근로자가 사회·경제적인 약자인 점을 이용한 불리한 계약으로 무효이다. 한편, 입사시 근로조건을 명시한 계약을 작성하면서 격일제근무를 하되 기본급과 수당의 구분없이 포괄월정액으로 지급하기로 하고 수년간에 걸쳐 이를 이의없이 수령해 온 사실은 묵시적 합의를 인정하고 유효성을 인정한 바 있다.[14]

1. 1일 12시간씩 근무한 것에 대해 한꺼번에 임금을 지급하기로 근로계약을 체결하고 급여명세서상 시간외수당 등이 1일 12시간씩을 기준으로 산정한 경우, 근로자의 승낙이 있었던 것으로 간주한다.

2. 감시·단속적근로, 격일제근로, 교대제근로 등 업무의 성격상 근로시간 구속이 미약하거나, 연장, 야간근로 등이 규칙적으로 발생하는 업무로서 근로자가 이의없이 포괄산정 관행으로 계산을 해왔다면 묵시적인 합의를 인정할 수도

급, 직책급, 자격급, 작업특성별, 지역별 수당 등 각종수당.

13) 야간·휴일근로 여부와 상관없이 고정일급을 지급하기로 하는 포괄임금제는 정당하지 않다(서울지판 2000가합3313·4842병합, 2001.10.26). 원고들이 정년퇴직 후 계약직으로 입사하여 근로시간, 근로형태, 업무의 성질 등에서 정규직사원들과 동일한 업무에 종사하고 있는 점, 위와 같이 일급으로 정해진 금액과 정규직사원이 받는 기본임금에 제수당을 가산한 임금의 액수에 현저히 차이가 있는 점 등을 고려할 때 피고회사와 위 원고들 사이에 체결된 임금지급계약을 원고들의 야간, 휴일근로 여부와 상관없이 고정임금을 지급하기로 하는 포괄임금계약이라고 해석하는 것은 위 원고들에게 불이익할 뿐 아니라 그렇게 해석해야 할 정당한 사정도 있다고 볼 수 없다.

14) 대판 83도2068, 1984.1.24.

있다.

3. 근로계약서상 표기한 시업과 종업시간에 야간근로시간이 들어 있는 경우에는 약정된 임금에 가산수당이 포함되어 있는 것으로 볼 수 있다. 이 경우 전체 소정근로시간이 야간근로이거나 소정근로시간의 일부라고 하더라도 임금계산형태가 일급, 주급, 월급인 경우는 당사자 합의와 관계없이 계약상 야간근로에 대한 가산수당이 포함된 임금을 받고 근로하기로 동의한 것으로 간주하여 포괄역산, 즉, 전체 임금 속에서 소정근로시간에 대한 임금을 계산하고 그 가운데 야간근로시간대에 들어간 시간에 대한 수당을 산정하는 형태의 포괄역산이 인정될 수 있는 것이다. 그러나 소정근로시간의 일부가 야간이면서 임금계산형태가 월급이나 주급, 일급이 아니고 시급으로 명기한 경우는 포괄임금에 관해 명시적인 근로계약을 체결하고 취업규칙 등 상위규범에 저촉되지 않을 때에만 포괄산정이 인정된다.

(4) 실무판단요령

포괄임금방식이 근로자에게 불이익이 없고 제반사정에 비추어 정당하다고 인정된다면 그 계약은 허용된다고 할 것이다.[15] 다만, 이러한 경우에도 실근로시간에 대한 최저임금에 위반될 수 없을 것이며 소정근로시간에 대한 각종 휴일과 휴가, 초과근로가 있다면 그 근로시간 등을 산정하여 그에 따른 시간급통상임금을 곱하여 산출한 금액이 월급여액을 상회한다면 추가 정산지급이 있어야 한다. 실무상, 포괄임금형식을 빌어 노동법상의 제수당지급의무를 회피하려는 것이 가장 큰 문제이다.

1) 최저임금 위반여부 판단

예를 들면, 1일 8시간, 주 40시간, 연장근로 월 10시간, 월 2일의 주휴일을 부여하기로 정한 근로자가 근로계약시 월급을 100만원으로 하고 그 속에 각종 법정수당을 합하여 지급받는 것으로 약정하였다면 다음과 같이 판단할 수 있다.

---

15) 대판 87다카474, 1987.8.18.

1. 기본임금(유급주휴수당 포함) : 월 209시간×4,860원=1,015,740원
2. 연장근로수당 : 월10시간×1.5×4,860원=72,900원
3. 휴일근로임금과 가산수당 : 월 16시간[16)]×1.5×4,860원=116,640원 합계 1,205,280원 이상을 지급해야만 최저임금법 등에 저촉되지 않는다. 따라서 100만원을 지급했다면 법위반이다.

2) 수당 등 임금구성요소의 과부족 정산

근로조건의 특수성, 실근로시간의 측정곤란 등의 사유로 도입한 경우에는, 매월 지급받는 포괄형식의 임금 이외에 따로 연장, 야간 등의 가산임금을 청구할 수 없다. 다만, 계산의 편의 등을 위해 각종 수당을 일정액으로 정하는 계약을 체결하더라도 미리 정산규정을 두어야 하고, 일정기간 후에 정산을 했을 경우 개별근로자의 실근로시간에 따라 산정된 금액의 합계가 이미 지급된 일정액의 합계액보다 많다면 그 차액을 지급하는 것이 합리적이다. 야간 순찰업무 등과 같이 실근로시간 측정이 어려운 업무에 대해서는 간주근로시간에 대해 합의하는 등 일한 만큼의 대가가 지급되도록 해야 할 것이다.

예를 들면, 건축기사로 시간급임금이 7천원인 근로자가, 소정근로시간이 월 209시간, 연장근로가 월 20시간, 휴일근로가 월 16시간으로서, 노사가 근로계약시 포괄임금방식에 원만히 합의를 했다고 가정하여 바람직한 월단위 포괄임금 내용을 구성해보면 다음과 같다.

1. 기본임금(유급주휴수당 포함) : 월 209시간×7천원=1,463,000원
2. 연장근로수당 : 월20시간×1.5×7천원=210,000원
3. 휴일근로임금과 가산수당 : 월16시간×1.5×7천원=168,000원
4. 기타(기사자격수당) 월 200,000원, 현장식비 월 150,000원, 식대 월 70,000원 이상과 같이 당월에 총 2,261,000원을 포괄임금으로 지급하고, 임금지급 다음 월 초에 전월의 근태상황을 마감하여 근로시간이 많거나 적게 지급된 부분을 정산하여야 할 것이다.

---

16) 실제 주휴일을 월 평균 4.3일을 부여해야 하나 2일밖에 부여하지 않았으므로 2일(엄격히 말하면 2.3일×8시간 즉, 18.4시간)의 휴일근로임금과 가산수당을 지급해야 한다.

만약 연봉제와 결합하여 1년단위로 포괄임금을 정하려면 위 수당 이외에 연차유급휴가, 월차유급휴가, 생리, 각종수당, 기타 금품 등을 임금산정요소로 나열한 뒤 이를 월단위 혹은 연차유급휴가의 경우 연단위로 계산한 후 각 항목을12월로 곱하여(연차유급휴가수당은 12로 곱하지 않는다) 합산하면 1년간의 연봉총액이 산출되고 이를 다시 12월로 균분하면 월단위 연봉지급액이 될 것이다. 연차유급휴가수당의 경우 연·월차유급휴가수당을 포괄임금 속에 산정하고 휴가를 박탈하는 것은 휴가를 사전 매수하는 것이 되므로 법위반이다. 그러나 실제 발생된 일수에 따라 시간급통상임금으로 환산한 수당을 전액 포괄임금 속에 산입하여 지급하고, 연도 중에 근로자가 요청할 경우 실제휴가를 부여하다가 연도 말에 가서야 비로소 그 동안 사용한 휴가일수와 지급된 수당을 정산하는 것은 무방하다. 따라서 유급휴가의 경우는 계산의 편의를 위해서 미리 일정액의 고정수당을 지급했다고 해서 실제 발생된 휴가 자체를 전혀 부여하지 않을 때 법위반이 될 수 있다.

3. 노동법적 한계와 실태

일반적으로, 연봉제 등 포괄임금산정 방식은 법원칙을 고려하지 않고 다분히 사업주의 편의와 임금성 경영비용 절약을 위한 수단으로 인식하는 측면이 있다. 포괄임금산정 방식을 도입하더라도 근본적으로 노동관계법의 테두리를 벗어날 수 없다. 따라서 연장근로, 휴일, 연·월차유급휴가 등 제반 법정근로조건을 준수해야 한다.[17] 특히 포괄임금방식을 통해 비정규직 등 취약계층 근로자의 근로조건 악화시켜서는 아니된다.

(1) 연장근로

포괄임금제를 도입하면서 연장근로수당을 실제근로시간수와 상관없이 일정액을 정하여 지급했다고 하더라도 근로시간 등 임금지급방식을 제외한 법상

17) 대판 92다33398, 1993.5.27. 포괄임금제란, 각종 수당의 지급방법에 관한 것으로 근로자의 연·월차유급휴가권의 행사여부와는 관계가 없으므로 포괄임금제가 근로자의 연·월차유급휴가권을 박탈하는 것이라고 할 수도 없다.

책임부분에 대하여는 적용이 배제되지 않는다. 따라서 1주 12시간의 연장근로제한을 위반하거나 격일제의 경우 1일 24시간을 계속근로하는 것은 법위반이며[18] 당사자간 합의가 있다고 하더라도 주 12시간을 초과[19]하여 연장근로할 수 없다. 다만, 화재, 천재지변 등 특별한 사정이 있어 장관의 인가와 근로자 본인의 동의를 얻은 경우는 1주 12시간의 한도를 초과한 시간까지 연장근로를 할 수 있고,[20] 운수업, 물품보관업, 금융보험업, 영화제작, 흥행업, 통신업, 교육연구 및 조사사업, 광고업, 의료 및 위생사업, 접객업, 소각 및 청소업, 이용업 등 법으로 정한 업종에 대해서는 사용자가 근로자대표와 서면합의를 한 경우는 주 12시간 연장근로 한도를 초과하여 근로할 수 있다.[21] 실무에서, 사후 정산방식으로 일정액의 수당을 미리 지급한 후 월말에 가서 실제 연장근로시간을 산정하여 기 지급한 수당과 정산하여 다음달 임금에서 차감하는 방법이 효과적일 것이다.[22] 추가로 지급의무가 있는지 여부를 가리기 위해서는 실제로 근로한 연장근로시간에 기초한 법정 가산임금액과 회사규정이나 노사 약정에 의거 기 수령한 가산임금(고정급연장근로수당)과 비교하여, 고정급연장근로수당이 실제근로시간에 기초한 가산임금의 금액 이상이면 연장근로시간 한도위반 여부는 별론으로 하고 연장근로에 따른 가산임금 지급규정 위반이라고 할 수는 없다.[23]

(2) 휴일, 휴가 사용

휴일, 휴가를 사용함에 있어 유급휴일, 휴가수당은 포괄임금산정대상이 될 수 있다. 다만, 포괄임금 속에 1년 혹은 1월 중에 정상적으로 근로하였다면 발생할 연·월차유급휴가나 유급주휴수당 등을 일률적으로 포괄임금에 포함하더라도 실제로 근로자가 휴가 등을 청구하였을 경우는 언제든지 사용할 수 있

18) 감시·단속적근로로 승인받은 경우는 예외.
19) 주40시간제 사업장의 경우 1주에 52시간(40+12), 주44시간제 적용 사업장은 56시간(44+12).
20) 근기법 제53조제3항.
21) 근기법 제59조.
22) 예) 월간 20시간의 기본연장근로시간을 산정 지급(20×1.5×시간급통상임금)하고, 월말정산결과 30시간의 연장근로를 하였다면, 10×1.5×시간급통상임금을 추가로 지급한다.
23) 근기 68207-1418, 1997.11.3.

도록 보장하여야 한다. 그러므로 실제 발생된 휴가일수와 사용휴가일수를 대장으로 관리하여 사후에 정산을 실시함으로서 휴가를 사용하는 자와 그렇지 않은 자가 서로 형평에 어긋나지 않도록 해야 할 것이다.[24)]

휴일, 휴가는 임금을 지급하는 것이 목적이 아니고 실질적인 휴식을 근로자에게 주는 것이 목적이다. 따라서 주휴일과 근로자의날에 근로하는 것을 전제로 그 임금과 수당을 포괄임금산정제도의 대상으로 삼는다면 법 취지에 위배되고 휴일의 사용을 원초적으로 부정하는 것이 되어 법위반이다. 다만, 휴무일이 현저히 많은 사업장의 경우 생산 및 노무관리의 효율성을 높이기 위해 주휴일, 연·월차유급휴가일을 그 휴무일에 사용하고 당초의 주휴일의 근로에 대해서는 휴일근로 가산임금을 산정하여 포괄임금으로 포함하는 것도 무방하다.

1. 주휴일의 경우, 근로관계 특수성으로 인해서 1주일 동안의 출근율을 엄격히 판단하기가 곤란하여, 유급과 무급을 구분하지 않고 일정액의 고정수당을 임금에 포함하여 지급하고 실제 매주 휴일을 부여했다면 별다른 문제가 없을 것이다.

2. 근로자의날은, 특별법으로 정한 휴일이고 이를 근기법에 의한 휴일로 보고 있다. 따라서 이날은 근로제공의무가 없이 유급으로 쉬는 날이다. 만약 불가피한 사유가 있어 근로를 할 경우는 소정근로시간에 대한 임금으로 총 250%[25)]를 지급해야 할 것이다. 그러므로 근로자의날이 들어 있는 5월의 포괄임금을 산정한다면, 당일을 실제 쉬도록 할 경우는 이 날을 결근으로 보지 않고 100%의 임금을 지급해야 하고, 부득이 쉬지 않고 근로할 경우라면 총 250%를 포괄임금 속에 산입하여야 한다. 근로자의날은 법정휴일이므로 다른

---

24) 예) 주휴일의 경우, 월4.3(365÷12÷7)×8시간×시간급통상임금의 주휴수당을 일괄적으로 부여하고 익월 초에 가서 전월의 근태를 파악하여 주의 소정근로시간을 개근했는지 여부를 판단하여 감액하는 방식, 월차유급휴가의 경우, 연초에 12일×8시간×시간급통상임금으로 수당을 일괄지급하고 연도 말에 가서 월별 출근율에 따라 감액하는 방식, 연차유급휴가의 경우 이듬해 연도 초에 출근율에 따라 발생한 연차유급휴가일수×8시간×시간급통상임금을 전액지급하고 이듬해 연도 말에 가서 실제 사용일수와 미사용 근로일수를 확인하여 차감하는 방법(예) 15일-실제휴가 8일사용=7일 미사용×8시간×시간급통상임금을 추가로 지급) 등.

25) 일하지 않아도 지급해야 하는 유급휴일수당 100%+당일 소정근로에 대한 임금 100%+휴일근로 가산수당 50%.

날로 대체해서 쉬도록 할 수는 없다. 근로시간 및 휴게 휴일의 적용을 제외하는 근로자라도 변함없이 적용된다. 포괄임금제를 적용하는 경비원을 24시간 격일제로 운용할 경우, 5.1 근로자의날이 비번일과 겹치더라도 그 날은 포괄임금과는 별도로 통상임금 100%를 유급휴일수당으로 추가 지급하여야 할 것이다.

3. 모성보호를 위해 산전후휴가, 청구하는 경우 부여하는 육아휴직 등을 부여하는 것이 법에 정한 의무적인 사항임에도 불구하고 이를 사용자가 임의적인 매수가 가능한 것으로 판단하고, 금전으로 보상하여 포괄임금으로 처리하는 것은 제도 자체를 부정하는 것이므로 법위반이다.

(3) 퇴직금

퇴직금은 금품의 성질상 퇴직이라는 근로관계의 종료로 인해 비로소 발생하는 것이다. 따라서 퇴직사유가 발생하지 않았는데도 불구하고 포괄임금으로 매월 지급하는 임금 속에 퇴직금이라는 명목의 금품이 들어 있는 것은 합의를 한다고 해도 효력이 없다.[26] 2012.7.26. 퇴직급여보장법이 개정되어 퇴직금의 중간정산이 주택구입 등 대통령령이 정하는 일정요건으로 엄격히 제한되었다. 다만, 개정법 시행 이전에는 일정 형식과 요건을 구비하면 사유에 불구하고 중간정산을 허용해 왔는데, 특히 포괄임금 등 연봉제에서 있어서 퇴직금정산을 통한 매월 분할지급이 유효하려면 여러가지 요건을 구비해야 한다. "연봉제"에서 상세히 설명한다.

(4) 최저임금

사업장에서 포괄임금제를 유효하게 도입하였다고 해도 최저임금법에 따른 제한을 위반할 수는 없다. 근로자가 실제로 근로한 시간과 출근일수 등을 계산하여 그에 따른 각종 법정수당과 가산임금 등을 계산하고, 수령한 금품 가운데 최저임금법 산정기준에 포함되는 임금만을 발췌하여 이를 소정근로시간으로 나눠서, 산출된 시간급통상임금이 최저임금법에 의한 연도별 고시액에

26) 대판 2002도2211, 2002.7.12.

미달하는지 여부를 판단한다. 근무형태가 당일 07:00부터 다음날 07:00까지인 24시간 격일제근로자의 경우를 살펴본다.

1) 총근로시간 계산 임금산정

격일제 24시간 노동자의 정확한 임금계산을 하려면, 근로시간은 단순히 24시간×15.2일[27]이 아니라 임금계산을 위한 총 노동시간을 의미하므로 법정근로시간을 초과하는 시간, 야간근로시간 등에 대한 가산임금을 감안해서 실제 임금을 지급해야 할 시간을 계산한다. 격일제 24시간을 살펴보면, 기본 8시간, 시간외 16시간, 시간외 가산임금 8시간(16시간×50%), 야간근로에 대한 가산임금 지급 4시간(22:00~06:00, 8시간×50%)을 합산하면 1일 36시간, 월평균 근무일수 15.2일로 곱하면 약 547.2시간, 이 시간이 근로자의 월간평균 총근로시간이 된다.

2) 임금지급 수준

그렇다면 격일제 노동자에게는 어느 정도의 임금이 지급되어야 법위반 문제가 남지 않을까? 달리 약정이 없다면 최저임금액보다 적은 금액을 지급할 수는 없는 것이므로 547.2×시간급 최저임금액을 지급해야 한다. 위 금액은 기본노동과 연장, 야간근로에 대한 것이므로, 그 외의 법정수당인 휴일, 연·월차유급휴가수당 등은 별도로 산정하여 지급되어야 한다.[28]

4. 포괄임금설계

(1) 금품의 구분

포괄임금 속에 포함된 제반 임금명목 속에서 통상임금, 평균임금, 기타금품을 구분하는 것은 퇴직금산정 뿐 아니라 법정수당 등이 올바르게 책정되었는지를 판단하는데 지표가 된다. 임금설계를 통해 포괄임금을 집계하는 방식으로 도입한 경우는 임금설계에 포함된 제반 금품의 성격을 판단하여 구분해야

---

27) 한달의 근로시간을 30.4일로 계산하여 1/2로 산정, 365/12=30.4일.
28) 서울고판 2004나2740, 2004.7.23.

한다. 설계없이 전체금액을 일괄적으로 책정해 두고 그 속에 제반법정수당이 들어있다고 표현 하는 방식[29]이 있다. 이 경우 소정근로시간을 먼저 계산하고 그를 토대로 제반 수당을 산출하여 집계한 후 포괄임금으로 수령하는 총액과 비교하여 과부족을 판단하되, 시간급·일당 등을 명시하지 않았다면 시간급 최저임금 고시액을 기준으로 판단한다.

(2) 포괄임금 설계

1) 일반사무직

사무직에 대해 포괄임금 연봉제를 적용하기로 하였다면 다음과 같이 설계를 해야 할 것이다. 사업장은 기본 209시간, 기본급 957천원 이외에 전 직원에게 근속기간에 관계없이 매월 식대 5만원, 출장실비 10만원, 체력단련비 5만원, 상여금 기본급기준 연 300%, 월 평균 15시간의 연장근로를 예상한다.

1. 기본급 : 957,220원(209시간×4,580원)×12월=11,486,640원
2. 식대 : 50,000원×12월=600,000원
3. 출장실비 : 100,000원×12월=1,200,000원
4. 체력단련비 : 50,000원×12월=600,000원
5. 상여금 : 957,220원×연300%=2,871,660원
6. 연차유급휴가수당(2년차 기준) : 연 15일×8시간×4,580원=549,600원
7. 연장근로수당 : 15시간×1.5×4,580원×12월=1,236,600원

이상 연봉총액은 18,544,500원, 월1,545,375원이다

29) 근로시간 적용제외 승인을 받지 않은 격일제근무 경비직근로자가 법정제수당을 포함한 포괄임금산정제에 의해 임금을 받아오다가 퇴사한 경우, 격일제 경비직이 업무성격상 계약자체가 포괄임금제도를 예정하고 있음이 명백하고 회사가 일반근로자에 준해 임금을 지급하고 있었으므로, 회사가 실제 시간외근로에 따라 추가로 수당을 지급해야 할 상황은 발생하지 않는다. 원고가 피고회사에 1일 24시간 격일제로 근무하는 내용으로 근로계약을 맺고 근무하여 왔다고 하더라도 이러한 격일제 24시간 근로계약은 근로형태의 특수성 때문에 근로기준법상 기준근로시간을 초과한 연장근로와 야간, 휴일근로가 당연히 예상되는 근로계약이므로, 원고가 지급받은 임금에는 1일 약 8시간 주48시간 근로에 대한 임금 외에 연장근로와 휴일, 야간근로에 대한 수당도 포함되어 있는 것으로 보아야 한다(대판 90다16245, 1991.4.9).

2) 건설일용근로자

건설근로자도 노동법상의 제반규정을 동일하게 적용해야 한다. 다만, 일용근로가 보편화된 건설현장의 특성상 공종에 따라 근로기간이 1주, 1월, 1년이 되지 않으므로 인해 주휴, 월차유급휴가, 연차유급휴가가 발생하지 않을 수도 있다. 다단계 하도급 구조를 가진 건설업의 속성상 사용자는 포괄임금제를 활용하여 각종수당 등 노무비부담을 줄이려고 노력할 것인데, 당사자 합의로 포괄임금제를 도입하고 그 속에 제반법정수당을 반영하여야 유효한 임금제도가 될 것이다.[30)]

30) 예를 들면, 주40시간제 적용 현장에서, 1월간 근로하고, 07:00~18:00, 휴게시간 2시간 실근로 9시간, 일요일 휴일, 월~토 6일간 주 54시간, 주당 임금지급대상 총근로시간은 69시간 {40+8(주휴)+21(연장14×1.5)}, 월평균 299시간(69×52주+8/12), 개근시 1월 연차유급휴가 1일 8시간을 미리 수당으로 지급한다면 사용자가 근로자에게 지급해야 할 포괄임금은 월 평균 총307시간, 주휴일을 제하고 주 61시간, 1일 10.1시간의 시간급임금이다. 건설현장의 경우 일당제가 대부분인데, 12만원인 경우 시급 11,881원이다.

제27장 연봉제

1. 개념정의

연봉제란, 「임금의 전부 또는 상당부분을 근로자의 능력, 실적 및 공헌도 등을 평가하여 연단위로 결정하는 임금의 결정방식」이다. 통상 1년을 단위로 하여 능력과 실적을 기준으로 임금을 결정하는 방식으로, 법에는 정한 바가 없고 실무에서 활용하고 있는 제도이다.

최근 노동시장의 유연화, 기업의 경쟁력 강화, 복잡한 임금체계의 개선 등을 이유로 연봉제를 도입하는 사업장이 점차 늘어나는 추세에도 불구하고 현행법에는 임금의 결정단위 형태로 시간급, 일급, 주급, 월급 및 도급제만 규정하고 있을 뿐 연간 단위 연봉제는 규정하지 않고 있어 논란이 되고 있다.

연봉제는 그 형태에 따라 기본급과 모든 수당을 포함한 단일연봉제와 단일연봉제에 업적급을 추가하는 2가지 형태로 나눌 수 있는데 실무적인 산정방식은 대체로 포괄임금산정 방식을 활용한다. 사업장에서 연봉제를 적용하는 대상근로자 및 도입방식·운용에 관한 일반적인 견해를 살펴본다.

(1) 연봉제 유형과 특징

연봉제는 임금의 지급방식 등을 기준으로 "제로섬방식, 플러스섬방식, 지급방식과 형태만 변경하는 방법 등 크게 3가지 형태로 나누는데, 연공서열보다 업적이나 성과 등을 기준으로 임금을 결정함으로서 자발적인 노력을 통한 경영성과를 극대화하는데 목적이 있다.

1) 제로섬(zero-sum)방식

과거 연봉을 무시하고, 능력과 실적을 중심으로 새로운 연도의 연봉을 결정하는 제도로서, 임금재원은 도입이전과 동일하게 유지하면서, 인사고과에 따른 변동급여로 정하여 지급하는 방식이다.

실적이 나쁜 부서, 직무능력이 부족한 근로자는 임금을 줄이고 실적이 좋은 부서나 우수한 근로자에게 더 많은 임금을 배당한다. 과거 연봉을 고려하지 않고 오직 능력과 실적을 중심으로 새로운 연도의 연봉을 결정하기 때문에 모든 사람에게 동등한 평가기회가 주어지는 장점이 있다. 다만, 근로자집단 전체로 볼 때는 동일한 임금수준이 되나 개별근로자 입장에서는 기존보다 더 많거나 적게 받는 근로자가 병존하게 되어 유리한자와 불리한 자가 상호 충돌하게 된다.

따라서 이 경우는 불리한 취업규칙의 변경으로 보아 집단적의사결정방식에 의한 동의를 받아야만 유효한 도입이 가능하다. 연봉제 도입으로 전체근로자의 근로조건이 일부는 개선되고 일부는 저하된 경우는 각 근로조건의 성격을 종합적으로 고려하여 불이익여부를 판단해야한다.[1] 다만, 연봉제가 장기적으로 생산성 증대에 기여하고 사업경영상의 필요성과 사회적 합리성이 인정된다면 일부 근로자에게 일시적으로 불리한 결과가 초래되었다고 해서 무조건 불이익이라고 볼 수는 없다.

2) 플러스(plus-sum)섬 방식

기존의 임금수준을 최저한도로 유지하면서 인사고과에 따라 추가로 지급하는 방식이다. 기존의 임금재원에다가 추가분을 더하여 재원을 구성하고 그 추가분을 활용하여 인사고과에 따라 변동급여를 지급한다. 일을 잘하는 사람에게는 더 지급하지만 실적이 나쁜 사람이라도 이미 받고 있는 연봉수준을 감액하지는 않는다. 즉, 잘하는 사람을 우대하여 못하는 사람에게 동기를 촉발하는 것이다. 대체로 기본급을 같은 수준으로 결정하고 성과에 따라 일정액의 가산금을 지급하는 방식을 사용하여 조직의 안정 속에 성장을 유도하는 방식이다. 모

1) 대판 84다카414, 1984.11.13.

두에게 유리한 결과를 가져오기 때문에 불이익변경에 해당하지 않는다.

따라서 이러한 방식의 제도 도입시에는 근로자집단의 동의는 필요없고 의견청취 만으로 도입이 가능하다. 다만, 일부근로자라도 기존 급여체계보다 불이익한 처우를 받는다면 유리, 불리가 상호 공존하게 되므로 불이익한 근로자가 많든 적든 불문하고 위 제로섬방식과 동일한 집단적 방식에 의한 동의절차를 거쳐야 유효한 도입으로 볼 수 있다.[2)]

3) 지급방식과 형태만 변경

단순히 임금지급의 편의를 위해 기존의 임금재원을 유지하면서 지급방식과 형태만 변경하는 방법이다. 이 방식은 임금의 지급방식과 형태만을 변경하여 기업의 관리비용이나 인건비 증가를 억제함으로서 궁극적으로 경영비용을 절감하자는 것이다. 시중에서 가장 많이 사용하고 있는 방법인데 노동법적인 위반소지가 가장 높다.

(2) 파급효과 및 적용대상

생산성 향상을 도모하기 위해 연봉제가 도입되었다면, 기업의 관심은 연봉제가 얼마만큼 직무성과를 높일 수 있느냐에 달려있다. 연봉제는 평가절차를 거치는 동안 근로자의 동기를 촉발하고 개인별 능력을 발달시키며 업무능률을 증진시켜 장기적으로는 기업의 발전에 기여하고 우수인력을 확보하는데도 기여한다.

부정적인 측면으로는, 심리적인 스트레스와 산업 전반에 대한 이직률 증대로 상대적으로 처우가 열등한 기업은 임금부담이 가중될 수 있고, 근로자간 격심한 경쟁을 유발하여 단기적이고 목표지향적인 업무에만 집착하게 되어 장기적인 균형발전을 저해할 우려도 있다.

1) 적용대상

최근 연봉제는 순기능적인 당초 목적과 달리, 임금계산의 편의를 위해 도입하거나, 구제적인 법적용의 번거로움을 피하기 위해 도입하는 경우가 대부분

2) 근기 68207-3128, 2000.10.10.

이다. 도입실태에 불구하고 근로형태나 업무의 성격 등을 감안하여 다른 계층보다 합리적으로 연봉제를 적용할 수 있는 근로자는 임원 등 근기법상 근로자로 볼 수 없는 자,[3] 법상 근로자이나 사용자로 볼 수 있는 자, 근기법 제63조 근로시간 등의 규정이 적용제외 되는 자 가운데 관리감독자, 상호 합의로 정한 시간을 근로시간으로 보는 재량근로종사자 등을 꼽을 수 있다.

2. 제도도입

(1) 도입준비

연봉제를 도입하려면 먼저 적용업무와 적용대상근로자를 결정하고 연봉제의 유형별로 사업장에 적합한 모델을 선정해야 한다. 다음으로 직무분석을 통해 성과목표를 설정하여 조직원이 긍정하는 투명하고 객관적인 평가지표를 결정해야 한다. 연봉제의 기본방침이 확정된 후에는, 연봉 속에 포함될 임금의 종류를 선정하고 기본적인 구성요소와 산정방법[4] 등을 명확히 정하여야 한다. 이렇게 세부적인 방침이 결정되고 나면 구성원들의 의견을 모으고 근로자대표 등의 동의 혹은 의견을 들어 취업규칙, 단체협약, 근로계약 등으로 명시해야 한다.

일반적으로 근로계약, 취업규칙, 단체협약을 통한 방법이 있으며, 취업규칙에 연봉제의 근거규정을 마련해 놓고 개별근로자와의 연봉계약을 통해 구체적으로 연봉액을 정해 시행하기도 한다. 노동조합이 설치된 사업장은 단체협약을 통해 노동조합의 동의도 함께 구하는 것이 가장 확실한 방법이 될 것이고, 그렇지 않고 근로자대표체제로 운용되는 사업장은 근로자대표의 동의를 구해야 할 것이다.

---

3) 지점장, 부장, 소장 등 간부급 직원.

4) 즉, 월평균소정근로시간, 시간급임금, 소정근로시간을 초과한 근로시간에 대한 가산임금지급문제, 주휴나 연·월차유급휴가 등 각종 수당의 산정방법과 연봉 속에 포함되지 않는 수당의 종류와 지급방법, 그리고 연도 말 혹은 정기적인 정산기간을 두고 정산하는 방법, 상여금 등 기본급성격을 벗어난 금품의 종류와 금액, 적용기간 동안 연봉의 지급횟수와 방법, 연봉계약의 시기, 근로자 개인별 성과에 따른 연봉의 조정방법 등.

최근 공공부문 성과연봉제 도입은 취업규칙 불이익 변경에 해당하여 「근로기준법」 제94조 제1항에 따른 절차가 요구되지만, 이를 거치지 않았으며 별도의 사회통념상 합리성도 인정되기 어려워 노조의 동의없이 도입한 성과연봉제는 무효라는 판결이 있었다.[5)]

(2) 근로계약을 통한 도입

1) 근로조건으로 명시

법은 임금의 구성항목, 계산법, 지불방법 등 주요 근로조건에 관한 사항을 서면으로 명시하도록 정하고 있다.[6)] 따라서 연봉제의 경우에도 인적사항, 개인의 연봉액, 연봉의 결정과 계산법, 지급방법, 연봉의 산정기간, 지급시기 및 승급에 관한 사항, 연봉 외에 법정수당과 각종 수당의 계산·지급방법, 퇴직금의 처리, 상여금 및 최저 연봉액, 연봉액에 대한 이의절차 등이 근로계약을 통해 서면으로 명시되어 있어야 한다.

2) 도입근거와 근로조건 적용순위

연봉제를 도입하기 위해서는 해당근로자와 근로계약을 체결하는 것 이외에 취업규칙과 단체협약에 근거를 마련해야 한다. 취업규칙에는 근로자들에게 공통적으로 적용되는 사항을 정하고 개별적인 사항은 근로계약에 위임하는 것이 바람직하다.

취업규칙이나 단체협약이 있는 경우, 개별적 연봉계약의 조건은 회사의 취업규칙, 단체협약과 관련 속에서 제한을 받는다. 법적용 위계에 따라 개별연봉계약에 명시된 근로조건보다 취업규칙이나 단체협약에 명시된 조건이 우선적으로 적용되겠지만, 개별연봉제 계약이 취업규칙이나 단체협약보다 유리할 경우 "유리조건 우선원칙"에 의거 개별연봉계약에서 정하는 근로조건이 유리하게 적용한다.[7)] 다만, 조합원의 경우 단체협약과 취업규칙에 동일한 연봉규정이 있고 구체적 내용에서 단체협약이 취업규칙보다 불리한 경우라도 취업규

5) 서울중앙지판 2016가합566509, 2017.5.18.
6) 법 제17조, 영 제8조.
7) 법 제96조·제97조.

칙의 유리한 규정을 배제하고 단체협약상 조건을 적용한다. 따라서 근로계약을 체결하여 그 속에서 연봉제를 확정하는 것만으로 도입이 완성되는 것이 아니라, 그 내용이 근기법 등을 위반할 수 없고, 단체협약, 취업규칙 등 노사관계의 집단적인 규율과의 관련 속에서 개별근로계약의 유효성이 검토되어야 할 것이다.

(3) 취업규칙의 변경을 통한 도입

상시 10인 이상의 근로자를 사용하는 사용자는 임금, 근로시간 등 기타 근로조건에 관한 사항을 명시한 취업규칙을 작성하여 신고할 의무가 있다.[8] 임금체계를 월급제·호봉제에서 연봉제로 바꾸려면 기존의 임금체계를 전제로 한 취업규칙을 연봉제와 관련한 내용으로 변경해야 한다. 만약, 기존에 재직중인 근로자는 그대로 두고 새로 입사하는 자나 일부 근로자에게만 새로이 연봉제를 실시한다면, 별도로 취업규칙의 효력을 가지는 연봉제급여규정을 마련하는 것이 바람직하다.[9]

불이익변경여부는 어느 한 가지 근로조건만을 기준으로 볼 것이 아니고 전체적인 근로조건을 종합적으로 검토하여 판단해야 할 것이다. 즉, 하나의 근로조건을 다른 조건과 단절시켜 판단하는 것이 아니라, 연봉제로 변경하는 취지와 경위, 해당사업장의 업무의 성질, 취업규칙 각 규정의 전체적인 체계 등을 종합하여 전체적인 근로조건을 두루 고려해야 하는 것으로서 사회통념상 그 합리성이 충분히 받아들여 질 수 있어야 한다. 만약 취업규칙의 변경이 근로자에게 전체적으로 불리한지 유리한지를 객관적으로 평가하기 어렵고 취업규칙 변경에 의해 유리 불리가 상호 충돌이 되는 경우는 불이익변경에 준해 판단한다.[10]

---

8) 근기법 제93조.

9) ① 연봉액 및 대상기간, 대상기간 중 소정근로일과 근로시간, ② 연봉의 구성항목과 계산방법, 지불방법, 마감일, 지불일자, ③ 각종수당의 종류와 산정방법, 시간외근로 가산임금의 산정방법, ④ 상여금의 산정방법, 퇴직금의 처리와 산정방법, ⑤ 연봉대상기간 도중에 퇴직하였을 때 상여금 등 연봉의 계산방법 등을 명확하게 규정해 두어야 한다.

10) 대판 92다50416, 1993.5.14. 취업규칙의 작성·변경의 권한은 원칙적으로 사용자에게 있으므로 사용자는 그 의사에 따라 취업규칙을 작성·변경할 수 있으나, 취업규칙의 작성·변경이 근로

도입하고자 하는 연봉제가 기존 임금체계보다 유리한 경우에는 당해사업장의 근로자과반수로 조직된 노동조합 또는 근로자의 과반수의 의견을 들어야 하고, 불리한 경우에는 당해 사업장의 과반수로 조직된 노동조합이나 근로자 과반수의 동의를 얻어야 한다.[11] 동의를 얻지 않고 취업규칙을 변경했다면 사회통념상 합리성이 있다고 인정할 만한 것이 아닌 한 효력이 없다.[12]

간부급의 일부사원에 대해서만 연봉제를 시행할 경우에는 당해 노동조합이 전체근로자의 과반수 이상을 조직하고 있다고 하더라도 도입되는 연봉제의 적용을 받는 자가 조합규약에 의해 자격을 갖지 못하는 경우는 조합의 동의가 반드시 필요하지 않다. 실제 적용되는 대상근로자의 집단적인 의사결정 방법에 의한 동의를 얻어야 하며, 노동조합에는 의견을 청취하는 것만으로 적법하게 취업규칙이 변경된다. 따라서 불이익하지 않은 취업규칙변경에 해당하는 경우에는 동 규칙의 적용을 받는 집단의 의견청취가 필요하고, 불이익하게 변경하는 경우라면 동 규칙의 적용을 받는 과장급이상 간부직원 과반수 이상으로부터 동의를 받아야 하며, 노동조합에 대해서는 의견을 청취해야 한다.[13]

취업규칙의 변경에 의하여 기존의 근로조건을 근로자에게 불리하게 변경하려면 종전 근로조건 또는 취업규칙의 적용을 받는 근로자의 집단적인 의사결정방법에 의한 동의를 요하고, 이러한 동의를 얻지 못한 취업규칙의 변경은 효력이 없다.[14] 동의방법은 노동조합이 없는 경우에는 근로자들의 회의방식에

자가 가지고 있는 기득의 권리나 이익을 박탈하여 불이익한 근로조건을 부과하는 내용일 때에는 종전 근로조건 또는 취업규칙의 적용을 받고 있던 근로자의 집단적 의사결정방법에 의한 동의, 즉, 당해 사업장에 근로자의 과반수로 조직된 노동조합이 있는 경우에는 노동조합, 근로자의 과반수로 조직된 노동조합이 없는 경우에는 근로자의 과반수의 동의를 요하고, 이러한 동의를 얻지 못한 경우에는 사회통념상 합리성이 있다고 인정되지 않는 한 기득 이익이 침해되는 기존의 근로자에 대하여는 변경된 취업규칙이 적용되지 아니하며, 취업규칙의 변경이 사회통념상 합리성이 있느냐의 여부와 근로자에게 불이익 하느냐 여부는 그 변경의 취지와 경위, 해당 사업체의 업무의 성질, 취업규칙 각 규정의 전체적인 체제 등 제반사정을 종합하여 판단하여야 한다(대판 2003다40276, 2004.1.16).

11) 근기법 제94조제1항.

12) 근기 68207-132, 2002.2.3.

13) 근기 68207-108, 1999.9.22.

14) 서울행판 2002구합37624, 2003.4.19.

의한 과반수의 동의를 요하고, 「회의방식」에 의한 동의라 함은, 반드시 한사업 또는 사업장의 전체근로자가 일시에 한자리에 모여 회의를 개최하는 방식만이 아니라 사업장의 기구별 또는 단위부서별로 사용자측의 개입이나 간섭이 배제된 상태에서 근로자간의 의견을 교환하여 찬반의견을 모은 후 이를 전체적으로 집계하는 방식이 허용된다.[15)]

(4) 단체협약 변경을 통한 도입

임금 등 인사제도의 개편과 인사고과의 결과는 승진, 급여 등 전체근로자의 근로조건에 직접적인 영향을 미친다고 할 수 있으므로 사전에 근로자대표나 노동조합의 의견을 듣거나 협의를 거쳐야 한다. 연봉제 도입에 따른 인사제도 변경이 근로조건의 유지개선과 밀접한 관련이 있는 경우에는 경영권의 본질상 "사용자의 인사권을 근본적으로 제한하지 않는 범위 내"에서 단체교섭의 대상이 된다. 연봉제 도입에 관해 노사협의회에서도 협의는 가능하지만, 연봉제의 도입이 유효하기 위해서는 취업규칙의 개정과 단체협약의 갱신이 반드시 수반되어야 한다.

1) 단체협약 갱신절차

당해 사업장에 근로자의 과반수로 조직된 노동조합이 있고, 그 적용대상이 조합원인 근로자일 경우에는 단체협약의 갱신을 통해 도입이 가능하다. 조합의 대표자는 그 조합원을 위하여 근로조건 기타의 사항에 대하여 교섭할 권한이 있다. 조합이 조합원의 연봉제 계약과 관련된 사항에 대하여 교섭을 요구하는 경우에 사용자는 정당한 이유없이 이를 거부할 수 없다.

단체협약은 비조합원인 근로자에게는 적용되지 않는다. 따라서 단체협약을 거쳐 도입한 연봉제사항을 비조합원인 근로자에게 적용하기 위해서는 별도의 취업규칙 변경절차가 수반되어야 한다. 다만, 하나의 사업 또는 사업장에 상시 사용되는 동종의 근로자 반수 이상이 하나의 단체협약의 적용을 받는 경우는 당해 사업 또는 사업장에 사용되는 동종의 근로자에 대하여도 당해 단체협

15) 대판 94다23180, 1994.9.23.

약이 적용되므로 조직대상에 속하는 「동종의 근로자」[16]로서 조합원이 아닌 자라도 「일반적구속력」[17]에 의거 갱신된 단체협약의 적용을 받게 된다.

2) 노조의 동의없는 연봉제 시행에서 단체협약위반 처벌 등

노조법 제92조제1호에서 단체협약 중 법에 정한 사항을 위반한 자에 대해 처벌조항을 둔 것은 단체협약의 핵심인 규범적인 부분과 기타 대우, 징계절차 등의 사항에 대한 이행을 강제하여 단체협약의 실효성을 보장하고자 하는 것이다. 연봉제와 관련하여 단체협약의 내용 중 임금, 복리후생비, 퇴직금에 관한 사항을 위반할 경우에는 1,000만원 이하의 벌금에 처하게 된다. 다만, 위 벌칙은 연봉제로의 변경 그 자체만으로는 처벌이 곤란하고 사용자가 근로자나 노동조합의 의견청취나 동의절차를 거치지 않고 실제 연봉제를 일방적으로 도입하면서 변동된 금액으로 임금 등을 지급하였을 경우에 비로소 범죄가 성립한다. 사용자가 연봉제급여규정을 신설하면서 조합과 사전 협의절차를 거치지 않은 경우에는 부당노동행위가 성립할 수도 있다.[18]

---

16) 동종의 근로자라 함은, 근로자의 지위나 종류, 고용기간의 정함 유무, 계약상의 명칭에 구애됨이 없이 당해 사업장에 사실상 계속적으로 사용되고 있는 동종의 근로자 전부를 의미하는 것으로서, 당해 사업장에 사업장 단위로 체결된 단체협약의 직종별 적용범위가 특정되지 아니하여 단체협약의 조항이 모든 직종에 걸쳐서 공통적으로 적용되는 경우에는 직종의 구분없이 사업장 내 모든 근로자가 동종의 근로자에 해당되지만, 단체협약의 직종별 적용범위가 특정되어 있거나 그 내용에 비춰보아 작업내용, 근로형태가 상이하여 단체협약의 적용이 예상되지 않는 근로자의 경우에는 단체협약의 내용이 확장 적용되는 동종의 근로자로 볼 수 없다(노조 01254-110, 1995.2.3).

17) 일반적구속력이라 함은, 하나의 사업에 상시 사용되는 동종의 근로자 반수 이상의 근로자가 하나의 단체협약의 적용을 받게 될 때에 당해 사업장에 사용되는 다른 동종의 근로자에 대하여도 단체협약의 내용 중 규범적 부분(임금, 근로시간, 제수당, 상여금, 휴직, 정년, 해고 등 채용된 후부터 퇴직시까지 근로자 대우에 관한 사항)에 한하여 당해 단체협약이 적용되는 것을 말한다. 예를 들면, 하나의 사업에 조직된 노조(A기업의 노조)가 수개의 사업장(1공장노조(조합원55명, 비조합원 45명), 2공장노조(조합원40명, 비조합원45명))을 포괄하고 있는 경우에는 1.2공장 사업장 전체근로자 185명의 반수(92.5명)이상(조합원 95명)이 하나의 단체협약 적용을 받는다면 일반적구속력이 적용된다.

18) 예를 들어, 사직서를 제출하고 연봉제근로계약을 체결한 노조원들의 명시적인 조합탈퇴의사표시 등이 없는 한 여전히 조합원에 해당하므로, 회사로서는 이들 조합원을 적용대상으로 하는 연봉제급여규정을 신설함에 있어서는 위 단체협약의 규정에 따라 조합과 사전협의절차를 거쳤어야 할 것이다. 그럼에도 불구하고 회사가 정당한 이유없이 조합의 단체교섭이나 사전협의

3. 연봉제 운용

연봉제에서도 임금지급의 일반원칙은 준수하고 연장, 야간, 휴일근로에 대한 임금 및 가산수당은 지급되어야 한다. 따라서 포괄임금산정제 형태로 연봉제가 유효하게 도입된 경우는 연봉 속에 이러한 각종 수당과 가산수당, 임금이 포함되어 있는 것으로 볼 수 있으나 이 경우에도 미리 예정된 임금 및 가산수당을 초과하는 경우 해당 부분에 대한 사후정산이 있어야 한다.

예를 들면, 주40시간제 사업장에서 근속기간 5년이고 시급 9천원인 근로자가 소정근로시간이 월평균 209시간, 월 초과근로 20시간, 초과근로 중 야간근로시간대 근로 월 10시간, 자격수당 월 10만원, 출장비 10만원, 중식대 8만원, 체력단련비 8만원, 거래처 섭외비 월 10만원이라면 다음과 같이 연봉을 설계할 수도 있을 것이다. 초과근로수당은 편의상 할증률을 구분하지 않고 계산한다.

1. 기본급(유급주휴 포함) : 월209시간×9천원×12월=22,572,000원
2. 초과근로수당 : 월20시간×1.5×9천원×12월=3,240,000원
3. 초과근로 중 야간근로수당 : 월 10시간×0.5×9천원×12월=540,000원
4. 자격수당 : 월10만원×12월=1,200,000원
5. 출장비 : 월10만원×12월=1,200,000원
6. 중식대 : 월 8만원×12월=960,000원
7. 체력단련비 : 월 8만원×12월=960,000원
8. 거래처 섭외비 : 월10만원×12월=1,200,000원
9. 상여금(월기본급의 400%) : 월209시간×9천원×4=7,524,000원
10. 연차유급휴가수당 : 17일×8시간×9천원=1,224,000원

이상과 같은 내역으로 가정했을 경우 연봉합계는 총 40,620천원이다. 이 금액에 1년간의 업무실적을 평가하여 일정율의 성과금, 기타 수당 등을 더하여 연봉을 결정한다면 월 임금액은 다음과 같다.

요구를 거부한 것은 노동조합법 제81조제3호의 부당노동행위에 해당한다(대판 2003다44363, 2004.3.12).

→ 40,620천원+성과금 등÷12월=월 임금액

(1) 정산요령

산정된 연봉액을 임금으로 상정하고 연봉계약의 이행지침으로서 연도 중 퇴직시 정산, 결근시 기지급분에 대한 일할 공제, 실비 등의 과부속에 따른 성산, 연·월차유급휴가 사용여부에 따른 정산기준, 연도 말 혹은 이듬해 1월초에 작년도 출근율과 근로시간 휴가사용실적 등 연초에 연봉의 산정기초가 된 사실의 변수를 고려한 과부족 정산기준을 작성해 두어야 할 것이다.

정산지침은 단체협약이나 취업규칙 등에 별도의 규정으로 작성해 두는 것이 바람직하다. 만약 연봉설계시에 법정수당을 포함하지 않는다면 일정단위를 기준으로 해서 그 부분만 별도로 산정하여 지급하거나 휴가 등을 부여해야한다. 특히 법정제수당을 사전에 연봉에 포함하여 전액을 지급하더라도 실제 발생된 휴가는 근로자의 청구가 있으면 반드시 부여하고 연도 말 혹은 일정기간을 두고 정산을 해야 한다. 예를 들면, 연차유급휴가일수를 15일을 상정하여 수당을 연봉에 포함지급했는데, 연도 중에 5일만 사용했다면 10일분에 대해서는 연차유급휴가 근로수당을 지급해야 한다.

(2) 연봉계약과 근로계약

근로계약기간과 연봉제계약기간은 법률상 엄연히 다른 의미를 가진다. 전자는 근로관계의 시작과 종료를 의미하는 것이고, 후자는 근로계약이 존속하고 있는 기간 중에 임금의 결정을 위한 단위산정기간을 나타내는 것이다. 연봉제계약의 종료가 곧바로 근로계약기간의 종료가 되는 것은 아니다. 따라서 근로계약이니 취업규칙을 작성할 때, 양자가 서로 다르다는 점을 분명하게 하여야 한다. 그렇지 않고 연봉계약기간과 근로계약기간을 동일하게 집아 놓은 다음, "연봉은 매년 계약기간 종료 1월전에 당사자가 협의하여 정한다"고 표기함으로서 재계약을 기피하거나 턱없이 낮은 조건을 제시하여 사실상 해고와 다름없는 효과를 얻는다면 법적으로 해고에 관한 규제를 피하기 위한 수단으로 활용하는 것이다. 실무상으로는 근로계약 등을 작성할 때, 연봉계약기간과 근로

계약기간을 아래와 구분 기재하는 것이 바람직하다.[19)]

적법타당하게 연봉제를 도입하여 실제로 연봉제계약기간 동안에 업무계획을 제출하여 이를 평가 받은 후 그 계획을 토대로 실적을 평가받고 그 결과에 의해 다음 연봉계약기간 동안의 연봉액을 결정한다면 무리가 없다. 이때 근로자가 이 새로운 연봉의 결정을 받아들이지 않을 경우 "의원사직"의 형태로 근로계약은 종료될 수 있다. 다만, 연봉제 계약이 적법, 타당하지 못하거나 업무계획과 실적에 대한 공정한 평가가 없거나 불완전한 경우 근로자가 이를 받아들이지 않는다는 이유로 퇴직을 시키는 것은 해고가 될 수 있으므로 불이익처분은 정당한 사유가 있어야 할 것이다.

1) 계약연봉제의 중도해지

계약연봉제[20)]는 근로계약으로 정한 기간동안 근로자는 일방적인 계약해지권이 인정되나 사용자에게는 정당한 사유가 없다면 일방적인 해지권이 인정되지 않는다. 다만, 근로자가 객관적으로 보아 계약이행에 장애가 없었는데도 고용계약을 위반하여 중도에 계약해지를 하고, 그로 인해 사용자가 불측의 손해를 입었다면 근로자에게 민법상 계약불이행에 따른 손해배상을 청구할 수는 있을 것이다. 반대로 사용자가 일방적인 해고를 하였다면 "정당한 이유없는 해고"로 법 위반[21)]이 될 것이다.

2) 연봉제 아래서 근로계약 반복갱신문제

① 기간을 정한 계약으로 본 경우

계약기간을 정하고 계약기간이 만료되는 경우 근로관계는 소멸하는 것으로 하면서 별도의 갱신절차를 정하지 않고, 입사시를 기준으로 개별적으로 연봉제안 협상을 하여 갱신계약을 체결하여 왔고, 연봉계약서에는 매회 고용기간

---

19) ① 근로계약기간 : 2013.1.1부터 기간의 점함이 없는 정규직, ② 연봉계약기간 : 매년 1.1~12.31 혹은 입사일로부터 1년간.

20) 3년·5년단위와 같이 일정기간을 연봉제로 근로계약을 체결하고 계약기간 종료 후 다시 근로계약을 체결하는 형태.

21) 근기법 제23조제1항.

종료시 퇴직하는 것을 전제로 해마다 연봉에 퇴직금 명목의 금원을 산입하는 경우가 있다. 이 경우 연봉계약당사자는 유기계약 근로자로 보아야 한다. 판례에 따르면 위와 같은 조건 이외에 같은 직급의 다른 직원들에 비하여 월등히 많은 연봉을 받는 등 영속적인 계약으로 보기는 어려운 점 등을 종합 판단하여 사실상 기간의 정함이 있는 근로자의 지위에 있다고 보았다.[22)]

② 단기 계약이 상당기간 반복된 경우

비록 유기계약 근로자의 지위에 있다고 볼 수 있는 경우라도, 그 고용이 계절적·임시적인 것이 아니고 상당기간 반복 갱신되어 계속적인 고용이 기대되고 있는 때[23)]에는 해고제한의 법리가 유추 적용되어 경제사정의 변동에 의한 잉여인력의 발생 등과 같은 사회통념상 상당하다고 인정되는 합리적인 이유없이 근로계약의 갱신을 거절하는 것은 신의칙상 허용될 수 없다.[24)]

3) 객관적인 지표를 기준으로 한 재계약

근로계약이나 단체협약, 취업규칙에 연봉제에 관한 합리적인 산정기준이나 성과지표 등이 명시되어 있고, 이를 토대로 사용자가 1년의 연봉기간이 만료되어 다음해의 책정을 위한 협상을 시작하면서 그 동안 연봉책정의 기초자료로 정한 각종 실적과 발전전망 등 객관적인 자료를 토대로 제시한 새로운 연봉이 기대에 미치지 못하여 근로자 스스로 사직한 경우에는, 근로관계 종료에 정당한 사유가 있을 것이고 법 제23조 위반의 죄를 물을 수도 없다.[25)]

---

22) 서울행판 2005구합28065, 2006.3.21.

23) 이 때의 계약기간은 존속기간이 아니라 갱신기간이다.

24) 서울행판 2005구합28065, 2006.3.21.

25) 2차에 걸쳐 연봉제 계약갱신이 있었으나, 계약갱신 때마다 원고가 참가인 은행에게 향후 개발계획과 다른 은행 개발전문가의 연봉을 제시하면서 그에 상응한 연봉을 지급할 것을 요구하였던 점, 2차 갱신계약 만료 전까지도 원고가 추가 개발하겠다던 모형 개발에 실패하고, 개인신용평점 시스템에 의한 매출실적이 급감하는 한편 부실대출로 말미암아 임의적 전산조작사실이 발각되었던 점, 2차 갱신 계약시에 별도로 원고에 대해서만 위 시스템개발 및 이뱅킹전략연구소에 대한 비밀엄수의무 등을 추가하였던 점, 위 추가 모형개발에 실패할 경우 참가인 은행으로서는 달리 원고를 계속 고용할 사유가 없었던 점에 비추어 볼 때, 원고가 2차 계약기간 만료 후에도 계속근로관계가 유지될 것으로 기대할 만한 사정 즉, 정당한 기대가 있었다고 보기 어렵고, 가령 원고에게 계약갱신에 대한 정당한 기대가 생겼다고 하더라도 앞서 살펴 본 점에 비추어 참가

한편, 합리적인 지표나 산정기준을 설정함이 없이, 일방적으로 설정한 불합리하고 주관적인 기준을 토대로 임의로 연봉을 인하하는 등 근로조건을 현저하게 저하시키고 이를 기초로 새로운 연봉계약을 체결할 경우, 사용자의 제안을 수용하지 않는다고 하여 이것을 곧 근로계약의 정당한 해지사유로 볼 수는 없다. 이때 사용자의 제안을 거절한 근로자와의 근로관계를 일방적으로 해지하는 것이 법적으로 아무런 문제가 없다고 한다면, 연봉제도입 자체가 법 제23조제1항에 정한 "해고의 정당한 사유"등 관련해고 법리나 "취업규칙 등 근로조건 불이익변경 제한"에 관한 법 제94조 등을 몰각(沒却)시키는 것이므로 용납할 수 없는 것이다.

4) 연봉제와 기간제근로

연봉제가 기간제법상 2년 이상 고용시 기간의 정함이 없는 근로자로 간주한다는 규정에 저촉될 경우가 있다. 이 경우는 연봉제의 성격이 일반적인 근로계약 속에 임금결정방식 중의 하나라면 2년 이상 고용시 기간의 정함이 없는 근로자로 의제할 수 있으나, 채용사유나 형태가 전문적 지식·기술의 활용이 필요한 경우와 정부의 복지정책·실업대책 등에 따라 일자리를 제공하는 경우로서 대통령령이 정하는 경우, 고령자고용촉진법에 의한 고령자, 사업의 완료 또는 특정한 업무의 완성에 필요한 기간을 정한 경우, 학업 훈련을 이수하기 위한 기간, 휴직, 파견으로 인한 결원대체 등 기간제 및 단시간근로자보호법 제4조 및 동법시행령 제3조에 정한 예외사유에 해당하는 경우라면, 연봉제 근로자를 2년 이상 고용했다고 하더라도 기간의 정함이 없는 근로자로 간주한다는 규정을 적용할 수는 없을 것이다. 다만, 외형상 예외적인 사유를 표방하더라도 연봉제가 단지 노동관계법의 세부적인 적용을 피하기 위한 수단에 지나지 않는다면 기간제법 제4조제2항에 의거 기간의 정함이 없는 근로자로 보아야 할 것이다.

인 은행의 계약갱신 거절이 사회통념상 상당하다고 인정되는 합리적인 이유없는 갱신거절이라고 보기도 어렵다(서울행판 2005구합28065, 2006.3.21).

(3) 연봉제 속에서 퇴직금중간정산

퇴직금은 근로자가 퇴직시 지급하는 것이 원칙이나, 퇴직 이전에도 당해 근로자가 계속근로한 기간에 대한 퇴직금을 미리 정산하여 지급할 수 있는 퇴직금중간정산제도가 있으며,[26] 재직 중 몇 회가 되든 중간정산 회수도 제한이 없다. 사용자는 반드시 근로자의 정산요구에 응해야 할 의무가 있는 것은 아니다. 다만, 2012.7.26부터 퇴직급여보장법 개정으로 인해 퇴직연금제도에 가입한 경우는 중간정산이 금지되고, 퇴직연금 미가입사업장의 경우에도 주택구입 등 대통령령[27]으로 정한 사유가 아니면 중간정산을 할 수 없도록 엄격히 제한하고 있다.

2012.7.26. 이전의 중간정산으로서, 연봉제로서 퇴직금을 매월 임금에 포함시켜 지급하는 이른 바 퇴직금 중간정산이 유효하려면 다음과 같은 요건을 구비하여야 한다.[28]

요건 1. 중간정산대상 기간은 정산시점을 기준으로 기왕에 계속근로를 제공한 기간만 해당된다. 따라서 1년 미만 근속근로자는 법정퇴직금지급대상자가 아니므로 중간정산대상에 포함할 수 없다.

요건 2. 퇴직금을 중간정산 받고자 하는 근로자의 별도요구가 있어야 한다.

근로계약서와 연봉계약서에 중간정산 희망사실이 포함되어 있다고 하더라도, 추가로 별도 문서로 된 중간정산요구서를 매번 정산 할 때마다 받아 두어야 하고, 중간정산금을 매월 분할하여 지급한다는 명시적인 내용이 포함되어 있어야 한다.[29] 연봉계약서 등에 중간정산에 관한 내용이 포함되어 있더라도 추가로 별도요구 문서가 없다면 그것은 근로자의 자율적인 의사에 기한 것이라고 볼 수 없다.

---

26) 퇴직급여보장법 제8조제2항.
27) 무주택근로자의 주택구입 또는 전세금 및 보증금을 부담하는 경우(당해 사업장에서 근로하는 동안 1회)부양가족이 질병 또는 부상으로 6개월 이상 요양을 하는 경우, 중간정산 신청일로부터 과거 5년 이내에 근로자가 파산선고, 개인 회생절차 개시 결정을 받은 경우, 임금피크제를 실시하여 임금이 줄어든 경우, 기타 천재지변 등으로 피해를 입은 경우 등 장관이 고시로 정하는 경우.
28) 퇴직급여보장팀-1276 2005.12.26, 임금근로시간정책팀-568, 2006.3.17, 2006.7.1부터 적용.
29) 임금근로시간정책팀-568, 2006.3.17.

요건 3. 연봉 속에 포함될 퇴직금의 액수가 명확히 정해져 있어야 하며, 매월 지급받는 퇴직금의 합계가 중간정산시점을 기준으로 퇴직급여보장법 제8조제1항에 의한 금액보다 적지 않아야 한다. 즉 법정수준 이상이어야 한다.

요건 4. 매번 중간정산을 실시할 때마다 평균임금을 계산한다.

연봉제 근로자의 경우에도 퇴직금제도가 일반 근로자와 마찬가지로 적용된다.[30] 퇴직금을 월급여에 분할지급시 퇴직금 중간정산으로 볼 수 있는지에 대하여, 판례의 입장은 연봉제에 있어서 퇴직금 중간정산 요건을 구체적으로 적시하지는 않았으나 1년의 임금을 정함에 있어서 총액을 기준으로 보너스, 퇴직금, 성과급등을 모두 포함하여 결정한 후 이를 12분하여 매월 지급한 연봉제계약을 체결한 경우, 이것을 퇴직금 중간정산으로 인정할 수 없다고 판시한 바 있다.[31] 실무사례를 살펴보면 다음과 같다.

1) 적법한 중간정산 사례

근로자의 별도요구에 의거 입사 후 1년 경과시점에서 중간정산하여 그 금액을 다음연도 연봉액에 포함하여 지급하는 경우가 적법한 사례가 된다. 예를 들면, 2010.1.1입사하여 2010.12.31까지 계속근로한 후 2010년도분 퇴직금을 정산하여 2011년도 연봉액에 포함하여 지급하는 경우 혹은 2011년도 1년분 퇴직금을 2011년도 말에 확정하여 2012년도 연봉액에 포함하여 지급하는 경우 모두가 적법하다. 다만, 요건과 절차·내용이 위의 4가지 요건에 부합되지 않으면 효력이 없다. 특히 2012.7.26. 개정법 시행이후 중간정산은 시행령으로 정한 사유에 해당하지 않으면 퇴직금중간정산으로서 효력이 없다.

2) 부적법한 중간정산 사례

법정 중간정산 사유에 해당하더라도 계속근로기간이 1년이 경과되지 아니한 근로자에게 퇴직금을 산정하여 미리 매월 임금에 포함 분할지급하거나, 년도 말에 일괄적으로 30일분의 평균임금을 더 지급하는 경우, 근로계약서 이외에 근로자의 별도 중간정산요구서가 없거나, 근로자의 자유로운 의사에 의하지 않고 사용자가 일방적으로 기재한 계약서에 어쩔 수 없이 날인한 경우, 계속근로기간이 1년을 경과한 근로자에게 입사 2년차부터 연봉계약을 하면서 근로자의 서면요구 등 적법요건을 갖추지 않고 퇴직금을 일정금액으로 확정 분할하여 매월 임금에 포함 지급하는 경우 등은 적법하지 못하다.

다만, 사용자나 관리자의 강압·강요 등에 의한 중간정산이 적법한 중간정산 의사표시로 볼 수 있느냐 하는 점이 논란이 될 수 있다. 판례에 따르면, 강압에 의한 중간정산이 유효하지 않지만, 구체적 사실관계에서, 진의 아닌 의사표시란, 표의자가 진정으로 바라는 속마음이 아니라, 특정한 내용의 의사표시를 하고자 하는 생각을 말하는 것이라고 보아서, 진심으로 마음속으로 바라지는 않았지만 당시의 상황으로서는 최선이라고 생각하여 중간정산신청서에 서명한 경우는 이를 두고 진의 아

30) 퇴직급여보장팀-381, 2006.2.7.

31) 대판 2005도467, 2005.3.11 ; 대판 2002도2211, 2002.7.12.

닌 의사표시라고 할 수는 없다는 입장이다.[32] 따라서 강박 등에 의한 의사표시라고 하면, 상대방이 불법적으로 어떤 해악을 고지하여 이로 말미암아 공포를 느끼고 의사표시를 하여야 하는데, 해악을 고지하는 강박행위가 위법하려면 강박행위 당시의 거래관념과 제반 사정에 비추어 해악으로서 달성하려는 목적이 정당하지 않거나 해악의 내용이 법질서에 위배되는 경우 또는 거래관념에 비추어 그 해악으로 추구하는 이익달성을 위한 수단으로 부적당한 경우에 해당하여야 한다. 따라서 구체적 사실관계를 토대로 강압 등에 의한 진의 아닌 의사표시가 있었는지를 판단하여야 한다.[33]

부적합한 중간정산을 하여 매월 지급하는 항목 중에 퇴직적립금이 들어있다고 하더라도 그 금품은 법률상 퇴직금으로서 성격은 없다. 따라서 사용자는 퇴직적립금에 대하여 부당이득의 반환을 구할 수 없고 또 이를 이유로 근로자에게 지급할 다른 금품에서 공제하는 것도 허용되지 않는다.

판례에 따르면, 퇴직금을 매월 월급에 포함하여 지급하였다 하더라도 퇴직급여보장법제8조에 정한 퇴직금으로서 효력이 없다고 하였다. 또 매월 퇴직금을 중간 정산하여 지급하기로 한 약정에 관해서도, 장래의 근속기간에 대한 퇴직금중간정산 약정은 인정할 수 없을 뿐만 아니라, 이러한 금품이 근기법상의 퇴직금이 아닌 만큼 법률상 원인 없이 지급받은 부당이득으로 반환을 요구하면서 퇴직금채권과 상계해야 한다는 주장에 관해서도, 위 금품은 매월 지급받은 통상임금의 일부에 해당하므로 부당이득이라고 반환을 요구할 수도 없다고 판시한 바 있다.[34]

(4) 포괄임금제와 연봉제

연봉제는 세부적인 임금구성과 결정방식에서 포괄임금산정방식을 원용하는

32) 대판 2002다11459, 2003.4.25.

33) 대판 99다64049, 2003.3.23.

34) 서울동부지판 2004나1358, 2004.10.26. 퇴직금이란, 퇴직이라는 근로관계의 종료를 요건으로 하여 비로소 발생하는 것으로 근로계약이 존속하는 동안에는 원칙으로 퇴직금 지급의무는 발생할 여지가 없는 것이므로, 사용자와 근로자 사이에 매월 지급받는 임금 속에 퇴직금이란 명목으로 일정한 금원을 지급하기로 약정하고 사용자가 이를 지급하였다고 하여도 그것은 법 제8조제1항에서 정하는 퇴직금 지급으로서의 효력이 없다고 하면서, "근로계약을 체결하면서 매월 지급하는 임금을 일급 70,000원(근로자 공소외인의 경우)으로 하되, 이 일급은 노임 64,600원, 퇴직적립금 5,400원으로 하고, 퇴직적립금을 매월 임금지급일에 수령함에 동의하며 일체의 이의를 제기하지 않기로 약정하고, 이와 함께 근로자들로부터 '매월 급여 수령시 퇴직금을 정산하여 지급받기를 희망하며 퇴직시 회사에 퇴직금에 관한 일체의 이의를 제기하지 않을 것을 확약합니다.' 라는 내용으로 '퇴직금 중간정산 신청서' 를 받았으며, 노임과 퇴직적립금을 구분하여 기재한 노무비 명세서를 교부하면서 같은 명목의 돈을 매월 급여로 지급하였다 하더라도, 그와 같은 퇴직적립금 명목의 금원 지급에 대하여는 퇴직금 지급 내지 퇴직금 중간정산의 효력을 인정할 수 없고, 나아가 근로계약에서 정한 위와 같은 퇴직금에 관한 약정이 법 제8조제2항이 규정하고 있는 퇴직금 중간정산에 관한 약정이라고 볼 수 없으며 이는 피고인이 위 근로자들로부터 장래의 근속기간에 대한 퇴직금 중간정산 신청서를 미리 제출받았다고 하더라도 변함이 없다(대판 2007도3725, 2007.11.16).

것이 일반적이다. 최근 판례에서는, 근로시간 산정이 가능하다면 원칙적으로 근기법규정에 위반되는 포괄임금제를 허용할 수 없다는 입장이다.[35] 실무에서 연봉계약을 하면서 연봉 속에 법정제수당과 퇴직금이 포함된 포괄임금형태로 약정하는 경우, 이러한 약정이 근기법에 비춰서 유효하려면 법정기준 이상의 요건을 갖추어야 한다.

한달에 일하는 날이 며칠이며 그 날에 소정근로시간은 몇 시간이고 연장근로시간이나 야간근로시간이 있다면 월평균 몇 시간인지, 주휴나 월차유급휴가 등은 먼저 수당으로 전액을 지급하고 실제휴가를 요구할 때마다 보내 줄 것인지, 아니면 월말에 연봉과 별도로 정산하여 지급하는지 등에 관하여 명확한 수치적 고려가 따라야 할 것이고, 근로시간과 휴일, 휴가 연장근로 등에 대한 정산은 전제 어떻게 할 것인지 여부 등을 꼼꼼하게 설계하여야 할 것이다.[36] 그런 설계가 끝난 이후에 그 근로자가 감시·단속적근로자로 승인받은 경우라면 근로시간과 휴일 휴게시간의 적용이 제외[37]되므로 그에 따른 별도의 세부적인 설계가 필요하고, 관리감독자일 경우에도 마찬가지가 될 것이다. 특히 연소자, 산후 1년 미만자, 고령자, 임신 중인 여성 등 개별근로자의 특성에 따른 법정기준의 준수여부를 반드시 고려하여야 한다. 이러한 설계를 바탕으로 연봉제를 약정하고 실제 근로관계에 있어서 약정을 초과한 부분에 대해서는 반드시 정산이 따라야 할 것이다.

---

35) 대판 08다60527, 2010.5.13.

36) 주 40시간, 1일 8시간을 소정근로시간으로 하는 사업장에서 근로자에게 연봉 총액은 3,600만원으로 하되, 그 가운데 통상임금에 해당하는 기본급은 연 2,400만원(월 200만원, 월 209시간근로(유급주휴 포함), 시급 9,570원)이고, 나머지 1,200만원은 식대, 가족수당, 체력단련비 등 은혜적인 경비 등이 3,981,120원 기타 제수당 등이 월 573,540원씩 12개월분 6,870,480원이고, 연차유급휴가수당이 9,570원×8시간×15일=1,148,400원이라면, 연도 말에 가서 1년간의 출근율이 소정근로일의 8할 미만일 경우는 연봉 속에 포함 지급된 연차유급휴가수당 1,148,400원 전액을 반환하거나 다음 달 임금에서 삭감할 수 있을 것이고, 기본급에 포함된 주휴수당에 있어서도 52주 가운데 10개주를 개근하지 못했다면 9,570원×8시간×10주=765,600원을 삭감할 수 있을 것이다. 조퇴나 지각의 경우는 그에 상응하는 시간급을 삭감(조퇴 2시간, 지각 1시간, 총 3시간×9,570원=28,710원 삭감) 하는 규정을 두면 될 것이다.

37) 야근근로가산임금과 연·월차유급휴가 등은 적용.

(5) 연봉 속에 포함된 통상임금 산정

연봉액을 정하고 이 금액을 12등분한 금액을 연봉월액이라고 한다. 이 기본연봉금 속에는 연봉제 적용일 현재 직급 및 호봉에 해당하는 기본급 이외에, 상여금·가계지원비·효도휴가비·장기근속수당·시간외근무수당, 식대·학자금 등 후생복리비 기타 제수당의 명목금 등을 연간 총액의 합계액으로 한다. 이때 연봉 속에는 얼마만큼의 통상임금이 있을까 하는 의문이 남는다.

행정해석은 위와 같은 경우 시간외 근무수당을 제외한 나머지를 월 통상임금으로 보아야 한다[38]고 보지만, 좀 더 세밀하게 보면 연봉 속에 포함된 각종 임금산정기준을 토대로, 기타금품에 속하는 성격을 가진 금품과 평균임금에 속하는 금품을 제외한 나머지 금품으로서, 정기적이고 일률적으로 지급하는 통상임금 성격의 금품을 1/12로 하여 월평균 통상임금을 산출하고, 이 금액을 월평균소정근로시간으로 나눠서 시간급통상임금을 산정해야 정확한 답을 찾을 수 있다. 다만, 임금의 항목별 분리가 곤란하고, 사실상 전체 1/12 금액을 기준으로 수당이나 각종 성과금의 기초로 삼는 등 사실상 통상임금과 다름없이 활용하고 있다면 전체의 1/12 중 시간외근로수당 등 명백히 통상임금에서 제외되는 금품을 공제하고 나머지를 통상임금[39]으로 보아서 월평균소정근로시간으로 나눠야 통상임금을 산정할 수 있다. 행정해석의 경우 후자의 경우에 가까운 답이 될 것이다.

---

38) 임금근로시간정책팀-3347, 2006.11.14.

39) 통상임금이라 함은, 사용자가 근로자에게 정기적·일률적으로 소정근로 또는 총근로에 대해 지급하기로 정해진 시간급금액·일급금액·주급금액·월급금액 또는 도급금액을 말한다(근기법시행령 제6조). 어떤 금품이 통상임금에 포함되는지에 대하여는 그 명칭만으로 판단해서는 안되며, 통상임금의 의의, 근로계약·취업규칙·단체협약 등의 내용, 직종·근무형태, 지급관행 등을 종합적으로 고려해 판단해야 할 것이나. 임금체계를 연봉제로 변경하면서 현 지급 및 호봉에 해당하는 기본급, 상여금, 가계지원비, 효도휴가비, 장기근속수당, 시간외근로수당 등 연간 산정된 총액의 합으로 되어있으며 매월 급여지급일에 위 기본 연봉급의 1/12를 지급하는 것으로 보이며, 연봉제로 임금체계를 변경해 기본급에 각종수당을 포함하여 기본 연봉으로 통합하고 기본연봉의 1/12를 매월 분할해 지급할 경우에는 매월 지급되는 기본연봉을 통상임금으로 보아야 할 것이다. 다만, 기본연봉 안에 연장근로시간에 대한 임금까지 포함되어 있는 경우에는 이를 통상임금의 범주에서 제외해야 할 것이다(노사협력팀-6359, 2006.11.7).

(6) 연봉제와 임금의 정기지급

임금은 매월 1회 이상 일정한 기일을 정하여 지급해야 한다.[40] 연봉제를 채택하더라도 이 규정의 예외를 둘 수는 없다. 따라서 연봉을 1/12로 나눈 금액을 월 1회 이상 지급해야 한다. 1회 이상이므로 1/12회, 1/24회, 1/36회로 나눠서 매월 정한 날(5, 10, 20일 등)에 규칙적으로 지급하는 경우는 문제가 없다. 그러나 1월 이상의 기간을 정하여 지급하는 것은 법위반이 될 것이다.

40) 근기법 제43조.

제28장 휴업수당

1. 개념정의

「휴업(休業)」이라 함은, 근로계약을 존속시키면서 사업의 전부 또는 일부를 사용자의 결정에 의해 일정기간 정지하는 것 또는 개개의 근로자가 근로계약에 따라 근로를 제공할 의사가 있음에도 불구하고 그 의사에 반하여 취업이 거부되거나 또는 불가능하게 된 경우를 말한다.[1] 근로자의 자발적인 의사에 의하여 근로계약을 유지하면서 근로계약상 노무제공을 일시적으로 중단하는 「휴직」과 구별된다.

「휴업수당」이란, 상시 5인 이상의 근로자를 사용하는 사업·사업장에서, 근로자의 과실 없이 사용자의 귀책사유로 근로자에게 일을 하지 못하게 하거나 일을 하는 것이 불가능하게 되는 등의 사유가 발생하여 근로자가 일시적으로 일을 쉬는 경우, 사용자는 근로자에게 평균임금의 70/100 이상 또는 평균임금의 70/100에 해당하는 금액이 통상임금을 초과하는 경우는 통상임금을 지급하여 생활안정을 도모하게 되는데 이를 휴업수당이라고 한다.[2]

휴업수당은 평균임금을 기초로 산정되므로 그 기간 중에는 휴업수당 이외에 별도로 상여금 등 평균임금에 포함되는 금품을 지급할 의무는 없다.

---

1) 대판 90다카25277, 1991.6.28.

2) 근기법 제46조제1항, 영 제26조, 규칙 제8조, 〈사례 1〉 A사업장이 1월간 휴업을 실시한 경우, 소속근로자 P의 평균임금이 250만원, 월 통상임금이 210만원이라면, 175만원(250×70%)〈통상임금 210만원이므로, 휴업수당은 175만원이다. 〈사례 2〉 B사업장이 1월간 휴업을 실시한 경우, 소속근로자 S의 평균임금이 250만원, 월 통상임금이 160만원이라면, 175만원(250×70%)〉통상임금 160만원이므로, 휴업수당은 통상임금 160만원이다.

휴업기간 중 근로자가 임금의 일부를 지급받은 경우에는 휴업기간 중에 해당하는 평균임금에서 이미 지급된 임금을 공제한 나머지 금액에 100분의 70을 곱하여 휴업수당으로 지급하고, 통상임금을 휴업수당으로 지급하는 경우에는 통상임금에서 휴업한 기간 중에 지급받은 임금을 공제한 나머지를 지급하여야 한다.[3]

다만, 사용자 귀책의 휴업이 분명하지만, 폐업이나 사업폐지 정도는 아니라도 부득이한 사유로 인해 더 이상 사업계속이 불가능하여 휴업하는 등 불가피하다고 판단되는 경우는 노동위원회의 승인을 받으면 기준 이하로 휴업수당을 지급하거나 아예 지급책임을 면할 수 있다.[4] 부득이한 사유에 관한 입증책임은 사용자에게 있다.

휴업은 근로자나 사용자 어느 일방의 책임으로 발생할 수 있으며, 양자의 책임이 없이 불가항력적인 사유로 인하여 발생할 수도 있다. 사용자책임으로 휴업수당이 발생하려면, 사용자의 고의·과실뿐 아니라, 사용자의 세력범위 내에서 발생한 경영 장애까지 포함하여 널리 사용자가 통제·지배 가능한 사유로 근로자가 노무를 제공하지 못하고 휴업한 경우라야 한다.

따라서 천재지변이나 전쟁 등과 같이 사용자가 지배·통제할 수 없는 불가항력적인 사유로 근로자가 일을 하지 못한 한 경우는 휴업에 이르게 된 사유가 사용자귀책으로 볼 수 없기 때문에 휴업수당지급의무 자체가 발생하지 않는

---

3) ① 〈사례 1〉 A사업장이 1월간 휴업, 임금의 일부로 150만원을 지급한 경우, 근로자 p의 평균임금이 250만원, 월통상임금이 190만원이라면, 평균임금 250만원×70%=175만원〈통상임금 190만원이므로, 평균임금을 기준으로 휴업수당을 지급한다. 따라서 평균임금 250만원−150만원=100만원×70%=70만원이 휴업수당이다.

② 〈사례 2〉 T 사업장이 1월간 휴업, 임금의 일부로 130만원을 지급한 경우, 근로자 p의 평균임금이 260만원, 월통상임금이 150만원이라면, 평균임금 260만원×70%=182만원〈통상임금 150만원이므로, 통상임금을 기준으로 휴업수당을 지급한다. 따라서 통상임금 150만원−130만원=20만원이 휴업수당이다.

③ 월 270만원(통상임금 130만원, 평균임금 200만원, 식비, 출장비, 취학자녀가 있는 자에게만 지급하는 학자금 등 기타금품 70만원)을 수령하는 근로자가 사용자의 귀책으로 휴업하였다면, 사용자는 총 270만원의 임금에서 기타금품 등 70만원을 공제한 200만원이 평균임금에 해당한다. 따라서 사용자는 휴업기간 중 근로자에게 평균임금의 70%를 지급해야 하므로 140만원 이상을 휴업수당으로 지급해야 한다. 그러나 근로자의 통상임금이 130만원이고 평균임금으로 산정한 휴업수당 140만원이 통상임금을 초과하므로 통상임금 월 130만원을 휴업수당으로 지급해야 한다.

4) 대판 99두4280, 2000.11.24.

다. 자세한 사항은 차례대로 설명한다.

2. 휴업과 사용자책임

근로계약도 넓게는 민법상 고용계약의 일종이므로, 근로기준법에 정하지 않은 사항은 민법에 따라 규율되어야 한다. 근로자 본인의 책임있는 사유로 인하여 계약상 정한 노무를 제공하지 못한 경우는 사용자에게 채무불이행으로 인한 손해배상책임을 져야한다.[5] 근로자가 휴업수당 등 노무제공이 수반되는 부분에 관해 자신의 권리를 주장하기 위해서는, 근로의 의사를 가진 근로자가 고용계약에 따라 노동력을 사용자가 처분 가능한 상태에 두어 기업활동에 적합하게 활용할 수 있도록 해야 한다. 자신의 노동력을 처분 가능한 상태로 두었음에도 불구하고 사용자의 책임있는 사유로 노무제공을 할 수 없게 된 경우에는 사용자는 민법상 채권자이행책임을 져야한다.[6] 사용자의 고의·과실 또는 이와 동등시할 만한 귀책사유로 일을 하지 못할 경우, 근로자는 사용자에게 이행책임을 물어 임금전액을 청구할 수 있다.[7]

그러나 근로자가 사용자의 고의·과실을 입증하거나 손해액을 제시하기 어렵고, 소송절차나 비용 또한 만만치 않다. 이 같은 불편을 감안하여, 근기법은 임금을 지급하지 못한 사용자의 귀책사유를 민법상의 사용자 귀책사유인 고의, 과실 또는 이와 동등시 할 만한 사유보다는 더 넓은 의미, 즉, 「사용자의 세력범위에 속하는 사유」로 폭 넓게 해석하여 근로자의 생존권을 보호한다. 만약 사용자의 고의 과실이 인정되는 사유에 의한 휴업의 경우라면 민법에 의한 임금전액청구권과 근기법에 의한 휴업수당청구권이 동시에 발생하게 될 것이다.[8] 민사적인 손해

---

5) 민법 제390조·제393조.

6) 민법 제390조 (채무불이행과 손해배상) 채무자가 채무의 내용에 좇은 이행을 하지 아니한 때에는 채권자는 손해배상을 청구할 수 있다. 그러나 채무자의 고의나 과실 없이 이행할 수 없게 된 때에는 그러하지 아니하다.
제400조 (채권자지체) 채권자가 이행을 받을 수 없거나 받지 아니한 때에는 이행의 제공이 있는 때로부터 지체책임이 있다.

7) 민법 제538조제1항.

8) 임금근로시간-711, 2006.3.29.

배상청구와 근기법상 휴업수당청구가 경합될 경우는 선택적으로 행사할 수 있으며, 어느 하나가 충족되었을 경우는 그 한도 내에서 다른 책임은 경감된다.

(1) 사용자 귀책

사용자 귀책, 「사용자의 세력범위」란, 사용자의 힘·영향력·지배력이 미치는 범위로서, 경영실태나 환경 등을 종합적으로 판단할 때, 휴업이 발생한 경영 장애가 널리 사용자의 과실이나 책임으로 돌릴만한 사유를 말한다. 사용자 귀책에 관해 법으로 정의한 바는 없으나 부득이한 사유가 있는 경우 휴업수당 지급의 예외를 정한 것을 고려하면, "휴업에 이르게 된 원인으로서 부득이한 사유에 해당하지 않으면서 사용자의 세력범위에서 발생한 사유"로 보는 것이 정확할 것이다. 다만, 구체적인 귀책사유 등에 관해서는 주변상황을 종합적으로 판단하는 등 해석론에 의존할 수밖에 없다.

행정해석과 판례에 따르면, 원자재부족, 주문량감소, 시장불황과 생산량감축, 모회사의 자금난에 따른 조업단축·휴업 등 경영에 필연적으로 수반되는 내외적인 상황을 모두 사용자 귀책으로 보고 있다. 구체적인 사례를 살펴보면 다음과 같다.

1) 사용자 귀책사유로 본 경우

부당한 승무정지기간,[9] 고의로 휴업한 경우,[10] 불황으로 조업단축,[11] 판매부진·자금난,[12] 원료수송 장애,[13] 위법한 직장폐쇄,[14] 단순한 강우로 인한 휴업,[15] 공장이전휴업,[16] 사용자귀책 차량 정비불량으로 인한 면허정지,[17] 계약

9) 임금근로시간-711, 2006.3.29.
10) 보노 667, 1956.12.2.
11) 기준 1455.9-12, 1968.1.5.
12) 기준 1455.9-11203, 1968.11.30.
13) 기준 1455.9-4914, 1969.5.9.
14) 선제적, 공격적 ; 기준 1455.9-11349, 1969.10.30.
15) 기준 1455.9-11347, 1969.10.30.
16) 법무 811-3870, 1978.2.24.
17) 법무 811-4106, 1978.2.28.

기간 도중에 사용자 귀책으로 귀국시 노무를 제공하지 못한 기간,[18] 사용자지시로 정원을 초과하여 운행하다가 면허정지 휴업,[19] 경기불황으로 인한 휴업[20] 법위반 행정처분으로 인한 조업중단기간 등의 경우를 사용자 귀책으로 보았다. 파업시 취업을 희망하는 근로자가 있을 경우 그 노무수령[21]이 불가능하지 않다면 임금지급의무가 있다.[22] 고용조정 또는 해고회피방법의 일환으로 근로자 동의없이 일방적으로 대기발령 등이 이루어 졌다면 사용자 귀책으로 휴업수당 대상이[23] 될 수도 있고 민사상 임금전액과 손해배상을 청구할 수도 있다.

2) 사용자 귀책사유로 보지 않은 경우

제3자의 출근방해로 인한 휴업기간,[24] 직권 면직되어 근로관계가 단절된 경우,[25] 근로자가 자진하여 무급휴직을 신청한 경우,[26] 전력회사 정전,[27] 징계로 인한 정당한 대기발령·출근정지 등의 기간,[28] 폭설로 통근버스의 운행이 불가능하여, 적법한 절차에 따른 휴일대체를 한 경우,[29] 외부적인 사유에 의한 단전단수로 조업중단,[30] 파업으로 근로를 제공하지 않은 기간,[31] 근로를 제공할 의무가 없는 방학기간[32] 등의 경우는 사용자 귀책으로 볼 수 없다.

1. 사용자귀책 휴업기간 중 쟁의행위가 개시되었다면 그 기간 중에는 노무수령과 근로제공의무가 정지된 것이므로 휴업수당 지불의무가 없다.[33] 파업에

18) 해지 125-4328, 1983.2.119.
19) 근기 1455-5468, 1973.5.31.
20) 근기 1455-26862, 1982.9.28.
21) 희망근로자들만으로 조업가능성.
22) 근기 68207-481, 1997.4.11.
23) 근로기준-4533, 2005.8.31.
24) 근로기준-2855, 2004.6.9.
25) 임금근로시간-3310, 2006.11.13.
26) 근로조건지도 1005, 2008.4.22.
27) 대판 81다626, 1981.12.22.
28) 근기 68207-546, 2003.5.2.
29) 근기 01254-4826, 1987.3.25.
30) 근기 01254-18029, 1987.11.13.
31) 임금 32240-10782, 1991.7.25.
32) 근기 68207-2423, 1993.11.22.
33) 근기 68207-109, 2001.1.11.

이어 교섭타결이 되고 난 후에도, 업무 재개시까지 파업에 따른 근로조건불일치 등으로 인하여 계속근로를 제공하지 않았다면 그 기간은 휴업수당지급대상이 아니다.[34] 파업철회 후 개별사업장별로 사용자는 종전 근로조건을 주장하고 근로자는 새로운 근로조건을 주장하는 등 근로조건불일치로 노무에 종사하지 않는 경우, 조합원의 불법적인 직장봉쇄로 비노조원의 노무제공 자체가 불가능한 경우 사용자 귀책으로 보기 어렵다.[35]

2. 차량운행정지처분을 받았더라도 사용자가 휴업으로 결정하지 않는 한 근로자는 노무제공의무가 있으므로 결근한 경우는 휴업으로 볼 수 없다.[36] 취업규칙 위반 징계조치로 해고한 후 사후에 징계를 취소하고 복직시킨 경우에도, 징계해고 후 복직일 이전까지의 기간은 이미 근로관계가 단절된 것이므로 그 기간은 이미 근로계약 자체가 소멸되고 없으므로 근로제공·노무수령의무가 존재하지 않는다. 따라서 휴업여부를 논할 수도 없다.[37]

3) 노사합의와 사용자귀책

노사가 당면한 기업의 어려움을 극복하기 위해 합의를 통해 무급휴직 등을 실시하는 경우, 이를 사용자 귀책으로 보아서 휴업수당지급대상으로 보아야 하는지 여부가 쟁점이 될 수 있다. 정리해고 대신 해고회피노력으로 무급휴직을 실시하는 것은 근로자에게 유리한 것이므로 휴업수당을 지급하지 않더라도 정당성이 있다.[38] 근기법 제23조에 의하면, 사용자는 정당한 이유가 있으면 해고, 휴직, 정직, 전직, 감봉 그 밖의 징벌 등을 할 수 있다. 휴직은 질병, 개인사정 등으로 인해 근로제공이 불가능한 자가 신청하는 자진휴직과 사용자의 경영상 사유로 인한 일방적인 명령에 따라 일정기간 보직이 정지되어 근로제공의무가 면제되는 명령휴직, 직권휴직, 무급휴직 등으로 나뉜다.

---

34) 근기 68207-2060, 2001.6.28.
35) 근로기준-1380, 2004.3.20.
36) 근기 68207-1714, 1993.8.2.
37) 대판 86도611, 1986.10.14.
38) 대판 2003다27429,2005.3.11.

자진휴직의 경우 원칙적으로 무급휴직이 가능하다. 행정해석[39]과 판례[40]에 의하면, 경영상이유 등 회사사정에 의한 사용자의 일방적인 무급휴직명령이라도 법 제23조제1항에서 정한 "정당한 사유"가 있다면 휴업수당을 지급하지 않을 수 있으나 다만, 정당성을 갖추려면 취업규칙과 근로계약·단체협약 등에 정함이 있는 것이 바람직하고, 경영상 등 휴직필요성, 근로자의 불이익 정도 등을 종합적으로 고려해 상당기간에 걸쳐 근로를 제공할 수 없거나 근로를 제공함이 매우 부적당하다고 인정되는 경우 등 근로에 종사하게 할 수 없는 정당한 사유가 있는지 확인하여야 한다.

경영상이유로 노무제공이 정지되는 휴직의 경우 이와 같은 정당성을 입증하지 못하면 사용자 귀책의 휴업으로 인정될 수 있다. 실무상, 구체적인 휴직요건 등에 관해서는 법에 달리 정한 바가 없으므로, 노사합의·취업규칙 등으로 휴직의 요건을 정할 수 있다. 노사가 해고회피노력 등으로 취업규칙 및 법 제24조 각항에 정한 적법한 절차에 따라 휴직을 합의하여야 한다. 과반수 노동조합이 있는 경우는 그 노동조합, 과반수 노동조합이 없는 경우는 근로자대표와 사용자간의 서면합의가 필요하고, 과반수 노동조합과 행한 합의는 단체협약의 실질적·형식적 요건을 충족시킬 수 있다면 유효하다.[41] 노사협의회에서 합의하는 경우는 근로자위원 전원이 1인의 대표위원을 선정하여 합의내용을 주지시킨 상태에서 사용자와 합의를 하거나, 근로자위원 전원의 서면합의에 의한 노사합의에 의해서만 법적효력이 있다.[42]

노사합의의 배경은 무엇일까? 노사는 계약을 통해 노무제공과 임금지급의 반대급부를 각각 부담하고, 계약의 당사자는 상호 합의를 통해 대등한 입장에서 계약의 유시 존속에 관한 세부사항의 설성·변경을 할 수 있다. 경영상의 이유 등 당사자 일방의 사유로 계약내용을 이행할 수 없다면 일방은 상대방에게 이행을 신뢰한 이익을 보상할 의무가 있는데 노사합의를 통해 그러한 배상의무면제 등을 약정하는 본 계약의 효력을 유지·보충하는 부수적 계약이라고

39) 근기 68207-780, 2001.3.8.
40) 대판 2003다63029, 2005.2.18.
41) 대판 2003다27429, 2005.3.11.
42) 근기 68207-92,2001.1.9.

볼 수도 있다. 노사합의없이 경영상이유로 이뤄지는 일방적인 휴직(명령휴직, 직권휴직, 무급휴직 등)은 엄격히 말해 휴직이 아니라 일방적인 휴업에 해당한다.

경영상 필요에 의한 해고의 정당성이 있고, 노사협의회에서 노사가 합의하여 근로자로 하여금 희망퇴직과 무급휴직을 하는 방안 중 하나를 선택할 수 있도록 정하고, 그에 따라 근로자가 무급휴직을 신청했다면 그 기간 중에는 노사합의로 노무공급과 수령의무가 정지되는 것이므로 특별한 사유가 없는 한 휴업수당을 지불할 의무가 없다.[43)]

무급휴직 실시에 앞서 노사합의와 별도로 개별근로자들의 동의를 얻어야 하는지가 의문이다. 정당한 사유가 있는데도 불구하고 노사합의 이외에 개별근로자들의 동의가 추가로 필요한지 여부에 관해서는 달리 정한 바가 없다. 다만, 일부 행정해석에 따르면, 구체적 사례에서 개별근로자에 대해 무급휴직을 실시하면서 근로자대표와 합의했더라도 본인의 동의가 없이 휴업을 강제하는 것은 사실상 일방적인 휴업으로서 수당을 지급해야 한다는 견해가 있었다.[44)] 그러나 전체 직원에게 휴직을 실시할 경우까지 노사합의가 있는데도 불구하고 근로자들의 개별동의를 추가로 받아야 한다면 사용자의 정당한 경영권행사에 관한 실질적인 제약이 될 수도 있고, 지나치게 근로자보호를 강조하는 것이 될 것이다.

(2) 부득이한 사유

부득이한 사유란, 휴업사유가 사용자귀책에 해당하지만, 「휴업에 이르게 된 내·외적인 상황과 주변사정을 두루 살펴볼 때, 사용자가 경영정상화를 위해 선량한 관리자로서 최선의 노력을 다하고, 그것이 사회통념상 인정될 수 있는 경우」에는 부득이한 사유가 있는 휴업으로 보고, 사용자가 노동위원회에 기준미달휴업수당지급승인신청(시행규칙 제8조)을 하여 승인을 얻은 경우는 평균임금의 70% 이하로 지급하거나 휴업수당을 전혀 지급하지 않을 수도 있다. 부득이한 사유로 사업계속이 불가능하다는 것은, 사용자의 지배범위를 벗어나거

43) 근로조건지도-1005, 2008.4.22.
44) 근기 68207-338, 1999.2.13.

나 불가항력적인 사유만을 의미하는 것은 아니고, 기업도산이나 폐업에 이르지 않더라도, 지속적인 손실누적, 재무구조 악화, 부도발생 등으로 구조조정이 불가피한 사업장에서 경영상 해고회피노력의 일환으로 일시 혹은 부분적·잠정적으로 조업을 중단할 수밖에 없는 정도를 말한다.

1) 부득이한 사유로 본 경우

사용자 귀책이지만 부득이한 사유로 인해 노동위원회의 심의를 거쳐 기준미달 휴업수당지급사유에 해당한다고 본 경우는, 우천시 작업불능[45]·예기치 못한 악천후로 작업중단[46]·폭설 폭우로 도로차단[47] 등 기상·기후 등에 의한 사유, 정전,[48] 쟁의행위와 관련해서는, 쟁의행위로 사업계속이 불가능[49]한 경우, 정당성을 갖추지 못한 쟁의행위로 정상조업이 불가능하여 휴업한 경우[50] 등을 꼽을 수 있다. 기타 가동률 저하 잉여인력발생 해고회피노력의 일환으로 휴업한 경우[51] 등이다.

그 외 부득이한 사유로 사업계속이 불가능하다고 보아서 기준미달 휴업수당 지급을 승인한 경우는 다음과 같다.

1. 병원증축공사로 수입이 없어 부득이 장례식장을 운영할 수 없고, 해당 근로자들이 기준미달 휴업수당의 지불에 동의한 경우(부산지노위 08휴업1)

2. 만두파동으로 3월 이상 매출급감 재고량증가로 일부공장 폐쇄, 80명의 근로자 정리해고 등 경영상 어려움인정(인천지노위 04휴업1)

3. 정부방침에 의거 공장부지가 토지공사에 수용, 불가피하게 공장이전을 해야 하고, 근로제공 장소가 없어 휴업필요(경기지노위 04휴업1)

4. 부도가 나고, 회사정리절차가 개시된 후에도 적자가 누적되고, 경영정상화를 위한 다른 대안도 존재하지 않아 회사매각을 추진 중이니 그 또한 여의

45) 법무 811-4106, 1978.8.5.
46) 해지 125-12623, 1984.6.1.
47) 근기 01254-4826, 1987.3.25.
48) 근기 1455-17095, 1981.6.2.
49) 근기 01254-17018, 1987.11.6.
50) 대판 99두4280, 2000.11.24.
51) 중노위 98휴1, 1998.6.3.

치 않은 경우(인천지노위 00휴업1)

5. 손실누적 및 재무구조 악화로 부도, 상당한 자구노력을 해왔으나 결국 타사 위탁경영, 다행히 주문량이 있으나 업종의 특성상 생산까지는 상당한 준비기간이 필요하고, 그 기간 중 잉여인력이 발생하므로 휴업이 불가피, 노동조합과 협의하여 고용안정협약을 체결하는 등 노사가 협의한 경우(전남지노위 2000휴업2)

6. 건설경기 위축으로 수주물량 전무, 근로자 동의하에 직무가 없는 근로자들에게 휴업실시(충남지노위 휴업3)

7. 자금난으로 가동률 저하, 잉여인력 발생, 해고회피노력으로 휴업조치한 경우(중노위 98휴업1)

8. 건설업과 연동하는 사업의 특성상 비수기 내수시장의 부진으로 재고량 누적, 생산중단 필요, 근로자대표와 통상임금의 70%를 휴업수당으로 지급하는데 합의한 점(서울지노위 98휴업1)

9. 자구노력을 지속했으나 수주량 급감, 공장가동률 저조, 한시적으로 휴업하기로 하고 노조와 기본급과 수당삭감 합의 등(부산지노위 98휴업1,2)

10. 원자재값 인상 및 해외 경쟁업체의 덤핑공급으로 대규모 적자와 손실기록, 노동조합과 일시적으로 휴업에 합의(부산지노위 98휴업5)

11. 높은 부채비율과 과도한 외화차입으로 금융비용 과다지출, 내수 및 생산량이 감소하여 가동률이 40%대로 저하, 휴업라인 및 유휴인력 증가 해고회피 및 도산방지를 위해 휴업(경기지노위 98휴업1)

12. 경영합리화를 위해 임원임금삭감, 업무용차량매각, 부동산매각추진 등 구조조정 단행, 통상임금의 50%까지 휴업수당지급에 합의한 사실 등(경기지노위 98휴업2)

2) 부득이한 사유를 불인정한 경우

부득이한 사유로 휴업수당지급의 예외를 승인받으려면 그 사유가 객관적이고 휴업 이외에 대안을 모색하기가 어렵다거나 임의로 통제할 수 없는 등 객관적이고 합리성이 있어야 한다. 실무상 노사가 자구노력을 소홀이 하여 객관성과 합리성을 인정받지 못한 경우는 다음과 같다.

1. 경영상 어려움은 인정되나 회사 경영합리화 방안 중 가장 중요한 외국합

작투자 및 인수합병에 관한 것이 아직 결론나지 않은 상황이고, 단체협약상 근로조건이 법정근로조건보다 상당부분 상회하고 있어 이를 조정하려는 노력이 없는 등 부득이한 사유로 보기 어렵다.[52]

2. 해운업불황 및 수산업 부진으로 선박수주물량이 감소하여 경영의 어려움은 있으나, 18년 연속 당기 순익을 기록한 사실 등을 감안하면 휴업수당을 통상임금의 70%로 지급코자 하는 것은 부당하다.[53]

3) 기준미달 휴업수당지급

판례는 근기법 제46조제2항을 사용자의 휴업지불의무에 대한 예외로 보고 "휴업수당지불의 하한선이 별도로 정해지지 않은 이상 사정에 따라서는 사용자가 휴업수당지불을 전혀 하지 않는 것도 가능하다"고 보고 있다.[54] 다만, 객관적으로 부득이한 이유가 있고 그로 인해 사업계속이 불가능하게 되었다고 해도 노동위원회로부터 승인을 받지 못하면 휴업수당을 지급해야 한다.[55] 노동위원회에서 기준미달 휴업수당지급 승인신청에 관해 심사할 경우, 고려해야 할 요인은 다음과 같다.

① 기업내적 요인

생산량, 매출액, 재고량, 영업실적, 채무상황, 인건비 변동상태, 근무시간 축소, 적자부분의 계속성 여부, 주가 변동상황, 사업규모 축소조정, 사업지속을 위한 노력정도 등

② 기업외적 요인

거래처상황, 기업을 둘러싼 전반적인 사회 경제적 상황, 당해 업종과 지역경제의 사정, 금융시장 상황 등 기업외적인 요인, 이 밖에도 법정기준[56]으로 휴업수당을 지급하는 것이 기업회생의 걸림돌로 작용하여 근로자 보호에 역행할 소지가 있는지 여부 및 사용자가 기준미달 휴업수당지급 승인신청에 앞서서 도산

52) 인천지노위 98휴업1.
53) 중노위 98휴업2.
54) 대판 99두4280, 2000.11.24.
55) 대판 68누151, 1968.9.17.
56) 평균임금의 70% 이상 혹은 통상임금.

방지 및 해고회피노력의 일환으로 휴업결정에 관해 근로자대표 및 휴업대상근로자 등과 성실한 협의를 거쳤는지 여부 등을 전체적으로 고려하여야 한다.

③ 노동위원회 심의

지방노동위원회는 사용자로부터 승인신청을 받으면 30일 이내에 심판위원회를 개최하여 승인여부를 결정하는데, 위원회는 사용자가 신청한 휴업수당지급률을 변경하지 못한다. 다만, 심의 중 사용자가 지급률변경을 신청하는 것은 수용하여야 한다.[57] 사용자의 기준미달 휴업수당지급 승인신청에 대해 노동위원회가 기각할 경우는 사용자가 재심을 청구할 수 있고, 노동위원회에서 이를 받아들이는 인용결정이 내려지면 근로자가 각각 그 결정서를 송달받은 날로부터 10일 이내에 노동위원회에 재심을 청구할 수 있다. 노동위원회의 재심결과에 불복하는 당사자는 재심판정서를 받은 날로부터 15일 이내에 관할 고등법원에 중앙노동위원회 위원장을 피고로 하는 행정소송을 제기할 수 있다.[58] 재심 기간과 행정소송 기간은 각각 불변기간(不變期間)[59]이다. 이때 소송의 제기에도 불구하고 노동위원회가 한 처분의 효력은 정지하지 않는다.

(3) 쟁의행위와 휴업수당

사용자는 근로자로 하여금 근로를 제공할 수 있는 상태를 유지·조성하여 노무를 수령할 책임이 있다. 다만, 사용자는 쟁의행위에 참가하여 근로를 제공하지 아니한 근로자에 대하여는 그 기간 중의 임금을 지급할 의무가 없다. 노동조합은 쟁의행위기간에 대한 임금의 지급을 요구하여 이를 관철할 목적으로 쟁의행위를 하여서는 아니된다.[60]

---

57) 노동위원회규칙 제42조.

58) 노동위원회법 제26조, 제27조.

59) 행정소송제기간(안날로부터 ㅇㅇ일 등), 이의신청기간, 항소기간, 불복신청기간, 재심신청기간 등 주로 법률이 불변기간이라고 명시한 기간을 말한다. 불변기간도 기간의 계산은 민법의 일반원칙에 의해 산정하지만 임의로 늘이거나 단축할 수 없다. 다만, 천재지변, 법원 등의 잘못 등 기간을 준수하지 못한 것에 대한 당사자 책임이 없거나 공시송달 등에 관해 알지 못한 객관적 사정이 있는 등의 사유가 있을 경우에는 법원의 결정 등을 통해 예외적으로 추완할 수 있다. 불변기간의 준수여부는 법원 등의 직권조사사항이다.

60) 노조법 제44조.

노조의 쟁의행위는 사용자 귀책의 휴업으로 볼 수 없어 휴업수당이 발생하지 않고, 무노동무임금원칙이 적용되어 근로자가 임금지급을 요구할 수도 없다. 불법쟁의행위로 작업이 중단되거나, 조합원의 불법적인 직장점거 등 불법행위로 인하여 근로를 희망하는 비조합원들의 노무제공 자체가 전혀 불가능하게 되거나, 제3자의 출근방해로 노무수령 자체가 불가능했다면 사업주 귀책으로 볼 수 없으므로 휴업수당의 지급사유가 아니다.

다만, 노동조합 및 조합원들이 직장을 불법 점거하고 비조합원의 사업장 출입을 원천봉쇄하여 사실상 휴업하였다 하더라도, 쟁의불참자나 비조합원 등 선의의 피해자는 보호가 필요한 바, 사용자의 결정에 따라 부분적이라도 비조합원의 조업이 가능하였다면 휴업수당지급 책임을 면할 수 없을 것이다.[61] 쟁의행위로 인한 사업중단시 쟁의행위 불참자 중 근로희망자만으로 조업이 가능한 상황인지 여부에 따라 좌우된다.[62]

① 근로희망자들만으로 조업할 수 있는 경우

사용자가 근로희망자들의 노동력만으로 충분히 조업을 할 수 있는데도 불구하고 근로자의 노무수령을 거부한다면, 사용자는 민법상 수령지체에 따른 손해배상의 책임이 발생하고 근기법상 휴업수당지급의무가 발생할 것이다. 예를 들면, 의사들의 파업하자 사용자는 간호사들에게 강제로 연차유급휴가를 실시했으나 간호사들이 이를 거부하고 출근한 경우 휴업수당지급 사유가 된다.[63]

② 근로희망자들만으로는 조업을 계속할 수 없을 때

이 경우는 휴업수당지급의무는 발생하지 않는다. 이와 같은 부분파업에 관해, 학설은 일종의 불가항력으로 보아서 부득이한 사유로서 휴업수당지급의무를 부인하는 입장[64]과 지급의무가 있다는 입장이 갈리고 있으나, 파업은 사용자에 의해 해결될 수도 있으므로 불가항력이라고 볼 수 없지만 그렇다고 사용

61) 근로기준과-1380, 2004.3.20.
62) 임금근로시간-2978, 2006.10.10.
63) 근기 68207-1962, 2000.6.28.
64) 김형배, 353쪽.

자의 세력범위에 속한 노동력공급부족 현상이라고 볼 수도 없다는 입장이다. 부분 파업시 조업이 가능한 경우라도 사용자가 노조법에 의거 적법하게 전면적인 직장폐쇄를 단행함으로서 임금지급의무를 면할 수는 있다.

직장폐쇄가 노조법에 의거 정당성을 가지는 경우 사용자는 임금지급의무가 없다. 위법한 직장폐쇄의 경우 휴업수당지급의무[65]와 민사상 손해배상액으로서 임금전액지급 책임이 경합한다.[66] 위법한 직장폐쇄의 경우 사용자는 근로계약에 따라 계약상의 노무수령의무를 성실히 이행하여야 함에도 이를 이행하지 않았으므로 근로자에게 계약상의 채무불이행책임을 지고 임금전액의 지급의무를 진다.[67] 이때 임금전액지급의무는 근로자가 현실적으로 노무를 제공하지 않지만 민사적 책임으로서 사용자의 위법한 직장폐쇄로 인한 채무불이행 그 자체로 발생하는 것이다. 만약 사용자가 휴업수당을 지급하였다면 근로자는 민사소송으로 임금전액과 휴업수당과의 차액의 지급을 요구할 수도 있다. 한편, 직장폐쇄·해고 등으로 실질적인 노무제공을 하지 않았다면 그 사유에 따라 민사상 손해배상액으로서 임금전액지급의무와 휴업수당은 발생할 수 있지만 근로의 대가로서의 임금은 발생할 수 없다.

2) 제3자의 방해 등

일하기를 원하는 근로자들이 파업 종료 후 직장에 복귀하려 하였으나 직접 사용자가 아닌 제3자 등이 출근을 저지하여 사실상 휴업 상태에 이르게 된 경우, 비록 이들이 사용자와 밀접한 관계를 가진 경우라고 해도 사용자 또는 사용자를 위하여 행위하는 자 등으로 볼 수 없을 뿐만 아니라 그러한 행위를 사용자가 지시하거나 고의로 묵인하였다고 보기도 어렵다면 실질적으로 이들의 행위를 사용자의 귀책사유로 보거나 사용자의 세력범위 안에서 생긴 경영 장애로 볼 수도 없으므로 사용자가 그 기간에 대하여 휴업수당을 지급하여야 할 의무는 없다.[68]

---

65) 근기 68207-1770, 1994.11.9.
66) 민법 제538조제1항.
67) 김형배, 354쪽.
68) 근로기준-2855, 2004.6.9.

(4) 근로관계 단절과 휴업수당

휴업이라 함은, 근로계약을 존속시키면서 사업의 전부 또는 일부를 사용자의 결정에 의해 일정기간 정지하는 것으로 개개의 근로자가 근로계약에 따라 근로를 제공할 의사를 가지고 있음에도 불구하고 그 의사에 반하여 노무제공이 거절되거나 또는 불가능하게 되는 것을 의미한다.

따라서 근로자가 직권면직, 해고 등으로 사용자와 이미 근로관계가 단절된 경우에는 휴업수당지급문제는 발생되지 않는다.[69]

다만, 근로자는 직권면직이 법 제23조에 의한 "정당한 이유없는 징벌"에 해당한다고 판단되면 노동위원회에 부당해고 등의 구제신청을 하여 판정에 따라 원직복직 혹은 해고기간동안의 임금상당액 이상의 금품을 청구 할 수도 있고, 사용자가 고의나 과실로 자신의 채무를 이행하지 않았으므로 사용자에게 채무불이행으로 인한 손해배상을 청구할 수도 있다.[70] 그러나 손해배상이나 임금상당액 이상을 청구하는 것은 근로관계존속을 전제로 하는 휴업수당과는 별개의 문제이다.

근로관계 단절사유로서 해고가 부당하게 이루어졌다가 사후 구제조치로서 복직이 되었다고 하더라도 이미 근로관계가 단절된 기간에는 사용자의 노무수령의무나 근로자의 노무제공의무는 상호 면제된 기간이라고 할 것이므로 휴업수당지급문제는 거론 할 수 없다. 다만, 부당해고로 인한 기간동안 민사상 손해배상청구를 할 수 있을 것이다.[71]

(5) 휴업과 근로조건

1) 근로조건 변경과 휴업책임

휴업수당의 지급에 관한 책임의 소재는 근로계약 불이행·위반에 관한 이행책임을 묻는 것이다. 근로자가 계약에서 정한대로 자신의 노동력을 처분 가능한 상태로 두었음에도 불구하고 사용자의 책임있는 사유로 노무제공을 할 수

69) 근로감독과-9938, 2006.11.1.
70) 민법 제390조.
71) 대판 86도611, 1986.10.14.

없게 된 경우, 계약불이행의 책임을 물어 민사상으로 임금전액을 청구할 수 있고,[72] 근기법상 휴업수당청구권이 발생하는 것이다.[73] 따라서 근로시간을 단축하게 된 경위가 근로자의 동의·의견청취 등 취업규칙에 관한 변경 절차없이 사용자가 일방적으로 근로시간을 단축하여 임의로 취업규칙을 변경하고 근로계약을 위반했는지 여부가 관건이다. 그러므로 현장에서 수시 작업물량이 줄어들거나 늘어나는 등 고정적이지 못한 경영여건 때문에 1주 혹은 몇 일간 소정근로시간 이내로 작업하여 실질적으로 근로시간을 단축하는 경우, 사전에 근로자의 동의나 의견청취절차를 거쳤다면 이미 그 한도 내에서 근로계약은 변경된 것으로 볼 수 있으므로 휴업으로 볼 수는 없다.

결국 휴업수당에 관한 책임은, 근로시간단축 등 근로조건의 변경이 취업규칙 변경에 관한 절차 등에 비춰볼 때, 근로자의 동의나 의견청취 절차없이 사용자의 일방적인 변경이 있는 경우에 발생한다고 볼 것이고, 그 사유가 사용자 귀책인지 천재지변 등 불가항력적인 경우인지 여부는 그 다음에 판단할 문제이다.[74]

휴업수당지급에 관한 책임은 소정근로시간으로 정한 1일·1월 근로시간의 전부 혹은 1일·1월 근로시간의 일부분을 사용자 귀책으로 일하지 못한 경우에 발생하고, 그 규모에 있어서도 사업장 전체가 1일 전부를 일하지 않는 전부휴업 혹은 1일 소정근로시간의 일부휴업, 특정부서(공정) 일부라인만 휴업, 특정근로자에 대해서만 취업을 거부하는 경우에도 각각 적용된다. 그러나 정상적인 취업규칙 변경절차를 통해 소정근로시간 이내에서 근로시간을 단축하는 경우(예) 8시간→6시간으로 줄이는 것)나 법정근로시간 이상으로 정한 근로시간을 연장근로시간을 줄이고 소정근로시간으로 단축하는 경우(예) 1일 10시간근로→8시간으로 단축)는 휴업이라고 볼 수 없다.

소정근로시간은 8시간으로 유지하고 실근로시간만 일시적으로 줄어든 경

72) 민법 제538조제1항.

73) 임금근로시간-711, 2006.3.29.

74) 당사자간 합의로 근로계약을 변경하여 소정근로시간을 소정근로시간 이내로 단축하는 경우 및 소정근로시간의 변경없이 연장근로시간을 줄이고 소정근로시간만 근로하는 것은 근로조건을 불이익하게 변경하는 것이라고 볼 수 없기 때문에 취업규칙 변경절차에 따라 근로자집단의 의견을 청취하면 될 것이다(근기 68207-286, 2003.3.13). 그러나 소정근로시간에 대한 시간급임금을 저하시키는 것은 실질적인 근로조건을 불이익하게 변경하는 것이므로 근로자집단의 동의를 얻어야 한다.

우, 줄어든 근로시간은 부분휴업에 해당하고 휴업사유가 사용자 귀책에 해당하면 휴업수당이 발생한다.[75]

2) 휴업과 주휴일 부여[76]

주휴일은 계약으로 정한 1주간의 소정근로일 전부를 개근한 근로자에게 1주일에 평균 1회 이상의 유급휴일을 부여하는 것이다. 1주일의 소정근로일 일부를 휴업한 경우, 휴업한 날을 제외한 소정근로일 전부를 개근하였다면 유급주휴일을 부여해야 한다.[77] 1주간의 소정근로일 전부를 휴업한 경우, 주휴일도 휴업수당으로 산정하여야 한다.[78] 휴업기간 중에 포함된 유급약정휴일에 대해서도 포함하여 산정한다.

다만, 달리 판단해 보면, 유급주휴일을 부여하는 의미가 소정근로일을 개근하여 생산활동에 적극 기여한 자에게 공로보상 성격의 대가로서 휴식과 노동력회복 기회를 부여하는데 의미가 있다. 따라서 개근한 자는 유급으로 쉬고, 개근하지 못한 자는 무급으로 쉬는 제도인데, 사용자 귀책 휴업으로, 손해배상 성격의 휴업수당은 수긍할 수 있으나 사실상 노동력의 제공은 없었던 것이므로 소정근로일의 개근에 대한 주휴일까지 휴업수당으로 지급하는 것은 무리가 있는 해석이다.

(6) 비정규직 근로형태와 휴업

1) 도급계약

일이 있을 때만 근로하고 성과에 의해 임금이 지급되는 완전도급제의 경우 휴업수당의 적용을 받지 않는다. 다만, 사용자의 지휘종속을 받아 사실상 종

75) 1일 8시간에 평균임금 8만원을 수령하는 근로자가 2시간을 휴업한 경우, 정상근로 6시간 6만원+부분휴업 14천원(2시간 2만원×70/100)-74천원.

76) 근기 68207-1138, 1998.6.5.

77) 주 5일 40시간 사업장, 3일은 정상근로 2일은 1일 소정근로시간의 1/2만 출근하고 나머지 1일 소정근로시간의 1/2는 휴업한 경우에 있어서, 휴업시간을 제외한 나머지 근로제공의무를 전부 이행한 경우.

78) 임금근로시간정책팀-429, 2007.1.30 ; 근기 68207-507, 1998.3.19. 주 5일 40시간 사업장에서, 소정근로일 5일 전부를 휴업한 경우는 유급주휴일 1일의 시간급통상임금의 70%를 지급하여야 한다. 시간급통상임금이 7천원인 경우, 7천원×70/100×8시간.

속 근로자와 다름이 없는 경우는 요건을 갖추면 휴업수당지급대상이 된다.

2) 일용근로자

근로계약기간이 정해져 있지 않고 필요할 때마다 일일단위로 체결되어 그날 근로가 끝나면 근로관계가 종료되고 다음날 출근의무가 없어지는 완전한 일용근로자는 휴업수당의 적용을 받지 않는다. 다만, 형식상 일용근로라도 동일업무에 대해 장기간 연속된 근로를 하여 사실상 상용근로자와 다름이 없는 경우는 휴업수당의 적용을 받는다. 이때 일용으로 반복 근로하여 상용으로 간주되는 기간에 대해서는 명시적인 규정이 없다.

다만, 근로자가 원할 경우 당해 사업장에서 계속근로 할 것이라는 기대가능성이 있는 가운데 수개월 이상 계속근로 한 경우 등을 기준으로 판단해야 할 것이다. 행정해석은, 근로자가 근무일의 출퇴근과 동시에 근로계약관계가 당일로서 종료되는 일용근로자라 하더라도 근무형태가 사실상 반복되어 동일사업장에서 일정기간을 계속근로하는 경우라면 이는 기간의 정함이 없는 근로계약관계로 취급되어야 할 것이므로 이러한 계속근로기간 중(3개월 미만인 경우에도) 사용자의 귀책사유에 의한 휴업기간이 있었다면 동 휴업기간에 대하여는 소정의 휴업수당이 지불되어야 한다고 보고 있다.[79]

건설업의 경우처럼 기상이나 현장여건, 공사 진척, 공종별 여건에 따라 근로일이 달라지는 업종에서는 계속근로에 대한 기대가능성 자체를 논할 수 없을 것이므로 휴업수당이 적용되지 않는다. 실무적으로 한 사업장에만 전적으로 소속되어 근로하지 않고, 작업에 따라 여기저기를 전전한 현장근로자들이 퇴직금이나 휴업수당을 요구하는 경우가 있을 수 있는데, 이때 중요한 것은 근로자가 근기법 제2조에서 정한 근로자로서 사용자와 관계에서 사용종속관계로 노무를 제공하고 계속근로에 대한 기대가능성이 있었는지 등을 종합검토하여야 한다.[80]

---

79) 기준 1422.9-4513, 1968.6.5.

80) 예를 들면, 미장공이 A라는 건설사에 2년이라는 기간동안 총 4회에 걸쳐 부정기적으로 일감이 있을 경우에만 출근하여 일당제로 노무를 제공했으며, 그 사이에 계속적인 근로가 단절된 기간은 1회에 20~25일간 총 3개월간 이었다. 근로자는 A사에서 미장작업이 종료되어 일거리가 없

3) 기간제근로자

일정한 기간동안 근로계약을 한 근로자의 경우는 계약기간 도중에 사용자 귀책사유로 인해 노무를 제공하지 못했다면 휴업수당을 청구할 수도 있을 것이다. 계약기간이 만료된 경우는 기간만료로 인해 모든 근로관계가 종료되므로 휴업수당 문제는 논할 수 없다.

3. 휴업수당 지급

휴업수당은 통화로 전액을 지급하고 1회 이상 일정한 기일에 지급해야 하므로 임금의 정기지급일에 지급해야 한다. 다만, 지급일은 임금과 같이하더라도 휴업수당은 근로의 대가라고 보기는 어려워 임금으로 볼 수는 없다. 따라서 사용자가 휴업수당을 미지급 할 경우는 법 제46조 및 제109조 위반에 해당한다. 휴업수당의 시효는 지급사유 발생일로부터 3년이다. 휴업기간도 근로관계는 존속하는 것이므로 퇴직금을 산정하기 위한 계속근로년수에는 포함하여야 한다.[81]

(1) 휴업수당지급기준변경

부득이한 사유로 인해 노동위원회승인을 얻어 기준미달의 휴업수당을 지급

을 때면 타 회사나 다른 오야지에 소속되어 작업을 하거나 자유로이 집수리, 점포인테리어 등을 하면서 임금을 수령한 사실이 있다. 또한 A사에 소속중이라도 당일 작업이 조기에 종료될 경우에는 노무도급을 받은 오야지를 통해 타사의 현장에 투입되어 작업을 하였다면 이 근로자는 2년동안 A사와 계속적인 사용종속관계를 지속하지 않았으므로 퇴직급여보장법에 의한 퇴직금은 발생하지 않을 것이다. 다만, 휴업수당의 경우 계속근로에 대한 기대가능성이 있는 상태에서 일당으로 근로한 기간 중, 우천이나 폭설 등 기상이변에 따른 작업불능에 기인하지 않고, 자재수급 부족과 연관공정의 미비 등, 사용자의 귀책으로 당일 출근하여 작업을 수행하지 못한 경우는 민사상 임금전액청구권이 있고, 근기법상 당일 근로를 제공하지 못한 시간에 대해서휴업수당을 청구할 수 있다. 건설현장의 관행상 일당의 1/2을 지급하는 등 휴업수당과 유사한 관행이 발견되기도 한다. 다만, 사실상 도급(예) 거푸집 목공공사, 사용자가 자재를 공급, 인건비만 평당 12만원/도합 2,500만원에 완성계약) 계약을 하고 작업수행 중 자재조달불능 등 사용자 귀책사유로 휴업할 경우, A사와 수급근로자사이에는 사용종속관계가 없으므로 휴업수당지급문제는 거론 할 수 없다.

81) 임금근로시간-2917, 2006.9.29.

하는 것 이외에 단체협약, 취업규칙 등으로 정한 법정기준 이상의 휴업수당지급기준을 사용자가 노사합의없이 임의로 불이익하게 변경할 수 있을까? 휴업수당도 근로조건의 일종이므로 사용자는 그 지급기준 임의로 저하시킬 수 없으므로 반드시 단체협약 또는 취업규칙의 불이익변경절차를 거쳐야 한다. 법정기준 이상의 휴업수당을 노사합의없이 임의로 인하하여 법정기준에 따른 휴업수당을 지급하였을 경우에도 그 자체로는 휴업수당지급관련 법 위반으로 볼 수는 없다. 다만, 사용자는 단체협약의 불이행책임과 취업규칙불이익변경과 관련한 법위반으로 처벌 받을 수 있고, 기준 이상의 수당과 법정지급액의 차액은 기타금품으로 지급하여야 한다.

(2) 휴업기간 중 다른 직업에 종사하여 얻은 이익

법 제46조제1항에 의하면, 사용자는 자신의 귀책사유로 인하여 휴업하는 근로자에게 휴업기간 중 평균임금의 70% 이상에 해당하는 금액[82]을 휴업수당으로 지급할 수 있다고 정하고 있다. 한편, 사용자는 부당해고처분 등 자신의 귀책사유로 근로계약상의 노무를 제공하지 못해 경제적인 손실을 입은 근로자에게 생계보전 차원에서 민사상 임금전액을 지급할 의무[83]가 있는 반면, 근로계약상의 노무제공의무를 면함으로서 그 기간 중 다른 제3자에게 노무를 제공하여 이른 바 중간수입을 올릴 수도 있다. 민법 제538조에 의하면, "계약에 있어서 채무를 면함으로서 얻은 이익은 사용자에게 상환할 의무가 있다"고 정하고 있으므로, 사용자는 해고기간 중 자신이 근로자에게 지급해야 할 임금전액에서 근로자가 자신에게 노무제공의무를 면함으로서 얻은 중간수익을 공제하고 나머지를 지급하면 될 것이다.[84] 따라서 이 경우에는 중간수익이 임금전액과 같거나 많으면 사용자는 그 기간 중에 임금을 한 푼도 지급하지 않을 수 있는 반면, 근로자는 자신의 귀책사유가 아닌데도 불구하고 임금전액과 중간수입마저 전부 받지 못하는 불공평이 따른다.

---

82) 70%에 해당하는 금액이 통상임금을 초과하는 경우에는 통상임금.

83) 민법 제390조·제393조제1항.

84) 임금전액 150만원-중간수익 100만원=50만원, 임금전액 150만원-중간수익 160만원=지급할 금액이 없다.

판례에 따르면,[85] 부당해고 등에 따른 손해배상책임이 발생한 경우, 근기법 제46조에 의거 사용자는 자신의 귀책사유로 휴업하는 근로자에게 평균임금[86]의 70% 이상을 지급할 의무가 있는 것이므로, 임금전액에서 중간수입을 공제하더라도 휴업수당을 초과한 금액만 공제하고 나머지는 지급하여야 한다. 휴업수당을 초과하는 금액을 한도로 중간수입을 공제할 경우에도 중간수입이 발생한 기간이 임금지급의 대상으로 되는 기간과 시기적으로 대응하여야 하고 그것과는 시기적으로 다른 기간에 얻은 이익을 공제하여서는 안된다.[87]

☞ 공식 : [(월임금액+중간수입액)-휴업수당과 임금액과의 차액=근로자의 총수입액]

따라서 근로자의 해고일 전 3개월 평균임금의 70%로 산정한 휴업수당(혹은 통상임금)이 월임금보다 적은 경우에는 휴업수당과 중간수입을 합한 금액이 해고기간 중 근로자의 총수입이 될 것이고, 반대로 임금전액이 휴업수당보다 적다면 공제할 것이 한 푼도 없으므로 월 임금전액과 중간수입액이 해고기간 중 그 근로자의 총수입액이 될 것이다. 결론적으로, 월 임금전액이 휴업수당보다 많고 적음에 따라서 근로자의 총수입이 달라진다. 다음 사례를 참고한다.

1) 실무사례 1

월 임금전액 150만원, 휴업일 전 3개월 평균임금 170만원, 휴업수당은 119만원(170만원×70/100), 휴업기간 중 근로자의 중간수입은 140만원인 경우, 290만원(150+140)-31만원(150-

85) 대판 91다2656, 1991.5.14.

86) 휴업한 날 이전 3개월간 평균임금.

87) 대판 90다카25277, 1991.6.28. 근로자에 대한 휴직처분 및 면직처분이 무효이고 근로관계는 유효하게 존속한다고 판시하면서, 민법 제538조제1항에 따라 그 임금지급의무가 있다고 본 사례에서, 사용자의 귀책으로 해고된 근로자가 해고기간 중에 다른 직장에 종사하여 얻은 이익(이른바 중간수입)은 민법 제538조제2항에서 말하는 채무를 면함으로써 얻은 이익에 해당하므로, 사용자는 위 근로자에게 해고기간 중의 임금을 지급함에 있어 그 금액을 임금액에서 공제할 수 있다. 근기법 제38조는 근로자의 최저생활을 보장하려는 취지에서 사용자 귀책으로 휴업하는 경우 사용자는 휴업기간 중 당해 근로자에게 그 평균임금의 100분의 70 이상의 수당을 지급하여야 한다. 여기서의 휴업이란, 근로자가 계약에 따라 근로를 제공할 의사가 있음에도 불구하고 의사에 반하여 취업이 거부 또는 불가능하게 된 경우도 포함되므로, 중간수입의 공제에서 근로자가 지급받을 수 있는 임금액 중 근기법 제38조 소정의 휴업수당의 한도에서는 이를 이익공제의 대상으로 삼을 수 없고, 그 휴업수당을 초과하는 금액에서 중간수입을 공제하여야 한다. 또한 휴업수당을 초과하는 금액을 한도로 중간수입을 공제할 경우에도 중간수입이 발생한 기간이 임금지급의 대상으로 되는 기간과 시기적으로 대응하여야 하고 시기적으로 다른 기간에 얻은 이익을 공제하여서는 안된다.

119만원)=259만원이 근로자의 총수입이 된다.

2) 실무사례 2

월 임금전액 100만원, 휴업일 전 3개월 평균임금 110만원, 휴업수당은 77만원(110만원×70/100), 휴업기간 중 근로자의 중간수입이 80만원인 경우는, 180만원(100+80)−23만원(100−77만원)=157만원이 근로자의 총수입이 된다.

3) 실무사례 3

월 임금전액 130만원, 휴업일 전 3개월 평균임금 190만원, 휴업수당133만원(190만원×70/100), 휴업기간 중 근로자의 중간수입 140만원인 경우, 270만원(임금전액 130만원+140만원)−0원(130−133만원)=270만원이 근로자의 총수입이다.

제29장 취업규칙

1. 개념정의

다수의 근로자를 고용할 경우 사용자는 근로관계를 정형화함으로써 효율적 경영을 위해 근로조건을 공평하고 통일되게 설정하고 직장규율을 명확히 정비할 필요가 있다. 이러한 규칙은 노동법제정 이전부터 다양한 형식으로 존재해 오던 것으로서 실정법만으로는 직장 내의 다양하고 복잡한 규율을 모두 규율하기 어려운 한계를 보완하고, 한편으로는 노동조합이 없는 사업장에서 단체협약의 기능도 수행한다.

취업규칙(就業規則)은 "사업장에서 근로자가 지켜야 할 규율 또는 근로조건에 관해 구체적인 내용을 정한 다양한 규칙 모두를 통틀어 칭하는 것으로 사업장 내부의 제반 규칙"[1)]을 말한다. 사용자는 근로자와 개별적으로 근로계약을 체결하고 근로조건과 제반사항을 확인하는 것이 바람직하지만, 대규모 사업장의 경우, 사용자가 개별근로자와 각각 근로계약을 체결하는 것은 현실적으로 어려운 일이다. 또한 자동화시스템과 표준공정이 발달한 규모 이상의 사업장에 있어서 근로관계는 대체로 획일적으로 정형화되는 경향이 있어서 개별근로계약보다 집단적인 규범을 정해놓고 그에 따라 복무질서를 확립해 나가는 것이 일반화되어 있다.

취업규칙은 사업장 내 복무질서와 임금, 근로시간, 후생, 해고 기타 근로자 대우에 관하여 정한 근로조건을 집단적·획일적으로 처리하기 위하여 사용자

---

1) 징계위원회 운영규정, 사고처리규정 등. 대판 96누 5421, 1997.4.25 ; 대판 93다27413, 1994.3.11.

가 일방적으로 정한 것으로 부합계약·보통거래약관[2]과 같은 것이다. 취업규칙을 작성할 때 반드시 기재하여야 하는 사항은 법 제93조 각호에 규정되어 있으나, 이 밖에도 사용자는 자신의 사업장의 특성을 감안하여 근로자의 복무규율과 근로조건에 해당하는 사항을 작성할 수 있다.

근로조건 등이 일단 취업규칙으로서 사용자에 의해 통일적으로 규정되어 있으면 법상 규제대상이 될 뿐 아니라 작성 변경 등에 관해 근로자집단의 동의·의견청취를 요건으로 하는 등 제한을 받게 된다. 취업규칙이라는 명칭을 가진다고 하더라도 그 규정내용 중 근로자의 복무규율과 근로조건 등 근로관계를 직접 규율하는 내용을 담고 있지 않는 부분은 취업규칙으로서 성질을 가지지 못한다. 예를 들면, 직제규정상의 부서별·직급별 정원표 등은 근로조건에 해당하지 않는다.

취업규칙은 사용자가 근로자의 복무규율과 임금 등 당해 사업의 근로자 전체에 적용될 근로조건에 관한 준칙을 규정한 것으로 그 명칭에 구애받을 것은 아니다. 따라서 사규, 규칙, 복무규정, ㅇㅇ처리[3]규정 등으로 부르며 명칭에 관계없이 취업규칙으로서 효력을 가지고 「존재 형식」도 굳이 하나의 서면으로만 존재할 필요는 없다.

취업규칙은 하나의 사업장 내에서도 근로조건 근로형태에 따라 복수의 취업규칙을 작성할 수 있고, 근로자 일부에게만 적용되는 별도의 규칙을 정할 수도 있다. 이 경우에 별도의 규칙을 모두 합한 것이 그 사업장의 취업규칙이 된다. 사용자가 복무규율, 임금 등에 관한 내용의 근로계약서를 작성하여 근로자들에게 일률적으로 적용시킨다면 이 근로계약서도 취업규칙으로 볼 수 있는 등 다양한 형태를 지닌다. 근로계약서가 취업규칙에 해당하는지 여부에 관해서는, 전근로자의 근로계약서가 일률적으로 작성되고 그 내용도 근로조건과 복무규율 등에 관한 통일적인 준칙으로 볼 수 있는 경우에는 취업규칙으로 볼 수 있

---

2) 대량으로 거래가 이루어지는 현실 속에서 거래가 발생할 때마다 개별계약의 내용을 결정할 수 없기 때문에, 사업자가 불특정다수의 고객을 상대로 그들과의 계약에 포함시킬 목적으로 미리 일방적으로 작성한 계약내용을 의미한다. 계약당사자가 달리 약관의 조항을 배제한다는 의사표시를 하지 않으면 약관내용대로 구속력을 발휘한다는 의사추정설 등이 통설이다.

3) 직원봉급규정, 인사관리규정, 직위승급규정 등.

다.[4] 따라서 사용자와 특정 개별근로자간에 체결된 근로계약서는 원칙적으로 취업규칙으로 볼 수 없다.

다만, 달리 취업규칙이 없는 사업장에서 계약의 표준문안을 만들고 그 내용에 따라 획일적으로 근로관계를 규율해 왔다면, 그 계약의 내용은 취업규칙과 다를 바가 없는 것으로 보아야 한다.

2. 취업규칙의 규범성

취업규칙은 근기법이 근로자의 종속적인 노동관계의 현실에 입각하여 실질적으로 불평등한 근로자의 지위를 보호·강화하여 그들의 기본적인 생활을 보장 향상시키는 목적의 일환으로 작성을 강제하여 법규범성을 부여한 것이라고 할 수 있다.

(1) 법적성질

취업규칙의 법적인 성질은 일종의 법규범으로서 근로자와 사용자를 구속한다는 법규범설(法規範說), 근로자와 사용자가 취업규칙으로 정한 내용을 법적으로 따르게 되는 것은 근로계약을 체결할 때 서로 동의하여 계약이 성립되기 때문이라는 계약설(契約說)로 나눈다.

판례의 입장은 법규범설의 입장이다. 법 제97조에 의하면, "취업규칙에서 정한 기준에 미달하는 근로조건을 정한 근로계약은 그 부분에 관하여는 무효로 한다. 이 경우 무효로 된 부분은 취업규칙에 정한 기준에 따른다"고 정하고 있다. 따라서 취업규칙을 작성할 때에는 근기법 등 노동관계법, 단체협약, 근로계약 등을 고려하여 작성하여야 하나, 법에 정한 절차에 따라 성립한 취업규칙은 그에 상응한 법적효력을 가진다.

최근 판례는 적법하게 취업규칙 불이익 변경절차를 거쳤다고 하더라도 근로자에게 유리한 근로계약에 우선하는 효력은 없다고 판시했다. 논거로는, 취업규칙은 그것이 정한 기준에 미달하는 근로계약을 무효로 하는 효력을 가실

4) 근기 68207-3234, 2002.11.16.

뿐, 취업규칙 보다 근로계약에서 정한 근로조건이 근로자에게 유리하면 당연히 근로계약이 취업규칙보다 우선 적용된다.고 했다.[5)]

따라서, 근로조건이 취업규칙 변경을 통해 변경될 경우는 변경내용에 따라 근로계약도 즉시 동일하게 변경하여야 한다.

(2) 법적규제 필요성과 내용

취업규칙은 근로관계의 주된 내용을 이루게 된다는 점에서 중요한 것인데 그 작성권한은 사용자의 전속권한으로 되어 있다. 따라서 사용자에게만 유리하고 근로자에게는 불리한 위험성이 있다. 근기법은 근로자보호를 위해 작성·변경시 신고, 변경명령 등 행정적인 감독과 함께 전체근로자의 의견을 충분히 반영하도록 하여 사용자의 권한이 남용되지 않도록 근로자집단의 의견청취·동의 등의 절차를 두고 규제하고 있다.

1) 취업규칙의 작성 및 적용대상

상시 10인 이상의 근로자를 사용하는 사용자는 취업규칙을 작성하여 고용부장관에게 신고해야 한다. 하나의 사업장에 노무·사무직 등 직종을 달리하여 별도의 취업규칙을 작성할 수도 있고 수개의 사업장이 동질성을 가지고 있는 경우, 두개 이상의 사업장에서 사용하는 근로자가 10인 이상인 경우에도 작성할 의무를 진다. 상시근로자수는 취업규칙 적용여부 등 법적용사유[6)] 발생일 전 1개월 동안 사용한 근로자의 연인원을 같은 기간 중의 가동 일수로 나누어 산정한다.[7)]

☞ 사유 발생일 전 1개월 동안 사용한 근로자 연인원을÷해당기간 내 사업장 가동 일수=상시 고용인원

사용한 근로자의 연인원수에는 파견근로자를 제외하고, 일용, 임시, 시간제 근로 등을 모두 포함한다. 다만, 위와 같은 기준으로 상태적인 근로자수를 산

5) 대판 2017다261387, 2017.12.23.
6) 연차유급휴가의 경우 출근율을 따지는 기간, 임금체불은 체불이 문제가 되는 기간, 취업규칙 적용대상인지 여부를 판단할 시점 등.
7) 영 제7조의2, 제1항.

정하기 곤란할 경우는 영 제7조의2, 제2항에 따라 산정한다. 자세한 사항은 앞장에서 기술했으므로 생략한다.

취업규칙의 작성, 신고의무를 부담하는 사용자는 직장규율이나 근로조건의 결정 또는 실시 등 취업규칙의 내용을 이루는 사항에 관해서 실질적인 권한과 책임을 갖는 사용자를 말한다.[8] 사업장이면 사립학교 및 지역의료보험조합, 농지개량조합, 국가·지방기관이 모두 신고의무가 있다. 국가기관·학교 등의 경우 근기법이 적용되지 않는 공무원을 제외하고 임시·정규·일용·상용·종속관계가 있는 도급직근로자 등을 총망라하여 상태적으로 10인 이상인지 여부를 판단한다.[9] 사립학교의 경우 사립학교 교직원의 근무 관계는 본질적으로 사법상의 고용 계약 관계이므로 사립학교 사무직원의 보수·복무 등 근로 조건에 관한 사항 중 사립학교교원연금법에서 정하고 있는 퇴직시의 급여 등을 제외한 사항은 근기법의 적용을 받는다. 따라서 사립학교법 및 사립학교교직원연금법을 적용받고 있는 교직원 등을 포함하여 상시 10인 이상의 근로자를 사용하는 경우에는 취업규칙 신고를 해야 한다.[10]

상시 10인 미만 사업장에서 임의로 작성한 경우 법적인 신고의무는 없으나 성실이행 의무가 있다. 근기법 제5조에 의하면 근로자와 사용자는 단체협약, 취업규칙과 근로계약을 준수하여야 하며 각자가 성실하게 이행할 의무가 있다고 규정하고 있다.

다만, 노사 당사자가 실제로 취업규칙을 통하여 근로조건의 전부 또는 일부를 규율하고, 취업규칙을 통해 근로조건을 정하는데 대하여 합의하였다면 규칙의 내용은 근로계약의 내용으로 되며, 이 경우 규칙의 변경은 근로계약내용의 변경으로 볼 수 있다. 따라서 10인 미만 사업장에서 취업규칙을 불이익하게 변경할 경우에는 법 제94조제1항에 따라 근로자과반수 이상으로 조직된 노동조합[11] 등의 동의를 얻어야 하고, 그와 같이 동의를 얻은 취업규칙은 달리

8) 대판 92도2341, 1992.12.24.
9) 근기 68207-3367, 2002.12.17.
10) 대판 96다38995, 1997.7.22 참고, 근로기준팀-5649, 2007.7.27.
11) 과반수노조가 없을 경우 근로자과반수.

정한 바가 없다면 당해 사업·사업장의 전체근로자에게 효력이 있다.

한편, 취업규칙의 효력과는 별개로 상시 10인 미만 사업장이 법 제93조의 작성신고의무 및 제94조의 규칙의 작성, 변경절차를 위반하였다고 해도 제116조제1항제2호에 의한 과태료나 제114조제1호에 의한 벌칙[12]은 적용할 수 없다.[13]

상시 4인 이하 근로자를 사용하는 사업장은 근기법 제9장의 취업규칙 부분이 모두 적용되지 않는다. 따라서 4인 이하 사업장의 사용자가 취업규칙을 작성 운용하면서, 근로계약으로 정한 근로조건의 내용이 취업규칙으로 정한 기준에 못 미친다고 하더라도 근로자가 보다 유리한 취업규칙상의 근로조건을 이유로 이미 체결한 근로계약의 내용을 무효라고 주장하지는 못한다.[14]

2) 취업규칙의 신고

사용자는 취업규칙을 작성하여 고용부장관에게 신고하도록 정하고 있다.[15] 신고대상 사업장은 근로조건의 결정권을 가진 사업장이다. 따라서 사업장이 본사와 지점 등으로 구성된 경우는 근로조건의 결정권을 어디서 가지고 있느냐에 따라 신고의무자가 달라진다. 다만, 다음의 경우는 본사 또는 주된 사업장의 관할지방관서에만 신고한다.

1. 본사 또는 주된 사업장에서 근로조건을 일괄결정하고 소속지점 등이 동일한 취업규칙의 적용을 받는 경우
2. 본사 또는 주된 사업장에서 동일한 취업규칙의 적용을 받는 지점 등 소속사업장의 소재지현황을 첨부하여 취업규칙을 신고하는 경우

사업주의 신고의무는 노동관서의 단속상 편의를 위한 것이거나 절차규정으로 보아 신고자체는 효력요건으로 보지 않는다. 따라서 취업규칙의 내용이 법령 또는 단체협약에 적합하고 내용을 근로자에게 주지시킨 경우는 근로계약의 내용을 구성하는 민사적 효력에는 직접적인 영향을 미치지 않는다고 본다. 실

---

12) 제94조 위반, 500만원 이하.
13) 근기 68207-1495, 2003.11.8.
14) 근로기준-2046, 2005.12.28.
15) 근기법 제93조.

무상, 신고 접수된 취업규칙은 근로기준 관련 고소고발 등의 사건처리에 중요한 확인자료로 활용될 수 있다.

사업장에서는 임금, 근로조건, 근로형태, 작업장소 등에 따라 복수의 취업규칙을 작성하는 것도 가능하다. 복수의 취업규칙을 둔 경우 그 적용범위를 명확히 하여야 한다. 한 사업·사업장 안에서 직종의 특수성에 따라 그 명칭에 관계없이 근로자 일부만 적용되는 취업규칙을 정할 수 있다. 이 경우 서로 다른 2개의 취업규칙을 합한 것을 취업규칙으로 보아야 한다.

다만, 사업장에서 복수의 취업규칙을 운영하면서 "일부근로자에게는 ○○취업규칙 적용, ○○취업규칙은 ○○직에만 적용"등과 같은취지를 명시하지 않으면 2개의 취업규칙이 모두 적용될 수 있으므로 유의하여야 한다.

따라서 단시간근로자나 특수한 직렬의 근로자 등 근로조건이 현저히 다른 경우에는 별도의 취업규칙을 작성하는 것이 바람직하다.

3) 단시간근로자의 취업규칙 작성 및 변경

법 제2조제1항제8호에 의하면 단시간 근로자란, 1주간의 소정근로시간이 당해 사업장의 동종 업무에 종사하는 통상근로자의 1주간의 소정근로시간에 비해 짧은 근로자를 말하고 있다. 단시간 근로자의 근로조건은 당해 사업장의 같은 종류의 업무에 종사하는 통상근로자의 근로시간을 기준으로 산정한 비율에 따라 결정하도록 정하고 있다.[16] 1주간의 소정근로시간이 4주 또는 4주 미만으로 근로하는 경우 그 기간을 평균하여 15시간 미만인 근로자는 퇴직금, 주휴, 연차유급휴가를 적용하지 않는 등 일부규정을 적용하지 않는다.[17]

단시간근로자에 대한 취업규칙의 작성 및 변경은 시행령 별표 지침에 따라야 한다. 단시간근로자에게 적용될 별도의 취업규칙이 작성되지 아니한 경우에는 통상근로자에게 적용될 취업규칙이 적용된다. 다만, 취업규칙에서 단시간근로자에 대하여는 적용을 제외하는 규정을 두거나 달리 적용한다는 규정을 둔 경우에는 그에 따르면 된다.

취업규칙을 작성하거나 변경하는 경우에는 "단시간근로자의 근로조건은 당

16) 근기법 제18조제1항.

17) 근기법 제18조제3항, 영 제9조제1항.

해 사업장의 동종 업무에 종사하는 통상근로자의 근로시간을 기준으로 산정한 비율에 의거 결정되어야 한다"[18]는 규정에 위배될 수 없다.[19]

근로시간이 짧은 것 이외에 통상근로자보다 임금 등에서 불이익하게 처우할 수 없다는 의미이다.

4) 취업규칙의 신고

취업규칙을 신고할 때 신고기한은 명시한 바 없으나 작성일로부터 15일 이내에 신고하여 법령관련 부분의 검토나 자문을 받는 것이 좋다. 신고할 때는 작성·변경된 취업규칙 전체, 근로자의 의견서, 단체협약이 있는 경우 단체협약을 함께 제출해야 한다. 다만, 취업규칙의 변경신고를 할 경우는 취업규칙 전체를 다 제출할 필요는 없고 개정 전의 관련조문, 개정 후의 관련조문, 근로자 의견서 또는 동의서를 제출해야 한다.[20]

① 신고의무를 이행하지 않은 취업규칙의 효력

신고의무규정은 일반적으로 취업규칙에 대한 감독행정상 필요에 의한 것이며 효력요건이 아니다. 신고절차를 이행치 아니 하였다고 하더라도 형사상의 책임은 별론으로 하고 규칙으로서의 효력을 부인할 수 없다. 만약 신고하지는 않았으나 실제로 취업규칙과 유사한 명칭으로 각종 규정을 작성해 두고 근로자들의 근로조건을 규율해 왔다면, 그 규정이 노동관계 법령이나 단체협약에 위배되지 않는 한 효력이 있다.

② 행정관청의 심사

신고를 받은 고용부장관은 법령 단체협약에 저촉되는 취업규칙의 변경을 명할 수 있다.[21] 심사사항은 내용이 법령이나 단체협약에 위반되는지 여부와 사

18) 근로시간이 적음으로 인해 보수나 노동법상 수혜정도 등에서 차별을 받을 수는 있으나 동종업무에 종사하면서 통상근로자에 비해 시간급임금 등에서는 차별할 수 없다는 의미, 법 제18조제1항.

19) 별표 제5항라목.

20) 사용자가 취업규칙의 불이익한 변경을 하는데 있어서, 사회통념상 합리성이 있고, 근로자의 동의를 받기 위해 최선의 노력을 다한 사실을 입증한 경우, 노동조합 또는 근로자과반수의 동의를 받지 못하더라도 변경의 효력이 있다.

21) 근기법 제96조제2항.

회통념상 극히 부당하다고 판단되는 부분까지 심사한다. 20일 이내의 기간을 두고 심사하여 그 결과 내용이 법령이나 단체협약에 위배된다고 판단되면 3일 내에 변경명령을 한다.[22] 취업규칙을 심사할 때 중점을 두는 사항은, 요건심사결과 미비사항이 있는지,[23] 근로자과반수로 조직된 노동조합 또는 근로자과반수의 의견서첨부, 규칙의 내용이 법령, 단체협약에 위배되는지 여부, 제반근로조건의 내용이 관계법령에 저촉되는지 여부, 변경신고된 취업규칙의 경우 규정내용이 전반적으로 근로자에게 불리한지 여부, 불이익조항의 변경절차가 적법한지 여부, 해고 등의 사유 및 절차 등을 규정한 조항이 적법한지 여부, 규칙의 내용 또는 용어의 불명확으로 노사간 다툼의 소지가 있는지 여부, 행정지도에 배치되거나 사회통념상 극히 부당하다고 판단되는 조항이 있는지 여부 등을 중점적으로 검토한다.

취업규칙을 신고하면서 노동조합에 대해 의견서의 제출을 요구하였음에도 불구하고 노동조합이 이에 불응하여, 사용자가 부득이 다른 근로자의 의견서를 첨부하였을 때에는 이를 법 위반으로 처리할 수 없다.[24]

(3) 취업규칙의 해석

취업규칙은 다수 근로자들에게 적용될 공통적이고 획일적인 규범인 만큼 그 해석에 있어서도 개별근로자의 고유한 상황에 대한 개별적인 해석보다 집단적이고 공통적인 의사 즉, 기업경영상의 사정, 경영의 특수성, 기업의 관행, 기업문화 등을 고려하여야 올바른 해석이 될 것이다. 따라서 취업규칙은 사용자가 기업경영권에 기하여 근로자의 복무규율이나 근로조건의 기준을 획일적·통일적으로 정립하기 위하여 작성한 자체 규범으로서, 그 일차적인 해석권한은 취업규칙을 작성하는 사용자나 당해 사업장의 노사 당사자에게 있다.[25]

---

22) 근로감독관집무규정 제75조.
23) 법 제93조의 필요사항 기재여부 및 취업규칙 부속서류 첨부여부.
24) 근지 1455-7516, 1970.8.11.
25) 근로기준과-3203, 2004.6.28.

(4) 취업규칙 기재사항

사용자는 「필수적인 기재사항」으로서 다음 사항에 관한 취업규칙을 작성하여 노동부장관에게 신고하여야 하고 이를 변경할 때도 신고를 하여야 한다.[26)]

1. 시업·종업시각, 휴게, 휴일, 휴가, 교대근무 등에 관한 사항

2. 임금의 결정·계산·지급방법, 산정기간, 지급시기, 승급에 관한 사항

학력, 연령, 근속연수, 기능, 직급제, 고정급 또는 성과급 등 임금을 결정하는 기준과 적용방법 및 지급방법, 임금의 마감[27)]과 지급시기와 승급조건, 승급시기 등을 말한다.

3. 가족수당의 계산 지급방법, 해고, 사직, 정년퇴직, 휴직기간 만료에 의한 자연퇴직 등 근로관계종료 사유나 절차 등 퇴직에 관한 사항

4. 퇴직급여보장법 제4조에 의한 퇴직금, 상여 및 최저임금에 관한 사항

퇴직금지급률을 단수로 할까 혹은 누진율로 할까, 퇴직사유에 따른 산정방법 등, 상여금지급시기 액수 등

5. 근로자의 식비, 작업용품 등 부담에 관한 사항

6. 근로자를 위한 교육시설에 관한 사항

7. 출산전후휴가, 육아휴직 등 여성근로자 모성보호 및 일·가정 양립지원에 관한 사항

8. 안전과 보건에 관한 사항, 근로자의 성별·연령 또는 신체적 조건 등의 특성에 따른 사업장 환경의 개선에 관한 사항

9. 업무상과 업무외의 재해부조에 관한 사항

10. 표창과 제재에 관한 사항

11. 기타 사업 또는 사업장 근로자 전체에 관한 사항

근로자의 채용에 관한 사항은 취업규칙 기재사항이 아니다. 필수기재사항의 일부가 누락된 경우에도 취업규칙의 효력은 변함없이 유지된다. 이때 취업규칙에 기재되지 않은 부분은 규범적 효력에 의거 법령과 단체협약 근로계약

---

26) 근기법 제93조.

27) 일급, 주급, 월급 등과 마감일자.

에 정한 조건으로 보충되어야 한다. 사업 또는 사업장 근로자 전체에 관한 사항 이외의 사항으로서 법적인 이행의무가 없거나 근로자에 대해 은혜적이고 부조적인 사항은 「임의적인 기재사항」이다. 예를 들면, 표창, 식비, 작업용품, 가족수당, 상여금, 재해부조 등은 법에 기재사항으로 명시되어 있더라도 사용자가 굳이 취업규칙에 반영하지 않아도 법위반이라고 할 수 없다. 이러한 금품은 그 지급여부를 사용자가 임의로 결정할 수 있고 법으로 지급사항을 정한 것도 없기 때문이다. 다만, 작성권한을 가진 사용자가 그러한 사항을 취업규칙으로 정해 두었다면 그때부터는 법적인 효력을 가질 뿐 아니라 동의 등의 절차없이 함부로 변경하거나 폐지할 수는 없다.[28)]

3. 취업규칙 변경과 효력

취업규칙 작성변경에 관한 권한을 전부 사용자에게 부여하면 근로자들은 상대적으로 낮은 근로조건을 강요하게 될 수밖에 없을 것이다. 법은 규칙의 작성권을 사용자에게 두면서 일단 근로조건으로 자리 잡은 규칙을 변경하고자 할 때는 사용자가 함부로 변경할 수 없도록 견제하는 방향으로 규제를 하고 있다. 따라서 규칙을 변경할 경우에는 반드시 근로자의 의견이나 동의를 얻도록 하고 있다.

법 제4조에 의하면, 근로조건을 결정할 때는 노사가 대등한 입장에서 결정하도록 하고 있는데, 취업규칙을 변경할 때에도 이 원칙은 변함없이 적용된다. 사용자가 취업규칙을 변경할 경우는 그 사업장에 근로자과반수로 조직된 노동조합이 있는 경우는 노동조합, 근로자과반수로 조직된 노동조합이 없는 경우는 회의방식에 의한 근로자과반수의 의견을 듣도록 하고 있고 기존의 규칙을 근로자들에게 불이익하게 변경할 경우에는 근로자집단의 동의를 받도록 하고 있다.[29)] 「회의방식」이란, 한 사업 또는 사업장의 기구별 또는 단위 부서

28) 법 제93조 각호 중 임의적 근로조건에 관한 사항은 해당 사업장에서 그 규정을 이행하고 있을 경우에만 필요적 기재사항으로 볼 수 있다. 노동부예규 제585호(2009.5.20).

29) 근기법 제94조제1항. 취업규칙의 변경에 의하여 기존 근로조건의 내용을 일방적으로 근로자에게 불이익하게 변경하려면 종전 취업규칙의 적용을 받고 있던 근로자집단의 집단적 의사결정방

별로 사용자측의 개입이나 간섭이 배제된 상태에서 근로자 상호간에 의견을 교환하여 찬반의견을 집약한 후 이를 전체적으로 취합하는 방식에 따르는 것을 말한다.[30)]

취업규칙의 작성·변경권이 사용자에게 있다고 하더라도, 근로자의 동의없이 일방적으로 규칙변경을 통하여 기득의 권리나 이익을 박탈하여 불이익한 근로조건을 부과하는 것은 원칙적으로 허용되지 아니한다.

취업규칙을 불이익하게 변경할 경우 동의를 받도록 한 것은 비록 개별법령에 따로 정한 규정이 있다고 해서 예외가 될 수 없다.[31)]

(1) 불이익변경

규칙의 변경 내용이 불이익한지 여부에 관해서는 획일적인 판단기준을 법으로 정한 바가 없으므로 해석론에 의지할 수밖에 없다.

판례에 의하면, 「취업규칙 변경의 내용이 불이익 하다」는 것은, 변경이 이루어지는 시점에서 볼 때 "근로자가 가지고 있던 기왕의 권리나 이익을 박탈하는 것"을 말한다.[32)] 불이익여부에 관한 판단은, 그 취업규칙의 작성·변경이 필요성과 내용의 양면에서 보아 그로 인해 근로자가 입게 될 불이익의 정도를 고려하더라도 여전히 당해 조항에 관해 법적 규범성을 인정할 수 있을 정도로 그 변경이 "사회통념상 합리성을 가지고 있는지 여부" 에 따라야한다. 사회통념상 합리성이 있다고 인정되는 경우에는 불이익하다고 볼 수는 없다.[33)]

「사회통념상 합리성」유무를 판단하는 기준은, 규칙을 변경한 취지와 경위,

법에 의한 동의를 요한다고 할 것이며, 그 동의방법은 근로자과반수로 조직된 노동조합이 없는 경우에는 근로자들의 회의방식에 의한 과반수의 동의가 없는 한 취업규칙의 변경으로 효력을 가질 수 없다(대판 77다1378, 1977.12.27).

30) 대판 2003다52456, 2005.5.12.

31) 정부투자기관법 등에서 "직원의 보수를 이사회가 정한다"라는 규정이 있다고 하더라도 이는 그 직원의 기득권을 박탈하는 결의를 할 수 있다는 취지는 아니므로 근로기준법 제94조에서 정한 취업규칙의 작성, 변경절차가 적용되어야한다.

32) 대판 99다70846, 2001.1.5.

33) 종전 근로조건 또는 취업규칙의 적용을 받고 있던 근로자의 집단적 의사결정방법에 의한 동의가 없어도 변경이 유효하다. 노동부예규 제585호, 2009.5.20.

업무의 성질, 규칙 각 규정의 전체적인 체계 등 제반사정을 토대로, 규칙의 변경에 의하여 근로자가 입게 되는 불이익의 정도, 사용자측의 변경 필요성의 내용과 정도, 변경 후의 취업규칙 내용의 상당성, 대상조치 등을 포함한 다른 근로조건의 개선상황, 노동조합 등과의 교섭 경위 및 노동조합이나 다른 근로자의 대응, 동종 사항에 관한 국내의 일반적인 상황 등을 종합적으로 고려하여 판단하여야 한다.[34)]

변경 내용이 일부근로자에게 불리하고 일부근로자에게 유리하여 전체근로자 상호간에 유·불리에 따른 이익이 충돌하는 경우, 대다수 근로자에게 유리하고 일부근로자에게 불리한 경우에는 전체적으로 불이익변경에 해당하고,[35)] 2개 이상의 근로조건을 동시에 변경하는 경우에는 변경되는 근로조건 전체를 종합적으로 고려하여 불이익변경여부를 판단해야한다. 불이익하다는 입증책임은 불이익하다고 주장하는 자에게 있다. 불이익변경에 해당하는지 여부를 판단하는 시점은 취업규칙변경이 이루어진 시점을 기준으로 한다. 따라서 취업규칙변경 이후에 새로운 사정변경이 있다는 점은 고려하지 않는다.

1) 사회통념상 합리성이 없는 경우

판례에 따르면, 취업규칙 변경이 사회통념상 합리성이 없다면 불이익변경에 해당한다.[36)] 실무에서 다음과 같은 사례를 예상할 수 있다.

1. 사무처리에 필요한 사항의 변경, 즉, 연수, 평가, 교육, 인사고과 등에 관한 변경은 불이익변경이 아니다

2. 새로운 제도를 신설하는 것은 원칙적으로 불이익변경이지만, 새로운 정년을 55세로 하는 등 사회통념상 합리성이 있다면 불이익변경으로 보지 않는다.

3 "금고 이상의 형의 신고를 받을 때"를 "금고 이상의 형의 선고유예를 받

---

34) 대판 99다70846, 2001.1.5.

35) 대판 96다1726, 1997.8.26 ; 근로기준과-1127, 2004.3.4. 일부 근로자에게는 유리하나 일부 근로자에게는 불리하게 취업규칙을 변경함으로써 취업규칙의 불이익한 변경에 해당할 경우에는 사용자는 전체근로자의 과반수로 조직된 노동조합 또는 전체근로자과반수의 동의를 얻으면 되고, 불이익하게 변경되는 취업규칙을 적용 받게 될 대상자 과반수의 동의를 별도로 얻어야 하는 것은 아니다.

36) 대판 99다70846, 2001.1.5.

고 그 유예기간 중에 있는 자"로 변경하는 경우 등 세부규정이나 절차신설은 불이익으로 보지 않는다.

4. 기존제도를 구체화시키는 것은 불이익으로 보지 않는다.

개정 인사규정이 포괄적·추상적으로 규정되어 있던 개정 전 인사규정의 징계사유와 징계종류를 세분화하여 상세히 규정한 것에 불과하다면 이것은 근로자에게 불이익하게 변경된 것은 아니라고 본다.[37)]

5. 정년연장사례는 불이익이 아니다. 다만, 일방적인 하향조정이나 정년신설은 불이익변경에 해당한다. 판례[38)]는 정년신설 이전에는 무제한으로 근무할 수 있었는데, 신설로 인해 심사에 의해서만 정년초과 근로를 할 수 있다면 기득의 권리를 박탈하는 것[39)]으로 집단적인 동의가 필요하다고 보고, 이미 규정되어 있는 정년을 단축시키는 것은 원칙상 사회적 합리성이 없으므로 집단적인 동의가 필요하다는 것이다.

6. 자의적인 징계규정[40)]을 신설하는 것은 불이익변경에 해당한다.

7. 3조3교대를 4조3교대로 유리하게 변경하고 동시에 전체 통상임금이 종전보다 감액되지 않았으면 비록 연장근로가 줄어들었다고 해도 불이익이 아니다.

8. 수당을 신설하면서 신설된 수당을 퇴직금산정기초에서 제외하는 것은 근로자에게 이익만 있지 불이익이 없다.

9. 기간의 정함이 없는 근로계약을 기간의 정함이 있는 계약으로 변경하고자 하는 경우, 사용자가 내규에 규정된 근무가능 상한 연령을 일방적으로 저하시키는 것, 매년 2회의 정기승급제도를 매년 1회로 통합하는 것 등은 전체

37) 대판 98두6647, 1999.6.22.

38) 대판 96다2507, 1997.5.16.

39) 예) 타 계열사와 동일하게 퇴직금을 하향조정하는 것 등.

40) 직무수행능력이 부족하거나 근무실적이 불량한 직원을 연구위원으로 선정할 기준은 근로자의 계약상 지위변동에 관한 규정을 포함하는 것으로 취업규칙에 해당하나 종전에 포괄적·추상적으로 규정되어 있던 인사규정 및 직제규정, 연구위원 운용요령상의 연구위원 선정기준을 상세히 규정한 것에 불과하여 종전보다 불이익하게 변경된 것은 아니므로, 이 규정을 제정, 시행함에 있어 노동조합이나 비조합원 근로자과반수의 동의를 얻지 아니하였다고 하더라도 그 효력이 부정되는 것은 아니다(서울행판 2004구합 18047, 2004.12.24).

적으로 보아 취업규칙 불이익변경에 해당한다.[41)]

2) 사회통념상 합리성이 있는 경우

근로조건 등 취업규칙의 변경이 사회통념상 합리성[42)]이 있으면, 불이익한 변경으로 볼 수 없다.[43)] 실무에서 다음과 같은 사례를 제시할 수 있을 것이다.

1. 직제규정을 개정하여 정원표상의 직급을 일부 하향 조정하였다 하더라도 이로 인해 임금 등 기존 근로조건이 직접적으로 저하되는 등 실질적으로 취업규칙을 불이익하게 변경하는 것과 같은 것으로 볼 수 없는 한 취업규칙의 불이익변경이라 단정하기 어렵다. 다만, 직제상의 기구 및 직급별 정원을 정한 사항이 근로조건을 직접 규율하지는 않고 단지 부서별·직급별로 배치할 정원기준을 정한 것으로 사용자의 경영권에 속한 것이라도, 직제변경으로 인해 전체적으로 직급이 하향 조정되어 임금 등 기존의 근로조건이 삭감·저하되는 경우는 불이익변경으로 보아서 동의를 얻어야 한다.[44)]

2. 인사고과의 평정기준은 사용자의 고유권한으로 취업규칙으로 볼 수 없고 그 변경을 취업규칙의 불이익변경으로도 볼 수 없다.[45)]

3. 법정근로시간을 초과하는 연장근로의 축소·폐지는 취업규칙의 불이익변경에 해당되지 않는다.[46)]

4. 총소정근로시간은 유지하면서 1일 소정근로시간을 20분 연장하고 토요일을 휴무로 하는 것은 불이익한 취업규칙 변경으로 보기는 어렵다.[47)]

5. 명예퇴직수당의 지급률이 낮아져 그 자체로는 불리해졌다고 하더라도 기초임금이 인상된 경우 반드시 불이익한 변경이라고 단정할 수 없다.[48)]

6. 규칙의 하나인 인사규정의 작성·변경에 관한 권한은 원칙적으로 사용자

---

41) 근기 68207-354, 2003.3.26.
42) 변경의 취지와 경위, 업무의 성질, 각 규정의 전체적인 체계 등 제반사정을 종합적으로 판단한다.
43) 대판 99다70846, 2001.1.15.
44) 근로조건지도 1153, 2008.4.29.
45) 근기 68207-352, 2003.3.26.
46) 근기 68207-286, 2003.3.13.
47) 근기 68207-3019, 2002.10.7.
48) 대판 2001다42301, 2004.1.27.

에게 있다. 사용자는 그 의사에 따라 인사규정을 작성·변경할 수 있고, 원칙적으로 종전보다 근로자에게 불이익하게 변경하는 경우가 아닌 한, 근로자의 동의나 협의 또는 의견청취절차를 거치지 아니하고 인사규정을 변경하였다고 하여 그 인사규정의 효력이 부정될 수 없다.[49]

7. 정년규정을 신설한 경우에도, 그 연령이 당해 사업장의 근로내용, 성질, 근무형태 등 여러가지 여건에 비춰서 정상적인 노무관리측면에서 근로자가 제대로 업무를 감당하지 못할 연령의 한계를 고려하여 정한 것이라면 사회통념과도 일치하는 것으로 근로자의 동의를 받을 필요가 없는 것이다.

8. 업무규정이나 체계를 감안 처음부터 면직사유에 포함될만한 정당성이 있는데도 누락된 것을 보충하는 것은 사회적 합리성이 있다.[50]

(2) 의견청취 및 동의주체

1) 동의주체로서 근로자와 사용자

취업규칙 제정·변경 등에 있어서 의견청취 및 동의주체로서「근로자과반수」라 함은, 사용사업장을 기준으로 할 때 근기법 제2조제1호에서 정한 근로자로서, 파견근로자, 순수한 도급·용역·하청사업주 소속근로자를 제외하고, 아르바이트·촉탁직·임시직 등 당해 사업 또는 사업장에서 임금을 목적으로 근로를 제공하는 전체근로자에서, 근기법 제2조제2호에서 정한 사용자 및 사용자성을 가진 자를 제외한 나머지 근로자의 과반수를 의미한다.[51]「근로자과반수로 조직된 노동조합」에서 과반수란, 노동조합원이 노동조합 가입적용 제외대상자 즉, 조직대상이 아닌 근로자를 포함한 전체근로자의 과반수가 되는지 여부를 말한다.[52]

---

49) 서울행판 2004구합18047, 2004.12.24.

50) 예) 해직대상자를 "금고이상의 형을 선고 받은 자"에서 추가하여 "금고 이상의 형의 선고유예를 받고 그 유예기간 중에 있는 자"를 신설하는 것, 두 법인이 하나로 통합하면서 정년과 기초임금은 인상하고 퇴직금은 하향조정하는 등.

51) 협력 68210-346, 2003.9.30.

52) 근기 68207-4269, 2001.12.8. 예를 들면, 전체 종사원 128명 중 사업주, 사업경영담당자, 사업주를 위해 행위하는 자 등사용자에 해당하는 자 18명을 제외하고, 생산직 70, 기술직 30, 사무직 10 합계 110명의 근로자 중 기술직근로자와 사무직을 조직대상(40명 대상)으로 하는 노동조합의

사용자란, 사업주, 사업경영담당자, 그 밖에 근로자에 관한 사항에 대하여 사업주를 위하여 행위하는 자를 의미한다. 이 가운데 「근로자에 관한 사항에 대하여 사업주를 위해 행위하는 자」는 근로자에 관한 사항에 대하여 사업주나 사업경영담당자로부터 일정한 권한과 책임을 부여받은 자[53]로서 직급이나 명칭을 가지고 일률적으로 판단할 수는 없고 그 실질적인 역할과 지위 등을 미루어 판단하여야 한다.[54] 근로자와 사용자에 관해 상세한 사항은 제3장과 제5장을 참고한다.

2) 노동조합

근로자과반수로 조직된 노동조합이 있는 경우 그 노동조합이 의견청취, 동의 대상이다. 과반수가 되지 않은 노동조합이나 노사협의회는 동의주체가 될 수 없다.[55] 과반수로 조직된 노동조합의 경우는 동의서, 의견서에 조합장의 서명으로 효력을 갖는다. 다만, 조합장의 대표권 제한 등이 있는 경우는 효력이 없다.[56] 산별노조 지회 분회의 경우 독자적 집행기관을 가지고 독립된 조직체로서 활동하는 경우 또는 상급단체로부터 규약 등으로 권한의 위임을 받은 경우 의견청취 및 동의주체가 될 수 있다. 위임받지 않았음을 사용자가 알고 있다면 무효라는 판례가 있다.[57] 조합 대의원회에서 취업규칙변경에 관한 동의권한을 운영위원회에 위임하여 운영위원회가 변경에 동의한 경우에도 유효하다.[58] 연합노조의 경우 분회가 설립신고 되어 있거나 설립신고가 되어 있지 않더라도 본조로부터 위임을 받은 경우 의견청취, 동의의 주체가 된다.

노동조합이 설립되기 이전에 이미 취업규칙이 개정되었다면 비록 그 이후에 조직된 노동조합이 근로자과반수로 조직되었다고 해서 이미 적법절차에 의

조합원이 38명이라고 하면 전체110명의 과반수를 차지하는 노동조합이 되지 못한다는 의미다.

53) 채용, 인사관리, 급여·후생·노무관리, 재해예방, 근로조건 결정 등과 관련하여 업무명령을 발하거나 지휘명령을 하는 자로 단위부서장이나 팀장 담당자 등.

54) 근로기준과-1105, 2004.9.3 ; 대판 2007도1807, 2007.5.10.

55) 근기 68207-2673, 2002.8.9.

56) 대판 2002다65097, 2003.6.13.

57) 대판 99무10902, 2000.9.29.

58) 대판 84다카414, 1984.11.13.

거 개정이 완료된 취업규칙에 관해 다시 노동조합의 의견청취나 동의를 받아야 하는 것이 아니다. 근로자과반수로 조직된 노동조합이 없는 경우에는 근로자과반수의 의견을 듣거나 동의를 받아야 하고 근로자과반수를 대표하는 자의 의견청취 및 동의를 얻어서는 안된다.

3) 노사협의회

근로자참여 및 협력증진에 관한 법률에 의한 노사협의회의 근로자위원은 원칙적으로 취업규칙 변경에 대한 의견청취 또는 동의권한이 없으나, 근로자의 과반수가 자유의사에 의거 취업규칙 변경에 대한 동의나 의견청취 권한을 근로자위원에게 위임하였다면 권한을 가진 것으로 볼 수 있다.[59] 다만, 이 경우에도 근로자위원 선출시 임기 중의 취업규칙 변경안건에 대한 일체의 동의 등의 권한을 위임하는 방법으로는 불가능하고, 매 사안마다 변경될 안을 근로자들에게 사전 주지시킨 상태에서 근로자위원을 선출하면서 당해 취업규칙 변경안건에 대한 동의 등의 권한을 부여하기로 하고 근로자과반수의 찬성으로 근로자위원을 선출하였다면 가능하다.

또한 선출된 근로자위원이 다수인 때는 그 근로자위원의 전체득표수가 근로자과반수 이상이라야 한다.[60] 근로자위원의 전체득표수가 근로자과반수에 미달하는 경우에는 취업규칙 변경에 대한 의견청취 권한이 있다고 보기는 어려울 것이다.

취업규칙변경의 동의주체와 관련없이 노사협의회 근로자대표위원은 근기법상 탄력적근로제 도입 및 연차유급휴가 대체에 관한 서면 합의시에 근로자대표로서 자격을 가진다.[61]

(3) 동의·의견청취방법

취업규칙의 작성·변경 내용이 근로자에게 불리하지 않은 경우는 노동조합 등의 의견을 듣도록 하고, 불리할 경우는 동의를 얻어야 한다. 근로자과반수

59) 근기 68207-2144, 1999.9.1.
60) 근로기준-2015, 2004.4.22.
61) 근로기준-8048, 2007.11.29.

의 의견을 듣는 경우와 동의를 얻는 경우는 세부적인 방법에서 차이가 있다. 「의견을 듣는 경우」는 변경안에 대해 반수이상의 근로자에 대한 회람 형식[62]의 의견 수렴으로도 취업규칙 변경이 가능하다. 「동의를 받는 경우」는 개별적 회람·서명을 통하여 과반수의 찬성을 얻는 방법이 아닌, 집단적 의사 결정 방식[63] 또는 회의 방식[64]에 의한 과반수의 동의를 의미한다.[65] 실무상 전체 근로자를 한 자리에 모아서 개정취지에 대해 설명회를 한 후 근로자들의 자율적인 토의를 거쳐 동의서면에 자필로 서명하는 것이 정답이다. 근무형태별로 한 자리에 모이기 어려울 경우는 부서별 근무조별로 분할하여 설명회를 개최하고 근로자들의 자율적인 토의를 거쳐 동의서면에 자필로 서명하여야 한다.

회의방식에 의한 과반수동의를 요구하는 이유는 집단의사의 주체로서 근로자의 의사를 형성하기 위함이다. 최근 자율적 토론기회 미부여, 집단적 설명회 미개최 등 절차적 흠결로 인하여 취업규칙변경 선체가 무효로 되는 경우가 비일비재하니 유의하여야 한다.[66]

최근 판례는 취업규칙 불이익변경시 집단적 동의방법에 있어서 회의방식의 경우 전체 근로자 수에 비해 지나치게 적은 근로자 단위는 '회의방식'에 의한 동의로 인정되지 않는다는 판결이 있었다.[67]

의견청취 방법에 있어서, 최근 보편화된 이메일 또는 사내 전자게시판을 이용할 수 있는지에 관해서는, 그러한 수단으로서 근로자과반수 이상 혹은 과반수로 조직된 노동조합의 의견을 청취하였다는 서면 출력물을 비치하여야 한다.[68]

노동조합의 경우, 권한 있는 노동조합이 변경된 규칙에 동의한다는 서면을

62) 집단적 회의방법, 취업규칙인을 회람으로 돌리고 개별근로자의 서명을 받는 법, 사내회보 등에 개정내용을 알리고 의견을 제출토록 하는 방법 등 근로자과반수 이상이 알 수 있는 방법.

63) 부서별 사업장별 찬반의견 취합.

64) 기구별, 단위부서별 등.

65) 대판 77다355, 1977.7.26 ; 대판 92다30500 판결, 1992.11.10 ; 대판 92자28556, 1994.6.24 ; 근로기준팀-8930, 2007.12.26 ; 대판 2001다18322, 2003.11.14.

66) 서울고판 2015나2049413, 2017.1.13.

67) 대판 2017다209129, 2017.5.31.

68) 근기 68207-1213, 2003.9.25.

첨부하면 동의절차를 완료한 것이고, 그 서면표기에 있어서도 노동조합의 대표권에 법적제한이 없다면 대표자 서명으로 족하고 별도로 조합원과반수의 찬성을 얻을 필요는 없다.[69]

의견청취는 의견을 내용을 알리고 듣는 그 자체를 의미한다. 따라서 결과가 찬성보다 반대가 많다고 하더라도 적정 절차를 거쳐 청취하였다면 유효하다. 만약 의견청취를 거치지 않고 취업규칙을 작성 변경한 경우라도 그 내용이 불이익변경에 해당하지 않으면 효력은 있으나[70] 절차를 위반한 공법상의 책임이 있다.[71] 적법한 절차를 거치지 않고 불리하게 변경된 취업규칙은 효력이 없다.[72]

여기서 「사용자측의 개입이나 간섭」이라 함은, 사용자측이 근로자들의 자율적이고 집단적인 의사결정을 저해할 정도로 명시 또는 묵시적인 방법으로 동의를 강요하는 경우를 의미한다. 사용자측이 단지 변경될 취업규칙의 내용을 근로자들에게 설명하고 홍보하는 데 그친 경우에는 사용자측의 부당한 개입이나 간섭이 있었다고 볼 수 없다.[73]

1) 이원화된 취업규칙의 동의 등

노동조합이 존재하는 경우 직원은 조합원과 비조합원으로 구분되고, 양자 사이에 단체협약이나 취업규칙의 변경 내용에 따라 대상별로 이원화되거나 특정계층에 대해서만 적용되는 등 이해관계가 달라질 수밖에 없다.

이와 같이 취업규칙 변경이 그 사안에 따라 일부근로자에게만 적용될 경우

---

69) 대판 2002다65097, 2003.6.13.

70) 서울행판 2004구합18047, 2004.12.24.

71) 법 제94조 및 제114조제1호에 의거 500만원 이하의 벌금.

72) 적법한 절차를 거치지 않고 불리하게 변경된 취업규칙은 효력이 없다. 중노위 2007부해339·2007부노119병합, 2007.8.19 근로자들에 대한 징계사유인 사납금 횡령이 인정되려면 1998년 임금협정이 무효가 되고 유류비 및 세차비를 지원하지 않는다는 취업규칙의 내용이 적법하게 변경되어야 하나, 1998년 임금협정은 이 사건 사용자의 전신인 유한회사 A교통의 해지통보에도 불구하고 단체협약의 규범적 효력이 인정되는 부분으로써 그대로 유효하고 2006.11 유류비 및 세차비를 삭감하는 내용으로 변경된 취업규칙은 근기법에서 정한 근로자의 회의 등에 의한 과반수의 동의를 얻지 못하여 무효이다.

73) 대판 2001다18322, 2003.11.14.

동의나 의견청취 주체가 누구인지 여부가 쟁점이 된다. 행정해석에 의하면, 불이익하지 않은 변경의 경우, 과반수로 구성된 노동조합이 있는 경우는 노동조합, 노동조합이 없는 경우는 전체근로자과반수의 의견청취가 필요하다.

다만, 취업규칙의 변경 내용이 전체근로자에게 해당되고 근로자 상호간에 유·불리에 따른 이익이 충돌하는 경우는 전체적으로 불이익변경에 해당하므로 전체근로자과반수의 동의 등이 필요하다. 그러나 취업규칙이 전체근로자 중 일부근로자에게만 불이익하게 변경되는 경우, 당해 취업규칙변경으로 인해 불이익을 받게 되는 일부근로자들 과반수[74]의 동의와 전체근로자과반수의[75] 의견청취가 필요하다는 견해가 지배적이다.[76]

판례에서도 사원과 노무원으로 이원화된 사업장에서 퇴직금규정의 불이익변경에 대해 조합원인 노무원에 대한 부분은 노무원 노동조합이 개정규정에 동의를 해서 유효하지만, 개정에 동의한 바 없는 사원에 대한 부분은 효력이 없다고 보는[77]등 견해를 같이하고 있다. 이 경우 법 제94조제1항 단서의 "동의"란, 기존 취업규칙의 적용을 받는, 취업규칙 개정으로 불이익을 받는 근로자집단의 과반수의 동의를 의미한다. 따라서 적용대상에 따라 다음과 같이 구분하는 것이 합리적이다.

① 조합원과 비조합원 모두에게 적용

개정될 취업규칙이 근로자 모두에게 적용되는 경우는 노동조합이 근로자의 과반수로 구성된 것이 분명하다면 노동조합의 동의[78]를 얻어야 하고, 과반수로 구성된 노동조합이 없는 경우 근로자과반수의 동의를 얻어야 한다. 노동조합이나 근로자과반수 이상이 동의나 의견청취를 한 이상 비조합원의 동의여부나 개별근로자가 과반수 이상 동의했는지 여부를 묻지 않고 취업규칙 변경의 효력은

74) 계약직근로자에게만 적용되는 취업규정을 불이익하게 변경하는 경우 동의주체는 계약직근로자 과반수 혹은 계약직근로자과반수로 조직된 노동조합.

75) 과반수로 구성된 노동조합.

76) 근기 68207-2775, 2002.8.20 ; 근기 68207-108, 1999.9.22 등.

77) 대판 90다카19647, 1990.12.7.

78) 조합장의 대표권을 제한하지 않았다면 조합장의 동의서 서명 등.

유효하다.[79)]

여기서 말하는 근로자의과반수라 함은, 기존 취업규칙의 적용을 받는 근로자집단의 과반수를 말한다.[80)]

② 비조합원 등 일부근로자에게만 적용

노동조합 조직대상이 아닌 근로자집단에 한하여 취업규칙을 불이익변경하는 경우에는 노동조합이 이들을 대표하여 동의권을 행사할 수 없고 불이익을 받게 되는 근로자과반수의 동의와 전체근로자과반수의 의견청취가 필요하다. 다만, 일부근로자에게만 적용되는 불이익한 취업규칙변경이라도 장래 그 변경 안이 모든 근로자에게 적용될 것이라면 전체근로자과반수 또는 과반수로 구성된 노동조합의 동의를 얻어야 한다.[81)] 즉, 취업규칙 불이익변경으로 인해 불리한 규정이 적용되는 근로자집단과 그렇지 않은 근로자집단 사이의 경계선(border line)이 명확하지 않은 경우는 이견이 생길 수 있다. 따라서 취업규칙의 적용대상이 본질적으로 이해관계가 다른 경우[82)]가 아닌 동질적인 근로자[83)]를 대상으로 하는 경우, 조합원 등 일부근로자에게 적용되는 취업규칙[84)]이라도 일정시점에 이르면 조합에 가입하지 않은 나머지 근로자들에게도 당연히 적용되는 경우가 있다.

이러한 경우는 의견청취나 동의주체를 개정시점을 기준으로 볼 것이 아니라, 현재 및 장래의 적용대상 모두를 동의 등의 주체로 보는 것이다.[85)]

---

79) 대판 96다2507, 1997.5.16.

80) 대판 2005다21494, 2005.11.10.

81) 근기 68207-890, 2003.7.16.

82) 생산직과 기술직으로 구성된 사업장에서 조합의 조직대상은 기술직으로만 정한 경우.

83) 생산직으로만 구성된 사업장에서 노동조합이 생산직으로 구성된 경우.

84) 예) 정년규정, 일정한 연령대에 달하면 임금이 삭감되는 규정, 3급에 관한 임금이나 정년, 승진규정 변경이 장차 4,5,6급이 승진하면 자동적으로 적용되는 경우 등.

85) 대판 2006두2238, 2009.5.28 ; 근기 68207-890, 2003.7.16 ; 대판 2005다21494, 2005.11.10. 개정당시 비조합원들에게만 적용되는 규정이라고 하더라도 다른 직원들, 즉, 조합원들도 향후 승진에 따라 비조합원이 된다고 할 것이므로, 그 한도에서는 해당 취업규칙의 적용대상을 단순히 조합원에게만 한정할 것은 아니다. 따라서 비조합원만을 취업규칙 개정의 동의주체나 협의주체로 보는 것은 타당하지 않고 당해 취업규칙의 현재(현재 조합원) 및 장래의 적용대상(장래의 조합원 등) 모두를 동의나 협의 주체로 보는 것이 타당하다. 4급 이하 일반직 직원들은 누구나 승진가능성이 있으며, 이 경우 승진한 직원들은 불이익하게 변경된 정년규정에 따라 58세

취업규칙 변경내용이 전체 직원 중 일부 직원에게만 적용되고, 그 내용이 불이익하게 변경 될 경우 적용직원의 과반수의 동의를 얻는 외에 그 외의 근로자나 노동조합의 의견도 청취해야 한다.[86] 예를 들면, 변경된 취업규칙이 노동조합에 가입할 수 없는 1급 및 2급 직원에 대해서만 적용되는 경우라면 근로자의 과반수로 조직된 노동조합이 있는 경우에도 동 노동조합이 1급 및 2급 직원에 대해 대표권을 행사할 수 있는 지위에 있다고 보기 어려우므로, 이 경우 당해 1급 및 2급 직원을 대상으로 그 과반수의 동의를 얻어야 하고, 과반수로 조직된 노동조합이 있으면 그 노동조합, 없으면 근로자과반수의 의견을 청취하면 될 것이다.[87]

하나의 취업규칙 변경[88]이 전체근로자에게 해당하면서 그 중 일부계층에게는 유리하고 일부계층에게는 불이익한 경우는 전체적으로 불이익변경으로 보기 때문에 이원화된 것이라고 볼 수 없다.[89] 따라서 이러한 경우는 전체근로자과반수[90]의 동의만으로 족하고 불이익하게 변경된 근로자과반수의 동의를 별도로 받아야 하는 것이 아니다.

그러나 전체적으로 정년을 단축하여 재직기간 단축으로 불이익하게 된 일부근로자들에게는 별도의 보상방안이 제시되고, 일부근로자는 짧으나마 정년이 연장되는 등 전체적으로 비교하여 불이익하다고 보기 어려운 경우는 의견청취만으로 변경이 가능할 수 있다.

사업장 내에서 「관행화된 근로조건변경」의 경우에도 취업규칙 변경에 따른 절차가 필요하다. 취업규칙에 "상여금은 별도의 지침에 따른다"라고 규정하였으나, 이후 별도의 세부적인 지침이나 규정을 만들지 않고 관행적으로 500% 지급하여 왔다면 동 관행은 근로조건화 되었다고 볼 수 있으며, 관행으

에 퇴직해야 하므로 위 개정은 3급이상에만 관련된 것이 아니라 직원 전부에게 잠재적 직간접적으로 관련되므로 개정당시 전체 직원들이 동의주체가 된다.

86) 근기 68207-108, 1999.9.22.

87) 근기 68207-2775, 2002.8.20.

88) 부장 이상 60세, 사장 이하 55세로 되어 있는 기존의 정년규정을 56세로 통일할 경우.

89) 근로기준-1127, 2004.3.4.

90) 혹은 과반수로 조직된 노동조합.

로 근로조건화 된 상여금지급률 등 근로조건을 변경하고자 하는 경우에는 취업규칙의 변경절차를 거쳐야 된다. 따라서 상여금지급률 등 관행화된 주요 근로조건이 변경된다면 이는 취업규칙의 변경으로써 근로자에게 유·불리 여부를 판단하여 근로자집단의 의견을 청취하거나 동의를 얻어야한다.[91)]

2) 묵시적인 동의

동의는 적어도 회의방식이라는 적극적인 형태의 집단의사결정방식에 의한 것이어야 하므로, 불이익하게 변경된 취업규칙의 내용을 통보받고 그 당시나 사후에 아무런 이의를 제기하지 않았다거나 무효인 퇴직금규정에 따라 아무런 이의를 유보함이 없이 퇴직금을 수령했다고 해도 묵시적인 동의가 있었다고 할 수 없다.[92)]

판례에 의하면, 퇴직금규정의 개정 당시 전체근로자의 의사를 집단적의사결정방식에 의하여 묻는 것이 사실상 불가능하고, 그러한 조치를 사용자에게 요구하는 것이 무리였다고 하여, 이러한 사정이 근로자집단의 묵시적 동의나 추인이 있었다고 인정할 근거가 될 수 없다. 근로자들이 취업규칙의 불이익 개정 후 7년여의 기간동안 퇴직금규정의 개정에 대하여 이의를 하지 않았다는 것만으로 묵시적으로 동의 또는 추인하였다고 볼 수도 없다고 한 바 있다.[93)]

한편, 예외적으로 불이익하게 변경된 퇴직금규정이 근로자들의 동의를 얻지 못한 상태에서 상호 갈등 없이 장기간 시행되어 온 경우, 사용자가 강박이나 기타 특별한 사정이 없는 한 근로자들의 묵시적 승인이 있는 것으로 보아야 한다. 그러나 근로자들의 자율적이고 집단적인 의사결정을 저해할 정도로 명시적 혹은 묵시적으로 동의를 강요한 경우라면 사용자의 간섭이나 개입이 있는 것이므로 이런 경우는 근로자들의 묵시적 합의를 인정할 수 없다.[94)] 이와

91) 근기 68207-1873, 2000.6.20 ; 근기-1758, 2005.3.25. 단체협약이나 취업규칙 근로계약에 해당 금품의 지급을 명시하지 않았지만, 사용자가 상당기간 일정액을 정기적으로 지급해 온 경우라면 특별한 사정이 없는 한 근로조건으로 고착된 것이므로 이를 지급하지 않거나 삭감하는 등 불이익변경을 할 때는 근로자집단의 동의를 얻어야 한다 근로조건지도-2117, 2008.6.18.

92) 대판 99다45376, 2000.9.29.

93) 대판 92다45490, 1993.9.14.

94) 대판 2001다18322, 2003.11.14.

같이 묵시적 합의를 인정할 수 없는 경우라면 불이익변경에 대해 10년이 지난 후에 이의를 제기해도 금반언의 법리에 반하지 않는다.[95)]

3) 단체협약으로 달리 정한 경우

취업규칙의 작성·변경에 관한 권한은 원칙적으로 사용자에게 있으므로 사용자는 그 의사에 따라 취업규칙을 작성·변경할 수 있다. 따라서 단체협약에서 취업규칙의 작성·변경에 관하여 노동조합의 동의를 얻거나 협의·의견을 듣도록 규정하고 있다 하더라도 원칙적으로 취업규칙상의 근로조건을 종전보다 불이익하게 변경하는 경우가 아닌 한 그러한 절차를 거치지 아니하고 취업규칙을 작성·변경하였다고 하여 그 취업규칙의 효력이 부정되지 않는다.[96)] 다만, 단체협약위반 등 노조법상 책임문제는 따로 판단할 사항이다.

4) 수개의 사업장에 걸치는 단위노동조합이 있는 경우

단위노동조합이 수개의 사업장에 걸치고 각 사업장별로 지부가 있으나 그 지부가 설립신고가 되어 있지 아니하고 내부조직으로 되어 있다면, 사업장에서 취업규칙을 불이익하게 변경하고자 할 경우 그 단위노동조합의 동의를 받아야 한다. 다만, 지부에 동의권을 위임한 것으로 볼 수 있는 사정이 있는 경우라면 그 노조지부의 동의를 얻어 변경할 수 있을 것이다.

5) 임금삭감과 취업규칙 변경

사업장에서 경영사정 악화로 인해 임금반납을 결의하거나 장래 임금의 일정률을 삭감하는 등의 방법으로 기업상태를 호전시키려는 경우가 있다.

이러한 경우 임금삭감이 취업규칙 변경의 절차적인 입장에서 유효한지 여부가 쟁점이 될 수 있다. 기왕의 근로로 이미 발생하여 근로자의 권리에 귀속된 임금을 삭감하는 것은 집단적 의사결정방법이 아닌 개별근로자의 동의가 있이

---

95) 대판 91다17542, 1991.9.24. 노동조합이나 근로자들이 사용자인 회사로부터 불이익하게 변경된 규칙을 통보받고 그 변경 당시나 그 후에도 소극적으로 아무런 이의를 제기하지 않거나 이의 유보 없이 퇴직금을 수령한 사정만으로 묵시적 동의가 있었다고 볼 수 없다. 대판 00다45376, 2000.9.29.

96) 대판 94누3001, 1994.12.23.

야만 효력이 있다. 일단 개별근로자의 동의가 있고 반납의 의사가 사용자에게 수용된 뒤에는 동의를 철회하더라도 그 법적 효력이 인정되지 않는다. 한편, 이미 발생된 임금의 반납이 아니라 앞으로의 근로조건으로서 임금 또는 상여금의 수준을 낮추거나 변경하려면 단체협약 또는 취업규칙 등의 변경을 통하여 실현되어야 한다. 만일 노조의 결의나 선언만 있고 회사가 후속조치로서 단체협약, 취업규칙 또는 근로계약 등을 변경하는 등 법적인 절차를 거치지 아니하였다면 임금수준을 낮추거나 변경하는 것은 그 효력이 없다.[97]

(4) 동의를 받지 않은 취업규칙의 효력

취업규칙 변경절차에서 의견청취 절차규정 자체는 훈시규정에 불과하고 효력규정이 아니므로 이를 거치지 않았다고 하여 그 취업규칙이 무효로 되지는 않는다. 그러나 취업규칙의 작성 또는 변경이 기득의 권리나 이익을 박탈하여 불이익한 근로조건을 부과하는 내용일 때에는 종전 근로조건 또는 취업규칙의 적용을 받고 있던 근로자집단의 집단적 의사결정방법에 의한 동의를 요하고 이러한 동의가 없이 작성, 변경된 취업규칙은 무효라고 보아야 할 것이다. 취업규칙의 불이익변경은 오직 근로자들의 집단적인 동의가 있었는지 여부에 따라 유효성을 판단해야 한다.

취업규칙의 일부조항의 개정변경이 무효로 되는 경우에는 그 유·불리한 항목에 따라 각각 그 항목이 유효·무효로 되는 것이 아니고 그 대가성이나 연계관계에 있는 항목 모두가 동시에 무효가 된다.[98] 무효로 된 부분은 변경전의 규정이 적용된다. 이 경우 집단적인 동의를 받지 않고 불이익하게 변경된 취업규칙에 대해 개별적으로 동의를 하였다고 해도 무효이다.

다만, 근로조건의 변경이 「동의를 받지 않아도 사회통념상 합리성이 있다」고 인정될 만한 것일 때에는 그 변경은 유효하다고 보는 것이 타당하다.[99]

당해 규범조항을 시인할 수 있을 정도로 사회통념상 합리성이 있어서 집단

---

97) 근기 68207-843, 1999.12.13.
98) 대판 94다18072, 1995.3.10.
99) 대판 78다1046, 1978.9.12 참조 ; 대판 88다카4277, 1989.5.9.

적 동의를 받지 않아도 적용이 부정되지 않는 불이익변경의 합리성은 아래 기준에 따라 판단한다.

1. 변경에 의해 근로자가 입게 될 불이익 정도
2. 변경 필요성의 내용과 정도
3. 변경 후 취업규칙 내용의 상당성
4. 대상조치를 포함한 다른 근로조건의 개선상황
5. 노동조합과 교섭경위 및 타 근로자의 대응실태
6. 동종사항에 대한 일반적 관례나 상황 등

취업규칙을 불이익하게 변경하면서 「근로자집단의 동의가 불가능」했다는 것이 객관적으로 입증된다면 동의를 받지 않은 불이익변경도 효력을 가질 수 있다.[100] 이러한 경우는 과반수를 차지하는 노동조합이 있는 사업장에서 노동조합이 취업규칙 불이익변경에 동의하지 않는 경우에 주로 발생하는 바, 사용자가 노동조합의 동의를 얻기 위하여 다각도로 노력했으나 기피하는 경우 등 객관적으로 보아 동의가 불가능했다고 판단되는 경우 등이 될 것이다.

(5) 동의의 효력과 사후 소급적 동의문제

근로자집단의 사전동의나 사후추인 등 의견수렴 절차없이 일방적으로 변경한 취업규칙은 그 절차상의 흠으로 인해 기존 근로자에게는 효력이 없다.

집단적 동의없는 취업규칙 불이익변경의 효력을 원론적 측면에서 정리하면 아래와 같다.

1. 유리 혹은 불리한 규정 모두 무효로서 변경전 규정을 적용한다.
2. 불이익변경에 관한 집단적 동의가 없으면 개인적으로 동의한 근로자에게도 무효이다.

역으로, 불이익변경에 관한 집단적 동의가 있으면 개인적으로 반대한 근로자에게도 변경의 효력이 유효하다.

다만, 변경일 이후 신규 입사한 자나 그 이전에 퇴사했다가 재입사한 자에게

---

100) 대판 92다39778, 1993.1.15.

는 효력이 있다.[101] 일반적으로 취업규칙이 시행되기 이전에 이뤄지는 사전동의는 불이익하게 변경된 취업규칙을 장래를 향하여 유효하게 적용될 수 있도록 하는 효력을 지닌다. 반면 사전동의없이 불이익하게 변경된 규칙이 시행되고 난후 사후적으로 동의를 받을 경우에도 합의가 있다면 동의없이 변경 시행된 취업규칙의 내용에 대해 동의의 효력을 처음 변경시점부터 소급적으로 유효하게 하거나, 잘못된 변경시점부터 사후에 소급적으로 동의하기 직전까지는 무효로 하고 소급적으로 동의하는 그 시점부터 장래를 향해 유효한 것으로 할 수도 있다.

다만, 동의없이 불이익변경된 규칙이 적용되다가 근로자들이 사후에 소급적으로 동의, 승인, 추인 등의 의사표시를 하였다고 볼 수 있으려면 그 의사표시를 할 당시에 사실상 시행중이던 잘못된 개정규정이 무효라는 사정을 알고 있어야 하고 그 상태에서 소급적으로 동의 등을 하여야 비로소 유효한 동의가 된다. 이 경우는 사용자측에서 근로자 모르게 동의를 얻지 않은 상태로 변경한 잘못된 취업규칙을 그대로 시행되다가 흡사 새로이 개정한 것처럼 상정하여 유효하게 동의를 얻는 것을 배척하려는 것이다. 다만, 판례의 경향은 기 시행중인 잘못된 취업규칙 개정규정을 사후에 단체협약을 통해 협약으로 체결하는 경우에는 개정규정이 무효라는 사정을 알았는지 여부에 상관없이 소급적으로 동의나 승인을 인정할 수 있다고 넓게 보고 있다.[102]

1) 소급추인의 범위

사전적으로 추인은, 불완전한 법률행위를 사후에 보충하여 확정적으로 유효하게 하는 일방적 의사표시를 말한다. 취업규칙을 근로자에게 불이익하게 변경하면서 변경당시에 근로자집단의 동의를 얻지 못하였다면 변경된 조항은 그 효력을 발휘하지 못한다. 이때 당사자는 불이익변경 내용에 관하여 근로자과반수를 대표하는 노동조합 또는 근로자과반수의 동의를 얻어서 당초 변경시점부터 소급하여 추인한다면 효력이 있다. 소급추인의 효력은 효력발생 이후에

101) 대판 96다10393, 1996.7.12.

102) 대판 96다6967, 1997.8.22.

그 사업장에서 종사하면서 적용받는 근로자에게 적용되고 변경시점부터 추인하기 이전기간 중에 퇴직한 근로자에게는 적용되지 않는다.[103] 단체협약을 체결하면서 부칙에 "단체협약 시행일 이전에 발생한 모든 사항은 이 협약에 의한 것으로 본다"고 포괄적으로 규정해도 소급추인의 효력은 인정한다. 그러나 "단체협약에 명시되지 않은 사항은 관계법령 및 관행에 따른다"고 규정한 것은 추인으로 보지 않는다.

2) 퇴직금에 관한 노동조합의 소급추인

법 제94조제1항에 의하면, 근로자과반수로 조직된 노동조합 또는 근로자과반수의 동의를 받아 노사가 합의하고 그 내용이 강행법규에 위반되지 않는다면 노사는 취업규칙이나 단체협약 등으로 정한 기존 근로조건의 내용을 불이익하게 변경할 수 있다. 퇴직금에 관한 새로운 협약이 근로자들에게 불리하게 개정되었으나 그 불이익한 변경에 관해 동의를 얻지 못하다가 사후에 노동조합이 소급해서 동의를 했다면, 퇴직시점에 따라서 근로자들의 권리내용이 달라진다는 불합리한 점이 있을 것이다. 그렇다면, 노동조합이 불이익한 퇴직금을 소급해서 동의를 하여 그 시점까지 적치된 퇴직금을 모두 소급해서 삭감하는 것을 동의할 수가 있을까?

① 학설과 판례의 견해

판례는[104] 노동조합 또는 근로자집단의 동의가 있다면 소급해서 불이익변경이 가능하고 개인의 동의는 필요가 없다는 입장이다. 다만, 행정해석은 제3자의 권리를 침해하거나 의무를 설정하는 불리한 계약은 무효라고 보고,[105] 노동

---

103) 대판 92다19316, 1993.6.11 ; 대판 91다34073, 1992.7.24. 노동조합이 사용자측과 기존의 임금, 근로시간, 퇴직금 등 근로조건을 결정하는 기준에 관하여 소급적으로 동의하거나 이를 승인하는 내용의 단체협약을 체결한 경우에 그 동의나 승인의 효력은 단체협약이 시행된 이후에 그 사업체에 종사하며 그 협약의 적용을 받게 될 노동조합원이나 근로자들에 대하여만 생기고, 단체협약체결 이전에 이미 퇴직한 근로자에게는 위와 같은 효력이 생길 여지가 없다.

104) 대판 91다31753, 1992.11.24. 근로자 동의없이 퇴직금지급률을 하향 개정한 직원보수 및 퇴직금규정을 인용해서 단체협약에 정한 규정이 단체협약을 통해 노조의 사후추인을 얻었다면 유효하다. 대판 92다49294, 1993.5.11.

105) 민법 제103조, 근기 68207-843, 1999.12.13. 기왕의 근로에 대하여 이미 발생된 임금채권

조합 및 근로자집단의 동의 이외에 근로자 개인의 동의가 필요하다는 입장이다. 근로자 보호측면을 고려하면 행정해석이 설득력이 있고, 고용계약의 임의성과 대등성이 확보되기만 한다면 판례의 견해가 유력할 것이다.

② 소급추인

일부 근로자들에게 불이익한 취업규칙의 변경을, 그 후에 설립된 노동조합[106]이 추인할 수 있다.[107] 동의나 추인의 방법은 근로자과반수로 조직된 노동조합이 없는 경우에는 근로자들의 회의방식에 의한 과반수의 동의를 얻어도 되나 그러한 조합이 있는 경우에는 그 노동조합의 동의를 얻어야만 한다.

노동조합이 사후에 추인하는 경우에, 그 노동조합이 취업규칙을 불이익하게 변경할 당시에는 없었다가 그 후에 설립되었다거나, 그 개정으로 불이익을 입은 근로자들 중 일부는 추인 당시 승진 등의 사유로 노동조합 가입자격을 상실한 상태였고 실제에 있어 그 개정으로 불이익을 입은 근로자들 중 노동조합에 가입한 근로자가 전혀 없다 하더라도 마찬가지이다.

3) 퇴직금지급률 변경

단체협약이나 취업규칙 변경으로 전체근속기간동안에 대하여 퇴직금지급률이 변경된 경우 사후에 퇴직금지급률을 놓고 노사간 첨예한 갈등이 있을 수

을 일부 반납하거나 앞으로 채권이 발생하면 그중 일부를 반납키로 약속하는 것은 확정된 자기의 권리를 행사하는 것이므로 개별근로자의 자유의사에 기초할 때만 유효하다. 따라서 이미 발생하여 근로자의 권리에 귀속된 임금삭감은 집단적 의사 결정방법이 아닌 개별근로자와의 합의(동의)가 있어야만 효력이 있다. 노동조합은 근로자들에게 불리한 퇴직금규정을 소급해서 동의할 수는 없으며 그런 취지의 단체협약은 아무런 효력이 없다. 그러므로 노동조합이 불리한 퇴직금규정에 동의하는 경우에도 노동조합의 동의효력은 장래에 향해서만 효력을 가진다. 다만, 노동조합이나 사용자가 불리한 퇴직금 소급규정에 대해 근로자 개인의 동의를 얻은 경우는 불이익하게 변경된 퇴직금규정은 소급해서 효력을 가진다고 보아야 한다.

106) 불이익을 입은 근로자들이 전혀 가입하지 않은 경우도 포함.

107) 대판 93다8870, 1995.4.21. 퇴직금규정과 같은 취업규칙의 작성, 변경에 관한 권한은 원칙적으로 사용자에게 있으므로 사용자는 그 의사에 따라 취업규칙을 작성, 변경할 수 있으나, 그것이 근로조건을 근로자에게 불이익하게 변경하는 것일 때에는 종전 취업규칙의 적용을 받고 있던 근로자의 집단적 의사결정방법에 의한 동의를 요하고, 그 동의는 사전동의뿐만 아니라 사후추인을 포함한다. 대판 96다10393, 1996.7.12.

있다. 사용자가 취업규칙의 변경으로 퇴직금지급률 등 기존 근로조건의 내용을 근로자에게 불이익하게 변경할 경우, 종전 취업규칙의 적용을 받고 있던 근로자집단의 집단적 의사결정방법에 의한 동의나 합의가 있는 한 근로자 개개인의 동의를 얻을 필요없이 취업규칙의 변경은 유효하다. 이때 취업규칙의 변경에 의하여 기존의 근로조건이나 근로자의 권리를 소급하여 불이익하게 변경하는 경우에도 마찬가지이다. 이 경우 동의나 합의의 효력은 동의나 합의 당시 사업체에 종사하며 적용을 받게 될 근로자들에 대하여만 적용할 수 있고, 그 이전에 이미 퇴직한 근로자에게는 미치지 아니한다.[108]

취업규칙 중 퇴직금청구권은 사망, 해고 등 퇴직이라는 사실을 요건으로 발생하는 것이므로 퇴직당시 유효하게 적용되는 퇴직금규정에 의해 전체근속기간에 대한 퇴직금이 산출되는 것이 원칙이다. 판례에 의하면, 퇴직 이전의 근속기간 중에 퇴직금규정이 불이익하게 변경된 바 있어 그 변경 전의 근속기간에 대하여도 불리하게 변경된 퇴직금규정을 적용하게 되면 근로자의 기득 이익을 침해하는 결과가 되는 경우에는 그 변경 전의 근속기간에 대하여는 변경 전의 규정을 적용하여 퇴직금을 산출해야 하는[109]것이 원칙이다.

그러나 근기법 제4조에 의하면, 당사자는 합의에 의하여 취업규칙상의 근로조건을 근기법에 정한 기준 이상이라면 자유롭게 변경 약정할 수 있으므로 소급적용의 취지를 감안하여 다음과 같이 구분 적용해야 할 것이다.

① 소급적용하는 취지로 해석되지 않을 때

소급적용의 취지로 해석되지 않을 때는 원칙적으로 퇴직 당시 유효하게 적용되는 퇴직금규정상의 퇴직금 적용율을 적용하되, 다만, 불이익하게 변경된 시점 이전 근속기간에 대하여는 변경전의 규정을 적용하여 기득권을 보호해 주고 불이익하게 변경된 이후부터는 변경된 규정을 적용하기로 했다면 그에 따르면 될 것이다.[110] 다만, 적법한 절차를 거쳐 퇴직금 등에 관한 취업규칙을 불이익하게 변경하더라도 그 변경조건은 법정최저기준 이상이라야 한다.

---

108) 대판 91다31753, 1992.11.24.
109) 대판 96다45399, 1997.7.11.
110) 대판 90다카24311, 1990.12.26.

② 소급적용의 취지로 해석될 때

ⓐ 근로자에게 유리하게 변경된 경우

근로자 보호측면을 감안하여, 변경전의 기간에 대해 변경전 규정을 적용한다는 경과규정 등이 없다면 전체근속기간에 대해 퇴직 당시 유효하게 적용되는 변경된 규정에 의거 퇴직금을 산정한다.

ⓑ 근로자에게 불리하게 변경된 경우

퇴직금지급규정의 변경시 다른 경과 규정을 두지 아니한 이상 근로자에게 불이익하게 변경된 규정이 근로자의 불이익변경 이전 재직기간에 대하여까지 소급적용 된다고 할 수 없다.[111] 다만, 경과규정 등으로 정하여, 불이익하게 변경된 지급율을 변경하기 이전의 근속기간에까지 소급해서 적용하기로 정한 경우는 그에 따르는 것이 원칙이다. 따라서 변경일 이전 소급적용기간부터 변경일 이후까지 전체근속기간에 대하여 퇴직당시 불이익하게 변경된 지급율을 적용하여 퇴직금을 산정해야 한다. 다만, 이 경우에도 그 지급률은 법정퇴직금 이상이라야 하고, 변경된 시점을 기준으로 이미 퇴직한 근로자에게는 효력이 미치지 아니 한다.

(6) 취업규칙의 병존

사업장에서는 취업규칙의 변경이나 새로운 사항의 신설, 근로자집단의 반대 등을 이유로 적용대상별로 1개 이상의 취업규칙을 가질 수도 있다. 이 경우 신규입사자와 기존에 재직 중인 근로자간에 어떠한 취업규칙을 적용할 것인지 문제가 될 수 있다.

취업규칙의 병존문제는 변경양태 등에 따라 다르다. 즉, 1. 취업규칙이 근로자에게 유리하게 변경된 경우에는 유리한 규칙을 적용하면 될 것이므로 부칙 등에 경과규정을 두어 적용대상을 구분하는 경우에 병존이 성립하고, 2. 정상적인 절차를 거쳐 불이익하게 변경되는 취업규칙의 경우 기존근로자들의 기득권 보호를 위해 부칙으로 경과규정을 두는 경우에 성립하고, 3. 불이익하게 변경되는 취업규칙이 근로자집단의 동의를 얻지 못하였을 때 그 한도

111) 대판 90다카24311, 1990.12.26.

내에서는 법적인 효력을 가질 수 없으므로 기존 근로자에게는 변경전의 취업규칙이 적용되고 신입사원에게는 변경된 취업규정이 적용될 때 비로소 성립한다.[112)]

취업규칙의 작성·변경권은 원칙적으로 사용자에게 있으므로, 절차상의 하자로 인해 무효로 된 취업규칙도 신규 입사자에게는 법규적 효력을 갖고, 종전의 취업규칙은 기존근로자와 관계에서 기득권을 보장하는 범위 내에서 효력을 가진다. 따라서 외관상 2개의 규칙일지라도 적용대상이 각각 다르게 되므로 결과적으로 하나의 사업의 2개의 규칙을 둔 것이라고 볼 수는 없다.

기존 근로자에게는 변경 이전의 퇴직금규정을 적용하고, 그 이후에는 기존근로자와 신입근로자에게 동일하게 변경된 퇴직금규정을 적용하는 것이 퇴직금차등으로 법위반인지 여부가 쟁점이 될 수 있다.

퇴직금의 차등제도란, 취업규칙 등에 의하여 직종·업종·직위·입사일자, 임시, 정년연장자 등 고용형태 등에 따라 퇴직금의 산정기초임금이나 지급률에 차이를 두는 것을 말한다. 따라서 취업규칙 중 퇴직금규정을 기존 근로자들에게 불리하게 변경하면서 부칙의 경과규정에 의하여 변경되기 전의 근속기간에 대하여는 종전 규정에 의하도록 하는 것은 차등제도금지의 원칙에 위배되지 아니한다.[113)]

4. 취업규칙의 효력발생시점과 적용순위

근로자의 권익보호측면에서 취업규칙의 효력발생시점을 어디로 할 것인가

---

112) 대판 95다32631, 1996.12.23. 법 제97조 사업장에서 단체협약으로 정한 임금체계는 그대로 두고, 취업규칙을 변경하여 신입사원에 대해서는 연봉제를 실시하기로 하였으나, 변경된 취업규칙의 내용에 따라 연봉제 계약에 동의하고 입사한 신입사원이 재직 중 노동조합에 가입하여 조합원자격을 취득하였다면 그때부터 연봉제 계약의 효력이 상실되는지가 문제가 될 수 있다. 신입사원은 기존 단체협약의 적용이 예상되는 근로자의 범주에 해당한다고 보기 어렵다. 따라서 단체협약을 갱신하여 신입사원의 임금체계에 대하여도 단체협약을 적용하기로 노사간에 합의하는 등이 특별한 사정이 없다면, 노조가입에도 불구하고 연봉제 근로계약을 체결하고 입사한 신입사원은 연봉제 근로계약이 계속 적용된다.

113) 대판 2001다77970, 2002.6.28.

는 중요한 일이다. 처음 작성된 취업규칙은 효력발생기일을 따로 정하지 않는 한 작성시점에서부터 효력이 발생하고, 불이익 하지 않은 취업규칙의 변경은 변경시점부터 효력을 가진다. 작성시점은 서면으로 작성일자를 명기한 경우는 그 날짜가 될 것이고, 작성일자와 별도로 변경된 취업규칙의 효력발생기일을 명시한 경우[114]는 그 날부터 효력이 발생할 것이다.

(1) 불이익한 취업규칙의 효력발생시점

1) 동의를 받은 시점

만약 취업규칙의 변경이 근로자들에게 불이익한 내용이라면 근로자나 노동조합의 동의를 받은 시점이 효력발생시점이 된다. 이것은 비록 취업규칙의 변경이 근로자들의 동의가 있기 전에 이뤄졌다고 하더라도 변경된 취업규칙의 효력은 동의가 있는 때에 비로소 발생하기 때문이다. 불이익하게 변경된 취업규칙이 근로자들의 동의를 얻지 못하면 아무런 효력이 없다.[115]

2) 사후에 동의를 얻은 경우

불이익하게 변경된 취업규칙이라도 사후에 노동조합의 동의를 얻으면 동의 이후부터 변경된 취업규칙이 유효하게 변경되어 효력을 가진다. 그러나 동의 시점 이전까지 애초 원인무효 된 취업규칙 불이익변경이 당연히 유효한 것으로 전환되는 것은 아니다. 따라서 과반수노조 등이 사후동의를 함에 있어서 동의 이전 취업규칙 불이익변경이 원인무효였음을 알고 있었고, 그럼에도 불구하고 원인무효가 발생한 최초 변경시점부터 취업규칙 불이익변경이 유효한 것으로 사후에 소급동의·추인하는 것은 자신들의 권리를 포기한 것으로 보아서 애초 최초변경시점부터 유효한 것으로 본다.

즉, 취업규칙 불이익변경이 무효라는 것을 안 상태에서 "단체협약 시행일 이전에 발생한 모든 사항은 위 협약에 의한 것으로 본다"라는 규정을 두었을 경우에 불리하게 개정되어 근로자들의 동의를 얻지 못했던 퇴직금규정을 노동

114) 예) 이 규정은 변경시점부터 6개월 이후에 효력을 가진다. 이 규정은 2008.6.1부터 효력을 가진다.

115) 대판 90다카24311, 1990.12.26.

조합이 소급해서 동의한 경우 소급해서 효력을 가진다.[116] 다만, 소급적으로 동의한 경우 소급동의 시점에서 취업중이거나 그 이후에 취업한 근로자에 대해서만 변경의 효력이 미치고 변경 후 동의가 있을 때까지 사이에 이미 퇴직한 근로자에 대해서는 변경의 효력이 미치지 않고 종래의 취업규칙이 그대로 적용된다.[117]

(2) 취업규칙에 관한 무효주장

기존 근로조건의 내용을 불이익하게 변경하려면 종전 취업규칙의 적용을 받고 있던 근로자집단의 집단적 의사결정방법에 의한 동의를 받아야 한다. 그러한 동의가 없는 한 변경으로서의 효력을 가질 수 없다. 판례는, 근로자집단의 동의를 거치지 않은 취업규칙의 변경에 대하여 사용자가 그 변경내용을 주지시켰음에도 근로자가 그 내용에 대하여 이의를 제기하지 않다가 10여년이 경과한 뒤에 법률상 부당함을 제소한다고 해도 위반이 아니라고 보고 있다.[118]

(3) 취업규칙의 적용순위 등

취업규칙은 법령이나 당해 사업 또는 사업장에 대하여 적용되는 단체협약과 어긋나서는 아니된다. 고용부장관은 법령이나 단체협약에 어긋나는 취업규칙의 변경을 명할 수 있다.[119] 법, 단체협약, 취업규칙, 근로계약 순으로 적용되는 노동법의 위계를 감안할 때, 취업규칙이 상위법 등에 저촉될 경우 그 조항은 효력을 잃고 상위법에 정한대로 따른다. 이때 노조법에 의한 중재재정은 단체협약과 동일한 효력을 가지므로 적용순위에서도 같은 순위를 가진다. 다만, 법 일반원칙상 동일사안에 대해 중첩적으로 정하였을 경우는 보다 유리한 조건을 적용하는 것이 원칙이다.

취업규칙에 정한 사항이 법령이나 단체협약보다 유리한 경우는 취업규칙의 내용이 우선 적용된다. 취업규칙에 정한 사항이 법령이나 단체협약에 정하지

116) 대판 96다6967, 1997.8.22 ; 대판 96다10393, 1996.7.12.
117) 대판 91다31753, 1992.11.24.
118) 대판 91다 17542, 1991.9.24.
119) 근기법 제96조.

않은 사항에 관한 것일 때는 취업규칙이 보충적으로 근로관계의 내용을 결정하게 된다. 다만, 취업규칙의 특성상 다음과 같은 다양한 사항들을 주목해야 한다.

1) 불리한 단체협약 적용

일정한 근로조건이 단체협약과 취업규칙에 같은 수준으로 정해져 있다가 노사합의로 단체협약을 개정하여 단체협약상의 일정 근로조건이 취업규칙상의 근로조건보다 불리한 수준으로 변경된 후에, 취업규칙에는 당해 부분이 정리되지 아니한 채로 있을 경우가 있다.

이때 단체협약의 개정에도 불구하고 종전의 단체협약과 동일한 내용의 취업규칙이 그대로 적용된다면 단체협약의 개정은 그 목적을 달성할 수 없으므로 개정된 단체협약에는 당연히 취업규칙상의 유리한 조건의 적용을 배제하고 개정된 단체협약이 우선적으로 적용된다는 내용의 합의가 포함된 것이라고 봄이 당사자의 의사에 합치한다.

따라서 조합원 등 단체협약의 적용대상자에 대해서는 불리하게 개정된 단체협약이 우선적으로 적용되고 상대적으로 유리한 취업규칙상의 근로조건에 관한 규정은 적용되지 않는다.[120] 같은 이치로, 조합원 또는 일반적구속력의 적용을 받는 근로자를 해고함에 있어서는, 동일한 징계사유에 관해 단체협약상의 규정과 취업규칙의 관련규정이 서로 저촉되는 경우는 사용자는 단체협약의 징계사유에 의해서만 근로자를 징계할 수 있다.[121]

2) 취업규칙과 단체협약의 충돌

① 상호 모순되지 않는 경우

근로조건이나 근로자의 대우기준에 관한 단체협약상의 규정과 취업규칙 등의 규정이 서로 저촉될 경우가 있다. 비조합원의 경우 일반적구속력이 적용되지 않는 한 단체협약의 규정을 적용받을 수는 없다.

---

120) 대판 2002두9063, 2002.12.27.

121) 서울행판 2007구합48179, 2008.7.4 ; 대판 94누5069, 1995.2.14.

법 제96조제1항에 의하면, 취업규칙은 법령 또는 당해 사업 또는 사업장에 대하여 적용되는 단체협약에 반할 수 없다고 규정하고 있으나, 이것은 취업규칙에서 정한 내용이 단체협약의 동일한 내용[122)]에 위배될 수 없다는 취지로서, 동일한 내용에 대해 단체협약상 규정과 취업규칙상 규정이 상호 충돌할 경우 단체협약이 우선 적용된다는 의미이다. 다만, 취업규칙에 단체협약상 규정과 관련이 없는 새로운 규정[123)]이 독자적으로 있는 경우라면 이는 유효한 것으로 보아야 한다.[124)] 따라서 단체협약에 반하지 않는 한 사용자는 취업규칙에서 단체협약과 다른 새로운 징계사유를 정할 수 있고 그 징계사유를 근거로 징계를 할 수도 있다.[125)]

② 근로계약과의 관계

취업규칙은 법령이나 단체협약에 우선하지는 못하지만 근로계약에 정한 약정보다는 우선하여 적용된다. 따라서 취업규칙에 정한 기준에 미달하는 근로조건을 정한 근로계약은 그 부분이 무효로 되고 무효로 된 부분은 취업규칙에 정한 기준에 따른다.[126)]

다만, 유리조건 우선원칙상 근로계약상의 근로조건이 취업규칙보다 유리할 경우는 근로계약상 조건이 우선 적용된다. 또 근로계약에만 있고 취업규칙에는 없는 사항인 경우에도 근로계약에 정한 조건에 따라 근로조건의 내용이 보충된다. 근로계약에서 근로조건을 달리 정한 바가 없다면 취업규칙 등에서 정한 대로 근로관계가 성립한다.

5. 기업변동과 취업규칙 등의 효력

기업은 활동과정에서 인수·합병 등 운영의 효율성과 경쟁력을 높이기 위한 다각적인 노력을 기울이게 된다. 「기업변동」이란, 합병, 분할, 양도·양수 등

122) 예) 동일한 징계사유나 징계절차.
123) 예) 단체협약 징계사유에는 없으나 취업규칙에만 있는 새로운 징계사유.
124) 대판 92누13035, 1993.1.15.
125) 대판 92다48697, 1993.4.27.
126) 근기법 제97조.

의 다양한 수단을 통해 기업의 규모가 확대·축소되는 것으로서 주로 상법에서 관련규정을 찾아볼 수 있다.[127] 기업변동은 사용자의 변동과 근로자의 지위, 단체협약과 취업규칙, 근로계약 등 근로조건 관련 규정의 승계 등 여러가지 노동법적인 문제를 제기한다. 기업변동에서 약자인 근로자의 지위는 수동적일 수밖에 없어 세심한 배려가 필요함에도 불구하고 노동법적인 규제는 발견하기 어렵다. 합병의 경우 학설[128]과 판례[129]는 대체로 근로관계의 포괄적인 승계를 인정하고, 분할의 경우에도 승계를 인정하고 있다.[130] 다만, 양수·합병(신설)기업으로 이전 승계된 근로관계의 내용이 불이익하게 변경될 수 있는지 여부가 쟁점이 될 것이다. 근기법 제23조제1항에 비춰보면, 재산권에 기반을 둔 경영권의 특성상 기업의 신설·유지·폐업·합병·분할 등은 자유롭게 행사할 수 있다. 다만, 기업변동과정에서 정당한 사유없이 해고, 휴직, 전직 등 근로자에게 불이익한 처분을 하는 것은 실정법상 허용되지 않는다.

(1) 학설과 판례의 견해

판례는 기업일부가 분리 독립하여 새로운 회사가 설립되었을 경우, 신설회사와 구 회사 사이에 기업의 동일성이 유지되고, 구 회사에 속했던 근로자가 퇴직이나 신규입사 절차없이 신설회사에 소속되어 계속근무하고 있다면, 구 회사에 속한 근로자의 권리의무는 신설회사에 포괄적으로 승계되어 근로의 계속성이 유지된다는 입장이다.[131]

특히, 기업변동의 대부분을 차지하는 것은 영업양도이다. 판례에 따르면, 「영업양도」란, 일정한 영업목적에 의해 조직화 된 총체, 즉, 물적·인적조직을 그 동일성을 유지하면서 일체로 이전하는 것으로 당사자 사이에 명시적·묵시적 계약이 있어야 하고[132] 반대의 특약이 없는 한 영업의 양도에 관한 합의에

127) 김형배, 492쪽.
128) 이병태, 임종률 등.
129) 대판 93누21231, 1994.10.25.
130) 대판 84다카1409, 1987.2.24.
131) 대판 84다카1409, 1987.2.24.
132) 대판 96다2644, 1997.6.24.

는, 원칙적으로 근로관계를 포괄적으로 승계하는 내용의 합의가 있는 것으로 추정되고, 근로관계 전부나 일부를 승계에서 제외하기로 하는 특약은 합리적인 이유가 있어야 할 뿐 아니라, 실질적인 해고와 같으므로 법 제23조제1항에서 정한 정당한 사유가 있어야 한다.[133)]

물적·인적조직을 그 동일성을 유지하면서 일체로 이전하는 영업양도가 아닌 자산양도[134)]의 경우는 포괄적 승계가 부정된다. 회사의 분할이 부진사업의 청산을 목적으로 하는 경우는 그 부분에 종사하던 근로자를 정리해고 하는 것이 정당하다는 판례도 있다.[135)]

학설의 견해는, 영업양도로 기업조직에 편입된 근로자는 기업과 유기적 일체를 이루어 승계배제약정 등 특별한 사정이 없는 한 원칙적으로 새로운 기업에 포괄승계 된다는 것이 학설의 입장이다.[136)] 그러나 학설도 법률상 당연히 자동적으로 포괄승계 된다는 입장, 영업의 양도양수 속에는 포괄승계의 합의가 내재되어 있으므로 반대의 특약이 있다면 승계대상에서 제외할 수 있다는 원칙승계설[137)] 입장으로 나뉜다.

(2) 양도양수기업의 상이한 취업규칙 문제

판례 등의 견해대로 신설·양수·합병기업에 승계된 근로자가 양도기업의 사용자에게 대해 가지고 있던 근로조건은 포괄적으로 승계되지만, 작성주체가 다른 취업규칙이 양수기업에서 계속적으로 적용되는지 여부가 의문이다. 특히 포괄적인 근로관계 승계에서, 양도인의 사업장과 양수인 사업장의 근로조건이 서로 다른 경우 승계근로자들의 근로조건과 기존에 있던 근로자들의 근로조건의 차이가 발생할 것이다.

일반적으로 취업규칙은 기업특성을 반영하여 근로관계 주요내용 뿐 아니라

133) 대판 93다33173, 1994.6.28.

134) 인적자원을 제외하고 공장 자산만 양도, 양수인이 양도인의 근로자를 신규채용하여 양도인의 회사에 맞게 재구성, 양도인이 양수인의 채권·채무를 전혀 인수하지 않는 경우.

135) 서울행판 2000구11672, 2000.11.7.

136) 임종률, 김형배 등.

137) 김형배, 506쪽.

사업장의 질서, 제도 등이 다양한 명칭[138)]으로 모두 포함되어 있기 때문에 취업규칙 전체를 곧 근로관계 내용으로 볼 수는 없다. 따라서 「기업변동시 승계되는 근로조건」은 취업규칙 중 개별적인 근로계약의 내용으로 이해를 하여야 한다. 양수기업의 취업규칙이 승계된 근로조건보다 불이익할 경우 사용자는 하나의 사업장에서 상이한 2가지 근로조건[139)]을 통일시키려고 노력할 것이다. 이 경우 인수된 근로자가 양수사업장의 취업규칙을 수용하기로 한 경우는 기업변동시까지는 그 이전 근로조건을 적용하고 그 이후는 양수사업장의 취업규칙에 따라 적용해야 한다.[140)]

다만, 인수된 근로자의 근로관계 내용이 양수사업장의 취업규칙상 기준보다 유리하고, 인수된 근로자가 그 취업규칙의 근로관계 내용을 수용하지 않을 경우는 인수된 근로자들의 집단적인 동의가 있어야 불이익변경이 가능하다.[141)]

실무상, 양도양수를 하면서 특약으로 포괄승계 이전에 양도기업의 근로자로 하여금 자발적으로 퇴직하도록 하고, 양수기업으로 신규 입사하는 형식을 취하여 양도기업보다 불리한 근로조건을 합법적으로 적용하는 경우가 있다. 이 경우 특약으로 근로관계가 단절된 다음 입사시점부터 불리하게 변경된 취업규칙을 적용한다.

(3) 단체협약의 존속과 효력

기업변동시 양도사업장에서 양도인과 근로자사이에 맺어진 단체협약이 양수인의 사업장에 그대로 이전하는지,[142)] 이전내용 중 단체협약의 채무적부분

138) 인사규정, 보수규정, 징계규정, 승진규정, 포상규정, 휴가규정, 안전보건규정 등.

139) 양도사업장에서는 누진제, 양수사업장에서는 단수제 퇴직금제도를 시행할 경우.

140) 김형배, 535쪽.

141) 대판 97다17575, 1997.12.26. 법 제94조제1항 단서, 예를 들면, 기업별 노동조합(조합원수 70명)이 있는 A사업장(90명)은 B사업장에 영업양도 형태로 합병이 되었다. A사업장은 단체협약에서 근속기간 1년마다 평균임금의 40일분을 지급하기로 퇴직금지급률을 정한 바 있으나 인수사업장 B는 법정퇴직금으로 지급하고 있다. B사업장의 사용자가 인수된 근로자와 기존근로자들의 퇴직금지급제도를 법정퇴직금제도로 일치시키기 위해서는 A사업장으로부터 인수된 근로자90명 중 과반수(46명)의 동의를 얻어야 한다.

142) 단체협약 자체가 이전하는지, 단체협약의 규범적 강행적 효력만 이전하는지 여부, 양도사업장의 노조가 양수사업장 노조로 이전가능성.

과 규범적부분은 어떤 형태로 승계되는지 여부가 쟁점이다. 다수설은 사업양도·합병 등의 경우 근로자가 승계되었을 때는 노동조합은 양수회사·존속회사에 그대로 이전되는 것으로 본다.

기업별노조가 일반적인 사업장에서 노조는 사업장의 동일성과 협약당사자인 사용자 그리고 조합원으로 구성된다. 평소 조합원은 조합원의 탈퇴·가입에도 불구하고 동일성은 유지되지만, 기업변동에 의거 조합원들이 양수사업장의 근로자로 승계되면서 협약당사자인 사용자도 변경될 수밖에 없고 흡수·소멸되는 사업장의 노조는 조합원이 없는 노동조합이 된다. 조합원이 없는 노조는 더 이상 존속할 수 없다. 이때 소멸되는 노동조합이 그 이전에 규약을 변경하여 양수회사로 승계되는 조합원을 조직대상으로 존속할 수 있는지 여부에 관해서는 의문이다.[143] 다만, 기업변동 중 분할의 경우, 분할 전사업장에 조합원인 일부근로자가 잔류하고 있을 때는 노동조합은 그대로 존속할 것이다. 여기서는 노동조합 또는 조합원의 지위 승계문제보다, 단체협약의 내용 중 규범적부분이 승계된 근로자의 근로조건으로서 양수사업장에서 어떻게 유지·존속하는가 하는 것이 논란의 핵심이다.

1) 학설과 판례의 견해

학설은 합병의 경우 권리·의무의 포괄적 승계효과가 있으므로 단체협약의 승계를 인정하지만, 사업양도의 경우는 긍정하는 견해와 합의가 있으면 포괄승계 한다는 견해, 부인하는 견해 등으로 나눠진다.

판례는 합병에 의해 근로관계가 승계되는 경우는 종전의 근로계약상의 지위가 포괄적으로 승계되므로 합병 당시 취업규칙 개정이나 단체협약의 체결 등을 통해 합병 후 근로자들의 상이한 근로관계 내용을 하나로 통일하기로 하는 합의가 없다면, 합병 후 신설·존속회사는 소멸회사에 근무하던 근로자들의 근로관계를 종전과 같은 내용으로 승계한다고 판시하였다.[144] 따라서 새로운 계약 등의 체결을 통해 기업변동으로 인해 승계되는 근로관계 내용[145]을 기존

143) 김영배, 538쪽.
144) 대판 2002다23185·23192, 2004.5.14.
145) 임금, 퇴직금, 근로시간, 휴가, 휴직 등 단체협약 중 규범적 부분으로 정해진 내용.

의 근로조건과 단일화하기로 하는 합의가 없는 한 근로관계에 관한 기존 단체협약의 효력이 개별적 근로계약의 내용으로 되어 계속유지 된다.

다만, 단체협약이 소멸되고 없음에도 그 속에 포함된 근로관계 등 규범적 부분의 내용이 그대로 승계되어 존속하느냐에 관해서는 단체협약에서처럼 강행적인 효력을 가지지 않고 개별근로관계의 내용으로 승계된다[146]는 입장이 유력하다. 따라서 인수된 근로자들의 근로조건이 양수인의 기존 근로조건보다 유리하다고 해서 일방적으로 불이익변경할 수는 없으므로 법 제94조제1항 단서에 의한 집단적인 동의절차를 거쳐야 한다.[147] 기업의 양도양수 등에서 취업규칙의 변경·존속과 별 다른 차이점이 없다.

2) 채무적 부분 승계문제

일부 판례에서는, 근로관계뿐 아니라 노동조합활동 등 단체협약상 채무적 부분까지 포함한 일체로서 종전의 단체협약 그 자체가 잠정적으로 승계되어 합병사업장에서 존속한다는 입장[148]도 있으나, 기업별노동조합이 일반적인 상황에서 노사가 근로조건 등 규범적부분과 조합활동 등 채무적부분에 관해 단체협약을 체결하는데, 협약당사자가 변동되고 합병 양도 등으로 사업장이 소멸되었음에도 불구하고, 기업변동으로 근로관계가 포괄적으로 승계된다고 해서 분할·사업양도·합병 등으로 인해 소멸된 사업장의 노사가 체결한 단체협약 그 자체까지 존속·신설 사업장에 승계된다는 것은 이치에 맞지 않다[149]는 입장이 설득력 있다.

다만, 기업변동이 발생된 사업장이 모두 산별노조[150]에 가입한 경우는 양쪽의 근로자가 모두 산별노조 조합원이고 사용자들은 사용자단체의 구성원이 되므로 큰 틀에서는 하나의 단체협약의 적용을 받는 것으로 볼 수 있기 때문에 단체협약이나 노동조합이 소멸되는 등의 지위변동이 생기지 않는다. 이 때 산

146) 김형배, 529쪽.
147) 대판 95다41659, 199512.26.
148) 대판 88누4508, 1989.5.23.
149) 김형배, 527쪽.
150) 의료, 금속, 운수 등.

별노조의 위임으로 개별사업장 노사가 별도의 협정을 체결한 경우에도 그 효력은 같다.

3) 근로자가 인수사업장 노조에 가입하는 경우

인수된 근로자가 인수사업장의 노조에 가입한 경우는 그 단체협약의 효력에 따라 인수당시 가지고 있던 근로관계 내용은 변경될 수밖에 없다. 이 경우는 유리조건 우선원칙은 적용되지 않으므로 가입 후 근로조건이 저하되었다고 해도 불이익변경절차는 필요하지 않다.

6. 취업규칙 비치·게시의무

사용자는 이 법과 이 법에 의해 발하는 대통령령의 요지와 취업규칙을 근로자가 자유롭게 열람할 수 있는 장소에 항상 게시 또는 비치하여 널리 알려야 한다.[151] 근로자들이 취업규칙을 상시 손쉽게 열람하여 자신의 권리를 찾을 수 있도록 배려해야 하는데, 통상 직원들만이 출입하는 휴게실에 비치하거나 사내 인트라넷 등에 게시하여 항시 열람할 수 있도록 하는 것이 바람직하다. 회사가 단체협약 및 사규를 게시하여 근로자들이 주지할 수 있도록 조치를 하였다면 이를 별도로 고지하지 않았다거나 근로자가 실제로 그 내용을 알지 못하였다고 하여도 근로자가 그 무효를 주장하거나 그 적용을 거부할 수 없다. 판례는 컴퓨터를 통하여 근로자가 취업규칙에 손쉽게 접근할 수 있다면 근로자의 열람신청에 대해 별도의 조치를 취하지 않았더라도 이를 법 위반이라 단정하기 어렵다고 판시한 바 있다.[152]

한편, 근로자에게 취업규칙 등을 명시·게시·비치하지 아니하여 주지시키지 않았더라도 처벌[153]의 대상이 되는 것은 별론으로 하고, 취업규칙 등의 법적효력은 유효하고 그에 따른 징계처분은 위법하지 않다.[154]

151) 근기법 제14조제1항.
152) 서울고판 2000누8501, 2000.11.3.
153) 제116조제1항제2호에 의거 500만원 이하의 과태료에 처할 수 있다.
154) 서울고판 94나21582, 1994.11.8.

제30장 제재규정의 제한

1. 개념정의

감급의 제한이란, 근로자가 직장의 규율을 위반한 경우, 사용자가 근로자에게 지급해야 할 임금의 일부를 공제하고 임금을 지급하는 조치로서 징계 등 금전적인 제재를 수반하는 불리한 처분을 말한다. 감급의 제한을 둔 취지는 금전적인 제재를 수반하는 징계 등은 감급액이 너무 많을 경우 근로자의 생계를 위협할 우려가 있으므로 일정기준을 정해 보호하고 있는 것이다.[1)]

다만, 유사한 감액처분과 차이를 분명히 할 필요가 있다.

1. 결근, 지각, 조퇴 등 노무를 제공하지 않은 시간만큼 시간급임금 등을 감액하는 것은 계약상 노무를 제공하지 않은 결과로 대가인 임금이 지불되지 않는 것이므로 복무 중 과오에 대한 징벌·제재로서 감급이 아니다.

다만, 휴가를 위한 출근율 산정에 있어서는 여러 번의 지각이나 조퇴를 결근 1일로 간주하는 등의 규정을 정하여 임금을 감액하더라도 이는 임금감액에 관한 부분이지, 법정휴일이나 휴가를 부여하기 위한 출근율 계산시에는 결근으로 산정 할 수 없고 그로 인해 휴가근로수당 등 관련 임금을 공제할 수 없다.[2)]

---

1) 예를 들면 지각·조퇴 등의 경우에 그 시간에 비례하지 않고 횟수를 기준으로 1회 지각에 얼마라는 식으로 공제하거나 보편적으로 활용하는 감봉처분 등.

2) 예를 들면, A라는 사업장에서 취업규칙이나 단체협약, 근로계약 등으로 "1주일에 지각 3회는 1일 결근, 혹은 조퇴 3회는 1일 결근으로 처리한다"라고 정해 두었다고 해도, 이것은 그 시간만큼 계약으로 정한 노무를 제공받지 못했으므로 임금을 공제하기 위한 방편으로 활용하는 것은 무방하지만, 그렇지 않고 주휴나 연차유급휴가, 월차유급휴가 산정시 이 규정을 활용하여 결근처리하고 당해 주의 유급주휴수당을 공제해서는 안된다.

2. 취업규칙 등에 정한 정당한 사유로 인해 출근정지, 휴직, 정직 등의 징계를 받고 이로 인해 출근을 하지 못해 그 기간 중 임금을 지급받지 못했다면 이는 징계의 결과로 근로를 제공하지 못한 것이므로 감급제한에 해당하지 않는다.

3. 승급을 정지하는 것은 이미 발생한 임금의 삭감이라고 볼 수 없다. 따라서 근로자는 승급을 하지 않더라도 동일 업무를 계속 담당하면서 같은 임금을 받으므로 법 제95조의 감급제재의 위반이 아니다.

4. 직위나 호봉을 강등시키는 경우

사용자가 근로자의 잘못을 이유로 종전의 직위를 그대로 유지하면서 호봉을 강등하여 임금만을 감액하는 경우는 법 제95조 위반여부를 파악해야 한다. 그러나 종전 직위보다 낮은 가치의 노동으로 직무변경이 되고 그 결과로 임금삭감이 되었다면 감급제재의 적용을 받지 않으므로 위반은 아니다. 다만, 낮은 직무로 변경된 것이 징계성이 있는지 정당한 이유없이 불이익한 처분을 받았는지 여부 등 법 제23조 정당한 이유없는 징벌금지에 대한 위반 여부에 관해 검토가 필요할 것이다.

근기법상 근로자가 아닌 자, 공무원 등 근기법의 적용을 받지 않는 자, 사립학교 교원의 경우처럼 근기법의 적용을 받더라도 특별법에 달리 규정이 있는 경우 및 상시근로자수가 4인 이하인 사업장 등은 감급제재 조항의 적용을 받지 않는다.

2. 감급제한 기준

감급액은 1회의 금액이 평균임금 1일분의 1/2를 초과할 수 없으며, 총액이 1임금지급기 임금총액의 1/10을 초과할 수 없다.[3] 감액한 금액을 다시 감액할 수 없고, 월을 달리하여 수회 감액처분을 하더라도 그 감급총액이 1월분 임금총액의 1/10을 초과할 수 없다. 예를 들면, 평균임금이 월 240만원이고 1일 평균임금이 80,000원인 근로자를 감급처분 할 경우 1회의 금액은

3) 근기법 제95조.

40,000원을 초과할 수 없으며 총액이 240,000원을 초과할 수 없다.[4)]

여기서 법문상 1임금지급기는 주급의 경우 주, 월급의 경우 1월을 말하고 1임금지급기 임금총액은 감금처분 월의 정기적으로 지급되는 임금총액을 말한다. 법문으로 보면 금품의 지급주기가 정기적·일률적이라도 정기지급기인 매월 단위 내 지급되지 않으면 1임금지급기 임금총액에서 제외된다.[5)]

(1) 금지되는 감급의 범위

1. 1회의 감액이 1일분의 1/2를 초과하는 경우
2. 1회의 감액이 1임금지급기 임금총액의 1/10을 초과하는 경우
3. 여러 번의 감액동기가 1임금지급기 내에 발생한 경우에도 각각의 감급액의 합계액이 1임금지급기의 임금총액의 1/10을 초과하는 경우
4. 1회의 감액을 여러 개월에 걸쳐 분할 감급하더라도 그 금액을 모두 합한 금액이 1임금지급기의 임금총액의 1/10을 초과하는 경우

(2) 감급사례

1) 1회의 처분이 여러 달에 걸친 경우(a)

평균임금 150만원인 근로자가 감봉 6월의 처분을 받은 경우, 근로자의 1일 평균임금은 30일 기준 5만원이므로 1회의 감봉액은 1일 평균임금의 1/2인 25천원을 초과할 수 없다. 6월 감봉의 경우 1회 25천원을 6회에 걸쳐 평균임금의 1/10인 총 15만원까지 감액이 가능하다.

2) 1회의 처분이 여러 달에 걸친 경우(b)

평균임금이 120만원인 근로자가 직무상의 과오가 있어 감봉 2월의 처분을 받은 경우, 1일 평균임금은 30일 기준 4만원이므로 1회 감봉액은 1일 평균임금의 1/2인 2만원을 초과할 수 없다. 2월 감봉의 경우 1회 2만원씩 총 4만원의 감봉이 가능하고 총액은 12만원을 초과할 수 없다.

---

4) 근기 68207-3381, 2002.12.23 ; 근기 01254-1833, 1988.2.5.
5) 근기 68207-144, 2000.1.20 ; 근기 68207-462, 2008.1.25 등.

3) 1임금지급기 내에 수회의 감급처분이 있는 경우

평균임금이 180만원인 근로자가 직무상의 과오가 있어 2007.10월에 감봉 2월의 처분을 받고, 다시 같은 달에 업무실적 부진으로 감봉 2개월의 처분을 받은 경우, 1일 평균임금은 30일 기준 6만원이므로 1회 감봉액은 1일 평균임금의 1/2인 3만원을 초과할 수 없다.

근로자의 경우 1임금지급기 내에 2회의 감급처분이 있으므로 2007.10월에 1회 3만원씩, 총 2회 6만원을 감액할 수 있고 2007.11월에 2회 6만원, 합계 4회 12만원을 감액할 수 있다. 이 경우에도 감액 총한도액은 1임금지급기 180만원의 1/10인 18만원을 초과할 수 없다.

(3) 감급시 평균임금

평균임금은 감급의 의사표시가 근로자에게 도달한 날의 평균임금을 기준으로 한다. 실무에서 감액한도를 초과했는지 여부를 판단할 때는 임금산정의 기초가 되는 여러가지 항목을 합해서 평균임금을 산정한 후 이를 기준으로 하는 것이 원칙이다. 따라서 퇴직금이나 기타금품 등 평균임금에 포함되지 않는 금품은 감급할 수 있는 대상금품이 아니다.[6]

취업규칙에서 감봉의 징계를 하는 경우, 상여금을 전혀 지급하지 않기로 하는 것은 감액의 한계를 초과하는 것으로 무효이다.[7] 따라서 감급을 할 경우에도 위 한계 범위 내에서 하여야한다.

단체협약이나 취업규칙, 근로계약 등으로 정하여 상여금지급대상 기간 중 결근 또는 지각의 사유가 있으면 일정기준에 따라 상여금을 감액할 수 있다. 이 경우 감액금액의 범위는 징계처분을 이유로 하지 않으면 법 제95조의 감급

---

6) 예를 들면, 기본급 250만원, 가족수당 20만원, 교통비 5만원, 유류대 10만원, 직무수당 15만원 등으로 구성된 월급으로 총 300만원을 수령하는 근로자가 감급제한의 대상이라면 월급 가운데 평균임금에 포함되지 않는 가족수당 20만원, 교통비 5만원, 유류대 10만원, 합계 35만원은 제외하고 나머지 265만원을 평균임금으로 산출하여 그 금액에다가 감급비율을 곱해야 한다. 즉, 1회의 감급 한도액은 265만원÷30일×1/2=44,160원이 될 것이고, 총액 한도는 1임금지급기의 임금총액의 1/10인 265천원이 될 것이다.

7) 서울지판 95나3342, 1995.4.18.

제한과 무관하다고 보아야 한다.

사업주의 의지에 따라 다양한 취업규칙 등이 있을 수가 있는데, 대체로 결근 횟수나 시말서 제출, 반성문 제출 등 근로자 귀책에 의거 일정한 제재조치를 받는 경우에 그 정도에 따라 취업규칙에 따라 감급의 조치를 동반하는 경우가 많다. 이런 경우에도 위 한계를 일탈하였다고 하여 법 위반으로 볼 수 없다.

제31장 퇴직급여제도

1. 개념정의

퇴직금은, 근로자의 안정적인 노후생활보장을 목적으로 퇴직급여보장법(이하 "법")에 의거, 사용자가 자기부담 적립금을 재원으로, 퇴직하는 근로자에게 계속근로연수 1년에 대하여 30일분 이상의 평균임금으로 산정하여 지급하는 금품이다.[1)]

법은 사용자에게 퇴직급여 지급의무를 부여하고 3가지 유형의 제도 즉, 매년 30일분 이상의 평균임금을 회사내에 임의로 적립하였다가 퇴직시 지급하는 퇴직금제도, 확정급여형 퇴직연금제도, 확정기여형 퇴직연금제도 중 하나 이상의 제도를 설정하도록 강행규정을 두고 있다.[2)]

2012.7.26 이후부터는 합병·분할의 경우를 제외하고 새로이 성립된 사업의 사용자는 근로자대표의 의견을 들어 사업이 성립한 날로부터 1년 이내에 확정급여형 또는 확정기여형 퇴직급여제도를 설정하여야 한다.[3)]

사용자가 근로계약을 체결하면서 노사간 퇴직금지급의무를 배제하거나 완화하는 약정을 하더라도 그 약속은 무효가 된다. 하나의 사업에서 평균임금산정 등 급여 및 부담금산정방법의 적용 등에 관하여 차등을 두어서는 아니된다.

퇴직금에 대한 충당금 또는 적립금 등은 어떤 명목으로든 근로자에게 부담을 시킬 수 없으며 전액 사용자 부담이다. 퇴직금의 성격상 근로관계가 존속

---

1) 법 제8조제1항.

2) 법 제2조제6호(퇴직급여제도의 정의), 법 제4조제1항, 제8조제1항.

3) 법 제5조(법률제10967호, 2012.7.26 시행) 처벌조항이 없는 훈시규정이다.

하는 한 사용자의 퇴직금지급의무는 발생할 여지가 없고 근로관계가 종료되는 때에 비로소 그 지급의무가 발생한다.

사용자는 근로자가 사망·정년도래·임의사직·해고 등의 사유로 퇴직한 경우 그 지급사유가 발생한 날로부터 14일 이내에 퇴직금을 지급하여야 한다. 다만, 특별한 사유가 있는 경우, 지급기일이 경과하기 이전에 당사자 합의에 의하여 지급기일을 연장할 수 있다.[4] 합의하기만 하면 연장기일에 대해서는 법적 제한은 없다. 「지급사유 발생일」이란, 근로관계 자동소멸일,[5] 임의퇴직일, 합의퇴직일, 정년퇴직일, 정리해고일, 징계해고일 등 근로계약이 끝나는 날, 즉, 퇴직일이 된다. 당일 근로를 제공하고 사직서를 제출하여 수리된 경우는 그 다음날부터 기산하여 14일이 경과한 때, 즉, 15일째부터 법위반의 책임이 있다. 근기법 제36조에 의거 14일 이내에 지급청산의무가 있는 퇴직금은 법정퇴직금 뿐 아니라 명예퇴직금, 퇴직위로금, 퇴직공로보상금 등도 근로관계 종료시 지급되는 일체의 금품에 포함된다.[6]

「지급기일을 연장할 수 있는 특별한 사정」이란, 천재지변 기타 이에 준하는 부득이한 사정과 사용자가 성의와 전력을 다하여 체불이 방지될 수 있도록 노력하였음에도 불구하고 체불을 막을 수 없었던 상황을 말한다. 일반적인 자금난이나 경영악화, 영업악화로 자금회전 지연, 시장위축 등은 해당되지 않는다. 자세한 사항은 임금지급 부분을 참고하도록 한다.

(1) 학설과 판례

퇴직금에 관한 학설은 공로보상설, 생활보장설, 임금후불설로 나뉜다.자세한 내용은 다음과 같다.

1) 공로보상설 (功勞報償說)

퇴직금은 그간의 계속근로에 대한 공로보상이나 은혜적인 성격의 금품으로 사용자가 근로자에게 증여하는 것이다. 실무상으로는 경영상해고의 경우 사용

---

4) 법 제9조.
5) 사망일, 폐업일, 기업의 파산일.
6) 임금 68207-5, 1994.1.4.

자가 지급하는 정리해고 보상금, 명예퇴직금 등이 해당될 수 있다.

2) 생활보장설 (生活保障說)

퇴직 후 근로자의 생활이 보장되도록 기업이 근로자에게 지급하는 급부라고 보는 입장이다.

3) 임금후불설 (賃金後拂說)

근로조건의 하나로서 재직 중 적립해 두었던 임금을 사후적으로 지급하는 후불임금이라고 보는 입장으로 학설과 판례의 다수설이다. 판례는, 퇴직금이 임금후불적 성격을 가지고 있지만 사회보장적인 성격과 공로에 대한 보상적인 성격도 함께 가진다고 판시하고 있다.[7]

2. 퇴직금제도의 특징

(1) 적용사업장

퇴직급여제도는 2010.11.30까지는 상시 5인 이상 근로자를 사용하는 사업 또는 사업장에 적용되고, 2010.12.1부터 상시 4인 이하 모든 사업장에 대해서도 퇴직금제도가 확대 적용되었다.[8]

지급의무 여부를 판단하기 위한 상시 근로자의 수는 근기법 시행령 w제7조의2에도 불구하고 퇴직사유 발생일 전 1개월을 기준으로 할 것이 아니라 해당 근로자의 전체근무기간을 기준으로 산정해야 한다는 판례가 있다.[9] 사용자의 퇴직급여 부담금은 계속근로연수 매 1년마다 30일분 이상의 평균임금을 지급한다. 다만, 영세사업장의 부담을 고려하여 4인 이하 사업장은 2010.12.1부

---

7) 대판 94다36186, 1995.10.12.

8) 퇴직금규정은 1975.4.28 이전에는 상시 30인 이상, 그 이후 1987.12.31까지는 상시 16인 이상, 그 이후 1989.3.28까지는 상시 10인 이상, 그 이후에는 상시 5인 이상의 각 근로자를 사용하는 사업 또는 사업장에 한하여 적용하도록 개정되어 왔다. 따라서 2007.12.31 이전에는 대표자를 제외한 상시근로자수가 4명이던 사업장이 2008.1.1부터 5명 이상으로 되었다면 5명 이상으로 된 시점 당시에 재직 중인 근로자는 그 시점부터 퇴직금규정을 적용받는 것이지 그 이전의 근속기간은 퇴직금산정을 위한 계속근로연수에 산입할 수 없다.

9) 대판 2012도5875, 2013.12.26.

터 2012.12.31까지는 매 1년마다 평균임금의 15일분 이상, 2013.1.1 이후 기간은 평균임금의 30일분 이상을 지급한다.[10)]

2010.12.1부터 2012.12.31까지 기간 중 5인 이상과 미만을 반복할 경우는 4인 이하, 5인 이상으로 각각 구분(50/100, 100/100)하여 산정한다.

계속근로연수가 1년 미만인 자, 4주간을 평균하여 1주간의 소정근로시간이 15시간 미만인 근로자에 대하여는 퇴직급여제도를 설정할 필요가 없다.[11)] 동거하는 친족만을 사용하는 사업 및 가구 내 고용활동에 대해서도 퇴직급여제도를 적용하지 않는다. 다만, 동거친족의 경우, 종업원 중 단 한사람이라도 동거친족이 아닌 사람이 있거나, 친족만으로 구성된 사업장이라고 해도 근로자 신분으로 있는 친족이 침식 등 사용자와 생계를 같이하지 않는다면 동거친족이 아니라고 보아서 상시근로자수에 따라 퇴직금지급의무가 있는지 여부를 판단해야 한다.

선원은 선원법, 공무원은 공무원연금법, 사립학교교원은 교원연금법에 의해 정해진 퇴직금을 받으므로 법을 적용받지 않는다. 다음 어느 하나에 해당하는 선박에 승무하는 선원과 그 선박의 소유자에 대하여는 선원법을 적용하지 않고 퇴직급여보장법을 적용한다.

1. 총톤수 5톤 미만의 선박
2. 호수·강 또는 항내만을 항행하는 선박
3. 총톤수 20톤 미만인 어선으로서 국토해양부령이 정하는 선박
4. 「선박법」 제1조의2제3호의 규정에 의한 부선.[12)]

상시근로자수에는 임시직, 일용직, 아르바이트 등 임금을 목적으로 사용종속관계에서 근로를 제공하는 자를 모두 포함하고, 주당 평균 15시간 미만을

10) 법 부칙 제8조제2항제1호·제2호. 4인 이하로 확대시행 이전부터 퇴직급여를 약속하였으면 그에 따른다. 2010.12.1 이전기간에 대한 금품은 법정퇴직금이 아니라 근기법 제36조의 기타 일체의금품에 해당되므로 미지급시 제36조 위반죄가 된다.

11) 법 제4조제1항 단서 예를 들면, 첫째 주는 3일 20시간, 둘째 주는 4일 12시간, 셋째 주는 5일 18시간, 넷째 주는 2일 7시간을 근로한 단시간근로자는 (20+12+18+7)/4주=14.25시간으로 주당 평균소정근로시간이 15시간 미만이다.

12) 다만, 「해운법」 제24조제1항이나 제2항의 규정에 따라 해상 화물운송 사업을 영위하기 위하여 등록한 부선을 제외 ; 선원법 제8852호. 2008.2.29.

근로하더라도 상시근로자에서 제외할 수는 없다. 주 15시간 미만 근로자는 주휴일과 연차유급휴가, 법에 의한 퇴직금 지급규정이 각각[13] 적용되지 않는 것과 상시근로자수 포함문제는 별개로 보아야 한다.

국가, 지방기관의 경우 일용근로자수와 공무원 수 전체를 합하여 5인 이상인지 등으로 판단한다.

1) 법개정으로 적용대상이 된 경우

퇴직금 비적용 사업체가 법령의 개정으로 인해 적용대상 사업체로 된 경우, 비적용 대상 기간동안의 재직기간은 퇴직금산정의 근속기간에 산입할 수 없다.[14] 따라서 단체협약이나 취업규칙 등에 기준 이상의 별도 약정이 없다면, 퇴직금 규정 적용 대상이 아니었던 근로기간은 퇴직금산정의 기초인 계속근로연수에 산입할 수 없다.

2) 기준 이상의 지급을 약속한 경우

퇴직금제도는 회사마다 다를 수 있는데, 법정기준에 맞춰서 퇴직금을 지급하는 경우와 사용자의 재량이나 노사합의를 거쳐 누진제 등 법정기준 이상으로 지급하는 방법이 있다. 일반적으로 누진제 산정방식은 다음과 같다.

1. 우선 계속근로연수에 대한 법정퇴직금을 산출하고 그 금액에 누진율을 일정비율(법정퇴직금의 30/100을 가산하는 등) 곱하여 나온 금액을 더해주는 방식

2. 근속연수에 따라서 일정기간의 평균임금을 가산하는 방식[15]

3. 법적으로 평균임금에 산입하지 않아도 되는 금품을 산입하기로 약정하여 전체적으로 누진제와 같은 효과를 주는 경우[16] 누진제를 채택하면서 평균임금 산정방법은 임의로 정한 경우 등 사업장마다 형태가 달라 일률적으로 정의하기 어렵지만 대체로 평균임금 이상으로 퇴직금을 지급하는 경우가 될 것이다.

판례는 회사의 독자적인 퇴직금규정이 이와 같이 임의적인 방식을 가지고

---

13) 근기법 제55조, 제60조, 법 제8조제1항.
14) 대판 96다42024, 1996.12.10.
15) 10년 이상 근속자는 근속기간 매1년마다 평균임금의 20일분을 가산하는 등.
16) 불규칙한 성과금을 평균임금산정에 포함하는 등.

있다고 하더라도 그 방식으로 산출된 금액이 법에 정한 최저 기준액을 상회하는 경우에는 법정 최저기준액을 실질적으로 확보하고 있으므로 법위반으로 볼 수 없다는 입장이다. 즉, 평균임금은 퇴직금의 최저액을 산출해 내기 위한 기준에 지나지 않는 것이지 반드시 법 제2조제6호에 의한 평균임금을 기초로 할 것은 아니라는 것이다.[17] 다만, 법정기준 이상으로 약정한 퇴직금을 당사자간 지급기일 연장에 합의한 사실없이, 퇴직한 날로부터 14일 이내에 전액지급하지 않으면 금품청산위반 책임을 면할 수 없다.[18] 법정퇴직금을 상회하는 퇴직금을 지급하는 사업장에서, 그 규정 가운데 일부가 평균임금산정방식 등 근로자에게 불리한 부분이 있다고 하더라도 그 부분만을 따로 분리하여 무효로 보는 것이 아니다. 법정최저기준을 확보하기만 하면 법의 취지는 달성된 것이므로 문제 삼을 필요가 없다.[19]

상시근로자수에도 불구하고 당사자 합의로 퇴직금 지급을 약정하는 것은 제한이 없다. 다만, 소정의 "퇴직금을 지급한다"고 약정을 해놓고 훗날 사용자가 지급하지 않는다고 해서 퇴직금미지급을 이유로 처벌할 수는 없다. 다만, 근기법에 의거 기타 일체의 금품을 미지급한 혐의로 형사책임을 물을 수 있고, 민사상의 채무불이행소송으로 해결할 수 있다.

3) 퇴직보험 가입사업장

사용자가 근로자를 피보험자 또는 수익자로 하여 대통령령이 정하는 퇴직보험 또는 퇴직일시금신탁(이하 "퇴직보험 등"이라 한다)에 가입하여 퇴직시에 일시금 또는 연금으로 수령하게 하는 경우에는 퇴직금제도를 설정한 것으로 본다. 다만, 퇴직보험 등에 의한 일시금의 액은 법정기준에 의한 퇴직금의 액보다 적어서는 아니된다.[20] 퇴직보험 등에 가입한 자는 법에 의한 퇴직금제도를 설정한 것으로 보는 것은 2005.12.1 법 시행 당시 퇴직보험 등에 가입한 자에 한하여 효력을 가지되, 그 효력기간은 2010.12.31까지로 한다. 2005.12.1 이후에는 퇴

17) 대판 87다카1409, 1987.2.24.
18) 근기법 제36조, 제109조.
19) 임금 32240-6512, 1991.5.8.
20) 법 부칙제2조.

직보험에 신규가입이 금지되고 적립금을 보험으로 전환할 수도 없다.[21] 퇴직보험에 가입한 근로자가 퇴직하였을 경우, 우선 계속근로연수에 대한 법정퇴직금 총액을 산출한 후 그 다음으로 불입보험료의 환급금을 공제하고 나머지 금액을 근로자에게 지급하면 퇴직금지급의무를 다하는 것이다.

(2) 적용대상 근로자

근로관계는 계약기간의 만료, 정년도래, 당사자간 합의, 근로자의 사망·행방불명, 법인의 해산 등 법인격 소멸, 영업의 양도·합병 등으로 인해 종료된다. 어떠한 사유든 사용자와 근로자의 근로계약관계가 종료되는 것을 대체로 퇴직이라고 통칭한다. 퇴직금은 퇴직사유에 불구하고 「근기법 제2조제1호에 의한 근로자로서 사업·사업장에서 계속근로기간이 1년 이상인 근로자가 청구할 수 있다」

사용자의 지휘 감독아래 사용종속관계에서 임금을 목적으로 근로를 제공하는 근로자라면 임시, 촉탁, 잡급, 일용직, 외국인근로자 등 국적이나 근로형태를 가리지 않는다.[22] 최근 호적정정을 통해 정년을 달리 적용해야하는 문제로 갈등이 발생하고 있는데 취업규칙에 따라 인사기록의 정정을 요구할 수 있다면 정정된 생년월일을 기준으로 정년을 계산하는 것이 타당하다.[23]

근기법의 적용을 받는 근로자에 해당하는지 여부는 계약의 형식에 관계없이 그 실질에 있어서 임금을 목적으로 종속적 관계에서 사용자에게 근로를 제공하였는지 여부에 따라 판단하여야 한다. 주식회사의 이사, 감사 등 임원은 회사로부터 일정한 사무처리의 위임을 받고 있는 것이므로, 사용자의 지휘·감독 아래 일정한 근로를 제공하고 소정의 임금을 받는 종속관계에 있는 것이 아니다. 따라서 일정한 보수를 받는 경우에도 이를 법 소정의 임금이라 할 수 없고, 회사의 규정에 의하여 이사 등 임원에게 퇴직금을 지급하는 경우에도 그 퇴직금은 법 소정의 퇴직금이 아니라 재직 중의 직무집행에 대한 대가로 지급되는 보수에 불과하다.

21) 퇴직급여보상-708, 2005.11.14.
22) 대판 79다1561, 1979.10.30.
23) 대판 2008두21300, 2009.3.26 ; 대판 92다11824, 1992.7.28.

근로자성이 부인되면 임금채권의 시효규정(3년)이 적용되지 않고 일반채권의 소멸시효규정(10년)이 적용되어야 한다.[24]

회사의 이사 또는 감사 등 임원이라고 하더라도 그 지위 또는 명칭이 형식적·명목적인 것이고 실제로는 매일 출근하여 업무집행권을 갖는 대표이사나 사용자의 지휘·감독 아래 일정한 근로를 제공하면서 그 대가로 보수를 받는 관계에 있다거나 또는 회사로부터 위임받은 사무를 처리하는 외에 대표이사 등의 지휘·감독 아래 일정한 노무를 담당하고 그 대가로 일정한 보수를 지급받아 왔다면 그러한 임원은 근기법상의 근로자에 해당한다. 다만, 보험외판원, 화장품외판원, 지입차주, 학원의 강사, 중고차판매상에 소속된 딜러 등 근로의 대체성이 있고 사용종속관계에서 근로를 제공한다고 볼 수 없는 경우는 퇴직금 적용대상이 아니다. 근로자성에 관해서는 앞장에서 상세히 설명했으므로 생략한다.

퇴직금은 지급요건에 해당하는 근로자가 징계해고, 범법행위, 형사처벌, 중대과실 등의 과실이 있다고 하더라도 퇴직사유를 불문하고 지급해야 한다.[25] 재직 중 범죄로 인해 구속되어 근로관계가 종료되었거나, 징계를 받아 해고되었다고 해도 근속기간이 1년 이상이고 근로자성이 있다면 퇴직금을 지급해야 한다. 근로자가 사망한 경우에는 민법상 재산상속자가 사망한 근로자의 퇴직금수령권자가 된다.[26]

(3) 퇴직금지급의무자

퇴직금지급의무자는 근기법상 사용자이다. 사용자는 근로자에게 업무내용을 결정하고 근로 장소를 지정하며 업무수행상 지휘감독을 하여 사용종속관계에서 근로자의 노무제공을 받고 그 대가로 임금을 지급하는 실질적인 사용자이다. 비록 근로계약상 사용자로서 명의가 등재되어 있지 않더라도 근로자를 실질적으로 지휘 감독하고 사용종속관계에서 노무를 수령했다면 그가 실

---

24) 대판 2000다61312, 2001.2.23. 민법 제162조(채권, 재산권의 소멸시효) 채권은 10년간 행사하지 아니하면 소멸시효가 완성한다.

25) 대판 71다1033, 1972.4.11.

26) 임금 32240-7947, 1990.6.4.

질적인 사용자이다. 통상 사용자는 사업주, 실질경영자, 정리회사의 공동관리인,[27] 노조가 운영하는 사업장의 경우 노동조합대표, 법인의 경우 대표이사가 사용자가 되고 그가 퇴직금지급 의무가가 된다.

1) 사업양도와 퇴직금지급 책임

사업양도(영업양도)는 양도계약에 따라 물적·인적시설을 그 동일성을 유지하면서 일체로서 이전하는 것으로[28] 개별적 근로관계는 양수인에게 포괄적으로 이전되고 양도인과 근로관계는 종료된다. 여기서 일체성이란, 기업의 종류와 특성, 건물 등 물적시설, 무체재산, 고객과 거래관계, 양도전·후 기업의 동일성 정도, 양수인의 종업원 인수 등을 종합적으로 고려하여야 하고, 근로관계 승계에 있어서 근로자의 동의는 필요가 없다.[29] 사업양도에 의해 양수인은 기존의 근로관계에서 발생한 모든 권리와 의무[30]를 포괄적으로 승계한다. 이때 양도인에 의해 변제되지 않은 채무는 민사상 양도인과 양수인이 연대채무를 부담하고[31] 각자는 근로관계에 비례하여 상대방에게 구상권을 행사할 수 있다.[32]

---

27) 실질상 회사를 위해 직무를 집행한 경우, 예를 들면, 주식회사 A사업장은 B라는 사용자가 명의상으로나 실질상으로 사용자로 운영해 왔다. 근로자가 퇴직하기 1년 전부터 B라는 사용자의 대외적인 채무청산 명의문제와 채권자들의 추심으로부터 책임회피, 과세경감 등의 목적으로 그와 인척관계인 C라는 사람을 주식회사의 사장으로 등기를 하였다. B는 C에게 대외적으로나 내부적으로 극히 제한적인 부분에 대해서 운영과 활동을 일임하되 C는 월급근로자와 다름없는 형태로 노무를 제공하였고 실제는 본래 사주인 B가 지시감독 조정하며 총괄운영을 하고 있었다. 이 사업장에서 근로자는 사용자의 지시를 받아 B에서 C로 교체하는 시기에 서류상 퇴직과 입사절차를 밟고 그 동안의 계속근로기간에 대한 퇴직금과 밀린 임금에 대한 청산의무를 C가 인수하는 것으로 약정하고 인수인계 시점으로부터 1년 이상 계속근로해 오다가 경영악화로 인해 퇴직을 하게 되었다. 이때 대표자 C는 명의상 대표로 실질적으로 근로자를 지휘 감독하는 사용자가 아니므로 법적으로 근로자에 대한 임금지급책임이 없는 바, 실질적 사용자인 B가 퇴직금과 임금 등 체불된 금품을 지급해야 하고 그가 근기법, 퇴직급여보장법상 임금지급 의무자이다. 다만, 법인의 공익적인 성격상 법인의 대표자로 등기된 자는 노동관계법 위반책임을 피할 수 없다. 상법이나 혹은 민법상 사용자라는 표면상의 실체를 존중하여 그를 신뢰하여 거래한 선의의 상대방은 다른 각도에서 법적인 책임을 추궁할 수도 있을 것이다.

28) 대판 96다2644, 1997.6.24.

29) 대판 98다11437, 2000.10.13.

30) 구 사용자가 부담해야 할 근로계약상의 채무.

31) 민법 제413조, 제414조.

32) 김형배, 520쪽.

이상은 근로관계의 승계와 민사상 책임에 관해 중점을 둔 것이고, 사업양도에 있어서 문제가 되는 것은 퇴직금체불에 대한 형사상 법위반 책임자가 누구인가 하는 문제와 근속기간에 대한 지급책임의 민사적인 분담문제이다.[33)]

사업양도로 인한 근로관계는 양도인으로부터 양수인에게 포괄적으로 이전됨과 동시에 양도인과의 근로관계는 소멸한다. 사업양도 전에 이미 퇴직했거나 근로관계가 종료 된 경우는 양도인만이 책임을 진다.[34)]

사업양도 후 양수인의 사업장에서 계속근무하다가 퇴직한 근로자의 퇴직금 지급의무는 근속기간에 불구하고 그 당시의 사업주에게만 발생하는 것이 원칙이다.[35)] 따라서 퇴직당시의 사업주가 금품청산의무[36)]에 관한 형사적 책임을 진다. 다만, 형사적인 책임과는 별도로, 민사적으로 양도인과 양수인이 양도양수 시점에서 퇴직금채무에 관해 근속기간별로 분담을 약정하거나, 양도이전에 퇴직한 근로자에 대한 퇴직금 등을 미지급한 상태로 사업을 양도하면서 퇴직금과 체불임금을 양수인이 부담하기로 약정한 경우에는 민사절차에 따라 지급책임을 물을 수 있다.[37)]

법인의 경우, 일반사업장과 달리 주식지분 양도양수에 의해 사업양도가 이루어지고, 주주총회의 결과에 따라 위임의 주체인 대표이사만 변경될 뿐, 권리능력을 가진 법인으로서 독립성은 변함이 없다. 따라서 대표이사의 재임기간에 따라 퇴직금체불에 관한 법위반 책임만이 문제가 된다.

① 퇴직한 날로부터 14일 미경과

근로자가 퇴직한 날로부터 14일이 경과되지 않은 시점에서 법인의 사업경영담당자가 교체된 경우는 새로운 경영자가 법위반 책임을 지고 금품청산의무를 진다.

---

33) 일부양도의 경우, 퇴직근로자의 사용자는 양도인으로 잔존 사업장에 존속하고, 퇴직금과 임금체불 지급책임을 진다.

34) 대판 91다41750, 1993.5.25.

35) 대판 2002도2211, 2002.7.12.

36) 근기법 제36조, 퇴직급여보장법 제9조.

37) 민법 제454조, 채무인수.

② 퇴직한 날로부터 14일 경과

근로자가 퇴직한 날로부터 14일이 경과한 시점에서 법인의 사업경영자가 교체된 경우는 교체 전 사업경영담당자와 새로운 경영담당자가 공동으로 법위반에 대한 책임을 지고, 근로자는 새로운 경영자에게 퇴직금을 청구할 수 있다.[38]

다만, 14일의 경과 여부는 법위반 책임을 묻는 기준에 불과하고 퇴직금청구권과 지급의무는 퇴직한 날로부터 즉시 발생한다.

2) 제3의 사업장에서 근로한 경우

근로자가 용역회사와 근로계약을 체결하고 다른 사업장에서 노무를 제공할 경우가 있는데, 이런 경우는 다른 사업장에서 근로를 제공하고 있더라도 당초 근로계약을 체결하고 다른 사업장에 나가서 노무를 제공할 것을 지시한 용역업체가 퇴직금지급의무자이다. 그러나 용역업체의 소개만 받고 처음부터 타 기업과 근로계약을 체결하고 그 사업장에 노무를 제공한 경우라면 그 기업이 지급의무자가 된다.[39]

3) 항운노동조합

퇴직금지급의무를 지는 사용자라 함은, 실질적으로 근로자가 제공하는 노무에 대하여 보수를 지급할 의무를 지는 자를 말하는 것이고, 그러한 관계에 있지 않다면, 근기법 기타 다른 법률 등에 의하여 사용자로 취급되는 경우가 있다고 하더라도 특별한 사정이 없는 한 법상의 퇴직금지급의무까지 진다고 할 수 없다. 항운노동조합은 근로자들로 구성된 단체로서 노동조합이 사용자가 아니므로 소속 조합원에 대하여 법상 퇴직금지급의무가 없다.[40]

4) 회생 및 파산절차개시의 경우

채무자회생 및 파산에 관한 법률 제56조에 의하면 "회생절차개시결정이 있는 때에는 채무자의 업무의 수행과 재산의 관리 및 처분을 하는 권한은 관리

38) 근기 01254-5076, 1987.3.30.
39) 임금 68207-297, 1996.6.20.
40) 대판 2004다8333, 2007.3.30.

인에게 전속한다"고 규정하고 있고 동법 제78조는 "채무자의 재산에 관한 소에 있어서는 관리인이 당사자가 된다"고 규정하고 있고 동법 제85조는 보전관리인에 대해서도 준용규정을 두고 있다. 회생 및 파산전후시기를 중심으로 퇴직금 등의 지급책임이 나눠진다.

파산·회생절차 등 법정관리 개시 전에 근로자의 고용관계가 종료되었다면 이전의 대표이사가 사용자로서 책임을 진다. 회생절차개시결정 전까지 보전관리인이 관리하던 기간의 체불에 대해서는, 별도 특약이 없는 한, 보전관리인이 사용자로서 책임을 진다.[41] 회생·파산절차개시 후 관리인 선임 이후에 근로자의 고용관계가 종료되었다면, 별도 특약이 없는 한, 원칙적으로 관리인이 사용자로서 책임을 진다.[42]

3. 계속근로기간

퇴직금은 장기근로에 대한 보상성격을 지니고 있으므로 1년 이상 계속근로를 그 기본적인 요건으로 한다. 「계속근로기간」은 개근 또는 출근율에 관계없이 근로자가 그 사업 또는 그 사업장에 적을 가지고 있는 한, 입사일로부터 기산하여 출근의무가 있는 날까지 근로기간에 포함된다.[43] 따라서 근속기간 중에 반드시 일하기로 정한 날을 개근해야 한다거나 매월 25일 이상 근무해야 근로자의 상근성, 계속성, 종속성이 인정되는 것은 아니다. 채용당시의 직종이나 임시직·수습직·일용직 등 고용형태, 쟁의행위·노조전임기간·휴업·장기결근·부상휴직 등 재직기간 중 장기간 노무를 제공하지 못한 기간이 있었는지 여부를 고려하지 않는다.

(1) 계속근로기간 산정원칙

계속근로기간은 만 1년단위를 기준으로 산정하는 것이 아니라 1년 이상으로

41) 채무자회생 및 파산에 관한 법 제85조.

42) 근기 68207-3209, 2000.10.7.

43) 예를 들어, 2005.1.1 입사하여 2007.8.10까지 근로를 제공하고 사직서를 제출한 경우는 2005.1.1~2007.8.10 계속근로기간.

서 1년에 못 미치는 년 미만의 일수까지 1년에 대한 비율로 환산한다.[44] 즉, 5년 140일은 5년(1,825일)+140일=1,965÷365=5.38년×30일분의 평균임금으로 산정한다.

전체근속기간 중 2010.12.1 이전 기간에서, 상시근로자수가 5인 이상인 경우와 미만인 경우가 혼재된 경우, 전체 기간 중 5인 이상에 해당되는 기간만을 뽑아서 합산 하여 그 기간이 1년 이상이 되는지 판단한다. 같은 논리로, 만약 방학기간에는 노무를 제공하지도 않고 보수를 수령하지도 않았으나 근로관계는 존속한 가운데, 방학기간을 제외한 나머지 기간동안 계속근로를 하고 그 기간이 1년 이상이라면 순수한 근로기간만을 합산하여 계속근로기간으로 산정한다.[45] 4주간을 평균하여(4주 미만인 경우는 그 기간) 1주간의 소정근로시간이 15시간 이상·미만을 반복하는 근로자의 경우 전체 재직기간 중 1주간의 소정근로시간이 15시간 이상인 기간만을 합산하여 그 기간이 1년 이상이 되는지 판단한다.[46] 이 경우 퇴직금 지급청구권의 발생, 평균임금의 산정, 지급청구권 소멸시효의 기산 등은 모두 근로자가 퇴직하는 날을 기준으로 한다.[47]

1) 중간정산 후의 계속근로기간

사용자는 주택구입 등 대통령령으로 정하는 사유로 근로자의 요구가 있는 경우에는 근로자가 퇴직하기 전에 계속근로한 기간에 대한 퇴직금을 미리 정산하여 지급할 수 있다. 이 경우 미리 정산하여 지급한 후의 퇴직금산정을 위한 계속근로기간은 정산시점부터 새로이 기산한다.[48] 과거 퇴직금중간정산제도가 있기 전[49]에는 경제적인 필요에 따라 서면으로 퇴직처리하고 퇴직금을 수령한 후 일정기간 후 혹은 즉시 재입사 형식을 취하여 사실상 중간정산하는 방법을 사용했다. 근로자의 요구에 의한 중간정산이 있어야 하므로, 자의에 의하지 않고 비진의 또는 상대방과 통정허위표시에 의한 퇴식·재입사조치는

44) 대판 71다485, 1971.5.11.
45) 방학 중 근로를 제공하지 않았어도 보수를 지급한 경우는 전체근속기간으로 산정.
46) 임금 68207-735, 2001.10.26.
47) 임금 68207-735, 2001.10.26.
48) 법 제8조제2항.
49) 법률 제5245호, 1996.12.31 이전.

무효로 보는 것이 판례의 입장이다.[50] 상세한 사항은 후술한다.

2) 전적, 전출

「전적」은 근로자와 사용자가 기존의 근로관계를 끝내기로 합의하고 이적하게 될 회사와 새로운 근로계약을 체결하거나, 원래회사와 이적하게 될 회사 사이에 계약에 의해 근로계약상의 사용자 지위를 포괄적으로 양도하는 것을 말한다. 전적이 적절하게 이루어진 경우 원칙적으로 종전 기업과의 근로관계는 단절되고 새로운 기업과의 계속근로관계가 새로이 시작된다. 다만, 이적기업에서 원래기업에서의 근속기간 등을 승계하여 통산하는 약정을 맺는 것은 그에 따라 처리한다. 전적이나 전출의 경우 근로자의 동의가 자의에 의한 것인지 불가항력에 의한 것인지에 따라서 근속기간에 문제가 된다. 입사시 사전에 동의를 받아 둔 경우는 그에 따른 전적이나 전출은 유효하다.[51] 다만, 이때에도 전출이나 전적기업을 특정하고 그 기업에서 종사할 업무와 근로조건을 명시하여 포괄적인 사전동의를 받아야 한다.[52]

근로자가 사용자의 전출이나 전적처분에 상당기간 이의나 거부를 하지 않은 채 정상적인 근무를 하였다면 묵시적으로 동의를 했다고 볼 수 있다. 그러나 불이익이 따를 것이라는 위협 등으로 인해 부득이 응한 경우는 효력이 없다. 「전출」의 경우, 근로자가 파견 등으로 인해 계열사 등 다른 사업장에서 그 지휘감독을 받으며 일을 하더라도 여전히 원래 고용기업에 속해 있는 것이므로 원래기업과의 계속근로기간이 이어진다. 아울러 전출시 사직서를 제출하고 퇴직금을 수령한 경우 그것이 회사의 일방적인 방침이나 결정[53]에 의한 것이라면 무효가 되어 계속근로기간은 단절되지 않는다.[54]

---

50) 대판 87다카2578, 1988.5.10.

51) 예를 들면, 대기업의 경우 계열사로의 전출이나 전적이 전보나 전근처럼 빈번하게 이뤄지는 경우 등.

52) 대판 92다11695, 1993.1.26.

53) 내부 문서상의 소속변경 등.

54) 독립채산제로 운영되는 사업 부문이 법인체의 부속 사업장에 불과하다면 그 부문에 근무하는 직원에 대한 임면권을 그 부문의 장이 행사하였다고 할지라도 그것은 법인체의 위임에 의한 것으로 보아야 하므로, 근로자가 근로계약관계를 맺고 있는 상대방인 사용자는 법인체라 할 것이다.

사전 포괄적인 동의 등에 대해서는 위 전적의 경우를 준용한다.

3) 파산 및 정부위탁사업

「파산」은 기업이 회생할 길을 찾기 어려워진 경우 법원의 명령으로 파산이 선고되면 기업의 재산은 처분권이 상실되어 법원이 선임한 파산관재인에게 이전되고 파산관재인이 법원의 허가를 얻어 법에 정한 절차에 따라 분배하는 등 법원의 결정에 의해 기업을 정리청산하는 절차이다. 기업이 스스로 채무를 상환하고 기업을 정리하는 청산과 차이가 있다.

파산의 경우, 종전회사의 근로자가 법원에 의해 파산관재인이 선임되기 이전에 퇴직한 경우는 종전회사의 대표자가 사용자가 되어 근로관계에서 발생한 임금채무를 진다. 만약 근로자가 종전회사를 퇴직하고 파산회사에 입사하였다면 고용승계에 관한 특약이 없는 한 두 회사 사이의 근로관계는 승계되지 않는다. 따라서 종전회사와 파산회사 사이에 계속근로는 단절되어 파산회사에서 계속근로한 기간은 별도로 산정되는 것이 원칙이다.[55]

「정부 위탁사업」을 수행하는 근로자가 사업완료에 필요한 기간만을 근로계약기간으로 정하였다면 계약기간이 만료되면 근로관계는 당연히 종료되므로 이후 다시 근로계약이 체결되었다 하더라도 이를 계속근로로 보기는 어렵다.[56]

4) 해고조치 후 재입사

정당한 폐업으로 해고 되었다가 사업재개로 재입사 하였을 경우, 노조의 단결력을 저해하기 위한 위장폐업 등이 아닌 한, 사용자와 근로자의 근로관계는 일

법인체가 독립적인 사업 부문의 경영 개선을 위해 그 소속 근로자들을 정리한 뒤 법인체의 다른 사업장에서 근무하게 하였다면 이는 동일한 사용자가 기업내에서 배치전환을 한 것과 같은 실질을 가지므로, 계열사간 전보에서 사직과 입사의 형식이 반복되더라도 실질적으로는 전보인 이상, 모든 근속기간을 계속근로연수로 본다. 대판 97다18899, 1997.11.25.

55) 예를 들면, 회사의 파산으로 인하여 2004.5.1 해고되었고, 2004.5.2 파산관재인에 의하여 새로이 파산관재인 보조인으로 임용되었다면, 종전 사용자와 파산관재인간에 고용을 승계한다는 특약을 맺는 등 달리 볼 사정이 있지 않는 한, 해고 전의 근무기간과 파산관재인 보조인으로서의 근무기간을 계속근로로 보기는 어렵다. 따라서 두 기간은 각각 별개의 근로로 보아야 한다.

56) 퇴직급여보장팀-414, 2006.2.10.

단 종료된다.[57] 재입사하면서 해고 이전의 근로기간도 퇴직금산정에 포함시키기로 하는 약정이 없는 한 재입사근무에 대한 계속근로기간은 재입사한 날로부터 기산한다.[58]

5) 실무쟁점

① 계약기간 반복갱신과 일정기간 공백이 있는 경우

계약만료와 동시에 계약을 갱신하거나 동일조건 계약을 반복 갱신하는 경우 갱신 또는 반복된 기간을 모두 합산하고[59] 갱신 반복기간 사이에 일정 공백기간이 있다고 하더라도 전체 기간에 비해 길지 아니하고 계절적 요인, 방학, 수산물 포획금지기간 등 업무성격과 특징에 기인하거나 대기기간, 재충전 휴식기간 등의 사정으로 그 기간은 근로를 제공하지 않거나 임금을 지급하지 않을 상당한 이유가 있다고 인정되는 경우는 동일근로자에 대한 근로관계 계속성이 인정된다고.[60] 할 것이므로 각 체결한 계약기간을 합산한다.

② 개인적 사유에 의한 휴직(휴업)기간 포함여부

직원간 다툼, 개인휴가 등을 이유로 출근지시에 불구하고 무단결근한 경우 그 기간과 학업, 유학 등 개인적 사유에 의한 휴직기간은 단체협약, 취업규칙 등으로 정하여 예외적으로 계속근로기간에 산입하지 않을 수 있다.[61] 다만, 단체협약 및 취업규칙으로 정하여 계속근로기간에 산입하지 않기로 정한 사유가 아니면서 사용자 승인하에 개인적 사유에 의한 휴직기간은 포함한다.

(2) 계속근로기간 기산일과 마감일

계속근로기간은 원칙적으로 입사한 날부터 퇴직의 효력이 발생한 날까지를 말한다. 중도에 장기간 노무수령과 임금지급이 없었던 기간이라도 근로계약이 존속하는 한 계속근로기간으로 산정하는 것이 원칙이다. 일반적으로 사업

57) 대판 93다7457, 1993.6.11.
58) 대판 94다52768, 1995.10.12.
59) 대판 93다26168, 1995.7.11.
60) 대판 2004다29736, 2006.12.7 ; 퇴직연금복지과-2895, 2015.6.27.
61) 퇴직연금복지과-2345, 2015.7.16 ; 임금복지과-1294, 2010.6.11.

장 휴업기간,[62] 개인적 질병으로 인한 휴직·휴무기간, 면허정지로 정직처분기간 등으로 인한 휴직 등의 경우에도 근속기간에 포함한다. 노동조합전임자로 근무한 기간, 범죄행위 등 형사사건으로 구금기간으로서 해고조치가 없는 경우, 직업훈련기간, 수습·연수 사용기간,[63] 쟁의행위기간, 부당해고기간, 결근기간, 본연의 직무와 연관된 해외유학기간, 특례규정을 두어 근로관계가 단절된 종전기간을 계속근로기간에 산입하는 경우에 그 기간, 임시·촉탁·잡급직·일용직 등 비정규직으로 근무하다가 사임 등 근로관계 단절을 위한 조치를 한 후 공백기간없이 정규사원으로 근무한 경우는 최초 입사시부터 통산한다. 다만, 비정규근로와 정규근로 두 근로 사이에 어느 정도 간격이 있으면 계속근로 단절이 인정될 수 있을 것인가는 명문의 규정이 없으므로 구체적, 객관적으로 사회 통념상 단절로 인정될만한 합리성이 있는지 여부에 따라야 한다.

일용직으로 근로하다가 사직하고 신입직원으로 공개채용과정을 거쳐 정규직이 된 경우에는 근로관계 단절을 인정할 수 있다.[64] 다만, 일용직들만을 대상으로 특채시험을 치룬 경우는 단절이 아니라 계속근로연수에 포함된다고 본다. 정년퇴직 후 촉탁 등 별도의 근로계약을 체결하는 것은 계속근로의 단절로 본다. 그러나 정년이 지난 후에도 사용자의 동의 아래 기간의 정함이 없이 고용되어 근로관계를 계속 유지하여 왔다면 전후기간이 계속근로연수에 포함된다.[65]

특히 근기법이 적용되는 비정규직으로 재직 중 채용시험 등을 거쳐 공무원법을 적용받는 정규공무원으로 임용된 경우, 전후기간의 신분적 차이 등이 현저히 다르기 때문에 계속근로로 볼 수 없다.[66]

62) 휴직기간의 보수유무 휴직사유에 구애됨이 없이.

63) 근기 68207-65, 2000.1.12.

64) 근기 1451-14868, 1984.7.4.

65) 대판 2002두12809, 2003.12.12. 근로자가 정년이 도래하였음에도 근로관계를 종료시키지 않고 정년이 지난 후에도 사용자의 동의아래 기간의 정함이 없이 고용되어 근로관계를 계속 유지하여 왔다면, 사용자는 특별한 사정이 없는 한 단순히 당해 근로자가 정년이 지났다거나 고령이라는 이유만으로 해고할 수는 없고 근로기준법 제30조(현 제23조)에 의한 정당한 사유가 있어야 한다.

66) 대판 80다2395, 1981.1.13.

1) 기산일

기산일은 초일을 포함하며 입사일, 근로계약체결일 등 출근의무가 있는 날이 된다. 만약 기산일로부터 근로를 제공하지 않았어도 출근의무가 있었다면 기산일부터의 기간을 계속근로기간으로 한다. 재직 중 법개정으로 그때부터 법정퇴직금제도 적용대상이 되었다면 계속근로기간 기산일은 그 적용대상이 되는 때부터이며 법 시행 이전부터 계속근로 했다고 해서 최초 입사일까지 소급하는 것이 아니다.[67]

예를 들어, 2004.12.31까지 상시근로자수가 4인 이하였던 사업장이 2005.1.1부터 영업의 신장세가 이어져 5인 이상으로 되었다. 이때 2000.1.1부터 근로한 자가 2005.6.1퇴직한다고 해서 처음 입사한 2000.1.1부터 퇴직금산정을 위한 계속근로연수로 보는 것이 아니고 2005.1.1부터 계속근로기간을 기산하여 1년 이상이 되어야 퇴직금을 지급대상이 되는 것이다. 다만, 단체협약 등으로 보다 유리하게 달리 약정했다면 그에 따르는 것이 원칙이다.

2) 계속근로 마감일

계속근로 마감일은 근로관계 자동소멸일,[68] 임의퇴직일, 합의퇴직일, 정년퇴직일, 정리해고일, 징계해고일 등 근로계약이 끝나는 날, 즉, 퇴직일이 된다. 정년퇴직의 경우 달리 정함이 없다면 "정년에 도달하는 첫날"이 퇴직일로서 계속근로기간의 마감일이 된다.[69]

당일 소정근로를 제공한 후 사용자에게 퇴직의 의사표시를 행하여 사용자가 이를 즉시 수리하였더라도 "근로를 제공한 날은 고용종속관계가 유지되는 기간"으로 보아야 하므로 별도의 특약이 없는 한 그 다음날을 퇴직일로 간주

---

67) 대판 96다42024, 1996.12.10. 단체협약이나 취업규칙 등에 별도의 규정이 있는 등의 특별한 사정이 없는 한 그 사업 또는 사업장이 근로기준법의 퇴직금 규정 적용 대상이 아니었던 기간동안의 근로기간은 퇴직금산정의 기초인 계속근로연수에 산입할 수 없다.

68) 사망일, 폐업일, 기업의 파산일.

69) 대판 71다2669, 1973.6.12 ; 근기 01254-886, 1990.12.26. 명확한 정년퇴직시점의 예시 : 만 55세를 정년으로 하고 있는 A사업장에서 일하는 근로자 B의 생년월일이 1945년 4월 1일인 경우, 정년퇴직 시점을 정년이 도달하는 첫날로 규정했다면, 정년퇴직 시점은 2000년 4월 1일이다.

한다.[70)]

사표제출로 인한 임의퇴직은 달리 약정한 바가 없다면 "사표수리일"이 퇴직일이며, 근로자가 휴직 중 사직하는 경우에도 "사직서 수리일"이 마감일이 된다. 사용자가 즉시 사직서를 수리하지 않을 경우 단체협약이나 취업규칙에 따르고 별도의 정함[71)]이 없다면 민법의 원리에 따른다. 즉, 고용기간의 약정이 없는 경우에 특약이 없다면, 사용자가 당해 퇴직의 의사표시를 통고받은 날로부터 1개월이 경과된 때까지는 계약해지의 효력이 발생하지 않으므로 고용관계는 존속되는 것으로 취급된다.[72)] 따라서 1개월이 경과된 날이 마감일이다. 만약 임금을 일정기간급(일급, 주급, 월급제 등)으로 정하여 정기지급하고 있으면 사용자가 근로자로부터 퇴직의 의사를 통고받은 당기후의 1임금지급기를 지난 때[73)]에 계약해제의 효력이 발생하는 것이므로 그날이 마감일이다.[74)]

근로계약을 합의해지한 후에는 당사자 일방의 의사에 의한 임의철회가 허용되지 않는다. 근로자가 사직원을 제출하여 계약의 해지를 청약하는 경우 사용자의 승낙의 의사표시가 근로자에게 도달하기 이전에는 청약의 의사표시를 철회할 수 있다. 그러나 근로계약을 해지하기로 이미 합의하였다면 합의시에 근로자의 근로계약해지의 청약의 의사표시에 대하여 사용자의 승낙의사가 확정적으로 형성·표시되어 해지의사의 합치가 있었으므로 이 경우 어느 일방 당사자가 임의로 이를 철회할 수는 없다. 이는 근로자와 사용자가 합의시 특별히 근로계약관계를 일정기간 경과 후 종료키로 약정하였다고 하여도 마찬가지이다.[75)] 보다 자세한 사항은 근로계약 해지부분을 참고한다.

① 건설현장 일용근로자

건설일용직 근로자와 같이 계약을 1일단위로 체결하고 그날의 종료에 따라

70) 근기 68201-3970, 2000.12.22.

71) 사직서 제출일로부터 10일후를 퇴직일로 본다는 등.

72) 민법 제660조제2항.

73) 임금 정기지급일이 매월 15일인 경우, 10.5일에 통보받았다면, 11.16일에 퇴직의 효력이 발생한다.

74) 민법 제660조제3항 ; 노동부예규 제37호, 1981.6.5 ; 근기 68201-3970, 2000.12.22.

75) 대판 94다14629, 1994.8.9.

사용종속관계가 끝나는 순수일용근로자는 사표를 제출한 다음날 퇴직의 효력이 발생한다. 다만, 건설일용근로자라도 1개 회사에 종속되어 1개월 동안 18일에서 30일간 일을 하면서 수년간을 종사한 경우처럼, 임금을 일당 혹은 월급으로만 산정하고 사용자로부터 지시를 받아 작업을 수행하는 등 사용종속관계가 단절된 사실이 없었다면 입사시부터 퇴사시까지 계속근로기간을 산정해야 한다. 그러나 중도에 타사업장에서 근로를 제공하고 임금을 받는 등 새로운 사용자와 근로계약을 체결한 사실이 있다면 그때부터 계속근로기간은 단절된 것으로 보아야 한다.[76)]

② 기간을 정한 계약의 마감일

일정 사업완료에 필요한 기간을 정한 근로계약은 그 기간이 완료된 날이 계속근로산정 마감일이다. 1년 미만의 기간을 정하여 근로계약을 체결한 후 이를 갱신하여 다시 근로계약 만료일에 도달하였다면 그 날이 계속근로 마감일이 된다. 기간의 정함이 있는 근로계약이 장기간에 걸쳐 반복하여 갱신됨으로써 그 정한 기간이 단지 형식에 불과한 경우에는 사실상 기간의 정함이 없는 근로계약으로 전환된다고 할 것이다. 다만, 몇 차례 반복될 때 사실상 기간의 정함이 없는 근로계약으로 전환되는지에 대하여는 일률적인 규정이 없고, 계약이 수차 반복됨에 따라 근로자가 갖게 되는 기대심리, 당해 사업장의 계약관행, 여타 기간의 정함이 있는 근로자의 고용관계 등을 종합적으로 고려하여 판단하여야 할 사항이다. 예를 들면, A사업장에서 퇴직금부담을 피하기 위해, 1.1~11.31까지 근로계약을 체결하고 12월 한 달간을 쉬도록 한 다음, 이듬해 1.1~11.31까지 계약

76) 예를 들면, 상시 5인 이상 A사에 소속된 타일공이 일당제 월급근로자로, 11개월간 작업을 수행하다가 혹한기 2월간 A사에는 일감이 없었기 때문에 B사 소속으로 2개월간 근로를 하였다. 이후 타일공은 다시 A사의 작업이 시작되자 A사를 떠난 지 약 2.5개월 만에 다시 입사하여 8개월간 근로하다가 사직하였다면, 이때 B사 입사시점부터 A사와의 사용종속관계는 이미 단절되고 B사 사용자와 새로운 근로계약이 체결되었으므로 이전의 11개월로 계속근로기간은 단절된 것이다. 따라서 타일공은 2회에 걸쳐 합계 19개월간 계속근로하였다고 퇴직금 발생을 주장할 수 없다. 다만, 이때 B사에 입사한 것이 A사의 지시에 따른 것이고 그 기간의 임금도 A사가 지급했다면 A사와의 사용종속관계는 유지된 것이므로 B사에 재직한 기간은 모두 A사에서 계속근로로 보아야 한다.

하는 것을 수년간 반복해 왔다면 근로자가 한 달간 휴직한 것을 두고 계속근로기간이 단절된 것으로 보아서는 아니된다.

③ 해고의 경우의 마감일

사용자에 의해 해고된 경우, 사용자는 적어도 30일 전에 서면으로 해고예고를 하여야 한다.[77] 따라서 해고한 경우 30일보다 짧은 기간이 경과한 후에 퇴직의 효력이 발생한다는 특별한 약정이 있다고 해도, 그 의사표시가 근로자에게 통보된 날로부터 30일 후에 퇴직의 효력이 발생한다. 다만, 30일분 이상의 통상임금을 예고수당으로 지급한 경우는 지급한 즉시 퇴직의 효력이 생긴다. 천재·사변 기타 부득이한 사유로 사업계속이 불가능한 경우 또는 근로자의 고의과실로 사업에 막대한 지장을 초래하였거나 재산상 손해를 입힌 경우는 즉시 해고할 수 있으므로 그 날이 퇴직일이 된다. 근로사의 해고가 부당해고로 판명되면 다시 계속근로기간이 되어 마감일이 변경된다.

실무상 해고무효확인의 소송은, 근로자와 사용자간의 근로관계의 존속을 확인함으로써 그 고용관계 자체를 회복하려는데 목적이 있다. 근로자가 부당해고로 무효를 주장하여 법원의 확정판결에 따라 해고처분이 무효가 되었다면 근로관계는 해고처분이 있기 이전부터 계속 존속된다고 보아야 하며, 정년도달, 근로자의 진의에 의한 사직 또는 퇴직금 수령 후 타 회사 입사 등 새로운 근로관계의 종료사유가 있어야 종료된다. 해고가 법원의 확정판결로 무효가 되어 새로운 근로관계 종료사유로 퇴직금을 산정할 때에는 부당해고기간도 계속근로기간에 합산하여야 한다. 이때 사용자가 부당해고 확정 판결에도 불구하고 그 동안 근로자를 실제로 복직시키지 않고 임금상당액을 지급해 왔다고 해도 마찬가지다.[78]

3) 실무 쟁점사항

① 사원으로 있던 자가 이사, 감사로 된 경우

근기법의 적용을 받던 사원으로 있다가 상법상 이사나 감사 등 임원이 된 경

77) 근기법 제26조 본문.
78) 대판 93다11463, 1993.12.21 ; 근기 68207-373, 2002.1.26.

우 퇴직금산정에 논란이 있을 수 있다. 이사, 감사는 근기법상 근로자로 보기 어려우므로 임원으로 취임하기 전날까지 근속기간만을 기준으로 계속근로기간을 산정한다. 이사, 감사 등 임원의 보수는 근로제공에 대한 대가라기보다 민법상 회사로부터 일정한 업무처리의 위임을 받고 있는 것이므로 임금으로 볼 수 없고 위임에 대한 대가라고 볼 수 있다.[79] 따라서 이사나 임원에게 퇴직금지급을 약속했다고 해도 그것은 직무집행에 대한 대가로 지급되는 보수의 일종이지 퇴직금이 아니다. 이사 등 임원의 퇴직금청구권은 근기법의 임금채권소멸시효에 적용되지 않고, 일반채권의 시효규정이 적용된다.[80] 다만, 사원에서 이사 감사 등 임원으로 승진하여 재직하다가 퇴직한 경우 퇴직금의 임금채권소멸시효 기산점은 승진한 날부터 기산할 것인지 이사 등 최종 퇴직일부터 기산할 것인지가 의문이다. 행정해석과 판례가 조금씩 견해를 달리한다.

「행정해석」에 의하면, 근기법의 적용을 받던 사원으로 있다가 이사·감사 등이 된 경우, 특약이 없는한 퇴직금은 사원으로 근무한 기간에 대하여서만 지급하되, 사원으로 근무한 기간의 최종 3개월간의 임금총액을 그 기간의 총일수로 나누어 산정한 평균임금을 기초로 산정하여야 한다. 퇴직일은 근기법상 근로관계가 종료된 이사로 선임된 날이 되며, 퇴직금에 관한 소멸시효도 그날부터 기산한다. 다만, 명칭만 이사일 뿐 사용종속관계 등으로 보아 근로자에 해당하는 경우에는 근기법상 근로관계는 계속된 것이므로 이사로 근로한 최종 3개월간의 임금총액으로 전체근속기간의 평균임금을 산정하고, 이사로 퇴직한 그날부터 소멸시효가 기산된다.[81]

79) 대판 2000다61312, 2001.2.23.

80) 대판 87다카2268, 1988.6.14.

81) 임금 68200-814, 2001.11.27. 동일한 사업장에서 1998.1.1~2002.12.31까지 근로자 신분으로 일하고, 2003.1.1~2008.12.31까지는 이사, 감사, 도급사업주 등 근로자가 아닌 신분으로 단절없이 계속 일했다면, 근로자의 퇴직일은 2003.1.1로 보아 그때부터 소멸시효가 진행되어 2003.1.1부터 2006.12.31까지 3년의 경과로 완성되고, 퇴직금산정 근속기간은 근로자신분으로 있던 1998.1.1.~2002.12.31까지, 평균임금은 2002.10.1~2002.12.31까지 임금총액을 그 기간의 총일수로 나누어 산정한다. 다만, 이사, 감사, 도급사업주가 명칭만 다를 뿐 실제는 사용종속관계에서 근로를 제공하여 근기법상의 근로자와 다를 바 없다면 1998.1.1~2008.12.31까지 전체를 근속기간, 퇴직일은 2009.1.1, 소멸시효도 이날부터 기산하고, 평균임금은 2008.10.1~2008.12.31까지 임금총액을 그 기간의 총일수로 나누어 산정한다.

종전에는[82] 이사나 감사로 선임된 사실을 퇴직일로 보지 않고 소멸시효도 이사나 감사로 퇴직한 날로부터 기산하는 것으로 보았으나 행정해석이 변경되었다.

다만, 「판례」에서는 직원으로 근무하면서 맺은 근로관계가 이사로 취임함으로써 종료되고 이후부터는 위임관계에 들어가지만, 이사로 퇴임시까지 직원으로 근무한 기간에 대한 퇴직금을 지급하지 아니하였고 다른 이사에 대하여도 이사로 퇴직시까지 퇴직금을 산정 지급하였다면 이사와 직원으로 있던 기간을 합쳐서 퇴직금을 지급하는 것이 옳다고 판시한 바가 있는데, 이 경우는 퇴직금산정을 위한 퇴직일을 이사로 퇴직한 날로 보고 있다는 점, 평균임금도 이사로 퇴직하기 직전 3개월로 산정하는 점, 소멸시효 역시 이사로 퇴직한 날을 기산일로 볼 수 있다는 점에서 행정해석과 견해가 다르다.[83] 다만, 이 경우 사용종속관계 등 근로사성을 가진 이사의 경우이거나 사용종속관계가 없는 이사이지만 정관 등에서 특약으로 기준 이상의 퇴직금을 지급하기로 약정한 경우에 해당한다고 볼 수 있다.

② **해외근로기간**

회사방침에 의거 사직서를 제출하여 퇴직금을 수령한 근로자가 일정기간 후 해외근무를 마치고 재입사한 경우, 퇴직금은 재입사한 날로부터 다시 기산한다, 다만, 사직서제출이나 퇴직금수령이 없었다면 국내근무와 해외근무를 합하여 계속근로로 보아야 한다. 이때 해외근무자에 대해 국내 동종업무를 수행하는 근로자보다 현저히 많은 임금을 지급했을 경우에는 그 차액은 실비변상적인 부분으로 보아서 평균임금에 포함하지 않는 등 상태적인 임금을 기준으로 한다.

본인의 직무와 관련된 「해외유학」은 사용자와 실질적 근로관계가 계속되고 있다고 보아서 그 기간은 계속근로기간으로 통산한다. 그러나 직무와 관련이 없이 개인적인 목적으로 해외유학을 위해 휴직, 정직한 경우는 그 기간을 계속근로연수에 산입할 수 없다.

---

82) 근기 68207-3003, 2000.9.30.
83) 대판 2003다16092·2003다16108, 2006.5.25.

③ **환직, 직류변경**

특수직원으로 근무하던 근로자가 근로조건 등이 보다 유리한 일반직원으로 환직하기 위해 자발적으로 고시에 응시 합격하여 일반직으로 신규채용된 경우, 종전의 근로관계는 일단 종료되고 일반직으로 신규채용 된 때부터 새로운 근무기간이 기산된다.[84)]

계속근무기간 중 중도에 직류의 변경이 있고, 직류에 따라 퇴직금지급률에 차이가 있을 때, 퇴직금산정에 관해 취업규칙이나 단체협약 등에 별도로 규정이 있는 경우라면 법에 위반되지 않는 한 그에 따르는 것이 적법하다. 별도의 규정이 없는 경우에는 근무 중 직류변경이 있었다고 하더라도 계속근무해 온 전기간을 계속근로기간으로 보고, 직류변경에도 불구하고 평균임금은 퇴직당시의 평균임금을 기준[85)]으로 하고, 지급률도 퇴직당시의 지급률로 한다.

④ **일용, 임시 등 비정규근로기간과 계속근로기간**

본래 순수한 일용근로는 그날그날 근로계약을 체결하고 종료하는 형태이지만 근로형태가 일용, 임시, 촉탁, 시간제, 아르바이트 등인 경우에도 계속근로기간이 1년 이상 계속된다면 상용근로자와 다름이 없으므로 퇴직금을 지급해야한다. 실제 판례도 수년간 매월 최소 4~5일 정도씩 일용인부로 일해 온 사건에서 계속근로를 인정한 사례도 있고,[86)] 매월 상당기간을 5일, 10일, 15일처럼 예시한 행정해석도 있으며,[87)] 11년 이상의 긴 세월동안 공사가 있을 경우에만 일용으로 일하고, 공사가 없으면 해고하는 형식을 되풀이 하다가 15개월 정도 일을 전혀 하지 않은데 대해 계속근로연수의 단절을 인정한 판례[88)]도 있다. 또한 서류상 2개월마다 2~3일씩 해고되었다가 다시 채용된 것으로 하였다 하더라도 이를 통산해서 계속근로로 보아야 한다[89)]는 판례도 있다. 일용으로 근로한 기간을 계속근로연수로 통산 받으려면 우선 근기법 제2조제1호

84) 대판 95다29932, 1996.9.6.
85) 대판 93다26168, 1995.7.11.
86) 대판 2000다27671, 2002.7.26.
87) 법무 811-16173, 1979.7.6.
88) 대판 81다카571, 1982.7.13.
89) 대판 74다1625·1626, 1975.6.24.

에 의한 근로자성을 판단하는 기준에서 사용종속적 관계에서 근로를 제공했는지, 임의적으로 제3자에게 노무제공을 했는지, 제3자로 하여금 자신의 노무를 대신하도록 하는 등 근로의 대체성이 있었는지, 제반사정으로 보아서 근로를 제공하지 않은 기간이, 계약 단절 등 통상적인 계속근로관계 단절로 볼 수 있는지 여부가 중요한 판단기준이 되어야 할 것이다.

「건설일용직」의 경우, 계약을 1일단위로 체결하고 그날의 종료에 따라 사용종속관계가 끝나는 순수일용근로자는 사표를 제출한 다음날 퇴직의 효력이 발생한다. 다만, 건설일용근로자라도 1개 회사에 종속되어 1개월 동안 18일에서 30일간 일을 하면서 수년간을 종사한 경우처럼, 일당 혹은 월급으로 임금을 산정하고 사용종속관계가 단절된 사실이 없었다면 입사시부터 퇴사시까지 계속근로기간을 산정해야 한다.

비교적 논란이 많은 건설일용 근로사의 퇴직금발생여부에 관한 실무사례는 각주를 참고한다.[90)]

⑤ 직업훈련기간 및 휴업, 휴직기간

입사 후 「직업훈련기간」이 고용근로자에 대한 훈련기간이라면 계속근로연

---

90) 임금 68200-814, 2001.11.29. 예를 들면, 타일공이 1개 사용자에게 종속되어 10년 이상을 월 15일 이상 30일까지 일당제 타일공으로 계속근로해 왔다. 불규칙적이긴 하지만 노임을 매월 1회 일시에 지급받아 왔고, 일감이 없어 근로지시가 없는 기간에도 제3자에게 노무를 제공하거나, 자신의 사정으로 근로하지 못한 날에 제3자를 대신 종사하도록 대체한 일도 없었고, 도급형태의 성과급을 받은 사실도 없이 일당제 월급으로 수령했다. 다만, 중도에 장거리 여행으로 7일 이상 결근한 일이 있었다. 이 경우, 사용종속관계에서 임금을 목적으로 노무를 제공하는 등 전체적으로 근로자성을 부인하기도 어렵고, 입사일 이후 계속근로의 단절을 발견할 수도 없으므로 전체 기간을 통산하여 퇴직금을 지급해야 한다. 그러나 전체 10년의 기간 중 후반부 5년간을 "일정면적의 타일공사를 평방미터당 도급방식"으로 시공을 위임받고, 출퇴근의 구속없이 독립하여 자재·시공장비 등을 가지고 자기 책임 하에 인부를 고용하여 공사를 완성하고 그에 상응한 도급금액을 지급받아 인건비 등에 충당하고 나머지를 이윤으로 취하면서 일해 왔다면 문제는 달리 보아야 한다. 즉, 일당제로 일해 온 전반부 5년간은 계속근로연수로 보아 퇴직금을 지급해야 할 것이고, 그 소멸시효는 도급방식으로 시작한 날로부터 기산하여 3년의 경과로 소멸한다. 후반부 5년간은 근로자성이 없으므로 공사대금 등은 민사적인 채권채무가 될 것이다. 다만, 후반부의 도급으로 일한 5년이 명칭에 불구하고 사실상 사용종속관계에서 근로한 것과 다를 바 없다면 법상 계속근로기간으로 보아서 전체근속기간 10년을 퇴직금산정기간으로 보아야 한다. 따라서 소멸시효도 도급위임관계가 종료된 날부터 기산한다.

수에 합산하고, 훈련기간이 채용이 전제되지 않은 양성훈련과정이라면 산정기간에서 제외한다. 「업무상재해나 부상·질병으로 인한 휴업기간」과 「사용자귀책 휴업기간」은 포함하고, 개인사유로 인한 휴업, 휴직기간이라도 계약을 해지하지 않고 근로관계가 그대로 살아 있는 경우라면 포함한다.

다만, 근속기간은 포함하더라도 퇴직연금 부담금을 납부하는 방법은 다른데, 확정기여형 퇴직연금에 가입한 사업장이라면 연간부담금 산정시 사용자귀책사유로 인한 휴업기간의 임금을 제외한 연간임금총액을 해당 휴직기간을 제외한 기간으로 나눈 금액을 납부하여야 한다.[91]

⑥ 군복무기간

달리 약정이 없다면 군복무 휴직기간은 계속근로연수에서 제외한다. 다만, 특례보충역으로 편입한 후 군사교육을 받는 기간은 사용자가 임금을 지급할 의무는 없으나 계속근로연수에는 포함하여야 한다.[92] 병역법에 의하면, "입영한 근로자가 군복무기간을 마친 경우에는 해당 직장으로 복직을 보장하고 승진에서 군복무기간을 실무종사기간으로 산정하여야 한다"고 정하고 있다.[93] 다만, 이것은 군복무로 인해 실직 등 불이익을 처분을 금하는 것이지 군복무기간을 퇴직금산정에 있어서 계속근로기간에 가산하라는 취지는 아니다.[94]

⑦ 부도발생 및 파산기간

사용자의 일시적인 도주·행방불명이 되었으나, 사업의 폐업으로 볼 수 없는 경우에는 그 기간을 계속근로연수에 포함한다. 부도 후 근로자들이 사원대책회의를 구성하여 사업장을 직접 운영하는 생산관리형태의 경우는, 사업장 운영에 대해 권한 있는 자의 사전위임이나 사후에 추인이 있었다면 계속근로연수에 합산된다. 다만, 근로자들이 밀린 임금을 자력으로 충당하기 위해 사용자의 허락 등이 없이 임의로 생산관리를 계속했다면 그 기간은 합산할 수 없다.

---

91) 퇴직급여보장팀-1090, 2007.3.15.
92) 근기 01254-376, 1993.3.12.
93) 병역법 제74조제1항·제2항.
94) 대판 92다41986, 1993.1.15.

⑧ 고용승계기간

합병·사업양도·분할의 경우, 반대의 특약이 없는 한 종전의 근로계약상의 지위가 포괄적으로 이전된다고 보고 승계를 제외하는 데는 근기법 제23조에 의한 정당한 이유가 있어야 한다는 것이 통설과 판례의 입장이다.[95] 합병이나 분리 영업양도와 같이 사업주체는 변동되었으나 근로관계는 단절되지 않으면서 외관상 퇴직처리를 하고 재입사절차를 밟는 경우가 있다. 기업의 동일성이 유지되면서 포괄적으로 근로관계가 승계되어 노무제공과 수령이 계속된다면 그 근로기간은 전후를 합해 계속근로로 통산되어야 한다.[96]

ⓐ 회사의 합병

합병이란 두개 이상의 회사가 청산절차를 거치지 않고 하나의 회사가 되는 법률사실을 말한다. 상법 제235조에 의하면 “합병 후 존속한 회사 또는 합병으로 인하여 설립된 회사는 합병으로 인하여 소멸된 회사의 권리의무를 승계한다”고 규정하고 있으므로 합병회사는 피합병회사가 근로자에 대하여 가졌던 권리 의무를 포괄적으로 승계한다. 따라서 별도의 약정이 없는 한, 임금·근로시간 등 모든 근로조건은 종전과 동일하고 계속근로연수에 따른 연차유급휴가 가산일수 산정에서 합병에 관계없이 피합병회사의 근속기간을 합산하여야 한다.[97] 다만, 근로자가 자발적인 의사에 의하여 근로관계를 끝내고 재입사하는 형식을 취한 경우에는 계속근로로 보지 않는다.[98] 합병회사에서 기존 피합병회사의 근로자를 신규채용하는 형태를 취하고, 실질적으로는 피합병회사의 인적·물적 변동이 없이 기업합병이 이루어졌다면 근로관계도 포괄적으로 승계되어야 한다.

판례에 의하면, 기업이 동일성을 유지하면서 인적·물적 조직이 흡수·통합되거나 조직변경되고 그에 따라 소속 근로자들이 자의가 아닌 회사방침에 의하여 일괄사직하고 퇴직금을 수령한 경우 근로관계는 단절되지 않는다.[99]

---

95) 대판 93다33173, 1994.6.28 ; 대판 84다카1409, 1987.2.24.
96) 대판 93다33173, 1994.6.28.
97) 대판 93다1589, 1994.3.8.
98) 대판 91다12035, 1991.12.10.
99) 대판 98다18353, 1999.6.11.

ⓑ 분 할

기업의 일부가 분리 독립하여 새로운 회사가 설립된 경우 신설회사와 종전회사 사이에 인적·물적 동일성이 유지되고 있다면, 신설회사가 종전회사와는 별개의 독립법인체로서 형식상 권리와 의무를 포괄적으로 승계하지 않는 경우에도 종전회사에 속한 근로자에 대한 근로관계는 신설회사에 포괄적으로 승계되어 계속성이 유지된다.[100)]

ⓒ 영업양도

영업의 인적·물적 조직이 그 동일성을 유지하면서 일체로서 이전되면 반대의 특약이 없는 한 양도인과 근로자간의 관계도 원칙적으로 양수인에게 포괄적으로 승계된다.[101)] 따라서 양수기업으로 이전한 근로자들의 임금·근로시간 등 모든 근로조건은 종전과 동일하고 계속근로연수에 따른 연차유급휴가 가산일수산정, 퇴직금산정을 위한 근속기간 등을 합산하여야 한다. 다만, 근로자가 구 회사에서 자유롭게 퇴직한 후 신설회사나 새로운 조직에 신입절차로 입사한 경우는 각각 별개의 기간으로 보아야 한다.

기업에서 퇴직금부담을 줄이기 위한 경영방편으로 영업양도에 편승하여 일방적으로 퇴직과 재입사가 이뤄진 경우, 근로자에게 근로관계를 단절할 의사가 있었다고 할 수 없다. 따라서 근로자가 최종적으로 사업을 양수한 기업에서 퇴직하면, 그 기업은 사업을 양도한 기업에서의 근속기간을 포함한 전체 근속연수에 상응하는 퇴직금에서 이미 지급된 퇴직금을 공제하고 지급할 의무가 있다.[102)]

⑨ 기업내·외의 인사이동

기업내 배치전환, 인사이동, 다른 기업에 파견근무를 명한 경우에도 계속근로로 합산한다.

100) 대판 96다38551, 1997.6.27.
101) 대판 93다33173, 1994.6.28.
102) 대판 2000다18608, 2001.11.13 ; 대판 2004다34790, 2005.2.25.

4. 퇴직금산정

퇴직금은 노사가 누진제 등 기준 이상의 지급을 약정하지 않는 한 계속근로연수(재직일수/365일)×30일분의 평균임금[103)]=퇴직금으로 산정한다. 전체적으로 계속근로기간이 1년 이상인 경우 1년에 미치지 못하는 나머지 일에 대하여는 퇴직금을 비례하여 지급해야 근로자에게 손해가 없다. 따라서 재직일수/365일×30일분의 평균임금으로 계산하는 것이다.[104)]

☞ 예를 들면, 2009.1.1~2012.4.20까지 근로하고 퇴직한 경우, 총1,206일(365×3+111일)을 근로한 것이므로 1,206÷365=3.30×30일분의 평균임금으로 산출한다.

평균임금은 근로자가 사용자로부터 지급받은 일체의 금품 중 실비변상적 성격, 복리후생적 성격, 은혜적 성격의 금품을 제외한 일체의 금품으로서 퇴직금 이외에도 연차유급휴가수당, 휴업수당, 재해보상금, 감급제재 등의 산정기준이 된다. 평균임금은 산정사유가 발생한 날, 즉, 퇴직한 날 이전 3개월간에 근로자에 대해 지급된 임금의 총액을 그 기간의 총일수로 나눈 금액으로 산정하는 것이 원칙이다. 평균임금에 따라 퇴직금의 액수는 현저한 차이가 난다. 평균임금산정기간을 어느 때로 할지 어떤 금품이 평균임금에 포함되는지는 매우 중요한 사안이다. 하지만 퇴직한 날 이전 3개월간의 기간은 예기치 않은 임금저하시기가 될 수도 있고 불가피한 사유로 노무를 제공하지 못할 수도 있다. 어느 경우에나 근로자에게 불이익한 임금수준의 저하를 가져온다는 점에서 상세한 검토가 따라야 한다.

---

103) 퇴직한 날 이전 3개월간에 근로자에 대해 지급된 임금의 총액을 그 기간의 총일수로 나눈 금액×30일

104) 법정퇴직금산정 예시 : 근로자 10명인 사업장, 2002.2.1~2003.6.30까지 단절사유없이 계속근로하였고, 매월 고정급 임금 150만원, 상여금 연 300만원을 수령한 근로자의 법정퇴직금을 산정해보면, 2003.4.1~6.30까지 3개월간 임금총액은, 3월간 임금 450만원+상여금 75만원(3/12)을 3개월간 달력상의 총일수 91일로 나누면 퇴직한 근로자의 3개월간 1일 평균임금은 57,692원이 된다. 1일 평균임금을 365일에 비례한 근속일수(515일)로 나누고 이를 30일분의 평균임금으로 곱하면 57,692원×30일분×515일/365일=2,440,370원으로 산출된다. 위 사업장에서 만 1년이 경과한 2003.2.1 적법한 절차에 의거 기왕에 근로한 1년분의 퇴직금을 중간정산 받았을 경우, 2003.2.1~2003.6.30까지는 비록 1년이 되지 않지만, 전체 계속근로기간은 이미 1년 이상 되었으므로 중간정산 이후 잔여 5개월분에 대해서도 1년간에 비례하여 지급해야 한다.

계속근무기간의 중간에 직종이나 직류의 변경이 있고 그 직종이나 직류에 따라 퇴직금지급률에 차이가 있는 경우에는 2가지로 방법으로 해석해야 한다.

단체협약이나 취업규칙, 근로계약 등에 그에 관하여 달리 규정하고 있는 경우에는[105] 그에 따라서 지급해야 하고, 달리 규정이 없는 경우에는 퇴직당시의 직종이나 직류의 지급률에 따라 지급해야 할 것이다.[106] 평균임금산정시 3월간 임금의 총액에서 제외되는 금품과 제외되는 기간 등에 관해서는 임금부분에서 상술한 바 있으므로 생략한다.

실무상, 임금반환·삭감·포기·동결 등 약정된 임금의 지급내용 등이 변경된 경우와 임금인상·단체협약 등으로 산정기준 자체를 변경한 경우 등에서 평균임금을 어떻게 산정할 것인가가 의문이다.

(1) 임금지급내용 변경

「임금반납」을 살펴보면, 사용자는 근로자의 개별적인 동의를 얻어 기왕에 근로한 부분, 이미 청구권이 발생한 금품을 자진반납 받을 수 있다. 이 경우 임금 등의 반납분은 이미 근로자의 소득으로 귀속되었다가 반납한 것으로서 반납분의 환원에 관한 특약[107]이 없다면 다시 반환할 책임이 없다.[108] 다만, 반납분에 대한 반환의무가 없다고 하더라도 반납한 임금은 기왕의 근로에 대한 채권이므로 평균임금산정에 포함되어야 한다.[109]

「임금삭감」의 경우, 사용자는 단체협약이나 취업규칙 변경을 통해 장래 발생할 임금수준을 삭감할 수 있다. 적법한 절차에 따라 장래 일정시점부터 임금 등의 지급수준을 종전보다 낮춰서 삭감지급하기로 결정하고 삭감된 시점에서 퇴직한 경우, 삭감액은 임금채권으로 볼 수 없어 임금총액에 포함되지 않으므로 별도의 유리한 약정이 없는 한 삭감된 임금으로 산정한다.[110] 노사는

105) 그 규정이 퇴직급여보장법 제8조 등 관련규정에 위배되지 않는다면.
106) 대판 2003다49276, 2004.1.16.
107) 2009년 상반기 결산시 대차대조표상 이익이 일정수준에 도달할 경우 반납분을 환원한다는 등의 특약.
108) 민법 제506조 ; 서울지판 2002나20291, 2003.4.16.
109) 대판 99다39531, 2001.4.10.
110) 근로기준-797, 2009.3.36.

이러한 경우를 대비해서 단체협약 등에 명확한 표기가 필요하다.

「임금동결」은 현재의 임금수준을 장래에도 동일하게 유지시키는 것으로 노사가 자율적으로 결정할 사항이다. 임금인상률을 결정하는 것은 사업주의 재량에 속하는 것이므로, 호봉승급만 인정하고 인상률을 동결할 경우는 근로조건의 불이익변경이라고 볼 수는 없다.[111] 호봉승급·통상임금 산정의 기초가 되는 기본급·평균임금에 포함된 수당 등, 임금인상이 사용자의 의무로 명시적으로 규정되어 있지 않은 경우 임금인상없이 평균임금을 산정하여 퇴직금을 지급하더라도 유효하다. 다만, 정기호봉승급이 명시되어 있음에도, 일방적으로 승급을 중지한 상태에서 평균임금을 계산하여 퇴직금을 지급하였을 때는 취업규칙 불이익변경에 관한 적법한 절차를 거치지 않았다면 승급중지는 무효가 되므로, 승급된 평균임금으로 퇴직금을 산정하여 그 차액을 지급해야 한다.[112]

「임금인상」에 관해 살펴보면, 노동조합이 사용자측과 기존의 임금·근로시간·퇴직금등 근로조건을 결정하는 기준에 관하여 소급적으로 동의하거나 이를 승인하는 내용의 단체협약을 체결한 경우, 그 동의나 승인의 효력은 단체협약이 시행된 이후에 그 사업체에 종사하며, 그 협약의 적용을 받게 될 노동조합원이나 근로자에 대하여만 생기고 단체협약체결 이전에 이미 퇴직한 근로자에게는 효력이 생길 여지가 없다.[113]

퇴직일 이전에 임금인상률이 결정되고 퇴직한 이후에 개별근로자에 대한 소급인상금액이 산출되었다면 퇴직자에게는 인상된 임금을 기준으로 소급 지급해야 한다. 그러나 퇴직일 이후에 임금인상 등 근로조건을 결정하는 기준이 정해지고 퇴직일 이전으로 소급하기로 하였더라도 임금인상을 결정한 시점[114] 이전에 이미 퇴직한 근로자에 대하여는 달리 정함이 없으면 인상된 조건이 적용되지 않는다.[115]

111) 근로기준 797, 2000.3.36.
112) 임금 68200-649, 2000.12.5.
113) 대판 91다34073, 1992.7.24.
114) 단체협약·취업규칙·중재재정, 재심결정내용 등에 의한 임금인상 결정일.
115) 근기 68207-1806, 1995.11.4.

다만, 행정해석은 단체협약 타결 등 형식보다 실질의 원칙에 입각하여 근로자보호에 충실하게 해석을 하고 있다. 즉, 단체협약은 노동조합이 사용자측과 임금, 근로시간, 퇴직금 등 근로조건을 결정하는 기준에 관하여 소급적으로 동의하거나 이를 승인하는 내용의 단체협약을 체결한 경우에 그 동의나 승인의 효력은 단체협약이 시행된 이후에 그 사업체에 종사하며 그 협약의 적용을 받게 될 노동조합원이나 근로자들에 대하여 발생하는 것이[116] 원칙이지만, 인상액 결정과 합의절차 등을 고려할 때, 근로자가 퇴직하기 이전까지 협약 등이 완전히 타결되지는 않았지만 사실상 임금인상을 확정할 수 있는 구체적인 방법과 기준이 이미 노사 당사자간 합의가 되었다면 그 단체협약은 유효하게 성립되었다고 보아서, 비록 임금인상률 및 그에 따른 임금인상액이 확정되지 아니하다가 근로자가 퇴직한 이후에 근로자가 재직 중이던 기간부터 단체협약 체결시점까지 소급인상이 확정되었다고 하더라도, 달리 정함이 없는 한 그 시행일, 소급적용기준일[117] 이후에 당해 사업장에 재직하고 있거나 퇴직한 조합원[118]에게 적용되어야 한다.[119]는 입장이다.

(2) 퇴직금지급규정 변경

퇴직금청구권은 퇴직이라는 사실이 있어야 발생하는 것이므로 계속근무기간 중간에 퇴직금규정이 변경되었다면 변경 이후의 근속기간은 물론이고 기득권이 침해되지 않는 범위 내에서 변경 전의 근속기간에 대하여도 변경된 규정을 적용한다. 다만, 당사자는 합의에 의하여 법에 정한 기준 이상이라면 취업규칙상의 근로조건을 유리하거나 혹은 불리하게 자유롭게 변경 약정할 수 있다.[120] 퇴직금규정이 불이익하게 변경되었을 경우 절차와 적용문제 등 자세한 사항은 취업규칙 편에서 상세히 설명한 바 있으므로 참고하도록 한다.

116) 대판 96다6967, 1997.8.22 등.
117) 소급적용 할 경우는 소급적용기준일.
118) 비록 협약체결 이전에 퇴직하고 없는 자라도.
119) 노사관계법 제팀-168, 2006.6.22.
120) 근기법 제4조.

1) 단체협약과 퇴직금규정 변경문제

노동조합이 단체협약을 통해 기존의 퇴직금규정을 불리하게 변경하는 내용을 체결하거나 이미 구체적으로 발생한 근로자 개인의 퇴직금청구권을 포기하거나 유예할 수 있을까?

근기법상 임금 등은 근로계약, 취업규칙, 단체협약 등을 통해 노사가 자유의사에 따라 결정하는 것으로서, 그 내용이 근기법·최저임금법 등 노동관계법에서 정한 기준 이상이라면 유효하고, 그 변경 또한 노동관계법에서 정한 절차에 따라 임금을 조정하는 것은 가능하다.[121)]

단체협약의 내용이 근기법 등 강행법규를 위반하지 않는 한, 노동조합은 사용자와 사이에 근로조건을 유리하게 변경·신설하거나 기존의 근로조건을 불리하게 변경하는 내용의 단체협약을 체결할 수 있다. 이때 불리하게 변경하는 협약이 현저히 합리성을 잃어버려 노동조합의 본연의 목적을 벗어난 경우와 같은 특별한 사정이 없다면 유효하다.[122)]

(3) 퇴직금의 포기·반납 등

퇴직금과 관련해서 사전에 발생하지도 않은 퇴직금을 받지 않겠다고 약정하는 "포기", 이미 퇴직사실로부터 발생한 퇴직금청구권을 포기하는 "반납"이 당사자간 약정대로 효력이 발생할 수 있느냐 하는 것이다. 장래에 발생할 임금수준 등을 낮추어 지급하는 "삭감"은 취업규칙 변경 등 적법한 절차를 거쳐 체결할 수 있으나 이미 청구권이 발생한 금품의 반납이나 지급유예를 하려면 반드시 금품의 주인인 근로자 개인의 동의를 얻어야만 유효하다. 임금삭감에 관해서는 이미 평균임금에서 설명하였으므로 임금반납과 포기에 관해서만 검토해 본다.

1) 사전에 퇴직금 청구권을 포기하는 약정

퇴직금은 후불적 임금의 성질을 띤 금원으로서 구체적인 청구권은 계속근로가 끝나는 퇴직이라는 사실을 요건으로 하여 발생되는 것이다. 따라서 아직

121) 근로기준-797, 2009.3.36.
122) 대판 99다67536, 2000.9.29.

퇴직하지 않은 근로자가 입사시 혹은 재직 중 약정을 통해 최종 퇴직시 발생하는 청구권을 사전에 포기하거나 사전에 그에 관한 민사상 소송을 제기하지 않겠다는 특약을 하는 것은 강행법에 위반으로 무효이다.[123)]

2) 퇴직하여 퇴직금청구권이 발생한 후 반납

퇴직으로 인해 실제로 금품을 수령하지는 않았지만, 이미 구체적으로 지급청구권이 발생한 임금·퇴직금 등은 근로자의 개인 재산영역에 들어가 그의 자유로운 처분에 맡겨진 것이므로 금품의 청구를 포기·반납하거나 수령을 유예하는 것은 본인의 동의가 있어야만 유효하다.[124)] 근로자 개인의 동의를 받지 않았다면 노동조합이 반납이나 지급유예와 같은 처분행위가 담긴 협약을 체결하거나, 노사협의회 의결·노사공동선언·근로자대표와 합의 등이 있더라도 효력이 없다.[125)] 이때 근로자 개인의 동의만 있다면 집단적의사결정방식에 의한 합의 등이 반드시 법에 정해진 절차에 따라야만 하는 것은 아니다.[126)]

퇴직금의 포기에 관한 판례에 의하면, 처분문서는 그 성립의 진정성이 인정되면 반증이 없는 이상 그 문서의 기재 내용에 따른 의사표시의 존재 및 내용을 인정하여야 하며, 의사표시의 해석에 있어서 당사자의 진정한 의사를 알 수 없는 경우에는 당사자의 내심의 의사가 아니라 외부로 표시된 행위에 의하여 추단된 의사를 가지고 해석하여야 한다.

회사를 퇴직하고 퇴직금을 수령하면서 추후 여하한 이의도 제기하지 않겠다는 서약서에 서명하였다면 기재내용에 따른 의사표시의 존재 및 내용을 인정하여야 한다. 사직 후 퇴직금 등을 수령하면서 "회사와의 근로관계를 종료함에 있어 노사합의에 의한 퇴직금, 가산금 및 특별위로금 등 근로대가 일체를 지급받은 바, 근로관계 종료와 관련하여 추후 여하한 이의 제기도 하지 않을 것을 서약합니다"라는 내용의 서약서에 서명한 경우, 그 문언에 표시된 대로 회사와의 근로관계가 종료됨으로 인하여 발생하는 모든 법률관계 특히 퇴직

123) 대판 2000다27671, 22002.7.26 ; 대판 2001다41568, 2002.8.23.
124) 근기 68207-843, 1999.12.13.
125) 근기 68207-843, 1999.12.31.
126) 근기-797, 2009.3.36.

금, 가산금 및 특별위로금 등 근로 대가와 관련된 일체의 청구권을 포기한 것이거나 향후 이에 관한 민사상 소송을 제기하지 않겠다는 부제소특약을 한 것으로 봄이 합리적인 해석이다.

소권이 공권이라거나 퇴직금제도 자체가 강행법규의 성질을 띠고 있다고 하여 이러한 특약을 할 수 없는 것이 아닐 뿐 아니라, 근로자가 퇴직금청구소송을 먼저 제기한 후 서약서에 서명날인하고서도 퇴직금청구소송을 계속할 의사를 가지고 있었다는 사정은 내심의 의사에 지나지 않은 것으로 그와 같은 의사가 외부로 표시된 것이 아닌 이상 의사표시의 해석에 참작할 것도 아니라고 판시한 바 있다.[127)]

퇴직시 위로금, 퇴직금 등에 상응한 금품을 수령하면서 "모든 임금채권이 정산, 정리되었다"고 서면확인서를 제출한 경우에는 비록 명확한 금액을 확정적으로 표시하지 않았다고 하더라도 추가적으로 발생할지도 모르는 임금채권은 반납한다는 의사표시로 볼 수 있으므로 유효하다.[128)]

(4) 퇴직금의 중간정산

사용자는 주택구입 등 대통령령으로 정하는 사유로 근로자가 요구하는 경우에는 퇴직하기 전에 해당 근로자의 계속근로기간에 대한 퇴직금을 미리 정산해 지급할 수 있다. 미리 정산한 후에 퇴직금산정을 위한 계속근로기간은 정산시점 이후부터 새로 기산한다.[129)] 다만, 연차유급휴가, 경력·승진·호봉승급 등 퇴직금관련 계속근로기간을 제외한 사항은 입사일로부터 기산하여야 한다. 중간정산은 단체협약, 취업규칙, 근로계약 등에 정한 바가 있더라도 근로자의 요구가 있고 사용자가 승낙함으로써 성립한다. 사용자는 근로자의 중간정산 요구에 반드시 응해야 할 의무가 있는 것은 아니며, 반드시 근로자가 요구한 기간 전부에 대해 응낙해야 하는 것도 아니다.

그 동안 중간정산과 관련한 행정규제의 변화를 살펴보면, 2012.7.26 법으로 중간정산허용사유를 정하기 이전까지는 중간정산을 요구할 수 있는 사유

127) 대판 97다11133, 1997.11.28.

128) 근기 68207-3040, 2001.9.10.

129) 법 제8조제2항.

에는 제한을 두지 않고 기왕의 1년 이상 계속근로기간에 대해서 근로자의 요구와 사용자의 승인만 있으면 합법적으로 허용하는 등 형식적인 규제를 해 왔다. 다만, 이러한 규제만으로는 합법을 가장한 사용자의 일방적인 중간정산으로부터 근로자를 보호하는데 미흡하다고 판단하여, 2006.7.1부터 행정지침을 통해 절차적으로 엄격한 규제를 해 왔다.

월급제의 경우, 기왕의 1년 이상 계속근로한 기간에 대해 근로자의 자발적인 의사에 의한 개별적, 명시적인 중간정산요구서가 있고, 매번 중간정산시마다 평균임금을 다시 산정하도록 하였고,[130] 연봉제의 경우는 단체협약·취업규칙·근로계약·연봉계약서에 규정된 사항 이외에 근로자의 별도의 서면 중간정산요구가 있어야 하고, 중간정산 시점을 기준으로 기왕에 계속근로한 1년 이상의 기간에 대해서만 중간정산을 할 수 있고, 중간정산금을 매월 분할한다는 명확한 내용이 있어야 하고, 연봉액에 포함될 퇴직금의 액수가 명확히 정해지고, 매월 지급받는 퇴직금의 합계가 중간정산 시점을 기준으로 산정한 금액보다 적지 않아야 하며, 실무상 매번 정산할 때마다 평균임금을 다시 정산하여야 한다고 정하고, 어떤 경우든 매번 정산시마다 별도의 서면정산요구서가 없는 경우는 퇴직금지급으로서 효력이 없는 것으로 보았다.[131]

이후 연봉제에서 퇴직금중간정산지침은 2010.5.20. 대법원 전원합의체 판결로 무효로 확인되었는데.[132] 연봉제에서 퇴직금 상당액을 매월 분할지급 하거나 년 단위로 정산지급하는 약정은 최종 퇴직시에 발생하는 퇴직금청구권을 근로자가 사전에 포기하는 것이기 때문에 무효라고 하면서 근로자가 수령한 퇴직금 명목의 금품은 부당이득으로 사용자에게 반환하도록 판결하였다. 즉, 퇴직금은 근로관계의 종료를 요건으로 비로소 발생하는 정지조건부 채권의 성격을 갖는 것으로 퇴직이라는 지급조건을 만족하지 않는 한 청구권이 발생하지 않고, 다만, 예외적으로 법으로 정한 중간정산 사유가 있으면 과거 근로기간에 대해서만 퇴직금을 미리 지급할 수 있는 것으로 보았다. 개정법에 따른

130) 퇴직급여보장-2610, 2006.7.24.
131) 퇴직급여보장-4588, 2007.11.14.
132) 대판 2007다90760, 2010.5.20.

중간정산 사유가 대부분 긴급하고 일시적인 가계자금 수요를 예정하고 있으므로 중간정산 요구사유가 있다고 해도 퇴직금을 매월 분할 지급하는 약정은 개정법 취지에 비춰 합리성이 없기 때문에 적용할 수 없다. 달리 약정이 없다면 중간정산의 평균임금산정시점은 근로자의 중간정산 요구일이다.

1) 중간정산이 가능한 퇴직금제도

퇴직금중간정산은 퇴직급여보장제도에 가입하지 않고 전액 사내 유보형인 일반퇴직금제도를 적용하는 경우에만 적용한다. 따라서 퇴직연금제도에 가입한 근로자는 법으로 정한 소정사유[133)]에 해당할 경우 수급권을 담보로 제공하여 가입자별 적립금의 100분의 50 한도 내에서 대출을 받을 수 있고, 천재지변 등으로 인하여 피해를 입은 경우 고용부장관이 정하는 고시한도에서 대출을 받을 수도 있다. 확정기여형의 경우 주택구입 등 대통령령으로 정한 사유가 발생하면 적립금을 중도인출 할 수 있다.[134)]

2) 중간정산 허용사유[135)]

무주택근로자가 본인명의로 주택을 구입하는 경우 또는 주거를 목적으로 민법 제303조에 따른 전세금 또는 주택임대차보호법 제3조의2에 따른 보증금을 부담하는 경우,[136)] 근로자 또는 근로자의 배우자 또는 소득세법 제50조제1항에 따른 근로자 또는 근로자의 배우자와 생계를 같이하는 부양가족[137)]이 질병 또는 부상으로 6개월 이상 요양을 하는 경우, 퇴직금중간정산을 신청하는 날부터 역산하여 5년 이내에 근로자가 파산선고를 받거나 개인회생절차개시 결

---

133) 무주택자인 가입자가 본인명의 주택구입, 가입자 및 가입자의 배우자 또는 소득세법 제50조제1항에 따른 가입자 또는 가입자의 배우자와 생계를 같이 하는 부양가족이 질병 또는 부상으로 6개월 이상 요양을 하는 경우, 담보를 제공하는 날부터 역산하여 5년 이내에 가입자가 통합노산법에 의한 파산선고 및 개인회생절차 개시 결정을 받은 경우, 그 밖에 천재지변 등으로 피해를 입는 등 고용부장관이 고시로 정하는 사유와 요건에 해당하는 경우.

134) 법 제7조, 법 제22조, 각주8)에 열거한 사유와 같다.

135) 법 제8조제2항 및 영 제3조.

136) 이 경우 근로자가 하나의 사업 또는 사업장에 근로하는 동안 1회로 한정한다.

137) 직계존속으로서 60세 이상, 직계비속 및 입양자로서 20세 이하, 거주자의 형제자매로서 20세 이하 또는 60세 이상, 국민기초생활보장법에 따른 수급권자 등 대통령령으로 정하는 사람과 아동복지법에 의한 위탁아동 등.

정을 받은 경우, 고용보험법상 임금피크제를 실시하여 임금이 줄어드는 경우, 그 밖에 천재지변 등으로 피해를 입는 등 고용부장관이 정하여 고시하는 사유 사용자가 근로자와 합의에 따라 소정근로시간을 1일1시간 또는 주52시간 이상 변경하여 변경된 시간에 따라 3개월 이상 계속 근로하기로 한 경우, 법률 제15513호 근로기준법 개정에 따라 근로시간단축으로 근로자퇴직급여수령액이 감소될 수 있는 경우와 요건에 해당하는 경우 중 하나에 해당하여야 중간정산을 신청할 수 있다.[138] 제도 유형별 중간정산(중도인출)사유는 이장 말미에 첨부해 둔다.

주택 전세금 또는 임차보증금을 제외하고 과거 동일한 사유로 중간정산을 받고 재차 중간정산을 요구하는 경우에도 정산이 가능하다.[139]

법령으로 정한 사유 이외의 사유로 중간정산을 할 경우 등 법위반 중간정산 그 자체에 대한 처벌은 없지만 퇴직금지급으로서 효력이 없다.

중간정산은 근로자의 요구와 사용자의 승낙으로 이루어지므로 경영상 어려움이 있을 경우 승낙을 거절할 수도 있다. 다만, 근로시간단축의 경우 거절시 근로자에게 퇴직급여 감소사실을 반드시 우편, 메일 등 개별통지 방법으로 알리고, 근로자대표와 DC제도 도입, 별도의 급여산정기준 마련 등을 협의해야 할 의무가 사용자에게 있다.

① 중간정산퇴직금에 대한 이자공제

사용자가 근로자의 요구에 따라 중간정산퇴직금을 지급한 것은 퇴직시 지급할 퇴직금의 일부를 재직 중 미리 지급하여 중간정산시점부터 최종퇴직시까지 기한의 이익을 포기한 것이다. 따라서 근속기간 중 소정근속기간에 대한 중간정산퇴직금을 지급한 후, 최종 퇴직시 전체근속기간에 대한 퇴직금에서 중간정산금을 공제한 다음 그 잔액에서 미리 지급한 중간정산퇴직금의 이자를 공제할 수 없다.

판례는, 강제로 퇴직금을 지급한 후 재입사형식을 취한 경우 퇴직효과가 발

138) 고용부 퇴직금중간정산제도 업무처리지침(2012.9), 고시 제2012-55호, 이 장의 끝에 부록으로 첨부.

139) 퇴직연금복지과-3039, 2016.8.24.

생되지 아니하므로 이후 퇴직시에는 최초 입사일로부터 퇴직금을 계산한 후 기 지급된 퇴직금을 뺀 차액을 추가로 지급받을 수 있으나, 이때 중간정산에서 받은 이자를 공제해야 한다는 주장에 대해, 기한의 이익을 포기하고 미리 변제한 것이므로 중간이자를 지급할 의무가 없다면서 부정한바 있다.[140)]

3) 잘못된 중간정산

① 잘못된 중간정산 퇴직금의 소멸시효

퇴직금은 근로관계의 종료로 인하여 발생하는 것이므로, 중간정산시 계산착오 등 하자가 있어 정산기간 중 일부 지급받지 못한 금액은 그 사업장을 퇴직한 날로부터 3년간 소멸시효가 기산된다.[141)] 다만, 판례에서는 평균임금의 일부를 제외하고 중간퇴직금을 정산하여 결과적으로 일부 차액을 지급하지 않은 경우, 비록 그 이후 근로관계가 계속되었다고 하더라도 미지급 중간퇴직금 채권의 소멸시효는 각 퇴직금중간정산일로부터 기산된다고 보았다.[142)] 선의의 근로자 보호측면에서 행정해석의 입장을 따르는 것이 옳다고 판단된다.

② 잘못된 중간정산 금품의 부당이득 반환

「중간정산의 대상이 되는 근로기간」은 중간정산 시점을 기준으로 "과거의 근로기간"만이 포함되고, 근로자가 장래 계속근로할 것을 전제로 장래의 근로기간에 대하여 사전에 중간정산을 하는 것은 허용되지 않는다. 법위반 중간정산 즉, 1년 미만 근속기간에 대한 중간정산, 근로자의 요구 없이 사용자가 일방적으로 중간정산하여 매월 월급에 분할 지급한 퇴직금, 일정시점에서 정산지급한 퇴직금이 하자가 있어 무효가 되었을 경우 등에 있어서, 과연 근로자는 그 금품을 반환할 의무가 있는지 여부가 의문이다.

최근 「판례」에 의하면, 회사가 근로자와 연봉계약을 체결하면서 업석연봉과 기본연봉 총액을 13분한 금액을 퇴직금으로 명시하여[143)] 지급한 사안에서, 퇴

140) 대판 92다37673, 1993.1.15 ; 임금 68207-9, 1994.1.5.
141) 근로조건지도-1863, 2008.6.3.
142) 대판 2003다54322·54339, 2006.5.26.
143) "퇴직금"이라는 항목과 그 구체적 액수가 명확하게 제시.

직금이라고 액수를 명시한 금품도 중간정산이 유효하지 않다면 매월 지급된 퇴직금은 법률상 원인 없는 이득이므로 부당이득으로 반환해야 한다.[144]고 보았다. 다만, 일부 하위법원의 판례는 자발적인 중간정산요구를 한 것이 아니라 회사의 경영방침에 따라 근로자들로부터 미리 매월 퇴직금 명목으로 일정한 금액을 임금에 포함시켜 지급한다는 중간정산[145] 무효이며, 매월 임금 속에 퇴직금을 포함시켜 지급한 것을 퇴직금의 지급으로 볼 수 없는 이상, 퇴직금이 아니라 임금 중 일부로 보아야 하므로 부당이득이 아니라고 보았다.[146]

「행정해석」에서는 1년 미만 근로하고 퇴사한 자[147]에게 지급된 퇴직금은 법상 퇴직금지급요건을 충족하지 못하였으므로 이를 임금으로는 볼 수 없다고 보고, 사용자는 민사절차에 따른 부당이득 반환청구권을 행사하여야 한다고 판단한 바 있다.[148] 잘못된 중간정산으로 기 지급된 금품은 퇴직금으로 볼 수 없는 것은 분명하지만, 근로자에게 부당이득반환의무를 면제한다는 것은 결과적으로 이중수혜 논란이 있을 수도 있으므로 행정해석에 따르는 것이 합리적일 것이다.

4) 중간정산과 사후 임금인상 소급적용

퇴직금중간정산은 근로자의 요구인 청약과 사용자의 승낙으로 합의가 이루어지며 정산기간은 근로자가 요구하는 기간이다. 임금인상 결정일 이전에 퇴직금중간정산이 이뤄지고, 사후에 결정된 임금인상률이 퇴직금정산일 이전까지 소급되었다 하더라도 당사자간 특약이 없는 한 소급된 인상율로 다시 계산지급할 의무는 없다.[149]

---

144) 고판 2006나86698, 2007.11.30 ; 대판 2007다90760, 2010.5.20.

145) 근로계약서를 작성, 미리 근로기간에 대한 중간정산신청서를 작성, 사실확인서 징구 등.

146) 수원지판 2007나24791, 2008.5.30.

147) 퇴직금 및 각종 제수당을 포함한 연봉과 1년 만 근무 후 퇴사시에는 퇴직금을 공제한다는 내용의 근로계약을 체결.

148) 임금 68207-35, 2002.1.16.

149) 임금 68207-422, 2000.9.18 ; 임금 68207-523, 2002.7.24.

5) 중간정산 합의 불이행

중간정산에 합의[150]가 성립되었으나, 사용자가 퇴직금을 지급하지 않거나 잘못 지급한 경우에 근로자는 그 금액에 관해 지급청구권이 있다. 다만, 중간정산요구에 대해 사용자가 반드시 응낙할 의무는 없으므로 사용자는 당사자간 합의에 따른 민사적인 계약상의 의무 불이행에 대해 책임질 수 있으나 사용자를 퇴직급여보장법 위반으로 제재할 수는 없다.[151]

5. 제도 변경 및 차등제도 설정

(1) 퇴직금제도 변경

퇴직급여제도는 단체협약이나 취업규칙 근로계약 등을 통해 설정한다. 따라서 제도의 내용을 변경하는 경우는 설정내용을 합리적으로 변화시킴으로서 비로소 가능하다. 단체협약이나 근로계약은 당사자 합의가 있어야 변경이 가능한 것이므로 사용자가 일방적으로 계약내용을 불이익하게 변화시킨 경우는 근로조건위반의 책임이 있다. 취업규칙에 의해 퇴직금규정을 변경할 경우 그 내용이 근로자에게 유리한 경우는 근로자과반수로 구성된 노동조합 또는 근로자과반수에 대한 의견청취가 있어야 할 것이고, 불이익하게 변경된 경우는 "동의를 받지 않아도 될 만한 사회통념상 합리성이 있는 경우"를 제외하고는 반드시 동의를 얻어야만 유효하게 변경할 수 있다.[152] 자세한 사항은 취업규칙편에서 설명했으므로 생략한다.

---

150) 근로자의 청약과 사용자의 승낙이라는 의사의 합치.

151) 임금 68207-579, 2001.8.14.

152) 예를 늘면, 취업규칙에 따라 2006.1.1부터 전사원에게 매월 10만원의 생산수당을 정기적으로 지급해 오던 중, 2009.1.1부터 다른 근로조건의 변경없이 일방적으로 생산수당의 지급을 중단하였다면 이는 근로자집단의 동의없는 일방적인 취업규칙의 불이익변경으로서 무효인 처분에 해당한다. 따라서 생산수당이 삭감된 채로 임금을 수령하던 근로자가 2009.8.30에 퇴직할 때 월평균임금 160만원이라고 가정하면, 생산수당 삭감이 무효이므로 그 금액만큼 평균임금에 합산하여 전체근속기간의 퇴직금을 산정하여야 한다.

(2) 차등제도 설정금지

퇴직금은 하나의 사업내에 차등제도를 두어서는 아니된다.[153] "사업"이란, 경영상 일체를 이루면서 조직상 유기적으로 운영되는 지점, 출장소, 공장 등이 모두 하나의 사업으로 포함되어 총괄적으로 파악되는 것이다. 장소적인 동일성을 기준으로 판단하지 않는다.

하나의 사업내에 본사, 공장, 지점, 지사 사이에 퇴직금 지급조건을 달리하는 제도를 둘 수 없다. 대학교와 부속병원, 의료원, 서울본사와 부산공장, 국내기업과 해외파견공장 등도 경영상 일체를 이루면서 유기적으로 운영되는 기업조직으로 하나의 사업이다.

법 제8조에서 정한 퇴직금은 사업주가 지불하여야 할 최저한도의 수준을 법으로 정한 것이므로 근로계약이나 취업규칙으로 그 이상의 지급기준을 정하는 것은 당사자의 자유에 속한다. 「차등제도 설정」을 금한다는 것은, 직종과 직위에 따라 임금이 다르기 때문에 퇴직시 산출한 평균임금에 차이가 발생하고 그로 인해 산출한 퇴직금에서 차이가 생기는 것은 당연하지만, 평균임금을 기초로 하여 퇴직금을 산출하는 조건을 달리해서는 아니된다는 것이다.

산출조건이 다르다는 것은, 동일한 사업장에서 동일한 근속연수에도 불구하고 직위, 직급, 직종별로 누진율을 다르게 하거나, 누진율은 같이하되 일정직급 이상의 직원에 대해서는 실제 근로연수에 일정연한을 가산해 다시 누진율을 부여하는 것과 같이 조건이 같은데도 불구하고 퇴직금산정에 차등을 두는 것을 말한다.[154]

퇴직금의 차등지급은 동일한 사업내의 근로자에게서만 문제가 되고 해당 사업 이외의 근로자와 차등을 두는 것은 금지대상이 되지 않는다.

퇴직연금제도를 도입한 사업장에서 확정급여형, 확정기여형, 기존의 퇴직금제도 등 퇴직급여제도간에는 물론 동일한 급여제도내에서는 퇴직금지급에 있어서 차등이 허용되지 않는다. 하나의 사업안에서 퇴직급여제도의 종류가 다르

---

153) 법 제4조제2항.

154) 김형배, 623쪽.

다고 해도 지급수준이나 사용자가 적립해야 할 퇴직금급여액에서 차등이 허용되지 않는다.

1) 차등으로 보는 경우

직종과 직위가 다르다고 해도 동일한 근속연수에도 불구하고 누진율을 다르게 하거나, 임시직, 정년연장자, 촉탁근로자 등 근로자의 특성에 따라 서로 다른 제도를 두는 경우,[155] 일정직급의 이상인 직원에게는 평균임금산정시 금품의 종류에 차등을 두는 경우 등은 지급조건에 차등을 두는 것이다. 국내사업과 해외에서 사업은 하나의 사업에 속한다. 국내직원과 해외기능공에 대해 퇴직금지급에서 차별하는 것은 하나의 사업내에서 서로 다른 퇴직금제도를 설정한 것으로 본다.

2) 차등으로 보지 않는 경우

① 퇴직금규정 개정

퇴직금지급규정을 불리하게 변경하면서 근로자나 노동조합의 동의를 얻지 못하는 경우, 불리하게 변경된 퇴직금지급규정은 변경당시 재직 중인 기존근로자에게는 효력이 없게 되어 변경이전의 퇴직금지급규정이 적용되어야 하나, 불리하게 변경된 퇴직금지급규정이라도 그 이후에 새로이 진입하는 신입사원에 대하여는 변경된 규정이 적용된다.[156] 이러한 경우는 비록 동일한 사업내에 각각의 퇴직금제도가 병존한다고 해도 이를 차등제도로 볼 수 없다. 또 적법한 절차를 거쳐 퇴직금제도를 변경한 후 그 시행일 이전의 기간에 대하여는 기득권을 인정하고 시행일부터는 전근로자에게 일률적으로 변경된 퇴직금제도를 적용하는 것은 차등제도로 볼 수 없다.[157] 다만, 입사시기에 따라 각각

155) 대판 2002다328, 2002.4.12. 일반직근로자에 대해서는 보수규정에 따른 퇴직금을 지급하면서 임시직에 대해서는 매년 말 1개월분의 보수를 퇴직금으로 지급하는 경우, 하나의 사업에서 일반직과 임시직에게 달리 적용되는 차등퇴직금 제도에 해당하므로 임시직에게도 보수규정에 의한 퇴직금을 지급해야 한다.

156) 대판 91다45165, 1992.12.22.

157) 근기 01254-7073, 1987.5.1.

다른 퇴직금규정을 적용하는 것은 무효라는 판례가 있다.[158)]

② **노동조합의 단체협약 조건**

하나의 사업장 내에 근로자의 고용형태, 직무내용 등의 차이로 인해 조직대상을 달리한 노동조합이 별개의 단체협약을 체결함으로서 퇴직금제도가 다르게 된 경우, 단체교섭의 취지상 노사가 자유로운 의사로 동등한 위치에서 체결한 협약이 다른 협약과 동일하거나 우위조건에 해당한다고 해도 각각 다른 단체협약의 차등까지 금지하는 것이 아니다.

③ **징계감액**

징계 등의 경우나 고의로 재산에 손실을 끼친 경우 퇴직금의 일부를 감액할 수 있도록 취업규칙 등에 정하여 그러한 사유 발생시 감액 지급하였다고 해도 법정퇴직금 이상의 지급이 보장된다면 차등적인 제도설정으로 보지 않는다.[159)] 파면처분을 받은 근로자에 대해 취업규칙에 따라 퇴직금을 일정부분 감액하는 것이 법에 적합하려면, 감액된 퇴직금이 법 제8조제1항에 정한 기준에 미달하지 않아야 하고, 사회통념상 감액하는 것이 합리적인 이유[160)]가 있어야 한다.[161)]

④ **법 적용대상 차이 등**

근기법의 적용을 받는 근로자와 적용이 제외되는 이사에 대한 퇴직금제도의 차등을 두는 것은 법위반이 아니다. 이사에 대해 지급하는 금품은 위로금 성격이지 법정퇴직금으로 볼 수는 없기 때문이다. 달리 합의한 바가 없다면, 합병전후 회사의 퇴직금제도가 상이한 경우 근로자의 퇴직금산정이 근속회사에 따라 차등이 된다고 해도 법위반이 아니다.

근로자에게 유리한 퇴직금제도 변경 즉, 단수제에서 누진제로 하되 개정 전과 개정 후 기간을 각각 달리 적용하는 경우, 명예퇴직자 혹은 정년 이전 자진

---

158) 대판 2001다77970, 2002.6.28.
159) 대판 2002다29442, 2002.9.6.
160) 예) 중대한 과실로 손해를 입힌 경우 등.
161) 임금 68207-669, 2002.9.5.

퇴사자 등에게 가산금을 지급하는 것은 퇴직금 차등제도가 아니다.

6. 퇴직급여보장제도

1961년부터 도입된 퇴직금제도가 고령화와 경제환경 변화에 따라 노후 소득보장기능이 약화되는 등 미미한 기능만 수행해 왔으며, 전적으로 사용자의 비축자금에 의존하다보니 기업도산시 수급권 보장이 미흡한 단점이 있었다. 따라서 노사가 원할 경우 일시금위주의 퇴직금제도를 연금제도로 전환할 수 있도록 하여, 기존에 시행 중인 퇴직금제도와 새로이 제정된 퇴직연금제도 중 하나를 선택하토록 하여 노후소득보장을 강화하도록 하는 법안을 제정 2005.1.27 공포하고 2005.12.1 시행을 거쳐 2012.7.26 전면개정을 하였다.

2012.7.26.이후 새로 성립(합병, 분할된 경우 제외)된 사업의 사용자는근로자대표의 의견을 들어 성립 후 1년 이내에 확정급여형 또는 확정기여형 퇴직금제도를 설정하여야 한다.

법문상 「퇴직급여제도」란, 확정급여형·확정기여형연금제도, 그리고 기존의 퇴직금제도의 3가지 유형을 말하고, 「퇴직연금제도」는 운용방법에 따라 확정급여형, 확정기여형, 개인형으로 나눈다.[162] 퇴직금지급과 지급제도 설정은 사용자의 의무사항이므로 사업주는 퇴직급여제도[163] 중 하나 이상의 제도를 반드시 설정하여야 한다.[164]

제도를 도입하면서 신규 입사자는 퇴직연금제, 기존 재직 중인 근로자는 기활용하던 퇴직금제를 적용하는 형태로, 하나의 사업장내에서 기존의 퇴직금제도와 확정급여형, 확정기여형, 복수의 제도를 동시에 혼합하여 시행하는 것도 가능하고 개인별로 확정급여형과 확정기여형을 혼합하여 적용하는 것도 가능하다.

---

162) 법 제2조제6호, 제7호.

163) 기존의 퇴직금제도, 확정급여형, 확정기여형의 3가지.

164) 법 제4조제1항. 다만, 계속근로기간이 1년 미만인 근로자, 4주간을 평균하여 1주간의 소정근로시간이 15시간 미만인 근로자에 대하여는 그러하지 아니하다.

퇴직급여는 법제17조제4항 및 제19조제2항에 따라 DB형 DC형 퇴직연금제도는 가입근로자가 개설한 개인형퇴직연금제도 (IRP)계정으로 지급해야 한다. 확정기여형(DC)에서 확정급여형 (DB)제도로 전환하거나, 혼합형을 운용하다가 가입근로자 퇴직시 DB형을 DC형으로 전환할 수 없고, 가입기간에 따른 각각의 퇴직연금급여는 가입작가 설정한 (IRP)계정으로이전해야 한다. 예외적으로 DB형 제도와 혼합제도에서 DC 형으로 전환하면서 기존 적립금까지 DC형 계정으로 이전하는 제도변경을 한 경우라면 근로자퇴직시 DC형 계정에서 IRP 계정으로 이전지급이 가능하다.[165)]

사용자가 퇴직급여제도나 개인형퇴직연금제도를 설정하지 아니한 경우에는 기존의 퇴직금제도를 설정한 것으로 본다.[166)]

제도 도입절차를 개략적으로 살펴보면, 근로자대표의 동의를 거쳐 퇴직급여제도를 설정하고 규약을 작성하여 노동부에 신고를 거쳐 연금사업자와 운용 및 자산관리계약을 체결한다.

사업장이 부도, 폐업으로 사실상 퇴직연금제도를 운용하지 않고 있다고 하더라도 사용자의 퇴직연금제도폐지 없이 퇴직연금사업자가 임의로 폐지할 수 없다.[167)]

소정근로시간 변경으로 급여에 영향을 미칠 경우, 확정기여형은 문제가 없으나 확정급여형의 경우 전일제와 단시간근로시를 각각 구분하여 합산지급하는 등 퇴직시 급여수준이 부당하게 저하되지 않도록 하여야 한다.[168)]

(1) 제도 종류 및 내용

1) 확정급여형(DB)

확정급여형은, 사용자가 매회계연도 말을 기준으로, 전체근로자의 퇴직금 예상급여액 가운데 적어도 60% 이상[169)]의 비율로 곱하여 산출한 적립금을 사

165) 퇴직연금복지과-2319, 2015.7.15.
166) 법 제11조.
167) 퇴직연금복지과-2511, 2015.7.29.
168) 퇴직연금복지과-3258, 2016.9.8.
169) 2012.7.26부터 2013.12.31까지 60/100, 2014.1.1부터 2015.12.31까지 70/100, 2016.1.1

외 금융기관의 운용상품에 의무적으로 적립하고 나머지는 사내에 적립하여 두었다가 퇴직시 금융기관예치분과 사내적립금 중 해당 근로자의 퇴직금 충당에 소요되는 만큼을 인출하여 지급하는 제도로서, 사용자가 근로자의 퇴직시까지 사외 적립금을 책임 관리하는 제도이다. 퇴직연금제도 설정 이전에 당해 사업장에서 근로한 기간을 가입기간에 포함하는 경우 대통령령으로 정한 비율에 따른다.[170] 구체적인 사항은 가입기간에 대한 기준책임준비금 대비 적립금 비율로서 과거 근로기간연수(年數)와 가입 후 연차(年次)의 구분에 따라 고용부장관의 고시로 정한다.

이 제도는 사용자가 금융기관 등에 적립금부담액을 예치하고 자기책임으로 운용·증식하여 운용결과에 따라 부담액이 변동되는 형태이다. 따라서 근로자의 입장에서는 기존 퇴직금제도와 동일하게 최종 임금수준에 따라 퇴직금 수령액이 사전에 확정되어 안전한 제도지만, 사용자는 기금의 운용을 잘못하여 손실을 입었을 경우 근로자에 대한 퇴직적립금 부담액이 지급해야 할 퇴직금 부담분 보다 늘어날 수도 있다. 퇴직연금사업자는 매 사업연도 종료 후 6개월 이내에 적립금이 최소적립금을 상회하고 있는지를 사용자에게 알려야 한다. 다만, 최소 적립금보다 적은 경우에는 확인 결과를 근로자대표에게 알려야 한다.

사용자는 확인결과 적립금이 최소적립금의 95/100에 미치지 못하는 경우 적립금부족[171]을 해소하여야 한다. 매 사업연도 말 적립금이 책임준비금을 초과한 경우 향후 납입부담금에서 상계하거나 책임준비금의 150%를 초과하면서 반환을 요구할 경우 초과분을 반환할 수도 있다.[172]

근로자는 일정한 요건을 갖추면 스스로 선택에 따라 일시금이나 연금으로 받을 수 있다. 확정급여형은 일반 퇴직금제도처럼 중간정산이 허용되지 않고,

---

부터 2017.12.31까지 80/100, 2018.1.1 이후 80/100 이상의 비율.

170) 법 제16조제1항 단서.

171) 법 제16조제3항, 영 제7조제2항. 적립금부족분을 3년내에 균등하게 해소할 수 있도록 부족금 자금조달 방안, 재정검증결과를 통보받은 날로부터 60일 이내에 과반수노동조합 또는 전체근로자와 퇴직연금사업자에게 재정안정화계획통보, 납입계획 등을 포함한 재정안정화계획서 작성 성실한 이행 등 적립금부족 해소를 위한 조치를 하여야 한다.

172) 법 제16조제2항, 제3항.

추가납입이 불가능하며 연금이나 일시금 등 수급권이 발생하기 전에는 중도인출이 허용되지 않는다. 다만, 가사사정 등 법에 정한 요건[173]에 해당하면 적립금의 50/100 한도 내에서 수급권을 담보로 제공하고 대출이 가능하다. 확정급여형의 급여수준은 계속근로기간 1년에 대하여 30일분의 평균임금에 상당하는 금액 이상이 되도록 하여야 한다.[174]

사용자는 급여를 지급할 사유가 발생한 날부터 14일 이내에 퇴직연금사업자로 하여금 적립금의 범위에서 지급의무가 있는 급여전액을 지급토록 하여야 하고, 연금사업자가 지급한 금액이 퇴직금액에 미치지 못하는 경우에는 급여지급사유 발생일로부터 14일 이내에 그 부족한 금액을 근로자에게 지급하여야 한다.[175] 다만, 사용자가 파산 또는 회생절차개시 결정을 받은 경우, 기준책임준비금 중 적립금의 비율이 영 제5조제1항에 따른 최소적립금 비율보다 낮은 경우, 기타 급여를 전액지급하면 다른 근로자의 수급이 제한되는 경우로서 고용부장관이 정하는 경우에는 최소적립금의 비율에 해당하는 금액을 지급한다.[176] 아울러 적립금으로 투자된 운용자산 매각이 단기간에 이루어지지 않는 등 특별한 사정이 있는 경우에는 사용자, 가입자, 퇴직연금사업자의 3자 합의로 지급기일을 연장할 수 있다.

근로자에 대한 퇴직금으로 사전에 확정되는 급여수준은 일시금기준으로 현행퇴직금과 동일하다. 확정급여형은 근로자가 당해 사업장을 퇴직하고 타 사업장으로 이직시 퇴직금이 통산되지 않고 단절되는 불편과 중간정산을 할 수 없는 단점이 있다. 근로자는 사업장을 옮길 때마다 받게 될 퇴직금을 본인이 스스로 개설한 개인계좌에 적립하여 노후의 생활에 대비해야 한다. 이 제도는

---

173) 법 제7조, 영 제2조 ① 무주택인 가입자가 본인명의로 주택을 구입하는 경우, 가입자, ② 가입자의 배우자 또는 소득세법 제50조제1항에 따른 가입자 또는 가입자의 배우자와 생계를 같이 하는 부양가족이 질병 또는 부상으로 6개월 이상 요양을 하는 경우, ③ 담보를 제공하는 날부터 역산하여 5년 이내에 가입자가 파산선고 및 개인회생절차개시결정을 받은 경우 등 이상 ①, ②,③의 경우 가입자별 적립금의 100분의 50 범위 내, ④ 그 밖에 천재지변 등으로 피해를 입는 등 고용부장관이 고시하는 사유와 요건에 해당하는 경우에 그 고시하는 한도

174) 법 제15조.

175) 법 제17조제2항, 제3항.

176) 법 제17조, 영 제8조.

도산위험이 없고 퇴직연금 수급자관리능력이 있는 기업으로 연공급형태가 정착되고 안정적인 사업장에 유리한 제도이다.

① 퇴직연금가입자, 가입기간

퇴직연금의 가입기간은 퇴직연금제도설정 이후에 당해 사업장에서 근로를 제공한 기간으로 하되, 원칙적으로 장래의 기간에 대하여 노사가 합의한 시점부터 시행할 수 있다. 다만, 당해 퇴직연금제도를 설정하기 이전에 근로한 기간도 노사가 소급하여 시행하기로 한 경우에는 소급적용가입기간으로 할 수 있다. 2012.7.26 개정법으로 인해 확정급여형의 최소적립비율이 연도별로 상향됨에 따라 과거 근로기간 소급적용시 최소적립비율도 각각 붙임 고시문과 같이 조정되었다.[177)]

② 급여수준에 관한사항

가입자의 퇴직일을 기준으로 산정한 금액이 근속년수 1년당 30일분 평균임금 이상에 상당하는 금액이라야 한다. 연금액은 지급기간에 따라 달라지며, 지급기간은 최소 5년을 넘는 범위 안에서 노사가 다양하게 설정할 수 있다.

③ 급여 지급능력 확보에 관한사항

다음 각 호의 어느 하나에 해당하는 금액 중 더 큰 금액에 100분의 60 이상으로 대통령령으로 정하는 비율을 곱하여 산출한 금액 이상을 기준책임준비금 적립금으로 적립하여야 한다. 다만, 퇴직연금제도 설정 이전에 해당 사업에서 근로한 기간을 가입기간에 포함시키는 경우 대통령령으로 정하는 비율에 따른다.[178)]

1. 매 사업연도 말일 현재를 기준으로 산정한 가입자의 예상퇴직시점까지의

177) 법 제16조제1항, 영 제5조제1항, 고용부고시 2012-제56호, 2012.7.25. 과거근로기간과 퇴직연금설정 이후의 가입기간을 합산한 가입기간 전체에 대한 최소적립비율은 다음 산식에 따라 산정한다.(평균 과거근로기간×해당기간의 최소적립비율)+(평균 퇴직연금 설정 이후의 가입기간×최소적립비율(60~80%))/가입기간 전체, 과거 근로기간에 대한 적립비율이 100분의 60(혹은 100분의 70, 100분의 80)인 연도의 다음연도부터 최소 적립비율은 100분의 60(혹은 100분의 70, 100분의 80)을 유지하여야 한다.

178) 법 제16조제1항 본문 단서 및 영 제5조제1항, 2012.7.26~2013.12.31 100분의 60, 2014.1.1~2015.12.31 100분의 70, 2016.1.1~2017.12.31 100분의 80, 2018.1.1 이후 고용부령으로 정하는 100분의 80 이상의 비율.

가입기간에 대한 급여에 드는 비용예상액의 현재가치에서 장래 근무기간에 대하여 발생하는 부담금 수입 예상액의 현재가치를 뺀 금액으로서 고용부령으로 정하는 방식에 따라 산정된 금액

2. 가입자 및 가입자이었던 자의 당해 사업연도 말일까지의 가입기간에 대한 급여에 소요되는 비용예상액을 고용부령이 정하는 방식에 의해 산정된 금액

확정급여형의 경우 사업주가 최종책임을 진다고 해도 도산 등 사실상 책임질 수 없는 경우를 대비하여 매년 의무적으로 사외 퇴직연금취급기관에 적립해야 하는 기준을 법률로 정하여 근로자의 수급권보장을 도모하는 안전장치를 마련한 것이다.[179)]

④ 급여의 종류 및 수급요건[180)]

연금은 55세 이상으로 가입기간이 10년 이상인 가입자에게 지급할 것, 이 경우 지급기간은 5년 이상이어야 한다. 일시금은 연금수급요건을 갖추지 못하거나 일시금수급을 원하는 가입자에게 개인계좌로 이전 지급할 수 있다.

⑤ 퇴직연금 운용현황의 통지

매년 1회 이상 적립금액 및 운용수익율 등이 고용부령이 정하는 바에 따라 가입자에게 통지되어야 한다. 가입자들이 운용상황을 확인하고 운용수익 등을 다른 퇴직연금사업자와 비교할 수 있도록 하기 위한 것이다.

2) 확정기여형(DC)

사용자가 연간 임금총액의 1/12 이상의 금액[181)]을 노사가 퇴직연금규약으로 정해 놓은 금융기관의 근로자 개인별 계좌에 매년 1회 이상 정기적으로 적립하면, 근로자는 반기 1회 이상 금융기관이 선정, 제시하는 운용방법 중 하나를 선택하여 자기 책임으로 적립금을 운용투자 등 증식활동을 하는 것이다. 사용자는 매년 말 해당 부담금을 개인별계좌에 전액 불입하면 퇴직금에 관한

179) 퇴직급여 추계액의 60% 이상을 의무적으로 사외에 적립해야 한다. 과거근무채무를 포함하는 경우에는 상각기간을 둔다. 영 제9조.

180) 법 제17조제1항.

181) 연간임금총액의 8.34%.

책임을 면하는 제도이다. 사용자의 부담금은 사전에 확정되고,[182] 퇴직급여액은 근로자가 적립금을 운용한 실적에 따라 변동되는 형태의 연금제도로서 최종 수령액이 퇴직금보다 많거나 적을 수 있다. 확정기여형의 경우 근로자별 개인계좌가 존재하므로 개인별 추가부담이 가능하며 추가부담 한도는 제한이 없다. 다만, 소득공제와 관련해서는 연간한도의 제한이 따른다.

적립금은 사용자로부터 독립되어 100% 전액손비로 인정된다. 확정기여형은 근로자 개인별계좌가 있으므로 직장을 옮겨도 계속해서 통산할 수 있는 장점이 있는 반면, 운용결과에 따라 연금액이 달라질 수 있는 위험이 있다. 금융기관, 신탁업자, 보험사, 증권회사, 간접투자운용사 등 운용기관은 반기 1회 이상 위험과 수익구조가 다른 3가지 이상의 적립금운용방법을 가입근로자에게 제시하여야 하고, 운용방법별 이익 및 손실가능성에 관한 정보 등 가입자가 적립금운용방법을 선정하는데 필요한 정보를 제공해야 한다.[183]

만약 사용자가 부담금을 납부하지 않은 경우에는 제도운영이 중단되거나 폐지되고, 다시 퇴직금제도가 적용된다.

확정기여형은 수명이 짧거나 경영이 불안정하여 급여의 수급이 담보되기 어렵거나 연봉제 체불위험이 있는 기업 혹은 직장이동이 빈번한 근로자에게 적합한 제도이다. 사업주와 자산운용기관은 퇴직연금제도 유형별 특징과 정보를 숙지하고 선택, 투자하도록 관련정보를 제공하고 교육을 실시해야한다. 근로자성이 입증되지 않은 임원은 의무적인 가입대상이 아니지만 사업장별로 자율적으로 가입할 수 있다. 확정기여형의 경우 근로자가 퇴직, 사망하는 등 본래의 지급사유가 발생하지 않더라도 주택구입 등 대통령령으로 정하는 사유[184]가 발생하면 중도인출이 가능하다.

182) 법정퇴직금 수준 혹은 그 이상 수준.

183) 법 제13조제4호.

184) 법 제22조, 영 제14조, 영 제2조 ① 무주택인 가입자가 본인명의로 주택을 구입하는 경우, 가입자, ② 가입자의 배우자 또는 소득세법 제50조제1항에 따른 가입자 또는 가입자의 배우자와 생계를 같이 하는 부양가족이 질병 또는 부상으로 6개월 이상 요양을 하는 경우, ③ 담보를 제공하는 날부터 역산하여 5년 이내에 가입자가 파산선고 및 개인회생절차개시결정을 받은 경우 등 이상 ①,②,③의 경우 가입자별 적립금의 100분의 50 범위 내, ④ 그 밖에 천재지변 등으로 피해를 입는 등 고용부장관이 고시하는 사유와 요건에 해당하는 경우에 그 고시하는 한도.

① **부담금의 부담**

사용자는 최소한 가입자의 연간임금총액의 1/12에 해당하는 금액을 가입자의 확정기여형 계정에 현금으로 납부하도록 하여야한다. 또한 가입자는 사용자의 부담금 이외에 스스로 추가 부담금을 납부할 수 있다.

휴업을 실시하여 연간임금총액이 낮아진 경우는 휴업의 사유에 따라 적용을 달리한다. 수습, 업무상부상·질병, 산전후휴가기간, 사업주 귀책휴업, 적법한 쟁의기간, 병역의무 이행기간 및 업무외 부상 질병으로 사용자의 승인을 얻어 휴업한 기간에 대해서는 해당기간의 임금을 제외한 임금총액을 해당기간을 제외한 기간으로 나눈 금액을 부담금으로 납부하여야 한다. 근로자귀책의 휴업인 경우는 유·무급을 불문하고 연간 지급된 임금총액의 1/12을 납부하여야 한다.[185] 확정급여형의 경우도 동일하다.

사용자는 매년 1회 이상 정기적으로[186] 가입자의 확정기여형 계좌에 부담금을 납부해야 하며, 지정된 기일까지 부담금을 납입하지 않은 경우 그 다음날부터 부담금을 납입한 날까지 지연일수에 대하여 연 100분의 40 이내의 범위에서 은행법에 따른 연체금리, 경제적 여건을 고려하여 대통령령으로 정하는 이율에 따른 지연이자[187]를 납입하여야 한다.

가입자가 탈퇴한 때에 당해 가입자에 대한 부담금을 미납한 경우에는 가입자의 탈퇴일로부터 14일 이내에 사용자는 그 부담금을 납부해야 한다. 다만, 특별한 사정이 있는 경우는 합의에 따라 납입기일을 연장할 수 있다. 가입자

185) 퇴직급여-1090, 2007.3.15 ; 하갑래, 557쪽, 휴업기간 중 지급된 임금을 제외한 임금총액/12개월-휴업기간.

186) 사업장실정에 따라 자율적으로 설정.

187) 영 제11조 부담금을 납입하기로 정해진 날의 다음날을 기산일로 하여 가입자의 퇴직 등 급여를 지급할 사유가 발생한 날부터 14일까지(연장한 경우 그 연장된 날짜) : 연100분의 10, 그 다음날부터 부담금을 납입하는 날까지 기간 : 연100분의20.
영 제12조 : 다만, 천재지변 또는 통합도산법에 의한 파산선고 및 회생절차 개시결정, 도산인정을 받은 경우, 통합도산법 및 국가지방재정법 등에 의해 임금 및 퇴직금을 지급할 자금을 확보하기 어려운 경우, 지연되고 있는 임금 퇴직금의 일부의 존부에 관해 법원이나 노동위원회에서 다투는 것이 적절하다고 인정되는 경우, 그 밖에 준하는 사유가 있는 경우에는 그 사유가 존속하는 기간동안 지연이자를 적용하지 않는다.

는 퇴직시 수령할 급여를 자신의 개인형 계좌로 이전하여 줄 것을 퇴직연금사업자에게 요청할 수 있다.[188)]

퇴직연금제는 노사가 퇴직연금 실시이전의 과거근무기간에 대하여 소급적용을 합의한 경우 가입기간으로 할 수 있고, 과거 일부에 대해서만 가입기간으로 하는 것도 가능하고 부담금도 해당 소급기간에 대해서만 납부할 수 있다. 다만, 확정기여형의 경우에는 과거근무기간에 대한 부담금을 일시에 모두 납부해야 한다.

② 급여종류 및 수급요건 등은 확정급여형과 동일하다.[189)]

3) 개인퇴직계좌(IRP)

개인퇴직계좌는 생애에 걸쳐서 퇴직 또는 직장을 옮길 때마다 받은 퇴직금 및 연금일시금 등을 자기 명의의 계좌에 적립했다가 연금 등 노후자금으로 활용할 수 있도록 하는 제도로서 가입여부는 근로자의 의사에 따른다. 퇴직금이나 퇴직연금일시금을 수령한 근로자가 가입할 수 있으며, 자영업자 등 안정적인 노후소득확보가 필요한 사람은 자기 부담으로 부담금을 납입할 수 있다.[190)] 적립금의 운용 및 방법은 확정기여형과 동일한 제한이 있다.

① 10인 미만 사업장의 특례

10인 미만인 사업장의 경우, 법 제4조제1항 및 제5조에 불구하고 사용자가 개별근로자의 동의를 받거나 근로자 요구에 따라 개인형 퇴직연금제도를 설정하는 경우에는 그 근로자에게 퇴직급여제도를 설정한 것으로 간주한다.[191)] 사용자 부담금 이외에 근로자 개인별 여유자금으로 추가부담이 가능하다.

---

188) 법 제20조.

189) 법 제19조제2항.

190) 법 제24조, 영 제17조. 퇴직급여제도의 일시금을 수령한 사람, 확정급여형 혹은 확정기여형 연금제도 가입자로서 자기부담으로 개인형연금제를 추가로 설정하려는 사람, 자영업자 등 안정적인 노후소득확보가 필요한 사람으로서 대통령령으로 정한 사람, 이상의 경우 이전사업장에서 받은 퇴직급여제도 일시금 등을 제외한 금액으로서 연간 1,200만원 한도 내에서 부담금을 납부할 수 있다. 다만, 자영업자의 경우 2017년부터 적용한다.

191) 법 제25조제1항.

② 개인계좌 설정시 준수사항

사용자는 개인퇴직계좌를 도입할 때 다음 사항을 준수하여야 한다.[192)]

1. 사용자가 연금사업자를 선정하는 경우 개별근로자의 동의를 얻을 것, 다만, 근로자가 요구하는 경우에는 스스로 사업자를 선정할 수 있다.

2. 최소한 가입자의 연간 임금총액의 1/12에 해당하는 금액을 현금으로 부담할 것

3. 가입자는 사용자의 부담금 외에 추가로 부담금을 부담할 수 있을 것, 이 경우 추가 납입하는 부담금의 수수료는 가입자가 부담한다.[193)]

4. 사용자는 매년 1회 이상 정기적으로 부담금을 납부할 것

5. 사용자는 가입자의 탈퇴시에 당해 가입자에 대한 부담금을 미납한 경우에는 탈퇴일로부터 14일 이내에 그 부담금을 납부할 것.

6. 수급권의 안정적인 보장을 위해 대통령령이 정하는 사항.

사용자는 가입자의 퇴직 등 대통령령으로 정한 사유가 발생한 때에 부담금 미납금이 있는 경우 그 사유 발생일로부터 14일 이내에 부담금과 지연이자를 납입하여야 한다. 특별한 사정이 있는 경우 납입기일을 연장할 수 있다.[194)]

③ 개인퇴직계좌의 수급요건

ⓐ 10인 이상 사업장의 개인계좌 가입자

연금은 55세 이상인 가입자에게 지급한다. 이 경우 연금의 지급기간은 최소 5년 이상(5,10,15,20)이라야 한다. 일시금은 55세 이상으로서 일시금수급을 원하는 가입자에게 지급한다.

ⓑ 10인 미만 사업장의 개인계좌 가입자

연금은 55세 이상인 가입자에게 지급한다. 가입기간이 10년 이상인 가입자에게 지급할 것, 이 경우 연금의 지급기간은 최소 5년 이상(5,10,15,20)이라야 한다. 일시금은 연금수급요건을 갖추지 못하거나 일시금수급을 원하는 가입자

192) 법 제25조제2항.
193) 영 제19조제2항.
194) 법 제25조제3항.

에게 지급한다.[195)]

개인계좌형 가입자는 퇴직연금제도의 급여를 받을 권리를 담보로 제공할 수 있는 사유가 발생하였을 경우 적립금을 중도인출할 수 있다.[196)]

(2) 퇴직연금규약 작성

퇴직연금제도를 설정하는 경우 사용자는 "퇴직연금규약"을 작성하여 근로자대표[197)]의 동의를 얻어 고용부장관에게 신고하여야 한다.[198)] 규약은 개별사업장의 퇴직연금제도에 대한 설계서에 해당하고 퇴직금에 관한 취업규칙이다. 따라서 법에 정한 사항을 모두 포함하여야 한다. 개인계좌의 경우는 규약이 필요없다.

법에 정한 사항 이외의 사항으로서 법에 위배되지 않는 사항이나 법정수준을 상회하는 수준은 노사가 자유로이 정할 수 있다. 규약은 개별사업장의 노사가 자율적으로 작성해야 한다. 노사가 유효하게 작성한 규약을 고용부장관에게 신고하지 않았다고 하여 규약의 효력이 무효로 되는 것은 아니다.

1) 확정급여형 규약의 필수적 기재사항[199)]

퇴직연금사업자선정, 가입자, 가입기간에 관한사항, 급여수준에 관한사항, 급여 지급능력 확보에 관한사항, 급여의 종류 및 수급요건,[200)] 운용 및 자산관리업무 계약해지와 해지시 계약이전, 퇴직연금운용현황의 통지, 가입자의 퇴직 등 급여지급사유 및 지급절차, 연금폐지 및 중단에 관한 사항 등, 그 밖에 퇴직연금의 운영을 위하여 대통령령으로 정한 사항

2) 확정기여형 규약의 필수적 기재사항[201)]

부담금의 부담 및 납부, 적립금운용, 적립금운용방법 및 정보제공, 중도인출

195) 법 제17조제1항 영 제19조제1항.
196) 영 제18조제2항.
197) 근로자과반수로 조직된 노동조합이 있는 경우는 노동조합, 없는 경우는 근로자과반수.
198) 법 제13조.
199) 법 제13조.
200) 법 제17조제1항.
201) 법 제19조.

에 관한 사항, 기타 확정급여 규약의 기재사항으로 정한 사항, 그 밖에 확정기여형의 운영에 필요한 사항으로서 대통령령으로 정한 사항

(3) 제도선택과 변경, 선택한 제도의 내용변경

일단 규약으로 퇴직연금제를 도입하면 그것은 곧 취업규칙으로 되고, 그 내용을 변경하는 경우에는 근기법 제94조에 의한 변경 등의 절차를 거쳐야만 규범적인 효력을 가진다. 법의 적용대상은 근기법상 근로자라야 한다. 다만, 법상 최저기준 이상으로 제도를 설정하는 것은 당사자간 자율에 일임할 사항이므로 근기법상 근로자가 아닌 임원을 가입대상에 포함시킬 경우는 규약에 그러한 사항을 명시하여 고용부장관에게 신고하여야 한다. 이 경우 근로자성을 지닌 임원을 포함하여 제도를 설정하여야 하고, 규약의 동의절차에 있어서는 근로자성에 관계없이 임원 전체의 과반수 동의를 얻어야 한다.[202)]

1) 제도의 선택과 변경

사용자가 퇴직급여제도의 종류를 선택하거나 선택한 퇴직급여제도를 다른 종류의 퇴직급여제도로 변경하고자 하는 경우에는 당해 사업에 근로자의 과반수로 조직된 노동조합이 있는 경우에는 그 노동조합, 근로자의 과반수로 조직된 노동조합이 없는 경우에는 근로자의 과반수의 동의를 얻어야 한다.[203)] 기존 퇴직금제를 시행하고 있는 사업장은 근로자과반수의 동의를 얻어 퇴직연금제로 전환이 가능하다. 동일 사업내에서 일부근로자에게는 급여형, 일부는 기여형을 설정할 수 있으나 이때도 근로자과반수의 동의를 얻어야 한다.

2) 선택된 제도의 내용변경

제도의 내용을 불이익하게 변경하는 경우는 근로자과반수로 구성된 노동조합이나 근로자과반수의 동의가 필요하고, 근로자에게 불이익이 없이 단순히 선택된 제도의 내용을 변경하는 것은 과반수를 대표하는 노동조합이나 근로자과반수의 의견을 들어야 한다.[204)]

---

202) 퇴직연금-227, 2009.1.30.

203) 법 제4조제3항.

204) 법 제4조제4항.

(4) 퇴직연금사업자

퇴직연금사업자는 모든 금융기관이 수행할 수 있는 것이 아니고, 자산운용회사, 보험회사 등이 일정한 요건[205]을 갖추어 고용부장관에게 등록한 경우에 한한다.[206]

(5) 퇴직연금제도 폐지

퇴직연금제도를 설계할 때 퇴직연금제도가 폐지, 중단될 경우를 대비하여 미리 적립금의 처리방법 및 처리절차 등을 퇴직연금 규약에 정해야 한다. 퇴직연금의 폐지 중단으로 인하여 가입자가 급여를 지급받은 경우는 퇴직금중간정산으로 간주하고 정산 이후에는 일반적인 퇴직금제도를 적용한다.[207] 확정급여형의 경우는, 사업별로 적립된 금액을 가입자별 근속기간, 평균임금, 급여수준을 고려하여 중간정산금을 분할 산정하고 개인별로 중간정산금을 기준으로 중간정산대상기간을 환산한다. 확정기여형의 경우 가입자별로 퇴직연금에 가입한 날부터 사용자의 부담금이 납부된 날까지로 한다.

제도운영이 중단되더라도 운용관리 및 자산관리계약은 자동적으로 해지되는 것이 아니다. 확정급여형의 경우, 사용자가 적립금운용 및 급여의 지급업무를 계속수행하게 되고, 중단된 기간동안의 급여지급은 적립비율만큼만 지급하고 나머지는 사용자가 지급하게 된다. 확정기여형의 경우, 가입자의 적립금운용 권한은 여전히 살아 있고, 사용자의 납부가 중단되더라도 가입자의 추가납부는 가능하다.[208]

---

205) 재무건전성, 인적요건, 물적요건.

206) 법 제26조(퇴직연금사업자의 등록) 1. 자본시장과 금융투자업에 관한 법률에 따른 두사매매입자·투자중개업자 또는 집합투자업사, 2. 보험입법에 의한 보험회사, 3. 은행법의 의한 금융기관, 4. 신용협동조합법에 의한 신용협동조합중앙회, 5. 새마을금고법에 따른 새마을금고연합회, 6. 산업재해보상보험법 제10조에 따른 근로복지공단(상시 30명 이하의 근로자를 사용하는 사업에 한한다), 7. 그 밖에 위에 준하는 자로서 대통령령이 정하는 자.

207) 법 제38조.

208) 운영매뉴얼, 2007.12.

7. 퇴직금의 시효 및 우선변제

이 법에 의한 퇴직금을 받을 권리는 퇴직, 사망 등 근로관계가 종료한 날로부터 3년간 행사하지 않으면 시효로 인하여 소멸한다. 다만, 법인의 이사 등 근로자로 보기 어려운 자가 퇴직시 수령하는 금품[209]은 민법상 일반채권의 소멸시효와 같이 10년이다. 자세한 사항은 근로자성에 관한 부분과 임금부분을 참고한다.

사용자에게 지급의무가 있는 퇴직금, 확정급여형의 급여, 확정기여형의 부담금 중 미납입 부담금 및 미납입 부담금에 대한 지연이자, 개인형퇴직연금제도의 부담금 중 미납입 부담금 및 미납입 부담금에 대한 지연이자 등 퇴직급여 등은, 사용자의 총재산에 대하여 질권 또는 저당권에 의하여 담보된 채권을 제외하고는 조세·공과금 및 다른 채권에 우선하여 변제되어야 한다. 다만, 질권 또는 저당권에 우선하는 조세·공과금에 대하여는 그러하지 아니하다.[210] 그러나 근로자에게 지급해야 할 퇴직금 중 최종 3년간의 퇴직급여 등은 사용자의 총재산에 대하여 질권 또는 저당권에 의하여 담보된 채권, 조세·공과금 및 다른 채권에 우선하여 변제되어야 한다.[211] 이때 최우선하여 변제되는 최종 3년간의 퇴직금은 계속근로기간 1년에 대하여 30일분의 평균임금으로 계산한 금액으로 한다.[212] 따라서 당사자간 약정으로 누진제를 적용하거나 일정율의 가산제도를 적용한다고 해도 전체 금액에서 법정퇴직금을 초과한 부분은 우선변제대상은 아니다. 자세한 사항은 임금채권보장부분에서 상세히 기술했으므로 생략한다.

[퇴직금중간정산 사유별 구체적 내용 (2012.9, 고용부 근로복지과)]

① 무주택자인 근로자가 본인 명의로 주택을 구입하는 경우

ⓐ 세대원의 주택소유여부를 감안하지 않고, 본인 명의로 등기된 주택소유 유무만 확인

ⓑ 근로자 본인(또는 부부공동)명의의 주택매매계약 체결일부터 소유권 이전등기 후 1개월 이내에 신청이 가능하다.

② 무주택자인 근로자가 주거를 목적으로 전세금(보증금)을 부담하는 경우

ⓐ 민법 제303조에 따른 전세금 또는 주택임대차보호법 제3조의2에 따른 임차보증금

ⓑ 임대차계약서상 보증금으로 전세 또는 월세보증금도 해당되며, 주택임대차계약체결일로부터 잔금 지급일 이후 1개월 이내에 신청이 가능하다.

---

209) 퇴직금, 위로금, 공로보상금 등 명칭여하를 불문.

210) 법 제12조제1항.

211) 법 제12조제2항.

212) 법 제12조제3항.

③ 근로자, 근로자의 배우자 또는 부양가족이 6월 이상 요양을 하는 경우

ⓐ 소득세법 제50조제1항에 따른 근로자 또는 근로자의 배우자와 생계를 같이 하는 부양가족으로서 60세 이상 직계존속, 20세 이하의 직계비속 또는 동거 입양자, 20세 이하 또는 60세 이상인 형제자매 등으로 소득수준은 고려하지 않는다.

ⓑ 6개월 이상의 요양에 해당하는지 여부는 의사의 진단서, 소견서, 건강보험공단의 장기요양 확인서 등에서 병명과 6개월 이상의 치료기간이 명시되어야 하고, 신청 당시 요양 중이거나 요양예정이어야 하며 요양이 종료된 경우 종료일로부터 1개월 이내에 신청이 가능하다.

④ 신청일로부터 역산하여 5년 이내에 근로자가 채무자회생 및 파산에 관한 법률에 따라 파산선고 또는 개인회생절차 개시결정을 받은 경우

ⓐ 신청 당시 파산(회생절차 개시 결정)의 효력이 진행 중이어야 하며 면책 및 복권 결정(회생절차 폐지결정 혹은 면책결정)이 있는 경우에는 파산의 효력(회생절차개시 결정의 효력)이 종료되었으므로 중간정산이 불가능하다.

ⓑ 법원의 파산선고문, 회생절차개시 결정문 또는 회생절차 변제인가 확정증명원으로 증빙하여야 한다.

⑤ 고용보험법시행령 제28조제1항제1호부터 제3호에 따른 임금피크제를 실시하여 임금이 줄어드는 경우

ⓐ 정년연장형의 경우는 근로자대표의 동의를 받아 정년을 56세 이상으로 연장하면서 50세 이후부터 일정나이, 근속시점 또는 임금액을 기준으로 임금을 줄이는 경우, 근로시간단축형의 경우는 근로자대표의 동의를 받아 정년을 56세 이상으로 연장하면서 50세 이후부터 피크임금 시점보다 소정근로시간이 50% 이상 단축된 경우 또는 정년을 57세 이상으로 정한 사업주가 근로자대표의 동의를 받아 정년에 이른 자를 재고용하는 조건으로 55세 이후부터 피크임금시점보다 소정근로시간을 50% 이상 단축하는 경우, 정년 후 재고용형의 경우는 정년을 57세 이상으로 정한 사업주가 정년에 이른 자를 1년 이상 기간 재고용하기로 하면서 56세 이후부터 임금을 줄이는 경우

ⓑ 임금피크제가 실시되는 날에 신청하도록 하고, 노사가 중간정산 신청시기를 달리 정한 경우는 임금피크제가 실시되는 날 이후에도 신청이 가능하다.

⑥ 천재지변 등으로 근로자(배우자 포함)와 그 부양가족이 고시에서 정한 일정수준 이상의 물적, 인적 피해를 입은 경우(고시 제2012-55호)

ⓐ 천재지변 등에 포함되는 재해의 유형은, 태풍, 홍수, 호우, 강풍, 해일, 조수, 대설, 낙뢰, 가뭄, 지진 그 밖에 이에 준하는 자연현상으로 인하여 발생한 재해를 말함

ⓑ 피해유형 및 피해정도

ⓐ 물적피해(주거시설 등이 완전침수·파손·유실·매몰되거나 일부침수·파손·유실·매몰)의 경우, 주거시설 등이 50% 이상 피해를 입어 피해시설의 복구가 거의 불가능하거나 복구에 오랜 시간이 걸리는 경우

ⓑ 인적피해의 경우, 근로자의 배우자, 소득세법 제50조제1항제3호에 따른 근로자(그 배우자를 포함)와 생계를 같이 하는 부양가족이 사망하거나 실종된 경우 또는 15일 이상 입원치료가 필요한 피해를 입은 경우

ⓒ 천재지변 등으로 물적, 인적 피해를 입은 날로부터 3개월 이내에 신청하여야 한다. 다만, 물적, 인적피해를 입은 날로부터 3개월이 경과한 이후에도 그 사유가 해소되지 않았음을 증명하는 경우는 그 사유가 해소되기 전까지 신청할 수 있다.

과거근로기간에 대한 확정급여형퇴직연금제도의 최소적립비율

일부개정 2017.12.18. 고용노동부고시 제2017-68호

Ⅰ. 과거근로기간에 대한 확정급여형퇴직연금제도의 최소적립비율

〈기간 : 2012년 7월 26일~2013년 12월 31일〉

과거근로기간 연수(年數) / 가입 후 연차(年次)	1년 미만	1년 이상 3년 미만	3년 이상 6년 미만	6년 이상 10년 미만	10년 이상
1차 년도	100분의 60	100분의 30	100분의 20	100분의 15	100분의 12
2차 년도	–	100분의 60	100분의 40	100분의 30	100분의 24
3차 년도	–	–	100분의 60	100분의 45	100분의 36
4차 년도	–	–	–	100분의 60	100분의 48
5차 년도	–	–	–	–	100분의 60

※ 과거근로기간과 퇴직연금 설정 이후의 가입기간을 합산한 가입기간 전체에 대한 최소적립비율은 다음 산식에 따라 산정함

[(전체 가입자의 평균 과거근로기간×해당 기간의 최소적립비율) + (전체 가입자의 퇴직연금 설정 이후의 평균 가입기간×60%)]/ 전체 가입자의 과거근로기간을 포함한 평균 전체 가입기간

주) 과거근로기간에 대한 최소적립비율이 100분의 60인 연도의 다음 연도부터의 최소적립비율은 가입기간 전체에 대하여 100분의 60을 유지하여야 함

〈기간 : 2014년 1월 1일~2015년 12월 31일〉

과거근로기간 연수(年數) / 가입 후 연차(年次)	1년 미만	1년 이상 3년 미만	3년 이상 6년 미만	6년 이상 10년 미만	10년 이상
1차 년도	100분의 60	100분의 30	100분의 20	100분의 15	100분의 12
2차 년도	100분의 70	100분의 60	100분의 40	100분의 30	100분의 24
3차 년도	–	100분의 70	100분의 60	100분의 45	100분의 36
4차 년도	–	–	100분의 70	100분의 60	100분의 48
5차 년도	–	–	–	100분의 70	100분의 60
6차 년도	–	–	–	–	100분의 70

※ 과거근로기간과 퇴직연금 설정 이후의 가입기간을 합산한 가입기간 전체에 대한 최소적립비율은 다음 산식에 따라 산정함

[(전체 가입자의 평균 과거근로기간×해당 기간의 최소적립비율) + (전체 가입자의 퇴직연금 설정 이후의 평균 가입기간×70%)]/ 전체 가입자의 과거근로기간을 포함한 평균 전체 가입기간

주) 과거근로기간에 대한 최소적립비율이 100분의 70인 연도의 다음 연도부터의 최소적립비율은 가입기간 전체에 대하여 100분의 70을 유지하여야 함

〈기간 : 2016년 1월 1일~2018년 12월 31일〉 〈개정 2017.12.18.〉

과거근로기간 연수(年數) / 가입 후 연차(年次)	1년 미만	1년 이상 3년 미만	3년 이상 6년 미만	6년 이상 10년 미만	10년 이상
1차 년도	100분의 60	100분의 30	100분의 20	100분의 15	100분의 12
2차 년도	100분의 70	100분의 60	100분의 40	100분의 30	100분의 24
3차 년도	100분의 80	100분의 70	100분의 60	100분의 45	100분의 36
4차 년도	–	100분의 80	100분의 70	100분의 60	100분의 48
5차 년도	–	–	100분의 80	100분의 70	100분의 60
6차 년도	–	–	–	100분의 80	100분의 70
7차 년도	–	–	–	–	100분의 80

※ 과거근로기간과 퇴직연금 설정 이후의 가입기간을 합산한 가입기간 전체에 대한 최소적립비율은 다음 산식에 의하여 산정함

[(전체 가입자의 평균 과거근로기간×해당 기간의 최소적립비율) + (전체 가입자의 퇴직연금 설정 이후의 평균 가입기간×80%)]/ 전체 가입자의 과거근로기간을 포함한 평균 전체 가입기간

주) 과거근로기간에 대한 최소적립비율이 100분의 80인 연도의 다음 연도부터의 최소적립비율은 가입기간 전체에 대하여 100분의 80을 유지하여야 함

〈기간 : 2019년 1월 1일~2020년 12월 31일〉 〈개정 2017.12.18.〉

과거근로기간 연수(年數) / 가입 후 연차(年次)	1년 미만	1년 이상 3년 미만	3년 이상 6년 미만	6년 이상 10년 미만	10년 이상
1차 년도	100분의 60	100분의 30	100분의 20	100분의 15	100분의 12
2차 년도	100분의 70	100분의 60	100분의 40	100분의 30	100분의 24
3차 년도	100분의 80	100분의 70	100분의 60	100분의 45	100분의 36
4차 년도	100분의 90	100분의 80	100분의 70	100분의 60	100분의 48
5차 년도	–	100분의 90	100분의 80	100분의 70	100분의 60
6차 년도	–	–	100분의 90	100분의 80	100분의 70
7차 년도			–	100분의 90	100분의 80
8차 년도	–	–	–	–	100분의 90

※ 과거근로기간과 퇴직연금 설정 이후의 가입기간을 합산한 가입기간 전체에 대한 최소적립비율은 다음 산식에 의하여 산정함

[(전체 가입자의 평균 과거근로기간×해당 기간의 최소적립비율) + (전체 가입자의 퇴직연금 설정 이후의 평균 가입기간×90%)]/ 전체 가입자의 과거근로기간을 포함한 평균 전체 가입기간

注) 과거근로기간에 대한 최소적립비율이 100분의 90인 연도의 다음 연도부터의 최소적립비율은 가입기간 전체에 대하여 100분의 90을 유지하여야 함

〈기간 : 2021년 1월 1일 이후의 기간〉〈개정 2017. . .〉

과거근로기간 연수(年數) / 가입 후 연차(年次)	1년 미만	1년 이상 3년 미만	3년 이상 6년 미만	6년 이상 10년 미만	10년 이상
1차 년도	100분의 60	100분의 30	100분의 20	100분의 15	100분의 12
2차 년도	100분의 70	100분의 60	100분의 40	100분의 30	100분의 24
3차 년도	100분의 80	100분의 70	100분의 60	100분의 45	100분의 36
4차 년도	100분의 90	100분의 80	100분의 70	100분의 60	100분의 48
5차 년도	100분의 100	100분의 90	100분의 80	100분의 70	100분의 60
6차 년도	–	100분의 100	100분의 90	100분의 80	100분의 70
7차 년도	–	–	100분의 100	100분의 90	100분의 80
8차 년도	–	–	–	100분의 100	100분의 90
9차 년도	–	–	–	–	100분의 100

※ 과거근로기간과 퇴직연금 설정 이후의 가입기간을 합산한 가입기간 전체에 대한 최소적립비율은 다음의 산식에 의하여 산정함

[(전체 가입자의 평균 과거근로기간×해당 기간의 최소적립비율) + (전체 가입자의 퇴직연금 설정 이후의 평균 가입기간×100%)]/ 전체 가입자의 과거근로기간을 포함한 평균 전체 가입기간

注) 과거근로기간에 대한 최소적립비율이 100분의 100인 연도의 다음 연도부터의 최소적립비율은 가입기간 전체에 대하여 100분의 100을 유지하여야 함

Ⅱ. 행정사항

1. 시행일

이 고시는 발령한 날부터 시행한다. 〈개정 2017.12.18.〉

〈제도유형별 중간정산(중도인출) 사유〉

<table>
<tr><th>구 분</th><th>퇴직금</th><th>DC</th><th>DB</th><th>일반퇴직금제</th></tr>
<tr><td rowspan="9">현 행</td><td>① 무주택자인 근로자가 본인 명의로 주택을 구입하는 경우</td><td rowspan="6">중도인출
허용</td><td rowspan="9">중도인출
금지</td><td rowspan="9">중간정산가능</td></tr>
<tr><td>② 무주택자인 근로자가 주거를 목적으로 「민법」 제303조에 따른 전세금 또는 「주택임대차보호법」 제3조의2에 따른 보증금을 부담하는 경우. 이 경우 근로자가 하나의 사업에 근로하는 동안 1회로 한정한다.</td></tr>
<tr><td>③ 6개월 이상 요양을 필요로 하는 다음 각 목의 어느 하나에 해당하는 사람의 질병이나 부상에 대한 요양 비용을 근로자가 부담하는 경우
가. 근로자 본인
나. 근로자의 배우자
다. 근로자 또는 그 배우자의 부양가족</td></tr>
<tr><td>④ 퇴직금 중간정산을 신청하는 날부터 역산하여 5년 이내에 근로자가 「채무자 회생 및 파산에 관한 법률」에 따라 파산선고를 받은 경우</td></tr>
<tr><td>⑤ 퇴직금 중간정산을 신청하는 날부터 역산하여 5년 이내에 근로자가 「채무자 회생 및 파산에 관한 법률」에 따라 개인회생절차개시 결정을 받은 경우</td></tr>
<tr><td>⑥ 천재지변 등으로 피해를 입는 등 고용노동부 장관이 정하여 고시하는 사유와 요건에 해당하는 경우</td></tr>
<tr><td>⑦ 사용자가 기존의 정년을 연장하거나 보장하는 조건으로 단체협약 및 취업규칙 등을 통하여 일정나이, 근속시점 또는 임금액을 기준으로 임금을 줄이는 제도를 시행하는 경우</td><td>해당 없음</td></tr>
<tr><td>⑧ 사용자가 근로자와의 합의에 따라 소정근로시간을 1일 1시간 또는 1주 5시간 이상 변경하여 그 변경된 소정근로시간에 따라 근로자가 3개월 이상 계속 근로하기로 한 경우</td><td>해당 없음</td></tr>
<tr><td>⑨ 법률 제15513호 근로기준법 일부개정법률 시행에 따른 근로시간 단축으로 근로자의 퇴직급여 수령액이 감소될 수 있는 경우</td><td>해당 없음</td></tr>
</table>

제32장 해고 이외의 사유로 인한 근로관계 종료

1. 개념정의

근로관계는 근로자와 사용자가 노무를 제공하고 임금을 지급할 것을 약정하는 근로계약의 체결로 성립하고 해고, 계약기간의 만료, 근로자 사망 또는 기업의 소멸, 정년의 도달, 퇴직, 합의해약 등 종료사유가 발생함으로서 소멸한다. 실무상으로 해고 이외의 사유로 인한 근로관계 종료와 해고 2가지로 나누는데, 장을 달리하여 각각 설명한다.

「해고 이외의 사유에 의해 근로관계가 종료」사유로는, 사직서 제출을 요구하는 임의퇴직 즉, 사직과 합의퇴직이 있고, 단체협약이나 취업규칙, 근로계약 등으로 정한 퇴직사유 즉, 자격상실, 근로자 사망 및 기업소멸, 정년도달 등의 발생에 따라 퇴직의 효력이 발생하는 당연퇴직, 직권면직이 있다.

「임의퇴직」이란, 근로계약기간 중 근로자의 일방적인 의사표시에 의해 근로관계를 종료시키는 것을 말한다. 「합의퇴직」이란, 근로계약기간 중 사용자와 근로자가 서로 합의하여 유효하게 존속 중인 근로계약을 장래를 향해 해지하는 것을 말한다. 흔히 근로자가 사직원을 제출하면 사용자는 이를 승낙하는 형태로 이루어지는데 서로가 합의를 한다는 점에서 사용자에 의한 일방적인 해고나 임의퇴직과 구별이 된다. 「당연퇴직」은 노사가 합의하여 일정사유 발생일 또는 소정 날짜에 당연히 근로관계가 종료되어 퇴직하는 것을 말한다. 임의퇴직, 합의퇴직, 당연퇴직은 달리 정하지 않으면 각각 해고예고 등이 필요없는 것이 원칙이다.

일반적으로 업무관련 유죄판결 확정, 형사사건 구속, 업무에 필요한 자격 취소, 업무외 신체적 장해로 업무수행 곤란, 업무능력 저하, 휴직기간 종료 후 사유해소에 필요한 증명 미제출, 복직원 미제출, 근태불량으로 일정요건 충족, 학력과 경력 허위기재, 한정치산, 금치산 선고 등을 당연퇴직과 직권면직 사유로 정하는 것이 일반적이다.

직권면직과 당연퇴직의 개념을 구분하여 보면, 직권면직은 근로자의 비위사실이 명백하여 징계심의나 근로자 동의없이 일방적으로 근로관계를 종료시키는 것을 말한다. 당연퇴직은 정년, 계약기간만료 등 단협, 취업규칙 등으로 정한 사유가 발생하였을 경우 근로계약을 소멸시키고 퇴직처리하는 것이다.

당연퇴직과 합의퇴직, 임의퇴직 이외의 직권면직은 근로자에게 불이익을 주는 만큼 취업규칙과 단체협약으로 요건을 정한 사항이라도 요건으로 된 그 사유가 징계사유로 함께 정해져 있다면 징계절차를 거쳐야 유효하다.

(1) 당연퇴직, 직권면직의 유효성

어떤 사유가 취업규칙, 단체협약 등에 당연퇴직, 직권면직사유로 정해지고 처분절차를 통상해고나 징계해고와 달리 규정한 경우는, 당연퇴직 사유 중 사망, 정년, 근로계약기간 만료 등 자동소멸사유 이외에는 모두 근로기준법 제23조 소정의 정당한 사유의 제한을 받는 것이므로 제정취지, 사유의 내용 등을 합리적으로 판단하여야 한다.

직권면직이 징계의 한 종류로 정해지거나, 직권면직 사유와 징계사유가 각각 정해져 있으나 양자가 실질적으로 동일하거나 유사한 경우는 모두 징계절차를 거쳐야 한다. 특히 대기발령에 이어 일정기간 경과 후 직권면직 당연퇴직을 정한 경우는 일체를 징계절차에 따라 판단하여야 한다. 만일 징계절차를 거칠 필요가 없다고 정한 경우에도 그 사유와 취지를 사회적 합리성에 따라 판단하여 징계절차를 따라야 하는 것인지 여부를 판단하여야 한다.

2. 근로관계 종료시기와 정당성

(1) 퇴직의 효력 발생일

일반적으로 퇴직의 효력이 발생하는 시기에 대해서는 고용부예규 제100호[1]를 기준으로 하고 있는데, 사표를 제출하여 「사용자가 수리한 경우」는 특약이 없다면 퇴직에 관해 합의한 날, 즉, 사용자가 "사표를 수리한 날" 퇴직의 효력이 발생한다. 그러나 단체협약이나 취업규칙 등에 퇴직의 효력발생시기에 관해 규정이 있는 경우는 각각 정한 시기에 퇴직의 효력이 발생한다.

법상 규정으로만 본다면 근로자가 근로계약을 해지하는 데는 아무런 제한이 없다. 사용자가 「사표를 수리하지 않은 경우」에도 퇴직의 효력은 사용자의 승인여부와 관계없이 발생한다. 민법에 의하면, 사용자가 사표수리를 하지 않더라도 사용자가 근로자의 퇴직의사를 통고받은 날로부터 1월이 경과하면 퇴직의 효력이 발생한다.[2] 만약 기간[3]으로 보수를 정한 때는 사직의 의사를 통보받은 당기 후의 1임금지급기를 경과한 때 계약해지의 효력이 발생한다.[4] 예를 들면, 근로자가 1.31 출근하여 그날의 소정근로를 하고 사표를 제출한 경우, 사용자가 그날 사표를 수리하였다면 사표제출 당일은 근로관계가 계속된다고 보아, 그 다음날인 2.1자로 퇴직의 효력이 발생할 것이고 그날 근로를 제공하지 않고 사직서를 제출한 경우는 1.31자로 퇴직의 효력이 발생한다.[5] 사용자가 사표를 수리를 하지 않고 있다면 사표를 제출한 날부터 1월이 경과한 3.1에 퇴직의 효력이 발생한다. 만약 임금을 기간급으로 정한 경우에는 당기 후의 1임금지급기가 경과한 날에 퇴직의 효력이 발생한다.[6]

만약 근로자가 사표를 작성하면서 제출일보다 1월 혹은 15일 뒤의 특정일을

---

1) 2015.11.6.
2) 민법 제660조제2항.
3) 일급, 주급, 월급 등.
4) 민법 제660조제3항.
5) 근기 68201-2970, 2000.12.22.
6) 민법 제660조제3항 지급기가 전원20일~당월19일까지를 당월 20일에 지급하는 경우, 1.31 사표를 제출했다면, 당기(1.20~2.19) 후 1임금지급기(2.20~3.19)가 경과한 3.20에 퇴직의 효력이 발생한다.

퇴직일로 정하여 사표를 제출했다면, 그날까지 근로자는 계속근로의무가 있는 것이고 결근 등으로 노무를 제공하지 않으면 사용자는 손해배상을 청구할 수도 있을 것이다. 지정한 날에 퇴직의 효력이 발생하느냐 혹은 그 다음날 발생하느냐는 노무제공을 어디까지 하느냐에 달려있다고 보는 것이 합리적이다.

(2) 의사표시의 진정성과 철회

퇴직의 효력발생시점을 어느 시점으로 보느냐 하는 문제는 근로자의 권익보호와 사용자의 인력충원 등의 문제에 있어서 중요한 사항이다. 그 가운데 당연퇴직, 자격상실, 근로자 사망 및 기업소멸, 정년도달 등의 경우에는 사실의 발생과 법률이나 단체협약, 취업규칙 등 규정에 의거 정한 요건이 갖추어 지면 효력이 발생한다.

반면에 명예퇴직, 의원면직, 합의퇴직, 임의퇴직 등은 근로자 본인의 진정한 퇴직의사표시가 있어야 비로소 퇴직의 효력이 발생한다. 이 경우 의사표시에 결함이 있을 때는 의사표시 자체가 무효나 취소가 될 수 있다. 즉, 진의 아닌 의사표시는 무효가 되고 사기, 강박 착오로 인한 의사표시는 취소할 수 있다.[7)]

근로자의 경우 사용자의 일방적인 지시로 사직서를 제출했다면 그 자체가 무효로 되어 퇴직의 효력이 없다고 볼 것이며 사용자는 부당해고로 인해 처벌을 받을 것이다. 다만, 본인의 의사로 정상정인 의사결정 경로를 통하여 사직서를 제출하였다면 일단 제출한 퇴직의 의사표시가 사용자에게 도달한 이상 근로자로서는 사용자의 동의없이 철회할 수 없다.[8)]

1) 명예퇴직

명예퇴직은, 신청을 하면 사용자가 요건을 심사한 후 이를 승낙함으로써 합의에 의해 근로관계를 종료시키는 것으로서, 그 효력발생 시기는 당초 예정된 명예퇴직일자”에 효력이 발생한다. 일단 명예퇴직을 합의한 후에는 당사자는 임의로 그 의사표시를 철회할 수 없다.[9)] 판례에서도, 사직원에 의하여 신청한

7) 민법 제109조.
8) 대판 99두8657, 2000.9.5.
9) 대판 98다42712, 2000.7.7.

명예퇴직은 근로자가 청약을 하면 사용자가 요건을 심사한 후 승낙함으로써 합의에 의하여 근로관계를 종료시키는 것이다. 다만, 사용자의 승낙이 있어 근로계약이 합의해지되기 전에는 근로자가 임의로 그 청약의 의사표시를 철회할 수 있다.[10)] 명예퇴직에 합의한 후 퇴직예정일 도래 이전에 근로관계를 지속시킬 수 없는 중대한 비위행위가 있는 경우는 승인을 철회할 수 있다.

2) 의원면직

의원면직은, 근로자 본인의 의지로 사직서를 제출하고 사용자가 이를 수리함으로서 면직의 효력이 발생하므로 합의해약이다. 다만, 사직의 의사가 없는 근로자에게 어쩔 수 없이 사직서를 작성 제출을 강요하고 이를 토대로 한 해고한 경우 또는 일괄사직서를 제출하도록 한 후 선별적으로 수리하는 경우에 부당해고에 해당한다.[11)]

다만, 공무원의 경우 민법 제109조의 적용이 제한되어 임용권자 앞으로 일괄 사직원을 제출하고 사직원에 의거 면직처분 할 경우는 당연 무효가 아니라는 판례가 있다.[12)]

근로자의 비위사실에 대해 징계처분을 앞두고, 소정기간 내에 사직서를 제출하지 않으면 징계면직하겠다는 의사표시를 하는 조건부면직처분이 있다. 이 처분은 실질적인 해고로 보아서 면직에 이르는 정당한 징계사유가 있어야만 유효하다.

3) 임의퇴직

임의퇴직이란, 근로계약기간 중 근로자의 일방적인 의사표시에 의해 근로관계를 종료시키는 것으로서 근기법에 달리 규정한 바가 없고, 정당한 이유도 필요하지 않다. 따라서 민법의 고용계약에 관한 규정을 적용한다. 민법 제659조 및 660조에 의거 임의퇴직의 효력은, 근로계약기간을 정한 계약, 당초부터 근로계약기간을 정하지 않은 계약, 기간을 정한 계약 중에서도 약정기간이

10) 대판 2002다11458, 2003.4.22.
11) 대판 91다44452, 1993.2.9 ; 대판 93누16185, 1994.4.29 ; 서울고판 2003나31840, 2004.6.24.
12) 대판 2001.8.24.

3년을 넘는 경우로 구분하고, 유형마다 각각 퇴직의 효력발생 시기를 조금씩 달리한다. 근로자가 사직의사를 표시한 후 근로계약이 해지되기 전에 결근을 하는 등 소정의 노무제공의무를 위반할 경우 계약상 채무불이행책임으로 손해배상을 할 수도 있다.

① 기간을 정한 계약

기간의 약정이 있는 근로관계는 부득이한 사유가 있는 때가 아니면 근로관계를 해지 할 수 없으며, 존속기간을 정한 근로계약은 기간의 만료로 인해 퇴직의 효과가 발생한다. 부득이한 사유가 당사자 일방의 과실로 인하여 생긴 때에는 일방은 상대방에 대하여 손해를 배상해야 한다. 따라서 존속기간을 정해 놓은 근로계약의 유효기간 중에, 근로자가 자신의 과실로 인하여 부득이한 사유로 퇴직하였다면 사용자는 근로자에게 고용계약 위반을 이유로 민법상 손해배상을 청구할 수 있다.[13] 다만, 사용자는 정당한 사유없이 근로계약을 해지할 수 없다. 기간을 정한 계약에서 약정기간이 3년을 넘거나 당사자의 일방 또는 제3자의 종신까지로 된 경우는 각 당사자는 3년을 경과한 후 언제든지 계약해지 통고를 할 수 있다.

이 경우에 상대방이 해지의 통고를 받은 날로부터 3월이 경과하면 해지의 효력이 생긴다.[14] 다만, 이 경우에도 사용자는 정당한 사유가 없이 해고할 수 없다.[15]

② 기간을 정하지 않은 계약

존속기간을 정하지 않은 근로계약의 유효기간 중에는 근로자는 언제든지 계약해지의 의사표시를 할 수 있다. 이 경우 퇴직의 효과는 단체협약이나 취업규칙에 정한 바에 의한다.[16] 그러나 취업규칙 등에 달리 정하지 않았다면 계약해지 의사를 통고받은 날부터 1개월이 경과될 때 까지는 고용관계가 존속되

---

13) 민법 제661조.
14) 민법 제659조.
15) 근기법 제23조제1항.
16) 예) 사직 후 1주일 뒤 퇴직효력을 발생한다.

고 해지통고일로부터 1개월이 경과하면 비로소 퇴직의 효력이 발생한다.[17] 이 경우에도 사용자는 정당한 사유가 없이 근로자를 해고할 수 없다. 임금을 기간급으로 정하여 정기 지급하고 있을 경우에는 사용자가 근로자의 퇴직통고를 받은 당기 후의 1임금지급기를 경과한 때에 계약해지의 효력이 생긴다.[18]

4) 합의퇴직

합의퇴직이란, 근로계약기간 중 사용자와 근로자가 서로 합의하여 유효하게 존속 중인 근로계약을 장래를 향해 해지하는 것을 말한다. 흔히 근로자가 사직원[19]을 제출하면 사용자는 이를 승낙하는 형태로 이루어지는데 서로가 합의를 한다는 점에서 해고나 임의퇴직과 구별이 된다.

합의퇴직은 외관상 합의를 가장하고서 합의과정에서 퇴직종용 등 근로자에게 강압이나 비진의 의사표시 유도 등이 있는 경우에는 구체적 사실관계를 토대로 해고여부를 판단하여 근로자를 보호해야 한다. 임의퇴직과 차이점은 근로자가 사직의 의사를 표시한 때 사용자가 바로 수락하면 합의퇴직이고 사용자가 수락하지 않은 상태에서 근로자가 근로를 제공하지 않으면 임의퇴직이다.

① 합의퇴직 청약 후 의사표시 철회

사직원을 제출한 근로자는 사용자가 사표를 수리하기 전에 자신의 사직의사표시를 자유로이 철회 할 수 있다. 만약 이러한 철회의사표시를 분명히 했음에도 불구하고 사용자가 당초 사직원을 접수했다는 이유로 면직처분을 한다면 이는 무효가 된다.[20] 그러나 철회하기 전에 이미 사용자가 승낙의 의사표시 즉, 수리를 했다면 근로계약을 합의해지 한 것으로 본다.

해고제한을 피하기 위하여 일방적인 사용자의 해고임에도 불구하고 자진하여 사표를 제출한 것으로 위장하거나 사직원을 제출하도록 권유, 압력을 행사하여 사직처리를 한 후, 나중에 분쟁이 발생하는 경우가 종종 있다. 이때는 그 의사표시가 무효인지 하자있는 의사표시인지에 관해 민법상 의사표시의 효력

17) 민법 제660조제2항.
18) 민법 제660조제3항.
19) 서면 혹은 구두, 전화 등으로도 가능하다 ; 서울행판 2002구합2338, 2002.8.8.
20) 대판 91다43138, 1992.4.10.

규정[21]을 적용한다.

근로자의 사직의사표시 철회가 사용자에게 예측할 수 없는 손해를 주는 등 신의칙에 위반한다고 인정될 경우는 철회를 허용하지 않을 수 있다.[22]

② 비진의 의사표시

진의 아닌 의사표시에 있어서의 "진의"란 특정한 내용의 의사표시를 하고자 하는 표의자의 생각을 말하는 것이지 표의자가 진정으로 마음 속에서 바라는 사항을 뜻하는 것은 아니다. 표의자가 의사표시의 내용을 진정으로 마음 속에서 바라지는 아니하였다고 하더라도 당시의 상황에서는 그것이 최선이라고 판단하여 그 의사표시를 하였을 경우에는 진의 의사표시라고 해야 한다.[23] 따라서 사용자가 사직의 의사 없는 근로자로 하여금 어쩔 수 없이 사직서를 작성·제출하게 한 후 이를 수리하는 의원면직의 형식을 취하여 근로계약관계를 종료시키는 경우에는 실질적으로 사용자의 일방적인 의사에 의하여 근로계약관계를 종료시키는 것이므로 실질적인 해고에 해당한다.[24] 사직에 관한 근로자의 비진의 의사표시는 원칙적으로 무효로 본다. 근로자의 의사표시가 진의가 아니고 사용자가 그 의사표시가 진의가 아님을 알았거나 통상인의 주의를 기울였다면 알 수 있었던 경우 또는 사용자와 근로자가 서로 통정하여 허위의 의사표시를 한 경우는 무효가 된다. 사직의 의사표시가 착오로 인하거나 상대방이나 제3자의 사기 또는 강박에 의한 경우는 근로자가 그 의사표시를 철회할 수 있고 적법하게 취소하여야 비로소 무효가 된다. 다만, 강박에 의한 의사표시로서 의사결정의 자유가 제한되는 정도를 넘어 완전히 박탈된 경우는 상대방의 취소를 기다리지 않고 당연히 무효라고 해석해야 한다.

5) 당연퇴직

당연퇴직은 노사가 합의하여 일정사유 발생일 또는 소정 날짜에 당연히 노사관계가 종료되거나 퇴직하는 것을 말한다. 기간을 정한 근로계약의 경우 계

21) 민법 제107, 제108, 제109, 제110조, 제111조.
22) 대판 91나43138, 1992.4.10.
23) 서울지판 2000가합38454, 2001.4.12 ; 서울행판 99구15784, 2000.11.21.
24) 대판 2000다51919·51926, 2001.1.19.

약기간의 만료, 노사합의나 취업규칙, 단체협약 등으로 당연퇴직사유를 정하고 그러한 사유가 발생했을 경우 별도의 조치가 없어도 당연히 퇴직하는 경우, 운전기사·예비군중대장 등의 경우처럼 소정의 자격을 요하는 자의 자격상실 등의 경우에도 당연퇴직이 될 수 있다.

예를 들면, 운전기사, 특정분야 전문기술자가 범법사실이나 교육이수미비, 적성검사 미필 등으로 인해 소지한 기술자격이 상실되거나 장기간 정지되어 조기에 회복될 수 없는 경우, 사용자는 기술로 인해 제공받은 노무가 중단될 경우 업무수행 자체가 불가능해 질 수 있을 것이다. 이러한 경우는 자격상실로 인해 근로계약이 자동해지 된다고 보아야 한다.[25)]

다만, 당연퇴직사유는 근로자 사망, 정년, 근로계약기간의 만료 등 근로관계의 자동소멸사유로 보이는 경우를 제외하고는 근기법 제23조제1항에 정한 정당한 사유가 있어야 한다.[26)] 따라서 단체협약·취업규칙 등에 종업원이 형사상 범죄로 유죄판결을 받았을 경우 당연히 퇴직된다고 정하고 있을 때에도 그러한 처분은 일종의 해고에 해당하므로 정당한 이유가 있어야 정당한 처분으로 평가받을 수 있다. 당연퇴직처분시 징계처분과 같이 소정의 절차를 거쳐야 한다고 정하지 않은 경우는 그 사유가 실제로는 징계사유로 보여지는 경우에도 달리 절차를 거칠 필요는 없다.

기간을 정한 근로계약은 정해진 계약기간의 도래로 근로관계가 자동적으로 종료되므로 해고예고 등이 필요하지 않다. 사업장에서 노사합의로 근로관계를 지속시킬 수 없는 몇 가지 사유를 정하고 그러한 사유가 발생했을 경우에는 일반적인 해고와 달리 취급[27)]하도록 약정 할 수가 있는데, 노사가 합의로 정한 자동소멸의 사유가 발생하면 근기법 제23조에 정한 「정당한 사유」에 해당되어 해고예고도 필요없는 것이 원칙이다. 정당한 사유란, 더 이상 고용관계를 유지할 수 없는 사회통념상의 합리성이 있는 정도를 뜻한다.

---

25) 예) 운전기사의 음주운전으로 인한 면허취소 등.

26) 대판 2008다62724, 2009.3.26, 서울행판 2011구합30175, 2012.4.5.

27) 근로자가 개인적인 사유로 인해 징역이상의 형을 선고받은 경우는 1심 확정판결이 선고된 날로부터 당연퇴직처리, 휴직기간 만료 후 휴직사유가 해소되었음에도 복직원을 제출하지 않거나 휴직사유가 해소되지 않음을 이유로 휴직연장원을 제출하지 않은 경우 자동퇴직으로 간주.

① 사회통념상 합리성

노사합의로 당연퇴직사유를 정해 두었다고 해도 사회통념상 합리적인 이유 없이 근로자의 의사에 반해 퇴직하도록 하는 경우는 정당성을 상실한다. 단체협약·취업규칙에 정해 놓은 퇴직사유에 해당한다고 해서, 모두가 정당한 사유로 볼 수는 없으며 사회통념과 법위반 사항 등 구체적인 사정을 종합적으로 고려하여야 한다. 주요판단 사례는 다음과 같다.

1. 대기발령 후 3월내에 보직을 받지 못하면 자동퇴직 한다는 조항은 통상해고, 징계해고 등과 관련하여 대기발령의 적법성을 판단해야 하고, 직위해제처분이 정당하고 그 후 사유가 소멸되어 마땅히 직위를 부여할 사정이 있음에도 합리적인 이유없이 직위를 부여하지 않고 퇴직하게 하는 것은 인사권남용에 속한다.[28]

2. 일정기간 후 자동퇴직 한다고 정한 경우, 체결당시 고용기간이 명백하게 합의되지 않은 경우에는 이를 인정할 수 없다.[29]

3. 단체협약·취업규칙으로 정해 놓은 당연퇴직사유로 “금고 이상의 형을 선고받았을 때”라고 함은, 계약에 따른 기본적인 근로제공의무를 이행할 수 없는 상태가 장기간 계속되어 왔음을 전제로 하여 사용자가 근로자를 당연퇴직시켜도 근로자측에서 이의를 제기할 여지가 없을 정도의 상태, 즉, 형사상 범죄로 구속되어 있는 근로자가 현실적인 근로제공이 불가능한 구속 상태가 해소되지 않는 내용의 유죄판결, 즉, “실형판결을 받은 경우”를 의미한다.[30]

4. 국가공무원법 제69조에 의거 공무원이 제33조제1항에 정한 결격사유에 해당하는 경우 당연퇴직된다고 정하고 있으므로 공무원관계를 소멸시키기 위한 별도의 행정처분을 요하지 않는다. 따라서 퇴직인사발령은 “관념의 통지”에 불과하고 새로운 형성적인 행정행위가 아니므로 행정소송의 대상이 되는 독립된 행정처분이 아니다. 그러나 기간제 조교수에 대해서는 기간제로 임용되어 임용기간이 만료된 국공립대학의 조교수는 교원으로서 능력과 자질에 관

28) 대판 94다43351, 1995.12.5.
29) 서울고판 2000누5410, 2002.1.24.
30) 대판 98두18848, 1999.9.3.

해 합리적인 기준에 의해 공정한 심사를 받아 기준에 부합된다면 특별한 사정이 없는 한 재임용 되리라는 기대를 가지고 있고 공정하고 합리적인 심사를 요구할 법규상 조리상 신청권을 가진다.

따라서 재임용을 거부한 임용기간 만료통지는 "행정소송대상"이 된다.[31)]

참고로, 당연퇴직사유로서의 대기발령의 의의와 정당성에 관해 살펴보면, 「대기발령」이란, 회사의 사정 혹은 업무상 지장초래, 질서문란 등 징계성 사유 등 근로자측 사정으로 사용자가 장래를 향하여 근로자에게 일정기간 보직을 부여하지 않고 대기시키는 일시적이고 잠정적인 인사조치를 말한다. 기업이 노동력을 재배치하거나 수급을 조절하는 것은 불가피한 작용이므로, 대기발령을 포함한 인사명령은 원칙적으로 사용자의 고유권한에 속한다.[32)]

유사개념으로 「직위해제」는 일시적으로 당해 근로자에게 직위를 부여하지 않는 잠정적인 조치이고, 「징계처분」은 과거의 비위로 인해 소정의 징계절차를 거쳐 과해지는 징벌이라는 점에서 차이가 있다. 다만, 직위해제는 대기발령과 구분이 없다. 대기발령은 취업규칙마다 달리 정하지만, 임금삭감·승진보류 등 불이익이 있는 경우와 불이익이 없는 경우로 나누고, 대기발령 후 보직을 받지 못하면 당연퇴직시키는 규정을 둘 수 있다. 이 가운데 불이익이 수반되는 대기발령의 경우 법 제23조제1항에서 정한 정당한 사유가 필요하고, 대기발령이 정당한지 여부는 업무상 필요성과 근로자의 생활상 불이익을 비교형량, 근로자와 성실한 협의가 있었는지 여부 등에 따른다.[33)] 따라서 판례 등을 종합해 보면 "불이익이 수반되는 대기발령이 정당한지 여부"는 다음과 같이 정리할 수 있다.

1. 단체협약·취업규칙 등에 정한 대기발령 사유에 해당하여야 하고, 그 사유가 근기법 등 노동관계법에 적합하여야 한다.

2. 사회통념상 불이익이 수반되는 대기발령을 할 정도로 "근로자에게 책임있는 사유"가 있어야 하고, 대기발령 사유에 비교해 볼 때, 그 처분이 적절하여야

31) 대판 2000두7735, 2004.4.22.
32) 대판 95누15926, 1996.10.29.
33) 대판 2000두9113, 2002.7.26.

한다.

3. 단체협약·취업규칙 등에 정한 절차에 따라야 한다. 대기발령이 징계처분 과정의 하나로 정해져 있는 경우는 변명기회부여 등 소정의 절차를 거쳐야 한다.[34)]

대법원은 동일사유로 징계처분을 받은 이후에도 그 사유가 대기발령에 해당하면 대기발령을 행할 수 있으며, 이 경우에 일사부재리 또는 이중징계의 문제는 발생하지 않는다고 판단하고 있다. 다만, 대기발령이 순수하게 사용자측의 경영상 사정에 의한 경우는 법 제24조에 정한 경영상사유에 의한 해고요건을 준용하여야 한다. 먼저, 경영상 필요가 있어야 하고, 대기발령을 위한 회피노력이 있어야 하며, 합리적이고 공정한 기준에 의해 대상자를 선정하여야 한다. 대기발령이 정당한 처분이라면, 그 기간과 기간 중에 지불된 임금은 평균임금 산정기준이 되는 기간과 임금의 총액에 각각 포함하여야 하고, 부당한 처분이라면, 그 기간과 기간 중에 지불된 임금은 평균임금산정기준이 되는 기간과 임금의 총액에서 각각 공제한다.[35)]

휴직과 직위해제 등에 따른 후속처분으로 당연퇴직을 정한 경우가 있다. 「휴직」은 직무에 종사할 수 없거나 종사하게 하는 것이 현저히 곤란한 경우 근로관계는 유지하면서 일정기간 직무에 종사시키지 않는 사용자의 처분을 말하고, 「직위해제」는 직무수행능력 부족, 근무성적 불량, 징계절차 진행, 형사사건 기소 등의 경우에 직위를 부여하지 않는 것이다. 단체협약, 취업규칙에서 정한 휴직기간, 직위해제기간이 만료된 경우에도 그 사유가 소멸하지 않으면 당연퇴직 또는 직권면직할 수 있다고 정한 경우, 처분과 처분원인을 따로 보지 않고 하나의 처분으로 보면 실실적인 해고에 해당하므로 정당한 사유가 있어야 유효하다. 다만, 직위해제기간 중 잘못에 관한 반성없이 책임을 전가하거나, 휴직기간 만료 후 복직원을 제출하지 않는 경우 자동퇴직 한다는 조항을 둔 경우는 근로관계 종료의 정당성을 인정할 수 있다.[36)]

34) 대판 94누11880, 1995.3.10.
35) 임금 68207-562, 2003.7.16.
36) 대판 96다21065, 1996.10.29 ; 근호기준법 주해Ⅱ, 85쪽.

6) 근로자의 사망, 기업의 변동 등

근로계약은 근로자의 사망 혹은 기업의 소멸로 종료되는데 기업의 소멸은 해산에 따른 청산절차가 끝날 때 종료된다. 기업합병의 경우는 별도 명시가 없더라도 합병회사에 모든 근로관계가 포괄적으로 승계되는 것이 원칙이다. 영업양도의 경우 근로자는 기업조직에 편입되어 유기적 일체를 이루므로 특별한 사정이 없는 한 근로계약도 당연히 승계된다. 다만, 근로관계를 포함한 유기적 조직체로서의 영업양도가 아닌 경우는 근로관계가 당연히 승계되지 않는다. 따라서 법원의 공개매각절차에 의해 기업시설을 경락받은 경우의 고용관계와 법 개정으로 정부업무대행기관이 변경된 경우 법의 규정 또는 새로운 기관의 정관에 별단의 규정이 없는 한 근로관계는 승계되지 않는다. 기업소멸을 중심으로 사유별로 근로관계 종료사유를 살펴본다.

① 사 망

근로자가 사망한 경우 근로관계는 원칙적으로 이전하지 않고 소멸한다. 다만, 사용자가 사망하고 상속인이 운영하는 경우는 근로관계는 종료하지 않고 상속인과 근로자의 관계가 유지된다. 이 경우에 상속인인 사용자가 근로관계를 종료하려면 정당한 이유가 있어야 한다.

② 폐 업

폐업은 기업의 물적요소가 없어지므로 자동적으로 소멸된다고 보아야 한다. 판례에 따르면, 정리해고는 긴급한 경영상의 필요에 의하여 기업에 종사하는 인원을 줄이기 위하여 일정한 요건 아래 근로자를 해고하는 것으로서 기업의 유지·존속을 전제로 소속근로자들 중 일부를 해고하는 것을 가리키는 것이고, 사업의 폐지를 위하여 해산한 기업이 그 청산과정에서 근로자를 해고하는 것은, 경영의 자유에 속하는 것으로서 정리해고에 해당하지 않고 통상해고로 보아야 한다. 따라서 해고에 정당한 이유가 있는 한 유효하다고 판시한다.[37]

---

37) 대판 2001다27975, 2001.11.13.

③ 파산으로 인한 기업해체

파산의 경우, 법원이 기업에 대해 파산선고를 하게 되면 법인은 해산되고 파산절차에 의해 청산된다. 그러나 파산절차가 개시된 후에도 파산법인의 법인격은 즉시 소멸하지 않고, 파산목적 범위 내에서 존속한다. 파산법인의 재산에 대한 관리처분 권한은 파산관재인에게 전속되고 파산절차가 진행되어 최후 배당이 종료되거나 강제 화의가 성립하여 파산절차가 소기의 목적을 달성한 때는 법원의 종결결정공고와 함께 법인격은 소멸한다. 이처럼 파산으로 인해 사업이 폐지되고 기업이 해체되는 것이 일반적이므로 파산관재인은 근로관계를 해지할 수 있고 그 해지시기는 관재인의 재량에 속한다. 파산이 선고되면 근로자의 임금은 전액 재단에 대한 채권이 되므로, 파산관재인은 이 채권을 증가시키지 않기 위해서 신속하게 근로자 전원을 해고할 것이기 때문이다. 파산관재인의 해고권은 관재인이 기업을 해체하고 사업을 폐지하는데 수반되는 당연한 권한이다. 파산관재인이 하는 사업의 폐지 및 기업의 해체와 그에 수반되는 해고는 법 제23조에 정한 정당한 이유 또는 제24조의 긴박한 경영상의 이유에 의한 해고가 적용될 수 없다. 왜냐하면 해고의 제한규정은 기업의 존속이 전제되는 경우에 대해서만 적용될 수 있기 때문이다.[38] 다만, 파산이 아닌 회사정리의 경우는 법 제23조의 경영상이유에 의한 해고규정이 적용될 수 있다. 따라서 근로자는 파산관재인에 대해 채무불이행을 이유로 손해배상을 청구할 수 없다.

④ 업무상재해로 인한 직권면직처분과 정당성

취업규칙 등 회사 내부규정에 "신체장해로 직무를 수행할 수 없는 경우"를 직권면직사유로 정한 경우라도 이것은 근로자의 의사에 반한 해고로서 성질을 가진다. 취업규칙 등에서 정한 신체장해로 인하여 직무를 감당할 수 없는 때에 해당하더라도 해고제한 및 절차적 규정에 기속을 받는다.

판례는 장해를 입게 된 경위와 사고가 사용자 귀책인지여부, 치료기간 및 종결 후 노동력 상실정도, 사고 당시 담당업무의 성격과 내용, 잔존 노동력으로

38) 김형배, 545쪽.

감당할 수 있는 업무범위와 존부, 사용자의 업무조정 등 배려, 근로자의 적응 노력 등을 종합적으로 고려하여 직권면직의 정당성을 판단한다.[39] 그러므로 사용자는 직권면직에 앞서 신체장해자의 복귀를 위한 적정업무를 찾아보고, 일정기간 적응훈련이 필요하면 지원하고, 장해에 상응한 근로조건을 새로이 정할 수 있고, 이러한 조건을 근로작가 수용하면 잔존근로능력으로 수행이 가능한 업무에 종사시키는 등의 노력이 필요하다. 만약 이와 같은 해고회피노력에도 불구하고 근로자가 거절하면, 면직사유와 시기를 서면으로 통지하고 30일 이상의 예고기간을 두거나 30일분 이상의 통상임금을 지급하여야 한다. 질병요양 휴업기간과 그 후 30일간은 해고가 금지된다.

(3) 근로관계 종료사유로서 정년

근기법은 정년에 관하여 별도의 규정을 두고 있지 않지만, 일반적으로 「정년제」란, 취업규칙 또는 근로계약에서 정한 연령·직위에 도달하게 되면 근로자의 재계약 의사나 근로능력여하에도 불구하고 계약관계를 종료시키는 제도를 말한다. 일정한 연령에 달한 사실이 발생하면 근로관계가 종료되는 일반적인 정년제, 일정직위나 계급을 근로관계종료사유로 정하는 직급정년제로 구분할 수 있다. 시민사회에서 계약은 반사회적인 내용 등이 아니라면 자유로이 정할 수 있다. 근로계약은 사회적으로 상대적 약자인 근로자를 보호하기 위한 고용에 관한 민법의 특별법으로서, 정년 등 근로관계종료에 관한 근로조건을 정할 때는 강행규정에 위배되지 않아야만 법적 효력을 가질 수 있으므로 그 범주 내에서는 계약의 자유가 제한을 받는다. 현재 정년의 연령이나 직급을 정함에 있어서 획일적인 지침이나 고시는 없다. 다만, 고령자고용촉진법 등에서 50세 이상을 준고령자, 55세 이상을 고령자로 본다.[40] 따라서 기준을 정하는 것은 법적 테두리 안에서 당사자의 약정에 따르는 것이 원칙이다.

입사서류에 기재된 생년월일은 동일성에 관한 기준으로 판단하여 특별한 사유가 없으면 정정이 불가능하다. 다만, 취업규칙에 정덩한 사유가 있는 경우

---

39) 대판 95다1767, 1995.7.14.

40) 고용상 연령차별금지 및 고령자고용촉진 등에 관한 법률 제2조 및 영 제2조.

정정을 허용하는 규정이 있는 경우는 정정이 가능하다.[41)]

① 정년에 관한 노동관계법의 규정

근기법 제93조에서, 10인 이상 사업장에서는 "퇴직에 관한 사항"을 취업규칙에 의무적으로 정하도록 하고 있고, 근로자와 사용자는 단체협약, 취업규칙과 근로계약을 지키고 성실하게 이행할 의무가 있다고 정하고 있다.[42)] 판례에 따르면, 정년을 정하면서 직위·직급별·직종별 차등이 아닌, 성별·국적·신앙·사회적신분 등에 따라 정년에 있어서 차등을 두는 것은 근기법 제5조와 남녀고용평등법 제11조 위반으로 보고 있으며, 특정직종 또는 여성을 차별하는 것과 같이 사회질서에 반하는 행위로 인정될 경우 정년은 무효가 된다고 보고 있다.[43)] 동일 직종에서 남녀차이를 두거나, 합리적인 이유없이 다른 직종보다 정년을 낮게 정하는 것은 차별적인 처우로 보는 것이다.[44)] 이러한 사항을 종합해 볼 때, 사용자와 근로자는 단체협약, 취업규칙, 근로계약 등으로 정하여 연령정년이나 직급정년을 퇴직사유로 정할 수 있고, 일단 정해진 사항에 대해서는 상대방의 의견청취나 동의없이 일방적으로 정년에 관한 사항을 불이익하게 변경할 수 없으며 당사자는 계약내용을 성실히 이행할 의무를 부담한다. 계약의 유효기간 중에 사용자가 임의적으로 정년연령이나 직급정년을 근로자에게 불리하도록 단축할 수는 없으며, 근로자의 동의없이 불이익하게 변경한 정년규정은 무효가 될 것이다. 고령자 고용촉진에 관한 법에서는 정년을 60세 이상으로 하도록 의무화 하며 60세 미만으로 정한 정년은 무효가 된다.[45)]

② 정년제도의 실익

정년제는, 기업에 대한 귀속의식을 갖게 하여 신분보장과 고용안정을 도모하고, 노령화된 노동력을 배제하여 기업의 합리적인 유영을 돕는다. 연공 서열제는 평균연령이 높아짐에 따라 임금지급액이 증가하므로 정년제를 통해 노

41) 근로기준-1242, 2005.11.18.
42) 근기법 제5조.
43) 대판 94누13589, 1996.8.23.
44) 대판 85다카657, 1988.12.27.
45) 고령자고용촉진법 제19조.

령인력을 퇴장시키고 신규인력을 유입시켜 인건비지출을 억제하고 경영을 합리화시킬 수도 있을 것이다. 반대로 근로자의 입장에서 보면, 정년연령이나 직급에 대한 제한이 없었던 사업장에서 새로이 정년규정을 신설할 경우, 그 이전에 비해 직장생활이 조기에 마감되는 불이익이 발생할 수도 있다. 다른 한편 침체화 된 조직에서는 인력의 신진대사로 승진이나 직위상승을 유발하여 자기발전욕구를 충족할 수 있으며 사회적인 지위향상을 자져오기도 하는 등 장단점이 교차한다.

연령정년제와 달리 계급이나 직급정년제는 사실상 해고와 동일하게 보고 있으므로 해고의 정당성 즉, 사회통념상 일반적이고도 객관적인 타당성이 요구된다.

③ 정년제에 관한 일반적인 기준

판례와 행정해석을 근거로 정년제에 관한 일반적인 기준을 살펴보면,[46] 취업규칙 또는 근로계약으로 정한 일정연령에 도달하면 계속근로 의사나 능력이 있는지 여부에 불구하고 근로계약관계가 종료되는 제도로 계약기간의 최대한도를 정한 것이다. 법적 성질은 약정된 근로계약의 종료사유로 본다. 퇴직하기로 정한 연령에 이르면 근로계약 종료사유가 발생하므로 법 제23조제1항의 제한을 받지 않고 근로관계를 종료시킬 수 있다. 따라서 정년이 도래한 자에 대한 퇴직통지는 근로관계종료 확인에 지나지 않는다.[47]

ⓐ 취업규칙과의 관계

정년제가 취업규칙 등에 명문으로 규정되어 있고 관행으로 확립되어 있는 경우, 사용자는 채용시에 정년을 명시한 것이 된다. 그러나 관행으로 정년제가 존재하는 경우에는 그러한 내용을 근로계약에 명시하지 않는 한 근로계약의 내용이 될 수 없다. 만약 사용자가 단체협약이나 취업규칙에 정한 정년연령을 단축하는 경우에는 근로자에게 불이익한 것이 되므로 그 변경된 취업규칙상의 정년이 효력을 가지려면 노동조합이나 근로자과반수의 집단적인 동

46) 근로기준-8048, 2007.11.29.
47) 대판 93다52525, 1994.12.27.

의를 얻어야 한다. 불이익한 취업규칙변경이 근로자의 동의를 얻지 못한 이상 단축된 정년연령에 도달했다고 하더라도 근로자의 근로관계는 정년으로 자동종료 되지 않는다. 따라서 단축된 정년연령 등은 효력을 가질 수가 없다. 정년에 달하는 연령을 정한 경우에도, 당사자는 퇴직시점[48]을 명확히 정하여야 한다. 당사자간 퇴직시점을 정하지 않은 경우 관행이 있다면 그에 따르고, 관행이 없는 경우는 "정년에 도달한 첫날"에 퇴직하는 것으로 본다.[49] 예를 들면, "정년을 60세로 한다"고 정해 놓은 경우, 생년월일이 1960.2.1이라면 2020.2.1이 정년일이다. 정년에 도달한 달의 말일로 정한 경우는 2020.2.28이 정년일이다.[50] 입사할 때 호적기재 착오로 사후에 정정되었다면 그 정정 기재된 연령을 기준으로 정년을 산정해야 한다.[51]

ⓑ 차등정년제

정년에 있어서 직위나 직급에 따라 차등을 두는 것은 사회통념상 합리적인 이유가 있는 경우에는 사업장의 특성[52]을 고려하여 당사자가 결정할 사항이므로 동일한 사업장 내에서도 직종, 직위, 직급별로 정년을 달리할 수 있다. 해당 사업장에 있어서 근로자가 제공하는 근로의 성질·내용·근무형태 등 제반 여건에 따라서 합리적인 기준을 둔다면, 같은 사업장 내에서도 직책 또는 직급에 따라 서로 차이가 있을 수 있다.[53]

다만, 직위·직급별·직종별 차등이 아닌, 성별·국적·신앙·사회적신분 등에

---

48) 만으로 정한 최초의 정년도달일, 만으로 정한 정년에 달한 연도 말일 등.

49) 대판 2000두4600, 2002.9.27.

50) 근로기준-8048, 2007.11.20.

51) 대판 92다11824, 1992.7.28. 취업규칙의 작성·변경의 권한이 원칙적으로는 사용자에게 있다고 하지만 변경된 근로조건 또는 취업규칙이 노동조합이나 근로자과반수 이상의 동의를 얻지 못하였다거나 변경된 취업규칙이 기존 근로자의 이익·권리를 침해한다든지 사회통념상 합리성이 결여된다면 그 취업규칙은 사실상 무효하다. 따라서 정년 임기를 수년 남겨둔 피고에게 변경된 취업규칙을 적용하여 정년퇴직을 명한 원고 측의 해고조치는 부당해고에 해당한다(대판 2003두13526, 2004.8.16).

52) 서울행판 2006구합40406, 2007.7.13. 근로의 성질, 내용, 근무형태 등을 말한다. 기술직과 경비직이 수행하는 업무의 성질, 내용, 근무형태, 참가인 이외의 사업장에서의 정년규정 등 제반 여건을 종합해 볼 때 직종간 정년차등을 둔 것은 정당하다.

53) 대판 94두13589, 1996.8.23.

따라 차등을 두는 것은 근기법 제5조와 남녀고용평등법 제11조 위반이다. 또한 특정직종 또는 여성을 차별하는 것과 같이 사회질서에 반하는 행위로 인정될 경우 정년은 무효가 된다.

ⓒ 정년연장과 정년초과 근무

연령이 도달했음에도 불구하고 일정기간까지 정년을 연장하기로 합의하는 경우가 있다. 정년연장에 합의하면 연장된 기간만큼 근로계약의 존속기간도 늘어난다. 이러한 경우 정년연장만을 이유로 당시의 호봉을 낮춘다거나 기존의 근로조건을 일방적으로 저하시킬 수 없다. 연장된 기간만큼 근로하다가 그 기간의 경과로 정년에 도달하면 퇴직의 효과가 발생한다.[54] 다수의 정년 도래자 가운데 특정인에게만 정년연장 혜택을 줄 수 있을까하는 점이 의문이 될 수 있다. 판례에 의하면, 정년에 도달하여 당연퇴직하게 된 근로자에 대해, 그 정년을 연장하는 방법으로 근로관계를 계속유지 할 것인지 여부는 특별한 사정이 없는 한 사용자의 권한에 속하는 것으로, 해당 근로자에게 정년연장을 요구할 수 있는 권리는 없다.[55]

근로자의 요구에 대해 사용자가 정년연장을 허용하지 않은 조치가 정당한지 여부는 노동관계법과 취업규칙, 단체협약 등의 규정과 취지에 위배되는지 여부에 따라 판단해야 하며 타 근로자와 형평성여부에만 주안을 둘 수는 없다는 입장이다.[56]

특정인을 선별연장한 조치가 그렇지 못한 근로자에 대하여 신의성실원칙에 위배된다는 주장에 관해서도, 신의성실의 원칙은 상대방의 이익을 배려하여 형평에 어긋나거나 신뢰를 저버리는 내용·방법으로 권리행사나 의무이행을 해서는 안된다는 추상적인 규범으로서, 권리행사가 신의성실원칙에 위배된다고 볼 수 있으려면, 상대방에게 신의를 공여했거나 객관적으로 보아 상대방이 신의를 가짐이 정당한 상태에 이르러야 하고, 그와 같이 신의에 반하여 권리

54) 근로기준-8048, 2007.11.29.
55) 대판 96다52236, 1998.2.13.
56) 대판 95누15926, 1996.10.29.

를 행사하는 것이 정의관념[57]에 비추어 용인될 수 없을 정도의 상태에 이르렀는지 여부에 따라야 한다고 보았다.

정년이 도래된 근로자에게 정년도래 이전의 근로관계를 일단 종료시키고 촉탁직 등으로 새로운 근로계약을 체결하는 것은 가능하다. 단체협약 등에 정년을 정해두고서 정년에 도달한 근로자를 퇴직시키지 않고 사용자의 묵시적인 동의에 의해 근로자가 계속해서 노무를 제공했고, 사용자가 이의없이 노무를 수령하는 경우가 있다. 이때 다른 특별한 사정이 없는 한 정년이 초과되었다는 이유만을 근로자를 해고할 수 없으며 해고를 하려면 법 제23조제1항에 정한 정당한 사유가 있어야 한다.[58]

다만, 정년경과 이후 행정착오로 1개월 초과근로에 대해서는 정년퇴직은 정년도달이라는 법률사실이므로 이를 알려주는 것은 해고처분 등과 같이 볼 것이 아니므로 취업규칙, 단체협약에 달리 정하지 않았다면 30일전 해고예고나 서면통지 의무가 없다고 보았다.[59]

ⓓ **정년퇴직자의 재고용**

정년을 연장하지 않고, 정년이 도래한 근로자를 일단 퇴직처리를 한 후 재고용을 위한 별도의 근로계약체결도 가능하다. 새로운 근로계약에서는 종전의 근속기간을 제외할 수 있고 계속근로기간의 산정과 임금의 결정을 정년퇴직 이전과 별도로 새로이 기산할 수도 있다.[60] 재고용계약내용이 현재의 조건보다 낮더라도 일단 수용하고 체결한 이상 강행법에 어긋나지만 않는다면 무방하다. 다만, 퇴직자 재고용이라고 해서 최저임금을 위반해서 그 시간급 이하로 지급해도 된다든가, 근로시간과 연·월차유급휴가 등에 있어서 법정조건보다 낮은 조건으로 계약을 체결하는 등 노동관계법을 위반할 수는 없다.[61]

---

57) 연장취지, 담당업무의 특성, 근로자의 자질, 연장거부사유가 된 사실의 내용과 성질, 기타 정년연장과 관련된 제반사정 등.

58) 대판 2002두12809, 2003.12.12.

59) 서울행판 2015구합 4020, 2015.7.16.

60) 근로기준-8048, 2007.11.29.

61) 서울행판 2001구51080, 2002.5.14. 동성직으로 만 60세의 정년을 초과한 근로자와 촉탁근무계약을 체결하였고, 외견상 기간을 1년으로 정한 촉탁근무계약은 근로계약기간을 1년으로 정한 정식의 근로계약과 유사한 듯 보이나, 고령임을 고려하여 업무상재해에 관한 별도의 각서를 받

60세 정년이후 근로자의 사용방안은, 직무조정, 근로시간 단축 등 고용형태 전환, 계열사나 협력업체로 전적, 임금피크제 실시, 임금체계 개편 등이 있다. 만일 60세 전에 60세까지 정년연장을 하면서 이러한 제도를 도입할 경우는 불이익변경에 해당하여 취업규칙 개정절차를 거쳐야 한다.

ⓔ **부당해고구제신청과 정년도달**

근로관계는 특별한 사정이 없는 한 정년에 도달함에 따라 해고 등 별도의 조치없이 당연히 종료된다. 만약 부당해고구제신청을 하여 해고의 효력을 다투던 중 정년이 도달하여 근로관계가 종료되었다면 근로자로서는 그 지위회복이 불가능하게 된다. 판례에서는 더 이상 구제절차를 유지할 필요가 없다고 보았다.[62] 비록 정년도래 이전에 발생한 부당해고를 이유로 해고기간 중의 임금을 구하거나, 퇴직금산정재직기간에 해고기간 합산실익이 있다고 하여도 그것은 민사절차로 해결될 수 있어 더 이상 구제절차를 유지할 필요가 없으므로 구제이익은 소멸한다.[63]

④ 직급(직위)정년제 및 직급별임기제

직급정년제 즉, 한 직급에서 일정한 기간 내에 상위직급에 오르지 못한 경우 그러한 사유만을 이유로 근로자를 퇴직하도록 하는 것을 말한다.[64] 직급정년제는 일반적인 연령정년제와는 달리 근로계약기간 만료로 볼 수 없고 해고의 일종으로 보아야 한다.[65] 따라서 일정 직급에 도달한 사유만으로 근로자를 해고하자 할 때에는 법 제23조제1항에 의한 정당한 사유가 있어야 할 것이다. 이때 직급정년에 관한 요건 등을 단체협약이나 취업규칙, 근로계약에 미리 정

고, 매 계약체결시마다 정식의 근로계약과 같은 계약기간의 자동연장에 관한 조항이 없는 점 등을 감안할 때 똑같이 1년의 계약기간을 정하였다 할지라도 정년을 도과한 촉탁근무자의 신분상 지위는 일반 근로자와는 다르다고 판단되므로, 정년을 넘은 촉탁근무자의 1년 계약을 연장하지 않은 것은 부당해고가 아니다.

62) 서울행판 2006구합3841, 2006.8.29.

63) 서울행판 2006구합3841, 2006.8.29.

64) 예) 인사규정에 2급 이상 직원의 정년을 60세로 규정하고 있으나 이와 같은 정년과 별도로 일정 기간 내에 승진하지 못할 경우 정년에 관계없이 퇴직하게 되는 직급정년제.

65) 근기 68207-1571, 2001.5.16.

해 놓았다고 해도 해고의 일반적인 제한을 피할 수는 없다. 취업규칙에 정한 정년제를 근로자에게 불리한 직급정년제로 변경하는 것 또한 취업규칙 불이익 변경의 절차적 요건[66]을 갖추어야 한다.

「직급정년제」에 있어서 해고가 정당성을 인정받기 위해서는 근로자의 중대한 귀책 또는 사회통념상 일반적이고도 객관적인 타당성이 요구된다. 이때 "근로자의 중대한 귀책"은 즉시 해고와 동일시 할 수 있는 근로자 귀책사유를 말하는 것이고, 사회통념상 객관적인 타당성은 해고의 일반적인 정당한 사유 즉, 업무능력부족, 인화단결 저해, 영업실적 부진, 해당업무에 대한 기술습득 부족, 잦은 사고 등 객관적으로 보아 더 이상 근로관계를 지속시킬 수 없는 정도에 이르러야 정당한 이유가 있다.[67] 다만, 직급별임기제를 시행하거나, 일반정년제와 직급별임기제를 함께 시행한다 하더라도 이를 법위반으로 보기는 어렵다. 예를 들면, 취업규칙으로 1급 또는 2급 직원의 정년을 59세로 정하고, 그와 함께 1급 직원은 10년, 2급 직원은 12년으로 직급별 임기를 정하되, 임기후의 재계약 여부는 2년마다 개인평가 등을 감안하여 결정하며, 임기를 정하여 임용된 직원(1급, 2급)은 연임(재계약)되지 않는 한 그 임기가 종료된 때에 일반정년(59세) 규정에도 불구하고 당연퇴직하도록 규정하고 있다면, 달리 볼 사정이 없는 한 일반정년과 함께 규정하고 있는 직급별임기제를 반드시 무효라고 보기는 어렵다.[68] 이 경우 당초에 정한 직급별 혹은 직위별 정년은 그 업무와 사업의 특성 직위의 역할 등을 감안하여 사회통념에 적합하게 설정되어야 할 것이다.

취업규칙으로 일반정년이 시행된 이후 직급별임기제를 추가로 도입하여 일반정년 규정의 적용대상 근로자 일부가 직급별임기제에 적용을 받게 되는 결과를 가져온다면 이는 취업규칙을 근로자에게 불이익하게 변경하는 것이므로 취업규칙 불이익변경절차를 거치지 않을 경우, 특별한 사정이 없는 한 그 효력이 인정할 수 없다.

---

66) 근로자과반수 이상 혹은 과반수를 대표하는 노동조합의 동의.
67) 근기 68207-1571, 2001.5.16.
68) 근로기준팀-856, 2005.10.31.

나아가 불이익변경절차에 있어서도, 불이익변경에 의하여 직접 불이익을 당하게 될 1급 내지 2급 직원이 노동조합 가입대상이 아닐 뿐만 아니라, 노동조합이 1급 내지 2급 직원의 근로조건이나 대우 등에 관하여 교섭할 권한이 없고, 실제 교섭한 경우도 없는 등 1급 내지 2급 직원의 근로조건 불이익변경에 대하여 대표권을 행사할 수 없는 경우, 그 노동조합은 직급정년제 도입에 관하여 동의권을 행사할 수 없으므로, 직급정년제의 도입으로 직접 불이익을 입게 될 1급 내지 2급 직원 전체의 과반수의 동의가 필요하고, 전체근로자의 과반수로 조직된 노동조합의 의견을 청취하면 될 것이다. 만일, 1급 내지 2급 직원만을 대상으로 한 불이익변경에 동의권을 행사할 수 없는 노동조합의 동의를 받았을 뿐, 불이익을 입게 될 1급 내지 2급 직원 전체의 과반수의 동의가 없었다면 그 취업규칙의 변경은 효력이 없고, 그 부분에 대하여는 변경 전 취업규칙이 여전히 유효하다고 보아야 할 것이다.

제33장 해 고

1. 개념정의

합의퇴직, 임의퇴직, 당연퇴직 등 근로관계 종료형태는 근로자 본인의 의사·당사자 합의에 따르거나 단체협약·취업규칙·근로계약 등으로 정한 사유나 사실관계 등이 발생하면 자동적으로 계약이 해지되어 근로관계가 종료되는 것으로 일반적인 해고와 확연히 구별된다. 다만, 비진의 의사표시에 의한 합의를 가장하거나 당연퇴직 사유로 정한 것이 정당성이 있는지 여부는 별도로 판단할 사항이다.

「해고(解雇)」란, 사용자가 근로자의 의사에 반하여 일방적으로 장래에 관해 근로관계를 소멸시키는 법률행위를 말한다. 자본주의 아래서 사용자는 그 기업의 합리적인 경영을 위해 근로자와 자유로이 근로계약을 체결하고 해지할 수 있다. 다만, 근로자가 상대적인 약자인 점을 감안할 때, 근로자와 사용자를 대등한 위치에 두고 법적인 규율을 해나간다면, 약자의 지위에 있는 근로자에게는 해고가 곧 직장을 박탈하는 것이 되고 경제적으로 어려운 입장에 처할 수밖에 없다. 따라서 근기법은 사용자의 정당한 이유없는 해고를 법적으로 제한하고, 경영상 꼭 필요한 경우에도 일정한 절차와 요건을 갖추어 해고할 수 있도록 하는 등 여러가지 사회정책적인 제한규정을 두고 있다.[1)]

일반적으로 사용자가 근로자를 정당하게 해고하려면, "더 이상 고용관계를 지속시킬 수 없는 정당한 사유"가 있거나, "긴박한 경영상의 필요"가 있어야

1) 법 제23조 법 제24조, 제26조 등.

한다. 정당한 사유에 해당하는지 여부는 해고의 합법성을 판단하는데 중요한 사항이다. 정당성 여부는 "해고의 시점"을 중심으로 존재하고 있는지 여부를 판단한다. 즉, 과거에는 있었으나 현재는 없다거나, 장래에는 발생할 개연성이 있는 경우는 현재의 시점에서 해고사유로 삼을 수는 없다.

다만, 현재의 정당한 해고사유나 징계사유가 있을 경우 과거에 있었던 그러한 사유는 현재 처분 건에 대한 양형의 자료로 삼을 수는 있다. 해고의 정당한 사유에 관한 입증책임은 사용자에게 있다.[2] 이것은 근로자가 부당해고구제신청을 하여 행정소송이 제기된 경우 등에서도 동일하다.

비록 정당한 사유가 있더라도 질병이나 출산 등 근로자가 어려움에 처한 시기에는 해고를 피해야 한다. 긴박한 경영상의 필요가 있어 해고하는 경우에도, 해고를 피하기 위한 노력을 다하고 합리적이고 공정한 기준에 따라 대상자를 선정하여야 하며, 해고회피기준과 방법 등에 관하여 노동조합 또는 근로자의 과반수를 대표하는 자에게 해고를 하려는 날의 50일 전까지 통보하고 성실하게 협의하여야 한다. 해고대상자를 선정할 경우에도 남녀의 성을 이유로 차별하여서는 안된다. 정당한 사유가 있거나 긴박한 경영상의 필요가 있어 근로자를 해고할 경우에도, 적어도 30일 전에 그 사유와 시기를 명시하여 해고예고를 하거나 30일분 이상의 통상임금을 지급하여 갑작스런 해고처분으로 인해 근로자와 가족의 생활기반이 위협받는 것을 방지하고 새로운 일자리를 찾을 기간을 배려하여야 한다. 다만, 천재, 사변, 그 밖의 부득이한 사유로 사업을 계속하는 것이 불가능한 경우와 고의로 사업에 막대한 지장을 초래하거나 재산상 손해를 끼친 경우로서 고용부령이 정하는 사유[3]에 해당하는 경우에는 해고예고를 하지 아니하고 즉시 해고할 수 있다. 사용자가 해고 사유와 시기를 서면으로 명시하지 않고 근로자를 해고하면 무효가 된다.

단체협약, 취업규칙, 근로계약 등에 당연퇴직사유[4]를 정하고 그 사유발생,

---

2) 대판 91다29811, 1992.8.14 등.

3) 근기법 제26조, 규칙 제4조 별표.

4) 계약기간의 만료, 운전기사의 면허상실, 기술소지자의 자격상실, 형사상범죄 등으로 1월 이상 노무를 제공하지 못한 경우, 신체장애 등으로 노동력의 30% 이상을 상실하였다고 판단되는 경우 등, 근로자가 개인적인 사유로 인해 징역이상의 형을 선고받은 경우는 1심 확정판결이 선고된 날

소정기일의 도래 등에 의해 당연히 퇴직하는 것으로 정할 수 있다. 노사가 합의로 정한 자동소멸의 사유가 발생하면 근기법 제23조에 정한「정당한 사유」에 해당되어 해고예고도 필요없는 것이 원칙이다.[5] 다만, 이 경우 노사합의, 자체규범 등으로 정한 당연퇴직 사유의 정당성 여부가 쟁점이 될 수 있는데, 당해 업종과 노동력의 특성, 사업장의 관행, 업무수행 장해정도 등을 종합적으로 고려하여 사회통념상 합리성이 있는지 여부를 판단하여야 한다. 이상의 요건에 대해 차례대로 상세히 살펴본다.

2. 해고의 정당한 사유

해고의 일반적인 조항으로서 정당한 이유가 있는지 여부에 따라 해고의 효력이 좌우된다.[6]「정당한 이유」의 범위와 내용에 관해서는 법으로 정한 바가 없다. 다만, 판례에 의하면, 정당한 이유란,「사회통념상 고용계약을 계속 시킬 수 없을 정도로 근로자에게 책임이 있는 사유가 있다든가 부득이한 경영상의 필요가 있는 경우」로 보고 있다.[7]

실무적으로, 사업장에서 근로자를 해고할 경우에 대비하여 사전에 취업규칙이나 단체협약 등에 해고에 관한 기준을 명확히 정해 두어야 한다. 기준을 작성할 때 중요한 해고의 지표는, 과연 해고사유로 정한 기준이 근기법 등 "노동관계법에 위반되는 것은 아닌지 여부"를 고민해야 하고, 해고의 기준이 "사회통념에 비추어 객관적인 합리성이 있는지", 그러한 사유로 인해 "더 이상 근로관계를 계속유지 할 수 없는 정도인지 여부"를 염두에 두어야 한다. 이와 같은 사항을 고려하여 작성한 "합법적이고 사회통념상 합리성이 있다고 판단

로부터 당연퇴직처리, 휴직기간 만료 후 휴직사유가 해소되었음에도 복직원을 제출하지 않거나 휴직사유가 해소되지 않음을 이유로 휴직연장원을 제출하지 않은 경우 자동퇴직으로 간주.

5) 취업규칙 등에 휴직기간 만료 또는 업무상 이외의 상병에 의하여 근로자가 장기간 결근하였을 경우(일정한 징계기간이 경과한 후)일정기간 경과로 당연히 퇴직된다는 규정이 있다면, 당해 사실의 발생으로 당연히 고용종료효과는 발생하는 것이며 별도의 해고예고 등의 의사표시는 필요하지 않다(노동부예규 제36호, 1966.5.16).

6) 법 제23조제1항.

7) 대판 90다카21589, 1990.11.23.

되는 기준"은 개별사업장에서 "해고의 정당성을 판단하는 중요한 기준"이 된다.[8] 사업장에서 단체협약 등 서면으로 정한 자치법규가 없는 경우에도 이 기준은 해고의 정당성을 판단하는 중요한 지표가 된다.

결국 정당한 이유의 구체적인 내용은 법이 허용하는 범위를 고려하고 사업장의 특성과 취업규칙, 단체협약의 내용 등을 감안하여 개별적 사안에 따라 구체적으로 판단되어야 할 것이다.[9] 다만, 기업의 규모를 감안하여 4인 이하 사업장은 법 제23조제1항이 적용되지 않으므로 해고의 일반적인 제한을 받지 않는다. 특히 사용자와 근로자가 근로계약체결시 해고할 수 있는 사유를 열거하고 반드시 그 사유에 의해서만 해고할 수 있도록 특약을 정했다면 그 특약을 위반한 해고는 무효가 된다.[10]

「해고의 정당한 이유」에 대한 학설과 판례의 견해는 대체적으로 일신상의 사유, 행태상의 사유, 긴박한 경영상의 필요라는 3가지 유형으로 분류한다. 이상의 3가지 사유를 중심으로 각각 항을 달리하여 살펴본다.

(1) 일신상의 이유

일신상의 이유란, 정신적, 육체적으로 계약상의 노무제공을 어렵게 하는 사정이 근로자에게 발생하여 그 결과 근로자가 사업장 내에서 자신의 지위에서 필요한 업무를 충분히 감당해 내지 못하는 경우를 말하는 바. 대체로 업무수행능력 부족, 성격상 등의 이유로 부적격성, 질병, 복역, 기밀누설, 기타 음주, 마약, 종교, 적성 등이 될 것이다.

1) 업무수행능력 부족

자격상실, 시험의 불합격, 전문지식·기능부족 등이 원인이 되어 직무수행능력이 부족한 경우가 해당한다. 자격상실, 직무수행능력부족, 인사고과 근무성적 평정결과 불량 등의 경우는 자격취득기간, 새로운 지식에 대한 훈련기간 등 개선기간을 주어 일정기간 동안 성과가 없는 경우에 해고할 수 있다. 즉, 단기간에

8) 대판 90다카21589, 1990.11.23.
9) 김형배, 560쪽.
10) 대판 2007다1418, 2008.3.14.

회복이 가능한 경우라면 해고사유가 되지 않는다. 예를 들면 영업용 택시운전사가 적성검사의 미필로 운전면허가 취소되었으나 곧 재발급 되는 경우는 해고사유에 해당하지 않는다. 업무성과가 현저히 낮은 근로자의 해고문제에 관해 살펴보면, 일반적으로 사용자가 특정 근로자를 실적저조, 근무성적 불량 등을 이유로 해고, 징계 등 인사상 불이익을 취할 경우 정당한 이유가 있는지 여부가 쟁점인데, 선발기준의 합리성,[11] 평가기준의 객관성과 공정성,[12] 저성과자 개선조치,[13] 취업규칙 등에 정한 기준에 따랐는지[14] 등이 판단기준이 될 것이다.[15]

2) 성격상 등의 이유로 부적격성

성격상 업무수행의 부적격으로 인해 직무수행이 곤란한 경우, 예를 들면, 건설회사 현장 소장이 통솔력이 부족하여 각기 다른 공종의 인부들을 지휘하여 작업을 효율적으로 수행하지 못한다거나, 악단의 지휘자가 개인적인 성격으로 인해 협동심이 필요한 연주를 조화롭게 이끌어 가지 못하는 경우, 감독자가 공정상 작업 진도를 맞추지 못하거나 생산에 차질을 가져오는 경우 등이 해당된다.

3) 질 병

계약상의 노무수행을 곤란하게 하는 질병으로 경영상 이익을 침해한다고 판단되는 경우도 일신상의 사유가 된다. 예를 들면 운전기사가 눈이 멀게 되거나, 요리사가 법정 전염병에 걸리거나, 야구선수가 어깨부상을 입어 회복이 불가능하거나, 주차단속원이 사고로 인해 하반신이 불구가 되어 회복이 불가능하거나, 타자수가 손가락이나 손목에 이상이 생겨 직무수행이 곤란한 경우,

11) 4년 연속 고과 최하위, 동일직급 내 3년 연속 최하위, 6년간 지속적으로 성과 저하, 영업점 경영평가 하위, 지역전 업적평가 최하위, 광고수주 실적 최하위 등.

12) 다면평가, 평가위원회, 동료, 상사, 노동조합 등의 평가결과.

13) 분기별 격려, 주의조치, 능력을 고려한 미수금 감액·마감기간 연장, 지도교육후 재투입, 적성에 부합한 부서로 전보후 재검정기회부여 등.

14) 인사규정 유무, 경영악화로 인력효율화 계획의 필요성, 광고수주 필요성, 기업의 부실탈피 필요성 등.

15) 서울행판 2002구합16306·2003구합39306 등, 2003.1.24. 회사가 근무성적이 불량한 근로자에 대하여 여러 차례 경고를 했음에도 불구하고 변화가 없어 타사입소에 진보발령을 했으나 여전히 불량하여 직무수행능력부족을 이유로 해고한 것은 정당한 이유가 있다(서울민지판 89가합33263, 1990.4.12).

알콜중독 등으로 심신이 황폐하여 직무수행이 곤란한 경우가 해당한다. 이 경우는 요양 후 본래의 계약상 노무를 제공하는데 차질이 없는지 여부가 중요한 판단기준이 될 것이다.

4) 형의 집행으로 복역 중인 자

형의 집행으로 인해 노무제공이 불가능하여 사용자의 경영이익을 침해하는 경우가 해당한다. 다만, 복역 중이라는 이유로 곧 해고사유가 되지 않고 그로 인해 사용자가 경영상 이익을 침해당했느냐에 따라 판단해야 한다. 그러나 범죄행위가 사회적·도덕적으로 중대한 사회법익을 침해하고 그로 인해 더 이상 근로관계를 지속시킬 수 없어 해고가 불가피할 경우가 있을 수 있는데 범죄의 내용과 죄질 등 구체적인 사정을 보고 결정할 사안이다.

5) 기업의 비밀누설 우려, 기타

근로자가 경쟁사업주와 친인척관계에 있거나 교분이 두터워 사업상의 기밀이 누설될 우려가 있는 경우가 해당한다. 기타 전염병감염, 음주 마약중독, 고령, 불법취업자, 종교 등 경향사업체에서 이질적인 신조를 갖거나 금기시하는 행위를 저지른 경우, 능력과 적성부족, 업무계속이 불가능한 각종 질병 등이 해당한다.

(2) 근로자의 행태상 이유

행태상의 이유란, 근로자의 책임있는 「근로계약상 의무위반행위」로 인해 발생하는 해고사유를 말한다. 근로자는 노무제공의무 이외에 부수적으로 신의칙상의 충실의무를 부담하는 바. 비록 근로자의 행위가 주된 업무와 관련 없는 부수적인 의무에 해당한다고 해도 그로 인해 사용자의 이익을 침해할 경우는 해고사유가 될 수 있다.

1) 노무제공의무 위반

무단결근, 잦은 지각과 조퇴를 반복하는 행위는 노무제공의무 위반으로 행태상의 이유에 해당한다. 결근·지각이 있다고 해서 무조건 해고사유에 해당한다고 볼 것이 아니라, 사업장의 여건이나 해당 근로자의 지위, 담당업무, 결근이나 지각의 사유 등을 구체적으로 고려해야 한다.

고용부의 업무지침에 의하면, 정당한 이유없이 1주일 이상 무단결근하고도 사용자의 출근독촉에 따르지 않거나 출근 및 결근이 일정하지 않는 등 평소 출근성적이 불량하여 사용자로부터 3회 이상 주의를 받고도 이를 시정하지 않는 경우를 해고사유로 예시하고 있다. 판례도, 취업규칙에 3일 이상의 무단결근을 해고사유로 규정하고 있는 경우, 3일간 무단결근한 사실 이외에 과거 6개월 동안 3회에 걸쳐 합계 10일의 무단결근을 이유로 한 해고는 정당하다[16]고 판시하고 있다.

그 외 판매사원의 실적이 저조하고 판매부서 인원감축이 불가피하여 사내에 대기발령했으나 5일은 출근만하고 돌아갔고, 그 후 3~4일간은 전화연락만 하고 결근한 경우에는 해고의 정당한 사유가 된다.[17] 반면, 노동조합 비전임자인 근로자의 근무시간 중 노동조합활동을 제지하거나 명시적으로 불허한 바 없이 근무기록에 정상적 근무로 처리해 임금까지 지급해 온 점을 종합하면, 이미 사전에 포괄적인 노동조합활동을 승인한 것으로 보는 것이 상당하고, 명시적인 합의절차나 승인을 얻지 않았다고 하여 처벌할 수 없다고 하면서 구체적 사실관계를 토대로 해고의 정당성을 부정한 사례도 있다.[18]

2) 사용자의 지시불이행

근로계약을 체결할 때에 제공 장소와 업무의 종류, 수행방법, 근로시간 등은 사용자의 청약에 근로자가 승낙을 함으로써 유효하게 성립한다. 근로자는 사용자의 지시에 따르지 않으면 근로거부에 해당하여 해고사유가 될 것이며, 위법한 쟁의행위나 조합활동으로 인해 근로를 제공하지 않거나 고의로 능률을 저하시키는 행위도 근로제공의무 위반으로 행태상의 사유에 해당한다. 다만, 사용자의 업무지시권은 법, 단체협약, 취업규칙뿐만 아니라 선량한 풍속에 어긋나지 않는 범위 내에서 행사되어야 한다. 범죄단체의 유인물제작이나 마약운반 등을 거부한 행위는 해고사유에 해당하지 않는다. 이 외에도 사용자의 배차지시를 거부, 근로자가 안전수칙을 위반, 상사에게 폭언을 한 경우도 행

16) 대판 89다카4451, 1990.4.27.
17) 대판 86다카1875, 1987.4.14.
18) 서울행판 2008구합48916, 2009.4.21.

태상의 이유로 해고의 정당한 사유에 해당한다. 사용자의 지시권에 복종하는 것은 근로계약의 주된 의무이기 때문이다.

3) 불완전한 노무제공

근로자가 업무능력과 적성을 갖고 있음에도 불구하고 반복적으로 하자 있는 불완전한 노무를 제공한 경우 행태상의 이유에 해당한다. 다만, 이 같은 행위는 고의성이 있는 경우에만 해고사유로 인정된다.[19]

4) 제3자에 대한 범법행위

범법행위는 제3자에 대한 행위라도 근로제공에 영향을 미칠 수 있는 경우에는 해고사유가 될 수 있다. 즉, 형사상 소추를 받는다든가 유죄판결을 받았고, 그로 인해 장기간 노무급부가 불가능하여 계약의 목적달성이 불가능한 경우 또는 근로자에 대한 신뢰·품위·사용자의 명예가 손상됨으로써 정상적인 근로관계를 기대할 수 없는 경우 해고사유가 된다.

이 경우, 유죄 확정판결을 받지 않더라도 그 범죄행위로 인하여, 기본적인 근로제공의무 불능상태가 장기화되어 계약목적이 달성 불가능한 경우 뿐 아니라, 그 범죄행위로 인하여 회사의 명예나 신용이 심히 실추되거나 거래에 악영향을 끼치는 경우, 사용자와 근로자간에 신뢰관계가 상실됨으로써 근로관계 유지가 기대할 수 없는 경우에도 근로계약상의 의무를 불이행한 것이 될 것이다.[20] 따라서 유죄판결 여부에 불구하고 그 범죄행위로 인한 계약목적 달성정도, 명예실추정도, 신뢰관계 상실정도 등을 종합적으로 판단하여 더 이상 근로관계를 유지할 수 없는지를 판단해야 한다. 다만, 운전자의 사고나 법규위반행위처럼 성질상 육체적·정신적인 피로로 인하여 통상 발생할 수 있는 범법사실은 언제나 정당한 해고사유가 될 수는 없다. 따라서 업무의 성격이나 직

19) 레미콘 배합기사 A가 최상급의 기술을 가지고 있고 평소 그러한 능력을 발휘하여 생산에 크게 기여해 왔음에도 불구하고, 최근 2/4분기 성과금의 배분 때문에 관리층과 마찰을 빚어 왔다. A는 성과금에 대한 불만을 품고 출하되는 건물지붕 타설 레미콘에 배합강도를 약하게 하여 건축주들로부터 3~4회 민원을 받은 사실이 있고, 그를 이유로 관리층으로부터 1~2회의 주의를 받고도 개선의 정을 보이지 않았다면 고의성을 가진 불완전한 노무제공으로 해고사유에 해당할 것이다.

20) 대판 97다9239, 1987.5.23.

무의 특성에 비춰서 특별히 요구되는 신뢰나 명예를 손상시킨 경우 또는 근로제공에 영향을 미칠 때에만 부수적의무인 충실의무 위반으로 행태상의 이유에 해당한다.[21] 근로자의 위반행위가 그리 심각하지 않거나 사용자의 피해가 크지 않다면 사용자는 징계해고에 앞서서 분명한 경고의사를 전달하고 개선의 여지를 주어야 한다.

5) 정치, 종교 등 경향사업에 종사하는 근로자의 해고

사업장이 특정한 신조나 사상과 깊은 관련을 가진 경우, 신조나 사상에 배치되는 행동을 할 경우에는 계속근로에 문제가 될 수 있다. 정치·종교·신앙·미술·과학·언론사업 등에 있어서 그 사업에 종사한 자가 그 경향사업에 반하는 행위를 할 경우에는 정당한 해고사유가 될 수 있다는 것이다.[22] 독일에서는 일반사무원, 경비원, 운전기사, 청소원 등은 경향사업에 합치되는 충실의무를 부담해야 할 의무는 없으므로 일반근로자와 마찬가지로 정당한 이유가 있어야 한다고 본다.

3. 일반적인 해고의 절차

(1) 해고예고와 서면통지

사용자는 일반적인 사유 또는 경영상의 이유로 근로자를 해고할 경우 30일 전에 해고예고를 하여야 하며, 30일 전에 해고예고를 하지 아니하였을 때에는 30일분 이상의 통상임금을 지급하여야 한다. 또한 해고시 사유와 시기를 서면으로 통지해야 하며, 서면으로 통지하지 않으면 효력이 없다.[23] 30일은 초일

21) 예를 들면, 회사의 경비원이 제품창고 앞에 야적해둔 포장박스를 사적인 용도로 활용하기 위해 반출했거나 출하될 완제품을 훔치는 행위는 경비원의 직무에 비춰 특히 요구되는 신뢰를 손상시킨 행위.

22) 예를 들어, 교회종사 근로자가 낙태를 하거나 유부남과 동거 등 불륜을 저지를 경우, 종교재단 병원이 이사가 낙태옹호 발언, 미술관에 근무하는 자가 유명작품 모조품을 판매유통(옹호발언), 노동조합에 근무하는 자가 반노동조합적인 투고, 대한주택공사 직원이 부동산투기, 농협직원이 농민을 상대로 사채놀이, 무료직업소개소 직원이 구직을 알선하면서 돈을 받는 행위, 기숙사사감이 입소자추행 등.

23) 근기법 제26조, 제27조.

을 산입하지 않고 익일부터 기산하되 중간에 휴일과 휴무일을 포함한다.[24]

사용자는 해고사유와 해고될 날짜를 서면으로 명확히 통지하여야 하며, 불명확한 기한이나 조건[25]을 붙인 해고는 예고로서 효력을 갖지 못한다. 이 경우, 해고예고 의무에는 이행방법을 정하지 않았기 때문에 구두나 서면예고 모두 효과가 있으나, 해고사유 서면통지 조항은 서면명시의무를 정하되 그 시기를 정해두지 않았다. 따라서 해고일 이전에 언제든지 서면으로 통지하기만 하면 의무를 다한 것이 될 수 있다. 따라서 2가지 의무는 별개로 보인다. 다만, 실무에서는 2가지를 합하여 해고예고시 해고사유와 시기를 서면으로 명시하여 적어도 30일 전에 근로자에게 도착하도록 이행하는 것이 바람직하다. 서면명시의무[26]를 위반한 경우에도 벌칙은 없다. 다만, 강행법 위반시 처벌은 별론으로 하더라도 민사상 근로자지위확인 및 해고무효확인소송 등에서 유력한 소송자료로 활용될 것이다. 해고사유와 시기를 서면통지 하도록 정한 것은 효력발생요건이다. 따라서 실무상 해고사유만 명시하고 시기를 명시하지 않은 경우 등 어느 하나라도 요건을 갖추지 못하면 해고의 효력이 없다고 보아야 한다.

근로자의 사망, 행방불명, 근로계약기간의 만료, 정년도래 등의 경우와, 단기간 근로 등 해고예고의 예외적인 경우는 제도가 적용되지 않는다. 다만, 제도의 취지상 근로계약의 반복갱신을 기대할만한 객관적사정이 존재하는 경우[27] 갱신거절을 위해서는 예고가 필요하다는 견해가 있다. 당초 해고예고를 한 후, 기존의 경영상해고 및 해고예고를 전면 철회하는 의사를 표시하고 새로이 해고절차를 진행할 경우에는 선정된 해고대상자에 대해서는 별도의 해고예고가 필요하다.[28]

1) 30일 전

법문상 "적어도 30일 전"에 예고하도록 정하고 있으므로 30일을 초과하는 예고기간은 당사자가 개별합의, 취업규칙, 단체협약 등으로 예고기간을 근로

---

24) 근기01254-2186, 1987.2.11.

25) 3월 중, 1/4분기 중, 혹은 매출이 정상적으로 오르지 않으면, 업무실적이 전년평균 80% 이상 증가하지 않으면 등.

26) 법 제27조제1항.

27) 매 1년단위로 수년간 계약이 반복되어 기대감이 형성된 경우.

28) 근기 68207-621, 2003.5.23.

자에게 유리하게 연장할 수 있다. 다만, 30일 미만으로 예고기간을 단축하는 합의는 무효가 된다. "적어도 30일 이전"이라 함은, 예고 당일은 포함하지 않고 달력에 의한 30일을 의미한다. 예를 들면, 4.1자로 해고를 할 경우는, 해고하려는 날의 30일 전에 예고를 하여야 하므로, 3.31부터 역일에 의한 30일(3.2~3.31)이전 즉, 당일을 포함하지 않으므로, 3.1에 서면으로 해고예고를 하여야 한다. 30일에서 하루라도 부족하면 해고예고의 효력이 없으므로 30일분 이상의 통상임금을 지급하여야 한다.[29)]

2) 수당지급과 해고예고의무

수당지급과 30일 전 예고의무는 사용자의 선택적 사항이다. 다만, 30일 전 예고의무를 다하지 못하고 부족한 일수[30)]에 대해 금전으로 환산하여 수당을 보충할 경우 예고의무를 다한 것으로 볼 수 있느냐 하는 점이 의문이다. 이 경우 2가지 사항이 일시에 미리 확정된 경우는 예고효과를 긍정할 수 있지만, 처음에는 부족일수로 예고를 하고 나중에 부족분에 대해 수당을 추가로 지급하는 것은 허용되지 않는다고 보아야 한다. 해고예고수당은 임금이 아니고 금전적인 보상금 성격을 갖는다. 따라서 적어도 해고와 동시에 전액을 일시에 지급하여야 한다. 만일 근로자가 수당수령을 거절할 경우 민사소송법상 공탁절차를 활용할 수 있다.

(2) 해고예고의무 예외

해고예고는 근로자가 의사에 반해 근로관계가 종료될 때 적용되는 것이다. 따라서 정년, 사직 등 임의퇴직, 합의퇴직, 기간을 정한 근로계약기간 만료 등의 경우는 적용되지 않는다.

천재·사변, 기타 부득이한 사유로 사업계속이 불가능한 경우, 근로자가 고의로 사업에 막대한 지장을 초래하거나 재산상 손해를 끼친 경우, 단기간 재직근로자에 해당하는 경우 해고예고나 해고예고수당을 지급하지 않고 근로자를 즉시해고 시킬 수 있다.[31)] 사업을 계속할 수 없는 불가항력적인 경우까지 예고의

29) 근기 68207-1346, 2003.10.20.
30) 예) 20일 전 예고를 하여 10일이 부족한 경우.
31) 법 제26조 단서, 규칙 제4조.

무를 부과하는 것은 무리라는 것이다. 다만, 이 경우 해고예고나 해고예고수당의 지급의무는 면제되지만 해고의 정당한 사유는 반드시 있어야 한다.

1) 천재·사변, 기타 부득이한 사유

천재·사변, 기타 부득이한 사유로 사업계속이 불가능한 경우란, 예고를 할 여유와 필요가 없는 경우로서, 풍수해 화재 등 예측할 수 없는 돌발적인 사태로 인해 사업주의 중요한 건물·설비·기자재 등의 전부나 일부의 멸실·손실로 사업운영이 불가능한 경우, 사회통념상 천재지변에 준할 정도로 돌발적이고 불가항력적인 사유로 사업계속이 불가능한 경우, 기타 법령의 개폐 등으로 행정관청으로부터 폐지명령이 있는 경우 등과 같이, 사업주에게 그 책임을 물을 수 없는 기타 부득이한 사유로 사업계속이 불가능한 경우를 말한다.

다만, 단순히 경기침체로 인한 불황, 매출감소, 거래선 파산, 노사분규로 인한 생산차질, 거래선 이탈 등 영업활동 위축 등으로 인한 경영위기·경영난은 포함되지 않는다.[32] "사업계속이 불가능한 경우"는 경영자로서 사회통념상 취할 도리를 다하였음에도 불구하고 감당할 수 없는 경우를 말하며, 입증책임은 사용자에게 있다. 행정해석에 의하면, 회사가 부도로 인해 도산된 경우는 부득이한 사유로 사업계속이 불가능하다고 보아서 해고예고를 할 필요가 없다고 보았다.[33]

2) 근로자의 귀책사유

근로자가 고의로 사업에 막대한 지장을 초래하거나 재산상 손해를 끼친 경우에도 해고예고나 해고예고수당을 지급하지 않고 근로자를 즉시해고 시킬 수 있다.[34]

---

32) 근기 68207-914, 2003.7.21 ; 근기 68207-2320, 2000.8.2.

33) 근기 68207-2320, 2000.8.22.

34) 법 제26조 단서, 규칙 제4조, 별표, 예를 들면, 근무 중 과음, 폭음, 기물파손, 직장상사에게 난동 등(법무 811-9151, 1976.5.27 ; 서울고판 76구439, 1977.9.13). 운전부주의로 인한 회사의 손해, 동승자 구타 희롱 등(중노위 1975.12.12) 안전운전과 주의의무 태만으로 사고발생(중노위 1980.5.14), 상습도박 형사소추(중노위 1980.10.21), 정당한 사유없이 8개월간 무단결근(중노위 1981.11.7), 직장무단이탈, 직원과 시비 및 폭행 등 업무방해와 사내질서문란(중노위 1983.7.12), 불법농성으로 생산불능, 원료 및 시설파손(중노위85해고5, 1985.10.26), 사납금횡

1. 납품업체로부터 금품 또는 향응을 제공받고 불량품을 납품받아 생산에 차질을 가져온 경우
2. 영업용차량을 임의로 타인에게 대리운전하게 하여 교통사고를 일으킨 경우
3. 사업의 기밀 기타 정보를 경쟁관계에 있는 타사업자 등에 제공하여 사업에 지장을 가져온 경우
4. 허위사실을 날조하여 유포하거나 불법 집단행동을 주도하여 사업에 막대한 지장을 초래한 경우
5. 영업용차량 운송수입금을 부당하게 착복하는 등 직책을 이용하여 공금을 착복, 장기유용, 횡령 또는 배임한 행위
6. 제품 또는 원료 등을 몰래 훔치거나 불법 반출한 경우
7. 인사·경리·회계담당 직원이 근로자의 근무상황실적을 조작하거나 허위서류 등을 작성하여 사업에 손해를 끼친 경우
8. 사업장의 기물을 고의로 파손하여 생산에 막대한 지장을 가져온 경우
9. 그 밖에 사회통념상 고의로 사업에 막대한 지장을 가져오거나 재산상 손해를 끼쳤다고 인정되는 경우

3) 단기간 재직근로자

일용근로자로서 3개월을 계속근무하지 아니한 자, 2개월 이내의 기간을 정하여 사용된 자, 계절적 업무에 6개월 이내의 기간을 정하여 사용된 자, 수습사용한 날로부터 3개월 이내인 자에 대하여는 해고예고를 할 필요가 없다.[35] 사용자와 근로자가 단기성을 예상하고 체결한 근로계약까지 해고예고를 적용한다면 기업활동을 위축하고, 계약자유를 지나치게 제한하는 것이기 때문에 예외를 둔 것이다. 만약, 사용자가 예고제도를 피할 목적으로 실제는 장기계약이면서 단기성계약을 반복하는 경우는 해고예고의무에서 제외될 수 없다. 근로계약이 반복 갱신될 객관적사정이 존재하는 한, 갱신을 거절하려면 예고제도의 적용을 받아야 한다는 견해가 설득력이 있다.

① 일용근로자로 3월을 계속근로하지 않은 자

일용근로자란 1일단위로 사용되는 근로자를 말한다. 계약기간이 1일을 초과하거나 기간을 약정하지 않은 자는 여기서 말하는 일용근로자가 아니다.[36]

령 및 입금액 담합행위로 경영질서문란(중노위 1985.12.27)은 해고예고 예외사유로 인정된다.

35) 근기법 제35조.

36) 근무하는 날의 작업이 종료하고 퇴근하며 근로계약이 해지되는 등 근로계약의 갱신이 매일매일 반복된다고 하더라도 그러한 고용형태가 일정기간 이상을 사실상 계속근로한 일용근로자는 휴일, 연·월차유급휴가, 해고예고, 퇴직금 등 근기법의 보호대상이 된다. 건설공사장에서 3개월 이상 계속근로한 일용근로자 및 관공서의 잡급직원을 해고할 경우에도 해고예고규정이 적용된다(법무 811-5120, 1979.3.2 ; 법무 811-14939, 1979.6.22).

② 2월 이내 기간을 정해 사용된 자

약정기간이 2월 이내의 기간이고 그 기간을 초과하여 계속근로하지 않는 자를 말한다.

③ 계절적 업무에 6월 이내 기간을 정해 사용된 자

과수원, 야외버섯농장, 염전 등 계절적인 노동력 수요를 감안하여 6월 이내의 기간을 정해 고용한 경우를 말한다.

④ 수습사용 중인(3월 이내)근로자[37)]

해고예고 적용제외 대상 여부에 관한 판단기준 시점은 해고시점(해고의 효력발생일)을 기준으로 판단해야 한다.[38)] 정당한 이유가 있고, 일용근로자로서 3월이 되지 못한 자는 2개월의 마지막 날까지 해고예고없이 즉시 해고할 수 있다. 예를 들면, 2007.1.1 일용근로형태로 입사한 근로자가 당초 기대와 달리 업무처리능력이 미숙하고 이해도가 낮아 더 이상 근로관계를 지속할 수가 없다고 판단될 경우는 3월이 되기 전인 2.28까지 해고예고없이 해고할 수 있다.

4) 해산·청산의 경우

해산·청산의 경우 회사는 근로자를 통상해고할 수 있는 것이 원칙이다 상법상 주식회사는 주주총회 특별결의, 즉 주주총회에 출석한 주주의 의결권의 3분의 2 이상의 수와 발행주식총수의 3분의 1 이상의 수로써 결의하는 경우 해산될 수 있다. 다른 회사의 경우에도 총사원의 동의가 있는 경우에는 해산할 수 있다. 해산시 상법상으로는 근로자 동의 또는 협의를 거칠 필요가 없다. 위 상법상 절차에 따른 해산·청산은 기업경영의 자유에 속하는 것으로서 회사는 정리해고가 아닌 통상해고 방식에 의해 근로자 전원을 해고할 수 있다는 것이 판례다. 즉 회사는 정리해고에 요구되는 긴박한 경영상의 필요, 해고회피 노력, 합리적이고 공정한 해고자 선정기준, 50일 전 과반수 근로자와의 협의 요

---

37) 수습기간 중 근로자의 과실로 인한 해고를 할 경우는 해고사유의 정당성만 갖추면 해고예고를 할 필요없이 근로계약, 취업규칙, 단체협약이 정하는 바에 따라 해고할 수 있다(근기 01254-3559, 1988.3.9).

38) 대판 2002도1216, 2002.5.21.

건을 따를 필요가 없고, 30일 전 해고예고통지를 통해 (또는 30일분의 통상임금에 해당하는 해고예고수당을 지급해) 해산 직후 회사의 근로자 전원을 해고할 수 있다.

5) 폐업의 경우

폐업은 전부폐업과 부분적 일부폐업으로 구분한다. 우선 사업 전부 포기의 경우 직접 적용할만한 선례는 발견되지 않으나, 형식적으로 해산절차를 진행하지 않았다 할지라도 근로관계 유지 필요성 면에서 해산과 실질이 같으므로, 해산시 통상해고가 가능한 것처럼 회사는 근로자 전원에 대해 (정리해고가 아닌) 통상해고를 할 수 있다는 견해가 유력하다. 이때 사업 전부 포기는 전체적으로 볼 때 사회통념상 사업 전부 포기라고 인정될 수 있는 경우라고 할 것이므로, 예컨대 사업 포기 이후 잔존하는 부동산의 임대를 하는 경우처럼 부수적 업무를 하는 경우도 사업 전부 포기라고 볼 수 있을 것이다. 사업 일부 포기의 경우 회사가 계속 수행하는 사업이 있으므로 통상해고가 가능한지에 대해 사업 전부 포기와 달리 볼 필요가 있다. 이 경우 통상해고가 가능한지는 포기하는 사업과 계속하는 사업이 동종 사업으로 운영 등에 있어 호환성이 있는지 아니면 별개의 독립된 사업인지에 따라 정해지는 문제라고 본다. 호환성이 있다면 회사는 포기대상 사업에 속한 근로자를 해고하려면 통상해고가 아닌 정리해고 요건을 충족해야 하지만, 별개의 독립된 사업이라면 어느 사업의 포기는 사업 부분의 단순한 수량적 축소가 아니라 독자적인 사업부분의 완전한 폐지에 해당하므로 통상해고가 가능하다.

위장폐업으로 인정되면 해고 효력이 문제될 수 있다 위장폐업이란 기업이 진실한 기업폐지 의사 없이 근로자들이 노동조합을 결성하려고 하는 것에 대응하거나 노동조합의 활동을 혐오해 이를 와해시키기 위한 수단으로써 기업을 해산하고 조합원 전원을 해고한 다음 새로운 기업을 설립하는 등의 방법으로 기업의 실체가 존속하면서 조합원을 배제한 채 기업활동을 계속하는 경우를 말한다는 것이 판례다.

판례는 해산·청산을 대상으로 한 것이나 사업폐지도 동일한 사정이 있으면 위장폐업으로 인정될 수 있을 것이다. 위장폐업으로 인정되면, 해당 폐업을 이유로 한 근로자 해고의 효력이 부인된다. 따라서 근로자는 위장폐업한 회사 또는 위장폐업을 계기로 신설된 회사를 상대로 계속 근로시 수령할 임금 지급을 구할 수 있고, 나아가 불법행위에 기한 손해배상 및 정신적 손해에 대한 위자료까지 청구할 수 있다. 위장폐업인지 여부는 폐업의 동기와 기업실질의 계속 여부를 종합해 판단한다. 폐업의 동기는 주로 노동조합 결성 또는 조합활동의 혐오와 노동조합 와해에서 폐업이 이루어진 것인지 문제되는데, 이는 폐업 시기, 폐업 당시 및 그 이전 상당기간의 영업실적, 쟁의발생 전의 사업계획, 쟁의에 대한 사용자의 태도, 동종 사업의 재개 가능성, 사업장 주요설비의 유출 여부, 거래처와의 계약존속 여부 등을 기준으로 판단한다. 기업실질의 계속 여부는 폐업 회사와 신설 회사 사이의 동일성이 문제되는데, 신설 회사의 설립자, 출자자 등 자본의 성격, 임원, 명칭, 소재지, 업종, 영업목적, 거래상대방, 종업원 및 영업목적 등을 판단기준으로 한다.

(3) 해고예고기간 중 근로관계

근로자는 예고기간 만료시까지는 정상적인 근로관계가 유지된다. 따라서 그 기간 중에 사용자 귀책으로 휴업하는 경우는 휴업수당이 발생하고 근로자 귀책으로 휴업하는 경우는 임금의 감액과 함께 징계처분이나 즉시해고 될 수도 있다. 다만, 해고예고의 취지가 근로자의 구직을 위한 배려임을 감안하여 구직을 위한 결근시에는 부득이한 사유로 보아서 임금을 지급하는 것이 바람직하다.

(4) 해고예고의무를 위반한 해고의 효력

정당한 사유없이 행해진 해고는 해고예고나 해고예고수당지급유무에 불구하고 해고의 효력이 없다.[39] 다만, 정당한 사유는 있으나 예고의무를 이행하지 않은 경우에 관해서는 유효설과 무효설, 선택권설로 의견이 나눠진다.

1) 학설과 판례

「유효설(有效說)」은 정당한 사유만 있다면 예고가 없어도 유효하다는 입장이고, 「무효설(無效說)」은 해고예고나 수당지급은 사용자의 해고권을 절차적 입장

39) 대판 91누6184, 1992.3.31.

에서 제한하는 강행규정이므로 이를 위반한 해고는 무효라는 입장이다. 상대적 약자의 생존권보호를 고려한 법의 취지를 감안할 때 무효설에 공감이 간다.

무효로 된 경우, 사용자가 유효한 해고예고나 수당지급을 할 때까지 근로제공의무와 임금청구권 등 근로관계는 계속 유효하다고 보아야 한다. 절대적 무효설이라고도 한다. 한편 예고기간을 두지 않고 수당도 지급하지 않은 해고는 즉시해고로는 효력을 발휘하지 않지만, 통지 후 30일이 지나거나 예고수당을 지급함으로써 해고의 효력이 생긴다는 상대적무효설로 구분하는 견해도 있다.

「선택권설(選擇權說)」은 예고기간을 두지 않고 수당을 지급하지 않은 경우, 근로자는 해고의 무효를 주장하거나 해고의 유효를 전제로 하여 예고수당을 청구하거나 둘 중 하나를 선택해서 행사할 수 있지만 상당기간 안에 선택권을 행사하지 않으면 무효임을 주장할 수 없다는 입장이다.

판례에 따르면, 해고의 정당한 사유를 갖추고 있는 한 해고예고의무를 위반한 해고라도 사법상 효력에는 영향이 없다고 보아서 유효설의 입장을 취한다.[40] 헌재에서도 해고예고제도는 근로관계의 존속이라는 근로자보호의 본질적 부분과 관련되는 것이 아니므로, 해고예고는 해고 그 자체의 효력유무와 무관한 제도라고 보아서 해고예고의무를 위반한 해고도 유효하다는 입장이다.[41]

2) 절차적 요건과 해고의 정당성

해고예고나 30일분 이상의 통상임금을 지급하는 것은 해고 그 자체가 "정당한 이유"가 있는 경우에만 적용된다. 따라서 해고예고 등 절차를 갖추거나 수당을 지급했다고 해도 정당성에 관해 이의를 제기한 경우는 해고처분에 불복한 것으로 보아야 한다.[42] 정당한 사유가 없는데도 절차적 요건만 갖추면 해고의 효력이 생긴다는 것이 아니다. 학설의 유효설과 입장을 같이한다. 사용

---

40) 박홍규 325쪽 ; 임종률, 531쪽 ; 근기법 주해Ⅱ, 276쪽.

41) 대판 93누4199, 1993.9.24 ; 근기법 제32조(현 제26조)에서 정한 30일 전 해고예고의 절차를 거치지 아니하였다 하더라도 해고예고수당을 지급하여야 함은 별론으로 하고 해고의 효력에는 영향이 없는 것이므로, 설령 30일 전에 계약해지 통고를 하지 아니하였다고 하여 계약기간 만료로 인한 근로관계 종료의 효력에는 영향이 없다(서울행판 2003구합30361, 2004.2.12).

42) 헌재 99헌마663, 2001.7.19.

자가 근로자를 해고하면서 해고예고도 없었고, 30일분 이상의 통상임금을 지급한 바도 없다면, 법 제110조에 의거 벌칙[43]이 적용된다.[44] 절차적 정당성에 관한 입증책임은 사용자에게 있다.

3) 절차적 규정과 정당성문제

단체협약과 취업규칙 등에 해고에 앞서 「절차적 규정」을 두는 경우가 있다. 이 경우 절차적 요건을 구비하지 못한 징계 등의 효력의 정당성이 문제가 된다. 해고 등 징계처분에 앞서 사전통지, 소명절차, 징계회의 구성과 개최 의결 등 근로자보호를 위한 절차를 위반한 해고는 실체적인 해고사유에 정당성이 있는지 여부를 따질 필요없이 무효가 되는 것이 원칙이다.[45]

만약 「절차적 규정을 두지 않은 경우」 징계처분에 대한 변명과 소명자료 제출 등 공정성을 담보하기 위한 과정은 생략하고 유효한 처분을 할 수 있을까 하는 점이 의문이다. 징계위원회를 두고 소명 등 관련 절차[46]를 정해 두는 것은 전적으로 경영권의 주체인 사용자의 재량에 속하므로 징계위원회를 두지 않거나 절차규정을 두지 않을 수도 있다. 단체협약 등에 그러한 절차를 정해 놓지 않았다면 그러한 절차를 거치지 않았다고 하여 처분이 무효가 되는 것이 아니다.[47] 다만, 절차를 두지 않았다고 해서 객관적인 처분의 합리성이나 정당한 이유[48] 등 해고의 일반원칙에 위배된 해고처분을 할 수는 없다. 보다 자세한 사항은 이 장의 끝부분 징계해고절차 등에서 따로 설명한다.

(5) 해고의 시기적인 제한과 기타 노동관계법상 제한

비록 근로자에게 더 이상 근로관계를 지속시킬 수 없는 정당한 사유가 있더라도 업무상 부상 또는 질병의 요양을 위한 휴업기간과 그 후 30일 동안 또는

43) 대판 91다2663, 1991.5.14 ; 대판 91누6184, 1992.3.31.
44) 2년 이하 징역 또는 1천만원 이하의 벌금.
45) 대판 92다50263, 1993.7.13 외 다수.
46) 위원회 출석 변명기회부여, 소명자료를 준비하기 위한 상당한 기간을 두고 사전통지, 특정위원회에서 의결처분 등.
47) 대판 78다304·79누306·85다카375·85다카1591, 1979.1.30.
48) 사회통념상 더 이상 고용관계를 지속할 수 없는지 여부 등.

산전산후(産前産後) 여성이 이 법에 따라 휴업한 기간과 그 후 30일 동안은 해고할 수 없다. 일부에서는 출산전에 휴가를 청구하지 않고 취업 중인 경우에도 해고제한이 적용된다는 견해가 있다.[49]

다만, 근로자가 근기법 제78조 및 영 제44조에 의거 요양을 시작한지 2년이 경과하여도 부상·질병이 완치되지 않아 사용자가 그 근로자에게 평균임금의 1,340일분의 일시보상을 한 경우와 사업을 계속할 수 없는 경우에는 해고조치를 할 수 있다. 산재법에 의거 요양급여를 받는 자가 요양개시 후 3년이 경과한 날 이후에 상병보상연금을 지급받고 있으면 근기법 제23조제2항 단서를 적용할 때 그 사용자는 그 3년이 지난 날 이후에는 같은법 제84조에 따른 일시보상을 지급한 것으로 보기 때문에 이 경우에도 해고를 할 수 있다.

해고금지기간 중 해고를 한 경우 근기법 제107조에 의거 5년 이하의 징역 또는 3천만원 이하의 벌금에 치해 질 수 있다.

요양기간 2년을 산정함에 있어서는, 요양을 개시 후 중단했다가 다시 요양을 받은 경우에는 중단기간을 공제하고 실제로 요양을 받은 기간만을 합산하여 만 2년경과 여부를 판단한다. 만약 틈틈이 출근하면서 통원치료 등 요양을 위한 휴업을 계속한 기간도 요양기간으로 보아서 해고가 금지되는지가 문제다. 부분적 취업이라고 해도 요양을 위한 휴업중이고, 다른 직장에 취업할 가능성도 희박하다면 해고가 금지된다고 보아야 한다.[50]

해고가 금지되는 것은, 요양을 위하여 휴업한 기간이라야만 적용이 되므로, 정상적으로 출근하고 있는 경우 등 요양을 위한 휴업이 실제로 인정되지 않는 경우는 적용되지 않는다. 다만, 트럭운전자가 요양기간 중 쟁의행위를 주도하였더라도 본래 업무를 정상적으로 수행할 정도로 회복된 것이 아니므로 요양을 위한 휴업기간으로 보아야 한다[51]는 판례도 있다.

업무상 부상에 따른 요양을 종결한 후, 상당한 신체적 장해가 남은 경우로

49) 김형배, 542쪽.
50) 임종률, 536쪽, 김형배, 542쪽 병원에 입원한 기간, 통원치료 받는 기간, 출근하여 취업하면서 통원치료 받는 기간도 요양을 위한 휴업기간에 포함한다.
51) 대판 91누3321, 1991.8.27.

종전의 업무를 수행할 수 없거나 부적절하게 되었다면, 해고금지기간[52]에 해당되지 않는 한 해고가 가능하다. 다만, 후유장애 등이 있는 경우에도 배치전환조차 곤란한 사정 등 정당한 사유가 있어야 하고, 해고할 경우에는 반드시 해고예고 절차를 거쳐야 한다. 해고하기 전에 반드시 일정기간의 유예기간을 두고 배치전환을 하여 근무하도록 관찰하여야 하는 것은 아니다.[53]

판례의 견해에 의하면, 정신 또는 신체상 결함으로 직무를 감당하기 어려운 사정을 퇴직처분사유로 정한 경우는, 의사 소견서로만 정할 것이 아니라 치료종결 후 노동력상실 정도, 잔존능력으로 감당할 직무의 존재유무, 사용자가 종업원 복귀를 위해 배려했는지 여부, 종업원의 적응노력 등을 종합적으로 고려해야 한다는 입장이다.[54]

「사업을 계속할 수 없는 경우」란, 천재·사변 기타 부득이한 사유로 인한 것이든 경기악화·경영부실·관리소홀 등으로 인한 것이든 묻지 않는다. 다만, 사업을 상당기간 중지할 수 밖에 없는 경우라야 하고 일시적·잠정적인 중지는 해고예외 사유가 될 수 없다.[55]

1) 해고금지기간 중 해고예고

법은 해고와 해고예고를 명백히 구분하고 있고 법으로 금하고 있는 것은 금지기간 중에 근로자가 해고되어 직장을 상실하는 것을 방지하려는 것이므로, 해고금지기간에도 해고예고는 허용된다. 따라서 사용자는 산전후휴가를 마치고 출근한 근로자를 해고하려면 90일의 휴가를 마치는 날에 해고예고를 하여 그 다음날로부터 30일이 지난 다음날에 해고를 할 수 있다. 행정해석도 업무상 부상 또는 질병의 요양을 위한 휴업기간과 그 후 30일간은 해고를 할 수 없으나 해고예고까지 할 수 없는 것은 아니다. 따라서 사용자는 해고의 정당한 이유가 있는 경우에는 업무상 부상과 질병의 요양을 위한 휴업기간 중에 해고

52) 요양종결 후 30일간.
53) 대판 95누15728, 1996.11.12, 채탄기계수리공사건.
54) 대판 95다45934, 1996.12.6 ; 대판 2009두3583, 2009.6.11.
55) 하갑래, 630쪽.

예고를 하고 동기간 완료 후에 해고를 하는 것은 가능하다.[56] 통설은 사용자가 해고금지기간 중 근로자를 해고하면 해고의 의사표시 자체도 사법상 무효가 된다고 보고 있다. 근로자가 해고에 관해 승인을 했다고 하여도 법위반에 해당한다.[57]

다만, 요양종결 처분 후, 산재보상보험법에 의거 후유증상의 진료를 위하여 근로복지공단으로부터 승인받은 후유증상의 진료기간을 법 제23조제2항의 '업무상 부상 또는 질병의 요양을 위한 휴업기간' 으로 볼 수 없다.[58]

2) 기타 노동관련 법에 의한 해고제한

기타 노동관련법에 의한 해고제한을 살펴보면, 사용자로부터 정당한 사유없이 부당한 해고를 당한 근로자를 구제하기 위하여 일정한 구제절차가 있고, 노조법에서는, 노동조합활동과 관련하여 정당한 이유없는 해고를 부당노동행위로서 규율하고 있으며,[59] 남녀고용평등법에서는 정년, 퇴직, 해고에서 여성의 차별을 제한하고 있다.[60]

근로자가 노동조합에 가입 또는 가입하려고 하였거나 노동조합을 조직하려 하였거나 기타 노동조합의 업무를 위한 정당한 행위를 한 것을 이유로 그 근로자를 해고하거나 그 근로자에게 불이익을 주는 행위를 금하고 있고, 근로자가 정당한 단체행위에 참가한 것을 이유로 하거나 노동위원회에 대하여 사용자가 노동관계법규정을 위반한 것을 신고하거나 그에 관한 증언을 하거나 기타 행정관청에 증거를 제출한 것을 이유로 그 근로자를 해고하지 못한다고 정하고 있다.[61]

또한 유니온숍제도를 채택한 사업장의 경우 근로자가 노동조합에서 제명된 것을 이유로 해고하거나 불이익을 줄 수 없도록 하고 있다.

56) 근로기준과-5784, 2004.8.18.
57) 대판 84도367, 1984.4.10.
58) 근기 68207-2245, 2002.6.24.
59) 노조법 제81조제1호.
60) 남녀고용평등법 제11조.
61) 노조법 제81조제1호·제5호.

① **근기법에 의한 제한**

근로자가 사업장의 법 위반사실을 근로감독관에게 신고한 것을 이유로 해고하거나 불리한 처우를 할 수 없다고 정하고 있고, 남녀·국적·사회적 신분·신앙을 이유로 근로조건에 차별적 처우를 하지 못하도록 하여 해고에 있어서도 차별적 처우가 금지된다.[62]

② **남녀고용평등법에 의한 제한**

여자라는 이유로 해고하는 것은 법 제11조 및 근기법 제23조제1항 위반에 해당한다. 구체적으로는 혼인·임신·출산 등을 이유로 한 해고, 여성에게 불리한 징계사유나 절차 등을 금지한다. 또한 사용자는 육아휴직을 이유로 근로자를 해고할 수 없도록 하고 있다.[63] 여성근로자가 동의를 한 경우에도 위법성이 해소되지 않는다.

해고제한 규정을 위반하여 근로자를 해고한 경우는, 정당한 이유없는 해고로서 사법상 무효가 되며, 해당법조 위반에 대해서는 각각 처벌받을 수도 있다. 다만, 법 제23조제1항의 위반에 대해서는 그 자체로서 벌칙은 없어졌다. 따라서 부당한 해고를 당했다고 주장하는 근로자는 부당해고가 있었던 날로부터 3개월 이내에 노동위원회에 구제신청을 하여 시정을 할 수 있다.[64]

4. 경영상이유에 의한 해고

자본주의를 기본으로 하는 우리나라는 기업활동의 보장과 근로자보호라는 2가지 문제가 공존한다. 여기서 기업활동에 대한 조직·운영과 근로자의 직장보호가 상충되는 경우에 어떠한 규율이 필요한가 하는 문제가 된다. 사업주는 경기후퇴와 수요감소, 판매부진, 수지불균형 등 경영외적인 사유에 대해 공정의 변경, 새로운 작업방법 도입, 경영합리화조치, 경영의 축소, 휴업, 일부사업의 폐지·위탁 등의 조치를 취하게 되는데 이 같은 조치를 기업주에게 보장하지 않

62) 근기법 제6조, 제104조제2항.
63) 남녀고용평등법 제19조제3항.
64) 법 제28조, 중노위 95부해171, 1995.8.8.

으면 기업은 탄력적인 경영을 하지 못해 효과적으로 생존할 수 없다.

경영상이유에 의한 해고는, 일반적으로 경제적·산업구조적·기술적 성격 등에 기인한 기업합리화 계획에 따라 잉여근로자들을 감축하거나 또는 그 인원구성을 바꾸기 위해 행하는 해고라고 규정할 수 있다. 경영적인 결단에 의해 부수적으로 또는 필연적으로 발생하는 정리해고나 인원정리는 헌법상 사용자에게 보장된 경영권의 범주에 속하는 것으로서 근로자들에 의해 감수되지 않으면 안된다. 법 제24조도 사용자가 경영상의 조직·운영결정권을 기초로 불가피한 경영상이유에 의한 해고조치를 할 수 있는 권한을 인정하고 있다. 다만, 이러한 해고는 근로자측의 귀책사유가 없이 이루어지므로 사용자의 남용을 방지하기 위해 여러가지 정당성 요건을 엄격하게 규제하고 있는 것이다.[65] 경영상해고는 일반적인 해고에 비해 해고자가 복수로 집단성을 가지는 점이 특징이다.

(1) 경영상해고 요건

경영상해고가 정당성이 가지려면, 1. 긴박한 경영상의 필요가 있어야 하고, 2. 해고회피를 위한 노력이 선행되어야 하며, 3. 합리적이고 공정한 기준에 의해 대상자를 선정해야 하고, 4. 해고회피를 위한 방법 및 해고기준 등에 관해 노동조합 및 근로자과반수를 대표하는 자에게 50일 전까지 통보하고 성실한 협의를 거쳐야 한다.

네 가지 요건 중 하나가 결여된 경우는 각 요건을 종합적으로 검토하여 유연하게 해석하여야 한다.[66] 기타 요건이 충족되었다면 통보요건을 정확히 지키지 않아도 경영상 해고는 유효하다는 사례도 있다.[67]

사전 협의는 필수적인 절차이다. 사용자가 이러한 요건을 갖추어 경영상해고를 실시할 경우 정당한 이유가 있는 것으로 본다.[68] 일정규모 이상의 인원을 해고하고자 할 경우는 고용부장관에게 신고해야 한다. 구체적사건을 판단할

65) 김형배, 571쪽.
66) 대판 2003다69393. 2006.1.26.
67) 대판 2001두1154, 2004.1.15.
68) 근기법 제24조제5항.

때에는 각 요건을 구성하는 요소들을 종합적으로 고려하여 정당성여부를 판단해야 한다고 한다.[69]

정리해고에 관한 협의를 함에 있어서는, 정리해고의 필요성과 그 시기·규모·방법 등에 관해 노조나 근로자측과 사전협의를 거친다고 해도 별다른 효과를 기대할 수 없었던 특별한 사정이 있는 경우는 사전협의를 거치지 아니했다는 이유만으로 정리해고가 무효라고 할 수는 없다고 판시하고 있어 유연하게 해석을 하고 있다. 파산선고를 원인으로 하는 경우에는 정리해고의 요건이 필요하지 않은 통상해고로 보아야 한다.[70] 경영상 사정으로 사업을 전면 폐지하는 경우, 위장폐업이 아니라면 통상해고에 속하는 것으로 보아 정리해고의 요건이 필요하지 않다.[71]

1) 긴박한 경영상의 필요성〈요건1〉

긴박한 경영상의 필요란, 경영상필요와 해고사이에 상당한 인과관계가 있어서 해당근로자의 계속취업이 어려워지거나 불가능하게 될 경우를 말한다. 「경영상」이란, 경영관리적 의미에서 어느 특정기업에 관계된 기술상·경제상의 필요성이라는 뜻으로 보아야 하고, 「긴박한 필요」란, 반드시 기업의 도산을 회피하기 위한 경우에 한정되지 않고 인원삭감이 객관적으로 보아 합리성이 있다고 인정되는 경우[72]라고 보아야 할 것이다. 긴박한 경영상의 필요성 여부는 기업전체를 대상으로 종합적으로 판단하여야 한다.[73] 판례는 기업재정상 심히 곤란한 처지에 놓일 개연성이 있으면 장래 기업재정의 악화를 우려해 예방적 해고를 하는 것도 정당하다[74]고 하다가, 최근에는 점차 그 범위를 폭넓게 해석하고 있다. 사업물량의 감소로 업종을 폐지·전환하기로 함에 따라 잉여

69) 대판 2003두4119, 2003.11.13.
70) 대판 2003다7005, 2003.4.25.
71) 대전지판 2006가합5370, 2006.11.1.
72) 근로자를 해고하지 않으면 도산할 정도를 의미함은 물론, 인원삭감조치가 영업성적 악화라는 경제적 이유 뿐 아니라 생산성 향상, 경쟁력 확보 내지 증강에 대처하기 위한 작업형태 변경, 신기술 도입, 기술혁신에 따른 산업구조 변화 등, 대판 96누8031, 1997.9.5.
73) 근기 68207-599, 2001.2.24.
74) 대판 88다카34094, 1990. 1.12.

인력 등을 감축한 경우에도 긴박한 경영상의 필요성을 인정한다.[75] 학설과 판례의 견해는 아래와 같다.

① 학설의 견해

1. 「도산회피설」은, 인원정리를 하지 않으면 도산이 되거나 기업의 존속이 위태로워 질 경우를 긴박한 경영상의 필요로 보는 입장이고, 2. 「합리적필요설」은, 도산회피까지 이르지 않더라도 사용자가 인원정리를 하는 것이 객관적으로 합리적이라고 보는 견해, 3. 「감량경영설」은, 인원정리가 필요한 경영부진은 물론이고 장래의 생산성 향상이나 이윤증대 등을 위하여도 사용자가 유효하게 인원정리 결정을 할 수 있다는 견해 등이 있다. 행정해석은 합리적 필요설과 감량경영설에 바탕을 둔다.

② 판례의 견해

판례는 기업의 현재와 미래의 사정을 종합적으로 검토하면서, 이를 바탕으로 경영상 필요와 인원삭감 사이의 객관적인 합리성을 판단한다.

긴박한 필요성이 있다고 보는 구체적인 내용으로는 사업의 양도·인수·합병, 도산 및 고도의 경영위기, 작업부서 폐지와 직제개편, 업무축소, 사업폐지청산, 하도급제 운용, 생산성 향상을 위한 기술혁신, 작업형태 변경, 신기술의 도입, 산업구조의 변화 등이 주된 내용이다. 이러한 각각의 사정들은 경영합리화와 생산성향상 등을 도모하기 위해 사용자가 선택할 수 있는 긴박한 최적의 수단으로서 객관적 합리성을 지녀야한다.

따라서 파업으로 인한 일시적 경영곤란이 있고 그로 인해 사업장을 폐쇄하는 경우, 영업의 양도양수만을 이유로 해고를 하는 경우는 객관적인 합리성이 없을 것이며, 한편으로 해고를 하고 다른 한편으로는 근로자 신규채용을 하는 경우도 합리성이 없다. 인원을 삭감하지 않으면 안 될 긴박한 경영상의 필요가 있었는지 여부는 정리해고를 한 당시를 기준으로 판단해야 한다. 따라서 정리해고 후 경영여건의 변화로 상태가 호전되었다고 하더라도 이후의 사정은 정당성을 판단하는데 고려할 사항이 아니다.

75) 대판 96누8031, 1997.9.5.

판례에 따르면 정리해고의 요건이 되는 긴박한 경영상의 필요라 함은, 반드시 기업의 도산을 회피하기 위한 경우에 한정되지 아니하고, 장래에 올 수도 있는 위기에 미리 대처하기 위하여 인원삭감이 객관적으로 보아 합리성이 있다고 인정되는 경우도 포함되는 것으로 보면서, 정리해고 당시 회사의 자산이 부채를 초과하고 있고, 장부상 영업이익, 경상이익, 당기순이익을 내고 있었다고 하더라도, 사업부문의 변화로 인하여 고용을 계속 유지하는 경우 장래에 적자가 발생할 것으로 예상되는 때에는 정리해고의 요건이 충족된다고 판시한 바 있다.[76]

한편, 현재보다 저임금의 근로자 충원을 위해 표면상 경영상이유를 내세우거나, 특정근로자를 축출하기 위한 경우, 해고된 만큼 신규자를 채용하거나 정리해고 후 잔류근로자의 임금을 인상하는 등 명백히 모순되는 경우는 요건을 갖추지 못한 것이다.

③ 영업양도 · 합병시 긴박한 경영상의 필요성

영업양도라 함은, 사업목적을 위해 물적·인적조직을 그 기능을 유지하면서 조직화된 유기적 일체[77]로서 양도하는 것으로서 물적·인적시설의 동일성 유지가 중요한 판단기준이다.[78] 반대의 특약이 없는 한 영업양도에 관한 명시적, 묵시적계약 속에는 원칙적으로 근로관계를 포괄적으로 승계하기로 하는 합의가 존속하는 것으로 추정되고 승계배제 특약은 해고와 다를 바 없으므로 정당한 사유가 있어야 한다.[79]

경영악화를 방지하기 위해 사업을 양도하는 경우 양도인과 양수인은 긴박한 경영상의 이유가 있다고 보아 법 제24조제2항의 절차에 따라 정리해고를 할 수 있다. 긴박한 경영상의 필요가 있는지 여부에 관한 입증책임은 전적으로 사용자에게 있다. 기업의 양도시에는 해당 사업의 조직 운영에 관해서는 양수인측이 그 결정권을 가지므로 원칙적으로 양수인·존속기업이 해고권자가 되

76) 대판 2001두10776 ; 2001두10783, 2003.9.26.
77) 무형적 재산, 신용관계, 거래관계 등을 포함.
78) 대판 88다카10128, 1989.12.26.
79) 대판 93다33173, 1994.6.28.

고, 경영악화 방지의 필요성이 있는지를 판단하는 것도 양수기업·존속기업을 중심으로 판단하여야 한다.

경영악화를 방지하기 위해 사업을 양도하는 경우 인수·합병사업이나 피인수 합병사업 모두를 대상으로 정리해고를 할 수 있다. 흑자였던 인수·합병기업 근로자들의 입장에서는 인수·합병으로 인해 정리해고라는 위험을 안을 수도 있다.[80] 양도·소멸기업 사업주는 양도·합병 이전이라도 경영악화 방지를 위한 경영상의 필요가 있다면 정리해고를 실시할 수도 있다.

합병이라 함은, 해산회사의 권리의무가 당연히 신설 혹은 존속하는 회사에 포괄적으로 승계되는 것이다.[81] 따라서 회사합병이 있는 경우, 피합병회사의 권리의무는 사법상·공법상의 관계를 불문하고 성질상 이전을 허용하지 않는 것을 제외하고는 모두 합병으로 인해 존속하는 회사에 승계되어야 한다.[82] 따라서 일부합병은 있을 수 없다. 회사분할의 경우에도 합병의 법리를 적용하여 포괄적인 승계를 인정하여야 한다는 입장이다. 사업양도의 경우에는 양도의 대상이 되는 사업의 일부를 양도계약에 의하여 양도대상에서 제외할 수 있으나, 합병의 경우는 그렇지 않다. 경영악화 방지를 위해 합병을 한 사업주는 긴박한 경영상의 필요가 있다면 기업의 유지 존속을 위하여 정리해고를 할 수 있다. 구체적인 사례는 다음과 같다.

1. 일정수의 근로자를 해고하지 않으면 도산할 위기에 있거나 경영악화로 사업을 계속할 수 없거나 적어도 기업재정상 심히 곤란한 처지에 놓일 개연성이 있는 경우, 외부자금의 지원이 없으면 근로자들의 급료지불이 곤란한 경우, 적자가 발생하고 경영호전 전망이 없는 경우, 공장화재로 복구에 긴시간이 소요, 허가취소 혹은 일부부서에서 지속적으로 적자,[83] 사업의 종료로 사업소폐지를 긴박한 경영상의 필요로 인정한 사례, 경영상태가 쉽게 회복될 기

80) 김형배, 514쪽.

81) 상법 제235조, 법률 제9362호, 2009.1.30.

82) 대판 93누21231, 1994.10.25.

83) 대판 2012두25873, 2015.5.28. 부당해고구제재심판정취소, 원심판결 : 서울고등법원 2012.10.17, 2012누3042. 정리해고요건인 '긴박한 경영상의 필요'는 법인 일부 사업부가 아닌 법인 전체의 경영사정을 기준으로 결정한다.

미가 보이지 않아 일부기구를 폐지, 원청회사의 화재로 수주가 중단되어 정상 가동이 불가능, 국정감사로 연구기관의 효율성을 도모하라는 지시에 의거 경비와 식당분야를 외부에 용역을 준 경우 등이 있다.

판례는, 기업의 전체 경영실적이 흑자를 기록하고 있더라도 일부 사업부문이 경영악화를 겪고 있는 경우, 그러한 경영악화가 구조적인 문제 등에 기인한 것으로 쉽게 개선될 가능성이 없고 해당 사업부문을 그대로 유지한다면 결국 기업 전체의 경영상황이 악화 될 우려가 있는 등 장래 위기에 대처할 필요가 있다는 사정을 인정할 수 있다면, 해당사업부문을 축소 또는 폐지하고 이로 인하여 발생하는 잉여인력을 감축하는 것이 객관적으로 보아 불합리한 것이라고 볼 수 없다. 근로기준법 제24조에 의하면, 사용자가 경영상의 이유에 의하여 근로자를 해고하고자 하는 경우에는 긴박한 경영상의 필요가 있어야 한다. 여기서 긴박한 경영상의 필요라 함은 반드시 기업의 도산을 회피하기 위한 경우에 한정되지 아니하고, 장래에 올 수도 있는 위기에 미리 대처하기 위하여 인원 삭감이 객관적으로 보아 합리성이 있다고 인정되는 경우도 포함된다고 본 것이다.[84)]

다만, '긴박한 경영상의 필요'는 법인 일부 사업부가 아닌 법인 전체의 경영사정을 기준으로 결정하여야 한다는 것이 최근 판례의 입장이다.[85)]

그럼, 각 사업부별 경영의 긴박성과 경영상 해고가 인정되는 예외 상황은 다음과 같다.[86)]

가. 각 사업부문이 인적-물적-장소적으로 분리-독립돼 있을 것,

나. 재무와 회계도 분리돼 있을 것,

다. 노동조합도 각 사업부문별로 조직돼 있을 것,

라. 경영여건도 서로 달리하고 있을 것

2. 불가피한 사유로 작업부서 폐지 등 경영상 필요성을 인정한 사례를 살펴보면, 단체협약이나 취업규칙 등에 정하여 경영합리화를 위해 실시하는 직제

---

84) 대판 2010다3629, 2012.2.23 ; 대판 2001다29452, 2002.7.9.

85) 대판 2012두25873, 2015.5.28.

86) 대판 2005다30580, 2006.9.22.

개편, 일부 업무를 전문용역업체 등에 위탁하여 직제가 폐지된 경우, 경영합리화를 위해 경비직 같은 일부직제를 폐지한 경우, 민영화과정에서 가격 자유화에 대비 직제를 축소 개편한 경우 등을 예로 들 수 있다. 업무축소, 사업폐지 등을 경영상 필요성으로 인정한 사례를 살펴보면, 단체협약이나 취업규칙에 터 잡아 추진된 업무축소, 생산중단 축소로 인해 일부사업을 대폭 축소한 경우, 연속적인 적자를 보이는 등 재정상 심히 곤란한 상태에 이르렀다고 사회통념상 인정되는 경우, 사업장 중 1개 공장을 폐쇄하거나 일부 전문사업을 폐지하는 경우 등이 있다.

3. 하도급제 운용

계속 적자를 내거나 수주가 떨어지는 등 경영상태가 악화되어 그 부분 혹은 전체에 대해 하도급제를 실시하거나 합리적인 이유로 위탁운영 하는 것은 경영상 필요성이 인정된다.[87]

4. 경영합리화 및 생산성 향상

영업성적의 악화로 인원삭감, 생산성 향상과 경쟁력회복을 위한 작업형태의 변경 또는 신기술도입 등 기술혁신에서 생기는 산업구조적인 변화가 요청되어 인원삭감이 실제 이뤄지고 그렇게 할 필요성이 있으면 긴박한 경영상의 필요성이 인정된다. 경영합리화, 생산성 향상이 긴박한 경영상의 필요성으로 인정되려면 기술도입 공정자동화 등이 인원삭감과 연관되어 있어야 하며 그러한 계획이 종합적이고 체계적으로 시행된다고 인정되어야 한다.

④ 긴박한 경영상의 필요에 대한 사법심사의 한계

경영상 구조변경에 따른 해고의 정당성에 관해 법원의 심사를 받아야 한다면 사용자의 기업활동의 자유는 제약을 받을 것이다. 따라서 긴박한 경영상의 필요성에 관한 사업주의 결정[88]에 관하여 법원은 타당성 심사를 할 수 있는 권한을 가지고 있지 않다. 다만, 법원은 「긴박한 경영상의 필요에 의하여 취해

87) 호텔의 오폐수시설의 가동중단으로 세탁실 운영을 폐쇄한 사건. 서울행판 2001구18489, 2001.10.18.

88) 일부부서 폐쇄, 생산량의 제한, 합리화 방안의 도입, 생산방법의 개선, 작업형태의 변경, 일부품목의 생산중단 등.

진 경영상이유에 의한 해고의 범위나 선발기준 등이 정당한지 여부에 관해서만 심사」할 권한을 가진다.

법원은 구조조정 내지 합리화조치를 어떻게 취하는 것이 좋으며, 그에 따른 해고의 모습이나 대상자를 어떻게 결정할 것인가를 구체적으로 판단할 권한을 갖고 있지 않다. 법원의 심사는 기업주의 조치가 명백히 비합리적이거나 자의적인 경우에 그로 인해 발생한 해고를 부당한 해고인지 여부를 판단할 수 있는 권한에 불과하다.[89)]

2) 해고회피를 위한 노력〈요건2〉

사용자는 경영상의 이유에 의하여 근로자를 해고하기에 앞서 해고를 피하기 위한 노력을 다하여야 한다고 정하고 있다. 해고회피노력이란, 경영측면에서 "어떻게 하면 해고를 하지 않고 함께 살아 갈 수 있을까하는 고민"을 말한다. 해당근로자를 다른 일자리로 배치하여 계속 취업시키는 것이 불가능하거나 조업단축이나 교대제전환 등과 같은 일자리 함께 나누기 조치를 취해도 해고를 피할 수 없었다고 판단되는 등, 상당기간 해고의 회피를 위한 노력을 한 후 최후의 수단으로 이루어져야 정당성을 인정할 수 있다. 경영상해고는 일률적이지 않고 해고이유, 사업규모나 인원상황 등에 따라 달라진다. 판례는 해고회피노력을 "사용자가 근로자의 해고범위를 최소화하기 위하여 경영방침이나 작업방식의 합리화, 신규채용의 금지, 일시휴직 및 희망퇴직의 활용, 전근 등 가능한 해고회피 조치를 취하는 것"이라고 정의하고 있다.[90)]

① 해고회피 등의 구체적인 사례

1. 경영방침 개선, 작업의 과학화, 경영진 교체, 사무실 축소, 임원수당 축소, 체력단련비 폐지, 일반관리비용, 교육비, 주택지원비, 여가활동지원비 등의 축소도 해고회피노력의 일환으로 본다,

2. 신규채용 및 직제신설 등 중지, 임시·계약직 재계약 중지, 퇴직희망자 모집, 외부노동력을 자체 노동력으로 대체하는 것도 해고회피노력으로 본다.

---

89) 김형배, 577쪽.
90) 대판 92다14779, 1992.12.22.

희망퇴직,[91] 명예퇴직도 해고회피수단의 일종이다. 해고회피방안의 하나로 재직 중인 근로자의 근로조건을 저하시키는 경우, 사전에 근로자과반수의 동의를 받아 단체협약이나 취업규칙을 정비해야 한다. 일방적으로 저하시킨 경우 그 부분은 무효가 된다.

3. 연장근로축소, 근로시간단축, 인건비절감, 연·월차유급휴가를 집단적으로 앞당겨 사용하는 것, 탄력적근로시간제의 도입 등도 해고회피노력중의 하나다. 노사간 원만한 합의를 통해 휴가활용계획을 수립 시행하는 것도 마찬가지다.

4. 배치전환, 전직, 훈련, 휴직, 일시휴업, 임금동결, 하청회사·협력회사·합작회사 등에 근로자의 파견, 전직 취업알선을 통해 해고회피노력을 할 수 있다. 경쟁력 회복을 위해 동일 사업내의 생산라인·공정의 일부를 독립경영체제로 하는 것, 임금삭감, 휴업, 휴직, 고용보험법상 고용안정지원제도[92]를 활용한 경우도 회피노력을 한 것으로 인정한다.

② 해고회피노력의 성질

해고회피노력 방법과 절차에 관해서 법으로 정한 바는 없고 개별사건에서 판례의 해석에 주로 의존하는 실정이다. 사용자는 해고를 피하기 위한 방법과 해고의 기준 등에 관하여 그 사업 또는 사업장에 근로자과반수로 조직된 노동조합 또는 근로자과반수를 대표하는 자에게 해고하려는 날의 50일 전까지 통보하고 성실하게 협의하여야 한다고 정하고 있다. 50일은 해고일 전일부터 역산하여 50일째 되는 날의 전일까지 통보한다. 그럼, 협의를 하였으나 합의에 이르지 못한 경우에는 해고를 하지 못하는지 여부가 문제다. 판례는, 협의는 절차상의 요건으로 경영상해고에 관한 실질적인 효력요건으로 보지 않는다.[93] 따라서 사용자가 해고회피노력을 했는지 여부에 관해서만 판단할 뿐이다. “사전협의”는 “동의”를 의미하는 것이 아니고 해고와 관련하여 그 피해를 최소화하려는 노력이다. 그러므로 협의가 합의에 이르지 못했다고 하더라도 당해 해

91) 퇴직 시기를 앞당겨 퇴사하는 조기퇴직의 일종.
92) 휴업지원금, 근로시간단축지원금 등.
93) 대판 2001다29452, 2002.7.9.

고회피조치를 시행할 수 있다.

해고회피노력은 근로자의 이익이 적게 침해되는 조치부터 시행해야 할 것이다. 그러한 조치가 불가능할 경우 그 다음단계 조치가 이행되어야 한다.

③ 해고회피조치와 근로조건 불이익변경

해고회피조치가 근로조건의 불이익변경에 해당할 경우는, 근로자과반수로 조직된 노동조합이 있는 경우에는 노동조합, 그러한 노동조합이 없는 경우는 근로자과반수의 동의를 얻어야만 유효하게 활용될 수 있다. 기존의 근로조건을 변경하는 해고회피조치를 하여 근로자가 동의한다면 해고할 수 없지만 그렇지 않을 경우는 사용자는 그 근로자를 해고할 수도 있을 것이다. 근로조건의 불이익변경에 대한 근로자의 동의를 얻을 수 없는 경우에 해고의 효력이 발생하는 것을 변경해고라고 부르기도 한다. 예를 들면, 판매부진으로 생산공장 3개소 중 수도권에 있는 1개소를 폐쇄하면서 근로자를 결원 발생이 예상되는 지방의 제2공장으로 전출하고자 할 경우, 근로자가 지방근무를 싫다고 한다면 정리해고 할 수도 있는 것이다.

④ 배치전환

해고회피조치로 근로자를 타 직종이나 타 사업장으로 배치전환 할 경우, 실질적으로는 전출이나 전직에 해당할 수도 있을 것이다. 이 경우는 해당근로자와 합의가 있어야 한다. 그러나 합의가 성립하지 않을 경우에 사용자의 해고조치는 정당하다고 볼 수 있다.

3) 공정한 대상자선정〈요건3〉

해고대상자 선정에 대한 기준 근로기준법 및 관련 법령에는 합리적이고 공정한 해고대상자 선정기준에 대해 구체적으로 규정하고 있지 않다. 따라서 이는 실무와 해석에 맡겨진 부분이다.

사용자는 기업운영의 어려움을 피하기 위해 사업축소나 생산량감축, 인원재배치, 교대제전환, 사무실축소, 근로조건 저하, 고용안정지원제도 활용 등 해고를 회피하고 경영을 정상화하기 위한 다양한 노력을 하고, 수용한도를 넘어서는 잉여인력에 대해서는 해고할 수 있다. 이때 해고기준을 선정하고 대상자를 결정할 때는 합리적이고 공정한 기준으로 선발하여야 한다.

① 합리적이고 공정한 기준

합리적이고 공정한 기준에 관한 명확한 정의는 없다. 판례에 따르면, 근속연수·연령·부양의무상의 부담·배우자의 소득·기타의 재산정도를 제1차적으로 고려하고, 사업주 측의 이익은 제2차적인 고려대상이다. 한편, 사용자이익에 보다 큰 비중을 두면서 평소의 근무성적, 상벌관계, 경력, 기능의 숙련도 등 기업이익에 부합하는 기준에 의거한 해고의 정당성을 인정하고 있다.[94] 합리적이고 공정한 기준은 확정적 고정적인 것이 아니고, 사용자가 직면한 경영위기의 강도와 정리해고를 실시해야만 하는 경영상의 이유, 경제상황 등에 따라 달라지는 것이고, 해고의 기준에 관하여 노동조합 및 근로자대표와 성실하게 협의하여 합의에 도달했다면 이런 사정도 합리적이고 공정한 기준을 판단하는데 고려가 되어야 한다.[95]고 하여 "노사가 합의한 해고기준의 설정은 합리적이고 공정한 것"으로 보고 있다. 판례의 태도는 해고기준에 관해 어떤 사항을 포함하고 어느 정도 비중을 둘 것인가는 사용자의 재량에 속하는 것으로 보고 있다. 따라서 사용자는 근로자이익보다 기업의 이익을 우선하도록 결정할 권한을 가지며, 나아가 불가피한 경우는 근로자 이익을 전혀 고려하지 않더라도 합리성이나 공정성이 결여되었다고 간주할 수는 없다는 것이다.[96]

결론적으로 말하면, 경영상이유에 의한 해고의 본질이 기업의 생존과 경쟁력을 확보하기 위한 조치라는 점을 감안한다면, 어느 경우에나 사용자측의 이해관계가 근로자측의 이해관계보다 우선적으로 고려되어야 한다.

사용자가 노동조합 또는 근로자대표와 협의하여 마련한 해고기준이 강행법규, 단체협약, 취업규칙에 어긋나지 않는다면 그 해고기준이 문서로 작성된 경우 단체협약과 동일한 효력을 가진다.

94) 대판 85누690, 1987.5.12.
95) 대판 2001다29452, 2002.7.9.
96) 김형배, 584쪽.

② 우선순위문제

장기근속자 우선, 단체협약에 정한 기준을 따르지 않은 경우, 정년도래자 우선, 조직개편과 관계없는 직종의 근로자를 해고하는 등의 경우는 불합리한 대상자선정이다. 외국어능력부족, 단기근속자, 인사고과 불량자, 사업부서 폐지에 따라 그 부서에 종사한 근로자를 우선적으로 해고조치, 숙련도·성적·경력에 따른 기준으로 해고대상자 선발, 일용근로자를 우선해고 하는 등의 경우는 합리적으로 대상자를 선정한 것이다.[97]

1. 특별한 사정이 없는 한 정규직근로자 보다 일용직근로자를 우선해고 하는 것은 합리성이 인정된다. 전일제 근로자와 단시간근로자를 두고 해고 우선순위를 다툴 경우 단시간근로자를 우선해고 하고 전일제를 그 후순위로 하는 것은 합리성이 인정된다.

2. 연령이 낮은 자, 입사연도가 낮은 자, 단기근속자를 우선 해고기준으로 정하는 것은 현재로서 볼 때 사업에 공헌도가 낮다는 것, 재취업 할 기회가 고령자 보다는 높다는 것 등을 고려하면 공정성을 갖는다고 볼 수 있다. 질서문란자, 회사업무에 소극적인 자, 명령불복종자, 협조성이 결여된 자, 기업공헌도가 낮은 자, 작업 성적이 불량한 자 등의 기준은 그 기준이 객관적이고 합리적이어야 한다.

3. 잉여인원이 된 자, 전직·전근이 곤란한 자, 통근거리가 먼 자 등을 정리해고의 기준으로 할 경우에는, 먼저 위 기준에 해당하는 근로자가 실제 배치전환이 될 수 있는지 여부를 구체적으로 검토해야 한다. 그러한 고려없이 통근거리가 멀다는 이유로 우선적으로 선정하는 것은 합리적인 기준이 아니다.

정리해고에 앞서, 우선 근로자 중에서 자발적인 희망퇴직자를 모집하여 이들을 먼저 퇴직토록 하는 것은 공평성이 인정된다. 다만, 객관적이고 공정한 자료나 기준 없이 단순히 위원들의 투표로만 대상자를 선정하는 경우는 기준 자체가 합리성과 공정성을 결여하여 부당하다.[98]

---

97) 서울행판 2000구11672, 2000.11.7 ; 중노위 2000부해474, 2001.1.11.

98) 서울행판 99구30967, 2000.6.16.

4) 근로자대표와 성실한 협의〈요건4〉

사용자는 해고회피를 위한 방법 및 해고기준 등을 정하고 그에 관해 근로자과반수로 조직된 노동조합 또는 근로자과반수로 조직된 노동조합이 없는 경우는 근로자과반수를 대표하는 자에게 50일 전까지 통보하고 성실한 협의를 거쳐야 한다. 경영상해고와 관련, 근로자의 과반수를 대표하는 자의 선임방법에 관해서는 현행법상 특별히 정한 바는 없다.

근로자들에게 근로자대표로 선임되면 경영상해고에 관해 대표권을 행사하게 된다는 사실을 주지시킨 상태에서 근로자 스스로 자율적으로 선출하면 될 것이다. 이때 선임방법[99] 및 의결정족수 등에 관해서는 전체근로자들이 스스로 정하는 바에 따라야 한다.[100] 따라서 근로자 참여 및 협력증진에 관한 법률에 의거, 근로자과반수 이상의 찬성으로 선출된 근로자위원도 근로자대표로서의 자격이 있다.[101] 다만, 근로자대표가 아닌 임의조직과 협의를 거쳐 이루어진 정리해고는 부당하다.[102]

사용자의 협의는, 해고의 유효요건으로서 만약 협의를 거치지 않고 실시한 해고는 무효가 된다. 그러나 협의를 하는 그 자체로서 유효요건은 충족되는 것이지 동의를 얻거나 협의결과 노사당사자간 의사가 완전히 일치되어야 한다는 것은 아니다.[103] 다만, 근로자대표와 협의없이 해고하는 경우, 근로자대표에게 일방적으로 해고계획을 통보만 하고 해고하는 경우, 노동조합이 없다는 이유로 협의하지 않은 경우, 해고회피방법 및 해고기준과 방법을 제시하지 않고 협의하는 경우, 해고회피 방법 및 해고기준을 통보한 후 50일이 경과하지 않은 상태에서 일방적으로 해고한 경우는 성실한 협의로 볼 수 없다.[104] 근로자대표와 성실한 협의를 하였다면 개별근로자와 별도의 협의를 하지 않더라도

---

99) 1인의 대표 혹은 복수의 대표 선출, 취업규칙 등으로 정하여 미리 선출해 두는 방법, 수시 필요할 때마다 선출하는 방법 등.

100) 근기 68207-94, 1999.1.13 ; 근기 68201-586, 1998.3.28.

101) 근기 68207-2735, 1998.10.17 ; 서울고판 99누5216, 2000.3.9.

102) 서울행판 99구12679, 1999.12.24.

103) 대판 2002도7225, 2003.7.22.

104) 근기 682011-586, 1998.3.28.

이를 이유로 해고가 무효로 되지 않는다.

노동조합의 경우는 협의권한이 있는 노동조합의 지부라면 본 조합의 지시에 반해 협의내용에 원만히 합의한 경우 그에 따른 해고는 유효하다. 비록 법에는 명시되지 않았지만 근로자측에 대해서도 성실협의의무는 인정된다. 근로자대표가 합리적인 이유없이 일방적인 주장만을 내세워 협의를 기피할 경우에는 스스로가 권리행사를 포기한 것으로서 사용자에 대해 협의의무 불이행에 대한 책임을 물을 수 없다. 따라서 합리적인 근거나 이유 제시없이 무작정 반대하고 동의·협의권 등을 남용한 경우, 협의나 동의를 얻지 않고 한 해고처분도 유효하다.[105)]

① 협의조항과 해고예고의무

50일 전에 협의조항과 적어도 30일 전에 해고예고를 해야 하는 것은 어떤 관계가 있는지 여부가 의문이다. 근로자대표에 대한 50일 이전의 통보·협의조항은 집단적인 노사관계를 염두에 둔 조항이고, 근로자에 대한 30일 전 해고예고에 관한 사항은 개별근로자에 대한 해고의 효력에 관한 절차규정으로 둘은 각각 별개의 사항이다. 통상해고의 경우 30일 전에 해고예고를 하는 의무만 충족하면 되지만 경영상해고를 할 때는 2가지 요건을 모두 충족해야 한다. 즉, 해고예고기간 30일과 50일 전까지 사전통보하고 협의하는 것은 동시에 보장하여야 한다.[106)] 50일 전에 통보를 한 후 노사간 협의를 거쳐 해고대상자가 선정되었다면 50일이 만료되지 않더라도 그 이전에 해고예고를 할 수 있다.[107)] 다만, 이때에도 30일 전에 해고예고를 하거나 해고수당을 지급해야 한다. 이때 50일 전은, 해고하고자 하는 날을 포함하지 아니하고 그 전날부터 역산하여 50일째 되는 날의 전일까지이다.[108)]

---

105) 대판 91다30620, 1993.9.28.

106) 근기 68207-586, 1998.3.28.

107) 근기 68207-1359, 2002.3.30.

108) 예를 들면, 경영상이유로 7.1자로 정리해고를 하려면, 초일을 불산입하고 그 전날인 6.30부터 역산하여 50일이 되는 날의 전일인 5.10 24:00 이전까지 근로자대표나 노동조합의 대표에게 사전통보를 하고 협의를 하여야 하며, 해고대상에 포함된 개별근로자에게는 5.30 24:00 이전까지 법 제27조에 의거 서면으로 해고예고 통지를 해야만 해고의 효력이 있다. 만약 사전통보를 하고

그럼 50일 전까지 통보기간은 반드시 준수해야만 하는가? 판례는 50일 기간의 준수는 해고의 유효요건이 아니라고 보아서, 50일의 사전통보기간을 위배하였다고 하더라도 그 밖의 정리해고의 요건이 충족되었다면 그 정리해고는 유효하다는 입장이다.[109] 경영상이유에 의한 해고에서는 해고의 서면통지시 경영상의 필요성과 해고회피를 위해 노력한 사실, 해고대상자로 선정한 이유 등을 기재하는 것이 합리적일 것이다.

② 해고합의규정

단체협약 등에 명시하기를 "근로자를 해고할 경우에는 반드시 노동조합과 합의를 해야 한다"고 하는 규정을 두더라도 이 문언을 액면 그대로 파악해서 사용자가 경영권의 일부를 포기한다거나 스스로 해고권에 내한 노동조합의 중대한 제한을 인정하였다고 해석해서는 안되고 단체협약의 체결경위 및 내용을 종합적으로 검토하여 그 합의의 의미를 해석해야 한다. 단체협약 등에 "고용조정을 할 때, 동의 또는 합의를 해야 한다"는 규정을 두었다면 원칙적으로 이에 따르지 않은 인사처분은 단체협약위반으로 무효가 될 수 있다.[110] 다만, 회사가 고용조정에 관한 계획을 세우고 노동조합이나 근로자대표와 사전 합의를 위해 성실히 노력하였음에도 불구하고 노동조합측이 합리적인 이유도 없이 무작정 해고에 반대하기만 한다면 합의거부권을 남용한 것이 된다. 따라서 이러한 경우는 노동조합이나 근로자대표와 합의를 하지 않은 해고라도 유효하다.[111]

③ 협의와 고용안정협약의 문제

노사가 약정으로 "인위적인 인원감축을 행하지 아니한다" 혹은 "인수·분할·매각·합병과 같은 중대한 경영상의 결정사항이 있을 때에는 근로자들의 고용승계 및 단체협약의 승계를 보장한다"는 내용을 포함한 고용안정협약을

협의를 했으나 협의가 예상보다 지연되어 6.20에 가서야 비로소 대상자를 확정했다면, 개별근로자에게는 6.21에 해고예고를 해야만 30일 후인 7.21에 가서야 유효한 해고를 할 수 있다. 따라서 당초 예정일인 7.1에 해고를 단행한다면 제26조 해고예고의무를 위반하는 것이다.

109) 대판 2001두1154·2001두1161·2001두1178, 2004.10.15.

110) 고판2010누22297, 2010.11.26.

111) 대판 2004두9616·2004두9623, 2004.11.12 ; 대판 91다30620, 1993.9.28.

체결하는 경우가 있다.

위와 같은 협약에 관해, 「긍정설」은 협약에도 불구하고 법률요건에만 합치되면 경영상해고가 가능하다는 입장이고, 「부정설」은 협약이 있다면 경영상해고가 불가능하다는 입장이다. 그러나 「신의칙설」은 고용상의 긴박성이 존재하고 사측이 노조의 동의를 얻고자 최대한의 노력을 기울였고 그러한 경우 근로자가 합의를 해주지 않더라도 경영상의 해고가 가능하다는 입장이다. 제한적신의칙설은 협약당시 예상치 못한 사정변경이 있는 경우는 제한적으로 해고도 가능하다는 입장으로 나뉜다. 판례는 신의칙설에 가깝다. 고용안정협약 혹은 고용보장협약에 대해 정리해고 실시여부는 사용자 고유의 경영상 결단에 속하는 사항으로 단체교섭이나 협약의 대상이 될 수 없는 것이라는 전제아래, 설사 노사가 그러한 약속을 했다고 해도 그것은 노조측에 의견제시 기회를 주고 그것을 참고로 하여 공정성과 합리성을 도모하는데 뜻이 있다고 보고, 해고가 당초에 이루어진 고용안정협약에 기재된 문언 내용에 어긋난다는 이유만으로 무효라고 볼 수 없다고 보고 있다.[112]

④ 협의와 단체교섭대상 문제

협의는 사용자에게 법적인 의무로 되어 있으나, 긴박한 경영상해고조치와 관련하여 그 피해를 최소화하기 위한 합리적인 수단을 강구해 보는 것이지, 정리해고에 관한 노동조합의 단체교섭권을 인정하는 것은 아니다. 따라서 그 협의상대가 근로자과반수를 대표하는 노동조합이라고 해도 협의결과가 결렬되었다고 해서 조합의 주장을 관철하기 위해 쟁의행위로 나갈 수 없으며, 그렇게 한다면 기업주의 경영에 관한 고유한 결정권을 침해하는 것이다. 따라서 정리해고의 기준이나 방법 등에 관한 사항은 단체교섭내지 쟁의행위의 대상이 될 수 없다.[113]

결론적으로, 정리해고는 그 정당성에 관해 사법심사의 대상은 될 수 있어도 노동조합의 단체교섭이나 쟁의대상이 아니다. 노동조합이나 근로자대표와 협

---

112) 서울고판 2002나58138, 2003.7.10.
113) 대판 99도4893, 2001.4.24.

의를 거치지 않은 해고기준에 의해 해고를 단행했다면 그에 따른 해고는 효력이 없으나, 협의를 거친 해고는 그 기준이나 방법에 관해 노동조합이나 근로자대표와 협의결과 합의가 이뤄지지 않았다고 하더라도 유효하다.[114)]

⑤ 노조법 제2조제5호와의 관계

근기법 제23조의 정당한 사유 있는 해고 및 동법 제24조에 의한 경영상이유에 의한 해고는 단체교섭 및 쟁의행위 대상이 될 수 없다. 단체교섭 및 쟁의행위의 대상이 될 수 있는 것은 임금·근로시간·복지·기타 대우 등 근로관계의 존속을 전제로 하고 있는 근로조건에 관한 사항에 한정되기 때문이다. 노조법 제2조제5호에 의하면, "노동쟁의라 함은 노동조합과 사용자 또는 사용자단체간에 임금·근로시간·해고 기타 대우 등 근로조건의 결정에 관한 주장의 불일치로 인하여 발생한 분쟁상태를 말한다"고 하여 해고를 노동쟁의 대상으로 규정하고 있다. 따라서 해고가 이익분쟁의 대상이 될 수 있는지 여부가 문제이다. 노조법에서 말하는 해고는 특정근로자의 근로관계의 소멸에 관한 사용자의 해고처분이나 의사표시 즉, 권리분쟁을 말하는 것이 아니라, 이익분쟁 즉, 단체협약 속에 담긴 일반적인 근로조건으로서 해고의 기준과 절차에 대한 교섭을 말하며, 그 교섭이 결렬되었을 경우 쟁의대상이 된다는 것이다.

그럼, 제2조제5호에 의한 이익분쟁으로서 해고의 기준과 절차에 대한 교섭은 근기법 제23조 및 동법 제24조에 비춰서 동법 제23조제1항에서 정한 "사용자가 해고 할 수 있는 정당한 이유"를 침범하지 않는 범위 내에서 교섭이 행해져야 할 것이다.

앞서 보았듯이 정당한 이유란, "근로자와 사용자 사이에 근로관계를 계속유지 할 수 없을 정도의 이유, 즉, 사용자에게 해당 근로자와 근로관계유지를 더 이상 기대할 수 없을 정도의 이유"[115)]를 말하는 것으로서, 학실과 판례는 내체로 일신상의 사유, 행태상의 사유, 긴박한 경영상의 필요라는 3가지 유형으로 분류해왔다. 따라서 사용자의 해고가 정당한 이유가 있는지 여부는 법원의 판결로서 결정될 사항이다.

114) 서울행판 2005구합5536, 2005.9.15.
115) 김형배, 560쪽.

근참법에 의하면, “경영상 또는 기술상의 사정으로 인한 인력의 배치전환·훈련·해고 등 고용조정의 일반원칙”을 노사협의회의 협의대상으로 명시하고 있다.[116] 이것은 구조조정 등 정리해고의 기준과 방법 등에 관한 사항이 단체교섭이나 쟁의행위 대상이 아니라는 것을 명시하고 있다.

긴박한 경영상의 필요에 의한 정리해고는 사용자의 경영상의 조치라고 할 것이므로, 정리해고에 관한 노동조합의 요구내용이 사용자는 정리해고를 해서는 안된다는 취지라면, 이는 사용자의 경영권을 근본적으로 제약하는 것이 되어 원칙적으로 단체교섭의 대상이 될 수 없고, 교섭대상이 될 수 없는 사항을 달성하려는 쟁의행위는 그 목적의 정당성을 인정할 수 없다.[117]

결론적으로, 노동조합은 근기법 제23조에 의하건 동법 제24조에 의하건 사용자의 정당한 해고처분행위에 대해서는 쟁의행위를 할 수 없다. 기업의 존립과 구조조정에 관한 사항의 실시여부는 사용자의 전권에 속하여 합의대상이나 단체교섭의 대상자체가 될 수 없다.

다만, 정리해고에 관한 현행법 제가 근기법 제24조에서 정리해고 요건과 사전협의 절차 및 근참법 제20조의 경영·기술상 정리해고 등 고용조정의 일반원칙에 관해 협의사항이 명확한 기속력과 실행성을 담보할 수 있는 강행성을 갖지 못해서 근로자보호에 충실하지 못하고 선언에 그친다는 비판이 있다. 헌법상 재산권에서 비롯된 사업주의 경영권과 영업활동의 자유가 상대적 약자인 근로자보호와 공존할 수 있는 방안이 절실하다.

⑥ 협의의 상대방이 흠이 있는 경우

노동조합이 전체근로자의 과반수를 차지하는 경우라면 노동조합이 협의의 대표성을 가진다. 노동조합이 전체근로자의 과반수를 차지하지 못하는 경우에는 전체근로자의 과반수를 대표하는 자와 협의를 하여야한다.[118]

판례는, 정리해고가 실시되는 사업장에 근로자의 과반수로 조직된 노동조합이 있는 경우 사용자가 그 노동조합과 협의하는 것 이외에, 정리해고 대상인 일정계

---

116) 근참법 제20조제1항제6호.
117) 대판 99도4893, 2001.4.24.
118) 근기법 제24조제3항.

급 이상의 직원들만의 대표를 선출하여 그 대표와 별도로 협의하지 않았다고 하여 그 정리해고 절차를 협의에 하자가 있다고 하여 무효로 할 수는 없다고 판시한 바 있다.[119] 다만, 노동조합이 전체근로자의 과반수를 차지하지 못한 상태에서 비조합원을 정리해고 할 경우에는 비조합원의 근로자대표와 협의를 해야만 하는 것이지 노동조합을 상대로 협의한 것은 협의결과를 인정하기 어렵다고 판시한 사실이 있다.[120]

ⓐ **노동조합도 없고 노사협의회도 구성되지 않은 경우**

정리해고 대상 사업장이 근로자과반수를 대표하는 노동조합이나 노사협의회도 구성되지 않은 경우는 특정부서 또는 관념상 구분이 가능한 직종단위나 직위를 바탕으로 직급별·부서별로 인원수에 비례하여 대표자를 선발하는 등의 방법을 통해 근로자과반수를 대표하는 자를 선출하여 협의를 한다면 그 유효성을 인정받을 수 있을 것이다.[121]

ⓑ **사용자에 의해 선정된 근로자대표의 대표성**

근로자들의 다수결 방식으로 대표를 선정하지 않고, 사용자가 일방적으로 지정한 근로자대표와 협의를 하였다면 정리해고의 협의결과에 대한 유효성을 인정받기 어려울 것이다. 만약 사용자에 의해 근로자대표기구가 선정이 되었고 그 기구가 협의대상으로 유효성을 인정받으려면, 객관적으로 볼 때 해고기준과 방법, 회피방법 등에 관해 사용자와 공정하고 객관적인 협의를 할 수 있어야 할 것이며 그 기구의 활동에 관해 전체근로자과반수의 명시적 또는 묵시적인 승인을 받아야 할 것이다.

(2) 해고사실신고의무

사용자는 일정규모 이상의 근로자를 해고할 경우에는 고용부장관에게 신고

119) 대판 2001다29452, 2002.7.9.
120) 서울행판 99구27282, 2000.8.22.
121) 예를 들면, 정리해고 대상 사업장의 전체근로자가 100명이고 직종별로는 사무직이 10명, 현장관리 및 기술직이 20명, 생산직이 70명일 때 전체 직원의 10%에 해당하는 인원을 대표자로 선발하기로 결정했다면, 사무직 1명, 현장관리 및 기술직은 2명, 생산직은 7명 도합 10명의근로자를 근로자 전체가 참여하는 연기투표 내지는 다수득표자 선출방식으로서 대표자로 선발하여 해고기준과 방법, 해고회피노력 등에 관해 협의를 한다면 그 유효성을 인정받을 수 있다.

해야 한다.[122] 즉, 사용자가 상시 99인 이하의 근로자를 사용하고 있는 사업 또는 사업장의 경우는 10인 이상, 100인 이상 999인 이하의 근로자를 사용하고 있는 경우에는 상시 근로자의 10% 이상, 1,000인 이상의 근로자를 사용하고 있는 경우에는 100인 이상의 근로자를 해고할 때 신고해야 한다. 이 제도는 대량해고에 대한 사회적 파장이나 근로자보호 등을 위해 행정적인 감시와 지도를 하기 위한 것이다. 따라서 신고를 하지 않았다고 해서 해고가 무효로 되는 것은 아니다. 신고의무는 경영상해고의 정당성 요건은 아니다.

(3) 재고용의무

사용자는 경영상이유로 근로자를 해고한 날로부터 3년 이내에 근로자가 해고당시 담당했던 업무와 같은 업무를 수행할 근로자를 채용하려고 할 경우에는 경영상이유로 해고된 근로자가 재입사를 원할 경우 우선적으로 재고용하여야 한다.[123] 이 조항은 근로자의 재고용청구권을 동반한 엄격한 법적의무이지만, 위반시 벌칙은 없다. 다만, 근로자로서는 민사상 권리주장이 가능할 수도 있다. 정부는 경영상 필요에 의해 해고된 근로자에 대하여 생계안정, 재취업, 직업훈련 등 필요한 조치를 우선적으로 취해야 한다. 이 조항은 고용보험법과 관련하여 실업자재취직훈련과 실업급여, 직업지도 등의 업무를 시행하는 근거가 되고 있다.[124]

5. 징계해고

근로자가 사내질서를 문란, 업무규정 위반, 사회일반의 질서를 위반으로 형사처벌 혹은 법률적 도덕적으로 더 이상 정상적인 근로관계를 유지하기 어려운 행위를 한 경우에는 일정한 제재를 통해 잘못을 뉘우치게 함으로써 손상된 질서가 회복하여 조직의 역량을 최대한 발휘하도록 조치를 한다. 또한 그 정상이나 위반의 정도로 미루어 더 이상 정상적인 근로관계를 지속할 수 없다고

---

122) 근기법 제24조제4항.
123) 근기법 제25조제1항, 영 제10조.
124) 근기법 제25조제2항.

판단되는 경우에는 조직에서 추방 또는 자진퇴사 등의 수단을 강구할 수도 있다. 이러한 제재조치를 통틀어 「징계」라고 한다.

근로자의 귀책사유를 이유로 근로계약이 유효한 기간 중에 일방적으로 근로관계를 종료시키려면 근로자가 기업의 생산성에 기여하지 않았다든가 질서를 문란케 하는 등 사회통념상 고용관계를 계속시킬 수 없을 정도로 근로자에게 책임이 있는 사유로 "해고를 정당시 할 만한 상당한 이유"가 있어야 한다.

근로자 귀책사유로 해고에 해당한다는 점은 사용자가 입증책임을 진다.

근로자에 대한 징계해고의 요건은 취업규칙과 단체협약, 근로계약 등에 미리 규정해 두는 것이 일반적이다. 해고 등의 기준이 되는 양정기준은 사업주가 인사권에 기해 가지는 재량권이 규범으로 구현된 것이다. 따라서 구체적인 적용과정에서 재량권의 한계를 벗어난 경우 위법한 처분이 될 수 있다.[125] 판례와 행정해석은 단체협약, 취업규칙, 근로계약 등에 정한 징계해고가 정당성을 인정받기 위한 요건으로 다음사항을 열거한다.

(1) 정당성의 요건

징계해고의 정당성은, 근로자가 직장을 상실하는 손해와 해고로 사용자가 얻게 되는 양자의 이익을 포괄적인 비교형량을 통해 판단이 이루어져야 하는데 사회통념에 비춰 합리성이 있어야 한다.

1) 사회통념상 합리성

징계해고 사유가 권리남용으로 신의칙에 위반되거나 사회통념상 합리성을 벗어나지 않는다면 그러한 요건에 따른 해고는 정당한 이유가 있는 것으로 본다.[126] 다만, 취업규치 단체협약 등에 정해놓은 요건만을 이유로 바로 해고하는 것은 타당하지 않다. 이러한 위반사실로 "고용관계를 유지하는 것이 현저히 부당하고 불공평하다고 인정될 정도"에 이르러야 해고의 정당성이 인정된다. 사회통념상 당해 근로자와 고용관계를 계속할 수 없을 정도인지 여부는 "당해 사용자의 사업의 성격과 목적, 사업장의 여건, 당해 근로자가 담당한

125) 서울고판 2008누26369, 2009.7.15.
126) 대판 91다39559, 1992.3.13.

직무와 내용, 비위행위의 동기와 경위, 그로 인하여 기업의 위계질서가 문란하게 될 위험성 등 기업질서에 미칠영향, 과거의 근무태도 등 여러가지 사정을 종합적으로 검토하여 판단한다.[127)]

2) 절차준수

단체협약, 취업규칙 등에 소명기회를 부여하거나 위원회를 개최하는 등의 절차를 규정하고 있을 경우, 관련 절차를 거치지 않은 징계해고는 정당성을 인정받을 수 없다. 절차를 정해 두었더라도 경고처분 등 징계의 종류로 정하지 않은 처분은 절차를 거칠 필요는 없다.[128)]

다만, 절차를 정해 놓지 않았다면 그러한 절차를 반드시 거칠 필요는 없다. 판례에 따르면, 징계절차 등을 정한 취업규칙을 근로자에게 주지시키지 않았더라도, 고지의무는 사용자의 행정상의무에 불과하므로 사용자가 이를 이행하지 아니하여 법 제116조제2호에 따라 과태료처분의 대상이 되는 것은 별론으로 하고 취업규칙 자체의 효력까지 부정되는 것은 아니라고 보았다.[129)] 절차적 정당성에 관해서는 따로(3) 상세히 설명한다.

3) 징계사유와 처분사이에 균형성

징계사유가 있어 처분할 경우, 어떤 처분을 할 것인가는 원칙적으로 징계권자의 재량에 맡겨진 것이다. 다만, 징계권자의 처분이 직무의 특성, 비위사실의 내용과 성질, 징계에 의해 달성하려는 목적과 수반되는 제반사정 등을 참작할 때 명백히 부당하지 않아야 한다. 그렇지 않다면 징계처분이 사회통념상 현저하게 타당성을 잃어 재량을 남용한 것이라고 인정될 수 있기 때문이다.[130)] 취업규칙 등에 징계사유를 정해 놓고 징계의 정도에 관해서는 징계권자의 재량에 속하는 경우에도 징계사유와 처분사이에 사회통념상 상당하다고 인정되는 균형이 요구된다. 따라서 가벼운 사유에 불구하고 정도를 초과한 심한 제재를 가하는 것은 징계 자체가 무효가 될 수 있다. 징계의 정도가 지나쳐서 자

127) 대판 2005두10149, 2007.10.12.
128) 대판 2002두3959, 2002.9.24.
129) 서울고판 2004누23638, 2006.2.14.
130) 대판 2007두22498, 2008.7.10.

체가 무효가 된 경우라면 정당한 절차를 거쳐 그에 상응한 징계를 다시 취한 경우는 합리적인 징계가 될 수 있다. 다만, 이러한 경우에도 징계의 효과는 소급하지 않는다.[131)]

징계사유는 징계위원회 등에서 징계사유로 삼은 사유에 한해 판단하여야 하고, 징계위원회에서 판단사유로 삼았는지 여부는 징계처분통보서, 징계위원회 의결서, 회의록 등 구체적인 자료를 통해 결정된다.[132)] 특히 처분의 적정여부를 판단함에 있어서는 피징계자의 평소소행, 근무성적, 징계처분전력을 비롯하여 당해 징계처분사유 전후에 저지른 징계사유로 되지 않은 비위사실도 징계양정에 참작할 수 있다.[133)]

취업규칙에 징벌사유에 관한 구체적인 징계의 종류가 정해져 있지 않더라도 정당한 사유가 있다면 징계처분을 할 수 있다.[134)]

4) 징계의 적시성

징계는 사유가 발생한 그 당시에 조치를 하는 것이 바람직하다. 비위사실이 발생한지 상당기간이 지나도 아무런 문제를 삼지 않다가 일정 기일이 지난 후에야 문제를 삼는다면 신의칙에 위배되고 재량권 일탈로 볼 수 있다. 하나의 사유에 대해 2회 이상 징계를 하는 것은 근기법 제23조 위반으로 무효라고 해석될 수 있다. 그러나 징계절차를 진행하는 도중에 다른 비위사실이 밝혀지면 추가징계의 근거가 될 수 있다.

(2) 징계해고 사유

사업장마다 실정에 맞는 특성이 있겠지만 일반적으로 징계해고 등의 사유는 근무태도 불량, 정당한 업무명령 거부 등(전직, 전보명령거부, 근무이탈, 안전조치 소홀 등), 근무태만, 직무해태(실적부진, 근무성적 하위, 불성실태도, 작업태만) 직장규율 문란(음주, 도박, 허위문서 작성, 직장내성희롱, 규율문란) 회사의 명예 실추행위 (비방, 고소·고발·진

131) 서울행판 2005구합13872, 2006.3.24.
132) 대판 86다204, 1988.12.13 ; 대판 95누15742, 1996.9.20.
133) 대판 2001다68891, 2001.12.27.
134) 서울행판 2003구합16020, 2003.10.10.

정, 무허가 집회유인물배포), 성실의무 위반(비밀누설, 범법행위, 폭행, 업무상 횡령, 뇌물수령, 풍기문란, 2중취업, 경력사칭, 학력 허위기재 등), 불법집단행동(냉각기간 중 쟁의, 법외단체 활동, 위법한 쟁의행위 등) 등이다.

실무상 유동적이고 비공개적인 업무공간에서 발생한 징계사유를 명백히 입증하기는 간단한 일이 아니다. 징계의 정당한 사유가 있는지 여부는 사용자가 입증하여야 하고, 입증이 불가능하면 그 사유는 존재하지 않는 것으로 평가받는다. 징계사유는 행위 당시에 시행되고 있던 단체협약, 취업규칙 등을 따라야 하고, 징계 등 절차는 처분시 시행되는 규칙 등을 따라야 한다.[135)]

실무상 단체협약이나 취업규칙에 열거한 사유로만 해고 등이 가능한지 의문이다. 판례는 모든 사유를 예상하고 단체협약이나 취업규칙에 열거하는 것은 불가능하므로, 사회통념상 합리성이 인정되면 해고 등 징계가 가능하다는 입장이다.[136)] 주요 사유를 사안별로 차례로 검토해 본다.

1) 무단결근

결근은 소정근로일에 근로를 제공하지 않은 것을 의미한다. 근로계약상 노무를 제공하지 않은 근로자에게는 그 시간만큼 임금을 삭감하거나 복무관리차원에서 징계를 할 수도 있다. 노조활동을 이유로 한 일방적인 결근[137)]이나, 일방적인 휴가사용등도 부당한 결근으로서 해고·징계사유가 된다. 다만, 무단결근의 원인이 사용자측이 노무수령을 거부한 경우로 비롯된 것이거나, 사용자의 부당행위 또는 무효인 행위이거나, 정당한 휴직신청에 대해 사용자가 거부한 경우 등에서 비롯된 것이라면 해고의 정당성이 부정될 수 있다. 일정기간 동안 상당한 회수의 무단결근, 3일 이상 무단결근 혹은 1주일간 계속 무단결근으로 3회 이상 주의를 받고 시정하지 않는 행위, 형사사건으로 수배를 받아 도피중인 근로자가 회사의 출근명령에도 불구하고 결근한 경우 무단결근으로 처리하여 해고가 가능하다.[138)]

---

135) 대판 95누16738, 1996.9.10 ; 대판 1994누21337, 1994.9.30.
136) 대판 92라 48697, 1993.4.27 ; 대판 92다40297, 1993.2.23.
137) 대판 91다5976, 1992.2.11.
138) 서울민지판 90가합52208, 1991.4.4.

노조전임자라 할지라도 사용자와의 사이에 기본적인 근로관계는 유지되므로 취업규칙의 적용이 전면적으로 배제되는 것이 아니다. 단체협약상 특별한 규정이나 관례가 없다면 취업규칙의 출퇴근규정을 적용받는 것이며 이때 통상 출근은 노조사무실로 출근이 될 것이다. 전임자가 노조위원장의 결재없이 임의로 출근하지 않는 것은 무단결근이 된다. 아울러 상급단체에 전임으로 파견된 근로자가 회사의 전임해제 발령에도 불구하고 현업에 복귀하지 않으면 무단결근이 된다.[139] 무단결근이 전보에 항의하는 과정에서 비롯된 것이라 하더라도 장기간의 무단결근에 대한 해고는 정당하다.[140]

2) 정당한 업무명령 거부

사용자의 정당한 전직, 전근명령에 따르지 않은 경우, 허락 없이 근무장소에서 이탈하는 경우, 연차유급휴가나 법정휴가라고 할지라도 적법요건이나 절차를 위반한 상태에서 사용하면 자의적으로 근무지를 이탈한 것이 되어 해고 기타 징계의 사유가 된다. 정당한 소지품검사나 몸수색을 거절한 경우 해고가 가능하다. 그러나 그 방법이나 정도가 사회통념상 합리성이 없거나 취업규칙 등에 정함이 없다면 행할 수 없다고 본다. 사용자가 산업안전보건법에 의거한 조치를 다하였음에도 근로자가 고의·중대한 과실로 지시를 위반하여 중대재해가 일어나고 그로 인해 회사에 재산상 손해를 끼친 경우는 정당한 해고사유가 된다. 시말서제출 거부 같은 가벼운 지시, 위반의 경우는 정당한 징계사유가 될 수 있으며 반복적인 거부는 해고사유가 된다. 다만, 연장근로가 관행상 계속되어 왔더라도 근로자가 이를 개별적으로 거부하는 행위처럼 정당한 권리의 행사라면 징계의 사유가 되지 않는다.

3) 근무태민, 직무헤대

근무성적 불량이 객관적으로 증명되고 사용자의 지시에도 불구하고 개선없이 오랫동안 계속되었다면 해고의 정당한 사유가 될 수 있다. 근무성적 불량

139) 서울행판 2001구13750, 2001.10.23 ; 대판 2005누5093, 2005.10.13 ; 서울행판 2005구합8979, 2005.10.28.

140) 서울행판 2006구합28413, 2007.9.14.

은 주관적이거나 추상적이어서는 안된다. 근로자의 지위, 보수, 근무능력, 다른 근로자와의 형평성, 회사의 경영실태 등에 비춰볼 때, 해당 근로자에게 요구되는 최소한의 직무능력마저 부족하다면 해고가 가능하다. 구체적인 내용은 다음과 같다.

1. 근무성적 최하위[141]로 되어 사용자가 수차례 경고를 했음에도 변화가 없으면 이로 인해 타직원들이 같이 근무하기를 꺼려하는 등 조직원간 융화를 해치는 경우 해고사유가 된다.

2. 영업실적이 부진하고, 거래선 개척 및 미수금 회수에 관해 1년간 실적이 없고, 다음해에도 같은 업무에 종사하는 다른 사원의 10%에도 미치지 못하는 경우, 비록 업무분장이 다소 불리한 상황에 있다고 해도 성실의무를 위반한 것으로 해고사유가 된다.

3. 불성실한 작업태도, 근무태만

불성실한 행위가 사람을 다치게 하거나 큰 피해를 가져올 위험이 있을 수 있기 때문에 사용자가 필요한 지시를 했음에도[142]고치지 않았다면 해고의 정당한 사유가 된다.[143] 버스운행에 있어서, 버스가 무단 결행시 수입손실 뿐 아니라 과징금처분 등 여객운수사업법에 의한 각종 행정처분이 있을 수 있고 시민들에게 피해와 민원을 야기하므로 이를 엄격히 제한할 필요가 있어 정당한 해고사유[144]로 본다는 판례가 있다.[145] 다만, 불성실한 작업태도라도 회사에 대한 공헌도, 업무의 성질 등 구체적인 사정을 감안해야 한다. 장기간 성실히 근무한 근로자가 연휴 감시근무자로 자원근무 중 도난, 화재예방의 임무를 수행하다가 교대시간을 얼마 남겨 두지 않은 상황에서 공장 밖에서 음주를 하고 들어와 잠든 사례에 대해 징계면직처분은 징계권의 범위를 일탈한 것이라고 판시한 바 있다. 반면에 근로자의 직분을 중시하여 대학의 총무과장이 학생들

141) 7번 승급제한, 년 3년 근무성적 최하위.

142) 고도의 정밀작업의 부주의시 심각한 결과 초래, 중요임무를 지닌 자가 야간 근무시 졸다가 적발된 경우.

143) 대판 74다1403, 1977.3.22. 베어링제조회사사건.

144) 구미버스사건, 이 사건은 근로자가 시말서 6회, 무단결행 5회의 전력이 있었다.

145) 서울행판 2001구12641, 2001.11.2.

의 불법집회를 저지하지 못하고 강당열쇠를 내주어 해고한 사례[146]도 있다. 경비회사의 노무관리 직원이 집회참석의 목적을 밝힌 직원들에게 연차유급휴가, 조퇴 등의 신청을 받고 승인한 경우, 업무 소홀로 해고한 사례를 정당한 해고로 보았다.[147]

4. 지휘통솔책임

자신의 지휘통솔 범위에 있는 자가 범법행위, 부당행위를 한 경우 책임자는 지휘통솔의 책임을 지고 적절한 징계책임을 질 수 있으며 징계해고의 정당한 사유가 될 수 있다. 그러나 상급자에게 감시, 감독 권한이 없다면 지휘통솔 책임도 없다. 예를 들면, 기말결산에서 계정의 금액을 맞춰보기 전에는 결재권자로서는 부하직원의 부정을 알 수 없다면 근무태만으로 보기 어렵다는 것이다.

4) 직장규율 문란

출근체크기의 부정조작은 노사간 중대한 신뢰를 져버리는 것으로 징계사유가 됨은 물론 사용자의 주의가 있었음에도 그러한 행위를 반복하는 것은 의뢰자나 의뢰받은 자 모두 해고의 정당한 사유가 된다. 음주, 도박행위 등이 직장안이나 기숙사 등에서 이루어지거나 업무수행과 관련된 경우에는 취업규칙 등에 정한 바에 따라 징계사유가 된다. 고속버스 운전기사들이 도박 등으로 늦게 취침한 이상, 비록 운전기사들이 해고될 때까지 충실히 근무해 왔고 이튿날 무사히 운행을 완료하였다는 이유만으로 이들에 대한 해고가 재량권 일탈이라고 보기 어렵다.

사고운전자에게 음주를 권하고 같은 택시에 동승한 자에 대해 "술에 취한 채 운전한 때"라고 유추하여 해고한 것은 정당하다. 화약류를 취급하는 금연구역에서 흡연한 것이 사규위반이라고 해고한 것은 정당하다.[148]

시내버스 운전자의 도박행위가 근무종료 후 1회 이루어 졌으며, 나음날이 휴무이거나 휴무일이 아니더라도 일찍 귀가하여 다음날 운행에 차질이 적었다는 이유로 부당한 해고라고 판단한 사례가 있다. 교사들이 전근 회식에서 우

146) 대판 68다1619, 1968.11.5.
147) 서울행판 2003구합5143, 2003.9.4. 민주노총집회참석.
148) 대판 91다20418, 1991.8.27.

연히 도박에 가담했다가 술기운에 차츰 액수가 커지게 된 사건에 대해 이 도박이 집무집행과는 관련이 없고, 단 한번이라는 이유로 해고가 재량권을 일탈하여 현저히 타당성을 잃었다고 본 사례가 있다.[149] 욕설이나 폭언이 심한 경우, 해고사유가 될 수 있다. 직장내성희롱을 예방할 자가 성희롱을 하였다면 징계사유가 되고, 반복적으로 이루어지거나 위험한 수준에 이른 경우 해고사유가 될 수 있다.[150]

5) 회사의 명예실추

근로자는 사용자의 이익을 배려하여야할 근로계약상의 성실의무를 지고 있다. 따라서 직장 내부의 사실을 외부에 공표하여 사용자의 비밀, 명예, 신용 등을 실추하거나 훼손하는 것은 징계사유가 된다. 진실과 다른 내용으로 회사를 공개석상에서 비방한 경우는 정당한 해고사유가 될 수 있다.

회사의 명예실추는 범법행위에 한정되지 않으며 회사의 존립, 사업의 운영 등에 있어서 법률상 보호 받아야 할 사회적 평가를 현저히 훼손하는 경우를 지칭한다. 다음과 같은 행위를 한 근로자를 해고처분한 경우 정당하다고 보았다.

1. 상사와의 개인적인 분쟁에 따른 인사조치를 노조탄압이라고 비약시켜 외부단체에 왜곡 진정하는 행위, 근로자가 방송 등에 출연하여 수은 중독자에 대해 회사가 취하고 있는 조치에 반해 진실과 다른 내용을 진술하고 회사를 비방한 행위

2. 회사와 노조상부 단체간에 부정한 금전관계가 있었다는 취지의 허위 발언, 개인적인 목적으로 상급자의 뒷조사를 한 사실 등에 대해 해고의 정당성을 인정한 사례가 있다.

3. 뚜렷한 자료도 없이 사용자를 심사기관에 고소 고발 진정하는 것은 직장 내 화합을 해쳐서 징계사유가 될 수 있다. 사실과 다르다든가, 증빙 자료가 없거나, 근거나 확신이 없거나, 인사권 또는 고도의 경영 정책적 판단에 관해 자체 해결노력 없이 외부기관에 고소 진정하는 행위는 그 행위·빈도·정도가 고

---

149) 대판 84누711, 1985.3.26.
150) 서울행판 2003구합1196, 2003.6.10.

용을 유지할 수 없을 정도인지 여부에 따라서 판단한다.

4. 유인물의 배포행위가 징계사유에 해당하는지 여부에 관해서는 매수, 배포시기, 대상, 방법, 업무에의 영향 등을 기준으로 판단하여야 한다. 취업규칙, 단체협약 등으로 구체적인 기준과 요건을 정해 놓는 것이 좋다.[151)]

6) 성실의무위반, 비밀누설

근로자가 신의칙상의무를 이행하지 않는 것이 노사관계의 신뢰를 크게 해친 것으로 인정될 경우는 징계의 정당한 사유가 될 수 있다. 회사의 기밀을 제3자 등에게 누설한 경우 정당한 징계사유가 된다. 그러나 관련법규에 규정된 의무를 이행하기 위해 행정관청 또는 노동위원회, 법원 등의 지시에 의해 자료를 제출한 것을 비밀누설로 볼 수 없다. 이를 태면, 회사가 영업실적 부진으로 해고를 하자 지방노동위원회에 자신의 실적이 부진하지 않다는 이유를 항변하기 위해 관련서류를 제출하여 이를 인정받았으나 복직 후 회사가 이를 두고 기밀서류를 유출했다고 해고한 사건에서, 이를 징계사유로 삼기 어렵다고 판단하고, 근로자는 기밀유출 또는 불이익을 입힐 의도도 없었으며 단지 회사가 동기를 유발한 것으로 판단했다.[152)]

7) 범법행위

기업과 근로자는 노동력을 매개로 맺어지는 관계이지 전인격적 결합체는 아니다. 즉, 사용자는 근로계약상 노동력의 처분권자로서 지휘, 명령권을 가진다. 근로자는 기업 밖에서 근로시간외에는 사생활의 자유를 누릴 수 있다. 따라서 비록 비난 받고 위법한 행동을 한다고 하더라도 사용자가 당해 근로자에 대해 책임추궁을 할 수 없는 것이다. 다만, 그러한 행위가 업무와 관련이 된다면 그 한도 내에서 징계권행사가 가능하다. 기업내에서 업무시간 내에 이루어진 행위로 업무와 관련이 없는 행위도 같은 맥락에서 해석을 해야 한다. 근로

---

151) 예를 들면, "사내에서 회사의 허가 없이 집회, 연설, 유인물을 배포하였을 때"를 징계사유로 규정하고 있는 경우, 출근시간에 회사정문 앞에서 출근하는 근로자를 상대로 구호를 외치고 유인물을 배포한 행위는 회사의 노무지휘권이 미치는 사내에서 유인물을 배포한 것으로 보아 징계할 수 있다.

152) 서울행판 2001구20017, 2001.10.19.

제공을 불가능하도록 한 행위, 노동력의 평가에 관련된 행위,[153] 기업의 유지 존속을 직접 손상케 하는 행위, 노동력의 배치 등 작업질서에 직접 영향을 미치는 행위,[154] 회사의 명예와 신용을 실추시키거나 나쁜 영향을 미친 행위 등이다.

8) 구속행위

구속된 자에 대한 징계나 해고여부는 단체협약이나 근로계약 취업규칙에 정한 바에 의한다.

① 유죄판결을 받은 때로 정한 경우

「유죄판결」이란, 실형을 선고받은 때와는 다른 의미로서, 집행유예, 선고유예, 징역, 구류, 벌금, 과료, 부가적처분인 몰수, 자격상실, 자격정지 등도 유죄의 범위에 포함된다. 유죄확정을 해고요건으로 하고 있는 경우에는 최종심의 확정이 될 때까지 지켜보는 것이 원칙이다. 논란을 피하기 위해서, 해고의 요건을 정할 경우에는, 유죄판결의 범위와 시기를 단체협약이나 취업규칙에 미리 구체적으로 정해 두는 것이 바람직하다.

이때 가벼운 벌금형 등을 해고사유로 정한다고 해서 잘못된 것은 아니다. 다만, 단체협약, 취업규칙 등에 "유죄판결을 받은 경우"라고 해고사유를 정했다면 이는 "1심 확정 판결이 유죄로 판결한 시기"가 되고 유죄의 선고가 난 것을 말하는 것이다.

확정판결 전이라도 유죄판결에 이르게 된 행위가 질서를 문란케 하는 등 근로관계를 유지하기가 어려운 경우라면 확정 판결과 관계없이 취업규칙 등에 다른 징계사유를 들어 적절한 징계가 가능하다.[155] 징계혐의사실을 인정하는 것은 형사재판의 유죄 확정여부와는 무관한 것이므로 혐의사실이 인정된다면 유죄로 확정되지 않았다고 해고처분이 가능하다.[156] 상급심과 관계에서 특별히 징계나 해고 등에 관한 명확한 규정이 없는 상태라면 제1심과 제2심에서

---

153) 은행원이 절도죄를 범한 경우.
154) 동료직원과 비도덕적인 애정관계, 성추행, 지나친 몸 냄새 등.
155) 대판 2003두1042, 2003.6.13.
156) 대판 2003두1042, 2003.6.13.

유죄판결을 받은 후 최종심에서 증거부족 등으로 환송처분을 받은 경우라도 제1심이나 제2심의 결과를 가지고 이미 처분한 징계는 당연 무효가 아니다. 다만, 재심 등을 통한 취소대상 처분이 될 수는 있다.

업무상 횡령 등 비위사건에 대해 근로자가 일부변상 하는 등 사후처리를 하여 무혐의와 다름없이 되었다고 하더라도 비위사실이 사회통념상 근로계약을 존속시킬 수 없는 정도라면 해고 등 징계가 가능하다.

② 유죄와 징계요건을 정하지 않은 경우

취업규칙 등에 구체적으로 정해놓지 않은 유죄판결 및 범죄사실 등[157] 이 해고사유로 되었다면 죄의 경중보다 내용이 노무수령과 질서유지, 인화단결 등 제반사정에 비추어 근로관계를 계속유지하기가 어려운지 여부에 따라 정당성을 판단한다. 이것은 일반 소규모사업장에서 근로계약이나 취업규칙, 단체협약 등을 가지고 있지 않은 경우에도 마찬가지다.

9) 복무질서 위반, 도덕적인 해이 등

사업장 안에서 폭행은 복무질서 교란, 융화단결 저해, 명예와 신용실추 등으로 해고사유가 될 수 있다. 특히 폭행의 경우, 연장자를 폭행하여 사회통념상 근로관계를 지속시키기 어렵다는 판례, 상사에 대한 폭행이 상사의 원인제공에서 비롯되었다면 일방적으로 근로자를 해고하는 것은 징계권을 남용한 것으로 무효가 될 수 있다는 판례, 간호사가 환자를 폭행한 것은 가벼운 정도라도 업무수행의 자질과 능력을 의심케 하는 사안으로 해고가 정당하다는 판례가 있다.[158] 사업장밖에서 일어난 폭행도 회사의 복무질서를 파괴한 것으로 인정되면 징계사유가 된다. 즉, 공기업 근로자가 흉기사용이나 공무집행방해 같은 반사회성이 현저한 범죄를 저지른 경우 등이 해당된다.

10) 업무상 횡령, 뇌물수수, 공금유용

업무와 관련, 회사의 재산횡령, 뇌물, 사례수수, 제3자로부터 부당이득을 얻

---

157) 막연히 구속기간이 10일 이상인 경우 해고, 징역이상의 범죄를 지은 자, 사회적으로 지탄을 받을 범죄, 형사상처벌을 받은 자 등.

158) 대판 1290다9353, 1991.7.

었다면 해고 등 징계사유가 될 수 있다. 영업이익관리를 담당하는 근로자의 횡령은 금액에 불구하고 신뢰를 져버린 행위로 해고가 정당하고,[159] 영업간부가 사내복지기금으로 게임을 한 경우,[160] 뇌물수수 명목이 식대, 전별금 등 이라는 이유로 고의성이 부인되지 않는다[161]고 판시하고 있다. 아울러 횡령, 뇌물수령을 한 경우 그 돈의 일부를 회사를 위해 사용했거나 배상을 했다는 이유로 징계책임을 면할 수 없다.[162] 부양가족을 허위로 신고하여 원천징수를 회피하는 등의 경제적 이득을 얻는 경우도 횡령의 일종이다.

11) 임금채권 압류 등 민사관계

채무 등으로 인해 임금을 압류당하는 것은 원칙적으로 징계사유가 되지 않는다. 다만, 금액이 크고 업무방해가 되는 등 정상적인 근로를 저해할 정도에 이르고 납득할만한 해명이 없다면 징계권행사의 정당성을 판단하는 자료로서 활용될 수 있다.

12) 전직, 2중취업 행위

근로자는 취업의 자유가 있으므로 전직이 불가능한 것은 아니다. 다만, 그러한 행위가 질서를 문란하게 하여 더 이상 근로관계를 지속시킬 수 없을 정도에 이르러야 한다. 재직 중 타회사의 취직시험에 응시하는 행위는 그로 인해 작업능률저하, 규율문란 등 경영에 영향을 미친다는 점이 입증되면 불이익 처분이 가능하다. 2중취업의 경우, 사기업의 근로자는 일반적으로 겸업이 금지되는 것이 아니다. 다만, 2중취업 행위가 대외적으로 기업질서를 문란시키고 신용과 체면을 손상하거나 성실한 노무제공에 지장을 초래한다면 징계해고도 가능하다.

13) 경력·학력·전력 은폐

사용자가 학력, 경력사칭 등을 사전에 알았다면 해당 근로자와 고용계약을

---

159) 서울행판 2003구합9206, 2003.10.9.
160) 대판 2002구합32476, 2003.5.30.
161) 서울고판 2003누9772, 2004.1.30.
162) 대판 90다카21589, 1990.11.23.

체결하지 않거나 적어도 같은 조건으로는 계약을 체결하지 않을 걸로 인정되어야 학력, 경력사칭이 해고사유가 될 수 있다.[163] 다만, 허위기재를 해고의 사유로 삼기 위해서는 모집이나 공고시 학력을 기준으로 했는지, 이력서 외에 증명서를 첨부토록 했는지 등을 종합적으로 판단하여야 한다.

1. 대학중퇴와 타 회사의 경력을 누락시켰다거나 하는 경우에는, 사업장 내에 대학학력의 다른 근로자가 상당히 있고, 그 근로자가 학력이나 경력을 누락시켰다는 사실로 인해 동료들과 위화감을 조성한 사실이 없었고, 경력을 은폐한 사실이 근로계약의 거부요인이 되지 않을 것으로 판단되면 해고의 정당성이 부정된다. 만약 학력을 은폐한 사실을 알고도 계속 고용한 사실이 인정되거나 각서를 받는 등 관용조치를 취한 후 앞으로 계속근로하도록 하였다면 더 이상 징계사유로 삼을 수 없다.

2. 고학력을 저학력으로 사칭하는 것이 진인직 평가에서 노사신뢰와 질서유지에 해가 된다면 징계해고 사유가 될 수 있다. 대학졸업자가 고졸학력만을 기재하여 근무 중 학력 허위기재 사실이 드러나 징계해고 한 것은 정당하다.[164]

3. 전과사실, 학사징계를 받은 사실을 은폐하였을 경우, 그 사실을 알았다면 계약을 체결하지 않았을 거라고 인정되는 경우에는 취업규칙 등에 정한 바에 따라 해고할 수 있다.[165]

4. 전직 및 경력은폐

5월을 5년이라고 속인 경우 등, 전직과 경력을 은폐하거나 속인 경우, 노사분규사업장에 근무한 사실을 숨긴 행위 등 전력을 속인 경우는 해고사유가 된다.[166] 다만, 경력이나 전직 등을 은폐하거나 허위로 기재한 경우 정당한 해고사유가 되지만, 현재 업무와 상관관계가 밀접하지 않고 표창을 받는 등 성실성을 인정 할 수 있다면 해고의 정당사유로 인정되지 않는다.[167]

---

163) 대판 2003두14338, 2004.2.27.
164) 서울고판 2005누22656, 2006.7.18 ; 대판 87다카3196, 1989.3.14.
165) 대판 90다카27402, 1991.4.9, 여자근로자가 많은 회사에 입사하면서 강간지상죄를 은폐한 경우.
166) 대판 83다카2202, 1985.4.9.
167) 대판 93다30921, 1993.10.8.

14) 불법 집단행동

집단적 노사관계에서 불법적인 집단행동은 정당한 해고사유가 될 수 있다. 냉각기간 중의 쟁의행위, 폭력파괴행위, 불법유인물 살포 및 농성, 정당한 임금협상의 방해, 타사업장 쟁의행위에 불법개입 등을 했다면 이는 불법쟁의행위로서 선동·폭력행위 등으로 직장질서를 파괴하여 회사의 운영에 중대한 지장을 준 것이므로 해고사유에 해당한다.[168)]

15) 신체장애와 업무외 부상, 질병

신체장애로 인하여 직무를 감당할 수 없을 때에 해당한다는 이유로 퇴직처분을 함에 있어서는, 사고당시 담당 업무의 성격과 내용, 잔존 노동력으로 감당할 수 있는 업무의 유무 및 그 내용, 사용자의 복귀배려 여부, 새로운 직무에 대한 적응노력 등을 종합적으로 판단하여야 한다.[169)]

업무상재해가 아닌 개인적인 사고로 입원한 근로자가 단체협약 등에 규정된 휴직기간을 초과한 경우 그로 인한 퇴직처분은 정당하다. 그러나 업무상재해로 인한 장애인 경우에는 근기법 제23조의 해고제한 요건이 충족되어야 해고가 가능하다.

16) 이의유보

근로자가 퇴직금, 보상금 등을 받으면서 사용자의 해고처분에 대해 이의를 제기하지 않거나 해고의 효력을 다투고 있는 상태거나 이의를 유보한 것이라고 볼만한 특별한 사정이 없다면 해고가 유효하다고 승인한 것으로 보는 것이 원칙이다.[170)] 다만, 그러한 금품을 받더라도 정당성에 대해 다투거나 이의를 유보한 상태라면 금품수령을 정당한 해고로 인정한 것이라고 볼 수 없다.[171)]

판례를 살펴보면, 이의를 유보함이 없이 퇴직금을 수령한 후 그로부터 상당

168) 대판 84누135, 1984.12.26 ; 대판 92다50980, 1993.4.13.

169) 대판 95다45934, 1996.12.6.

170) 해고관련 공탁금을 조건없이 청구하여 수령한 경우에도 유효.

171) 대판 90다8084, 1991.4.12 ; 대판 86다카1873, 1987.4.28.

기간이 경과한 후에 해고무효확인소송을 제기할 경우, 신의칙이나 금반언의 원칙상 허용되지 않는다고 보았다. 여기서, 「상당기간」이라고 함은 근로자가 이의를 제기할 수 있는 충분한 기간 혹은 사용자가 근로자의 권리행사가 없으리라고 기대할 만한 시간이다. 예를 들면, 퇴직금 수령 후 여러 달 경과, 공탁금 수령 후 8 개월 경과, 해고 후 3년이 지난 뒤 조건없이 공탁금 수령, 이의없이 퇴직금 수령 후 다른 생업에 종사하고 있다가 2년 10개월이 지난 후 이의제기 등의 경우 신의칙에 따라 허용되지 않는다.[172)]

(3) 징계절차의 정당성

법 제93조에 의하면, 상시 10명 이상의 근로자를 사용하는 사용자는 취업규칙을 작성하여 신고하도록 정하고 동조제11호에서 "표창과 제재에 관한 사항"을 정하고 있다. 징계절차를 규정하는 것은 법으로 정한 사용자의 의무사항은 아니므로, 취업규칙이나 단체협약에 징계사유나 처분위계, 처분절차, 대상자 등을 미리 정해두거나 수시 징계이유가 발생할 때마다 처분을 하는 등 자율적으로 정하도록 하고 있다. 대체로 규모가 있는 사업장의 경우, 사규나 지침 등으로 획일적인 규정을 두는 것이 일반적인데 견책, 시말서, 경고, 주의, 감봉, 출근정지, 강등, 징계해고 등이 주요 내용이다.

단체협약이나 취업규칙 등에 정한 징계해고사유에 해당하는 경우, 그에 따라 이루어진 해고처분이 당연히 정당한 것은 아니다. 사회통념상 고용관계를 계속할 수 없을 정도로 근로자에게 책임있는 사유가 있는 경우에 행하여져야 정당성이 인정된다. 사회통념상 당해 근로자와의 고용관계를 계속할 수 없을 정도인지 여부는 이미 앞에서 설명한 바 있으므로 생략한다.

1) 처분절차 등 객관적인 합리성

징계위원회를 두고 소명 등 관련 절차[173)]를 정해 두는 것은 전적으로 사용자의 재량에 속한다. 따라서 사용자는 징계위원회를 두지 않거나 그러한 절차를

172) 대판 90다8084, 1991.4.12 ; 대판 94다33552, 1995.3.10.

173) 위원회 출석 변명기회부여, 소명자료를 준비하기 위한 상당한 기간을 두고 사전통지, 특정위원회에서 의결처분 등.

두지 않을 수도 있다. 단체협약, 취업규칙 등에 징계절차가 규정되어 있는 경우, 그 절차를 거치지 않은 징계는 무효가 될 것이나, 절차를 정하지 않은 경우는 절차를 밟지 않더라도 징계사유만 정당하다면 유효하다.[174] 다만, 절차를 두지 않았다고 해서 객관적인 처분의 합리성이나 정당한 이유[175] 등 해고 등의 일반원칙에 위배된 해고처분을 할 수는 없다.

일단 징계위원회에 절차를 두고 절차를 거쳐야 할 징계사유를 미리 정해 두었다면 사유자체가 명확하여 절차를 거칠 필요가 없는 것을 제외하고 "근로자 귀책사유로 인한 해고"는 모두 징계절차를 거치는 것이 원칙이다. 특히 인사고과 불량 등 애매한 사항은 본인의 소명 기회를 주어야 한다. 소명의 기회를 부여하지 아니한 채 해고를 한 것은 징계절차의 재량권을 남용한 것으로 중대한 위법이 있다.[176] 따라서 비록 징계내용이 정당하다고 해도 부당한 징계로 무효가 되는 것이 원칙이다.[177]

문언상 "변명기회를 줄 수 있다"고 정한 경우는 변명기회를 전혀 주지 않았다고 하여 징계가 무효로 되지 않는다.[178] 그러나 취업규칙에" 사례와 같은 경우 변명기회를 주지 않을 수 있다"는 규정은 그 변명제외 요건이 사회통념상 명확하고 합리적이어야 하며 포괄적·추상적인 요건을 정해 놓고 사용자가 자의적으로 해석해서는 안된다.

징계위원회에서 진술기회를 주었다면 명시적인 규정이 없는 한 재심절차에서 다시 진술기회를 부여하지 않아도 된다.[179] 원처분에 대한 재심절차는 원래의 징계절차와 함께 전부가 하나의 징계처분절차를 이루는 것이다. 따라서 절차의

174) 대판 2002두3959, 2002.9.24.
175) 사회통념상 더 이상 고용관계를 지속할 수 없는지 여부 등.
176) 서울행판 2004구합19002, 2005.5.3.
177) 서울행판 2007구합382, 2007.6.1 ; 대판 2005두14806, 2006.2.26.
178) 대판 92다43579, 1993.7.13. 근로자들이 인사위원회 개최 직전에 징계사항을 통보받았고, 또 인사위원회의 의결 후에 징계사유와 근거가 포함된 징계결과를 통보받고 이에 대한 재심을 청구하고, 그 재심청구서에 자신들의 주장과 변명을 기재하였으며, 재심인사위원회가 개최될 때까지 유리한 변명과 이에 대한 소명자료를 제출할 수 있는 충분한 시간여유도 있었다면 근로자들에게 징계사항의 통지를 지연하고 경위서를 징구하지 아니한 절차상의 하자는 치유되었다고 본다(대판 92다14786, 1992.7.28).
179) 대판 94누11491, 1995.7.14.

정당성도 징계과정 전부에 관하여 판단되어야 한다. 원래의 징계과정에 절차위반의 하자가 있더라도 재심과정에서 보완되었다면 그 절차위반의 하자는 치유된 것이다.

징계위원회에 출석통지를 할 때는 반드시 서면으로 할 필요는 없으며 구두, 전언의 방법도 가능하다. 구두로 할 경우 직접 본인에게 통보해야 하는 것은 아니며 어떤 경우든 징계혐의자 본인에게 전달되었다는 사실을 입증할 수 있으면 된다. 그러나 훗날 다툼을 피하려면 반드시 문서로 하는 것이 좋다. 절차준수와 관련한 중요한 판례는 다음과 같다.

소명을 듣기위해 출석통보를 하는 경우, 소명자료를 준비할 충분한 시간과 거리, 예측가능성 등을 고려하여 합리적인 시간을 주어야 한다. 회의개최 30분전에 통보하거나, 1시간 50분 전에 통보한 경우, 개최 당일 통보서가 도착한 경우 등을 무효로 본 사례[180] 그러나 1일 전, 2일 전에 전화로 통보한 것을 적법하다고 본 사례[181] 소명기회를 주면서 자료준비, 왕복거리 등 필요한 합리적인 시간이 부여되었다면, 근로자의 징계회의 연기요청에 응하지 않았다고 해서 그 해고의 효력에 영향을 미치지 않는다.[182]

2) 절차준수의무 경감

징계위원회를 개최하면서 소명기회를 부여하였음에도 변명기회를 포기한 사실이 있거나, 절차에 다소 흠이 있더라도 실질적으로 변명기회를 부여하였다면 사용자의 절차준수 의무는 그 한도에서 경감될 수 있다.

주요 사례를 살펴보면 다음과 같다.

1. 단체협약에 징계회부 3일 전까지 본인과 노동조합측에 통보하도록 규정되어 있으나 근로자가 징계에 회부된 내용의 통지를 받고 위원회 개최 2일 전에 미리 출석하여 자신의 의사를 개진하였다면, 사용자가 3일 전까지 통보하지 않았다고 해서 절차위반을 들어 무효로 삼을 수는 없다.

2. 취업규칙에 반하여 징계위원회가 개최되기 불과 3시간 전에 징계사유를

180) 서울고판 2002누 11273, 2003.11.21.
181) 대판 91다27518, 1992.5.12.
182) 대판 94다24763, 1995.5.23.

구체적으로 적시하지 아니한 채 출석통지를 한 것은 절차에 있어 정당성이 결여되었다.[183)]

3. 징계의결이 있기 전에 근로자가 노무부서장을 찾아가 사고에 대해 변명하거나 경위를 진술하는 등의 사실이 있었고, 그런 과정에서 근로자가 자신에 대한 징계위원회 개최를 알고 있는 상태에서 사용자가 근로자의 출석을 요구하지 않았더라도 재출석 요구 없이 행한 징계처분은 적법하다.[184)]

4. 징계절차를 거칠 사유와 거칠 필요가 없는 사유로 구분해 둔 경우,

반드시 절차를 거치도록 정한 사유는, 절차를 거치지 않은 경우 절차적 정당성이 없어 무효가 된다.[185)] 다만, 일정한 사유에 해당할 경우 별도의 절차없이 해고처분을 할 수 있도록 정한 경우는 어떠한 절차도 거치지 않고 처분할 수 있다.[186)]

5. 징계에서 재심절차가 정해져 있다면, 원처분과 재심절차는 전부 하나의 절차를 이룬다. 따라서 징계과정 전부에 걸쳐서 하자가 없어야 전체적으로 징계처분이 정당하다. 원심에 대해 재심절차를 불이행하거나 재심자체가 절차상 중대한 흠이 있으면 그 처분은 전체로 무효가 된다. 다만, 원래의 징계과정에 절차위반의 하자가 있더라도 재심과정에서 보완되었다면 그 절차위반의 하자는 치유된다고 할 것이다.[187)] 1심에서 흠이 있어 2심에서 절차를 보완했다면 절차위반의 흠은 치유된 것으로 보아야 하고, 제1차 절차를 위반하여 해고무효판결이 확정된 징계에 대해 다시 정당하게 징계절차를 거쳐 제2차 징계해고 처분을 하는 것도 가능하고, 협의에 비해 징계의 정도가 과다하여 무효가 된 경우 재징계가 가능하다. 이 경우 해고무효판결이 확정된 징계에 있어서 제2차 징계처분을 하면서 그 해고사유를 1차 징계처분에서와 동일한 사유를 들었다고 해도 "일사부재리원칙이나 신의칙에 위배되거나 법원의 판결을 잠탈하는 것"으

183) 서울행판 2005구합36257, 2006.7.14.
184) 대판 90다14393, 1991.12.24.
185) 서울행판 2007구합382, 2007.6.1 ; 서울고판 2007누34776, 2008.7.8.
186) 대판 99두4235, 2000.6.23 ; 대판 2006두18423, 2008.9.25.
187) 대판 92다14786, 1992.7.28 ; 대판 96다23627, 1997.11.11.

로 무효라고 볼 수 없다.[188] 1차 징계가 당사자간 소송으로 확인 판결 중에 있더라도 1차 징계처분의 오류를 바로 잡고 2차 징계처분을 할 수 있다.[189]

6. 개별사업장에서 근로자의 권리와 의무에 영향을 미치는 사항은 이사회 등 업무관련 기관과는 별도의 기관에서 담당하도록 정해져 있다면 그 기관에서 징계를 하는 것이 절차적 정당성이 확보될 수 있다. 따라서 그러한 기관이 아닌 이사회 등에서 근로자를 해고한 것은 징계절차상 중대한 위법이 있다.[190]

7. 2중징계의 유효성

2중 징계는 일사부재리원칙에 비추어 무효로 볼 수 있다. 2중 징계에 해당하려면 선후처분이 모두 성질상 징계처분이라야 하고, 선행처분이 취소됨이 없이 유효하게 확정되어야 하며, 앞뒤처분의 징계혐의사실이 동일해야 한다.[191]

8. 시말서 제출명령의 징당성

취업규칙에서 사용자가 사고나 비위행위 등을 저지른 근로자에게 시말서를 제출하도록 명령할 수 있다고 규정하는 경우, 그 시말서가 단순히 사건의 경위를 보고하는 데 그치지 않고 더 나아가 근로관계에서 발생한 사고 등에 관하여 '자신의 잘못을 반성하고 사죄한다는 내용'이 포함된 사죄문 또는 반성문을 의미하는 것이라면, 이는 헌법이 보장하는 내심의 윤리적 판단에 대한 강제로서 양심의 자유를 침해하는 것이므로, 그러한 취업규칙 규정은 헌법에 위배되어 근로기준법 제96조 제1항에 따라 효력이 없고, 그에 근거한 사용자의 시말서 제출명령은 업무상 정당한 명령으로 볼 수 없다.[192]

3) 징계위원회 구성

취업규칙 등에 징계위원회의 구성방법을 규정하고 있는 경우 다른 방법에 의해 구성된 징계위원회가 해고에 관해 의결을 하였다면 적법한 권한이 없는

188) 대판 95다36138, 1995.12.5.
189) 대판 2002다10202, 2003.10.9.
190) 대판 2005두14806, 2006.2.26.
191) 대판 99무10902, 2000.9.29.
192) 대판 2009두6605, 2010.1.14.

위원회가 처분하여 절차에 위반한 것으로 무효가 된다. 징계위원회는 회사가 관리자들만으로 징계위원회를 구성하더라도 정당하지만 근로자측의 참여가 바람직하고, 징계위원회의 자격 등은 노사가 자율적으로 정할 수 있다. 일단 위원의 자격을 정했다면 임원이라도 징계위원회 위원의 선임자격이 없는 자가 위원회 구성원이 되어 있거나 권한 없이 회의에 관여하여 심의과정에 참여 하였다면 그 처분은 절차 위반으로 무효가 될 수도 있다.

사용자와 노동조합이 징계위원회의 구성원에 노조 대표를 포함시키기로 한 단체협약을 체결했다면, 그 취지는 노조 대표 중에서 징계위원을 위촉하여 징계위원회에 대한 조합의 참여권을 보장하기로 한 것으로 보아야 한다. 따라서 징계위원회에 노동조합의 대표를 참석시키지 아니한 채 행한 면직처분의 의결에는 절차상의 하자가 있고, 그에 따른 면직처분 역시 절차에 중대한 하자가 있어서 무효이다.[193]

다만, 사용자가 단체협약에 정한대로[194]징계위원회를 구성하려 하였으나 노동조합이 징계위원 위촉을 거부하고 있어 사용자가 조합원이 아닌 다른 근로자를 징계위원으로 삼았다고 해도 그것이 사회통념상 합리성이 있다면 징계절차를 위반한 징계라고 할 수 없다. 근로자측이 징계위원 선정권을 포기한 것이라면 사용자만이 참석한 징계위원회의 처분은 유효하다.[195]

노사협의회와 징계위원회를 동일하게 구성되어 있고 통상 노사협의회에서 근로자 징계사항과 노사협의사항을 함께 부의해 왔다면 서류상으로 노사협의회를 개최하여 당해 근로자를 징계한 것이라고 하더라도 징계위원회와 노사협의회가 같이 열렸거나 징계위원회 대신 노사협의회가 열린 것으로 보는 것이 타당하다. "징계사유에 관해 직접적인 이해가 있는 징계위원은 징계위원회위원으로 참석할 수 없다"는 명시적인 규정이 있다면 그 위원이 참석한 징계회의는 절차상의 위반으로 볼 수 있다.[196]

---

193) 대판 96다43416, 1997.3.25.
194) 노동조합 대표를 징계위원회에 참여토록 정한 단체협약.
195) 대판 96다47074, 1997.5.16.
196) 대판 94다24763, 1995.5.23.

(4) 해고협의(합의), 면책조항

노사는 합의가 있을 경우 징계대상근로자의 위반사실을 없던 일로 하거나 협의는 있으나 처벌을 하지 않는 등 전체적으로 취업규칙이나 단체협약에 정한 사용자의 징계권 등을 그 한도에서 포기 또는 유예할 수가 있다. 단순한 사전협의를 넘어서 동의, 승인, 합의해야 한다고 정한 경우, 사용자 스스로가 그 의사결정에 제약을 가한 것으로서 그러한 절차를 거치지 않았다면 원칙적으로 무효가 되는 것이 원칙이다.[197] 그러나 사전협의를 해야 한다고 정한 경우는, 사용자가 노조간부 등에 대한 인사의 내용 등 처분경위나 예정사항을 미리 통보하여 의견을 제시할 기회를 주고 제시된 의견을 참고자료로 활용하는 정도에 지나지 않는 것이므로, 해고 등을 하면서 협의를 이행하지 않았다고 해서 처분이 무효가 되지 않는다.[198] 최근 판례의 경향은 노사간 면책합의가 있었다고 해도 "사용자의 징계권은 고유한 경영권에서 비롯되는 것으로 본질적인 권한은 침해할 수 없다"고 보아서 "합의의 의미"를 좁게 해석하는 경향에 있다.

쟁의행위 결과에 대한 처분과 관련한 노사간 면책합의는 회사의 근로자에 대한 민·형사상의 책임추궁이나 고용계약상의 불이익처분을 하지 않겠다는 취지로 보아야 한다. 다만, 이때에도 사용자의 권한없는 법률상[199]의 책임면제를 약속한 것은 아니다. 쟁의행위기간 중의 불법행위에 대해 민·형사를 포함한 모든 책임을 묻지 않는다는 면책조항이나 징계를 최소화 하고 양정이 경감될 수 있도록 노력한다는 경감규정에 합의를 하는 경우, 합의에 반하는 징계는 무효가 될 수 있으며 징계행위와 일체 관계에 있는 준비행위 및 유발행위

---

197) 대판 94다46763, 1995.3.28. 상벌위원회의 구성은 노사 각 4인씩으로 하여 노동조합원들을 참여시키도록 되어 있는데도 불구하고, 이러한 징계절차 규정을 위배하여 노동조합측의 위원 2명만 참석시키고 자격이 없는 상조회 소속 근로자 2명을 포함하여 상벌위원회를 구성한 다음 그 상벌위원회의 결의를 거쳐 징계해고한 사안에서, 단체협약상의 징계규정에 위반하여 구성된 상벌위원회의 결의로 징계해고를 하여 비록 무자격 위원을 제외하고도 의결정족수가 충족되더라도 상벌위원회 구성 자체에 위법이 있는 이상 징계해고의 효력은 없다(대판 94다53716, 1996.6.28).

198) 대판 95다1767, 1995.7.14.

199) 공안질서 위반 등 형법상 처벌.

도 면책이나 경감의 대상에 포함된다.[200] 다만, 판례는 "노조측의 합의권 남용금지"와 "사용자의 징계권에 대한 본질적인 침해금지 원칙"에 근거를 두고 노동조합의 무조건적인 해고반대와 투쟁에 다음과 같이 제동을 걸고 있다.

1) 합의권 남용

동의나 승인 절차가 있더라도 징계해고 대상자나 노동조합측에서 스스로 동의권을 포기하거나, 동의거부권의 행사가 신의칙에 반하여 남용될 경우에는 이러한 절차를 거치지 않았다고 해서 징계해고를 무효라고 할 수 없다.[201] 합의는 근로자에 대한 부당한 징계권을 제한하는 것이지 사용자의 본질적·고유권인 징계권 행사 자체를 부정할 수는 없다. 징계사유가 있음에도 어떠한 경우도 노동조합의 찬성이 있어야 그 징계권을 행사할 수 있다는 취지가 아니다.[202] 따라서 사전 합의권 행사는 어디까지나 신의성실의 원칙에 입각하여 합리적으로 행사되어야 한다. 징계사유가 명백하고 기업이 성실하고 진지한 노력을 다했음에도 노조가 합리적인 근거나 이유없이 합의에 응하지 않을 경우 노동조합의 이러한 행위는 권리남용이 되어 사용자의 일방적인 징계처분이라도 유효하다.[203]

2) 객관적인 합의 불능

성실히 의견 교환을 하여 합의절차를 거친다 하더라도 사용자가 취업규칙 등의 규정에 의하여 필요적으로 해당 인사처분을 하지 않을 수 없는 사정이 있어서 애당초 의견의 합치를 볼 가능성이 없는 경우에는, 합의절차를 거치지 않았다고 하여 처분의 효력에 무슨 영향이 있다고 할 수 없다.[204]

합의는 적극적인 찬성 뿐 아니라 묵시적인 합의도 포함되므로, 징계위원회에 참석한 노조위원장이 징계에 대해 별다른 이의를 제기하지 않았다면 합의로 본다. 다만, 합의라는 문구대신 「최대한 선처한다」는 것으로 합의한 경우

200) 대판 90다카21176, 1991.1.11.
201) 대판 94다46763, 1995.3.28.
202) 대판 2001두313, 2003.6.10.
203) 대판 2003두10978, 2004.3.11 ; 대판 91다30620, 1993.9.28.
204) 대판 95다1767, 1995.7.14.

는 징계면책 등의 합의로 볼 수 없다.

(5) 징계사유의 확정 및 처분의 효력발생시기

징계처분의 옳고 그름은 징계사유로 삼은 사유에 대해 판단하고 징계위원회 또는 징계과정에서 거론되지 않은 사유를 포함시켜 옳고 그름을 판단할 수 없다.

다만, 징계사유로 삼지 않은 비위행위라고 해도 징계종류 선택의 자료로서 평소품행과 근무성적, 비위행위 등은 징계양정의 참작자료로 삼을 수 있다.[205)]

초심에서 거론되지 않은 징계사유를 재심에서 추가하는 것은 그 사유에 대한 재심기회를 따로 부여하지 않는 한 허용되지 않는다.

징계의 효력발생 시기는 “징계의 통지와 사유 설명서를 송달 받았을 때”에 그 효력이 발생한다. 다만, 부당해고 또는 부당노동행위가 있은 날로부터 3개월 이내에 노동위원회에 구제신청을 할 수 있는데 이 경우 기산일을 어떻게 산정할 것인가가 문제가 될 수 있는데, 해고결정일 또는 해고 결정일이 해고 등의 통지서를 받은 날보다 이전인 경우는 해고통지서를 받은 날 등이다.[206)]

(6) 해고의 통지

해고의 의사표시는 서면이 아닌 구두로 하더라도 그 의사표시를 통해 해고가 이루어진 것으로 본다. 그러나 사용자는 근로자를 해고하려면 해고사유와 해고시기를 서면으로 통지하도록 정하고 있고, 해고는 서면으로 통지하여야 절차적인 정당성을 갖추어 효력이 있다고 정하고 있다.[207)] 따라서 해고는 반드시 서면으로 하고 그 내용에는 사유와 시기를 명확히 기재하여 통지해야한다.

1) 이메일에 의한 해고통지의 유효성

① 과거 판례

과거 하급심 판례는 근로기준법 제27조의 서면이란 종이로 된 문서를 의미

---

205) 대판 96다2378, 1996.4.23 ; 대판 91다6740, 1991.11.22.

206) 노동위규칙제40조. 특히 재심의 경우 단체협약이나 취업규칙 등에 징계의 재심절차가 규정된 경우는 원처분일, 재심에서 초심의 처분과 징계내용이 달라진 경우는 재심처분일이 각각 기산일이다.

207) 근기법 제27조제1항, 제2항.

한다고 하면서도 예외적으로 회사가 전자결재 체계를 완비해 전자문서로 모든 업무의 기안, 결재, 시행 과정을 관리하는 등 특별한 사정이 있는 경우에는 전자문서에 의한 해고통지도 가능하다고 판단했다. 다만, 그 판결에서도 이메일은 전자결재 체제가 완비된 회사의 전자문서에 준하는 것으로 취급하기 어려운 점, 원고와 참가인이 업무연락 수단으로 이메일만을 사용했다거나, 장소적-기술적 이유 등으로 이메일 외의 의사연락 수단이 마땅히 없는 등의 특별한 사정도 없다는 이유로 '이메일에 의한 해고통지가 위법하다' 고 판단했다.

다른 하급심 판례는 해외에 있는 근로자에게 이메일로 해고사실을 통지하면서 해고사유가 담긴 인사위원회 의결통보서를 첨부한 사안에서, 이메일은 의사연락의 수단이자 해고 의사가 담긴 '인사위원회 의결통보서' 를 전달하기 위한 방법이므로, 이러한 해고통지를 '서면통지' 로 판단했다. 따라서 이 판결은 이메일 자체가 '서면' 통지에 해당하는지 여부를 직접적으로 판단한 것이라 보기는 어렵다.

② 이 사건 판결

근로기준법 제27조의 취지는 해고사유 등을 서면으로 통지하도록 함으로써 사용자가 해고 여부를 더 신중하게 결정하도록 함과 동시에 해고의 존부 및 그 시기와 사유를 명확히 해 사후에 이를 둘러싼 분쟁이 적정하고 용이하게 해결되고 근로자도 해고에 적절히 대응할 수 있게 하기 위한 취지다.

근로기준법 제27조에서의 '서면' 이란 일정한 내용을 적은 문서를 의미하고 이메일 등 전자문서와는 구별되는 것이 원칙이다.

다만, 1. 다음과 같은 점(전자문서 및 전자거래 기본법 제4조 제1항에서 '전자문서' 는 다른 법률에 특별한 규정이 있는 경우를 제외하고는 문서로서 효력이 부인되지 않는 점, 출력이 즉시 가능한 전자문서는 사실상 서면과 동일해 저장과 보관에 지속성과 정확성이 더 보장될 수도 있는 점, 이메일의 형식과 경위 등에 비추어 사용자의 해고의사를 명확히 알 수 있고 해고사유와 해고시기가 구체적으로 기재돼 있는 점)을 고려하고 2. 근로자가 이메일을 수신하는 등으로 그 내용을 알고 있다면 이메일에 의한 해고통지도 근로기준법 제27조의 입법취지를 해치지 않는 범위 내에서 구체적 사안에 따라 서면에 의한 해고통지로서 유효하다고 봐야 할 경우가 있다고 판단했다.

판결은 이메일에 의한 해고통보를 유효하다고 인정한 구체적 사정으로 1. 근로자가 징계위원회에 출석해 구체적 비위내용을 통보받고 소명기회를 가진 점, 2. 회사가 징계위원회 의결 결과에 따라 근로자를 해고한 점, 3. 근로자가 회사에게 부당해고에 대해 다툴 것이니 관련 자료 일체를 담당노무사에게 보내라고 요청한 점, 4. 회사는 해당 노무사에게 이메일로 징계결과 통보를 복사한 파일 및 관련자료를 발송했고, 노무사에게 전화해 이메일 수신 여부를 확인한 점, 5. 근로자가 위 노무사로부터 징계결과 통보서의 내용을 전달받아 노동위원회에 구제신청을 해 해고에 대응한 점 등을 근거로 했다.

판결은 무조건적으로 이메일에 의한 해고통지를 유효하게 본다는 취지가 아니다. 이메일에 의한 해고통지를 유효하게 보기 위해서는 기본적으로 이메일 내용에서 사용자의 해고의사(해고사유, 해고시기)가 구체적으로 기재되는 것을 전제로 근로자가 이메일을 수신해 그 내용을 알고 있어야 하고, 여러 사정을 종합해 볼 때 이메일에 의한 해고통지가 근로자에게 불리하지 않아야 한다는 것이다.

따라서 대법원 판결의 취지를 정확하게 파악하지 못해 앞으로는 이메일에 의한 해고통지가 무조건 유효하다고 섣불리 판단해서는 안 될 것이고, 근로기준법 제27조에서 명시적으로 서면에 의한 해고통지를 규정하고 있으므로 특별한 사정이 없다면 해고통지를 서면으로 보내거나 서면과 함께 이메일로 보내는 것이 추후 분쟁 예방을 위해 필요하다. 해당 근로자의 주소지 불명이나 해외 근무 등으로 서면 통지가 어려울 경우라면, 이메일로 해고통지를 보내더라도 반드시 근로자에게 연락해 이메일로 해고 통지를 발송했다는 사실을 알려야 할 것이다.

인사노무 담당자들은 위 대법원 판결의 취지를 지나치게 확대해 섣불리 해고통지를 이메일로 하기보다는 추후 분쟁 예방을 위해 가능하면 서면으로 해고통지를 하는 것이 좋다. 다만, 주소지 불명이나 해외 근무 등 특별한 사정으로 해고의 서면통지가 어려운 경우라면 이메일로 해고통지를 하면서 서면통지와 마찬가지로 구체적 해고사유 및 해고시기를 명시하고, 이메일 발송 후에도 근로자에게 연락해 이메일을 확인하도록 하되, 증거 확보를 위해 수신확인 기능이 있는 이메일 계정을 사용하거나 녹취록 등을 남겨 두는 것이 필요하다.

해고의 사유와 시기 등 법으로 정한 서면통지 요건 중 내용의 일부를 기재하지 않은 경우, 불확정 기한이나 조건을 붙인 경우, 서면통지 내용과 다른 사유를 들어 해고한 경우에도 각각 해고의 효력이 없다.

서면통지가 인정되는 범위는 외관의 형식에 불구하고 실질적으로 근로자의 의사에 반한 근로관계 종료처분으로서 해고에 해당하는 경우에 적용되어야 한다. 따라서 합의해지, 계약기간 만료, 당연퇴직 등이 그 자체로 정당한 사유에 의한 근로계약 종료로 평가되는 경우는 서면통지가 필요하지 않다. 그러나 사직서 제출형식을 취한 해고, 기간을 정한 근로계약에서 기간만료로 인한 갱신거절이 해고에 해당하는 경우, 단체협약·취업규칙 등으로 정한 당연퇴직처분이 실질적으로 해고로 인정되는 경우, 기타 이와 같은 처분의 근거로 취업규칙 등으로 정한 사유와 요건 등이 정당한 사유로 볼 수 없는 경우 등 실질적인 해고에 해당한다면 서면통지를 하여야 한다.[208] 사용자가 서면으로 하지 않고 구두로 해고통보를 한 경우에도 해고가 있었던 날부터 3월 이내에 노동위원회에 부당해고구제신청이 가능하다.

(7) 징계권의 일탈과 남용

징계사유가 있어 처분을 하는 경우 어떠한 처분을 할 것인가는 원칙적으로 징계권자의 재량에 달려있다. 이 때 징계처분의 사유는 취업규칙이나 단체협약에 정해져 있다면 그에 따르는 것이 원칙이고, 달리 정한 바가 없다면 징계사유와 처분사이에 사회통념상 합리성이 있어야 정당성을 인정받을 수 있다. 처분의 사유가 사회통념상 합리성을 잃어 정당한 사유로 볼 수 없거나 위법하다고 판단되면 재량권을 남용한 처분으로 무효가 될 수 있다.

「사회통념상 합리성」이란, 업종, 직무내용, 징계사유와 내용의 취지, 처분의 목적, 비위행위 등의 사정, 근로자의 과거행적, 유사사례의 처분기준과 관행, 기업의 일반적인 정서 등을 종합적으로 고려할 때, 더 이상 고용관계를 유

---

208) 대판 2000두4675, 2002.5.14 ; 대판 2003두9336, 2003.11.28.

지할 수 없는지 등 건전한 상식 등에 비추어 처분의 당위성이 있는지를 판단하는 기준이다.

따라서 직무의 특성, 비위사실의 내용, 비위사실의 성질, 징계에 의해 달성하려는 목적과 그에 수반되는 제반사정을 참작할 때 객관적으로 보아서 명백히 부당하다고 인정되는 경우 징계권의 남용으로 무효가 될 수 있다.[209)]

수개의 혐의사실로 처분할 때는 하나씩 일부만 볼 것이 아니라 전체의 사유에 비춰서 사회통념상 근로관계를 계속할 수 없을 정도로 책임이 있는지 여부를 판단한다.

6. 해고무효확인소송

해고를 당한 근로자는 법 제28조에 의거 노동위원회에 부당해고구제신청을 청구하는 것과 별도로 일반법원에 소송을 제기할 수 있다. 이때 근로자는 계약에 의거 원래 근로자의 지위를 확보하기 위한 경우와 해고로 인한 법률상의 지위에 대한 불안이나 위험을 제거하기 위해 해고무효확인 판결을 청구한다. 다만, 이러한 소송의 목적은 회사와의 사이에 이루어진 계약상의 지위 회복을 목적으로 하는 것이므로 사실심 변론종결 당시 인사규정에 따라 이미 정년이 지난 경우, 해고처분 후 근로계약기간이 만료된 경우, 해고처분 후 사업장이 소멸 폐업된 경우, 소송 중 복직이 이루어졌거나, 해고처분 후 원처분의 흠을 치유하여 근로관계가 적법하게 종료된 경우는 소송을 제기할 이익이 없다.[210)]

---

209) 대판 2006다33999, 2007.12.28 ; 서울고판 2008누3915, 2008.8.21 대판 ; 90다카21176, 19911.1.11 ; 대판 97누9161, 1997.12.9 ; 대판 2003두127578, 2004.2.12. 동일사유에 대해 여러 등급의 징계종류를 두고, 특정 징계사유에 대해 무서운 징계를 선택할 경우 등, 이떤 징계사유에 대해 구체적인 처분을 하는 것은 징계권자의 재량에 속한다. 다만, 재량은 자의적이고 편의적인 것이 아니라, 사유와 처분사이에 사회통념상 상당하다고 보여 지는 균형이 요구되고, 여러가지 혐의사실을 두고 처분할 때는 사유 하나씩 일부만 가지고 볼 것이 아니라 전체이 사유에 비취서 사회통념상 근로관계를 계속할 수 없을 정도로 책임이 있는지 여부를 판단한다. 징계종류의 선택근거로서 피징계자의 평소 소행과 근무성적, 당해 징계처분의 사유 전후에 저지른 비위사실 등은 징세양징의 참고자료로 삼을 수 있다.

210) 대판 96다10027, 1996.10.11. 상고사건에서 파면처분은 부당해고가 아닌 것으로서 확정되어 근로관계는 소멸한 것으로 볼 수 있다. 근로관계가 소멸한 것으로 확정된 이상 이미 원상회

또한 해고무효확인청구의 소가 패소 확정된 것이 증명된 경우 당해 부당해고 구제재심판정취소 등은 소의 이익이 없다.[211)]

권리행사는 신의에 좇아 성실히 이행해야 하고 남용하지 못한다. 상대방이 이제는 권리를 행사하지 않을 것으로 정당한 기대를 가지면, 상당기간이 지난 후 새삼스레 권리를 행사하는 것은 신의성실의 원칙에 위배되어 권리행사가 허용되지 않는다.[212)]

이때 퇴직금을 수령하고 다시 해고의 효력을 다투는 것이 신의칙에 위배되는지 여부가 문제다. 퇴직금을 수령하였다는 사정만으로 해고무효확인의 소를 제기할 수 없는 것은 아니다. 다만, 퇴직금수령 후 상당기간 아무런 조치를 취하지 않고 있다가 해고무효확인을 주장하며 소를 제기하는 것은 실효의 원칙에 의거 허용되지 않는다.[213)] 보다 자세한 사항은 "(2) 16) 해고사유의 이의유보 부분과 부당해고 구제절차 편"을 참고한다.

(1) 해고와 부당노동행위

사용자에 의한 해고의 사유가 노조법 제81조에 의한 근로자의 정당한 조합활동을 이유로 해고 등 불이익을 취한 경우에는 부당노동행위가 된다. 부당노동행위로서 해고는 반드시 근기법 제23조에 정한 정당한 사유가 있는지 여부와 일치할 필요가 없는 상호 별개의 사안이다.[214)] 실무적으로, 해고가 부당노동행위에 해당하는지 여부는 사용자가 주장하는 사유와 근로자의 조합활동과 관련한 사항을 종합검토 하여야 하며, 조합활동을 이유로 해고되었다는 점은

복은 불가능하게 되었으므로 이 사건 소송에서 바라는 구제이익 역시 소멸한 것으로 보아야 한다. 이 사건 소는 부적법한 소로서 본안에 대하여 더 이상 나아가 판단할 필요없이 각하를 면하지 못한다.(서울고판 2002누14586, 2004.4.22).

211) 대판 96누12498, 1998.2.27.

212) 대판 92다13080, 1992.11.13. 전국교직원노동조합 가입을 이유로 해임된 교사가 해고무효확인의 전소를 제기하였다가 취하한 후 정부의 구제방침에 따라 그 조합을 탈퇴하고 교사로 신규임용된 경우, 그 후 다시 제기한 해고무효확인의 후소는 신의칙에 위배된다(대판 96다12290, 1996.10.15).

213) 대판 95다51847, 1996.3.8.

214) 대판 93다11463, 1993.12.1.

해고된 근로자가 입증책임이 있다.

노조법 제2조제4호라목에 의하면, 해고된 자가 노동위원회에 부당노동행위 구제신청을 한 경우는 중노위의 재심판정이 있을 때까지는 노동조합의 가입대상근로자로 본다.[215)]

7. 기타 일반적인 징벌

회사는 유기적인 조직체로서 경영질서의 기준과 복무규율을 정해 놓고 이를 위반한 경우 제재를 가함으로써 일사분란한 조직운영과 경영성과의 극대화를 도모하고 있다. 징계제도는 직장규율 확립과 회사 내의 질서유지를 위해 위반한 근로자에게 사용자가 제재를 가하는 것으로서 인사권과 함께 사용자의 고유권에 속하지만, 어디에 근거를 두고 있으며 어떤 범위에서 활용될 수 있는가 하는 점이 문제가 된다.

사적인 징계는 대체로 견책, 시말서제출, 경고, 주의, 감봉, 출근정지, 강등, 징계해고 등이다. 이러한 사규나 지침 등 근로자에게 불이익한 처분을 과하는 징계의 요건, 종류, 내용 등은 단체협약, 취업규칙 등에 정하여 시행하고 그 내용이 법령에 위반되지 않아야 하며 사회통념상 합리성이 있어야 한다.[216)] 다만, 단체협약 등에 징계의 사유와 처분정도 등을 정하지 않은 경우에도 근로자에 대한 불이익 처분을 할 경우, 그 사유가 사회적 합리성이 있어야 하고 사유와 처분 사이에 상당성이 있어야 한다.

여기서는 징계해고를 제외한 일반적인 징벌처분에 관해 살펴본다. 휴직에 관해서는 뒤편의 "근로자 인사이동"부분에서 상세히 설명한다.

(1) 복무규율과 징계

복무규율은 취업방법이나 장소에 관한 사항, 회사재산의 관리 및 보전에 관한 규율, 회사의 명예와 신용을 유지하기 위한 규율 등으로 구성되어 있고 대

215) 다만, 해고된 자는 사용자와의 근로관계(임금, 휴일, 휴가 등 근로계약당사자로서의 지위, 전임자에 대한 임금지급)가 종료되었으므로 근기법상 근로자로서의 지위를 유지할 수 없다.

216) 근기법 제93조11호.

체로 복무규정, 재산관리규정, 상훈규정 등 다양한 명칭을 가지면서 전체적으로는 다양한 복무규율 등이 모두 "취업규칙"이라는 범주 내에 속한다. 사용자는 근로자가 이를 위반했을 경우 귀책정도에 따라 감봉, 해고, 출근정지, 휴직, 강등 등 징계처분을 내리게 된다. 취업규칙의 내용을 보면, 근로자의 이익이나 입장이 충분히 반영되지 않고 사용자에게 유리한 규정은 폭넓게 적용하는 경향이 있다. 사용자는 정당한 사유없이 그 제재수단으로서 해고, 휴직, 정직, 전직, 감봉, 그 밖의 징벌을 할 수 없다.[217] 따라서 징벌제도의 해석은 취업규칙의 일반적인 법리에 따라야 하고, 그러한 제재조치가 사회통념상 합리성이 있는지 여부에 따라 정당성이 좌우된다.

1) 징벌과 관련한 취업규칙의 법적성질

취업규칙은 보통거래 약관과 같은 정형계약으로서 강행법규를 위반하지 않는 등 합리적인 내용을 담고 있고 근로관계의 내용이 제시되어 있다면 반대의 표시가 없는 이상 사용자와 근로자를 구속한다. 나아가 취업규칙은 겸업금지나 겸업허가, 회사의 명예훼손금지 등 근로자의 사회생활과도 관련하여 폭넓게 규제를 가할 수도 있다. 징벌권은 회사의 질서유지를 위한 사용자의 고유권 행사이므로 사용자의 사업활동을 원활하게 수행하는데 필요한 포괄적인 인사권과 취업규칙의 제정권에 근거를 두고 그 범위 내에서 질서를 유지하는 수단 즉, 포괄적 재량권으로 사용된다.

근로자는 사용자가 제시한 노무수령의 조건들을 검토한 후 포괄적인 근로계약을 체결하면서 그 속에 사용자의 사업장 질서유지권, 취업규칙의 제정권, 업무상의 지시 명령권, 위반 사실관계의 조사권, 위반자에 대한 제재권 등을 포괄적으로 인정한 후 이를 준수하겠다는 의미의 합의를 당연히 포함하고 있는 것이다.

다만, 사용자는 이 같은 포괄적인 권한에도 불구하고 징계요건을 설정하거나 처분을 할 경우 법의 일반 원칙인 신의칙에 위반되거나 권리남용에 해당하지 않아야 하는 등 「사유와 징벌처분 사이에 사회통념상 상당하다고 인정되는

217) 근기법 제23조제1항.

균형」이 요구된다. 그렇지 않으면 정당한 이유없는 불이익 처분으로서 재량권 남용에 해당할 것이다.[218] 징계처분의 유효성판단에는 처분에 이르기까지의 절차의 정당성도 문제가 된다.

2) 징벌의 종류

「감봉」은 근기법 제95조에 의거 제한을 두고 있다. 1회의 금액이 1일분의 1/2을 초과하거나, 복수의 사안에 대한 감봉총액이 1회 임금지급기에 있어서의 임금총액의 1/10을 초과해서는 안된다고 정하고 있다. 자세한 사항은 감액제재부분을 참고한다. 「출근정지」는 일정기간동안 근무를 금지하는 제재조치이다. 이 기간은 임금을 지급하지 않고 근속기간에도 포함하지 않는 것이 일반적이다. 따라서 불이익정도가 크지만 법적으로 상한에 대한 규제가 없다. 그러나 처분에 정당한 사유가 있는지 여부에 관해서는 제한을 받는다.

「직위해제」는 엄격히 말하면 징벌의 종류는 아니다. 그러나 형사사건 기소, 징계절차 진행 중, 직무수행능력 부족 등 일정한 사유 발생시 해당 근로자에게 직위를 부여하지 않고 직무에 종사하지 못하게 하는 것으로 보직해제를 의미한다. 대체로 징계처분에 앞서서 전 단계 조치로 활용하는 경우가 많다. 따라서 직위해제를 당한 경우 단순히 직위의 부여가 금지된 것일 뿐, 근로자와 사용자의 근로관계가 당연히 종료되는 것은 아니므로 사용자의 별도 지시가 없는 한 당연히 출근의무가 있다.[219]

기타 가장 가벼운 처분으로 시말서 제출, 견책, 경고, 주의가 있다. 시말서 제출은 가벼운 지시·위반행위로 징계처분을 회피하거나 경미한 수단에 의한 제재로 그치므로 근로자가 시말서 제출을 거부할 경우는 정당한 징계처분 등을 할 수도 있다. 다만, 시말서제출, 경고, 견책, 주의 등이 일정 회차 이상 반

218) 대판 2004두4765, 2004.7.8 ; 서울고판 2003누7202, 2004.4.2 ; 서울행판 2008구합5285, 2008.9.19 ; 대판 98두8858, 2003.10.13. 근로자에게 징벌사유가 있어 처분을 하는 경우, 어떠한 처분을 할 것인가는 원칙적으로 징계권자의 재량에 맡겨진 것이지만, 재량권을 행사한 징계처분이 사회통념상 현저하게 타당성(직무의 특성, 비위사실의 내용과 성질, 목적과 수반되는 제반사정 등)을 잃어 재량권 남용이라고 인정될 경우는 그 징벌처분이 위법하다.

219) 대판 2002두8138, 2003.5.16.

복되어, 전체적으로 개전의 정이 없거나 더 이상 고용관계를 지속할 수 없다고 판단되는 경우는 해고처분을 할 수도 있다.[220] 최근 하위법원의 판례에서 시말서제출이 양심의 자유에 반하는 행위를 강요하는 결과를 가져온다는 취지에서 위법한 직무명령으로 보아서 시말서제출 불이행을 징계 등 불이익처분의 사유로 삼을 수 없다는 판례[221]가 있다.

3) 대기발령

「대기발령」은 징벌 또는 경영상의 목적에 따라 행하는 잠정적인 인사조치를 말한다. 통상 징벌목적으로 대기발령을 한 다음 근로자 스스로 자연퇴직하도록 유도하는 경우, 기업활동의 필요에 따라 노동력을 재배치하는 경우 등에 주로 활용된다.

대기발령은 설정 목적과 그 실제 기능, 대기발령 유지의 합리성 여부 및 그로 인하여 근로자가 받게 될 신분상·경제상의 불이익 등 구체적인 사정을 모두 참작하여 합리적인 범위 내에서 이루어져야 하는 것이다. 대기발령은 근로자를 중심으로 판단할 때, 일정기간 경과 후 자연퇴직, 해고·감봉·저성과 등으로 인한 재교육처분 등 불이익처분에 앞선 처분인지 혹은 조직개편, 신기술도입, 파견대기 등 경영상 필요에 의해 일정기간 잠정적인 조치인지 등으로 구분된다.

대기발령이 전체적으로 미뤄볼 때 불이익 등이 수반되지 않는 경우는 단체협약이나 취업규칙, 근로계약 등으로 정하여 대기발령을 하더라도 정당성에 관한 제한을 받지 않는 것이 원칙이다. 다만, 불이익한 처분으로서 대기발령은 종국적인 처분과 함께 판단할 때 반드시 법 제23조제1항에 정한 "정당한 사유"가 있어야 한다.

---

220) 서울행판 2006구합21894, 2007.1.11. 취업규칙상 시말서 제출 징계사유가 '연 시말서 3회 이상 제출한 자' 임에도 1회 시말서 제출 거부를 이유로 해고한 것은 부당하다. 수 차례 시말서를 제출하고도 거친 태도로 분쟁이 계속되는 등 직장 상사나 동료와 갈등이 쉽게 근절될 것으로는 보이지 않아 해고한 것은 정당하다(서울행판 2005구합30433, 2006.1.24). 수차례 교통사고, 지각, 무단결근을 했다 해도 근로관계를 유지하기 어려운 정도가 아니라면 해고는 부당하다(서울행판 2004구합35448, 2005.5.31).

221) 서울행판 2006구합46005 2008.7.17.

만일 대기발령을 받은 근로자가 상당한 기간에 걸쳐 근로의 제공을 할 수 없다거나, 근로제공을 함이 매우 부적당한 경우가 아닌데도 사회통념상 합리성이 없을 정도로 부당하게 장기간 동안 대기발령 조치를 유지하는 것은 특별한 사정이 없는 한 정당한 이유가 있다고 보기 어려우므로 무효가 된다.[222] 대기발령사유가 정당하지 못하다면 일정기간 후 자연퇴직처분 역시 정당성을 찾기 어렵다. 경영상해고의 요건을 적법하게 갖추고, 정리해고의 원활한 시행을 위하여 대기발령한 것은 정당한 인사권 행사로 본다.[223] 인사규정상 대기발령이 징계처분의 하나로 명시되어 있지 않고, 징계처분이 아닌 다른 목적으로 행하는 대기발령의 경우는 소명기회부여 등 징계절차를 거칠 필요는 없다.[224]

실무상, 징계처분 후 처분사유를 이유로 대기발령을 할 수도 있고, 반대로 대기발령 후 동일한 사유로 징계처분 할 수도 있다. 이 경우 일사부재리원칙이나 이중치벌금지원칙에 어긋나지 않는다. 다만, 취업규칙이나 근로계약 등에 대기발령을 징계처분의 일종으로 정해두었다면 징계로 파악하여 이중처벌 문제를 검토하여야 한다.[225] 정당한 대기발령의 경우, 그 기간과 기간 중에 지불된 임금은 평균임금산정기준이 되는 기간과 임금의 총액에 산입하고, 부당한 처분이라면 각각 공제하는 것이 타당하다.[226]

(2) 저성과자 불이익처분

저성과자란, 낮은 성과와 낮은 잠재력, 역량을 보유하고 있는 구성원 혹은 생산성·조직이 추구하는 목적·조직의 문화 등에 부정적인 영향을 끼치는 근로자를 말한다. 기업 등 조직은 저성과자에 대해 교육·개선과제부여·성과향상 동기부여 등을 통해 역량개발을 촉진하고 퇴출, 경력개발 등 공정한 인사관리를 위한 조직원의 수용성을 제고한다.

전직, 전보, 보직해임, 직급조정 등 인사명령은 사용자의 고유권한에 속하는

222) 대판 2005다3991, 2007.2.23.
223) 서울행판 제13부 2006구합4646, 2006.9.5.
224) 대판 94누11880, 1995.3.10.
225) 대판 91다30729, 1992.7.28.
226) 임금 68207-562, 2003.7.16.

것으로 업무상 필요한 범위 내에서 사용자에게 상당한 재량을 인정하여야 하고, 권리남용에 해당하지 않는 한 위법하지 않다.[227] 따라서 인사규정에 근무성과에 따른 처분을 정해 둔 경우 그에 따른 조치는 유효하고, 처분규정이 없더라도 해당업무를 수행하기에 부족하다고 판단되면 보직해임 등의 조치도 가능하다. 실적부진을 이유로 근로자의 임금을 삭감할 수 있는지 여부에 관해서는 근기법 제95조에 정한 감액규정의 한도내에서 감액이 가능하다. 다만, 월급제와 성과급제가 혼합된 임금형태의 경우, 성과가 낮은 만큼 낮은 보수를 지급하는 것은 합리적이나 월급제부분을 감액할 수는 없을 것이다.

성과부진을 이유로 해고할 경우는, 실적부진의 내용·정도가 업무의 성격 등에 비춰보아서 법 제23조제1항에 정한 정당한 이유에 해당한다면 처분의 합리성이 있다.[228] 다만, 처분에 앞서 근무성과에 대한 평가가 공정해야 하고, 부진한 근로자에 대한 경고, 교육과 코칭기회 제공 등 실적향상을 위한 노력과 개전의 정, 향후의 전망, 노동력의 배치전환을 통한 활용가능성 등 제반사정을 종합적으로 고려하여야 한다. 판례에 따르면, 단순히 최하위 평정 2회라는 사유만으로 근무성적이 극히 불량한 것으로 판단할 수는 없다는 사례가 있다.[229]

최근 판례[230]에서는 회사는 1년 단위로 실시하는 역량향상 과정을 도입했는데, 직전 3개년 평가를 기준으로 3개년 연속으로 하위평가를 받은 직원들을 대상으로 선정하여 1차 집체교육(1개월), 현업에서 1차 맞춤형 과업 수행(3개월), 성과 평가 후 기준 통과자 업무 복귀, 기준 탈락자 대상 2차 집체교육(1개월), 현업에서 2차 맞춤형 과업 수행(3개월), 성과평가의 흐름으로 진행하였는데, 사례의 경우 첫 2개년 평가(절대평가로 상, 중, 하로 평가됨)에서 각각 '중', '하' 등급을 받았고, 그 이후 2년 동안 평가(상대평가로 S, A, B, C, D로 평가됨)에서 모두 'D' 등급을 받아 역량향상 과정 대상으로 선정됐다. 사례 직원은 역량향상 과정에서 역량이 개선됐다는 평가를 받지 못해1차 평가에 이어 2차 평가도 통과하지 못

227) 대판 2003도687, 2003.11.13.
228) 부산지판2007가합1440, 2008.5.23 ; 서울행판 2001구43263, 2002.2.8.
229) 서울고판 87구1137, 1989.1.31.
230) 서울행판 2016.7.14, 2015구합12830, 서울고판 2017.1.11, 2016누58064. 상고제기하지 않아 확정됨.

했고, 평가에서도 D 등급을 받았다. 이후 대상 직원은 2개월간 대기발령을 거치는 기간 동안에도 마땅한 직무를 찾을 수 없게 됐고, 결국 저성과를 이유로 해고됐다.

이 사건의 쟁점은 크게 (1) 저성과를 이유로 한 해고가 가능한가, (2) 해고가 가능하다고 할 정도의 저성과는 어느 정도인가, (3) 대상 직원에 대한 인사평가가 공정하였는가, (4) 역량향상 과정의 목적이 직원의 역량향상인가 직원의 퇴출인가 정도로 구분할 수 있는데, 법원은 쟁점(1)에 관해 해고가 가능하다고 판단했다.

결국 쟁점(2)가 핵심이었는데, 법원은 대상 직원에 대한 연도별 인사평가자료 및 역량향상 과정에서 작성된 평가자료를 구체적으로 살펴보았고, 평소 근무태도와 함께 역량향상 과정 및 그 이후 대상 직원이 보인 태도, 즉 개선의 의지를 보이지 않거나 스스로 이직 의사를 밝히기도 한 점 등을 종합해 대상 직원은 취업규칙에서 정한 해고사유인 '사원의 근무성적 또는 업무능력이 현저하게 낮을 때'에 해당한다고 인정했다.

쟁점(3)은 쟁점(2)에서 저성과 판단의 잣대로 삼은 평가자료의 공정성 및 신뢰성에 영향을 미치는 것인데, 법원은 1. 평가과정에서 평가자들이 남긴 구체적인 코멘트, 2. 부여된 업무의 난이도 및 대상 직원에 대한 적합성, 3. 복수의 평가자들이 몇 년간 연속적으로 비슷한 취지의 평가를 한 점, 상대평가 방식의 불합리성을 보정할 수 있는 장치(불합리를 고려한 평가등급의 조정 가능성)가 있었던 점, 4. 역량향상 과정이 실시된 점, 5. 인사평가에는 본질상 어느 정도 추상성을 내포하고 평가자의 주관적 의견이 반영될 수밖에 없는 점 등을 종합적으로 고려해 대상 직원에 대한 인사평가가 불공정했다고 보기 어렵다고 판단했다.

쟁점(4)는 입과하는 직원들은 이러한 프로그램이 결국 직원들을 퇴출하는 프로그램으로 기획된 것이 아니냐는 의문을 제기하는 경우가 있다. 그러나 이 사건에서 법원은 1. 역량향상 과정은 약 1년간 논의와 준비 과정을 거쳐 도입-시행된 점, 2. 역량향상 과정의 집체교육 프로그램은 실제 업무 수행과 관련된 내용으로 구성되었고 대상 직원들을 포함한 입과 대상 직원들의 설문조사에서도 업무에 유익했다는 평가를 받은 점, 3. 입과 대상 직원들 중 절반 이상의 직원들이 현업으로 복귀한 점 등을 고려하여 이 사건 역량향상 과정은 입과 대상 직원들을 퇴직시키려는 목적으로 기획된 것으로 보기 어렵다고 판단했다.

근로기준법은 제23조 제1항을 통해 정당한 이유 없이 해고를 할 수 없다고 규정함으로써 해고를 제한하고 있을 뿐 해고 사유를 제한하고 있지 않기 때문에 이런 저성과를 이유로 한 해고가 가능하다.

저성과와 근로기준법상 '정당한 이유'의 관계가 문제되고 이는 위 쟁점(2)에서 본 것처럼 법원은 어느 정도의 저성과에 이르러야 해고가 가능하다고 보고 있느냐의 문제에서 1. 상당 기간 동안 낮은 등급의 평가가 누적되었는지, 2. 낮은 등급 부여의 이유가 된 구체적이고 개별적인 요소들이 무엇인지, 3. 대상 직원이 근로계속이나 역량향상에 대하여 보인 태도 등을 종합적으로 고려하고 있는 것으로 보이고, 여기에 더해 4. 역량향상 프로그램 실시, 역량향상 프로그램의 내용, 5. 직무재배치 노력 등 해고를 회피하기 위한 사용자의 노력이 어느 정도 진지하고 직원을 배려하여 이루어졌는지 또한 중요한 고려요소가 되었다.

평가의 공정성에 있어서도 1. 어느 정도 일관된 평가가 계속돼 왔는지, 2.평가의 기준, 즉 회사에서 요구하는 수준이 대상 직원에게 적합하고 노력을 통해 목표 달성 가능한 것인지, 3. 상대평가 등 평가의 불합리를 사후에 조율할 수 있는 장치가 있는지 등을 고려하는 등 구체적이고 객관적인 방법과 일련의 절차를 기초로 사회통념상 합리적인 이유가 있는지를 판단한 것이다.

제34장 부당해고 등의 구제절차

1. 개념정의

상시 5인 이상 사업장에서 사용자로부터 정당한 사유없는 해고 등 불이익처분을 받은 근로자는 부당해고 등이 있었던 날로부터 3개월 이내에 노동위원회에 구제를 신청할 수 있다.[1] 구제절차에서 부당해고 등이란, 근기법에[2] 의한 정당한 사유없는 해고 등 제반 불이익처분으로서, 사용자의 처분이 사회통념상 합리성을 잃어서 재량권을 남용한 경우에 해당하거나, 근기법 등 강행법의 규정을 위반하여 효력을 상실한 불이익 처분을 말한다.

이때 불이익처분 속에는 징계해고, 경영상해고, 직권면직, 자동면직, 근로계약 갱신거절 등, 명칭에 불구하고 실질적으로 근로자에 대한 사용자의 일방적인 근로관계 종결을 의미하는 처분이 모두 포함되고, 그 밖의 징벌로서 정당한 이유없는 전출, 전직, 휴직, 강등, 강임 등 다양한 불이익처분이 모두 포함된다. 따라서 부당해고 등의 구제신청 대상은 부당해고 등 "정당한 이유없는 다양한 불이익한 처분" 전반을 그 대상으로 한다.

다만, 근로관계에서 사용자의 모든 불이익처분을 구제대상으로 삼을 경우

---

1) 근기법 제28조.

2) 근기법 제23조. 사용자는 근로자에게 정당한 이유없이 해고, 휴직, 정직, 전직, 감봉 그 밖에 징벌(이하 부당해고 등)을 하지 못한다. 근로자가 업무상 부상 또는 질병의 요양을 위하여 휴업한 기간과 그 후 30일 동안 또는 산전산후의 여성이 이 법에 따라 휴업한 기간과 그 후 30일 동안은 해고하지 못한다. 다만, 사용자가 제84조에 따라 일시보상을 하였을 경우 또는 사업을 계속할 수 없게 된 경우에는 그러하지 아니하다. 제24조 (경영상이유에 의한 해고의 제한).

사용자의 경영권의 본질을 현저히 침해할 수 있으므로 최형법정주의 원칙상 근기법 제23조 법문에서 정한 「그 밖의 징벌」의 의미를 해고, 휴직, 정직, 감봉을 제외한 처분으로서 사용자가 근로자에게 제재로서 가하는 불이익처분만을 의미하고, 근로계약관계에서 일어나는 모든 불이익한 처분을 의미하는 것은 아니다.[3] 단체협약 취업규칙 등에서 정하고 있는 징계의 종류 중 하나로서의 불이익처분에 국한시켜야 한다는 판례가 있다.[4] 이 경우 규제대상이 축소되어 경영상 징벌 등에 관한 재량이 확대되어 탄력성 있는 인력관리가 가능하겠지만, 다양한 불이익처분에 관한 구제대상을 징계성 불이익처분에 국한시킴으로서 근로자보호의 취약점이 늘어날 수 있다. 판례의 취지가 실현되려면 취업규칙으로 모든 사업장에 징계의 종류와 처분절차 양형정도 등이 의무적으로 명시되어야 하는데, 현실적으로 구제신청 대상으로 정한 상시 5인 이상 사업장에서 취업규칙 등으로 징계규정을 둔 경우를 발견하기는 쉽지 않다. 또한 취업규칙의 작성 신고대상을 상시 10인 이상 사업장으로 규율하고 있는 점도 고려하여야 한다.

「정당한 이유」가 무엇인지에 관한 구체적인 내용 등은 법으로 정한 바가 없고 판례와 해석론에 의존한다.

사용자는 근로관계를 종료시키려면 근로자가 기업의 생산성에 기여하지 않았다든가 질서를 문란케 하는 등 사회통념상 고용관계를 계속시킬 수 없을 정도로 근로자에게 책임이 있어 해고를 정당시 할 만한 상당한 이유가 있어야 한다. 판례에 의하면, 「사회통념상 더 이상 고용계약을 계속 시킬 수 없을 정도로 근로자에게 책임이 있는 사유가 있다든가 부득이한 경영상의 필요가 있는 경우」로 보고 있다.[5] 구체적인 처분에서 정당성을 판단할 때는, 강행법규정이 허용하는 범위를 고려하고 사업장의 특성과 취업규칙, 단체협약의 내용 등을 감안하여 개별적 사안에 따라 구체적으로 판단되어야 할 것이다.[6] 자세한 사항

3) 서울고판 2010누14925, 2010.11.19. 인사평가에 따른 성과급 및 임금, 차등지급, 미지급 등, 대기발령 동안의 임금과 상여금 등은 민사소송으로 구할 이익이다.
4) 대판 2000두2365, 2001.4.10.
5) 대판 90다카21589, 1990.11.23.
6) 김형배, 560쪽.

은 앞장에서 설명한 바 있으므로 이 장에서는 부당해고 등의 구제절차와 이익 등에 관해 살펴본다. 구제절차의 취지는, 부당한 해고처분 등에 대하여 법적인 구제를 받으려고 할 때, 일반법원에 의한 사법적인 구제방법 외에 노동위원회에 의한 구제절차를 마련함으로써 민사소송에 따른 권리구제의 번잡성과 절차지연, 과도한 비용부담으로부터 근로자를 보호하여 보다 간편·신속하게 권리구제를 받을 수 있도록 하는데 있다.

상시 5인 이상 사업장에서 부당해고 등 불이익한 처분을 받은 근로자는 관할노동위원회에 구제신청을 할 수도 있고, 민사적인 해고무효확인소송과 함께 부당해고로 인한 손해에 대해 배상청구를 할 수도 있으며, 처분과정에서 법위반[7] 사실을 신고하는 등의 절차를 통해 권리를 구제받을 수 있다. 다만, 정당한 이유없는 해고 등 불이익처분행위 그 자체[8]에 대해서는 일반적인 처벌조항이 없다.

해고의 효력을 다투는 근로자는 노조법상 조합원의 지위에 한정된 것일 뿐, 일단 사용자로부터 해고처분을 받은 이상 근로계약은 효력은 상실한 것이므로 사용자와의 개별 근로관계에서는 이미 근로자가 아니다. 따라서 임금지급 등 근로제공과 관련된 권리뿐 아니라 사원아파트 퇴거 등 모든 근로자로서 권리를 잃는다.[9]

(1) 부당노동행위 구제신청과 차이

「부당해고 등의 구제제도」는 근로자와 사용자의 개별근로관계에서의 정당한 사유없는 부당한 권익침해에 대한 구제절차를 절한 것이고, 「부당노동행위 구제제도」는 노동조합·조합원과 사용자의 대립구도에서 집단적 노사관계 질서를 침범하는 사용자의 행위를 제시함으로써 근로자의 노동3권을 실질적으로 보장하여 근로자의 권익을 보호하고 노사관계 질서를 안정시키는 기능을

7) 근기법 제26조, 제110조.
8) 근기법 제23조제1항, 제2항. 업무상부상 또는 질병의 요양을 위해 휴업한 기간과 그 후 30일 동안 또는 산전후의 여성이 이 법에 따라 휴업한 기간과 그 후 30일 동안은 해고하지 못한다는 규정을 위반할 경우 제107조에 따라 5년이하 징역 또는 3천만원 이하의 벌금에 처한다.
9) 대판 89도1579, 1990.11.27.

한다. 양자는 각각 별개의 제도이다. 다만, 사용자가 조합원 등의 정당한 집단적 노사관계 활동을 이유로 해고 등 불이익처분을 한 경우 근기법 제23조제1항의 정당한 사유를 결하여 사법상의 효력이 부정되고 부당해고 등의 요건도 함께 갖춘다. 이러한 경우 별도의 부당해고 등의 정당성 여부를 판단할 필요도 없다.[10)]

부당노동행위로서의 불이익 처분을 당한 근로자는 부당해고 등의 구제신청을 각각 동시에 제출할 수도 있고 판정도 각각 따로 한다. 소송상으로도 중앙노동위원회의 각 재심신청은 별개의 청구로 취급된다. 다만, 노동위원회는 양자를 병합하여 처리할 수 있다.

불이익처분의 구제에 대한 2가지 제도는, 해고의 경우 모두 부당해고에 대한 복직명령과 임금소급지급명령 등을 주된 내용으로 하고 확정된 구제명령을 불이행 할 경우 형벌 등이 부과되는 공통점이 있다. 부당해고 등의 구제신청은 불이익 처분을 당한 근로자가 신청의 주체가 된다. 확정된 구제명령을 불이행 할 경우, 노동위원회의 고발이 있거나 검사가 노동위원회에 고발을 요청하는 등의 절차를 통해 형사처벌이 따르고, 구제명령을 받은 후 이행기한까지 이행하지 아니한 사용자에게 2천만원 이하의 이행강제금이 부과된다.[11)]

부당노동행위 구제제도는 권리를 침해당한 근로자 또는 노동조합이 신청 주체가 된다. 부당노동행위 그 자체와 확정된 구제명령 등을 위반한 경우 각각 형사처벌이 따르고, 중노위 재심판정에 대해 행정소송을 제기하여 확정판결이 있기 전까지 법원의 결정으로 구제명령의 전부 또는 일부를 이행하는 명령을 할 수 있는데 이것을 위반한 경우 500만원 이하의 과태료에 처할 수 있다.[12)]

2. 부당해고 등 구제절차

구제절차는 근로자의 신청에 의해 개시되고 절차의 유지, 중도취하가 당사자의 의사에 좌우된다. 노동위원회는 부당해고구제신청을 받으면 지체없이 필

10) 대판 93다11463, 1993.12.21.
11) 근기법 제31조. 제33조. 제111조.
12) 노조법 제81조,제90조, 제84조.

요한 조사를 하여 당사자 심문과 증거제출 등을 통해 법위반 여부를 판정한다. 조사결과 부당해고 등이 성립한다고 판정하면 사용자에게 부당해고구제명령을 내리고, 그렇지 않으면 기각·각하결정을 하는 등 일련의 절차를 수행한다. 조사와 심문에 관한 절차는 노동위원회법에 따라 중앙노동위원회가 정한 바에 따른다.[13)]

(1) 구제신청

사용자가 근로자에게 부당해고 등을 하면 근로자는 부당해고 등이 있었던 날. 즉, 해고 등 처분의 효력발생일로부터 기산하여[14)] 3개월 이내에 노동위원회의 구제를 신청할 수 있도록 하였으며, 노동위원회는 처분의 취소와 원상회복, 해고의 경우 원직복직 또는 임금상당액 이상의 지급명령을 할 수 있고, 이행을 강제하기 위한 수단으로 구제명령을 받은 후 이행할 때까지 이행강제금을 부과할 수 있다. 이때 그 처분이 부당한지 여부는 그 "처분이 행하여진 시점"을 기준시점으로 한다.

부당해고 등의 구제신청권한을 가진 자는 사용자로부터 휴직, 전직, 정직, 감봉, 해고, 그 밖의 징벌 등 부당한 불이익 처분을 받은 근로자이고, 구제대상은 부당한 불이익처분의 사유, 절차 등에 정당한 사유가 없는 모든 불이익처분을 대상으로 한다. 부당해고 등의 의미, 3개월 이내의 기산일, 기간의 계산법 등 은 다음과 같다.

1) 부당해고 등이 있은 날

「부당해고 등」은 경고, 견책, 감급, 감봉, 배치전환, 전보, 전근, 전직, 전출, 전적, 직위해제, 대기발령, 정직, 해고, 직권면직 등 그 명칭에 관계없이 사용자가 근로자에게 행한 불이익 조치를 의미한다.

「부당해고 등이 있은 날」은 사용자가 근로자에게 해고 등 불이익조치를 한 날을 의미한다. 사용자가 해고 등 불이익 조치를 하는 경우 즉시 시행하거나 장래의 특정일로 정하는 경우가 일반적이다. 해고 등에 있어서 시행일을 소지

13) 근기법 제29조제4항.
14) 대판 2001두11076, 2002.6.14.

일 이전으로 소급해서 하는 경우 구제신청기산일을 언제로 할 것인가 하는 문제, 서면통지를 하지 않은 경우 통지 여부에 대하여 주장이 서로 다른 경우에 기산일과 시행일을 언제로 할 것인지가 각각 쟁점이다.

각 사례별로 "부당해고 등이 있은 날"을 예시하면 다음과 같다.

1. 사용자가 2012.7.1 당해 근로자에게 "2012.7.1자로 해고(정직 등 인사상 불이익조 포함)한다"는 내용의 통지서를 교부한 경우 : 2012.7.1
2. 사용자가 2012.7.1 당해 근로자에게 "2012.7.11자로 해고한다"는 내용의 통지서를 발송하여, 당해 근로자가 2012.7.7 그 통지서를 수령하였고, 2012.7.11 사용자가 당해 근로자를 퇴직처리한 경우 : 2012.7.11
3. 사용자가 2012.7.1 당해 근로자에게 "2012.7.1자로 해고한다"는 내용의 통지서를 발송하여, 당해 근로자가 2012.7.7 그 통지서를 수령한 경우 : 2012.7.7
4. 2012.7.1 징계위원회에서 어느 근로자에 대하여 "정직 1월"을 의결하였으나 대표이사가 정직처분은 하되 그 집행을 유예하기로 하고 당해 근로자에게 "정직 1월(2012.7.1~2012.7.31)까지 정직 1월에 처하되, 그 집행은 유예한다"는 내용의 통지서를 발송하였는바, 당해 근로자가 2012.7.7 그 통지서를 수령한 경우 : 2012.7.7
5. 2012.7.20 징계위원회에서 어느 근로자에 대하여 "감급 1월"을 의결하였고, 사용자가 당해 근로자에게 "감급 1월에 처하며, 2012.8월분 임금에서 총액의 1/10을 감액한다"는 내용의 통지서를 발송하였는바, 당해 근로자가 2012.7.25. 그 통지서를 수령한 경우 : 2012.7.25. (징계위원회의 결정은 사용자가 인사조치를 하기 위한 내부 의사결정 과정이고, 감급 1월에 처한다는 의사표시가 인사조치에 해당하며, 8월분 임금에서 감액하는 것은 인사조치에 따른 집행의 문제)
6. 해고 이외의 불이익조치에 있어서 사용자가 당해 근로자에게 인사조치 사실을 서면으로 통지하지 아니하여 인사조치의 시기에 대하여 서로 주장이 다른 경우 : 근로자가 인사상 불이익조치가 있었음을 안 날

2) 유형별 구제신청의 기산일[15)]

1. 해고의 경우에는 근기법 제27조에 따라 근로자가 받은 해고통지서에 기재된 해고일. 다만, 해고통지서에 기재된 해고일이 해고통지서를 받은 날보다 이전인 때에는 해고통지서를 받은 날

2. 해고 이외의 징벌은 근로자가 징벌이 있었음을 안 날. 다만, 그 징벌에 관한 통지(구술통지 포함)를 받은 경우에는 그 통지를 받은 날

3. 부당노동행위가 계속되는 경우에는 그 행위가 종료된 날

4. 단체협약이나 취업규칙 등에 징계재심절차가 규정된 때에는 원처분일. 재

---

15) 노동위원회규칙 제19호 제40조, 2007.5.29.

심에서 징계내용이 원처분과 달라진 경우는 재심처분일,[16] 다만, 성격상 서면 통지가 요구되지 않는 실질적인 해고처분의 기산일은 다음과 같이 적용한다.

가. 사기나 강박 등에 의하여 사직서를 제출하였는데 사용자가 이를 수리한 것은 부당해고라고 주장 : 사직서 수리일

나. 기간제근로계약에서 갱신을 거절당하여 이를 부당해고라고 주장하며 구제신청을 제기한 경우는, 사용자가 근로계약기간 만료일에 근로관계를 청산하였을 때는 근로계약 종료통보 여부와 관계없이 그 기간만료일, 근로계약기간 만료일로부터 상당한 기간이 지나서 근로관계를 청산한 경우에는 그 청산일, 기간만료일로부터 상당한 기간이 지난 시점에서 장래의 어느 날 근로관계를 종료할 것임을 통보하는 경우에는 장래의 어느 날,

다. 사용자가 정년일을 잘못 계산하여 부당하게 퇴직처리를 하였다고 주장하며 구제신청을 제기한 경우는 사용자의 착오에 의한 정년퇴직처리일[17]

3) 기간의 계산 방법

기간의 계산은 "기간의 계산은 법령, 재판상의 처분 또는 법률행위에 다른 정한 바가 없다면 본장의 규정에 의한다"고 규정한 민법 제155조의 규정에 따라 민법 "제6장 기간"(제155조~제161조)를 적용한다. 기간의 말일이 휴일인 경우에는 휴일 다음의 첫 근무일에 기간이 만료된다.[18] 민법의 규정에 따라 예시해 보면 아래와 같다.

1. 기간산정에 있어서 당일은 산입하지 아니하며, 익일 00:00부터 기간말일 24:00까지로 한다. 해고일이 2012.3.28 경우 : 2012.3.29 00:00부터 2012.6.28 24:00까지이다.

2. 최종의 월에 해당일이 없는 경우에는 그 월의 말일로 기간이 만료된다.

16) 서울행판 2011구합921, 2011.5.13 ; 서울고판2011누18764, 2011.11.18 ; 대판 2011두31505, 2010.2.23. 사용자가 재심처분에서 원징계처분을 직권취소하였으므로 원처분은 소멸한 것이고, 재심처분은 원징계처분을 경감하는 변경내용이므로 구제신청의 기산점은 원고가 재심처분을 통지받은 날로 보는 것이 타당하다.

17) 중노위, 심판업무처리요령.

18) 민법 제160조, 제161조.

해고일이 2012.11.30인 경우 : 3개월의 기간 말일은 2013.2.28이다.

3. 기산일이 1일인 경우 세번째 달의 말일로 기간이 만료된다.

(2) 구제신청의 인용 등

부당해고 등을 당한 근로자가 불이익처분 사실과 신청이유 경위 등을 기재한 신청서를 체출하면 노동위원회는 기재사항 확인 등을 거쳐 요건이 적합한지 등을 심사한다. 기재사항의 일부 누락이 있거나 명확하지 않을 경우 기간을 정하여 보정요구를 할 수 있다. 누락사항 보완 및 신청취지 추가 등은 노동위원회의 승인을 얻어야 한다. 접수심사결과, 구제명령을 발하는 시점을 기준으로 구제의 실익이 없게 된 경우[19]는 구제명령이 아니라 "각하"처분을 한다. 구체적인 각하 사유는 다음과 같다.[20]

1. 관계법령의 규정에 따른 신청기간을 지나서 신청한 경우

2. 노동위원회규칙 제41조에 따른 보정요구를 2회 이상 하였음에도 보정을 하지 아니한 경우

3. 당사자 적격이 없는 경우

4. 구제신청의 내용이 노동위원회의 구제명령 대상이 아닌 경우

5. 같은 당사자가 같은취지의 구제신청을 거듭하여 제기하거나 같은 당사자가 같은취지의 확정된 판정[21]이 있음에도 구제신청을 제기한 경우나 판정이 있은 후 신청을 취하하였다가 다시 제기한 경우

6. 신청하는 구제의 내용이 법령상이나 사실상 실현할 수 없거나 신청의 이익이 없음이 명백한 경우

7. 신청인이 2회 이상 출석에 불응하거나 주소 및 소재불명으로 2회 이상 출석통지서가 반송되거나 그 밖의 사유로 신청 의사를 포기한 것으로 인정될

---

19) 근로자는 노동위원회에 제출하는 부당해고구제신청과는 별도로 민사상 해고무효확인소송을 병행한 경우가 있는데, 이때 근로자가 소송에서 패소한 경우, 해고 당시에는 부당한 해고였지만 노동위원회의 판정시점에서는 구제이익이 없게 된 경우, 부당해고를 한 대상사업장이 폐업 등 소멸한 경우, 근로자가 복직을 한 경우, 구제신청기간 중 근로자가 자발적으로 퇴사한 경우 등은 구제의 실익이 없다.

20) 중노위 심판업무처리요령, 노동위규칙 제60조.

21) 노동위원회법 제16조의3에 따른 화해조서를 포함한다.

경우

노동위원회의 심판위원회는 구제신청의 전부나 일부가 이유 있다고 인정할 경우는 구제명령을, 구제신청의 이유가 없다고 인정할 때는 기각하는 결정을 하여야 한다. 구제명령과 기각결정 등은 사용자와 근로자에게 각각 서면으로 통지해야 하고,[22] 구제명령은 그 명령을 한 날로부터 30일 이내로 이행기한을 명시하여야 한다.[23] 구제이익은 부당해고 재심판정에 대한 법원의 취소소송에서도 소의 이익이 있어야 심리가 가능하다. 자세한 사항은 이 항의 끝에서 별도로 알아본다. 구제이익의 유무에 관한 판정사례는 다음과 같다.

1. 부당전보 구제신청자가 구제신청기간 중에 자발적으로 퇴사한 경우 사용자와 사용종속관계도 이미 상실하였다고 보여 지므로 구제실익이 없으므로 각하사유에 해당된다고 볼 수 있다(중노위 2007부해742, 2008.1.8).
2. 사용자가 경영하는 여러 개의 공장 중 하나를 경영악화로 폐지하였다면 이는 근로자가 복귀할 회사가 사실상 폐업되어 소멸된 이상 근로관계는 자동적으로 소멸될 뿐만 아니라 위 폐업이 노동조합의 단결권 등을 방해하기 위한 위장폐업이 아니라면 기업의 존재를 전제로 원직복직을 구하는 부당해고구제 신청은 그 내용을 법령상 또는 사실상 실현할 수 없는 것이며 부당노동행위구제 신청 또한 구제실익이 없다(중노위 2002부노10 및 부해35, 2002.4.26).
3. 부당노동행위 구제신청에 따른 구제명령을 얻는다고 하더라도 객관적으로 보아 그 실현이 불능인 경우와 구제를 구하는 사항이 다른 방법에 의하여 이미 실현되어 구제신청이 이미 목적을 달성한 경우 등에는 중앙노동위원회 판정의 취소를 구할 이익은 없다고 보아야 하므로, 법원의 출입금지가처분 결정 및 본안 판결로 회사 출입을 할 수 없다면, 근무정지 조치 중단 및 원직복직을 구하는 구제신청은 구제이익이 없다(중노위 2003부노209, 2003.12.10).
4. 사직서를 제출할 당시에 아파트 위탁관리가 해지되었다면, 사용자는 자치관리 주체인 입주자대표회의라고 보아야 하며, 사직서 제출 이후 선정된 관리업체를 당사자로 구제명령을 한 것은 위법하다. 당사자 적격이 없는 사용자에게 구제명령을 한 것은 위법하며 사직서 제출이 유효하다면 부당해고구제 신청은 구제이익이 없다고 본 사례(중노위 2003부해138, 2003.6.19).
5. 사용자가 근로자를 해고하였다가 초심지노위 판정 전에 해고처분을 취소하고 근로자에게 원직복직을 명령하였다면 해고에 따른 근로자의 구제신청은 판단의 실익이 없으므로 각하되어야한다(중노위 2002부해266, 2002.8.29).
6. 이 사건 근로계약은 근로계약기간 만료로 종료되었으며 사용자가 계약갱신을 거절하였다고 하더라도 갱신거절이 사회통념상 상당하다고 인정될 만 하다고 할 수 있으므로 초심판정일 전에 근로계약이 종료되어 구제이익이 상실되었음에도 해고의 정당성 여부를 판단하여 구제명령을 한 초심판정은 위법하다(중노위 2005부해1134, 2006.8.28).
7. 사용자는 근로자의 사용자로 볼 수 없어 구제신청 당사자로서의 당사자 자격이 없다(중노위

22) 근기법 제30조제1항, 제2항.

23) 근기법시행령 제11조, 금전보상명령의 경우, 노동위규칙 제66조.

2008부해339·부노86, 2008.7.18).

(3) 조사확인 등

노동위원회는 구제신청서 접수 후 심판위원회를 구성한 후 당사자에게 이유서, 답변서 제출, 위원의 제척·기피 등 진행에 관한 사항을 안내하고, 심문과 증거자료, 참고인·증인조사 등을 토대로 확인하면서, 당사자에게 주장의 기회를 충분히 부여하여 진실이 규명되도록 노력한다.[24]

노동위원회는 변론주의에 따라 조사심문 등 판정까지의 전 과정에서 당사자가 제출한 증거자료 등을 토대로 실체적 진실을 규명하지만, 일방의 자료제출과 변론 답변취지 등이 사실과 부합하지 않거나 부족하다고 판단할 경우는 직권주의를 가미하여 자료제출 요구 및 쟁점에 대한 추가조사 등을 직권으로 할 수도 있다.

(4) 구제명령

사용자의 처분이 부당하다고 판정이 되면, 노동위원회의 합리적인 재량에 따라 구제명령이 결정된다. 노동위원회에서 부당해고 등이 성립하는지 여부를 판단하는 것은 확인행위(確認行爲)에 속하고, 그에 따라 적절한 구제·회복수단을 제시하여 이행을 명령하는 것은 하명(下命)으로서 행정처분에 해당한다.

실정법상 사용자의 부당한 처분에 대해 어떻게 구제명령을 내리라고 구체적으로 정한 바는 없으므로 불이익한 처분의 내용과 경위, 구제신청의 내용과 취지 등을 종합적으로 고려하여 노동위원회가 합리적인 재량에 따라 결정할 수 있다. 다만, 심사대상은 구제신청 한 내용의 범위 안에서 결정하여야 하고, 신청취지에 반한 내용, 신청하지 않은 내용 등을 구제명령으로 발할 수는 없다.

이행기한은 이행강제금 부과의 근거가 되므로 판정서의 주문에는 30일 이내에서 정한 이행기한을 명시하여 정본을 당사자에게 송부한다.[25]

일반적인 구제수단을 살펴보면, 부당해고의 경우에는 원직복직과 함께 해고

---

24) 노동위규칙 제45조, 제46조.
25) 노동위규칙 제62조제3항, 제4항.

기간동안 임금상당액의 지급을 명할 수 있으며, 부당한 전출, 전직, 대기발령, 감봉, 강임 등 기타 징벌 등 다양한 불이익처분에 대해서는 처분의 취소와 원상회복 등을 명할 수 있다.

불이익한 처분 등의 중지 또는 공고문 게시 등과 같은 구제명령은 할 수 없다. 다만, 부당노동행위 구제명령의 경우는 처분의 중지 등을 내용으로 하는 명령이 가능하다.

노동위원회로부터 다툼이 있는 근로관계의 원상회복과 원직복직 등을 내용으로 하는 구제명령을 받았을 경우에는, 원칙적으로 당해 근로자가 해고당시 종사하던 같은 업무, 같은 직급의 직위에 복직시키는 것이 합리적이며 원직복직은 해고당시를 기준으로 판단한다.[26] 그러나 해고·전직 등 불이익처분 이후 복직이나 본래의 근로관계 회복시까지 당초의 처분이 유효함을 전제로 이미 이루어진 인사질서, 사용자의 경영상 필요, 작업환경의 변화 등 제반사정을 고려하여 복직 근로자에게 합당한 일을 시킨다면 비록 종전의 업무와 근무장소, 직무, 직위 등이 다소 다르더라도 원직복직을 이행한 것으로 보아야 할 것이다.

후임인사나 결원보충 등으로 본래 직위를 부여하기 곤란할 경우는 근로자의 동의를 얻어 다른 직무를 부여할 수도 있을 것이고, 본래 직무와 유사한 직무와 직위를 부여할 수도 있다.[27] 다만, 원직복직 명령을 이행할 수 없는 불가피한 사정 등이 없이 대기발령을 하는 경우 또는 해고전에 기간의 정함이 없는 근로계약을 체결하였는데도 기간의 정함이 있는 계약 또는 일용근로계약의 체결을 요구한 경우는 원직복직으로 보기 어렵다.

사용자가 확정된 구제명령에 위반하여 원직에 복직시키지 않는 경우에는 근기법 제31조제3항 위반 혐의로 처벌[28]을 받을 수 있다.

해고처분에 대한 구제명령의 경우, 재판과정에서 상호 감정의 골이 깊어지면 종전의 노사관계를 회복하기 곤란하다. 근로자가 원직복직을 원하지 않

26) 근기 68207-545, 2003.5.2.
27) 근기 68207-1646, 2001.5.21.
28) 법 제111조, 1년 이하의 징역 또는 1천만원 이하의 벌금.

을 경우에는 해고기간동안 근로를 제공하였더라면 받을 수 있었던「임금상당액 이상의 금품」을 지급하도록 금전보상 명령을 할 수 있다.[29] 다만, 금전보상과 원직복직의 선택권은 구제를 신청한 근로자에게 있다. 만약 사용자에게 선택권을 준다면 복직회피 수단으로 악용할 우려가 있기 때문이다. 복직명령 대신 금전보상명령을 원하는 근로자는 노동위원회에 금전보상명령신청서를 제출하여야 한다. 금전보상명령 신청은 부당해고구제신청 사건에 대해서만 허용된다. 정직, 감봉, 견책, 휴직, 전직, 전적 등 그 밖의 징벌에 대해서는 금전보상명령신청이 허용되지 않는다. 지노위의 부당해고 금전보상 명령 신청 후 근로자가 사망한 경우에는 그 상속인이 노동위원회에 지위 승계를 신청할 수 있다. 구체적 사건에 관한 노동위원회의 판정사례는 아래와 같다.

1. 사용자는 이 판정서를 송달받은 날부터 30일 이내에 근로자를 원직에 복직시키고 해고기간동안 근로하였다면 받을 수 있었던 임금 상당액을 지급하라(관리자로서 대출업무와 관련 금품을 수수하거나 부실대출에 따른 중과실이 인정되지 않는데도 고의·중과실의 책임을 물어 징계면직한 것은 그 양정이 지나치다). (중노위 2008부해349, 2008.7.10)
2. 근로자에 대하여 행한 해고는 부당해고임을 인정한다. 사용자는 근로자를 이 판정서를 송달받은 날로부터 30일 이내에 원직에 복직시키고, 해고기간동안 근로하였다면 받을 수 있었던 임금상당액을 지급하라(징계(해고) 사유에 대한 입증이 부족하고 서면 통지 의무를 결하여 절차상 하자가 있는 경우 부당해고에 해당한다). (중노위 2008부해331, 2008.7.9)
3. 근로자들에 대하여 한 해고는 부당해고임을 인정한다. 사용자는 근로자들을 이 판정서 송달일로부터 30일 이내에 원직에 복직시키고, 해고기간동안 근로하였다면 받을 수 있었던 임금상당액을 지급하라. 근로자들의 나머지 부당노동행위구제 재심신청은 기각한다(그 비위행위가 사회통념상 근로계약을 계속시킬 수 없을 정도로 근로자에게 책임있는 사유에 해당하지 않은 해고는 부당하다). (중노위 2008부해74 외, 2008.5.29)
4. 사용자가 2007.4.6 근로자에 대하여 행한 전적 처분은 부당한 인사발령으로 인정한다. 사용자는 동 인사발령을 취소하고 전적처분이 없었다면 받을 수 있었던 임금상당액을 지급하라(경기지노위 2007부해221, 2007.6.4). 당사자간 협의 내지 동의가 결여된 전적은 부당하다.(중노위 2007부해558, 2007.11.6)
5. 사회복지법인 H협회가 근로자 정○○에게 2007.3.12. 행한 정직 1월의 징계처분은 부당징계임을 인정한다. H협회는 정직처분을 취소하고 부당정직이 없었더라면 받을 수 있었던 임금상당액을 지급하라. 이 사건 근로자 및 노동조합의 나머지 신청을 모두 기각한다.(서울지노위 2007부해468/부노41, 2007.6.15)
6. 사용자가 근로자 甲 등에 대하여 행한 각 2006.12.31자 계약기간 만료로 인한 근로관계 종료는 각 부당해고로 인정한다. 사용자는 근로자 甲 등을 각 즉시 원직에 복직시키고, 각 해고기간

29) 근로기준법 제30조제3항.

동안 정상적으로 근로하였더라면 받을 수 있었던 임금상당액을 지급하여야 한다.(부산지노위 2007부해6·부해9, 2007.3.5]

7. 전보발령으로 근무환경이 열악해지고 비위생적인 근무환경으로 인하여 자녀의 양육에 문제가 있으며, 중량물 취급으로 인하여 허리통증을 느껴 치료를 받는 등 생활상의 불이익이라는 근로자의 주장은 합리성이 결여 등으로 받아들이기 어렵다 따라서 사용자가 2006.9.11. 근로자에게 행한 전보발령은 부당하다고 볼 수 없다. 업무상의 필요성과 전보 등에 따른 근로자의 생활상의 불이익을 비교·교량하고, 근로자측과의 협의 등 그 전보처분 과정에서 신의칙상 요구되는 절차를 거쳐 행한 전보발령은 부당하다고 볼 수 없다. (경남지노위 2006부해223. 2007.2.16)

(5) 임금상당액 지급

부당해고의 구제명령에서, 근로자가 복직을 원할 경우, 노동위원회는 원직복직과 함께 해고일로부터 복직시까지 「임금상당액」의 지급을 명할 수 있다. 임금상당액은 해고기간동안에 받을 수 있었던 임금전액으로서 근기법 제2조 제6호의 평균임금산정의 기초가 되는 임금에 포섭될 금품이 전부 포함된다. 따라서 노사간에 소정근로시간 동안 근무하였을 경우 지급받기로 약정한 임금으로서 은혜적, 후생적 급여 등 기타금품을 제외하고 평균임금에 산입될 금품을 전부 포함한 금액에서 근로소득세 등 원천징수세액을 공제한 나머지 임금의 총액을 말한다.[30]

다만, 해고가 없었다고 하더라도 취업이 사실상 불가능한 상태[31]가 발생한 경우라든가 사용자가 정당한 사유에 의하여 사업을 폐지한 경우에는 사용자의 귀책사유로 인하여 근로제공을 하지 못한 것이 아니므로, 그 기간 중에는 임금을 청구할 수는 없다.[32]

「해고기간 중의 임금상당액」은 근로제공의 대가가 아닌 민사상 손해배상의

30) 대판 93다11463·81다626·87다카2132, 1993.12.21.

31) 수형복역, 질병, 군복무 등으로 해고가 없었더라도 사실상 근로가 불가능한 경우나, 사용자가 정당한 사유에 의해 사업을 폐지한 경우는 사용자의 귀책사유로 인해 근로를 제공하지 못한 것이 아니므로 그 기간은 임금을 청구할 수 없다. 이와 같은 논리는 민법상 계약의 일반원칙에 근거를 둔 것으로서, 쌍무계약의 당사자 일방의 채무가 채권자의 책임있는 사유로 이행할 수 없게 된 때에는 채무자는 상대방의 이행을 청구할 수 없으며, 채권자의 수령지체 중에 당사자 쌍방의 책임없는 사유로 이행할 수 없게 된 때에도 같다고 보는 것이다.

32) 대판 94다25889, 1994.10.25 ; 같은취지 대판 94다40987, 1995.1.24 ; 대판 93다11463, 1993.12.21.

일종으로 임금으로 볼 수는 없다. 따라서 사용자가 복직명령만을 이행하고 임금상당액을 지급하지 않을 경우에는 임금체불로 간주하여 사용자를 법위반으로 처벌할 수는 없으므로 근로자는 새로운 민사절차를 통해 금품을 청구를 하여야 한다.[33)]

근로자가 복직을 원하지 않을 때에 지급을 명하는「임금상당액 이상의 금품」은 임금상당액에 위로금성격의 금품을 더한 손해배상 성격의 금품이지 임금은 아니다. 노동위원회에서 금전보상금을 결정할 경우에는 근로자의 귀책사유, 해고의 부당성 정도 등 다양한 변수들을 종합적으로 고려하여 결정한다. 사용자가 지급명령을 이행하지 않을 경우 근로자는 새로운 민사절차에 따라 권리구제를 다투어야 하고, 강제집행 등을 통해 임금상당액 또는 그 이상의 금품 등 실질적인 청구권을 행사할 수가 있다.

노동위원회에서 발한 구제명령은, 사용자가 그에 따라야 하는 공법상의 의무를 부담한 것일 뿐 구제명령 그 자체로 민사상 채권추심 권리 등이 함께 발생하는 것이 아니기 때문에 민사집행절차로 의무이행을 강제할 수는 없기 때문에 새로운 민사소송절차가 필요한 것이다.

근로자가 해고기간 중에 다른 직장에 종사하여 얻은 수입은 근로제공의 의무를 면함으로써 얻은 이익이라고 할 것이므로 사용자는 근로자에게 해고기간 중의 임금을 지급함에 있어서 이익(중간수입)을 공제할 수 있다.[34)] 중간수입공제에 관한 자세한 사항은 항을 달리하여 설명한다.

임금상당액 산정시 논란이 될 만한 주요 금품을 판단해 보면 다음과 같다.

1) 금품의 내용

① 상여금, 연차유급휴가 근로수당 등

수개월마다 상여금이나 정근수당을 받기로 약정되어 있다면 그 평균액도 포함된다. 다만, 각종 수당 중에서도 임금의 성질을 갖지 않는 것은 제외하고,

33) 근로기준과-579, 2004.2.3.
34) 대판 90다18999, 1991.12.13 ; 같은취지 대판 91다2656, 1991.5.14 ; 대판 90다카25277, 1991.6.28 ; 대판 93다37915, 1993.11.9 등.

임금의 범주에 속하더라도 일률적, 정기적으로 지급되는 것이 아니라 특수한 조건이 충족되었을 때만 부정기적으로 지급되는 것에 불과한 금품은 포함되지 않는다.[35)]

연차유급휴가 근로수당의 산정에 있어서는, 근로자가 해고되기 이전에 장기간 개근하여 연·월차유급휴가를 받을 수 있었는데 해고되었고, 재직 중에도 회사가 형편상 수당으로 지급해 왔었고 향후에도 그러하리라고 예상된다면 그 수당 역시 일실수입산정의 기초가 되어 해고기간 중 근로자에게 지급해야 할 임금액에 포함될 수 있다.[36)] 계속근로기간이란, 근로계약이 체결되어 종료된 때까지의 기간을 의미하므로, 부당해고구제신청이 인용되어 원직에 복직한 경우 그 부당해고기간은 계속근로기간에 포함된다. 부당해고기간은 근로자가 근로를 제공하지 않은 상태이나 이는 사용자의 부당해고로 인한 것이므로 연차유급휴가산정을 위한 출근율의 계산시 소정근로일수에서 제외되어야 한다. 따라서 산정대상 1년을 기준으로 부당해고기간을 제외한 소정근로일수를 가지고 출근율을 산정하고, 동 출근율에 의한 휴가발생일수와 부당해고기간 포함한 계속근로기간에 상응한 가산휴가일수를 합하여 여기에 당해 사업장의 연간 총소정근로일수에 대한 해당 근로자의 출근일수의 비율을 곱하여 산정하여야 한다.[37)]

다만, 부정적인 견해로는, 재직 중의 연차유급휴가부여 사실과 동료들의 미사용 휴가일수 등을 감안할 때, 해고근로자 역시 해고기간 중에도 그에 상당한 연차유급휴가수당을 계속적으로 지급받아 왔으리라고 기대되는 등 기대이익으로서 연차유급휴가 근로수당을 일실수입으로서 임금액산정에 포함할 수 있다고 하더라도 그것을 곧 근기법상의 유효한 청구권으로 인식해서는 안된다. 비록 근로자이 해고가 무효로 판결되고 원직에 복직하였다고 하더라도 해고일로부터 복직시까지는 이미 사용자와의 근로계약관계는 단절된 것이다. 연차유급휴가의 취지가 1년간 계속근로한 근로자에 대하여 일정 일수의 유급휴

35) 대판 90다카25277, 1991.6.28.

36) 대판 95다35869, 1996.1.23.

37) 근기 68207-1976, 2001.6.19.

가를 부여하여 심신의 피로회복과 노동력의 유지·배양함을 목적으로 설정된 것이므로, 실제로 근로를 제공하지 아니한 해고기간 중에는 이러한 법정요건을 충족하지 못하므로 근기법상 연차유급휴가청구권이나 수당지급청구권은 발생하지 않는 것으로 보아야 할 것이다.[38] 종래 행정해석의 입장이다.

② 시간외, 야간, 휴일근로수당 등 법정수당

원칙적으로 이런 수당은 근로자가 정상적인 소정근로시간 외에 실제로 시간외, 야간, 휴일근로 등을 하였을 경우 그 시간수에 의거 산정되는 것이지만, 근로자가 해고 이전에 단체협약이나 취업규칙에 시간외, 야간, 휴일근로에 관한 규정이 있고 그에 따라 비교적 장기간 계속적으로 일정한 시간만큼 시간외, 야간, 휴일근로에 종사하여 일률적, 정기적으로 법정수당을 지급받아 왔고, 만약 근로자가 해고되지 않고 계속근로를 해왔다면 그 수당을 지급받았으리라고 충분히 예상된다면 이러한 수당은 민법상 일실수입산정의 기초로 임금액에 포함된다.[39] 다만, 어쩌다 가끔씩 하는 것에 불과하여 그때마다 일정하지 않은 금액의 법정수당을 지급받아왔다면, 비록 근로자가 해고되지 않았더라도 그러한 수당을 받았으리라고 충분히 예상할 수 없으므로 그 수당은 포함되지 않는다.

③ 단체협약 등에 규정된 표창

근로자가 1년 동안 성실히 개근한 경우 연말에 표창을 하면서 금 등 소정의 금품을 지급하기로 단체협약 등에 정한 경우, 그 표창도 임금의 범위에 포함된다.[40]

단체협약 제45조는 조합원이 1년간 개근할 경우 연말에 금 1돈을 정근할 경우는 연말에 금 반돈을 교부하여 표창하도록 규정되어 있었던 바, 원고들의

---

38) 근기 01254-21648, 1989.12.29.

39) 대판 92다39860, 1992.12.8 ; 대판 2011다20034, 2012.2.9. 원고가 위 대기발령 직전 3개월 동안 월평균 휴일근로시간, 야간근로시간, 주간 연장근로시간, 야간연장근로시간을 증거에 의해 인정한 후 이에 따라 판시에 의한 해당 수당을 민법 제538조1항에 따른 반대급부로서의 임금의 범위에 포함시켜야 한다. 대판 93다11463, 1993.12.21.

40) 대판 2011다20034, 2012.2.9.

부당해고 직전 출근성적을 감안하여볼 때 계속근로를 하였을 경우에 받을 수 있는 임금에 포함된다.

2) 임금인상

해고기간 중 재직 중인 근로자들의 임금이 인상되었을 경우, 부당해고구제명령을 하면서 임금인상분을 어떻게 반영할 것인가 하는 문제와, 부당해고기간 중 근로자가 타사업장 등에서 노무를 제공하고 임금을 수령해 왔을 경우 그 부분을 사용자가 지급해야 할 임금상당액에서 중간수입으로 공제할 수 있는가 하는 의문이 제기될 수 있다. 2가지 문제에 대한 법규정은 발견할 수 없으므로 판례 등 해석론에서 답을 찾을 수 밖에 없다.

단체협약 등에 따라 정기적으로 임금인상을 해왔다면, 해고된 이후 체결된 단체협약 등에 의거 부당해고기간동안의 임금도 인상된 기준에 따라 산정하여야 한다.[41)]

근로자가 해고되지 않고 정상적으로 계속근로 하였다면 호봉승급이 예정되어 있거나 해고기간 중 해고근로자와 동일한 직무에 종사하는 동료근로자들의 임금이 새로이 체결된 단체협약에 따라 인상되었을 경우에는 해고기간 중 근로자에게 지급하여야 할 임금액도 함께 승급되거나 인상된 액수에 따라야 한다.[42)]

3) 부당해고기간 중 임금지급 한도

법원이 근로자의 청구를 인용할 경우, 부당해고 다음날부터 복직할 때까지 임금상당액의 지급을 명령한다.「복직할 때까지」는 무효인 해고처분에 의해 사실상 야기된 고용의 중단상태가 복직처분이나 제2차 해고처분 등 사용자의 행위에 의해 종료될 때까지를 말하는 것이고 그 최장 한도는 해고되지 않고 근로했더라면 순리적으로 도래하는 정년 또는 그 이전이라도 근로자의 사망할 때까지를 한도로 한다.[43)]

따라서 법원의 해고무효의 판결에서 해고일로부터 근로자의 복직시까지 임

---

41) 대판 93다21736, 1993.9.24.

42) 대판 93다21736, 1993.9.24.

43) 대판 91다36192, 1993.12.24.

금지급을 명한 경우, 그 판결의 사실심 종결 전에 정년퇴직사유가 발생한 경우 변론 종결일 이후의 임금지급은 거부할 수 있다. 민사소송을 제기하였을 경우나 부당해고 구제명령에 의해 해고가 무효임이 확정되었을 때 근로자에게 지급되어야 할 부당해고기간동안의 임금상당액에는 그 동안 받지 못했던 임금과 법정이자[44]에 상당하는 지연손해금이 포함되어야 할 것이다.[45] 다만, 부당해고기간동안의 임금상당액은 근기법상 임금으로 볼 수는 없으므로 동법 제37조에 의한 미지급임금에 대한 지연이자는 적용되지 않는다.[46]

부당한 해고처분으로 퇴직금을 지급받은 경우 부당해고가 무효라는 확정판결을 받은 후에는 부당이득에 해당하므로 이를 반환하여야 한다.[47]

4) 민사소송을 통한 구제

사용자로부터 부당해고를 당한 근로자는 노동위원회를 통하지 않고 일반법원에 대해 부당해고구제소송, 즉, 해고무효확인소송을 제기할 수 있다. 법원의 판결 등에 의해 사용자의 해고처분이 무효가 된 경우, 근로자는 자신이 사용자의 종업원이라는 지위를 법적으로 확인을 받고, 사용자의 해고처분은 무효로 판명되었으므로 근로계약은 여전히 존속하고 있는 것으로 보아서, 해고기간 중 계속근로하였더라면 받을 수 있었던 임금전액을 청구할 수 있다.[48] 비록 해고근로자가 해고기간동안 근무를 하지 않았다고 하더라도 해고가 무효 또는 취소가 된 이상, 그 동안 사용자와의 근로관계는 계속되고 있다 할 것이고, 근로자가 해고기간동안 근무를 하지 못한 것은 부당하게 해고한 사용자에게 책임있는 것으로 보기 때문이다. 그러나 법원의 판결에 따라 원직복귀가

---

44) 민사소송의 경우 소송촉진 등에 관한 특례법 제3조제1항 본문의 법정이율에관한 규정(대통령령 제17981호, 2003.5.29)에 따라 소송제기시점 또는 확정판결시점부터 변제일까지 년20%의 이자. 소송을 제기하지 않은 경우는 민법 제379조에 의거 년 5%.

45) 하갑래, 725쪽.

46) 부당해고로 원직 복직된 근로자가 해고기간동안 근로를 제공하였을 경우 받을 수 있었던 임금 상당액은 근로제공에 대한 대가가 아니라 민사상의 채권으로서 근로기준법으로 해석할 수는 없다. 따라서 새로운 재판의 청구 등 민사절차를 활용하는 수 밖에 없다(근로기준과-579, 2004.2.3).

47) 대판 94다45753·45760, 1995.11.21.

48) 민법 제538조제1항.

강제되지는 않는다.

사용자가 구제명령에 따라 임금상당액 혹은 그 이상의 보상금을 지급하고 근로자가 이를 수령한 후 금전보상금이 기대에 미치지 않는다고 하여 다시 민사소송으로 추가보상금을 청구할 수 있을까 의문이다. 금전보상금을 수령한 후에도 민법상 손해배상청구권은 소멸되지 않는다는 견해도 있다. 금전보상금을 수령하고 행정소송 등을 제기하지 않는 것은 금전보상으로 해고 등 불이익 처분에 대한 합의가 있다고 본다면 추가소송을 제기하는 것은 구제신청제도의 취지를 몰각하는 것으로 볼 수도 있을 것이다.[49]

5) 중간수입공제 문제

근로자의 해고가 무효나 취소된 경우, 사용자는 자신의 귀책사유로 인해 근로계약상 노무를 제공하지 못해 경제적 손실을 입은 근로자에게 부당해고기간동안에 정상적으로 일을 계속했더라면 받을 수 있었던 임금, 즉, 평균임금의 기초가 되는 모든 임금을 지급할 의무가 있다.[50] 반면, 근로자는 해고기간 중 제3자에게 노무를 제공하여 중간수입을 올릴 수도 있다. 다만, 민법 제538조제2항에 의하면, 근로자는 사용자에 대한 자기의 채무, 즉, 노무제공의무를 면함으로써 이익을 얻은 때[51]는 이를 채권자에게 상환해야 하도록 정하고 있다. 이 경우, 사용자가 지급해야 할 임금에서 근로자의 중간수입을 공제할 수 있느냐 하는 것이 쟁점이다.

판례의 사례를 보면, 공제를 할 수 있다고 보는 측면에서 보면, 정상적으로 근무하였을 경우 월평균 120만원을 지급받은 근로자가 해고기간동안 다른 직장에 취업하여 70만원의 중간수입을 벌었다면 사용자는 월 50만원의 임금액만 지급하면 된다.[52] 반면에 중간수입을 공제할 필요가 없다고 한다면, 근로자는 사용자로부터 월 120만원 전액을 받고 다른 직장에서 얻은 중간수입 70만원을 합하여 총 190만원으로 수입이 극대화 될 것이다.

49) 근로기준법주해Ⅱ, 415쪽.
50) 민법 제538조제1항.
51) 해고기간 중 타사업장에서 임금을 수령한 경우 등.
52) 근로자의 수입은 70만원+50만원=120만원.

사용자의 귀책사유로 인하여 해고된 근로자가 해고기간 중에 다른 직장에서 근무하여 지급받은 임금은 민법 제538조제2항에 규정된 자기의 채무를 면함으로써 얻은 이익에 해당하므로, 사용자는 근로자에게 해고기간 중의 임금을 지급함에 있어서 중간수익을 공제할 수 있는 것이지만, 근기법 제46조에 의하면 사용자는 자신의 귀책사유로 근로자가 휴업하는 동안 평균임금의 70%에 해당하는 금액을 휴업수당으로 지급할 의무가 있고, 휴업에는 의사에 반해 취업이 거절되거나 불가능하게 된 경우도 포함되므로, 부당하게 해고된 근로자는 비록 중간수입이 있더라도 휴업수당은 받을 수 있다. 따라서 근로자가 지급받을 수 있는 임금액 중 소정의 휴업수당의 범위 내의 금액은 중간수입으로 공제할 수 없고, 휴업수당을 초과하는 금액을 중간수입으로 공제하여야 한다.[53)]

다만, 부당해고를 사용자 귀책의 휴업과 동일시하여 휴업수당청구권을 인정하는 것은 부당하고 근기법 제46조를 적용하는 것은 합당하지 않으며, 부당해고로 인해 해고기간 중 근로자가 달리 취업하여 얻은 이익은 공제대상이 될 수 없다는 견해[54)]도 있다.

예를 들면, 2011.1.1~2012.12.31 부당해고를 당한 근로자가 정상적으로 근로하였다면 매월 급여액으로 평균 100만원을 받을 수 있었고, 해고기간 중인 2012.6.1~12.31 타 사업장에 취업하여 월 80만원의 중간수입을 얻었다고 가정하면, 2011.1.1~2012.5.31는 중간수입이 없으므로 사용자로부터 해고되지 않았더라면 받을 수 있었던 임금전액을 월 100만원씩 17개월분 1,700만원을 받을 것이다.

그러나 중간수입 월 80만원이 있는 2012.6.1~2012.12.31 7개월간은 평균임금으로 산정한 월 100만원의 70%인 휴업수당(대체로 월 70만원)을 초과한 나머지 30만원을 중간수입에서 공제할 수 있는 바, 실제는 중간수입과 임금전액을 합한 총수입 180만원에서 휴업수당을 초과한 금액 30만원을 공제할 수 있으므로 근로자의 실수입액은 월 150만원이 될 것이다. 중간수입이 임금전액

53) 대판 93다37915, 1993.11.9 ; 대판 90다18999, 1991.12.13 ; 같은취지 대판 91다2656, 1991.5.14 ; 대판 90다카25277, 1991.6.28 등.

54) 김형배, 608쪽.

과 휴업수당의 차액보다 적을 때는 근로자의 실제수입은 항상 동일한 결과가 될 것이다.[55)]

다만, 해고기간 중 얻은 중간수입이 근로자가 해고되지 않고 있었다고 하더라도 부업 등으로 종사할만한 정도의 수입을 얻은 경우는 임금에서 공제해서는 안된다. 그것은 근로제공의무를 면하고 얻은 이익이라고 볼 수 없기 때문이다. 해고기간 중 노동조합 기금으로부터 지급받은 보조금도 공제해서는 안된다. 그것은 근로제공의무를 면함으로서 얻은 이익이 아니기 때문이다.[56)]

중간수입을 공제할 경우에는 중간수입이 발생하는 기간이 임금지급의 대상으로 되는 기간과 시기적으로 일치해야 하고 시기적으로 다른 기간에 얻은 이익은 공제대상이 되지 않는다. 또한 근로자가 개인사업으로 얻은 수입은 중간수입으로 공제대상에 포함된다.[57)]

다만, 현재 근기법 제30조 구제명령 부분과 노동위원회규칙 등에서는 중간수입 공제 등에 대한 근거를 찾을 수 없다. 노동위원회가 위로금 등을 산정할 때는 새로이 취업시까지 장래 수입상실, 부당해고로 인한 정신적, 육체적 고통, 해고과정에서 노사의 행태, 과실정도, 사용자의 부담능력 등을 종합적으로 고려하여 상당한 재량을 가지고 산정한다. 따라서 노동위원회가 공제를 명할 수는 없고 공제하지 않았다고 해서 위법도 아니다. 다만, 민사소송 등에서 임금상당액과 위로금 등 손해배상액 산정시 중간수입을 공제하고 있는 만큼 익혀 둘 필요가 있다. 판례는 부당해고의 경우 사용자의 위자료 지급책임을 예외적으로만 인정하는 경향이다.

(6) 이행강제금 부과 및 유예

근로자의 구제신청에 대해 부당해고 등으로 판정이 나면, 사용자는 노동위원회의 초심 또는 재심 구제명령을 이행하여야 한다. 사용자가 구제명령을 한

55) ① 평균임금 100만원, 중간수입이 80만원일 경우 : (100만원+중간수입 80만원)−30만원(100만원−휴업수당 70만원)=150만원, ② 평균임금 100만원, 중간수입이 20만원일 경우 : (100만원+중간수입 20만원)−20만원(임금전액과 휴업수당과의 차액 30만원의 범위 내에서만 공제할 수 있으므로)=100만원.

56) 대판 91다2656, 1991.5.14.

57) 대판 95다21785, 1996.9.24.

날로부터 30일 이내의 이행기한까지 이행하지 않으면 노동위원회는 사용자에게 2천만원 이하의 이행강제금을 부과한다. 노동위원회는 이행강제금을 부과하기 30일 전까지 구제명령 불이행으로 인해 이행강제금을 부과한다는 취지를 문서로 미리 사용자에게 알려주어야 한다.[58)]

이는 사전 경고의 의미로서 사용자가 자율적으로 구제명령을 이행하도록 촉구하는 것이다. 노동위원회는 이행강제금을 부과하기 전 10일 이상의 기간을 정하여 사용자로 하여금 구술 또는 서면(전자문서를 포함)으로 의견을 진술할 기회를 주어야 한다.[59)] 이행강제금을 부과할 때는 이행강제금의 액수, 부과사유, 납부기한, 수납기관, 이의 제기방법 등을 명시하여 문서로 통지해야 하고, 납부기한은 부과통지를 받은 날로부터 15일 이내로 정해야 한다. 구체적인 이행강제금의 금액은 위반행위의 종류에 따른 부과금액의 범위에서 위반행위의 동기, 고의·과실 등 사용자의 귀책정도, 구제명령 이행을 위한 노력의 정도, 이행하지 아니한 기간 등을 종합적으로 고려하여 1회의 이행강제금을 결정한다. 이행강제금의 부과기준은 각주와 같다.[60)]

사용자가 구제명령을 불이행 할 경우 1회당 2,000만원 한도 내에서 반복하여 이행강제금을 부과한다. 노동위원회는 최초의 구제명령을 한 날을 기준으로 매년 2회(4,000만원)의 범위에서 2년간 구제명령이 이행될 때까지 총 4회(8,000만원)까지 반복하여 이행강제금을 부과·징수할 수 있다. 그러나 최초 구제명령을 한 날로부터 2년을 초과하여 부과·징수할 수 없다.

반복부과는 이전 이행강제금 납부기한일로부터 6월 이내에 하여야 한다.[61)] 추가적인 부과절차는 최초 부과절차와 같다.

이행강제금은 부당해고 등에 관한 구제명령을 토대로 부과하는 것이고, 구

58) 근기법 제33조제2항.

59) 근기법시행령 제12조제3항.

60) 근기법시행령 제13조, ① 정당한 이유없이 해고에 대한 구제명령을 이행하지 아니한 자 : 500만원 이상 2,000만원 이하, ② 정당한 이유없는 휴직, 정직에 대한 구제명령을 이행하지 아니한 자 : 250만원 이상 1,000만원 이하, ③ 정당한 이유없는 전직, 감봉에 대한 구제명령을 이행하지 아니 한 자 : 200만원 이상 500만원 이하, ④ 정당한 이유없는 그 밖의 징벌에 대한 구제명령을 이행하지 아니 한 자 : 100만원 이상 500만원 이하.

61) 노동위규칙 제83조.

제명령은 재심신청이나 행정소송에 의해 그 효력이 정지되지 않는다. 따라서 이행강제금을 부과 받은 사용자가 재심이나 행정소송을 제기하였을 경우라도 이행강제금을 부과할 수 있다. 또한 사용자가 이행강제금을 부과받고 뒤늦게 구제명령을 이행하더라도 구제명령 이행 전까지 이미 부과된 이행강제금은 납부를 하여야한다.[62] 사용자가 납부기한까지 이행강제금을 납부하지 않으면 국세체납처분의 예에 따라 징수할 수 있다. 근로자는 사용자가 이행기한까지 구제명령을 불이행하면 이행기한이 경과한 날로부터 15일 이내에 그 사실을 노동위원회에 알려 줄 수 있다.

노동위원회는 사용자에게 구제명령을 이행하기 위하여 사용자가 객관적으로 노력하였으나 근로자의 소재가 불명하여 구제명령을 이행하기 어려운 경우, 천재, 사변 그 밖의 부득이한 사유로 구제명령을 이행하기 어려운 경우에는 그 사유가 없어질 때까지 이행강제금의 부과를 유예할 수 있다.[63] 사용자가 부과유예를 신청하는 경우는 입증자료를 첨부하여 서면으로 신청하여야 한다.

지방노동위원회의 구제명령이 중앙노동위원회에서 취소된 경우 지방노동위원회는 이행강제금을 지체없이 반환해야 한다. 아울러 지방노동위원회나 중앙노동위원회에서 구제명령이 유지되다가 법원의 취소판결이 확정된 경우 중앙노동위원회는 해당사건에 대하여 재처분을 하고 이행강제금을 반환하여야 한다. 다만, 지방노동위원회의 판정에 따라 이행강제금을 납부하고 중앙노동위원회에서 그 처분이 화해로 종결된 경우는 반환할 필요가 없다. 이행강제금을 반환하는 때에는 납부한 날로부터 반환하는 날까지의 기간에 대하여 국세기본법시행규칙 제13조의2에 따른 국세환급가산금의 이율을 곱한 금액을 가산하여 반환하여야 한다.[64]

(7) 구제명령의 확정과 불이행

노동위원회로부터 부당해고구제명령을 받을 경우, 사용자는 재심이나 행정소송 등을 통해 불복을 하여 다툴 수 있으나 다음 요건에 해당할 경우 구제명

62) 근기법 제33조제6항.
63) 근기법시행령 제14조, 노동위규칙 제82조제2항.
64) 근기법시행령 제15조 및 규칙 제7조(2010.7.12).

령은 확정되어 더 이상 다툴 수가 없다.

1. 사용자가 노동위원회로부터 구제명령이 포함된 초심판정서를 수령한 날로부터 10일이 경과할 때까지 재심신청을 재기하지 않은 경우 혹은 10일 이내에 재심신청을 재기하였다가 취소한 경우

2. 중앙노동위원회에 재심을 신청한 사용자가, 부당해고 등에 관한 구제명령 내용이 포함된 재심판정서를 수령한 날로부터 15일이 경과할 때까지 행정소송을 재기하지 아니한 경우

3. 사용자가 법원에 제기한 부당해고 등에 관한 구제명령 내용이 포함된 재심판정취소소송이 기각되고 10일 이내에 상소를 포기하거나 소송진행 중 소를 취하한 경우

사용자가 제기한 부당해고 등에 관한 구제명령 내용이 포함된 재심판정취소소송이 대법원에서 기각된 경우 구제명령, 기각결정, 재심판정은 각각 확정된다.[65] 사용자가 지방노동위원회의 구제명령서 또는 기각결정서를 통지받은 날로부터 10일 이내에 중앙노동위원회에 재심을 신청하지 아니함에 따라 확정된 구제명령, 행정소송을 제기하여 확정된 구제명령, 구제명령을 내용으로 하는 재심판정을 이행하지 아니할 경우, 노동위원회가 심판위원회의 결정에 따라 지방노동관서에 고발을 하면 1년 이하의 징역 또는 1천만원 이하의 벌금에 처해질 수 있다.[66]

노동위원회의 구제명령, 기각결정, 재심판정은 재심신청이나 행정소송제기에 의해 효력이 정지되지 않는다.[67] 중앙노동위원회의 재심판정으로 초심의 판정이 번복된 경우는 사용자는 근로자에 대한 최초 해고일까지 소급하여 근로관계의 해지가 가능하다.

이때 과연 확정된 구제명령을 어느 정도까지 이행해야만 하느냐 의문이 될 수 있다. 구제명령의 이행정도는 「완전한 이행」을 기준으로 하는 바, 아래 기준에 따라 판단하는 것이 적절하다.[68] 다만, 당사자가 부당해고 등 구제명령

65) 근기법 제31조제3항.
66) 근기법 제111조.
67) 근기법 제32조.
68) 중노위 심판업무처리요령.

과 다른 내용으로 합의한 경우도 그 구제명령을 완전히 이행한 것으로 본다.

1. 원직복직의 이행은 당해 해고 근로자에게 해고 등을 할 당시와 같은 직급, 같은 종류의 직무를 부여하였거나, 당해 근로자의 동의를 얻어 다른 직무를 부여하였는지 여부, 다만, 같은 직급이나 직무가 없는 등 불가피한 사유가 발생한 경우는 유사한 직급이나 직무를 부여하였는지 여부

2. 임금상당액 지급의무 이행은 구제명령 이행기한까지 그 금액을 전액지급했는지 여부, 금전보상을 내용으로 하는 구제명령은 주문에 기재된 금액을 전액지급했는지 여부, 그 밖의 구제명령의 내용은 그 주문에 기재된 대로 이행되었는지 여부 등을 기준으로 이행정도를 판단한다. 금전보상명령 및 이에 대한 불이행죄에 대한 처벌은 2007.7.1 이후 발생한 해고사건부터 적용된다.[69]

1) 이행강제금과 고발문제

노동위원회의 확정된 구제명령에 대해 사용자가 이를 이행하지 않을 경우 이행을 강제하는 방법은 「이행강제금」과 「구제명령 불이행죄, 근기법 제111조 및 제112조제1항」가 있다.

이행강제금부과제도는 구제명령이 최종적으로 확정되었는지 여부를 불문하고, 우선 사용자가 노동위원회로부터 구제명령 통지서를 받고서 이를 이행하지 않을 경우 부과하는 행정상의 강제집행 수단으로서 간접강제의 하나이다. 노동위원회의 고발은 확정된 구제명령을 이행하지 않을 경우 할 수 있는 형사처벌 절차로서 성질과 요건이 각각 다르다. 따라서 사용자가 구제명령을 이행하지 않을 경우, 노동위원회는 동일 사안에 대해 이행강제금을 부과하고 노동관서에 고발을 하는 등, 2가지 제재수단을 모두 활용하더라도 이중처벌금지원칙에 어긋나지 않는다.

검사는 사건 등을 처리함에 있어서 고발요건에 해당하는 위반행위를 인지한 경우 노동위원회에 통보하여 고발을 요청할 수도 있다.[70]

69) 법(제8372호, 2007.4.11) 부칙 제12조.
70) 근기법 제112조.

(8) 구제명령에 대한 불복과 행정소송

중앙노동위원회의 재심판정에 대해 불복이 있는 사용자나 근로자는 재심판정서를 송달받은 날로부터 15일 이내에 중앙노동위원회 위원장을 피고로 행정소송을 제기할 수 있다.

노동위원회의 구제명령은 사용자에 대하여 구제명령에 복종하여야 할 공법상 의무를 부담시킬 뿐 직접 근로자와 사용자 간의 사법상 법률관계를 발생 또는 변경시키는 것은 아니므로, 설령 근로자가 부당해고 구제신청을 기각한 재심판정의 취소를 구하는 행정소송을 제기하였다가 패소 판결을 선고받아 그 판결이 확정되었다 하더라도, 이는 재심판정이 적법하여 사용자가 구제명령에 따른 공법상 의무를 부담하지 않는다는 점을 확정하는 것일 뿐 해고가 유효하다거나 근로자와 사용자 간의 사법상 법률관계에 변동을 가져오는 것은 아니므로 근로자는 그와 별도로 민사소송을 제기하여 해고의 무효 확인을 구할 이익이 있다.

이 경우 법원이 취소소송의 행정소송에서 노동위원회의 판정에 대해 심사할 수 있는 범위는 부당해고 등에 대한 사실인정과 법적판단에 관한 사항, 구제조치 및 심사절차 등의 적법성 등에 관해 새로이 심리할 수 있다. 당사자는 노동위원회 심사절차에서 주장 혹은 제출되지 않은 새로운 증거를 제출할 수도 있으며 법원은 각종 자료를 토대로 노동위원회와 다른 독자적인 사실인정을 할 수도 있다.

법원의 취소판결은 중앙노동위원회를 기속한다. 구제신청을 각하 또는 기각한 중앙노동위원회의 처분이 소송에서 취소되면 중앙노동위원회는 취소판결의 취지를 존중하여 당사자의 신청 또는 직권으로 심사를 하고 심판위원회의 의결을 거쳐 신청의 경우 접수일로부터 30일 이내에 당해 사건을 다시 처분하여야 한다.[71] 판결에 의한 재처분의 범위는 판결로 취소된 부분에 한정된다. 판결에 의해 중앙노동위원회의 구제명령이 부당해고가 성립되지 않는다는 취지로 취소된 경우는 구제명령의 효력은 상실된다.

---

71) 노동위규칙 제99조.

1) 부당해고 재심판정의 취소소송과 소의 이익

취소소송은 사실심 변론종결시를 기준으로 할 때 소송의 이익이 있어야 한다. 위법한 행정처분의 취소를 구하는 소송은 위법한 처분에 의해 발생한 위법상태를 배제하여 원상으로 회복시키고, 그 처분으로 인하여 침해된 권리나 이익을 구제하고자하는 소송이므로 그 처분을 통해 원상회복이 불가능하거나 행정처분의 집행이 종료된 경우, 행정처분 자체에 정한 효력기간이 경과하여 행정처분의 효력을 상실한 경우 등은 달리 사정이 없는 한 그 처분의 취소 또는 무효를 구할 법률상의 이익이 없다.

부당해고구제명령의 경우 원직복직과 임금상당액의 지급이 명령의 주된 내용인데, 사업장이 소멸하고 없는 경우 원직복직은 효력이 없지만 임금상당액의 지급명령 부분은 소의 이익을 부정할 수 없다.[72] 다만, 청산이 종결되고 사업장이 완전히 소멸하였을 경우 법인명의 자산이 남아 있다면 임금상당액의 지급명령이 효력이 있겠지만, 잔존 자산이 없는 경우 소의 이익은 없을 수도 있다.

구제명령을 신청한 자가 사직원을 제출하고 퇴직금과 해고관련 수당을 받은 경우 해당 사업장에 취업의사가 없다고 인정되기 때문에 소의 이익은 발견하기 어렵다. 취소소송 도중 근로자가 당해 해고에 관해 동의 또는 승인을 한 경우에도 취소소송은 이익이 없다.[73]

취소소송 중 근로자가 임기만료에 따라 당연퇴직하게 된 경우, 근로계약기간을 정한 경우에서 계약기간이 만료된 경우, 재심판정의 취소를 구할 법률상의 이익은 없다. 다만, 계약기간이 반복갱신 등으로 인하여 기간의 정함이 형식에 그친 경우는 부당해고를 다툴 소의 이익이 있다.

사용자가 구제명령에 따라 근로자를 원직에 복직시키고 원래의 해고처분을 종국적으로 취소하는 결정을 하지 않은 경우, 사용자는 구제명령에 따라 근로자를 잠정적으로 복직시킨 것에 불과하므로 사용자에게는 구제명령의 취소를 구할 법률상의 이익이 있다. 부당해고구제 재심판정을 다투는 소송에서 해고

72) 대판 93누16680, 1994.4.29.
73) 대판 97누18202, 1998.2.27.

의 정당성에 관한 주장과 증명책임은 이를 주장하는 자가 부담한다.

근로자가 부당해고구제심판과 해고무효확인 청구소송을 동시에 혹은 순차로 진행한 경우, 부당해고구제 재심판정취소소송에서 근로자가 같은 사유로 제기한 해고무효확인청구의 소가 패소 확정된 것이 증명되었을 때는 당해 부당해고구제재심판정취소의 소는 소의 이익이 없으므로 기각처분을 받을 수 있다.[74)]

3. 해고무효확인소송과 재징계

근로자는 노동위원회에 구제신청과는 별도로 법원에 해고무효확인소송을 제기할 수 있다. 일반법원에 해고무효확인소송을 주장하는 시기는 법으로 정한 바가 없다. 부당해고 후 상당기간 권리불행사로 인해 사용자가 이제는 근로자의 권리행사가 없을 것이라고 신뢰할만한 상당한 이유가 있는 경우에는 신의칙에 반한 실효의 원칙에 따라 권리구제를 받을 수가 없다.

예를 들면, 사용자로부터 퇴직금을 수령한 후 수년이 지난 뒤에 사용자를 상대로 해고무효확인소송을 제기한 경우,[75)] 비록 해고에 정당한 이유가 없다 할지라도 이는 신의칙이나 금반언의 원칙에 위배되어 허용될 수 없는 경우[76)] 등이 될 것이다.

다만, 이와 같은 경우라도 해고의 효력을 인정하지 아니하고 이를 다투고 있었다고 볼 수 있는 객관적인 사정이 있다거나 그 외에 상당한 이유가 있는 가운데 이를 수령하는 등 반대의 사정이 있음이 엿보이는 때에는 명시적인 이의를 유보함이 없이 퇴직금을 수령한 경우라고 하여도 일률적으로 해고의 효력

---

74) 대판 96누12498, 1998.2.27 ; 대판 92누6099, 1992.7.28.

75) 대판 90다8084, 1991.4.12.

76) 대판 91다38686, 1993.1.26. 해고당한 뒤 이의를 보류함이 없이 퇴직금을 수령한 후 별다른 사유없이 1년 7개월 남짓 경과된 뒤에야 제기한 해고무효확인청구는 신의칙상 허용되지 아니한다(대판 90다8084, 1991.4.12), 의원면직의 형식을 취하였으나 사직의 의사없는 근로자로 하여금 어쩔 수 없이 사직서를 제출하게 하여 근로계약관계를 종료시키는 것은 부당해고라 할 것이다. 별다른 이의를 제기하지 않고 있다가 그로부터 10년이 지난 후에 이르러서야 위 해고의 효력을 다투는 이 사건 소를 제기하였다면(비록 위 해고에 정당한 이유가 없다 할지라도), 이는 신의칙이나 금반언의 원칙에 위배되어 허용될 수 없는 경우에 해당할 여지가 있다(대판 91다38686, 1993.1.26).

을 인정하였다고 보아서는 아니된다.[77)]

소송 등에서 해고에 정당한 이유가 있다는 점, 절차가 적법하여 하자가 없다는 점 등에 관해서는 사용자에게 입증책임이 있다.

해고무효확인의 소는 근로자가 재직하던 자리에 복직하는데 목적이 있다기보다는 사용자와의 고용관계 그 자체를 회복하는데 목적이 있다. 따라서 사용자가 법원의 판결을 존중하여 복직을 시키되, 해고 이전의 직종이나 직무와 다른 합당한 직무에 복직을 시켜도 정당한 복직을 이행하는 것이다.[78)]

다만, 민사적 구제소송 등은 해고자에 대한 종업원지위확인에 따른 가처분(보전처분) 등을 하는데 그치고 직접 직장복귀를 강제할 수 없다는 점에서 한계가 있다.

사용자는 근로자가 복직된 이후라도 당초의 징계사유와 다른 새로운 징계사유가 발견되면 다시 징계할 수가 있고 그 사유가 해고에 해당할 경우는 해고처분 할 수도 있다.

노동위원회의 구제명령이 확정된 경우 당초 부당하게 처분한 해고의 효력은 부정되고 근로자는 근로관계를 원상회복하게 되므로 근로자는 해고 이전의 근로계약에 따라 근로를 제공하고 임금을 지급할 수 있다. 다만, 복직시 원직이 없어졌거나 복직시킬 수 없는 합리적인 이유가 있다면 보직변경은 불가피하다.

4. 부당해고와 불법행위 책임

사용자가 부당한 해고로 근로자에게 노동의 기회를 주지 않거나 임금을 주지 않는다면 근로계약상의 채무불이행책임[79)]을 져야한다.

사용자는 특별한 사정이 없는 한 근로자와 사이에 근로계약의 체결을 통하여 자신의 업무지휘권·업무명령권의 행사와 조화를 이루는 범위 내에서 근로자가 근로제공을 통하여 참다운 인격의 발전을 도모함으로써 자신의 인격을

77) 대판 93다21736, 1993.9.24.
78) 대판 96다47074, 1997.5.16.
79) 근기법 제23조제1항.

실현시킬 수 있도록 배려하여야 할 신의칙상의 의무를 부담한다.

따라서 사용자가 근로자의 의사에 반하여 정당한 이유없이 근로자의 근로제공을 계속적으로 거부하는 것은 이와 같은 근로자의 인격적 법익을 침해하는 것이 되어 사용자는 이로 인하여 근로자가 입게 되는 정신적 고통에 대하여 배상할 의무가 있다.[80)]

노무제공권은 근로자의 권리이자 의무이며 노동법상 보호받아야 할 중요한 법익이므로 사용자는 정당한 사유가 없이 해고처분 등 임의로 권리행사의 기회를 박탈할 수 없다. 하지만, 근로자에 대한 해고가 무효로 되었다는 사실 즉, 단순히 징계의 수위를 지나치게 하여 양형재량을 일탈했다는 이유 등으로 인해 법원의 판결 등에서 부당해고로 판명되었다고 해서 곧 바로 부당해고가 불법행위로 되는 것은 아니다.

법 제23조제1항의 강행법규를 위반한 것이 객관적 법질서의 위반으로 보지만 그것이 곧 불법행위에서 말하는 위법과는 실질적인 차이가 있으므로 부당해고로 판명된 모든 해고가 불법행위 책임의 요건인 위법성을 충족하였다고 볼 수는 없는 것이다. 즉, 상관관계를 고려한 판단에서 위법성을 충족하지 않는다는 것이다.

다만, 사용자가 근로자에게 해고할 만한 사유가 없음을 알면서도 근로자를 사업장에서 몰아내려는 의도로 존재하지도 않는 사유를 조작해 부당해고를 시도하는 등 근로자에게 정신적 고통을 줬다면, 사법상 인격권을 침해하는 등 채무불이행책임과는 별도로 불법행위책임을 인정할 수 있다. 이와 같이 부당한 해고에 대해 사용자의 고의·과실이 있고 강행법규를 위반하여 불법행위를 구성한다면 그로 인해 손해가 발생한 근로자는 배상을 청구할 수 있다.

판례에 따르면, 사용자가 아무런 정당한 사유가 없는데도 오직 근로자를 축출할 목적으로 고의로 해고 사유를 만들어 해고를 한 경우나, 객관적으로 해고할 수 없음이 명백한데도 징계해고를 한 경우나, 노조법 등 강행법규를 위반하여 불이익처분을 한 것이 무효인 경우 등, 결론적으로 정당한 사유없이

80) 대판 95다6823, 1996.4.23.

근로자를 사업장에서 몰아낼 목적으로 징계해고라는 수단을 동원한 것이 명백하여 사회통념상 용인할 수 없고, 위법하게 상대방에게 정신적인 고통을 가한 것이 된다면 불법행위를 구성한다.

따라서 이러한 경우 사용자는 근로자가 청구할 경우 민법상 불법행위로 인한 손해배상을 지급해야 할 수도 있다.[81]고 판시한 바 있다. 이러한 경우 적용법조는 민법 제750조, 제751조 즉, 타인의 신체·자유 또는 명예를 해하거나 기타 정신상 고통을 가한 자는 재산 이외의 손해에 대해서도 배상할 책임이 있다. 설령 해고가 무효로 되어 직장에 복귀를 하고 소급임금을 지급받는다고 해도 불법행위로 인한 정신적인 손해는 치유되지 않으므로 손해배상은 청구할 수 있다.[82]

5. 부당해고 구제신청 후 화해한 경우 구직급여 반환관계

구제신청을 한 자가 노동위판정, 법원의 판결에 의해 원직에 복직된 경우는 임금상당액수령여부와 무관하게 지급받은 구직급여를 반환하여야 한다. 원직복직은 원칙적으로 고용관계가 소급하여 회복된 것으로 보기 때문이다.

한편, 해고의 효력을 다투던 중 당사자간 합의나 합 금, 위로금을 받고 당초 해고(퇴직)일의 변동없이 퇴직처리 되었다면 구직급여는 반환대상이 아니다. 그러나 일정기간 근무한 것으로 간주하여 임금을 지급받고 퇴직처리 되었다면 구직급여 수령기간과 근무간주기간은 사실상 중첩되는 것이므로 반환대상이 된다.[83]

81) 대판 2006다33999, 2007.12.28 ; 대판 93다11463, 1993.12.21.

82) 대판 95다6823, 1996.4.23, 정신적 손해에 관한 판례에 따르면, 징계권의 남용이 건전한 사회통념이나 사회상규상 도저히 용인될 수 없음이 분명한 경우에는 그 해고 등 불이익처분의 효력이 부정되는 데 그치는 것이 아니라 위법하게 상대방에게 정신적 고통을 가하는 것이 되어 근로자에 대한 관계에서 불법행위를 구성할 수 있다 할 것이고, 이와 같은 경우 단순히 임금지급채무를 이행하지 아니한 것을 넘어서, 근로자가 임금채무나 그에 대한 지연손해금을 지급받게 된다고 해도 부당한 해고행위 등으로 말미암아 입게 된 정신적 고통의 손해는 완전히 치유된다고는 할 수 없는 것이며, 이 같은 손해에 대한 사용자의 귀책사유는 부당노동행위로 인정되는 이상 사실상 추정된다(대판 93다11463, 1993.12.21 ; 대판 92다43586, 1993.10.12).

83) 실업급여과-2355, 2016.6.28.

제35장 기업변동과 근로관계

1. 근로관계 이전 필요성

기업활동 과정에서 경쟁력을 높이고 운영의 효율성을 극대화하기 위하여 불필요한 기업부분을 매각하거나 다른 기업을 인수 또는 병합하는 행위는 통상적인 행위로 인정되고 있다. 기업이 경제환경 변화에 대처하기 위해 취하는 일련의 기업구조조정을 통칭하여 기업변동이라고 한다. 현실적으로 기업의 양도양수·인수합병에 따라서 그 사업장의 인적 물적 시설이 동일성을 유지하면서 이전하거나 그 시설과 인적자원의 일부가 이전할 수 있다. 이때 근로관계의 승계는 어떻게 할 것인가가 문제가 될 수 있다. 현행 노동관계법에서는 기업변동시 근로관계 승계여부나 내용 등에 관한 규정을 두지 않고 있고 민법에도 달리 규정이 없다. 다만, 민법에 고용계약관계에 있어서 일신전속성에 관한 규정을 두고 있을 뿐이다.

민법상 계약자유의 원칙에 따라 양도인과의 고용관계를 포괄적으로 양수인에게 이전하는 계약은 신·구사용자와 근로자사이의 합의가 있는 경우에 한하여 이루어 질 수 있다.[1] 3당사자의 합의를 필요로 하는 이유는 계약의 인수에는 채무의 이전이라는 요소 즉, 퇴직금이나 체불임금 등의 요소가 있으므로 구사용자의 본래 계약상대방인 근로자의 의사가 십분 존중되어야 하기 때문이다. 다만, 양도양수나 합병시 임금 등 채권채무를 포괄적으로 이전한다고 하더라도 임금, 퇴직금 등의 체불에 관한 형사상 책임은 이전되지 않는다. 기업

---

1) 민법 제657조, 김형배, 493쪽.

의 양도에 관해서는 민법이나 노동관계법에는 규정이 없고 상법에 규정[2]이 있으나, 영업양도의 성격상 합병에 관한 규정[3]을 준용하고 있다.

기업주의 변동을 초래하는 기업변동은 노동법적인 고려대상이 된다. 예를 들면, 사업양도의 경우 양수인이, 합병의 경우 신설 또는 존속하는 회사가, 그리고 분할내지 분할합병의 경우 수혜회사 내지 존속회사가 각각 새로운 사업주의 지위를 가진다. 이때 근로자의 사전동의가 없이 합병 등 양당사자의 결정에 근로자가 수동적으로 이끌려가기만 한다면 결국은 기업주가 일방적으로 근로관계를 변동시키는 것이 되기 때문에 문제가 된다. 왜냐하면 구사용자와 근로관계에 있었던 근로자의 지위와 계약내용의 유지, 단체협약 및 취업규칙 등의 계속적인 적용여부가 아울러 문제가 되기 때문이다.

기업변동시 제기되는 노동법적인 문제는 근로자의 지위문제, 집단적 노사관계를 규율하는 노사간 합의사항의 효력문제, 집단적노사관계의 주체문제 등이 검토될 수 있다. 합병의 경우 원칙적으로 근로관계는 포괄적으로 승계된다.[4] 다만, 근로자가 자의에 의해 합병 전 회사에서 근로관계를 종료시키고 합병 후 회사에 입사형식으로 취업한 경우는 계속근로로 보지 않는다.

2. 영업양도

영업양도란, "일정한 영업목적으로 조직화된 총체, 즉, 물적·인적 조직을 그 동일성을 유지하면서 일체로서 이전하는 것"으로서[5] 물적·인적조직의 동일성유지를 핵심적인 판단기준으로 한다. 영업재산의 동일성여부는 일반 사회관념에 의하여 판단되어야 할 사실인정의 문제다.[6]

영업양도 당사자 사이에 반대의 특약이 없는 한 영업의 양도에 관한 합의 속에는 원칙적으로 근로관계를 포괄적으로 승계하기로 하는 내용의 합의가 있

2) 상법 제42조~제45조.
3) 상법 제235조.
4) 상법 제235조.
5) 대판 96다2644, 1997.6.24.
6) 대판 88다카10128, 1989.12.26.

는 것으로 사실상 추정되고, 근로관계의 전부 또는 일부를 제외하는 것은 극히 예외적인 경우에 해당하므로, 이러한 승계의 특약이 유효하기 위해서는 영업양도 당시의 근로관계승계를 배제할 만한 합리적인 이유가 있어야 한다.[7]

나아가 영업양도 당사자사이에 근로관계 일부를 승계의 대상에서 제외하기로 하는 특약이 있는 경우에는 그에 따라 승계가 이뤄지지 않을 수 있으나, 그러한 특약은 실질적인 해고나 다름이 없으므로 법 제23조제1항의 소정의 정당한 사유가 있어야 한다. 근로관계를 포함한 인적·물적 유기적 조직체로서 영업양도가 아닌 경우에는 근로관계가 당연히 이전하지는 않는다.[8]

따라서 법원의 공매절차에 의해 기업시설을 경락받은 경우의 고용관계나 법개정으로 정부업무대행기관이 변경된 경우는 법의 규정 또는 새로운 기관의 정관에 규정이 있다면 근로관계는 승계되지 않는다.

다만, 영업양도의 법적효과는 채권적이므로 영업에 속한 개개인의 권리, 법률관계, 채무, 사실관계 등은 각각 분야별로 정한 이전절차를 밟아 개별적으로 승계시켜야 한다. 이점이 채권채무 등의 법률관계가 포괄적으로 승계되는 합병과는 다르다. 그러나 판례는 개별적인 근로관계에서 만큼은 영업이 양도되면 반대의 특약이 없는 한 양도인과 근로자간의 근로관계는 원칙적으로 양수인에게 포괄적으로 승계되는 것으로 판시하고 있다.[9]

(1) 물적·인적조직의 동일성

사업양도가 일정한 사업목적에 의하여 조직화된 사업의 총체, 즉, 인적·물적 시설을 그 동일성을 유지하면서 일체로서 이전하는 것이라면, 인적·물적 시설의 동일성의 문제가 중요한 판단기준이 된다.[10] 인적·물적시설에는 무체재산권과 같은 무형적인 재산이나 사업장의 신용관계 내지 거래관계 등도 포함된다. 사업양도에서 인적·물적 시설이 그 동일성을 유지하면서 일체로서 이전되었는지 여부를 구체적 판단을 하는데 있어서는 다음과 같은 종합적인

7) 대판 93다33173, 1994.6.28.
8) 대판 93다18938, 1994.11.18 ; 서울행판 2002구합32636, 2003.4.29.
9) 대판 93다33173, 1994.6.28.
10) 대판 94다20198, 1995.7.14.

내용들이 고려되어야 한다.

우선 해당 기업의 종류와 특성, 건물 기타 동산과 같은 물적 기업시설, 양도시에 존재하는 적극적인 무체재산의 가치, 고객 및 기타 거래관계, 양도 전후의 영업관계 동일성 유지정도, 양도 양수를 이유로 한 기업활동 중단기간, 양수인에 의한 주된 종업원의 인수 등이 종합적인 고려대상이다. 또한 구체적으로 해당 양도사업체의 사업부분이나 종류에 따라서 항목들이 차지하는 비중이 달라질 수 있고 그에 따라 판단기준도 움직일 수밖에 없을 것이다. 예를 들면, 제조 생산을 목적으로 하는 사업양도에 있어서는 물적시설과 무체재산 내지 고객의 거래관계가 중요시 되고, 상거래 및 서비스 산업, 벤처산업·기술연구개발사업 등에 있어서는 인적노동의 질과 근로자들의 조직이 무엇보다 우선시 될 것이다. 이러한 조직에서는 양수인이 핵심적인 전문인력과 양도인의 작업조직을 어느 정도 양수받았느냐에 따라서 사업양도의 여부가 결정될 수 있을 것이다. 주요사례를 살펴보면 다음과 같다.

사무실 영업시설물을 인수하고 내용의 동일성이 인정되며 근로자 대부분이 인수되고 근로조건 동일성이 유지된 경우, 인적·물적시설의 일체, 즉, 면허권, 종업원 등 운영조직 일체를 인수한 경우, 실질적인 입사절차를 거치지 않고, 퇴직금 등 근로조건이 동일한 경우를 각각 영업양도로 인정한 바 있다.

한편, 종업원들의 임금, 퇴직금 등 채무를 청산하기로 하고 면허와 물적시설만 양도하는 경우, 양도회사의 판매망과 생산시설을 바탕으로 운영하고 있으나 채권, 채무 등을 모두 인수하지 않았으며 양도회사 근로자들 일부만 신규입사형식으로 채용하고 나머지는 잔류한 경우, 폐업사업체 자산을 개별적으로 매입하고 그 근로자를 채용한 경우, 전 사업주로부터 인적·물적 조직을 경매와 매매를 통해 개별적인 절차에 의하여 취득한 경우, 영업재산의 전부를 양도했어도 그 조직을 해체하여 양도한 경우, 운수업자가 운수업을 폐지하는 자로부터 그 소속 종업원들에 대한 임금 및 퇴직금 등 채무를 청산하기로 하고 그 운수사업의 면허 및 운수업에 제공된 물적 시설을 양수한 후 폐시 전 종업원 중 일부만을 신규채용의 형식으로 새로이 고용한 경우를 각각 영업의 양도

로 볼 수 없다고 한 바 있다.[11)]

1) 사업의 부분적인 양도시 근로관계 승계

영업의 일부만 양도된 경우에도 영업양도가 되기 위해서는 해당영업부문의 인적, 물적조직이 그 동일성을 유지하면서 일체로서 이전되어야 한다. 동일성 여부는 어떤 영업재산이 어느 정도 이전되느냐가 중요한 것이 아니고 거기에 "종래의 영업조직이 유지되어 그 조직이 전부 또는 중요한 일부로서 기능할 수 있는가"에 의해 결정되어져야 한다. 따라서 전부양도를 했다고 해도 그 조직을 해체하여 양도했다면 영업양도가 되지 않는 반면에 그 일부를 유보한 채 일부 영업시설 등을 양도했어도 그 양도한 부분만으로 종래의 조직이 유지되고 있다고 인정되면 그것을 영업양도라고 볼 수 있다.[12)]

사업이 일부만 양도된 경우, 기술적인 관점에서 적어도 양도되는 사업의 물적인 시설과 인적구성이 일정한 사업목적을 일관성 있게 수행할 수 있는 "기능적인 일체성"도 유지되어야 할 것이다. 따라서 일정한 근로자집단이 하나의 사업체 내에서 특정된 기능상의 역할을 담당하고 있는 때에는 비록 그 부분만의 양도라도 합리적인 영업양도로 인정하여야 할 것이다.

2) 재산양도에 있어서 근로관계 승계

영업양도는 일정한 사업목적에 의하여 조직화된 사업의 총체, 즉, 인적·물적 시설을 그 동일성을 유지하면서 일체로서 이전하는 것인데 반하여, 재산양도는 그 가운데 인적부분을 제외한 동산, 부동산 등에 관해서만 양도하는 것이다. 따라서 자산양도는 "개개의 재산 및 그 집합체의 양도"라고 해서 영업양도와 구별된다. 자산양도에는 기본적으로 영업양도에 대한 합의가 존재하지 않으므로 근로관계의 포괄적 승계에 관한 양도인과 양수인 사이의 합의도 추정할 수 없다. 따라서 이 경우는 근로관계 승계에 관한 배제특약도 문제되지 않는다.

실질적으로 영업의 일부양도이면서도 근로관계를 포괄적으로 양수하지 않

---

11) 대판 2001다17596, 2003.6.10 ; 대판 95다7987, 1995.7.25.
12) 대판 99두2680, 2001.7.27.

기 위해 자산양도의 형식을 갖는 경우가 있다. 이 경우에는 종래의 영업조직이 유지되어 그 조직이 전부 또는 중요한 일부로서 기능할 수 있는가에 의하여 결정되어야 할 것으로서 자산양도나 영업양도냐의 구별을 "조직의 동일성 유지"에 두고 있다. 따라서 조직의 동일성이 유지된다면 영업의 양도와 동일하게 판단하여야 할 것이다. 아울러 어떠한 형태의 자산양도이든 실질적으로 재산과 근로자를 포괄적으로 인수하는 경우에는 영업양도로 보아야 할 것이다. 이에 대한 판례는 다음과 같다.

1. 공장의 자산과 함께 인적조직을 포괄 양도하는 방식으로는 인수희망자가 없어 결국 공장의 자산만 양도하기로 한 사실, 양수인이 양도인 소속근로자를 신규채용하면서 양도인의 인적조직을 해체하여 양수회사의 기준 및 인사관리 방법에 의거 재구성하여 조직화한 사실, 양수인은 양도인의 채권채무를 전혀 인수하지 않은 사실 등을 기초로 양도행위를 자산양도로 판단하여 양수인에게 근로관계가 포괄적으로 승계되지 않는다고 판단했다.[13]

2. 모기업의 일부사업부분이 상법상 양도에 해당하는 요건을 갖추지 못하더라도 인적·물적시설을 해체함이 없이 동일성을 유지하면서 계열사에 이관되고, 소속근로자들이 회사방침에 의해 중간퇴직을 하고 퇴직금을 수령한 뒤 신규입사절차를 밟은 경우는, 중간퇴직 자체가 통정허위표시로 무효이고 근로자에게 있어서 모기업과 계열사사이의 근로관계는 단절없이 계속 유지된다고 보아야 한다.[14]

3. 영업양도와 근로관계

영업이 유효하게 양도되면, 양도인과 근로자간의 노동관계는 승계의 특약이 없더라도 당연히 양수인에게 승계된다. 따라서 승계를 제외한다는 당사자간 특약은 가능하지만, 승계에서 제외되는 근로자를 해고할 경우는 정당한 해고사유가 있어야 유효하고, 영업양도 그 자체만 가지고는 정당한 이유로 볼

13) 서울고판 97구53801, 1999.1.22.

14) 대판 96다49674, 1997.6.27.

수 없다.[15] 판례에서도, 영업양도 계약에 의하여 근로관계가 포괄적으로 승계된 시점에서 정리해고의 요건을 갖추지 못한 채 이루어진 해고는 위법하다[16]고 보고 있다. 다만, 물적 시설 일체 등 영업 대부분을 양수하여 그 소속 근로자들에 대한 근로관계를 포괄적으로 승계하였다고 하더라도 영업양도 당시 이미 해고되어 근로관계가 종료된 근로자들에 대한 근로관계는 승계되지 않는다.[17]

실무사례에서, 용역업체 교체시 묵시적 영업양도가 성립하는지 판례가 있다. 신규 용역업체는 경쟁입찰의 형식을 거쳐 원청과 직접 도급계약을 체결하였으나 종전 용역업체의 인적-물적 조직을 그 동일성을 유지하면서 일체로서 이전받는 것을 전제로 입찰에 참여했던 사정이 인정된다는 점 등을 근거로 종전 용역업체와 신규 용역업체를 운영하는 원고들 사이에 묵시적 영업양도계약이 성립되었다고 보았다.[18]

(1) 임금 등 지급책임

양수인은 양도인과 근로자사이에 형성된 종전의 근로관계[19]로 형성된 근로조건에 따라 임금을 지급하고 근로시간을 정하는 등 사용자로서 의무를 이행해야 한다.[20] 임금 등의 채무이행에 있어서는, 영업양도 당사자 사이에 면책

---

15) 대판 93다33173, 1994.6.28. 시내버스 회사가 그 소유 버스들을 다른 회사에 양도하고 폐업하기로 결정하고 일부 버스에 승무하던 전속기사에 대하여 양수회사로의 전적명령을 내림과 동시에 그 일부버스를 양도한 후, 나머지 대부분의 버스 및 당해 회사의 물적 시설과 좌석버스 노선의 면허권, 종업원 등 운영조직 일체를 다른 시내버스회사에 양도하면서 앞의 일부버스 양도시의 전적명령에 불응한 기사들은 근로관계의 승계대상에서 제외하기로 약정한 사안에서, 먼저 이루어진 양도는 버스만을 양도한 것에 불과하여 영업을 일부 양도하였다고 할 수 없는데 반해 후에 이루어진 양도는 영업양도에 해당한다고 보아, 먼저 양도된 일부 버스에 승무하던 전속기사들은 여전히 종전회사와 근로관계를 유지하다가 후에 이루어진 영업양도에 의하여 근로관계 승계대상에 포함되고 정당한 이유없이 그들을 승계대상에서 제외한 것은 부당해고에 해당한다(대판 96누19314, 1997.4.25).

16) 서울행판 2004구합32982, 2005.4.12.

17) 서울고판 94구12571, 1994.12.29.

18) 서울고판 2016누62223, 2017.6.14.

19) 즉, 개별근로계약, 단체협약, 취업규칙 등.

20) 대판 91다15225, 1991.8.9.

적 채무인수의 합의가 있고 근로자가 이에 동의를 한 경우를 제외하고, 양수인이 종전의 근로관계를 그대로 인수하여 부담하는 책임의 범위는 양도 전에 이미 발생한 채무인 이상 양도 당시 채무가 이행시기가 도달했는지 불문하고 이행할 책임을 진다.

다만, 양도 전에 이미 퇴직했거나 정당하게 해고되어 근로관계가 종료된 근로자는 처음부터 승계대상이 아니므로 이들에게 양도인이 부담하고 있던 체불임금, 퇴직금, 해고수당 등은 양수인에게 이전하지 않는다.

다만, 양도당시에 발생하지 않은 채무는 양도인에게 책임이 없다. 특히 양도당시 재직 중인 근로자들이 양수기업에 그대로 이전되는 한 아직 퇴직사실이 발생하지 않았으므로 양도인이 퇴직금채무를 지는 일은 없다. 따라서 영업양도로 인수된 근로자로서 영업양도 이후 퇴직하는 근로자에 대한 퇴직금은 오직 양수인에게 지급책임이 있다.[21] 다만, 양도양수 당사자간 약정으로 기업이전 계약시점에서 누적된 퇴직금부담액을 정산한다든지 혹은 근로자들과 합의에 의해 양도인이 중간정산 형태로 정산지급을 하고 양수인에게 이전하는 것은 실무상의 기술적인 문제이다. 그러나 양도양수 당사자간 합의가 근기법에 정한 임금체불 등에 관한 형사적 책임까지 이전하는 것은 아니다. 최근 퇴직연금제 시행으로 양도양수에 따른 이전의 경우에도 종전과 같이 양도양수회사의 사직과 입사를 거치는 등의 불편은 없다.

(2) 근로관계 이전을 원하지 않을 경우

근로자가 근루관계의 중도단절없이 양수기업에 이전될 수 있음에도 불구하고 자의에 의해 양도기업에 사직서를 제출하고 퇴직금을 수령한 경우가 있다. 이때 퇴직금을 수령한 근로자가 양수기업에 입사했다면 양도기업과의 근로관계는 단절되고 새로이 양수기업과의 근로관계가 시작될 것이다.[22] 그러나 사직서 제출과 퇴직금수령 그리고 양수기업에 새로운 입사가 근로자의 사의에 의한 것이 아닐 경우, 즉, 경영방침에 의거 일방적인 결정에 따라 퇴직과 재입

---

21) 대판 90다14560, 1991.6.28.
22) 대판 2001다37941, 2002.7.9.

사형식을 거친 경우에는 계속근로 단절로 보지 않고 양도기업과 양수기업의 모든 근로관계는 그대로 승계된다.[23] 이 경우 근로자가 최종적으로 양수한 기업에서 퇴직하면 그 기업은 사업을 양도한 기업에서의 근속기간을 포함한 근속연수에 상응하는 퇴직금을 산정하고 그 금액에서 이미 퇴직금으로 중도에 지급한 금액을 공제하고 잔액을 지급할 의무가 있다.

(3) 근로자의 고용승계거부권 문제

영업양도시 근로자의 고용승계거부권이 있다고 본 판례[24]가 있다. 원론적으로 보면 영업양도시 고용과 종전 근로조건은 유지되는 것이 영업양도의 개념에 합치하는 것이지만, 고용승계가 근로자들에게 재정이 부실한 회사로의 소속 전환을 뜻한다면 이런 원칙적 승계로부터 벗어날 수 있는 길이 열려 있어야 한다고 본 것이다. 영업양도시 고용승계는 노동법상의 강행규정이 아니라 판례에 의해 보장되고 있는데, 근로자의 고용승계 거부권 역시 판례에 의해 존중되고 있는 것이다.

이 판례에서는 양도기업에 장기근속으로 형성된 퇴직금채권이 근로자에게 있어서 고용에 못지않은 귀중한 재산적 이익이므로 이것의 안전이 확보되는 경우에만 고용승계는 근로자에게 보호로서 의미를 가질 수 있다고 보아서, 영업양도로 퇴직금채권이 불안한 상태에 놓이게 되면 근로자는 고용승계의 거부로서 퇴직금채권을 보호하고자 양도기업에서 퇴직할 수 있다는 점을 판시한 것이다.

(4) 양수기업의 해고

영업을 양수한 기업에서는 사업의 합병과 관련 사업을 감안하여 인원의 재배치, 정리해고 등 경영상의 해고를 실시할 수도 있다. 이때 양수기업의 사용자가 경영상의 어려움을 이유로 정리해고를 실시할 경우에도 정당한 이유가 있어야 하고 법에 정한 경영상이유에 의한 해고요건과 그에 따른 절차를 반드

23) 대판 91다12806, 1991.11.12.
24) 대판 2011다45217, 2012.5.10.

시 갖추어야 한다. 따라서 절차를 갖추지 않거나 정당한 사유가 없는 정리해고는 무효가 된다.

판례는 양수기업의 사용자가 경영상의 어려움을 이유로 정리해고를 실시하기로 하고 이사회의 결의와 근로자측 운영위원들의 합의를 거쳐 실시한 경우에도, 운영위원측이 소속근로자과반수를 대표하는 자라고 인정할 만한 증거가 없고 또한 해고를 회피하기 위한 노력도 부족하며, 영업양도 계약에 의해 근로관계가 포괄적으로 승계된 시점에서 정리해고 요건을 갖추지 못한 체 실시한 해고는 위법하다[25]고 판시했다.

정리해고 절차가 진행된 후 잔여 근로관계는 전부 양수인에게 승계된다. 이때 승계되는 근로관계는 영업양도계약 체결일 현재 실제로 영업부문에서 근무하고 있는 근로자와의 근로관계만을 의미하고, 계약체결일 이전에 해당부문에서 근무하다가 해고된 근로자의 근로관계까지 승계되지 않는다. 따라서 계약체결일 이전에 정리해고 된 근로자는 양도인을 상대로 하고 계약체결일 이후에 정리해고 된 근로자는 다툼이 있을 경우 양수인을 상대로 하는 것이 원칙이다.

다만, 양도양수 계약체결 이전에 정리해고 된 근로자의 다툼까지도 포괄적으로 양수하는 약정이 있었다면 양수인을 상대로 한다. 이 경우 계약체결일과 근로관계 승계일을 달리 정한 경우는 근로관계 승계일을 기준으로 보는 것이 옳다.[26]

(5) 영업양도와 집단적근로관계

영업양도가 있을 경우 협약의 당사자가 다른 집단적관계로서 단체협약의 채무적 부분까지 양수인에게 그대로 이전되는지가 의문이다. 회사의 합병에 의해 근로관계가 승계되는 경우에는 종전의 근로계약상의 지위가 포괄적으로 승계되는 것이므로, 합병당시 단체협약이나 취업규칙의 내용을 단일화하는 별도의 합의가 없는 한 소멸회사에 근무하던 개별근로자에 대한 근로관계는 종전

25) 서울행판 2004구합32982, 2005.4.12.

26) 대판 94다54245, 1995.9.29.

과 같은 내용으로 승계한다.[27]

판례는 영업양도의 경우 특별한 사정이 없는 한, 종전의 단체협약도 잠정적으로 승계되는데, 이때 승계되는 근로관계는 개별적, 집단적 근로관계 모두가 포함된다고 보고 있다.[28] 다만, 이와 같은 판례에도 불구하고 기업별노조를 대세로 하는 우리나라 현실에서 영업양도 양수로 인해 협약 당사자가 달라지는[29] 집단적 노사관계에서 채무적부분까지 그대로 승계된다는 것은 무리가 있다.[30] 특히, 부분적인 영업양도가 있고, 남아 있는 사업장에 노조가 그대로 존속하는 경우는 단체협약 자체의 승계를 논할 수 없다. 다만, 단체협약 중 규범적 부분은 개별적 근로관계의 내용으로 변화되어 양수사업장의 사용자와 이전된 근로자사이에 그대로 존속한다. 이 경우 이전된 근로자의 근로조건이 양수사업장의 근로조건보다 우월하다고 해서 양수사업장의 사용자가 일방적으로 하향조치 할 수 없고, 취업규칙 불이익변경절차에 따라야 한다.[31] 그러나 인수된 근로자가 양수사업장의 노조에 가입하여 그에 따른 기준적 효력을 적용받을 경우 또는 새로운 근로조건에 동의하는 경우는 근로관계의 내용이 불이익하게 변경되더라도 문제 삼을 수는 없다.[32]

영업양도에 따른 노동조합의 지위에 관해 살펴보면, 다수의 견해는 영업양도에 따라 노동조합의 지위는 양수회사 또는 존속회사에 그대로 이전되고, 양수인에게 승계되는 근로관계는 개별근로관계와 노동조합을 중심으로 한 집단적 근로관계 모두를 포함한다고 한다.

이 견해는 사업주만 변동이 있으므로 노조원들의 근로관계와 함께 노조의 지위도 이전한다는 입장이다. 따라서 이미 설립된 노동조합은 영업양도에 의해 그 존립에 영향을 받지 않고 양수인의 사업장의 노동조합으로 존속한다.[33]

---

27) 대판 2002다23185, 2004.5.14.
28) 서울지판 98가단28156, 1998.11.24 ; 대판 88누4508, 1989.5.23.
29) 양도사업장 노사관계 및 양수사업장 사용자와 영업양도로 인해 이전되는 양도사업장 근로자의 관계.
30) 김형배, 527쪽.
31) 대판 95다41659, 1995.12.26.
32) 김형배, 531쪽.
33) 대판 2000다3347, 2002.3.26.

고 보는 것으로, 결과적으로 양도양수로 인하여 1개 사업장에 2개 노조가 같이 있게 되어 교섭창구를 일원화하거나 운영상의 비효율성이 발생하여 단일노조를 구성해야 하는 문제 등은 따로 고려할 사항이라는 것이다. 그러나 기업별노조의 속성상 양도회사 회사 소속종업원이 양수회사의 조합원으로 될 수는 없으므로 영업양도에 따라 노동조합은 소멸하고, 다만, 이전된 근로자의 근로관계만 승계된다는 견해가 있다.[34] 실무상 양도양수를 전후하여 조직대상을 변경하는 방법을 주로 사용한다.

동일한 사용자와 동일한 산별노조를 가진 양도, 양수사업장에 기업변동이 발생하는 경우는 양수기업에 대해 양도기업과 동일한 단체협약이 적용되는 것이 일반적이다.

(6) 영업양도와 취업규칙 승계

취업규칙은 단체협약과는 달리 사업장의 모든 근로자에게 적용된다. 사용자는 근로자의 의견을 들어 취업규칙을 작성. 변경할 수도 있고, 근로자에게 불이익한 변경을 하는 경우는 노동조합 또는 근로자과반수 집단의 동의를 얻도록 하고 있다. 취업규칙은 근로조건에 관한 사항 뿐 아니라, 사업장의 작업환경, 입지조건, 인적구성 등을 감안하여 작성한 특별한 공동질서나 각종 제도[35] 등에 관한 사항이 포함되어 있다. 따라서 이 같은 규정을 양수사업장에 그대로 이전·승계한다는 것은 불가능하다. 그러므로 기업변동시 양수사업장에 이전하는 것은 취업규칙 자체가 아니라 "취업규칙에 의해 형성된 근로관계의 내용"으로 보아야 한다. 그렇지 않으면 하나의 사업장에 복수의 직장질서를 인정하는 것으로 모순이 된다.[36]

판례에 따르면, 영업양도 등에 있어서 취업규칙은, 양도사업장 근로자들에세 적용되던 취업규칙상 근로조건의 내용이 양수사업장의 취업규칙의 근로조건보다 유리할 경우에 사용자가 이를 양수기업에 맞게 변경하려면 승계근로자집

34) 김형배, 538쪽 ; 대판 93다34944, 1995.10.13.

35) 상벌, 징계, 승진 등.

36) 김형배, 534쪽.

단적 동의를 받아야 한다. 승계되는 근로자들의 동의없이는 영업양도 당시 유효하게 적용되던 취업규칙을 근로자에게 불이익하게 변경할 수 없다.[37] 다만, 영업양도시 근로자들이 양수기업의 불리한 근로조건에 동의를 했다면 달리 문제가 없을 것이다. 이 경우는 근로자가 동의를 했다면 일단 양도사업장에서 양수사업장으로 인수된 후에는 불리하든 유리하든 새로운 양수사업장의 취업규칙을 적용 받는다. 따라서 퇴직금의 경우, 전체 통산 근로기간 가운데 양도사업장의 부분은 그 규칙에 의거 산정하고 양수사업장의 부분은 새로운 규정에 의거 산출하여 합산한다.

4. 합병·분할

합병(合併)이란, 2개 이상의 회사가 계약에 의해 상법에 정해진 법적절차에 따라 당사자로 된 일방의 회사의 전부 또는 일부가 청산 절차없이 소멸하고 1개의 회사로 존속 또는 신설되는 것을 말한다. 분할(分割)이란, 하나의 기업이 실질적, 법적으로 독립된 두 개 이상의 기업으로 나눠지는 것을 말한다. 통상 하나의 기업이 재산의 일부 혹은 전부를 신설되는 복수의 기업에 출자하고 신설회사의 주식을 피분할회사의 주주가 취득하는 방식을 취한다. 상법에 의하면, "합병 후 존속하는 회사 또는 합병으로 설립되는 회사가 소멸되는 회사의 권리의무를 포괄적으로 승계한다"고 정하고 있다.[38] 따라서 소멸회사와 근로자사이의 근로관계 역시 신설회사 혹은 존속회사에 법률상 당연히 포괄적으로 승계된다.[39] 회사 합병에 따라 존속회사 혹은 신설회사는 종래 소멸회사가 근로자에 대하여 가지고 있던 사업주로서의 지위를 그대로 포괄적으로 인수하게 되는 것으로 보아야 하므로, 원칙적으로 임금, 근로시간, 업무, 퇴직금 등의 근로조건에 관해 아무런 변동없이 유지된다. 이 가운데 흡수합병의 경우 소멸회사의 근로자가 존속회사의 영업에 신규 편입되어 새로이 근로관계를 형성해 가는 것으로 보아서는 안 될 것이다. 법률상으로 존속회사에 근로하는 자의 근로조건과

37) 대판 97다17575, 1997.12.26 ; 대판 93다58714, 1994.8.26.
38) 상법 제235조.
39) 대판 99다9370, 2001.4.24.

상관없이 소멸회사의 사용자와 사이에 형성되었던 근로관계가 독자적으로 유지된다.

흡수합병이건, 신설합병이건 간에, 소멸회사에서 넘어 온 근로자와 존속회사 혹은 신설회사에 근로자의 근로조건이 서로 다르더라도 각기 독자적으로 그대로 적용하는 것이 원칙이므로, 균등처우원칙이나 퇴직금 차등제도설정금지원칙[40]에 어긋나는 것이 아니다. 따라서 합병 후 존속 혹은 신설회사는, 합병의 경우에도 영업양도와 마찬가지로, 소멸회사와 근로자사이에 존재하는 단체협약이나 취업규칙 근로계약 등으로 정해진 근로조건에 따라 근로자를 대우해야 할 것이다. 다만, 실무상으로는 합병이나 영업양도 후 새로운 단체협약이나 취업규칙의 변경을 통해 근로조건을 단일화하는 작업이 필요할 것이다. 만약, 소멸회사 근로자의 근로조건이 존속 또는 신설회사의 근로조건보다 우위에 있을 경우, 보다 낮은 근로조건으로 일원화하는 경우는 취업규칙 불이익 변경절차를 따라야 한다.

합병이후 사용자는 전체 근로자중 최다수 근로자에게 적용되는 근로조건을 적용하도록 취업규칙을 적법절차에 따라 개정할 수 있다.[41]

(1) 합병과 노동조합의 승계문제

다수의 학설은 합병의 경우에도 영업양도와 마찬가지로, 노동조합의 지위는 존속회사에 그대로 이전되는 것으로 보고 있다. 노동조합의 지위문제는 복수의 회사가 합병되더라도 조직대상이 중첩되지 않을 때는 노동조합이 단일화되기 전까지는 복수의 노조가 그대로 존속한다.[42]

피합병회사와 근로자사이의 집단적인 근로관계나 근로조건 등은 합병회사와 합병 후 전체근로자들을 내표하는 노동조합과 사이에 단체협약 등을 통해 근로관계 내용을 단일화하는 새로운 합의가 있을 때까지는 그대로 승계된다.[43]

---

40) 퇴직급여보장법 제4조제2항.
41) 대판 93다18365, 1993.10.12.
42) 대판 94다34944, 1995.10.13.
43) 대판 2002다23185, 2004.5.14.

(2) 단체협약의 승계문제

합병의 경우 권리·의무를 포괄적으로 승계하는 법적인 효과에 따라 대부분의 학설이 단체협약의 승계를 인정한다.[44] 대법원도 합병으로 새로운 단체협약 체결에 관한 합의가 없는 한 기존의 내용이 그대로 유지된다는 입장이다.[45] 다만, 판례에도 불구하고, 합병으로 협약당사자의 일방이 소멸하는데, 그 사업장의 단체협약이 승계·존속한다는 것은 무리가 있고, 기업별노조의 단체협약은 기업의 특성에 따른 다양한 채무적사항이 존재하는데, 이를 무시하고 채무적부분까지 그대로 승계한다는 것은 합당하지 않다는 견해[46]에 공감이 간다. 분할의 경우에도 합병의 경우에 준하여 판단한다.

(3) 승계에 관한 실무적 논란

사업장의 형태에 따라 인수합병시 고용승계 논란은 끊이지 않는다. 도로 휴게소처럼 임대사업장 소유자가 별도로 있고 임대차 계약당사자 변경, 위탁관리자 변경 등은 승계의무가 있다고 보지 않고, 인수회사가 피인수회사 주식을 매수한 경우에도 단순히 주주변경으로 보아서 고용승계를 부정한다. 법률의 제정 및 개정으로 새 단체가 설립되어 종전 단체 기능을 흡수한 경우에도 달리 규정을 두지 않았다면 승계의무는 없는 것으로 보았다. 다만 영업양도 요건을 갖추지는 못했으나 인적물적 시설이 그대로 계열회사에 이관된 경우는 고용승계의무가 있다고 보았다.[47]

---

44) 김형배, 525쪽.

45) 대판 88누4508, 1989.5.23.

46) 김형배, 527쪽.

47) 대판96다49674, 1997.6.27 ; 근기68207-3153, 2000.10.21 ; 대판98다33932, 1998.10.23.

제36장 근로자 인사이동

1. 개념정의

근로계약을 통해 인력을 도입한 사용자는 영업확장, 긴축운영, 경비절감, 종사원의 능력개발 등 다양한 필요에 의해 인사이동을 할 수 있다.

배치전환, 전보, 전출, 전직, 휴직 등 일상적인 부서이동을 벗어난 인사이동은 근로자의 생활과 권익에 많은 변화를 가져올 수 있어 분쟁사례도 잦은 것이 현실이다. 하지만 근기법 등에 명확한 법적근거는 찾아 볼 수 없다. 따라서 해고나 퇴직 등 관련 판례나 행정해석 등을 토대로 검토할 수 밖에 없다.

인사이동에 관한 판례의 기본적인 견해는, 근로자에 대한 전직이나 전보처분은 근로자가 제공하여야 할 근로의 종류, 내용, 장소 등에 변경을 가져온다는 점에서 불이익한 처분이 될 수 있으나, 원칙적으로 인사권자의 권한에 속하므로, 업무상 필요한 범위 안에서 상당한 재량을 인정하여야 한다. 따라서 그 처분이 근기법 등에 위반되거나 권리남용에 해당하는 등의 특별한 사정이 없는 한 무효라고 할 수 없고, 권리남용에 해당하는지 여부는 처분을 해야 할 업무상 필요성과 전보 등에 따른 근로자의 불이익을 비교하여 근로자측과의 협의 등 그 처분과정에서 신의직상 요구되는 질차를 거쳤는지 어부를 종합저으로 고려하여야 한다는 입장이다.[1)]

이렇게 볼 때, 사용자는 처분에 앞서 법적 타당성과 합리성 및 정당한 이유를 검토해야 할 것이며 근로자 본인의 의견을 듣는 등 효율적인 인력관리를

1) 대판 99두2963, 2000.4.11.

위해 노력해야 할 것이다.

2. 배치전환

배치전환(配置轉換)이란, 동일한 사업장 내에서 근무부서가 바뀌고 근로자의 업무내용과 장소 등이 변동되는 것을 말한다. 배치전환은 업무교체 경험을 통해 근로자로 하여금 업무수행 능력을 배양시키고 근로의욕을 고취하여 기업의 경쟁력을 높이기 위해 실시하고,[2] 기업합병이나 특정부서 폐지, 새로운 사업부문 신설 등의 요인이 복합적으로 작용할 경우에 노동력의 균형적인 안배를 위해 실시하기도 한다.

근로계약이 존속하는 한 배치전환은 언제라도 이루어 질 수 있는 것이다. 근로자 개인의 입장에서 보면, 새로운 업무에 부적응하고 출퇴근 등 일신상의 근로여건과 불일치 할 경우도 있을 것이고, 승진 등 자기발전에 유익하지 않은 부서로 배치가 될 수도 있을 것이다. 따라서 근로자 개인의 욕구나 특성과 부합되지 않은 배치전환은 인사명령에 불복하는 경우 징계해고가 따를 수도 있고 불이익한 처분이 있을 수 있다. 배치전환은 직무내용의 변경인 전직과 근무장소의 변경인 전근으로 구분할 수 있다.

(1) 배치전환의 요건

사용자는 근로계약의 범위 내에서 근로계약이 존속하는 한 전직명령을 할 수 있다. 법 제23조에 의하면, 사용자는 근로자에게 정당한 이유없이 해고, 정직, 전직, 감봉, 그 밖의 징벌을 하지 못한다고 정하고 있다.

따라서 사용자의 전직처분도 정당한 이유의 한계 내에서 용인될 수 있을 것이다. 일반적으로 정당한 사유라 함은, 경영상의 필요와 근로자의 능력 및 적격성이 있는 경우라고 할 것이다. 구체적으로 살펴보면, 특정한 근로자에게 직무의 변경을 명하지 않으면 안 될 경영상 또는 업무상의 필요성이 있어야

2) 다양한 기술인력의 육성, 직무 매너리즘의 해소, 공정간 호환성증대를 통한 생산력향상, 업무혁신과 창의력 향상 등.

하며, 경영상의 필요를 충족하기 위하여 당해 근로자가 적격성을 갖추어야 한다. 따라서 당해 근로자가 업무수행 능력이 없거나 능력을 상실한 경우, 임신 등으로 가벼운 업무에 배치를 하는 경우 등이 배치전환의 고려 사유가 될 것이다.

사용자가 근로자의 노동조합활동을 방해할 목적으로 행하는 직무변경은 부당한 처분이 될 것이고, 정당한 이유없이 금전적인 수입이 감소되는 전보명령 등은 효력이 없다고 보아야 한다.

(2) 배치전환 등 인사명령의 정당성

전직이나 전보, 전근 등 배치전환은 원칙적으로 사용자의 권한에 속하므로, 업무상 필요한 범위 내에서는 사용자에게 상당한 재량을 인정해야 한다. 다만, 당초 근로계약상 합의된 한도[3] 내에서 법적인 구속력을 가지므로, 이를 변경하기 위해서는 근로자의 동의를 얻어야 한다. 다만, 경영상 불가피한 사정 등으로 당초 약정한 취업 장소 또는 종사업무를 유지토록 할 수 없는 경우에는 정당한 사유가 있다면, 근로자가 동의하지 않더라도 그 배치전환의 효력을 부인할 수는 없다.[4]

판례도 전보명령이 업무상 필요성과 그로 인해 근로자가 입게 될 생활상의 불이익을 비교하여 그 불이익이 사회통념상 통상의 전보에 따르는 정도를 현저히 넘어서지 않는 한 권리남용이 되지 않는다고 한다.[5]

배치전환을 징계, 복무질서 위반 등에 대한 부속조치로 활용하는 경우에 있어서, 비위행위, 질서위반 등 근로계약, 취업규칙, 인사관행 등에 정한 바에 따라 기존의 근무처보다 근로조건이 불리한 장소나 직위 등으로 하향전보 하는 것은 정당한 사유가 있고 사회통념상 합리적인 범위를 벗어나지 않는다면 권리남용이나 법위반으로 볼 수 없다.

---

3) 취업장소, 종사할 업무 등.
4) 근로기준과-1377, 2004.3.20.
5) 대판 97다29417, 1998.1.20.

3. 전 적

전적이란, 근로자가 원래 사용자와의 근로관계를 종료하고 타 기업으로 옮겨서 업무에 종사하는 것으로 원래기업과의 근로관계를 종료시키고 다른 기업과의 새로운 근로계약관계를 성립시키는 것이므로 실질적인 퇴직과 입사의 절차가 따른다. 전출은 원래기업과의 계약이 존속되는 점에서 전적과 다르다.

(1) 유효한 전적

전적은 근로계약의 당사자가 변동되어 새로운 조건의 근로계약관계가 형성되므로 어떠한 경우든지 당해 근로자의 동의가 필요하다. 다만, 미리 채용시·근무 도중에 포괄적인 동의를 얻은 경우에는 개별적으로 구체적인 동의를 얻지 않고 유효하게 전적시킬 수 있다고 한다. 전적할 기업을 특정하고 그 기업에서의 기본적인 근로조건을 명시하여 근로자의 사전동의를 얻은 경우, 또는 동의없이 전적시키는 것이 관행이 있고 그 관행이 명확히 승인되거나 이의없이 당연한 것으로 받아들여져 근로계약의 내용이 된 경우 포괄적인 동의를 얻은 것으로 간주한다.[6)]

정당성이 있는 전적이 되기 위해서는, 기본적인 동의 이외에 전적에 대한 필요성과 근로자의 불이익 등이 고려되어야 한다. 여기서 전적의 필요성으로 상정이 가능한 것은, 사용자가 경영상 어려움으로 인해 해고를 회피하기 위한 수단으로서 전적을 권유하거나 계열기업 등에 일자리를 확보하고 근로조건을 하향변경하여 새로운 계약으로 계속고용하는 변경해지가 있을 것이다. 이 경우, 근로자가 사용자의 전출 또는 전적 등 인사명령에 대하여 이의나 거부를 하지 않은 채 상당기간 정상적인 근무를 하였다면 묵시적 동의로 볼 수 있다. 다만, 인사명령에 따르지 않으면 불이익을 받을 것이라는 위협을 받아 부득이 응한 경우는 동의의 효력이 없다.[7)]

6) 대판 95다42270, 1996.5.10.
7) 대판 92누8200, 1993.1.26.

(2) 전적후의 근로관계

전적이 유효하게 이루어지면 종전기업과의 근로관계가 유효하게 종료되고 새로운 기업과의 근로계약관계가 시작된다. 따라서 사용자는 새로운 기업의 대표자가 될 것이고, 종전 기업의 근로관계는 새로운 기업으로 승계되지 않는다. 다만, 당사자간 특약으로 근로자에게 유리한 근속기간 등을 승계하는 등 달리 약정이 있으면 그에 따른다. 판례도, 당사자 사이에 종전기업과의 근로관계를 승계하기로 하는 특약이 있거나, 이적하게 될 기업의 취업규칙 등에 종전기업에서 근속기간을 통산하도록 하는 규정이 있는 등 특별한 사정이 없는 한, 전적근로자와 종전기업과의 근로관계는 단절되는 것이고, 이적하게 될 기업이 당해근로자에 대한 종전기업과의 근로관계문제를 승계하는 것이 아니라는 입장이다.[8)]

다만, 일정기간 후에 종전기업으로 복직을 보장한다든가, 임금차액에 대한 일시적 혹은 매월 보상약정, 근속기간 통산 등에 관한 별도의 약정이 있는 경우는 그 약정대로 이행할 민사상의 채권채무관계가 성립한다.

근로자의 자의에 의한 것이 아니라 경영 방침에 의한 일방적인 결정에 따라 향후 복귀할 것을 조건으로 하여 다른 회사로 전적이 된 경우, 전적시 퇴직금을 받았다 하더라도 근로관계의 계속성이 유지된다. 따라서 퇴직금을 산정함에 있어서 그 근속기간은 근로자가 직전 회사에 입사한 날부터 기산하여야 한다.[9)]

노조의 조직, 운영에 지배개입 할 목적으로 한 전적조치는 부당노동행위에 해당한다 전출명령이 부당노동행위에 해당되는지의 여부는 전출명령의 동기, 목적, 전출명령에 관한 업무상의 필요성이나 합리성의 존부, 전출에 따른 근로자의 생활상의 불이익과의 비교교량, 전출명령의 시기, 사용자와 노동조합과의 관계, 전출명령을 하기까지 이른 과정이나 사용자가 취한 절차, 그 밖에 전출명령 당시의 외형적, 객관적인 사정에 의하여 추정되는 부당노동행위 의사의 존재 유무 등을 종합적으로 검토하여 판단한다.[10)]

---

8) 대판 99다21806, 2000.12.22.

9) 대판 96다12276, 1997.10.24.

10) 대판 2002두11349, 2003.3.28.

4. 전 출

전출은, 근로자가 본래의 소속기업에서 근로계약관계를 유지한 채 타 기업의 사업장에서 상당히 장기간 종사하게 되는 것을 말한다. 전출은 원래기업과의 관계에서는 휴직처리가 될 것이고 근로시간·휴일·휴가·등의 근무형태는 모두 새로운 기업의 취업규칙 등에 따를 것이며 노무수행에 대한 지휘감독권도 새로운 기업에서 가진다. 기업에서 전출명령이 유용하게 사용되는 것은, 자회사에 대한 경영지도나 감독, 근로자들의 능력개발을 위한 순환근무 차원의 전출, 고용인력 가운데 해고를 동반할 정도는 아니지만 인력을 효율적으로 적재적소에 사용하고자 할 때 필요할 것이다.

전출은 근로계약상의 노무수령권을 실질적으로 양도하는 것이므로, 계약당사자인 근로자의 동의가 필요하다. 민법에 의하면, 사용자는 노무자의 동의없이 그 권리를 제3자에게 양도하지 못한다. 노무자는 사용자의 동의없이 제3자로 하여금 자기에 갈음하여 노무를 제공하게 하지 못한다.

상대방이 동의없이 권리를 양도하거나 제3자로 하여금 노무를 제공하게 한 경우 등 당사자 일방이 강행법규정을 위반한 경우는 상대방은 계약을 해지할 수 있다.[11)]

(1) 근로자의 동의

전출에 대한 근로자의 동의는 어떻게 할까, 동의는 근로계약, 전출동의서 등에 의한 개별적 동의만이 아니라 사전에 취업규칙이나 단체협약 등으로 포괄적인 동의가 있거나 혹은 경영과정에서 그러한 동의가 있었다고 추단될 경우도 있을 것이다. 전출은 근로관계의 변동으로 기업체가 변동되어 임금, 복리후생제도, 승급 등 근로자의 민감한 사안에 대해 불이익이 있을 수 있다. 따라서 포괄적인 동의는 비록 그 동의가 명확하거나 명백히 추단된다고 하더라도 근로자에게 불이익한 사항마저 감수하고 타기업으로 전출해도 좋다는 의미로 간주하여 전출명령을 남용할 수는 없다.

---

11) 민법 제657조.

(2) 전출 중의 근로관계

1) 노무제공과 임금수령 등

전출한 근로자는 본인의 동의와 기업간의 합의를 바탕으로 전출한 날로부터 새로운 기업에 대해 노무제공 의무를 진다. 그러나 종전 기업과의 근로계약은 그대로 유효하므로 노무제공에 관련된 부분을 제외한 나머지 부분은 여전히 종전기업의 규정이 적용된다. 만약 달리 정한 바가 있고 그 약정이 근로자에게 불리하지 않다면 그에 따르는 것도 무방하다.

다만, 새로운 기업에 대해 노무제공을 하므로 복무규율이나, 급여, 상여금, 제반수당 등의 지급에 대해서는 달리 약정이 없다면 새로운 기업에서 지급하는 것이 원칙이다. 다만, 양 기업의 임금체계의 차이 등으로 인해 수령액에 차이가 나는 경우는 종전 기업이 보상할 수 있으나 당사자간 약정에 의한다.

퇴직금의 경우는 근속기간을 양 기업을 모두 통산하고 양 기업에서 근속기간만큼 균등하게 부담하는 것이 원칙이다. 근로자가 전출한 기업에서 규율위반을 이유로 해고 등 불이익한 처분을 해야 할 경우가 있다. 이 경우 해고는 근로계약당사자인 종전기업에서 권한을 가지고 이외의 징계는 복무관리를 하는 새로운 기업에서 하는 것이 일반적이나 그 또한 당사자간 달리 약정할 수 있다.

2) 근로관계에 관한 노동법상 책임

전출에 있어서는 원래기업과 근로자와의 계약관계를 전출 받은 기업에서 전적으로 인수했다고 볼 수 없다. 다만, 당사자간 계약과 근로자의 동의에 의해서 일정기간 노무제공 상대방을 변경한 것이다. 따라서 노동법적인 문제에 대해서는 전출 받은 기업이 계약상 혹은 실질상으로 취득한 권한에 따라 개별적, 구체적인 권리를 판단해야 할 것이다. 근기법상 각 규정을 위반했는지 여부에 따른 책임소재는 그 사항에 관해 실질적으로 지휘명령하고 관리하고 있는 사용자가 책임을 진다.

예를 들면, 원래기업이 전출근로자에 대해 임금과 퇴직금 등의 지급의무를 지고 있다면 새로운 기업과의 포괄적인 근로관계는 인정될 수 없고, 비록 새로운 기업이 작업지시를 하고 임금을 지급하지만, 인사고과, 징계, 해고, 복귀 등의 인사권을 모두 종전기업이 가지고 있다면 새로운 기업과 전출근로자사이에는 포괄적인 근로관계는 성립할 수 없을 것이다.

파견법에서는 임금지급, 퇴직금지급, 연·월차유급휴가수당지급 등은 파견사업주가 책임을 지고 복무관리와 관련된 시간외, 야간근로 등 근무시간 배정, 출퇴근, 휴일, 휴게, 연장근로, 연차유급휴가, 월차유급휴가, 생리휴가부여 등 복무관리에 대한 지휘명령자로서 책임은 사용사업주가 진다. 근로자가 전출에 동의하지 아니하고, 희망퇴직에도 응하지 않았다 하여 정리해고 대상자로 선정하는 등 불이익처분을 하는 것은 합리적인 기준에 의한 인사처분이라고 할 수 없다.[12)]

5. 휴 직

휴직이란, 근로제공이 불가능하거나 부적당한 경우에 근로계약관계를 유지하면서 일정기간 근로제공을 면제하거나 금지하는 것을 말한다. 휴직은 단체협약이나 취업규칙의 정함에 근거하여 사용자의 일방적 의사표시로 행해지는 경우도 있고, 근로자와의 합의, 신청에 의한 승인 등에 의하여 행해지는 경우도 있다.[13)] 휴직제도에는 그 목적이나 내용에 따라 상병휴직, 가사휴직, 기소휴직, 고용조정휴직 등이 있다.

사용자의 휴직처분의 유효성은 취업규칙이나 단체협약상의 휴직근거 규정의 합리적인 해석을 통하여 판단하여야 한다. 사용자는 취업규칙이나 단체협약 등의 휴직근거규정에 정해진 사유가 있는 경우에 한하여 휴직처분을 할 수 있고, 정해진 사유가 있는 경우에도 당해 휴직규정의 설정 목적과 그 실제 기능, 휴직명령권 발동의 합리성 여부 및 그로 인하여 근로자가 받게 될 신분상·경제상의 불이익 등 구체적인 사정을 모두 참작하여 근로자가 상당한 기간에 걸쳐 근로의 제공을 할 수 없다거나, 근로제공을 함이 매우 부적당하다고

12) 서울행판 2007구합16103, 2007.11.27.
13) 임종률, 제481쪽.

인정되는 경우에 한해서만 당해 처분에 정당한 사유가 있다.[14]

(1) 질병휴직

근로자가 업무 외 사유로 인한 부상이나 질병을 얻은 경우 사용자는 취업규칙이나 단체협약에 따라 휴직처분을 할 수 있다. 이 경우 휴직만료 후 복직할 수 없는 경우를 퇴직사유로 정했다면 제23조에 의한 정당한 사유가 필요하다. 즉, 사용자의 일방적인 의사표시에 의하여 단체협약 및 인사규정에 의하여 종업원과의 근로계약관계를 종료시키는 경우, 그것이 정당한 것으로 인정되기 위해서는, 종국적으로 근기법 제23조제1항의 정당한 사유가 있어야 할 것이고, 그 정당성의 유무는 「종업원의 휴직에 대한 회사의 귀책사유, 업무상 부상인지 여부, 치료기간, 휴직으로 말미암아 회사에 미치는 영향 등」 제반사정을 종합적으로 고려하여 합리적으로 판단하여야 한다. 부상, 질병 등으로 휴직 후 복직한 근로자가 장애가 남아 있어 업무수행능력이 현저히 떨어지는 경우에는 해고의 정당성이 있다.[15] 질병휴직과 요양 등에 관한 다양한 행정해석과 판례는 다음과 같다.

사용자는 근로자가 요양 종결 후 상당한 신체적 장해가 남은 경우 사회통념상 종전의 업무를 계속 수행하는 것을 기대하기 어렵고, 다른 적당한 업무로의 배치전환도 곤란한 경우라면 해고의 정당한 이유가 있는 것으로 볼 수 있다.[16] 업무상재해가 아닌 사유로 장기간 휴직하여 취업규칙에 의거 해고한 것은 정당하고,[17] 업무 외 사고로 인한 휴직기간 만료 후 별다른 조치를 취하지 않았고 회사가 복직조건으로 제시한 기준도 충족시키지 못하여 면직한 것은 정당하다.[18] 휴직 및 복직시 필요한 서류를 제출하지 않은데 대해 복직을 거부한 것은 정당하다고 보았으며,[19] 출근 도중에 입게 된 부상으로 휴직하였으나

14) 대판 2003다63029, 2005.2.18 ; 광주지판 2005가합12089, 2007.10.19.
15) 대판 92다29719, 1993.7.13.
16) 근기 68207-2245, 2002.6.24.
17) 서울행판 2005구합14158, 2006.3.3.
18) 서울행판 2005구합30709, 2006.3.28.
19) 서울행판 2008구합5964, 2008.6.27.

휴직기간 만료 후에도 휴직사유가 해소되지 않았다면 복직원을 제출하지 아니하였다고 해도 형식적으로 단체협약을 적용하여 해고한 것은 부당하다.[20)]

회사측이 단순 만성활동성 간염 보균자라는 이유로 6개월 내에 치료 종결시까지 휴직명령을 내린 사안에 대해 감염예방이 가능하다는 이유로 무효로 판결[21)]한 사례 등이 있다.

(2) 범죄기소 등으로 인한 휴직

형사사건으로 구속기소 된 경우는 상당기간 근로제공이 불가능하므로 휴직처분이 정당성을 있다. 다만, 근로제공여부와 관련하여 명확한 기준이 필요하다. 즉, 범죄행위로 구금된 자가 휴직처분 될 경우 일정기간 경과나 형의선고 등이 있을 경우[22)]를 당연퇴직사유로 정한 경우에는 장기결근과 노무제공의무 불이행이 직장에 미치는 영향과 사건의 성질 등을 종합적으로 고려해야 한다.[23)]

(3) 휴직시 임금지급

휴직시 임금지급은 단체협약, 취업규칙, 근로계약에 따른다. 따라서 사용자의 귀책사유로 휴업수당을 지불해야 하는 경우가 아니라면 노무제공이 없는 휴직기간은 임금을 지급하지 않더라도 법위반이 아니다. 다만, 사용자측 귀책사유로 휴직하는 경우는 평균임금의 70% 이상의 수당을 지급해야 한다. 휴직이 사용자의 고의나 과실 등 민법상 불법행위를 구성하는 등의 경우는 임금전액을 지급할 책임이 있다.

휴직기간도 계속근로연수에 산입된다. 다만, 군복무 휴직은 계속근로기간에는 제외하되 승진소요기간에는 산입한다. 휴직 중에도 기밀누설금지, 명예훼손금지 등 성실의무는 그대로 적용되므로 징계규정에 의거 징계처분을 받을 수도 있다.

---

20) 부산지판 2008가합5731, 2008.12.12.

21) 대판 92다16690, 1992.11.13.

22) 예) 구속기소 될 경우, 구속 후 1월 경과, 제1심 유죄판결시 등.

23) 대판 92누12452, 1993.5.25.

제37장 사용증명서 교부와 취업방해금지

1. 개념정의

사용자는 근로자가 「퇴직한 후라도」 사용기간, 업무종류, 지위와 임금, 그 밖에 필요한 사항에 관한 증명서를 청구하면 사실대로 적은 증명서를 즉시 내주어야 하고, 증명서에는 근로자가 요구한 사항만을 적어야 한다.[1] 이와 관련, 누구든지 근로자의 취업을 방해할 목적으로 비밀기호 또는 명부를 작성·사용하거나 통신을 하여서는 아니된다.[2]

사용증명서는 그 기재내용이 일반적인 경력증명서와 유사하다고 볼 수 있다. 경력증명서는 근무한 근로자의 사용기간, 업무종류, 지위와 임금 등을 기록한 것으로 근로자의 경력을 증명하는 문서를 의미하는데, 그러한 기재내용의 일부를 포함한 사용증명서는 그 한도내에서 근로자의 경력을 확인할 수 있는 근거 자료로 활용될 수도 있다.[3]

2. 사용증명서 교부

사용증명서를 청구할 수 있는 자는, 당해 사업장에서 계속하여 30일 이상 근무한 근로자로 하되, 청구할 수 있는 기한은 퇴직 후 3년 이내로 한다. 증명서 청구기한을 퇴직 후 3년 이내로 제한한 것은 근로계약서, 임금대장, 임금

1) 근기법 제39조.
2) 근기법 제40조.
3) 근로기준팀-8493, 2007.12.10.

의 결정·지급방법 및 임금계산의 기초에 관한 서류, 고용·해고·퇴직에 관한 서류, 승급·감급에 관한 서류 등 증명에 필요한 자료의 보존기간이 3년으로 되어 있어 이 기간이 지나면 사용증명서 교부가 곤란하기 때문이다. 3년이 경과하여 청구한 경우는 법적 교부의무가 없다.[4] 법 제39조를 위반한 자는 500만원 이하의 과태료에 처할 수 있다.[5]

사용증명서 기재사항은 사용기간, 업무종류, 지위와 임금 기타 필요한 사항 중에서 근로자가 청구하는 사항만 기입하여야 한다.[6] 따라서 사실인 사항이라도 근로자가 요구하지 않는 사항은 기입하지 말아야 하고, 근로자가 요구하는 사항이라도 사실과 다른 사항은 기재할 수 없다.

사용기간은 재직 중 사업장의 변경이 있더라도 기업의 동질성이 유지되는 한 입사부터 퇴사까지 전체를 통산하여 기재하고, 지위, 직책, 책임한도까지 상세히 기재한다. 법문상 퇴직 후에라도 청구하면 발급할 수 있다고 정하고 있으므로, 근로자는 재직 중이라도 사용증명서를 요구할 수 있다.[7]

사용자는 근로자가 증명서교부를 요구하더라도 재취업이 아닌 다른 용도로 사용하려는 의도가 객관적으로 명백하다면 발급을 거부하더라도 법위반이 아니다. 따라서 근로자의 청구가 있다고 하더라도 법적시비를 가리기 위한 상세한 근로실태 내역 등 확인조회에 해당되는 것까지 사용증명서를 교부할 필요는 없다. 예를 들면, 월별근무상황, 급여명세서, 교통사고기록사본, 시말서사본, 월별결근상황, 원천징수영수증 사본, 취업규칙사본 등은 사용증명서에 포함될 내용이 아니다.[8]

3. 취업방해의 금지

누구든지 근로자의 취업을 방해할 목적으로 비밀기호 또는 명부를 작성·사

4) 근기01254-6716, 1987.4.27.
5) 영 제19조, 근기법 제116조제1항제2호.
6) 근기 1451-10674, 1983.4.26.
7) 근기 68207-2459, 2002.7.15.
8) 근기 01254-1870, 1992.11.17.

용하거나 통신을 하여서는 아니된다고 정하여 근로자가 사용자 또는 제3자로부터 조직적으로 취업방해를 받지 않도록 보장하고 있다.

취업방해의 주체는 사용자와 사용자단체 근로자는 물론 공무원을 비롯한 제3자도 포함된다.[9] 법 제40조 위반의 죄는 명부의 작성·사용이나 통신행위라는 객관적 구성요건과 행위자의 주관적인 취업방해 의사를 필요로 한다. 직접적인 방해효과가 나타난 경우와 방해목적이 객관적으로 입증된 경우, 적극적 방해의사가 없어도 행위가 가져올 결과를 알고 있으면 죄가 성립된다.[10] 비밀기호는 남이 알아보기 어렵도록 표시한 것이고, 명부는 1명 이상의 성명이 기재된 문서를 말하는데, 근로자의 취업관련 사실, 사회적인 신분, 노동조합 활동상황 등에 관한 기록을 말한다. 이때 그 내용이 진실인지 여부와는 관련이 없고 취업을 방해 했는지 여부가 관건이다.

법문 상 작성·사용으로 표시되어 있으므로 작성 후 사용까지 한 행위가 있어야 한다. 작성만 하고 사용에까지 이르지 않았다면 법 위반이라고 보기 어렵다. 사용자가 자신이 사용하기 위해 비밀기호, 명부까지 작성하고 근로자를 채용하지 않는 행위는 사용자의 고유권한이므로 이를 취업방해로 보거나 이 법 위반으로 볼 수 없다. 그러나 사용자가 이를 타인의 채용자료로 제공하는 등 방해의 목적이 인정될 경우는 법위반이 될 수 있다.

아울러, 타인에게 우편·전신·전화 등 통신수단으로 명부를 주고 받는 행위로서 적극적으로 명부를 보내거나 수동적으로 배포를 요청하여 전달받는 등의 행위가 모두 해당된다. 예를 들면, A사업장에서 퇴직한 근로자가 재직 중 사용자의 의사에 반해 노동조합을 조직하고 소요를 일삼다가 퇴직한 경우라고해도 이 사실을 동종 사업장에 의도적으로 유포하여 취업을 방해해서는 안된다. 사용자가 위반했을 경우 5년 이하 징역 또는 3천만원 이하의 벌금에 처해질 수 있다.

9) 근기 68207-828, 2003.7.4.

10) 하갑래, 868쪽.

제38장 여성과 연소자보호

이 장에서는 각 조문 속에 흩어져 있는 여성과 연소자 보호사항 중 중요한 사항을 모아서 일목요연한 법령의 이해를 돕는데 있다. 따라서 세밀한 사항은 각 장에서 설명하였으므로 법령을 중심으로 간략히 설명한다. 다만, 미성년자 근로계약과 임금청구, 근로시간 등 깊은 이해가 필요한 사항은 앞장에서 이미 기술한 해당부분을 참고한다.

1. 취직인허증 발급

15세 미만인 자와 18세 미만 중학생인 자[1]는 근로자로 사용하지 못한다. 다만, 13세 이상 15세 미만인 자[2]로서 고용부장관이 발급한 취직인허증을 소지한 자는 예외적으로 근로자로 사용할 수 있다.[3] 취직인허증의 발급신청은 친권자[4] 또는 후견인의 서명을 받아 사용자가 될 자와 연명으로 하여야 한다.[5] 장관이 취직을 인허할 경우는 취직인허증에 직종을 지정하여 신청한 근로자와 사용자가 될 자에게 교부하여야 한다. 감독관집무규정상 취직인허증 발급요건은 다음 각호의 기준을 모두 갖추어야 발급할 수 있다.[6]

1) 초·중등교육법에 따른 중학교에 재학중인 18세 미만자를 포함한다.
2) 예술공연 참가를 위한 경우는 13세 미만인 경우를 포함한다.
3) 근기법 제64조(4인이하 사업장에도 적용된다.).
4) 의무교육에 재학중인 자는 학교장.
5) 영 제35조제3항.
6) 훈령 제656호, 2008.12.31.

1. 도덕상 또는 보건상 유해·위험한 직종이 아닌 경미한 작업일 것

2. 당해 근로자의 생명·건강 또는 복지에 위험이 초래되거나 유해하다고 인정되는 업무가 아닐 것.

3. 근로시간이 수업에 지장을 주지 않을 것

4. 친권자 또는 후견인의 동의와 학교장의 의견이 명기되어 있을 것.

취직인허증은 본인의 신청에 따라 의무교육에 지장이 없는 경우 직종을 지정하여서만 발행할 수 있다. 거짓이나 부정한 방법으로 취직인허증을 발급받은 자에게는 그 인허를 취소한다. 장관은 취직을 인허할 경우 직종을 지정하여 신청한 근로자와 사용자가 될 자에게 교부해야하며, 임산부·임산부가 아닌 18세 이상의 여성·18세 미만인 자의 사용이 금지되는 직종 등에 대해서는 취직인허증을 발급할 수 없다.[7]

15세 미만인 근로자를 사용하는 자가 취직인허증을 갖춘 경우는 가족관계기록에 관한 증명서와 친권자나 후견인의 동의서를 갖추어 둔 것으로 본다. 취직인허증을 발급받은 15세 미만인 자가 취직인허증을 사용하지 않거나 또는 사용자가 15세 미만인 자를 사용하지 않을 경우는 지체없이 인허증을 반환해야 한다. 또한 사용중 인허증을 잃어버린 경우는 지체없이 재교부신청을 해야 한다.[8] 근기법의 효력은 국적을 불문하고 우리나라 영토 내 모든 사업 또는 사업장에 미치므로 국내 사업장에 적법하게 취업하는 외국인근로자에게도 근기법이 적용된다. 따라서 외국인이라도 만 15세 미만인 자가 취업을 하려면 취직인허증을 소지하여야 한다.[9]

2. 유해·위험사업 사용금지

사용자는 임신 중이거나 산후 1년이 지나지 아니한 여성(이하 "임산부"라 한다)과 18세 미만자를 도덕상 또는 보건상 유해·위험한 사업에 사용하지 못한다.[10]

---

7) 근기법시행령 제37조,제40조.

8) 근기법시행령 제38조,제39조.

9) 장애인고용 68240-504, 2003.7.10.

10) 근기법 제65조제1항(4인이하 사업장에도 적용된다.).

사용자는 임산부가 아닌 18세 이상의 여성을 보건상 유해·위험한 사업 중 임신 또는 출산에 관한 기능에 유해·위험한 사업에 사용하지 못한다. 주요금지직종은 다음과 같다.(임신 중인 여성의 경우 법 별표4 참조).

① 산후 1년이 지나지 않은 여성의 금지직종
  1. 납, 비소를 취급하는 업무. 다만, 모유수유를 하지 않는 여성으로서 본인이 취업의사를 사업주에게 서면으로 제출한 경우는 그렇지 않다.
  2. 2-브로모프로판을 취급하거나 노출될 수 있는 업무
  3. 그 밖에 노동부장관이 정책심의위원회의 심의를 거쳐 지정하여 고시하는 업무

② 임산부가 아닌 18세 이상인 자의 금지직종
  1. 2-브로모프로판을 취급하거나 노출될 수 있는 업무. 다만, 의학적으로 임신할 가능성이 전혀 없는 여성인 경우에는 그러하지 아니하다.
  2. 그 밖에 노동부장관이 정책심의위원회의 심의를 거쳐 지정하여 고시하는 업무

③ 18세 미만인 자의 금지직종
  1. 산업보건기준에 관한 규칙 제69조제2호 및 제3호에 따른 고압작업 및 잠수작업
  2. 건설기계관리법, 도로교통법 등에서 18세 미만인 자에 대하여 운전·조종면허 취득을 제한하고 있는 직종 또는 업종의 운전, 조종업무
  3. 청소년보호법 등 다른 법률에서 18세 미만 청소년의 고용이나 출입을 금지하고 있는 직종이나 업종
  4. 교도소 또는 정신병원에서의 업무
  5. 소각 또는 도살의 업무
  6. 유류를 취급하는 업무(주유업무는 제외한다)
  7. 2-브로모프로판을 취급하거나 노출될 수 있는 업무
  8. 그 밖에 노동부장관이 정책심의위원회의 심의를 거쳐 지정하여 고시하는 업무

3. 연소자증명서 비치

사용자는 18세 미만인 자에 대하여는 그 연령을 증명하는 가족관계기록사항[11]에 관한 증명서와 친권자 또는 후견인의 동의서를 사업장에 갖추어 두어야 한다.[12] 다만, 15세 미만인 자를 사용하는 사용자가 취직인허증을 갖추어 둔 경우는 가족관계기록에 관한 증명서와 친권자나 후견인의 동의서를 갖춘 것으로 본다. 이때 친권자, 후견인은 민법상 법정대리인을 말하며, 동의서는 미성년자의 법률행위에 관한 동의서를 말한다. 위반자는 500만원 이하의 과

11) 가족관계기록부(구, 호적등초본), 주민등록등본, 주민등록초본 등.
12) 근기법 제66조(4인 이하 사업장에도 적용).

태료에 처할 수 있다.[13)]

4. 생리휴가

사용자는 여성근로자가 청구하면 월 1일의 생리휴가를 주어야 한다.[14)] 생리휴가는 연령과 건강상태 등에 따라 각자 다를 수밖에 없어 휴가일을 일정하게 부여할 수 없다. 따라서 근로자가 생리기간 중의 특정일을 정하여 청구하였을 경우에만 부여한다. 생리가 있다는 사실의 입증책임은 근로자에게 있다.[15)] 통상 생리가 있는 여성근로자에게 1월에 소정근로일 중 1일을 무급 즉, 휴가 사용일 소정근로시간의 통상임금을 공제하는 방식으로 부여하면 된다. 다만, 단체협약이나 취업규칙 등으로 정하여 유급으로 부여하는 것은 당사자간 자유이다.

생리휴가는 소정근로일 단위로 부여할 수 있으므로 생리휴가를 사용한 날의 근로시간이 8시간 미만[16)]이라 하여 1일의 유급휴가가 아니라고 할 수는 없으며,[17)] 생리휴가를 공휴일에 사용할 수는 없다. 생리휴가는 직종[18)]이나 근속기간, 연령 등에 관계없이 생리가 있는 여성이면 누구나 청구할 수 있다. 임신중, 폐경기 여성 등 사실상 생리가 없는 여성은 부여하지 않아도 무방하다. 다만, 단체협약이나 취업규칙 등으로 달리 정한 바가 있으면 그에 따른다.[19)] 세계적으로 생리휴가를 부여하는 나라는 일본과 인도네시아, 한국뿐이다. 생리휴가제도는 5인 이상 사업장에만 적용한다.

---

13) 근기법 제116조제1항제2호.
14) 근기법 제73조(5인 이상 사업장에만 적용).
15) 이병태, 849쪽.
16) 토요근무일의 소정근로시간이 4시간인 날을 생리휴가일로 사용한 경우 등.
17) 근기 68207-1204, 2003.9.22.
18) 정규직, 임시, 일용, 아르바이트 등.
19) 여성고용과-1081, 2004.5.28.

5. 미성년자 근로계약과 임금청구

친권자나 후견인은 미성년자[20]의 근로계약을 대리할 수 없다. 친권자,[21] 후견인,[22] 고용부장관은 근로계약이 미성년자에게 불리하다고 인정하는 경우에는 이를 해지할 수 있다. 신체적, 정신적으로 판단능력이 부족한 미성년자를 보호하기 위한 것이다. 불리한 경우란, 근로조건, 작업환경, 취업상황 등에서 불리하다고 인정되는 경우로 불리한 정도에 관한 기준은 없다. 다만, 근로감독관집무규정[23]에 의하면 다음 각 호 중 어느 하나에 해당하는 경우 해지할 수 있도록 정하고 있다.

1. 법 제40조의 별표 4 중 18세 미만인 자의 사용금지 직종에 규정된 도덕상 또는 보건상 유해·위험한 직종에 사용하는 근로계약인 경우
2. 계약내용이 법령 또는 사회통념에 반한 경우
3. 계약기간 중 업무를 감당할 수 없는 심신의 장애가 발생하였거나 발생할 우려가 있는 경우
4. 친권자나 후견인의 동의없이 18세 미만인 자와 근로계약을 체결한 경우

사용자는 18세 미만인 자와 근로계약을 체결하는 경우에는 법 제17조에 정한 근로조건[24]을 서면으로 명시하여 교부하여야 한다.[25] 이 경우 미성년자가 서면교부를 요청했는지 여부와 관계없이 서면으로 교부를 하여야 한다. 위반시 500만원 이하의 벌금에 처할 수 있다.[26]

미성년자는 독자적으로 임금을 청구할 수 있다. 친권자 후견인은 미성년자를 대리하여 임금을 수령할 수도 없다.[27] 위임장 등에 의한 대리수령도 금지된

---

20) 만 20세 미만인 자, 민법 제4조.

21) 친부모, 친권은 부모가 공동으로 행사한다. 민법 제909조.

22) 부모의 유언으로 정하거나 법원에 의해 선임된 자, 민법 제931·제936조 등.

23) 훈령 제656호, 2008.12.31.

24) 임금, 소정근로시간, 휴일, 연차유급휴가, 그 밖에 대통령령으로 정하는 근로조건(취업의 장소와 종사하여야 할 업무, 법 제93조에 정한 취업규칙에 관한 사항, 기숙사규칙에 정한 사항)등.

25) 근기법 제67조제1항, 제3항.

26) 근기법 제114조제1호.

27) 근기법 제68조.

다. 다만, 소송행위는 원칙적으로 법정대리인에 의하여서만 할 수 있다.[28)]

6. 미성년자의 근로시간

15세 이상 18세 미만자의 근로시간은 휴게시간을 제외하고 1일에 7시간, 1주일에 35시간을 초과하지 못한다. 다만, 당사자간 합의에 따라 1일에 1시간, 1주일에 5시간을 한도로 연장할 수 있다.[29)] 미성년자와 합의가 있더라도 1일 8시간, 주 40시간을 초과하여 근로할 수 없다. 이 조항은 육체적으로 미숙한 미성년자를 보호하기 위한 법 제53조[30)]의 특별규정으로서 당사자간 합의가 있어도 더 이상의 연장근로는 허용되지 않는다. 자세한 사항은 근로시간 부분을 참고한다. 미성년자의 근로계약, 임금청구, 연소자의 근로시간에 관한 사항은 전체 사업장에 적용한다.

7. 갱내근로금지

사용자는 여성과 18세 미만인 자를 갱내(坑內)에서 근로시키지 못한다. 다만, 보건·의료, 보도·취재 등 대통령령으로 정하는 업무를 수행하기 위하여 일시적으로 필요한 경우에는 그러하지 아니하다. 일시적으로 갱내에서 근로시킬 수 있는 업무는 다음과 같다.[31)]

1. 보건·의료 또는 복지업무
2. 신문·출판·방송프로그램 제작을 위한 보도·취재업무
3. 학술연구를 위한 조사업무
4. 관리·감독업무
5. 위 각호 규정의 업무와 관련된 분야에서 하는 실습업무

작업장소가 갱내이면 채광작업은 물론이고 일체의 직·간접적인 작업과 사

28) 대판 80나3149, 1981.8.25.
29) 근기법 제69조, 영 제41조.
30) 당사자간 합의가 있는 경우 1일 12시간 한도 내에서 법정근로시간을 초과하여 연장근로할 수 있다는 규정.
31) 근기법 제72조, 영 제42조.

무적인 근로로 포함된다.[32)]

8. 임산부보호 및 육아시간

(1) 산전후휴가

사용자는 임신 중의 여성에게 산전과 산후를 통하여 90일(다태아 120일)의 출산전후휴가를 주어야 한다. 이 경우 휴가기간의 배정은 산후에 45일(다태아 60일) 이상이 되어야 한다. 사용자는 임신중인 여성근로자가 대통령령으로 정하는 사유[33)]로 출산전후휴가를 신청하는 경우 출산 전 어느 때라도 휴가를 나누어 사용할 수 있도록 하여야 한다. 다만, 이 경우에도 출산 후의 휴가는 연속하여 45일 이상이 되어야 한다.

사용자는 임신 중인 여성이 임신 11주 이내 이후 유산 또는 사산한 경우로서 근로자가 청구할 경우에는 보호휴가를 주어야 한다. 다만, 인공임신중절수술[34)]에 따른 유산한 경우는 그러하지 아니하다. 유·사산휴가부여기준은 다음과 같다.[35)]

1. 임신기간이 11주 이내인 경우 : 유산 또는 사산한 날부터 5일까지(2012.6.21)
2. 임신기간이 12주 이상 15주 이내인 경우 : 유산 또는 사산한 날부터 10일까지(2012.6.21)
3. 임신기간이 16주 이상 21주 이내인 경우 : 유산 또는 사산한 날부터 30일까지
4. 임신기간이 22주 이상 27주 이내인 경우 : 유산 또는 사산한 날부터 60일까지
5. 임신기간이 28주 이상인 경우 : 유산 또는 사산한 날부터 90일까지

사업주는 산전후휴가 종료 후에는 휴가 전과 동일한 업무 또는 동등한 수준의 임금을 지급하는 직무에 복귀시켜야 한다. "동일한 직무"란, 수행할 업무

32) 이병태, 840쪽.
33) 근기법시행령 제43조, 임심한 근로자에게 유산, 사산의 경험이 있는 경우, 임신한 근로자가 출산전후휴가를 청구할 당시 연령이 만 40세 이상인 경우, 임신한 근로자가 유·사산할 위험이 있다는 의료기관의 진단서를 제출한 경우.
34) 모자보건법 제14조제1항에 따른 유산의 경우는 그러하지 아니하다.
35) 근기법 제74조, 영 제43조제2항.

와 직위가 휴가전과 동일하다는 것을 말하고, 수행업무가 같을지라도 직급이 다르거나 임금수준이 다를 경우 동일한 직무라고 볼 수 없다.

"동등한 수준의 임금을 지급하는 직무"란, 원직과 유사하더라도 원직과 같은 수준의 임금이 지급되는 동일직급을 말한다. 원직이 없어진 경우는 동일한 직무에 대체할 수 있는 유사직무를 말한다.[36)]

산전후휴가 및 유·사산휴가시 임금지급, 휴가일수 부여요령, 고용보험관련 임금지급문제, 감액지급문제, 배우자출산휴가문제 등 자세한 사항은 산전후휴가 편에 상세히 설명한 바 있어 생략한다. 출산전후휴가, 경미한 근로로 전환, 복귀 후 근로조건 보호 등은 전체 사업장에 적용한다.

(2) 태아의 검진시간 허용

사용자는 임신한 여성근로자가 임산부 정기건강진단을 받는데 필요한 시간을 청구하는 경우 이를 허용하여야 한다. 사용자는 건강진단시간을 이유로 근로자의 임금을 삭감하여서는 아니된다. 다만, 이 조항은 불이행에 대한 벌칙이 없다.[37)] 5인 이상 사업장에만 적용한다.

(3) 육아시간

생후 1년 미만의 여성근로자가 청구하면, 1일 2회 각각 30분 이상의 유급수유시간을 주어야 한다.[38)] 유아는 반드시 친생자에 한하지 않고 입양아, 혼외출생자 등 부양의무가 있는 유아는 모두 포함된다. 근로자의 청구가 있으면 부여하므로 청구가 없으면 부여할 의무가 없다. 1일 4시간 근로에서는 1회만 부여하여도 무방하다. 수유시간은 유급이므로 임금을 공제해서는 아니된다. 위반자는 2년 이하 징역 또는 1천만원 이하의 벌금에 처한다. 5인 이상 사업장에만 적용한다.

---

36) 이병태, 853쪽.
37) 근기법 제74조의2.
38) 근기법 제75조, 제110조.

(4) 시간외근로 제한

사용자는 임신 중인 여성근로자에게 시간외근로를 하게 하여서는 아니 되고 근로자의 요구가 있는 경우에는 쉬운 종류의 근로로 전환하여야 한다.[39] 근로자의 요구가 없을 경우에는 임의로 전환시킬 수 없다.[40] 다만, 청구가 있음에도 쉬운 근로로 전환하지 않거나 시간외근로를 시킨 경우는 2년 이하의 징역 또는 1천만원 이하의 벌금에 처한다.[41] 사용자는 산후 1년이 지나지 않은 여성에 대하여는 단체협약이 있는 경우라도 1일 2시간, 1주일에 6시간, 1년에 150시간을 초과하는 시간외근로를 시키지 못한다.[42]

9. 임산부와 18세 미만자의 야간·휴일근로 제한

18세 이상의 여성을 오후 10시부터 오전 6시까지의 시간 및 휴일에 근로시키려면 근로자의 동의를 받아야 한다. 사용자는 임산부[43]와 18세 미만인 자를 오후 10시부터 오전 6시까지의 시간과 휴일에 근로시키지 못한다. 다만, 18세 미만자의 동의, 산후 1년이 지나지 아니한 여성의 동의, 임신 중의 여성이 명시적으로 청구하는 경우 고용부장관의 인가를 받으면 각각 근로가 가능하다. 사용자는 임산부와 18세 미만인 자에 대한 야간근로 및 휴일근로 인가를 받기 전에 근로자의 건강 및 모성보호를 위하여 그 시행여부와 방법 등에 관하여 그 사업 또는 사업장의 근로자대표와 성실하게 협의하여야 한다.[44]

고용부장관의 인가를 받아야 할 휴일이라 함은, 법 제55조에 정한 주휴일과 근로자의날 등 법정휴일을 의미하고, 약정휴일은 근로자의 동의만 있으면 장관의 인가 등이 필요없이 휴일근로가 가능하다.[45] 다만, 임산부가 아닌 18세

39) 근기법 제74조제4항 (전체 사업장에 적용).
40) 여원 68247-14, 1990.9.30.
41) 근기법 제110조제1호.
42) 근기법 제71조.
43) 임신 중이거나 산후 1년이 지나지 않은 여성.
44) 근기법 제70조제2항·제3항.
45) 여원68240-561, 2001.12.13.

이상 여성의 야간휴일근로 동의 조항은 5인 이상 사업장에만 적용하고, 임산부와 연소자의 야간·휴일근로 동의 조항은 전체 사업장에 적용한다.

10. 일·가정 양립지원

(1) 배우자 출산휴가

사업주는 근로자가 배우자의 출산을 이유로 휴가를 청구하는 경우에 5일의 범위 안에서 3일 이상의 휴가를 주어야 한다. 이 경우 사용한 휴가 중 최초 3일은 유급으로 한다. 다만, 근로자의 배우자가 출산한 날로부터 30일이 지나면 청구할 수 없다.[46] 2012.8.2부터 시행하되 300인 미만 사업장은 2013.2.1부터 시행한다.

(2) 육아휴직

사업주는 근로자가 만 8세이하 또는 초등학교 2학년 이하의 자녀(입양자녀 포함)를 양육하기 위하여 휴직을 신청하는 경우에 이를 허용하여야 한다. 다만, 다음의 경우는 육아휴직의 적용이 제외된다.[47]

1. 육아휴직을 시작하려는 날의 전날까지 해당 사업장에서 계속근로한 기간이 1년 미만인 근로자
2. 동일한 영유아에 대하여 이 법 또는 다른 법령에 따라 배우자가 육아휴직을 하고 있는 근로자

육아휴직의 기간은 1년 이내로 하고, 무급을 원칙으로 한다. 사업주는 육아휴직을 이유로 해고나 그 밖의 불리한 처우를 하여서는 아니되며, 육아휴직기간에는 그 근로자를 해고하지 못한다. 다만, 사업을 계속할 수 없는 경우에는 그러하지 아니하다. 사업주는 육아휴직을 마친 후에는 휴직 전과 같은 업무 또는 같은 수준의 임금을 지급하는 직무에 복귀시켜야 한다. 또한 육아휴직기

46) 고평법 제18조의2.
47) 고평법시행령 제10조.

간은 근속기간에 포함한다.[48] 기간제근로자 또는 파견근로자의 육아휴직기간은 기간제법 및 파견법에 의한 사용기간에 포함하지 않는다.[49]

(3) 육아기 근로시간단축

사업주는 육아휴직을 신청할 수 있는 근로자가 육아휴직 대신 근로시간의 단축을 신청하는 경우에 이를 허용하여야 한다. 다만, 대체인력채용이 불가능한 경우, 정상적인 사업운영에 중대한 지장을 초래하는 경우 등 대통령령으로 정하는 경우[50]에는 허용하지 않을 수 있다. 이 경우 그 사유를 서면으로 통보하고 그 밖의 적절한 조치를 통해 지원할 수 있는지를 근로자와 협의하여야 한다.

사업주가 해당 근로자에게 육아기 근로시간단축을 허용하는 경우 단축 후 근로시간은 주당 15시간 이상이어야 하고 30시간을 넘어서는 아니된다. 육아기 근로시간단축의 기간은 1년 이내로 한다. 육아휴직이나 육아기 근로시간단축을 하려는 경우에는 다음 각 호의 방법 중 하나를 선택하여 사용할 수 있다. 이 경우 어느 방법을 사용하든지 그 총 기간은 1년을 넘을 수 없다.[51]

1. 육아휴직의 1회 사용
2. 육아기 근로시간단축의 1회 사용
3. 육아휴직의 분할사용(1회만 할 수 있다)
4. 육아기 근로시간단축의 분할사용(1회만 할 수 있다)
5. 육아휴직의 1회 사용과 육아기 근로시간단축의 1회 사용

---

48) 고평법 제19조.

49) 고평법 제19조제5항(2012.8.2시행, 2012.2.1 신설).

50) 고평법시행령 제15조의2, 1. 단축개시예정일의 전날까지 해당 사업에서 계속근로한 기간이 1년 미만인 근로자가 신청한 경우, 2. 같은 영유아의 육아를 위하여 배우자가 육아휴직을 하고 있는 근로자가 신청한 경우(타 법령의 육아휴직을 포함한다), 3. 사업주가 직업안정기관에 구인신청을 하고 14일 이상 대체인력을 채용하기 위하여 노력하였으나 채용하지 못한 경우, 다만, 직업안정기관 장의 직업소개에 불구하고 정당한 이유없이 2회 이상 채용을 거부한 경우는 제외한다. 4. 육아기근로시간단축을 신청한 근로자의 업무 성격상 근로시간을 분할하여 수행하기 곤란하거나 그 밖에 육아기 근로시간단축이 정상적인 사업운영에 중대한 지장을 초래하는 경우로서 사업주가 이를 증명하는 경우.

51) 고평법 제19조의4.

사업주는 육아기 근로시간단축을 이유로 해당 근로자에게 해고나 그 밖의 불리한 처우를 하여서는 아니된다. 사업주는 근로자의 육아기 근로시간단축기간이 끝난 후에 그 근로자를 육아기 근로시간단축 전과 같은 업무 또는 같은 수준의 임금을 지급하는 직무에 복귀시켜야 한다.[52]

육아기 근로시간단축을 하고 있는 근로자에 대하여 근로시간에 비례하여 적용하는 경우 외에는 육아기 근로시간단축을 이유로 그 근로조건을 불리하게 하여서는 아니된다.[53] 육아기 근로시간단축을 한 근로자의 근로조건[54]은 사업주와 그 근로자 간에 서면으로 정한다. 육아기 근로시간단축을 하고 있는 근로자에게 단축된 근로시간외에 연장근로를 요구할 수 없다. 다만, 그 근로자가 명시적으로 청구하는 경우에는 사업주는 주 12시간 이내에서 연장근로를 시킬 수 있다.[55] 육아기 근로시간단축을 한 근로자에 대하여 근기법 제2조제6호에 따른 평균임금을 산정하는 경우에는 그 근로자의 육아기 근로시간단축기간을 평균임금산정기간에서 제외한다.

(4) 육아지원을 위한 그 밖의 조치

사업주는 초등학교 취학 전까지의 자녀를 양육하는 근로자의 육아를 지원하기 위하여 업무를 시작하고 마치는 시간 조정, 연장근로의 제한, 근로시간의 단축, 탄력적 운영 등 근로시간 조정, 그 밖에 소속 근로자의 육아를 지원하기 위하여 필요한 조치를 하도록 노력하여야 한다.

고용부장관은 사업주가 이 같은 조치를 할 경우 고용 효과 등을 고려하여 필요한 지원을 할 수 있다. 사업주는 육아휴직 중인 근로자에 대한 직업능력 개발 및 향상을 위하여 노력하여야 하고 산전후휴가, 육아휴직 또는 육아기 근로시간단축을 마치고 복귀하는 근로자가 쉽게 직장생활에 적응할 수 있도록 지원하여야 한다.[56]

---

52) 고평법 제19조의2 제5항·제6항.

53) 시간급통상임금, 수당 등에서 불이익을 주는 경우 등, 법 제19조의3.

54) 육아기 근로시간단축 후 근로시간을 포함한다.

55) 고평법 제19조의3, 제2항~제4항.

56) 고평법 제19조의6.

(5) 일·가정의 양립을 위한 지원

국가는 사업주가 근로자에게 육아휴직이나 육아기 근로시간단축을 허용한 경우 그 근로자의 생계비용과 사업주의 고용유지비용의 일부를 지원할 수 있다. 국가는 소속 근로자의 일·가정의 양립을 지원하기 위한 조치를 도입하는 사업주에게 세제 및 재정을 통한 지원을 할 수 있다. 그 외 영유아보육법에 따른 직장어린이집을 설치할 수 있고, 여성근로자를 위해 교육, 육아, 주택 등 공공복지시설을 설치할 수 있다.[57]

(6) 가족 돌봄 등을 위한 지원, 기타 적용범위

사업주는 근로자가 부모, 배우자, 자녀 또는 배우자의 부모의 질병, 사고, 노령 등을 이유로 그 가족[58]을 돌볼 필요가 있는 경우에 휴직을 신청하는 경우 이를 허용하여야 한다. 2012.8.2부터 이를 의무화했다. 다만, 1. 돌봄휴직 개시예정일의 전날까지 해당 사업에서 계속근로한 기간이 1년 미만인 근로자가 신청한 경우, 2. 가족돌봄 휴직을 신청한 근로자 외에 돌봄이 필요한 가족의 부모, 자녀, 배우자 등이 돌봄이 필요한 가족을 돌볼 수 있는 경우, 3. 사업주가 직업안정기관에 구인신청을 하고 14일 이상 대체인력을 채용하기 위하여 노력하였으나 채용하지 못한 경우. 다만, 직업안정기관의 장의 직업소개에도 불구하고 정당한 이유없이 2회 이상 채용을 거부한 경우는 제외한다. 4. 근로자의 가족돌봄 휴직으로 인하여 정상적인 사업 운영에 중대한 지장이 초래되는 경우로서 사업주가 이를 증명하는 경우 등 대체인력채용이 불가능하거나, 정상적인 사업에 중대한 지장을 초래하는 경우는 허용하지 않을 수 있다.[59]

휴직기간은 최대 90일까지 허용할 수 있고, 1회 사용기간은 30일 이상으로 하고 분할사용이 가능하다. 휴직기간은 무급을 원칙으로 하되, 합의한 경우 유급이 가능하다. 휴직이 끝난 후에는 휴직 전과 같은 업무·수준의 임금을 지급하는 직무에 복귀시켜야 한다. 휴직기간은 퇴직금산정을 위한 근속기간에

57) 고평법 제21조, 제21조의2, 제22조, 영 제16조의2.

58) 휴직을 신청할 수 있는 가족의 범위는 부모, 배우자, 자녀, 배우자의 부모이다.

59) 고평법시행령 제16조의3.

포함하되 평균임금산정기간에서 제외한다. 또한 휴직을 이유로 해고 등 불이익처분을 할 수 없다.[60)]

가족돌봄휴직을 허용하지 않는 경우 업무를 시작하고 마치는 시간 조정, 연장근로의 제한, 근로시간의 단축, 탄력적 운영 등 근로시간 조정, 그 밖에 사업장 사정에 맞는 지원조치를 하도록 노력하여야 한다.[61)]

300인 이상 사업장은 2012.8.2부터, 300인 미만 사업장은 2013.2.2부터 적용한다. 사업주는 근로자가 건전하게 직장과 가정을 유지하는 데에 도움이 될 수 있도록 필요한 심리상담 서비스를 제공하도록 노력하여야 한다.

고평법상 모성보호 관련 조항은 성격상 대부분 전체 사업장에 적용한다. 다만, 상시 5인 미만 사업장에 대하여는 동일사업내 동일노동 동일임금지급, 임금 이외의 금품에서 남녀차별처우 금지, 교육배치승진에서 남녀차별금지, 정년·퇴직·해고에서 남녀차별금지조항은 적용되지 않는다.

60) 고용법 제37조제2항.

61) 고평법 제22조의2.

제39장 근로자명부, 계약서류 보존

1. 근로자명부 비치

사용자는 각 사업장별로 근로자명부를 작성하고 근로자의 성명, 성별, 생년월일, 주소, 이력, 종사하는 업무의 종류, 고용 또는 고용갱신 연월일, 계약기간을 정한 경우에는 그 기간, 기타 고용에 관한 사항, 해고·퇴직 또는 사망의 경우에는 그 연월일과 사유, 기타 필요한 구체적 사항을 기입하여야 한다.[1) 사용자는 근로자명부의 기재사항에 변경이 있는 경우에는 지체없이 정정하여야 한다. 다만, 사용기간이 30일미만인 일용근로자에 대하여는 근로자명부를 작성하지 아니할 수 있다.[2)]

2. 계약서류 보존

사용자는 근기법과 고평법 등에 의해 근로자명부와 대통령령이 정하는 근로계약에 관한 중요한 서류를 3년간 보존하여야 한다.[3)]

보존대상서류는 근기법에 정한 것으로, 근로계약서, 임금대장, 임금의 결정·지급방법 및 임금계산의 기초에 관한 서류, 고용·해고·퇴직, 승급·감급, 휴가에 관한 서류, 법 제53조제3항[4)] 및 법 제70조제2항[5)] 단서의 규정에 의한

1) 근기법 제41조, 영 제20조.
2) 영 제21조.
3) 근기법 제42조, 고평법 제33조.
4) 연장근로 인가 및 근로자 동의, 법 제63조제3호(감시, 단속적근로자 승인).
5) 18세 미만자, 산후 1년 미만 여성, 임신 중인 여성의 야간근로와 휴일근로 인가.

승인·인가에 관한 서류, 법 제51조제2항,[6] 법 제52조,[7] 법 제58조제2항·제3항[8] 및 법 제59조제1항[9]의 규정에 의한 서면합의 서류, 법 제66조의 규정에 의한 연소자의 증명에 관한 서류 등이다.[10]

다음은 고평법에 의해 정한 것으로, 모집, 채용, 임금, 임금 이외의 금품, 교육 배치 및 승진, 정년·퇴직 및 해고에 관한 서류, 직장내 성희롱예방교육기록 확인서류, 성희롱 행위자에 대한 징계 등 조치에 관한 서류, 배우자 출산휴가의 청구 및 허용에 관한 서류, 육아휴직 신청 및 허용에 관한 서류, 육아기 근로시간단축 및 허용에 관한 서류, 허용하지 아니한 경우 그 사유의 통보 및 협의서류, 육아기 근로시간단축 중의 근로조건에 관한 서류 등이다.[11]

근로계약의 중요한 서류에 대한 보존기간의 계산은 다음 각 호에 정한 날부터 기산한다.[12]

1. 근로자명부에 있어서는 근로자가 해고되거나 퇴직 또는 사망한 날
2. 근로계약서에 있어서는 근로관계가 종료된 날
3. 임금대장에 있어서는 최후의 기입을 한 날
4. 고용·해고 또는 퇴직에 관한 서류에 있어서는 근로자가 해고되거나 퇴직한 날
5. 법 제53조제3항,[13] 법 제63조제3호[14] 및 법 제70조제2항[15] 단서의 규정에 의한 승인·인가에 관한 서류 는 인정·승인 또는 인가를 받은 날

6) 탄력적근로시간제.
7) 선택적 근로시간제.
8) 출장기타 근로시간계산의 특례.
9) 근로시간 및 휴게시간의 특례.
10) 근기법 제42조, 영 제22조.
11) 적극적고용개선(시행계획, 이행실적, 직종별 직급별 남녀근로자현황 등)에 관한 서류는 보존서류에서 제외됨, 영 제19조, 2009.6.19.
12) 근기법시행령 제22조제2항.
13) 연장근로 인가 및 근로자 동의.
14) 감시, 단속적근로자 승인.
15) 18세 미만자, 산후 1년 미만 여성, 임신 중인 여성의 야간근로와 휴일근로 인가.

6. 법 제51조제2항,[16] 법 제52조,[17] 법 제58조제2항·제3항[18] 및 법 제59조제1항[19]의 규정에 의한 서면합의 서류는 서면합의를 한 날

7. 연소자의 증명에 관한 서류에 있어서는 18세가 되는 날[20]

8. 기타 서류에 있어서는 그 완결한 날

사업장에서 관련서류를 보존하지 않은 가운데 노사간 분쟁이 발생하면 사실관계를 입증하기가 매우 어렵다. 따라서 이때는 임금 등에 관한 분쟁의 경우는 근로자 개인이 보관한 급여이체 통장이나 월급명세서, 월급봉투 등을 기초로 사실관계를 입증해야 할 것이고, 그러한 서류도 없다면 당시 함께 근로한 근로자의 진술 등을 토대로 사실관계를 판단해야 한다.

실무상 서면이 아닌 전자문서로 보존할 수 있는지 의문이다. 전자거래기본법 제2조제1호에 따른 전자문서로 작성·보존할 수 있다.

16) 탄력적근로시간제.
17) 선택적 근로시간제.
18) 출장기타 근로시간계산의 특례.
19) 근로시간 및 휴게시간의 특례.
20) 18세가 되기 전에 해고되거나 퇴직 또는 사망한 경우에는 그 해고되거나 퇴직 또는 사망한 날.

제40장 재해보상

1. 개념정의

산업재해를 입은 근로자는 대체로 사용자의 과실입증이 곤란하고 소송 등을 제기하더라도 많은 시간과 경비가 소모되어 사실상 효과적인 보상을 받기가 어려웠다. 이런 이유로 근기법에서는 업무와 재해사이의 인과관계를 기초로 사용자가 근로자의 재해에 대해 보상하도록 "무과실책임제도"를 도입하였다. 재해보상으로서 요양보상, 휴업보상, 장해보상, 유족보상, 장의비, 일시·분할보상, 심사·중재 기타 사항 등에 대해 정하고 있다. 이와 같은 규정은 강행규정으로서 당사자간 합의로 재해보상청구권을 행사하지 않기로 하는 계약이나 합의는 무효이다.[1] 재해보상제도는 보상을 받기 위해 사용자의 고의나 과실이 있어야 할 것을 필요로 하지 않고 근로자의 과실이 있는지 없는지를 묻지 않는다. 배상액은 실질적인 손해액과 관계없이 정액화 되어 있다.

산업재해보상보험법(이하 산재법)에 의하면, 재해를 입은 근로자가 산재법[2]에서 보험급여를 받거나 받을 수 있으면, 보험가입자는 동일한 사유에 대하여 「근기법」에 따른 재해보상 책임이 면제된다고 정하고 있고, 수급권자가 동일한 사유로 「민법」이나 그 밖의 법령에 따라 산재법의 보험급여에 상당한 금품을 받으면 근로복지공단은 그 받은 금품을 대통령령으로 정하는 방법에 따라 환산한 금액의 한도 안에서 이 법에 따른 보험급여를 지급하지 아니한다고 정

---

1) 대판 76다2920, 1977.4.12.

2) 제80조(다른 보상이나 배상과의 관계).

하고 있다. 산재법상 요양급여를 받는 근로자가 요양을 시작한 후 3년이 지난 날 이후에 상병보상연금을 지급받고 있으면 근기법 제23조제2항 단서(해고제한의 예외)를 적용할 때 그 사용자는 그 3년이 지난 날 이후에는 같은법 제84조에 따른 일시보상[3]을 지급한 것으로 본다. 근기법상의 보상은 민법이나 산재법에 비해 법적인 활용도가 떨어지지만, 근로자가 굳이 민사소송에 의하지 않고도 간편·신속하게 지급받을 수 있는 이점이 있다. 근기법상 업무상 재해보상은 업종 등을 고려하지 않고 1인 이상 모든 사업장에 적용한다. 특수형태근로자의 경우 산재보상법에서는 일정 요건에 부합하는 경우 보상을 하지만[4] 근로기준법상 근로자성이 입증되지 않으면 보상을 할 수 없다. 이 장에서는 재해의 유형과 해당요건을 살펴보고, 근기법과 산재법의 조문을 중심으로만 간략히 설명한다.

(1) 업무상재해

"업무상재해"란 업무수행 중에 업무에 기인하여 발생한 재해를 말한다. 근기법상 재해보상은 부상, 질병, 장해, 사망 등의 재해가 업무상의 사유에 의해 발생한 경우에만 지급된다.[5] 여기서 "업무"라 함은, 사업에서 사업주와의 근로계약이나 취업규칙, 단체협약, 노동관행, 조리 등에 의해 사용종속관계에서 근로자가 직무상 수행하는 일과 부수적인 관련 행위를 통칭한다.

산재법[6]에서도, "업무상의 재해"란 업무상의 사유에 따른 근로자의 부상·질병·장해 또는 사망을 말한다고 정하고 있다. 따라서 업무외의 재해는 보상을 받을 수 없지만, "업무상의 재해"는 근로자의 고의나 과실이 있는지 여부를 묻지 않고 보상을 하는 것이 원칙이다. 다만, 휴업보상과 장해보상에서는, 근로자가 중대한 과실로 업무상 부상 또는 질병에 걸리고, 사용자가 그 과실

3) 근로기준법 제78조제2항 및 영 제44조제1항에 정한 요양보상을 받은 근로자가 요양을 시작한지 2년이 지나도 부상 또는 질병이 완쾌되지 아니하는 경우에는 사용자가 평균임금의 1,340일분의 일시보상을 하여 그 후의 근로기준법에 따른 보상책임을 면제.
4) 산재법 제125조(특수형태근로종사자에 대한 특례).
5) 법 제78조·제80조·제82조 등.
6) 제5조제1호.

에 대해 노동위원회의 인정을 받으면 보상을 하지 않아도 된다.[7] 업무상재해의 형태인 부상, 질병, 장해, 사망 등의 원인을 "업무상 사고"라고 부른다. 업무상재해는, 업무와 재해 사이에 상당한 인과관계가 있는 경우로서, 해당업무에 종사하지 않았다면 재해가 발생하지 않았을 것이라고 업무수행성이 인정되거나, 해당업무에 종사하면 그러한 재해가 발생할 수 있다고 인정되는 업무기인성이 있어야 하고, 사업주의 지배·관리 아래서 근로자가 작업준비 중, 작업 중, 작업종료 전후에 업무와 관련하여 발생한 사고 등을 업무상재해로 인정할 수 있다.

(2) 업무와 재해 사이의 인과관계

인과관계란, 어떤 현상을 변화·발생시키는 요인과 그러한 요인에 의해 발생한 결과의 상관관계를 말한다. 재해보상에 있어서 인과관계는, 반드시 직접적인 증거에 의해 과학적, 의학적으로 명백히 입증되어야만 하는 것이 아니고, 당해 근로자를 기준으로 건강상태, 기존질병의 유무, 업무의 성질, 근무환경, 작업양태, 업무관행, 다른 근로자의 동종질병 이환여부 등 간접사실과 제반사정에 의해서도 업무와 재해 사이에 상당인과관계가 추단될 정도로 입증되면 족하고, 또한 간접증거 등을 토대로 경험법칙상 가장 합리적인 설명이 가능한 추론에 의하여 업무기인성을 추정할 수 있는 경우에도 업무상재해로 볼 수 있다.[8] 인과관계는 재해를 입은 근로자의 건강과 신체조건을 기준으로 판단하여야 하고, 보통의 평균인을 기준으로 삼아서는 아니된다.[9] 업무와 재해 사이에 인과관계는 이를 주장하는 측에서 입증하여야 한다.[10]

사용자는 근로계약에 수반되는 신의칙상의 부수적 의무로서 근로자가 노무를 제공하는 과정에서 생명, 신체, 건강을 해치는 일이 없도록 인적·물적 환경을 정비하는 등 필요한 조치를 강구하여야 할 보호의무를 부담한다. 사용자가 보호의무를 위반하여 근로자가 사망에 이르게 된 경우 사망과 업무 사이에

---

7) 근기법 제81조.
8) 대판 98누4740, 1998.5.22 ; 대판 99두10438, 2000.1.28 ; 대판 2000두13055, 2003.5.30.
9) 대판 91누5433, 1991.9.10.
10) 대판 88누10947, 1989.7.25.

상당인과관계가 있다고 볼 수 있다.[11] 다만, 근로자의 고의·자해행위나 범죄행위 또는 그것이 원인이 되어 발생한 부상·질병·장해 또는 사망은 업무상의 재해로 보지 아니한다. 자세한 사항은 후술한다.

2. 업무상재해의 인정기준

근로자가 다음 각 호의 어느 하나에 해당하는 사유로 부상·질병 또는 장해가 발생하거나 사망하면 업무상의 재해로 본다. 다만, 업무와 재해 사이에 상당인과관계가 없는 경우에는 그러하지 아니하다.[12]

1. 근로자가 근로계약에 따른 업무나 그에 따르는 행위를 하던 중 발생한 사고, 2. 사업주가 제공한 시설물 등을 이용하던 중 그 시설물 등의 결함이나 관리소홀로 발생한 사고, 3. 사업주가 제공한 교통수단이나 그에 준하는 교통수단을 이용하는 등 사업주의 지배관리하에서 출퇴근 중 발생한 사고, 다만, 2018.1.1.부터 사업주 지배하에 출퇴근 재해 이외에 통상의 출퇴근 경로와 방법으로 출퇴근하던 중 발생한 사고(사고 중 출퇴근 경로 일탈 및 중단이 있는 경우는 해당 일탈 또는 중단 중의 사고 및 그 이후의 이동 중의 사고는 제외한다. 다만, 대통령령으로 정하는 경우는 포함)를 포함[13]한다. 4. 사업주가 주관하거나 사업주의 지시에 따라 참여한 행사나 행사준비 중에 발생한 사고, 5. 휴게시간 중 사업주의 지배관리하에 있다고 볼 수 있는 행위로 발생한 사고, 6. 그 밖에 업무와 관련하여 발생한 사고 등이다.

(1) 업무상 사고

1) 근로계약에 따른 업무나 그에 따르는 행위를 하던 중 발생한 사고

근로계약에 따른 업무수행행위, 업무수행과정에서 하는 용변 등 생리적 필요 행위, 출퇴근 등 업무를 준비하거나 마무리하는 행위, 그 밖에 업무에 따르는 필요적 부수행위, 천재지변·화재 등 사업장 내에 발생한 돌발적인 사고

---

11) 서울행판 2008구합457, 2008.9.10.

12) 산재법 제37조 〈개정 2010.1.27〉.

13) 산재법 제37조3항 영제35조, 일상생활에 필요한 행위.

에 따른 긴급피난·구조행위 등 사회통념상 예견되는 행위 등을 업무상사고로 본다.

근로자가 사업주의 지시를 받아 사업장밖에서 업무를 수행하던 중에 발생한 사고는 업무상 사고로 본다. 다만, 사업주의 구체적인 지시를 위반한 행위, 근로자의 사적행위 또는 정상적인 출장 경로를 벗어났을 때 발생한 사고는 업무상 사고로 보지 않는다. 업무의 성질상 업무수행 장소가 정해져 있지 않은 근로자가 최초로 업무수행 장소에 도착하여 업무를 시작한 때부터 최후로 업무를 완수한 후 퇴근하기 전까지 업무와 관련하여 발생한 사고는 업무상 사고로 본다.[14)]

2) 시설물 이용·관리소홀, 결함 등

사업주가 제공한 시설물 등을 이용하던 중 그 시설물 등의 결함이나 관리소홀로 발생한 사고로서, 사업주가 사업목적에 제공한 시설물에 대한 설치 및 관리에 있어서 정상의 주의를 태만히 하여 근로자가 사상한 경우에는 업무와 상당인과관계의 반증이 없는 한 사업주의 과실책임을 간주하여 업무상사고로 본다. 다만, 사업주가 제공한 시설물 등을 사업주의 구체적인 지시를 위반하여 이용한 행위로 발생한 사고와 그 시설물 등의 관리 또는 이용권이 근로자의 전속적 권한에 속하는 경우에 그 관리 또는 이용 중에 발생한 사고는 업무상 사고로 보지 않는다.[15)]

3) 출퇴근 중의 사고

2018.1.1.부터 출퇴근 재해는 주거와 취업장소 사이의 이동 또는 한 취업장소에서 다른 취업장소로 이동 중 경로상에서 발생한 재해를 말한다.[16)]고 정의하여, 종전 재해로 인정받지 못하던 사업주 지배관리하의 출퇴근재해 이외의 재해 중 출퇴근 도중 통상적인 경로와 방법으로 출퇴근하는 중 발생한 사고를 포함하였다.

---

14) 산재법시행령 제27조.
15) 산재법시행령 제28조.
16) 산재법제5조제8호, 동법 제37조, 시행령 제35조.

출퇴근 재해는 1. 사업주 지배관리하의 출퇴근재해 2. 2018.1.1.부터 인정하는 통상의 출퇴근재해로 구분한다.

사업주 지배관리하의 출퇴근재해는, 사업주가 출퇴근용으로 제공한 교통수단이나 사업주가 제공한 것으로 볼 수 있는 교통수단을 이용하던 중에 사고가 발생하였고, 출퇴근용으로 이용한 교통수단의 관리 또는 이용권이 근로자측의 전속적 권한에 속하지 아니하였을 경우에만 출퇴근 재해에 해당한다.[17]

통상의 출퇴근 재해는 아래 요건을 충족하여야 한다.

1. 자택 등 주거지와 회사, 공장 등의 취업장소를 시점 또는 종점으로 하는 이동 행위일 것

2. 출퇴근 행위가 업무에 종사하기 위해 또는 업무를 마친 후에 이루어 질 것, 즉 취업과 관련성이 있을 것

3. 출퇴근 행위가 사회통념상 통상적인 경로 및 방법에 따라 이루어 질 것, 즉 일탈 또는 중단이 없을 것 다만, 산재법 영 제35조2항에서 정하는 일탈 중단의 예외에 해당하는 경우는 요건으로 인정한다.

가. 일상생활에 필요한 용품구입 행위

나. 고등교육법 제2조에 따른 학교 또는 직업교육훈련촉진법 제2조에 따른 직업훈련기관에서 직업능력 개발향상에 기여할 수 있는 교육이나 훈련을 받는 행위

다. 선거권이나 국민투표권의 행사

라. 근로자가 사실상 보호하고 있는 아동 또는 장애인을 보육기관 또는 교육기관에 데려다 주거나 해당 기관으로부터 데려오는 행위

마. 의료기관 또는 보건소에서 질병의 치료나 예방을 목적으로 진료를 받는 행위

바. 근로자의 돌봄이 필요한 가족 중 의료기관 등에서 요양중인 가족을 돌보는 행위

사. 위 각호에 준하는 행위로서 고용노동부장관이 일상생활에 필요한 행위

---

17) 산재법시행령 제29조.

라고 인정하는 행위

① 고의, 자해행위, 범죄행위로 기인한 출퇴근 재해

근로자의 고의, 자해행위, 범죄행위 또는 그것이 원인이 되어 발생한 부상, 질병, 장해 또는 사망은 업무상 재해로 보지 아니 한다.[18] 범죄로 인한 출퇴근 재해는 원칙상 산업재해로 인정받지 못한다.

② 중소기업 사업주의 출퇴근 재해

중소기업사업주로서 보험가입자가 자신이 소유 또는 관리하는 차량을 자신이 아용하는 경우 또는 법인회사의 대표인 보험가입자가 회사소유 또는 관리하는 차량으로 자신의 출퇴근용으로 사용하는 경우는 통상의 출퇴근 재해에 해당하고, 법인회사의 대표(보험가입자)가 회사에서 소속 노동자의 출퇴근용으로 제공되는 버스 등 통근차량을 하께 이용하는 경우는 사업주 지배관리하의 출퇴근재해에 해당한다.

다만, 자기 또는 유족을 피보험자로 하여 보험에 가입하고 근로자를 사용하지 않는 사람으로서 출퇴근 경로와 방법이 일정하지 않은 직종 중 수요응답형 운송사업주, 개인택시 운송사업주, 택배원(퀵서비스기사) 등이 업무에 사용하는 자동차 등의 차고지를 본인의 주거지에 두고 있는 경우는 통상의 출퇴근재해를 적용하지 않는다.

4) 행사 등

사업주가 주관하거나 사업주의 지시에 따라 참여한 행사나 행사준비 중에 발생한 사고는 다음 요건에 해당하는 경우 업무상 사고로 본다.[19]

운동경기·야유회·등산대회 등 각종 행사에 근로자가 참가하는 것이 사회통념상 노무관리 또는 사업운영상 필요하다고 인정되는 경우로서 다음 각 호의 어느 하나에 해당하고, 근로자가 그 행사에 참가[20]하여 발생한 사고는 업무상 재해로 볼 수 있다.

---

18) 산재법 제37조2항, 음주, 무면허, 중앙선 침범, 무단횡단 등.

19) 산재법시행령 제30조.

20) 행사 참가를 위한 준비·연습을 포함한다.

1. 사업주가 행사에 참가한 근로자에 대하여 행사에 참가한 시간을 근무한 시간으로 인정하는 경우, 2. 사업주가 그 근로자에게 행사에 참가하도록 지시한 경우, 3. 사전에 사업주의 승인을 받아 행사에 참가한 경우, 4. 사업주가 그 근로자의 행사 참가를 통상적·관례적으로 인정한 경우

5) 휴게시간 중 사업주의 지배관리하에 있다고 볼 수 있는 행위로 발생한 사고

6) 그 밖에 업무와 관련한 사고

1. 사회통념상 근로자가 사업장 내에서 할 수 있다고 인정되는 행위를 하던 중 태풍·홍수·지진·눈사태 등의 천재지변이나 돌발적인 사태로 발생한 사고는 근로자의 사적 행위, 업무 이탈 등 업무와 관계없는 행위를 하던 중에 발생한 것이 명백한 경우를 제외하고는 법 제37조에 따른 업무상 사고로 본다.

2. 업무상 부상 또는 질병으로 요양을 하고 있는 근로자에게 요양급여와 관련하여 발생한 의료사고, 요양 중인 산재보험 의료기관(산재보험 의료기관이 아닌 의료기관에서 응급진료 등을 받는 경우에는 그 의료기관) 내에서 업무상 부상 또는 질병의 요양과 관련하여 사고가 발생하면 업무상 사고로 본다.[21)]

3. 제3자의 행위로 근로자에게 사고가 발생한 경우에 그 근로자가 담당한 업무가 사회통념상 제3자의 가해행위를 유발할 수 있는 성질의 업무라고 인정되면 그 사고는 업무상 사고로 본다.[22)]

가. 업무라 함은, 단체협약, 취업규칙, 근로계약, 노동관행, 조리 등에 의해 사용종속관계에서 근로자가 직무상 행하는 계속적인 일과 부수적인 행위를 말한다.

나. 시설물이라 함은, 사업주가 사업목적에 제공한 인원과 장비를 포함한 시설물로서 공작물, 부동산, 동산, 인공물, 자연물 등을 모두 포함한다.

다. 시설물의 결함이란, 시설물이 일반적으로 갖추어야 할 안전성에 흠이 있는 상태, 즉, 설계, 자재, 시공상의 흠을 말한다.

라. 관리하자란, 시설물의 유지, 운용, 보수, 보관하는 과정상에서 발생하는

---

21) 산재법시행령 제31조, 제32조.
22) 산재법시행령 제33조.

흠을 말한다.

(2) 업무상 사고 등의 구체적 판단기준

업무상사고는 작업시간 중 사고, 작업시간외 사고, 출장 중 사고, 행사 중사고, 기타 사고 등으로 구분할 수 있다.

1) 작업장내

사업주의 지휘·명령이 미치는 곳[23)]을 작업장내로 본다. 다만, 관리권이 근로자 개인에게 전속된 경우[24)]는 그렇지 않다. 작업장 내에서 발생한 재해라도 업무이탈, 자해행위, 사적행위는 업무상재해로 인정되지 않는다. 그러나 그런 행위가 생리현상 또는 이와 유사한 필요에 의해진다거나 업무에 수반하여 합리적일 경우는 업무상재해로 인정된다. 예를 들면, 식당에서 식사 중 타근로자의 부주의로 인한 사고, 사업주 관리하의 기숙사에서 출근도중 사고, 작업장 내 혹은 근처 화장실에서 용변을 보다 사망 등은 업무상재해로 인정된다.

근무 중 타인에 의한 폭력에 의해 재해를 입은 경우, 그것이 직장안의 인간관계 또는 직무에 내재하거나, 통상 수반하는 위험이 현실화되어 발생한 것으로서 업무와 상당 인과관계가 있으면 업무상재해로 인정한다. 다만, 가해자의 폭력행위가 피해자와의 사적인 관계에서 기인했다거나 피해자 직무의 한도를 넘어 상대방을 자극하거나 도발함으로서 발생한 경우에는 업무기인성을 발견할 수 없어 업무상재해로 볼 수 없다.[25)]

2) 작업장외의 재해

작업장외의 재해는 업무기인성과 수행성이 상대적으로 약하다. 그러나 사업주지배 관리 하에 있을 경우 등 업무상 상당인과관계가 있는 경우 업무상재해가 인정된다.[26)] 다만, 출장 중의 업무와 당연히 수반되는 동싱적 행위라도 자

23) 구내도로, 구내식당, 기숙사, 숙소 등 부대시설 포함.
24) 월세방 등.
25) 대판 94누8587, 1995.1.24.
26) 대판 86누176, 1986.9.23.

의적이거나 사적인 경우에는 업무기인성과 상당 인과관계를 불인정[27)]한 판례가 있고, 출장 중이라도 다음과 같은 사유에 의한 것은 업무상재해로 보기 어렵다.

1. 출장도중 정상적 순로를 벗어나 발생한 사고로 인한 사상
2. 사적행위, 자해행위, 범죄행위 또는 그것이 원인이 되어 발생한 사상[28)]
3. 사업주의 구체적인 지시를 위반한 행위로 인한 근로자 사상

출·퇴근 중에 발생한 재해가 업무상의 재해로 되기 위하여는 사업주가 제공한 교통수단을 근로자가 이용하거나 또는 사업주가 이에 준하는 교통수단을 이용하도록 하는 등 근로자의 출·퇴근 과정이 사업주의 지배·관리하에 있다고 볼 수 있는 경우라야 한다. 즉, 사업주가 출퇴근용으로 제공한 교통수단 이용 중에 발생한 사고일 것. 관리·이용권이 근로자측에 전담되어 있지 않을 것 등이다.[29)] 다만, 최근 판례에 따르면, 마땅히 이용할 대중교통이 없는 시간대에 출근하여야 하는 직업이라면 자가용승용차로 출근하다가 사고를 당했더라도 업무상재해로 인정하고 있다.[30)]

출장 중 근로자 소유의 자가용 차량을 이용하였다 하더라도 관례적으로 차량을 이용하여 출퇴근을 하고 일반 출장업무를 수행한 것이 사업주에 의해 묵시적으로 인정된 경우, 출장 중 순로를 이탈하지 않았다면 피재자의 운전과 업무는 상당한 인과관계가 인정된다.[31)]

판례에서는, 심야까지 근무한 후 대중교통 이용이 불가능하여 승용차로 퇴근하다가 교통사고로 사망한 사안에서, 퇴근 방법과 경로의 선택이 사실상 망인에게 유보되었다고 볼 수 없고 사업주인 회사의 객관적 지배·관리 아래 있었다고 보아서 재해로 보았다.[32)] 업무의 특성이나 근무지의 특수성 등으로

27) 대판 2002두5290, 2002.9.4.
28) 업무와 무관하게 여자들을 태우고 놀러가다 당한 사고 등.
29) 보상 1458.7-29430, 1982.10.28. 귀향버스 이용시 재해를 입은 것은 사업주가 근로자 편의를 위해 제공한 차량으로 사용종속. 즉, 지배·관리하에 있다고 보아 업무상재해로 인정된다.
30) 대판 2006두4127, 2008.9.25 ; 부산지판 2008구단475, 2009.1.14.
31) 보상 0158.7-17380, 1982.6.23.
32) 대판 2006두4127, 2008.9.25.

출·퇴근의 방법 등에 선택의 여지가 없어 실제로는 그것이 근로자에게 유보된 것이라고 볼 수 없고 사회통념상 아주 긴밀한 정도로 업무와 밀접·불가분의 관계에 있다고 봄이 상당하므로, 개인 소유 오토바이를 타고 출근 중 교통사고로 사망한 경우 업무상재해로 보았다.[33)]

3) 업무수행이 의무화 되거나 사용자 지시에 의한 경우

회사가 주관하거나 단체협약, 취업규칙, 법령 등으로 정하여 지고 회사에서 그 일을 수행하도록 의무화 되어 있거나, 사용자의 지시로 행사를 수행하다가 발생한 재해는 업무상재해로 인정된다. 다만, 행사·모임의 주최자, 목적, 내용, 참가인원과 강제성 여부, 비용부담 등 제반사정이 사회통념상 노무관리 측면이나 사업운영상 필요하다고 인정되어야 하고 또한 그 모임이나 행사의 순로를 이탈하지 않아야 한다.[34)]

사용자가 주최한 회식에서 사용자가 자리를 뜬 후 근로자끼리 별도로 2차의 모임을 갖다가 발생한 사고는 회사차량을 이용하였다고 하더라도 순로를 이탈하여 업무상재해가 아니다.[35)] 반면, 자신이 팀장으로 있는 부서에서 인사이동으로 인한 회식을 2차까지 치르고 다시 야간근로자 작업상태를 확인하기 위해 귀사도중 발생한 사고는 업무상재해로 인정하고 있다.[36)] 접대를 겸한 직원 회식에서 과음으로 만취상태로 귀가하던 중 지하철에 머리를 부딪쳐 상병을 입은 경우 업무상재해로 보았다.[37)]

4) 요양 중의 재해

업무상 골절로 요양하다가 용변 중 넘어져 다시 골절이 된 경우처럼 요양 중의 행위와 사고간에 상당한 인과관계가 있고 사고와 새로운 사상 사이에 상당

33) 부산지판 2008구단475, 2009.1.14.

34) 대판2016두31272, 2017.3.30. 회사 업무총괄이사가 거래처 담당자와 만나 호프집,노래방 등으로 이동하며 회식 후 대리운전기사 기다리던 중 넘어져 머리부상한 경우는 성상정도 이탈이 없었으므로 업무상재해임.

35) 대판 94다60509, 1995.5.26.

36) 대판 2008두12535, 2008.11.27.

37) 대판 2008두9812, 2008.10.9.

한 인과관계가 있는 경우 업무상재해로 본다.

5) 작업시간 중 재해

작업 중 다음과 같은 행위로 사상한 경우는 사적·자의적인 행위 등 사상과 상당한 인과관계가 없다고 판단되는 명백한 제외 사유가 없다면 업무상재해로 본다.

1. 작업, 용변 등 생리적 행위, 작업준비 마무리 등 필요적 부수행위
2. 정비공이 고장차를 정비한 후 완전한 수리를 위해 필요한 장소까지 무면허로 운전한 사례
3. 상사의 개인적 심부름으로 관례상 거부가 곤란하고 명령이 불법 부당하지 않은 경우 및 업무관련 충돌로 다투던 중 발생한 사고로, 사용자의 지배·관리하에서 이루어진 경우 등은 업무상재해로 본다.
4. 사적행위와 시설물 하자가 경합시 업무상재해로 인정된다.[38)]

6) 작업시간 외 재해

근로자가 사업장 내에서 작업시간외의 시간을 이용하여 작업·용변 등 생리적 필요행위, 작업준비·마무리행위 등 작업에 수반한 부수적 행위를 하고 있을 때 발생한 사고는 작업 중 사고에 준한다.

태풍, 홍수, 지진, 눈사태 등의 천재지변이나 돌발적인 사고가 발생할 우려가 많은 장소에서 일하는 근로자가 다음과 같은 행위를 하던 중 발생한 사상으로 사회통념상 그러한 행위를 하는 것이 기대할 수 있다고 판단되면 상당인과관계를 부정할 명백한 사유가 없는 한 재해로 본다.

1. 자유로이 이용할 수 있는 휴식시간을 이용 사적행위를 하고 있을 때
2. 작업시간외의 시간 중에 사업장 내 시설을 자유롭게 이용하고 있을 때
3. 사업장 내에서 자유롭게 출퇴근 중 또는 잠시 머무르고 있을 때.

---

38) 업무를 수행하다가 석유통에 빠져서 젖은 옷을 소각장에서 말리다가 몸에 불이 붙는 등 재해를 입은 사례, 정박 중인 선박에서 음주 후 취침하러 가다가 갑판에서 소변 중 실종된 사례(사업주가 실족방지 시설관리 소홀).

① 휴게, 휴식, 점심시간

휴게, 휴식, 점심시간에 발생한 재해는 취업규칙 등을 위반하거나 고의·자해행위가 아닌 한 재해로 인정된다. 다만, 휴게시간 중 업무준비, 정리행위, 생리적 행위 또는 사업주의 지배·관리 하에 있다고 인정되거나 이용시설에 흠이 있는 경우라야 한다.[39] 점심시간 중 운동경기를 함에 있어서 사용자의 지시·감독이 없거나, 사적으로 싸운 경우, 만취해서 미끄러져 넘어진 경우 등은 업무상재해로 인정되지 않는다. 다만, 이러한 경우라도 휴식시설미비 등 사업장의 시설물의 결함에 의한 것인 경우는 업무상재해로 인정된다.[40]

② 휴무일, 휴일근로

휴일·휴무일근로가 사용자의 지시가 있었거나, 지시가 없었더라도 휴무일에 정상업무가 관행으로 행하여 졌거나, 재해를 입은 근로가 다음 작업준비, 잔무처리 등 사적인 행위가 아닌 것이 명백하다면 업무상재해로 인정된다.[41]

③ 대기시간, 작업완료, 여가시간

사용자의 지휘·명령 범위 안에 있는 대기시간의 경우, 대기장소 등에 대해 사용자의 지시를 어기지 않았다면 업무상재해로 인정될 수 있다.

일과 후 개인의 취미에 따라 자유의사로 참가하는 그룹활동처럼 개인이 여가를 선용하다가 발생한 재해는 업무상재해로 볼 수 없는 것이 원칙이다. 다만, 작업완료 후 퇴근 전에 목욕·동호인 활동 등의 행위가 사용자의 지시나 묵인아래 통상적·관례적으로 행해지는 것이라면 업무상재해로 볼 수 있다.

④ 노동쟁의, 노조전임

노동조합이 전임자는 근로계약상 본래 담당할 업무를 면하고 노조업무를 전임하게 된 것이 사용자의 승낙에 의한 것이고, 재해발생 당시 근로자의 지위

---

39) 대판 95누14633, 1996.8.23.

40) 예를 들면, 근무시간 중 휴식을 위해 골개통에 들어갔다가 페이로다 운전기사의 실수로 재해를 입은 경우 업무상재해 인정한다.

41) 예를 들면, 청소원이 휴무일임에도 불구하고 다음날 청소작업을 위해 고장이 난 쓰레기 리어카를 옮기다가 재해를 당한 경우.

를 보유하였고, 그 질병이 노조업무수행 중 육체적, 정신적 피로에서 발병된 것이라면 업무상재해로 보아야 한다.[42] 다만, 노동쟁의 중 발생한 재해는 사업주의 지배·관리를 떠난 업무일탈행위로 재해로 인정되지 않는다.[43] 노조전임자가 상급노조의 체육대회 참가 중 부상한 사건은, 회사의 노무관리업무와 직접적이고 구체적이며 밀접한 관련성이 있다고 보기는 어려워, 업무상재해로 보기 어렵다.[44] 다만, 회사의 승인을 얻은 경우 재해로 볼 수 있다.[45]

⑤ 집에서 당한 사고

급성 심장마비 등으로 사망했을 경우라도 과로와 스트레스 외에 돌연사를 유발할 만한 원인이 밝혀지지 않았다면 사망과 업무사이에 인과관계가 인정될 수도 있다. 과중한 업무, 늘어난 업무량 및 기간 중 극심한 과로를 겪는 등 반드시 의학적, 과학적으로 명백히 입증하여야 하는 것이 아니고 모든 사정을 고려할 때 업무와 재해 사이에 상당인과관계가 있다고 추단되는 경우에도 그 입증이 있다고 인정한 판례가 있다.[46]

⑥ 기 타

타인의 폭력에 의한 재해는 원칙상 재해로 인정되지 않으나, 사상한 근로자가 담당한 업무나 재해발생 경위가 성질상 가해행위를 유발할 수 있다고 인정되고, 타인의 가해행위와 사상한 근로자의 재해가 상당한 인과관계에 있다면 재해로 인정할 수 있다. 동료근로자의 업무수행 중 부주의로 인한 재해는 고의가 없는 한 노무관리 소홀, 안전관리 소홀에 기인한 것으로 업무상재해가 인정된다.

제3자에 의한 행위로 재해를 입은 경우에는 그 행위가 근로자가 작업준비 중, 용변 등 생리적인 필요행위·마무리행위 등 작업에 수반되는 부수적인 행위를 하고 있던 중 발생하여 사상한 경우는 명백히 인과관계를 부정할만한 일

---

42) 대판 96다12733, 1996.6.28.
43) 재보 32540-7855, 1988.5.28.
44) 대판 2005두5246, 2005.7.14.
45) 서울고판 2004누16500, 2005.8.18.
46) 서울고판 2008누18061, 2009.4.15 ; 대판 98두10103, 1999.1.26.

이 없는 한 재해로 인정된다.[47]

자기의 고의로 인한 재해는 업무와 인과관계가 없어 재해로 인정 될 수 없다. 다만, 다음 각 호의 어느 하나에 해당하는 경우는 재해로 볼 수 있다.

1. 업무상의 사유로 발생한 정신질환으로 치료를 받았거나 받고 있는 사람이 정신적 이상 상태에서 자해행위를 한 경우

2. 업무상의 재해로 요양 중인 사람이 그 업무상의 재해로 인한 정신적 이상 상태에서 자해행위를 한 경우

3. 그 밖에 업무상의 사유로 인한 정신적 이상 상태에서 자해행위를 하였다는 것이 의학적으로 인정되는 경우[48]

자살의 경우, 업무상 스트레스로 인하여 정신과 치료를 받았거나 업무상재해로 인하여 요양 중인 자가 정신장해로 인하여 정상 인식능력, 행위능력, 정신력 억제력이 현저히 저하된 상태에서 자살로 인해 사상하였다는 의학적 소견이 있어야 인과관계를 인정할 수 있다.

(3) 업무상 질병

1. 업무수행 과정에서 물리적 인자(인자), 화학물질, 분진, 병원체, 신체에 부담을 주는 업무 등 근로자의 건강에 장해를 일으킬 수 있는 요인을 취급하거나 그에 노출되어 발생한 질병, 2. 업무상 부상이 원인이 되어 발생한 질병, 3. 그 밖에 업무와 관련하여 발생한 질병은 업무상재해로 본다. 다만, 근로자의 고의·자해행위나 범죄행위 또는 그것이 원인이 되어 발생한 부상·질병·장해 또는 사망은 업무상의 재해로 보지 아니한다. 그러나 그 부상·질병·장해 또는 사망이 정상적인 인식능력 등이 뚜렷하게 저하된 상태에서 한 행위로 발생한 경우로서 대통령령으로 정하는 사유[49]가 있으면 업무상의 재해로 본다.

---

47) 산재법시행령 제33조.

48) 산재법시행령 제36조.

49) 산재법시행령 제36조(자해행위에 따른 업무상의 재해의 인정 기준) 법 제37조제2항 단서에서 "대통령령으로 정하는 사유"란 다음 각 호의 어느 하나에 해당하는 경우를 말한다. 1. 업무상의 사유로 발생한 정신질환으로 치료를 받았거나 받고 있는 사람이 정신적 이상 상태에서 자해행위를 한 경우, 2. 업무상의 재해로 요양 중인 사람이 그 업무상의 재해로 인한 정신적 이상 상태에서 자해행위를 한 경우 3. 그 밖에 업무상의 사유로 인한 정신적 이상 상태에서 자해행위를 하였

1) 유해·위험 요인을 취급하거나 그에 노출되어 발생한 질병

근로자가 근기법시행령 제44조제1항 및 같은법시행령 별표 5의 업무상 질병의 범위에 속하는 질병에 걸린 경우 다음 각 호의 요건 모두에 해당하면 업무상 질병으로 본다.[50)]

1. 근로자가 업무수행 과정에서 유해·위험요인을 취급하거나 유해·위험요인에 노출된 경력이 있을 것

2. 유해·위험요인을 취급하거나 유해·위험요인에 노출되는 업무시간, 그 업무에 종사한 기간 및 업무 환경 등에 비추어 볼 때 근로자의 질병을 유발할 수 있다고 인정될 것

3. 근로자가 유해·위험요인에 노출되거나 유해·위험요인을 취급한 것이 원인이 되어 그 질병이 발생하였다고 의학적으로 인정될 것

2) 업무상 부상이 원인이 되어 발생한 질병, 그 밖에 업무와 관련하여 발생한 질병

1. 업무상 부상 또는 질병으로 요양을 하고 있는 근로자에게 요양급여와 관련하여 발생한 의료사고, 요양 중인 산재보험 의료기관[51)] 내에서 업무상 부상 또는 질병의 요양과 관련하여 발생한 사고가 발생하면 업무상 사고로 본다.[52)]

2. 업무상 부상을 입은 근로자에게 발생한 질병이 업무상 부상과 질병 사이의 인과관계가 의학적으로 인정되고, 기초질환 또는 기존 질병이 자연발생적으로 나타난 증상이 아닐 경우는 업무상 질병으로 본다.[53)]

위 ①, ②의 업무상 질병(진폐증은 제외한다)에 대한 구체적인 인정 기준은 시행령 별표 3과 같다.

공단은 근로자의 업무상 질병 또는 업무상 질병에 따른 사망의 인정 여부를 판정할 때에는 그 근로자의 성별, 연령, 건강 정도 및 체질 등을 고려하여야 한다.

다는 것이 의학적으로 인정되는 경우.

50) 산재법시행령 제34조제1항, 제2항.

51) 산재보험 의료기관이 아닌 의료기관에서 응급진료 등을 받는 경우에는 그 의료기관.

52) 산재법시행령 제32조.

53) 산재법시행령 제34조제3항.

3. 재해보상

산재보상법은 위험율, 규모, 장소 등을 고려하여 대통령령이 정하는 사업에는 적용하지 않는다.[54] 산재보험적용사업도 아니고, 사업주가 임의가입도 하지 않은 사업의 경우, 근로자가 업무상재해를 입은 경우는 근로기준법에 따라 보상이 이루어져야 한다. 산재보험에 가입한 경우라도 산재보험에서 보상하지 않는 3일 이내의 요양급여 및 휴업급여는 역시 근로기준법에 따라 보상이 이루어 져야 한다. 근로기준법상 재해보상은 근로자가 업무상부상 또는 질병에 걸리면 사용자는 그의 비용으로 질병의 치료·요양 등 요양보상과 간병급여, 요양기간 중 생활보장을 위한 휴업보상, 완치 후 장해가 있는 경우는 그 정도에 따른 장해보상, 사망한 경우는 유족보상, 장의비 등을 모두 합한 개념이다. 보상금의 지급방법으로는 일시보상과 분할보상으로 나뉘진다.

(1) 요양보상

근로자가 업무상 부상 또는 질병에 걸린 경우에는 근로자의 과실여부를 묻지 않고 사용자는 그 비용으로 필요한 요양을 행하거나 또는 필요한 요양비를 부담하여야 한다. 사용자는 근로자가 취업 중 업무상 질병에 걸리거나 부상 또는 사망한 경우에는 지체없이 의사의 진단을 받도록 하여야한다.

요양급여는 산재보험 의료기관에서 요양을 하도록 하거나, 부득이한 경우에는 요양을 갈음하여 요양비를 지급할 수 있다.[55] 다만, 산재법에 의하면, 부상 또는 질병이 3일 이내의 요양으로 치유될 수 있으면 요양급여를 지급하지 아니한다. 보상 또는 질병이 4일 이상의 요양기간을 요할 때는 산업재해보상보험법상 요양급여를 받을 수 있지만, 3일 이내의 요양은 사용자가 지접보상[56]을 하여야 한다. 요양급여의 범위는 다음 각 호와 같다.[57]

1. 진찰 및 검사, 약제 또는 진료재료와 의지(義肢) 그 밖의 보조기의 지급

54) 산재법 제6조 시행령 제2조.

55) 산업재해보상법 제40조제1항·제2항.

56) 근로기준법에 의한 보상 또는 민사적 방법에 의한 보상.

57) 산재법 제40조제3항·제4항.

2. 처치, 수술, 그 밖의 치료, 재활치료

3. 입원, 간호 및 간병, 이송, 그 밖에 고용부령으로 정하는 사항

요양대상 근로자는 산재의료기관이 아닌 의료기관에서 응급요양을 받은 경우 그 비용 및 위 각호의 급여에 드는 비용, 기타 공단이 정당하다고 인정하는 비용 등을 청구할 수 있다.[58)]

1) 요양결정과 보상시기

공단은 요양신청을 받은 경우 7일 이내에 요양급여 지급여부를 결정 통지한다. 요양보상은 매월 1회 이상 행하여야 하고, 적어도 그 달의 말일까지는 지급되어야 하며 이행하지 않으면 벌칙이 적용된다.[59)]

2) 일시보상

근로자가 요양개시 후 2년[60)]을 경과하여도 부상 또는 질병이 완치되지 않는 경우에는 평균임금의 1,340일분의 일시보상을 행하여 그 후의 이 법에 의한 모든 보상책임을 면할 수 있다.[61)] 일시보상은 사용자에게 지급능력이 있고 보상을 받는 근로자의 동의를 얻으면 유족보상금과 일시보상금(1,340일분)을 1년에 걸쳐 분할 보상을 할 수 있다.[62)]

3) 재발 또는 합병증 치료

요양이 종결된 후, 해당 질병이 재발하거나 해당 질병으로 인한 합병증이 발생할 경우는 재요양을 할 수 있다. 이 경우 의학적인 소견이 필요하다.[63)] 재요

58) 산재법시행령 제38조.

59) 대판 91도2913, 1992.2.11. 근기법시행령 제46조.

60) 요양개시 후 2년이라 함은, 요양개시일로부터 기산하여 중도에 요양이 중지된 기간을 제외하고 실제로 요양받은 날만을 합산하여 산정한 요양기간이 2년을 경과하여도 완치되지 않은 경우를 말한다. 일시보상의 요건이 갖춰진 경우는 일시보상 이후에 근로기준법상 모든 재해보상 책임이 면제되므로 그 이후에 합병증, 후유증 등에 대한 추가적인 보상책임이 면제된다(근기 68207-403, 2002.1.29).

61) 근기법 제84조.

62) 근기법 제85조.

63) 대판 98누8773, 1998.12.22.

양의 요건[64]은, 업무상 부상 또는 질병에 대하여 요양급여[65]를 받은 경우로서 다음 각 호의 요건 모두에 해당하는 경우에 인정한다.

1. 치유된 업무상 부상 또는 질병과 재요양의 대상이 되는 부상 또는 질병 사이에 상당인과관계가 있을 것
2. 재요양의 대상이 되는 부상 또는 질병의 상태가 치유 당시보다 악화된 경우로서 나이나 그 밖에 업무 외의 사유로 악화된 경우가 아닐 것
3. 재요양의 대상이 되는 부상 또는 질병 상태의 호전을 위하여 수술[66] 등 적극적인 치료가 필요하다고 인정될 것
4. 재요양의 대상이 되는 부상 또는 질병의 상태가 재요양으로 치료효과를 기대할 수 있다고 인정될 것

4) 간병급여

요양급여를 받은 자 중 치유 후 의학적으로 상시 또는 수시로 간병이 필요하여 실제로 간병을 받는 자에게 지급한다.[67]

5) 업무외질병으로 인한 해고조치

업무상질병은 해당 질병이 완치될 때까지 요양기간을 부여하는 것이 원칙이다. 그러나 업무외질병의 경우는 특별히 명문으로 정한 바가 없다. 따라서 부상이나 질병을 충분히 치료한 후, 단체협약이나 취업규칙에 정한 상병휴직 등을 부여한 후에도 복직이 어려운 상황이라면 해고의 정당성이 있다.[68] 판례에 따르면, 단체협약 등에 정한 휴직기간보다 3배 이상 많은 휴직기간을 요청하는 경우 사회통념상 무리라고 판단하여 해고의 정당성을 인정한

64) 산재법시행령 제48조.

65) 요양급여를 받지 아니하고 장해급여를 받는 부상 또는 질병의 경우에는 장해급여.

66) 신체 내 고정물의 제거 수술 또는 의지 장착을 위한 절단 부위의 재수술을 포함한다.

67) 산재법 제61조.

68) 요양종결처분 후 후유증상의 치료기간을 근기법 제23조제2항의 "업무상 부상 또는 질병의 요양을 위한 휴업기간으로 볼 수 없다. 사용자는 근로자가 요양종결 후 상당한 신체적 장애가 남은 경우, 사회통념상 종전의 업무를 계속 수행하는 것을 기대하기 어렵고, 다른 적당한 업무로의 배치도 곤란한 경우라면 법 제23조제1항에 정한 해고의 정당한 이유가 있는 것으로 볼 수 있다(근기 68207-2245. 2002.6.24).

바 있다.[69)]

6) 요양기간 종료 후 계속치료

요양기간 종료 후 계속치료가 필요하더라도 상태가 더 이상 호전 될 가능성이 없다면 요양기간을 연장할 수 없다.[70)]

(2) 휴업보상

사용자는 업무상의 질병·부상으로 인하여 요양하고 있는 근로자에 대하여 요양기간 중 최저생활을 보장하기 위하여 요양 중 평균임금의 100분의 60의 휴업보상을 행하여야 한다. 이때 휴업보상은 치료기관에서 치료받는 기간 뿐 아니라, 자가에서 요양을 받으며 취업하지 못하고 있는 기간에도 지급해야 한다.[71)] 휴업보상을 받을 기간 내에 임금의 일부를 지급받은 경우에는 당해 근로자에게 평균임금과 지급받은 임금과의 차액을 산출하여 그 차액의 60/100에 해당하는 휴업보상금을 지급한다.[72)] 이때 평균임금은 "사고가 발생한 날" 또는 진단에 의하여 "질병이 발생되었다고 확정된 날"을 기준으로 산정해야 하고, 휴업기간 중 소속 사업장의 동일 직종의 근로자의임금이 5/100 이상 변동이 있는 경우에는 그 비율에 따라 조정된다.[73)] 평균임금 조정에 관한 내용은 이 장의 말미에서 상술한다.

1) 휴업보상 시기 및 보상제외 사유

휴업보상은 요양보상과 마찬가지로 매월 1회 이상 이를 지급해야 한다. 다만, 업무상 부상·질병의 발생에 대하여 근로자에게 중대한 과실이 있고, 그 과실에 대해 사용자가 노동위원회로부터 인정을 받은 경우에는 휴업보상 및 장해보상을 하지 않아도 된다.[74)] 근로자에게 중대한 과실이 있음을 인정받고

---

69) 대판 96다21065, 1996.10.29.
70) 대판 2009두7332.
71) 대판 88누2205, 1989.6.27 ; 대판 93누1039, 1993.5.11.
72) 근기법 제79조.
73) 근기법시행령 제5조.
74) 근기법 제81조.

자 하는 경우에는 업무상 상병에 관한 중대과실인정신청서에 근로자의 중대한 과실을 입증하는 자료를 첨부하여 관할 지방노동위원회에 제출하여야 한다.[75] 근로자의 중대한 과실이 있을 때 사용자의 책임을 면제받는 것은 휴업보상과 장애보상만 인정되고 그 외의 요양보상 등에는 인정되지 않는다. 아울러 근로자에게 중대한 과실이 있더라도 노동위원회로부터 인정을 받지 못하면 사용자는 면책을 받을 수 없다. 여기서 「중대한 과실」이란, 조금만 주의를 했더라면 질병이나 부상이 발생하지 않았을 것인데도 불구하고 주의를 게을리 한 것을 말한다. 중대한 과실이 있는지 여부는 재해발생 당시의 근무형태나 정신적·육체적 상태 등 근로자쪽 요소 뿐 아니라 업무명령이나 작업의 성질·환경 등 사용자 쪽의 요인도 종합적으로 판단하여야 한다. 예를 들면, 휴식시간 중의 작업이나 남당업무 이외의 작업을 사용자가 지시했거나 묵인한 경우는 근로자의 중대한 과실을 인정하기 어려울 것이다.[76]

2) 산재법에 의한 휴업급여 및 상병보상연금

휴업급여는 업무상 사유로 4일 이상의 가료를 요하는 부상을 당하거나 질병에 걸린 근로자에게 요양으로 취업하지 못한 기간에 대하여 지급하되, 1일당 지급액은 평균임금의 100분의 70에 상당하는 금액으로 한다. 다만, 취업하지 못한 기간이 3일 이내이면 지급하지 아니한다.[77]

산재법에서는, 요양급여를 받는 근로자가 요양을 시작한지 2년이 지난 날 이후에 그 부상이나 질병이 치유되지 않은 상태이면서 부상이나 질병에 따른 폐질 정도가 대통령령으로 정한 등급기준에 해당하고 요양으로 인하여 취업하지 못하였을 경우, 열거된 3가지 요건에 모두 해당하는 상태가 계속되면 휴업급여 대신 폐질등급에 따른 상병보상연금을 그 근로자에게 지급한다.[78] 부분휴업급여, 저소득근로자휴업급여, 고령자의 휴업급여, 재요양 중의 휴업급여

75) 근기법 규칙 제13조.
76) 김형배, 463쪽.
77) 산재법 제52조.
78) 산재법 제66조.

등은 산재법[79]을 참고한다.

(3) 장해보상

장해보상은 근로자가 업무상 부상 또는 질병에 걸려 요양 등 치료를 완료한 후에도 장해가 남아 있을 경우에는 그 정도(1급-14급)에 따라 평균임금의 일정한 일수분[80]에 해당하는 장해보상을 하는 것을 말한다.

이 경우 치료에는 후유증과 합병증의 치료를 끝낸 후 남은 장애를 기준으로 판단한다.[81] 장해보상은 근로자의 부상 또는 질병의 완치 후 지체없이 이를 행하여야 한다.[82]

[별표] 신체장해등급과 재해보상표

(단위:일)

등 급	재해보상	등 급	재해보상	등 급	재해보상	등 급	재해보상
1	1,340	5	790	9	350	13	90
2	1,190	6	670	10	270	14	50
3	1,050	7	560	11	200		
4	920	8	450	12	140		

신체장해가 2 이상 있는 경우에는 중한 신체장해에 해당하는 등급에 의한다. 다만, 다음 각호의 경우에는 다음의 구분에 따라 조정한 등급에 의한다. 이 경우 그 조정된 등급이 제1급을 초과하는 때에는 제1급으로 한다.[83]

1. 제5급 이상에 해당하는 신체장해가 2 이상 있는 경우 : 중한 신체장해에 해당하는 등급에 3개 등급 인상
2. 제8급 이상에 해당하는 신체장해가 2 이상 있는 경우 : 중한 신체장해에 해당하는 등급에 2개 등급 인상
3. 제13급 이상에 해당하는 신체장해가 2 이상 있는 경우 : 중한 신체장해에 해당하는 등급에 1개 등급 인상

---

79) 산재법 제53조~제56조.
80) 50일분-1,340일분.
81) 근기 68207-1609, 2001.5.18.
82) 근기법 제80조, 영 제51조.
83) 근기법시행령 제47조제2항.

4. 근기법시행령 제47조에 의한 별표 6의 규정에 해당하지 아니하는 신체장해가 있는 경우에는 그 장해정도에 따라 별표 6의 규정에 의한 신체장해에 준하여 장해보상을 행하여야 한다.[84)]

이미 신체에 장해가 있는 자가 부상 또는 질병으로 인하여 동일한 부위에 장해가 가중된 경우에, 그 장해에 대한 장해보상의 금액은, 가중된 장해등급에 해당하는 재해보상의 일수에서 기존의 장해등급에 해당하는 재해보상의 일수를 공제한 일수에 보상청구사유 발생당시의 평균임금을 곱하여 산정한 금액으로 한다.[85)]

장해보상은 근로자의 부상 또는 질병이 완치된 후 지체없이 행하여야 하지만, 사용자가 지급능력이 있다는 것을 증명하고 장해를 입은 근로자의 동의를 얻으면 장해보상금을 1년에 걸쳐 분할 보상을 할 수 있다.[86)]

근로자가 중대한 과실로 인한 장해보상 책임의 면제는 휴업보상과 같다. 장해보상수급권자가 사망, 대한민국 국적 수급권자가 국적을 상실하고 외국거주 또는 외국에서 거주하기 위해 출국한 경우, 대한민국국민이 아닌 수급권자가 외국에서 거주하기 위해 출국한 자, 장해등급 등이 변경된 경우 산재법상 수급권이 소멸한다.[87)] 자세한 장해급여는 생략한다.

(4) 유족보상

근로자가 업무상 사망하거나, 사망한 것으로 추정될 경우에는[88)] 사용자는 지체없이 그 유족에 대하여 평균임금의 1,000일분의 유족보상을 행하여야 한다.[89)] 산재법에 의한 유족급여는 유족보상연금과 유족보상일시금으로 구분하

84) 근기법시행령 제47조제3항.
85) 근기법 제80조제2항, 가중된 장해보상일수-기존 장해보상일수를 공제=잔여일수×평균임금(보상청구 사유 발생당시 기준).
86) 근기법 제85조.
87) 산재법 제58조.
88) 선박, 항공기사고, 천재·지변, 화재, 구조물 붕괴 등으로 행방불명 된 자의 경우 사고발생일 또는 행방불명이 된 날로부터 3월간 생사가 불명할 경우 사망한 것으로 추정한다. 산재법 제39조 및 영 제37조.
89) 근기법 제82조.

되 유족보상일시금은 평균임금의 1,300일분이다. 유족보상연금을 받을 수 있는 자가 원하면 유족보상일시금에 해당하는 금액의 50%를 일시금으로 지급하고, 유족보상연금은 50%를 감액한다.[90)]

유족보상금은 근로자의 사망으로 인해 장래 얻을 수 있는 수입을 상실하게 된 재산상의 손해를 보전하기 위해 일정액을 소정 유족에게 지급하는 것으로서 위자료의 성질을 가지는 것이 아니라고 보았다.[91)] 유족보상은 사망 후 지체없이 지급하여야 하지만 1년간에 걸쳐 분할보상도 허용된다.[92)] 유족보상의 순위는 다음 각호의 순서에 의하되, 같은 호에 해당하는 경우에는 그 기재된 순서에 의한다.

1. 근로자의 사망당시 그에 의하여 부양되고 있던 배우자[93)]·자녀·부모·손 및 조부모

2. 근로자의 사망당시 그에 의하여 부양되고 있지 아니한 배우자·자녀·부모·손 및 조부모

3. 근로자의 사망당시 그에 의하여 부양되고 있던 형제자매

4. 근로자의 사망당시 그에 의하여 부양되고 있지 아니한 형제자매, 유족의 순위를 정하는 경우에 부모에 있어서는 양부모를 선순위로 친부모를 후순위로 하고, 조부모에 있어서는 양부모의 부모를 선순위로 친부모의 부모를 후순위로 하되, 부모의 양부모를 선순위로 부모의 친부모를 후순위로 한다. 다만, 근로자가 유언이나 사용자에 대한 예고에 따라 유족 중 특정한 자를 지정한 경우는 그에 따른다.[94)] 동 순위의 유족보상 수급권자가 2인 이상 있는 경우에는 그 인원수에 의하여 똑같이 나누어 지급한다. 유족보상을 받기로 확정된 유족이 사망한 경우의 유족보상은 동순위자가 있는 경우에는 동순위자에게, 동순위자가 없는 경우에는 차순위자에게 지급한다.[95)] 산재법상 유족보상연금 청구

90) 산재법 제62조.
91) 대판 80다2928, 1981.10.13.
92) 근기법 제85조.
93) 사실상 혼인관계에 있던 자를 포함한다.
94) 근기법시행령 제48조.
95) 근기법시행령 제49조, 제50조.

에 관한 대표자 선임, 연금 수급자격자의 범위 및 자격상실 등 자세한 사항은 지면관계상 생략한다.

(5) 장의비

근로자가 업무상 사망하였을 경우, 사용자는 평균임금 90일분의 장의비를 지급하여야 한다.[96] 장의비를 지급받을 수 있는 자는 반드시 사망한 자의 유족에 국한하지 않고 실제 장제를 치루고 그 경비를 부담하는 자를 말한다.[97] 장의비는 근로자의 사망 후 지체없이 지급하여야 하므로 장의를 마치기 전까지는 지급하여야 할 것이다. 산재법에 의하면, 평균임금의 120일분에 상당하는 금액을 그 장제를 치른 유족에게 지급한다. 다만, 장제를 지낼 유족이 없거나 그 밖에 부득이한 사유로 유족이 아닌 자가 장제를 지낼 경우에는 120일분의 범위 내에서 실제 드는 비용을 그 장제를 지낸 자에게 지급한다.[98]

장의비가 고용부장관이 고시하는 최고 금액을 초과하거나 최저 금액에 미달하면 그 최고 금액 또는 최저 금액을 각각 장의비로 한다.[99]

4. 보상금 산정시 평균임금의 조정

(1) 산정사유 발생일

휴업보상, 장해보상, 유족보상, 장의비, 일시보상 등을 산정할 때 적용할 평균임금은 조정된 평균임금으로 하도록 정하고 있다.[100] 재해보상을 하는 경우에는 "사상이 원인이 되는 사고가 발생한 날" 또는 "진단에 의하여 질병이 발생되었다고 확정된 날"을 평균임금의 산정사유가 발생한 날로 한다.

평균임금은 실제로 제공된 근로에 대하여 실제로 지급받은 임금의 1일 평균

96) 근기법 제83조.

97) 대판 93다3592, 1994.11.18.

98) 산재법 제71조.

99) 산재법시행령 제66조 1. 장의비신정 : 전년도 장의비 수급권자에게 지급된 1인당 평균 장의비 90일분+법 제36조제7항에 따른 최고 보상기준 금액의 30일분 [2017.12.29. 고시 제 2017-80호, (최고 15,069,990원, 최저 10,763,580원)]

100) 동법시행령 제5조제1항 및 제2항.

치를 말하는 것으로 퇴직금이나 업무상재해에 따른 재해보상금 등을 산정할 때 기준으로 이용하는 임금 개념이다.

근기법 제2조제8호에 의하면, 평균임금은 산정사유가 발생한 날 이전 3월간에 지급된 임금총액을 그 기간의 총일수로 나눈 금액을 말하고, 이러한 방법으로 산출된 금액이 당해 근로자의 통상임금보다 저액일 경우에는 그 통상임금액을 평균임금으로 하도록 규정하고 있다. 산정기간 중에 영 제2조제1항의 각호에 해당하는 기간이 있는 경우에는 그 기간[101]과 그 기간 중에 지불된 임금은 산정기준이 되는 기간과 임금의 총액에서 각각 공제하도록 정하고 있다. 위와 같은 기간과 그 기간 중의 임금을 공제하지 않으면 정상적인 근로제공을 전제로 하여 지급된 실제임금의 평균치를 산정하는 평균임금제도의 취지에 맞지 아니하고, 평균임금이 부당하게 낮아지게 될 염려가 있기 때문이다.

(2) 평균임금의 조정

근기법에 의한 휴업보상, 장해보상, 유족보상, 장의비, 일시보상 등을 산정함에 있어서 적용할 평균임금은 그 근로자가 소속한 사업 또는 사업장에서 동일한 직종의 근로자에게 지급된 통상임금의 1인당 1개월 평균액이, 그 부상 또는 질병이 발생한 달에 지급된 평균액보다 100분의 5 이상 변동이 있는 경우에는 그 변동비율에 의하여 인상 또는 인하된 금액으로 한다.[102] 다만, 인상 인하된 금액의 적용 시기는 그 변동사유가 발생한 달의 다음 달부터 적용한다. 다만, 제2회 이후의 평균임금의 증감을 위한 조정은 직전회의 변동사유가 발생한 달의 평균액을 산정기준으로 한다.[103] 소속 사업 또는 사업장이 폐지된

---

101) 수습사용 중인 기간, 사용자귀책휴업기간, 산전후휴가기간, 업무상부상 또는 질병의 요양을 위한 휴업기간, 육아휴직기간, 쟁의행위기간, 병역법·향군법 도는 민방위기본법에 따른 의무이행을 위해 휴직하거나 근로하지 못한 기간, 업무외 부상이나 질병, 그 밖의 사유로 사용자의 승인을 받아 휴업한 기간.

102) 업무상재해로 요양이 종결된 후 장기간 무급휴직 하다가 원직에 복직하지 않고 바로 퇴직한 경우의 평균임금산정방법은 업무상 부상 또는 질병의 치료가 종결된 시점의 범위 내에서 조정된 평균임금을 적용하는 것이 타당하다(임금 68207-693, 2001.10.8).

103) 근기법시행령 제5조제1항.

경우나 동일직종의 근로자가 없는 경우는 다음과 같이 산정한다.[104)]

1) 소속한 사업 또는 사업장이 폐지된 경우

그 근로자가 소속한 사업 또는 사업장이 폐지된 경우에는 그 근로자의 업무상 부상 또는 질병이 발생한 당시에 그 사업 또는 사업장과 같은 종류, 같은 규모의 사업 또는 사업장을 기준으로 한다.

2) 근로자의 직종과 동일한 직종의 근로자가 없는 경우

근로자의 직종과 동일한 직종의 근로자가 없는 경우에는 그 직종과 유사한 직종의 근로자를 기준으로 한다.

소속사업장에서 일하는 동종근로자의 1인당 통상임금 변동률이 5%를 초과하기나 5% 미만인 경우에는 산재환자의 평균임금도 같은 비율만큼 인상하거나 인하하여 보험급여를 지급한다.

평균임금 증감 계산식은, [전회의 평균임금±(전회의 평균임금×전회의 평균임금산정 이후의 통상임금 변동률)] 로 산출한다.[105)]

---

104) 근기법시행령 제5조제2항.

105) 〈사례1〉 2006.6.1 재해를 당한 근로자가 2007.6.5 평균임금증감을 신청하였다. 근로자가 소속한 사업장의 동일직종근로자의 통상임금 변동률이 8%이고 2006.6.1부터 적용한다. 근로자의 최초 평균임금이 50,000원인 경우 평균임금 증감액은 50,000+(50,000×0.08)=54,000원이 된다.

〈사례2〉 예를 들면, 2001.10.1에 질병으로 업무상재해로 인정을 받고 2005.7.30까지 산재보상보험법에 의거 요양보상을 받았다. 같은 날 치료종결 통지를 받고 2년간 무급휴직으로 지내다가 2007.8.1 퇴직하였다면 재해발생당시인 2005.7.30을 기준으로 하여 4.30~7.29까지 3개월간의 임금을 토대로 평균임금을 산출한다면 근로자에게 불리할 것이다. 따라서 재해보상금을 산정할 경우는 같은 사업장 같은 직종의 근로자에게 지급된 1명당 1개월의 통상임금 평균액이 부상 또는 질병이 발생한 달에 지급된 평균액보다 100분의5 이상 변동이 되었다면 그 변동비율에 따라 인상되거나 인하된 금액으로 하되 그 사유가 발생한 달의 다음달부터 적용한다. 이 사례에서 4.30~7.29까지 월100만원씩 3개월간 300만원이라면 1일 평균임금은 32,600원이 될 것이고 그 속에 통상임금은 1인당 매월 70만원이다. 2005.9.30에 동일 사업장 내 같은 직종 근로자의 임금이 인상이 되어 월평균임금이 110만원이 되고 그 중 통상임금에 해당하는 부분이 78만원이라면 통상임금은 월 11.4%가 인상되었다. 따라서 인상된 금액으로 평균임금을 산정해야 한다.(32,600+(32,600원×11.4%)=36,310원) 만약 이후에 다시 통상임금의 증감이 있다면 그 판단은 78만원을 기준으로 인상·인하된 비율을 계산해야 한다.

3) 포괄임금으로 일당을 산정한 경우

일당 속에 일당, 주차, 월차, 토요일, 오버타임 등으로 구분하여 포괄적으로 일당을 정한 경우, 일당의 개념은 오직 1일 동안의 근로시간에 대해 지급되는 금액이라 할 것이므로 근로의 대가는 포괄일당 전체를 일당으로 보아야지 일당만 추려서 보지 않는다.[106)]

5. 재해보상 청구권보호

재해보상을 받을 권리는 퇴직으로 인해 변경되지 아니하고, 양도나 압류하지 못한다. 변경되지 않는다는 말은 퇴직 등으로 근로관계가 종료되었다고 하더라도 당해 질병이나 부상 등이 완전히 치료될 때까지 요양보상이나 휴업보상을 하여야 한다는 것을 말한다. 양도 또는 압류하지 못한다는 말은 보상청구권이 제3자에게 이전되는 것을 금지하는 것을 말하는 것으로서 질권이나 담보설정 등이 금지된다는 것이다.[107)]

업무상의 부상, 질병 또는 사망의 인정, 요양의 방법, 보상금액의 결정, 그 밖에 보상의 심사에 관하여 이의가 있는 자는 고용부장관에게 심사나 사건의 중재를 청구할 수 있다. 근로자가 재해의 인정 등에 관하여 이의 등이 있어 심사 또는 중재를 청구하고자 하는 경우에는 재해인정 등의 이의에 관한 심사 또는 중재신청서에 부상 또는 질병 등에 대한 의사의 진단서 및 이의 등의 이유가 있음을 입증하는 자료를 첨부하여 관할지방노동관서의 장 또는 관할지방노동위원회에 제출하여야 한다. 청구가 있으면 장관은 1개월 이내에 심사나 중재를 하여야 하며 필요에 따라서는 청구가 없더라도 직권으로 심사나 사건의 중재를 할 수 있다. 심사나 중재를 위하여 필요하다고 인정하면 의사에게 진단이나 검안을 시킬 수 있다. 위 기간 내에 고용부장관이 심사 또는 중재를 하지 않거나 심사 또는 중재에 불복이 있는 자는 노동위원회에 심사 또는 중재를 청구할 수 있으며, 노동위원회는 1월 이내에 심사나 중재를 하

106) 근로복지공단 보상부-389, 2013.1.18.
107) 근기법 제86조.

여야 한다.[108)]

고용부장관에 대한 심사나 중재의 청구와, 노동위원회에 대한 심사나 중재의 시작은 시효의 중단에 관하여는 "재판상의 청구"로 본다.[109)] 심사·중재는 관계자의 권리의무에 영향을 주는 행정처분이 아니라 단순히 권고적인 성격을 갖는 행위에 불과하다. 따라서 심사와 중재의 결과에 불복이 있는 경우는 민사소송을 제기할 수는 있어도 행정소송을 제기할 수는 없다.[110)]

사업이 여러 차례의 도급에 따라 행하여지는 경우의 재해보상에 대하여는 원수급인(元受給人)을 사용자로 본다. 그러나 원수급인이 서면상 계약으로 하수급인에게 보상을 담당하게 하는 경우에는 그 하수급인도 사용자로 본다. 충분한 보상능력을 갖추고 있으면 하수급인도 원수급인과 공동으로 보상책임을 부담하도록 하였다. 이 경우 수급인은 수급한 업무의 범위 내에서만 원수급인과 공동으로 보상책임을 진다. 따라서 원수급인의 과실로 인하여 재해가 발생한 경우에는 원수급인이 책임을 져야한다.[111)]

다만, 2명 이상의 하수급인에게 똑같은 사업에 대하여 중복하여 보상을 담당하게 하지 못한다. 이때 원수급인이 보상의 청구를 받으면 원수급인은 보상을 담당한 하수급인에게 우선 최고(催告)할 것을 청구할 수 있다. 다만, 그 하수급인이 파산의 선고를 받거나 행방이 알려지지 아니하는 경우에는 그러하지 아니하다.[112)]

---

108) 근로기준법 제88조·제89조.

109) 근로기준법 제88조제5항.

110) 대판 94누10443, 1995.3.28 ; 대판 77다807, 1977.9.13.

111) 대판 94다29461, 1994.10.21. 원정회사의 노무도급계약에 의해 철골공사를 노무 하도급 받은 근로자의 재해보상책임(대판 94다29461, 1994.10.21). 원청회사와의 노무도급계약에 의해 철골공사를 노무 하도급 받은 근로자가 원청회사의 철골구소물실세하자로 인해 산재 추락사고를 당한 경우, 원청회사는 이 사고로 인해 재해를 입은 하도급근로자에 대한 손해를 배상할 책임이 있고, 설령 노무도급 계약시 원청회사가 하도급 회사측에 공사에 필요한 안전대책을 해야 하고 발생사고에 대한 책임을 지기로 약정한 것은 노무하수급인 하도급업체 측의 안전관리소홀로 사고가 발생할 경우 이에 따른 손해배상책임이 하도급업체에 있다는 취지에 불과한 것이지 원청회사의 설계상 과실로 야기된 사고에 대해서까지 원청회사가 책임을 면하게 된다고 볼 것은 아니다.

112) 근기법 제90조제1항·제2항·제3항.

보상청구권은 3년간 행사하지 않는 경우에는 시효로 인하여 소멸한다.[113] 각 보상의 소멸시효 기산점은 각 재해보상을 청구할 수 있는 날의 다음날부터 기산한다.[114] 사용자는 재해보상에 관한 서류를 재해보상이 끝나지 아니하거나 재해보상청구권이 시효로 소멸하기 전에 폐기하여서는 아니된다.[115] 재해보상 및 보험급여 청구권의 소멸시효 중단에 관하여는 민법의 규정에 따른다.

(1) 민법상 손해배상

근로자는 재해를 입었을 경우, 민법상 손해배상과 근기법 또는 산재법상 재해보상의 규정을 선택하여 자신의 청구권을 행사함으로써 보상받을 수 있다. 이때 근기법과 산재법에 의해 받는 보상은 사용자나 제3자에게 고의·과실이 없더라도 평균임금을 기준으로 하여 간편하고도 신속하게 재해보상을 지급받을 수 있다. 대체로 업무상재해인정기준은 같으면서도 근기법상의 재해보상에 비해 산재법에 따른 보상수준이 훨씬 높다. 따라서 근로자들은 우선 산재법에 의한 보상을 받고 그 수준이 기대에 못 미칠 경우 민사소송을 통해 산재법에서 보상사유로 정한 사유를 제외한 다른 사유 즉, 정신적 피해보상등을 청구하는 것이 일반적이다. 다만, 민법상의 손해배상청구는 업무상재해발생에 대하여 사용자 또는 제3자에게 고의·과실이 있는 경우에만 청구할 수 있다. 이러한 점을 감안하여 근기법 제87조에서는 보상을 받게 될 자가 동일한 사유에 의해 민법기타 법령(산재법 등)에 의해 재해보상에 상당한 금품을 받은 경우 사용자는 그 가액 한도에서 보상의 책임을 면한다고 정하고 있다. 이러한 제도 즉, 민법상의 손해배상제도와 근기법, 산재법상의 재해보상제도를 함께 사용할 수 있도록 한 것을 손해배상제도의 병존주의라고도 한다. 그러나 동일한 재해보상에 대해 근기법, 산재법, 민법상의 손해배상이 중복될 수는 없다.

불법행위로 인한 손해배상의 청구권은 피해자나 그 법정대리인이 그 손해 및 가해자를 안 날로부터 3년간 이를 행사하지 아니하거나, 불법행위를 한 날

---

113) 근기법 제92조.
114) 근기 68207-1151, 1995.7.18.
115) 근기법 제91조.

로부터 10년을 경과한 때에는 시효로 인하여 소멸한다.[116)]

1) 사용자의 고의·과실로 인한 재해

사용자의 고의·과실로 인해 재해가 발생한 경우에 사용자에게 민법상 손해배상책임을 인정하는 법적 방법으로는 3가지가 있다. 불법행위책임으로서, 고의·과실로 인한 위법행위로 타인에게 손해를 가한 자는 그 손해를 배상할 책임이 있고[117)] 공작물의 설치 또는 보존의 하자"로 인하여 타인에게 손해를 가한 때는 공작물 점유자가 손해를 배상할 책임이 있으며,[118)] 채무자가 채무의 내용에 좇은 이행을 하지 아니한 때는 채권자는 손해배상을 청구할 수 있다는 계약불이행 책임[119)] 등이 있다.

2) 계약상 안전배려의무 위반으로 인한 손해배상청구

사용자가 사업시설·기계·원료 등 물건이나 노무관리상의 위험으로부터 근로자의 생명과 신체의 안전을 보호 할 의무인 안전배려의무는 근로계약상의 부수적인 의무로 인정된다. 따라서 사용자가 이러한 안전배려의무를 위반하여 근로자에게 재해를 발생하도록 한 경우에는 계약상의 채무를 이행하지 않은 책임을 추궁할 수 있다.[120)]

근로자가 사용자의 안전배려의무위반으로 인해 손해배상을 청구하는 경우에는 그 손해가 안전배려의무위반으로 발생하였다는 사실을 입증하여야 한다. 안전배려의무는 근로계약상의 의무로서 근로자가 사용자의 지배·관리에서 벗어난 경우에는 안전배려의무도 존속하지 않는다.

비록 사용자의 고의나 과실이 있더라도 그 재해가 근로제공과 무관하게 발생한 때에는 근로계약불이행에 대한 채무불이행책임이 아니라, 민법상 제750조의 일반적인 불법행위책임을 지게 된다.

---

116) 민법 제766조.

117) 민법 제750조

118) 민법 제758조. 점유자 또는 소유자는 그 손해의 원인에 대한 책임이 있는 자에 대하여 구상권을 행사할 수 있다.

119) 민법 제390조.

120) 대판 88다카33190, 1989.8.8.

3) 정신적인 위자료 등 손해배상의 청구

산재법에 의한 재해보상은 재해에 따른 직접·간접손해 일부만을 보상하고 있고, 정신적인 손해에 대한 위자료는 재해보상의 범위에 속하지 않는다. 따라서 재해와 관련, 산재법에 의한 보상과는 별도로 사용자에게 고의나 중과실이 있는 경우 근로자는 민사소송을 통해 정신적인 위자료와 손해배상을 청구할 수도 있다.

4) 보상종료에 대한 합의

근로자가 근기법에 의한 재해보상금을 지급받고 그 외의 민법상의 손해배상 청구권을 포기한다는 내용의 합의를 한 경우에는 사용자는 그 합의대로 지급의무를 면한다. 그러나 그 합의가 근로자의 착오나 사기·강박에 의한 경우에는 이를 취소할 수 있고 합의내용이 공서양속에 반하거나 불공정하면 무효가 된다.[121]

5) 제3자의 고의·과실로 인한 재해

사용자 이외에 제3자의 고의나 과실로 인하여 업무상재해가 발생하는 경우가 있다. 제3자는 그 사업장 내의 근로자인 경우가 있고, 근로자가 아닌 제3자가 될 수도 있을 것이다. 보상책임은 다음과 같이 정리할 수 있다.

① 사업장 내의 다른 근로자에 의해 재해가 발생한 경우

사용자는 근기법상의 재해보상책임과 민법 제756조에 의한 사용자책임[122]을 같이 지게 되고, 재해를 발생시킨 다른 근로자는 민법 제750조에 의한 일반 불법행위책임을 진다. 이때 가해근로자와 사용자의 책임은 부진정연대책임의 관계에 있다.[123] 또 사업장 내의 다른 근로자는 법률상 사용자의 업무수행

121) 임종률 490쪽.

122) 민법 제756조 (사용자의 배상책임) 타인을 사용하여 어느 사무에 종사하게 한 자는 피용자(즉, 지휘감독을 받는 근로자 등)가 그 사무집행에 관하여 제3자에게 가한 손해를 배상할 책임이 있다. 그러나 사용자가 피용자의 선임 및 그 사무 감독에 상당한 주의를 한 때 또는 상당한 주의를 하여도 손해가 있는 경우는 그러하지 아니하다.

123) 대판 64다1232, 1964.11.30.

보조자의 지위에 있으므로 그 근로자의 고의나 과실은 사용자의 고의·과실로 볼 수 있다. 그러므로 피해근로자는 사용자에게 채무불이행으로 인한 손해배상을 청구 할 수 있다.

② 사업장의 근로자가 아닌 제3자에 의해 발생한 경우

제3자의 폭행이나 교통사고 등에 의해 피해를 입은 경우에는 사용자는 근로자에 대해 재해보상책임이 발생하고, 폭행을 한 제3자는 근로자에 대해 불법행위로 인한 손해배상책임을 진다. 이 경우에 재해보상 수급권자가 제3자로부터 동일한 사유로 금품을 받은 경우는 사용자는 그 한도 내에서 보상책임을 면한다.[124] 이 경우 근로자는 사용자를 상대로 민법상 불법행위 책임을 묻기는 어렵다.[125]

124) 근기 68207-1044, 2000.4.6.
125) 하갑래, 989쪽.

제41장 기숙사

사용자는 사업 또는 사업장의 부속기숙사에 기숙하는 근로자의 사생활의 자유를 보장하여야 하고, 생활의 자치에 필요한 임원선거에 간섭하지 못한다. 사용자는 기침, 취침, 외출과 외박에 관한 사항, 행사, 식사, 안전과 보건, 건설물과 설비의 관리, 기타 기숙하는 근로자 전체에 적용될 사항에 관하여 규칙을 작성하고, 규칙의 작성 또는 변경에 관하여 기숙하는 근로자의 과반수를 대표하는 자의 동의를 얻어야 한다. 근로자의 과반수를 대표하는 자의 동의를 얻고자 하는 경우, 기숙사에 기숙하는 근로자의 과반수가 18세 미만인 경우에는 규칙 안을 7일 이상 보기 쉬운 장소에 게시 또는 비치하여 알린 후에 동의를 얻어야 한다.[1] 사용자는 남성과 여성을 기숙사의 같은 방에 거주하게 하여서는 아니된다. 기숙사를 설치하는 경우에는 소음 또는 진동이 심한 장소 등을 피하여야 한다. 취업시간을 달리하는 2개조 이상의 근로자를 동일한 침실에 기숙시켜서는 아니된다.[2]

기숙사 침실의 면적은 1인당 2.5제곱미터 이상, 1실의 거주인원은 15인 이하로 한다. 사용자는 부속기숙사에 대하여 근로자의 건강, 풍기와 생명의 유지에 필요한 조치를 강구하여야 한다.[3] 근로감독관은 사업장, 기숙사, 그 밖의 부속건물에 임검하고 장부와 서류의 제출을 요구할 수 있으며 사용자와 근로자에 대하여 심문할 수 있다.

---

1) 영 제54조.

2) 영 제55조·제56조·제57조.

3) 법 제100조, 영 제58조.

제42장 사회통념상 합리성 이론

1. 개념적 정의와 기능

성문법주의 국가에서 법률은 중심적 역할을 수행한다.

한국에서 판례는 법 실무에서나 법학영역에서 법률과 동등하게 위치를 차지하거나 실정법의 흠결을 보완하는 역할을 수행하고 있다. 노동법령의 해석 및 공백을 보완하는데 "사회통념"이라는 개념을 원용하는데, 이 개념이 법해석론의 개념으로 적절한지 여부와 노동사건에서 어떤 기능을 담당하는지 검토해 볼 필요가 있다.

사회통념상 합리성에 관한 정의는 아직 찾아보기 어려운 가운데, 실정법상 정의로서, 형법 제20조 "사회상규에 위배되지 않는 행위"가 유사한 개념으로 인용될 수도 있다.

근로기준법 위반사건에서 사회통념상 합리성은, 사용자의 의무위반에 대한 평가결과, "사회통념상 긍정할 정도가 되어 사용자에게 더 이상의 적법행위를 기대할 수 없는 불가피한 사정이 있는 경우[1]"로서 근기법 제36조1항 위반범죄의 책임조각사유로 보기도 하고, 범죄 구성요건의 해석기준으로 사용되며 위법성 및 책임성 조각사유로도 사용되는 등, 적법행위의 기대가능성 판단기준으로 자리매김하고 있으나 명확히 사회통념상 합리성이 뭐라고 정의한 바는 없다. 이처럼 사회통념개념의 추상적 포괄적 특징으로 인해 재량의 폭이 넓어신 법관

---

1) 대판2007도3037, 2008.10.9 ; 대판2005도157, 2005.4.15. 등 다수, 우희숙 노동형사사건에 나타난 사회통념개념의 형법적 의의와 기능 참고.

이 형벌권을 남용하거나 자의적으로 행사할 틈이 생긴다는 비판도 있다.

2. 근로기준법 위반사건에서 나타나는 사회통념의 유형

사회통념상 합리성은 취업규칙의 불이익변경에 있어 불이익의 의미와 그 해당 여부, 집단적 동의의 주체와 방식, 동의를 얻지 못한 경우의 취업규칙의 효력, 사회통념상 합리성 이론의 적용 여부, 성과연봉제 도입의 유효성, 임금체불에서 사용자의 위법성 조각사유, 퇴직금사건에서 판례, 정년제 신설 또는 단축, 정리해고, 인사발령 대상자 선정 등 특정근로자의 불이익한 처분을 다투는 사건 등에서 주로 문제가 된다. 각각의 경우를 살펴본다.

(1) 취업규칙변경에서 집단적 동의를 받지 못한 경우의 예외적 효력 인정

사용자는 취업규칙을 불이익하게 변경하기 위해 해당 사업 또는 사업장에 근로자의 과반수로 조직된 노동조합이 있는 경우에는 그 노동조합, 근로자의 과반수로 조직된 노동조합이 없는 경우에는 근로자 과반수의 동의를 받아야 한다.[2)]

그러나 해당 취업규칙의 작성 또는 변경이 그 필요성 및 내용의 양면에서 보아 그로 인해 근로자가 입게 될 불이익의 정도를 고려하더라도 여전히 해당 불이익변경 조항의 법적 규범성을 시인할 수 있을 정도로 사회통념상 합리성이 있다고 인정되는 경우 노조의 동의가 없다는 이유만으로 그의 적용을 부정할 수 없다. 이와 같이 취업규칙을 불이익하게 변경하면서 집단적 동의를 받지 않은 경우라도 사회통념상 합리성이 있는 경우에는 예외적으로 변경된 취업규칙의 효력을 인정하는 법리를 '사회통념상 합리성 이론'이라 한다.

대법원 판결을 보면 사회통념상 합리성 이론을 불이익변경 여부 판단과 결부시켜, 취업규칙의 변경에 사회통념상 합리성이 있으면 불이익한 변경이 아니라는 논리 구조를 취했다. 그러다가 1989년 3월 29일 법 개정 이후 사회통념상 합리성 이론의 위치를 취업규칙을 불이익하게 변경하면서 집단적 동의를

---

2) 근로기준법 제94조.

받지 않은 경우라도 효력을 부여하는 예외 사유로 변경했다. 이러한 사회통념상 합리성 이론을 인정한 판례를 비판하는 견해는 ①근로기준법 제94조 제1항이 강행규정이므로 취업규칙 불이익변경 문제는 오직 근로자들의 집단적 동의 유무에 따라 결정해야 한다는 견해, ②이 이론은 노사대등 결정원칙에 반한다는 견해, ③법률이 불이익변경의 요건으로 규정한 것을 해석을 통해 배제한 것으로 사법 해석의 한계를 넘은 것이라는 견해가 있다.[3)]

1) 판례의 사회통념상 합리성 판단기준

「사용자가 일방적으로 새로운 취업규칙의 작성 변경을 통하여 근로자가 가지고 있는 기득의 권리나 이익을 박탈하여 불이익한 근로조건을 부과하는 것은 원칙적으로 허용도지 아니한다. 그러나, 당해 취업규칙의 작성변경이 그 필요성과 내용 양면에서 보아 그에 의하여 근로자가 입게 될 불이익 정도를 고려하더라도 여전히 당해 조항의 법적 규범을 시인할 수 있을 정도로 사회통념상 합리성이 있다고 인정되는 경우에는, 종전 근로조건 또는 취업규칙의 적용을 받고 있던 근로자의 집단적 의사결정 방법에 의한 동의가 없었다는 이유만으로 그의 적용을 부정할 수 없다.

그러므로 취업규칙이 근로자에게 불리하게 변경되는 경우에도 위와 같이 합리성이 있는 때에는 구 근로기준법(2007.4.11. 법률 제8372호로 전문 개정되기 전의 것)제97조제1항 단서에서 규정하는 노동조합 등의 동의를 받아야 하는 경우에 해당한다고 볼 수 없고, 그 동의를 받지 않았다고 하여 같은 법 제115조제1호 위반으로 처벌할 수 없다.[4)]」고 하여, 사회통념상 합리성이 있는 경우에는 사용자가 근로자 집단의 동의 없이 취업규칙을 변경하더라도 형사처벌의 내상이 되지 않는다고 보았다.

사회통념상 합리성과 관련해 대법원은 다음의 사항을 종합적으로 고려해 판단하는 것으로 보인다.

1. 근로자가 입게 되는 불이익의 정도

3) 홍성, 변호사.

4) 대판2007도3037, 2009.6.11.

2. 취업규칙 변경 필요성의 내용과 정도
3. 변경 후 내용의 상당성
4. 대상 조치 등을 포함한 다른 근로조건의 개선 상황
5. 노동조합 등과의 교섭 경위와 다른 노동조합이나 다른 근로자의 대응
6. 동종 사항에 관한 국내 일반적인 상황

최근 대법원은 위 기준에 추가해 '취업규칙 변경에 따라 발생할 경쟁력 강화 등 사용자 측의 이익 증대 또는 손실 감소를 장기적으로 근로자들도 함께 향유할 수 있는지에 관한 기업의 경영 행태' 도 고려한다.

다만, 대법원은 사회통념상 합리성을 인정하는 것은 취업규칙을 근로자에게 불리하게 변경하는 경우 그 동의를 받도록 한 근로기준법 제94조 제1항을 사실상 배제하는 것이므로 제한적으로 엄격하게 해석해야 한다고 보았다.

또한 근로자 집단의 동의를 대신할 만한 사회통념상의 합리성이 있는지를 판단할 때에는 취업규칙을 개정할 당시의 상황을 근거로 해야 한다.

2) 취업규칙 변경 관련 구체적 판례 경향

대법원 판례들의 원칙에 비춰 볼 때, 사회통념상 합리성은 제한적으로 엄격히 해석돼야 하고, 취업규칙의 개정 필요성만 강조해 사회통념상 합리성이 있다고 볼 수는 없다. 그 동안 축적된 판례들의 경향을 보면, 대체로 근로조건 중 가장 중요한 기본적 조건인 임금, 퇴직금, 근로시간 등에 관해서는 쉽게 불이익변경을 정당화할 사회통념상 합리성을 인정하지 않는 경향이다.

반면 면직 사유의 신설 등 인사규정을 강화하는 경우에는 사회통념상 합리성을 인정하는 몇 개의 판례가 존재한다. 물론, 실제 사례에서 달리 판단될 가능성은 얼마든지 존재하고, 실제로 최근 퇴직금 등에 관해 사회통념상 합리성을 인정하는 판결이 선고된 바도 있다.

3) 정년신설 또는 단축에서 사회통념상 합리성

① 정년차별

판례는, 일반직 직원의 정년을 58세로 규정하면서 전화교환직렬 직원만은 정년 을 53세로 규정하여 5년간의 정년차등을 둔 사건에서 교환직렬에 대한

정년의 차이를 규정한 인사규정은 합리성 없는 남녀의 차별적 대우에 해당하지 않는다[5]고 보았다.

② **정년단축**

공무원 정년단축에 따라 지자체에서 청소종사원복무규칙을 개정하여 환경미화원의 정년을 만 58세에서 만 57세로 변경한 사건이 「근로기준법」 제97조 제1항 단서에 불구하고, 정년단축 규정을 규정 변경 전에 근무하고 있는 기존의 환경미화원에게도 적용할 수 있는지 여부가 쟁점이 되었다.

「청소종사원복무규칙」은 지방자치단체의 규칙의 형식이나, 그 내용은 환경미화원의 임용 및 사역기준, 정년, 근무시간, 휴가, 복장, 임무 및 작업방법 등으로서, 사용자가 근로자의 복무규율과 임금 등 당해 사업의 근로자 전체에 적용될 근로조건에 관한 준칙을 규정하고 있으므로, 이는 취업규칙에 해당한다고 정의한 다음, 근기법 제97조 제1항에 의하면 취업규칙을 근로자에게 불이익하게 변경하는 경우에 해당하여 노동조합 또는 근로자 과반수의 동의를 얻어야 하고, 동의를 얻지 않은 경우에는 그 변경으로 기득이익이 침해되는 기존의 근로자에 대한 관계에서는 변경의 효력이 미치지 않게 되어 종전 취업규칙의 효력이 그대로 유지된다고 할 것이므로[6] 원칙적으로 변경규정을 변경 전의 기존의 환경미화원에게는 적용할 수 없다.

취업규칙의 불이익 변경의 문제는 근로자들의 집단적 동의 유무에 따라 판단되어야 하므로 원칙적으로 근로자의 동의를 얻지 못한 경우는 취업규칙의 변경은 무효가 될 것이나, 다만 구체적인 상황에 따라 "사회통념상 합리성여부" 판단을 해야 할 경우를 완전히 배제할 수는 없으므로 예외적인 경우 사회통념상 합리성이 인정되는 경우에는 근로자의 집단적 동의를 얻지 않아도 유효하게 될 수 있다.

이 사건 정년 불이익변경이 사회통념상 합리성이 인정되는지 여부를 판단해보면, 정년규정 변경당시인 1998년 IMF 경제위기를 극복하기 위해 공무원

5) 대판 94누 13589 1996.8.23.
6) 대판 91다45165, 1992.12.22.

정년을 1년 단축하면서 전국지자체 대부분이 환경미화원 정년을 1년 단축하여 사회적으로 어려운 시기에 고통을 함께 분담하는 차원에서 범국가적 시책으로 추진한 사항이라는 것만으로는 환경미화원이 정년단축으로 입게 될 불이익과 비교할 때 변경의 필요성이 더 절실하다고 보기는 어렵고, 공무원에 비하여 근로조건이 상대적으로 열악한 상태에서 정년 단축 조치에 대응한 다른 근로조건의 개선이 전혀 없이 정년만을 단축하는 것은 형평성이나 취약계층에 대한 배려가 있다고 보기 어려우므로 변경된 내용이 상당성이 있다고 보기도 어려우며, 취업규칙의 불이익 변경이 불가피하여 그에 대해 근로자 측과 협의하거나 동의를 얻기 위한 노력을 다하였음에도 근로자들이 자신들의 권리주장만을 반복하는 등의 사정이 있는 것도 아닌 점 등을 고려해보면 그 외 다른 사정이 없다면 사회 통념상 합리성이 있다고 보기는 어렵다. 따라서 환경미화원의 정년이 만 58세에서 만 57세로 변경된 정년단축규정은 규정 변경 전에 이미 근무하고 있는 기존의 환경미화원에게는 적용할 수 없다.[7)]

③ 조기정년규정 적용

직제 개편으로 인한 승진에 있어서 불합리성을 시정하지 아니한 채 참가인의 직급정년제 규정을 일률적으로 적용하게 된다면 행정직 6직급에 있다가 상용직에 편입되어 10여년 간 승진이 제한된 상황에서 다시 행정직 6직급에 재편된 여성근로자의 경우 낮은 직급으로 인하여 조기에 정년이 도래할 것임이 분명하므로 참가인이 이러한 여성근로자들에 대해서까지 조기정년의 직급정년제 규정을 그대로 적용하는 것은 현저하게 합리성을 잃은 조치로서 부당하다.[8)]

4) 성과연봉제 시행

성과연봉제 도입이 취업규칙의 불이익변경에 해당하는데도 과반수 노동조합 또는 근로자 과반수의 동의를 얻지 못한 경우 사회통념상 합리성 이론에 따라 유효성이 인정될 것인지가 문제될 수 있다.

7) 법제처 법령해석지원팀-1868, 2006.12.1.
8) 대판 2006두3476, 2006.7.28.

이와 관련하여 대법원은 "취업규칙의 작성 또는 변경이 그 필요성 및 내용의 양면에서 보아 그로 인하여 근로자가 입게 될 불이익의 정도를 고려하더라도 여전히 해당 불이익변경 조항의 법적 규범성을 시인할 수 있을 정도로 사회통념상 합리성이 있다고 인정되는 경우, 근로기준법에 따른 집단적 동의가 없다는 이유로 그 적용을 부정할 수 없다"고 판시한 바 있다[9]

이처럼 대법원은 예외적으로 집단적 동의 없이도 불이익한 내용으로 변경된 취업규칙의 효력을 인정하는 사회통념상 합리성 이론을 제시하고 있다. 다만, 대법원은 사회통념상 합리성 인정과 관련해서는 제한적으로 엄격하게 해석해야 한다고 하여 가급적 그 인정 범위를 좁게 해석하려는 입장이기도 하다.[10]

최근 정부를 비롯하여 사회 전체적으로 성과주의 문화를 도입하자는 분위기가 조성되고 있으나 법원은 현재까지 사회통념상 합리성 이론 적용 범위를 가급적 좁게 해석하는 추세이므로 현재로선 사회통념상 합리성 이론에 따라 성과연봉제 도입의 효력이 인정되기는 쉽지 않을 것으로 전망된다. 다만 성과연봉제 도입 취지, 회사 내의 실질적으로 성과중심 문화확산, 직원들에게 미칠 불이익을 가급적 최소화할 수 있도록 관련 제도가 설계, 도입 과정에서 회사와 직원 및 노동조합이 충분히 협의하고 의견을 반영하는 사정 등은 사회통념상 합리성이 인정될 가능성을 높이는 요소로 작용할 것이다.

과반수 노동조합 또는 근로자 과반수의 동의 없이 성과연봉제를 도입할 경우 다양한 법적 분쟁이 제기될 수 있는데, 적법한 동의 절차 없이 취업규칙에 해당하는 성과연봉제가 도입된 점을 문제 삼아 근로기준법 위반을 이유로 한 각종 형사고소, 고발 및 신청이 제기될 가능성이 있다.

5) 노동부 지침상 사회통념상 합리성

고용노동부에서 2016년 1월 22일 발표한 '취업규칙 해석 및 운영 지침'에서 사회통념상 합리성 판단요소를 잘 정리하고 있는데 판례의 지적을 대부분 원용하고 있다.

---

9) 대판 99다70846, 2001.1.5.

10) 대판 2009다32362, 2010.1.18.

① **취업규칙 변경으로 근로자가 입게 되는 불이익의 정도**

근로조건의 저하가 근로자가 받아들이기 어려울 정도로 현저한지 여부

② **사용자의 취업규칙 변경 필요성의 내용과 정도**

취업규칙 변경이 기업의 경영 사정이나 조직운영 측면에서 필요한 것인지 여부를 의미한다. 합병 등 기업조직 변동 시 근로조건 통일을 위해 취업규칙을 변경하는 경우 필요성 인정될 수 있다.

③ **취업규칙 변경 후 내용이 상당성을 갖췄는지 여부**

취업규칙 변경의 경위나 내용이 법적 규범성을 인정할 수 있는 정도여야 한다. 불이익한 근로조건의 적용을 완화할 수 있는 경과조치가 있거나 상황변화에 따라 규정을 합리적으로 변경하는 경우 상당성 인정될 수 있다.

④ **대상 조치 등을 포함한 다른 근로조건의 개선 사항이 존재하는지 여부**

근로자에게 일방적으로 불이익만을 감수하도록 하는 것이 아니라 변경된 근로조건에 상응해 다른 근로조건의 개선 또는 그 밖에 이익이 되는 보완조치가 있는 경우를 살핀다.

⑤ **노동조합 등과의 교섭 경위나 노동조합이나 근로자의 대응**

불이익변경에 대해 근로자들에게 변경의 필요성과 내용 등을 충분히 설명하는 등 최선의 노력을 다했는지, 교섭경위나 근로자 측의 대응에 대한 충분한 고려 등을 살핀다. 일부 근로자에 대한 동의만으로 사회통념상 합리성을 인정하기는 어려울 것이다.

⑥ **다른 동종업종 회사의 근로조건과 비교해 상당한지 여부**

변경된 근로조건이 동종업계와 비교할 때 특히 불리하다고 평가할 수 없는 상황에서 경영상 어려움 등으로 불가피하게 이를 변경하고자 할 경우 사회통념상 합리성 인정된다.

(2) 퇴직금사건에서 사회통념상 합리성

기업변동에 따른 근로조건 통일을 위한 퇴직금변경의 필요성이 높았고, 기존 직원들의 정년이 통합된 후 연장되는 등 다른 근로조건이 개선됐으며, 퇴직금지급률저감에 따른 불이익이 상당부분 완화된 점 등을 종합판단한 결과 퇴직금지급변경이 사회통념상 합리성이 있다.[11] 고 본 사례와 반대로 퇴직금지급율을 하향조정하고, 퇴직금산정의 기초가 되는 임금범위를 제한하여 결과적으로 퇴직금지급액을 인하한 것이 사회통념상 합리성이 없다.고 보았다.[12]

(3) 정리해고 정당성 판단

기업이 경영상의 필요에 의하여 근로자를 해고하는 이른바 경영상 해고가 정당하다고 하려면, 그것이 긴박한 경영상의 필요에 의한 것인지 여부, 사용자가 해고회피를 위하여 상당한 노력을 하였는지 여부, 객관적이고 합리적인 기준에 의하여 해고대상자를 선정하였는지 여부, 그 밖에 노동조합이나 근로자 측과의 성실한 협의 등을 거쳤는지 여부 등 여러 사정을 전체적, 종합적으로 고려하여 당해 해고가 객관적 합리성과 사회적 상당성을 지닌 것으로 인정될 수 있어야 할 것이므로 이와 같은 기준을 토대로 이 사건 해고의 정당성 여부를 살펴본 바, 경영상 해고의 요건이 되는 긴박한 경영상의 필요라 함은, 반드시 기업의 도산을 회피하기 위한 경우에 한정되지 아니하고, 인원감축이 객관적으로 보아 합리성이 있다고 인정될 경우도 포함되는 것으로 보아야 할 것인데, 관련 기록에 의하면 경영의 악화로 인하여 피신청인의 2003년도 문구류매출액은 전년도에 비하여 18.7% 감소하였고, 수출부문의 매출액은 31% 줄었으며, 2003년도 전체 매출액도 전기에 비하여 81억원이 하락한 점, 당기순이익 또한 전년도 11억 9천만원에서 8억여원이 감소한 3억 7전여만원에 그치는 등 경영수지가 악화되고 있는 점, 2003년의 경우 경영활동의 성과와 관련된 영업이익이 총 66억여원(전년 대비 12억원 증가)으로 회사 전체 영업활동이 악화되어 당기순이익의 감소가 초래된 것은 아니라고 평가할 여지는 있으나, 신

11) 대판 99다70846.
12) 대판 89다카24780.

청인들이 근무하고 있던 00공장의 문구류 매출액이 2000년 이후 지속적으로 감소하고 있고, 업체간의 과도한 가격 경쟁, 내수부진 및 수출감소 등 문구류 사업의 경영환경 변화로 향후 사업 전망이 불투명한 상황에서, 문구류 분문에 대한 인원감축을 통한 구조조정을 하지 않으면, 전체 사업의 영업수지 및 재무건전성을 악화시킬 우려가 있을 것으로 예상되는 점이 인정되므로 신청인들을 정리해고 할 시점에 있어 회사로서는 인원삭감이 객관적으로 보아 불가피한 긴박한 경영상의 필요가 있었을 뿐 아니라 향후 경영위기에 대처한다는 점에서 객관적인 합리성도 있었다고 보아야 할 것이다.

한편, 회사가 2004.2. 파견근로자 7명을 신규채용하고, 이후 그 고용규모를 늘려 현재 17명의 파견근로자를 고용하고 있는 것은 육아휴직이나 산전후휴가에 대한 대체인력의 사용으로서 인력수급의 탄력을 기하기 위한 것이므로 이를 들어 이 사건 정리해고의 긴박한 경영상 필요가 없었음을 단정할 수는 없고, 2003년도에 주당순이익을 상회하는 현금배당을 한 사실, 이사 및 감사의 보수한도액을 증액한 사실, 2004년도에 중견간부 15명에 대하여 승진, 승급인사를 실시한 사실 등이 있음을 이유로 이 사건 정리해고 당시 긴박한 경영상 사유가 없었다고 판단하기는 어렵다. [13)]

(4) 정리해고 대상자 선정기준

사용자가 경영상의 이유에 의하여 근로자를 해고하고자 하는 경우 근로기준법 제24조제1항 내지 제3항에 따라 합리적이고 공정한 해고의 기준을 정하고, 이에 따라 그 대상자를 선정하여야 하는바, 이때 합리적이고 공정한 기준이 확정적·고정적인 것은 아니고 당해 사용자가 직면한 경영위기의 강도와 정리해고를 실시하여야 하는 경영상의 이유, 정리해고를 실시한 사업 부문의 내용과 근로자의 구성, 정리해고 실시 당시의 사회경제상황 등에 따라 달라지는 것이기는 하지만, 객관적 합리성과 사회적 상당성을 가진 구체적인 기준이 마련되어야 하고, 그 기준을 실질적으로 공정하게 적용하여 정당한 해고대상자의 선정이 이루어져야 한다.

---

13) 중노위 2004부노82, 2004부해366, 2004.10.18.

정리해고 대상자 선정기준은 근무태도에 대한 주관적 평가와 객관적 평가 및 근로자 측 요소가 각 1/3씩 비중을 차지하고 있는데, 근무태도라는 단일한 대상을 주관적 평가와 객관적 평가로 나누어 동일하게 배점하고 주관적 평가 항목에서 참가인들과 잔존 근로자들 사이에 점수를 현격하게 차이가 나도록 부여함으로써 결국 근무태도에 대한 주관적 평가에 의하여 해고 여부가 좌우되는 결과가 된 점, 근무태도에 대한 주관적 평가의 개별 항목 중 현장직 근로자들의 업무 특성에 비추어 적절해 보이지 않는 부분이 있고, 참가인들에 대하여 부여된 주관적 평가 점수가 객관적 평가 점수나 잔존 근로자에 대한 주관적 평가 점수와 비교해 볼 때 납득하기 어려울 만큼 차이가 큰 점 등 그 판시와 같은 사정들에 비추어 보면 그 선정기준 자체가 합리적이고 공정하다고 인정하기 어렵고, 그 기준을 정당하게 적용하여 해고 대상자를 선정하였다고 보이지도 아니하므로 이 사건 해고가 위법하다. [14)]

(5) 대기발령 등 인사명령이 대상자 선정과정

대기발령 등 인사명령이 대상자 선정과정에서 사회적 상당성과 객관적 합리성이 있는지 여부를 판단한 사건에서, 대기발령 당시 참가인 은행은 직제 개편으로 인해 잉여인력에 대한 수급을 조절해야 할 필요가 있었던 것으로 보이고, 참가인 은행이 명예 퇴직 절차를 통해 잉여인력을 해소할 목적으로 명예퇴직 대상자 선정기준으로 네가지 항목을 설정한 다음 그 항목별로 점수를 산출해 이를 합산하는 방법으로 그 대상자를 선정한 것이나, 명예퇴직 대상자 선정기준을 대기발령 대상자 선정기준으로 보아 잉여인력 해소를 위한 방안으로 한 대기발령에 불합리한 점이 없었다. 또 원고는 선정기준에 따라 과장급 이상 근로자 195명 중 195위에 해당해 명예퇴직 대상자로 선정됐으나 명예퇴직 권유에 응하지 않아 대기발령에 이르게 된 것으로 보이는 점 등을 보면 이 사건 대기발령은 그 대상자 선정 과정 등에 비추어 사회적 상당성과 객관적 합리성이 충분히 인정돼 부당한 것이라고 볼 수 없다. [15)]

---

14) 대판 2011두11310, 2012.5.24.

15) 서울행법 2000구7208, 2001.1.9.

제43장 직장내 성희롱

"직장 내 성희롱"이란 사업주·상급자 또는 근로자가 직장 내의 지위를 이용하거나 업무와 관련하여 다른 근로자에게 성적 언동 등으로 성적 굴욕감 또는 혐오감을 느끼게 하거나 성적 언동 또는 그 밖의 요구 등에 따르지 아니하였다는 이유로 근로조건 및 고용에서 불이익을 주는 것을 말한다.

최근 기업들은 성희롱 방지의 중요성을 인식하고 성희롱 예방을 위해 노력하고 있는 것으로 보이지만, 막상 성희롱이 발생하면 여전히 형식적-소극적 조치에 그치고 직원 개인 간 문제로 치부하는 경우가 많다.

1. 사업주의 의무

사업주는 성희롱 발생시 지체없이 관련 사실관계를 조사하고 입증할 법적 책임이 있다. 남녀고용평등과 일-가정 양립 지원에 관한 법률(이하 '남녀고용평등법')은 직장 내 성희롱을 명시적으로 금지하고 있으며, 직장 내 성희롱 발생이 확인된 경우 '지체 없이' 징계 등 인사조치를 취할 것을 규정하고 있다. 이에 관한 분쟁에서 입증책임은 사업주가 부담한다.

즉, 사업주의 성희롱 관련 인사조치 여하에 따라, ① 행위자에 대해 징계 등 불이익 조치를 한 경우에는 행위자와의 사이에서, ② 행위자에 대한 적절한 인사조치를 하지 않거나 피해자에게 불이익 조치를 취한 경우에는 피해자와의 관계에서 분쟁이 발생할 수 있는데, 분쟁 당사자가 행위자인지 피해자인지에 관계 없이 입증책임은 언제든지 사업주가 부담하게 되는 것이다.

결국, 사업주는 성희롱 발생시 남녀고용평등법에 따라 지체 없이 적합한 인사 조치를 이행할 의무가 있는데, 그 전제로써 성희롱 사실관계를 적극적으로 조사하고 입증자료를 마련해야 한다.

실무상 성희롱 사실조사 단계에서는 피해자 보호 및 적정한 조사를 위해 행위자에게 자택 대기발령을 명하고 사과를 위한 피해자 접촉을 금지하는 경우가 많다. 그것은 사실조사를 위한 임시적 조치로서 징계로 보기 어렵다.

(1) 예방 교육실시 및 성희롱금지 조치

사업주는 직장 내 성희롱을 예방하고 근로자가 안전한 근로환경에서 일할 수 있는 여건을 조성하기 위하여 직장 내 성희롱의 예방을 위한 교육(이하 "성희롱 예방 교육"이라 한다)을 매년 실시하여야 하고, 사업주 및 근로자는 제1항에 따른 성희롱 예방 교육을 받아야 한다.

사업주는 성희롱 예방 교육의 내용을 근로자가 자유롭게 열람할 수 있는 장소에 항상 게시하거나 갖추어 두어 근로자에게 널리 알려야 한다. 사업주는 고용노동부령으로 정하는 기준에 따라 직장 내 성희롱 예방 및 금지를 위한 조치를 하여야 한다.[1)]

1) 교육방법

성희롱 예방 교육은 자체적으로 실시하거나 외부 강사 교육기관 등에 고용노동부장관이 지정하는 기관(이하 "성희롱 예방 교육기관"이라 한다)에 위탁하여 실시할 수 있다.성희롱 예방 교육기관은 고용노동부령으로 정하는 기관 중에서 지정하되, 고용노동부령으로 정하는 강사를 1명 이상 두어야 한다.

사업주가 성희롱 예방 교육기관에 위탁하여 성희롱 예방 교육을 하려는 경우에는 제13조제5항에 따라 대통령령령으로 정하는 내용을 성희롱 예방 교육기관에 미리 알려 그 사항이 포함되도록 하여야 한다.

성희롱 예방 교육기관은 고용노동부령으로 정하는 바에 따라 교육을 실시하고 교육이수증이나 이수자 명단 등 교육 실시 관련 자료를 보관하며 사업주나

---

1) 고평법 제13조.

피교육자에게 그 자료를 내주어야 한다.

고용부장관은 성희롱 예방 교육기관이 다음 각 호의 어느 하나에 해당하면 청문회를 거쳐 그 지정을 취소할 수 있다.

1. 거짓이나 그 밖의 부정한 방법으로 지정을 받은 경우
2. 정당한 사유 없이 제3항에 따른 강사를 3개월 이상 계속하여 두지 아니한 경우
3. 2년 동안 직장 내 성희롱 예방 교육 실적이 없는 경우

2) 교육내용

직장내 성희롱예방 교육에는 다음 각 호의 내용이 포함되어야 한다.

1. 직장 내 성희롱에 관한 법령
2. 해당 사업장의 직장 내 성희롱 발생 시의 처리 절차와 조치 기준
3. 해당 사업장의 직장 내 성희롱 피해 근로자의 고충상담 및 구제 절차
4. 그 밖에 직장 내 성희롱 예방에 필요한 사항

예방 교육은 사업의 규모나 특성 등을 고려하여 직원연수·조회·회의, 인터넷 등 정보통신망을 이용한 사이버 교육 등을 통하여 실시할 수 있다. 다만, 단순히 교육자료 등을 배포·게시하거나 전자우편을 보내거나 게시판에 공지하는 데 그치는 등 근로자에게 교육 내용이 제대로 전달되었는지 확인하기 곤란한 경우에는 예방 교육을 한 것으로 보지 아니한다.

3) 교육특례

상시 10명 미만의 근로자를 고용하는 사업, 사업주 및 근로자 모두가 남성 또는 여성 중 어느 한 성(性)으로 구성된 사업 해당하는 사업의 사업주는 위 ② 의 내용을 근로자가 알 수 있도록 교육자료 또는 홍보물을 게시하거나 배포하는 방법으로 직장 내 성희롱 예방 교육을 할 수 있다.

사업주가 소속 근로자에게 「근로자직업능력 개발법」 제24조에 따라 인정받은 훈련과정 중 제2항 각 호의 내용이 포함되어 있는 훈련과정을 수료하게 한 경우에는 그 훈련과정을 마친 근로자에게는 제1항에 따른 예방 교육을 한 것으로 본다.

(2) 직장 내 성희롱발생시 조치

1) 지체없는 조사와 피해자 보호조치

누구든지 직장 내 성희롱 발생 사실을 알게 된 경우 그 사실을 해당 사업주에게 신고할 수 있다. 사업주는 제1항에 따른 신고를 받거나 직장 내 성희롱 발생 사실을 알게 된 경우에는 지체 없이 그 사실 확인을 위한 조사를 하여야 한다. 이 경우 사업주는 직장 내 성희롱과 관련하여 피해를 입은 근로자 또는 피해를 입었다고 주장하는 근로자(이하 "피해근로자등"이라 한다)가 조사 과정에서 성적 수치심 등을 느끼지 아니하도록 하여야 한다.

사업주는 제2항에 따른 조사 기간 동안 피해근로자등을 보호하기 위하여 필요한 경우 해당 피해근로자등에 대하여 근무장소의 변경, 유급휴가 명령 등 적절한 조치를 하여야 한다. 이 경우 사업주는 피해근로자등의 의사에 반하는 조치를 하여서는 아니 된다.

사업주는 성희롱 발생 사실을 신고한 근로자 및 피해근로자등에게 다음 각 호의 어느 하나에 해당하는 불리한 처우를 하여서는 아니 된다.

1. 파면, 해임, 해고, 그 밖에 신분상실에 해당하는 불이익 조치
2. 징계, 정직, 감봉, 강등, 승진 제한 등 부당한 인사조치
3. 직무 미부여, 직무 재배치, 그 밖에 본인의 의사에 반하는 인사조치
4. 성과평가 또는 동료평가 등에서 차별이나 그에 따른 임금 또는 상여금 등의 차별 지급
5. 직업능력 개발 및 향상을 위한 교육훈련 기회의 제한
6. 집단 따돌림, 폭행 또는 폭언 등 정신적·신체적 손상을 가져오는 행위를 하거나 그 행위의 발생을 방치하는 행위
7. 그 밖에 신고를 한 근로자 및 피해근로자등의 의사에 반하는 불리한 처우

직장 내 성희롱 발생 사실을 조사한 사람, 조사 내용을 보고 받은 사람 또는 그 밖에 조사 과정에 참여한 사람은 해당 조사 과정에서 알게 된 비밀을 피해근로자등의 의사에 반하여 다른 사람에게 누설하여서는 아니 된다. 다만, 조사와 관련된 내용을 사업주에게 보고하거나 관계 기관의 요청에 따라 필요한 정보를 제공하는 경우는 제외한다.

성희롱 사건의 경우 조사과정에서 직원의 사적인 치부가 드러나는 측면이 있기 때문에 사업주는 조사에 소극적인 경우가 있다. 행위자가 고위직인 경우에는 더욱 그러한 경향이 있다.

사업주는 면담, 소명서 제출 등을 통해 당사자의 주장을 들어야 할 뿐 아니라, 목격자 진술, CCTV 조사 등 객관적 입증자료를 통해 성희롱 사실관계를 구체적으로 파악하는 것이 필요하다. 사업주는 성희롱으로 지목되는 언행이 구체적으로 무엇이었는지 뿐만 아니라 성희롱 전후의 사실을 면밀히 조사하고, 그에 관한 입증자료를 마련할 필요가 있다.

사업주는 조사 결과 직장 내 성희롱 발생 사실이 확인된 때에는 피해근로자가 요청하면 근무장소의 변경, 배치전환, 유급휴가 명령 등 적절한 조치를 하여야 한다.

2) 가해자 조치

사업주는 조사 결과 직장 내 성희롱 발생 사실이 확인된 때에는 지체 없이 직장 내 성희롱 행위를 한 사람에 대하여 징계, 근무장소의 변경 등 필요한 조치를 하여야 한다. 이 경우 사업주는 징계 등의 조치를 하기 전에 그 조치에 대하여 직장 내 성희롱 피해를 입은 근로자의 의견을 들어야 한다.[2)]

만약 사업주가 직장 내 성희롱 발생을 확인했음에도 지체 없이 행위자에게 징계나 그에 준하는 조치를 취하지 않는다면 사업주는 500만원 이하의 과태료를 부과 받을 수 있다.

성희롱 피해자에게 불리한 조치를 하는 경우 해당 조치는 무효가 될 수 있고, 사업주는 형사처벌(3년 이하의 징역 또는 2천만원 이하의 벌금)을 받을 수 있다.

한편, 국가인권위원회법은 성희롱 행위를 평등권침해의 차별행위 중 하나로 정의하고, 성희롱 피해자 또는 그 사실을 알고 있는 사람이 국가인권위원회에 진정을 제기할 수 있도록 규정하고 있다. 이에 따라 국가인권위원회는 직장 내 성희롱에 대한 진정이 있는 경우 성희롱 여부를 판단하고, 사업주에게 징계 권고 등의 각종 조치를 부과하고 있다. 국가인권위원회의 결정과 권고조치

2) 고평법 제14조.

에 법적 강제성이 있는 것은 아니지만 그 영향이 적지 않기 때문에 사업주는 사실상 국가인권위원회의 권고에 따를 수밖에 없다.

3) 고객 등에 의한 성희롱 방지

사업주는 고객 등 업무와 밀접한 관련이 있는 자가 업무수행 과정에서 성적인 언동 등을 통하여 근로자에게 성적 굴욕감 또는 혐오감 등을 느끼게 하여 해당 근로자가 그로 인한 고충 해소를 요청할 경우 근무 장소 변경, 배치전환, 유급휴가의 명령 등 적절한 조치를 하여야 한다.

사업주는 근로자가 성희롱 피해를 주장하거나 고객 등으로부터의 성적 요구 등에 불응한 것을 이유로 해고나 그 밖의 불이익한 조치를 하여서는 아니 된다.

4) 성희롱 재발 방지조치

사업주는 성희롱 예방 교육의무 등 남녀고용평등법상 명시된 성희롱 방지의무 이외에도 유사한 성희롱이 발생하지 않도록 여러 가지 조치를 강구해야 할 것이다. 사업이나 근무환경의 특성으로 인해 유사한 성희롱이 반복적으로 발생함에도 불구하고, 사업주가 적절한 개선책을 실시하지 아니하고 방치할 경우에는, 사업주가 성희롱 발생에 대해 민사상 손해배상책임을 부담할 가능성도 배제하기 어렵다.

법원은 직원의 성희롱 행위가 사업주의 지배-관리 하에 있었는지를 기준으로 사업주의 민사상 책임을 판단하고 있는데, 성희롱 방지의무를 점차 구체화하고 사용자책임을 인정하는데 적극성을 보여 오고 있다.[3)]

3) 서울지방법원은 L호텔의 공식적인 회식이나 야유회, 체육대회 등의 자리에서 성희롱이 종종 문제됨에 따라 여직원들이 회사를 상대로 손해배상청구를 한 사안에서 ① 관광호텔업이라는 성격, ② 실제로 성희롱이 종종 문제가 된 적이 있는 사정, ③ 소수의 남자 직원들이 다수의 하위직 또는 신분이 불안한 계약직의 나이 어린 여자 직원들을 관리, 감독하도록 되어 있는 피고회사 특유의 사정 등을 고려할 때 "성희롱 위험이 늘 상존하고 있고 실제로도 종종 문제가 된 사업장을 경영하는 피고회사로서는 부당한 성적 차별이나 희롱 등에 관하여 이를 미리 예방하기 위하여 여러 가지 조치를 강구할 한층 높은 수준의 주의의무가 있다고 할 것이어서 단순히 성희롱예방교육을 정례적으로 실시한 것만으로써 그 의무를 다하였다고 할 수는 없다"라고 판단하며 사업주의 손해배상책임을 인정했다.

제44장 채용공정화 법

이 법은 채용과정에서 구직자가 제출하는 채용서류의 반환 등 채용절차에서의 최소한의 공정성을 확보하기 위한 사항을 정함으로써 구직자의 부담을 줄이고 권익을 보호하는 것을 목적으로 한다고 정하고 2014.1.21.제정되어 상시근로자 30인 이상 사업장에 적용된다. 주요내용은 아래와 같다.

1. 채용절차 공정성

(1) 거짓채용광고 금지

구인자는 채용을 가장하여 아이디어를 수집하거나 사업장을 홍보하기 위한 목적 등으로 거짓의 채용광고를 내서는 아니 된다. '거짓 채용광고'란 채용을 가장해 구직자의 창의적 아이디어 또는 그 창작물을 수집하거나 사업장의 홍보 및 물품판매 등을 목적으로 행하는 채용광고를 말한다.

정규직 모집 구인광고를 하면서 면접 시 프리랜서 근무형태를 유도해 물품판매를 강요한다든지, 윤락행위의 사업을 목적으로 허위 사업장 명칭 및 업무내용을 게재하며 구직자를 모집하는 등이 그 예에 해당한다.

거짓채용광고 금지 위반에 대해서는 5년 이하의 징역 또는 2,000만원 이하의 벌금이라는 엄한 처벌을 예정하고 있다.[1)]

1) 법 제4조.

(2) 채용광고 내용 불리하게 변경 금지

구인자는 정당한 사유 없이 채용광고의 내용을 구직자에게 불리하게 변경하여서는 아니 된다.

최초의 채용공고에는 없던 전형추가와 같이 구직자에게 불리한 경우만을 금지한다. 교통편의성 제고를 위해 시험장소를 변경하는 경우처럼 사회통념상 채용공고의 내용을 변경할 만한 합리적이고 타당한 이유가 있다고 인정되는 경우까지 금지하는 것은 아니다.

(3) 채용 후 근로조건 불리하게 변경금지

구인자는 구직자를 채용한 후에 정당한 사유 없이 채용광고에서 제시한 근로조건을 구직자에게 불리하게 변경하여서는 아니 된다.

근로조건 불리변경에 대해서는 근로기준법 제17조에서 근로계약 체결 시 임금, 휴일 등과 같은 중요한 근로조건에 대해 이를 '명시' 하도록 해 근로조건이 불리하게 변경되는 것을 사전에 예방하고 있다. 또한 변경에서 나아가 근로계약 자체가 불합리하게 취소된 경우에 대해서도 근로계약이 취소되기 전에는 '채용내정 취소' 의 법리로, 근로계약 성립 이후에는 부당해고의 문제로 이를 해결해 오고 있다.

채용이 결정되면 구인자와 구직자가 자율적 의사에 따라 대등한 지위에서 근로계약을 체결하는 것이 원칙이지만, 구인자가 정당한 사유 없이 채용공고에서 제시한 근로조건을 구직자에게 불리하게 변경하는 것을 금지해 구직자의 권익을 보호하려는 것이 이 규정의 취지다.

(4) 지적재산권 귀속강요 금지

구인자는 구직자에게 채용서류 및 기획안 등 이와 관련한 저작권 등의 지식재산권을 자신에게 귀속하도록 강요하여서는 아니 된다. 지적재산권 귀속을 강요하는 경우에는 채용절차법에 의거 500만원 이하의 과태료 저분에 처해시게 된다.

2. 서류접수 및 심사

(1) 서류접수와 고지의무

구인자는 채용서류를 전자우편 등으로 받은 경우에는 지체 없이 구직자에게 접수된 사실을 홈페이지 게시, 휴대전화에 의한 문자전송, 전자우편, 팩스, 전화 등으로 알려야 한다.[2)]

채용절차법에는 총 4번의 고지의무가 등장한다. 채용서류가 제대로 접수됐는지, 채용일정 및 과정은 어떻게 되고 있는지, 또 채용여부 및 불합격자 서류반환 청구권한이 있음을 알리는 고지가 채용절차법이 부여하고 있는 고지의무의 내용이며, 위 박스 조항은 그 중 첫 번째 고지의무에 해당하는 서류접수 사실 고지의무에 관한 내용이다.

1. 응시-접수 단계에서의 고지 : 채용서류의 접수사실(법 제7조 제2항)
2. 채용 과정 단계에서의 고지 : 채용일정 및 채용과정(법 8조)
3. 채용 확정 단계에서의 고지 : 채용 여부(법 제10조)
4. 채용 확정 후 단계에서의 고지 : 채용서류 등의 반환 등(법 제11조 제6항)

(2) 전형심사

구인자는 채용심사를 목적으로 구직자에게 채용서류 제출에 드는 비용 이외의 일체의 금전적 비용을 부담시키지 못한다. 다만, 사업장 및 직종의 특수성으로 인하여 불가피한 사정이 있는 경우 고용노동부장관의 승인을 받아 구직자에게 채용심사비용의 일부를 부담하게 할 수 있다.[3)]

채용서류 제출에 드는 기본적인 비용 외 채용심사비용을 구직자에게 전가하지 못하게 하려는 규정이다. 여기서 채용서류 제출에 드는 비용이란 아래와 같다.

채용서류 준비비용은 증명사진 촬영비, 졸업증명서 등 각종증명서 발급비용, 제본비 등 채용서류 제출비용은 왕복교통비, 우편요금, 인터넷사용요금(온

---

2) 법 제7조.

3) 법 제9조.

라인제출시) 등을 꼽을 수 있다.

3. 채용일정 및 과정 고지

(1) 채용일정 고지

구인자는 구직자에게 채용일정, 채용심사 지연의 사실 등 채용과정을 알려야 한다. 이 경우 고지방법은 제7조 제2항 응시-접수 단계에서의 고지를 준용한다.[4)]

채용 서류 접수 후 구직자의 알권리를 보호하고, 다른 구인자의 채용일정, 변동사항 등을 사전에 확인해 취업활동이 원활하게 이뤄질 수 있게 함을 목적으로 하는 규정이다.

(2) 채용여부 고지

구인자는 채용대상자를 확정한 경우에는 지체 없이 구직자에게 채용 여부를 알려야 한다. 이 경우 고지방법은 제7조 제2항을 준용한다.[5)]

구직자가 채용에 응시한 후 가장 궁금해 하는 합격여부에 대해 신속하게 알려줌으로써 구직자가 입사여부를 결정하게 하고, 이후 구직자가 취업활동의 방향을 잡을 수 있도록 한 고지의무다.

'지체 없이' 란 몇 시간 또는 며칠과 같이 물리적인 시간 또는 기간을 의미하는 것이 아니라, 사정이 허락하는 한 가장 신속하게 처리해야 한다.

(3) 채용서류의 반환

구인자는 구직자의 채용 여부가 확정된 이후 구직자(확정된 채용대상자는 제외한다)가 채용서류의 반환을 청구하는 경우에는 본인임을 확인한 후 대통령령으로 정하는 바에 따라 반환하여야 한다. 다만, 홈페이지 또는 전자우편으로 제출된 경우나 구직자가 구인자의 요구 없이 자발적으로 제출한 경우에는 그러하

4) 법 제8조.
5) 법 제10조.

지 아니하다.

채용서류를 반환받는 구직자의 범위는 '불합격자' 이다. 반환청구되지 않고 보관기간을 마친 불합격자의 채용서류는 파기될 것이고, 합격자의 채용서류는 근로기준법42조의 계약서류의 보존에 의거 3년간 보존의무를 지게 된다.

채용절차가 모두 종료된 후 회사는 자체적으로 14일에서 180일 사이의 기간을 임의로 정해 반환청구에 대비한 '서류보관기간' 을 운영하게 된다. [6]구직자로부터 채용서류의 반환 청구를 받은 구인자는 구직자가 반환 청구를 한 날부터 14일 이내에 구직자에게 해당 채용서류를 발송하거나 전달하여야 한다.[7] 정기 채용시즌을 운영하지 않고, 수시로 직원을 채용하는 형태라면 수시로 접수된 서류 하나하나에 대해 보관기간이 운영되고, 종료 후 파기의무가 부과된다.

구인자는 서류반환여부, 반환청구절차, 채용서류보관, 반환비용 등을 채용여부가 확정되기 전까지 구직자에게 알려야 한다.[8] 위반시 300만원 이하의 과태료가 부과된다.

불합격자는 원본서류를 추후 반환받을 수 있다는 내용을 채용여부 확정 전까지 홈페이지 게시, 지원서작성시 반환방법 선택고지, 탈락자서류폐기 공지, 휴대전화에 의한 문자전송, 전자우편, 팩스, 전화 등으로 알려야한다. 대기업에서는 이와 같은 방법으로 고지하고 있다.

(4) 보관기간 내 반환청구 없을 시 파기

구인자는 대통령령으로 정한 반환의 청구기간이 지난 경우 및 채용서류를 반환하지 아니한 경우에는 「개인정보 보호법」에 따라 채용서류를 파기하여야 한다.

반환청구기간 종료 후 언제까지 파기해야 한다는 기간은 '개인정보보호법' 에서 '개인정보처리자는 보유기간의 경과, 개인정보의 처리 목적 달성 등 그

6) 영 제4조.
7) 영 제2조.
8) 법 제11조.

개인정보가 불필요하게 되었을 때는 지체없이 그 개인정보를 파기' 하도록 규정(제21조 제1항)하면서, 개인정보가이드라인에서 지체 없이를 '5일 이내' 로 안내하고 있는 점을 미뤄볼 때, 구직자의 채용서류는 지체 없이, 즉 5일 이내 파기하면 될 것으로 해석된다.

처벌규정이 타법에 비해 강한 편에 속하는데, 채용절차법의 처벌규정은 양벌규정이 아니다. 때문에 법인 앞으로 과태료가 부과될 뿐 대표이사에게는 별도로 과태료 등이 부과되지는 않는다.

채용서류 반환청구서

접수번호		접수일자
청구인	성 명	수험번호
주 소		
반환장소 (주소와 다른 경우 기재)		
반환 청구서류		

찾아보기

ㄴ

ㄷ

ㅁ

ㅇ

ㅈ

ㅊ